STAUFFENBURG

Handbücher

Mary Snell-Hornby
Hans G. Hönig / Paul Kußmaul
Peter A. Schmitt (Hrsg.)

Handbuch Translation

Zweite, verbesserte Auflage

STAUFFENBURG
VERLAG

Bibliografische Information Der Deutschen Bibliothek

Die Deutsche Bibliothek verzeichnet diese Publikation in der Deutschen Nationalbibliografie; detaillierte bibliografische Daten sind im Internet über <http://dnb.ddb.de> abrufbar.

unveränderter Nachdruck der 2. Auflage 1999

Postfach 25 25 · D-72015 Tübingen
www.stauffenburg.de

Gedruckt auf säurefreiem und alterungsbeständigem Werkdruckpapier.

Druck: AALEXX Druck, Großburgwedel
Printed in Germany
ISSN 1612-5673
ISBN 3-86057-992-4 (kt.)
ISBN 3-86057-995-9 (gb.)

Vorwort

Der Aufschwung der Translationswissenschaft der letzten zwanzig Jahre hat sich in der Übersetzungs- und Dolmetschpraxis nur wenig ausgewirkt, und die Praktiker selbst haben ihre Erfahrungen einer breiteren Öffentlichkeit relativ selten zugänglich gemacht. Auch für Studierende oder neue Lehrkräfte auf diesem Gebiet gibt es bis heute noch kein geeignetes Kompendium, obwohl ein erheblicher Fundus an nützlicher Erfahrung vorhanden ist, von dem keineswegs nur Berufsanfänger profitieren können.

Da das Übersetzen und Dolmetschen – bzw. die *Translation*, wie sie in Fachkreisen heißt – ein wahrhaft weites Feld ist und sowohl wissenschaftlich als auch berufspraktisch außerordentlich facettenreich und faszinierend, füllt die übersetzungs- und dolmetschwissenschaftliche Literatur bereits heute viele Regalmeter. Wenn wir die für das Übersetzen und Dolmetschen relevanten benachbarten Fachdisziplinen mit berücksichtigen, ist die einschlägige Literatur inzwischen unüberschaubar – und täglich kommt Neues hinzu. Insofern scheint es unmöglich, das Phänomen Translation in kompakter Form darzustellen.

Mit diesem Handbuch, das sich an Übersetzer und Dolmetscher, aber auch an Lehrende und Studierende sowie an alle wendet, die sich für den Bereich der Translation interessieren, haben wir uns dennoch genau dieses Ziel gesetzt: Es soll ein einbändiges Handbuch sein, das diesen Namen verdient, indem es handlich, handhabbar und benutzerfreundlich ist, gleichzeitig soll es aber in Breite und Tiefe möglichst viel von dem abdecken, was für den Leser relevant sein könnte. Es soll einerseits praxistauglich, nützlich und verständlich sein, andererseits aber eine solide wissenschaftliche Grundlage haben. Zu diesem Zweck haben wir das abzudeckende Gebiet thematisch strukturiert und auf insgesamt 114 kompakte Einzelartikel aufgeteilt. Für die Beiträge wurden AutorInnen aus Wissenschaft und Praxis gewonnen, die ausgewiesene Experten auf dem jeweiligen Gebiet sind.

Nicht zuletzt sollte ein Handbuch den aktuellen „Stand der Technik" reflektieren: Zwischen Redaktionsschluß und Publikation lagen bei unserem *Handbuch Translation* lediglich fünf Monate. Ganz wichtig war Herausgebern und Verlag darüber hinaus ein günstiger Ladenpreis, der das Werk für jeden erschwinglich macht.

Allen AutorInnen möchten wir sehr herzlich für die gute und zügige Zusammenarbeit danken, die es uns ermöglicht hat, den Band innerhalb kurzer Zeit fertigzustellen. Wir danken auch denjenigen, die an der Redaktion beteiligt waren. Unser besonderer Dank gilt Brigitte Narr, die dieses Werk anregte, und ihrem Mitarbeiterstab im Verlag für die effiziente und freundliche Unterstützung.

Germersheim / Leipzig / Wien
April 1998 *Die Herausgeber*

Inhalt

Einleitung

Wenn sich ein Fach etabliert hat, entstehen Sachwörterbücher, Lexika und Enzyklopädien. Meist sind sie alphabetisch geordnet. Alphabetische Ordnungen haben den Vorteil, daß man schnell findet, was man sucht – wenn man weiß, was man suchen will. Diese Voraussetzung ist in unserer relativ jungen Wissenschaft, auch bei Spezialisten, nicht immer gegeben. Die Herausgeber entschieden sich daher für eine andere Form der Wissenspräsentation: ein Handbuch, gegliedert nach thematischen Gesichtspunkten. Dabei setzen sie drei Schwerpunkte, die im gesamten Buch erkennbar werden:

- die Praxis und die Erscheinungsformen der Translation
- Translationswissenschaft als Interdisziplin und
- die Lehrbarkeit des Übersetzens und Dolmetschens.

Das Buch gliedert sich in sieben übergeordnete *Teile* (A–G). die sich jeweils in *Kapitel* (z.B. A1, A2) und deren *Sektionen* (z.B. B3.1, B3.2) untergliedern. Die einzelnen Artikel sind von Anfang bis Ende des Handbuchs durchnumeriert.

An erster Stelle stehen Berufspraxis und Ausbildung (A), vor allem das Berufsbild (Art. 1) und die Marktsituation (Art. 2, 3) des Übersetzers und Dolmetschers im ausgehenden 20. Jahrhundert sowie die rasante Entwicklung dieser Berufe im Laufe des Jahrhunderts (Art. 5). Der Schwerpunkt liegt dabei auf den gut erforschten Bereichen der Bundesrepublik Deutschland (Art. 1, 2) bzw. der Konferenzdolmetscher (Art. 3). In den Beiträgen zur Ausbildung (gemeint ist hier das Hochschulstudium für professionelle Translatoren) werden vor allem curriculare Modelle (Art. 6), aber auch – zwangsläufig als Überblick – die Ausbildungssituation innerhalb und außerhalb Europas (Art. 7, 8) erörtert.

Der Hauptteil B befaßt sich mit den translationswissenschaftlichen Grundlagen der translatorischen Praxis von heute: Nach Definitionen der Grundbegriffe (Art. 9) und einem Überblick über die Geschichte des Übersetzens (Art. 10) und des Dolmetschens (Art. 11) folgen linguistische Aspekte (B3.1), die von der Semantik, Syntax und Pragmatik bis hin zur Fachsprachenforschung und Terminologie reichen. Bei den literaturwissenschaftlichen Aspekten (B3.2) werden neben den bekannten Ansätzen der philologisch-historischen Tradition auch die wichtigsten theoretischen Richtungen der letzten Jahrzehnte (Art. 25–27) erläutert. In den Sektionen B3.3 und B3.4 stehen die in den 80er Jahren entwickelten eigenständigen theoretischen Modelle der Translationswissenschaft bzw. die wichtigsten Perspektiven und Erkenntnisse der Nachbardisziplinen im Mittelpunkt. Abschließend werden Modelle des automatischen Übersetzens (Art. 37) bzw. Dolmetschens (Art. 38) vorgestellt. Im Hauptteil C wird dargelegt, wie das Übersetzen „funktioniert" – von der Methodik (C1) über den Prozeß (C2) bis zum Umgang mit den Hilfs- und Arbeitsmitteln (C3).

Die Hauptteile D und E widmen sich spezifischen Aspekten des Übersetzens (D) und Dolmetschens (E); die Beiträge stammen zu einem großen Teil von PraktikerInnen mit langjähriger Erfahrung im jeweiligen Spezialgebiet. Im Bereich des Übersetzens gliedern sich die Artikel nach Texttypen: primär informative Texte (D1), appellative Texte (D2) und expressive Texte (D3), wobei die Palette – als repräsentativer Querschnitt der verschiedenen Textsorten und -gattungen – von Benutzerhinweisen und Vertragstexten bis zur Filmsynchronisierung und zur Bibelübersetzung reicht. Abschließend werden Einzelphänomene wie Metaphern, Wortspiele und Realia in D4 behandelt. Im Bereich des Dolmetschens werden zunächst die verschiedenen Erscheinungsformen des heutigen Dolmetschens (E1) vom Simultandolmetschen bis zum Community Interpreting und Gebärdensprachdolmetschen erläutert. Es folgen dann Ausführungen zum Dolmetschprozeß (E2) und zu den aktuellen technischen Hilfsmitteln (E3).

Die beiden letzten Hauptteile befassen sich mit der Didaktik (F) und der Bewertung von Translationsleistungen (G), und auch hier gehen die meisten Beiträge auf langjährige praktische Erfahrung der AutorInnen zurück. Bei der Didaktik kommen wichtige Aspekte der Ausbildung zur Sprache: Die Kompetenz in der Fremdsprache (Art. 99), in der Muttersprache (Art. 100) und im Bereich der Kultur (Art. 101), Computereinsatz in der Ausbildung (Art. 102), Textanalyse (Art. 103, 104), Textauswahlkriterien (Art. 105) und Vermittlung der Notizentechnik (Art. 107). Die Aspekte der Evaluierung reichen vom klassischen Bereich der Übersetzungskritik (Art. 108) über die Praxis der Revision (Art. 110) bis zu dem heute so aktuellen Thema Qualitätsmanagement (Art. 114).

Die Herausgeber sind sich bewußt, daß sich der gesamte Bereich des Übersetzens und Dolmetschens ständig fortentwickelt. In einer Zeit der Globalisierung und der europäischen Integration entstehen neue Berufsbilder, neue Anforderungen und auch neue technische Arbeitsmittel. Insofern können die einzelnen Beiträge zwar nur die zur Zeit dokumentierbaren Gegebenheiten und Entwicklungstendenzen darstellen, aber durch die enge Vernetzung der Artikel durch Querverweise wird es den Leserinnen und Lesern ermöglicht, sich über die Einzelphänomene einen Einblick in Grundsatzfragen der Translatologie und sich daraus ergebende Perspektiven zu verschaffen.

In ihrer Gesamtheit entwerfen die Beiträge ein facettenreiches Bild der translatorischen Praxis und der Translationswissenschaft (vor allem im deutschsprachigen Raum) dieser letzten Jahre des 20. Jahrhunderts. Die Herausgeber hoffen, daß dieses Handbuch sowohl zum besseren Verständnis für die Tätigkeit der Übersetzer und Dolmetscher als auch zur weiteren Entwicklung der Disziplin in Praxis und Lehre beitragen wird.

A Berufspraxis und Ausbildung: *Was machen Übersetzer / Dolmetscher?*

A1 Berufspraxis

1. Berufsbild

1. Einleitung

Der vom Bundesverband der Übersetzer und Dolmetscher (BDÜ; s. Art. 4) initiierte Koordinierungsausschuß Praxis und Lehre (KA), dem Vertreter aller translatorischen Diplom-Studiengänge in Deutschland und Repräsentanten der Berufspraxis angehören, hat ein Berufsbild für Übersetzer, Dolmetscher und verwandte Fremdsprachenberufe erstellt (BDÜ 1988). Dieser einleitende Abschnitt basiert auf diesem Berufsbild sowie den das Berufsbild ebenfalls beschreibenden und vom KA erstellten Imagebroschüren zum Übersetzen und Dolmetschen (s. dazu auch die Homepage für Übersetzer und Dolmetscher unter: http://www.uni-leipzig.de/~xlatio); zusätzliche Informationen liefern die von der Bundesanstalt für Arbeit herausgegebenen *Blätter zur Berufskunde* (Krollmann [8]1992) sowie die weiteren Kapitel dieses Handbuchs.

Der Umsatz der Übersetzungsbranche in Deutschland wächst seit über zehn Jahren nahezu konstant um 11 Prozent pro Jahr (s. Art. 2). Unser gesamtes Alltags- und Wirtschaftsleben ist geprägt oder zumindest berührt von Übersetzungs- und Dolmetschleistungen: Von der Übersetzung von Presseagenturberichten in Zeitungen, Rundfunk und Fernsehen, Gesprächen und Interviews in Politik, Kultur und Sport bis hin zu den übersetzten Bedienungsanleitungen von Haushalts- und Arbeitsgeräten, von Spielzeug und Sportartikeln. Ob Laserdrucker oder Lebensmittel, Fahrrad oder Ferrari, Wirtschaftsgipfel oder Werbevideo – mit großer Wahrscheinlichkeit sind Übersetzer und Dolmetscher beteiligt (s. Art. 5, 10 und 11). Die Wettbewerbsfähigkeit von Unternehmen hängt langfristig oft entscheidend von der Qualität der Produktdokumentation ab. Schlechte Produktanleitungen beispielsweise können zu Bedienungsfehlern und Wartungsmängeln führen, die ihrerseits Folgeschäden verursachen, aufgrund derer sich ein Unternehmen Schadensersatzansprüchen oder negativen Schlagzeilen in den Medien ausgesetzt sieht – beides kann ein Unternehmen ruinieren, beides ist schlecht für eine Volkswirtschaft.

Das Erstellen klarer Texte ist eine Kunst. Übersetzen und Dolmetschen und die Wahl des richtigen Übersetzers oder Dolmetschers für einen bestimmten Auftrag darf daher nicht primär eine Preisfrage sein, sondern sie ist eine Frage des Wissens und Vertrauens: Dieses Handbuch soll dazu beitragen, daß potentielle Bedarfsträger von Übersetzungs- und/oder Dolmetschleistungen qualifizierte Übersetzer/Dolmetscher finden, denen sie ihren Auftrag anvertrauen können.

2. Das Berufsprofil

Übersetzer und Dolmetscher sind Fachleute für die Kommunikation zwischen Angehörigen unterschiedlicher Sprachen und Kulturen (s. Art. 43) – sie sind das Bindeglied zu ausländischen Lieferanten, Kunden und anderen Partnern. Übersetzer und Dolmetscher übernehmen als Fachleute die Verantwortung für die von ihnen erbrachte Leistung.

Übersetzen und Dolmetschen erfordern die Fähigkeit, auf der Grundlage einer schriftlichen bzw. mündlichen Informationsvorlage einen

Text zu erstellen, der in einer anderssprachigen Kultur einen definierten Zweck erfüllt. Auftraggeber und Übersetzer/Dolmetscher sollten diesen Zweck kooperativ möglichst differenziert beschreiben. Eine gute Übersetzung ist also grundsätzlich zweckgerecht: Die Qualität einer Übersetzung bzw. Dolmetschleistung mißt sich an ihrer Zweckerfüllung (s. Art. 9, 28, 29, 39 und Teil G).

Übersetzer sind für die Übertragung schriftlicher Texte in andere Sprachen zuständig. Das Produkt ihrer Arbeit ist jederzeit nachprüfbar. Sie sind in der Regel auch für das Verhandlungsdolmetschen ausgebildet (s. Art. 91). Die meisten Übersetzer erstellen Fachübersetzungen und sind dabei auf bestimmte Fachgebiete und Sprachkombinationen spezialisiert, doch gibt es auch andere Spezialisierungen wie z.B. Urkundenübersetzen, Medienübersetzen (s. Sektion D3.3), Konferenzübersetzen, Redaktion maschineller Übersetzungen (s. Art. 112) und literarisches Übersetzen (s. Art. 67, 68 und 69).

Das Übersetzerstudium vermittelt die Fähigkeit, einen schriftlichen Text so zu formulieren, daß er in allen relevanten Aspekten den zielsprachlichen Gepflogenheiten entspricht. Entwickelt wird dabei die Kompetenz, textspezifisch geeignete Übersetzungsstrategien und Arbeitsmittel (s. Art. 102) auftragsgerecht und qualitätsorientiert einzusetzen.

Hierzu gehören keineswegs nur Aspekte, die sich auf Wortebene behandeln lassen, sondern unter anderem auch globalere Textmerkmale, wie etwa das Papierformat, die Makrostruktur (z.B. sind typische Verträge im Deutschen und Italienischen unterschiedlich gegliedert), die Beschreibungstiefe (weil unterschiedliches Vorwissen zu berücksichtigen ist) und die Typographie (es gibt z.B. kultur-, thema- und textsortenspezifische Schriftpräferenzen – s. Art. 54, 74).

Dolmetscher sind für die Übertragung mündlicher Texte in andere Sprachen zuständig (s. Art. 11 und Teil E). Ihre Leistung ermöglicht es, zu jeder Zeit und an jedem Ort mit Angehörigen anderer Sprachkulturen zu kommunizieren. Sie beherrschen alle Dolmetschtechniken, insbesondere das auf Konferenzen eingesetzte Simultan- und Konsekutivdolmetschen (s. Art. 86–88) sowie das Verhandlungsdolmetschen (s. Art. 91) und Flüsterdolmetschen. Andere Spezialisierungen sind z.B. das Gerichtsdolmetschen (s. Art. 90) und Mediendolmetschen (s. Art. 89).

Das Dolmetscherstudium trainiert das schnelle Verstehen, Analysieren, Zuordnen und Gewichten von Textinhalten und Informationen, die mündlich dargeboten werden, und zugleich die Fähigkeit, die verarbeiteten Informationen sicher und angemessen in der Zielsprache (ZS) zu präsentieren. Hierfür müssen Dolmetscher die Sprachen, mit denen sie arbeiten, souverän beherrschen und sich rasch Kenntnisse über die Themen aneignen können, die zu dolmetschen sind.

Für das Konsekutivdolmetschen wird die Fähigkeit geschult, auch bei längeren Textpassagen jeweils alle Informationen unter anderem mit Hilfe einer speziellen Notizentechnik verfügbar zu haben und anschließend mit den richtigen Nuancen und Details in angemessener Form wiederzugeben.

Für das Simultandolmetschen wird die Fähigkeit geschult, unter Zeitdruck eine Rede zu verstehen und gleichzeitig in der ZS wiederzugeben. Dabei werden gezielt Strategien wie vorauseilendes Verstehen, Erkennen und Strukturieren von Hauptaussagen und Kontrollieren des eigenen Vortrags eingeübt.

Beide Arbeitsweisen stellen erhebliche und unterschiedliche Anforderungen an Gedächtnis und Konzentration der Dolmetscher (Ueberschär/Schmitt 1997). Physische und psychische Belastbarkeit, Flexibilität im Ausdruck und Sicherheit im Auftreten sind ebenso unabdingbare Voraussetzungen für professionelle Dolmetscher wie Mobilität und die Bereitschaft zur Arbeit im Dolmetschteam.

Übersetzer und Dolmetscher arbeiten als Angestellte oder Freiberufler in der Wirtschaft, bei Ministerien, Behörden und Internationalen Organisationen. Sie können organisationsintern oder -extern eingesetzt werden. Eine hausinterne Organisationseinheit für Dolmetsch- und Übersetzungsleistungen erhöht die Flexibilität und Schnelligkeit, sie erleichtert die Berücksichtigung eigener Interessen und die Qualitätssicherung. Alternativ hierzu oder zur Deckung zusätzlichen Bedarfs stehen Freiberufler und externe Büros zur Verfügung (s. Art. 2, 3).

3. Die Ausbildung

Die Hochschulausbildung mit einem Abschluß als Diplom-Übersetzer oder Diplom-Dolmetscher liefert die beste Voraussetzung für professionelle Arbeit und eine solide Vertrauensbasis. In Deutschland ermöglichen daneben die Kultusministerien einiger Bundesländer staatliche Prüfungen und einige Industrie- und Handelskammern staatlich anerkannte Prüfungen. Die Hochschulen bieten eine berufsqualifizierende, interdisziplinäre Ausbildung, die zahlreiche Spezialisierungen erlaubt. Ziele der Ausbildung sind Erwerb und Ausbau der nachfolgenden Kenntnisse, Fertigkeiten und Fähigkeiten:

Sicherer Umgang mit den Ausdrucksmitteln der Arbeitssprachen; methodisches und theoretisches Wissen zur zielgerichteten Bewältigung typischer Probleme des Übersetzens und Dolmetschens (s. Teile D und E); Kenntnis der für das Übersetzen und Dolmetschen relevanten kulturellen Zusammenhänge; die Fähigkeit, Fachtexte bestimmter Sachgebiete zweckgerecht und adressatenspezifisch zu produzieren (s. Teil D); die Fähigkeit, sich effizient fachlich und terminologisch in neue Sachgebiete einzuarbeiten (s. Art. 44); die Kenntnis terminologischer Arbeitsmittel und -methoden (s. Art. 22, 23); die Beherrschung aktueller professioneller Arbeitsmittel (s. Kapitel C3).

Das Übersetzer- bzw. Dolmetscherstudium umfaßt an allen Hochschulen folgende Fächer:

- Übersetzen und Dolmetschen
- Übersetzungs- und Dolmetschwissenschaft
- Kulturwissenschaft
- Fachübersetzen
- Sachfach
- Terminologie
- Sprachdatenverarbeitung.

Qualifizierte Übersetzer und Dolmetscher übertragen nicht Worthülsen, sondern Inhalte und berücksichtigen – wo nötig – die kulturspezifischen Merkmale von Begriffen. Beispielsweise (vgl. Schmitt 1998) ist ein amerikanischer *subcompact car* nicht unbedingt ein *Kleinwagen*, sondern kann – aufgrund anderer Klassifikationskriterien – sowohl ein großer *Luxuswagen* sein (wie ein *Bentley Continental* oder *Rolls Royce Corniche*) als auch ein *Kleinwagen* (z.B. ein *Suzuki Swift*). Um dieses Wissen und die zur Bewältigung derartiger Probleme nötigen Methoden zu vermitteln, bedarf es eines breiten Spektrums aufeinander abgestimmter Lehrveranstaltungen, die sich unter dem Oberbegriff Übersetzungs- und Dolmetschwissenschaft zusammenfassen lassen.

3.1 Übersetzungs- und Dolmetschwissenschaft (Translationswissenschaft)

Die Übersetzungs- und Dolmetschwissenschaft ist ein junges Forschungsgebiet: Die Anfänge liegen etwa dreißig Jahre zurück. Ihre Bedeutung für die Ausübung des Berufs gewinnt sie dadurch, daß sie die allgemeinen Prinzipien erforscht, nach denen der Übersetzungs- bzw. Dolmetschprozeß abläuft, und dabei grundsätzliche Fragen wie beispielsweise die Funktion des Übersetzers bzw. Dolmetschers im Spannungsfeld zwischen Verfasser/Sprecher, Zielgruppe und Auftraggeber diskutiert. Zu den Aufgaben der Übersetzungs- und Dolmetschwissenschaft gehören unter anderem:

- Analyse von Kommunikationsprozessen
- Verbesserung des Verständnisses der speziell beim Übersetzen und Dolmetschen ablaufenden Prozesse
- Schulung der Fähigkeit, die eigene Übersetzungs- bzw. Dolmetschtätigkeit methodisch zu reflektieren und durch gezielte Recherche zu optimieren
- Entwicklung von Kriterien zur Beurteilung der Qualität von Übersetzungs- bzw. Dolmetschleistungen
- Forschung im Bereich der Didaktik des Dolmetschens und Übersetzens

3.2 Kulturwissenschaft

Kommunikation ist immer in einem soziokulturellen Raum angesiedelt und eingebettet in gesellschaftliche und kulturelle Zusammenhänge. Eine brauchbare Übersetzung erfordert Hintergrundwissen über die Kulturräume von Ausgangssprache (AS) und ZS. Die kulturwissenschaftliche Studienkomponente führt ein in Geistesleben und Literatur, politische Strukturen und Rechtssysteme, Wirtschaft und Gesellschaft – kurz: Sie erschließt und sensibilisiert für „Land und Leute".

3.3 Fachübersetzen

Ziel der Ausbildung im Bereich des Fachübersetzens ist die Kompetenz zur inhaltlich und fachsprachlich korrekten Wiedergabe von Sachverhalten in einer anderen Sprache. Fachübersetzungen fallen in einem weiten Bereich von Themen an; typische Textsorten sind: Anleitungen, Anweisungen, Produktbeschreibungen, Geschäfts- und Finanzberichte, technisch-wissenschaftliche Fachaufsätze, Gerichtsurteile, Verträge, gesetzliche Vorschriften, Normen und Patente. Wesentlich für das Verständnis und damit auch Übersetzen vieler Fachtexte ist die Einsicht in die semiotische Funktionsgemeinschaft von Wort und Bild und z.B. die Fähigkeit, technische Zeichnungen (und andere nonverbale Codes) lesen zu können.

3.4 Sachwissen

Eine Voraussetzung des Übersetzens und Dolmetschens ist das sachliche Verständnis des als Informationsgrundlage dienenden Ausgangstextes (AT). Bei der Vielzahl der Fachgebiete, in denen Übersetzungen und Dolmetschleistungen anfallen können, ist eine Ausbildung in allen Disziplinen nicht möglich. Sachwissen wird deshalb exemplarisch vermittelt, womit ein Übersetzer oder Dolmetscher die Fähigkeit erhält, sich in neue Gebiete selbst einzuarbeiten. Im Sachfach Technik zum Beispiel erfolgt die Vermittlung naturwissenschaftlich-technischer Grundlagen sowie eine exemplarische Vertiefung ausgewählter Teilgebiete. Hierzu gehören auch das Verständnis für technische Zusammenhänge und die Fähigkeit, „technisch zu denken".

3.5 Terminologie

Terminologien dienen dem Ordnen, Speichern und Transportieren von Fachwissen. Sie bilden das Rückgrat fachsprachlicher Kommunikation und spielen damit bei Fachübersetzungen eine zentrale Rolle. Übersetzer und Dolmetscher sind durch ihre Ausbildung dazu befähigt, Terminologiearbeit nach wissenschaftlichen Grundsätzen zu betreiben. Dies umfaßt die terminologische Recherche, die Zuordnung von Begriffen und Benennungen in einer oder mehreren Sprachen sowie die computergestützte Verwaltung, Pflege und Bereitstellung dieser Daten. Die Resultate der Terminologiearbeit, in Form von Datenbanken oder Fachglossaren, reduzieren den Rechercheaufwand bei Übersetzungen, helfen Doppelarbeit zu vermeiden, dienen einer einheitlichen Unternehmenssprache und unterstützen alle an der (mehrsprachigen) Fachkommunikation beteiligten Mitarbeiter eines Unternehmens.

3.6 Sprachdatenverarbeitung

Der Einsatz neuer Technologien beim Übersetzen ist heute selbstverständlich. Computersysteme mit spezifischer Software unterstützen den Übersetzer bei der rationellen Lösung von Textproduktionsaufgaben im Unternehmensablauf. Diese reichen vom Digitalisieren von Vorlagen und der Textverarbeitung über die Recherche in Terminologiedatenbanken und Online-Informationsdiensten bis zum Desktop-Publishing und dem Maschinellen Übersetzen. Die Studienkomponente Sprachdatenverarbeitung versetzt Übersetzer und Dolmetscher in die Lage, elektronische Werkzeuge effizient zu nutzen. Sie vermittelt theoretisch und praktisch Kenntnisse über die Einsatzbereiche und Grenzen maschineller und maschinengestützter Übersetzungssysteme. Übersetzer und Dolmetscher können daher auch Arbeitsumfelder und Arbeitsabläufe analysieren und bei Entscheidungen über den Einsatz solcher Werkzeuge kompetent beraten.

4. Hochschulen für die Ausbildung von Übersetzern und Dolmetschern

Qualifizierte Übersetzer und Dolmetscher werden in Deutschland derzeit an sieben Universitäten, drei Fachhochschulen und an einigen bayerischen Fachakademien im Rahmen von sechs- bis neunsemestrigen Regelstudienzeiten ausgebildet. In allen Studiengängen soll ein Teil der Ausbildung an ausländischen Partnerinstituten erbracht werden. In Österreich gibt es Studiengänge an drei Universitäten, in der Schweiz an einer Universität und einer Fachakademie. Die Hochschulen unterscheiden sich im Hinblick auf die Orientierung ihrer Studiengänge und die von ihnen angebotenen Sprachen. Einige Institute sind Mitglieder der C.I.U.T.I. (*Conférence Internationale Permanente d'Instituts Universitaires de Traducteurs et Interprètes*; s. Art. 7). Aktuelle Informationen über die jeweiligen Hochschulen und deren Studienangebot sind abrufbar unter: http://www.uni-leipzig.de/~xlatio.

Literatur

BDÜ (1988): „Berufsbild für Übersetzer, Dolmetscher und verwandte Fremdsprachenberufe." *Mitteilungsblatt für Dolmetscher und Übersetzer (MDÜ),* Sonderdruck 4.

Koordinierungsausschuß „Praxis und Lehre" (KA) (1998): *Übersetzer und Dolmetscher.* Bonn: BDÜ.

Krollmann, Friedrich ([8]1992): *Dolmetscher/Dolmetscherin, Übersetzer/Übersetzerin. Blätter zur Berufskunde.* Herausgegeben von der Bundesanstalt für Arbeit in Nürnberg. Bielefeld: Bertelsmann.

Schmitt, Peter A. (1998): *Translation und Technik.* Tübingen: Stauffenburg.

Ueberschär, Ina / Schmitt, Peter A. (1997): „Dolmetscher-(in) (BKZ 8221) und Übersetzer(in) (BKZ 8222)." Arbeitsmedizinische Berufskunde E 101. Sonderbeilage der *Arbeitsmedizin. Sozialmedizin. Umweltmedizin* 1, 1–4.

Peter A. Schmitt (Leipzig)

2. Marktsituation der Übersetzer

1. Marktuntersuchungen

„Translation scholars need to look at real translation practice" fordern Neubert/Shreve (1992:5), doch sind die Vorstellungen von „Translationspraxis" ähnlich diffus wie diejenigen zum Begriff „Translation". Die mit „Praxis" und „Übersetzungsmarkt" verbundenen Vorstellungen sind sogar seitens der „Praktiker" außerordentlich heterogen – das überrascht nicht angesichts der Vielfalt beruflicher Möglichkeiten, die eine translatorische Ausbildung eröffnet (s. Art. 1). Entsprechend schwierig gestalten sich daher auch die Bemühungen um eine „praxisorientierte" Ausbildung (s. Art. 102–105). Die folgenden Angaben stützen sich, sofern nicht anders angegeben, auf zwei in den alten Ländern der Bundesrepublik 1989–1992 durchgeführte repräsentative Umfragen (mit finanzieller Unterstützung der Universität Mainz, einiger Unternehmen und des BDÜ). Die erste richtete sich an Übersetzer und Dolmetscher, die zweite an potentielle Bedarfsträger von Translationsleistungen. Im ersten Fall wurden ca. 4.750 Fragebögen verteilt, 622 wurden retourniert und ausgewertet, im zweiten Fall wurden 33.845 Unternehmen angeschrieben und 4.240 Fragebögen ausgewertet. In beiden Erhebungen wird das Gesetz der großen Zahl wirksam, die Daten sind repräsentativ. Näheres dazu in Schmitt (1990a, 1990b, 1990c, 1993).

2. Marktdaten

2.1 Übersetzungsvolumen

Rund 80% (78% im Bundesdurchschnitt, aber z.B. in Baden-Württemberg 85%) der Unternehmen unterhalten Geschäftsbeziehungen mit ausländischen Partnern. 35% ihrer Umsätze erwirtschaften die deutschen Unternehmen im Ausland. Für 59% der Unternehmen ist fremdsprachige Fachliteratur relevant. Naturgemäß hängt es stark von der Branche ab, ob fremdsprachige Fachliteratur relevant ist, so ist dieser Anteil z.B. in der Baubranche erheblich geringer als in High-Tech-Bereichen. Rund 80% der befragten Unternehmen haben Bedarf an Translationsleistungen. In wirtschaftlich starken Bundesländern liegt der Anteil noch höher; z.B. in Baden-Württemberg bei 87%. Der von den einzelnen Unternehmen spezifizierte Übersetzungsbedarf (in Standardseiten pro Jahr) ergibt für 1992 einen Gesamt-Übersetzungsbedarf der Industrie in Deutschland (West) in der Größenordnung von 30 Millionen Seiten pro Jahr. Im Jahre 1987 nannte die *Logos Computer Integrated Translation GmbH* für den weltweiten Markt ein Volumen von rund 200 Millionen Seiten und eine Wachstumsrate von 15% pro Jahr (*Capital* 10/1987:232ff.). Der englische *Ovum-Report* (der allerdings den Schwerpunkt auf den Software-Lokalisierungsmarkt legt) schätzte 1995 den weltweiten Übersetzungsmarkt auf 1,7 Milliarden US-$, mit deutlichem Schwerpunkt auf Westeuropa, und erwartet dort ein Wachstum auf 1.100 Mio US-$ im Jahre 2000 (1994 noch 200 Mio US-$, 1997 knapp 600 Mio US-$). Ein starkes Wachstum wird auch für Japan erwartet (von ca. 300 Mio US-$ im Jahre 1997 auf 700 Mio US-$ im Jahre 2000).

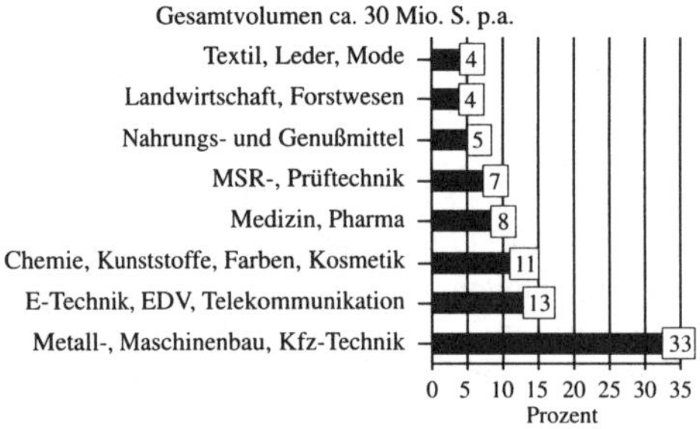

Abb. 1: Branchenanteile am Translationsvolumen

2.2 Fachgebiete

Ein Drittel dieses Bedarfs entfällt auf den facettenreichen Maschinenbau, sofern man darunter die Kraftfahrzeugtechnik subsumiert. Die Mannesmann-Gruppe beispielsweise läßt jährlich rund 60.000 Seiten übersetzen und benötigt rund 8000 Dolmetschstunden pro Jahr, verteilt auf 394 verschiedene Produktbereiche. Der zweitwichtigste Bereich ist mit 13% Anteil die Elektrotechnik einschließlich der elektronischen Datenverarbeitung und Mikroelektronik (diese Bereiche lassen sich immer weniger voneinander trennen). In diesem Themenbereich lassen allein IBM Deutschland und Siemens-Nixdorf (SNI) pro Jahr jeweils rund 150.000 Seiten Fachtexte übersetzen – bei einem Preis von derzeit durchschnittlich DM 2,20 pro Zeile und 30 Zeilen pro Seite ein Auftragsvolumen in jedem der beiden Unternehmen von rund 10 Mio. DM pro Jahr.

2.3 Bedarfsdeckung und Outsourcing

Im Jahre 1991 wurden rund 30% des Translationsbedarfs extern gedeckt (durch Übersetzer, d.h. Büros und Freiberufler) und 70% intern. Der interne Anteil wird jedoch nur zu rund 10% von Übersetzern übernommen, und dieser Anteil wird sich voraussichtlich wegen der Tendenz zur Vergabe an externe Anbieter (Büros und Freiberufler, sog. *Outsourcing*) weiter verringern. Die übrigen 90% entfallen auf Sachbearbeiter mit Sprachkenntnissen und auf Sekretärinnen. Das bedeutet, daß 30% + 10%, also nur rund 40% des gesamten Translationsbedarfs der produzierenden Unternehmen in Deutschland von Übersetzern/Dolmetschern gedeckt wird. Ein Anteil von 40% erscheint zunächst klein. Es gibt jedoch Anhaltspunkte dafür, daß vor allem Geschäftskorrespondenz (ein großer Teil des Gesamtvolumens) und Routinetexte (z.B. Ausschreibungen, Angebote, Verträge) eher intern erledigt werden (und damit überwiegend von Nicht-Übersetzern im engeren Sinne), während Texte höheren Fachlichkeitsgrades und insbesondere die Produktdokumentation in zunehmendem Maße von dafür spezialisierten externen Freiberuflern und Büros bearbeitet werden. Hier zeichnet sich eine durchaus sinnvolle und qualitätsförderliche Arbeitsteilung ab – vor allem Geschäftskorrespondenz eignet sich wegen ihrer Einbettung in oft komplexe Handlungsstränge und die Bezüge auf Vorausgegangenes oder auf vorausgesetztes Wissen, die ein Verstehen für Außenseiter oft sehr erschweren, kaum zur Vergabe an externe Übersetzer. Obwohl sie nur den geringeren Teil des Gesamtbedarfs abdecken, verzeichnen die externen freiberuflichen Übersetzer und Übersetzungsbüros nach Angaben des Statistischen Bundesamts seit Jahren Umsatzsteigerungen von mindestens 7% und durchschnittlich 11% pro Jahr; im Zeitraum 1980 bis 1994 stieg ihr Umsatz nahezu linear um fast 500% von 138 Mio DM auf 681 Mio DM (vgl. Grafik in Schmitt 1999:15). Im gleichen Zeitraum verfünffachte sich auch die Anzahl von Übersetzungsbüros, von 918 Büros im Jahre 1980 auf 4650 Büros im Jahre 1994. Fünf dieser

Jahresumsatz in TDM	Anzahl Büros	Anteil am Gesamtumsatz des Übersetzungsmarktes in %
25–50	1638	8,8
50–100	1568	16,4
100–250	998	21,9
250–500	257	12,8
500–1000	110	11,4
1000–2000	55	11,5
2000–5000	19	7,7
>5000	5	9,5
Quelle: Dr.-Ing. Sturz, Reutlingen		

Tab. 1

Büros erwirtschaften einen Jahresumsatz von 5 Mio DM und mehr und haben einen Anteil von 9,5% am Gesamtumsatz der Übersetzungsbranche (vgl. Tab. 1).

1989 waren 34% der Befragten Freiberufler, 64% waren fest angestellt: 46% als Angestellte in den Sprachendiensten oder anderen Funktionen in Wirtschaftsunternehmen, 13% beim öffentlichen Dienst oder bei der EU und 5% bei Übersetzungsbüros. Auch fest angestellte Übersetzer sind zumindest gelegentlich freiberuflich tätig. Der Anteil derer, die in diesem Sinn freiberuflich übersetzen, ist bei den Angestellten der Übersetzungsbüros am geringsten (4%), erheblich höher bei den Angestellten in der Wirtschaft (13%), und am höchsten in der Gruppe der Angestellten/Beamten (18%). Der Anteil der Freiberufler dürfte bis zur Jahrtausendwende auf ca. 50% ansteigen, mit entsprechender Verringerung der fest angestellten Übersetzer/Dolmetscher.

Der Trend zum Outsourcing wird zwar von ökonomischen Überlegungen begünstigt, jedoch erst durch die Technisierung des Übersetzerarbeitsplatzes (s. Art. 51) und insbesondere durch die Telekommunikation ermöglicht. Die resultierende Vereinzelung translatorischer Arbeit führt einerseits zu einer Aufsplitterung terminologischer Arbeit und damit unweigerlich zu unökonomischer Doppelarbeit, andererseits bieten die Telekommunikationswege Recherche- und Kooperationsmöglichkeiten, von denen noch in den achtziger Jahren nicht zu träumen war. Die Kooperation mit Partnern im beliebigen Ausland (etwa zum Korrekturlesen von Texten, bei dem die Beschäftigung eines in der Kultur der Zielsprache [ZS] lebenden Muttersprachlers sinnvoll ist), die Diskussion und Klärung terminologischer Fragen mit Übersetzern aus aller Welt via CompuServe, der Austausch terminologischer Daten via E-Mail etc. erlauben eine neue Qualität der Recherche und Übersetzung.

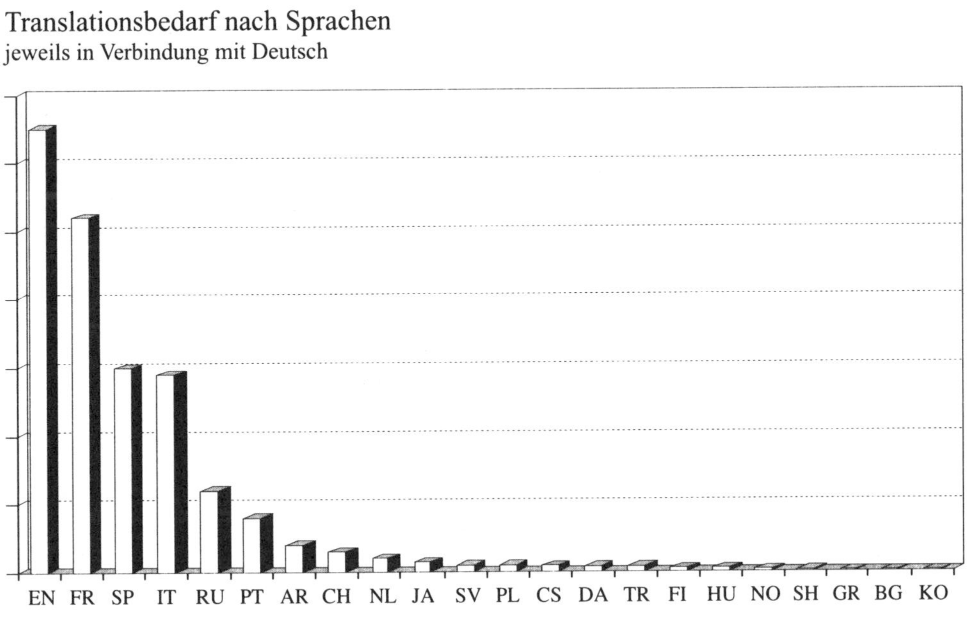

EN = Englisch FR = Französisch SP = Spanisch IT = Italienisch
RU = Russisch PT = Portugiesisch AR = Arabisch CH = Chinesisch
NL = Niederländisch JA = Japanisch SV = Schwedisch PL = Polnisch
CS = Tschechisch DA = Dänisch TR = Türkisch FI = Finnisch
HU = Ungarisch NO = Norwegisch SH = Serbokroatisch GR = Neugriechisch
BG = Bulgarisch KO = Koreanisch

(Sprachenkürzel nach ISO/R 639 u. ISO/DIS 639; Liste abrufbar unter http://www.nw.com/zone/iso-country-codes)

Abb. 2: Translationsbedarf nach Sprachen

2.4 Sprachenpaare und Übersetzungsrichtungen

Übersetzungsbedarf besteht in erster Linie im Sprachenpaar DE/EN, in zweiter Linie in DE/FR; an dritter Stelle liegen DE/IT und DE/SP; jeweils in beiden Richtungen (vgl. Abb. 2).

Die Grafik stellt die Situation in der (Güter produzierenden) Industrie in Deutschland dar. Der Bedarf von Versicherungen, Banken, Behörden (z.B. Bundessprachenamt) und Internationalen Organisationen (z.B. EU) ist nicht berücksichtigt. Dies wird z.B. am Neugriechischen deutlich, das in den Unternehmen offenbar eine geringe Rolle spielt, für das in EU-Sprachendiensten aber ein durch einschlägig qualifizierte Übersetzer/Dolmetscher nur schwer abzudeckender Bedarf besteht. Ein Großteil des Bedarfs an Übersetzungen in andere Sprachen als Deutsch wird von Personen gedeckt, bei denen die ZS nicht die Muttersprache ist.

In zwei Sprachen (einschließlich der Muttersprache) arbeiten 33%, in drei Sprachen 43%, in vier Sprachen nur 24% der befragten Übersetzer/Dolmetscher. Die bei Laien vorherrschende Vorstellung, daß Übersetzer/Dolmetscher in „vielen" Sprachen arbeiten, trifft nicht zu. Aus der unmittelbar einleuchtenden Tatsache, daß die sprachliche Kompetenz in der Muttersprache normalerweise größer ist als in einer Fremdsprache, wird gewöhnlich die Ansicht abgeleitet, daß es sowohl erstrebenswert als auch üblich sei, nur in die Muttersprache zu übersetzen (sog. „Herübersetzung"). Ersteres trifft im Prinzip zu, letzteres in der Praxis nicht. Es gibt zwar in manchen Unternehmen und Behörden die Regelung, daß grundsätzlich nur in die Muttersprache übersetzt wird; die Gesamtsituation sieht freilich anders aus: Es wird nahezu ebenso häufig in die Fremdsprache übersetzt wie in die Muttersprache. Dies gilt für die 1. Fremdsprache, in abgeschwächtem Maße auch für die 2. Fremdsprache. Bei der 2. Fremdsprache ist jedoch auffallend, daß sie generell nur selten eingesetzt wird – die meisten Übersetzer arbeiten primär in einem Sprachenpaar.

Diese Beobachtung dürfte allenfalls diejenigen verwundern, die nicht selbst als Fachübersetzer arbeiten: Es ist bereits eine Sisyphusarbeit, sich in zwei Sprachen auf einem oder mehreren Fachgebieten ständig auf dem Laufenden zu halten – es dürfte unmöglich sein, dies in mehreren Sprachen/Kulturen zu tun, ohne daß dies auf Kosten der Translatqualität geht. Gerade die fachlich anspruchsvollsten Ausgangstexte können oft nicht von einem Muttersprachler der ZS übersetzt werden, sondern von einem Muttersprachler der Ausgangssprache: Es fällt einem Übersetzer mit beispielsweise der Muttersprache Englisch schwerer, einen diffizilen deutschen Text richtig zu verstehen, als einem Übersetzer mit Deutsch als Muttersprache (und *vice versa*). Andererseits kann, auch wenn die ZS nicht Muttersprache ist, das Formulierungsvermögen durchaus ausreichen, um einen nicht nur inhaltlich, sondern auch sprachlich akzeptablen (u.U. auch: einwandfreien) Text zu produzieren. Man verfügt zwar als Nichtmuttersprachler der ZS normalerweise über ein geringeres Spektrum/Potential an Ausdrucksvarianten, das bedeutet jedoch nicht, daß die verfügbaren/konkret realisierten Ausdrucksmöglichkeiten denen eines Muttersprachlers der ZS unterlegen sind. Denn diese Ausdrucksmöglichkeiten können sich beispielsweise auf bereits vorliegende Texte ähnlicher Art stützen, so daß im Laufe der Zeit ein zwar themen- und textsortenspezifisches, aber qualitativ nicht minderwertiges Formulierungsrepertoire entsteht. So sind beispielsweise die meisten guten Sekretärinnen durchaus in der Lage, in jeder Hinsicht tadellose Geschäftsbriefe über ihnen vertraute Geschäftsvorgänge in der Fremdsprache zu schreiben, und Ähnliches gilt für gute Fachübersetzer.

Im übrigen besteht auf dem deutschen Markt ein etwas größerer Bedarf an Übersetzungen vom Deutschen ins Englische als umgekehrt, während die meisten Übersetzer in Deutschland zweifellos nicht Englisch als Muttersprache haben und auch die wenigen und sehr kleinen Übersetzerausbildungsinstitute in den USA und Großbritannien den Bedarf nicht decken können. So bietet sich auch – aber nicht allein – aus diesem Grund (Mangel an Übersetzern mit Muttersprache Englisch in Deutschland) das praxisbewährte Prozedere an, die raren *native speakers* vor allem oder ausschließlich dort einzusetzen, wo es zusätzlich zur inhaltlichen Korrektheit auch auf tadellose Sprachgebung ankommt, etwa zur redaktionellen Bearbeitung von Übersetzungen ins Englische, die von Übersetzern mit Deutsch als Muttersprache erstellt wurden. Übrigens übersetzen 27% der Übersetzer zumindest gelegentlich von einer ihrer Fremdsprachen direkt in eine andere Fremdsprache.

2.5 Textsorten

Übersetzungsbedarf besteht in einem breiten Spektrum an Textsorten; dabei fällt auf, daß der Anteil professioneller Übersetzer, die vorwiegend oder ausschließlich Belletristik übersetzen, unter 1% liegt, auch das Übersetzen von Sach- und Fachbüchern spielt in der Praxis in Relation zu den anderen Textsorten keine nennenswerte Rolle. Abb. 3 zeigt einen Gesamtüberblick über die Häufigkeit der in der Praxis übersetzten Textsorten, differenziert nach Beschäftigungsstatus und absteigend sortiert nach der Gesamtrelevanz. Die gezeigten Relevanzwerte ergeben sich aus dem Durchschnitt der Antworten auf der zehnstufigen Skala zwischen 0 (der Befragte übersetzt diese Textsorte niemals) und 9 (der Befragte übersetzt ausschließlich diese Textsorte); wegen der Durchschnittsbildung wurden die Werte 7, 8 und 9 in der Gesamtschau nicht erreicht. Wie aus der Grafik hervorgeht, variiert die Relevanz der einzelnen Textsorten je nach Blickwinkel. Zunächst gibt es eine Relevanz im Gesamtdurchschnitt (jeweils der oberste Balken, schwarz), demnach ist Geschäftskorrespondenz quantitativ am wichtigsten. Auch in den Sprachendiensten der Wirtschaft (jeweils zweiter Balken von oben, mittelgrau) und im Öffentlichen Dienst (jeweils dritter Balken von oben, dunkel) nimmt das Übersetzen von Korrespondenz, global betrachtet, den größten Raum ein. Für die externen Übersetzungsbüros hingegen (jeweils zweiter Balken von unten, hell) sind die diversen Erscheinungsformen von Benutzerinformationen (Anweisungen und Anleitungen jeglicher Art) die mit großem Abstand wichtigste Textsorte. Für viele Freiberufler (jeweils unterster Balken, mittelgrau) sind Gerichtssachen das Hauptgeschäft.

Selbstverständlich ist eine gegebene Textsorte nicht in allen Sprachkombinationen und Übersetzungsrichtungen gleichermaßen relevant. Richtungsabhängige Unterschiede gibt es vor allem bei den Kategorien Benutzerinformationen (Handbücher, Anleitungen), Angebote, Verträge, Werbetexte und Fachzeitschriftenartikel. Die Textsorte Betriebsanleitung in Verbindung mit dem Thema Kfz-Technik ist beispielsweise im Sprachenpaar DE/EN relevanter als im Sprachenpaar DE/PT und dort zwar in der Übersetzungsrichtung DE–PT relevant, nicht jedoch umgekehrt.

2.6 Fachrichtungen in Praxis und Studium

In der Praxis arbeiten 76% der Übersetzer/Dolmetscher vorwiegend oder ausschließlich auf technischen Gebieten, im Studium hatten jedoch nur 43% die Fachrichtung Technik belegt. Umgekehrt ist es in den anderen Fächern: Die Fächer Wirtschaft bzw. Recht wurden im Studium von 41% bzw. 31% der Befragten gewählt, in der Praxis arbeiten jedoch nur 12 bzw. 6% der Übersetzer/Dolmetscher vorwiegend oder ausschließlich auf diesen Gebieten. Das bedeutet, daß viele Übersetzer, die während ihrer Ausbildung keine technische Ausbildung hatten, sich später dennoch als technische Übersetzer betätigen: Jeder dritte Übersetzer/Dolmetscher arbeitet nicht auf dem Fachgebiet seiner Ausbildung. 31% derer, die in der Ausbildung die Fachrichtung *Technik* belegt hatten, haben sich mit Erfolg auf eine Stelle beworben, die explizit für *Technische* Übersetzer ausgeschrieben war. Demgegenüber haben sich von den Übersetzern mit Fachrichtung *Wirtschaft* bzw. *Recht* nur 3% bzw. 2% auf Stellen ihres erlernten Fachgebiets beworben, aber 12% bzw. 11% auf Stellen, die *explizit* für *Technische* Übersetzer ausgeschrieben waren. Der jeweils restliche Prozentsatz entfällt auf Stellenangebote, in denen die gewünschte Fachrichtung nicht explizit erwähnt wurde, wie etwa pauschal „Diplom-Übersetzer/in". Man muß also davon ausgehen, daß die Wahrscheinlichkeit größer ist, daß ein Absolvent mit Wirtschafts- oder Rechtskenntnissen (ohne technische Ausbildung oder Kenntnis technikspezifischer Textsorten) als Technischer Übersetzer arbeitet, als daß er in seinem gelernten Fachgebiet tätig wird. Das ist eine alarmierende Feststellung und vermutlich eine der Ursachen für die von Hönig beklagte „Frustration im Umgang mit Übersetzungen und Übersetzern". Hönig (1995:17) resümiert zu Recht: „Viele Übersetzer haben kein Bewußtsein davon, was sie eigentlich tun" – nur mit mangelndem translatorischen Bewußtsein läßt sich die Haltung erklären, ohne fachliches und fachbezogenes prozedurales Wissen als Fachübersetzer in einem unbekannten Fach mit Erfolg arbeiten zu können. Wer annimmt, daß man durch das im Rahmen eines Ergänzungsfachs

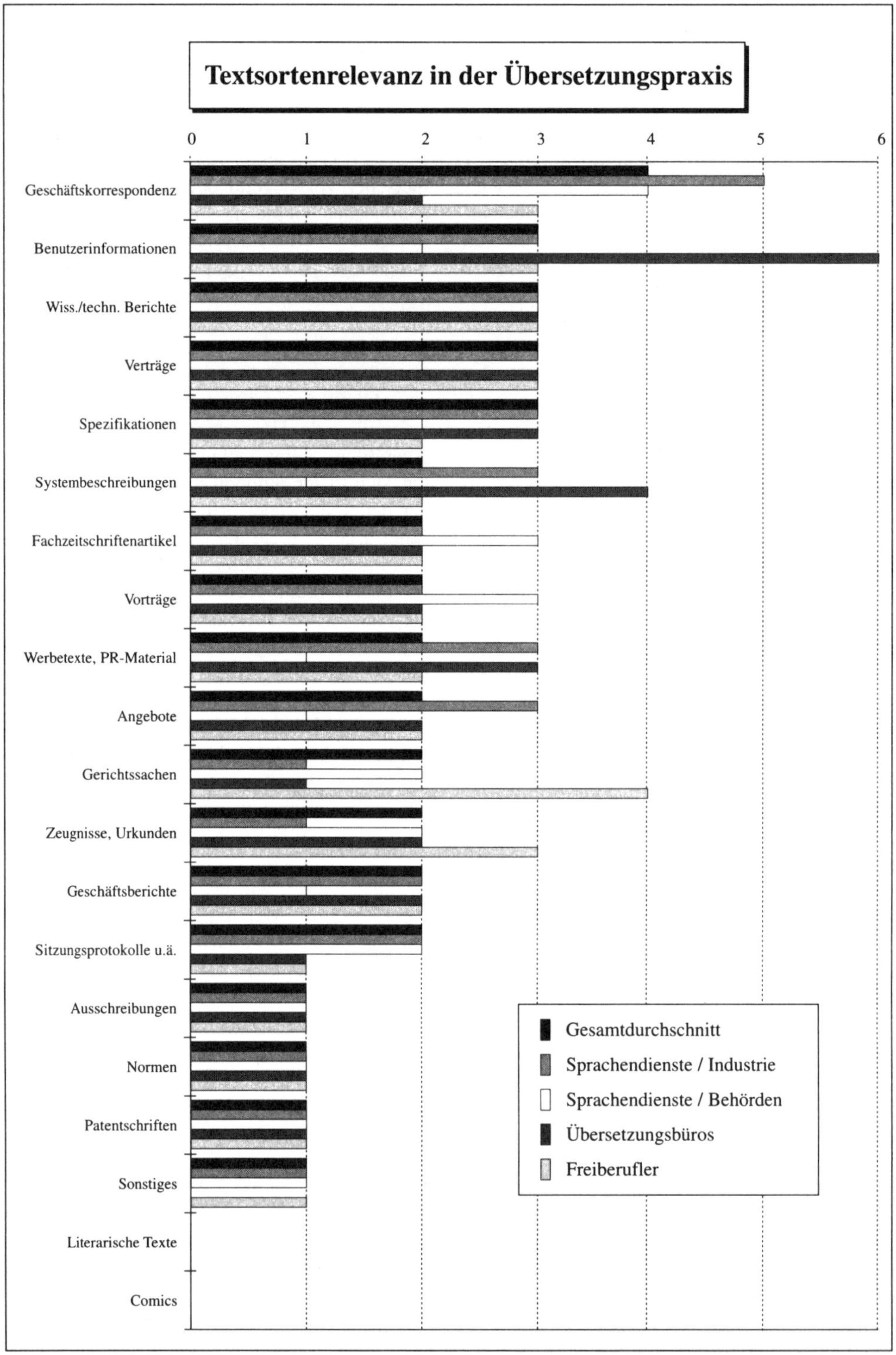

Abb. 3: Textsortenrelevanz in der Übersetzungspraxis

erworbene Fachwissen (z.B. im Bereich Jura) in die Lage versetzt werde, später mit etwas Einarbeitung Fachtexte eines ganz anderen Fachgebiets (z.B. in einem Teilgebiet der Technik) professionell zu übersetzen, verkennt die Realität und fördert den Statusverlust des Berufsstandes. Eine Übereinstimmung von Ausbildungsinhalten und Arbeitsgebiet fördert übrigens nicht nur die Arbeitsqualität und Kundenzufriedenheit, sondern auch die Lebensqualität: Während unter den Übersetzern insgesamt es 34 Prozent zumindest gelegentlich bedauerten, diesen Beruf ergriffen zu haben, gab es unter denjenigen, die das Fachgebiet Technik bereits während des Studiums gewählt hatten und in der Praxis als technische Übersetzer arbeiteten, niemanden, der diese Berufswahl bereute.

2.7 Stellenausschreibung

Nach der Umfrage des Jahres 1989 sind die meisten der im Arbeitsmarkt ausgeschriebenen translationsbezogenen Stellen (30%) explizit für „Technische Übersetzer" (bzw. ähnliche Formulierungen, wie etwa „Diplom-Übersetzer-(in) Technik" o. dgl.) ausgeschrieben. Eine Abfrage der am 11.05.1997 im Internet unter http://www.arbeitsamt.de angebotenen Stellen für Übersetzer bestätigte, daß diese Technikorientierung nach wie vor gültig ist: Allein in Süddeutschland waren an diesem Tag elf feste Arbeitsplätze angeboten, davon acht explizit für technische Übersetzer(innen) (= 72%).

2.8 Eignungsprüfungen

Von den angestellten Übersetzern mußten 56% ungeachtet etwaiger Zeugnisse einen Eignungstest absolvieren. Diese Eignungstests bestanden nahezu ausschließlich aus Probeübersetzungen, in 63% der Fälle war eine Übersetzung in die Muttersprache gefordert, in 47% der Fälle wurde statt dessen oder zusätzlich eine Übersetzung in die Fremdsprache gefordert, wobei kein Unterschied zwischen der Behandlung von 1. oder 2. Fremdsprache zu erkennen war. In Einzelfällen (insbesondere bei Dolmetschern und beim Bundessprachenamt) wurden zusätzlich mündliche Fremdsprachenleistungen und/oder Sachwissen geprüft. Themen und Textsorten dieser Übersetzungen reflektieren die ganze Palette übersetzerischer Arbeit. Knapp die Hälfte der Themen (46% der Nennungen) stammte aus den Bereichen Naturwissenschaft und Technik, 37% waren fachlicher, aber nichttechnischer Natur (z.B. Rechts- und Wirtschaftstexte), und rund 17% waren Texte allgemeiner Art. Es wäre nicht lediglich opportun, sondern eine Frage adäquater Berufsqualifizierung, wenn angehende Übersetzer durch ihr Studium auf solche Fachgebiete vorbereitet würden, die in Eignungsprüfungen besonders frequent sind. Zur adäquaten Berufsqualifizierung bedarf es überdies einer angemessenen Arbeitsgeschwindigkeit: Auch für translatorische Leistung gilt, daß sie sich durch Arbeit pro Zeiteinheit definiert. Insofern ist auch der Zeitbedarf für das Anfertigen einer Übersetzung ein berechtigter Selektionsfaktor bei Bewerbungen.

2.9 Übersetzungsgeschwindigkeit

Die Länge der im Rahmen von Probeübersetzungen zu übersetzenden AT variierte von 15 bis 360 Zeilen; die Durchschnittslänge betrug 63 Zeilen, d.h. ca. 2 Standardseiten (Standardseite = 30 Zeilen je 55 Anschläge), wofür im Mittel 111 Minuten, d.h. knapp zwei Stunden, zur Verfügung standen. Dies entspricht einer Übersetzungsleistung von 1 Seite/Stunde, was wiederum knapp unter dem praxisüblichen Durchschnitt von knapp zehn Seiten pro Acht-Stunden-Tag liegt. In Übersetzerstudiengängen (etwa am FASK Germersheim) gilt für Übungs- und Prüfungsklausuren ein Zeitrahmen von 90 Minuten je 250 Wörter; das entspricht, bei durchschnittlich 8,3 Wörtern pro Zeile, einer Übersetzungsleistung von 170 Wörtern/Stunde. In der Praxis werden dagegen im Durchschnitt 291 Zeilen pro Acht-Stunden-Arbeitstag übersetzt, das entspricht rund 300 Wörtern pro Stunde. Die Übersetzungsgeschwindigkeit ist also in der Praxis fast doppelt so hoch wie bei der Prüfungsleistung am Ende des Studiums. Schon in den Probeübersetzungen bei Bewerbungen wird im Durchschnitt (!) eine Leistung von rund 280 Wörtern pro Stunde erwartet. Es ist daher sinnvoll, im Unterricht auf den die Praxis prägenden Zeitdruck hinzuweisen und tempusteigernde Übersetzungsstrategien zu vermitteln – das bedeutet nicht, daß im Übersetzungsunterricht selbst schnell im Sinne von „viel" übersetzt werden sollte, sondern daß vermittelt wird, *wie* man schnell übersetzt. In Absprache mit den Studierenden durchgeführte Tests unter variierten Klausurbedingungen haben eindeutig ergeben, daß sich der Zeitrahmen um ein Drittel (bei 250-W-Klausuren von 90 auf 60 Minuten) reduzieren läßt, ohne daß sich das positiv oder negativ auf die erzielte Übersetzungsqualität auswirkt.

2.10 Übersetzen vs. Dolmetschen
Rund 7% der Übersetzer gaben an, „sehr oft", d.h. öfter als viermal im Monat, zu dolmetschen, insgesamt rund zwei Drittel übernehmen zumindest gelegentlich Dolmetscherfunktionen. Rund 75% der Dolmetscher gaben an, zumindest gelegentlich schriftliche *Fach*übersetzungen anzufertigen, jeder Dritte gab an, dies sehr oft zu tun. Die in der Ausbildung übliche trennscharfe Kategorisierung von Übersetzern einerseits und Dolmetschern andererseits läßt sich also in der Praxis in der Regel nicht aufrecht erhalten, da von vielen Bedarfsträgern translatorischer Leistungen eine solche Kategorisierung nicht vorgenommen und statt dessen erwartet wird, daß ein Translator im Bedarfsfalle sowohl Übersetzungs- als auch Dolmetschaufgaben übernehmen kann.

2.11 Teamarbeit
Die überwältigende Mehrheit der Übersetzer erstellte zum Zeitpunkt der Umfrage im Jahre 1989 Übersetzungen noch alleine (81%), aber immerhin 19% gaben an, daß sie „im Team" arbeiten. Durch die inzwischen gegebenen technologischen Möglichkeiten des Networking und Teleworking ist anzunehmen, daß Teamarbeit (und die Fähigkeit dazu) einen wachsenden Stellenwert haben wird, ein Umstand, dem man in der Ausbildung bereits heute Rechnung tragen kann, z.B. durch neue Wege in der Durchführung von Übersetzungsübungen, wie sie etwa Kiraly (1995:20, 37 et passim) vorschlägt (dort auch zahlreiche Literaturverweise zu diesem Themenkreis; eine bereits bei Fachübersetzungsübungen bewährte neue Methode, bei der Computereinsatz, Praxissimulation und Rollenspiele integriert sind, beschreibt Art. 102 „Computereinsatz in der Ausbildung").

2.12 Abrechnungsbasis
Rund 80% der Übersetzer berechnen ihr Honorar nach der Länge des Zieltexts (ZT). Ca. 13% berechnen den Zeitaufwand (auf Stundenbasis), 6% legen die Länge des AT zugrunde, 2% liquidieren nach Tagessätzen. Bei der vorherrschenden Praxis, die Länge des ZT zu messen, werden weitschweifige Formulierungen durch höheres Einkommen belohnt, während die mental aufwendigere Lösung, sich kurz und dennoch klar auszudrücken, durch Einkommensnachteile bestraft wird. Auch hier liegt eine Ursache für die Frustrationen im Umgang mit Übersetzungen.

3. Kommentar

Bemerkenswert ist, daß die von Scherer (1997) befragten 61 Absolventen der Fachhochschule Köln mehr mit Sekretariatsarbeiten beschäftigt wurden als mit Übersetzungsaufgaben (und ein entsprechend niedrigeres Einkommen erzielten) und daß nur 8% der Kölner FH-Absolventen bei ihrer Tätigkeit technische Kenntnisse als wichtig bezeichneten. Demnach arbeiten wider Erwarten nur wenige der Fachhochschulabsolventen als Fachübersetzer, während 76% der 622 von Schmitt (1990b) bundesweit befragten Übersetzer, darunter 47% mit einem universitären Abschluß als Diplom-Übersetzer, mit Fachübersetzungen überwiegend technischen Inhalts betraut werden. Diese Feststellung sollte jedoch nicht zu der Annahme verleiten, daß für einen „technischen Übersetzer" die anderen Fachrichtungen irrelevant seien. Ein Problem der gegenwärtigen Ausbildungskonzepte mit der Fokussierung auf nur eine Fachrichtung (so gut und nötig diese Schwerpunktbildung andererseits ist) besteht darin, daß viele Studierende die Inhalte der anderen Fächer nicht kennenlernen. Konkret heißt dies, daß derjenige, der heute im Rahmen eines translatorischen Diplomstudiengangs das wahlobligatorische Sachfach Technik studiert, während des Studiums zwar das Übersetzen technischer Texte übt, mit größter Wahrscheinlichkeit aber keine kaufmännischen Texte kennenlernt oder erfährt, was beim Übersetzen von Angeboten, Verträgen oder Jahresberichten zu beachten ist (das Entsprechende gilt umgekehrt für die wahlobligatorischen Sachfächer Wirtschaft und Recht). Andererseits enthalten auch technische Texte häufig Elemente der Rechts- oder Wirtschaftsfachsprache, wie etwa Lieferbedingungen oder Gewährleistungsklauseln. In diesem Zusammenhang stimmt auch die Beobachtung nachdenklich, daß sich auf Grund der in Praxis und Lehre unterschiedlichen Fachrichtungsschwerpunkte (welche die Studierenden wählen) so viele Absolventen gezwungen sehen, sich auf Stellen zu bewerben bzw. in Bereichen übersetzerisch tätig zu werden, für die sie weder fachliches noch textsortenspezifisches Hintergrundwissen mitbringen.

Literatur

Altiay, Mathilde (1986): *Übersetzer im Beruf. Eine Untersuchung zur Berufstätigkeit und Beschäftigungssituation von Diplom-Übersetzern.* Diplomarbeit. Heidelberg: IÜD.

Erdmann, Renate / Karg, Stefanie (1988): *Berufschancen von Studierenden der Übersetzer- und Dolmetscherausbildung an der Fachrichtung 8.6 der Universität des Saarlandes. Ergebnisse einer Umfrage.* Saarbrücken: Universität des Saarlandes, FR 8.6.

Hönig, Hans G. (1995): *Konstruktives Übersetzen.* Tübingen: Stauffenburg.

Kiraly, Donald C. (1995): *Pathways to Translation.* Kent / London: Kent State UP.

Neubert, Albrecht / Shreve, Gregory M. (1992) (Hrsg.): *Translation as Text.* Kent / London: Kent State UP.

Scherer, Hans (1997): „Studium und Beruf: Ergebnisse einer Absolventenbefragung des Fachbereichs Übersetzen und Dolmetschen an der Fachhochschule Köln." Fleischmann, Eberhard / Kutz, Wladimir / Schmitt, Peter A. (1997) (Hrsg.): *Translationsdidaktik. Beiträge zu Grundfragen der Translationswissenschaft.* Tübingen: Narr.

Schmitt, Peter A. (1990a): *Die Berufspraxis der Übersetzer. Eine Umfrageanalyse.* Berichtssonderheft des Bundesverbandes der Dolmetscher und Übersetzer. Bonn: BDÜ.

Schmitt, Peter A. (1990b): „Was übersetzen Übersetzer? – Eine Umfrage." *Lebende Sprachen* 3, 97–106.

Schmitt, Peter A. (1990c): „Übersetzer/Übersetzerin, Dolmetscher/Dolmetscherin. Eine Umfrageanalyse über die Berufspraxis." *Informationen für die Beratungs- und Vermittlungsdienste der Bundesanstalt für Arbeit* 12, 517–533.

Schmitt, Peter A. (1993): „Der Translationsbedarf in Deutschland. Ergebnisse einer Umfrage." *Mitteilungsblatt für Dolmetscher und Übersetzer MDÜ* 4, 3–10.

Schmitt, Peter A. (1999): *Translation und Technik.* Tübingen: Stauffenburg.

Schmitz, Klaus-Dirk (1986): *Computer in der Übersetzungspraxis. Ergebnisse einer Umfrage.* Linguistische Arbeiten 15. Saarbrücken: Universität des Saarlandes.

Silbermann, Alphons / Hänseroth, Albin (1985): *Der Übersetzer. Eine berufs- und literatursoziologische Untersuchung.* Wiesbaden: Harrassowitz.

Peter A. Schmitt (Leipzig)

3. Marktsituation der Konferenzdolmetscher

1. Begriffsbestimmung

Der Beitrag beschränkt sich auf den Markt jener Konferenzdolmetscher (KD), deren Muttersprache die deutsche Sprache ist, die angestellt oder freiberuflich tätig sind und sowohl im Inland als auch im weltweiten Ausland Einsatzmöglichkeiten finden. Diese Sprache kann sowohl aktiv als auch passiv, von Muttersprachlern oder Fremdsprachlern eingesetzt werden. Die unten aufgeführten Zahlen beinhalten zwangsläufig auch Deutsch als Passivsprache für die angegebene Tätigkeit bzw. Arbeitstage, mit Ausnahme der EU-Institutionen, für die jeweils nur in die Muttersprache gedolmetscht wird.

Da wissenschaftlich fundierte Globaluntersuchungen über die Nachfragegröße des Kundenpotentials im In- und Ausland fehlen, geht der Autor hier nur von gesicherten Marktzahlen der im Internationalen Konferenzdolmetscherverband AIIC *(Association Internationale des Interprètes de Conférence)* zusammengeschlossenen Kollegen aus (vgl. Hall 1996), berücksichtigt mündliche Stichprobenbefragungen von Sprachendiensten der u.g. Organisationen, schließt aber auch eigene langjährige Beobachtungen des Marktes in seiner Eigenschaft als Statistikreferent der AIIC-Region Deutschland mit ein. Die beschriebenen Marktgrößen erheben daher keinen Anspruch auf Vollständigkeit.

Unter *Markt* ist derjenige Bestandteil des Gesamtdolmetschermarktes zu verstehen, der von Konferenzdolmetschern bedient wird (Simultan-, Konsekutiv- und Flüsterdolmetschen) unter Ausschluß des Verhandlungsdolmetschens (auch Industrie-, Werkstatt- oder Gesprächsdolmetschen genannt). Traditionell wird dieser Markt in einen tariflich frei verhandelbaren Anteil (Privatmarkt, freier Markt oder Non Agreement Sector in AIIC-Sprache) und einen institutionellen Sektor (Agreement Sector) gegliedert. Diese Unterscheidung wird im folgenden auch aus Korrelationsgründen mit den ermittelten Daten beibehalten.

2. Der Markt der festangestellten Dolmetscher

Eine feste Arbeitsstelle finden deutschsprachige Konferenzdolmetscher vorwiegend im *institutionellen Bereich.*

Auf *nationaler Ebene* sind dies im wesentlichen diverse Ministerien, allen voran das Auswärtige Amt, dessen Mitarbeiterstab mit 20 festangestellten Dolmetschern wohl der größte sein dürfte. Des weiteren unterhalten auch einen Sprachendienst mit Konferenzdolmetschern das Bundesministerium für Wirtschaft, das Bundesministerium für Finanzen, das Innenministerium und das Justizministerium, das Bundessprachenamt, das Bundesministerium der Verteidigung, das Arbeitsministerium und das Bundesministerium für Forschung, Entwicklung und Technologie sowie das Umweltministerium und das Landwirtschaftsministerium. Die aus dem ehemaligen Postministerium hervorgegangenen Telekom und Postdienst sowie der Berliner Senat sollen hier nicht unerwähnt bleiben. Die Dolmetscherstäbe dieser Ministerien sind, trotz einer Spannweite von 3 bis 20 Dolmetschern, mit durchschnittlich 4 angestellten Konferenzdolmetschern relativ klein. Aufgrund des unausgewogenen Jahresarbeitsvolumens werden Dolmetscher meist auch zu Übersetzungstätigkeiten herangezogen. Waren bis weit in die achtziger Jahre die meisten dieser Kollegen jeweils nur für ein Sprachenpaar angestellt, so setzte hier eine deutliche Trendwende, nicht zuletzt aufgrund leerer Staatskassen, zur Mehrsprachigkeit ein. In diesem Bereich ist, neben dem Simultandolmetschen, das Konsekutivdolmetschen sehr, ja sogar gegenüber allen anderen Einsatzbereichen am häufigsten verbreitet. Gedolmetscht wird immer aktiv in die Fremdsprache, für die der KD angestellt wurde. Bei der Sprachenverteilung kristallisiert sich – außer für das AA – eindeutig der später auf dem freiberuflichen Markt anzutreffende Trend zur englischen Sprache als Lingua franca heraus. Alle befragten Ministerien bestätigten, daß diese Sprache immer in der gewünschten Kombination vorhanden sein sollte.

Der weitaus größte Arbeitgeber für KD im *institutionellen Bereich* befindet sich zweifelsohne auf *internationaler Ebene*. Die EU mit ihren diversen Organen entwickelte sich in den letzten zwei Jahrzehnten weltweit zum größten Dolmetscherdienst aller internationalen Organisationen. Allein die EU-Kommission beschäftigt 85 deutschsprachige Konferenzdolmetscher, gefolgt von dem Europäischen Parlament (26 festangestellte Dolmetscher) und dem Europäischen Gerichtshof mit 4 beamteten Kollegen. Der Bedarf der weiteren EU-Organe (Ministerrat, Wirtschafts- und Sozialausschuß) sowie EU-Sonderinstitutionen (CEDEFOP u.ä.) wird vom Dolmetscherdienst der Kommission gedeckt. Die Anforderungen an die Sprachkombination ist völlig anders, als oben erwähnt. Der Konferenzdolmetscher arbeitet fast ausschließlich in seine Muttersprache. Er beherrscht mindestens drei EU-Sprachen, die er als Arbeitssprache einsetzen kann. Immer häufiger verlangt der Arbeitgeber vom KD, daß er noch eine oder zwei weitere Fremdsprachen im Laufe seiner Karriere hinzulernt. Der in diesem Bereich tätige, festangestellte Dolmetscher wird ausschließlich zu Dolmetschzwecken eingesetzt.

Als weitere für deutschsprachige Konferenzdolmetscher relevante Arbeitgeber auf internationaler Ebene seien Organisationen vorwiegend im europäischen Bereich erwähnt: EUROCONTROL (Brüssel), internationale Atomenergiebehörde (Wien), IAA (Genf), IKRK (Genf), WEU (London, Paris), OSZE (Wien).

Auch – wenn auch in weitaus geringerem Maße – im Bereich der (nationalen) *Privatwirtschaft* finden deutschsprachige Konferenzdolmetscher ein festes Arbeitsverhältnis. Großunternehmen, aber auch Stiftungen, beschäftigen mit abnehmender Tendenz einen Stab von Konferenzdolmetschern. Aufgrund mangelnden Datenmaterials ist es hier unmöglich, eine exakte Erhebung aller Dolmetscher beschäftigenden Unternehmen anzugeben. Im Zuge des weiter unten beschriebenen Trends zum Outsourcing dürfte die Anzahl allerdings gering und im Schwinden sein.

3. Der Markt des freiberuflichen Konferenzdolmetschers

Weitaus größer ist die Zahl freiberuflich tätiger Kollegen und Kolleginnen. Ihr Auftragspotential finden sie sowohl national als auch international, bei Institutionen, Ministerien, Stiftungen und im privatrechtlichen Bereich der Wirtschaft und Gesellschaft. Bei der näheren Betrachtung dieses Marktes wird die oben verwendete Unterteilung beibehalten.

Auf *nationaler Ebene* steht dem KD im *institutionellen Bereich* ein relativ kleiner, aber nicht uninteressanter Markt zur Verfügung. Die oben beschriebenen Institutionen (vorwiegend Ministerien) treten auch als Auftraggeber auf, sei es zur Deckung eines punktuellen Spitzenbedarfs oder im Sinne eines progressiven Outsourcings oder gar, weil sie keinen Dolmetscherstab unterhalten. Zahlenmaterial hierzu gibt es nicht; punktuelle Befragungen des Autors bei den Sprachendiensten dieser Institutionen lassen erkennen, daß es sich hier um ein relativ kleines, aber im Wachsen befindliches Marktsegment handelt. So vergab beispielsweise das Auswärtige Amt 1996 332 Tage an freiberufliche Kollegen, das durchschnittliche Wachstum der letzten 5 Jahre lag bei 5%. Diesem Trend dürften auch alle weiteren Ministerien folgen. Laut AIIC-Statistik (Hall 1997) wurde 1996 in diesem Bereich 2% (296 Tage) für Ministerien gearbeitet. Nach der unter Punkt 4 aufgeführten Bewertungsmethode wären dies ca. 750 Gesamttage.

Weit größer ist der Markt der *internationalen Institutionen*, allen voran der EU-Sektor. So vergab das Europäische Parlament im Jahre 1996 4.046 Arbeitstage und der Europäische Gerichtshof 68 Tage. Von der EU-Kommission als bei weitem größtem Arbeitgeber waren keine näheren Angaben zu erfahren. Aufgrund persönlicher Beobachtungen dürfte jedoch für den gleichen Betrachtungszeitraum das Jahresarbeitsvolumen für die deutsche Kabine bei ca. 9.000 Mann/Jahr gelegen haben. Der Gesamtbedarf der EU-Organe an freiberuflichen Kollegen deutscher Muttersprache betrug demnach 13.100 Tage.

Der Bedarf der weiteren, zahlreichen internationalen Organisationen wird aus Platzgründen hier summarisch wiedergegeben. Aus den Angaben der AIIC-Dolmetscher der deutschen Region (Hall 1997) lag dieser Bedarf bei 9% (1.340 Tagen) und, gemäß der unten beschriebenen Aufschlüsselung, bei 3.350 Tagen insgesamt. So bot zum Beispiel der Europarat 1996, trotz satzungsgemäßer Beschränkung auf zwei Sprachen (En./Fr.), deutschen KD immerhin 344 Tage an.

Auch auf *nationaler Ebene* gibt es einige internationale Organisationen, die fast ausschließlich die Dienste des freiberuflichen Dolmetschers beanspruchen. Es handelt sich hauptsächlich um das Europäische Patentamt in München (1996: 2.300 Mann/Jahr), die ERA Akademie in Trier (1996: ca. 100 Tage), das EURO-Institut in Kehl (Fortbildung, Europäisches Verwaltungsrecht: ca. 120 Tage). Zum Europäischen Währungsinstitut in Frankfurt am Main wurden dem Verfasser keine Angaben gemacht.

Der zweite, laut AIIC-Statistik Deutschland (Neff 1996) noch größere Auftragsmarkt für deutschsprachige KD ist der sogenannte *Privatmarkt*. Es handelt sich hier um eine schwer definierbare und quantifizierbare Größe, die nur eine gründliche wissenschaftliche Untersuchung genauer bestimmen könnte. Das mögliche Kundenpotential dieses Marktes über eine Befragung der praktizierenden Kollegen zu eruieren, dürfte verhältnismäßig schwierig sein, da der eigene Kundenstamm zu den am besten gehüteten Berufsgeheimnissen gehört.

Der Versuch, diesen Markt wenn schon nicht zu bestimmen, so doch zumindest zu quantifizieren, kann aufgrund des vorher Erwähnten nur über die verfügbare Statistik der im Betrachtungsjahr 1996 geleisteten Arbeitstage erfolgen.

Wie aus der deutschen Statistik (Neff 1997) hervorgeht, lag dieses Marktsegment sprachenunabhängig mit insgesamt 12.125 Tagen oder 73% im Jahre 1995 und 10.110 Tagen (68%) 1996 weiterhin an der Spitze der Beschäftigungsmöglichkeiten. Geht man von der eher vorsichtigen Annahme aus, daß die im AIIC Deutschland organisierten Kollegen (1996: 190

Freiberufler) 40% des gesamten In- und Auslandsbedarfes abdecken, so ergäbe dies ein Auftragspotential von ca. 25.280 Arbeitstagen für den in Deutschland ansässigen Kollegenkreis. In Österreich wurden 1996 von AIIC organisierten Kollegen 1.230 Tage und, bei einem 50% Anteil des AIIC am Gesamtmarkt, insgesamt 2.460 Tage auf dem freien Markt gearbeitet. Nicht berücksichtigt sind Arbeitstage in der Schweiz sowie im nicht-deutschsprachigen Ausland, die von deutschsprachigen Kollegen mit Wohnsitz im Ausland abgedeckt werden. Auch wird in der vorhandenen Statistik keine Aussage über die Sprachverteilung und den Dolmetschmodus (Simultan, Konsekutiv, Flüsterdolmetschen) gemacht.

4. Bedarfsdeckung

Diesem scheinbar immensen Auftragsmarkt von annähernd 48.000 Tagen steht eine schwer zu ermittelnde Anzahl von Berufskollegen gegenüber. Anzutreffen sind sie vorzugsweise in der Nähe der Märkte, wo sie sich aus Wettbewerbsgründen niedergelassen haben. Legt man die vorhandenen AIIC-Zahlen zugrunde, so gab es in Deutschland 1996 190 freiberuflich tätige Kollegen mit Deutsch als Aktivsprache; in den Ländern der oben beschriebenen, international angesiedelten Märkte (Belgien, Österreich, Schweiz, Frankreich, Spanien, Italien, England, Luxemburg, Niederlanden) kommen 305 Kollegen hinzu. Weltweit gab es 1996 im AIIC 555 Kollegen mit Deutsch als aktiv einsetzbarer Sprache.

Die von Deutschland aus operierenden KollegInnen gaben ein Durchschnittsarbeitsvolumen 1995 von 92 und 1996 von 78 Gesamtarbeitstagen an (alle Sektoren, In- und Ausland). Dies entspricht einer Bedarfsdeckung von 16.841 (1995) und 14.878 (1996) Tagen.

Allerdings gibt dies bei weitem nicht das vollständige Bild der aktiv auf dem Markt tätigen Kollegen wieder. In Deutschland gibt es als weitere Bezugsdatenquelle den BDÜ und die dort organisierten Berufskollegen. Nach Doppelmitgliedschaft bereinigt waren dies 1996 durchschnittlich 150 Kollegen, die 1996 durchschnittlich ca. 70 Tage gearbeitet haben. Hinzu kommen die vom BDÜ abtrünnigen Verbände, wie ADÜ Nord (15 KD), AICOM (20 KD) und der LVDÜ Brandenburg (1 KD). Der in Berlin ansässige, aus der ehemaligen Vereinigung der Sprachmittler der DDR hervorgegangene VÜD (Verband der Übersetzer und Dolmetscher e.V.) zählt ca. 45 Konferenzdolmetscher. Laut Schätzungen der Berufsorganisationen (s. Art. 4) arbeiteten auch diese Dolmetscher, obwohl dies einzeln nicht statistisch erhoben wurde, durchschnittlich gut 50 Tage pro Jahr. Dies ergibt eine Bedarfsdeckung von noch einmal 2.250 Tagen.

Aufgrund der stringenten Aufnahmebedingungen in den AIIC und teilweise auch in die KD-Gruppe des BDÜ müssen wir außerdem von der Annahme ausgehen, daß es eine eher größere Zahl nicht-organisierter Berufskollegen geben und somit die Gesamtpopulation deutschsprachiger Konferenzdolmetscher in Deutschland weit höher liegen muß. Vorsichtig geschätzt dürfte diese, ausgehend von der Annahme, daß nur jeder vierte Dolmetscher im AIIC organisiert ist, demnach bei mindestens 800 derzeit noch aktiven Kollegen liegen. Der Verfasser ist sich der Unzulänglichkeit dieser Zahl voll bewußt und erhebt keinen Anspruch auf Richtigkeit. Rein rechnerisch scheint sie allerdings plausibel, da das vorhin ermittelte Gesamtarbeitspotential bei weitem nicht gedeckt ist. Die im europäischen Ausland ansässigen, nicht organisierten Kollegen sind noch schwerer zu ermitteln. Im Einzugsbereich der europäischen Organisationen scheinen sie relativ zahlreich zu sein.

5. Trends

Von allen oben beschriebenen Märkten dürfte sich der *EU-Markt* sowohl für den festangestellten, aber hauptsächlich für den freiberuflichen deutschsprachigen Konferenzdolmetscher am stärksten entwickeln. Alle EU-Organe melden zur Zeit wachsenden Bedarf an KD im allgemeinen und in einzelnen Sprachen im besonderen an. Dies erklärt sich einerseits durch die in den letzten 10 Jahren neu hinzugekommenen, sogenannten Minderheitssprachen, deren Bedarf, wie weiter unten zu sehen ist, noch lange nicht gedeckt ist, andererseits aufgrund einer durch Maastricht I und II gewollten Kompetenzerweiterung der EU-Organe und schließlich durch die noch nicht endgültig entschiedene Frage der kosteneffizientesten Sprachregelung für die einzelnen Organe.

Strukturell betrachtet wird es in den nächsten 10 Jahren zu einer Verschiebung auch in der gewünschten Sprachkombination kommen. Während die häufig schon als Schulsprachen erlernten Sprachen Englisch, Französisch, Spanisch, Italienisch heute weitestgehend abgedeckt sind, besteht ein dringender, in den nächsten 5–10 Jahren bestimmt anhaltender Bedarf an den erwähnten Minderheitssprachen: Portugiesisch, Griechisch, neuerdings hauptsächlich Schwedisch und Finnisch und in geringerem Maße Niederländisch und Dänisch. Im Zuge der unabwendbaren Osterweiterung, deren Beitrittsverhandlungen mit den Staaten Polen, Tschechien, Ungarn um die Jahrtausendwende beginnen, stehen dann auch diese Nationalsprachen auf der Wunschliste der EU-Organe. Auch heute schon ist das gesuchte Idealprofil des EU-Dolmetschers das eines vier oder noch mehr Sprachen beherrschenden Sprachgenies, wobei Englisch und Französisch vorzugsweise immer dabei sein sollten.

Bei weitem nicht so optimistisch ist die *Zukunft des nationalen und internationalen Privatmarktes* für den deutschsprachigen Konferenzdolmetscher einzuschätzen. Waren in den letzten 10 Jahren Wachstumsraten (Neff 1996) von durchschnittlich 5% für den gesamtdeutschen Markt zu verzeichnen, so setzte schon ab 1985 ein stetiger Abwärtstrend von durchschnittlich 1,2% oder 11 Tagen/Jahr auf dem Privatmarkt ein. 1996 bestätigt diese Talfahrt. Die Einbußen in Deutschland (minus 16%), aber auch in Österreich (minus 15%) fielen hier noch kräftiger aus als in den Vorjahren. Erste Befragungen für 1997 scheinen diesen Trend nicht zu widerlegen. Gründe für diese Entwicklung liegen auf der Hand: Rationalisierungsbestrebungen der Wirtschaft sowie aller anderen Sektoren als Reaktion auf die Konjunkturkrisen 1989 und 1993 sowie Umstrukturierungen im Zuge der Globalisierung führten eine klar ausgeprägte Wende auf diesem traditionellen Dolmetschermarkt herbei: Hinwendung zu Englisch als Lingua franca oder als Ausweichsprache für nicht deutschsprechende Kongreßteilnehmer sowie Reduzierung der Kongreßtage (Kostendruck) waren die logischen Folgen hiervon. Hinzu kommt ein überdurchschnittlich großes Angebot an jungen, gut ausgebildeten Nachwuchskollegen. Festzuhalten ist, daß die eindeutige, wenn auch z.Zt. nicht statistisch belegbare Tendenz zu Englisch weiter zunehmen wird. Ähnliche Entwicklungen in Frankreich, Spanien, Italien lassen erahnen, daß es sich hier um einen europaweiten (bzw. EU-weiten) Prozeß handelt.

Nicht nennenswert zur Erweiterung der Märkte werden neue Technologien, wie Tele- oder Videokonferenzen, beitragen. Während erstere eher dazu dienen, bestehende Kongresse durch örtlich vom Kongreß getrennte Referenten „anzureichern", sind letztere neue Ausrichtungsmodi, bei denen alle Teilnehmer – inklusive Dolmetscher – räumlich getrennt sind. Die Vorteile für die organisierende Wirtschaft bestehen vor allem in einem immensen Kosteneinsparpotential. Unter diesem Aspekt lassen sich wohl neue Arbeitsmöglichkeiten für den KD voraussagen, wie dies durch Telemedizin beispielsweise der Fall ist. Auch startete 1996 die EU-Kommission ein Projekt zur Dislozierung der Dolmetscher vom Konferenzgeschehen, mit dem Ziel, Konferenzgeschehen und Dolmetschertätigkeit in zwei verschiedene Gebäude zu verlagern (Dolmetscherstudios bzw. Teleinterpreting). Insgesamt gesehen tragen zur Zeit aber diese Technologien nicht nennenswert zur Erweiterung bestehender Märkte bei, verlangen jedoch vom zukünftigen Dolmetscher neue Kompetenzen bzw. erschweren seine Arbeitsbedingungen: willkürliche Kameraführung mit für den Dolmetschprozeß irrelevanten Informationsinhalten, schlechte Übertragungsqualität (mit B-ISDN scheint dieses Problem nun besser gelöst als mit Satellitenübertragung), höhere Anforderungen an die Konzentrationsfähigkeit (s. Art. 94).

Literatur

Hall, Ruth (1996): „The 1995 Statistical Report". *Bulletin AIIC* XXIV/2,15–21.

Hall, Ruth (1997): „The 1996 Statistical Report". *Bulletin AIIC* XXV/3 (i. Dr.)

Neff, Jacquy (1996): „Statistik-Report 1994+1995". *AIIC-Newsletter Deutschland* 1/97, 3. Newsletter.

Neff, Jacquy (1997): „Statistik-Report 1996". *AIIC-Newsletter Deutschland* 3/97 (i.Dr.)

Jacquy Neff (Germersheim)

4. Berufsverbände im deutschsprachigen Raum / Wissenschaftliche Gesellschaften

1. Berufsverbände – wozu?

Auch wenn keine genauen Zahlen über die Gesamtzahl der professionellen Übersetzer/Dolmetscher (Ü/D) vorliegen (weder für Deutschland noch für den deutschsprachigen Raum), so ist doch gewiß, daß nur ein kleinerer Teil davon Mitglied in einem translatorischen Berufsverband ist. Im Jahre 1997 hatte der größte einschlägige Verband, der Bundesverband der Übersetzer und Dolmetscher (BDÜ), rund 4.000 Mitglieder; das dürfte höchstens ein Viertel der professionellen Ü/D in Deutschland ausmachen (s. Art. 1, 2). Insbesondere die nichtselbständig tätigen Übersetzer, aber auch viele Lehrende im Ü/D-Bereich sehen in der Regel keinen Nutzen in einer Verbandsmitgliedschaft. Angesichts der mit einer Mitgliedschaft verbundenen Mitgliedsbeiträge (beim BDÜ etwa in der Größenordnung wie beim VDI und 1997 ca. 200 DM p.a.) ist die Frage nach der Kosten/Nutzen-Relation freilich durchaus legitim.

Ähnlich wie bei anderen Berufen gibt es jedoch auch bei Ü/D grundsätzliche Erwägungen, die für eine Verbandsmitgliedschaft sprechen. Dabei ist an individuelle, persönliche Vorteile ebenso zu denken wie an überindividuelle Aspekte. Für freiberuflich tätige Ü/D ist die Verbandsmitgliedschaft schon allein wegen der damit verbundenen Eintragung in Mitgliederverzeichnissen (bis 1997 nur als Printmedium, seither auch im Internet, z.B. unter bdue.com) ein wichtiger Wettbewerbsvorteil. Dies gilt insbesondere dann, wenn die Mitgliedschaft seitens des Verbandes restriktiv gehandhabt wird und dadurch (für potentielle Kunden erkennbar) ein positives Qualitätsmerkmal abgeleitet werden kann. Generell gilt, daß die Verbände durch ihre – für Mitglieder kostenlose – Verbandsmitteilungen (im Falle des BDÜ die vierteljährliche Zeitschrift *Mitteilungsblatt für Übersetzer und Dolmetscher, MDÜ*), sei es auf Bundes- oder regionaler Ebene, als Printmedium oder WWW-Seite, wesentlich zur Erhaltung und Aktualisierung der einmal erworbenen translatorischen Kompetenz beitragen können. Hierzu gehören nicht nur Fachaufsätze zu translatorisch relevanten Themen, sondern auch Insiderinformationen über nützliche oder anzuprangernde Berufspraktiken, Abrechnungsmodi, Steuerhinweise u. dgl. In noch stärkerem Maße gilt dies für spezielle Fort- und Weiterbildungsveranstaltungen (z.B. zu Themen, die im Rahmen des Studiums nicht oder nur marginal angesprochen werden, wie etwa Bewerbungsstrategien, Marketing und Akquisition), die z.T. von oder in Kooperation mit den Verbänden organisiert und durchgeführt werden und entweder nur Mitgliedern zugänglich sind oder diesen zu geringeren Kosten angeboten werden, so daß bei Nutzung dieser Informationsangebote der jährliche Mitgliedsbeitrag bald „hereingeholt" ist, zumal Beiträge zu Berufsverbänden auch steuerlich absetzbar sind. Durch Kooperationen der Verbände untereinander, wie z.B. BDÜ mit der tekom (Gesellschaft für technische Kommunikation) und dem DTT (Deutscher Terminologie Tag), erschließt die Mitgliedschaft in einem der Verbände meist auch die Tagungen und Preisnachlässe der Partnerverbände.

Neben diesem unmittelbar erfahrbaren individuellen Nutzen gilt zu bedenken, daß es grundsätzlich günstig ist, wenn die Berufsgruppe, der man angehört (auch wenn man Lehrer dieser Berufsgruppe ist), eine möglichst starke „Lobby" (z.B. in Bonn/Berlin und Brüssel) hat: Je mehr Mitglieder ein Berufsverband hat, desto einflußreicher und finanzkräftiger ist er; diese Finanzkraft kann einerseits für Imagepflegemaßnahmen eingesetzt werden (was der Berufsstand der Ü/D durchaus nötig hat), andererseits zur Verbesserung von Verbandspublikationen und Fortbildungsveranstaltungen dienen. Je „hochkarätiger" die Mitglieder eines Verbandes und dessen Exponenten sind, desto größer ist das Ansehen und der potentielle Einfluß des Verbandes und damit der letztlich auf alle Mitglieder zurückfallende Nutzen. Da die Ausübung von Funktionen in diesen Verbänden (z.B. die Organisation von Fortbildungsveranstaltungen) fast ausnahmslos ehrenamtlich ist, steht und fällt die Qualität der Verbände und ihres Angebots mit der Bereitschaft von Ü/D, nicht nur Mitglied zu werden, sondern auch solche Ehrenämter zu übernehmen.

Nicht zuletzt dienen die Berufsverbände auch als Bindeglied zwischen Praxis und Lehre, mit dem Ziel, einerseits das Lehrangebot der Studiengänge den gegenwärtigen und künftigen Anforderungen der sich stets wandelnden Berufspraxis anzupassen und andererseits neue Erkenntnisse aus der translatorischen Forschung im Rahmen von Fortbildungsangeboten den Praktikern zugute kommen zu lassen.

2. Verbände

Es gibt nationale translatorische Berufsverbände, die ihrerseits im internationalen Dachverband *FIT (Fédération Internationale des Traducteurs)* organisiert sind; eine Übersicht liefert das jährlich aktualisierte FIT-Vademecum. Die mit rund 5.000 Mitgliedern größte Ü/D-Berufsorganisation in Deutschland ist der bereits 1955 gegründete *BDÜ*, der sich sowohl an Übersetzer als auch an Dolmetscher richtet und hinsichtlich deren Tätigkeitsgebiet keine Einschränkungen macht. Der *VÜD* war die BDÜ-analoge Organisation im Gebiet der ehemaligen DDR, nicht zu verwechseln mit dem *VDÜ*, einem Verband speziell für literarische Übersetzer, oder dem *VÜ*, in dem nur juristische Personen (Übersetzungsbüros) organisiert sind. In der Schweiz gibt es die *ASTTI*, in Österreich die *Universitas* sowie den *ÖVG* und die *Übersetzergemeinschaft*. Daneben gibt es eine Reihe regionaler und lokaler Vereine und Gruppierungen. Eine aktuelle Liste einschlägiger Berufsverbände (einschließlich aller FIT-Mitglieder) mit Verknüpfungen zu den jeweiligen Informationen (Adressen, Ziele, Aufnahmekriterien usw.) im Internet liefert folgende Web-Adresse: http://dsb.uni-leipzig.de/~xlatio.

Die Bestellanschrift für das FIT-Vademecum lautet: Michelle Perreault-Ieraci, 4596 Marcil Ave., Montréal Québec, Canada.

Hier eine Auswahl der wichtigsten Verbandsanschriften:

Deutschland

ADÜ Nord
Assoziierte Dolmetscher und Übersetzer in Norddeutschland e.V.
Wendenstraße 435
D-20537 Hamburg
Telefon: +49-402191001
Telefax: +49-402191003
ADUe_Nord@compuserve.com
http://aquarius.nct/ADV

ATICOM
Fachverband der Berufsübersetzer und Berufsdolmetscher e.V.
z. Hd. Frau Gradinčević
Bankstraße 6
D-40476 Düsseldorf
Telefon: +49-2114920682
Telefax: +49-2114921758
gradincevic@compuserve.com

BDÜ
Bundesverband der Dolmetscher und Übersetzer e.V.
Rüdigerstraße 79a
D-53179 Bonn
Telefon: +49-228858151
Telefax: +49-228858145
http://www.bdue.de

VDÜ
Verband der Schriftsteller, Bundessparte Übersetzer
Appellhofplatz 1
D-50667 Köln

VÜD
Verband der Übersetzer und Dolmetscher Berlin e.V.
Hufelandstr. 46
D-10407 Berlin

Österreich

Österreichischer Verband der Gerichtsdolmetscher
Postfach 14
A-1014 Wien
Telefon und Telefax: +43-15215236-42

Übersetzergemeinschaft
Interessengemeinschaft von Übersetzerinnen und Übersetzern literarischer und wissenschaftlicher Werke
Seidengasse 13
A-1070 Wien
Telefon: +43-15262044-18
Telefax: +43-15262044-30

Universitas
Österreichischer Übersetzer- und Dolmetscherverband
Gymnasiumstraße 50
A-1190 Wien
Telefon: +43-13197273

Schweiz

ASTTI
Association Suisse des Traducteurs, Terminologues et Interprètes
PO 17
CH-3011 Bern

3. Wissenschaftliche Gesellschaften

Neben den translatorischen Berufsverbänden sind in den letzten Jahren auch wissenschaftliche Gesellschaften, sowohl auf nationaler als auch internationaler Ebene, ins Leben gerufen worden. 1992 wurde in Wien die *European Society for Translation Studies (EST)* als internationales Forum zur Förderung der Translationswissenschaft als eigenständige Disziplin gegründet (1997 ca. 280 Mitglieder). Mit einer ähnlichen Zielsetzung entstand schon 1987 die *Canadian Association for Translation Studies (CATS).* 1996 wurde in Saarbrücken die *Deutsche Gesellschaft für Übersetzungs- und Dolmetschwissenschaft (DGÜD)* gegründet, die insbesondere als Expertengremium in Forschungsangelegenheiten dienen soll. Auch weltweit setzt sich dieser Trend fort. Beispiele sind die 1991 entstandene *Interpreting Research Association of Japan* (1997 ca. 60 Mitglieder) und der *Congress Ibero-American de Traducão e Interpretacão* in Brasilien.

Hier die Anschriften:

European Society for Translation Studies (EST)
Gymnasiumstr. 50
A-1190 Wien
Telefon und Telefax: +43-131352287
http://www.univie.ac.at./transvienna/est

Deutsche Gesellschaft für Übersetzungs- und Dolmetschwissenschaft (DGÜD)
Universität des Saarlandes
Am Stadtwald
D-66123 Saarbrücken
Telefax: +49-6813024440
http://dsb.uni-leipzig.de/~dgud

4. Andere Einrichtungen

Kein Berufsverband, aber für Praktiker und Wissenschaftler ein willkommener Treffpunkt sind Einrichtungen wie das Europäische Übersetzer-Kollegium in Straelen. Der gemeinnützige Verein „Europäisches Übersetzer-Kollegium Nordrhein-Westfalen in Straelen e.V.“ wurde 1978 von dem Übersetzer Elmar Tophoven nach dem Vorbild der Schule von Toledo (s. Art. 10) als Arbeitszentrum für literarische und geisteswissenschaftliche Übersetzer gegründet.

Die Anschrift:

Europäisches Übersetzer-Kollegium
Kuhstraße 15–17
Postfach 1162
D-47638 Straelen
Telefon: +49-28341068/69

Peter A. Schmitt (Leipzig) /
Mary Snell-Hornby (Wien)

5. Die Entwicklung der Sprachmittlerberufe im 20. Jahrhundert

Über die Entwicklung der Sprachmittlung im 20. Jahrhundert geben Archivrecherchen (z.B. im Auswärtigen Amt, beim Sprachendienst der schweizerischen Regierung in Bern, Völkerbund, beim österreichischen Staatsarchiv in

Wien, bei den Niederlassungen von Siemens, Bayer/Leverkusen und VW im In- und Ausland) und Interviews mit Zeitzeugen umfassend Aufschluß. Sie lassen erkennen, daß das dominierende Entwicklungsmerkmal die wachsende Komplexität der Systeme, Strukturen und Mechanismen der internationalen Kommunikation ist. Eine zentrale Rolle spielt dabei – was manchen Leser überraschen mag – die Tatsache, daß in der Gegenwart keine übergreifende Wertewelt mehr die Menschheit zusammenhält. In dem Maße, wie die Gesellschaft beweglicher und mobiler geworden ist, in dem Maße, wie sie zwischen „Globalisierung" und „Fragmentierung" hin und her schwankt, gewinnt die Frage nach dem Wesen und der Bedeutung der Sprachmittlung an Gewicht. Auf eine kurze Formel gebracht, könnte man – einen außerordentlich komplexen Sachverhalt vereinfachend – sagen, daß drei Phasen die Entwicklung der Sprachmittlung im 20. Jahrhundert bestimmen: (1) die durch Französisch als Lingua franca bestimmte Phase (bis 1919), (2) die durch englisch-französische Bilingualität bestimmte Phase (bis 1945) und (3) die durch Multilingualität (mit einer gewissen Dominanz des Englischen) bestimmte Phase (1945 bis zur Gegenwart).

1. Der Zeitraum 1900–1919

Für diesen Zeitraum lassen sich zwei grundlegende Feststellungen treffen:

(1) Der seit einiger Zeit in Mode gekommene Begriff der „Interkulturalität" bzw. „Multikulturalität" hat eine lange Tradition, wie man beispielsweise an der Chinapolitik des Auswärtigen Amts in Berlin und am Aufbau des Chinageschäfts von Siemens und Bayer zeigen kann.

(2) Trotz des unverkennbaren Aufschwungs der Sprachmittlung ab etwa 1900 kann man, jedenfalls bezogen auf Deutschland, zunächst noch nicht von einem selbständigen, auf dem Arbeitsmarkt ins Gewicht fallenden Berufsstand der Sprachmittler mit relativ genau umrissenen Berufsaufgaben und mit eigenen nationalen und internationalen Berufsverbänden und mit eigenen Fachzeitschriften sprechen.

In exemplarischer Form wird dies deutlich an den Verhältnissen im Auswärtigen Amt (AA). Einen „Sprachendienst", wie wir ihn heute verstehen, als Organisationseinheit mit Übersetzern, Überprüfern (Revisoren), Dolmetschern und Terminologen, gab es zu Beginn des 20. Jahrhunderts noch nicht. Wohl aber gab es ein sog. *Dragomanat* als Sammelbegriff für die sog. *Dragomane* (Gesprächs- oder Verhandlungsdolmetscher), und zwar ausschließlich für – aus eurozentristischer Perspektive – „exotische" (vorab asiatische) Sprachen, worunter das Chinesische die führende Rolle spielte. Für europäische Sprachen gab es keine Dragomane, weil für die Beschäftigung im (höheren) Dienst des AA neben einem abgeschlossenen Jurastudium fundierte Kenntnisse des Englischen und des Französischen unbedingte Einstellungsvoraussetzungen waren. Allerdings zeigt der sog. „Naulilaa"-Fall (Kurz/Kurz 1995), daß die Vernachlässigung der europäischen Sprachen nicht problemlos war.

Die Ausbildung der Dragomane erfolgte an dem (auf Initiative Bismarcks 1887 gegründeten) „Seminar für Orientalische Sprachen" an der Universität Berlin. Allerdings bildete das Seminar keine Übersetzer/Dolmetscher aus, sondern „Sprachkundige". Auffallend ist die große Zahl an sog. „realistischen" Lehrveranstaltungen (Landes- oder Auslandskunde). So mußten die Studierenden der chinesischen Abteilung im AA beispielsweise Vorlesungen und Übungen in chinesischer Geschichte, Literatur, Philosophie, Geographie, Staatskunde, Gesellschaftskunde, Kunstgeschichte, Archäologie und, nicht zuletzt, in chinesischer Logik besuchen und wurden damit in die Lage versetzt, nicht mehr eurozentrisch zu denken und zu formulieren, sondern sich in die chinesische Kultur zu integrieren.

Im Gegensatz zu Stellen für Dragomane verfügten weder das AA noch die Botschaften bzw. Gesandtschaften über Planstellen für Übersetzer. Die Zentrale zog für Übersetzungen das erwähnte „Seminar für Orientalische Sprachen" heran; bei den Botschaften/Gesandtschaften waren alle Kanzleibeamten zur Herstellung von Übersetzungen ohne Entgelt verpflichtet. War eine Übersetzung besonders eilig, wurde sie auf Weisung außerhalb der Dienstzeit gegen Entgelt angefertigt. Dabei war preußische Sparsamkeit absolutes Gebot, wie u.a. der bemerkenswerte Umstand zeigt, daß das AA einen Teil des für eine Übersetzung bezahlten Honorars zurückforderte, wenn sich nachträglich herausstellte, daß der betreffende Text Informationen enthielt, über die das Amt schon aus anderen Quellen verfügte.

Für die damalige Sprachmittlungssituation in der Wirtschaft aufschlußreich ist, wie die (relativ zahlreichen) Siemens-Niederlassungen in China ihre Kommunikationsprobleme lösten: Sie beschäftigten sog. *Compradores*, d.h. in erster Linie Portugiesen, die es in den Fernen Osten verschlagen hatte, aber auch Holländer und Spanier als Mittelsmänner bei ihren Exportabschlüssen und beim Aufbau eines relativ engmaschigen Verkaufsnetzes, das in Hongkong, Nanking, Shanghai und Peking seine Schwerpunkte besaß und erkennen läßt, daß das „China-Geschäft" keine Erscheinung der unmittelbaren Gegenwart ist, sondern schon ab etwa 1875, jedenfalls von Siemens, aber auch von anderen deutschen exportorientierten Großbetrieben, zielstrebig betrieben wurde. Geschäftspolitisch interessant ist, daß nicht die Compradores die Siemens-Vertreter, sondern umgekehrt die Siemens-Vertreter die Compradores auf ihren Geschäftsreisen in China begleiteten – was nur bedeuten kann, daß die Compradores keinen untergeordneten Status hatten, sondern von den Siemens-Vertretern wegen ihrer Sprachkenntnisse und ihres Verhandlungsgeschicks hoch geschätzt wurden.

2. Der Zeitraum 1919–1945

Das Ende des Ersten Weltkriegs bedeutete aus fünf Gründen eine tiefe Zäsur in der Entwicklung der Sprachmittlung:

(1) US-Präsident Thomas Woodrow Wilson setzte bei den Versailler Friedensverhandlungen gegen erheblichen Widerstand Frankreichs Englisch als gleichberechtigte zweite Verhandlungssprache durch.

(2) Bei den Friedensverhandlungen und danach beim Völkerbund betätigten sich neben professionellen Sprachmittlern sog. „Diplomatendolmetscher" als Verhandlungsdolmetscher.

(3) Ab 1919 wurde grundsätzlich zwischen der Tätigkeit des Dolmetschers und des Übersetzers unterschieden.

(4) Neben das Verhandlungsdolmetschen (auch als Gesprächs- oder bilaterales Dolmetschen bezeichnet, das bis dahin die einzige Form des Dolmetschens war (s. Art. 11 und 91) traten das Konsekutivdolmetschen und das Simultandolmetschen (s. dazu Art. 11, 87 bzw. 86).

(5) Ab Ende der 20er Jahre sind erste Ansätze für eine praxisgerechte Ausbildung von Sprachmittlern zu verzeichnen.

Über die Tätigkeit der „Diplomatendolmetscher" gibt es eine umfangreiche Memoirenliteratur, die für Historiker und Politikwissenschaftler höchst aufschlußreich ist. Während sich die Arbeit dieser „Diplomatendolmetscher" eher im Verborgenen abspielte, standen professionelle Dolmetscher im Licht der Öffentlichkeit. Im allgemeinen gilt Léon Dostert, der für die Nürnberger Kriegsverbrecherprozesse (1945–46) den Dolmetschdienst organisierte, als Wegbereiter des Simultandolmetschens, aber das ist nur bedingt richtig, denn Simultandolmetschen wurde bereits 1927 beim Völkerbund *(League of Nations)* praktiziert: Der Topstar unter den Konferenzdolmetschern am Sitz des Völkerbundes in Genf war Professor Paul Mantoux, der so große rhetorische Fähigkeiten besaß, daß er das Publikum bei den öffentlichen Sitzungen des Völkerbunds zu Begeisterungsstürmen hinriß (Bowen et al. 1995).

Nach dem Eintritt Deutschlands in den Völkerbund (1926) ergab sich für das Auswärtige Amt in zweierlei Hinsicht eine neue Situation:

(1) Die deutsche Delegation sprach Deutsch. Deswegen brauchte das Auswärtige Amt Konferenzdolmetscher (so der neugeschaffene Oberbegriff für Simultan- und Konsekutivdolmetscher) mit Deutsch als Muttersprache. Der bekannteste war Paul Schmidt („Hitlers Dolmetscher"), der von 1923 bis 1945 für das Auswärtige Amt (AA) tätig war und das Buch *Statist auf diplomatischer Bühne* (1949) geschrieben hat.

(2) Die Wiederanknüpfung der im Krieg fast gänzlich verlorenen internationalen Kontakte erforderte die Schaffung von Planstellen für Übersetzer. Maßgebend dafür war eine Denkschrift des Regierungsrats Gautier, des späteren AA-Sprachendienstleiters, aus dem Jahr 1921, wonach es im AA eine eigene Sprachenabteilung mit Dolmetschern, Übersetzern und Sachverständigen für Politik, Jura, Nationalökonomie und Technik geben sollte.

Das AA folgte diesem Vorschlag – mit dem Ergebnis, daß es dort seit 1921 einen Sprachendienst mit Referatsstatut gibt. Über die vom Sprachendienst geleistete Arbeit geben Jahresberichte Auskunft (nicht alle sind erhalten), wobei der Bericht für 1929 besonders wichtig ist, weil er die Grundsätze für eine effiziente Sprachendienstarbeit darlegt. Ungefähr zur gleichen Zeit gibt es in den Akten Hinweise darauf, daß man im Auswärtigen Amt anfing, sich Gedanken über eine institutionalisierte Ausbildung von Sprachmittlern zu machen. Jedenfalls ist seit 1929 eine Korrespondenz mit der Handelshochschule Mannheim belegt, wo 1930 das „Institut zur sprach- und wirtschaftswissenschaftlichen Ausbildung von Dolmetschern" gegründet wurde. Das Mannheimer Institut wurde 1932 an die Universität Heidelberg verlegt, die damit das erste Universitätsinstitut mit spezifischen Studiengängen für Übersetzen und Dolmetschen beherbergte – lange vor Genf (1941) und Wien (1943) und den vielen Nachkriegsgründungen in Europa und Übersee.

3. Der Zeitraum von 1945 bis zur Gegenwart

Die Sprachmittlung wird heute weltweit in großem Stil, sozusagen als *big business*, betrieben. Deshalb spricht Sager zu Recht vom Übersetzen als *language industry* (1993:1; anderswo ist von *translation industry* die Rede). Dafür läßt sich eine ganze Reihe von Indizien angeben:

- das Prinzip der multilingualen Sprachmittlung (Beginn 1945 bei der UN-Konferenz in San Francisco)
- die rasche Ausbreitung des Fachtextübersetzens
- die zunehmende Verbreitung des Simultandolmetschens und des sog. Community Interpreting *(public-service interpreting)*
- die Gründung nationaler und internationaler Fachverbände
- die Gründung von Verbandszeitschriften
- die Konsolidierung der Ausbildung von Übersetzern, Dolmetschern und Terminologen

In welchem Umfang und in welchem Tempo die Internationalisierung der (Fach-)Kommunikation in den letzten Jahrzehnten vorangeschritten ist, läßt sich in exemplarischer Form an der Expansion der Sprachmittlerdienste der EU mit ihren zahlreichen Unterorganisationen in Brüssel, Luxemburg und Straßburg beobachten. Ursprünglich bestand die EU, die heute rund 1.600 Übersetzer und Dolmetscher beschäftigt, unter der Bezeichnung EWG (Europäische Wirtschaftsgemeinschaft) aus sechs Ländern (die drei Benelux-Staaten sowie Deutschland, Frankreich und Italien); heute sind es 15 Staaten (außer den eben genannten Dänemark, Finnland, Griechenland, Großbritannien, Irland, Österreich, Portugal, Schweden und Spanien). Da die EU-Behörden (noch) eine „egalitäre" Sprachenpolitik betreiben (die Sprache eines jeden Mitgliedslandes ist automatisch Amtssprache oder wenigstens Arbeitssprache), folgte daraus eine Erweiterung der EU-Sprachen von ursprünglich vier (Deutsch, Französisch, Italienisch, Niederländisch) mit zwölf Sprachenkombinationen auf nunmehr elf (ohne Irisch) mit 110 Sprachenkombinationen. Diese Entwicklung stellt die EU-Behörden vor immer größere organisatorische und finanzielle Probleme, die sich übrigens schon Ende der 70er Jahre abzeichneten (s. *Economist*-Artikel „Gift of too many tongues" vom 12.8.1978).

Versuche, das Kommunikations- und mithin Translationsproblem in der EU durch Einführung von Esperanto als offizielle EU-Sprache zu lösen, sind gescheitert, weil die Muttersprache die Trägerin und Vermittlerin der „Erfahrungserstwelt" ist. Die starke Bindung des Menschen an seine Muttersprache bewirkt, daß sich die einzelnen Sprach- und Kulturgemeinschaften instinktiv gegen ein Verständigungsmedium wehren, das bei all seinen theoretischen Vorzügen doch den entscheidenden Nachteil hat, keine natürlich gewachsene, sondern eine kalkulierte, „berechnete" Sprache zu sein. An der emotionalen Ablehnung des Esperanto würde auch eine internationale Sprachengesetzgebung, die ohnedies unwahrscheinlich ist, nichts oder nicht viel ändern (Näheres zu Esperanto bei Blanke 1985).

Die Ausbreitung des Sprachmittlerwesens nach 1945 dokumentiert sich auch in der Gründung von Fachverbänden (s. dazu Art. 4) und Verbandszeitschriften. Die meisten Verbände halten regelmäßig Tagungen ab, bei denen vornehmlich berufsständische Fragen, d.h. solche, die mit der „Professionalisierung" des Sprachmittlerwesens zu tun haben, aber auch Fragen der Zusammenarbeit zwischen Berufspraxis und Ausbildung diskutiert werden. Ein wichtiger Punkt ist der Schutz der Berufsbezeichnungen Übersetzer und Dolmetscher. Heute kann sich jeder, wenn er will, Übersetzer oder Dolmetscher nennen. Nur die Berufsbezeichnungen Diplomübersetzer und Diplomdolmetscher sind geschützt und setzen einen Universitäts- oder Fachhochschulabschluß voraus (zum Berufsbild s. Art. 1; zur Ausbildung s. Art. 6 bis 8 sowie http://dsb.uni-leipzig.de/~xlatio/KURZ.HTM).

4. Ausblick

Ein relativ neuer Begriff ist das „Community Interpreting" (Näheres in Art. 92); es handelt sich um eine Sonderform des Gesprächsdolmetschens, das vor allem in „Einwanderungsländern" (USA, Großbritannien, Deutschland etc.) viel praktiziert wird. Der Begriff ist vage; deshalb sind Bestrebungen im Gange, ihn durch situationsspezifischere Bezeichnungen wie *hospital interpreting, mental health interpreting* und *social service interpreting* zu ersetzen (*The Jerome Quarterly* 8/4, 13). Zum Community Interpreting gehört auch das „Gerichtsdolmetschen", für das vereidigte Dolmetscher herangezogen werden. Eine neue Entwicklung ist auch das in der Mitte der 90er Jahre aufgekommene *remote interpreting*; hierüber gibt es bisher nur wenig Informationen. Dazu gehört ein Bericht über den UN Crime Congress in Kairo Mai 1995, der von Dolmetschern in Wien bedient wurde (*The Jerome Quarterly* 11/3, 1). Dolmetschtechnisch „fernbedient" war auch die Frauenkonferenz in Peking (1997): Die UN-Dolmetscher blieben in New York, die Verbindung zwischen Peking und New York wurde – mit begrenztem Erfolg – durch ein Modem hergestellt.

Der zentrale Begriff der Sprachmittlungspraxis ist „Effizienz". „Effizienz" bedeutet ständige Lernbereitschaft und Leistungsorientiertheit im Koordinatensystem Qualität und Schnelligkeit, die Organisation neuen Wissens durch den Aufbau von Wissens- und Datenbanken, Motivation und Fähigkeit zur Teamarbeit, um individuelle Wissensvorräte arbeitsteilig nutzbar zu machen (Wilss 1996). Die Wissensbasiertheit der Sprachmittlung ist von grundlegender Wichtigkeit, weil die Sprachmittlung in der Regel ohne viel (oder ganz ohne) Interaktion zwischen Ausgangstextproduzent und Sprachmittler einerseits und zwischen Sprachmittler und Zieltextempfänger andererseits vor sich geht. Sprachmittlung basiert mehr als die einsprachige Kommunikation auf der Leistungskraft des Langzeitgedächtnisses, denn der Sprachmittler muß über sprachliches, außersprachliches und situatives Wissen nicht nur einsprachig, sondern zwei- oder mehrsprachig verfügen.

Alles deutet darauf hin, daß – zumindest in den weiter verbreiteten Sprachen – die Tage des „Allround"-Sprachmittlers (des „Experten fürs Allgemeine") gezählt sind: Spezialisierung wird angesichts des explodierenden Wissensvolumens und der zunehmenden Komplexität fachlicher Sachverhalte unvermeidlich sein. Worauf es ankommt, ist „Qualitätsmanagement" (s. Art. 114). Dies ist nur durch Arbeitsteilung möglich, wie sie z.B. in den „Übersetzersozietäten" praktiziert wird. Für den Sprachmittlerberuf ergibt sich damit eine neue „unternehmerische" Qualität, in der computerbasierte Dokumentation eine große Rolle spielen wird. Das zukünftige Schlüsselwort heißt *customizing*, d.h. die schnelle, individuelle und sachkundige Abwicklung von Kundenaufträgen unter Einsatz aller jeweils erreichbaren intelligenz- und produktionssteigernden Ressourcen (zu Werkzeugen s. Art. 49 bis 52, sowie Fischer 1995), wozu auch das ganze Spektrum des digital gespeicherten Wissens zu rechnen ist, das dem Sprachmittler heute über das Internet zur Verfügung steht. Eine zentrale und sehr hilfreiche Rolle spielen dabei nicht nur die üblichen Suchmaschinen, sondern translationsspezifische „Informationsdrehscheiben" (*information hubs*, wie z.B. http://dsb.uni-leipzig.de/~xlatio) mit mehr oder weniger übersichtlich strukturierten Verknüpfungen *(links)* zu translationsrelevanten Informationsquellen: Damit stehen dem Sprachmittler im letzten Jahrzehnt des 20. Jahrhunderts sogar vom heimischen Arbeitsplatz aus Arbeits- und Recherchemittel zur Verfügung, von denen noch ein Jahrzehnt zuvor nicht zu träumen war.

Literatur

Blanke, D. (1985): *Internationale Plansprachen.* Berlin: Akademie.

Bowen, M. et al. (1995): „Interpreters and the Making of History." Delisle, J. / Woodworth, J. (1995) (Hrsg.): *Translators through History.* Amsterdam: Benjamins/UNESCO Publishing, 245–277.

Fischer, P. (1995): *Die Selbständigen von morgen. Unternehmer oder Tagelöhner.* Frankfurt/M.

Kurz, B. / Kurz, I. (1995): „The Naulilaa Case: A Border Incident Caused by Misinterpretation." *The Jerome Quarterly* 11/1, 12–13.

Sager, J. C. (1993): *Language Engineering and Translation. Consequences of automation.* Amsterdam: Benjamins.

Schmidt, P. (1949): *Statist auf Diplomatischer Bühne 1923–45. Erlebnisse des Chefdolmetschers im Auswärtigen Amt mit den Staatsmännern Europas.* Wien: Ullstein.

Wilss, W. (1996): *Übersetzungsunterricht. Begriffliche Grundlagen und methodische Orientierungen.* Tübingen: Narr.

Wolfram Wilss (Saarbrücken)

6. Curriculare Modelle

Fachausbildung ist eine *didaktische* Aufgabe, die praktisch gelöst werden muß, auch dann, wenn die Lerngegenstände bisher kaum oder nur unbefriedigend erforscht sind. Die Unterrichtspraxis hat der Translationswissenschaft immer wieder Ideen und theoretische Ansätze geliefert. Dieses Handbuch zeigt, daß die Forschung inzwischen der Ausbildung interessante Materialien, Erklärungsmodelle und didaktische Vorschläge anzubieten hat. – Praxis, Fachdidaktik und Fachwissenschaft stehen autonom nebeneinander und können von ihren Erkenntnissen gegenseitig profitieren.

1. Curriculum vs. Lehrplan

Unter *Curriculum* (Hameyer 1991) wird hier ein komplexes, durchgeplantes Ausbildungsprogramm verstanden, in dem alle Teilfächer (Module) aufeinander bezogen und auf ein gemeinsames Gesamtziel ausgerichtet sind, auf das Richtziel, z.B. als Translatorrollen. Diese lassen sich in Grobziele, z.B. Einzeltätigkeiten, und Feinziele, z.B. bestimmte Aufgaben, ausdifferenzieren, die mit Themen und Ausdrucksmitteln in Situationen verknüpft sind. (Freihoff 1993 und 1995). Fein- und Grobziele müssen sämtlich durch das Richtziel abgedeckt sein. –

Richtziel: Rollen	Translations- experte
Grobziele: Tätigkeiten Kompetenzen	Haltungen Kenntnisse Fähigkeiten
Feinziele: Einzelaufgaben	Situationen Themen Verarbeitung Werkzeuge usw. Ausdrucksmittel

Lehrpläne werden dagegen im allgemeinen für einzelne Unterrichtsfächer erstellt. Sie erfassen „die Ziele u. Aufgaben sowie Hinweise für die Gestaltung des jeweiligen Unterrichtsfaches" *(Duden Universalwörterbuch)*. Bei nachlassender bzw. fehlender Koordination eines Curriculums tendieren die Teilfächer zur Abschottung. Der Zusammenhalt ist nur noch durch Stundenplan und Prüfungsordnung gewährleistet, die *Stoffpläne* verselbständigen sich, die Richtzielorientierung geht verloren, zeitliche und inhaltliche Überschneidungen, Überbetonung und Vernachlässigung von Teilgebieten sind die Folge – zu Lasten der Studierenden. Ein Beispiel dafür: An einigen universitären Einrichtungen müssen bestimmte Studien in jeder ‚Sprache' wiederholt werden, weil fächerübergreifende Grund- und Spezialkurse oder Seminare zu allgemeinen Zielen oder Kompetenzen fehlen. Das übergeordnete Richtziel, der Translationsexperte, wird nicht klar gesehen (s. Art. 29).

2. Rahmenbedingungen, Ressourcen und Zielvorstellungen

Curriculumplanung ist auch Bildungs- und Arbeitsmarktpolitik, weshalb Behörden, Berufsorganisationen und andere Interessenvertreter direkt und indirekt auf die Rahmenplanung und auf Prüfungen, Titel und Berufsbezeichnungen Einfluß nehmen (z.B. MDÜ 1988). Weltweite Zwänge zur Flexibilisierung der Arbeitswelt treffen heute das Bildungswesen. Ausbildungsprogramme für Translationsexperten müssen sich den Anforderungen der Berufspraxis von morgen (Stolze 1996, s. Art. 1, 2) und den Bedürfnissen der Studierenden von heute anpassen können, d.h., bei klar umrissenen Gesamtzielen, offen bleiben für kreative Arbeitsweisen und individuelle Wege. Ein gutes Curriculum als ‚weitmaschiger Rahmenentwurf' fordert sogar dazu heraus (Klafki 1995:102).

Curriculare Modelle sind somit unter kulturspezifischen Bedingungen zwischen den beteiligten gesellschaftlichen Kräften auszuhandeln. Eine Hürde für Neuerungen können das öffentliche Ansehen und das traditionelle Rollenverständnis der Dolmetscher und Übersetzer oder der Dozenten und der Studierenden sein. „Generelle Zielprinzipien wie Selbstbestimmung, Mitbestimmung und Solidarität" (Klafki 1995:97) sind demokratische Tugenden, durch die auch Entwicklung, Revision und Pflege eines flexiblen, offenen Curriculums für Experten gefördert werden.

Kulturelle Rahmenbedingungen sind nicht leicht zu verändern. Werte und Erwartungen der Gesellschaft beeinflussen den Status der Translation in Praxis, Beruf und Wissenschaft. Dies schlägt sich in gesetzlichen Regelungen, Satzungen, Kompetenzforderungen und Arbeitsbedingungen nieder, die den *status quo* schützen und Reformen erschweren. Auch die Studierenden müssen für Veränderungen gewonnen werden. Unter diesen langfristigen Rahmenbedingungen und auf der Grundlage der verfügbaren Ressourcen entwickeln die Ausbildungsstätten ihr kulturgebundenes Studienangebot, d.h. ihr curriculares Modell. (z.B. Hönig 1995:166 ff.; 164, Acht-Semester-Modell).

Ressourcen im engeren Sinne sind Finanzbasis, Räumlichkeiten, Ausstattung und Geräte, Bibliotheken und neue Medien, Sprachlabore, Verwaltungs- und Hilfspersonal; für die Translatorenausbildung gelten spezielle Anforderungen an Computereinsatz (s. Art. 102), Dolmetschanlagen (s. Art. 97) und Bibliotheksdienste. Ressourcen im weiteren Sinne sind der fachkundige ‚Lehrkörper', doch vor allem auch die Studierenden, von deren Vorbildung, geistigen Kapazitäten und Motivationen es abhängt, welche Ziele mit welchen Methoden in welchem Zeitraum angestrebt werden können. Schließlich spielen auch die kulturelle und wirtschaftliche ‚Infrastruktur' am Ort (Wohnwert) eine wichtige Rolle sowie der gute Ruf, das Image und Ethos der Institution, die Werte und Ideale der Lehrenden und Lernenden: *implizites Curriculum* (Jennings 1995:261).

3. Zielsetzungen und Leitbilder, Ressourcen

Ressourcen, Ziele und Methoden sind aufeinander abzustimmen. Ein Curriculum kann nicht alle Berufs- und Tätigkeitsformen gleichermaßen abdecken, sondern muß Schwerpunkte setzen. Die wichtigsten Fragen sind: allgemeine Bildungsziele, Berufsziele, Theorie und Praxis, Ausübungsformen, Sachbereiche. – Bei der Entscheidung über Auswahl und Gewichtung der Tätigkeitsformen, Themen und Teilkompetenzen sind auch die Spezialisierungs- und Anforderungsniveaus einzuschätzen und/oder zu definieren:

Was ist für dieses Curriculum das wichtigste mögliche Ziel, und welches Leistungsniveau wird als hinreichend erachtet? Es geht also nicht um abstrakte Maximalforderungen, sondern es ist das Leistungsminimum zu beschreiben, das die Studierenden durchschnittlich – in diesem Curriculummodell – erreichen sollen.

Teilbereiche der Translation im Überblick (vgl. Abb.1).

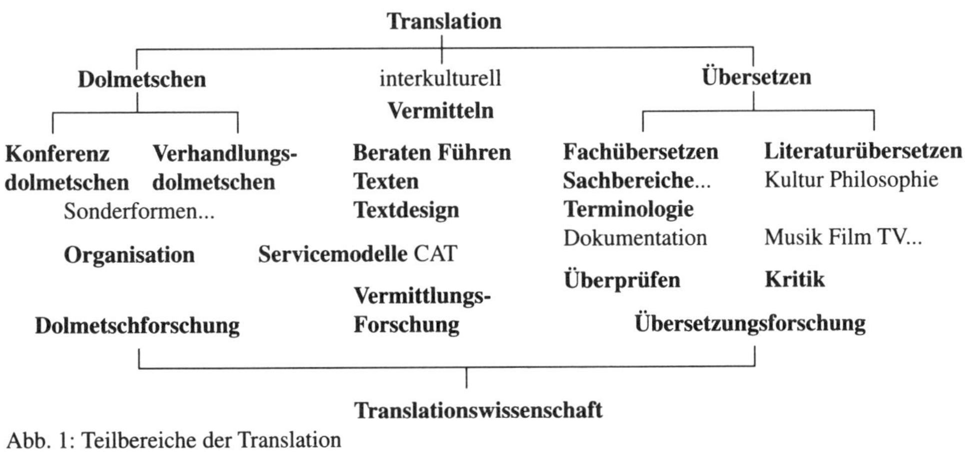

Abb. 1: Teilbereiche der Translation

Mary Snell-Hornby (1986) ist es gelungen, die unterschiedlichsten Forschungsansätze, Ebenen und Teilgebiete (Literarisches, Gemeinsprachliches und Fachübersetzen) der Translation in einer „Neuorientierung“ zu einem praxisnahen Gesamtgebiet zusammenzuführen.

Klare Unterscheidung zwischen Zielen und Tests. Die Curriculumziele werden als Kenntnisse, Fähigkeiten und Haltungen des Translationsexperten beschrieben, als allgemeine Leitvorstellungen (Berufsbilder, Tätigkeiten, Kompetenzen, Verantwortung). Die zu den Zielen passenden Testformen, Prüfungsaufgaben und die Beurteilungsmaßstäbe sind als Meßinstrumente für die angestrebten Leistungsniveaus zu entwerfen und zu erproben: diagnostische Tests (s. Art. 108–111), Schwellentests; praxisnahe Prüfungen (als Auftrag mit den notwendigen Arbeitsmitteln des Translators). – Eine ernste Gefahr ist der Ersatz der Zielbeschreibung durch Prüfungsordnungen und formale Testbeschreibungen, weil sich dann der Unterricht auf Prüfungsverhalten und Testinhalte konzentriert, um den Erfolg zu sichern. Dadurch wird die Optimierung und kreative Erneuerung von Zielsetzungen, Unterrichtsmethoden und Tests gelähmt, und das Curriculum verknöchert.

Gegenstände – Zielsetzungen – Inhalte vs. Stoff. Unterrichtsinhalte entwickeln sich aus Thematisierungen von Gegenständen (Sachverhalten) unter dem Aspekt der curricularen Zielsetzungen. Somit sind die aktuellen Inhalte abhängig davon, wie Lehrende und Lernende Ziele und Gegenstände (den Stoff) im Einzelfall interpretieren und welche Methoden sie dabei einsetzen. Der scheinbar ‚gleiche‘ Stoff bildet entweder als Haupt- oder als Teilgegenstand für die Beteiligten einzelner Studiengänge verschiedene Inhalte: Mathematik für künftige Elektroingenieure unterscheidet sich von der für Mathematiker, Biologieunterricht für Mediziner oder Landwirte von dem für Biologen usw. Diese triviale Tatsache wird mißachtet, wenn z.B. in der Ausbildung von Dolmetschern und Übersetzern als Hauptgegenstand ‚die Fremdsprache‘ oder ‚der Text‘ gesehen wird. Das führt dann immer wieder zur Gleichsetzung von Translation mit Linguistik oder Philologie und damit zum ‚Sprachübersetzen‘ (logozentrisch, Arrojo 1997) oder ‚Textübersetzen‘ (textozentrisch). – Hauptgegenstand der Ausbildung von Translationsexperten ist jedoch die Translation, d.h. die fallspezifischen Vermittlungsleistungen zur Ermöglichung bzw. Optimierung interkultureller Kommunikationsprozesse (s. Art. 30). Zentrale Teilgegenstände sind dabei die Kulturen und Arbeitssprachen (Muttersprache A, Fremdsprachen B und C) als kulturspezifische Ausdrucksmittel sowie die mündliche und schriftliche Textproduktion, Rhetorik, Stilistik, jedoch nicht ‚an sich‘, sondern als Teilelemente von Dienstleistungen des Translators. Andere Teilgegenstände sind – wie in anderen Beiträgen ausführlich dargestellt – Situations- und Rollenanalysen, Handlungsstrategien, die nonverbalen Ausdrucksmittel wie Gestik, Mimik, Verständlichkeitsprinzipien, Interpretation von Auftrags- und Ausgangsmaterial, Produktspezifikationen, Arbeitsvorbereitung; Einsatz und Entwicklung der Arbeitsmittel, Computer, Textverarbeitung; Grafik, Desktop Publishing (DTP), kulturspezifische Verteilung der Informationen auf Text und Bild, Typographie, Text(bild)gestaltung; Recherchierverfahren, Datenbanken, Terminologie, Glossare und Wörterbücher, computergestütztes Übersetzen (CAT) usw. Hinzu kommen translationsrelevante Rechtsfragen (Copyright, Vertragsrecht, Urkundenwesen, Haftung), Betriebsorganisation, Berufsethos und Verantwortung der Translationsexperten als Dienstleister usw.

Wichtige Teilgegenstände sind darüber hinaus die Anwendungsgebiete, auch Sachfächer genannt, die beim Dolmetschen und Übersetzen zu berücksichtigen sind. Dabei geht es häufig um interkulturelle Fachkommunikation über Innovationen, technische und soziale Neuentwicklungen. Hinter jedem Teilgegenstand ist also zu ergänzen: „für Translatoren“ oder „aus der Sicht von Translatoren“ und „im Rahmen der Ressourcen und Zielsetzungen dieses Curriculums“. Wissenschaftlichkeit äußert sich in den Betrachtungsweisen und Arbeitsformen, im begrifflichen Denken und Erarbeiten einer Translationsterminologie, im Hinterfragen und Evaluieren von Praktiken und Theorien.

4. Ziele, Lernstile und Kursgestaltung

Ziel der Ausbildung ist, verantwortungsbewußte, eigenständig denkende, tatkräftige Persönlichkeiten, Translationsexperten, heranzubilden, die komplexe Vermittlungsaufgaben übernehmen, analysieren und lösen und ihr Vorgehen argumentativ vertreten können (vgl. Hönig 1995). Deshalb ist es die Aufgabe der Lehrenden, sich von Anfang an weitgehend – und schließlich ganz – zurückzuziehen. Ihre Arbeit besteht darin, durch Organisieren sinnvoller Handlungsrahmen (Situationen) die Lernprozesse der Studierenden anzuregen, zu intensivieren und zu verkürzen und die Persönlichkeitsentwicklung zu fördern. Lehren und Lernen ist also als Interaktionsprozeß zu sehen, in dem die Lernenden zunehmend selbständiger werden, sich „selbständig Erkenntnisse und Erkenntnismethoden, Möglichkeiten der Wahrnehmung, der Gestaltung, des Urteils, des Wertens und Handelns aneignen, um sich reflexiv und aktiv mit ihrer historisch-gesellschaftlichen Wirklichkeit auseinandersetzen zu können." Mit anderen Worten: sie sollen „das Lernen lernen" (Klafki 1995:100f.; Janssen 1996).

Der oberste Grundsatz sollte deshalb lauten: Nichts tun, was die Lernenden selbst leisten können! Das bedeutet zugleich: alles tun, um dafür einen günstigen Handlungsrahmen aufzubauen. Der Lehrer gibt ‚nur' Hinweise, spornt an, akzeptiert Vorschläge oder verteilt Aufgaben, gibt Anregungen, lobt, ist Gesprächspartner, Berater, Begleiter.

Die Lernenden sollten möglichst früh (1) eigene Aufgaben formulieren oder übernehmen und Zielsetzungen dazu präzisieren und kritisieren; (2) Material, Texte und Themen vorschlagen und frei wählen; (3) recherchieren und berichten (Fach-, Sach-, Sprach-, Kulturwissen, methodisches Wissen); (4) Leistungskriterien erarbeiten/diskutieren und Leistungen beurteilen; (5) Korrekturen vornehmen und diese begründen; (6) Selbstdiagnosen erstellen und ‚Therapien' entwerfen (mit dem Lehrenden besprechen) (s. dazu Art. 102). Der ganze Lehrkörper versteht sich im Idealfall als kooperatives Team mit einem gemeinsamen Interesse am individuellen Fortschritt der Lernenden.

Logistik. Flexible Zeitrahmen (Studiendauer auch leistungsbedingt); Organisationsformen: (1) Selbststudium, neue Medien, Computer, Bibliothek, Videothek, Sprachlabor usw.; (2) Fernstudium, Selbststudium, z.T. interaktiver Fernkontakt mit Betreuer, Kontaktseminare usw.; (3) Praktika, institutionalisierter Studentenaustausch vs. Prüfungsforderung; (4) Exkursionen, Besichtigungen, Besuche in Verbindung mit Kommunikations- und Translationsaufgaben; (5) Kontaktstudium, Einzelbetreuung (Tutor), Gruppen (Seminare, Übungen), Massenunterricht (Vorlesungen); (6) Leistungsprüfungen, studienbegleitende Beurteilung vs. getrennte Tests, öffentliche Prüfungen (Ammann/Vermeer 1990). Die Curriculumziele und die je nach Lernstilen gewählte Mischung logistischer Formen bestimmen den Bedarf an Personal, Räumlichkeiten, Medien, technischen Geräten und Anlagen.

Verteilung der Inhalte, Progression. Die translatorische Kompetenz (s. Kap. (C1–C3) wird didaktisch aufgegliedert und für die Teilkompetenzen eine Progression entworfen. Die Schwerpunkte bilden eigene Fächer und Kursketten (z.B. Textproduktion vor Translation, Gesprächsübungen vor Gesprächsdolmetschen) und/oder werden als fächerübergreifende Inhalte berücksichtigt (z.B. Recherchieren, Formulieren in der Muttersprache). Die Abstimmung der inhaltlichen Planung, der Arbeitsteilung und der Stundenpläne läßt sich am besten mit einem Projektplanungsprogramm (Netzplanmodell u.ä.) am Computer lösen, das auch der individuellen Studienplanung dienen kann.

Propädeutik. Als Grundkompetenz deklarierte Kenntnisse und Fähigkeiten sind in Vorkursen (Propädeutik) zu erwerben und/oder zu vertiefen, die mit einem erfolgreichen ‚Schwellentest' abschließen (z. B. allgemeine Kultur- und Fremdsprachenkenntnisse). Zum propädeutischen Bereich können auch Lektüre, Kurse und Prüfungen zum praktischen und theoretischen Basiswissen über das Übersetzungswesen, Kultur, Sprache und Kommunikation, Landeskunde, Sozialkunde usw. gehören (z.B. Ammann 1995), sofern das Bildungswesen des Landes dies gestattet.

Basiserlebnisse. Das Sprachenlernen mit selbständigem Erwerb von Ausdrucksmitteln durch zielgerichtetes Recherchieren läßt sich schon mit der Propädeutik verbinden. Dazu gehört die Fähigkeit zur Selbstdiagnose und Selbstkorrektur. Diese Grundkompetenz muß jedoch in den ersten Semestern zur Entwicklung der translatorischen Formulierungskompetenz in der Muttersprache (A) und in der Fremdsprache (B) noch bis zur Professionalität vertieft werden.

Starke Erlebnisse bilden eine Basis für die ‚natürliche' Entfaltung der translatorischen

Kompetenz. Dazu gehören kreative Kommunikationsaufgaben in der Muttersprache, fallbezogene Besinnung auf Kultur- und Sprachspezifik; Interpretationsmöglichkeiten kurzer Texte (Gedichte, Sprüche, Slogans, Schilder, Bildunterschriften usw.), optimale Formulierungen bei variierenden Adressaten und Zielsetzungen; Ausloten von Möglichkeiten und Grenzen der Automation, Argumentations- und Kritikfähigkeit; Teamarbeit, Erarbeitung fallspezifisch begründeter Lösungsmodelle, Dienst am Kunden, Qualitätsstreben.

5. *Darstellung und Kommunizierbarkeit: offizielles vs. heimliches Curriculum*

Das offizielle Curriculum wird nicht nur als Text (und Hypertext; s. Art. 95) präsentiert, sondern muß auch immer wieder interpretiert und besprochen und auf das Gesamtziel bezogen werden. So bildet sich in den Köpfen ein empfangsbereites Netz von Leitvorstellungen für den Lernprozeß. Bei der Darstellung ist auf adressatengerechte Formulierungen, Übersichtlichkeit und Verständlichkeit zu achten. (Freihoff 1995)

Wird das Curriculum zum toten Buchstaben oder entspricht es nicht (mehr) der Studienwirklichkeit, dann bildet sich in den Köpfen bekanntlich ein heimliches Curriculum, das sich aus individuellen Erfahrungen im Unterrichtsalltag und Gerüchten speist. Nur das Curriculum in den Köpfen ist wirksam. Die Curriculumziele müssen daher durch ständige ,Öffentlichkeitsarbeit' und Diskussionen lebendig erhalten werden, denn nur die Ziele entscheiden darüber, welche Inhalte, Mittel und Wege insgesamt und in den Einzelfächern sinnvoll erscheinen.

6. *Evaluierung und Optimierung des Curriculums*

Die Qualität der Zielsetzungen und Inhalte, Methoden und Tests (Prüfungsformen) ist regelmäßig neu zu beurteilen, zu verbessern und neuen Forderungen anzupassen, und zwar interaktiv auf allen Planungsebenen (vgl. Miller 1990:211): (1) Institutionsebene: gesellschaftlicher Auftrag und gesellschaftliche Ziele; (2) Abteilungsebene: Qualitätsnormen, Breite und Tiefe des Programms, Aufbau und Tätigkeiten; (3) Kursebene: Progression von Spezialwissen, Erfahrungen, Fähigkeiten, Leistungsforderungen; (4) Dienstleistungsebene: Unterrichtsorganisation, Unterstützung durch die Verwaltung, technische Geräte und Anlagen.

Regelmäßige Kontrolle und demokratisch vorgeschlagene und beschlossene Anpassungen sind besser als sprunghafte Revisionen und von oben verordnete, überfällige ,Reformen'. Die Studierenden von heute sind die Experten von morgen. Deshalb ist Offenheit für kreative, zukunftsorientierte Neuerungen lebenswichtig. Ein gutes Curriculum sucht den zielorientierten Ausgleich zwischen einer starren, und darum leistungsfähigen, Logistik (Organisation) und einem flexiblen ,Marketing' (Studienangebot), das den individuellen Bedürfnissen der Studierenden gerecht wird.

Literatur

Ammann, Margret (1995): *Kommunikation und Kultur. Dolmetschen und Übersetzen heute. Eine Einführung für Studierende*. thw (translatorisches handeln-wissenschaft) 1. Frankfurt a.M.: IKO – Verlag für Interkulturelle Kommunikation.

Ammann, Margret / Vermeer, Hans J. (1990): *Entwurf eines Curriculums für einen Studiengang Translatologie und Translatorik*. thw (translatorisches handeln-wissenschaft) 4. Frankfurt a.M.: IKO – Verlag für Interkulturelle Kommunikation.

Arrojo, Rosemary (1997): „Dekonstruktion, Psychoanalyse und Translationslehre." Wolf, Michaela (Hrsg.): *Übersetzungswissenschaft in Brasilien. Beiträge zum Status von „Original" und Übersetzung*. Studien zur Translation 3. Tübingen: Stauffenburg, 165–179.

Freihoff, Roland (1993): „Überlegungen zur Curriculumplanung und -entwicklung im Bereich der Translation." *TEXTconTEXT* 8. Heidelberg: Groos, 197-224.

Freihoff, Roland (1995): „Das Curriculum als Orientierungsrahmen." *TEXTconTEXT* 3. Heidelberg: Groos, 149–178.

Hameyer, U. (1991): „Curriculum theory." Lewy, Arieh (Hrsg.) (1991): *The international encyclopedia of curriculum*. Oxford: Pergamon, 19–28.

Hönig, Hans G. (1995): *Konstruktives Übersetzen*. Studien zur Translation 1. Tübingen: Stauffenburg.

Hopmann, Stefan / Riquarts, Kurt (Hrsg.) (1995): „Didaktik und/oder Curriculum. Grundprobleme

einer international vergleichenden Didaktik." *Zeitschrift für Pädagogik* 33. Beiheft. Weinheim: Beltz.
Janssen, P. J. (1996): „Studaxology: the expertise students need to be effective in higher education." *Higher Education* 31, 117–141.
Jennings, Arthur (1995): „Didaktik, Curriculum und der Lehrplan – eine englische Sicht." Hopmann, Stefan / Riquarts, Kurt (Hrsg.): 261–271.
Klafki, Wolfgang (1995): „Zum Problem der Inhalte des Lehrens und Lernens in der Schule aus der Sicht kritisch-konstruktiver Didaktik." Hopmann, Stefan / Riquarts, Kurt (Hrsg.): 91–102.
MDÜ (Hrsg.) (1988): „Berufsbild für Übersetzer, Dolmetscher und verwandte Fremdsprachenberufe." *Mitteilungsblatt für Dolmetscher und Übersetzer* 34/4, 6–9.
Miller, Gary E. (1990) „Distance education and the curriculum; dredging a new mainstream." Moore, Michael G. (Hrsg.) (1990): *Contemporary issues in American distance education*. Oxford: Pergamon, 211–220.
Snell-Hornby, Mary (1986): „Übersetzen, Sprache, Kultur". Snell-Hornby, Mary (Hrsg.) *Übersetzungswissenschaft – eine Neuorientierung. Zur Integrierung von Theorie und Praxis*. UTB 1415. Tübingen: Francke, 9–29.
Stolze, Radegundis (1996): „Weltweite Perspektive für Übersetzer und Dolmetscher. Bericht über den XIV. FIT-Kongreß 12.–16.2.96 in Melbourne". *MDÜ – Mitteilungsblatt für Dolmetscher und Übersetzer*, 3/96, 1–6.

Roland Freihoff (Tampere)

7. Ausbildungssituation in Europa

Die Ausbildung von Übersetzern und Dolmetschern wird in besonderem Maße von äußeren Umständen und wechselnden, fachexternen Kriterien bestimmt, sei es die geographische Lage oder Sprachenstruktur des betreffenden Landes, die politische Konstellation, die wechselnde Marktsituation oder die jeweilige nationale Gesetzgebung. Es ist daher nicht verwunderlich, daß in einem Jahrhundert der politischen Umwälzungen, der rasanten wirtschaftlichen Entwicklungen und des zunehmenden internationalen Austauschs gerade das multilinguale Europa in der Translatorenausbildung eine führende Rolle gespielt hat.

1. Historischer Überblick

Die ältesten universitären Einrichtungen zur Ausbildung von Übersetzern und Dolmetschern im 20. Jahrhundert – die „Dolmetscher-Institute" – entstanden vorwiegend im deutschsprachigen Raum: Das Heidelberger Institut wurde 1930 gegründet, zunächst als Teil der Handelshochschule der Stadt Mannheim, ab 1935 als Einrichtung der früheren Wirtschaftswissenschaftlichen Fakultät in Heidelberg; in den 40er Jahren folgten die Institute in Genf (1941), Wien (1943), Graz (1946) und Innsbruck (1946), alle im Rahmen der Philosophischen Fakultäten, Germersheim (1947) – als Gründung der französischen Militärregierung – und Saarbrücken (1948). Mit den neuen Hochschulgesetzen nach 1968 erfolgte im deutschsprachigen Raum die Eingliederung der Institute in den philologischen Bereich (BRD) bzw. die Angleichung der Prüfungsordnung an geisteswissenschaftliche Fächer (Österreich).

Aber auch in anderen Ländern des westlichen Europas entstanden ähnliche Institutionen je nach Bedarf bzw. aus der jeweiligen geopolitischen Situation heraus, manchmal im Rahmen schon bestehender Sprachen- bzw. Handelshochschulen, wie etwa im mehrsprachigen Belgien (Institute in Antwerpen, Brüssel und Mons) oder in Skandinavien (Kopenhagen, Aarhus) oder nach einem bereits bestehenden Modell (wie z.B. Triest, nach dem Genfer Modell). 1957 wurden in Paris die zwei Institute ESIT (Sorbonne) und ISIT gegründet.

1960 trafen die Direktoren der Institute in Genf, Heidelberg, Paris (Sorbonne), Germersheim, Saarbrücken und Triest zu einem Erfahrungsaustausch in der Schweiz zusammen. Ein zweites Treffen, an dem auch der Direktor des Wiener Institutes teilnahm, fand 1961 in Heidelberg statt, und 1964 wurde schließlich in Triest zwecks fortlaufender Zusammenarbeit die Gründung einer gemeinsamen Organisation, die *Conférence Internationale Permanente d'Instituts Universitaires de Traducteurs et d'Interprètes* (C.I.U.T.I.) beschlossen. Diese wurde 1994 als Verein unter belgischem Recht eingetragen. 1995 wurden im C.I.U.T.I.-Handbuch (Forstner 1995) 21 Institute (einschließlich 3 in Großbritannien, 1 in Kanada und 2 in den USA) als Mitglieder aufgeführt.

Neben den etablierten C.I.U.T.I.-Instituten sind jedoch in den letzten 30 Jahren europaweit zahlreiche universitäre Lehrprogramme bzw. Institute zur Ausbildung von Übersetzern und Dolmetschern entstanden. Pionierarbeit wird z.B. seit Mitte der 60er Jahre in Finnland geleistet (Tampere, Turku, Savonlinna, Kouvola). Einen beispiellosen Aufschwung erlebt das Fach seit etwa Mitte der 80er Jahre mit der zunehmenden Globalisierung und Internationalisierung, eventuell auch mit der zunehmenden Eigenständigkeit der Translationswissenschaft als (Inter-)Disziplin, vor allem aber mit der politischen Wende ab 1989. In den 90er Jahren wurden im ehemaligen Ostblock neben den etablierten Instituten z.B. in Leipzig (gegründet 1956), an der Karls-Universität Prag (gegründet 1963) und an der Humboldt-Universität Berlin (die Ausbildung besteht schon seit 1895) Programme in einer kaum noch überschaubaren Anzahl und Vielfalt ins Leben gerufen (bzw. – wie etwa 1993 in Bukarest – *wieder* ins Leben gerufen). Diese sind freilich z.T. keine eigenständigen Institute wie die älteren westeuropäischen Gründungen, sondern sind oft bereits existierenden philologischen Instituten angegliedert. In Polen wurden z.B. 1996 (Pisarska 1997) mindestens fünf gut funktionierende universitäre Institutionen beschrieben, davon sind vier (Poznań, Łódz, Krakau, Tschenstochau) erst in den 90er Jahren gegründet worden. Im südlichen Europa ist – v.a. in Italien mit 13 und Spanien mit 14 universitären Ausbildungsstätten – derselbe Trend zu verzeichnen. Ähnliches gilt für die Türkei: in Istanbul allein existieren 1997 sechs verschiedene Ausbildungsprogramme.

2. Probleme und Chancen

Vor allem die älteren Institute haben aber immer noch mit erheblichen Problemen zu kämpfen. Das liegt vor allem daran, daß sie auch heute noch als Sprachenschulen, bestenfalls als Ableger der philologischen Fächer mißverstanden werden, und folglich wird die translatorische Kompetenz mit bloßen Fremdsprachenkenntnissen verwechselt. Hinzu kommt eine notorische Wandlungsresistenz in den Instituten selbst (s. Art. 6). Mit dem freien Zugang zur Universität in den deutschsprachigen Ländern sind zwangsläufig ungenügend ausgestattete Masseninstitute mit einer hohen Abbrecherquote entstanden; eine echte Reform der z.T. hoffnungslos veralteten Studienordnungen haben meistens bürokratische Zwänge, Finanznot und interne Machtkämpfe verhindert – die „Dolmetscher-Institute“ bleiben ein Problem. So konnte es geschehen, daß 1993 – während in Süd- und Osteuropa neue universitäre Programme gegründet wurden – die deutsche Hochschulrektorenkonferenz sogar den Ausschluß des Übersetzens und Dolmetschens aus dem akademischen Leben empfohlen hat (Gerzymisch-Arbogast/Pfeil 1996:307).

Mit Problemen kommen aber auch Chancen zur Diversifizierung und zur Umstrukturierung. Gerade durch die Neugründungen der letzten Jahre lassen sich zahlreiche Möglichkeiten für die Zukunft erkennen, und diese sollen nun im folgenden herausgestellt werden:

Curriculum (s. Art. 6): In den neueren Programmen, auch außerhalb Europas (s. Art. 8), – wie auch an den Pariser Instituten – wird ein Vorstudium bzw. Bachelor-Grad im jeweiligen Sprach- oder Sachfach vorausgesetzt: dies dürfte das Modell der näheren Zukunft werden. Aber auch das derzeitige Diplomstudium im deutschsprachigen Raum ließe sich durch eine Neustrukturierung mit frei kombinierbaren *Modulen* modernisieren (s. Hönig 1995:162 ff.). Ein anderes Modell, das auch das Problem der drohenden Sparmaßnahmen (mit eventuellem Personalabbau) durch Zusammenarbeit mit den Philologien im 1. Studienjahr zu bewältigen sucht, bieten Gerzymisch-Arbogast und Pfeil (1996).

Schwerpunktbildung: Mit den vielfältigen neuen Gründungen wächst die Möglichkeit der Spezialisierung in neuen bzw. bisher vernachlässigten Bereichen. In Granada, Turku und Forli sind z.B. Zentren zur Erforschung der multimedialen (bzw. audiovisuellen, s. Sektion D. 3.4) Übersetzung entstanden, und in letzter Zeit werden auch für die literarische Übersetzung Programme angeboten (Düsseldorf, Salamanca, Poznań, ELTE Budapest, Bogazici Istanbul).

Auch innerhalb der Fachübersetzung hat sich die Schwerpunktbildung als vorteilhaft erwiesen (wie z.B. Sprache und Technik in Hildesheim). Dringend benötigt im Bereich des Dolmetschens werden Programme im Gerichtsdolmetschen (s. Art. 90) und Community Interpreting (s. Art. 92). Wegweisend ist hier das Forschungsprojekt in Tampere.

Sprachschwerpunkte: In der Translatorenausbildung fungiert die Sprache nicht in erster Linie als Gegenstand wie in den philologischen Fächern, sondern als Material, als Mittel zum Zweck. Sprachkompetenz muß daher im eigentlichen Studium schon vorhanden sein. Mit dieser Voraussetzung ließen sich einerseits sprachübergreifende Lehrveranstaltungen ausbauen und andererseits (je nach der geographischen Lage des Instituts bzw. nach den vorhandenen Ressourcen) auch in den angebotenen Sprachen Schwerpunkte bilden. Aber auch der Begriff ‚Sprache' (bisher statisch nach A, B und C eingeteilt) müßte in den Übersetzungsprogrammen neu definiert werden: Im Zeitalter der Globalisierung ist z.B. *international English* als Lingua franca (s. Art. 30) wohl für jeden Translator eine notwendige Grundvoraussetzung. Als Kulturspache(n) ließen sich dann die wichtigsten Varietäten des Englischen in einem Spezialmodul behandeln (s. dazu Snell-Hornby 1997).

Doktoratsstudium: Eine dringende Aufgabe der Institute ist es schließlich auch, den eigenen wissenschaftlichen Nachwuchs auszubilden. Somit wächst die Chance, daß in Zukunft das Fach Translationswissenschaft und die Ausbildung der Translatoren ausschließlich durch einschlägig qualifizierte Personen gefördert werden können (s. dazu Gile/Lambert/Snell-Hornby 1997).

Literatur

Forstner, Martin (Hrsg.) (1995): *C.I.U.T.I. Conférence Internationale Permanente d'Instituts Universitaires de Traducteurs et d'Interprètes. Translation and Interpreting Studies at C.I.U.T.I. Institutes. Formation des Traducteurs et des Interprètes dans les Instituts de la C.I.U.T.I. Die Studiengänge Übersetzen und Dolmetschen an den C.I.U.T.I.-Instituten.*

Gerzymisch-Arbogast, Heidrun / Pfeil, Jessica (1996): „Das neue Saarbrücker Curriculum". Lauer, Angelika / Gerzymisch-Arbogast, Heidrun / Haller, Johann / Steiner, Erich (Hrsg.) (1996): *Übersetzungswissenschaft im Umbruch. Festschrift für Wolfram Wilss zum 70. Geburtstag*. Tübingen: Narr, 307–312.

Gile, Daniel / Lambert, José / Snell-Hornby, Mary (1997): „EST Focus: Report on research training issues." Snell-Hornby, Mary / Jettmarova, Zuzana / Kaindl, Klaus (Hrsg.) (1997): *Translation as Intercultural Communication. Selected Papers from the EST Congress – Prague 1995*. Benjamins Translation Library 20. Amsterdam: Benjamins, 339–350.

Hönig, Hans G. (1995): *Konstruktives Übersetzen*. Studien zur Translation 1. Tübingen: Stauffenburg.

Pisarska, Alicija (1997): *Training Translators and Interpreters in Poland*. Unveröffentlichtes Manuskript.

Snell-Hornby, Mary (1997): „How many Englishes? Lingua franca and cultural identity as a problem in translator training". Drescher, Horst W. (Hrsg.) (1997): *Transfer. Übersetzen – Dolmetschen – Interkulturalität*. Frankfurt a.M.: Lang.

Mary Snell-Hornby (Wien)

8. Ausbildungssituation in aller Welt (Überblick)

Im 20. Jahrhundert wurde die institutionelle Übersetzerausbildung ganz ohne Zweifel von Westeuropa dominiert. Allerdings gab es in früheren Jahrhunderten auch in vielen anderen Teilen der Welt Formen der Übersetzerausbildung, und im Zuge der Globalisierung steigt die Anzahl der außereuropäischen Ausbildungsstätten seit Mitte der 80er Jahre stetig an. Häufig wurden Übersetzer außerhalb Europas in einem recht unterschiedlichen politischen und kulturellen Umfeld ausgebildet, was zu einer überraschenden Vielfalt von Modellen und Ansätzen führte. Gerade weil davon auszugehen ist, daß zukünftige Ideen auf diesem Gebiet in hohem Maße von politischen und kulturellen Bedingungen abhängig sein werden, sollten Ausbilder über den Tellerrand der auf westeuropäische Verhältnisse zugeschnittenen Modelle hinausschauen und sich bewußt werden, daß es durchaus viele andere Ansätze gibt.

Ein Hauptproblem dabei ist, daß es relativ wenige zuverlässige Quellen gibt, besonders in Anbetracht der rasch steigenden Anzahl der Ausbildungsprogramme für Übersetzer in den 90er Jahren (s. Art. 7). Die Angaben im folgenden Überblick basieren auf den Untersuchungen von Caminade und Pym (1995) sowie Harris (1997), die jeweils international angelegt sind. Zusätzlich wurden die Ergebnisse von Untersuchungen auf nationaler Ebene, wie die von Park (1993) für die Vereinigten Staaten, die des SIIT *(Servicio Iberoamericano de Información sobre la Traducción)* (1993) für Lateinamerika und Beiträge für Fachzeitschriften wie *Language International* herangezogen. Davon ausgehend dürfte sich die Zahl der Ausbildungsstätten auf ungefähr 300 belaufen, je nachdem, welche Kriterien zugrunde gelegt werden (Caminade/Pym zählen 268, Harris 243). Um auf dem neuesten Stand zu sein, sollte man auf Informationen aus dem Internet zurückgreifen.

1. Historischer Hintergrund

Zu bestimmten Zeiten hat sicherlich zumindest in den großen Weltreichen eine Art von Übersetzerausbildung stattgefunden, häufig in der Form einer Zusammenarbeit mehrerer Personen bei einer Übersetzung. Die Anfänge der modernen Ausbildungsprogramme könnte man in den hochentwickelten staatlichen Institutionen Chinas sehen, in denen vom 4.–8. Jahrhundert buddhistische Texte übersetzt wurden, im „Haus der Weisheit" im Bagdad des 9. Jahrhunderts, in den Domkapiteln wie etwa im Toledo des 12. Jahrhunderts oder in der materiellen Unterstützung für Übersetzer an den Höfen seit dem 13. Jahrhundert. Auch zur Zeit der Kolonialisierung durch die Europäer gab es Vorformen der Übersetzerausbildung, die darin bestanden, Ureinwohner gefangenzunehmen und sie die fremde Sprache zu lehren. Die Ausbildung von Übersetzern fand also in den Grenzregionen der Weltreiche statt und dort, wo Kulturen aufeinander stießen, wie zum Beispiel die Ausbildung französischer Dolmetscher in Konstantinopel seit 1669 oder in der im Jahre 1754 von Kaiserin Maria Theresia gegründeten Orientalischen Akademie. Gleichzeitig führte die europäische Expansion zu Gegenreaktionen in anderen Teilen der Welt. So wurde etwa im Jahre 1835 die große ägyptische Übersetzerschule Al-Alsun gegründet. Zu Anfang des 19. Jahrhunderts rief in China eine Gruppe von Regierungsbeamten, die mit Auslandsangelegenheiten betraut war, Institutionen ins Leben, in denen Übersetzer für die Bereiche Schiffsbau und Waffenherstellung ausgebildet wurden. Von 1896 an leitete Yan Fu, damals Direktor der Nordchinesischen Marineakademie, eine Reihe von Übersetzerschulen, in denen die Ausbildung unter Aufsicht der zentralen und der Bezirksregierung stattfand. Solch eine staatliche Übersetzerausbildung gab es in Europa praktisch nur für angehende Diplomaten; in Spanien und den spanischsprachigen Ländern Lateinamerikas jedoch war sie durchaus üblich für Gerichtsübersetzer und -dolmetscher. Seit 1885 gab es an der juristischen Fakultät der Universität Uruguay die Möglichkeit, zusätzlich Übersetzen zu studieren. Diese Beispiele sollen verdeutlichen, wie stark die Übersetzerausbildung schon seit langer Zeit von regionalen Gegebenheiten und Traditionen geprägt wird.

Bis zur Mitte des 20. Jahrhunderts war in Westeuropa eine Reihe von Institutionen entstanden, die hauptsächlich auf die Ausbildung von Dolmetschern ausgerichtet waren und ein großes Maß an Unabhängigkeit im Vergleich zu nicht berufsbezogenen Studiengängen genossen. Andernorts, wie zum Beispiel an der Staatlichen Linguistischen Universität Moskau (wo die Übersetzerausbildung auf das Jahr 1930 zurückgeht), war die Ausbildung von Übersetzern stärker in unabhängige Fremdspracheninstitute integriert, wie dies auch heute noch in Rußland, China und einigen mittel- und osteuropäischen Ländern der Fall ist. Nach dem Zweiten Weltkrieg wurden in den damaligen deutschen Grenzgebieten rasch unabhängige Institute mit universitärem Charakter gegründet, wobei die wichtigsten französischen Institute in den 50er Jahren entstanden.

Dennoch wird die führende Stellung Europas in Frage gestellt, denn Statistiken zeigen in den 60er Jahren einen steilen Anstieg bei der Gründung außereuropäischer, vor allem US-amerikanischer Studiengänge. In den 70er Jahren ist sogar ein zahlenmäßiges Übergewicht gegenüber den westeuropäischen Studiengängen festzustellen (vgl. Abb.1, die sich auf Angaben von Caminade/Pym 1995 stützt). Während sich die Entwicklung der Übersetzerausbildung in Westeuropa eher schubweise als eine Reihe einzelner Reaktionen auf die europäische Vereinigung vollzog, war die Entwicklung außereuropäischer Ausbildungsprogramme und Studiengänge als Reaktion auf die wirtschaftliche Globalisierung wesentlich kontinuierlicher. Beiden Strömungen liegen jedoch Reformen allgemeiner Art zugrunde, die das Wesen der universitären Ausbildung veränderten, indem sie es zuließen, daß der Akzent mehr und mehr auf berufsbezogene Ziele verschoben und somit die Übersetzerausbildung nach und nach in universitäre Strukturen eingegliedert wurde. Diese Entwicklung machte sich vor allem in Europa bemerkbar: In Spanien führten diese Reformen dazu, daß die Zahl von lediglich vier Ausbildungsstätten im Jahr 1992 auf 23 im Jahr 1997 anwuchs. In anderen Teilen der Welt, vor allem in den USA, verlief die Entwicklung weniger dramatisch, was wiederum den gleichmäßigeren Anstieg der außereuropäischen Kurve erklärt. Es wäre daher voreilig, die Entwicklung der Ausbildungsgänge und -programme als eine unmittelbare Reaktion auf eine gesteigerte Nachfrage nach Übersetzern und Dolmetschern zu deuten. Häufig spielte auch die Jugendarbeitslosigkeit eine Rolle, weil sie dazu führte, daß Studierende – obwohl vom Markt keine Signale einer größeren Nachfrage nach gut bezahlten, professionellen Übersetzern und Dolmetschern kamen (s. aber Art. 2) – berufsorientierte Ausbildungsprogramme forderten.

In fast allen Ländern ist der überwiegende Teil der Studierenden weiblich, wenn auch Caminade und Pym (1995) schätzen, daß nur 35% der Institutsleiter Frauen sind. Die Rangliste der am häufigsten angebotenen Sprachen sieht nach Caminade und Pym (1995) wie folgt aus: Englisch (18,3%), Französisch (14,1%), Spanisch und Deutsch (je 11,7%).

Der Wachstumsschwerpunkt wird im 21. Jahrhundert wahrscheinlich bei den universitären Ausbildungsgängen in den aufstrebenden Wirtschaftsräumen Ost- und Südostasiens und bei den neuen Ausbildungsprogrammen der mittel- und osteuropäischen Länder liegen, die sich auf einen Eintritt in die Europäische Union vorbereiten; außerdem beim Dolmetschen für staatliche Einrichtungen (Community Interpreting), wie z.B. im Gesundheitswesen, an Gerichten und für Einwanderungsbehörden, wie es sich bisher vorrangig in Einwanderungsländern wie Kanada, den USA, Australien und Schweden entwickelt hat, in denen sich ein zunehmendes Problembewußtsein hinsichtlich der multikulturellen Gesellschaft herausgebildet hat.

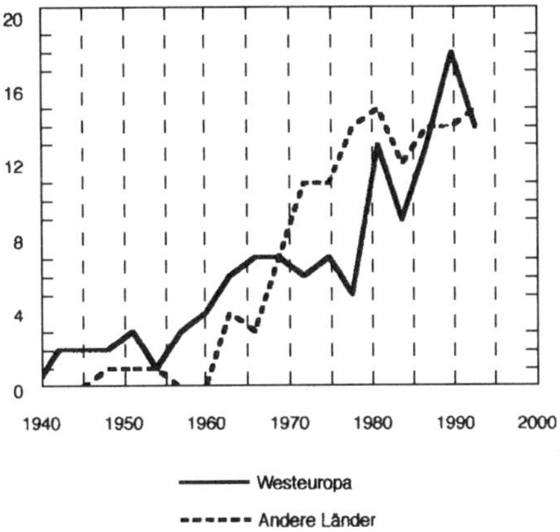

Abb. 1: Häufigkeit der Gründung von Institutionen für die Ausbildung von Übersetzern und Dolmetschern (nach Caminade/Pym 1995)

2. *Kontextspezifische Entwicklungen*

Ein großer Teil der real vorhandenen Vielfalt im Bereich der Ausbildung von Übersetzern und Dolmetschern bleibt in der wissenschaftlichen Literatur ebenso unberücksichtigt wie von der C.I.U.T.I., einem Verband von renommierten, sich ausschließlich in Westeuropa und den USA befindenden Ausbildungsstätten für Übersetzer und Dolmetscher (s. Art. 7). Jedoch auch in Europa gibt es beträchtliche Unterschiede – diese werden vor allem sichtbar, wenn man das in Deutschland übliche umfassende Universitätsstudium mit den ein- oder zweijährigen Ausbildungsprogrammen für Graduierte vergleicht, wie sie in Frankreich bevorzugt werden. In vielen Fällen hängt die Dauer des Studiengangs von der Fremdsprachenkompetenz der Absolventen der weiterführenden Schulen ab. Dies bedeutet, daß in zahlreichen Ländern die ersten Semester des Studiums darauf verwendet werden, eine solche Kompetenz zu erwerben, wodurch die eigentliche Ausbildung zum Übersetzer bzw. Dolmetscher auf spätere Semester verschoben wird.

Welche Modelle außerhalb Westeuropas übernommen werden, hängt davon ab, an welchen europäischen (evtl. auch amerikanischen)

Wissenschaftlern oder Institutionen man sich orientiert. Auch noch nach dem Ende der Kolonialzeit war ein Export von Modellen zu beobachten, so zum Beispiel von der ESIT in Paris, die starken Einfluß auf die Ausbildungsprogramme in Ottawa und Kamerun hatte. Dies führte zu internationalen Netzwerken, innerhalb derer der Meinungsaustausch nur zur Folge hatte, daß sich die Überzeugung von der Überlegenheit des jeweils gewählten Modells noch verstärkte.

Die Notwendigkeit, sich den regionalen Gegebenheiten anzupassen in Verbindung mit dem erforderlichen Spracherwerb auf Universitätsniveau, führte außerhalb Europas zur Vorherrschaft von spezialisierten Ausbildungsgängen mit einer Dauer von ein bis zwei Jahren, die anspruchsvoller sind als die ersten drei oder vier Jahre an einer Universität. Solche Studiengänge können eine allgemeine übersetzerische oder dolmetscherische Kompetenz vermitteln, aber viele davon konzentrieren sich auf das fachsprachliche Übersetzen, auf Gerichtsdolmetschen, Community Interpreting, Dolmetschen von Gebärdensprache usw. Es gibt nur wenige Studiengänge, die sich ausschließlich mit der Translationswissenschaft beschäftigen – sie sind zumeist an die Literaturwissenschaft angeschlossen –, und eine überraschend kleine Zahl von außereuropäischen Ausbildungsgängen, die auf professionelles literarisches Übersetzen oder das Übersetzen von audiovisuellem Material spezialisiert sind.

Einer der vielleicht interessantesten Aspekte bei der Entwicklung außerhalb Europas besteht darin, wie die Studiengänge zwischen den verschiedenen Fachbereichen einer Universität plaziert wurden. In den meisten Fällen betrifft dies eine bestimme Sprachabteilung (etwa Englisch oder Chinesisch), die das Ausbildungsprogramm in Zusammenarbeit mit Dozenten aus anderen Fachbereichen durchführt. In manchen Fällen ist die Sprachabteilung federführend; seltener kommt es vor, daß ein abteilungsübergreifendes Gremium für den Studiengang verantwortlich zeichnet. Obwohl man den voll ausgebauten, spezialisierten Fachbereich als den Idealfall ansehen könnte, gibt es durchaus viele andere praktikable Formen.

Zu den neueren Entwicklungen zählt die „paraprofessionelle" (berufsbegleitende) Ausbildung außerhalb der Universität, wo zweisprachige, nicht spezifisch als Übersetzer/Dolmetscher ausgebildete Personen, die bereits als Übersetzer oder Dolmetscher arbeiten, von einer kurzen, formalisierten Ausbildung profitieren. Diesen Trend finden wir vor allem in Einwanderungsländern, besonders in Australien, und er steht in enger Verbindung mit der Entwicklung verschiedener Formen des Community Interpreting (s. Art. 92). In Europa, wo die Ausbildung stark universitätsorientiert ist, geschah bisher recht wenig, um derartige Modelle, die von den realen Bedürfnissen ausgehen, zu entwickeln.

Eine Folge der Ausbildungsprogramme, die sich nicht mehr in die traditionellen Universitätsstrukturen integrieren lassen, ist die Etablierung nationaler Aufsichtsgremien, die zum Beispiel für Prüfungen verantwortlich sind (wie etwa das *Institute of Linguists* in Großbritannien) oder für die offizielle Bewertung der verschiedenen Ausbildungsstätten (wie z.B. die NAATI in Australien) oder als beratende Instanz (wie etwa das *Tolk-och översättarunstitutet* in Schweden).

Darüber hinaus spielt auch die politische Ebene eine Rolle, besonders wenn es in Verbindung mit dem Übersetzen um den Erhalt oder die Förderung der Sprachen von Minderheiten geht. Nicht nur in Irland sowie in Katalonien und Galicien, sondern auch im Südafrika nach der Beendigung der Apartheid gibt es zum Beispiel offizielle Studiengänge, bei denen zwei verschiedene Sprachen als Muttersprache anerkannt werden.

Literatur

Caminade, Monique / Pym, Anthony (1995): *Annuaire mondiale des formations en traduction et en interprétation.* Sonderheft von *Traduire.* Paris: Société des Traducteurs Français.

Delisle, Jean / Woodsworth, Judith (Hrsg.) (1995): *Translators through History.* Amsterdam / Philadelphia: Benjamins / UNESCO.

Harris, Brian (1997): *Translation and Interpreting Schools.* Amsterdam / Philadelphia: Benjamins.

Park, William M. (1993): *Translator and Interpreter Training in the USA: A Survey.* American Translators Association.

Anthony Pym (Calaceite)
Aus dem Englischen übersetzt
von Hans G. Hönig (Germersheim)

B Translationswissenschaftliche Grundlagen: *Was heißt eigentlich „Übersetzen"?*

B1 Definitionen

9. Translation (Übersetzen / Dolmetschen) / Translationswissenschaft / Translatologie

1. Translation

„Translation" (von lat. *translatio = Übertragung, Versetzung, Verpflanzung*) ist der durch Otto Kade (1963:91, 1968:33) bekanntgewordene Oberbegriff für Übersetzen und Dolmetschen. Kades klassische Definition dieser beiden Tätigkeiten ist heute noch in der Fachwelt maßgeblich:

> Wir verstehen daher unter *Übersetzen* die Translation eines fixierten und demzufolge permanent dargebotenen bzw. beliebig oft wiederholbaren Textes der Ausgangssprache in einen jederzeit kontrollierbaren und wiederholt korrigierbaren Text der Zielsprache.
> Unter *Dolmetschen* verstehen wir die Translation eines einmalig (in der Regel mündlich) dargebotenen Textes der Ausgangssprache in einen nur bedingt kontrollierbaren und infolge Zeitmangels kaum korrigierbaren Text der Zielsprache. (Kade 1968:35)

Parallel dazu führte Kade für das Produkt von Übersetzungs- bzw. Dolmetschprozessen die Bezeichnung *Translat* und für den Ausführenden *Translator* ein.

1984 wurde von Reiss und Vermeer der Terminus „Translation" (als ökonomischer Oberbegriff, „[...] wo das Gemeinsame an Übersetzen und Dolmetschen bezeichnet werden soll, bzw. da, wo eine terminologische Scheidung bei gemeinsamer Betrachtung nicht nötig ist"; 1984:6) mit verschiedenen Ableitungen für die von ihnen vorgelegte, funktional orientierte Skopostheorie (s. Art. 28) wieder aufgenommen. Das ebenfalls in der Leipziger Schule gebräuchliche deutsche Fachwort *Sprachmittlung* (bzw. *Sprachmittler*) nahmen sie jedoch nicht auf: „Außerdem ist der Translator kein bloßer ‚Sprach-Mittler': Er ist nicht nur Sprach-, sondern auch Kulturmittler, er ist nicht nur Mittler, sondern auch eigenständig kreativ tätig" (1984:7).

In der fachwissenschaftlichen Diskussion v.a. um das funktionale Übersetzen ist Translation seitdem zu einem zentralen Begriff geworden.

2. Translationswissenschaft

Auf den Begriff „Translationswissenschaft" hat Kade aber bewußt verzichtet: als Oberbegriff verwendete er noch „Übersetzungswissenschaft" (Kade 1973:184). Als Grund gab er nicht nur die Ungewohntheit der Neubildung an („Hier ist wieder das Dilemma: ‚Übersetzungswissenschaft' ist zu unscharf, aber eingebürgert; ‚Translationswissenschaft' ungewohnt, befremdend, aber aus einem Begriffssystem, das definiert wurde, abgeleitet"), seine grundsätzlichen Bedenken formulierte er wie folgt:

> Eine so verstandene linguo-semiotische Disziplin Translationswissenschaft [...] liefert immer noch nicht alle wissenschaftlichen Vorgaben für die Praxis; denn eine auch relativ breit gefaßte linguo-semiotische Disziplin gibt keine Antwort auf Fragen wie: Was wird übersetzt? Welche Bearbeitung der Übersetzung ist entsprechend der Informationserwartung des Empfängers notwendig? Es steht wohl außer Zweifel, daß das mit diesen Fragen angedeute-

> te Problem in Anbetracht der sogenannten Informationsexplosion für die Praxis immer akuter wird. Wir können es uns nicht mehr leisten, auf gut Glück zu übersetzen und abzuwarten, welchen Wert die Übersetzung für den Auftraggeber hat. In der Praxis wird in zunehmendem Maße mit der Übertragung eine Bearbeitung einhergehen müssen, die von der Informationserwartung des Empfängers ausgeht. Auf diese u.ä. Fragen kann die Translationswissenschaft keine Antwort geben, weil hierfür [...] Faktoren relevant sind, die nichts mit Sprache und Wirken der Sprache in der zweisprachigen Kommunikation zu tun haben und deshalb auch nicht linguistisch-semiotisch beschreibbar sind. (Kade 1973:184)

Vor allem in den eher linguistisch orientierten Arbeiten (vgl. Wilss 1977, Koller 1979) blieb in diesem Sinne „Übersetzungswissenschaft" noch längere Zeit der Oberbegriff für die Wissenschaft vom Übersetzen und Dolmetschen. Seit Ende der 80er Jahre setzt sich aber „Translationswissenschaft", ausgehend von der funktionalen Translationstheorie – die sich u.a. mit den von Kade angesprochenen Problemen (die Rolle des Auftraggebers, die Erwartung des Empfängers) befaßt – zunehmend durch.

Heute ist es unumstritten, daß eine Disziplin der Translationswissenschaft sich mit Faktoren beschäftigen muß, die über die Sprache hinausgehen und deshalb nicht linguistisch-semiotisch beschreibbar sind. Inzwischen ist die linguistische Orientierung des Faches einer holistischen Auffassung gewichen, und durch die zunehmende interdisziplinäre Zusammenarbeit stellen die Grenzen der herkömmlichen Disziplinen kein unüberwindliches Hindernis mehr dar: die Translationswissenschaft als Interdisziplin (s. Kap. B3) ist zum festen Begriff geworden.

3. Translatologie

Für Reiss und Vermeer sind Translationswissenschaft und Translatologie weitgehend synonym (1984:7). In ihrer etwa zur gleichen Zeit verfaßten Arbeit verwendet Holz-Mänttäri den Begriff „Translatologie" für die von ihr beschriebene Forschungsdisziplin (s. Art. 29): sie beschäftigt sich allerdings hauptsächlich mit dem Übersetzen, und sie will mit ihrem Fachterminus nicht nur den wissenschaftlichen Charakter ihres Ansatzes hervorheben, sondern auch das professionelle translatorische Handeln (bzw. Translatorik) vom herkömmlichen „Übersetzen" als pädagogische Übung im Fremdsprachenunterricht abheben (Holz-Mänttäri 1984:19).

Literatur

Holz-Mänttäri, Justa (1984): *Translatorisches Handeln. Theorie und Methode*. Helsinki: Suomalainen Tiedeakatemia.

Kade, Otto (1963): „Aufgaben der Übersetzungswissenschaft. Zur Frage der Gesetzmäßigkeit im Übersetzungsprozeß". *Fremdsprachen* 7/2, 83–94.

Kade, Otto (1968): *Zufall und Gesetzmäßigkeit in der Übersetzung*. Beihefte zur Zeitschrift *Fremdsprachen* 1. Leipzig.

Kade, Otto (1973): „Zum Verhältnis von ‚idealem Translator' als wissenschaftlicher Hilfskonstruktion und optimalem Sprachmittler als Ausbildungsziel". *Neue Beiträge zu Grundfragen der Übersetzungswissenschaft*. Beihefte zur Zeitschrift *Fremdsprachen* 5/6. Leipzig, 179–190.

Koller, Werner (1979): *Einführung in die Übersetzungswissenschaft*. UTB 819. Heidelberg: Quelle & Meyer.

Reiss, Katharina / Vermeer, Hans J. (1984): *Grundlegung einer allgemeinen Translationstheorie*. Tübingen: Niemeyer.

Salevsky, Heidemarie (1992): „Dolmetschen – Objekt der Übersetzungs- oder Dolmetschwissenschaft?". Salevsky, Heidemarie (Hrsg.) (1992): *Wissenschaftliche Grundlagen der Sprachmittlung*. Berliner Beiträge zur Übersetzungswissenschaft. Frankfurt a.M.: Lang, 85–117.

Wilss, Wolfram (1977): *Übersetzungswissenschaft. Probleme und Methoden*. Stuttgart: Klett.

Mary Snell-Hornby (Wien)

B2 Historischer Überblick

10. Geschichte des Übersetzens

Die Anfänge des Übersetzens reichen bis zur Erfindung der Schrift zurück. Die älteste Form des Schreibens, die sumerische Keilschrift, entstand in Mesopotamien. Solche Schriftzeichen erscheinen neben weiteren alten Schriftformen in zwei- und dreisprachigen Wortlisten auf 4.500 Jahre alten Tontafeln, die bei Ausgrabungen zutage gefördert wurden.

Obgleich das Übersetzen oft als eine der ältesten Tätigkeiten der Menschheit bezeichnet wird, ist die Geschichte der Translation (Übersetzen und Dolmetschen, s. Art. 9, 11) eine eher junge Forschungsströmung. Zwar wurden schon in der Vergangenheit Schriften über das Übersetzen verfaßt, wobei bereits bestehende Übersetzungen durchaus in Betracht gezogen wurden, aber erst in jüngerer Zeit hat sich ein systematischer Ansatz zur Erforschung der Translationsgeschichte herausgebildet. Besonders seit den 80er Jahren sind sich Translationswissenschaftler der Notwendigkeit historischer Untersuchungen bewußt geworden und haben begonnen, adäquate Methoden und Parameter zu erarbeiten.

Die Geschichte der Translation wirft Licht auf Übersetzer, die häufig ein Schattendasein geführt haben, und verhilft sowohl Berufsübersetzern als auch der Allgemeinheit zu einem besseren Verständnis dafür, welchen Beitrag die Übersetzer durch sämtliche Epochen hindurch zur Entfaltung des Geisteslebens geleistet haben. Nicht zuletzt verleiht die historische Forschung dem Berufsstand und der Translationswissenschaft eine gewisse Legitimität. So schrieb der verstorbene französische Denker Antoine Berman in seiner Studie zur Übersetzung während der deutschen Romantik, die Erarbeitung einer Geschichte des Übersetzens sei die erste Aufgabe einer *modernen* Übersetzungstheorie. Im folgenden soll ein Überblick geboten werden über einige der herausragendsten Errungenschaften, die den Übersetzern der Vergangenheit zuzuschreiben sind (s. Art. 24).

1. Das Übersetzen im Altertum

Dank der Übersetzung konnte Rom das reiche kulturelle Erbe Griechenlands antreten. Um 240 v.Chr. verfaßte der griechische Sklave Livius Andronicus eine lateinische Version der *Odyssee* und öffnete so den gestrengen Römern das Tor zu den Schätzen der griechischen Literatur. In der Folge entwickelte sich in Rom eine bedeutende Übersetzungstätigkeit. Bezeichnenderweise waren die Übersetzer – Terenz, Cicero, Horaz, Vergil, Quintilian – auch selber Dichter. Mit ihren Übersetzungen wollten sie die prosperierende lateinische Literatur mit Modellen der von ihnen so geschätzten griechischen Autoren bereichern. Ihre Haltung zum Übersetzen wird oft mit dem Imperialismus des expansionshungrigen Römischen Reiches verglichen: Sie machten sich die übersetzte Literatur zu eigen, um sie zu übertreffen und zu dominieren.

Jene Epoche war aber auch eine Zeit des Nachdenkens über die Kunst des Übersetzens. Die damals entstandenen Schriften diskutierten die Frage, ob wortgetreu oder frei übersetzt werden sollte, Wort für Wort oder sinngemäß, und lösten eine Debatte aus, die über Jahrhunderte hinweg andauern sollte. Cicero sah in der Nachahmung der Griechen einen Weg zur Entwicklung des eigenen rhetorischen Könnens. In seiner bekannten Abhandlung *De oratore* trat er für die freie Übersetzung und die Prägung neuer Ausdrücke ein. Auch Horaz warnt in seiner *Ars poetica* vor der wörtlichen Übersetzung und empfiehlt statt dessen die sinngemäße Übertragung.

Eine der herausragendsten Persönlichkeiten des Altertums, wenn nicht aller Zeiten, war Hieronymus, später bekannt als hl. Hieronymus (ca. 331– ca. 420). Hieronymus ist als Verfasser der *Vulgata*, der als authentisch anerkannten lateinischen Bibel, bekannt. Er wurde als Sohn christlicher Eltern in Stridon, einer Stadt im Grenzgebiet zwischen Dalmatien und Pannonien, geboren. Später wurde er zum Studium nach Rom geschickt. Während der Jahre, die er dort verbrachte, erwarb er Kenntnisse in klassischer Literatur (insbesondere Vergil, Horaz und Cicero), orientalischer Philosophie und Recht.

Nach einiger Zeit gab er seine Beamtenlaufbahn im Dienste des Römischen Reiches auf, trennte sich von seinen irdischen Gütern und zog nach Osten. Während seines Aufenthalts in Antiochia, wo er mit dem Studium der griechischen Sprache begann, entdeckte er die christliche Literatur. Er zog weiter in die Wüste, in das Gebiet des heutigen Syrien, und verbrachte dort zwei Jahre in Buße. Er widmete sich dem Studium christlicher Literatur und der Bibel und erweiterte seine Kenntnisse des Hebräischen. Schließlich kehrte er nach Antiochia zurück, wo er in den Priesterstand aufgenommen wurde.

Im Jahre 382 kehrte Hieronymus nach Rom zurück, wo er als Sekretär, Dolmetscher und theologischer Berater für Papst Damasus I. tätig war. Da er sich zu dieser Zeit bereits einen Namen als Philosoph und dreisprachiger Gelehrter gemacht hatte, der mit dem Hebräischen, Griechischen und Lateinischen gleichermaßen vertraut war, beauftragte ihn der Papst mit der Übersetzung und Revision der Bibel. Hieronymus begann mit der Übersetzung des Neuen Testaments und der Psalmen, wobei er anerkannte griechische Texte als Ausgangsmaterial verwendete.

Nach Damasus' Tod im Jahre 384 fiel Hieronymus in Ungnade. Er zog sich nach Bethlehem zurück und setzte dort seine Übersetzertätigkeit fort. Nachdem er eine Übersetzung des Alten Testaments aus dem Griechischen vollendet hatte, übersetzte er es aus dem Hebräischen noch einmal neu. Er ist dafür bekannt, als erster das Alte Testament direkt aus dem Hebräischen ins Lateinische übersetzt zu haben *(hebraica veritas)*, und nicht ausgehend von der *Septuaginta*, einer früheren griechischen Übersetzung der hebräischen Bibel. Trotz einigen Widerstands gegen Hieronymus' Übersetzungen wurde die lateinische *Vulgata* mit seiner Übersetzung des Alten und des Neuen Testaments während Jahrhunderten von der römisch-katholischen Kirche verwendet.

Hieronymus war maßgeblich an der Annäherung zwischen der klassischen Kultur und dem Christentum beteiligt. Zeit seines Lebens war er eine umstrittene Figur, hatte aber auch seine Anhänger. Seine Heiligsprechung erfolgte im 8. Jahrhundert. Der Kult um seine Person wurde während einiger Zeit vernachlässigt, erfuhr aber zur Zeit der Renaissance einen erneuten Aufschwung. Er war einer jener christlichen Heiligen, die zwischen dem 14. und 17. Jahrhundert der Malerei und der Kunst im allgemeinen am häufigsten als Quelle der Inspiration dienten. Seit 1992 feiert die *Fédération Internationale des Traducteurs* (FIT) am 30. September den Hieronymustag, den internationalen Tag der Übersetzung.

2. Das Übersetzen im Mittelalter

Vom Altertum bis ins Mittelalter ermöglichte die Arbeit von Übersetzern den Wissenstransfer zwischen den Zivilisationen. Einige Städte treten dabei als Zentren außerordentlicher übersetzerischer Tätigkeit hervor. Um 300 v.Chr. war die ägyptische Stadt Alexandria ein Ort des Austauschs zwischen Europa, dem Mittleren Osten und Indien, aber auch ein Zentrum der Hellenistik, in dem die Übersetzung eine wichtige Rolle spielte. Im 9. und 10. Jahrhundert übersetzten Gelehrte in Bagdad die wissenschaftlichen und philosophischen Werke der griechischen Antike ins Arabische, die Sprache des jungen islamischen Reichs. Hauptfigur der Bagdader Schule war der Arzt Hunayn ibn Ishâq (809–875), ebenfalls bekannt unter seinem lateinischen Namen Johannitius.

Im 12. Jahrhundert wurden diese arabischen Übersetzungen, von denen manche ihre Originale überdauert hatten, in Toledo ins Lateinische übersetzt. Der Begriff „Schule von Toledo“ steht für die Blütezeit der Übersetzung im Spanien des 12. und 13. Jahrhunderts. Im Zentrum des Interesses standen die philosophischen und wissenschaftlichen Errungenschaften der griechischen und arabischen Welt, insbesondere in den Bereichen Medizin, Mathematik, Astronomie und Astrologie. Wurde während des 12. Jahrhunderts noch vornehmlich aus dem Arabischen ins Lateinische übersetzt, so entstanden im 13. Jahrhundert hauptsächlich Übersetzungen aus dem Arabischen in die spanische Vernakularsprache.

Das damalige Europa war arm an wissenschaftlichen und philosophischen Werken. Im 12. Jahrhundert suchten Übersetzer unter der Schirmherrschaft der Kirche die lateinische Kultur mit fremdem Wissen zu bereichern. Mit diesem Schatz an Wissen als Fundament begannen sie schließlich im 13. Jahrhundert unter dem Patronat Königs Alfonso X. mit dem Aufbau einer spanischen Kultur.

Der sogenannten „Schule von Toledo" kam beim Transfer wissenschaftlicher und philosophischer Erkenntnisse ins mittelalterliche Europa eine wichtige Rolle zu. Es steht außer Zweifel, daß die Übersetzer Toledos den westlichen Wissensstand grundlegend verändert haben. Die dank Averros' und Avicennas Kommentaren eingeleitete Wiederentdeckung von Aristoteles führte in den neugegründeten Universitäten zu einem intellektuellen Aufschwung. Der Transfer bedeutender Werke arabischen Ursprungs nach Europa hatte eine Erweiterung des Wissens und die Herausbildung eines umfassenderen Weltbildes zur Folge.

3. Renaissance und Reformation

Im 14. Jahrhundert entstand in Italien die Renaissancebewegung, die sich im 15. und 16. Jahrhundert in andere, weiter nördlich gelegene Regionen Europas ausbreitete. Damit begann eine Epoche, die durch neue Ideen und Glaubenskonflikte, Entdeckungen und Erfindungen, aber auch durch eine Rückbesinnung auf antike Zivilisationen gekennzeichnet war. Unterstützt vom Aufschwung, den die Erfindung der Drukkerpresse ausgelöst hatte, entstanden zahlreiche Übersetzungen, die den Durst nach Wissen aus fernen Ländern und vergangenen Zeiten stillen sollten. Dieses Wissen war nicht mehr nur den Gelehrten vorbehalten, auch Diplomaten, Höflinge und Kaufleute verlangten danach. Ein neues goldenes Zeitalter der Übersetzung hatte begonnen. Jene Epoche war von zwei wichtigen Strömungen geprägt: Einerseits durch den Humanismus mit seinem neuerwachten Interesse an den Sprachen und der Literatur der Klassik, andererseits durch die Reformationsbewegung, die ebenfalls eine Rückbesinnung auf die Ursprünge anstrebte, in diesem Fall jedoch auf die Bibel und die Sprachen ihrer ursprünglichen Fassung, das Griechische und Hebräische.

Verschiedentlich ist gesagt worden, die Übersetzungsproblematik sei der Auslöser für die Reformationsbewegung gewesen. Die katholische Kirche hatte die Übersetzung sakraler Texte stets abgelehnt und die Ansicht vertreten, die Sprache des christlichen Glaubens sei ausschließlich das Lateinische – obgleich die *Vulgata*, wie bereits erwähnt, selbst eine Übersetzung ist. Die Übersetzung der Bibel war also ein gefährliches Unterfangen.

Martin Luther (1483–1546) gilt als Begründer der Reformation. Nach seinem Rechtsstudium trat er in ein Augustinerkloster in Erfurt ein. Er wurde 1507 zum Priester geweiht und promovierte 1511 zum Doktor der Theologie. Luther widmete sich zeit seines Lebens dem Studium der Bibel. Er lehnte sich gegen zahlreiche Praktiken der Kirche auf und kritisierte insbesondere die Ablaßdoktrin. Schließlich wurde er exkommuniziert und aus dem Reich verbannt, worauf er sich auf die Wartburg zurückzog, wo er seine Übersetzung des Neuen Testaments in Angriff nahm (s. Art. 77).

Zu jenem Zeitpunkt existierte bereits eine althochdeutsche Version der Bibel. Mehrere Bibelübersetzungen, die vor Luthers Zeit entstanden waren, hatten gezeigt, wie sehr der „gemeine Mann" eine Bibel in seiner eigenen Sprache brauchte. Zusammen mit einer Gruppe Gelehrter arbeitete Luther von 1521 bis 1534 an seiner Übersetzung. Dabei konsultierte er Spezialisten der griechischen, lateinischen und hebräischen Sprache sowie Personen, die mit dem Wortschatz spezifischer Tätigkeiten vertraut waren, wie etwa Förster, Wildhüter usw.

Luthers deutsche Übersetzung von Erasmus' griechischer Version des Neuen Testaments wurde 1522 veröffentlicht, die vollständige Bibel erschien 1534 in Wittenberg. Die Lutherbibel war die erste direkte Übersetzung der Heiligen Schrift aus den Originalsprachen Griechisch und Hebräisch in eine moderne Sprache, bei der die lateinische *Vulgata* jedoch nicht ganz vernachlässigt worden war. Seine Überlegungen zum Übersetzen hielt Luther in zwei Schriften fest, im *Sendbrief vom Dolmetschen* und in den *Summarien über die Psalmen und Ursachen des Dolmetschens*. Diese Texte sollten seine Übersetzungen rechtfertigen und die Anschuldigungen seitens der katholischen Kirche, er hätte die Heilige Schrift verändert oder verfälscht, entkräften.

Die Bedeutung von Luthers Werk für die institutionalisierte Religion ist unbestritten. Bald nach seinem Tod wurde jedoch auch sein außerordentlicher Einfluß auf Sprache und Übersetzung offensichtlich. Die ersten deutschen Grammatiken aus dem 16. Jahrhundert basierten direkt auf Luthers Bibelübersetzung. Der normative Einfluß seines Sprachgebrauchs läßt sich bis zum Erscheinen von Grimms Wörterbuch im 19. Jahrhundert nachweisen, welches als wichtigste Quelle Luthers Übersetzung nennt.

Mit seiner Bibelübersetzung leistete Luther einen wesentlichen Beitrag zur Bereicherung, Standardisierung und stilistischen Vielfalt der deutschen Sprache. Klarheit, allgemeine Verständlichkeit, Einfachheit und Lebendigkeit sind die wichtigsten stilistischen Eigenschaften seiner Bibelübersetzung, die noch heute als Beispiel für guten Sprachgebrauch gilt. Sein Werk diente als Vorbild für Übersetzungen der Bibel in weitere Vernakularsprachen wie Schwedisch, Dänisch und Slowenisch.

Eine andere wichtige Figur der Reformationsbewegung war der Engländer William Tyndale (ca. 1494–1536), der wegen seiner Übersetzertätigkeit zum Tode verurteilt wurde. Schon früh in seiner Karriere wurde er der Ketzerei verdächtigt. Nachdem seine Bemühungen scheiterten, den Bischof von London für seine geplante englische Übersetzung der Bibel zu gewinnen, mußte Tyndale England verlassen und fortan als Verfolgter auf dem europäischen Festland leben. In Deutschland traf er mit Luther zusammen, anschließend übersetzte und veröffentliche er das Neue Testament. Seine Übersetzung des *Pentateuch*, der ersten fünf Bücher des Alten Testaments, erschien in Antwerpen. Nachdem er von einem Landsmann an Agenten Karls V. verraten worden war, wurde er in Vilvorde in der Nähe von Brüssel auf dem Scheiterhaufen verbrannt.

Tyndale und sein Werk waren lange Zeit kaum beachtet worden. Erst in jüngerer Vergangenheit wurde das Interesse an seiner Person wieder wach, und er gilt seitdem als Patriarch der englischen Sprache und Literatur. Tyndale war ein außerordentlicher Gelehrter und Linguist, dessen herausragende Qualität die Klarheit war. Seine logischen und rhetorischen Fähigkeiten verdankte er seiner Ausbildung in Oxford, seinen Kenntnissen in acht Sprachen, darunter Griechisch und Hebräisch (in der Tat eine Ausnahme für einen Mann seiner Zeit), seiner Erfahrung als Priester und nicht zuletzt seinem Sinn für eine eigenständige englische Tradition des Schreibens. Tyndale übersetzte in die gesprochene Sprache des Volkes, nicht in die Schriftsprache der Gelehrten, und schuf damit eine Sprache für England, so wie es Luther für Deutschland getan hatte.

4. Das Übersetzen seit der Romantik

Mit Goethe und den deutschen Romantikern begann eine wichtige Periode der literarischen Übersetzung. Zusammen mit Ludwig Tieck übersetzte A.W. Schlegel die Werke Shakespeares und anderer Schriftsteller der Romantik; Schleiermacher übersetzte Plato. Goethes Übersetzungen füllen einen ganzen Band seiner gesammelten Werke: Deutsche Versionen von Werken Diderots, Voltaires und Racines sowie italienischer, englischer und spanischer Gedichte. Diese praktische Übersetzungstätigkeit wurde von theoretischen Überlegungen in beachtlichem Umfang ergänzt. Goethe unterschied zwischen mehreren Formen der Übersetzung und betonte die Bedeutung des Übersetzens als Mittel zur Verwirklichung der Universalität. Dichter und Denker wie Schlegel, Novalis, Schleiermacher und Humboldt rückten den Status und das Potential der Übersetzung in ein neues Licht (s. Art. 24, 75).

Im 20. Jahrhundert, besonders in der Nachkriegszeit, hat das Übersetzen einen noch nie dagewesenen Aufschwung erlebt. Dank neuer wissenschaftlicher Erkenntnisse und verbesserter Kommunikationsmöglichkeiten zwischen den Nationen haben sich Dolmetschen und Übersetzen zu hochspezialisierten Tätigkeiten entwickelt. Während in der Vergangenheit noch fast ausschließlich religiöse und literarische Texte übersetzt wurden, hat sich das Tätigkeitsfeld des Übersetzers im 20. Jahrhundert auf eine Vielzahl von Gebieten ausgedehnt: Wissenschaft, Technik, Wirtschaft, Politik uvm.

Die Entwicklung der internationalen Beziehungen hat den Bedarf an qualifizierten Berufsübersetzern und -dolmetschern rapide anwachsen lassen. Dies führte zu einem höheren Organisierungsgrad des Berufsstandes, u.a. durch die Gründung nationaler und internationaler Berufsverbände, und zur Einrichtung von Ausbildungsstätten für Übersetzer und Dolmetscher. Gleichzeitig wurden spezifische Unterrichtsmethoden entwickelt und Lehrbücher in großer Anzahl und Vielfalt veröffentlicht. Im

Zuge der zunehmenden theoretischen Reflexion durch Praktiker, Lehrende und Übersetzungswissenschaftler entstanden in den letzten Jahrzehnten Fachzeitschriften und Verbände zur Förderung der Translationswissenschaft, und der ständig wachsende Bestand an Wissen im Bereich der Translation ist in den wichtigsten Sprachen der Welt zugänglich geworden.

Literatur

Berman, Antoine (1984): *L'Épreuve de l'étranger.* Paris: Gallimard.

Delisle, Jean / Woodsworth, Judith (Hrsg.) (1995): *Translators through History.* Amsterdam: Benjamins / UNESCO Publishing. (*Les traducteurs dans l'histoire.* Ottawa: Presses de l'Université d'Ottawa / Éditions UNESCO.)

Vermeer, Hans J. (1992): *Skizzen zu einer Geschichte der Translation.* Frankfurt a.M.: Verlag für Interkulturelle Kommunikation.

Judith Woodsworth (Halifax, Kanada)
Aus dem Englischen übersetzt
von Rolf Geiser (Neuchâtel)

11. Geschichte des Dolmetschens

Dolmetschen – die mündliche Übertragung eines gesprochenen oder laut vorgelesenen Textes – ist eine uralte Tätigkeit. Schon im Alten Testament („Josef und seine Brüder") wird es erwähnt, und „im 3. Jahrtausend v.Chr., in der 6. Dynastie des ägyptischen Alten Reiches trugen die Gaugrafen von Elephantine den Titel Vorsteher der Dragomane" (Kurz 1996). Die Griechen und Römer setzten Dolmetscher für ihre Feldzüge wie auch für die Zivilverwaltung ein. In der europäischen Diplomatie sind Dolmetscher durch Jahrhunderte wenig erwähnt, weil Aramäisch, Lateinisch, später Italienisch und besonders Französisch als Verkehrssprachen verwendet wurden. Vielfach finden wir die Feststellung, daß bis zum Ersten Weltkrieg Französisch so gut wie ausschließlich die Sprache der Diplomatie und des zwischenstaatlichen Verkehrs war (Scott 1924, Herbulot 1985, Feldweg 1996). Die Pariser Friedensverhandlungen zwischen Spanien und den Vereinigten Staaten im Jahr 1898 (Bowen 1992) wurden jedoch mit einem Berufsdolmetscher (Arthur Ferguson) auf spanisch und englisch geführt, der schon bei der 1. interamerikanischen Konferenz (1889) gearbeitet hatte und dann Dolmetsch-Sekretär für die Philippinen wurde. Der Friede von Portsmouth wurde 1905 zwischen Rußland und Japan auf englisch, russisch, französisch und japanisch verhandelt (Bowen 1995). Französisch wurde in den hundert Jahren bis zum Zweiten Weltkrieg vor allem für multilaterale Konferenzen verwendet, z.B. in den Verhandlungen zur Beendigung des Boxer-Aufstandes 1900 und in den Haager Friedenskonferenzen (1899 und 1907). Bilaterale Verhandlungen dagegen wurden oft in den Sprachen der beiden Partner geführt. Schon bevor die zunehmende Demokratisierung Dolmetscher für europäische Sprachen notwendig machte, waren es die orientalischen Sprachen, für die Dolmetscher gebraucht und auch ausgebildet wurden.

Für die Beziehungen mit der Türkei hatten sowohl der französische wie auch der Wiener Hof das System der „Sprachknaben" oder *„enfants de langue"*, die in den Nahen Osten geschickt wurden, um dort die Sprache zu lernen. Das war auch 1719 der Fall des jungen Penckher gewesen, der 1726 zum kaiserlichen Dolmetsch bei der Pforte ernannt wurde. Nach insgesamt acht Jahren Dienst wurde er als Kaiserlicher Hofdolmetsch und Sekretär in Orientalicis nach Wien berufen (Wurzbach 1869:452 f.), und wir finden ihn erwähnt im Wienerischen Diarium 1731, im Bericht über den Einzug des türkischen Gesandten und seine Audienz beim Kaiser. Auf diplomatischem Posten kehrte er wieder in die Türkei zurück. Erst nach zwanzig Jahren ausgezeichneter Dienste, für die er in den Adelsstand erhoben wurde, kehrte er nach Wien zurück.

Kaiserin Maria Theresia gründete 1754 die Orientalische Akademie mit demselben Ziel wie einige Jahrzehnte vorher Colbert für Frankreich: die Förderung des Handels. Im Lauf der Jahre gingen aus der Akademie mehrere Hofdolmetscher und Orientalisten hervor, der berühmteste unter ihnen war Joseph von Hammer-Purgstall. Allmählich trat die Vorbereitung für den diplomatischen Dienst in den Vordergrund, wie auch vielfach in anderen Staaten in der zweiten Hälfte des 19. Jahrhunderts das Bedürfnis nach einem sprachlich orientierten Ausbildungsprogramm für junge Diplomaten erkannt wurde. In Berlin wurde an der Humboldt-Universität vor mehr als hundert Jahren mit der Ausbildung von Russisch-Dolmetschern begonnen. Das britische Foreign Office bildete Dolmetscher für Chinesisch und Japanisch aus, auch das US Department of State führte die Kategorie *student-interpreters* ein. Aber erst 1921 veranstaltete das Auswärtige Amt in Berlin besondere Kurse zur Ausbildung von Konferenzdolmetschern, die ganze Reden oder große Gesprächsabschnitte in einem Zuge dolmetschten. „Diese neue Technik [der stichwortartigen Aufzeichnungen] wurde auf den Kursen des Auswärtigen Amts eingehend gelehrt. Die Teilnehmer waren unter den Studenten der Berliner Universität ausgewählt worden. Es waren teils Juristen, teils Neuphilologen" (Schmidt 1954: 12).

1. Verschiedene Erscheinungsformen

Die säuberliche Trennung zwischen den verschiedenen Erscheinungsformen des Dolmetschens wird erst seit relativ wenigen Jahren versucht. Die Höhe der Bezahlung und relatives Prestige erleichtern die Debatte nicht. Ausschlaggebend sollen aber die unterschiedlichen Leistungen sein, die je nach Situation gebraucht werden.

Kann man unter dem Ausdruck Dolmetscher einfach jegliche mündliche Sprachmittlung zusammenfassen? Oder müssen wir unterscheiden nach der Situation, der spezifischen Funktion, der Methode des Dolmetschens? *Konsekutivdolmetschen* wurde für internationale Konferenzen fast ganz vom *Simultandolmetschen* verdrängt, so wie es in seiner modernen Form erst in unserem Jahrhundert praktiziert wird. Eine frühe Art des Simultandolmetschens war das *Flüsterdolmetschen*. Aus dem 18. Jahrhundert wird berichtet, daß bei einer Schülervorstellung im Jesuitenkolleg Groß-Glogau König Friedrich II. von Preußen den lateinischen Text ins Ohr geflüstert bekam (Barthel 1982:143). Auch Stephen Bonsal, Präsident Woodrow Wilsons Dolmetscher bei den Pariser Friedensverhandlungen, wurde gebeten, ihm laufend, während der Redner sprach, Satz um Satz die Dolmetschung zuzuflüstern (Bonsal 1944:61). Diese Methode ist zu unterscheiden vom *satzweisen Dolmetschen*, wobei der Redner nach jedem Satz eine Pause macht (Beispiele: Präsident Monroe im Gespräch mit einer Indianerdelegation; Alliierter Kontrollrat von 1945 bis 1955 in Wien).

Bestimmte Situationen des Dolmetschers finden wir immer wieder in der Geschichte: Gerichtsdolmetscher (s. Art. 90, Kaufmann 1994 und Morris 1993); Militärdolmetscher, von den Dolmetschern Hannibals, Sullas und Cäsars (Kurz 1986b) zu den Begleitern Napoleons nach Ägypten und bis zu den Dolmetschern mit Offiziersrang, die in der deutschen Wehrmacht eingesetzt wurden, und den Dolmetschern der Vereinten Nationen in Bosnien; Entdeckungs- und Forschungsreisen (Cortés' und Magellans Dolmetscher, Bowen 1995); Verbreitung der Weltreligionen (Islam in Afrika, Christentum in der Neuen Welt und in Ostasien). Nicht immer standen Dolmetscher zur Verfügung. Klagen über das Fehlen kompetenter Dolmetscher sind nicht selten. Man versuchte, die neuen Sprachen zu lernen oder Eingeborene zu unterrichten. In Japan hatte der Jesuitenorden in dem begabten Portugiesen Rodrigo einen Dolmetscher (Bowen 1996:13), den der jüngst verstorbene James Clavell als Vorbild für den Dolmetscher in seinem Roman *Shogun* heranzog.

2. Dolmetscherinnen

Ist Dolmetschen ein Frauenberuf? In der Presse und Literatur wird seit etwa 1950 immer wieder dieser Eindruck erweckt. Feldweg widmete der Frage einen Abschnitt unter dem Titel „Gleichberechtigung", obwohl heute der Frauenanteil weltweit über 70 % beträgt (Feldweg 1996:82). Historisch belegt sind Frauen in Dolmetscherfunktion schon viel früher. Die Aztekin Marina, die Dolmetscherin von Hernan Cortés, ist wohl die berühmteste unter ihnen. Sie wurde so sehr zu einer umstrittenen Gestalt – Verräterin ihres Volkes, Retterin der Spanier – daß in den unzähligen Werken über sie ihre eigentliche Rolle oft vernachlässigt wird. Sie kannte die Sprache der

Maya, konnte also im Relais mit dem Spanier Jerónimo de Aguilar, der diese als Schiffbrüchiger gelernt hatte, für Cortés dolmetschen. Madariaga nennt sie eine der Hauptfiguren der Conquista (Bowen 1995), aber in den fünf langen Briefen, die Cortés an Karl V. schrieb, wird sie nur zweimal ganz kurz erwähnt. Sacajawea (ca. 1790-1812), die Indianerin aus dem Stamm der Shoshone, begleitete die Expedition von Lewis und Clark nach dem Westen und leistete wertvolle Hilfe in den Verhandlungen mit den Indianerstämmen. Catherine Montour, meist Madame Montour genannt, war die Tochter eines französischen Einwanderers und einer Indianerin. Sie sprach Englisch und Französisch sowie mehrere Indianersprachen und wird erstmals erwähnt als Dolmetscherin der Albany Konferenz am 24. August 1711. Angelina County in Ost-Texas ist nach einer Dolmetscherin für spanische und französische Missionare benannt. Der Völkerbund, für den schon mehrere Konferenzdolmetscher belegt sind, beschäftigte auch Madame Angeli aus der Familie Rossetti. Ihre Arbeitssprachen waren Englisch, Französisch und Italienisch, und sie konnte ganze Reden ohne Notizen wiedergeben (Madariaga 1974:58).

3. Quellen

Der Satz *verba volant* gilt auch für das Dolmetschen. Wenn wir überlegen, wie wichtig die Sichtverhältnisse für Kommunikation über Dolmetscher sind (Feldweg 1996:246f.), wird klar, daß eine genaue Analyse der Dolmetschleistungen in der Vergangenheit so gut wie unmöglich ist. Unsere Quellen über die Tätigkeit von Dolmetschern sind daher notwendigerweise Sekundärquellen, sie sind verstreut in Urkunden, Berichten, Tagebüchern, Biographien, Autobiographien, bildlichen Darstellungen und Grabstätten. Die Informationen sind oft nur fragmentarisch, Anekdoten werden unkritisch wiederholt. Ein typisches Beispiel ist die beliebte Geschichte von dem Delegierten, der den Konsekutivdolmetscher tadelte: „Das habe ich nicht gesagt," worauf dieser erwiderte: „Weiß ich, weiß ich, aber das hätten Sie sagen sollen." Sie wurde abwechselnd George oder André Kaminker zugeschrieben, beide leugneten den Vorfall beharrlich.

4. Rolle und soziale Stellung der Dolmetscher

Wir haben schon gesehen, daß Dolmetscher gelegentlich Sklaven waren, Angehörige eines unterworfenen Volkes oder Gefangene. Roditi (1982:2) hat darauf hingewiesen, daß Dolmetscher oft aus Mischehen hervorgegangen sind oder einer Minderheit angehörten und die Sprache des herrschenden Volkes gelernt hatten. Viele der Indianerdolmetscher in den USA und in Kanada waren von gemischter Abstammung. Die Bundesregierung der Vereinigten Staaten, vor allem die Präsidenten, empfingen immer wieder Delegationen aus dem Westen. Die Gäste besichtigten die Hauptstadt, empfingen Geschenke und waren natürlich selbst Gegenstand der allgemeinen Neugier. Dolmetscher waren für diese Reisen unerläßlich (Viola 1981:71, 75).

Da es aber die Gebildeten und oft die Adeligen waren, die fremde Sprachen studierten, finden wir immer wieder Dolmetscher, die durchaus nicht niedrigen Standes waren. Thomas Nádasdy z.B. war ein ungarischer Edelmann; er dolmetschte für den Kardinal Thomas de Vio Cajetano, als er im Auftrag des Papstes mit dem jungen König Ludwig II. über die Abwehr der Türkengefahr verhandelte (Wurzbach 1869). Geistliche waren nicht selten als Dolmetscher tätig (Nicole d'Acre während des Sechsten Kreuzzuges, vgl. de Joinville 1963:252). Viele Diplomaten begannen ihre Laufbahn als Dolmetscher, so Heinrich von Penckher (siehe oben), Charles Bohlen und Vernon Walters in den USA (Bowen 1995), oder sie waren aus wohlhabender Kaufmannsfamilie wie Birse (1967). Robert Ekvall, der Panmunjom-Dolmetscher, war Spezialist für Buddhismus und arbeitete an einem Buch, als die amerikanische Armee ihn wegen seiner Kenntnisse der chinesischen und koreanischen Sprache rief. Dolmetschende Diplomaten waren z.B. Baron Sonnino, der italienische Außenminister bei der Pariser Friedenskonferenz 1919, und Admiral Acton bei der San Remo Konferenz (Bowen 1995:271). Die Ausstellung während der AIIC-Konferenz in Montreal 1997 zeigte, daß Dolmetscher viele Interessen und eine sehr unterschiedliche Vorbildung haben.

Bei Verhandlungen wurden in der Regel Dolmetscher von beiden Verhandlungspartnern gestellt (s. Art. 91). Bei diplomatischen Verhandlungen ist dies auch heute noch meist der Fall, weil gefürchtet wird, daß der Dolmetscher nicht ganz neutral ist. Von Dolmetschern wurde erwartet, daß sie unüberlegte Formulierungen des Redners milderten und den Tadel für allzu heftige Aussagen auf sich nahmen. Der Völkerbund führte als erste Organisation auch für Dolmetscher die Kategorie „internationaler Beamter" ein, die heute bei den Vereinten Nationen und der Europäischen Union allgemein üblich ist und den Dolmetscher nur der Organisation selbst, nicht einem einzelnen Land unterstellt.

5. Schlußbemerkungen

Historiker wenden sich vor allem den politischen und kriegerischen Ereignissen zu, Schriftsteller und Journalisten legen Wert auf Anekdoten, sachliche Aussagen über die Dolmetschung kommen dabei zu kurz. Den Bemühungen der Berufsorganisationen und in zunehmendem Maße den Dolmetscherschulen ist es zu verdanken, daß nun intensiver an der riesigen Aufgabe einer Geschichte des Dolmetschens gearbeitet wird und ein Repertorium der Historiker des Dolmetschens entstand.

Literatur

Barthel, Manfred (1982): *Die Jesuiten*. Düsseldorf / Wien: Econ.

Birse, A. H. (1967): *Memoirs of an interpreter*. New York: Coward McCann.

Bonsal, Stephen (1944): *Unfinished Business*. Garden City/NY: Doubleday.

Bowen, Margareta (1992): „Negotiations to End the Spanish-American War." Snell-Hornby, Mary et al. (Hrsg.) (1992): *Translation Studies: An Interdiscipline*. Benjamins Translation Library 2. Amsterdam / Philadelphia: Benjamins, 73–82.

Bowen, Margareta et al. (1995): „Chapter 9 – Interpreters and the Making of History." Delisle, Jean / Woodsworth, Judith (Hrsg.) (1995): *Translators through History*. Benjamins Translation Library 13. Amsterdam / Philadelphia. Benjamins / UNESCO Publishing.

Bowen, Margareta / Bowen, David (1996): „The Shogun's Interpreter." *The Jerome Quarterly* 11/3, 13.

Feldweg, Erich (1996): *Der Konferenzdolmetscher im internationalen Kommunikationsprozeß*. Heidelberg: Groos.

Herbulot, Florence (1985): „L'interprétation dans le processus de communication". *Nucleo, revista de la escuela de Idiomas Modernos* (Caracas: Universidad Central de Venezuela) 1/1, 120–138.

Joinville, Jean Sire de (1880): *Mémoires de Jean Sire de Joinville, ou Histoire et Chronique du très Chrétien Roi Saint Louis*. Übersetzung aus dem Französischen von M. R. B. Shaw (1963): *Chronicles of the Crusades: The Life of Saint Louis*. Harmondsworth: Penguin.

Kaufmann, Francine (1994): „Interpreters in Early Judaism." *The Jerome Quarterly* 9/3, 2.

Kurz, Ingrid (1986a): „Das Dolmetscher Relief aus dem Grab des Haremhab in Memphis. Ein Beitrag zur Geschichte des Dolmetschens im alten Ägypten." *Babel* 32/2, 73–77.

Kurz, Ingrid (1986b): „Dolmetscher im alten Rom." *Babel* 32/4, 215–220.

Kurz, Ingrid (1996): *Simultandolmetschen als Gegenstand der interdisziplinären Forschung*. Wien: Wiener Universitätsverlag.

Madariaga, Salvador de (1974): *Morning without Noon, Memoirs*. Westmead/Hampshire: Saxon House.

Morris, R. (1993): „Interpreters for the Nobs – a historical overview of the provision of interpreters for high-status foreigners in legal proceedings". Picken, C. (Hrsg.) (1993): *Translation – The Vital Link: Proceedings of the XIIIth World Congress of FIT*. Vol. II, 85 ff.

Ranshofen-Wertheimer, Egon F. (1945): *The International Secretariat: A Great Experiment in International Administration*. Washington, D.C.: Carnegie Endowment for International Peace.

Roditi, Edouard (1982): „Interpreting: Its History in a Nutshell." Washington, D.C.: Georgetown University, National Resource Center for Translation and Interpreatation. Outreach Paper.

Schmidt, Paul (1954): *Statist auf diplomatischer Bühne*. Bonn: Athenäum.

Scott, J. B. (1924): *Le Français, langue diplomatique moderne*. Paris: Pedone.

Viola, H. J. (1981): *Diplomats in buckskins: a history of Indian delegations in Washington City*. Washington, D.C.: Smithsoian Institution Press.

Wurzbach, Constantin von (1869): *Biographisches Lexikon des Kaiserthums Österreich*. Wien: k.k. Hof- & Staatsdruckerei.

Margareta Bowen (Washington)

B3 Translationswissenschaft als Interdisziplin

B3.1 Linguistische Aspekte

12. Phonologie

Die Phonologie als Teildisziplin der Allgemeinen Sprachwissenschaft beschäftigt sich mit den Einzellauten gesprochener Sprache, das heißt in erster Linie den Vokalen und Konsonanten. Ihr Untersuchungsgegenstand ist das Phonem, das als kleinste bedeutungsunterscheidende Einheit innerhalb eines Sprachsystems definiert wird. Zu den zentralen Aufgaben der Phonologie im Rahmen einer deskriptiv orientierten Linguistik gehört es, das *Phoneminventar* der jeweils untersuchten Sprache auf der Grundlage minimaler distinktiver Merkmale zu ermitteln sowie die Regeln der *Phonotaktik* darzustellen, welche innerhalb dieser Sprache die Verknüpfung einzelner Phoneme zu längeren Lautketten steuern und begrenzen. Hinzu kommt als dritter Aufgabenbereich die Beschreibung der *Allophonie*, d.h. der regelhaften Veränderungen und Anpassungen, denen die einzelnen Phoneme in ihrer phonetischen Realisierung, teils durch individuellen Gebrauch (freie Variation), teils durch ihre Anwendung im lautlichen Zusammenhang (kombinatorische Variation), unterworfen sind.

Neben der Untersuchung und Beschreibung der Vokale und Konsonanten als Gegenstandsbereich der traditionellen *segmentalen Phonologie* beschäftigt sich die moderne Sprachwissenschaft heute in zunehmendem Maße auch mit der Erfassung der suprasegmentalen (prosodischen) Eigenschaften menschlicher Sprache. Hierzu gehören neben den tonalen, durch Veränderungen in der Grundfrequenz des Stimmbandtones hervorgerufenen Eigenschaften (Stimmumfang, Ton, Intonation) auch die regelhaften dynamischen Ausprägungen des Intensitätsverlaufes (Betonung, Akzentuierung, Rhythmus) sowie die temporalen Veränderungen der Sprechgeschwindigkeit (Lautdauer, Tempo, Pausen). Die *suprasegmentale Phonologie* untersucht diese Erscheinungen sowohl aus der Sicht ihrer linguistischen (vgl. etwa die verschiedenen Lesarten von ‚Tenor' je nach der Plazierung des Hauptakzents auf der ersten oder zweiten Silbe) als auch ihrer vielfältigen paralinguistischen Funktionen (etwa als Merkmal zur Bestimmung der Sprecheridentität oder der affektiven Einstellung des Sprechers zu dem Gesagten).

Innerhalb der Translationswissenschaft nehmen phonologische Fragestellungen naturgemäß eine vergleichsweise untergeordnete Stellung ein; übersetzt beziehungsweise verdolmetscht werden letztlich nicht einzelne Laute oder prosodische Merkmale, sondern Texte, Inhalte, Äußerungen. Die Berührungspunkte und damit der interdisziplinäre Austausch zwischen der Phonologie und der Translationswissenschaft sind daher eher sporadisch und beschränken sich im wesentlichen auf Teilaspekte der Übersetzung funktional-oraler Texte und Textelemente sowie auf das Dolmetschen gesprochener Sprache. Zum Texttypus der funktional-oralen Texte zählen dabei in erster Linie dramatische Texte, Bühnenstücke, Librettos (s. Art. 70 und 71), liturgische Texte, Vortragsmanuskripte und Reden (s. Art. 76), im weiteren Sinne darüber hinaus auch poetische Werke, die Wiedergabe direkter Rede und lautmalerischer Elemente in der Prosadichtung sowie – im Bereich der Fachübersetzung – appellative Reklame- und Werbetexte.

Translatorische Entscheidungen bei der Übersetzung funktional-oraler Texte, etwa über die Wahl eines bestimmten Phonems (zum Beispiel für die Wiedergabe einer Alliteration), einer silbischen Lautfolge (zur Erhaltung eines Reimes) oder eines spezifischen Akzentmusters (zur Markierung der Thema-Rhema-Struktur einer Äußerung oder zur Übertragung von Versmaß und Rhythmus in einem Gedicht) spielen, wenn überhaupt, nur dort eine Rolle, wo es neben der semantisch korrekten Übertragung des Inhalts zusätzlich auf die Wahrung der Mündlichkeit oder – zumindest potentiell – einer stilistischen, formal-ästhetischen Wirkung von Mündlichkeit und Sprechbarkeit ankommt. Funktional-orale Texte müssen nicht nur lesbar, sondern – zumindest potentiell – sprechbar sein, um ihre Wirkung zu erzielen. Wie u.a. Kohlmayer (1996:75ff.) überzeugend darlegt, spielt es dabei eine untergeordnete Rolle, ob der Text (etwa einer Bühnenübersetzung) de facto auf sprechsprachliche Aufführung angelegt ist oder primär das leise psychophysische Lesen – ‚das dritte Ohr' – des Lesers ansprechen soll (wie etwa im gesamten Bereich der Lyrik). Für den Übersetzer ergibt sich in beiden Fällen die Herausforderung, die Mündlichkeit in der Schriftlichkeit mit den Mitteln der Schriftlichkeit selbst darzustellen, wobei die Aufgabe der Sprachwissenschaft unter anderem darin besteht, schriftsprachliche Substitute für die Darstellung rein sprechsprachlicher Ausdrucksmittel (Intonation, Pausen, Akzent, Tempo, Stimmqualität etc.) zu finden, durch die bestimmte paraverbale Realisierungen des Textes suggeriert werden können. Hierbei muß unter Umständen auf andere linguistische oder paralinguistische Mittel ausgewichen werden, um den gleichen Effekt zu erzielen. So wird beispielsweise der prosodisch markierte Fokusakzent im Deutschen in der englischen Spontansprache oft durch das syntaktische Mittel der Topikalisierung dargestellt, während umgekehrt die Intonation im Englischen oft Aufgaben übernimmt, die im Deutschen eher durch Interjektionen oder Modalpartikel erfüllt werden (vgl. Huber 1990).

In der *Dolmetschwissenschaft* spielen phonologische (und in Verbindung damit auch phonetische) Erwägungen sowohl eine praxisbezogen-didaktische als auch eine kognitionswissenschaftlich-theoretische Rolle. Stimme, Artikulation und Gehör gehören zu den wichtigsten rhetorischen Werkzeugen des professionellen Dolmetschers.

Die Heranbildung und fortlaufende Pflege einer sicheren, tragfähigen Stimme, einer stabilen, weitgehend akzentfreien Artikulation, sowie eines auf die feinen Unterschiede verbalen und nonverbalen Sprachgebrauchs hin geschulten Gehörs gehören zu den unerläßlichen Bestandteilen der Ausbildung und fortlaufenden Schulung professioneller Dolmetscher. Dabei steht für die aktive Sprachbeherrschung und Ausdrucksfähigkeit nicht die stimmliche und artikulatorische Nachahmung des Redners in bezug auf Tonlage, Rhythmik, Pausierungsverhalten und eventuell weiterer idiosynkratischer Besonderheiten im Vordergrund. Dies wird vom Dolmetscher weder erwartet noch, in den meisten Fällen, gewünscht. Unerläßlich ist jedoch die Fähigkeit des Dolmetschers zur dynamischen Anpassung seiner Artikulationsgeschwindigkeit an das Sprechtempo des Redners, um vor allem beim simultanen Dolmetschen aus der Kabine oder beim sogenannten Flüsterdolmetschen eine allzu lange zeitliche Verzögerung *(décalage)* zu vermeiden.

Die peripheren und kognitiven Prozesse des Sprachverstehens und der Sprachverständlichkeit verlaufen nach heutiger Erkenntnis teilweise unterschiedlich für die Verarbeitung gesprochener beziehungsweise schriftlicher Äußerungen. Abgesehen von den augenscheinlichen Unterschieden des auditiven Hörens gegenüber dem visuellen Lesen liegt ein wesentlicher Grund hierfür darin, daß gesprochene Sprache im Vergleich zu geschriebener Sprache einerseits eine Reihe von Informationsdefiziten vor allem im Bereich der verbalen Ausdrucksmittel aufweist (zum Beispiel Reduktionen, Verschleifungen, Ellipsen, Satzabbrüche, fehlende Wortgrenzen und Satzzeichen), gleichzeitig aber auf der Ebene der nonverbalen Ausdrucksmittel eine Fülle an zusätzlichen, in der Schrift nicht markierten Informationen enthält. Hierzu gehört neben Mimik und Gestik der gesamte Bereich der suprasegmentalen, prosodischen Ausdrucksmittel, die, je nach Sprache, unterschiedliche linguistische, paralinguistische oder auch nichtlinguistische Funktionen innerhalb des Sprachsystems erfüllen können. Für den Dolmetscher stellt sich bei der ausgangssprachlichen Bewertung und zielsprachlichen Wiedergabe dieser nonverbalen Informationen vor allem die Aufgabe, diese drei Funktionsbereiche zu unterscheiden, deutlich voneinander zu trennen und, wo nötig, durch adäquate verbale oder nonverbale Ausdrucksmittel in der Zielsprache wiederzugeben. Dazu kommt die kontinuierliche Auswertung prosodischer Informationen etwa zur Segmentierung der Äußerung in Phrasen und Sätze (z.B. durch Intonationsverläufe und Pausen), zur Markierung des Satzmodus (z.B. durch finale Tonhöhenänderungen) oder zur Identifikation des Satzfokus (z.B. durch bestimmte Akzentmuster), um eventuelle Defizite in der verbalen Darstellung und Strukturierung des Inhaltes auszugleichen.

Literatur

Anderson, Stephen R. (1985): *Phonology in the Twentieth Century. Theories of Rules and Representations.* Chicago / London: University of Chicago Press.

Huber, Dieter (1990): „Speech Style Variations of F0 in a Cross-Linguistic Perspective." *Proceedings of the 3rd Australian International Conference on Speech Science and Technology (SST 90).* Melbourne.

Huber, Dieter (1994): „Prosodic Transfer: Nonverbal Language in Intercultural Communication." Drescher, Horst, W. / Hagemann, Susanne (Hrsg.) (1994): *Scotland to Slovenia. European Identities and Transcultural Communication. Proceedings of the 4th International Scottish Studies Symposium.* Frankfurt a.M.: Lang.

Kohlmayer, Rainer (1996): *Oscar Wilde in Deutschland und Österreich. Untersuchungen zur Rezeption der Komödien und zur Theorie der Bühnenübersetzung.* Tübingen: Niemeyer.

Lefevere, André (1975): *Translating Poetry. Seven Strategies and a Blueprint.* Assen / Amsterdam: Van Gorcum.

Dieter Huber (Germersheim)

13. Semantik

1. Strukturelle Semantik

Was Wörter, Sätze und Texte bedeuten, ist vermutlich die im Übersetzungsunterricht und in der Übersetzungspraxis am häufigsten gestellte Frage. Die Übersetzungswissenschaft hat sich von Anfang an mit ihrer Beantwortung beschäftigt. Dabei spielte die strukturelle Semantik, genauer die Merkmalanalyse, eine wichtige Rolle. Die wegweisenden Arbeiten von Nida (1964, 1975) und Nida/Taber (1969) sind dafür inzwischen klassische Beispiele aus dem angelsächsischen Bereich. Auch in Deutschland erschienene Arbeiten zur Übersetzungswissenschaft haben die strukturelle Semantik integriert, so die Arbeiten der „Leipziger Schule", z.B. Neubert/Kade (1973), ferner Koller (1979), Wilss (1977) und mit Modifikationen auch Hönig/Kußmaul ([4]1996). Dies gilt auch für den Bereich der Fachsprachen und der Terminologie, z.B. für Arntz/Picht ([2]1991).

Die strukturelle Semantik hat für die Übersetzungswissenschaft die wichtige Erkenntnis gebracht, daß sich die lexikalischen Systeme zweier Sprachen in vielen Fällen nicht entsprechen und daß es demzufolge Bedeutungsüberlappungen mit daraus resultierenden Konvergenzen und Divergenzen gibt. Wenn wir z.B. den Satz „Sie hat sich eine Schildkröte gekauft" ins britische Englisch übersetzen, so müssen wir überlegen, ob eine Wasserschildkröte (en. *turtle*) oder eine Landschildkröte (en. *tortoise*) gemeint ist, d.h. ein im Deutschen in Alltagssituationen meist nicht spezifiziertes Tier muß im Englischen spezifiziert werden. Häufig gibt es auch sog. Null-Entsprechungen. Das englische Wort *cereals* hatte bis vor kurzen im Deutschen kein lexikalisches Äquivalent, konnte aber in einem Frühstücks-Kontext mit mehreren Unterbegriffen, z.B. *Cornflakes, Crunchy Nuts* und *Smacks* wiedergegeben werden. Neuerdings findet sich auf entsprechenden deutschen Packungen der Oberbegriff *Cerealien.*

Die von Nida und seiner Schule (z.B. Larson 1984) propagierte Übersetzungsmethode besteht darin, nicht Wörter zu übersetzen, sondern Bündelungen semantischer Merkmale (Nida 1974:46). Im Zusammenhang damit steht der für die heutige Übersetzungswissenschaft zentrale Begriff der „Transposition" oder „Ausdrucksverschiebung" (vgl. Wilss 1977:115ff.) und „translation shift" (Catford 1965:73ff.). Denn wenn wir Bündelungen semantischer Merkmale übersetzen, lösen wir uns in einem Abstraktionsschritt notwendigerweise von der ausgangssprachlichen Wortform und können dann die abstrahierte Bedeutung in die Gefäße anderer zielsprachlicher Formen – häufig Paraphrasen – gießen. Nida zeigt dies an Beispielen aus der Bibelübersetzung. Das Wort *Vergebung* hat die Komponenten (1) tadelnswerte Handlung; (2) Entscheidung des Betroffenen, diese Handlung als nicht geschehen zu betrachten; (3) Wiederherstellung des ursprünglichen Zustands. Dieses Merkmalbündel läßt sich in der Navaho-

Sprache wiedergeben mit *jemanden seine Sünde zurückgeben* (Nida 1974:47).

2. *Prototypensemantik*

Dieser Theorie liegt die empirisch getestete Hypothese zugrunde, daß bei den sprachlichen Verstehens- und Produktionsprozessen im menschlichen Gehirn nicht eine Liste von deduktiv, analytisch und formallogisch bestimmbaren semantischen Merkmalen „abgehakt" wird, wie dies die Merkmalsemantik, vor allem die generative Semantik, suggeriert, sondern daß unser sprachliches kategoriales Denken in entscheidendem Maße von unseren Erfahrungen bestimmt wird. Sie besagt, daß Kategorien einen Kern und unscharfe Ränder *(fuzzy edges)* haben.

Die Prototypensemantik ist eng mit dem Namen Eleanor Rosch (1973) verbunden. Roschs Beispiele sind inzwischen „klassisch" geworden: Befragt man englische Sprecher zur Kategorie „Vogel" (und bei deutschen Sprechern wäre das wohl ähnlich), so stimmen sie darin überein, daß z.B. Rotkehlchen oder Sperlinge für diese Kategorie typischer sind als Pinguine oder Strauße. Ein Pinguin ist kein Prototyp eines Vogels, er ist eher am Rand dieser Kategorie angesiedelt. Was als Prototyp gilt, ist kulturbedingt. Es ist durchaus denkbar, daß Strauße bei den Steppenvölkern Afrikas zum täglichen Erfahrungsbereich und damit zum Kern der Kategorie Vogel gehören.

Was bedeutet dies für das Übersetzen? Wichtig ist die Erkenntnis, daß die Unschärfe von Wortbedeutungen kulturbedingt ist. So haben z.B. en. *bedroom* und dt. *Schlafzimmer* einen gemeinsamen Bedeutungskern – das wesentliche Möbelstück ist ein Bett, eine Schlafcouch oder etwas Ähnliches –, doch das zusätzliche Mobiliar und die Funktion des Zimmers ist in der angelsächsischen und in der deutschen Kultur verschieden, was sich z.B. darin zeigt, daß *bedroom* in englischen Immobilienannoncen dazu dient, die Größe eines Hauses oder einer Wohnunganzugeben *(3-bedroomed flat for sale)*, in Deutschland dagegen nicht. Je nachdem, was von den Bedeutungsrändern in einem spezifischen Kontext aktualisiert wird, muß *bedroom* mit *Zimmer, Kinderzimmer, Jugendzimmer* oder *Schlafzimmer* übersetzt werden (vgl. Kußmaul 1994, 1995).

Für die Übersetzung ist die Prototypensemantik zweifellos immer dann relevant, wenn Wortbedeutungen kulturell beeinflußt werden, so z.B. für das große Gebiet der Institutionen – im Bildungsbereich etwa bei der Übersetzung der en. Ausdrücke *primary school, high-school, public school, secondary school, grammar school, comprehensive school, sixth form, eleven-plus examination, GCSE, term, B.A., M.A., Ph.D.* usw. Diese Wörter haben potentielle deutsche Äquivalente wie *Grundschule, Gymnasium, Internatsschule, Gesamtschule, Oberstufe, Aufnahmeprüfung* usw. mit gleichem Kern, aber unterschiedlichen Rändern, und Übersetzer müssen je nach Funktion des Worts im Text entscheiden, was sie erhalten wollen, den Kern, den Kern und die Ränder oder nur die Ränder.

Vielleicht (dies ist noch kaum erforscht) ist aber auch die scheinbar so präzise Fachterminologie stärker durch unscharfe Ränder gekennzeichnet, als wir gemeinhin glauben. In der englischen Fachsprache der Technik wird zwischen *screw* und *bolt* differenziert, im Deutschen gibt es nur ein Wort: *Schraube* (Beispiel von Schmitt 1986:262ff.). Alle drei Wörter enthalten eine Kernvorstellung: Es sind durch Löcher geführte Befestigungen mit Verbindungsfunktion. An den unscharfen Rändern unterscheiden sich die Wörter. *Bolts* benötigen Muttern, *screws* nicht; *Schrauben* sind in dieser Hinsicht nicht spezifiziert. Technische Übersetzer werden überlegen, wie genau sie – je nach Textsorte und Textfunktion – sein müssen, d.h. ob es genügt, die Kernvorstellung wiederzugeben, oder ob auch die unscharfen Ränder versprachlicht werden müssen (vgl. Kußmaul 1994).

3. *Scenes-and-frames-Semantik*

Der Ausgangspunkt ist auch in diesem Modell eine prototypische, erfahrungsbedingte Bedeutung von Wörtern, aber diese Bedeutung ist nicht etwas Statisches, wie es die Metapher vom Kern und den Rändern nahelegt, sondern sie wird durch die Kommunikationssituation und den Kontext beeinflußt, ja oft sogar durch diese geschaffen. Fillmores (1977) prototypische Szenen *(scenes)*, d.h. die Vorstellungen in unseren Köpfen, sind begrenzt durch die Rahmen *(frames)*, d.h. die sprachlichen Formen.

Die Rahmen werden sozusagen durch die Szenen gefüllt. Dies entspricht dem inzwischen gängigen psycholinguistischen Modell (s. Art. 18) der Bottom-up- und Top-down-Prozesse. Das von außen auf uns zukommende sprachliche Material löst Vorstellungen in unserem Gehirn aus, die bis zu einem gewissen Grade bereits vorhanden sind. Das Scenes-and-frames-Modell scheint als Erklärungshypothese für die Verstehens- und Reverbalisierungsvorgänge beim Übersetzen gut geeignet zu sein (Snell-Hornby 1988, Vermeer/Witte 1990, Kußmaul 1994, 1995).

Dies läßt sich an dem eingangs benützten Beispiel zeigen. Der Satz „Sie hat sich eine Schildkröte gekauft" ist sozusagen ein sehr großer Rahmen; es paßt viel hinein. „Sie" kann eine erwachsene Frau oder ein kleines Mädchen sein. Ist eine erwachsene Frau gemeint, mag sie vielleicht Schildkröten als Haustiere, oder sie interessiert sich als Biologin für die Tiere, eventuell für bestimmte Arten. Die Übersetzung ins Englische ist offen: *turtle* oder *tortoise* – wir sind unentschlossen und hätten gerne noch mehr Informationen. Wenn wir aber einen Satz hören wie „Sie hat ihrer kleinen Tochter eine Schildkröte gekauft", dann ist der Rahmen kleiner. Die prototypische Szene, die sich die meisten Hörer vorstellen, ist eine Schildkröte als Spieltier für die Tochter – also typischerweise eine Landschildkröte. Die Übersetzung ins Englische lautet dann *tortoise*. Natürlich hat auch eine solche Szene unscharfe Ränder – dies ist der Zusammenhang mit der Prototypensemantik –, denn der Rahmen ist ja nicht völlig maßgefertigt – es würde auch etwas anderes hineinpassen, d.h. der Kontext ist nicht völlig determinierend. Vielleicht mag ja die Tochter, wie wir später erfahren, gerade Wasserschildkröten. Der nachfolgende – oder auch der vorausgehende – Kontext kann den Rahmen verändern.

Selten gibt es nur eine einzige Möglichkeit, etwas zu verstehen und zu übersetzen. Es gibt nur mehr oder weniger plausible Interpretationen und Übersetzungen (s. Art. 18, 32, 47).

Die bisher vorgestellten Modelle konzentrierten sich vor allem auf einzelne Wörter und ihre Bedeutungen. Im folgenden soll nun noch ein Modell präsentiert werden, bei dem größere Einheiten in den Blick kommen.

4. Sprechakttheorie

Der Begriff „Sprechakt" lenkt den Blick auf die Äußerung als linguistische Einheit. Äußerungen beziehen sich auf Sachverhalte. Damit beschäftigen sich die bereits vorgestellten Modelle, und die Sprechakttheorie übernimmt dafür den aus der Logik stammenden Begriff „Proposition" (Searle 1969). Die Sprechakttheorie konzentriert sich nun allerdings nicht auf die Proposition, sondern auf die mit einer Äußerung intendierte Absicht, die sog. *Illokution* (Austin 1962 und Searle 1969). Diese Unterscheidung läßt sich gut anhand der indirekten Sprechakte (Searle 1975) erklären. Die Äußerung „Hier zieht's" – ein inzwischen klassisches Beispiel – ist, obwohl als Aussagesatz formuliert, in den meisten Fällen keine Feststellung über den Sachverhalt (die Proposition), daß in einem Raum eine Luftbewegung herrscht, sondern hat die Illokution einer Aufforderung, das Fenster/die Tür zu schließen.

Mit Verstehensschwierigkeiten und damit auch Übersetzungsschwierigkeiten ist immer dann zu rechnen, wenn die sprachlichen Mittel zur Wiedergabe der Illokution, die *Illokutionsindikatoren*, sich auf den ersten Blick nicht eindeutig einem bestimmten Sprechakt zuordnen lassen. Dies ist z.B. bei englischen Satzadverbien wie *in fact, actually, indeed, anyway* usw. (vgl. Kußmaul 1978 und Hönig/Kußmaul [4]1996) und bei deutschen Partikeln wie *ja, doch, eben, mal* usw. (vgl. Weydt 1969) der Fall. Die Illokution muß dann aus dem Kontext erschlossen werden. Erschwerend kommt hinzu, daß diese Formen häufig keine formalen Äquivalente in der Zielsprache (ZS) haben. Auch die bei den Sprechakttheoretikern so beliebten, weil den jeweiligen Sprechakt explizit machenden, performativen Verben (Searle 1969, 1976) sind gelegentlich nicht so eindeutig, wie sich die Theoretiker dies wünschen. So führt z.B. en. *suggest* häufig zu Übersetzungsfehlern, weil seine Polysemie (1. „vorschlagen" 2. „These aufstellen") nicht erkannt wird.

Übersetzungsprobleme gibt es nicht nur auf der Ebene des Sprachsystems, sondern auch im Bereich von Gebrauchsnormen. In Textsorten (s. Art. 17) als Realisationen von Gebrauchsnormen (s. Art. 20) muß damit gerechnet werden, daß die Verwendung von Illokutionsindikatoren durch Konventionen geregelt ist, und diese Konventionen können in den einzelnen Sprachen unterschiedliche Formulierungen erfordern. Je nach Fachtextsorte ist mit unterschiedlichen Illokutionsindikatoren für ähnliche oder gleiche Sprechakte zu rechnen. Ein direktiver Sprechakt (zur Klassifikation s. Searle 1976, s. auch Art. 19) wird je nach Fachtextsorte unterschiedlich indiziert, z.B. in deutschen Bedienungsanleitungen (s. Art. 54) je nach spezifischer Umgebung mit dem Infinitiv, mit Passivkonstruktionen, mit dem Imperativ, mit *ist zu* und mit *müssen*, in deutschen behördlichen Verordnungen dagegen wohl ausschließlich mit *ist zu*, in Mahnschreiben mit *wir bitten sie...* (vgl. Kußmaul 1990, 1995). Außerdem spielen bei direktiven Sprechakten Konventionen der Höflichkeit (häufig in Form von Indirektheit wie im obigen Beispiel) eine wichtige Rolle (s. Art. 53). Die Kenntnis dieser Konventionen ist für den Fachübersetzer unerläßlich.

Texte sind Abfolgen von Sprechakten. Aus der Summe der Sprechakte ergibt sich die illokutionäre Struktur des Gesamttexts. Diese „Textakte" (Hatim/Mason 1990:78ff.) muß der Übersetzer erkennen und die ZS-Mittel dafür finden. Bei Werbetexten (s. Art. 65) z.B. geht es darum, die persuasive Gesamtstruktur zu erkennen, obgleich die einzelnen Sprechakte im Einzelfall dem Typ „Feststellen", „Informieren", „Erklären", „Spezifizieren" usw. zugeordnet werden können.

Es ist inzwischen ein Gemeinplatz der Translationstheorie, daß es beim Dolmetschen par excellence um die Loslösung von der sprachlichen Oberflächenstruktur und um die Wiedergabe des Gemeinten geht (s. Art. 95, 96). In diesem Zusammenhang kann gerade die Sprechakttheorie hilfreich sein, denn sie zeigt uns, vereinfacht gesagt, wie wir sofort einen kommunikativ sehr wichtigen Aspekt einer Äußerung erkennen. So ist es z.B. beim Konsekutivdolmetschen hilfreich, die Illokution einzelner Redeabschnitte zu verstehen und zu notieren (Hönig 1992). Beim Gesprächsdolmetschen kann die richtige Wiedergabe der Illokution entscheidend für den Erfolg der Verhandlungen sein. Bei falscher Illokutionswiedergabe droht unter Umständen der Verhandlungsabbruch (Hatim/Mason 1990:63f.).

Literatur

Arntz, Reiner / Picht, Heribert ([2]1991): *Einführung in die Terminologiearbeit*. Hildesheim: Olms.

Austin, John L. (1962): *How to do things with words*. Oxford: Clarendon.

Catford, J. C. (1965): *A Linguistic Theory of Translation. An Essay in Applied Linguistics*. London: Longman.

Fillmore, Charles J. (1977): „Scenes-and-Frames Semantics." Zampolli, Antonio (Hrsg.) (1977): *Linguistic Structures Processing*. Amsterdam: N. Holland, 55–88.

Hatim, Basil / Mason, Ian (1990): *Discourse and the Translator*. London: Longman.

Hönig, Hans G. (1992): „Verstehensoperationen beim Konsekutivdolmetschen – gehirnphysiologische Grundlagen, psycholinguistische Modellbildungen und didaktische Konsequenzen." *TEXTconTEXT* 7, 145–167.

Hönig, Hans G. / Kußmaul, Paul ([4]1996): *Strategie der Übersetzung. Ein Lehr- und Arbeitsbuch*. Tübingen: Narr.

Koller, Werner (1979): *Einführung in die Übersetzungswissenschaft*. Heidelberg: Quelle und Meyer.

Kußmaul, Paul (1978): „In fact, actually, anyway...: Indikatoren von Sprechakten im informellen gesprochenen Englisch." *Die Neueren Sprachen* 3/4, 357–369.

Kußmaul, Paul (1990): „Die Übersetzung von Sprechakten in Textsorten." *Der Deutschunterricht* 42/1, 17–22.

Kußmaul, Paul (1994): „Semantic models and translating." *Target* 6/1, 1–13.

Kußmaul, Paul (1995): *Training the Translator*. Amsterdam / Philadelphia: Benjamins.

Larson, Mildred L. (1984): *Meaning-based Translation*. Boston: UP of America.

Neubert, Albrecht / Kade, Otto (Hrsg.) (1973): *Neue Beiträge zu Grundfragen der Übersetzungswissenschaft*. Leipzig: Enzyklopädie.

Nida, Eugene A. (1964): *Toward a Science of Translating. With Special Reference to Principles and Procedures Involved in Bible Translating*. Leiden: Brill.

Nida, Eugene A. (1974): „Semantic Structure and Translating." Wilss, Wolfram / Thome, Gisela (Hrsg.) (1974): *Aspekte der theoretischen, sprachenpaarbezogenen und angewandten Übersetzungswisenschaft II*. Heidelberg: Groos, 33–63.

Nida, Eugene A. (1975): *Componential Analysis of Meaning. An Introduction to Semantic Structures*. Den Haag / Paris: Brill.

Nida, Eugene A. / Taber, Charles (1969): *The Theory and Practice of Translation*. Leiden: Brill.
Rosch, Eleanor (1973): „Natural categories." *Cognitive Psychology* 4, 328–350.
Schmitt, Peter A. (1986): „Die ‚Eindeutigkeit' von Fachtexten: Bemerkungen zu einer Fiktion." Snell-Hornby, Mary (Hrsg.): *Übersetzungswissenschaft. Eine Neuorientierung*. Tübingen: Francke, 252–282.
Searle, John R. (1969): *Speech Acts. An Essay in the Philosophy of Language*. London: Cambridge UP.
Searle, John R. (1975): „Indirect Speech Acts." Cole, P. / Morgan, J. L. (Hrsg.) (1975): *Syntax and Semantics. Vol.3: Speech Acts*. New York: Academic Press, 59–82.
Searle, John R. (1976): „A classification of illocutionary acts." *Language in Society* 5, 1–23.
Snell-Hornby, Mary (1988): *Translation Studies. An Integrated Approach*. Amsterdam: Benjamins.
Vermeer, Hans J. / Witte, Heidrun (1990): *Mögen Sie Zistrosen? Scenes & frames & channels im translatorischen Handeln*. Heidelberg: Groos.
Weydt, Harald (1969): *Abtönungspartikel*. Bad Homburg.
Wilss, Wolfram (1977): *Übersetzungswissenschaft. Probleme und Methoden*. Stuttgart: Klett.

Paul Kußmaul (Germersheim)

14. Syntax

1. Problemaufriß

Definiert man Translation als soziales Handeln, so macht das auch ein Überdenken der Rolle der Syntax in der Translationswissenschaft erforderlich. Während strukturkopierende Übersetzungsvarianten immer noch als Belege für syntaktische Kontraste bei systemgrammatisch orientierten Sprachvergleichen benutzt werden (vgl. u.a. Falster-Jakobsen 1989), wird in der modernen Translationswissenschaft das Erkenntnisinteresse eindeutig auf die Sprachhandlung Translation verlegt: Welche Rolle spielen syntagmatische, auf den Satz bezogene Größen in der interkulturellen und interlingualen Sprachhandlung Translation und nicht etwa: wie werden Satzglieder am Beispiel von übersetzten Texten in zwei Sprachen realisiert. Was heißt aber dann ‚Translation', was bedeutet hier ‚Syntax', und wie ist die Beziehung zwischen ihnen hier zu verstehen?

2. Syntax

Unter *Syntax* wird hier die Beschreibung und Erklärung von syntagmatischen Beziehungen in Sätzen der geschriebenen Standardsprache verstanden. Grundeinheiten der Syntax sind syntaktische Wörter, die nach verschiedenen Strukturprinzipien organisiert werden können. Wichtige Strukturtypen sind relationell-distributionell geordnete Größen in Satzglieder (Subjekt, Objekt, Adverbiale etc.) und Konstituentenstrukturen oder phrasale Einheiten, in denen lexikalische Einheiten mit davon abzuleitenden Elementen kategoriell und distributionell organisiert werden (z.B. Nomen zu Nominalphrasen). Näheres zur Definition und Methode in Strömsdorfer/Vennemann 1995 und Hundsnurscher 1993.

3. Translation

Translation besteht aus einem Texttransfer (Nord 1989) bzw. einer Texttransformation (Schreiber 1993) von einer Ausgangssprachhandlung, durch einen Ausgangstext (AT) realisiert, in eine Zielsprachhandlung, durch einen Zieltext (ZT) realisiert. Dieser Texttransfer findet zwischen verschiedenen Sprach- und Kulturräumen statt. ‚Translation' ist somit ein intertextueller, interlingualer und interkultureller Textproduktionsvorgang. Zwischen AT und ZT bestehen kulturell und historisch variierende Translationsrelationen, die nach verschiedenen Parametern beschrieben werden können; vgl. hierzu u.a. Schreiber 1993 (s. Art. 42). Wie bei jeder Sprachhandlung ist auch hier die zentrale Frage, mit welcher Kommunikationsabsicht ein ZT in einer spezifischen Situation zu realisieren ist (Näheres in Nord 1997: 27ff.).

Für diese Zwecke sind zwei Arten von syntaktischen Regeln von Belang. Zum einen syntaktische Regeln mit großer Reichweite, die für große Kommunikationsbereiche uneingeschränkt gelten, wie etwa für die geschriebene

Standardsprache. Solche Regeln sind z. B. Kasuszuweisungsregeln und werden hier als *Korrespondenzregeln* bezeichnet. Solche Korrespondenzregeln sind hier nicht Gegenstand der Betrachtung, da für den professionellen Übersetzer im Rahmen seiner Sprachkompetenz der Umgang mit solchen Basisregeln im Kontext Translation unproblematisch ist. Zum anderen gibt es syntaktische Verwendungsregeln mit Präferenzen für bestimmte Textbereiche und/oder Textfunktionen. Diese Regeln werden *Präferenzregeln* genannt. Syntaktische Präferenzregeln sind also Regeln, deren Befolgung charakteristisch ist bei der *intentional-sozialen Wahl von syntaktischen Alternativen*. Die Aufgabe einer translatorisch ausgerichteten Syntax ist es, solche syntaktischen Präferenzregeln in den am Translationsvorgang beteiligten Sprachen nicht nur einzelsprachlich, sondern vor allem aus kontrastiver Sicht zu beschreiben. Wir wollen im folgenden zwei wichtige Bereiche für solche Problemstellungen kurz skizzieren und dabei auch die besondere Relevanz der verbalen Satzgrenze (vgl. die Satzgrenze # in *Peter hat den Wagen zu verkaufen versucht#* und *Peter hat versucht#, den Wagen zu verkaufen*) für die Gestaltung von translatorisch relevanten Präferenzregeln zeigen.

4. *Besetzung der Erststelle in zusammengesetzten Sätzen*

Die Besetzung der Erststelle im Satz ist in erster Linie textlinguistisch motiviert. Dadurch wird oft auf bereits Erwähntes im Text verwiesen und ein Element des Satzes thematisch hervorgehoben, vgl. *für einen Räuber hat man mich gehalten*. Das *wäre ich auch beinahe geworden*. Im Deutschen kann die Erststelle im einfachen Satz grundsätzlich durch jedes Satzglied besetzt werden. Aber die Besetzung der Erststelle im zusammengesetzten Satz durch Satzglieder des untergeordneten Satzes, Satzverschränkung genannt, ist im heutigen (schriftsprachlichen) Deutsch sehr selten möglich, vgl. die Umstellung von *den Hund* in *Ich weiß nicht, ob Peter den Hund sieht* in **Den Hund weiß ich nicht, ob Peter sieht*. Die Satzverschränkung hat jedoch in anderen Sprachen einen größeren Verwendungsbereich als im Deutschen, vgl. en. *the issue that I regretted that I had ever discussed*, fr. *le livre que Jean m'a dit que Paul a écrit*, no. *dette vet jeg ikke om er riktig (‚das weiß ich nicht, ob richtig ist‘)* und bietet nicht selten Übersetzungsprobleme, besonders zwischen Deutsch und den skandinavischen Sprachen.

Denn auch in den wenigen Fällen, wo im Deutschen eine Satzverschränkung möglich ist, wird von dieser Wortstellungsalternative kaum Gebrauch gemacht, außer in gesprochener Sprache oder in geschriebener Sprache in Anlehnung an Gesprochenes wie in Dialogen, Interviews usw.: Statt einer möglichen Satzverschränkung wie in: *So glauben die Wähler in Rostock, daß die Wahlen ausgehen werden? (vgl. die Wähler in Rostock glauben, daß die Wahlen so ausgehen werden)* werden einfache Sätze wie *So werden die Wahlen nach Ansicht der Wähler in Rostock ausgehen?* präferiert. Wichtig ist hier, daß *so* an der Erststelle bleibt. Dadurch wird wie in der Satzverschränkung die Ansicht der Wähler thematisch hervorgehoben und die Verknüpfung zu im Text bereits Erwähntem gewährleistet. Durch die Verwendung von einfachen Sätzen statt eines zusammengesetzten Satzes finden die freien Wortstellungsregeln bei einfachen Sätzen Verwendung, und die Erststelle im Satz kann dadurch durch die vorgesehene Größe (so) besetzt werden (Näheres in: Andersson/Kvam 1984: 73ff.). Die Umformung von Satzverschränkungen in einfache Sätze bei gleicher Erststellenbesetzung wird deshalb häufig als Übersetzungsstrategie in skandinavisch-deutschen Translationsfällen benutzt (vgl. Kvam 1983:200ff.).

5. *Nominalstil*

In vielen, meist fachsprachlichen Sprachhandlungen der geschriebenen Sprache mit informativer, verbindlicher Kommunikationsabsicht läßt sich im Deutschen, Englischen und den skandinavischen Sprachen eine deutliche Tendenz zur Verwendung von komplexen Substantiven, v.a. Zusammensetzungen, als Hauptträger von zentralen Informationseinheiten nachweisen (vgl. u.a. Kragh 1994 und Kvam 1993). Zwar liegen im Deutschen und den skandinavischen Sprachen fast keine Restriktionen für die Bildung substantivischer Zusammensetzungen vor. Aber diese grundsätzliche Möglichkeit der Kompositabildung wird im Deutschen stilistisch anders genutzt. Mit Hilfe von Verbalsubstantiven werden Handlungen nicht in Sätzen, sondern in syntaktisch komplexen Nominalphrasen realisiert, wie *die über Aktienfonds erzielten Gewinne eines Unternehmens* statt *die Gewinne, die ein Unternehmen über Aktienfonds erzielt.* Diese Präferenz eines Nominalstils in Sachprosatexten im Deutschen ist im Vergleich mit dem Englischen (vgl. u.a. Prause 1994) und dem Norwegischen (vgl. Fabricius-Hansen/Solfjeld 1994:54ff. und Kvam 1993: 63ff.) sehr deutlich und vor allem bei komplexen vorangestellten Attributen zu beobachten. Ein möglicher Erklärungsansatz bietet auch für diese Nominalstilphänomene das Vorhandensein einer verbalen Satzgrenze und die damit zusammenhängende Informationsstruktur im einfachen Satz im Deutschen (vgl. u.a. Ebert 1978:46ff. und Doherty 1992:39ff.). Besonders interessant ist die Tendenz, Satzglieder durch Substantive statt durch Sätze zu realisieren in Fällen, wo beide Einbettungsalternativen möglich sind (z.B. *diese Maßnahmen spielen bei der Ermittlung der Gewinne eine wichtige Rolle* statt *wenn die Gewinne zu ermitteln sind, spielen diese Maßnahmen eine wichtige Rolle*). Dabei wird statt eines zusammengesetzten Satzes ein einfacher Satz gewählt. Fürs Deutsche bedeutet diese Wahl freie Wortstellungsregeln und dadurch – wie bei der Satzverschränkung – mehr Möglichkeiten für eine textlinguistisch motivierte Besetzung der Erststelle im Satz. Für die skandinavischen Sprachen und das Englische läßt sich eben nicht für eine verbale Satzgrenze wie im Deutschen und somit auch nicht für eine entsprechend strikte Opposition zwischen einfachen und zusammengesetzten Sätzen und damit zusammenhängenden Wortstellungsrestriktionen argumentieren. Die Nicht-Beachtung dieser Wortstellungsphänomene in Translationsfällen – sei es in Verbindung mit der Satzverschränkung, der Nominalisierung oder anderen Phänomenen – könnte zur Folge haben, daß wichtige anaphorische Elemente im Text ‚versetzt' werden, was wiederum die thematische Entfaltung im Translat entstellen könnte. Der Zusammenhang zwischen Wortstellungsregeln, textlinguistischer Kohärenz und Nominalisierungen scheint für weitere translationswissenschaftlich ausgerichtete syntaktische und textlinguistische Forschungsvorhaben von großer Relevanz zu sein.

6. Schlußfolgerung

Für die Translationswissenschaft sind syntaktische Präferenzregeln relevant, da diese dynamisch auf den Satz als Element in der Produktion von Texten in spezifischen Kommunikationssituationen bezogen sind und den Satz eben nicht als statische textunabhängige Größe betrachten. Solche Regeln lassen sich mit unterschiedlichem Erkenntnisgewinn entweder auf der Basis von Paralleltexten (s. Art. 50) – was eine gründliche Problematisierung des Paralleltextbegriffs fordert (vgl. u.a. Chesterman 1996) – oder mittels Translaten – was eine explizite Stellungnahme zur Evaluierung der untersuchten Translate fordert (vgl. u.a. House 1997) – ermitteln. Besonders wünschenswert erscheint hier im Sinne von Schmitt (1991:16) das ergänzende Zusammenwirken von Paralleltexten und Übersetzungstexten als empirische Grundlage für die Erstellung einer Translationsgrammatik. Eine solche umfassende Translationsgrammatik fürs Deutsche ist bisher nicht in Sicht; ein erster hilfreicher Schritt für Sprachwissenschaftler und praktizierende Übersetzer wäre die sorgfältige bibliographische Erfassung von Arbeiten zu solchen kontrastiven Textbereichsregeln.

Literatur

Andersson, Sven-Gunnar / Kvam, Sigmund (1984): *Satzverschränkung im heutigen Deutsch.* Studien zur deutschen Grammatik 24. Tübingen: Stauffenburg.

Chesterman, Andrew (1996): *„Criteria for Pararellelism."* Vortrag auf dem 11. Weltkongreß für angewandte Linguistik in Jyväskylä, 4.–9. August 1996.

Doherty, Monika (1992): „Informationelle Holzwege. Ein Problem der Übersetzungswissenschaft". *Zeitschrift für Literaturwissenschaft und Linguistik* 84, 30–49.

Ebert, Robert P. (1978): *Historische Syntax des Deutschen.* Sammlung Metzler 167. Stuttgart: Metzler.

Fabricius-Hansen, Cathrine / Solfjeld, Kåre (1994): *Deutsche und norwegische Sachprosa im Vergleich. Ein Arbeitsbericht.* Arbeitsberichte des germanistischen Instituts der Universität Oslo 6. Universität Oslo: Germanistisches Institut.

Falster-Jakobsen, Lisbeth (1989): „Die Kategorie der Satzglieder als tertium comparationis." Katny, Adnrzej (Hrsg.) (1989): *Studien zur kontrastiven Linguistik und literarischen Übersetzung*. Europäische Hochschulschriften 76. Frankfurt a.M. etc: Lang, 47–64.

House, Juliane (1997): *Translation quality assessment: a model revisited*. Tübinger Beiträge zur Linguistik 410. Tübingen: Narr.

Hundsnurscher, Franz (1993): „Grundideen." Jacobs, Joachim et al. (Hrsg.) (1993): *Handbücher zur Sprach- und Kommunikationswissenschaft 9.1.: Syntax. Ein internationales Handbuch zeitgenössischer Forschung*. Berlin etc.: de Gruyter, 216–231.

Kragh, Bodil (1994): „Noun phrases in translation." Jakobsen, Arnt Lykke (Hrsg.) (1994): *Translating LSP texts: some theoretical considerations*. Copenhagen Studies in Language 16. Kopenhagen: Samfundslitteratur, 89–108.

Kvam, Sigmund (1983): *Linksverschachtelung im Deutschen und Norwegischen. Eine kontrastive Untersuchung zur Satzverschränkung und Infinitivverschränkung in der deutschen und norwegischen Gegenwartssprache*. Linguistische Arbeiten 130. Tübingen: Niemeyer.

Kvam, Sigmund (1993): *Substantivische Wortbildungen im Textmuster Beraten im Deutschen und Norwegischen*. Werkstattreihe Deutsch als Fremdsprache 44. Frankfurt a.M.: Lang.

Nord, Christiane (1989): „Loyalität statt Treue." *Lebende Sprachen* 3, 100–105.

Nord, Christiane (1997): *Translating as a Purposeful Activity*. Translation theories explained 1. Manchester: St. Jerome.

Prause, Thomas (1994): „Zum Problem Wortbildung und Übersetzung. Dargestellt an den Modellen breakout und toxic-waste dump." *Zeitschrift für Anglistik und Amerikanistik* 42, 317–326.

Schmitt, Christian (1991): „Kontrastive Linguistik als Grundlage der Übersetzungswissenschaft. Prolegomena zu einer Übersetzungsgrammatik für das Sprachenpaar Deutsch/Französisch." *Zeitschrift für französische Sprache und Literatur* 2, 227–241.

Schreiber, Michael (1993): *Übersetzung und Bearbeitung. Zur Differenzierung und Abgrenzung des Übersetzungsbegriffs*. Tübinger Beiträge zur Linguistik 389. Tübingen: Narr.

Strömsdorfer, Christian / Vennemann, Theo (1995): „Ziele der syntaktischen Typologie." Jacobs, Joachim (Hrsg.) (1995): *Handbücher zur Sprach- und Kommunikationswissenschaft 9.2: Syntax. Ein internationales Handbuch zeitgenössischer Forschung*. Berlin etc.: de Gruyter, 1031–1043.

Sigmund Kvam (Halden, Norwegen)

15. Pragmatik

Translation erfolgt stets für und durch Menschen. Auch den Programmen für die Automatisierung von Übersetzen und Dolmetschen sind von Menschen Zwecke untergelegt, die bestimmen, wie ein Ausgangstext (AT) in einen Zieltext (ZT) übertragen wird. So wie ausgangssprachliche Zeichenfolgen in die Lebenspraxis ihrer Verfasser eingebunden sind, so gilt für den Prozeß und das Resultat der Translation, daß die zielsprachlichen Zeichenfolgen Absichten, Erwartungen und Interessen entsprechen, die Autoren, Auftraggeber und Rezipienten auf jeweils spezifische Weise mit der Translation verbinden. Dieses Beziehungsgefüge zwischen sprachlichen und textuellen Gegebenheiten einerseits und andererseits den Menschen, die sich der Translation bedienen und für die sie praktiziert wird, nennt man *Pragmatik* der Translation. Damit treten zu den Unterschieden, die zwischen den Zeichensystemen der Ausgangssprache (AS) und der Zielsprache (ZS) bestehen, stets „zusätzliche" Aspekte, die in generellen Zusammenhängen der Kommunikation begründet sind.

Pragmatik ist ursprünglich die allgemeine Relation, die zwischen Sprachzeichen und Zeichenverwendern besteht. Sie ist ein Teil der *Semiotik* (s. Art. 33), worunter die Wissenschaft von den verschiedenen Zeichen verstanden wird, unter denen die Sprachzeichen nur eine, wenn auch zentrale Unterart sind (Morris 1971, Klaus 1963, Levinson 1983). Unter Zeichen wird alles verstanden, was eine Repräsentation von etwas anderem als sich selbst ist. Neben Sprachzeichen gibt es z.B. musikalische, bildhafte, architektonische u.a. Zeichen. Ein Zeichen steht immer für etwas, das nicht das Zeichen selbst ist. Neben der Pragmatik gehören zur Semiotik die Disziplinen der Syntaktik und der Semantik. Sie beschäftigen sich jeweils mit den Beziehungen zwischen den Zeichen selbst (Syntaktik) und zwischen den Zeichen und den mentalen Abbildern im Bewußtsein (Semantik). Diese semiotische Triade Syntaktik, Semantik, Pragmatik ist konstitutiv für alle Zeichenbeziehungen. Zeichen treten in der Regel miteinander auf, beziehen sich stets auf etwas, und zwar für jemanden.

Sprachliche Zeichen, um die es bei der Translation vorrangig geht, gehen analoge Beziehungen ein, wobei jedoch Syntaktik als Syntax (s. Art. 14) bezeichnet wird. Neben Semantik (s. Art. 13) und diese oft dominierend spielt die Pragmatik eine für Vollzug und Erfolg der Translation entscheidende Rolle (vgl. Leech 1983:76, der Pragmatik als *„set of strategies and principles for achieving success in communication by the use of the grammar“* definiert, wobei Grammatik nach modernem linguistischen Sprachgebrauch für Syntax und Semantik steht). Die syntaktischen Zeichenfolgen und die semantischen Zeicheninhalte, die im ZT für das Original aufgeboten werden, bedürfen stets der pragmatischen „Ausrichtung“. Damit löst der ZT den Quelltext aus dessen Verhaftung mit der Situation der Originals und bringt ihn in die Welt der ZS-Rezipienten ein. Pragmatische Aspekte der Translation (Neubert 1968) beziehen sich auf die *Gerichtetheit* (später als *Skopos* bezeichnet – s. Art. 28) von Original und Translat. Darunter ist zu verstehen, inwieweit Form und Inhalt, Stil und Textsorte des AT, der übersetzt werden soll, im Ergebnis des Adressatenwechsels für ZS-Zeichennutzer Wandlungen ausgesetzt sind bzw. verändert werden können oder müssen. Jedes Translat verändert die Pragmatik des Originals. Es stellt immer eine Erweiterung der Gerichtetheit und damit der Pragmatik des AT dar. Jede Übersetzung verleiht dem Original eine neue Pragmatik, indem sie es ermöglicht, daß alte Zeichen ihre Beschränkung auf quellensprachliche Leser überwinden und einem neuen Publikum erschlossen werden (s. Art. 39, 40). Aber die neuen Zeichen der ZS (d.h. Zeichenstrukturen und Zeichenbedeutungen) und ihre Interpretation durch die neuen Rezipienten können niemals dem Beziehungsgefüge der quellensprachlichen Zeichenfolgen in bezug auf die Autoren und Leser der Originals gleichen. Die Bedeutung der Pragmatik für die Translation erweist sich nun in den verschiedenen Möglichkeiten, die den Translatoren offenstehen, wenn ihr Übersetzungsauftrag sie veranlaßt, die Gerichtetheit des Originals ins Verhältnis zur intendierten Gerichtetheit des Translats zu stellen. Dabei kommt es zu *vier pragmatischen Typen*:

(1) Original und Translat weisen im Prinzip die *gleiche Gerichtetheit* auf. Beide haben einen potentiell identischen Adressatenkreis, der ‚lediglich‘ unterschiedliche Sprachen spricht. Beispiele sind die gesamte wissenschaftliche und technische Literatur der Fachtexte, aber auch die Vielzahl der Gebrauchstexte von der Bedienungsanleitung bis zum Beipackzettel, vom Werkstatthandbuch bis zur Dokumentation oder Systembeschreibung. Die Intentionen der Übersetzung und die Interessenlage ihrer Leser unterscheiden sich nicht von dem pragmatischen Umfeld des Originals. Übersetzer müssen deshalb den ZT optimal an die Erwartungen der Zielleser anpassen, die einen ebenso zielgerichteten Text erwarten, wie er ihnen in ihrer Diskurswelt aus ähnlichen Texten mit gleicher Gerichtetheit bekannt ist.

(2) Das Original hat eine spezifisch quellensprachgemeinschaftliche Gerichtetheit. Es ist Bestandteil einer Diskurswelt, die im Prinzip nur oder zumindest vornehmlich die quellensprachlichen Leser angeht bzw. interessiert. Beispiele sind alle Texte, die die Organisation der politischen, juristischen und kulturellen Institutionen der quellensprachlichen Gemeinschaften betreffen. Auch die nationalen und lokalen Abteilungen der Medien weisen eine solche *primär quellensprachliche Gerichtetheit* auf. Eine Translation widerspricht im Grunde kommunikativen Zwecken und ist dementsprechend schwer machbar. Solche Texte sind zwar nicht eigentlich unübersetzbar, sondern nicht zu übersetzen. Bildet sich dennoch ein Übersetzungsauftrag, so können die Translate entweder die unmittelbare Gerichtetheit des Originals behalten, oder sie passen sich dem Erwartungs- und Verstehenshorizont der ZS-Rezipienten an, d.h. sie nähern sich dem pragmatischen Typ (1). Im ersteren Fall kommt es zu starken Verfremdungseffekten, im letzteren hat der Übersetzer die Freiheit, erhebliche Verän-

derungen sowie Ergänzungen und Auslassungen vorzunehmen. Pragmatischer Übersetzungstyp (2) liest sich eindeutig wie eine teilweise wörtlich Übersetzung. Die Umorientierung auf Typ (1) bedient sich aller Möglichkeiten der Adaptation.

(3) Das Original ist in die quellensprachliche Gerichtetheit eingebunden. Es verdankt seine Entstehung und Zielstellung eindeutig dieser Diskurskultur. Gleichzeitig weist es aber über diese Beschränkung hinaus und ist auch für potentielle Adressaten der Zielkultur relevant. Die *zweifache Gerichtetheit* entspringt dem ‚allgemeinmenschlichen' Charakter dieses pragmatischen Typs. Er umfaßt Texte, die *sowohl primär quellensprachlich als auch potentiell zielsprachlich gerichtet* sind. Hauptbeispiele dafür sind die Werke der schönen Literatur. Im Leben und in der Kultur der Autoren verwurzelt, transzendieren Romane, Dramen und auch Gedichte den Kontext ihrer muttersprachlichen Formen und Gehalte, repräsentieren jedoch auch Weltkultur. Hier tut sich für Übersetzer eine breite Palette von translatorischen Strategien auf. Sie reichen vom „resistenten" Übersetzen (Venuti 1992), wo der Leser unter dem äußeren Gewand der ZS mit der oft schwer zugänglichen Gerichtetheit des Originals unmittelbar konfrontiert wird, bis zur völligen Eingliederung der Übersetzung in das literarische Polysystem der Zielkultur (Even-Zohar 1978, Toury 1980). Die Geschichte des literarischen Übersetzens bis in die Gegenwart kennt alle Variationen dieser Anverwandlung des Fremden ins Eigene, die ausnahmslos pragmatisch begründet sind.

(4) Der AT ist *vorrangig an ein ZS-Publikum gerichtet*. Außer dem Translator gibt es kein Publikum. Dieser nimmt die quellensprachliche Botschaft auf, um sie unmittelbar an ZS-Adressaten zu vermitteln. Beispiele sind Information für Werbung im Zielland, Briefings für Redakteure fremdsprachiger Nachrichten und das bilaterale und unilaterale Konsekutivdolmetschen. Für die Umsetzung dieses letzten pragmatischen Typs sind die „Originale" in erster Linie semantische Informationsangebote. Erst mit dem Translat entfaltet sich ihre intendierte Pragmatik. Damit erklärt sich auch die relativ „freie" Umsetzung, die dem ZS-Rezipienten gemäß zu sein hat.

In der translatorischen Realität gibt es natürlich unterschiedliche Ausprägungen dieser *vier pragmatischen Typen* und auch Übergänge zwischen ihnen. Von grundsätzlicher Bedeutung ist aber, daß *pragmatische Faktoren* beim Übersetzen und Dolmetschen *immer* zu beachten sind. Sie bestimmen die translatorische Praxis ebenso wie alle theoretischen Verallgemeinerungen.

Literatur

Even-Zohar, Itamar (1978): „The Position of Translated Literature within the Literary Polysystem." Holmes, James et al. (Hrsg.) (1978): *Literature and Translation: New Perspectives in Literary Studies*. Leuven: Acco, 21–27.

Klaus, Georg (1963): *Semiotik und Erkenntnistheorie*. Berlin: Verlag der Wissenschaften.

Leech, Geoffrey N. (1983): *Principles of Pragmatics*. London: Longman.

Levinson, Stephen S. (1983): *Pragmatics*. Cambridge: Cambridge UP.

Morris, Charles W. (1971): *Writings on the General Theory of Signs*. Den Haag: Mouton.

Neubert, Albrecht (1968): „Pragmatische Aspekte der Übersetzung." Neubert, Albrecht (Hrsg.) (1968): *Grundfragen der Übersetzungswissenschaft II*. Leipzig: Enzyklopädie, 21–33.

Toury, Gideon (1980): *In Search of a Theory of Translation*. Tel Aviv: The Porter Institute for Poetics and Semiotics.

Venuti, Lawrence (1992): „Introduction." Venuti, Lawrence (Hrsg.) (1992): *Rethinking Translation: Discourse, Subjectivity, Ideology*. London / New York: Routledge, 1–17.

Albrecht Neubert (Leipzig)

16. Textlinguistik

1. Translationswissenschaft als Textwissenschaft

„Textwissenschaften" nennt Sowinski (1983:17) die Fächer, die im Gegensatz zur Textlinguistik Texte nicht als Gegenstand der Forschung, sondern als „Quelle für Informationen inhaltlicher, mitunter auch formaler Art" ansähen (z.B. Theologie, Geschichtswissenschaft, Rechtswissenschaft, Psychologie, Philologie). Demnach ist die Translationswissenschaft, die Sowinski nicht nennt, ebenfalls eine Textwissenschaft, und dann gilt für sie auch: „Da sich der Blick des Textlinguisten auf Texte der verschiedenen Wissens- und Praxisbereiche richten kann, um die Entstehungs-, Bau- und Wirkungsgesetzlichkeiten aller Texte zu ermitteln, kann die Textlinguistik auch als eine interdisziplinäre Grundlagenwissenschaft aller ‚Textwissenschaften' gelten."

Vor allem die Übersetzungswissenschaft hat den Übergang von der Wort- und Satzlinguistik zur transphrastischen Grammatik und dann zur Textlinguistik und schließlich Texttheorie mit Interesse verfolgt. Für die Dolmetschwissenschaft dagegen ist die Textlinguistik bislang von geringerer Relevanz, was mit dem besonderen Umgang mit Texten im Dolmetschprozeß zusammenhängen dürfte (s. Art. 95, 96).

2. Übersetzungswissenschaft und Texttheorie

Unter Text„theorie" verstehen wir hier mit S. J. Schmidt (1973) die um eine pragmatische Komponente erweiterte Ausprägung der Textlinguistik. Die frühen, stärker strukturalistisch orientierten textlinguistischen Arbeiten (vgl. etwa Harweg 1968) sind von der Übersetzungswissenschaft nicht aufgegriffen worden. Die Erkenntnis, daß die Bedeutung eines Texts und damit auch der textkonstituierenden Verfahren nicht ohne Berücksichtigung der situativen Faktoren seiner Produktion bzw. Rezeption zu bestimmen sind, und die Herausarbeitung der Interdependenz zwischen textexternen und textinternen Faktoren, die letztlich zu einer Textfunktions- oder Textsortenlinguistik und zu verschiedenen Texttypologien führte (s. Art. 17), hat dagegen die Entwicklung der modernen Übersetzungswissenschaft stark beeinflußt.

Textlinguistische Methoden und Erkenntnisse können überall dort für die Übersetzungswissenschaft (besonders die Übersetzungsdidaktik) relevant sein, wo der Text als Funktionseinheit im Blickpunkt steht: In der Analysephase, in welcher der Ausgangstext (AT) rezipiert und verstanden werden muß, in der sogenannten Synthesephase, in welcher der Zieltext (ZT) formuliert werden muß, und in der Evaluierungsphase, in der das Produkt „Übersetzung" an den Vorgaben des Übersetzungsauftrags gemessen werden muß (s. Teil G).

3. Textlinguistik und Ausgangstextanalyse

Schon Reiss (1969) hebt hervor, daß eine gründliche Analyse des AT eine unabdingbare Voraussetzung für das Übersetzen darstellt. Ansätze zur Methodik einer solchen Analyse werden ab Mitte der 70er Jahre entwickelt, also etwa zeitgleich zur „pragmatischen Wende" in der Textlinguistik. Dabei hängt es von der übersetzungstheoretischen Ausrichtung ab, ob diese Analyse im wesentlichen zur Verständnissicherung oder bereits zur Bereitstellung von „Übersetzungseinheiten" dienen soll. Äquivalenzorientierte Ansätze befürworten eine sprachenpaarspezifische AT-Analyse, so etwa Thiel (1974), die eine übersetzungsrelevante Textanalyse vorwiegend als „Problemlösehilfe" ansieht, die dort überflüssig sei, „wo im Hinblick auf die Erstellung eines zielsprachlichen Texts keine Probleme auftauchen". Auch bei Wilss (1977) liefert die Analyse des AT wesentliche Vorgaben für die Produktion des ZT. Hermeneutische Ansätze nutzen textlinguistische Verfahren zur Vertiefung des „intuitiven" Textverständnisses (so etwa Stolze 1982). Funktionale Ansätze (s. Kap. C1) dagegen stellen die pragmatischen Aspekte des interkulturellen Kommunikationsaktes in den Vordergrund, so etwa Hönig (1986) und Nord (1988).

Die meisten texttheoretisch begründeten Modelle der übersetzungsrelevanten Textanalyse orientieren sich an den „W-Fragen" der sog. Lasswell-Formel: Wer sagt was zu wem wann wo wie und zu welchem Zweck (vgl. Kalverkämper 1981:61)? Textlinguistische Kategorien im engeren Sinne, die hier nutzbar gemacht werden, betreffen vornehmlich die Bereiche Thematik, Inhalt („was") und Textstruktur („wie"), wie z.B. Thema-Rhema-Gliederung und thematische Progression (vgl. dazu ausführlich Gerzymisch-Arbogast 1987), funktionale Satzperspektive, kohärenz- und kohäsionsstiftende Mittel wie Anaphora/Kataphora, Rekurrenz/Paraphrase, Isotopien, Substitutionsmechanismen oder Konnektoren (vgl. de Beaugrande/Dressler 1981).

4. Textlinguistik und Zieltextproduktion

Daß das aus dem Übersetzungsprozeß resultierende Produkt ein Text sein sollte, der den Anforderungen der zielkulturellen Kommunikationsgemeinschaft an Texte im allgemeinen und Exemplare bestimmter Textsorten im besonderen genügt, ist eine Binsenweisheit, die jedoch weder in der Übersetzungspraxis noch in der Ausbildung immer hinreichend berücksichtigt wird. In der übersetzungswissenschaftlichen Literatur wird diese Forderung besonders von den Vertretern funktionaler Ansätze erhoben – wie sie zu verwirklichen ist und wie textlinguistische Methoden dazu beitragen können, wird allerdings selten explizit dargestellt. Daß Texte auf die Bedürfnisse und Erwartungen der Adressaten zugeschnitten sein müssen, bleibt so lange eine leere Formel, wie die zielkulturellen Vertextungsgewohnheiten nicht durch umfangreiche Korpora belegt sind.

Der Ansatz, der hier Erfolg versprechen kann, beruht auf der ebenfalls textlinguistisch begründeten Kategorie der Intertextualität. Jeder neu zu produzierende Text wird in das bereits bestehende Textkorpus integriert und entsprechend seinen sprachlichen Merkmalen vorhandenen Texttypen oder -sorten zugeordnet werden. Die textinternen Merkmale zielkultureller Paralleltexte (s. Art. 50) zeigen also, wie ein erwartungskonformer Text einer bestimmten Textsorte in der Zielkultur (proto)typischerweise aussehen müßte. Das gilt auch für die Fälle, in denen in einer Zielkultur erwartet wird, daß Übersetzungen besondere (text)linguistische Merkmale aufweisen.

5. Textlinguistik und Übersetzungsevaluierung

Die ersten textlinguistischen Arbeiten zur Evaluierung von Übersetzungen gehen noch von „textgrammatischer" oder „textlinguistischer" Invarianz bzw. Äquivalenz zwischen AT und ZT aus (z.B. Dressler 1972:106), und auch die ersten übersetzungswissenschaftlichen Arbeiten in diesem Bereich (z.B. Reiss 1971) gehen, wenn auch unausgesprochen, von dieser Prämisse aus. Aus funktionaler Sicht kann jedoch die Qualität eines Translats nur anhand der durch den Übersetzungsauftrag definierten intendierten Übersetzungsfunktion gemessen werden, und die Funktionalität des Translats kann je nach dem geforderten Übersetzungstyp (s. Art. 39) entweder durch die Reproduktion bestimmter Merkmale des AT oder durch die Orientierung an bestimmten Merkmalen zielkultureller Paralleltexte gesichert werden. Beides erfordert jedoch ein texttheoretisches Vorgehen: Im ersten Fall ist zur Evaluierung ein Vergleich des ZT mit dem AT, im zweiten dagegen ein Vergleich des ZT mit zielkulturellen Vertextungsnormen und -konventionen der betreffenden Textsorte angebracht. Das gilt unabhängig davon, ob die übersetzende Person selbst die Evaluierung vornimmt oder ob hier eine zusätzliche Revisionsinstanz eingeschaltet wird (s. Teil G.).

6. Der Beitrag der Übersetzungswissenschaft zur Textlinguistik

Wenn zwischen Textlinguistik und Translationswissenschaft nicht nur ein „Dienstverhältnis", sondern echte Interdisziplinarität bestehen soll, ist auch nach dem Beitrag der Übersetzungswissenschaft für die Textlinguistik zu fragen. Dieser könnte darin bestehen, daß die Übersetzungswissenschaft aufgrund ihrer interkulturellen Interessen Fragen stellt, die aus intrakultureller Sicht nicht in den Blick kommen. Die Erforschung der sprach- und kulturspezifischen Form, Frequenz und Distribution der oben aufgeführten kohäsionsstiftenden Mittel, um nur ein Beispiel zu nennen, kann nicht Gegenstand der Übersetzungswissenschaft sein, sondern gehört in die einzelsprachlichen Philologien. Die Ergebnisse solcher Forschung kämen jedoch wieder der (angewandten) Übersetzungswissenschaft, besonders der Übersetzungsdidaktik, zugute – und das wäre echte Interdisziplinarität.

Literatur

Beaugrande, Robert A. de / Dressler, Wolfgang U. (1981): *Einführung in die Textlinguistik*. Tübingen: Niemeyer.

Dressler, Wolfgang (1972): „Textgrammatische Invarianz in Übersetzungen?" Gülich, Elisabeth / Raible, Wolfgang (Hrsg.) (1972): *Textsorten*. Frankfurt a.M.: Athenäum, 98–106.

Gerzymisch-Arbogast, Heidrun (1987): *Zur Thema-Rhema-Gliederung in amerikanischen Wirtschaftsfachtexten*. Tübingen: Narr.

Harweg, Roland (1968): *Pronomina und Textkonstitution*. München: Fink.

Hönig, Hans G. (1986): „Übersetzen zwischen Reflex und Reflektion – ein Modell der übersetzungsrelevanten Textanalyse." Snell-Hornby, Mary (Hrsg.) (1986): *Übersetzungswissenschaft – eine Neuorientierung*. Tübingen: Francke, 230–252.

Kalverkämper, Hartwig (1981): *Orientierung zur Textlinguistik*. Tübingen: Niemeyer.

Nord, Christiane ([2]1991): *Textanalyse und Übersetzen. Theoretische Grundlagen, Methode und didaktische Anwendung einer übersetzungsrelevanten Textanalyse*. Heidelberg: Groos ([1]1988).

Reiss, Katharina (1969): „Textbestimmung und Übersetzungsmethode." *Ruperto Carola* 46 (1969), 69–75.

Reiss, Katharina (1971): *Möglichkeiten und Grenzen der Übersetzungskritik*. München: Hueber.

Schmidt, Siegfried J. (1973/[2]1976): *Texttheorie*. München: Fink.

Sowinski, Bernd (1983): *Textlinguistik: eine Einführung*. Urban-Taschenbuch 325. Stuttgart etc.: Kohlhammer.

Stempel, Wolf-Dietrich (Hrsg.) (1971): *Beiträge zur Textlinguistik*. München: Fink.

Stolze, Radegundis (1982): *Grundlagen der Textübersetzung*. Heidelberg: Groos.

Thiel, Gisela (1974): „Ansätze zu einer Methodologie der übersetzungsrelevanten Textanalyse." Kapp, Volker (Hrsg.) (1974): *Übersetzer und Dolmetscher*. Heidelberg: Quelle & Meyer, 174–185.

Wilss, Wolfram (1977): *Übersetzungswissenschaft – Probleme und Methoden*. Tübingen: Narr.

Christiane Nord (Magdeburg)

17. Text, Textsorte, Texttyp

1. Text

Die Definitionen des Textbegriffs (lat. *textus* = Gewebe, Geflecht) sind fast ebenso vielfältig wie die Versuche, ihn zu definieren, zahlreich (vgl. hierzu Göpferich 1995:40ff. mit weiteren Literaturangaben). Festgehalten werden kann jedoch, daß ein Text aus funktionalistischer Perspektive (s. Kap. C1) nicht als rein (system-)linguistisch definierbare, formale Einheit, als „keine bloß syntaktisch geordnete Sprachzeichenmenge" (Schmidt 1972:17) aufgefaßt werden kann, sondern als „Text-in-Funktion" (Schmidt 1973:145), als „Text-in-der-Situation" (Weinrich 1976:16), als „soziokommunikative Funktionseinheit" (Schmidt 1972:17) zu betrachten ist. Damit kann die Forderung nach Kohäsion, also dem rein sprachlichen, textinternen, formal-grammatischen Zusammenhalt, im Gegensatz zur Kohärenz, dem logisch-semantischen Zusammenhalt von Äußerungen, ebenso wie die Forderung, daß mindestens zwei Sätze (jeweils mit Subjekt und Prädikat) vorliegen müssen, nicht zur Bedingung für das Vorliegen eines Textes gemacht werden. Definitionselemente für den Textbegriff sind aus funktionalistischer Perspektive vielmehr die thematische Orientierung, Intentionalität, eine erkennbare kommunikative Funktion, Kohärenz und Abgeschlossenheit, die sich auch in den meisten Textdefinitionen wiederfinden (vgl. Göpferich 1995:56). Diese Kriterien werden z. B. auch von Stücklisten erfüllt, die damit unter den Textbegriff fallen, obwohl sie nicht kohäsiv sind und nicht aus mindestens zwei vollständigen Sätzen bestehen.

Unter funktionalistischen Gesichtspunkten ist es auch nicht sinnvoll, den Textbegriff auf rein sprachliche Komplexe einzuschränken. Oftmals liefern Bilder nämlich Komplementärinformationen zum rein verbal Vermittelten, so daß ihre Ausgrenzung aus dem Textbegriff zu mangelnder Kohärenz des rein verbalen Restes führen und damit dessen Textstatus gefährden würde. Selbst reine Bildsequenzen können u.U. Textstatus haben. Dies wird schon daran deutlich, daß eine Bedienungsanleitung, die für eine Kultur A rein verbal abgefaßt ist, für eine andere Kultur B mit hohem Analphabetenanteil u. U. in eine reine Bildanleitung überführt werden muß (Jakobson 1966:233 spricht hier von „intersemiotic translations“ oder „transmutations“), wobei diese reine Bildanleitung dann für ihre Adressaten im Idealfall die gleiche Funktion erfüllt wie die rein verbale Anleitung in der Ausgangskultur und auch die oben geforderten Textualitätsmerkmale aufweist (vgl. hierzu das Beispiel von Kußmaul 1995:75). Hieran wird zugleich deutlich, daß es beim funktionalen Übersetzen nicht um das Übertragen von Wörtern oder Sätzen geht, sondern um die Übertragung von Texten als der „Einheit, in der sich die sprachliche Kommunikation organisiert“ (Isenberg 1977:144; vgl. hierzu auch Hartmann 1971:15). Dabei wird die sprachliche bzw. – umfassender – die semiotische Gestaltung eines Textes durch seine kommunikative Funktion bestimmt, ohne die sich, wie Oomen (1972:19) feststellt, kein Text ergibt und die jeden Text als Element einer Textsorte ausweist. Vor diesem Hintergrund definiert Göpferich (1995:56) den Textbegriff wie folgt:

> Ein Text ist ein thematisch und/oder funktional orientierter, kohärenter sprachlicher oder sprachlich-figürlicher Komplex, der mit einer bestimmten Intention, der Kommunikationsabsicht, geschaffen wurde, eine erkennbare kommunikative Funktion ersten oder zweiten Ranges erfüllt und eine inhaltlich und funktional abgeschlossene Einheit bildet (zur kommunikativen Funktion ersten und zweiten Ranges s. Göpferich 1995:56f.).

2. *Textsorte*

„Textsorten“ können in Anlehnung an Pörksen (1974:219) mit Reiss/Vermeer (1984:177) definiert werden als „überindividuelle Sprech- und Schreibakttypen, die an wiederkehrende Kommunikationshandlungen gebunden sind und bei denen sich aufgrund ihres wiederholten Auftretens charakteristische Sprachverwendungs- und Textgestaltungsmuster herausgebildet haben“ (vgl. auch Swales 1990:58). Dabei kann – ebenfalls mit Reiss/Vermeer (1984:192) – unterschieden werden zwischen „generellen Textsorten(klassen) – Brief, Märchen, Epos, Vereinbarung usw. –, die wahrscheinlich in jeder Schriftkultur vorhanden sind“, „übereinzelsprachlichen Textsorten(klassen) – Sonett, Oratorium, Passionsspiel, Ghasel usw. –, die nicht in allen Kulturen anzutreffen sind“, und „einzelsprachlichen Textsorten(klassen) – das japanische No-Spiel, das japanische Haiku usw. –, die kaum über eine Kultur hinaus verwendet werden“.

Bei einzelsprachlichen Textsorten ist eine funktionskonstante Übersetzung (s. Art. 40, 42) nicht möglich. Bei Textsorten, die sowohl in der Ausgangs- als auch in der Zielkultur etabliert sind, ist zu beachten, daß hier innerhalb einer Textsorte auf allen Sprachbeschreibungsebenen Unterschiede in den Textsortenkonventionen bestehen können, z. B. in der Makrostruktur, der Phraseologie, der Sprechaktverteilung und ihrer sprachlichen Realisierung, der Art und Weise, wie der Autor im Text von sich spricht und seine Leser anredet, der Vorkommenshäufigkeit metakommunikativer Elemente, der Lexik und der Interpunktion (vgl. hierzu Reiss/Vermeer 1984:184f.). Diese Unterschiede, die mit Paralleltextvergleichen zu ermitteln sind (s. Art. 50), können beim Übersetzen eine Anpassung an die zielsprachlichen Konventionen erforderlich machen (vgl. zu solchen Unterschieden in den Textsortenkonventionen deutsch- und englischsprachiger Texte aus den Naturwissenschaften und der Technik und ihrer translatorischen Behandlung Göpferich 1993 und 1995). Dabei ist zu beachten, daß Textsortenkonventionen (1) als Erkennungssignale, (2) als Auslöser von Erwartungshaltungen und (3) als Steuerungssignale für das Textverstehen dienen (Reiss/Vermeer 1984:189). In bezug auf diese Funktionen hat der Verfasser und damit auch der Übersetzer eines Textes drei Möglichkeiten:

(1) Er kann die Textsortenkonventionen einhalten. Sie wirken dann als Textillokutionsindikatoren, die das Textverstehen in feste, vorgeformte Bahnen lenken, den erfolgreichen Verlauf der Kommunikation fördern, sie rationalisieren und erleichtern. Die Konventionen werden vom Leser dann zwar als Textillokutionsindikatoren wahrgenommen, seine Aufmerksamkeit konzentriert sich aber auf die inhaltliche Ebene des Textes.

(2) Der Verfasser bzw. Übersetzer kann jedoch auch bewußt gegen die Konventionen verstoßen, indem er zwar durch die Einhaltung einiger konventioneller Merkmale, die als Erkennungssignale wirken, beim Leser Er-

wartungshaltungen auslöst, diese jedoch dann durch Konventionsverstöße enttäuscht. In diesem Fall werden die Konventionen nicht mehr relativ unbewußt interpretiert, sondern treten in den Vordergrund des Bewußtseins. Havránek (1964) spricht hier von einem *foregrounding*. Die Textsortenkonventionen beanspruchen in diesem Fall die Aufmerksamkeit des Lesers und lenken ihn von der Inhaltsebene des Textes ab. Derartige Effekte werden in operativen und expressiven Texten (s. 3) häufig genutzt, sind jedoch bei informativen Texten in der Regel unerwünscht.

(3) Der Verfasser bzw. Übersetzer kann die Textsortenkonventionen mißbrauchen, etwa dadurch, daß er bloßen Behauptungen einen wissenschaftlichen Anstrich gibt, indem er sie in die Konventionen wissenschaftlicher Abhandlungen kleidet. Pörksen (1974:232) spricht hier von „Sprachattrappen" (vgl. Göpferich 1995:167f.).

3. Texttyp

Mit dem Terminus „Texttyp" werden Klassen von Textsorten bezeichnet, die sich bestimmte Merkmale teilen. Ausgehend von den drei Grundfunktionen sprachlicher Zeichen in Anlehnung an das Bühlersche Organon-Modell (Bühler 1982/1934), unterscheidet Reiss ([2]1983:128) drei Texttypen sowie einen Mischtyp: den darstellenden oder informativen, den ausdrucksbetonten oder expressiven und den appellbetonten oder operativen Texttyp, die jeweils durch die bei ihnen festzustellende Dominanz einer der drei Sprach- bzw. kommunikativen Funktionen charakterisiert sind, sowie den audio- bzw. multimedialen Texttyp. Diese Texttypen hält Reiss für übersetzungsrelevant. Für den informativen Texttyp fordert sie bei der Übersetzung primär „*Invarianz* auf der Inhaltsebene", für den expressiven Texttyp „die *Analogie der Gestaltung*", für den operativen Texttyp „die *Identität des textimmanenten Appells*" ([2]1983:20ff.) und für den multimedialen Texttyp je nach Textsorte ebenfalls eine der drei Übersetzungsmethoden unter zusätzlicher Berücksichtigung des Verbundcharakters bzw. des technischen Mediums der Textverbreitung ([2]1983:23). Die Anwendung dieser Übersetzungsmethoden setzt allerdings voraus, daß ein Text funktionskonstant übersetzt werden soll. Ferner können diese Übersetzungsmethoden nur als grobe Leitlinien betrachtet werden, die nicht immer verbindlich eingehalten werden dürfen. So können auch bei funktionskonstanter Übersetzung beispielsweise außersprachliche Gegebenheiten, die in der Zielkultur von denjenigen in der Ausgangskultur abweichen, selbst bei informativen Texten inhaltliche Änderungen erforderlich und damit das Gebot der Invarianz auf der Inhaltsebene hinfällig machen (vgl. hierzu die Beispiele in Göpferich 1993 und 1995:172ff.; sowie kritisch House 1977:186).

Eine Subtypologisierung des Reissschen informativen Texttyps in Fachtexttypen speziell für den Bereich der Naturwissenschaften und der Technik mit entsprechenden Paralleltextvergleichen für das Deutsche und das Englische liefert Göpferich (1995:119ff.).

Literatur

Bühler, Karl (1982): *Sprachtheorie. Die Darstellungsfunktion der Sprache* (1934). UTB 1159. Stuttgart / New York: Fischer.

Göpferich, Susanne (1993): „Die translatorische Behandlung von Textsortenkonventionen in technischen Texten." *Lebende Sprachen* 2, 49–53.

Göpferich, Susanne (1995): *Textsorten in Naturwissenschaften und Technik. Pragmatische Typologie – Kontrastierung – Translation.* Forum für Fachsprachen-Forschung 27. Tübingen: Narr.

Hartmann, Peter (1971): „Texte als linguistisches Objekt." Stempel, Wolf-Dieter (Hrsg.) (1971): *Beiträge zur Textlinguistik.* München: Fink, 9–29.

Havránek, Bohuslav (1964): „The Functional Differentiation of the Second Language." Garvin, Paul L. (Hrsg. und Übers.) (1964): *A Prague School Reader on Esthetics, Literary Structure, and Style*. Washington D. C.: Georgetown UP, 3–16.

House, Juliane (1977): *A Model for Translation Quality Assessment.* Tübinger Beiträge zur Linguistik 88. Tübingen: Narr.

Isenberg, Horst (1977): „Text versus Satz." Daneš, František / Viehweger, Dieter (Hrsg.) (1977): *Probleme der Textgrammatik II.* studia grammatica XVIII. Berlin: Akademie-Verlag, 119–146.

Jakobson, Roman (1966): „On Linguistic Aspects of Translation." Brower, Reuben (Hrsg.) (1966): *On Translation.* New York: Oxford UP, 232–238.

Kußmaul, Paul (1995): *Training the Translator*. Benjamins Translation Library 10. Amsterdam / Philadelphia: Benjamins.
Oomen, Ursula (1972): „Systemtheorie der Texte.“ *Folia Linguistica* 1–2, 12–34.
Pörksen, Uwe (1974): „Textsorten, Textsortenverschränkungen und Sprachattrappen.“ *Wirkendes Wort* 4, 219–239.
Reiss, Katharina ([2]1983): *Texttyp und Übersetzungsmethode. Der operative Text*. Heidelberg: Groos.
Reiss, Katharina / Vermeer, Hans J. (1984): *Grundlegung einer allgemeinen Translationstheorie*. Linguistische Arbeiten 147. Tübingen: Niemeyer.
Schmidt, Siegfried J. (1972): „Text als Forschungsobjekt der Texttheorie.“ *Der Deutschunterricht* 4, 7–28.
Schmidt, Siegfried J. (1973): *Texttheorie. Probleme einer Linguistik der sprachlichen Kommunikation*. UTB 202. München: Fink.
Swales, John M. (1990): *Genre Analysis. English in Academic and Research Settings*. The Cambridge Applied Linguistics Series. Cambridge etc: Cambridge UP.
Weinrich, Harald (1976): *Sprache in Texten*. Stuttgart: Klett.

Susanne Göpferich (Karlsruhe)

18. Psycholinguistik

1. Begriffsklärung

Traditioneller Forschungsgegenstand der Linguistik ist die Untersuchung von Sprache(n). Eine wissenschaftliche Darstellung der Art und Weise, wie Menschen durch Sprache kommunizieren und interagieren, ist jedoch nur in einer interdisziplinären Kooperation zwischen Linguistik und anderen Wissenschaften, insbesondere der Psychologie, möglich. Die Psycholinguistik (PL) erforscht den Zusammenhang zwischen Sprachverhalten bzw. Sprachverwendung und den psychischen Prozessen – z. B. Erinnerung, Aufmerksamkeit, Verstehen –, die ihnen zugrunde liegen. Daraus ergibt sich der Untersuchungsgegenstand der PL, für die der Sprachbenutzer von zentraler Bedeutung ist: Spracherwerb, Verstehen und Produktion sprachlicher Äußerungen sowie Sprachpathologie. Zu Geschichte und Gegenstand der PL vgl. Hörmann ([3]1991), allgemein zu Methoden und Modellen vgl. Caron (1989) und Gernsbacher (1994). In den 80er Jahren wird die PL gemeinsam mit anderen Wissenschaftsbereichen, wie z. B. der Computerwissenschaft und den Neurowissenschaften, in die umfassendere Kognitionswissenschaft als Teildisziplin integriert. Gleichzeitig vollzieht sich auch in der Übersetzungswissenschaft, in erfreulicher interdisziplinärer Auseinandersetzung mit der PL, ein Paradigmenwechsel.

2. Psycholinguistik und Translationsprozeß

Die theoretische und methodische Auseinandersetzung mit der PL (vgl. Antos/Krings 1989: 146–256), ergänzt durch genuin funktionale und handlungsorientierte übersetzungswissenschaftliche Studien (vgl. Reiss/Vermeer [2]1991, Snell-Hornby [2]1994 und Hönig [2]1997), löst die rein sprachbezogene und textlinguisitisch orientierte Übersetzungswissenschaft ab. Sie führt zu einer Verlagerung auf die Verstehens- und Verständlichkeitsforschung, in der der Translator und die prozeß- und rezipientenorientierte Erforschung des Übersetzens im Zentrum stehen und nicht mehr der Ausgangstext (AT) oder der Zieltext (ZT) als Produkt und abgeschlossene Struktur. Untersuchungsgegenstand des übersetzungsprozessualen Ansatzes sind alle mentalen und kognitiven Prozesse, die bei einem Translator in gegebenem situativ-kulturellen Kontext auf der Basis seines Sprach- und Sachwissens ablaufen und zur Entstehung eines adressatenspezifischen Translats führen, von den ersten Recherchearbeiten bis zur letzten Überarbeitung. Einsichten in diese Prozesse, die translatorisches Handeln reflektieren, können übersetzungsdidaktisch verwertet werden und zur Verbesserung von übersetzerischer Kompetenz beitragen.

3. Psycholinguistische Methoden

Mit Hilfe des in der Psychologie entwickelten introspektiven Verfahrens der Protokolle des Lauten Denkens (s. Art. 47, 48) sollen diese nicht direkt beobachtbaren mentalen Prozesse erschlossen werden. So werden die während des Übersetzungsprozesses laut geäußerten Überlegungen aufgezeichnet. Diese Protokolle dienen dann – retrospektiv analysiert – der Feststellung übersetzerischer Strategien und Vorgehensweisen (vgl. Lörscher 1991:39–119) sowie der interpretativen Hypothesenbildung von Denkprozessen (vgl. Kußmaul 1995:5–37, Kiraly 1995). In der Analyse stellt sich Übersetzen dar als Prozeß, der nicht linear, eher rekursiv mit Vor- und Rückgriffen abläuft; dabei wirken Bottom-up- (i.w. sprachliches Wissen) und Top-down- (kontextuelle sowie situationelle Kenntnisse und Erwartungen) Prozesse zusammen, Textinhalte werden szenisch visualisiert, und nur die Information, die für den Kontext bzw. die bereits vorhandenen *scenes* (d.s. stereotypisierte Muster) relevant ist (s. Art. 13), wird für die Verarbeitung ausgewählt. (Zu psycholinguistischen Modellen der lexikalischen Repräsentation s. Börner/Vogel 1994:19–68, und Marslen-Wilson 1989:1–165, 409–561.)

4. Verstehen als kognitiver Prozeß

Nach psycholinguistischen wie neurologischen Erkenntnissen ist Verstehen von Texten ein komplexes, erwartungsgesteuertes kognitives Geschehen. Es besteht aus einer Vielzahl unabhängiger, parallel ablaufender Neuronenströme, die sich immer wieder neu kombinieren und verketten, um Beziehungen zwischen sprachlichem und konzeptuellem, außersprachlichen Wissen herzustellen.

Verstehen beruht somit auf einer vernetzten Integrationsleistung des Gehirns, da die konnektionistisch organisierten Denkvorgänge im Langzeitgedächtnis gespeicherte Wisseneinheiten verbinden und Unbekanntes in vorhandene Wissensbestände integrieren. Dieser integrative Prozeß ist individuell, da die neuronalen Verknüpfungen unter Einbeziehung der persönlichen Erfahrung und der Erwartung an die kommunikative und soziale Funktion des Textes erfolgen.

Verstehen ergibt sich somit in derart konzipierten Netzwerkmodellen erst als Resultat sprachlich-kognitiver Verarbeitungsprozesse, meist von Inferenzen, die aus mentalen Schlußfolgerungen und Problemlösungsoperationen bestehen. (Zu kognitiven Modellen von Sprachrezeption und -produktion vgl. Rickheit/Strohner 1993 und Schwarz 1992.) Diese Inferenzen verbinden die Textinhalte mit dem Erfahrungs- und Weltwissen des Translators, der im Kontext seiner neuronalen Aktivitätsmuster dem AT Bedeutung verleiht. Inferenzprozesse, die neue Wissensinhalte aus bereits vorhandenen ableiten, integrieren somit neue Textinformationen in das sprachliche, enzyklopädische sowie kommunikativ und situationell relevante Vorwissen, um einen kohärenten und in sich stimmigen Textsinn herzustellen. Textverstehen wird somit als strategisch-konstruktiver Prozeß konzipiert (Näheres dazu Hönig [2]1997 und Kupsch-Losereit 1996), in dem mit Wörtern, Sätzen und Texten verbundene Konzepte und *scenes* (s. Art. 13) und die mit ihnen verbundenen Situationen, Affekte, sozialen Muster aktiviert werden.

Ein Beispiel verdeutlicht, wie der Translator eine entsprechende Repräsentation beim dt. Leser ermöglicht. In einem Text zu den Mai-Ereignissen 1968 spricht Sartre von *les matraques de la rue Gay-Lussac* (*Le Nouvel Observateur*, 4. November 1968). Der deutsche Leser kann die *Szene* nur verstehen, wenn außersprachliches Wissen inferiert wird, also etwa durch eine Übersetzung wie: „Das Einprügeln auf die Studenten in der Rue Gay-Lussac“ oder: „Das harte Zuschlagen der kasernierten Polizei am 10. Mai 1968 im Quartier Latin“. Die Leistung des Translators beruht darauf, daß er eine aktuell-spontane Beziehung herstellt zwischen dem AT und dessen kommunikativer und sozialer Funktion, seinem Wissen und seinen Erwartungen, den für ihn relevanten Handlungszusammenhängen sowie den translatorischen Zielsetzungen.

5. Integrativ-produktives Modell des Übersetzens

Der Translator liest den AT also von vorneherein aus der Perspektive des fremdsprachigen und fremdkulturellen Lesers mit spezieller Intention, eben *sub specie translationis*. Sein Verstehen des AT bezieht die kommunikative und soziale Funktion des ZT mit ein, er zieht die Bewußtseins- und Handlungsdimensionen seiner Leser in Betracht, orientiert sich an deren

Wissenshintergründen, antizipiert folglich deren Erwartungen, Verstehensbedingungen und -möglichkeiten. Ohne Beachtung der kulturspezifischen Präsuppositionen (s. Art. 30), des sprachlichen und kulturellen Wissens sowie der Emotionen und Erwartungen des ZT-Lesers kann kein integratives Verstehen erfolgen. Der Translator ermöglicht damit die für den ZT-Leser notwendigen Inferenzprozesse, verbalisiert häufig im AT nur implizit vorhandenes Kulturwissen (Ausführlich dazu Kupsch-Losereit 1997; zu Aktualisierung und Neustrukturierung von Textaussagen vgl. Wrobel 1995:11–19 und 123–143), denn schließlich muß der ZT-Leser die fremdkulturelle textuelle Information in die eigenen Wissens- und Handlungsstrukturen integrieren können. Übersetzen ist daher in psycholinguistischen Modellen sowohl ein Verstehens- als auch ein Produktionsvorgang.

Literatur

Antos, Gerd / Krings, Peter (Hrsg.) (1989): *Textproduktion. Ein interdisziplinärer Forschungsüberblick.* Tübingen: Niemeyer.

Börner, Wolfgang / Vogel, Klaus (Hrsg.) (1994): *Kognitive Linguistik und Fremdsprachenerwerb. Das mentale Lexikon.* Tübingen: Narr.

Caron, Jean (1989): *Précis de psycholinguistique.* Paris: PUF.

Gernsbacher, Morton Ann (Hrsg.) (1994): *Handbook of psycholinguistics.* San Diego etc.: Academic Press.

Hönig, Hans (²1997): *Konstruktives Übersetzen.* Tübingen: Stauffenburg.

Hörmann, Hans (³1991): *Einführung in die Psycholinguistik.* Darmstadt: Wissenschaftliche Buchgesellschaft.

Kiraly, Donald C. (1995): *Pathways to Translation. Pedagogy and Process.* Kent / London: The Kent State UP.

Kupsch-Losereit, Sigrid (1996): „Kognitive Verstehensprozesse beim Übersetzen." Lauer, Angelika et al. (Hrsg.) (1996): *Übersetzungswissenschaft im Umbruch. Festschrift für Wolfram Wilss zum 70. Geburtstag.* Tübingen: Narr, 217–228.

Kupsch-Losereit, Sigrid (1997): „Übersetzen als transkultureller Verstehens- und Produktionsprozeß." Snell-Hornby, Mary et al. (Hrsg.) (1997): *Translation as intercultural communication. Selected papers from the EST Congress – Prague 1995.* Amsterdam: Benjamins, 249–260.

Kußmaul, Paul (1995): *Training the translator.* Amsterdam: Benjamins.

Lörscher, Wolfgang (1991): *Translation performance, translation process, and translation strategies. A psycholinguistic investigation.* Tübingen: Narr.

Marslen-Wilson, William (Hrsg.) (1989): *Lexical representation and process.* Cambridge / London: MIT Press.

Reiss, Katharina / Vermeer, Hans J. (²1991): *Grundlegung einer allgemeinen Translationstheorie.* Tübingen: Niemeyer.

Rickheit, Gert / Strohner, Hans (1993): *Grundlagen der kognitiven Sprachverarbeitung. Modelle, Methoden, Ergebnisse.* Tübingen / Basel: Francke.

Schwarz, Monika (1992): *Einführung in die kognitive Linguistik.* Tübingen: Francke.

Snell-Hornby, Mary (Hrsg.) (²1994): *Übersetzungswissenschaft – eine Neuorientierung. Zur Integration von Theorie und Praxis.* Tübingen: Francke.

Wrobel, Arne (1995): *Schreiben als Handlung. Überlegungen und Untersuchungen zur Theorie der Textproduktion.* Tübingen: Niemeyer.

Sigrid Kupsch-Losereit (Germersheim)

19. Kontrastive Linguistik

1. Sprachsystem vs. Text

Ferdinand de Saussures Unterscheidung zwischen dem abstrakten Sprachsystem (*langue*) und der konkreten Äußerung bzw. dem Text (*parole*) leitete die moderne Linguistik ein. Diese verstand sich zunächst ausschließlich als Wissenschaft der *langue*, des Sprachsystems, das als Code losgelöst von der „außersprachlichen Realität" untersucht wurde. Folgerichtig verstand sich die Übersetzungswissenschaft – damals noch Teil der Angewandten Linguistik – als linguistische Transkodierung oder Substitution, wobei eine Kette von Zeichen oder Einheiten durch eine Kette äquivalenter Zeichen oder Einheiten in der Zielsprache (ZS) ersetzt wurde (Koller 1972). Somit stand für die Theoretiker der Äquivalenzbegriff im Mittelpunkt der Diskussion, während die Praktiker sich mit den „Techniken des Übersetzens" – meist auf Wort- und Satzebene – auseinandersetzten.

Heute steht es außer Frage, daß – zumindest im Bereich des Humanübersetzens – nicht Sprachen und nicht Systeme, sondern Texte übersetzt werden, und daß diese mehr und qualitativ anders sind als die Summe ihrer sprachlichen Teile (s. Art. 17, 31). Die kontrastive Linguistik hingegen funktioniert vor allem auf der *langue*-Ebene und vergleicht Elemente verschiedener Sprachsysteme, wie z.B. Präpositionen oder Wortfelder, theoretische Aspekte wie die Negation oder grundlegende Fragen wie allgemeine Typologien. Wichtig für den Translator ist die Einsicht, daß sie nicht fertige Lösungen oder unmittelbar einsetzbare Äquivalente bietet, sondern Begriffe als Hilfsmittel im translatorischen Entscheidungsprozeß zur Verfügung stellt. Ein besonderes Potential haben dabei (1) Begriffe der kontrastiven Grammatik, (2) Modelle der lexikalischen Semantik (Wortfelduntersuchungen) und (3) Erkenntnisse aus der kontrastiven Pragmatik.

2. *Kontrastive Grammatik*

Die Möglichkeiten einer spezifisch übersetzungsrelevanten kontrastiven Grammatik sind bislang kaum untersucht worden, obwohl innerhalb der Fremdsprachendidaktik einzelne Arbeiten vorliegen (für Französisch-Deutsch Zemb 1984, für Spanisch-Deutsch Cartagena/Gauger 1989). Der Wert für den Übersetzer bleibt jedoch gering, wenn nur Strukturen oder realitätsfremde Mustersätze nebeneinander gestellt werden: vielmehr müßte man durch die Ergebnisse empirischer Studien abstrakte Begriffe oder Konzeptionen erarbeiten, deren unterschiedliche Realisierungen in der natürlichen Verwendung verschiedener Sprachen untersuchen und sie erst dann in der Textproduktion umsetzen. Nehmen wir als Beispiele zwei Bereiche (die Konzeption der Satzfokussierung und den Begriff der „Prämodifikation") aus der deskriptiven Grammatik des Englischen von Quirk et al. (1985), die aus den Ergebnissen millionenfacher Daten des Großprojekts „Survey of English Usage" erarbeitet wurde.

2.1 *Satzfokussierung: End-focus und End-weight*

Im Englischen gilt laut Quirk/Greenbaum (1973:410) das Prinzip des End-focus: d.h. neue, also fokussierte Information erscheint normalerweise am Satzende. Ebenfalls ans Satzende gehören längere, komplexe Satzteile: das Prinzip des End-weight. Das ist im Deutschen nicht unbedingt der Fall, wie die Sätze (a) und (b) des folgenden Textbeispiels zeigen:

> Die Schweiz (...) ist eines der führenden Reiseländer der Erde.
> *(a)* Dazu haben *ihre günstige geographische Lage im Herzen Europas, die sprichwörtliche Gastfreundschaft der Bewohner, die sich schon früh auf den Fremdenverkehr eingestellt hatten, und der besondere Reiz ihrer landschaftlichen Schönheit* beigetragen.
> *(b) Ein dichtes, gut ausgebautes Netz von Bahnlinien und Straßen* überzieht das Land.
> (Einleitung: Polyglott-Reiseführer *Schweiz)*

Kursiv gedruckt sind hier die komplexeren, längeren Satzteile sowie die neue Information. Typische Übersetzungsversuche im Unterricht (mit Interferenzen aus dem deutschen Sprachgebrauch) – lauten wie folgt:

> *(a) ?Its favourable geographical position in the heart of Europe, the proverbial hospitality of its inhabitants, who soon adapted to tourism, and the special charm of its scenic attractions,* have contributed to this.
> *(b)? A dense and well-developed network of railways and roads* covers the country.

Ein idiomatischer englischer Satz entsteht allerdings wenn (v.a. bei *(a)*) End-weight und (bei *(a)* und *(b)*) End-focus hergestellt werden, bei *(a)* durch eine Kopula-Konstruktion und *(b)* durch die Passivform des Verbs:

> *(a)* This is mainly due to *its favourable geographical position in the heart of Europe, the proverbial hospitality of its inhabitants, who soon adapted to tourism, and the special charm of its scenic attractions.*
> *(b)* The country is served by *a well-developed network of railways and roads.*

Vgl. dazu eine Analyse der Thema/Rhema-Gliederung im Deutschen und Englischen von Gerzymisch-Arbogast (1986).

2.2 Prämodifikation und Postmodifikation

Die Termini *premodification* und *postmodification* bezeichnen bei Quirk et al. die Struktur der komplexen Nominalphrase: beim ersteren steht die Adjektivphrase vor, beim zweiten nach dem Substantiv. Auch hier gilt im Englischen bei einer komplexen Adjektivphrase das Prinzip des *end-weight*, im Deutschen jedoch nicht. Beispiele:

Das heute zu behandelnde Thema
The subject under discussion today

Die in Afrika lebenden Deutschen
The Germans living in Africa

Im Deutschen ist Prämodifikation üblich, im Englischen ist Postmodifikation die Regel. Dieses theoretische Wissen kann bei der zielsprachlichen Formulierung gezielt angewendet werden (s. Sektion B3.1).

3. Lexikalische Semantik

Die lexikalische Semantik (oder die Lehre der Wortbedeutung, s. Art. 13) gehört innerhalb der Sprachwissenschaft zu den relativ gut erforschten Bereichen. Für das Übersetzen dürften die sehr praxisbezogene Forschung von Ernst Leisi (1973) und die empirischen Wortfeldstudien seiner Zürcher Schüler besonders fruchtbar sein (z.B. De Zordi 1972, Waldvogel 1983, Glutz-Meier 1985). Hier werden Wörter (Lexeme) nach den drei von Leisi vorgeschlagenen Methoden – (1) der kritische Vergleich von Wörterbuchdefinitionen, (2) die Befragung kompetenter Informanten, (3) die Arbeit mit umfangreichem Textmaterial, die sogenannte Corpus-Methode – im Verhältnis zueinander im Sprachsystem positioniert und durch Komponentenanalyse beschrieben (vgl. Snell-Hornby 1996:81).

Als Beispiel für eine kontrastive Untersuchung wird hier das Wortfeld *Smiling, laughter* im Englischen und Deutschen nach Snell-Hornby (1983) nachgebildet:

chuckle ↓
grin / simper / smirk → snigger / titter / giggle
↓
cackle → guffaw

schmunzeln / feixen / grinsen → kichern → wiehern

Es handelt sich hier um „deskriptive Verben" (Snell-Hornby 1983), die erfahrungsgemäß im Übersetzungsunterricht besondere Probleme bieten. Bei diesen – morphologisch einfachen, aber semantisch komplexen – Verben, die in der englischen Alltagssprache sehr häufig vorkommen, steht nicht die verbale Handlung (hier *smile* bzw. *laugh*), sondern die Modalität der Ausführung im Mittelpunkt. Schon aus der graphischen Darstellung wird deutlich, daß dieses Wortfeld im Deutschen und Englischen anders besetzt und strukturiert ist. Die einzelnen Lexeme unterscheiden sich erheblich in der Sprechereinstellung, im kommunikativen Wert, in der Beschreibung der erzeugten Geräusche und in der Art des Gesichtsausdrucks. *Grin* und *grinsen* sind z.B. keineswegs austauschbar: *grin* deckt eine breitere Palette der Emotionen ab, kann frech oder boshaft, aber auch freundlich und lustig sein, während *grinsen* eine eindeutig negative Sprechereinstellung aufweist. Dt. *kichern* stehen im Englischen wiederum drei Lexeme gegenüber: *snigger* (mit negativen Konnotationen, der typische Agens ist männlich, eher infantil, wie ein Schulbub), *titter* (affektiertes oder nervöses Gelächter, der typische Agens ist weiblich) und *giggle* (albernes, aber harmloses Gelächter wie von Schulmädchen). (Für eine detaillierte Analyse mit Textbeispielen s. Snell-Hornby 1983:118ff.). Für die Übersetzung ist es wichtig, daß einfache „Äquivalente" hier nicht gegeben sind: auch auf Systemebene steht ein Lexem nicht unbedingt einem anderen Lexem als Entsprechung gegenüber. Hilfreicher als die Suche nach direkten Entsprechungen ist zunächst die Erkenntnis, daß es sich hier um ein deskriptives Verb mit komplexen Gebrauchsbedingungen handelt; für die Textanalyse kann dann die Funktion und Gewichtung des Lexems im jeweiligen Kontext bestimmt werden. Für die Produktion des Zieltextes sind dies aber nur einige Faktoren, die im gesamten übersetzerischen Entscheidungsprozeß berücksichtigt werden müssen. (Zur Übersetzung deskriptiver Verben s. Gerzymisch-Arbogast 1994:109–117).

4. *Kontrastive Pragmatik*

Mit der pragmatischen Wende in den 70er Jahren wandte sich die Sprachwissenschaft auch Fragen der Sprachverwendung zu, und neben systemlinguistischen Fragen befaßte sie sich auch mit konkreten Texten in einer realen, außersprachlichen Situation. Vor allem durch empirische Untersuchungen (Diskursanalyse) aus verschiedenen Sprachgemeinschaften konnten Sprechakte (s. Art. 13 und 15) und die entsprechenden Diskursstrategien miteinander verglichen werden. Typische und für die Übersetzungswissenschaft sehr ergiebige Beispiele sind öffentliche Direktiven, die für das Sprachenpaar Deutsch und Englisch anhand umfangreicher Korpora von House (1997:79–94) und von Snell-Hornby (1988:86–93) untersucht wurden. Beide Studien kamen zu einem ähnlichen Ergebnis, das auch für andere Textsorten bestätigt worden ist (s. Art. 63). Grundsätzlich gilt die Schlußfolgerung, daß die deutschen Direktiven (und laut den Ergebnissen von House auch andere Diskurstypen) eher unpersönlich und sachorientiert, die englischen hingegen eher interaktional und adressatenorientiert sind (s. Art. 65). In der sprachlichen Realisierung heißt das, daß im Englischen der Adressat in seiner situativen Rolle identifiziert bzw. direkt angesprochen wird und daß vor allem bei Warnungen und Verboten Modalverben bzw. Imperativformen eingesetzt werden; im Deutschen hingegen dominieren unpersönliche Infinitivformen bzw. Lexeme wie ‚Warnung' und ‚verboten'. Hier einige Beispiele:

Überschreiten der Gleise verboten.
Passengers must not cross the line.

Warnung vor Dieben!
Beware of pickpockets!

Hausieren verboten.
Hawkers, canvassers, collectors not allowed.

Widerrechtlich abgestellte Fahrzeuge
werden kostenpflichtig entfernt.
Trespassing vehicles will be towed away at owner's risk and expense.

Einfahrt freihalten.
Keep left.

In der linguistisch orientierten Übersetzungswissenschaft, die das Übersetzen als eindeutig linguistische Operation versteht, werden solche Ergebnisse in Modelle integriert und als Lösungen angeboten (vgl. dazu House 1997). Das ist aber schon deshalb nicht unproblematisch, weil gerade die Sprachverwendung (im Gegensatz zum Sprachsystem) ständig im Wandel begriffen ist – in den letzten Jahren zeigen z.B. auch deutschsprachige Direktiven zunehmend adressatenorientierte Merkmale auf (wie die Benutzung der markierten Imperativform), auch nonverbale Kodes (Piktogramme) setzen sich durch. Vor allem aber spielen in der Übersetzung außersprachliche (kulturelle bzw. auftragsspezifische) Faktoren eine Rolle, mit denen sich die holistisch orientierte Translationswissenschaft zunehmend beschäftigt: sprachwissenschaftliche Erkenntnisse sind dabei überaus wertvoll, sind aber im übersetzerischen Entscheidungsprozeß nicht als fertige Lösungen, sondern eher als Hilfsmittel anzusehen.

Literatur

Cartagena, Nelson / Gauger, Hans Martin (1989): *Vergleichende Grammatik Spanisch-Deutsch.* Mannheim / Wien / Zürich: Dudenverlag.

De Zordi, Guido (1972): *Die Wörter des Gesichtsausdrucks im heutigen Englisch.* Zürich: Francke.

Gerzymisch-Arbogast, Heidrun (1986): „Zur Relevanz der Thema-Rhema-Gliederung für den Übersetzungsprozeß." Snell-Hornby, Mary (Hrsg.) (1986): *Übersetzungswissenschaft – Eine Neuorientierung. Zur Integrierung von Theorie und Praxis.* UTB 1415. Tübingen: Francke, 160–183.

Gerzymisch-Arbogast, Heidrun (1994): *Übersetzungswissenschaftliches Propädeutikum.* UTB 1782. Tübingen: Francke.

Glutz von Blotzheim-Meier, Barbara (1985): *Angst und Schreckangst im Neuenglischen.* Bern: Francke.

House, Juliane (1997): *Translation Quality Assessment. A Model Revisited.* Tübingen: Narr.

Koller, Werner (1972): *Grundprobleme der Übersetzungstheorie. Unter besonderer Berücksichtigung schwedisch-deutscher Übersetzungsfälle.* Bern: Francke.

Leisi, Ernst (1973): *Praxis der englischen Semantik.* Heidelberg: Winter.

Quirk, Randolph / Greenbaum, Sydney (1973): *A University Grammar of English.* London: Longman.

Quirk, Randolph et al. (1985): *A Comprehensive Grammar of the English Language*. London: Longman.

Snell-Hornby, Mary (1983): *Verb-descriptivity in German and English. A contrastive study in semantic fields*. Heidelberg: Winter.

Snell-Hornby, Mary (1988): *Translation Studies. An Integrated Approach*. Amsterdam: Benjamins.

Snell-Hornby, Mary (1996): „*Angst* und *fear*: Wirklichkeit, Wörterbuch, Übersetzung". Snell-Hornby, Mary (1996): *Translation und Text*. Wien: Wiener Universitätsverlag, 76–89.

Waldvogel, Jörg (1983): *Licht- und Glanzwörter im modernen Englisch*. Bern: Francke.

Zemb, Jean-Marie (1984): *Vergleichende Grammatik Französisch-Deutsch: Comparaison de deux systèmes*. Mannheim / Zürich: Dudenverlag.

Mary Snell-Hornby (Wien)

20. Stilistik

1. Begriffsklärung

Unter *Stilistik* versteht die Übersetzungswissenschaft meist keine normativen Anleitungen zum richtigen Sprachgebrauch, sondern die deskriptive Erkundung des Zusammenhangs zwischen Sprache und Gebrauchssituation. Die deskriptive Stilistik ist damit ein Teilbereich der Pragmatik (s. Art. 15), denn sie beschäftigt sich mit der Relation zwischen den sprachlichen Zeichen und ihren Sendern und Empfängern. Sie untersucht, wie Informationen und Sprechakte in verschiedenen Situationen auf unterschiedliche Weise ausgedrückt werden. Die Übersetzungsrelevanz besteht darin, daß situativ unangemessene Übersetzungen genauso gravierend sein können wie z.B. Bedeutungsfehler. Wer die Anredeform in englischen Geschäftsbriefen *Dear Sir* mit *Lieber Herr* und die englische Grußformel *yours sincerely* mit *in Aufrichtigkeit Ihr* übersetzt, löst mit Sicherheit Befremden aus und beeinträchtigt vielleicht auch die Geschäftsbeziehungen.

2. Das Faktorenmodell der deskriptiven Stilistik

Die deskriptive Stilistik hat Faktorenmodelle zur Differenzierung des Situationsbegriffs entwickelt. Das für das Übersetzen bislang einflußreichste Modell stammt von Crystal/Davy (1969) und geht auf Halliday/McIntosh/Strevens (1964) zurück. Es wurde gelegentlich modifiziert (House 1997, Hönig/Kußmaul 1982, Hatim/Mason 1990, Kußmaul 1995), im Kern aber blieb es erhalten. Dieses Modell versucht, die situativen Faktoren oder *Dimensionen* zu beschreiben, die sich auf die Sprache auswirken. Dieses Modell sieht, für Übersetzungszwecke leicht modifiziert (vgl. Kußmaul 1995:56ff.), wie folgt aus:

Dimensionen der Sprachbenutzer:
(1) geographische Herkunft
(2) soziale Schicht
(3) Zeit

Dimensionen des Sprachgebrauchs:
(1) Medium
(2) Partizipation
(3) soziale Relation
(4) Vertrautheitsgrad
(5) Verwendungsbereich

Es handelt sich dabei, obwohl das meist nicht explizit gesagt wird, um ein „offenes" Modell, d.h. die Menge der Faktoren ist nicht abgeschlossen. Es ist durchaus möglich, daß durch empirische Beobachtungen neue Faktoren hinzukommen, z.B. das Geschlecht der Sprachbenutzer. Frauen sprechen, wie wir inzwischen wissen, anders als Männer (s. Art. 36). Die einzelnen situativen Dimensionen wirken sich potentiell auf allen sprachlichen Ebenen aus. Crystal/Davy (1969) untersuchen stilistische Varianten auf den Ebenen suprasegmentale (= satzübergreifende) Phonologie – eine Analyseebene, die besonders für das Dolmetschen relevant ist, Satzverknüpfung, Satztypen, Syntax und Lexik. Hinzuzufügen wäre die Ebene Illokution, d.h. die sprechaktindizierenden Formen (s.u.). Die im folgenden verwendeten Beispiele sind nicht systematisch auf die einzelnen Ebenen bezogen.

Was ist mit den Dimensionen im einzelnen gemeint?

Die *geographische Herkunft* (s. Art. 78) spiegelt sich in nationalen Varietäten einer

Sprache, wie z.B. dem britischen, dem amerikanischen, dem indischen oder dem australischen Englisch, und in Dialekten. Je nach Übersetzungsfunktion muß eine Entsprechung gefunden werden. Bekannt sind die Versuche bei der Übersetzung des Musicals *My Fair Lady*, das die Heldin Eliza Doolittle charakterisierende Cockney-Englisch als Berlinerisch (dt. Fassung von Robert Gilbert, Erstaufführung am 25.10.1961 an der Berliner Oper) oder Wienerisch wiederzugeben (der Text von Gilbert wurde von Hugo Wiener und Alexander Steinbecher für die Aufführung an der Wiener Volksoper 1979 „eingewienert"). Wenn ein Gerichtsdolmetscher dagegen die Aussage eines Cockney-Sprechers ins Deutsche überträgt, wird er Hochdeutsch benützen, denn der Dialekt ist hier nur akzidentiell und nicht funktional relevant.

Auch der Faktor *soziale Schicht* wirkt sich in der Regel auf sprachliches Verhalten aus. Eliza Doolittle spricht Cockney; dies ist nicht nur der Regiolekt Londons, sondern zugleich ein Soziolekt. Im Deutschen gibt es kaum soziolektale Varianten, eine wirkungstreue Übersetzung ist daher schwierig.

Mit dem Faktor *Zeit* läßt sich erklären, warum ein Text altertümlich klingt. Bei der Übersetzung älterer Texte müssen der Auftraggeber und Übersetzer entscheiden, ob sie das Zeitkolorit beibehalten wollen oder nicht. Heutige Shakespeare-Übersetzungen sind meist in modernem Deutsch geschrieben. Wer Patina liebt, kann zur Schlegel-Tieckschen Übersetzung greifen.

Medium bezieht sich auf die Unterscheidung gesprochen vs. geschrieben. Die Sprechbarkeit ist z.B. bei der Übersetzung von Bühnen- und Filmtexten (s. Art. 12 und Sektion D3.2/D3.3) ein relevanter Faktor.

Partizipation bezieht sich auf den monologischen und dialogischen Charakter sprachlicher Äußerungen. Dazu gehören die für das Englische so typischen Frageanhängsel (*isn't it, don't they, hasn't he* etc.) als Formen des Hörereinbezugs, im Deutschen Wörter wie *nicht wahr, oder* sowie rhetorische Fragen in allen Sprachen Formen der Leseranrede, z.B. das den Leser mit einbeziehende dt. *wir,* en. *we*. Der Aspekt *Partizipation* ist außer für Bühnen- und Filmtexte auch relevant für die Gestaltung von Anleitungen, Handbüchern und philologischen Texten (s. Art. 54 und 63).

Die Situationsfaktoren mit den vermutlich stärksten sprachlichen Auswirkungen sind *soziale Relation* und *Vertrautheitsgrad*. Es gibt drei Typen der *sozialen Relation:* gleich-zugleich, höher-zu-tiefer und tiefer-zu-höher. Sehr gut läßt sich dies am Beispiel direktiver (= handlungsbezweckender) Sprechakte (s. Art. 13) demonstrieren. Behördliche Vorschriften wie *Der Antrag auf Zulassung zur Vorprüfung ist schriftlich beim Vorsitzenden des Prüfungsausschusses zu stellen* bringen eine Höher-tiefer-Relation zum Ausdruck. Im Englischen wird in vergleichbaren Textsorten *shall* benutzt. In Geschäftsbriefen spielt Höflichkeit und daher die Tiefer-zu-höher-Relation eine große Rolle. Typisch sind Bitten wie *We must ask you to send us your cheque without further delay* und *Wir bitten sie, den Betrag sofort zu überweisen*. Es handelt sich bei den sozialen Relationen natürlich nicht um unveränderliche soziale Positionen, sondern um Rollen, die konventionellerweise eingenommen werden, um bestimmte Handlungen erfolgreich auszuführen. Der Übersetzer muß die kulturspezifischen Rollenkonventionen kennen, um hier als Experte mithandeln zu können.

Der Faktor *Vertrautheitsgrad* bezieht sich auf die verschiedenen Abstufungen sozialer Distanz. Die bereits erwähnten Anredeformen bringen dies u.a. sprachlich zum Ausdruck. Vornamen, Kosenamen, das Pronomen *du* drücken einen hohen Grad der Vertrautheit aus; einen niedrigen Vertrautheitsgrad enthalten Formen wie *Herr Dr. Müller, sehr geehrte Damen und Herren*, en. *Sir, Madam*. Bereits die Tatsache, überhaupt angeredet zu werden, kann ein Zeichen höherer Vertrautheit sein. In deutschen Bedienungsanleitungen z.B. wird meist der (anredelose) Infinitiv verwendet, in Handbüchern zu Computersoftware aber erscheint mehr und mehr der Imperativ + Sie, z.B. *Wählen Sie aus dem Menü* Einfügen *den Befehl* Datum und Uhrzeit. Die höhere Vertrautheit kann man sich leicht verdeutlichen, indem man diese Äußerung mit der Infinitivform kontrastiert: *Aus dem Menü* Einfügen *den Befehl* Datum und Uhrzeit *wählen*. Der *Vertrautheitsgrad*, und dies gilt für alle Faktoren, zeigt sich natürlich nicht nur in Anredeformen, sondern potentiell auf sämtlichen linguistischen Ebenen: z.B. in der Satzverknüpfung durch eine weniger explizite Logik, in der Syntax durch Kontraktionen (can't, haven't etc.), in der Lexik durch als informell oder formell markierte Wörter.

Der Faktor *Verwendungsbereich* schließlich ist eine sehr umfassende Kategorie. Er umfaßt das jeweilige Fachgebiet, den Beruf und den momentanen Tätigkeitsbereich, innerhalb dessen Sprache verwendet wird. Er trägt der Tatsache Rechnung, daß es Fachsprachen, Behördensprache, Wissenschaftssprache, Journalistensprache, den speziellen Stil einzelner Zeitungen und Zeitschriften (*Spiegel*-Deutsch) usw. gibt (s. Art. 21, 23).

3. Der Zusammenhang mit Textsorten

Als Beispiele für den Einfluß von Situationsfaktoren auf den Sprachgebrauch wurden bereits einzelne Textsorten (s. Art. 17) genannt. In der Tat gibt es einen engen Zusammenhang zwischen Textsorten und situativen, d.h. textexternen Faktoren (einen guten Überblick vermittelt Göpferich 1995:189ff.). Man könnte geradezu sagen, daß in Textsorten bestimmte Situationsfaktoren gebündelt sind (Hönig/Kußmaul 1982:71). Die Textsorte *Philologische Texte* (s. Art. 63) z.B. ist beeinflußt durch den Faktor *Medium*: es handelt sich um geschriebene Texte. Bezüglich der *Partizipation* zeigen sich bei diesen Texten kulturelle Unterschiede; in Deutschland sind sie eher monologisch, in der angelsächsischen Welt eher dialogisch. Die *soziale Relation* ist gleich-zu-gleich; Akademiker schreiben für Akademiker. Der *Vertrautheitsgrad* ist eher niedrig. Veränderungen der Faktoren ergeben Veränderungen der Textsorte. Ein Wechsel innerhalb des *Mediums* von geschriebener zu gesprochener Sprache ergibt die Textsorte *Referat* oder *wissenschaftlicher Vortrag*. Die Veränderung des Faktors *Partizipation* von monologisch zu dialogisch ergibt eine *wissenschaftliche Diskussion*. Die Veränderung der *sozialen Relation* von gleich-zu-gleich zu höher-zu-tiefer ergibt z.B. eine *Vorlesung für Studierende*.

Das Faktorenmodell der deskriptiven Stilistik dürfte für die Analyse von Textsorten von Nutzen sein, denn es schärft den Blick für die Konventionen, durch die sie geprägt sind. Der Übersetzer muß sie kennen, um sich konventionskonform verhalten zu können. Wir gingen bisher stillschweigend von funktionskonstantem Übersetzen aus, also von der Bewahrung der stilistischen Dimensionen des ausgangssprachlichen Texts. Dies ist wohl bislang der häufigste Fall in der Übersetzungspraxis, wenn auch nicht der einzige. Es gibt auch die funktionsverändernde Übersetzung (s. Art. 39, 40), bei der die Konventionen der Textsorte oder der Situation in der Zielsprache bzw. -kultur maßgeblich sind, z.B. wenn von wissenschaftlichen Texten fremdsprachliche Abstracts angefertigt werden, wenn die Rede eines Geschäftsführers bei der Übersetzung an die jeweilige neue Zuhörerschaft angepaßt wird.

Literatur

Crystal, David / Davy, Derek (1969): *Investigating English Style*. London: Longman.

Göpferich, Susanne (1995): *Textsorten in Naturwissenschaft und Technik. Pragmatische Typologie – Kontrastierung – Translation*. Tübingen: Narr.

Halliday, M.A.K. / McIntosh, Angus / Strevens, Peter (1964): *The Linguistic Sciences and Language Teaching*. London: Longman.

Hatim, Basil / Mason, Ian (1990): *Discourse and the Translator*. London: Longman.

Hönig, Hans G. / Kußmaul, Paul ([4]1996): *Strategie der Übersetzung*. Tübingen: Narr.

House, Juliane (1997): *Translation Quality Assessment. A model revisited*. Tübingen: Narr.

Kußmaul, Paul (1995): *Training the Translator*. Amsterdam / Philadelphia: Benjamins.

Paul Kußmaul (Germersheim)

21. Fachsprachenforschung

1. Entwicklung und Übersetzungsrelevanz

Die Beschäftigung mit Fachsprachen reicht in Wissenschaft und Praxis weit zurück, vom Sammeln handwerklich-technischer Fachwörter über die Erstellung von Glossaren und Wörterbüchern bis zur Auseinandersetzung mit zentralen Grundbegriffen im Umkreis von „Fach" und „Fachlichkeit", etwa bei der Herausbildung deutscher wissenschaftlicher Fachsprachen (vgl. Menzel 1996). Ein nachhaltiges öffentliches Interesse an der Funktion und Vielfalt der Fachkommunikation zwischen Wissenschaft und Praxis ist allerdings eine neuere Erscheinung, die mit der funktionalstilistischen Sprachbetrachtung („Prager Schule") und dem damit verknüpften Aufkommen der sogenannten Wirtschaftslinguistik in den 30er Jahren in Verbindung zu bringen ist (siehe z.B. Fluck [5]1996:12f.). Bereits hier erweist sich Fachsprachenforschung – wie überwiegend heute noch – als (Teil-)Gebiet einer „Angewandten Linguistik", die – theoriegeleitet – auf konkrete Anwendungsmöglichkeiten und praktische Verwertbarkeit ihrer Ergebnisse abzielt, z.B. im Bereich fachbezogener Fremdsprachenausbildung.

Überlegungen für eine fachtextspezifische Translation wurden zwar zuerst von Praktikern angestellt (z.B. Jumpelt 1961), doch haben Übersetzungswissenschaft und -praxis die Ergebnisse und Erkenntnisse der Fachsprachenforschung dann gerne als Basisdaten verwendet und in eigene Konzepte einer spezifischen Fachübersetzung integriert (z.B. Spitzbardt 1972, Wilss 1979, Arntz/Picht [3]1995, Bachmann 1992, Wright/Wright 1993, Rouleau 1994). Aufgrund der Globalisierung von Wirtschaft, Technik, Wissenschaft und Gesellschaft ist die Beschäftigung mit Fachsprache und Fachübersetzen inzwischen zum Dauerthema geworden, das auf keiner Konferenz zur Theorie und Praxis der Translation fehlt (z.B. bei der VI. Leipziger Konferenz zu Grundfragen der Übersetzungswissenschaft 1996 mit Themen wie *Translation of Fiction vs. Translation of Factual Texts*, *Die Fachlichkeit von Texten als Übersetzungsproblem*, *Makrostruktur deutscher und französischer Patentschriften* oder der immer wieder diskutierten Frage nach dem Verhältnis von Sach- und Sprachkompetenz *Should a (Euro)translator be a philologist?*).

Mit der Entwicklung der Fachsprachenforschung vom ‚Terminus zum Text' stehen dabei heute interdisziplinäre Ansätze sowie textanalytische (textsorten- und diskursbezogene) und stilistisch-pragmatische, interkulturelle Aspekte der Fachkommunikation im Vordergrund, die bei der Ausgangs- und Zieltextanalyse fachsprachlichen Übersetzens von Nutzen sein können (siehe z.B. Hoffmann 1989, Kalverkämper/Baumann 1996). Der für die Fachübersetzung äußerst wichtige Bereich fachsprachlicher Lexikographie (vgl. z.B. Schaeder/Bergenholtz 1994, Nielsen 1994) wird dagegen zunehmend – entsprechend der mit dem Namen von Eugen Wüster verknüpften Herausbildung einer internationalen Terminologie- und Dokumentationswissenschaft – zumeist im Rahmen separater Veranstaltungen bzw. Veröffentlichungen zur Terminologieforschung, Terminologiepraxis und Terminologieausbildung behandelt (siehe dazu z.B. Hohnhold 1990, Picht 1993, Budin 1995).

Eine eigene Theorie des Fachübersetzens, die linguistische Aspekte mit jeweils facheigenen, interdisziplinären und interkulturellen Aspekten des Textverstehens und der (mutter- wie fremdsprachigen) Textproduktion verknüpfen müßte, steht jedoch noch aus. Diese Situation entspricht indes dem Fehlen einer ausgearbeiteten umfassenden Fachsprachentheorie, die bisher nur ansatzweise theroriegeleitete Themenpunkte zu eingehender Diskussion des Verhältnisses von fachlichem Denken, Fachwissen, Fachinformationsstruktur und Fachkommunikation hervorgebracht hat.

2. *Funktionale Sprachverwendung und ihre Beschreibung*

Durch ihren Forschungsgegenstand „(Sach-) Fach und Sprache" ist Fachsprachenlinguistik notwendigerweise auf interdisziplinäre Zusammenarbeit sowohl mit Nachbardisziplinen wie Soziolinguistik oder Lexikographie als auch mit den jeweiligen Sachfächern angewiesen, da – wie bei der Translation auch – nur aus einer (zumindest relativen) Kenntnis des Untersuchungsgegenstands heraus zutreffende Beschreibungs- und Erklärungsmöglichkeiten bestehen. Standen zunächst – im Zusammenhang mit Versuchen einer definitorischen Abgrenzung von Fach- und Gemeinsprache – statistische und kontrastive (intra- und interlinguale) Analysen im lexikosyntaktischen Bereich im Vordergrund des Forschungsinteresses, so hat sich seit der mit anderen sprachwissenschaftlichen Disziplinen vollzogenen „kommunikativ-pragmatischen Wende" seit den 70er Jahren das Forschungsinteresse auf die funktionsbezogene Verwendung der „Sprache im Fach" allgemein verlagert; die Definitionsfrage verlor dadurch an Bedeutung. Mit der Grobeinteilung in fachinterne, interfachliche und fachexterne Texte hat auch die früher häufiger diskutierte Frage der Binnendifferenzierung von Fachkommunikation eine weithin akzeptierte und praktikable Lösung gefunden (Fluck [5]1996:193ff., 233ff.). Denn es geht dabei immer um jene primär funktionsbestimmte Sprach- bzw. Textvariante, die sich in sach-, fach- und berufsbezogenen Verständigungs- und Vermittlungssituationen und spezifisch ausgebildeten Kommunikationsweisen beim Zugriff auf und bei der Darstellung von Fachinformation sowie beim Wissenstransfer manifestiert.

Schließlich hat sich die Fachsprachenforschung wie die Translationswissenschaft auch die Einsicht zu eigen gemacht, daß nicht das Wort oder der Satz, sondern der Text originäres Kommunikationsmittel sei (vgl. z.B. Kalverkämper 1987, Hoffmann 1988). In der Folge führte dieser Richtungswechsel zu einer ‚Fachtextlinguistik', die inzwischen zahlreiche übersetzungsrelevante Analysen und Beschreibungen von Fachtextsorten (vgl. Arntz 1988) sowie mit dem Einbezug diskursanalytischer Methoden auch von mündlicher und institutionsbezogener Fachkommunikation (z.B. Kommunikation vor Gericht) geliefert hat.

Einzelergebnisse dieser neueren Fachsprachenforschung finden sich in zahlreichen Dissertationen (z.B. Oldenburg 1992, Lüschow 1992), Monographien (wie z.B. Gläser 1990, Gerzymisch-Arbogast 1996) und Sammelbänden (z.B. Schröder 1991, Ehlich et al. 1994). Außerdem entstanden mehrere fachsprachenlinguistische Publikationsreihen wie *Forum für Fachsprachen-Forschung* (1985ff.), *Leipziger Fachsprachen-Studien* (1990ff.) oder *Hamburger Arbeiten zur Fachsprachenforschung* (1992ff.). Dazu wurden Zeitschriften begründet wie *Fachsprache* (Wien 1979ff.), *ESP [J] (English for Specific Purposes. An international Journal)* (New York etc. 1980ff.) oder *Nordisk tidsskrift for fagsprog og terminologi* (Frederiksberg etc. 1983ff.), die den aktuellen Forschungsstand widerspiegeln.

Die Summe aus den inzwischen vorhandenen Erkenntnissen und Einzelergebnissen will der geplante Doppelband *Fachsprachen. Ein internationales Handbuch zur Fachsprachenforschung und Terminologiewissenschaft* (Hoffmann et al.: ca. 1998) ziehen, die Studienbibliographie *Fachsprache(n) und Fachkommunikation* wird dagegen eine kondensierte, systematische und neuere Auswahl an Sekundärliteratur enthalten (Fluck/Hoberg 1998). Daß Fachsprachenforschung, versehen mit dem Kürzel *LSP* (*L*anguages for *S*pecific *P*urposes), seit Jahren eine internationale wissenschaftliche ‚Bewegung' ist, sei hier noch beispielhaft mit dem Hinweis unterstrichen auf das alle zwei Jahre stattfindende Europäische LSP-Symposium (1/1977 Wien, 11/1997 Kopenhagen) und die mit ihnen verbundenen Publikationen (zuletzt Budin 1996) sowie auf einige Gesamtdarstellungen weiterer europäischer Fachsprachen (z.B. Sager et al. 1980, Kocourek [2]1991, Robinson 1991, Nordman 1992).

3. Aktuelle fachsprachliche Themen und Tendenzen

Wenngleich die Fachsprachenforschung dem Übersetzer/Dolmetscher für seine jeweils konkreten textbezogenen Probleme nicht immer eine direkte Hilfe anbieten kann, so hat sie doch für die drei Sprachebenen Wort, Satz und Text eine Vielzahl an grundlegenden Daten und Analysen zur Spezifik, zur Struktur und zum Gebrauch von Fachsprachen anzubieten. Damit vermag sie zumindest nutzbringende allgemeine Hinweise und Orientierungen zu geben, wie situations- und adressatenbezogene Probleme beim Umgang mit Fachtexten und Fachkommunikation beschaffen und möglicherweise auch translatorisch anzugehen und zu lösen sind (z.B. Schmitt 1998).

Neue Perspektiven gewinnt die Fachsprachenlinguistik durch den zunehmenden Einsatz von Multimedia, z.B. im Hinblick auf die Darstellung und Aktualisierung der Fachlexik in elektronischen Wörterbüchern und auf den Einsatz von Terminologiewerkzeugen (z.B. Dokumentationen von Synonymierelationen, fachliche Hintergrundinformationen, Software zur teilautomatischen Übersetzung u.a.) (vgl. Freibott/Grewe 1995). Übersetzungsrelevant ist auch die Erstellung von fachsprachlichen Textcorpora, die u.a. neue Möglichkeiten der semantischen Analyse von Kollokationen durch repräsentativere Datenmengen eröffnen. Mit der Entwicklung und Bereitstellung fachsprachlicher Textbausteine in Datenbanken lassen sich für den Übersetzer zeitraubende Arbeiten ersparen und Routineübersetzungen vereinfachen (siehe dazu z.B. Göpferich 1995).

Aktuell ist auch die Hinwendung zu semiotischen und kognitionspsychologischen Fragen des Textverstehens und der Textverständlichkeit in der Fachkommunikation (z.B. Schüttler 1994), die eng mit den übersetzungsrelevanten Fragen nach dem Schwierigkeitsgrad von Fachtexten und Fachtextsorten verbunden ist.

Die Komplexität von Fachsprachen hat schon immer ein auch komplexes Herangehen an Fachtexte und Fachkommunikation erfordert, also interdisziplinär orientierte, mehrdimensionale und integrative Analyse- und Beschreibungsverfahren. Durch die zunehmende Verzweigung der Fachsprachenforschung mit Fach- und Nachbardisziplinen wurden diese in den letzten Jahren durch den Einbezug diskursanalytischer Methoden erweitert. Dadurch kamen u.a. fachkommunikative Interaktionsformen und Handlungsmuster in den Blick und eine Beschäftigung mit dem Verhältnis von Interaktionswissen und interaktiven, zumeist unter bestimmten institutionellen Rahmenbedingungen ausgeprägten Strategien (z.B.Löning/ Rehbein 1990, Baßler 1996). Gleichzeitig wurde damit der Objektbereich mündlicher Kommunikation in Fach und Beruf neu akzentuiert (vgl. Brünner 1993), der in der Forschung – aufgrund der besonderen Schwierigkeiten bei der Datenerhebung, Transkription und der Entwicklung ganzheitlicher linguistischer Beschreibungsmodelle – bisher weitgehend vernachlässigt wurde. Schließlich hat sich einhergehend mit dem allgemeineren und neubelebten wissenschaftlichen Interesse am Verhältnis von Sprache und Kultur eine verstärkte Beschäftigung mit kulturgebundenen Spezifika in der Fachkommunikation ergeben, etwa im kulturkontrastiven Vergleich von Textsorten und Sprachhandlungs- bzw. Interaktionsmustern, insbesondere auch im mündlichen Bereich.

Im Vordergrund steht dabei zur Zeit die Wirtschaftskommunikation, zum einen aufgrund ihrer zunehmenden internationalen Verflechtung und der absatzbedingten Notwendigkeit kulturspezifischer Diversifikation der Angebote und Produkte, zum anderen aufgrund der Tatsache, daß Wirtschaften immer zugleich Handeln in seiner vielfältigsten Bedeutung, d.h. auch sprachliches Handeln, umfaßt, von der Produktkonzeption und Herstellung über das Angebot bis zum Verkauf (vgl. z.B. Reuter et al. 1989). Aber auch im technischen Bereich gibt es Kulturspezifika, die das Interesse der Fachsprachenforschung verdienen und bei der Translation beachtet werden müssen, z.B. die unterschiedlichen Textkonventionen bei Werkstattanweisungen oder bei der Gestaltung von sogenannten (medizinischen) Beipackzetteln (vgl. dazu u.a. Schmitt 1986, Clyne 1993, Fleischmann 1994, Hansen 1996). In diesem Zusammenhang ist noch die Ausarbeitung von Konzepten, Trainingsprogrammen und Schreibhilfen zur Darstellung und Vermittlung vorwiegend technischer Sachverhalte zu nennen, wie sie etwa in den Sammelbänden *Sprache und Technik: verständliches Gestalten technischer Fachtexte* (Becker et al. 1990) oder *Quality of Technical Documentation* (Steehouder et al. 1994) vorgeschlagen werden.

Literatur

Arntz, Reiner (Hrsg.) (1988): *Textlinguistik und Fachsprache*. Akten des Internationalen übersetzungswissenschaftlichen AILA-Symposiums Hildesheim, 13.–16. April 1987. Studien zu Sprache und Technik 1. Hildesheim / Zürich / New York: Olms.

Arntz, Reiner / Picht, Heribert ([3]1995): *Einführung in die übersetzungsbezogene Terminologiearbeit*. Studien zu Sprache und Technik 2. Hildesheim / Zürich / New York: Olms.

Bachmann, Roland (1992): „Übersetzen technischer Fachtexte. Was muß man können? Wie kann man es lernen? Ein Beitrag aus praktischer und didaktischer Sicht". *Lebende Sprachen* 4, 145–151.

Baßler, Harald (1996): *Wissenstransfer in intrafachlichen Vermittlungsgesprächen. Eine empirische Untersuchung von Unterweisungen in Lehrwerkstätten für Automobilmechaniker*. Reihe Germanistische Linguistik 162. Tübingen: Niemeyer.

Becker, Thomas / Jäger, Ludwig / Michaeli, Walter / Schmalen, Heinrich (Hrsg.) (1990): *Sprache und Technik: verständliches Gestalten technischer Fachtexte*. Aachen: Alano.

Brünner, Gisela (1993): „Mündliche Kommunikation in Fach und Beruf". Bungarten, Theo (Hrsg.) (1993): *Fachsprachentheorie*. Bd. 2. Tostedt: Attikon, 730–771.

Budin, Gerhard (1995): *Wissensorganisation und Terminologie. Zur Komplexität und Dynamik wissenschaftlicher Informations- und Kommunikationsprozesse*. Forum für Fachsprachenforschung 28. Tübingen: Narr.

Budin, Gerhard (Hrsg.) (1996): *Multilingualism in Specialist Communication. Multilingualisme dans la Communication Spécialisée. Mehrsprachigkeit in der Fachkommunikation. Proceedings of the 10th European LSP Symposium Vienna, 29 Aug.-1. Sept. 1995*. Bd. 1, 2. Wien: International Network for Terminology (TermNet).

Clyne, Michael (1993): „Pragmatik, Textstruktur und kulturelle Werte. Eine interkulturelle Perspektive". Schröder, Hartmut (Hrsg.) (1993): *Fachtextpragmatik*. Forum für Fachsprachenforschung 19. Tübingen: Narr, 3–18.

Ehlich, Konrad et al. (Hrsg.) (1994): *Instruktion durch Text und Diskurs. Zur Linguistik ‚Technischer Texte'*. Opladen: Westdeutscher Verlag.

Fleischmann, Eberhard (1994): „In welchem Maße sind Fachtexte kulturspezifisch?" Spillner, B. (Hrsg.) (1994): *Fachkommunikation. Kongreßbeiträge zur 24. Jahrestagung der Gesellschaft für Angewandte Linguistik GAL e.V.* Forum Angewandte Linguistik 27. Frankfurt a.M. etc.: Lang, 117–121.

Fluck, Hans-Rüdiger ([5]1996): *Fachsprachen: Einführung und Bibliographie*. UTB 483. Tübingen: Francke.

Fluck, Hans-Rüdiger / Hoberg, Rudolf (1998): *Fachsprachen(n) und Fachkommunikation*. Studienbibliographien Sprachwissenschaft. Heidelberg: Groos.

Freibott, Gerhard / Grewe, Katharina (1995): „Die Bedeutung von Terminologiewerkzeugen in der Technischen Dokumentation". *Mitteilungsblatt für Dolmetscher und Übersetzer* (MDÜ) 1, 1–2.

Gerzymisch-Arbogast, Heidrun (1996): *Termini im Kontext. Verfahren zur Erschließung und Übersetzung der textspezifischen Bedeutung von fachlichen Ausdrücken*. Forum für Fachsprachenforschung 31. Tübingen: Narr.

Gläser, Rosemarie (1990): *Fachtextsorten im Englischen*. Forum für Fachsprachenforschung 13. Tübingen: Narr.

Göpferich, Susanne (1995): „Von der Terminographie zur Textographie: Computergestützte Verwaltung textsortenspezifischer Textversatzstükke". *Fachsprache* 1/2, 17–41.

Hansen, D. (1996): „Zum Übersetzen von Kulturspezifika in Fachtexten". In: Kelletat, A. F. (Hrsg.) (1996): *Übersetzerische Kompetenz: Beiträge zur universitären Übersetzerausbildung in Deutschland und Skandinavien*. Frankfurt a.M. etc.: Lang, 63–78.

Hoffmann, Lothar (1988): *Vom Fachwort zum Fachtext. Beiträge zur angewandten Linguistik*. Forum für Fachsprachenforschung 5. Tübingen: Narr.

Hoffmann, Ludger (Hrsg.) (1989): *Rechtsdiskurse*. Tübingen: Narr.

Hoffmann, Lothar / Kalverkämper, Hartwig / Wiegand, Herbert E. et al. (Hrsg.) (1998): *Fachsprachen. Languages for Special Purposes*. Ein Internationales Handbuch zur Fachsprachenforschung und Terminologiewissenschaft, Bd. 14. Berlin / New York: de Gruyter.

Hohnhold, Ingo (1990): *Übersetzungsorientierte Terminologiearbeit. Eine Grundlegung für Praktiker*. Stuttgart: Intra.

Jumpelt, Rudolf Walter (1961): *Die Übersetzung naturwissenschaftlicher und technischer Literatur. Sprachliche Maßstäbe und Methoden zur Bestimmung ihrer Wesenszüge und Probleme*. Berlin.

Kalverkämper, Hartwig (1987): „Vom Terminus zum Text". Sprissler, Wolfgang (Hrsg.) (1987): *Standpunkte der Fachsprachenforschung*. Forum Angewandte Linguistik 11. Tübingen: Narr, 39–78.

Kalverkämper, Hartwig / Baumann, Klaus-Dieter (Hrsg.) (1996): *Fachliche Textsorten. Komponenten – Relationen – Strategien*. Forum für Fachsprachenforschung 25. Tübingen: Narr.

Kocourek, Rostislav ([2]1991): *La langue française de la technique et de la science*. Wiesbaden: Brandstetter.

Löning, Petra / Rehbein, Jochen (Hrsg.) (1990): *Arzt-Patienten-Kommunikation. Analysen zu interdisziplinären Problemen des medizinischen Diskurses*. Berlin / New York: de Gruyter.

Lüschow, Frank (1992): *Sprache und Kommunikation in der technischen Arbeit*. Duisburger Arbeiten zur Sprach- und Kulturwissenschaft 13. Frankfurt a.M. etc.: Lang.

Mentrup, Wolfgang (Hrsg.) (1979): *Fachsprache und Gemeinsprache*. Jahrbuch des Instituts für Deutsche Sprache in Mannheim. Düsseldorf: Schwann.

Menzel, Wolfgang W. (1996): *Vernakuläre Wissenschaft. Christian Wolff's Bedeutung für die Herausbildung und Durchsetzung des Deutschen als Wissenschaftssprache*. Reihe Germanistische Linguistik 166. Tübingen: Niemeyer.

Munsberg, Klaus (1994): *Mündliche Fachkommunikation: das Beispiel Chemie*. Forum für Fachsprachenforschung 21. Tübingen: Narr.

Nielsen, Sandro (1994): *The bilingual LSP Dictionary. Principles and Practice for Legal Language*. Forum für Fachsprachenforschung 24. Tübingen: Narr.

Nordman, Marianne (1992): *Svenskt fackspråck*. Lund: Studentlitteratur.

Oldenburg, Hermann (1992): *Angewandte Fachtextlinguistik. „Conclusions" und Zusammenfassungen*. Forum für Fachsprachenforschung 17. Tübingen: Narr.

Picht, Herbert (1993): „Terminologie – Ein trans- und interdisziplinäres Wissensgebiet. Die Entwicklung nach Eugen Wüster". *Fachsprache* 1/2, 2–18.

Reuter, Ewald / Schröder, Hartmut / Tiitula, Liisa (1989): „Deutsch-finnische Kulturunterschiede in der Wirtschaftskommunikation. Fragestellungen, Methoden und Ergebnisse eines Forschungsprojekts". *Jahrbuch Deutsch als Fremdsprache* 15, 237–269.

Robinson, Pauline (1991): *ESP Today: A Practitioner's Guide*. Hemel Hempstead: Prentice Hall International.

Rouleau, Maurice (1994): *La traduction médicale. Une approche méthodique*. Québec: Brossard.

Sager, Juan C. / Dungworth, David / McDonald, Peter F. (1980): *English special languages. Principles and practise in science and technology*. Wiesbaden: Brandstetter.

Schaeder, Burkhard / Bergenholtz, Henning (Hrsg.) (1994): *Fachlexikographie. Fachwissen und seine Repräsentation in Wörterbüchern*. Tübingen: Niemeyer.

Schmitt, Peter A. (1986): „Die ‚Eindeutigkeit' von Fachtexten: Bemerkungen zu einer Fiktion." Snell-Hornby, Mary (Hrsg.) (1986): *Übersetzungswissenschaft – eine Neuorientierung. Zur Integrierung von Theorie und Praxis*. Tübingen: Francke, 252-282.

Schmitt, Peter A. (1998): *Translation und Technik*. Tübingen: Stauffenburg.

Schröder, Hartmut (Hrsg.) (1991): *Subject-oriented Texts. Languages for Special Purposes and Text Theory*. Research in Text Theory 16. Berlin / New York: de Gruyter.

Schüttler, Susanne (1994): *Zur Verständlichkeit von Texten mit chemischem Inhalt*. Theorie und Vermittlung der Sprache 19. Frankfurt a.M. etc.: Lang.

Spitzbardt, H. (Hrsg.) (1972): *Spezialprobleme der wissenschaftlichen und technischen Übersetzung*. Halle (Saale).

Steehouder, Michaël et al. (Hrsg.) (1994): *Quality of Technical Documentation*. Utrecht Studies in Language and Communication 3. Amsterdam / Atlanta: Rodopi.

Wilss, Wolfram (1979): „Fachsprache und Übersetzen". Felber, Helmut et al. (Hrsg.) (1979): *Terminologie als angewandte Sprachwissenschaft*. Gedenkschrift für Univ.-Prof. Dr. Eugen Wüster. München etc.: Saur, 177–191.

Wright, Sue Ellen / Wright, L. (Hrsg.) (1993): *Scientific and Technical Translation*. Amsterdam / Philadelphia.

Hans-R. Fluck (Bochum)

22. Terminologie der Terminologie

Infolge der immer intensiveren internationalen Zusammenarbeit nehmen Menge und Umfang der zu übersetzenden Texte ständig zu. Gleichzeitig steigt der Spezialisierungsgrad der zu übersetzenden Fachtexte. Mit dieser Entwicklung können die fachsprachlichen Wörterbücher weder quantitativ noch qualitativ Schritt halten. Das Übersetzen eines Fachtextes ist aber nur dann möglich, wenn man über den Fachwortschatz des betreffenden Gebietes, seine Terminologie, verfügt. Daher hat die systematische *Terminologiearbeit* immer mehr an Bedeutung gewonnen. In diesem Zusammenhang hat sich in den letzten Jahrzehnten der Beruf des *Terminologen* entwickelt, der Fachwortbestände sammelt, systematisiert und bearbeitet, um dem Übersetzer seine Aufgabe zu erleichtern. Dabei geht es insbesondere darum, neue Fachwörter möglichst bald nach ihrer Entstehung zu erfassen und ihre exakte Bedeutung zu klären bzw. festzulegen. Die Ergebnisse dieser Arbeit, insbesondere die der systematischen Terminologiearbeit, werden den Benutzern in Fachwortlisten, Glossaren oder Fachwörterbüchern zur Verfügung gestellt oder sind bei Terminologiedatenbanken abrufbar.

Eine wichtige Rolle spielt in diesem Zusammenhang die *terminologische Normung*. Immer häufiger legen wissenschaftliche und technische Fachorganisationen, z.B. das *Deutsche Institut für Normung* (DIN) und die *International Organization for Standardization* (ISO), die Terminologien ihrer Fachgebiete ein- oder mehrsprachig fest. Die große Bedeutung dieser Arbeit und die damit verbundenen hohen Kosten machen ein methodisch korrektes Arbeiten zwingend erforderlich. Dazu gehört auch, daß in den verschiedenen Bereichen nach einheitlichen Grundsätzen gearbeitet wird, die eine Arbeitsteilung und einen Austausch terminologischer Daten ermöglichen und erleichtern.

Solche einheitlichen Grundlagen sind von der *Terminologielehre* entwickelt worden, einem jungen, interdisziplinär ausgerichteten Zweig der Sprachwissenschaft, der als die Wissenschaft von den Begriffen und Benennungen im Bereich der Fachsprachen definiert werden kann. Die Terminologielehre analysiert die Entwicklung der Terminologien (Fachwortschätze) und stellt die Grundlagen für ihre systematische Weiterentwicklung zur Verfügung. Im Mittelpunkt steht dabei der definierte bzw. zu definierende *Begriff* und seine Einbettung in ein System.

Bei der praktischen Anwendung der von der Terminologielehre entwickelten Grundsätze werden die *deskriptive* und die *präskriptive Terminologiearbeit* unterschieden. Die deskriptive Terminologiearbeit hat zum Ziel, die zu einem bestimmten Zeitpunkt verwendete Terminologie zu beschreiben und aufzuzeichnen, ohne regelnd in den Sprachgebrauch einzugreifen. Dies ist vielmehr die Aufgabe der präskriptiven oder normenden Terminologiearbeit, die eine einheitliche Verwendung von Terminologie zum Ziel hat (vgl. Arntz/Picht ^{2}1991:233ff., Felber/Budin 1989:7f.).

Um eine möglichst problemlose Verständigung zwischen den an der Terminologiearbeit Beteiligten sicherzustellen, bedarf es ebenfalls einer einheitlichen Terminologie. Diese „Terminologie der Terminologie" findet sich in den *terminologischen Grundsatznormen*, die von den nationalen und internationalen Normungsinstitutionen erarbeitet worden sind. Von besonderer Bedeutung für den deutschen Sprachraum sind in diesem Zusammenhang die DIN-Normen 2330 (*Begriffe und Benennungen – Allgemeine Grundsätze* 1993), 2331 (*Begriffssysteme und ihre Darstellung* 1980) und 2342-1 (*Begriffe der Terminologielehre – Grundbegriffe* 1992); für die internationale Kooperation ist die ISO-Norm 1087 (*Terminology – Vocabulary* 1990) von besonderem Interesse. Ein Blick in diese Normen zeigt, daß in einer Reihe von Fällen Wörter der Gemeinsprache durch Zuordnung einer entsprechenden Definition eine spezielle fachliche Bedeutung erhalten. So wird beispielsweise *Gegenstand* in der Norm 2342-1 (1992:1) definiert als „beliebiger Ausschnitt aus der wahrnehmbaren oder vorstellbaren Welt"; in einer ergänzenden Anmerkung wird ausdrücklich festgestellt: „Auch Geschehnisse, Sachverhalte und Begriffe können Gegenstände sein". Die fachliche Bedeutung von *Gegenstand* deckt sich mit den in der Sprach- und Übersetzungswissenschaft üblichen Begriffen „Referent" und „Referenzobjekt", weicht also nicht unerheblich von der gemeinsprachlichen Bedeutung ab.

Im folgenden sollen die zentralen Begriffe der Terminologielehre näher beleuchtet werden; dabei soll insbesondere auf die genannten DIN-Normen 2330 und 2342-1 zurückgegriffen werden.

Grundlage für das Verständnis terminologischer Terminologie ist das Modell des „semiotischen Dreiecks" mit seiner Unterscheidung zwischen den Eckpunkten Zeichenkörper (Bezeichnung, Signifikant), Zeichenbedeutung (Begriff, Inhalt, Signifikat) und Gegenstand (Referenzobjekt, Referent). Eine Bezeichnung kann verbal sein oder nonverbal (z.B. ein Piktogramm). Wenn sie verbal ist und fachsprachlicher Natur, dann spricht man von einem Fachausdruck oder einer Benennung. Umgangssprachlich werden die Bezeichnungen *Fachausdruck, Benennung* und *Terminus* oft synonym verwendet.

In der Terminologielehre wird der Ausdruck *Terminus* jedoch (im Sinne des Saussureschen Sprachzeichens) als janusköpfige Einheit aus Zeichenkörper (Signifikant) und Zeichenbedeutung (Signifikat) verstanden (ohne Bedeutung ist der Zeichenkörper eine inhaltslose Hülse und kein Zeichen): Der Terminus hat also eine Inhaltsseite, den *Begriff*, und eine Ausdrucksseite, die *Benennung*. Der *Begriff* ist eine äußerst komplexe Kategorie, mit der sich eine Reihe von Wissenschaften, u.a. Philosophie und Psychologie, auseinandersetzen; er wird in der Terminologielehre definiert als „Denkeinheit, die aus einer Menge von Gegenständen unter Ermittlung der diesen Gegenständen gemeinsamen Merkmale mittels Abstraktion gebildet wird" (DIN 2342-1 1992:1). Die Definition von *Benennung* lautet: „aus einem Wort oder mehreren Wörtern bestehende Bezeichnung" (DIN 2342-1 1992:2). Diesen Definitionen liegt folgender Zusammenhang zugrunde:

Benennungen können sowohl einen *materiellen Gegenstand (Motor, Thermometer)* als auch *nichtmaterielle Gegenstände (Verfahren, Höhe)* bezeichnen. In beiden Fällen ist die gedankliche Vorstellung, die wir mit der Benennung verbinden, eine Abstraktion, d.h. eine Verallgemeinerung, die auf den Erfahrungen beruht, die wir in der uns umgebenden Welt gesammelt haben. Indem wir mehrere Gegenstände aufgrund ihrer Gemeinsamkeiten gedanklich zusammenfassen, bilden wir Begriffe. Anders gesagt: Die Begriffe *„Motor“, „Verfahren“* usw., die durch entsprechende Benennungen repräsentiert werden, beziehen sich nicht auf einen bestimmten Motor oder ein bestimmtes Verfahren, vielmehr führt die Bekanntschaft mit vielen einzelnen Gegenständen, die gewisse Eigenschaften gemeinsam haben, zu einer allgemeinen Zusammenfassung in den Begriffen „Motor“ und „Verfahren“.

Mit Hilfe der *Definition* wird der Begriff eindeutig fixiert und abgegrenzt, d.h., die Bedeutung des Terminus wird über seinen Begriff willkürlich festgelegt. Demgegenüber erhält das gemeinsprachliche Wort seine genaue Bedeutung erst durch den Gebrauch und den Kontext. Die Inhaltsseite des Wortes, die Vorstellung, wird also durch Unbestimmtheit und Verschwommenheit gekennzeichnet. In dieser Unschärfe liegt die besondere Leistungsfähigkeit der Gemeinsprache, denn nur mit einer unscharfen Begrifflichkeit lassen sich die komplexen Zusammenhänge des Alltagslebens erfassen und vermitteln. Demgegenüber sind für die fachliche Kommunikation präzise Terminologien unerläßlich (vgl. DIN 2330 1993:5ff.). (Diese prinzipielle Feststellung soll freilich nicht zu der verbreiteten Annahme verleiten, daß die fachsprachliche Realität geprägt sei von eindeutigen Termini.)

Sowohl zur Bestimmung und Abgrenzung eines Begriffs als auch für das Aufzeigen bzw. Herstellen von Beziehungen zwischen Begriffen sind die *Merkmale* von großer Bedeutung. Man unterscheidet zwischen wesentlichen und unwesentlichen Merkmalen. Vielfach entscheidet der fachliche Zusammenhang darüber, ob ein bestimmtes Merkmal wesentlich oder unwesentlich ist. So gehen in der Thermodynamik in den Begriff „Flüssigkeit“ die Merkmale ein, die die Eigenschaft „in der Konsistenz zwischen den Bereichen ‚fest‘ und ‚gasförmig‘ liegend“ wiedergeben. In der Hydromechanik dagegen sind für den Begriff „Flüssigkeit“ die Merkmale wesentlich, die angeben, daß die Substanz nicht komprimierbar und sehr dicht ist bzw. sich der jeweiligen Oberfläche anpaßt. (DIN 2330 1993:14)

Ein weiteres Mittel, den Begriff zu bestimmen und abzugrenzen, ist seine Einordnung in ein *Begriffssystem.* Ein Begriffssystem ist „die entsprechend den Begriffsbeziehungen geordnete Menge von Begriffen eines Begriffsfeldes, wobei jeder einzelne Begriff durch seine Position innerhalb des Begriffssystems bestimmt ist“ (DIN 2342-1 1992:2). Begriffssysteme dienen nicht nur der Ordnung des Wissens, sie bilden auch die Grundlage für eine Vereinheitlichung und Normung der Terminologie, und sie erleichtern den Vergleich von Begriffen und ihren Benennungen in mehreren Sprachen.

Von besonderer Bedeutung sind hier die hierarchischen Beziehungen, d.h. die Über-, Unter- und Nebenordnung von Begriffen. Aus Gründen der Übersichtlichkeit empfiehlt sich die Darstellung von Begriffssystemen in einem *Begriffsplan.* Darunter versteht man „die veranschaulichende Darstellung eines Begriffssystems mit Hilfe meist graphischer Mittel“ (DIN 1992:2). Ein solches System liegt beispielsweise dann vor, wenn der Oberbegriff „Fahrzeug“ in seine Unterbegriffe (z.B. „Landfahrzeug“, „Wasserfahrzeug“, „Luftfahrzeug“, „Raumfahrzeug“ usw.) untergliedert wird oder wenn der Oberbegriff, z.B. „Rad“, in seine Bestandteile („Naben“, „Speiche“, „Felge“) unterteilt wird. Im ersten Fall spricht man von einem *Abstraktionssystem*, im zweiten Fall von einem *Bestandssystem.*

Der Inhaltsseite des Terminus, dem Begriff, entspricht seine Ausdrucksseite, die in der Regel durch eine *Benennung*, vielfach jedoch auch durch ein Symbol, eine Ziffer o.ä. repräsentiert wird. Benennungen, Symbole, Ziffern o.ä. werden unter dem Hyperonym *Bezeichnung* (DIN 2342 1992:2) zusammengefaßt. Einen Sonderfall der Benennung stellt das Nomenklaturzeichen dar. Unter einer *Nomenklatur* versteht man ein vollständiges, durchstrukturiertes, verbindlich festgelegtes Benennungssystem für ein bestimmtes Fachgebiet. Beispiele sind die internationalen Benennungssysteme für Arten, Gattungen usw. der Pflanzen und Tiere und das periodische System der chemischen Elemente (vgl. Hohnhold 1982:3).

Bei der Entwicklung und dem Ausbau ihrer Terminologien nutzen die Fachsprachen weitgehend die gleichen Wortbildungsmittel wie die Gemeinsprache, setzen dabei jedoch eigene Schwerpunkte. Wie in der Gemeinsprache sind Neuschöpfungen selten; auch die Fachsprachen greifen in aller Regel auf bereits Vorhandenes zurück. Wichtige Verfahren sind die Terminologisierung, die in den germanischen Sprachen häufige Wortzusammensetzung, die Ableitung und die Kürzung sowie die Entlehnung und die Lehnübersetzung.

Bei der *Terminologisierung* wird einem gemeinsprachlichen Wort ein neuer, fachlicher Begriffsinhalt zugeordnet. So hat beispielsweise das Wort *Speicher* in der Fachsprache der EDV eine neue Bedeutung erhalten. Beispiele für die *Wortzusammensetzung* sind *Energietechnik, Schwebefilter* und *Warmbehandlung,* für die *Wortableitung Über/chlor/ung, Über/trag/bar/keit,* für die *Kürzung UKW-Sender, Radar.* Ein Beispiel für eine *Lehnübersetzung* ist *chemin de fer*, das eine exakte Übertragung des deutschen Wortes *Eisenbahn* darstellt; aus dem Englischen stammende Entlehnungen sind z.B. *Computer* und *Software.*

Unter diesen Möglichkeiten gilt es nun in der Terminologiearbeit auszuwählen. Dabei ist vor allem darauf zu achten, daß neu gebildete Termini genau und knapp sind und sich am anerkannten Sprachgebrauch orientieren. Allerdings lassen sich diese Anforderungen nicht immer vollständig miteinander in Einklang bringen, so daß hier von Fall zu Fall eine den speziellen Gegebenheiten angemessene Entscheidung getroffen werden muß. So hat beispielsweise eine Einwortbenennung einer Mehrwortbenennung gegenüber den Vorteil der größeren Knappheit; dagegen ist eine Mehrwortbenennung zumeist transparenter und bezeichnet daher den Begriff genauer. In diesem Zusammenhang stellt sich häufig die Frage, inwieweit es sinnvoll bzw. empfehlenswert ist, auf Entlehnungen bzw. Lehnübersetzungen zurückzugreifen.

Die *Lehnübersetzung* überträgt die einzelnen Wortelemente in die Zielsprache, ohne die innere Struktur der Benennung zu verändern: z.B. en. *machine aided translation*, dt. *maschinengestützte Übersetzung*, fr. *traduction assistée par ordinateur*, sp. *traducción asistida por ordenador.* Dabei kann – insbesondere in der (deutschen) Fachsprache der Medizin – der Fall auftreten, daß Fachwörter, die den ursprünglichen lateinischen oder griechischen Terminus ersetzen, bestehen bleiben (z.B. *Suizid – Selbstmord, Intoxikation – Vergiftung).*

Im Gegensatz zur Lehnübersetzung versteht man unter *Entlehnung* die unveränderte bzw. weitgehend unveränderte Übernahme eines Wortes aus einer anderen Sprache; dabei greift man auch in starkem Maße auf die alten Sprachen zurück: z.B. *Exitus, Corpus* (direkte Übernahme aus dem Lateinischen); *Diagnose, Analyse* (angepaßte Übernahme aus dem Griechischen).

Eine besonders wichtige Rolle spielt die Entlehnung in Naturwissenschaft und Technik. Vielfach werden mit der Übernahme einer technischen Neuentwicklung die Benennungen aus dem betreffenden Sprachgebiet mit übernommen. Das hat dazu geführt, daß in den letzten Jahrzehnten eine ganze Flut von englischen (Fach)wörtern – insbesondere aus „dynamischen" Fachgebieten – in eine Vielzahl von Sprachen eingedrungen ist (z.B. *computer, software, input* und viele andere im Bereich der Datentechnik).

Bei vielen Entlehnungen handelt es sich um *Internationalismen,* d.h. um Termini, die in mehreren Sprachen in gleicher oder ähnlicher Weise verwendet werden. Internationalismen erleichtern die interlinguale Verständigung, und sie sind auch dem Übersetzer eine Hilfe; sie werden jedoch dann zu einer Fehlerquelle, wenn sich hinter der identischen oder weitgehend identischen Form begriffliche Überschneidungen verbergen. Solche negativen Effekte, die zumeist auf eine unkoordinierte Terminologieentwicklung zurückzuführen sind, können durch eine systematisch betriebene *Angleichung* bzw. *Vereinheitlichung* von Terminologien vermieden werden.

Um eine präzise internationale Kommunikation zu sichern, setzen sich auch die internationalen Normungsorganisationen, insbesondere die *International Organization for Standardization* (ISO) und die *International Electrotechnical Commission* (IEC), für die systematische Entwicklung international vereinheitlichter Fachwortschätze auf der Grundlage einheitlicher Begriffssysteme ein. Allerdings ist längst nicht selbstverständlich, daß die betreffenden Sprachgemeinschaften die neu geschaffenen Benennungen tatsächlich verstehen bzw. akzeptieren.

Den Idealfall, der in der Terminologiearbeit angestrebt wird, stellt die eineindeutige Beziehung zwischen Begriff und Benennung dar. *Eineindeutigkeit* bedeutet zweierlei: zum einen wird ein Begriff nur durch eine einzige Benennung wiedergegeben, d.h., es liegt keine *Syn-*

onymie (Bedeutungsgleichheit) vor; zum anderen gibt die betreffende Benennung nur einen Begriff wieder, d.h., es liegt auch keine *Polysemie* (Mehrdeutigkeit) vor. Besonders häufig sind Synonymie und Polysemie naturgemäß in der Gemeinsprache anzutreffen, sie sind jedoch auch den Terminologien keineswegs fremd. Hier können sie die fachliche Kommunikation, die auf Präzision und Klarheit ausgerichtet ist, erheblich erschweren.

Besonders störend macht sich dieses Phänomen in der Fachkommunikation über die Sprachgrenzen hinweg bemerkbar. Entgegen einer vielfach vertretenen Meinung können sprachunabhängige, allgemein gültige begriffliche Grundlagen auch im Bereich der Terminologie nicht ohne weiteres vorausgesetzt werden. Sie sind lediglich dort gegeben, wo sich aus der Natur des Faches heraus die Möglichkeit ergibt, die vorhandenen Gegenstände bzw. Begriffe des Faches systematisch zu ordnen, zu klassifizieren und mit international weitgehend einheitlichen künstlichen Bezeichnungen zu versehen. Dies ist insbesondere in den Nomenklaturen, etwa in der Biologie, der Anatomie und in Teilbereichen der Chemie, der Fall. Demgegenüber kann man beim Vergleich von Terminologien in zwei Sprachen oft feststellen, daß Begriffe nicht übereinstimmen oder in einer der beiden Sprachen nicht vorhanden bzw. nicht benannt sind. Aus diesem Grund ist der systematische mehrsprachige Terminologievergleich eine wesentliche Grundlage für das korrekte Übersetzen von Fachtexten.

In diesem Zusammenhang sind auch die Fachwendungen wichtig. Als *Fachwendung* oder fachsprachliche Wendung bezeichnet man eine „ein Verb enthaltende festgefügte Gruppe von Wörtern zur Bezeichnung eines Sachverhalts in einer Fachsprache" (z.B. *den Hochofen abstechen;* DIN 2342-1 1990:8). Ihre terminologisch-lexikographische Erfassung bzw. ihre Kenntnis ist eine Grundvoraussetzung für eine fachlich korrekte und stilistisch angemessene Verwendung von Terminologie in der Muttersprache und in der Fremdsprache.

Es wurde bereits mehrfach darauf hingewiesen, daß die *Definition* in der Terminologielehre, in der praktischen Terminologiearbeit und in der Terminologienormung eine wichtige Rolle spielt. Daher gehen die terminologischen Grundsatznormen ausführlich auf Fragen des Definierens ein. Die enge Beziehung zwischen Definition und Begriff wird in folgender Weise prägnant zusammengefaßt: „Eine Definition ist eine Begriffsbestimmung mit sprachlichen Mitteln". Durch die Definition wird der Begriff festgelegt und von anderen Begriffen abgegrenzt; dies ermöglicht zugleich die eindeutige Zuordnung einer Benennung zu ihrem Begriff (vgl. DIN 2330 1993:14ff.)

Die für die Terminologiearbeit wichtigste Form der Definition ist die *Inhaltsdefinition.* Inhaltsdefinitionen definieren einen Begriff, indem sie ihn innerhalb eines Begriffssystems unter Bezugnahme auf Begriffsmerkmale festlegen und beschreiben. Dabei geht die Inhaltsdefinition von dem bekannten oder bereits definierten Oberbegriff aus und gibt die einschränkenden Merkmale an, die den zu definierenden Begriff spezifizieren und ihn von anderen Begriffen derselben Abstraktionsstufe unterscheiden.

Dies soll an einem Beispiel verdeutlicht werden: „Glühlampe" wird definiert als „elektrische Lampe, in der feste Stoffe durch elektrischen Strom infolge Widerstandserhitzung so hoch erhitzt werden, daß sie Licht aussenden". In dieser Definition treten zu dem Oberbegriff „elektrische Lampe" drei einschränkende Merkmale (*feste Stoffe,* durch Strom hoch *erhitzen, Licht aussenden*) hinzu, die den Begriff „Glühlampe" von seinen Nebenbegriffen, z.B. „Gasentladungslampe", abgrenzen (vgl. DIN 2330).

Eine weitere wichtige Definitionsart ist die *Umfangsdefinition.* Umfangsdefinitionen definieren einen Begriff durch Aufzählung aller seiner Unterbegriffe, die innerhalb des betreffenden Begriffssystems auf derselben Abstraktionsstufe stehen. So kann man den Begriff „Schachfigur" durch folgende Umfangsdefinition definieren: „Die Schachfiguren sind König, Dame, Läufer, Springer, Turm, Bauer" (vgl. DIN 2330).

Die Terminologielehre hat allgemeine Grundsätze für das Bilden von Definitionen entwickelt, die in den einschlägigen Grundsatznormen ihren Niederschlag gefunden haben: Definitionen sollen so kurz wie möglich sein und dennoch alle für das betreffende Fach wesentlichen Unterscheidungsmerkmale enthalten; vor allem sollen sie jedoch die Bedürfnisse der jeweiligen Benutzergruppe berücksichtigen. Gleichzeitig soll die Definition deutlich machen, welchen Platz der zu definierende Begriff in dem betreffenden Begriffssystem einnimmt; zu diesem Zweck soll die Definition den Oberbegriff nennen und den Begriff selbst durch kennzeichnende Merkmale von seinen Nebenbegriffen abgrenzen. Das bedeutet auch, daß für die Definition Benennungen verwendet werden, die bereits definiert oder allgemein bekannt sind. Schließlich soll die Definition ihrem Adressaten einen Erkenntnisgewinn bieten. Daher sind Zirkelschlüsse zu vermeiden; ein solcher Zirkelschluß liegt beispielsweise dann vor, wenn der Begriff *Textilindustrie* definiert wird als „Zweig der Wirtschaft, der Textilien produziert".

Auch für die bereits erörterte internationale *Angleichung von Terminologien* sind Definitionen von großer Bedeutung. Begriffliche Unterschiede zwischen Sprachen bereiten nämlich weit größere Schwierigkeiten als Unterschiede, die ausschließlich in der sprachlichen Form liegen. Eine reibungslose fachliche Kommunikation setzt geradezu zwingend voraus, daß die einzelnen Sprachen einen Begriff in gleicher Weise definieren, da es sonst leicht zu folgenschweren Mißverständnissen kommen kann. Darüber hinaus ist es zumindest wünschenswert, daß in den Benennungen dieselben Definitionsmerkmale zum Ausdruck kommen. Sind diese beiden Bedingungen – insbesondere die erste – erfüllt, so ist es zwar hilfreich, wenn außerdem international einheitliche Wortbildungselemente, insbesondere solche griechisch-lateinischen Ursprungs, verwendet werden, es ist jedoch für eine reibungslose internationale Kommunikation nicht unerläßlich; dies gilt nicht zuletzt deshalb, weil diese sogenannten internationalen Wortbildungselemente längst nicht allen Sprachgruppen vertraut sind. Es ist daher verständlich, daß die vielfältigen Bemühungen um eine internationale Terminologieangleichung in erster Linie der Vereinheitlichung von Begriffen und Begriffssystemen gelten, so daß auch hier die Probleme des Definierens und der Angleichung von Definitionen in mehreren Sprachen im Vordergrund stehen.

Literatur

Arntz, Reiner (1992): „Interlinguale Vergleiche von Terminologien und Fachtexten." Baumann, Klaus-Dieter / Kalverkämper, Hartwig (Hrsg.) (1992): *Kontrastive Fachsprachenforschung.* Tübingen: Niemeyer, 108–122.

Arntz, Reiner / Picht, Heribert (²1991): *Einführung in die Terminologiearbeit.* Studien zu Sprache und Technik. Hildesheim: Olms.

Baakes, Klaus (1984): *Theorie und Praxis der Terminologieforschung.* Heidelberg: Groos.

DIN 2330 (1993): *Begriffe und Benennungen – Allgemeine Grundsätze.* Berlin: Beuth.

DIN 2331 (1980): *Begriffssysteme und ihre Darstellung.* Berlin: Beuth.

DIN 2342-1 (1992): *Begriffe der Terminologielehre – Grundbegriffe.* Berlin: Beuth.

Felber, Helmut (1993): *Allgemeine Terminologielehre und Wissenstechnik. Technische Grundlagen.* Wien: TermNet.

Felber, Helmut / Budin, Gerhard (1989): *Terminologie in Theorie und Praxis.* Tübingen: Narr

Gouadec, Daniel (1990): *Terminologie. Constitution des données.* Paris: AFNOR.

Hoffmann, Lothar (1985): *Kommunikationsmittel Fachsprache. Eine Einführung.* Tübingen: Narr.

Hohnhold, Ingo (1982): „Grundbegriffe im Bereich und im Umfeld übersetzungsorientierter Terminologiearbeit. Arbeitsdefinitionen und Anmerkungen." *Lebende Sprachen* 27/1 (1982), 1–5.

Hohnhold, Ingo (1990): *Übersetzungsorientierte Terminologiearbeit. Eine Grundlegung für Praktiker.* Stuttgart: Intra.

ISO 1087 (1990): *Terminology – Vocabulary. (Terminologie – Vocabulaire.)* Genf: ISO.

KÜWES (Konferenz der Übersetzungsdienste westeuropäischer Staaten) (1990): *Empfehlungen für die Terminologiearbeit.* Bern: Schweizerische Bundeskanzlei.

Rondeau, Guy (1981): *Introduction à la terminologie.* Montréal: Centre Educatif et Culturel.

Sager, Juan C. (1990): *A practical course in terminology processing.* Amsterdam: Benjamins.

Wüster, Eugen (³1991): *Einführung in die Allgemeine Terminologielehre und terminologische Lexikographie.* Bonn: Romanistischer Verlag.

Reiner Arntz (Hildesheim)

23. Terminographie und Terminologienormung

1. Terminographie

1.1 Was versteht man unter Terminographie?

Wie in dem vorhergehenden Beitrag von Reiner Arntz über die Terminologie der Terminologie deutlich wurde, bezeichnet man mit Terminologielehre die wissenschaftliche Disziplin, die sich mit den Begriffen und Benennungen im Bereich der Fachsprache beschäftigt. Die praktische Umsetzung der Erkenntnisse und Methoden der Terminologielehre bei der Erarbeitung und Bearbeitung von Fachwortbeständen (Terminologien) wird als *Terminologiearbeit* definiert. Ähnliche Definitionen finden sich in der DIN 2342-1 *(Begriffe der Terminologielehre – Grundbegriffe)* und in der ISO 1087 *(Terminology – Vocabulary).*

Je nach Arbeitsausrichtung und Qualifikation der an der Terminologiearbeit beteiligten Personengruppen sowie je nach geplanter Nutzergruppe und Verwendungszweck der Terminologien kann man verschiedene Formen der Terminologiearbeit unterscheiden. Terminologiearbeit kann präskriptiv oder deskriptiv (normend), einsprachig oder mehrsprachig, textbezogen oder systematisch und benennungsorientiert oder begriffsorientiert erfolgen.

Schließt man bei den verschiedenen Formen der Terminologiearbeit den Bereich der terminologischen Analyse, d.h. die Erarbeitung (Recherche, Sammlung und Festlegung) von Terminologien, aus, so bezeichnet man die verbleibenden Schritte der Erfassung, Bearbeitung, Darstellung und Nutzung der Fachwortbestände als *terminologische Lexikographie* oder *Terminographie*. In der DIN 2342-1 (1992) wird terminologische Lexikographie definiert als „die geordnete Darstellung von Terminologie auf der Grundlage der in der Lexikologie und der Terminologielehre gewonnenen Erkenntnisse (auch Terminographie)". Die entsprechende ISO-Norm ISO 1087 (1990) stellt die Arbeitsschritte in den Vordergrund und bevorzugt eine andere Benennung: „Terminography: The recording, processing and presentation of terminological data acquired by terminological research. Note: ‚Terminography' replaces the older terms ‚terminological lexicography' and ‚special lexicography'".

Da einerseits die für die Benennungsfindung „Terminographie" benutzte Analogie zwischen den Paaren „Terminologie-Lexikologie" und „Terminographie-Lexikographie" nicht korrekt ist, andererseits Terminologiebestände heute vermehrt in elektronischer Form (Datenbanken) verwaltet werden, wird im deutschen Sprachraum vermehrt von *Terminologieverwaltung* und im Englischen von *terminology management* gesprochen (siehe auch Wright/Budin 1997:1–3); hierunter werden Methoden und Arbeitsschritte zur Erfassung, Bearbeitung, Speicherung und Nutzung von terminologischen Beständen verstanden.

1.2 Terminologische Datenkategorien und der terminologische Eintrag

Abhängig von den Ersteller- und Nutzergruppen der terminologischen Datenbestände und vom organisatorischen Umfeld, in dem Terminologiearbeit betrieben wird (Einzelübersetzer, Übersetzungsbüro, Sprachendienst), müssen konzeptionelle Überlegungen zur Terminologieverwaltung angestellt werden. Dabei ist es wichtig festzulegen, welche Arten von Daten verwaltet und wie diese Daten strukturiert werden sollen. Derartige Überlegungen sollten zunächst nicht davon abhängen, ob eine rechnergestützte Lösung angestrebt und welche Software dazu eingesetzt wird (s. 1.3). Im Laufe der Überlegungen wird man jedoch feststellen, daß die Art der Terminologieverwaltung und die Wahl des Werkzeuges auch Auswirkungen auf die inhaltliche Konzeption der Terminologie-Struktur, d.h. auf die benutzten Datenkategorien und den Aufbau des terminologischen Eintrags, haben.

Eine *terminologische Datenkategorie* kann definiert werden als eine Klasse von terminologischen Datenelementen gleichen Typs, wobei unter einem Datenelement die kleinste identifizierbare Informationseinheit mit einer eigenständigen Bedeutung verstanden wird. „Tintenstrahldrucker" ist beispielsweise ein Datenelement, das der Datenkategorie „deutsche Benennung" zugeordnet wird. Weitere für die

Terminologieverwaltung sinnvolle Datenkategorien sind etwa Genus, Wortklasse, Definition, Kontext, Quelle oder Fachgebiet.

Wichtig für eine effiziente Terminologieverwaltung ist es, daß die Datenkategorien exakt definiert und nur mit Datenelementen des festgelegten Typs besetzt werden. Ebenso ist es notwendig, daß Datenkategorien elementar sind, d.h., daß jeweils nur ein Datenelement in einer Datenkategorie abgelegt wird. Mehrere Synonyme sollten beispielsweise nicht einer einzigen Kategorie „Benennung" zugeordnet und durch Semikolon getrennt werden, da sonst Probleme bei der Suche nach Benennungen oder bei der alphabetischen Sortierung entstehen; vielmehr muß bei mehreren Benennungen die Kategorie wiederholt werden können. Eine sehr umfassende Auflistung und Definition von Datenkategorien, die bei der Terminologieverwaltung denkbar sind, findet sich in der ISO 12620; spezielle Aspekte der Verwendung von Datenkategorien für sprachliche Elemente werden bei Schmitz (1996a) diskutiert.

Die anwendungsorientierte Auswahl und Zusammenstellung von Datenkategorien führt zur Definition der Struktur des *terminologischen Eintrags*, wobei auch Wiederholungen und Abhängigkeiten von Datenkategorien berücksichtigt werden. Der Aufbau des terminologischen Eintrags muß sich an einem Maximalmodell orientieren, das es erlaubt, alle Informationen zu genau einem Begriff und seinen Benennungen zu verwalten; terminologische Datenelemente, deren Typ im Eintragsaufbau nicht berücksichtigt wurde, können nicht systematisch dokumentiert werden. Es widerspricht nicht der Idee des Maximalmodells, daß in der täglichen Praxis der Terminologieverwaltung bestimmte Datenkategorien (zunächst) unbesetzt bleiben.

In der Vergangenheit ist oft versucht worden, die Struktur des terminologischen Eintrags eindeutig festzulegen, um z.B. den Austausch terminologischer Daten zu vereinfachen. Dies mußte jedoch scheitern, da Terminologieverwaltung immer zweckorientiert und anwendungsspezifisch erfolgt, was Konsequenzen für die Auswahl der Datenkategorien und die Strukturierung des Eintrags haben muß. Empfehlungen und Anregungen für die Eintragsgestaltung findet sich in der Literatur zur Terminologiearbeit wie z.B. bei Arntz/Picht (1991), Felber/Budin (1989) oder Hohnhold (1988 und 1990), besonders aber auch in GTW (1994).

1.3 Werkzeuge für die Terminologieverwaltung

Für die Verwaltung terminologischer Daten hat man in der Vergangenheit vorwiegend Zettelkästen oder einfache Glossarlisten benutzt. Mit dem Aufkommen der elektronischen Datenverarbeitung begannen große Sprachendienste etwa Mitte der 60er Jahre damit, eigene Terminologiedatenbanken für die hausinterne Terminologieverwaltung einzusetzen. Derartige Datenbanken werden z.B. beim Bundessprachenamt (LEXIS), beim Siemens-Sprachendienst (TEAM), bei der Kommission der Europäischen Gemeinschaft (EURODICAUTOM) oder bei der Kanadischen Regierung (TERMIUM) auch heute noch gepflegt und genutzt.

Durch die Entwicklung leistungsfähiger und preiswerter Personalcomputer wurden nach und nach auch kleinere Übersetzungsdienste und Einzelübersetzer in die Lage versetzt, rechnergestützte Werkzeuge für die Terminologieverwaltung zu nutzen. Eine Ersetzung des traditionell benutzten Karteikastens wird in der Praxis sehr häufig durch die Verwendung eines Textverarbeitungsprogrammes, eines universellen Datenbanksystems oder eines speziellen Terminologieverwaltungsprogramms realisiert.

Textverarbeitungsprogramme sind für die systematische Verwaltung eigener Terminologiebestände wenig geeignet; eine vernünftige (begriffsorientierte) Strukturierung der Daten ist nicht möglich, und die Reaktionszeit bei der Suche läßt schon bei Datenbeständen von wenigen hundert Einträgen zu wünschen übrig. Universelle *Datenbanksysteme* erlauben zwar die Strukturierung der Daten und schnelle Anwortzeiten, erfordern aber vom Benutzer einen nicht unerheblichen Anpassungs- und Programmieraufwand, wenn die Verwaltung sprachlicher Daten, die Wiederholbarkeit von Datenkategorien und eine benutzerfreundliche Bedienungsoberfläche vernünftig realisiert werden soll.

Terminologieverwaltungsprogramme, die speziell für die Erfassung, Bearbeitung, Speicherung und Nutzung terminologischer Daten konzipiert sind, stellen das adäquate Werkzeug für den Terminologen dar. Sie haben in der

Regel nicht die volle Leistungsfähigkeit eines Datenbanksystems, erlauben aber alle für die Verwaltung von Terminologie notwendigen Operationen mit relativ einfachen Befehlen. Die meisten dieser Programme waren früher als „speicherresidente“ Programm-Moduln implementiert; heute sind sie unter MS-Windows lauffähig und können deswegen zusammen mit nahezu allen handelsüblichen Textverarbeitungsprogrammen benutzt werden. Obwohl besonders die einfachen und preiswerten Terminologieverwaltungsprogramme für die Nutzung durch den Einzelübersetzer konzipiert sind, gibt es auch die Möglichkeit, derartige Systeme auf PC-Netzwerken in größeren Unternehmenseinheiten einzusetzen.

Die ersten auf dem Markt verfügbaren PC-Programme zur Terminologieverwaltung gehörten zur Klasse der *sprachpaarbezogenen Systeme*. Diese Programme orientieren sich eher an dem benennungsorientierten oder lexikographischen Ansatz der Terminologieverwaltung und sind vorwiegend für den Einsatz beim Einzelübersetzer konzipiert. Neben den Termini der Ausgangssprache (AS) und Zielsprache (ZS) erlauben die einfachen Systeme nur die Verwaltung weniger zusätzlicher Datenkategorien; komplexe Systeme können auch Synonyme, Kontexte, Definitionen und andere Informationen speichern. Der Zugang sollte in der Regel nur über die Benennungen der AS erfolgen, oft ist aber auch ein ZS-Zugang oder das nicht unproblematische automatische „Umdrehen“ des Datenbestandes möglich.

Mehrsprachige Terminologieverwaltungssysteme erlauben die weitgehend gleichberechtigte Behandlung von Fachwortbeständen mehrerer Sprachen, wobei jede Sprache als Such- oder Ausgangssprache gewählt werden kann. Sie sind sowohl für den Einsatz beim Einzelübersetzer als auch für größere Sprachendienste geeignet. Auch in dieser Gruppe gibt es einfach Systeme mit wenigen Datenkategorien und komplexe Systeme mit einer ausgereiften terminologischen Eintragsstruktur und mit anspruchsvollen Bereinigungs- und Ausgaberoutinen.

Terminologieverwaltungssysteme mit frei definierbarer Eintragsstruktur erlauben es den unterschiedlichen Benutzertypen, die terminologische Eintragsstruktur an die eigenen Bedürfnisse optimal anzupassen. Deswegen können mit diesen Systemen sowohl zweisprachige als auch mehrsprachige Terminologiebestände mit einfacher oder komplexer Struktur aufgebaut und recherchiert werden. Die Definition von Eintragsmasken oder -modellen unterstützt bei frei strukturierbaren Terminologieverwaltungssystemen eine systematische und konsistente Terminologieverwaltung und eine effiziente Eingabe der Daten.

Bei der Auswahl eines geeigneten Werkzeugs helfen allgemeine Betrachtungen zur Evaluierung von Terminologieverwaltungsprogrammen wie etwa in Schmitz (1994) oder GTW (1996). Übersichten über verfügbare Software zur Terminologieverwaltung finden sich bei Blanchon (1994) oder Freigang et al. (1991); diese Marktanalysen können aber wegen der rasanten Entwicklung im Softwarebereich nicht immer aktuell sein. Eine laufend aktualisierte Liste von Terminologieverwaltungsprogrammen liefert die Internet-Seite von Peter A. Schmitt (s. Schmitt 1998) im Menüpunkt „translationsrelevante Software“.

Literatur zur Terminographie

Arntz, Reiner / Picht, Heribert (1991): *Einführung in die Terminologiearbeit*. Hildesheim: Olms.

Blanchon, Elisabeth (1994): „Logiciels de terminologie.“ *Terminometro* 16, 1–67.

DIN 2342-1 (1992): *Begriffe der Terminologielehre – Grundbegriffe*. Berlin: Beuth.

Felber, Helmut / Budin, Gerhard (1989): *Terminologie in Theorie und Praxis*. Tübingen: Narr.

Freigang, Karl-Heinz / Mayer, Felix / Schmitz, Klaus-Dirk (1991): *Micro- and Minicomputer-based Terminology Databases in Europe*. TermNet Report 1. Wien: TermNet.

GTW (Gesellschaft für Terminologie und Wissenstransfer) (1994): *Empfehlungen für Planung und Aufbau von Terminologiedatenbanken*. GTW-Report. Saarbrücken: GTW.

GTW (Gesellschaft für Terminologie und Wissenstransfer) (1996): *Criteria for the Evaluation of Terminology Management Software*. GTW-Report. Saarbrücken: GTW.

Hohnhold, Ingo (1988): „Der terminologische Eintrag und seine Terminologie.“ *Mitteilungsblatt für Dolmetscher und Übersetzer* 34, 3–5.

Hohnhold, Ingo (1990): *Übersetzungsorientierte Terminologiearbeit. Eine Grundlegung für Praktiker.* Stuttgart: Intra.

ISO 1087 (1990): *Terminology – Vocabulary*. Genf: ISO.

ISO 12620 (1997): *Terminology – Computer applications – Data categories.* (Entwurf) Genf: ISO.

KÜWES (Konferenz der Übersetzungsdienste westeuropäischer Staaten) (1990): *Empfehlungen für die Terminologiearbeit.* Bern: Schweizer Bundeskanzlei.

Schmitt, Peter A. (1998): *Translation-related software.* Internet-Dokument. Laufende Aktualisierung. http://rzaix340.rz.uni-leipzig.de/~xlatio/softtab. htm.

Schmitz, Klaus-Dirk (1991): „Rechnergestützte Terminologieverwaltung am Übersetzerarbeitsplatz." Deutscher Terminologie-Tag (Hrsg.) (1991): *Akten des Symposions ‚Terminologie als Qualitätsfaktor'.* Köln: DTT.

Schmitz, Klaus-Dirk (1994): „Überlegungen zum Einsatz und zur Evaluierung von Terminologieverwaltungssystemen". *Lebende Sprachen* 4/94, 145–149.

Schmitz, Klaus-Dirk (1996a): „Verwaltung sprachlicher Einheiten in Terminologieverwaltungssystemen." Lauer, Angelika / Gerzymisch-Arbogast, Heidrun / Haller, Johann / Steiner, Erich (Hrsg.) (1996): *Übersetzungswissenschaft im Umbruch. Festschrift für Wolfram Wilss zum 70. Geburtstag.* Tübingen: Narr, 197–207.

Schmitz, Klaus-Dirk (1996b): „Terminology Management Systems." Owens, Rachel (Hrsg.) ([3]1996): *The Translator's Handbook.* London: Aslib, 221–246.

Schmitz, Klaus-Dirk (1996c): „Tools for Managing Terminology." *The ELRA Newsletter* 1/3 (October 1996), 11–12.

Schmitz, Klaus-Dirk (1996d): „MARTIF, Ein neuer ISO-Standard für den Austausch terminologischer Daten." *Technische Dokumentation* 3/1996, 8–9.

Wright, Sue Ellen / Budin, Gerhard (Hrsg.) (1997): *Handbook of Terminology Management. Vol. 1: Basic Aspects of Terminology Management.* Amsterdam / Philadelphia: Benjamins.

2. Terminologienormung

2.1 Was ist Terminologienormung?

Auf der Leitseite des Deutschen Instituts für Normung e.V. (DIN) im World Wide Web (http://www.din.de) wird *Normung* definiert als „die planmäßige, durch die interessierten Kreise gemeinschaftlich durchgeführte Vereinheitlichung von materiellen und immateriellen Gegenständen zum Nutzen der Allgemeinheit (DIN 820 Teil 1)." Normung in Unternehmen, Fachverbänden, nationalen und internationalen Normungsorganisationen beschäftigt sich also in erster Linie mit Sachnormung, d.h. mit der Festlegung der Eigenschaften von Gegenständen und Verfahren.

Voraussetzung für die Sachnormung ist die exakte Definition der den Gegenständen und Verfahren entsprechenden Begriffe und die eindeutige Festlegung der hierfür benutzten Benennungen, um nicht nur während des Normungsprozesses eine eindeutige und widerspruchsfreie Kommunikation zwischen den Fachleuten sicherzustellen. Dieser als *Terminologienormung* bezeichnete Vorgang ist definiert als „das Festlegen von Terminologie und von Grundsätzen für das Erarbeiten, Bearbeiten, Verarbeiten und Darstellen von Terminologie durch autorisierte und dafür fachlich, sprachlich und methodisch qualifizierte Gremien mit dem Ziel, terminologische Normen zu schaffen." (DIN 2342-1 1992). Ausgehend von dieser Definition muß man innerhalb der Terminologienormung die terminologische Einzelnormung und die terminologische Grundsatznormung unterscheiden.

Unter *terminologischer Einzelnormung* versteht man die Festlegung von Begriffen und ihren Benennungen (vgl. DIN 2342-1 1992). Terminologische Einzelnormung findet sich in der Sektion 2 „Begriffe" bzw. in der Sektion 3 oder 4 „Definitions" am Anfang deutscher und internationaler Sachnormen.

Beispiel aus DIN 1463–1 *Erstellung und Weiterentwicklung von Thesauri – Einsprachige Thesauri*, Seite 2:

> 2.3 Vokabular
> Das Vokabular einer Dokumentationssprache ist die Menge der Deskriptoren einer Dokumentationssprache.

Zusätzlich finden sich die Resultate der terminologischen Einzelnormung, jeweils für einen Ausschnitt eines Fachgebietes, in speziellen Terminologienormen, die meist den Untertitel „Begriffe" bzw. „Vocabulary" tragen. In derartigen Normen wird neben der Festlegung von Begriffen und Benennungen auch die Einordnung der einzelnen Begriffe in ein Begriffssystem durch ein Notationssystem verdeutlicht.

Beispiel aus DIN ISO/IEC 2382–23 *Informationstechnik – Begriffe, Teil 23*, Seite 10:

23.04.05
Serienbrief
(form letter)
Ein Brief, der Standard*text* enthält und auf einem *Datenträger* **gespeichert* ist, und der durch Hinzufügen von Angaben wie Namen und Adressen an einen oder mehrere Empfänger gerichtet werden kann.

Im Rahmen der *terminologischen Grundsatznormung* werden Grundsätze und Richtlinien für die terminologische Einzelnormung festgelegt (vgl. DIN 2342-1 1992). Damit dienen die entsprechenden nationalen und internationalen Grundsatznormen als methodische Anleitungen zur Erarbeitung von Terminologien, nicht nur im Rahmen der Normung selbst. Zu den terminologischen Grundsatznormen rechnet man auch Begriffsnormen wie die DIN 2342-1 oder die ISO 1087, in der die Terminologie der Terminologie, d.h. die für die Terminologiearbeit wichtigen Begriffe und Benennungen, definiert werden.

2.2 Nationale Terminologienormung

1917 wurde in Deutschland der *Deutsche Normenausschuß e.V.* (DNA) mit dem Ziel gegründet, den Stand der Technik zu ermitteln und in nationalen Normen festzulegen. Aus dem DNA ging 1976 das *Deutsche Institut für Normung e.V.* (DIN) in seiner heutigen Form mit Hauptsitz in Berlin hervor. Das DIN versteht sich als ein Verband, in dem Hersteller, Handel, Verbraucher, Handwerk, Dienstleistungsunternehmen, Wissenschaft, technische Überwachung, Staat und jeder, der ein Interesse an Normung hat, zusammenarbeiten. Die Normungsarbeit wird in über 4.000 Arbeitsausschüssen mit etwa 36.000 ehrenamtlichen Mitarbeitern geleistet. Damit die Normen dem jeweiligen Stand der Technik entsprechen, werden DIN-Normen alle 5 Jahre auf ihre Aktualität hin überprüft und gegebenenfalls überarbeitet.

Auch wenn das DIN bzw. der DNA mit dem Ziel der nationalen Normung gegründet wurde, so gehen doch in den letzten Jahren die rein nationalen Normungsbestrebungen zugunsten der europäischen und internationalen Normung kontinuierlich zurück. Etwa 80 Prozent der Normungsarbeit des DIN konzentriert sich auf die Mitarbeit an europäischen und internationalen Normen, in denen das DIN die Interessen der Bundesrepublik Deutschland vertritt.

Die terminologische Einzelnormung wird in den meisten der fachspezifischen Normenausschüsse selbst durch eigene Terminologie-Unterausschüsse durchgeführt; diese klären die terminologischen Fragestellungen des betreffenden Fachgebiets und veröffentlichen die Ergebnisse als spezielle Terminologienormen mit dem Untertitel „Begriffe“ oder in den Sektionen „Begriffe“ der einzelnen Sachnormen (s. Beispiele oben).

Im DIN wurde vor ein paar Jahren unter dem Motto „Deutsch als Sprache der Technik“ eine spezielle Terminologiestelle eingerichtet, die die in den DIN-Normen enthaltenen Begriffe mit ihren Benennungen, Definitionen und weiteren für die Terminologiearbeit relevanten Informationen in der Terminologie-Datenbank DIN-TERM erfaßt. Da in den DIN-Normen (besonders in den DIN/ISO-Normen) häufig auch fremdsprachige Benennungen und Definitionen auftreten, sind in DIN-TERM auch englische und französische Äquivalente enthalten. Langfristiges Ziel der Arbeitsstelle ist es, alle in DIN-Normen definierten Begriffe in DIN-TERM aufzunehmen, sie innerhalb der Normung zu konsolidieren und die Ergebnisse den Anwendern als Fachwörterbücher und Datenbankdateien in elektronischer Form verfügbar zu machen.

Im DIN arbeitet auch ein eigener Normenausschuß, der für die terminologische Grundsatznormung zuständig ist. Der *Normenausschuß Terminologie* (NAT) ist damit in Grundsatzfragen der Terminologienormung der Ansprechpartner für die anderen Normenausschüsse. Darüber hinaus sind die im NAT erarbeiteten Festlegungen auch nützlich für alle, die sich außerhalb des Normungsbereiches mit Terminologiearbeit beschäftigen.

Die wesentlichen Arbeiten des NAT konzentrieren sich auf die Themenbereiche: Grundsätze der Begriffs- und Benennungsbildung, Erarbeitung und Gestaltung von Fachwörterbüchern, Computeranwendungen für die Terminologiearbeit und Lexikographie sowie die Terminologie der Terminologiearbeit, der Terminologiepraxis und der Fachübersetzungen.

Folgende deutsche terminologische Grundsatznormen sind bisher erarbeitet und im Beuth-Verlag (Berlin) publiziert worden:

DIN 2330 (1993): *Begriffe und Benennungen – Allgemeine Grundsätze*
DIN 2331 (1980): *Begriffssysteme und ihre Darstellung*
DIN 2332 (1988): *Benennen international übereinstimmender Begriffe*
DIN 2333 (1987): *Fachwörterbücher – Stufen der Ausarbeitung*
DIN 2336 (1979): *Lexikographische Zeichen für manuell erstellte Fachwörterbücher*
DIN 2339-1 (1987): *Ausarbeitung und Gestaltung von Veröffentlichungen mit terminologischen Festlegungen – Stufen der Terminologiearbeit*
DIN 2339-2 (1986): *Ausarbeitung und Gestaltung von Veröffentlichungen mit terminologischen Festlegungen – Normen* (Entwurf, wird ersetzt durch DIN ISO 10241)
DIN 2340 (1987): *Kurzformen für Benennungen und Namen – Bilden von Abkürzungen und Ersatzkürzungen – Begriffe und Regeln*
DIN 2341-1 (1986): *Format für den maschinellen Austausch terminologischer / lexikographischer Daten (MATER) – Kategorienkatalog* (Entwurf, wird ersetzt durch DIN ISO 12200)
DIN 2342-1 (1992): *Begriffe der Terminologielehre – Grundbegriffe*
DIN 2345 (1998): *Übersetzungsvorhaben*

In Deutschland sind neben dem DIN weitere Organisationen und Verbände für bestimmte Teilgebiete der Technik normend tätig. So erarbeiten der *Verband Deutscher Elektrotechniker e.V.* (VDE) ebenso wie der *Verein Deutscher Ingenieure e.V.* (VDI) Sachnormen in ihrem jeweiligen Fachgebiet. Terminologienormung konzentriert sich auf die terminologische Einzelnormung, obwohl einzelne Richtlinien für die Arbeit der Fachgremien auch in den Kontext der terminologischen Grundsatznormung passen.

In Österreich entspricht dem DIN das *Österreichische Normungsinstitut ON.* Neben der terminologischen Einzelnormung wird im ON auch die terminologische Grundsatznormung betrieben, wobei im Rahmen der nationalen Normung eng mit dem DIN zusammengearbeitet wird. Durch die enge Zusammenarbeit des ON mit dem in Wien ansässigen und lange Zeit auch organisatorisch ins ON eingebundenen Internationalen Informationszentrum für Terminologie INFOTERM ist Österreich wesentlich an der internationalen Terminologienormung beteiligt.

Auch das ON hat eigene terminologische Grundsatznormen publiziert, von denen die wichtigsten hier aufgeführt werden:

A 2704 (1990): *Terminologie – allgemeine Grundsätze für Begriffe und Bezeichnungen*
A 2710 (Entwurf): *Übersetzungsorientierte Terminographie – terminographische Datenkategorien und Richtlinien für ihre Anwendungen (Fertigstellung nach Abschluß der Arbeiten an DIN ISO 12616)*
A 2726 (Entwurf): *Grundsätze der qualitätsorientierten Terminologiearbeit*

2.3 Europäische Terminologienormung

Die Zielsetzung der europäischen Normung ist es, ein einheitliches Normenwerk für den Binnenmarkt in Europa zu schaffen. Im Rahmen der CEN sind die nationalen Normungsorganisationen der EU-Mitgliedsländer sowie Islands, Norwegens und der Schweiz zusammengeschlossen, in der CENELEC die entsprechenden elektrotechnischen Komitees dieser Länder. Nahezu alle ost- und mitteleuropäischen Länder sowie die Türkei und Zypern sind diesen beiden europäischen Normungsorganisationen angegliedert. CEN und CENELEC haben ebenso wie die für die Telekommunikationsbelange zuständige ETSI ihren Sitz in Brüssel.

Die von den europäischen Normungsorganisationen erarbeiteten Festlegungen orientieren sich weitgehend an den internationalen Regelwerken, berücksichtigen aber auch spezifische europäische Besonderheiten.

Die meisten der etwa 1.500 europäischen EN- und ETS-Normen enthalten terminologische Festlegungen in Englisch, Französisch und Deutsch; etwa 40 von ihnen sind eigene Terminologienormen. Terminologische Grundsatznormen sind im europäischen Regelwerk kaum enthalten.

2.4 Internationale Terminologienormung

Der Anfang der internationalen Normung begann 1906 mit der Gründung der *Internationalen Elektrotechnischen Kommission* IEC *(International Electrotechnical Commission)*, die sich die internationale Sachnormung im Bereich der Elektrotechnik zum Ziel gesetzt hatte. Bereits 1908 wurde das Technische Komitee *TC 1 „Terminology“* mit dem Ziel eingerichtet, die terminologischen Aktivitäten der anderen Komitees zu koordinieren und mehrsprachige Äquivalente für die definierten Begriffe festzulegen.

Das von dem TC 1 betreute Internationale Elektrotechnische Wörterbuch (IEV: *International Electrotechnical Vocabulary*) enthält die Terminologie, die in den einzelnen technischen Ausschüssen erarbeitet wurde. Dem IEV liegt eine Datenbank zugrunde, die etwa 20.000 Begriffe mit Definitionen und Benennungen in Englisch, Französisch und Russisch sowie weitere Benennungen in Deutsch, Italienisch, Spanisch, Niederländisch, Schwedisch, Polnisch und seit kurzen auch in Portugiesisch und Japanisch enthält.

Für die übrigen Bereiche der Technik wurde 1926 die *International Federation of the National Standardizing Associations* (ISA) gegründet, die wegen des Zweiten Weltkriegs ihre Arbeit einstellte. 1946 wurden die Normungsaktivitäten durch die Gründung der *International Organisation for Standardization* (ISO) als Nachfolgeorganisation der ISA weitergeführt; diese hat bis heute ihren Sitz in Genf.

Innerhalb der ISO arbeiten die nationalen Normungsinstitute von 120 Ländern in etwa 2.700 technischen Komitees, Unterkomitees und Arbeitsgruppen für jeweils spezifische Bereiche der Technik zusammen. Bisher sind etwa 9.000 Sachnormen erarbeitet worden; in den meisten von ihnen sind auch terminologische Festlegungen enthalten. Daneben wurden von der ISO etwa 700 spezielle Terminologienormen mit dem Untertitel „Vocabulary“ publiziert. Man schätzt, daß in den ISO-Normen etwa 100.000 Begriffe mit Definitionen und Benennungen in englischer und französischer Sprache enthalten sind.

Die terminologische Grundsatznormung wird in der ISO durch das technische Komitee *ISO/TC 37 „Terminology (principles and coordination)“* vorgenommen. TC 37 wurde bereits in der ISA im Jahre 1936 gegründet und 1947 in der ISO neu belebt. Die im TC 37 bearbeiteten Themengebiete lassen sich am besten in der folgenden Strukturübersicht erkennen:

- TC 37 Terminology (principles and coordination)
- SC 1 Principles of terminology
  - WG 1 Documentation in terminology
  - WG 2 Vocabulary of terminology
  - WG 3 Principles, methods and concept systems
- SC 2 Layout of vocabularies
  - WG 1 Code for the representation of names of languages (mit TC 46/SC 4)
  - WG 2 Descriptive terminology – Principles and methods
  - WG 3 Alphabetic ordering of multilingual alphanumeric data ...
  - WG 4 Code for the representations of names of languages – Alpha-2 code
- SC 3 Computer applications
  - WG 1 Data elements
  - WG 2 Vocabulary
  - WG 3 SGML applications
  - WG 4 Database management

Das technische Komitee ISO/TC 37 arbeitet eng mit Unterkomitee ISO/TC 46/SC 3 „Terminology of information and documentation“ sowie mit dem oben erwähnten IEC/TC 1 „Terminology“ zusammen.

Folgende internationale terminologische Grundsatznormen der ISO sind zur Zeit verfügbar:

- ISO 639 (1988): *Code for the representation of names of languages*
- ISO 639–2 (1996): *Alpha-3 code for the representation of names of languages* (Entwurf, kurz vor Fertigstellung)
- ISO 704 (1987): *Principles and methods of terminology* (Überarbeitung bald fertiggestellt)
- ISO 860 (1996): *Terminology work – Harmonization of concepts and terms*

ISO 1087 (1990): *Terminology – Vocabulary* (in Überarbeitung)

ISO 1087–2.2 (1997): *Terminology work – Vocabulary – Part 2: Computer applications* (Entwurf, kurz vor Fertigstellung)

ISO 1951 (1997): *Lexicographical symbols and typographical conventions for use in terminography* (in Überarbeitung)

ISO 6156 (1987): *Magnetic tape exchange format for terminological / lexicographical records (MATER)* (soll ersetzt werden durch ISO 12200)

ISO 10241 (1992): *International terminology standards – Preparation and layout*

ISO 12200 (1997): *Terminology – Computer applications – Machine-readable terminology interchange format (MARTIF)* (Entwurf, kurz vor Fertigstellung)

ISO 12616 (1995): *Translation-oriented terminography* (Entwurf)

ISO/TR 12618 (1994): *Computational aids in terminology – Creation and use of terminological databases and text corpora*

ISO 12620 (1997): *Terminology – Computer applications – Data categories* (Entwurf, kurz vor Fertigstellung)

2.5 Terminologienormung in Unternehmen, Behörden und Organisationen

Auch in nationalen wie internationalen Unternehmen, Behörden und Organisationen werden terminologische Festlegungen getroffen, um die einheitliche Verwendung von Fachwörtern sicherzustellen. Dies dient nicht nur dazu, die interne Kommunikation zwischen den Mitarbeitern der jeweiligen Institution zu verbessern, auch nach außen müssen nutzerfreundliche Dokumentationen, eindeutige Produktbeschreibungen und amtliche Veröffentlichungen eine eindeutige Terminologie verwenden, um beispielsweise gesundheitliche Risiken oder Fehlinterpretationen auszuschließen.

Für die Terminologienormung in Unternehmen lassen sich vielfältige Beispiele anführen. So wird etwa in der Softwareindustrie bei der Lokalisierung der Programme eine einheitliche, manchmal sogar produktspezifische Terminologie vorgeschrieben, die in den Menüs der Programme, in den Hilfesystemen und in den Handbüchern gleichermaßen eindeutig verwendet werden soll. Auch bei Teileinformationssystemen in der Industrie dient eine einheitlich festgelegte Terminologie dazu, daß gleiche Teile nicht unter verschiedenen Benennungen mehrfach konstruiert, gelagert und beschafft werden. Bei Behörden wie den Sprachendiensten der Ministerien, dem Bundessprachenamt oder den Organisationen der Europäischen Gemeinschaft wird ebenfalls Terminologienormung betrieben. Dies ist besonders wichtig, damit die in Gesetzen, Verordnungen und offiziellen Veröffentlichungen verwendeten Termini einheitlich und exakt definiert verwendet werden.

Neben den Festlegungen im Rahmen der terminologischen Einzelnormung wurden in vielen Unternehmen und Organisationen auch Richtlinien für die eigene Terminologiearbeit erstellt, die der institutionsspezifischen terminologischen Grundsatznormung zuzurechnen sind.

Literatur zur Terminologienormung

Arntz, Reiner / Picht, Heribert (1991): *Einführung in die Terminologiearbeit*. Hildesheim: Olms.

DIN 820, Teil 1 (1977): *Normungsarbeit – Grundsätze*. Berlin: Beuth.

DIN 1463–1 (1987): *Erstellung und Weiterentwicklung von Thesauri – Einsprachige Thesauri*. Berlin: Beuth.

DIN 2342-1 (1992): *Begriffe der Terminologielehre – Grundbegriffe*. Berlin: Beuth.

DIN ISO/IEC 2382–23 (1997): *Informationstechnik – Begriffe, Teil 23: Textverarbeitung*. Berlin: Beuth.

Galinski, Christian (1992): „Terminology Standardization and Standards Information.“ Minister of Supply and Services (Hrsg.) (1992): *AAA. Pro-*

ceedings from the International Symposium on Terminology and Documentation in Specialized Communication T&D'91. Ottawa: Minister of Supply and Services.
Galinski, Christian (1995): „Terminology: Towards clarity." *ISO Bulletin* 26/1, 3–4.
Galinski, Christian / Nedobity, Wolfgang (1989): *International Terminology Standardization in ISO.* Infoterm 1–89 rev.(5). Wien: Infoterm.
http://www.din.de: World Wide Web-Homepage des Deutschen Instituts für Normung e.V. in Berlin (Stand: 25.3.1998).
http://www.iec.ch: World Wide Web-Homepage der International Electrotechnical Commission in Genf (Stand: 25.3.1998).
http://www.iso.ch: World Wide Web-Homepage der International Organisation for Standardization in Genf (Stand: 25.3.1998).
Manu, Adrian (1995): „Terminology: The facts and figures of international standardization." *ISO Bulletin* 26/6, 3–5.

Klaus-Dirk Schmitz (Köln)

B3.2 Literaturwissenschaftliche Aspekte

24. Philologisch-historische Tradition

1. Vorgeschichte: Antike – Hieronymus – Luther

Die Tätigkeit des Übersetzens geht bis in die Anfänge menschlicher Ausdrucksfähigkeit zurück, und so eng Sprache und Übersetzung miteinander verknüpft sind, so wesentlich gehört auch die theoretische Auseinandersetzung mit diesem Phänomen seit Jahrtausenden in den Bereich philologischer Betrachtungen. Die zentrale Frage des Übersetzens – „wie übersetze ich, wörtlich oder frei?" – bestimmte die theoretische Diskussion bis weit in unser Jahrhundert, und die Antwort lautete je nach den geistesgeschichtlichen Voraussetzungen der jeweiligen Epoche anders. Insbesondere in Deutschland hat sich die Philologie dem Problem in differenzierter Weise angenommen und es in engem Zusammenhang mit poetologischen, sprach- und literaturtheoretischen Erwägungen diskutiert (s. dazu auch Apel 1983:39). Es erscheint insofern sinnvoll, in der folgenden Skizze das Hauptaugenmerk auf die deutsche Tradition zu richten.

Eine Darstellung der philologisch-historischen Tradition übersetzungstheoretischer Auseinandersetzung darf nicht versäumen, auch einen Blick auf die Ursprünge der Problemerörterung zu werfen. Die frühesten Äußerungen zu Fragen der Übersetzung finden sich in der Antike und stehen im Zusammenhang mit der Rezeption der griechischen Literatur durch die Römer. So vertrat Cicero als erster die Auffassung, der Übersetzer habe das fremde Werk in der eigenen Literatur heimisch zu machen und müsse sich daher dem lateinischen Sprachgebrauch anpassen. Er wandte sich damit gegen die primitive Wörtlichkeit (Kloepfer 1967:23), die bis dahin in den meisten Übersetzungen praktiziert wurde. Ciceros Überlegungen zur „freien" Übersetzung wurden von Quintilian und Plinius weitergeführt. Die Übersetzung hatte in ihrem Verständnis vor allem das Ziel, die eigene Literatur zu bereichern. Es galt nicht mehr nur, ein Werk gleichen Ranges, sondern sogar „Besseres" zu schaffen – der Übersetzer trat in Wettstreit mit dem Original.

In dieser Auffassung äußert sich die imperiale Grundhaltung römischer Kulturrezeption, die nichts mit dem gemein hat, was um 400 n.Chr. Hieronymus zum Übersetzen zu sagen hatte. Der Bibelübersetzer Hieronymus wird oft in eine Traditionslinie mit Cicero und den römischen Vertretern der freien Übersetzung gestellt (vgl. u.a. Bassnett-McGuire 1980:46), weil er in seinem *Brief an Pammachius* diesen als Vorbild bezeichnet: „Ich gebe es nicht nur zu, sondern bekenne es frei heraus, daß ich bei der Übersetzung griechischer Texte – [...] – nicht ein Wort durch das andere, sondern einen Sinn durch den anderen ausdrücke; und ich habe in dieser Sache als Meister den Tullius (Cicero)" (Störig 1963:1). Man wird Hieronymus jedoch nicht gerecht, wenn man sein vielzitiertes „non verbum e verbo, sed sensum exprimere de sensu" aus dem Kontext herauslöst und dabei unberücksichtigt läßt, daß ihm diese Maxime *nicht* für die Übersetzung der Heiligen Schrift gilt, denn hier ist „auch die Wortfolge ein Mysterium“ (Störig 1963:1) (s. Art. 77).

Wie sich zeigt, barg die Bibelübersetzung eine ganz eigene Problematik, und die Frage nach der übersetzerischen Treue war hier von besonderer Brisanz. Insofern verwundert es nicht, daß sich Bibelübersetzer auch immer wieder, in zumeist apologetischer Form, zu ihren übersetzerischen Grundsätzen geäußert haben (s. dazu auch Bassnett-McGuire 1980:45–50). Bekanntestes Beispiel ist Martin Luther (s. Art. 77), der in seinem *Sendbrief vom Dolmetschen* (1530) erklärte, man müsse „nicht die Buchstaben in der lateinischen Sprache fragen, wie man soll Deutsch reden, [...], sondern die Mutter im Hause, die Kinder auf der Gasse, den gemeinen Mann auf dem Markt drum fragen, und denselbigen auf das Maul schauen, wie sie reden und darnach dolmetschen“ (Störig 1963:21). Während Luther auf diese Weise dem missionarischen Zweck seines Tuns gerecht zu werden suchte, sah er sich gleichzeitig dem Wortlaut der Heiligen Schrift in dem Maße verpflichtet, daß er es manches Mal vorzog, „der deutschen Sprache Abbruch [zu] tun, denn von dem Wort [zu] weichen.“ (Störig 1963:25). In seinem *Sendbrief* lotete Luther somit das Spannungsfeld zwischen unbedingter Treue und erforderlicher Freiheit gegenüber dem Wortlaut des heiligen Originals aus und legte damit, laut Henri van Hoof, den Grundstein für die Übersetzungstheorie in Deutschland (van Hoof 1986:25). Ein Grundstein allerdings, der lange Zeit unbebaut blieb. Über zwei Jahrhunderte lang wurde das Problem des Übersetzens in Deutschland nicht eigentlich als solches betrachtet, und es finden sich nur sehr spärliche Bemerkungen etwa bei Opitz, dessen unbekümmertes Verhältnis zum Original sich darin äußert, daß er Sidneys „Arcadia“ nicht aus dem Englischen, sondern aus dem Französischen übertrug (vgl. hierzu auch Apel 1983:41).

2. *Aufklärung*

Die Diskussion setzte erst in der Aufklärung wieder ein. Allerdings wurde auch hier das Übersetzen zunächst noch als unproblematisch gewertet. Wenn Gottsched vom Übersetzer fordert, er dürfe „kein Paraphrast oder Ausleger werden“ und müsse in erster Linie die Regeln der deutschen Sprache beachten (vgl. Huber 1968:9), so zeigt sich darin, daß er zwischen der sprachlichen Form und dem gedanklichen Gehalt des Originals keinerlei Zusammenhang sah. Der Übersetzer wurde schlicht als Zeichenaustauscher betrachtet, das Übersetzen als eine rein formale, gleichsam mathematische Operation. Diese Auffassung gründet sich auf den rationalistischen Sprachbegriff der Aufklärung, die Worte als „Zeichen der Gedanken“ wertete und in der Sprache ein Mittel zur Kommunikation einer allgemeingültigen Vernunft erkannte. So heißt es bei Breitinger:

> Die Sprachen sind ein Mittel, dadurch die Menschen einander ihre Gedanken offenbaren können: Da nun die Gegenstände, womit die Menschen sich in ihren Gedanken beschäftigen, überhaupt in der gantzen Welt einerley und einander gleich sind; da die Wahrheit, welche sie mit dieser Beschäftigung suchen, nur von einer Art ist; und da die Gemüthes-Kräfte der Menschen auf eine gleiche Art eingeschränkt sind; so muß nothwendig unter den Gedancken der Menschen eine ziemliche Gleichgültigkeit statt und platz haben; daher denn solche auch in dem Ausdrucke notwendig wird. Auf diesem Grunde beruhet nun die ganze Kunst, aus einer Sprache in die andere zu übersetzen. (Breitinger, *Crit. Dichtkunst*, zitiert nach Senger 1971:39f.)

Auch wenn der Schweizer Breitinger hier die im Gottsched-Kreis vertretene mechanistische Auffassung vom Übersetzen uneingeschränkt zu teilen scheint, geht er doch einen entscheidenden Schritt weiter. Die Schwierigkeiten der Milton-Übersetzung schärften bei ihm – wie auch bei Bodmer – erstmals das Bewußtsein für die Besonderheiten der poetischen Sprache. Insbesondere die Probleme der Übersetzung von Metaphern und Redensarten verdeutlichten ihm, daß zwischen Form und Inhalt ein innerer Zusammenhang bestehen muß – eine Erkenntnis, die zwangsläufig zur Forderung nach Treue nicht nur gegenüber dem vermeintlich objektiven Inhalt des Originals, sondern auch „der Form und Art“ desselben führen mußte. Wie Friedmar Apel feststellte, entwickelte sich bei Bodmer und Breitinger „aus der Einsicht in die Schwierigkeit der Übersetzung [...] ein Interesse am Zusammenhang der Zeichen wie der Ereignisse untereinander, das die Grundmotive der in der Romantik sich entfaltenden philologischen Sprachbetrachtung bereits erkennen läßt" (Apel 1982:59). Wenn auch von einer eigentlichen Wende in der Diskussion des Übersetzungsproblems noch nicht gesprochen werden kann, so zeichnet sich doch zumindest bei den Schweizern eine – wenn auch unbewußte – Abkehr von der Tradition der freien Übersetzung ab.

3. Herder und die Romantik

Die Wende in der Übersetzungstheorie konnte sich erst mit einer Wende in der Sprachauffassung vollziehen. Es war vor allem Herder vorbehalten, die sprachtheoretischen Voraussetzungen für die sich in der Romantik etablierende Theorie der uneingeschränkten, philologischen Treue zum Original zu schaffen (vgl. dazu u.a. Sdun 1967:27–30). Was in Bodmers und Breitingers Äußerungen zwar impliziert, jedoch nicht gedanklich ausgelotet wurde, arbeitet Herder zu einem umfassenden, die Sprach- und Literaturauffassung revolutionierenden Erklärungsmodell aus (eine Zusammenfassung findet sich bei Apel 1982:84–89 oder Apel 1983:47–49). Herder rückt ab von der aufklärerischen Vorstellung von der ursprünglichen Einheit aller Sprachen und erkennt in der je verschiedenen Auseinandersetzung der Menschen mit ihrer Umwelt die Bedingung für die Sprachenvielfalt. Somit erkennt er die Sprache nicht als etwas Gegebenes, sondern als Ergebnis eines unabgeschlossenen Prozesses, im Laufe dessen sich der Mensch die Dinge erst sprachlich aneignen muß. Die Sprache erhält so bei Herder eine Erkenntnisfunktion, die Gedanke und Form nur als unauflösliche Einheit denken läßt. Unter dieser Voraussetzung erscheint die Übersetzung als der im Grunde unmögliche Versuch, etwas Unnachahmliches nachzuahmen. Dennoch enden Herders Überlegungen zum Übersetzen nicht in einer Sackgasse. Er deutet die Unmöglichkeit, in der Zielsprache genau dasselbe auszudrücken wie in der Ausgangssprache, positiv aus, indem er das Neue, Andere, das mit der Übersetzung entsteht, als sichtbar gewordenes Zeichen für die Progressivität der Sprache wertet.

Wie kaum eine andere Epoche hat sich die Romantik dem Problem der Übersetzung angenommen (vgl. hierzu v.a. Huyssen 1969; aber auch Sdun 1967:37–48, Apel 1982:89–136 und Apel 1983:50–55). Diese erfuhr insbesondere durch die Frühromantik eine Aufwertung, die sie schließlich als Ideal der Dichtung erscheinen ließ. Für den Programmatiker der Frühromantik, Friedrich Schlegel, lag das Hauptproblem der Übersetzung in der historischen Differenz vom Original zum Moment der Entstehung der Übersetzung. Da die Geschichte und mit ihr die Menschen und die Sprache in ewigem Wandel begriffen sind, kann der Übersetzer ein „identisches" Werk gar nicht schaffen. Die Übersetzung kann folglich nur verweisen, niemals nachbilden. Zudem bringt sie immer nur das jeweilige Verständnis des Übersetzers vom Original zum Ausdruck, da es ein „objektives" Verstehen für den Romantiker nicht gibt. Der Verweischarakter und die prinzipielle Unabgeschlossenheit der Übersetzung beweisen das Fortleben der Dichtung und machen sie zu einer Kunstform, in der das romantische Ideal der Progressivität verwirklicht ist. Indem, wie Novalis es in seinem *Blüthenstaub-Fragment* formulierte, der Übersetzer den Dichter „nach seiner und des Dichters eigener Idee zugleich reden lassen [kann]" (Störig 1963:33) und somit zwei dichterische Stimmen miteinander verschmelzen, verwirklicht sich in der Übersetzung die romantische Sehnsucht nach Einheit allen Seins. Insofern erscheint es verständlich, daß für Novalis der Übersetzer als „Dichter des Dichters" sogar eine höherwertige Tätigkeit ausübt als der Dichter selbst.

Sehr viel stärker an der Praxis orientiert sind August Wilhelm Schlegels Bemerkungen zum Problem. Ausgehend von der Überlegung, daß die poetische Form den Sinn gestaltet, erhebt er die Treue gegenüber der Form des Originals zum leitenden Prinzip bei der Übersetzung. Er geht sogar so weit, Regelverstöße gegen die Grammatik der deutschen Sprache um der ausgangssprachlichen, poetischen Form willen in Kauf zu nehmen.

In diesen Zusammenhang fügen sich auch Goethes Bemerkungen zum Übersetzen ein, die zwar eigentlich nicht der Romantik zuzuzählen sind, sich aber in vielem mit den Theorien der Romantiker berühren. In seiner dreistufigen Klassifizierung der Übersetzungsarten stellt er eine Art historischer Rangfolge auf, in der er eine Form der Interlinearversion als die „höchste und letzte" Stufe bezeichnet, die ein Volk erreichen kann. Sie steht zeitlich nach und qualitativ über der schlichten „prosaischen Übersetzung", die „uns in unserem Sinne mit dem Auslande bekannt" macht und der „parodistischen", mit der „man sich in die Zustände des Auslandes zwar zu versetzen, aber eigentlich nur fremden Sinn sich anzueignen und mit eignem Sinne wieder darzustellen bemüht ist" (Störig 1963:36). Wenn Goethe eine nach Identität mit dem Original strebende Übersetzung als Ideal aller Übersetzungen bezeichnet, so wird darin deutlich, wie sehr er Herder und der Romantik verpflichtet ist. Mit seiner vielzitierten Klassifizierung reicht er dieses übersetzungstheoretische Erbe weiter an die Philologen des 19. Jahrhunderts, die es in einem hermeneutischen Begriffsrahmen weiter diskutieren sollten.

4. 19. Jahrhundert: Schleiermacher – Humboldt – Wilamowitz-Moellendorff

Die 1813 vor der Königlichen Akademie der Wissenschaften zu Berlin verlesene Abhandlung *Über die verschiedenen Methoden des Uebersezens* von Friedrich Schleiermacher gehört wohl zu den bekanntesten Stücken der Literatur zur Übersetzungstheorie (s. Art. 31). Es ist Schleiermachers hohe Wertschätzung des Fremden einerseits und seine Sprachauffassung andererseits, die seine Überlegungen zum Übersetzen bestimmen. Schleiermacher geht aus von einer dialektischen Beziehung zwischen Mensch und Sprache; einerseits ist das menschliche Denken ein Erzeugnis der Sprache, andererseits „bildet jeder freidenkende geistig selbstthätige Mensch auch seinerseits die Sprache" (Störig 1963:43). Ausdruck und Gedanke sind somit „wesentlich und innerlich [...] ganz dasselbe" – eine Überzeugung, zu der bereits Herder gelangt war. Nur der Philologe, der über eine genaue Kenntnis der fremden Sprache, ihrer Kultur und Geschichte verfügt, kann es Schleiermacher zufolge wagen, *sein* Verständnis von dem fremden Werk auch dem nichtkundigen Leser übermitteln zu wollen. Hierfür nun führt Schleiermacher zwei Wege an: „Entweder der Uebersezer läßt den Schriftsteller möglichst in Ruhe, und bewegt den Leser ihm entgegen; oder er läßt den Leser möglichst in Ruhe und bewegt den Schriftsteller ihm entgegen" (Störig 1963:47). Die erste Methode würde danach streben, einen Text zu schaffen, der sich wie ein Original liest. Diese Methode jedoch muß Schleiermacher aufgrund seiner Sprachauffassung verwerfen, da mit einem Wechsel der Zeichen immer auch ein Wechsel der Gedanken verbunden ist. Und so erklärt er dann auch diese Alternative als Illusion:

> Ja was will man einwenden, wenn ein Uebersezer dem Leser sagt, Hier bringe ich dir das Buch, wie der Mann es würde geschrieben haben, wenn er es deutsch geschrieben hätte; und der Leser ihm antwortet, Ich bin dir ebenso verbunden, als ob du mir des Mannes Bild gebracht hättest, wie er aussehen würde, wenn seine Mutter ihn mit einem anderen Vater erzeugt hätte. (Störig 1963:65)

Der Übersetzer muß also den anderen Weg einschlagen und einen Text schaffen, dem „die Spuren der Mühe aufgedrückt sind und das Gefühl des fremden beigemischt bleibt" (Störig 1963:45).

In der Praxis nähert sich eine solche Übersetzung der auch von Goethe befürworteten Interlinearversion an. Ähnlich wie Schleiermacher argumentiert auch Wilhelm von Humboldt im Vorwort zu seiner Agamemnon-Übersetzung. Da „kein Wort Einer Sprache vollkommen einem in einer anderen Sprache gleich ist" (Störig 1963:80), ist der „wahre Sinn" durch eine Übersetzung niemals einzufangen. Der Übersetzer vermag immer nur sein eigenes, subjektives Verständnis vom Original zu übermitteln, und so hat jede Übersetzung auch nur für eine bestimmte Zeit Gültigkeit.

Unter dem Geist kultureller und politischer Liberalität konnte sich die Übersetzungstheorie in der ersten Hälfte des 19. Jahrhunderts zu voller Blüte entfalten. Diese fruchtbare Entwicklung kam in der zweiten Jahrhunderthälfte unter dem Eindruck eines fortschreitenden Materialismus und der zunehmenden Betonung nationaler Gesinnung zum Stillstand. In seinem Aufsatz „Was ist übersetzen" (1891) kehrt Ulrich von Wilamowitz-Moellendorff zu einem Übersetzungsbegriff zurück, der alle hermeneutischen Erkenntnisse der unmittelbaren Vergangenheit ignoriert:

> Es gilt auch hier, den Buchstaben zu verachten und dem Geiste zu folgen, nicht Wörter noch Sätze, sondern Gedanken und Gefühle aufnehmen und wiedergeben. Das Kleid muß neu werden, sein Inhalt bleiben. Jede rechte Übersetzung ist Travestie. Noch schärfer gesprochen, es bleibt die Seele, aber sie wechselt den Leib: die wahre Übersetzung ist Metempsychose. (zitiert nach Apel 1983:60)

Hier offenbart sich eine Sprachauffassung, von der sich bereits Herder verabschiedet hatte. Dem Rückschritt in der Theorie entspricht in der Praxis eine Rückkehr zu der „eindeutschenden“ Methode, die von den Aufklärern befürwortet wurde. Die Übersetzungen der Jahrhundertwende sind nahezu ausnahmslos von jenem „bürgerlichen Stil“ gekennzeichnet, der auch für die einheimische Literatur charakteristisch ist.

5. 20. Jahrhundert

Es war vor allem Stefan George, der – in radikaler Ablehnung des bürgerlichen Stils – die Erneuerung der dichterischen Sprache forderte und mit seinen eigenwilligen Übersetzungen Form und Gestalt zum beherrschenden Prinzip der Lyrik erhob (s. Art. 75). Der Dichtungskonzeption des George-Kreises entspricht die Übersetzungstheorie Walter Benjamins. Dem ästhetizistischen Postulat, der Inhalt der Dichtung sei ihr Unwesentlichstes, entspricht Benjamins Forderung, die Übersetzung müsse „vom Sinn in sehr hohem Maße absehen“ (Störig 1963:166). Benjamin knüpft an Goethe an, wenn er erklärt, die „wahre Übersetzung“ sei „durchscheinend“ und dürfe dem Original „nicht im Licht“ stehen, und somit der Interlinearversion den Vorzug gibt. Allerdings begründet sich diese Haltung – anders als bei Goethe – auf einem mystischen Sprachbegriff. Benjamin geht aus von einer überhistorischen Verwandtschaft aller Sprachen, einem paradiesischen Urzustand, der sich an der Übersetzbarkeit erahnen läßt. Durch Wörtlichkeit könne der Übersetzer an diesen Keim rühren, der zwar allen Sprachen gemeinsam ist, jedoch nur „der Allheit ihrer einander ergänzenden Intentionen erreichbar ist“ (Störig 1963:166). Diesen Keim nennt Benjamin „die reine Sprache“.

Nach Benjamin faßte 1927 noch Wolfgang Schadewaldt den Erkenntnisstand zum Problem des Übersetzens zusammen, bevor der Nationalsozialismus die Diskussion in Deutschland zunächst zum Verstummen brachte. Sie wurde im Ausland vor allem durch Ortega y Gasset, Valéry und Cary weitergeführt.

Mit Beginn der 60er Jahre nahmen sich dann die verschiedensten Wissenschaftsbereiche der Übersetzung an, die sich von der traditionellen Dichotomie „wörtlich oder frei“ zu befreien suchten und das Problem unter linguistischen, didaktischen, hermeneutischen, soziologischen, literatur- oder kulturhistorischen Aspekten zu erörtern begannen.

Literatur

Apel, Friedmar (1982): *Sprachbewegung. Eine historisch-poetologische Untersuchung zum Problem des Übersetzens*. Heidelberg: Winter.

Apel, Friedmar (1983): *Literarische Übersetzung*. Stuttgart: Metzler.

Bassnett-McGuire, Susan (1980): *Translation Studies*. London: Methuen.

Hoof, Henri van (1986): *Petite histoire de la traduction en occident*. Louvain-La-Neuve: Cabay.

Huber, Thomas (1968): *Studien zur Theorie des Übersetzens im Zeitalter der deutschen Aufklärung 1730–1770*. Meisenheim am Glan: Anton Hain.

Huyssen, Andreas (1969): *Die frühromantische Konzeption von Übersetzung und Aneignung. Studien zur frühromantischen Utopie einer deutschen Weltliteratur*. Züricher Beiträge zur deutschen Literatur- und Geistesgeschichte 33. Zürich: Atlantis.

Kloepfer, Rolf (1967): *Die Theorie der literarischen Übersetzung. Romanisch-deutscher Sprachbereich*. München: Fink.

Sdun, Winfried (1967): *Probleme und Theorien des Übersetzens in Deutschland vom 18. bis zum 20. Jahrhundert*. München: Hueber.

Senger, Anneliese (1971): *Deutsche Übersetzungstheorie im 18. Jahrhundert (1734–1746)*. Bonn: Bouvier.

Störig, Hans-Joachim (Hrsg.) (1963/[2]1969): *Das Problem des Übersetzens*. Wege der Forschung VIII. Darmstadt: Wissenschaftliche Buchgesellschaft.

Stefanie Hohn (Düsseldorf)

25. Descriptive Translation Studies

Mit *Descriptive Translation Studies* (DTS) wird eine zieltextorientierte und empirische Richtung der modernen Übersetzungswissenschaft bezeichnet, die vor allem in den 80er Jahren an Bedeutung gewonnen hat. Ihre Vertreter, die auch unter der Bezeichnung *Manipulation School* zusammengefaßt werden, stehen für einen nicht-präskriptiven, historisch ausgerichteten und kontextsensitiven Ansatz in der Übersetzungsforschung. Der Schwerpunkt des wissenschaftlichen Interesses liegt dabei auf dem Gebiet der literarischen Übersetzung.

1. Geschichtlicher Überblick

Die wesentlichen Ideen der DTS wurden in den 70er Jahren entwickelt. In seinem Aufsatz „The Name and Nature of Translation Studies" (1972) skizzierte der Amerikaner James Holmes die Grundzüge einer zukünftigen übersetzungswissenschaftlichen Disziplin. Diese sollte aus einem zentralen Bereich „reiner" Forschung, den er in einen theoretischen und einen deskriptiven Zweig unterteilte, sowie einem „angewandten" Bereich bestehen (Holmes 1988). Etwa zur selben Zeit entwickelte der israelische Wissenschaftler Itamar Even-Zohar seine sogenannte Polysystem-Theorie, in der übersetzte Literatur einen gleichberechtigten Platz neben anderen kanonischen und nicht-kanonischen literarischen Formen einnahm. Währenddessen wurde von seinem Landsmann Gideon Toury ein streng empirischer übersetzungswissenschaftlicher Ansatz ausgearbeitet (Toury 1980). Auf einer Reihe von wegweisenden Tagungen in Leuven (1976), Tel Aviv (1978) und Antwerpen (1980) trafen Holmes, Even-Zohar und Toury auf andere, ähnlich denkende Wissenschaftler (darunter José Lambert, André Lefevere, Raymond van den Broeck, Susan Bassnett) und diskutierten mit ihnen die Ausarbeitung eines gemeinsamen deskriptiven und zieltextorientierten Ansatzes (Holmes et al. 1978, Even-Zohar/Toury 1981, Lefevere 1982). Mit dem Sammelband *The Manipulation of Literature* (Hermans 1985) wurde ihre Arbeit, die sich als „a new paradigm" (Hermans 1985:10) verstand, einem internationalen Publikum präsentiert. Im weiteren Verlauf der 80er Jahre gewann dieser Ansatz immer größere Bedeutung: zum einen griffen jüngere Wissenschaftler in ihren Arbeiten die neuen Ideen auf, zum anderen wurde die Palette der behandelten Themen stark erweitert, die nunmehr von Kinderliteratur, Detektivgeschichten, Filmsynchronisation und -untertitelung über mittelalterliche irische Poesie, koreanische und türkische Literatur aus dem 19. Jahrhundert bis hin zu zeitgenössischen spanischen und finnischen Theaterstükken reichen.

Das für diese Untersuchungen nötige theoretische Instrumentarium blieb dabei Gegenstand von Diskussionen. Während Even-Zohar und Toury ihre früheren Positionen in jüngeren Publikationen (Even-Zohar 1990, Toury 1995) weitgehend beibehielten, strebte André Lefevere eine Erneuerung des konzeptuellen Rahmens an (Lefevere 1992a, 1992b). Susan Bassnett ortete eine ‚kulturelle Wende' in der Übersetzungswissenschaft, José Lambert machte auf verschiedene Formen ‚versteckter' Übersetzungen in der heutigen Gesellschaft aufmerksam und Lieven D'hulst beschäftigte sich mit Fragen einer Geschichtsschreibung der Übersetzung.

Von verschiedenen Seiten wurden die Grundsätze der deskriptiven Richtung auch kritisiert: Armin Paul Frank (1990) stellte den Begriff des ‚Systems' in Frage, Tejaswini Niranjana (1992) brachte aus postkolonialer Sicht (s. Art. 27) Einwände gegen die vermeintliche Wertfreiheit des deskriptiven Ansatzes vor, Antoine Berman (1995) formulierte ausgehend von der Hermeneutik (s. Art. 31) eine ähnliche Kritik an der im Deskriptivismus verbreiteten Ablehnung von Werturteilen, Edwin Gentzler (1993) und Matthijs Bakker (1995) schließlich kritisierten unter dekonstruktivistischer Perspektive die theoretische und methodologische Ausrichtung der DTS.

In der Betonung des funktionalen Aspekts und der Unidirektionalität der Übersetzung sowie der Adressatenorientiertheit lassen die DTS Parallelen zu Hans Vermeers Skopostheorie (s. Art. 28) erkennen, allerdings besteht bei den Vertretern der DTS kaum Interesse an Fragen der Übersetzungskritik oder der Übersetzerausbildung.

2. Wege und Ziele

Die am häufigsten zitierte Darstellung des deskriptiven Ansatzes faßt die grundsätzlichen Positionen ihrer Vertreter zusammen, nämlich:

> a view of literature as a complex and dynamic system; a conviction that there should be a continual interplay between theoretical models and practical case studies; an approach to literary translation which is descriptive, target-oriented, functional and systemic; and an interest in the norms and constraints that govern the production and reception of translations, in the relation between translation and other types of text processing, and in the place and role of translations both within a given literature and in the interaction between literatures. (Hermans 1985:10f.)

Die DTS entstanden in einem sehr gegensätzlich orientierten Wissenschaftskontext. Wie neu die mit dem deskriptiven Ansatz eingeschlagene Richtung war, wird deutlich, wenn man sie den damals vorherrschenden Ansichten gegenüberstellt. Die meisten systematischen Untersuchungen auf dem Gebiet der Übersetzung in den 60er und 70er Jahren wurden von der Linguistik im Hinblick auf die Übersetzerausbildung vorgenommen. Deskriptive Forschungen richteten sich vehement sowohl gegen die dabei übliche Reduzierung der Übersetzung auf eine rein sprachliche Operation als auch gegen den präskriptiven und praxisorientierten Schwerpunkt von angewandter Forschung. Im Rahmen einer solchen angewandten Forschung werden – so das Argument der Deskriptivisten – Übersetzungen nicht in ihrem tatsächlichen Ist-Zustand untersucht, sondern es wird a priori festgelegt, wie sie – idealerweise – sein sollten. Im Gegensatz dazu beansprucht der empirische Ansatz für sich, Übersetzungen in ihren tatsächlichen Erscheinungsformen, mit all ihren Fehlern und Schwächen, als historische und kulturelle Phänomene zu betrachten. Das Ziel besteht dabei nicht in der Veränderung der übersetzerischen Praxis, der Verbesserung der Übersetzungskritik oder der Optimierung der Ausbildung. Vielmehr sollen Erklärungen dafür gefunden werden, wie die Übersetzung in Gesellschaft und Geschichte funktioniert. Toury betrachtet es folglich nicht als vordringlich, eine immanente oder allgemeingültige Definition von Übersetzung zu liefern; statt dessen sollen Wissenschaftler jene Texte als ihren Forschungsgegenstand ansehen, die in einer bestimmten Kultur, aus welchen Gründen auch immer, als Übersetzung gelten.

Trotz mancher theoretischer Unschärfen erwies sich diese neue Richtung zweifelsohne als bahnbrechend. Für die Forschung ergeben sich daraus zwei äußerst bedeutsame Konsequenzen. Erstens: Die Gemeinschaft, auf die sich die Untersuchung konzentriert, ist immer die übersetzende Gemeinschaft, d.h. die zielsprachliche Kultur, denn in dieser erfüllt die Übersetzung ihre – wie auch immer geartete – Funktion. Daher wird der Forscher sein Interesse zunächst darauf richten, welche Texte in der Zielkultur zur Übersetzung ausgewählt werden, wie, von wem und zu welchem Zweck sie übersetzt werden, wie die Übersetzungen rezipiert werden und in welcher Art und Weise sich die Übersetzung in andere Formen der Textproduktion einfügt usw. In der danach folgenden funktionalen, produkt- und zielorientierten Untersuchung wird versucht, Erklärungen für die gewonnenen Daten zu erhalten. Als Instrument eignet sich dazu die von Even-Zohar auf der Grundlage des russischen Formalismus und des Prager Strukturalismus entwickelte Polysystem-Theorie. Diese besagt, daß die jeweilige Literatur und Kultur vielschichtige miteinander interagierende und widerstreitende Gebilde darstellen, in denen verschiedene Gruppen um die Vorherrschaft wetteifern. In diesen Machtkämpfen können bestimmte kulturelle Ausdrucksformen, literarische Formen und auch Übersetzungen zum Einsatz kommen. Diese verschiedenen Kräfte stellt Even-Zohar durch Oppositionspaare dar, wie etwa das Zentrum und die Peripherie eines bestimmten Systems, die innovativen und die konservativen Funktionen oder die kanonischen und die nicht-kanonischen Literaturformen. Im Hinblick auf die Übersetzung bedeutet dies, daß sie je nach der intendierten Funktion unweigerlich in irgendeiner Art verändert – manipuliert – wird. Erklärungen dafür, warum bestimmte Ausgangstexte in einer bestimmten Weise übersetzt werden, sind somit im System der Zielkultur zu finden. Daraus folgt, daß durch den Ausgangstext (AT) keine ausreichenden Erklärungen für die Gestaltung der Übersetzung geliefert werden können. Allerdings geht Toury (1985:19) in seinen

Ausführungen zu weit, wenn er behauptet, „that translations are facts of one system only: the target system“. André Lefevere (1992a) führte in der Folge die drei Kategorien „poetics“, „ideology“ und „patronage“ in seine Diskussion über die verschiedenen, vor allem für die literarische Übersetzung bedeutsamen Faktoren ein. Sprache hingegen – so seine provokante These – sei in der Übersetzung der unwichtigste Faktor: worauf es tatsächlich ankomme, seien die Akzeptabilität und die Kontrolle im poetologischen und ideologischen Sinn oder eben die Ausübung von Macht. Er betonte auch, daß Übersetzung als eine Form von Textproduktion oder *rewriting* angesehen werden sollte. Sowohl Even-Zohar als auch Lefevere stimmen darin überein, daß sich eine Kultursoziologie, wie sie von Pierre Bourdieu vorgelegt wurde, bestens in den polysystemischen Untersuchungsansatz integrieren läßt; gleiches gilt auch für die Arbeiten von z.B. Jurij Lotman, Claudio Guillén, Siegfried J. Schmidt oder Niklas Luhmann.

Die zweite Konsequenz, die sich aus dem empirischen Ansatz ergibt, besteht in der Infragestellung des Äquivalenzkonzepts. In den meisten Ansätzen stellte bis dahin die Äquivalenz sowohl das Ziel als auch die Voraussetzung für Übersetzungen dar: in jeder Übersetzung sollte einerseits Äquivalenz mit dem AT angestrebt werden, andererseits wurden nur jene Zieltexte (ZT), die eine hinreichende Äquivalenz – welche wiederum unterschiedlich definiert wurde – aufwiesen, als Übersetzungen betrachtet. Linguisten und praxisorientierte Übersetzungswissenschaftler von Eugene Nida bis Werner Koller unterschieden verschiedene Äquivalenztypen und -hierarchien (s. Art. 39). Was dabei gleich blieb, war die zentrale Rolle dieses Begriffs bei der Unterscheidung zwischen Übersetzung und Nicht-Übersetzung. Mit Tourys pragmatischer Auffassung, in der jeder Text als Übersetzung gilt, der in einer Kultur als Übersetzung akzeptiert wird, verliert der Äquivalenzbegriff seine Bedeutung und ist nichts weiter als eine Etikette. Sobald man einen Text als die Übersetzung eines anderen Textes betrachtet, beschließt man, die Relation zwischen diesen beiden Texten als Äquivalenzbeziehung zu bezeichnen. Das Untersuchungsinteresse verlagert sich damit auf die Frage, worin diese Äquivalenzbeziehung besteht.

Was das nötige methodologische Instrumentarium betrifft, so wurden von Toury zwei Wege vorgeschlagen: Ersterer, der inzwischen von Toury selbst (1995:84) als undurchführbar aufgegeben wurde, bestand darin, ein mehr oder weniger objektives tertium comparationis festzusetzen, also eine hypothetische Rekonstruktion der textinternen Beziehungen des Originals. Der zweite, vielversprechendere Weg wurde mit dem Begriff der übersetzerischen Normen beschritten. Ausgehend von Levýs (1967) Vorschlag, Übersetzen als Entscheidungsprozeß zu betrachten, stellt Toury die Behauptung auf, daß übersetzerische Entscheidungen nicht auf Zufälligkeit basieren, sondern von erlernten und in einer Kultur als gültig anerkannten Normen gesteuert werden. Da durch die Entscheidungen des Übersetzers die Form des ZT und damit die Beziehung zwischen Übersetzung und Original determiniert werden, kann diese Beziehung (die als Äquivalenzrelation bezeichnet wird) als Ergebnis der Anwendung bestimmter übersetzerischer Normen bezeichnet werden. Aus der Summe der übersetzerischen Normen, die in einer bestimmten Gesellschaft in einer bestimmten Zeit gültig sind, läßt sich die Auffassung und Vorstellung, die diese Gesellschaft von Übersetzungen hat, ableiten. Das Konzept der Normen, das in jüngerer Zeit weiter ausgearbeitet wurde (vgl. Poltermann 1990, Hermans 1996), liefert somit ein wichtiges Werkzeug zur Erfassung des Übersetzungsbegriffes, wie er in der übersetzerischen Praxis von Einzelpersonen oder Gruppen verwendet wird. Dabei wird deutlich, daß Übersetzungsbegriffe geschichtlich determinierte, kulturgebundene und Veränderungen unterworfene Phänomene sind. Um aus einem schriftlichen Text eine Reihe von Normen und von diesen wiederum einen Übersetzungsbegriff ableiten zu können, muß der Forscher jedoch über alle empirischen Objektivierungsversuche hinaus noch immer über großes interpretatorisches Geschick verfügen.

3. Gesamtbeurteilung und Zukunftsperspektiven

Eine der Hauptleistungen des deskriptiven Ansatzes besteht darin, die Kontextabhängigkeit der Übersetzung, wie sie bei der Untersuchung von Normen deutlich geworden ist, erkannt zu haben. Übersetzerische Normen und Praktiken sind eng mit den ideologischen und ästhetischen Ansichten einer Gesellschaft sowie deren Wertvorstellungen verknüpft (vgl. vor allem Lefevere 1992a, 1992b). Übersetzte Texte müssen daher in einem breiten soziokulturellen Rahmen untersucht werden. Darüber hinaus muß auch bedacht werden, daß Übersetzungen niemals völlig absichtslos und transparent sind: das geistig-politische Klima, in dem sie gemacht werden, die Art und Weise, in der sie in der Folge wahrgenommen und beurteilt werden, sowie die Interessen, denen sie dienen, müssen in die Forschung mit einbezogen werden. In dieser Hinsicht ist es das Verdienst der Manipulation School, die Untersuchung von Übersetzungen, und insbesondere von literarischen Übersetzungen, in eine Richtung gelenkt zu haben, die auch in anderen Fächern, wie z.B. der Pragmatik, den Kulturwissenschaften und ähnlichen interdisziplinär ausgerichteten Bereichen, verfolgt wird.

Ein weiteres produktives Ergebnis, das die empirische Ausrichtung mit sich brachte, ist das Bewußtsein um die Vielfalt und Relativität der verschiedenen Übersetzungsbegriffe. Das Paradigma hat Initialzündung gehabt, nicht nur für Forschungen auf dem Gebiet der Übersetzungsgeschichte – darunter auch einige Großprojekte (vgl. z.B. Lambert 1988) –, sondern auch für ein tiefgehendes Interesse an sowohl historischen als auch zeitgenössischen Abhandlungen zur Übersetzung. Durch diese historischen und transkulturellen Arbeiten wird immer wieder deutlich, wie unbeständig die Auffassung von Übersetzung letztlich ist. Dies bedeutet, daß der Forscher durch die Relativität und ‚Andersheit' verschiedener Übersetzungsbegriffe gezwungen ist, seine eigene Position zu überdenken: denn er steht als Person selbst in einem bestimmten geschichtlichen und kulturellen Zusammenhang, der wiederum einen bestimmten Übersetzungsbegriff verinnerlicht hat. Genauere Untersuchungen der damit verbundenen theoretischen Konsequenzen stehen allerdings noch aus.

Aufgabe von Theorien ist es nicht nur, einen Erklärungsrahmen zu liefern, sondern auch das für Untersuchungen nötige Instrumentarium bereitzustellen und zu weiteren Forschungsarbeiten anzuregen. Der deskriptive Ansatz, der in zahlreichen – meistens, wenn auch nicht ausschließlich, literarischen – Bereichen zur Anwendung gekommen ist, kann in dieser Hinsicht als sehr erfolgreich bezeichnet werden. In einigen Darstellungen (z.B. Snell-Hornby 1995:22ff.) wird er zu den führenden Schulen in der heutigen Übersetzungswissenschaft in Europa gezählt. Seine Grenzen wurden sowohl von Kritikern, die in diesem Paradigma arbeiten, als auch von Außenstehenden aufgezeigt. Das theoretische Modell ist weiterhin vor allem literarisch ausgerichtet, kleinere Veränderungen wurden zwar vorgenommen, in seinem Kern ist es jedoch seit den 70er Jahren beibehalten worden. Neuere Entwicklungen, wie etwa postkoloniale und poststrukturalistische Theorien (s. Art. 26, 27) sowie Ansätze aus den Gender studies (s. Art. 36), haben bisher hingegen kaum Berücksichtigung gefunden. Auf methodologischer Ebene stellt das Fehlen eines operablen Moduls zur komparativen Mikroanalyse von ZT und AT weiterhin einen Schwachpunkt dar. Die Tatsache, daß in so manchen deskriptiven Analysen in diesem Zusammenhang formalistisch und bisweilen reduktiv vorgegangen wird, ist sowohl auf das begrenzte theoretische Instrumentarium der Polysystem-Theorie als auch auf die jeweiligen Fähigkeiten der einzelnen Forscher zurückzuführen. Und schließlich ist heute noch nicht eindeutig klar, welches Ziel mit diesen Arbeiten verfolgt werden soll. Toury (1995:259ff.) strebt die Formulierung von Universalgesetzen an, mit denen übersetzerisches Verhalten erfaßt werden kann, andere wiederum richten ihr Interesse auf die inhärenten theoretischen Paradoxien, die vielgestaltigen zeitgenössischen Manifestationsformen und die große historische Komplexität sowie die Auswirkungen von Übersetzungen. Statt der ursprünglichen Einheit der DTS, die die erste Forschergeneration prägte, wird allmählich eine immer größere Vielfalt in den Untersuchungsperspektiven deutlich.

Literatur

Bakker, Matthijs (1995): „Metasprong en wetenschap: een kwestie van discipline". Delabastita, Dirk / Hermans, Theo (Hrsg.) (1995): *Vertalen historisch bezien.* Den Haag: Bibliographia Neerlandica, 141–162.

Bassnett, Susan / Lefevere, André (Hrsg.) (1990): *Translation, History and Culture*. London: Pinter.
Berman, Antoine (1995): *Pour une critique des traductions: John Donne*. Paris: Gallimard.
Delabastita, Dirk (1991): „A False Opposition in Translation Studies: Theoretical versus/and Historical Approaches". *Target* 3, 137–152.
Delabastita, Dirk / D'hulst, Lieven (Hrsg.) (1993): *European Shakespeares. Translating Shakespeare in the Romantic Age*. Amsterdam: Benjamins.
D'hulst, Lieven (1995): „Pour une historiographie des théories de la traduction: questions de méthode". *TTR* 8/1, 13–34.
Even-Zohar, Itamar (1978): *Papers in Historical Poetics*. Tel Aviv: Porter Institute, Tel Aviv University.
Even-Zohar, Itamar (1990): „Polysystem Studies". Special issue of *Poetics Today* 11, 1.
Even-Zohar, Itamar / Toury, Gideon (1981): „Theory of Translation and Intercultural Relations". Special issue of *Poetics Today* 2, 4.
Frank, Armin Paul (1990): „Systems and Histories in the Study of Literary Translations: a Few Distinctions". Bauer, Roger / Fokkema, Douwe (Hrsg.) (1990): *Proceedings of the XIIth Congress of the International Comparative Literature Association*, vol. 1. Munich: Iudicium, 85–98.
Gallego Roca, Miguel (1994): *Traducción y literatura: los estudios literarios ante las obras traducidas*. Madrid: Jucar.
Gentzler, Edwin (1993): *Contemporary Translation Theories*. London: Routledge.
Hermans, Theo (Hrsg.) (1985): *The Manipulation of Literature. Studies in Literary Translation*. London: Croom Helm.
Hermans, Theo (1995): „Toury's Empiricism Version One". *The Translator* 1/2, 215–224.
Hermans, Theo (1996): „Norms and the Determination of Translation: A Theoretical Framework". Alvarez, Román / Vidal, Africa (Hrsg.) (1996): *Translation, Power, Subversion*. Clevedon: Multilingual Matters, 25–51.
Holmes, James (1988): *Translated! Papers on Literary Translation and Translation Studies*. Amsterdam: Rodopi.
Holmes, James / Lambert, José / Van den Broeck, Raymond (Hrsg.) (1978): *Literature and Translation. New Perspectives in Literary Studies*. Leuven: Acco.
Lambert, José (1988): „Twenty Years of Research on Literary Translation at the Katholieke Universiteit Leuven". Kittel, Harald (Hrsg.) (1988): *Die literarische Übersetzung: Stand und Perspektiven ihrer Erforschung*. Berlin: Erich Schmidt, 122–138.
Lambert, José (1991): „Shifts, Oppositions and Goals in Translation Studies: Towards a Genealogy of Concepts". Van Leuven-Zwart, Kitty / Naaijkens, Ton (Hrsg.) (1991): *Translation Studies: The State of the Art*. Amsterdam: Rodopi, 25–38.
Lambert, José (1995): „Translation, Systems and Research: The Contribution of Polysystem Studies to Translation Studies". *TTR* 8/1, 105–152.
Lefevere, André (Hrsg.) (1982): „The Art and Science of Translation". Special issue of *Dispositio* 7.
Lefevere, André (1992a): *Translation, Rewriting and the Manipulation of Literary Fame*. London: Routledge.
Lefevere, André (1992b): *Translating Literature: Practice and Theory in a Comparative Literature Context*. New York: Modern Language Association of America.
Levý, Jiři (1967): „Translation as a Decision Process". *To Honor Roman Jakobson*. Vol. 2. The Hague: Mouton, 1171–1182.
Niranjana, Tejaswini (1992): *Siting Translation. History, Post-Structuralism and the Colonial Text*. Berkeley: University of California Press.
Poltermann, Andreas (1990): „Normen des literarischen Übersetzens im System der Literatur". Kittel, Harald (Hrsg.) (1990): *Geschichte, System, Literarische Übersetzung / Histories, Systems, Literary Translations*. Berlin: Erich Schmidt, 5–31.
Snell-Hornby, Mary (1995): *Translation Studies. An Integrated Approach*. Amsterdam: Benjamins.
Toury, Gideon (1980): *In Search of a Theory of Translation*. Tel Aviv: Porter Institute, Tel Aviv University.
Toury, Gideon (1985): „A Rationale for Descriptive Translation Studies". Hermans (Hrsg.) (1985): 16–41.
Toury, Gideon (1995): *Descriptive Translation Studies and Beyond*. Amsterdam: Benjamins.

Theo Hermans (London)
Aus dem Englischen übersetzt
von Klaus Kaindl (Wien)

26. Dekonstruktion

Die Erkenntnis, daß das dekonstruktivistische Denken insgesamt den Glauben an die unveränderliche Bedeutung eines Wortes oder Begriffs in Frage stellt, erklärt die Schwierigkeit, Dekonstruktion zu definieren und ihre wesentlichen Implikationen für Translation in einigen Sätzen zu diskutieren. Wie der Begründer der Dekonstruktion, Jacques Derrida, erklärte, gehen „alle Sätze wie ‚Dekonstruktion ist x' oder ‚Dekonstruktion ist nicht x' a priori an der Sache vorbei, sind zumindest falsch", da „einer der wesentlichen Gedanken der Dekonstruktion [...] gerade in der Einschränkung der Ontologie und vor allem der dritten Person Präsens Indikativ: S ist P, besteht" (Derrida 1987 in Kamuf 1991:275). Die Schwierigkeit, eine mit ihren grundlegenden Erkenntnissen vereinbare Definition für Dekonstruktion zu finden, steht in engem Zusammenhang damit, daß „alle definitorischen Grundkonzepte [...], die einmal der Definition, dann wiederum der Übersetzung dienen, ebenso direkt oder indirekt dekonstruiert werden oder dekonstruierbar sind. Und dies gilt für das *Wort*, selbst für die Einheit des *Wortes* Dekonstruktion, ja für jedes *Wort*" (Derrida 1987 in Kamuf 1991:274).

Nach Derrida kann folglich Dekonstruktion nicht einfach als „Analyse" oder „Kritik" definiert werden. Ebensowenig ist Dekonstruktion eine „Methode" und „kann auch nicht zu einer solchen werden". Sie ist auch kein „Akt" und keine „Handlung" (Derrida 1987 in Kamuf 1991:273).

Dekonstruktion wird jedoch von Derrida selbst als etwas definiert, das „mit der Destruierung und, wenn nicht der Zerschlagung, so doch der De-Sedimentierung, der Dekonstruktion aller Bedeutungen, deren Ursprung in der Bedeutung des Logos liegt, [beginnt]. Das gilt besonders für die *Wahrheit*" (Derrida [5]1994:23). Innerhalb des gegenwärtigen Denkens, das mit Poststrukturalismus und Postmoderne in Verbindung gebracht wird und sich durch seine radikale Kritik an der Möglichkeit inhärenter Bedeutungen und Wahrheiten fern aller Zwänge von Kontext, Geschichte und Ideologie auszeichnet, ist Derridas Dekonstruktion sicherlich die strikteste, schonungsloseste Lesestrategie mit dem Ziel, die Instabilität und das Spiel der Differenz (oder *différance*), die beide bedeutungskonstituierenden Charakter haben, zu demaskieren.

Dekonstruktion hinterfragt nicht nur die Möglichkeit unveränderlicher „transzendentaler" Bedeutungen, die in ihrer Gesamtheit reproduziert und wiederhergestellt werden können, und führt damit die Implikationen der Saussureschen Theorie des arbiträren, konventionellen Zeichens bis zur letzten Konsequenz, sondern stellt auch implizit und explizit alle traditionellen Auffassungen von Übersetzen in Frage, die von einem idealisierten Transfer unveränderlicher Bedeutungen von einer Sprache in eine andere, von einer Kultur in eine andere, ohne Einmischung der Translatorin bzw. des Translators und ungeachtet ihrer bzw. seiner Übersetzungssituation ausgehen. Wenn dasselbe auch innerhalb des Bereichs, den wir noch als „dieselbe" Sprache fassen können, nicht wiederholt werden kann, d.h., wenn es die Differenz ist, die den Grundzug jedes Bedeutungsprozesses darstellt, dann wird die traditionelle Auffassung von Text als statische, schützende Hülle der vom Autor intendierten, vermeintlich wiederherstellbaren Bedeutung radikal revidiert. Kann der Text, ebenso wie das Zeichen, nicht mehr eindeutig in Signifikant und Signifikat aufgespalten werden, d.h., wenn in einem Prozeß, der nie zu einem reinen definitiven Ursprung führt, Signifikat immer gleichzeitig Signifikant ist, so müssen auch die traditionelle Auffassung von „Original" und die daraus resultierende Beziehung zwischen Übersetzung und ÜbersetzerIn radikal revidiert werden. Da Übersetzung im dekonstruktivistischen Denken immer „die Unterscheidung zwischen Signifikant und Signifikat [praktiziert]", „haben und hatten [wir] es in Wirklichkeit nie mit einer ‚Übertragung' reiner Signifikate von einer Sprache in die andere oder innerhalb ein und derselben Sprache zu tun, welche durch das Mittel oder die ‚Vermittlung' (‚*véhicule*') der Signifikanten unberührt und unangetastet bliebe" (Derrida 1986:57f.). Folglich wird Übersetzung als eine Art von „Transformation" erkannt, d.h. als „geregelte Transformation einer Sprache mittels einer anderen, eines Texts mittels eines anderen" (Derrida 1986:58).

Übersetzung gründet sich nicht mehr auf den Glauben an unveränderliche, übertragbare

Bedeutungen, die vor Differenz sicher sind. Die theoretische Auseinandersetzung mit Übersetzung wendet sich vielmehr vollständig von althergebrachten und desillusionierenden Methoden bzw. Verfahrensweisen ab, die die Arbeit von ÜbersetzerInnen herabwürdigten und in ihrem Wert minderten. Wenn weiters das Ideal der vollkommenen Äquivalenz bzw. die traditionell hartnäckig verteidigte simplizistische Auffassung von Treue aufgegeben wird, Übersetzung folglich kein unlösbares theoretisches Problem mehr ist, auf das herkömmliche Theorien keine Antwort zu geben wissen, so ist durchaus verständlich, daß Übersetzen auch außerhalb der Translationswissenschaft auf andere Disziplinen eine gewisse Faszination ausübt (vgl. Benjamin 1989:9). Derrida brachte nicht umsonst wiederholt zum Ausdruck, daß wir „[m]it [dem] Übersetzungsproblem [...] nicht weniger zu tun haben [werden] als mit dem Problem des Übergangs zur Philosophie" (Derrida 1995:80), d.h. mit der Schwierigkeit, Wahrheiten festzulegen, die objektiv getrennt werden können von der Sprache, in der sie formuliert werden. Über die Grenzen, wie sie der Translation von der traditionellen Sprach- und Literaturwissenschaft gesetzt werden, hinausgehend, versuchen translationswissenschaftliche Fragestellungen aus dekonstruktivistischer Sicht zu einem umfassenden Verständnis von den Beziehungen zwischen Mensch und Sprache (Mutter- und Fremdsprache) und dem Verhältnis der Sprachen untereinander zu gelangen.

Literatur

Benjamin, Andrew (1989): *Translation and the Nature of Philosophy: A New Theory of Words*. London / New York: Routledge.

Derrida, Jacques (1986): *Positionen. Gespräche mit Henri Ronse, Julia Kristeva, Jean-Louis Houdebine, Guy Scarpetta*. Hrsg. v. Peter Engelmann. Edition Passagen 8. Graz / Wien: Böhlau.

Derrida, Jacques ([5]1994): *Grammatologie*. stw 417. Frankfurt a.M.: Suhrkamp.

Derrida, Jacques (1995): *Dissemination*. Hrsg. v. Peter Engelmann. Wien: Passagen.

Kamuf, Peggy (Hrsg.) (1991): *A Derrida-Reader. Between the Blinds*. New York / London etc.: Harvester Wheatsheaf.

Wolf, Michaela (Hrsg.) (1997): *Übersetzungswissenschaft in Brasilien. Beiträge zum Status von „Original" und Übersetzung*. Studien zur Translation 3. Tübingen: Stauffenburg.

Rosemary Arrojo (São Paulo)
Aus dem Englischen übersetzt von Annette Wußler und Michaela Wolf (Graz)

27. Postkolonialismus

Die Mehrdeutigkeit des Begriffs „Postkolonialismus" ergibt sich aus seinen historischen Implikationen: Zum einen bezieht er sich auf den Diskurs der Opposition, wie sie von Anfang an der Kolonisierung entgegengebracht wurde, und ist demnach ebenso alt wie diese selbst; zum anderen bezeichnet er sowohl die Zeit nach der Unabhängigkeit der Kolonien insgesamt als auch die – zum Teil daraus resultierenden – Verhaltens- und Denkweisen in den neu entstandenen Staaten. Wenn nun davon ausgegangen wird, daß die Kulturen der westlichen Welt auf Ausgrenzung aufgebaut sind, so ist offensichtlich, daß sie ihre Autorität vorrangig durch entsprechende Binaritäten darzustellen versuchen: Eigenes/Anderes, Kolonisierer/Kolonisierter, Okzident/Orient etc.

Postkoloniale (Literatur-)Kritik war demnach, ausgehend von Sartre, Fanon oder Memmi, zunächst auf die bipolare Trennung des *Selbst* und des *Anderen* aufgebaut. Diese jedoch birgt die Gefahr in sich, selbst wiederum statische Kategorien zu reproduzieren, die auf eine lediglich Umkehr dieser Dichotomien hinauslaufen können. Postkoloniale KritikerInnen wie Edward Said, Homi Bhabha, Gayatri Spivak u.a. versuchen, diese Denkmuster zu entmythisieren, indem sie die Mechanismen der komplexen Prozesse des Kulturkontakts in all ihren Auswirkungen untersuchen und Subversions-Strategien aufzeigen.

Saids *Orientalismus* (1981) etwa weist überzeugend nach, wie literarische, wissenschaftliche und journalistische Texte sowie Übersetzungsanthologien aus dem 19. Jahrhundert mittels ihres hegemonialen Diskurses ein

Bild des Orients schufen, das ihn diskriminiert und damit einen kolonialen Anspruch des Westens impliziert.

Ebenso wie Said geht Homi Bhabha von einem Kulturverständnis aus, das die Differenz in der Herausbildung kultureller Identitäten in den Vordergrund stellt. Bhabhas Schlüsselbegriff „hybridity" markiert jene – z.T. gewaltvollen – historischen Prozesse der Dekolonisierung, die als Ausdruck ihrer Interpretations- und Produktionsvielfalt kulturelle Mischformen hervorgebracht haben. Daraus resultiert die Einsicht, daß, sobald etwa „Wesen" oder „Ort" einer Kultur diskutiert werden, diese nicht als homogen oder geschlossen verstanden werden können. Bhabha stellt dem das Konzept des „Dritten Raums" entgegen, der weder auf das Selbe noch auf das Andere, die „Erste" oder die „Dritte" Welt reduzierbar ist: Die Konstitution von Bedeutung geschieht über kulturelle Grenzen hinweg und ist prinzipiell in einem „Dritten Raum", einer Art Zwischenzone zwischen bestehenden Bezugssystemen und Gegensätzlichkeiten, angesiedelt (Bhabha 1994:36f.). In diesem Raum sammelt sich das gesamte Potential der *hybridity*: verschiedenste Ausformungen von Synkretismus, Akkulturation, Kreolisierung. Und hier liegen auch Potential und Ausgangspunkt für postkoloniale Übersetzungsstrategien:

> It is that Third Space, though unrepresentable in itself, which constitutes the discursive conditions of enunciation that ensure that the meaning and symbols of culture have no primordial unity or fixity; that even the same signs can be appropriated, translated, rehistoricized and read anew. (Bhabha 1994:37)

Wird davon ausgegangen, daß eine differenzierte Repräsentation kultureller Heterogenität, wie sie für die Translation im postkolonialen Kontext gefordert ist, von diesem *third Space* aus möglich ist, so kommt zunächst der jeweiligen Lesestrategie eine besondere Bedeutung zu. Im Leseakt als erstem Schritt des Übersetzungsaktes ist erkennbar, daß die Translation postkolonialer Texte immer innerhalb eines Kontextes von Differenz und Ungleichheit vorgenommen wird (Ashcroft et al. 1989:189, Maier 1995:29). „Kontrapunktisches Lesen gegen den Strich" ist das von postkolonialen KritikerInnen propagierte Schlagwort (vgl. Kreutzer 1995:203, 212). ÜbersetzerInnen sind demnach gefordert, diese Asymmetrien zu erkennen und entsprechende Übersetzungsstrategien anzuwenden. Als Orientierung können metatextuelle Strategien postkolonialer SchriftstellerInnen wie *glossing* (erklärender Einschub nach einem Wort/einer Wortgruppe in der Sprache der Einheimischen der Ausgangskultur), Fußnoten, Vor- und Nachwörter verstanden werden (Ashcroft et al. 1989:61-77). Solche Strategien kommen zum Einsatz, wenn postkoloniale SchriftstellerInnen in der Sprache ihrer ehemaligen Kolonialmacht schreiben, also bereits einen im weitesten Sinn übersetzten Text produzieren (vgl. Zabus 1995:314f und Memmi 1996:3). Die radikalste Gegenposition zu dieser Praxis vertritt Ngugi (1981), der sich explizit weigert, in der Kolonialsprache zu schreiben und damit implizit für eine Beendigung jeglicher Übersetzungstätigkeit eintritt.

Von translationswissenschaftlicher Seite haben vor allem Cheyfitz (1991), Niranjana (1992) und Venuti (1995) Ansätze entwickelt, die in Anlehnung an poststrukturalistische Theoriebildung kulturelle Hegemonie hinterfragen und in unterschiedlicher Form sowohl allgemein gesellschaftspolitische als auch translationssoziologische Veränderungen und vor allem textuelle Intervention in Richtung „Sichtbarmachen von ÜbersetzerInnen" einfordern (s. auch Art. 36). Exemplarisch seien hier Venutis *resistance strategy* (Venuti 1995:24) bzw. Niranjanas Forderung nach einer Übersetzungspraxis genannt, die „speculative, provisional, and interventionist" sein soll (Niranjana 1992:173).

In Brasilien wurde eine „anthropophagische Übersetzungsmethode" entwickelt, die gleichsam als Antwort auf weiterhin wirksame kolonialistische geistige Einflüsse Europas für den Übersetzungsprozeß die Metapher des Verschlingens verwendet. Diese steht dafür, daß das „Andere" im Text nicht negiert, sondern absorbiert und, mit autochthonen Elementen versehen, neu produziert wird (Wolf 1997).

All diesen Ansätzen und Modellen ist gemeinsam, daß sie Text, AutorInnen und Bedeutung in Frage stellen und ihre Lösungen in einen entsprechend interdisziplinären Rahmen stellen. ÜbersetzerInnen sind demnach gefordert, nicht relativistisch individuellen Interpretationen das Wort zu reden und nicht in der binären Opposition „Selbst-Anderer" westliche Autorenschaft umzukehren, sondern vor dem Hintergrund einer kulturell heterogenen Interpretation die Stimme des „Anderen" im Translat hörbar zu machen: In diesem kreativen Prozeß soll die Polyphonie des ausgangskulturellen Texts in das Translat eingebracht werden und eine Multiperspektivität schaffen, die das kulturelle und sprachliche Repertoire des zielkulturellen Texts erweitert.

Literatur

Ashcroft, Bill / Griffiths, Gareth / Tiffin, Helen (Hrsg.) (1989): *The Empire Writes Back.* London / New York: Routledge.
Ashcroft, Bill / Griffiths, Gareth / Tiffin, Helen (Hrsg.) (1995): *The Post-Colonial Studies Reader.* London / New York: Routledge.
Bhabha, Homi K. (1994): *The Location of Culture.* London / New York: Routledge.
Cheyfitz, Eric (1991): *The Poetics of Imperialism.* New York / Oxford: Oxford UP.
Dingwaney, Anuradha / Maier, Carol (Hrsg.) (1995): *Between Languages and Cultures.* Pittsburgh / London: University of Pittsburgh Press.
Jacquemond, Richard (1992): „Translation and Cultural Hegemony: The Case of French-Arabic Translation." Venuti (1992): 139–158.
Kreutzer, Eberhard (1995): „Theoretische Grundlagen postkolonialer Literaturkritik." Nünning, Ansgar (Hrsg.) (1995): *Literaturwissenschaftliche Theorien, Modelle und Methoden.* WVT-Handbücher zum Literaturwissenschaftlichen Studium 1. Trier: Wissenschaftlicher Verlag.
Maier, Carol (1995): „Toward a Theoretical Practice for Cross-Cultural Translation." Dingwaney / Maier (Hrsg.) (1995): 21–38.
Mehrez, Samia (1992): „Translation and the Postcolonial Experience: The Francophone North African Text." Venuti (Hrsg.) (1992): 120–138.
Memmi, Albert (1996): „Die literarische Heimat des Kolonisierten." *Le Monde Diplomatique.* Deutsche Ausgabe. 2. September 1996, 3.
Ngugi wa Thiong'o (1981): *Decolonizing the Mind.* London: James Currey.
Niranjana, Tejaswini (1992): *Siting Translation.* Berkeley / Los Angeles / Oxford: University of California Press.
Said, Edward W. (1981): *Orientalismus.* Frankfurt a.M. / Berlin / Wien: Ullstein.
Spivak, Gayatri Chakravorty (1988): „Can the Subaltern Speak?" Nelson, Cary / Grossberg, Lawrence (Hrsg.) (1988): *Marxism and the Interpretation of Culture.* London: Macmillan, 271–313.
Venuti, Lawrence (Hrsg.) (1992): *Rethinking Translation.* London / New York: Routledge.
Venuti, Lawrence (1995): *The Translator's Invisibility.* London / New York: Routledge.
Wolf, Michaela (Hrsg.) (1997): *Übersetzungswissenschaft in Brasilien.* Studien zur Translation 3. Tübingen: Stauffenburg.
Zabus, Chantal (1995): „Relexification." Ashcroft et al. (Hrsg.) (1995): 314–318.

Michaela Wolf (Graz)

B3.3 Eigenständige Modelle

28. Skopostheorie

Die Skopostheorie (Vermeer 1978) ist eine allgemeine Theorie der Translation, die durch einen funktionsorientierten Ansatz die Grundlage für ein neues Paradigma in der Translationswissenschaft bildet. Von einem handlungstheoretischen Rahmen ausgehend, legt sie den Schwerpunkt auf das Ziel des translatorischen Handelns (s. Art. 29 und Holz-Mänttäri 1984) und auf den Translator als Experten, der für ein optimales Erreichen dieses Ziels verantwortlich ist.

1. Das Ziel als oberstes Primat der Translation: der Skoposbegriff

Wie jedes Handeln folgt das translatorische Handeln einem Ziel. Diese Zielgerichtetheit kommt im Begriff des „Skopos" als dem obersten Primat der Translation zum Ausdruck. Somit steht nicht der Ausgangstext (AT) als solcher, sondern das intendierte Ziel am Beginn des Translationsprozesses. Die Gestaltung des Translationsvorgangs durch den Translator und die Form des Produkts *(Translat)* werden demnach vom Skopos der Translation bestimmt. Der Skoposbegriff kann sich sowohl auf den Translationsprozeß als auch auf das Translat beziehen. Der Translationsskopos bezeichnet dabei das vom Translator intendierte Ziel, während der Translatskopos für die Funktion des Translats steht, wie sie in der Zielkultur rezipiert wird. Wichtig ist hierbei, daß die vom Translator intendierte prospektive Funktion mit der Funktion, die das Translat in der Zielkultur erfüllt, nur im Idealfall übereinstimmt. Die Faktoren zu erkennen, die in der Zielkultur zu einem optimalen Funktionieren des Zieltextes (ZT) beitragen, d.h. Intention und Funktion näher bringen, ist Voraussetzung für eine professionelle Tätigkeit als Übersetzer/Dolmetscher. „Funktionieren" sollte hier auch unter dem Aspekt des jeweiligen Skopos der Translation verstanden werden.

Beispiel: Ein Translator nimmt den Auftrag an, ein Gedicht für die Werbebranche zu übersetzen. Das Ziel ist es, den Konsum eines Produktes auf dem Markt zu erhöhen. Der Translator erstellt ein Translat, das in der Literaturszene großen Anklang findet, als Werbetext die Rezipienten jedoch nicht anspricht: Das Translat „funktioniert" nicht. Es erfüllt eine andere Funktion als die vorgesehene. Ein anderer Translator produziert mit demselben Ziel ein Translat, das in der Literaturszene nicht als Gedicht betrachtet wird, aber zum Verkauf des Produkts beiträgt: Das Translat funktioniert; es erfüllt die vorgesehene Funktion.

Wichtig ist hier, daß sich Überlegungen zur Übereinstimmung von Intention und Funktion und zur „Optimalität" stets prospektiv auf die Zielkultur und den Skopos beziehen. Fragen, die retrospektiv auf den AT gerichtet sind, wie beispielsweise solche, die Autorintention oder Funktion des AT in der Ausgangskultur betreffen, sind zunächst irrelevant (s. unten). Wie auch aus dem Beispiel hervorgeht, stellt die Skopostheorie keine Forderung nach Funktionskonstanz. Sie vermeidet darüber hinaus die Verabsolutierung eines bestimmten Translationsmodus durch ein Festlegen der Translationsstrategie. Die Entscheidung für eine bestimmte Translationsstrategie ist vom Translationsskopos abhängig. Sowohl das Aufrechterhalten von Funktionskonstanz als auch das Verfolgen einer bestimmten Translationsstrategie kann durchaus Skopos einer Translation sein.

Beispiel: Ein Translator möchte durch die Übersetzung eines Romans fremde Elemente in die Literatur der Zielkultur einführen. Er übersetzt idiomatische Wendungen wörtlich, lenkt die Aufmerksamkeit der Leser auf sprachliche Eigenartigkeit. Ein anderer Übersetzer ist von der philosophischen Tragweite des Romans beeindruckt; sein Skopos ist es, das Gedankengut der Zielgruppe näher zu bringen. Er verfolgt eine Strategie, von der er meint, daß sie am besten zu einem verständlichen Text führt, und vermeidet Fremdartigkeiten in seiner Sprache. Ein dritter Translator macht sich Gedanken über die Möglichkeiten des Übersetzens. Er möchte versuchen, Syntax und Anzahl der Wörter eines AT im Translat beizubehalten, und übersetzt den Roman unter diesem Aspekt. Bei ihm bezieht sich der Skopos auf die Translationsstrategie selbst.

Da die Skopostheorie sowohl im Hinblick auf mögliche Skopoi als auch bezüglich verschiedener Translationsstrategien eine verabsolutierende Haltung vermeidet, ermöglicht sie einerseits die Erklärung der Vielfalt von Translationsphänomenen. Sie bietet ein neues explikativ-deskriptives Instrumentarium, beispielsweise für historische Arbeiten (vgl. Vermeer 1992) und für die Übersetzungskritik (vgl. Ammann 1990; s. Art. 108). Andererseits ist sie als praxisorientierter Ansatz zu verstehen, der Aussagen für eine möglichst optimale skoposadäquate Bewältigung des Translationsprozesses enthält. Der Skoposbegriff kann demzufolge sowohl deskriptive als auch präskriptive Eigenschaft haben.

2. Der Translator als Experte interkultureller Kommunikation

Voraussetzung für eine Translation ist in der Regel der Bedarf an interkultureller Kommunikation (s. Art. 30), mit dem sich ein Auftraggeber an einen Translator wendet. Aufgabe des Translators ist es, die gewünschte Kommunikation zu ermöglichen. Als Handelnder muß er auf jeder Ebene des Prozesses Entscheidungen treffen: Nehme ich den Auftrag an? Wenn ja, unter welchen Bedingungen? Wenn nein, warum nicht? Welche Funktion soll das Translat erfüllen, und für wen erstelle ich es? Wie gehe ich vor? Der Auftraggeber hat bestimmte Vorstellungen über die Funktion, die das Translat erfüllen soll, d.h. er hat einen Skopos, z.B. „das Produkt soll sich gut verkaufen". Er gibt dem

Translator einen ausgangssprachlichen Text als Vorlage. Der Translator entscheidet beispielsweise, daß der Werbeslogan im AT aus kulturspezifischen Gründen im ZT nicht beibehalten werden kann. Die Skopostheorie besagt, daß er gemäß dem in der Hierarchie höher stehenden Skopos eine funktionsadäquate Lösung finden soll, die eventuell mit dem sprachlichen Material im AT wenig zu tun hat. Als Teil der Firmenpolitik besteht die Holding jedoch auf einer Übertragung des Slogans auf sprachlicher Ebene. Im Rahmen der Skopostheorie gehört es zur Aufgabe des Translators, den Auftraggeber über seine Bedenken zu informieren und ihn über den absehbaren Mißerfolg eines solchen Vorhabens aufzuklären. Wenn es nicht zu einem Konsens mit dem Auftraggeber kommt, kann der Translator den Auftrag ablehnen. Entscheidungen, die den Konsens mit dem Auftraggeber betreffen, sind Teil der translatorischen Freiheit des Übersetzers. Auf Grund seiner Kompetenz und auch seiner individuellen Einstellung ist es ihm überlassen, wie er sich fallspezifisch entscheidet. Seine Entscheidung muß er sich selbst (als Experte) gegenüber verantworten können.

Das professionelle Umgehen mit der Entscheidungsfreiheit setzt Entscheidungskompetenz voraus. Die Skopostheorie fordert die Erweiterung dieser Kompetenz durch Bewußtmachung des komplexen Handlungsrahmens, in dem sich der Translator bewegt: Er soll anhand eines AT mit anderen (sprachlichen) Mitteln einen neuen Text verfassen, der für andere Rezipienten bestimmt ist und unter anderen kulturellen Gegebenheiten funktionieren soll als der AT (s. Art. 29).

> Es stimmt also nicht, daß Übersetzen und Dolmetschen einfachhin heißt, einen Text in eine andere Sprache zu übertragen [...] Dolmetscher und Übersetzer (Translatoren) sollten die (idio-, dia- und parakulturellen) Unterschiede im menschlichen Gesamtverhalten kennen und bei ihrer Tätigkeit (skoposadäquat) berücksichtigen. Sie sollten, so können wir kurz sagen, die „Kulturen" kennen, in denen Texte jeweils verfaßt und rezipiert werden. (Vermeer 1996:27)

Auf der Grundlage dieser Kompetenz trägt der Translator die Verantwortung für ein skoposadäquates Handeln. Er ist in der Lage, auf Kultur-, Adressaten- und Situationsspezifik einzugehen, sich den Erwartungen der Zielkultur (oder einer Gruppe darin) gemäß zu verhalten oder auch gegen sie zu verstoßen. Verstoß gegen Normen der Zielkultur (z.B. Zensuren) kann Skopos einer Translation sein (z.B. auf Grund einer politischen Überzeugung) und setzt Wissen über diese und die Sanktionen voraus, mit denen eventuell zu rechnen ist (z.B. Druckverbot, juristisches Verfahren). Die Freiheit des Translators beruht nicht auf einer willkürlichen, sondern durch den Skopos begründbaren bewußten Entscheidung. In diesem Zusammenhang sieht die Skopostheorie eine Skoposangabe durch den Translator vor, insbesondere bei nicht erwartungskonformem Verhalten (beispielsweise bei einer Strategie, die nicht dem Verständnis vom Übersetzen in einer Gesellschaft entspricht).

3. Neue Wege in der Translationswissenschaft

Die Hervorhebung des kulturellen und historischen Kontexts, in dem sich der Translator befindet, und die Anerkennung seiner individuellen Bedingungen machen kultur-, situations-, und zeitunabhängige Aussagen in der Skopostheorie unmöglich. Vermeer geht von einem „relativen Relativismus" aus, der zu einem Bruch mit der Tradition führt und die Theorie anderen Ansätzen annähert, die eine ahistorische und verabsolutierende Begriffsbildung vermeiden, wie zum Beispiel die von Toury vertretene Descriptive Translation Studies (s. Art. 25) und die dekonstruktivistische Orientierung Arrojos (s. Art. 26, vgl. Toury 1995; Arrojo 1994, 1997).

Die Bedeutung der kulturell-historischen Bedingtheiten, die eine gemeinsame Eigenschaft dieser Ansätze ist, weist auf eine neue Richtung in der Translationswissenschaft hin (vgl. Ammann/Vermeer 1997:2). Diese wirkt sich auf verschiedenen Ebenen auf das Verständnis von Translation und die Rolle des Translators aus.

Sowohl als Rezipient (eines AT) als auch als Produzent (eines neuen Texts) ist der Translator mit seinen idiosynkratischen Eigenschaften Teil einer Gesellschaft und einer Gruppe darin. Die gesellschaftliche und historische Eingebundenheit des Translators hat Einfluß auf seine Tätigkeit und formt das Produkt. Im Zusammenhang damit wird beispielsweise der Glaube an eine textimmanente Bedeutung, die der Translator greifen und reproduzieren soll, verworfen. Die Anerkennung, daß „ein Text nicht ein für allemal und für alle ein und derselbe Text ‚ist'" und „daß auch der Rezipient zum Produzenten wird", ist ein Weg zur Freiheit und zur Möglichkeit der Kreativität des Translators (Vermeer 1996:39). Die „Befreiung des translatorischen Handelns aus der Zwangsjacke einer als naiv gegebenen Realität" (1996:10) führt zu einem neuen Selbstverständnis des Translators, dessen Verantwortung darin liegt, diese Freiheit zu nutzen. Für die Translationsdidaktik folgt daraus, daß die Bewußtmachung der Faktoren, die das translatorische Handeln beeinflussen, in den Mittelpunkt der Ausbildung tritt. Nicht das Erlernen vorgegebener Strategien, sondern die Aneignung einer kritischen und selbstbewußten Haltung, anhand derer Studierende ihre Translationsstrategien selbst bestimmen können, macht den Translator als Experten aus (vgl. hierzu auch Arrojo 1994:10).

Die neue Orientierung setzt somit „Kultur" an die Stelle von Sprache im engeren Sinn, eine zielgerichtete Haltung an die Stelle der Autorität des AT und Autors, Vielfalt der Möglichkeiten und Raum für Andersartigkeit an die Stelle von festgelegten Strategien des Übersetzens.

Literatur

Ammann, Margret (1990): „Anmerkungen zu einer Theorie der Übersetzungskritik und ihrer praktischen Anwendung." *TEXTconTEXT* 5, 109–250.

Ammann, Margret / Vermeer, Hans J. (1997): „Ein Vorwort zur neuen Folge der Zeitschrift." *TEXTconTEXT* 11, 1–5.

Arrojo, Rosemarie (1994): „Deconstruction and the teaching of translation." *TEXTconTEXT* 9, 1–12.

Arrojo, Rosemarie (1997): „Asymmetrical Relations of Power and the Ethics of Translation." *TEXTconTEXT* 11, 5–24.

Dizdar, Dilek (1997): „Die Norm brechen. Möglichkeiten eines neuen Vokabulars in der Translationswissenschaft". *TEXTconTEXT* 11, 129–147.

Holz-Mänttäri, Justa (1984): *Translatorisches Handeln. Theorie und Methode*. Annales Academiae Scientiarum Fennicae B 226. Helsinki: Suomalainen Tiedeakatemia.

Toury, Gideon (1995): *Descriptive Translation Studies and Beyond*. Amsterdam / Philadelphia: Benjamins.

Vermeer, Hans J. (1978): „Ein Rahmen für eine Allgemeine Translationstheorie." *Lebende Sprachen* 3, 99–102.

Vermeer, Hans J. (1992): *Skizzen zu einer Geschichte der Translation.* Bd.1 u. 2. thw (translatorisches handeln wissenschaft) 6.1 u. 6.2. Frankfurt a.M.

Vermeer, Hans J. (1996): *Die Welt, in der wir übersetzen. Drei translatologische Überlegungen zu Realität, Vergleich und Prozeß.* Heidelberg: TEXTconTEXT.

Dilek Dizdar (Germersheim)

29. Translatorisches Handeln

„Lassen Sie das unsere Sorge sein!" war die Antwort des Auftraggebers, als er nach dem Verwendungszweck der zu erstellenden Übersetzung gefragt wurde. Er hatte natürlich eine genaue Vorstellung davon, wie das Resultat aussehen sollte: eben wie die *Übersetzung* des vorgelegten Textes. Verständlich – wer von uns geht nicht zugegebenermaßen mit einer fertigen Selbstdiagnose zum Arzt?

Die Schwierigkeiten der Koordination gegenseitiger Wünsche und Forderungen beeinflussen den Übersetzungsprozeß und dessen Resultat entscheidend – eine Erkenntnis, der Justa Holz-Mänttäri erstmals eine wissenschaftliche Basis gab. Ihre Theorie vom *translatorischen Handeln* (1984) ist als kommunikations-, handlungs- und systemtheoretische Soziotranslatologie konzipiert. Ihr Ansatzpunkt ist: (1) Das Ziel der interkulturellen Kooperation ist entscheidend für die Translation, und (2) wir leben in einer arbeitsteiligen Gesellschaft, in der die Bedarfsträger nicht ihren eigenen Bedarf erfüllen, aber auch kaum verbalisieren können. Daher müssen Experten die Bedarfsträger beraten und für ihre Produkte auch die Verantwortung übernehmen können. Holz-Mänttäri stellt damit sowohl Übersetzen als auch Dolmetschen als Expertenhandlungen dar, die spezifische Kompetenzen voraussetzen:

Experten müssen sich ein Bild von dem ihnen übertragenen Problem machen und Lösungsmöglichkeiten kritisch gegeneinander abwägen. Dazu brauchen sie Strategien zur besseren Kooperation mit den Auftraggebern und zur Erfassung der vielen denkbaren Produktvarianten. Holz-Mänttäri bietet dazu zahlreiche Kooperationsmodelle und Handlungskonzepte an (s. insb. 1984, 1993).

1. Dem Sinn der Translation auf der Spur

Die Theorie vom translatorischen Handeln schöpft aus der übersetzerischen Praxis und zielt auf praktische Anwendung ab, wenngleich ihre innovative Terminologie und ihr abstrakt anmutender Ansatz auf den ersten Blick manchen Praktiker abstoßen mag. Anstatt sich an Dichotomien festzufahren (literarische Texte – Gebrauchstexte, Treue – Freiheit u.ä.), operiert sie mit Begriffen wie ‚System' und ‚Handlung' – je umfangreicher eine Theorie, desto umfangreicher die methodologischen Konsequenzen. Vereinfacht könnte man sagen, daß der Systemgedanke uns die Zusammenhänge und Wechselwirkungen erkennen läßt, während der Handlungsaspekt die Relevanz von Zielen und Situationen unterstreicht. Aus dieser Perspektive wird erkennbar, warum Übersetzen und Dolmetschen als Teilhandlungen in Handlungsgefügen zu sehen sind und ‚Treue' und ‚Freiheit' ohne Einbeziehung der übergeordneten, fallspezifischen Handlungsziele nur willkürliche Forderungen bleiben müssen.

Die Frage kann also zunächst nicht sein, *wie ich dies oder jenes in einer anderen Sprache sage*, sondern vielmehr *was überhaupt in der Zielsituation und -kultur getan und gesagt wird oder werden kann*. Wir erkennen, daß die Suche nach Entsprechungen von einzelnen Wörtern, Sätzen und Texten viel zu kurz greift – erst die Gesamtsituation läßt uns die Relevanz, die Dynamik und den Sinn des Übersetzens verstehen. Es reicht nicht zu sagen, daß wir übersetzen oder dolmetschen, weil jemand einen fremdsprachlichen Text braucht, wir müssen die Frage nach dem Warum und Wozu stellen: Wozu wird etwa eine Rede gehalten, und für wen werde ich sie übersetzen oder dolmetschen? Erst dann wird mir klar, welche Kompetenzen und welches Zusatzmaterial ich brauchen werde, welche Folgen meine Übersetzung haben könnte und welche Aspekte des Ausgangstextes (AT) ich besonders beachten muß (s. Art. 28).

2. Die integrative Wende

Die Theorie vom translatorischen Handeln war einer der wichtigsten Beiträge zur Neuorientierung der Übersetzungs- und Dolmetschwissenschaft in den 80er Jahren. Die ‚pragmatische Wende' der Linguistik hatte eine neue Bewertung des Begriffs Sprache mit sich gebracht, und besonders in der Textlinguistik begann man, die Rolle des Textes in seinem Kontext als Teil einer Situation zu betonen (s. Art. 15).

Translation wird bei Holz-Mänttäri nicht als rein sprachliche Tätigkeit aufgefaßt, und Translatoren sind bei ihr nicht nur Sprachmittler, die Elemente einer Sprache durch Elemente einer anderen Sprache ersetzen. Ihr Verdienst liegt also im Versuch, allen translatorischen Handlungen des Translators (Übersetzers, Dolmetschers oder Kommunikationskonsulenten) eine theoretische Grundlage zu liefern. Schließlich ist die Bearbeitung des sprachlichen Materials nur ein Teil des Ganzen – und bleibt sinnlos, solange nicht berücksichtigt wird, daß die behandelten Sachverhalte, das Bildmaterial oder die Verwendungsweise der Übersetzung in der Zielkultur auf Unverständnis stoßen. Der Kern der Theorie ist deshalb die Darstellung der Tätigkeit von Translatoren als einer beruflichen Leistung für Fremdbedarf unter Einbeziehung der jeweils relevanten verbalen und nonverbalen Aspekte. Im Vergleich dazu erscheinen sprach- oder textsortenspezifische Translationsmethoden ohne theoretische Basis nur als bloße Daumenregeln ohne gesicherte Grundlagen.

Translationswissenschaftler (Translatologen) beschäftigen sich heute zunehmend mit der Rolle der Translation als Expertenhandlung zur Ermöglichung interkultureller Kommunikation, als Handlung-in-Situation mit einem fallspezifischen Zweck. Die Skopostheorie (s. Art. 28) bezeichnet Vermeer (1989:173) als Teiltheorie der Theorie vom translatorischen Handeln.

3. Neues Kompetenzprofil

Jegliche Expertenkompetenz baut auf natürlichen Fähigkeiten auf – beim Übersetzen ist dies die Fähigkeit, in verschiedenen Kulturen kommunizieren zu können. Nach Holz-Mänttäri (1996) handelt es sich aber beim Übersetzen selbst nicht primär um Kommunikation, sondern um die Herstellung eines Produktes für andere und für einen bestimmten Zweck – um ein Designprodukt also. Meines Erachtens ist es allerdings wichtig zu ergänzen, daß Übersetzende bei Bedarf auch die Möglichkeit haben müssen, sich in ihrer Rolle als Zieltextproduzenten an der Kommunikation mit den Rezipienten zu beteiligen. Damit wird auch der Illusion der identen Reproduktion die Grundlage entzogen (s. Risku 1997). Andererseits verwenden Übersetzende in der Regel ihre Texte genausowenig selbst wie Dramatiker schauspielen oder Reiseveranstalter an ihren Reisen teilnehmen, müssen sich aber wie Waffenhersteller Gedanken über die Folgen ihrer Handlungen machen. Produktion und Verwendung verlangen also ganz unterschiedliche Kompetenzen.

Übersetzende kommen mit dem Kunden/Auftraggeber überein, welche Art von Text gebraucht wird und unter welchen Bedingungen dieser hergestellt werden soll. Sie können im Bereich der interkulturellen Kommunikation und insbesondere in der Verwendung ihrer Texte beratend Einfluß nehmen. Ihre Leistungen sind in ihrer Wirkung wie Prothesen – sie ermöglichen es jemandem, den eigenen Handlungsraum zu erweitern (Holz-Mänttäri 1996: 329). Der Umgang mit Prothesen ist allerdings nicht immer unproblematisch, gerade weil er unsere ‚natürlichen' und ‚gewachsenen' Fähigkeiten übersteigt. So kann ein Auftraggeber nach Vorliegen einer Übersetzung für den Schweizer Raum nicht voraussetzen, daß dieser oder jener Terminus in Österreich üblich ist oder verstanden wird.

Die sog. Gesamtsituation der interkulturellen Kooperation, dieses ineinander verwobene Handlungsgefüge, zu dem auch die Translation gehört, wird gedanklich aufgebaut. Erst in dem auf diese Weise erstellten Rahmen kann sinnvoll gehandelt werden. Bevor wir also im traditionellen Sinne zu übersetzen und zu dolmetschen beginnen, müssen wir überprüfen, ob die Bestellung überhaupt sinnvoll ist – eine durchaus politische und kulturspezifische Aufgabe. Ist Flüsterdolmetschen in der angegebenen Situation möglich? Gibt es die betreffende Textsorte in der Zielkultur? – Sind Fragen dieser Art schlüssig beantwortet, können wir daran gehen, uns Gedanken über die Art des Zieltextes (ZT) zu machen.

Am Beginn translatorischer Handlungen steht also eine Bestellung. Sie liefert den Translatoren Arbeitsmaterial und Arbeitsvertrag mit Angaben über das zu erstellende Produkt und seine intendierte Verwendung. Eine Relevanzstruktur für das gelieferte Material wird erarbeitet. Dazu werden Handlungen und Rollen, Zwecke und Ziele, Sachverhalte und Strategien sowie Ausdrucksweisen und Verknüpfungen analysiert (Holz-Mänttäri 1984). Die Translatoren versuchen dabei, nicht nur zu verstehen, sondern auch zu evaluieren. Dies führt zu einer Produktspezifikation, die als (Text-)Modell ihre weiteren Handlungen leitet.

Die Analyse des Ausgangsmaterials ergibt ein Profil, das die einzelnen Elemente in ihrer Funktion zeigt und die innere Struktur des AT verdeutlicht. Der Translator vergleicht nun die Resultate der Ausgangsmaterialanalyse mit der Produktbeschreibung und entwirft ein Profil für den zu erstellenden ZT. Dieses ZT-Profil bildet den Orientierungsrahmen für die Produktion.

Eine Pflicht und ein Recht des Translators bleibt in vielen Translationskonzepten unbeachtet: die Beschaffung und Auswertung von Feedback der Anwender. Dadurch wird die wertvolle Chance zur zielgruppenorientierten, rekursiven Verbesserung von Übersetzungen vertan.

In Kurzform: Das Textdesign verlangt, daß wir

- den Bedarf und das Produkt *spezifizieren,*
- unsere Handlung *projektieren,*
- einen Text *produzieren*
- und den Gesamtprozeß *kontrollieren.*
- Gleichzeitig müssen wir *recherchieren,*
- die Funde für den vorliegenden Fall *modifizieren,*
- für unsere Entscheidungen *argumentieren*
- und ständig unsere Arbeitsweise *adaptieren.*

(s. Holz-Mänttäri 1993:308f.)

4. Das Schichten von Rechten und Pflichten

Professionalität bringt Produkthaftung mit sich. Der herzustellende Text soll in der vereinbarten Funktion gut verwendbar sein, aber eben nur dort: Ein Gedichtband wird durch die gemeinsame Veröffentlichung von fremdsprachigem Originaltext und verständniserleichternder Übersetzung zum zweisprachigem Werk; der Übersetzungsteil kann wegen seines referierenden Charakters allerdings *nicht* ohne den AT bestehen und schon gar nicht als eigenständiges Kunstwerk verwendet werden. Wenn sowohl Bedarfsträger als auch Bedarfsdecker sich ihrer Ziele und Befugnisse bewußt werden, ist die Basis für eine sinnvolle Zusammenarbeit geschaffen.

Aus Gründen der Qualitätssicherung gilt es, die Rahmenbedingungen zu institutionalisieren: Es entstehen Ausbildungsinstitute, Maßnahmen zum Schutz der betroffenen Berufsstände, Vertragsmodelle. Dies geschieht, um die Gesamtperspektive bei der Komplexität unserer heutigen Handlungsnetze zu behalten oder wiederherzustellen. Obwohl Holz-Mänttäri von industrieller Terminologie Gebrauch macht (*Produktion*, *Bestellung*), stehen für sie doch klar der Mensch und die Wirkungen seines Tuns auf das Gesamtsystem im Mittelpunkt.

Beispiel Software-Lokalisierung (s. Art. 55): Es werden etwa für die Herstellung verschiedensprachlicher Programmversionen adäquate Handlungsweisen gesucht: Die Software-Lokalisierung wird institutionalisiert. Es stellt sich heraus, daß eine *sprach*orientierte Lösung unzureichend wäre: Das gesamte Produkt mit allen seinen *kultur-* und *fach*spezifischen Merkmalen wie graphischen Elementen und Maßsystemen muß überprüft werden und somit auch für Übersetzende als Ausgangsmaterial zur Verfügung stehen. Kulturkenntnisse und Fachterminologien bieten aber keine Patentlösungen: Die Übersetzung von Handbüchern, Befehlen, Online-Hilfen und Fehlermeldungen verlangt unterschiedliche Strategien, da sie in unterschiedlichen Situationen verwendet werden (s. Freigang 1996). Hier sind wir also im engeren *translatorischen* Bereich angelangt. Als Experten müssen wir diese Verwendungszwecke definieren und nach den jeweils adäquaten Lösungen suchen. Die traditionelle Arbeitsorganisation, in der die Übersetzenden ein fertiges Softwareprodukt auf den Tisch geliefert bekommen, erweist sich im Lichte der Theorie vom translatorischen Handeln als problematisch. Übersetzende könnten oft bereits etwa bei der Planung des Originalprogrammes eingebunden werden, wodurch dieses gleich für die Lokalisierung und für den internationalen Markt adäquat vorbereitet würde.

5. Aktuelle Entwicklungen

Seit den 80er Jahren hat das Konzept des translatorischen Handelns entscheidende Modifikationen erfahren. Drei Haupttendenzen sollen hier angeführt werden: die Entwicklung des Designbegriffs und der erkenntnistheoretischen Grundlagen sowie die Relativierung der Rolle von Handlungskonzepten.

Kunstdesign, industrielles Design – Textdesign!

Anfangs bezog sich ‚translatorisches Handeln' auf die professionelle Ermöglichung interkultureller Kommunikation, etwa durch Übersetzen oder Dolmetschen. Seither ist der Begriff des translatorischen Handelns auf der Abstraktionsleiter einige Sprossen hochgeklettert und bezeichnet jetzt alle professionellen Tätigkeiten, die „für die Rollen und Angelegenheiten anderer" durchgeführt werden (Holz-Mänttäri 1996:324). Damit wurden die Ebenen, in denen sich Translatoren bewegen, genauer herausgearbeitet: Übersetzen und Dolmetschen sind *Expertenhandlungen*, haben also vieles mit anderen professionellen Tätigkeiten gemeinsam. Insbesondere sind sie *Design*handlungen und stehen mit anderen Tätigkeiten zur Entwicklung von künstlerischen und industriellen Produkten auf einer Stufe. Sie haben allerdings das besondere Ziel der *Ermöglichung einer interkulturellen Kommunikation* – ob zwischen Experten und Laien oder zwischen Italienisch- und Deutschsprachigen.

Erkennen und Verstehen

Anfangs zielte die Theorie vom translatorischen Handeln vor allem auf die Erklärung der sozialen Rollen und Beziehungen in einer arbeitsteiligen Gesellschaft ab: Arbeitsteilung bringt es mit sich, daß externe Mitarbeiter herangezogen werden, die sich der Aufgabe aus einer gewissen Distanz heraus nähern müssen. Ob bzw. wie gut es Außenstehenden gelingen kann, situationsspezifisch adäquate Texte herzustellen, wird zwar seit Jahren diskutiert, erkenntnistheoretische Grundlagen wurden jedoch erst in jüngster Zeit erstellt (Holz-Mänttäri 1996, Risku 1997).

Anfangs verwendete Holz-Mänttäri beispielsweise den Terminus *Botschaftstransfer*, der impliziert, daß nicht nur Texte – als eine Art Botschaftsträger –, sondern auch Botschaften selbst kulturspezifisch sind. ‚Transfer' von Botschaften könnte aber als ‚Transport' mißverstanden werden, obwohl Botschaften nicht als solche transportiert werden können. Wir können nur versuchen, für eine Zielgruppe, Situation und Kultur sinnvolle Texte herzustellen und dabei relevante Aspekte des Ausgangsmaterials aus einer anderen Situation und Kultur zur Hilfe zu nehmen. Anstelle von Botschaftstransfer spricht Holz-Mänttäri heute von Bewußtseinstransfer – wir erkennen die Inadäquatheit der gewohnten Verhaltensweisen und lernen, einen professionellen Handlungsrahmen zu konstruieren, in dem wir die relevanten Bedingungen der Zielsituation berücksichtigen können.

Intuition mit System

Anfangs wurde durch detaillierte Methoden und Handlungskonzepte die Wichtigkeit nachvollziehbaren und argumentierbaren Handelns betont: Translatoren sind Profis, die analytisch-synthetisch-evaluativ-kreativ arbeiten (Holz-Mänttäri 1984), sie müssen jederzeit ihre Lösungen begründen können. Handlungskonzepte schienen die Rolle allgemeiner Prinzipien zu übernehmen. Heute wird aber immer mehr betont, daß die notwendigerweise kulturspezifischen Methoden und Konzepte nur dazu da sind, um die Komplexität interkultureller Situationen in den Griff zu bekommen und danach alle intuitiven, chaotischen und individuellen Kräfte voll einsetzen zu können (Holz-Mänttäri 1996:323, Risku 1998). Zuerst also be*greifen*, dann loslassen. Zuerst die Sache von oben aus der Distanz betrachten, dann nach Herzenslust hineintauchen. Wenn die Strudel überhandnehmen, warten die Raster der Analyse als rettende Bojen, die uns helfen können, die eigene Position und die bisherigen Resultate wieder im Gesamtrahmen zu erkennen.

6. Resümee

Die Theorie vom translatorischen Handeln verhalf in den 80er Jahren der Translationswissenschaft und der Ausbildung von Translatoren zu einer Neuorientierung und wird einen wichtigen Faktor in der weiteren Professionalisierung des Faches darstellen. Sie unterstützt das (Selbst-)Bewußtsein über die gesellschaftliche Rolle von Translatoren und über die Bedingungen, in denen verantwortungsvoll übersetzt und gedolmetscht werden kann. Wird es gelingen, der Translation den ihr gebührenden Stellenwert zu geben: vom reinen „Sprachlerberuf" zu einer umfassenden, textproduktiven Expertentätigkeit zur Ermöglichung interkultureller Kommunikation?

Literatur

Freigang, Karl-Heinz (1996): „Software-Lokalisierung. Ein Gegenstand übersetzungswissenschaftlicher Reflexion?" Lauer, Angelika et al. (Hrsg.) (1996): *Übersetzungswissenschaft im Umbruch. Festschrift für Wolfram Wilss zum 70. Geburtstag*. Tübingen: Narr, 135–146.

Holz-Mänttäri, Justa (1984): *Translatorisches Handeln. Theorie und Methode.* Annales Academiae Scientiarum Fennicae B 226. Helsinki: Suomalainen Tiedeakatemia.

Holz-Mänttäri, Justa (1993): „Textdesign – verantwortlich und gehirngerecht." Holz-Mänttäri, Justa / Nord, Christiane (Hrsg.) (1993): *Traducere navem. Festschrift für Katharina Reiss zum 70. Geburtstag*. Tampere: Tampereen yliopisto, 301–320.

Holz-Mänttäri, Justa (1996): „Evolutionäre Translationstheorie." Riedl, Rupert / Delpos, Manuela (Hrsg.) (1996): *Die Evolutionäre Erkenntnistheorie im Spiegel der Wissenschaften.* Wien: Wiener Universitätsverlag, 306–332.

Risku, Hanna (1997): „Constructivist Consequences: Translation and Reality." Riegler, Alex / Peschl, Markus (Hrsg.) (1997): *New Trends in Cognitive Science.* Technical Report of the Austrian Society for Cognitive Science. Wien.

Risku, Hanna (1998): *Translatorische Kompetenz. Kognitive Grundlagen des Übersetzens als Expertentätigkeit.* Tübingen: Stauffenburg.

Vermeer, Hans J. (1989): „Skopos and commission in translational action." Chesterman, Andrew (Hrsg.) (1989): *Readings in Translation Theory.* Finn Lectura, 173–200.

Vermeer, Hans J. (1996): *A skopos theory of translation. (Some arguments for and against).* Heidelberg: TEXTconTEXT.

Hanna Risku (Skövde)

B3.4 Andere Perspektiven

30. Interkulturelle Kommunikation

Übersetzer und Dolmetscher stehen vor der Aufgabe, gleichzeitig zwischen Sprachen und zwischen Kulturen zu vermitteln – sie sind somit interkulturelle Kommunikatoren par excellence. Das interdisziplinäre Forschungsgebiet *interkulturelle Kommunikation* ist für sie daher von offensichtlicher Bedeutung.

Neben Kulturanthropologie (bzw. Ethnologie), Soziologie, Politologie, Psychologie (insbesondere Sozialpsychologie), Linguistik, Kommunikationswissenschaft und den Literaturwissenschaften gehören etwa auch Geschichte, Religionswissenschaft und Philosophie zum Katalog der Disziplinen, deren Methoden und Ergebnisse in die Erforschung interkultureller Kommunikationsvorgänge eingegangen sind.

Entstanden ist das Arbeitsgebiet Ende der 60er Jahre in den Vereinigten Staaten – interethnische Spannungen im Lande selbst und die wachsende Einsicht in die Bedeutung kultureller Faktoren für die Interessen der global agierenden Hegemonialmacht USA ließen Forschungsgelder reichlich fließen.

Schon während des Zweiten Weltkriegs waren die Untersuchungen der Forschungsgruppe um Ruth Benedict über Japan aus strategischen Überlegungen massiv gefördert worden. Die Ergebnisse dieser *anthropology at a distance*, niedergelegt in Benedicts klassischem Werk *The Chrysanthemum and the Sword* (1946), können als früher Beitrag zum Studium interkultureller Kommunikation gelten.

Schwerpunkt der Forschung über interkulturelle Kommunikation war und ist die Untersuchung all dessen, was abläuft, wenn Personen unterschiedlicher Kulturzugehörigkeit miteinander umgehen. Auch wenn persönliche Interaktionen zwischen Angehörigen gegenwärtiger Kulturen nach wie vor im Vordergrund des Interesses stehen, verbreitet sich zunehmend die Einsicht, daß auch die Interpretation von Texten und anderen Hinterlassenschaften aus früheren Epochen (der eigenen Kultur und fremder Kulturen) interkulturelle Kommunikation darstellt oder vermittelt. Wie die Fachbezeichnung *interkulturelle Archäologie* erkennen läßt, sind interkulturelle Kontakte fast so alt wie die Menschheit selbst – nur daß ihre Häufigkeit seit der Entwicklung des modernen Transportwesens und der modernen Kommunikationstechnologien exponentiell steigt.

Von den Komponenten, die in der Bezeichnung *interkulturelle Kommunikation* stecken, ist *Kultur* die vieldeutigste. Es wäre ein leichtes, allein aus dem Bereich der Kulturanthropologie für jeden Tag des Jahres eine andere Kulturdefinition vorzustellen – bereits im Jahr 1952 legten Kroeber und Kluckhohn (1952) eine über 400 Seiten umfassende Sammlung von Kulturdefinitionen vor.

Bei der Verwendung des Ausdrucks *Kultur* sollte man sich jeweils einen Indikator hinzudenken: „Kultur“ kann auf recht unterschiedlichen Abstraktionsebenen angesiedelt sein – etwa Menschheitskultur, westliche Kultur, französische Kultur, bretonische Kultur, Kultur eines Dorfes, eines Berufsstands, einer Familie oder eines Individuums (Idiokultur). In vielen Fällen ist es durchaus sinnvoll, interkulturelle Kommunikation auch unterhalb der nationalen Ebene zu analysieren. Für Übersetzer und Dolmetscher ist dabei all das praxisrelevant, was an gruppenspezifischen Unterschieden des Verhaltens und Bewertens sowohl innerhalb ihrer Ausgangskultur als auch in ihren Zielkulturen für interkulturelle Kommunikationsvorgänge Bedeutung erhalten kann. Daneben gilt es, auch rein individuelle Verhaltensweisen als solche erkennen zu können – als eben nicht gruppenspezifisch.

In Anlehnung an Goodenough (1964:36) läßt sich *Kultur* für die Zwecke des Übersetzers und Dolmetschers definieren als all das, was dieser im Hinblick auf seine Ausgangsgesellschaft und auf seine Zielgesellschaften wissen und empfinden können muß,

(1) damit er beurteilen kann, wo sich Personen in ihren verschiedenen Rollen so verhalten, wie man es von ihnen erwartet, und wo sie von den gesellschaftlichen Erwartungen abweichen;
(2) damit er sich in den gesellschaftlichen Rollen, die ihm – z.B. von seinem Alter und Geschlecht her – offenstehen, erwartungskonform verhalten kann, sofern er dies will und sich nicht etwa dazu entscheidet, aus der Rolle auszubrechen und die daraus erwachsenden Konsequenzen in Kauf zu nehmen;
(3) damit er die natürliche und die vom Menschen geprägte oder geschaffene Welt (zu letzterer gehören natürlich auch die Texte) jeweils wie ein Einheimischer wahrnehmen kann. (Vgl. Göhring 1980:71–77; s. Art. 40, 101)

Eine solche Definition soll in ihrer idealtypischen Übersteigerung der gedanklichen Klärung dienen – gänzlich erfüllen kann sie niemand, denn wer beherrscht allein schon die gesamten Wissensbestände seiner Ausgangsgesellschaft, geschweige denn die seiner Zielgesellschaften?

Zudem gibt es immer mehr Menschen, für die sich die Grenze zwischen Ausgangs- und Zielgesellschaften verwischt und die in ihr individuelles Verhaltensrepertoire, in ihre Idiokultur, Elemente aus zwei oder mehr kulturellen Systemen integrieren (vgl. Adler 1976). Hierzu gehören etwa Migranten der zweiten bzw. dritten Generation und Personen, die in interkulturellen Ehen oder Partnerschaften leben, samt ihren Kindern, in geringerem Umfang aber auch viele Angehörige internationaler Organisationen, Behörden und Verbände sowie zahlreiche Übersetzer und Dolmetscher. Mit anderen Worten: für eine steigende Zahl von bi- und plurikulturellen Individuen ist eine klare Trennung von Ausgangs- und Zielkulturen schlechterdings nicht mehr möglich. Es dient also nur der Einfachheit der Darlegung, wenn nachfolgend weiterhin von der Ausgangskultur und den Zielkulturen von Translatoren die Rede ist.

Für das Verständnis der Komponente *Kommunikation* in der Fachbezeichnung *interkulturelle Kommunikation* ist Watzlawicks Aussage grundlegend, man könne nicht *nicht* kommunizieren (u.a. in Watzlawick et al. [3]1972:51). Alles an uns kommuniziert, nicht nur, was wir wann wie zu wem in welcher Situation sagen oder nicht sagen, sondern auch wie wir aussehen, wie wir blicken, uns kleiden, halten, bewegen, welche Frisur wir tragen, wie wir riechen – ganz allgemein: wie wir sind und wie wir uns verhalten. Zur Kommunikation gehört aber auch die andere Seite, nämlich das, was beim Empfänger ankommt und von ihm jeweils in Übereinstimmung mit seinen kulturellen Gewohnheiten interpretiert wird. Interkulturelle Kommunikation wäre also das bewußte und unbewußte Aussenden und Empfangen von Botschaften über kulturelle Grenzen hinweg.

Zielkulturen sind für den Übersetzer und Dolmetscher nicht nur die Kulturen der Gruppen, mit deren Sprachen er arbeitet. Wenn er es als Translator mit schriftlichen oder mündlichen Texten zu tun hat, die in einer internationalen Verkehrssprache verfaßt sind, wird es sich immer wieder als notwendig erweisen, die Ausgangskultur des Autors oder Sprechers in die Interpretation mit einzubeziehen. Wer etwa Englisch, Russisch, Französisch, Spanisch, Portugiesisch, Arabisch oder Deutsch zu seinen Arbeitssprachen zählt, kann bei seiner Tätigkeit als interkultureller Mittler mit einer z.T. erklecklichen Zahl von Kulturen in Kontakt kommen – man denke etwa nur an die Rolle des Englischen als internationale Lingua franca (vgl. Garcia/Otheguy 1989). Auf einer Konferenz mit Englisch, Deutsch, Französisch und Spanisch als Arbeitssprachen muß der Konferenzdolmetscher oder -übersetzer u.U. Äußerungen von Russen, Chinesen, Japanern und Finnen aus deren Englisch übertragen. Außer den muttersprachlichen Interferenzen sind dabei auch alle möglichen kulturellen Interferenzen zu bewältigen. Hier können sich z.B. nicht nur kulturspezifische Einstellungen zum Schreiben, Reden und Schweigen ganz allgemein bemerkbar machen (vgl. z.B. für USA und Japan Atanasov/Göhring 1991), sondern auch Denk-, Argumentations- und Rhetorikmuster (vgl. Wedge 1965, der systematisch die Erfahrungen von Begleitdolmetschern des State Department ausgewertet hat). Potentielle Wirkfaktoren sind ferner Einstellungen zu Alter, Geschlecht, Hierarchie, Formalität und Höflichkeit, Regelungen von Nähe und Distanz, die sich u.a. in Formen der Anrede ausdrücken, sowie historische Erfahrungen, Weltanschauungen und religiöse Traditionen (erwähnt sei hier die Invokation Allahs als Redeeröffnung vieler muslimischer Sprecher).

Eigentlich müßte der Translator mit allen Kulturen vertraut sein, die im Verlaufe seiner Arbeit für ihn bedeutsam werden können. Andererseits wäre es absurd, von ihm zu fordern, er solle (zusätzlich zu all dem anderen, was er sowieso schon beherrschen muß) auch noch das Wissen eines Kulturanthropologen und eines auf Kulturvergleich spezialisierten Soziologen verfügbar halten. Es käme ihm jedoch zustatten, wenn er in sich die auf die Entdeckung von Kulturmustern geeichte Neugier, Sensibilität und Sichtweise des Kulturanthropologen – kurz: die *kulturanthropologische Perspektive* – entwickeln könnte.

Insbesondere während der ethnographischen Feldforschung in einer fremdkulturellen Gemeinschaft sieht sich der Kulturanthropologe mit einer Fülle ihm zunächst unvertrauter Verhaltensweisen konfrontiert, die er schrittweise zu verstehen bemüht ist. So fragt er sich beispielsweise: Entspricht die Begrüßung, die ich gerade miterlebt habe, einem Verhaltensmuster, das im ganzen Lande, ja vielleicht darüber hinaus Gültigkeit hat? Oder folgt es einem Muster, das etwa nur in einem bestimmten Teil des Landes gilt, in einer spezifischen Situation, in einer bestimmten ethnischen Gruppe, gesellschaftlichen Schicht, nur bei Zugehörigkeit zu einem bestimmten sozialen oder beruflichen Milieu, einer bestimmten religiösen, weltanschaulichen oder ideologischen Gemeinschaft, nur zwischen Männern und Frauen, nur bei einem Altersunterschied von mehr als 20 Jahren, nur bei einem erheblichen Machtgefälle? Oder hat sich eine der beiden sich begrüßenden Personen gar in einer von den einschlägigen Erwartungen abweichenden Weise verhalten? Systematische Beobachtungen und die Befragung von Gewährspersonen erlauben es in der Regel, solche Fragen allmählich zu beantworten. Dabei ist wichtig, nicht vorschnell zu verallgemeinern, sondern den vorläufigen Charakter der Schlußfolgerungen (in Form von Voraus-Urteilen, nicht Vorurteilen!) im Auge zu behalten.

Beim Herausarbeiten hypothetischer kultureller Regelmäßigkeiten bedarf es eines hohen Maßes an Umsicht und Offenheit sowie der Bereitschaft, das Verhalten in der eigenen Gesellschaft und das eigene persönliche Verhalten ebenfalls auf seine kulturellen Hintergründe hin zu analysieren.

Ein Translator, der das Verfahren der Feldforschung für seine Zwecke adaptieren möchte – und er hat bei seinen vielfältigen interkulturellen Kontakten zahlreiche Gelegenheiten dazu –, wird bei der Suche nach vertieftem interkulturellem Verständnis gern und mit Entdeckerfreude alle möglichen Informationsquellen nutzen: Radio, Fernsehen, Internet, Zeitungen und Zeitschriften sowie die sog. schöne Literatur (zur *literary anthropology* vgl. Poyatos 1988).

Von besonderem Interesse für Translatoren ist natürlich die Fachliteratur über interkulturelle Kommunikation. Neben zwei klassischen Publikationen (Condon/Yousef 1975 und Samovar/Porter 1976) sei Maletzkes leicht verständliche und mit viel Sachkenntnis geschriebene Einführung (1996) erwähnt, die sich auch als bibliographische Fundgrube bewährt. Das *International Journal of Intercultural Relations* schließlich bringt regelmäßig einschlägige Artikel zur Interkulturellen Kommunikation und zum interkulturellen Vergleich (1997: vol. 21).Wichtige Informationen erhält man ferner als Mitglied der SIETAR *(Society for Intercultural Education, Training and Research)*, eines Fachverbandes von Praktikern und Forschern auf dem Gebiet der Interkulturellen Kommunikation, der sich auch an Translatoren wendet.

Anschriften:

Sietar International
1444 „I“ Street, NW, Suite 700
Washington, DC 20005, USA
Telefax: +1-2022169646
e-mail: SIETAR@compuserve.com

Sietar Europa
c/o University of Jyväskylä
Dept. of Communication
P.O. Box 35
Matarankatu 6
SF-40351 Jyväskylä/Finnland
Telefon: +358-14601531
Telefax: +358-14601541
e-mail: sietareu@jyu.fi
internet: http://www.jyu.fi/~sietareu/

Sietar Deutschland e.V.
Alexanderstr. 42
D-70182 Stuttgart
Telefon und Telefax: +49-711240477
e-mail: compuServe 100610,434

Literatur

Adler, Peter Stephen (1976): „Beyond Cultural Identity: Reflections on Cultural and Multicultural Man.“ Samovar/Porter (Hrsg.) (1976): 362–378.

Atanasov, Chris / Göhring, Heinz (1991): „Schweigen und Sprechen im interkulturellen Vergleich: USA und Japan.“ Forstner, Martin (Hrsg.) (1991): *Festgabe für Hans-Rudolf Singer.* Teil 2. Frankfurt a.M.: Lang, 709–733.

Benedict, Ruth (1946): *The Chrysanthemum and the Sword. Patterns of Japanese Culture.* Cambridge/Mass.: Riverside Press.

Condon, John C. / Yousef, Fathi S. (1975): *An Introduction to Intercultural Communication.* Indianapolis / New York: Bobbs-Merrill.

Garcia, Ofelia / Otheguy, Ricardo (Hrsg.) (1989): *English across Cultures, Cultures across English: A Reader in Cross-Cultural Communication.* Berlin / New York: de Gruyter.

Göhring, Heinz (1980): „Deutsch als Fremdsprache und interkulturelle Kommunikation.“ Wierlacher, Alois (Hrsg.) (1980): *Fremdsprache Deutsch 1.* München: Fink, 70–90.

Goodenough, Ward H. (1964): „Cultural Anthropology and Linguistics.“ Hymes, Dell (Hrsg.) (1964): *Language in Culture and Society.* New York: Harper & Row, 36–39.

International Journal of Intercultural Relations. Exeter: Elsevier Science.

Kroeber, A. L. / Kluckhohn, Clyde (1952): *Culture. A Critical Review of Concepts.* Papers of the Peabody Museum of American Archaeology and Ethnology 47/1. Cambridge/Mass.: Harvard UP.

Maletzke, Gerhard (1996): *Interkulturelle Kommunikation. Zur Interaktion zwischen Menschen verschiedener Kulturen.* Opladen: Westdeutscher Verlag.

Poyatos, Fernando (Hrsg.) (1988): *Literary Anthropology. A New Interdisciplinary Approach to People, Signs and Literature.* Amsterdam / Philadelphia: Benjamins.

Samovar, Larry A. / Porter, Richard E. (Hrsg.) (1976): *Intercultural Communication. A Reader.* Belmon/Ca.: Wadsworth.

Watzlawick, Paul / Beavin, Janet H. / Jackson, Don D. ([3]1972/1969): *Menschliche Kommunikation. Formen, Störungen, Paradoxien.* Bern / Stuttgart / Wien: Hans Huber. (Amerikanische Originalausgabe: *Pragmatics of Human Communication. A Study of Interactional Patterns, Pathologies, and Paradoxes.* New York: W. W. Norton, 1967)

Wedge, Bryant M. (1965): *Visitors to the United States and how they see us.* Princeton/NJ: Van Nostrand.

Heinz Göhring (Germersheim)

31. Sprachphilosophie (Hermeneutik)

Sprachphilosophie hat zunächst nicht direkt mit Übersetzen zu tun, vielmehr fragt sie nach der existentiellen Bedeutung von Sprache für die Menschen. Die Hermeneutik als Kunst der Deutung, der Auslegung von Texten (gr. *hermeneuein* ‚auslegen‘, ‚erklären‘) war in der griechischen Antike an die Sakralsphäre gebunden, in der ein autoritativer Wille Maßgebliches dem Hörenden eröffnete. Davon ist heute im wissenschaftstheoretischen Bewußtsein nichts mehr lebendig, auch wenn die Hauptformen, in denen Hermeneutik später ausgebildet wurde, die Auslegung juristischer, religiöser oder klassischer Texte, den ursprünglichen normativen Sinn durchaus noch implizieren. Von Schleiermacher wurde sie als allgemeine Kunstlehre des Verstehens bestimmt und dann von Dilthey als methodologische Grundlegung der Geisteswissenschaften begriffen (vgl. *Hist. WB der Philos.* III:1062).

1. Der hermeneutische Wahrheitsbegriff

Die Vorstellung, daß jede objektive Erkenntnis allein durch methodische Analyse herbeizuführen sei, impliziert einen statischen Begriff von Wahrheit. Dies geht auf Aristoteles zurück, der nicht nur die bis heute gültigen Gesetze der formalen Logik entworfen hat, sondern auch die Maxime aufstellte, daß man mit jedem Erkenntnisschritt ein Stück weiter auf der Leiter hin zur absoluten Wahrheit aufsteige. Mittels der Vernunft kann der Mensch die Struktur der Dinge erkennen, wie dies im Rationalismus mit seiner methodischen Beobachtung der Fakten auch durchgeführt wurde.

Im Gegensatz hierzu steht der Idealismus. Hier wird das Subjekt zum Maß aller Dinge. Besonders die Poesie wird als Ausdruck der subjektiven Schaffenskraft gesehen. Wegweisend war hier Wilhelm von Humboldt (1767–1835). Er sieht das Denken in Abhängigkeit von der Muttersprache (Humboldt 1949:60). Sprache gilt als Ausdruck eines je eigenen, kulturspezifischen Weltbildes, und die Meinung des einzelnen ist absolut. Auch hier herrscht im Grunde die Vorstellung von einer statischen, überzeitlich ewigen Wahrheit, denn das Allgemeine und das Einzelne gehen ineinander auf. Der Subjektivismus glaubt einen direkten Zugang zur Wahrheit zu haben. Beides sind ahistorische Denkweisen, die axiomatische Vernunftmethode genauso wie der Subjektivismus, der nur die eigene Meinung gelten läßt.

Demgegenüber hat Friedrich Schleiermacher (1768–1834) deutlich gemacht, daß man den Aspekt des geschichtlichen Wandels nicht einfach ausblenden kann. Die vermeintlich apriorisch geltenden Bedingungen der Erkenntnis sind in Wahrheit ein geschichtliches Erbe, also eine historische Setzung, und andererseits kann auch das Subjekt keineswegs für sich beanspruchen, einen absoluten Zugang zur Wahrheit zu besitzen. Wenn aber Wahrheit weder methodisch noch rein subjektiv verfügbar ist, dann entsteht das Problem des Verstehens (s. Art. 18, 26, 32).

Die Hermeneutik hat daher einen tiefen Bezug zur Geschichte. Aufgrund des geschichtlichen Bewußtseins muß man zugestehen, daß es keine von der Deutung der Individuen unabhängige apriorische Erkenntnis der Sachen an sich gibt. Vielmehr ist die Welt jeweils das, als was sie den Subjekten in ihrer Kultur erschlossen wird. Und so kann intersubjektive Wahrheit nur durch Dialektik, im Diskurs, durch Zustimmung von möglichst vielen Gesprächsteilnehmern entstehen.

Das Verstehen läßt sich niemals überspringen. Auch wenn es sich mühelos einstellt, so nicht, weil etwa eine allgemeine Grammatik der Vernunft die Partner zur Produktion gleicher Bedeutungen führte, sondern darum, weil beide zu einer ganz bestimmten Weltansicht Zugang haben. So meint Schleiermacher, daß schlechthin „überall" (Schleiermacher 1977:76), wo fremde Rede mit eigener ins Verhältnis zu setzen ist, sich hermeneutische Kommunikation als eine Art letzter Instanz jeder Sinn- und Wahrheitsbehauptung erweist. Darin gründet ihr neuerdings wieder oft diskutierter Universalitätsanspruch.

Für diesen Anspruch gibt es außer dem historischen auch noch ein psychologisches Argument. Der Begriff „Subjekt" ist ungeeignet, als philosophischer Ausgangspunkt zu dienen. Er ist zwar einheitlich organisiert, vermag diese Einheit aber nur als ein Aufeinanderbezogensein von auseinanderstrebenden Aspekten darzustellen, z.B. als Beziehung von Wollen und Denken. Das Selbst als innerliche Erfahrung hat einen anderen, transzendenten Seinsgrund als das Ich im Selbstbewußtsein; es ist schon vorher da und unverfüglich. In der Selbstreflexion stelle ich mich im nachhinein gedanklich vor mich hin. Zwischen dem Selbst und dem Ich ist ein Bruch, Wollen und Denken sind nicht identisch.

Die Transzendenz des Wissensgrundes zwingt das Subjekt nunmehr, die Evidenz seiner Erkenntnisse auf dem Feld zwischenmenschlicher Verständigung zu bewähren. Und das ist wiederum das Feld der Dialektik im Gespräch. Wahrheit gibt es nur als intersubjektive Zustimmung, als Teilhabe, nicht als subjektive Setzung und nicht als objektives Ergebnis.

2. *Verstehen als dialektischer Lernprozeß*

Wenn nun weder die Vernunft noch das sich selbst sichere Subjekt die „Wahrheit gepachtet" haben, welcher andere Term könnte denn nun den Gedanken einer rationalen Struktur mit dem des geschichtlichen Wandels und des Individuellen ohne Widerspruch zusammendenken? Hier kommen wir zum Begriff der Sprache als Gegenstand der Sprachphilosophie. Schleiermacher denkt sie als beides, sie ist das „individuelle Allgemeine". Sprache ist ein allgemeines Zeichensystem, das die Benutzer verbindet und zu ähnlicher Schematisierung des Denkens führt, und sie ist ein Medium des individuellen Ausdruckswillens. Beide Funktionen der Sprache sind nicht voneinander zu trennen und nach Schleiermacher nur durch ein Hervor- oder Zurücktreten jeweils unterscheidbar. Er meint, daß jede sprachliche Äußerung doppelt markiert sei: auf der einen Seite manifestiert sie das System oder die „Totalität der Sprache" (Schleiermacher 1977:78), welche den Sprachteilnehmern Syntax und Semantik ihrer Rede (die Grammatik) identisch vorgibt; auf der anderen Seite aber „wird die Sprache erst durch das Reden" (Schleiermacher 1977:78), insofern als sie in sinnerschließenden Initiativen der Sprecher ihren Ursprung hat und jeder Sprecher an der Sprachentwicklung mitwirkt.

Zur Lösung des Verstehensproblems fordert Schleiermacher eine reflektierte, das Selbstverständliche künstlich verfremdende Einstellung, die nicht schon einer „kunstlos" geübten Praxis in den Schoß fällt. Die Gewißheit eines faktisch eingespielten Einverständnisses muß auf mögliche Unwahrheit überprüft werden. „Kritische Verfahren" (Schleiermacher 1977:464) sind anzuwenden, um die Rechtmäßigkeit solcher „Gewißheit aus Sprachüberlieferung" zu kontrollieren. Schleiermacher betont, daß „das Verstehen auf jedem Punkt muß gewollt und gesucht werden" (Schleiermacher 1977:92). In *Hermeneutik und Kritik* hat er viele Regeln vorgelegt, die zu einer wissenschaftlichen Fundierung des Umgangs mit Texten im Sinne reflektierter Praxis führen. Kritische Textstukturierung (Analyse) und verstehende Auslegung (Interpretation) ergänzen und korrigieren einander. Verstehen geht einer Textanalyse (s. Art. 44, 103) wegweisend voraus, ja es regt den Prozeß methodischen Nachdenkens erst an. Und dann wird das Verstandene durch genauere Betrachtung der Textebene fundiert.

Hans-Georg Gadamer schlägt vor, „das hermeneutische Phänomen nach dem Modell des Gesprächs" (1960:360) zu betrachten. Der Text ist einem Leser zunächst einmal fremd. Es gilt daher, in einen Dialog mit dem unverständlich erscheinenden Text einzutreten. Dabei werden implizit Fragen an ihn gerichtet und ausgehend vom Text beantwortet. Es soll also zunächst die Fremdheit des Textes anerkannt und in Auseinandersetzung mit der eigenen Vormeinung allmählich ein Einverständnis erarbeitet werden. Um jedoch fragen zu können, muß schon ein bestimmtes Vorverständnis vorhanden sein; Verstehen ereignet sich nur auf dem Boden von Gemeinsamem, das zunächst Befremdende im Text wird in einer „Horizontverschmelzung" (Gadamer) allmählich vertraut.

3. Einführung des Begriffs Hermeneutik in die Translationswissenschaft

Wegen der begrenzten Reichweite rationalistischer Methoden und der Irrelevanz subjektivistischer Ansichten für das Übersetzen war Fritz Paepcke (1915–1990) der Überzeugung, daß Übersetzungen nicht vermittels bestimmter Übersetzungsverfahren aus der Textvorlage hergeleitet werden können, sondern auf dem Verstehen gründen, und daß das Übersetzen eine der erfahrungsbestimmten Aktivitäten des Menschen sei. Im Vordergrund steht die Frage nach den Verstehensprozessen des Translators als Individuum. „Wer Texte übersetzt, muß sie zunächst verstehen" (Paepcke 1979:104).

Der hermeneutische Grundsatz besteht nach Schleiermacher nun darin, „daß, wie freilich das Ganze aus dem Einzelnen verstanden wird, so doch auch das Einzelne nur aus dem Ganzen verstanden werden könne" (Schleiermacher 1977:329). Diesen Gedanken wendet Paepcke auf das Verstehen von Texten an: „Dabei hat der Gesamtinhalt des Textes den Vorrang vor den Einzelwörtern, und die Freiheit der Wiedergabe zeigt sich nicht in der Identität von Text und Übersetzung, sondern in der Genauigkeit [...]" (Paepcke 1979:108).

Texte sind in ihrer Sprachstruktur „auch nicht notwendig homogen, sondern vereinigen in sich eine Vielzahl unterschiedlicher Elemente und Zeichenfunktionen, was mit der Bezeichnung Multiperspektivität zum Ausdruck gebracht werden soll" (Stolze 1992:44), und schließlich hat jeder Text eine unverwechselbare „Individualität" (Paepcke 1979:103).

Für das Übersetzen folgt daraus, daß die Textbotschaft nicht an der Summe der sprachlichen Zeichen selbst abgelesen werden kann, denn durch den Text wird nicht nur die Bedeutung seiner sprachlichen Elemente, sondern gleichzeitig etwas darüber Hinausweisendes, der individuelle Sinn, die Übersummativität des Textes verstanden. Im Bereich des Übersetzens gibt es dabei verschiedene Perspektiven auf den Vorgang.

4. Übersetzen als gestaltende Aneignung

Wenn „im Verstehen immer so etwas wie die Anwendung des zu verstehenden Textes auf die gegenwärtige Situation des Interpreten stattfindet" (Gadamer 1960:291), dann ist das Problem der Hermeneutik die Applikation der Texte. Das Übersetzen ist eine solche „Anwendung", und es ist als Mittlertätigkeit an die Existenz eines Individuums gebunden. „Als Übersetzer erschließt er einen Text, indem er ihn an den Leser heranbringt und im Medium der Leibhaftigkeit beim Leser vergegenwärtigt. In dieser Sicht hält das Übersetzen den Text in ganzer Breite offen, es stellt ihn vor, und im tentativen Erproben aller Möglichkeiten entsteht die Übersetzung, wenn beim Übersetzen die jeweils vorausgehende Übersetzung durch einen neuen Entwurf abgelöst wird" (Paepcke 1986:XVIII). So bringt sich der Übersetzer selbst ganz in diesen Vermittlungsakt ein. Er sucht sich die Textmitteilung anzueignen, und dabei wird deutlich, wie stark das Verstehen von dem vorhandenen Vorwissen abhängt. Deswegen kommt der Übersetzer nicht ohne eine Wissensbasis an fachlichen und kulturellen Kenntnissen aus. Das zunächst intuitiv Verstandene wird er dann anhand der Textstrukturen zu erläutern haben.

Den Gedanken der Aneignung veranschaulicht vielleicht der Begriff der „Mimesis", den Aristoteles von Plato übernommen und zur allgemeinen Kategorie des künstlerischen Darstellens gemacht hat. Mimesis bedeutet die Vergegenwärtigung vorgegebener oder eigener Gedanken im Sinne der Nachgestaltung. Identifikation mit der Botschaft schafft dabei Texttreue, denn der Übersetzer ist erkennend und formulierend am Gegenstand des Textes beteiligt, er „steht dahinter". Er macht sich zum Anwalt der Sache, um in die Lage versetzt zu werden, überzeugend in der Zielsprache (ZS) darüber zu reden. Hierzu bedarf es des anteilnehmenden Interesses.

5. Übersetzen als kreatives Sprachverhalten

Das Textverständnis erfüllt sich dann in der Sprachgestalt der Übersetzung. Hier sollte man an den Gedanken Schleiermachers erinnern, daß Denken und Wollen im Subjekt zwar aufeinander bezogen, aber auch unaufhebbar getrennt sind. Das Wollen führt nicht logisch notwendig zum entsprechenden Handeln. Wir wollen etwas sagen, das Wort liegt uns auf der Zunge, aber es gelingt nicht. Andererseits steigen Gedanken und Formulierungen unwillkürlich in uns auf, wir haben kreative Einfälle und wissen nicht, woher.

Aus diesem Grunde spricht man hier von Geglücktsein, Kreativität und von Spiel. Die Kritik spielerischer Sprachfunde mit Hilfe der Rhetorik ist dann beim Übersetzen erst der zweite Schritt, freilich ein unverzichtbarer.

Es bleibt also die Frage, ob die Sprache im Übersetzer ihr Subjekt gefunden hat. Der bewegt sich wie ein Mitspieler im Medium von zwei Sprachen, deren Mittel sich nicht decken. Übersetzen ist dann immer aufs neue die Suche nach sinnbewahrenden Formulierungen in der anderen Sprache, es ist ein Handeln „zwischen Regel und Spiel" (Paepcke 1981:121). Das Sprachverhalten beim Formulieren der Übersetzung ist dabei von linguistischen Regeln, aber auch von kreativem Spiel geleitet, wobei selbst „die Anwendung der Regeln keine Regel kennt [und nicht etwa wie] die unerbittliche Notwendigkeit des Gesetzes ausnahmslose Geltung hat" (Paepcke 1981:124).

Wesentlich ist der Gedanke, daß das Übersetzen auf der Freiheit des Formulierens gründet. Eine geglückte Übersetzung ist einprägsam, setzt Affekte frei, schafft einen Zugang zur Sache hinter dem Text. „Denn das Übersetzen von Gedichten ist geglückt, wenn die Übersetzung zum Lesen des Gedichts führt und verführt und der Leser dabei Vergnügen und Erkenntnis erfährt" (Paepcke 1981:54).

6. Übersetzen als verantwortete Vermittlung

Im Sinne der hermeneutischen Sprachphilosophie wird der Übersetzer mit seiner Übersetzungskompetenz sehr ernst genommen. Es wird ihm zugetraut, daß er einen Text, eine Mitteilung, richtig verstehen und sie überzeugend wiedergeben kann. Und weil die Übersetzung als sprachliche Formulierung nicht unmittelbar aus der Vorlage herleitbar ist, bleibt ihm auch die Aufgabe des kreativen Formulierens.

Beim Übersetzen wird sich der Translator bewußt, wie er selbst zwischen den Welten der Ausgangssprache und Kultur sowie der ZS und Kultur steht und an beiden Anteil hat (s. Art. 30).

Im Sinne der Hermeneutik muß er sich aber auch sein Handeln bewußt machen und es kritisch reflektieren. Als Teil der translatorischen Kompetenz können daher linguistische Kategorien beschrieben werden (vgl. Stolze 1992: 89ff.), die wie bei Schleiermachers hermeneutischem Kanon zur Erklärung und Präzisierung des Verständnisses und der Mitteilbarkeit dienen.

Weil das Übersetzen im Formulieren ein Sprachverhalten ist, werden Kategorien aus der Linguistik wie Thematik, Semantik, Lexik, Pragmatik, Stilistik genannt, mit denen die Übersetzungslösungen erläutert und begründet werden können. Eine Kurzdarstellung findet sich in Stolze ([2]1997:240–246). Sie sollen in unterschiedlicher Verknüpfung für alle Textarten anwendbar sein, denn sie dienen der Sensibilisierung des Translators für Textaspekte, die es in der Übersetzungspraxis zu beachten gilt.

7. Stimmigkeit zwischen Text und Übersetzung

Verstehen und Formulieren beim Übersetzen sind stets am Textganzen ausgerichtet, und Ausgangs- (AT) und Zieltext treten als jeweils Ganze in ein Verhältnis der Stimmigkeit zueinander. Stimmigkeit meint die Teilhabe der beiden Texte an der gemeinsamen Wahrheit der Textbotschaft. Betrachtet man diese nun horizontal, im übersetzungskritisch üblichen Vergleich einzelner Texteinheiten, dann sind oft nur Abweichungen festzustellen. Die Einzelsprachen sind ja unterschiedlich aufgebaut, und wo die eine polysemantische Vielfalt aufweist, hat die andere einen Mangel. Das hat die kontrastive Linguistik (s. Art. 19) gezeigt. Deswegen kommt in der Übersetzung etwas, was an einer Stelle des AT vorhanden war, zieltextuell an einer anderen Stelle vor. Es ist in hermeneutischer Sicht unerheblich, ob wörtliche oder nichtwörtliche Übersetzungen vorliegen, entscheidend ist das Textganze.

Weil Übersetzungen stets den Sprachstand des Übersetzers dokumentieren, sind sie auch viel zeitgebundener als Originale. Übersetzungen sind oft nur vorläufig, können veralten, müssen überarbeitet werden. Diese „Unzulänglichkeit" befreit allerdings den Übersetzer auch vom zwanghaften Streben nach dem Absoluten einer Musterübersetzung und gibt ihm sprachliche Gestaltungsfreiheit in der ZS. Dazu braucht es natürlich auch den Mut zur Kreativität.

Literatur

Gadamer, Hans-Georg ([5]1986/1960): *Wahrheit und Methode. Grundzüge einer philosophischen Hermeneutik.* Tübingen: Mohr (Paul Siebeck).

Historisches Wörterbuch der Philosophie. Völlig neu bearb. Ausgabe des „Wörterbuchs der philosophischen Begriffe" von Eisler. Basel: Schwabe & Co. 1971ff. (Lizenzausgabe für Wissenschaftliche Buchgesellschaft, Darmstadt.)

Humboldt, Wilhelm von (1949): *Über die Verschiedenheit des menschlichen Sprachbaues und ihren Einfluß auf die geistige Entwicklung des Menschengeschlechts.* Mit einem Nachwort hrsg. v. H. Nette. Darmstadt.

Paepcke, Fritz (1979): „Übersetzen als Hermeneutik." Paepcke (1986): 102–120.

Paepcke, Fritz (1981): „Übersetzen zwischen Regel und Spiel." Paepcke (1986):121–134.

Paepcke, Fritz (1986): *Im Übersetzen leben. Übersetzen und Textvergleich.* Hrsg. von Klaus Berger und Hans-Michael Speier. Tübingen: Narr.

Schleiermacher, Friedrich D. E. (1838/1977): *Hermeneutik und Kritik.* Hrsg. von Manfred Frank. Frankfurt a.M.: Suhrkamp.

Stolze, Radegundis (1992): *Hermeneutisches Übersetzen. Linguistische Kategorien des Verstehens und Formulierens beim Übersetzen.* Tübingen: Narr.

Stolze, Radegundis ([2]1997): *Übersetzungstheorien – Eine Einführung.* Tübingen: Narr.

Radegundis Stolze (Darmstadt)

32. Kognitionswissenschaft

Kognitionswissenschaft ist der interdisziplinäre Versuch, Intelligenz zu verstehen und zu erklären – sie ist dem Denken auf der Spur. Intelligentes Verhalten wie Lernen und Problemlösen wird nicht nur beschrieben, sondern vor allem in seiner Entstehung untersucht: Statt in behavioristischer Manier nur äußeres Verhalten zu dokumentieren, machen sich Kognitionswissenschaftler Gedanken über innere Prozesse. Akteure und Methoden der Kognitionswissenschaft kommen heute vor allem aus der Psychologie, der Künstlichen Intelligenz, der Linguistik, Philosophie, Anthropologie und den Neurowissenschaften.

Viele praktische translationsrelevante Tätigkeiten setzen ein Verständnis für kognitive Zusammenhänge voraus, da sie auf Annahmen über das Denken, Lernen und Verstehen basieren: Wie wirken sich unterschiedliche Lehr- und Lernmethoden aus; was geschieht im Kopf der Übersetzenden; warum fällt ihnen das eine leicht und das andere schwer; in welchem Sinne können Zielsituationen und Ausgangstexte *verstanden* werden; wie können Texte *verständlich* gestaltet werden; welche Arbeitsmaterialien brauchen Dolmetschende, und wie sollten sie organisiert sein? Gibt es im Denken etwas Universelles, interkulturell Gleichbleibendes? Können uns maschinelle Übersetzungsprogramme zeigen, wie ‚Humanübersetzende' vorgehen – oder nur, wie Menschen eben *nicht* vorgehen?

Was geschieht beim Denken und Verstehen? Hier einige Beispiele zu den vielen Erklärungsansätzen: Wenn das Gehirn wie ein *mechanisches Gerät* arbeitet, müssen wir bloß die richtigen Anstöße finden, und schon denkt der Mensch wie ein Plattenspieler automatisch und verläßlich in der von uns gewünschten Weise. Wenn das Gehirn hingegen wie ein *Telephonapparat* funktioniert, arbeiten Translatoren wie Schaltstellen bzw. Code-Switches: Sie ersetzen Elemente und Regeln eines Kodierungssystems durch Elemente und Regeln eines anderen. Sind das Sprachsystem und die entsprechenden Elemente und Regeln eines anderen Sprachsystems einmal eingeprägt, kann man sich wie ein Automat auf die eigenen Fertigkeiten verlassen. Damit wäre die Textfunktion durch systemlinguistische Analyse eruierbar. Arbeitet das Gehirn wie ein *Computer* – und hier begeben wir uns auf aktuelles kognitionswissenschaftliches Terrain –, dann geht es beim Übersetzen immer noch um Codes, Regeln und um das Entdecken der verbindlichen Textfunktion, aber in etwas subtilerem Sinne. Der erste und wohl auch berühmteste – heute allerdings sehr umstrittene – Ansatz der *Informationsverarbeitung* als *Symbolmanipulation* kombiniert die Idee eines angeborenen, universellen Regelsystems (etwa der Transformationsgrammatik von Chomsky) und die Idee vom Denken als logische Operation an Symbolen. Dann denken Menschen aller Kulturen mit Hilfe derselben Sprachstruktur (*language of thought*), auf die wir beim Übersetzen zurückgreifen können. Unterschiedliche Sprachen sind Oberflächenphänomene, die durch syntaktische Analyse auf die grundlegenden Regeln und damit auf die Bedeutung zurückgeführt werden können. Wenn jegliches Wahrnehmen und Verstehen eine Kodierung in interne Symbole und Denken eine Operation an diesen Symbolen darstellt, ist auch Translation eine Art Computerprogramm – wenn auch ein kompliziertes.

1. Von Merkmalen zu Prototypen und Schemata

Die so dominante Idee der Informationsverarbeitung als regelbasierte Symbolmanipulation, u.a. auch die der semantischen Netzwerke, hat sich in den letzten Jahrzehnten als sehr problematisch erwiesen. Das Modell versagt bereits bei minimalen Variationen in der Aufgabe oder im System – der Mensch hingegen meistert und versteht mit ungehinderter Leichtigkeit auch unvollständige oder ungrammatikalische Angaben, und der natürliche Ausfall von Gehirnzellen hat kaum Auswirkung auf Fähigkeiten. Traditionelle Algorithmen übertreffen zwar die logischen und mathematischen Rechenfähigkeiten des menschlichen Gehirns, scheitern aber jämmerlich bei alltäglichen Aufgaben in ‚natürlicher' Umwelt – jeder ‚autonomen Maschine' ist hier die Ameise immer noch weit überlegen. U.a. deshalb wurde angenommen, daß der Mensch nicht anhand von semantischen Merkmalen, sondern in Form von erfahrungsbasierten und emotionsbeladenen, typischen Beispielen – *Prototypen* – denkt und versteht (Rosch 1973). Unter *Vogel* versteht er nicht ein flugfähiges, zweibeiniges, mit Federn bedecktes Wirbeltier mit Schnabel und zwei Flügeln, sondern er denkt an den ihm vertrautesten oder dominantesten Typus und hat augenblicklich eine individuelle (und kulturell geprägte) Welt mit Farben, Lauten und Bewegungen vor sich. Textverstehen hängt also notwendigerweise vom nichtsprachlichen Vorverständnis ab.

Die Prototypentheorie (s. Art. 13) rüttelt bereits gehörig am Ideal der Translation als subjektunabhängige Umkodierung einer sprachlich transparenten Bedeutung. Es wurden aber noch komplexere Einheiten des Denkens postuliert – z.B. als *frame, script, scheme, scene* oder *scenario* bezeichnet. Alle diese Ansätze gehen davon aus, daß das durch die individuelle Erfahrung entstandene Weltwissen beim Denken, Verstehen und Lernen eine dominante Rolle spielt. Der Begriff ‚Schema' geht bereits auf Kant, Bartlett und Piaget zurück. In der Kognitionswissenschaft bezeichnet er heute grobe Handlungs- und Denkmuster, die beim Kontakt mit einer Situation bereits situationsspezifisch rekonstruiert und im Laufe der Zeit modifiziert werden. Jedes Verstehen basiert damit zuerst einmal auf einer kontextuellen Interpretation unserer eigenen Denkmuster, und das Verstehen und Produzieren von Texten beginnt nicht bei den ersten Wörtern eines Textes, sondern beim bereits aktivierten Verständnis der jeweiligen Situation, die uns gewisse Arten von Texten und Inhalten erwarten läßt. Translatoren können deshalb nie *re*produzieren, sie bieten Möglichkeiten für immer neue Bedeutungskonstruktion (s. Art. 18).

2. Computer vs. Gehirn: von Symbolmanipulation zu künstlichen neuronalen Netzen

Der Computer als Modell und Metapher für Kognition scheiterte an der Erklärung, wie wir emotional, flexibel, kontextuell und konstruktiv denken können. Der Mensch scheint nicht symbolische Information regelbasiert zu verarbeiten, sondern in konkreten Situationen Bedeutungen zu konstruieren und dabei bereits bestehende Bedeutungen zur Hilfe zu nehmen – er arbeitet damit selbstreferentiell. Ein anderes Modell hat sich hier weit erfolgreicher erwiesen: Kognition als Mustererkennung anhand künstlicher neuronaler (konnektionistischer) Netzwerke (s. Art. 38). Dieser Ansatz versucht nicht nur, die Leistungen des Menschen zu erklären, sondern nimmt auch auf die Struktur des Gehirns mit seinen Abermillionen Nervenzellen und ihren Verbindungen Bezug.

Die Verbindungen von konnektionistischen Netzen leiten Aktivierungen zwischen den vernetzten Elementen (Neuronen) weiter, wobei die Stärke dieser Verbindungen variabel ist. Aktivierungsmuster, die zu einem gewünschten Resultat geführt haben, werden verstärkt, was z.B. die Entstehung der in den Schematheorien postulierten Denkmuster erklären könnte.

Bei diesem Ansatz werden keine Symbole und Regeln vorprogrammiert. Wissen wird nicht als einzelne Daten irgendwo abgelegt, sondern es werden Muster unterschiedlich starker Verbindungen zwischen eng miteinander verbundenen Neuronen entwickelt und aktiviert. Kein universeller Berechnungsalgorithmus wird postuliert; das Netz lernt selbst, durch die individuelle Erfahrung und anhand der vorhandenen Vernetzung, Regelmäßigkeiten in der Umwelt zu erkennen. Auch die Bedeutung von Symbolen wird in konkreten Interaktionen (auf der *subsymbolischen* Ebene) aktiv erlernt. Durch die Wiederholung von Situationen entsteht eine relative Stabilität, trotzdem steht die Bedeutung von Symbolen in einem ständigen Prozeß der Veränderung.

Der Ansatz der konnektionistischen Netzwerke kann für viele kognitive Leistungen Erklärungen liefern, die dem Symbolmanipulationsansatz nicht gelungen sind. Konnektionistische Netzwerke können bei bloßen „Andeutungen“ umfassende Muster aktivieren und je nach situativem, textuellem und internem Kontext unterschiedliche „Interpretationen“ anstellen. Der Ausfall von Elementen verursacht kaum Leistungsverminderung, da das Wissen im gesamten Netz verteilt und nicht in den einzelnen Neuronen lokalisierbar ist – daher der Begriff der „verteilten Parallelverarbeitung“. Die Verwendung abstrakter (Computer-)Modelle biologischer neuronaler Netze wird als *Konnektionismus* bezeichnet, ein Titel, der heute auch für den gesamten Ansatz verwendet wird. Auch hier spielt also der Computer eine wichtige Rolle, jedoch nur als Werkzeug.

3. Gehirn vs. Agent: von stabilen Schemata zur Agent-Umwelt-Interaktion

Heute gehen wir nicht davon aus, daß der Mensch mit statischen Denkmustern hantiert: Kognition erweist sich als situatives Handeln in komplexen physikalischen und sozialen Situationen und nicht als Wiederverwertung vorhandenen Wissens. Anders als im Computer werden im Gehirn selbst keine Befehle und Algorithmen vermutet, sondern Zustände und Interaktionen – wenn wir Milch in den Kaffee gießen, *errechnet* sich die Flüssigkeit nicht eine neue Konsistenz oder Temperatur. Anders als der Kaffee hat aber der Mensch einen internen, selbstreferentiellen Zustand, der ihn ständig die eigenen Handlungsweisen modifizieren läßt.

Das Lernen – auch das Erlernen von Kultur, Sprache und Translation – basiert auf dem aktiven Aufbau kontextsensibler Handlungsmuster. Die Bildung von kohärentem Verständnis aus einer momentan aktuellen Perspektive befähigt uns, Probleme zu meistern – wir können weder von uns selbst noch von der Umwelt oder von anderen Menschen das Wissen ‚übernehmen'. Repräsentationen sind weder auf Papier noch im Gehirn lokalisierbar, sondern entstehen in der Interaktion mit der momentanen Umwelt. Die Problem-, Kontext- und Erfahrungsabhängigkeit von Kognition macht verständlich, warum jemand grandiose Übersetzungen liefert, aber stammelnd an Situationen der Alltagskommunikation scheitert, und jemand anders täglich problemlos in mehreren Kulturen und Sprachen agiert, aber die eigenen kulturabhängig wechselnden Verhaltensweisen nicht einmal bemerkt, von Erklären-Können ganz zu schweigen.

Viele der aktuellen Fragen zur Kognition sind also für die Erklärung komplexer interkultureller Handlungen wie Translation besonders interessant: Wie entsteht kohärentes Verhalten aus parallel laufenden Prozessen, wie wird Erfahrung verkörpert und kontextuell nutzbar, wie trägt soziale Interaktion zum Denken bei, und was hat Sprachvermögen mit anderen kognitiven Fähigkeiten zu tun?

Literatur

Risku, Hanna (1998): *Translatorische Kompetenz. Kognitive Grundlagen des Übersetzens als Expertentätigkeit.* Tübingen: Stauffenburg.

Rosch, Eleanor (1973): „Natural Categories". *Cognitive Psychology* 4, 328–350.

Rumelhart, David E. / McClelland, James L. (Hrsg.) (1986): *Parallel Distributed Processing. Explorations in the Microstructure of Cognition. Vol. 1: Foundations.* Cambridge: MIT Press.

Suchman, Lucy (1987): *Plans and Situated Actions. The Problem of Human-Machine Communication.* New York: Cambridge UP.

Hanna Risku (Skövde)

33. Semiotik

Die *Semiotik* ist die Lehre oder Wissenschaft von den Zeichen, ihrer Struktur, Funktion und Entwicklung. Als Zeichen kann dabei jedes Objekt verstanden werden, das für ein anderes Objekt stehen und dieses repräsentieren kann. In Abhängigkeit davon, ob die Beziehung zwischen Bezeichnetem (Signifikat) und Bezeichnendem (Signifikant) als mehr oder minder statisch und lediglich dual oder als komplexere triadische Beziehung verstanden wird, lassen sich zwei große Richtungen unterscheiden: die von Ferdinand de Saussure begründete *Semiologie* und die *Semiotik* im engeren Sinne, als deren Begründer der US-amerikanische Philosoph Charles Sanders Peirce (1839–1914) gilt (Wiener 1966).

1. Das triadische Zeichenmodell

Nach Peirce bildet jedes Zeichen eine dynamische und nicht in Einzelelemente aufspaltbare Beziehung zwischen einem materiellen Zeichen (Repräsentamen), einem Objekt und einem Interpretans.

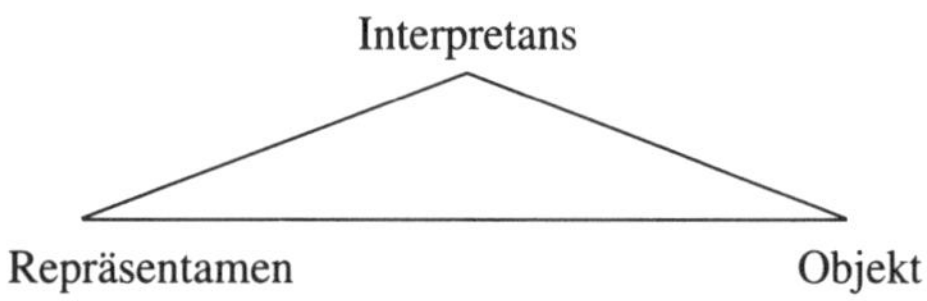

Die Herstellung der angeführten Zeichenrelationen im Bewußtsein eines Interpreten ist für Peirce konstitutiv für jedes Zeichen: Das *Repräsentamen* (bei Saussure der Signifikant) oder das Zeichen als physikalisches Phänomen ist das Vehikel des Zuordnungsprozesses. Das zugeordnete *Objekt* (Referent, Denotat), das durch das Zeichen repräsentiert wird, kann sowohl ein materiell und real existierendes (Baum, Haus etc.), als auch ein rein fiktives, lediglich im Bewußtsein der Zeichenbenutzer verankertes Objekt (z.B. Einhorn) sein. Das *Interpretans* ist die Wirkung, die das bezeichnete Objekt im Bewußtsein der Zeichenbenutzer hervorruft. Durch die Integration des Interpretans und damit mittelbar auch des/der Interpreten in das Zeichenmodell wird die gesellschaftliche und (kultur)historische Dimension des Zeichens in die Semiotik einbezogen.

Charles William Morris (1901–1979) leitete von dieser Dreierrelation eine Einteilung der Semiotik in Semantik, Syntaktik und Pragmatik ab. Die *Semantik* befaßt sich mit den Beziehungen zwischen Zeichen und Zeicheninhalt, die *Syntaktik* mit den Beziehungen zwischen den Zeichen und den Regeln für ihre Kombination und die *Pragmatik* mit den Beziehungen zwischen Zeichen und Zeichenbenutzern (Morris 1971). Die Reihenfolge der angeführten drei Bereiche steht auch für die Schwerpunktverlagerungen, die in der Semiotik ab den 30er Jahren zu beobachten sind (Nöth 1985:50).

2. Semiose

Menschliches Denken und Interpretieren wird in der Semiotik als Zeichenprozeß verstanden. Das Interpretans eines Zeichens kann also selbst wiederum nur ein Zeichen sein. Daraus ergibt sich ein potentiell unendlicher Prozeß der *Semiose*, durch die ein Zeichen sowohl aktuell als auch in der Entwicklung der Kultur mit Sinngebungen angereichert wird und dadurch erst zu seiner vollen Entfaltung gelangt.

3. Zeichentypologie

Auf Peirce geht die Einteilung der Zeichen in Icons, Indizes und Symbole zurück. *Icons* oder *ikonische Zeichen* sind Zeichen, deren Zeichenträger eine größere oder geringere Ähnlichkeit mit dem bezeichneten Objekt aufweisen (z.B. lautmalende Wörter mit dem bezeichneten Schallphänomen). *Indizes* verweisen hingegen auf ein Objekt, mit dem sie in einer zeitlichen, räumlichen oder kausalen Beziehung stehen (Standardbeispiel: *Rauch* als Zeichen für Feuer). *Symbole* schließlich sind Zeichen, bei denen die Beziehung zwischen Objekt und Zeichenträger seinem Wesen nach willkürlich (arbiträr) ist. Die Zuordnungs- und Interpretationskriterien sind nämlich nicht natürlich vorgegeben, sondern beruhen auf intentionalen kulturellen Konventionen.

4. Zeichen, Kode, Kommunikation und Text

Das System der Zuordnungen der Zeichenrelationen nennt man Kode. Als „symbolisches Wesen“ verfügt der Mensch über eine Vielzahl von Kodes, die von einfachen und natürlichen Kodes (z.B. Symptome) über mythische und wissenschaftliche Kodes bis zu den komplexen Kodes der ästhetischen Kommunikation (Lotman 1972, Eco 1977, 1987, [6]1988) reichen. Sprache ist nur eines der möglichen Kodesysteme, derer sich der Mensch in der Kommunikation bedient.

Auf der syntaktischen Ebene kommen Zeichen nicht isoliert, sondern als komplexe und gestalthafte Gebilde in Texten vor (s. Art. 16). In diesem Sinne sind Texte als komplexe Superzeichen zu verstehen.

5. Semiotik und Translationswissenschaft

Für die Translationswissenschaft sind vor allem jene semiotischen Schulen relevant, die sich mit der Spezifik kultureller (Lotman 1992) und ästhetischer, vor allem literarischer Kodes (Lotman 1972) befaßt haben. So etwa der in den 30er Jahren von Jan Mukařovský (Mukařovský 1966) begründete semiotische Strukturalismus der Prager Schule und die semiotische Schule von Tartu und Moskau (s. Fleischer 1989, Grzybek 1989), die in den *Descriptive Translation Studies* (s. Art. 25) ihren Niederschlag fanden (Toury 1994:1122). Die poststrukturale Semiotik (Julia Kristeva) führte zur Theorie und Praxis der Dekonstruktion (s. Art. 26) in der Translation. Die deutsche Translationswissenschaft orientierte sich vor allem am Zeichenmodell des Sprachpsychologen Karl Bühler. Die übereinstimmende Feststellung von Wilss (1980:9) und Gorlée (1991:21), Semiotik und Translationswissenschaft hätten einander mehr oder minder ignoriert, wird deshalb wohl zu relativieren und lediglich auf die Peircesche Semiotik zu beziehen sein (vgl. Lawendowsky 1978).

Der systematischen Aufarbeitung der Peirceschen Ansätze und ihrer Integration in die Translationswissenschaft wandte sich Dinda L. Gorlée zu (Gorlée 1991, 1994 u.ö.). Im semiotischen Konzept von Translation sind Original und Übersetzung komplexe Zeichen, die der kreativen Interpretation offenstehen und in die Semiose-Prozesse der jeweiligen Kultur integriert sind. Original und Translat gelten als semiotisch äquivalent, wenn ihre Analyse weitgehend kongruent ist und nur eine Semiose zuläßt (Gorlée 1994:14). Allerdings kommt es bei der Translation nicht auf die Herstellung von Äquivalenzbeziehungen zwischen einzelnen Elementen des Ausgangs- und des Zieltextes an, sondern um das Wachsen der Zeichen durch Semiose und deren kreative Neuinterpretation in jedem Akt der Translation.

6. Semiotik und Translationstypologien

In seinem klassischen Aufsatz *Linguistische Aspekte der Übersetzung* (Jakobson 1959, dt. 1991) nahm Roman Jakobson als erster auf die Semiotik Bezug. In Abhängigkeit von der Art der Kode-Systeme, die in einen Übersetzungsprozeß einbezogen werden, unterscheidet Jakobson folgende drei Typen:

- die *intralinguale Übersetzung* oder das *Rewording,* d.h. die Interpretation eines sprachlichen Zeichens mit Hilfe anderer Zeichen derselben Sprache,
- die *interlinguale* oder *eigentliche Übersetzung*, d.h. die Interpretation sprachlicher Zeichen mit Hilfe einer anderen Sprache, und schließlich
- die *intersemiotische Übersetzung* oder *Transmutation,* d.h. die Interpretation sprachlicher Zeichen mit Hilfe von Zeichen nichtsprachlicher Systeme (Jakobson 1991:190).

Peeter Torop (1994, 1996) befaßt sich mit der Theorie und Metatheorie der Translation. Er versteht Translation als Metatext und schlägt eine modifizierte Typologie der Translation vor:

- Eine *intratextuelle Translation* ist die Übersetzung eines Textes oder seiner Teile durch einen anderen Text. Da es sich dabei vor allem um das Problem des Textes im Text (Intext oder Intertext) handelt, fällt diese Übersetzung in den Bereich der historisch-literarischen Analyse.
- *Texttranslation* ist die Translation in der traditionellen Bedeutung des Wortes, d.h. die Translation aus einer Sprache in eine andere.
- Eine *extratextuelle Translation* schließlich liegt dann vor, wenn ein Text aus einer Kunstgattung in eine andere „übersetzt“ wird.

7. Semiotik und translatorische Praxis

Das vertiefte Verständnis für das Zusammenspiel verschiedener Kodesysteme und ihre kulturelle Bedingtheit auf der einen, die kommunikative Praxis der Informationsgesellschaft auf der anderen Seite eröffnen vor allem im Bereich der intersemiotischen Übersetzung (z.B. Medienübersetzung, s. Art. 72, 73; Werbung, s. Art. 65) konzeptuell neue Perspektiven. Wenn Translatoren tatsächlich als Fachleute für Kommunikation gelten wollen, sollten sie imstande sein, auch mit nichtsprachlichen Kodes adäquat umzugehen und Texte über vorhandene semiotische Grenzen zu transponieren (s. Art. 52, 85). Versteht man Translation außerdem als kreativen Beitrag zu den vielfältigen Prozessen der Semiose, kann dadurch auch die Translation als aktuelles und historisches Faktum aus der Peripherie des kulturellen Bewußtseins in dessen zentrale Bereiche gerückt werden.

Literatur

Eco, Umberto (1977): *Zeichen. Einführung in einen Begriff und seine Geschichte.* Frankfurt a.M.: Suhrkamp.

Eco, Umberto (1987): *Semiotik. Entwurf einer Theorie der Zeichen.* Supplemente 5. München: Fink.

Eco, Umberto ([6]1988): *Einführung in die Semiotik.* UTB 105. München: Fink.

Fleischer, Michael (1989): *Die sowjetische Semiotik. Theoretische Grundlagen der Moskauer und Tartuer Schule.* Tübingen: Stauffenburg.

Gorlée, Dinda L. (1991): „‚Traduttore Traditore?‘ Semiotic Musings on Translation.“ Grzybek, Peter (Hrsg.) (1991): *Cultural Semiotics: Facts and Facets. Fakten und Facetten der Kultursemiotik.* Bochum: Brockmeyer, 21-43.

Gorlée, Dinda L. (1994): *Semiotics and the Problem of Translation. With Special Reference to the Semiotics of Charles S. Peirce.* Approaches to Translation Studies 12. Amsterdam / Atlanta: Rodopi.

Grzybek, Peter (1989): *Studien zum Zeichenbegriff der sowjetischen Semiotik.* Bochum: Bockmayr.

Jakobson, Roman (1959): „On Linguistic Aspects of Translation“. Brower R. (Hrsg.) (1959): *On Translation.* Cambridge/Mass., 232–239 (dt.: *Linguistische Aspekte der Übersetzung,* 1991).

Krampen, Martin / Oehler, Klaus / Posner, Roland / Sebeok, Thomas A. et al. (1987): *Classics of Semiotics.* New York: Plenum

Lawendowski, Boguslaw P. (1978): „On semiotic aspects of translation." Sebeok, Thomas A. (Hrsg.) (1978): *Sight, Sound and Sense*. Bloomington: Indiana UP, 264-282.
Lotman, Jurij M. (1972): *Die Struktur literarischer Texte*. UTB 103. München: Fink.
Lotman, Jurij M. (1992): „Le phénomène de la culture." *Meta* 37/1, 18–28.
Morris, Charles W. (1971): *Writings on the General Theory of Signs*. The Hague: Mouton.
Mukařovský, Jan (1966): *Kapitel aus der Ästhetik*. Frankfurt a.M.: Suhrkamp.
Nöth, Winfried (1985): *Handbuch der Semiotik*. Stuttgart: Metzler.
Sebeok, Thomas A. (Hrsg.) (²1994): *Encyclopedic Dictionary of Semiotics*. 3 Bde. Berlin / New York: de Gruyter.
Torop, Peeter (1994): „Semiotika perevoda, perevod semiotiki." *Russian Literature* 36, 427–434.
Torop, Peeter (1996): *Total'nyj perevod*. Tartu: Tartu UP.
Toury, Gideon (1994): „Translation". Sebeok, Thomas A. (Hrsg.) (1994). Bd. 2: 1107–1124.
Wiener, Philipp P. (Hrsg.) (1966): *Charles S. Peirce: Selected Writings*. New York: Dover.
Wilss, Wolfram (1980): „Semiotik und Übersetzen." Wilss (Hrsg.) (1980): 9–22.
Wilss, Wolfram (Hrsg.) 1980: *Semiotik und Übersetzen*. Tübingen: Narr.
Wilss, Wolfram (Hrsg.) (1981): *Übersetzungswissenschaft*. Darmstadt: Wissenschaftliche Buchgesellschaft, 189–217.

Erich Prunč (Graz)

34. Psychologie

Bereits vor rund vierzig Jahren forderte Wirl (1958:4) einen „grundsätzlichen Versuch einer wissenschaftlichen Untersuchung der Problematik des Übersetzens auf breiter linguistisch-(sprach)psychologisch-(sprach)philosophisch-ethnologischer Grundlage". Zehn Jahre danach wiederholte Flores d'Arcais (1968) in den Schlußfolgerungen zum „Symposium on Language Interpretation and Communication" in Venedig für den Bereich des Dolmetschens die Forderung nach der Erforschung der zugrundeliegenden psychologischen Variablen.

Die für das Übersetzen und Dolmetschen relevanten psychologischen Forschungsarbeiten lassen sich grob in drei Bereiche unterteilen: (1) Prozeßorentierte Untersuchungen, (2) Persönlichkeitsuntersuchungen, (3) Didaktikorientierte Untersuchungen.

1. Prozeßorientierte Untersuchungen

Die Fragestellungen, die von Anfang an das größte Interesse erweckten, galten dem Simultandolmetschen und hingen mit der Gleichzeitigkeit von Sprechen und Hören zusammen. Eine Reihe von Arbeiten befaßte sich mit dem Abstand zwischen Original und Dolmetschung (EVS = *ear-voice span*). Goldman-Eisler (1967) und Barik (1969/1971) untersuchten die Dauer und Verteilung der Pausen von Rednern und Dolmetschern. Als Basis für die Beurteilung der Qualität der Dolmetschung dienten Auslassungen, Hinzufügungen und Fehler. Pinter (1969) wies in einer Untersuchung an Anfängern, fortgeschrittenen Dolmetschstudenten und professionellen Dolmetschern den Einfluß der Übung auf simultanes Sprechen und Hören nach.

Einer der aktivsten Forscher, der frühe experimentalpsychologische Studien zum Dolmetschen durchführte, war Gerver (1972, 1974, 1976). Er untersuchte u.a. den Einfluß des Sprechtempos auf die Dolmetschqualität, verglich Dolmetschen und *Shadowing* (Nachsprechen) unter unterschiedlichen Hörbedingungen, verglich die Verstehens- und Behaltensleistungen im Anschluß an Dolmetschen, Shadowing und bloßes Zuhören und entwickelte ein Informationsverarbeitungsmodell für das Simultandolmetschen.

Psychologische Modelle wurden auch von wissenschaftlich tätigen Dolmetschern übernommen. So entwickelte Moser (1978) ihr hypothetisches Modell auf der Grundlage des Informationsverarbeitungsmodells von Massaro (1975). Giles *effort model* (1991) (s. Art. 86) entspricht den kognitionspsychologischen Vorstellungen von der Ressourcenallokation. Das Textverstehens- und Textproduktionsmodell von Kintsch und van Dijk (1978) wurde von Mackintosh (1985) für das Dolmetschen aufgegriffen.

Ein zentrales Thema der kognitiven Wissenschaften ist die Wissensrepräsentation. Die von Minsky (1975) postulierten *frames* bildeten den Ausgangspunkt für die Scenes-and-frames-Konzeption von Fillmore (1976), die in der Translationswissenschaft von Vannerem/Snell-Hornby (1986) und Vermeer/Witte (1990) übernommen wurde (s. Art. 13).

Einfluß auf die Translationswissenschaft hatten auch die Vorstellung vom „konstruktiven Verstehen" beim Leser/Hörer (Hörmann 1976) und der Ansatz von Johnson-Laird (1983), der den Wissensaufbau (*mental modelling*) und die in einer Kommunikationssituation zu einem Text aufgebaute Textwelt (*mental model*) beschreibt, sowie die theoretischen Modelle der Prozesse des Textverstehens über datengeleitete (*bottom-up*) und wissensgeleitete (*top-down*) Verarbeitung. (Vgl. dazu Wilss 1996.)

Die Methode der Introspektion wurde in der Translationswissenschaft von der Psychologie für die Erstellung von *think-aloud protocols* (TAPs) übernommen (s. Art. 47), die Aufschlüsse über Denkprozesse, Strategien und Probleme beim Übersetzen durch nichtprofessionelle, semiprofessionelle und professionelle Übersetzer geben sollen (vgl. dazu u.a. Krings 1986, Hönig 1988, Kußmaul 1995).

2. *Persönlichkeitsuntersuchungen*

Zur Persönlichkeit von Übersetzern und Dolmetschern liegen bislang nur sehr wenige Studien vor. Gerver (1974) untersuchte im Rahmen einer Studie über die Auswirkung von Hintergrundlärm auf die Leistung von Dolmetschern das Merkmal „Ängstlichkeit" bei Dolmetschern.

Mit Unterstützung der AIIC *(Association Internationale des Interprètes de Conférence)* wurde von Cooper et al. (1982) eine umfassende, weltweite Streßuntersuchung an Konferenzdolmetschern durchgeführt. Die befragten Konferenzdolmetscher tendierten insgesamt leicht in Richtung Typ A (gekennzeichnet durch Leistungsstreben, Aggressivität, Ungeduld usw.) und standen im Vergleich zur allgemeinen Population unter einem etwas überdurchschnittlichen Streß.

Eine erste Untersuchung mit dem *State-Trait Anxiety Inventory* (STAI) an Dolmetschern, in der Zustandsangst und Ängstlichkeit als Persönlichkeitsmerkmal erhoben wurden (Kurz 1996), legt die Vermutung nahe, daß Konferenzdolmetscher ihr Aktivierungsniveau gut unter Kontrolle haben und somit in Streßsituationen ihre Leistung erhöhen.

Henderson (1987) führte eine vergleichende Studie an Übersetzern und Dolmetschern mit dem Sixteen Personality Factor Questionnaire durch, um Ähnlichkeiten und Verschiedenheiten zwischen diesen beiden Berufsgruppen aufzuzeigen. Kurz et al. (1996) erhoben an einem Studentenkollektiv die Vorstellungen zur Persönlichkeit von Übersetzern und Dolmetschern.

3. *Didaktikorientierte Untersuchungen*

Longley entwickelte in Zusammenarbeit mit Gerver, Long und Lambert (Gerver et al. 1989) eine Reihe von psychometrischen Tests mit dem Ziel, objektive Kriterien für die Auswahl von Kandidaten für das Dolmetscherausbildungsprogramm am PCL (Polytechnic of Central London) zu erarbeiten.

Moser (1984) und Lambert (1988) verwendeten ebenfalls eine Reihe von Aufgaben (*shadowing, dual task exercises, digit processing, lag exercises, cloze tests*) zur Eignungsprüfung von Studierenden. Lambert tritt für eine kognitive Methodik in der Dolmetschdidaktik ein und empfiehlt aufgrund der Ergebnisse von Arbeiten über kognitive Verarbeitungsprozesse diverse Vorübungen zum Simultandolmetschen (z.B. *shadowing*), gegen die es allerdings auch kritische Stimmen gibt (Kurz 1992).

Ausgehend von den kognitionspsychologischen Erkenntnissen zum Erwerb von Expertenwissen gingen Psychologen (Dillinger 1990) und Translationswissenschaftler daran, zu untersuchen, wie sich Studierende und professionelle Übersetzer und Dolmetscher in ihren Leistungen unterscheiden und welche unterschiedlichen Strategien Experten verwenden. (Vgl. dazu die oben angeführten Arbeiten mit TAPs, Künzli 1995, Wilss 1996, Kurz 1996.) Die Ergebnisse dieser z.T. noch im Gange befindlichen Arbeiten sollen vor allem in der Didaktik genutzt werden.

Literatur

Barik, Henri C. (1969): *A Study of Simultaneous Interpretation*. Unveröffentl. Dissertation. University of North Carolina at Chapel Hill.

Barik, Henri C. (1971): „A description of various types of omissions, additions and errors of translation encountered in simultaneous interpretation." *Meta* 16, 199–210.

Cooper, Cary L. / Davies, Rachel / Tung, Rosalie L. (1982): „Interpreting stress: Sources of job stress among interpreters." *Multilingua* 1/2, 97–107.

Dillinger, Mike (1990): „Comprehension during interpreting: What do interpreters know that bilinguals don't?" *The Interpreters' Newsletter* 3, 41–58.

Fillmore, Charles J. (1976): „Frame semantics and the nature of language." Harnad, S. R. / Steklis, H. D. / Lancaster, J. (Hrsg.) (1976): *Origins and Evolution of Language and Speech (Annals of the New York Academy of Sciences 280)*. New York: The New York Academy of Sciences, 20–32.

Flores d'Arcais, Giovanni B. (1968): „The Contribution of Cognitive Psychology to the Study of Interpretation." Gerver, David / Sinaiko, Wallace H. (Hrsg.) (1978): *Language Interpretation and Communication*. New York: Plenum.

Gerver, David (1972): *Simultaneous and Consecutive Interpretation and Human Information Processing*. PhD Thesis, Oxford University, 1970. Dept. of Psychology, Univ. of Durham, 1971. Social Science Research Council Report HR 566/1, 1972.

Gerver, David (1974): „The effects of noise on the performance of simultaneous interpreters." *Acta psychologica* 38, 159–167.

Gerver, David (1976): „Empirical Studies of Simultaneous Interpretation: A Review and a Model." Brislin, Richard W. (Hrsg.) (1976): *Translation: Applications and Research*. New York: Gardner, 165–207.

Gerver, David / Longley, Patricia / Long, John / Lambert, Sylvie (1989): „Selection Tests for Trainee Conference Interpreters." *Meta* 34/4, 724–735.

Gile, Daniel (1991): „The processing capacity issue in conference interpretation." *Babel* 37/1, 15–27.

Goldman-Eisler, Frieda (1967): „Sequential temporal patterns and cognitive processes in speech." *Language and Speech* 10, 122–132.

Henderson, John A. (1987): *Personality and the Linguist*. Bradford: Bradford UP.

Hönig, Hans G. (1988): „Wissen Übersetzer eigentlich, was sie tun?" *Lebende Sprachen* 1, 10–14.

Hörmann, Hans (1976): *Meinen und Verstehen. Grundzüge einer psychologischen Semantik*. Frankfurt a.M.: Suhrkamp.

Johnson-Laird, Philip N. (1983): *Mental models. Towards a cognitive science of language, inference, and consciousness*. Cambridge/Mass.: Harvard UP.

Kintsch, Walter / van Dijk, Teun A. (1978): „Towards a model of discourse comprehension and production." *Psychological Review* 5, 363–394.

Krings, Hans P. (1986): *Was in den Köpfen von Übersetzern vorgeht: Eine empirische Untersuchung zur Struktur des Übersetzungsprozesses an fortgeschrittenen Französischlernern*. Tübingen: Narr.

Künzli, Alexander (1995): „Le processus de traduction – comparaison entre professionnels et nonprofessionnels." *Equivalences 1995: Les actes*, 149–166.

Kurz, Ingrid (1992): „‚Shadowing' Exercises in Interpreter Training." Dollerup, Cay / Loddegaard, Anne (Hrsg.) (1992): *Teaching Translation and Interpreting. Training, Talent and Experience*. Amsterdam / Philadelphia: Benjamins, 245–250.

Kurz, Ingrid (1996): *Simultandolmetschen als Gegenstand der interdisziplinären Forschung*. Wien: WUV Universitätsverlag.

Kurz, Ingrid / Basel, Elvira / Chiba, Doris / Patels, Werner / Wolfframm, Judith (1996): „Scribe or Actor? A Survey Paper on Personality Profiles of Translators and Interpreters." *The Interpreters' Newsletter* 7, 3–18.

Kußmaul, Paul (1995): *Training the Translator*. Amsterdam / Philadelphia: Benjamins.

Lambert, Sylvie (1988): „An integrated programme for training interpreters. A human information processing and cognitive approach to the training of simultaneous interpreters." Hammond, Deanna L. (Hrsg.) (1988): *Languages at Crossroads. Proceedings of the 29th Annual Conference of the American Translators' Association*. Medford/NJ: Learned Information, 379–387.

Mackintosh, Jennifer (1985): „The Kintsch and van Dijk model of discourse comprehension and production applied to the interpretation process." *Meta* 30, 37–43.

Massaro, Dominic W. (1975): *Experimental Psychology and Information Processing*. Chicago: Rand McNally.

Minsky, Marvin (1975): „A framework for representing knowledge." Winston, P. H. (Hrsg.) (1975): *The psychology of computer vision*. New York: McGraw-Hill, 211–277.

Moser, Barbara (1978): „Simultaneous Interpretation: A Hypothetical Model and its Practical Application." Gerver, David / Sinaiko, Wallace H.

(Hrsg.) (1978): *Language Interpretation and Communication*. New York: Plenum, 353–368.
Moser, Barbara (1984): „Testing Interpreting Aptitude." Wilss, Wolfram / Thome, Gisela (Hrsg.) (1984): *Die Theorie des Übersetzens und ihr Aufschlußwert für die Übersetzungs- und Dolmetschdidaktik*. Tübingen: Narr, 318–325.
Pinter, Ingrid (1969): *Der Einfluß der Übung und Konzentration auf simultanes Sprechen und Hören*. Unveröffentl. Dissertation, Universität Wien.
Vannerem, Mia / Snell-Hornby, Mary (1986): „Die Szene hinter dem Text: ‚scenes and frames semantics' in der Übersetzung." Snell-Hornby, Mary (Hrsg.) (1986): *Übersetzungswissenschaft – eine Neuorientierung. Zur Integrierung von Theorie und Praxis*. UTB 1415. Tübingen: Francke.
Vermeer, Hans / Witte, Heidrun (1990): *Mögen Sie Zistrosen? – Scenes & frames & channels im translatorischen Handeln*. TEXTconTEXT Beiheft 3. Heidelberg: Groos.
Wilss, Wolfram (1996): „Translation as intelligent behavior." Somers, Harold (Hrsg.) (1996): *Terminology, LSP and Translation. Studies in language engineering in honour of Juan C. Sager*. Amsterdam / Philadelphia: Benjamins, 161–169.
Wirl, Julius (1958): *Grundsätzliches zur Problematik des Dolmetschens und des Übersetzens*. Wien / Stuttgart: Braumüller.

Ingrid Kurz (Wien)

35. Gehirnphysiologie (Dolmetschen)

Jeder Denkvorgang ist mit lokalen Änderungen des Hirnstoffwechsels verbunden. Die Stoffwechselprozesse in der Hirnrinde erzeugen ständig elektrische Tätigkeit, die als EEG an der Schädeloberfläche registriert werden kann. Das EEG ist mehr als ein elektrisches „Abfallprodukt" der Stoffwechselvorgänge im Gehirn (Petsche 1991). Durch zunehmende Verfeinerung der Analysemethoden des EEG mit Hilfe der Computertechnik liefert das EEG wesentliche Informationen über Denkprozesse.

Mit Hilfe des *EEG probability mapping* – einer von Rappelsberger/Petsche (1988) entwickelten Methode – wurden verschiedene Denkvorgänge (Lesen, Kopfrechnen, Raumvorstellung, Hören von Text, Musik und Rhythmus, Bildbetrachten usw.) untersucht. Dabei fanden Petsche und Mitarbeiter charakteristische EEG-Muster, die als elektrophysiologische Korrelate von Denkstrategien aufgefaßt werden können.

Lassen sich auch beim Simultandolmetschen (s. Art. 86) charakteristische EEG-Veränderungen beobachten? Und wenn ja, wie unterscheiden sie sich von den EEG-Bildern im Ruhezustand und bei anderen mentalen Operationen? Gibt es vielleicht sogar Unterschiede zwischen dem Dolmetschen aus der Fremdsprache in die Muttersprache und umgekehrt? Untersuchungen zur Beantwortung dieser Fragen wurden am Institut für Neurophysiologie der Universität Wien in Zusammenarbeit mit dem Institut für Übersetzer- und Dolmetscherausbildung bislang an rund einem Dutzend Dolmetschern durchgeführt (Petsche 1991, 1993; Kurz 1994, 1995, 1996).

Den Versuchspersonen wurden unbekannte deutsche und fremdsprachige Texte über Kopfhörer zugespielt. Ihre Aufgabe bestand darin, 4-Minuten-Passagen der Texte „im Kopf", d.h. ohne tatsächlich zu sprechen, in die jeweils andere Sprache zu dolmetschen. Der Grund, weshalb man sich für diese Form des „mentalen" Dolmetschens entschied, liegt darin, daß die durch die Muskeltätigkeit beim Sprechen auftretenden Artefakte das EEG zu sehr gestört hätten. Der potentielle Einwand, daß damit eine artifizielle Situation geschaffen wurde, die nicht dem Simultandolmetschen entspricht, da dieses unabdingbar mit der Tätigkeit des Sprechens verbunden ist, gilt nur zum Teil, da die Untersuchung den Denkvorgängen während des Dolmetschens galt, die unabhängig von Artikulation und Motorik ablaufen.

Als Kontrolle wurde ein „mentales" Shadowing, d.h. ein „Im-Geiste-Nachsprechen", einer anderen 4-Minuten-Passage derselben Texte verwendet. Daneben wurden zum Vergleich die durch das Hören von Mozart-Musik (1 Minute) und durch Kopfrechnen (1 Minute) bedingten EEG-Veränderungen untersucht.

Die Ableitung erfolgte von insgesamt 19 Elektroden. Aus ökonomischen Gründen wurde das EEG-Spektrum (zwischen 4 und 32 Hz) in 5 Frequenzbereiche unterteilt, die mit griechischen Buchstaben bezeichnet werden. Der Betabereich (Frequenzen über 12 Hz) erwies sich für die Informationsverarbeitung im Gehirn als besonders wichtig.

Gemessen wurde sowohl das Leistungsspektrum, d.h. die durchschnittliche elektrische Leistung, die das Gehirn unter jeder Elektrode produziert, als auch die Kohärenz. Die Kohärenz ist die auf die Frequenz bezogene Korrelation zwischen zwei Signalen und liefert einen Hinweis auf das Ausmaß der elektrischen Verkopplung zweier Hirnregionen und somit auch auf das Ausmaß ihrer funktionellen (neuronalen) Verknüpfung. Eine Kohärenz von 0 zwischen zwei Elektroden in einem bestimmten Frequenzbereich bedeutet, daß die beiden Hirnregionen elektrisch voneinander unabhängig tätig sind; ein Wert von 1 zeigt an, daß die beiden Regionen synchron arbeiten.

Es gilt als gesichert, daß hochspezialisierte Gehirnfunktionen, wie z.B. Sprache, nicht von einzelnen „Zentren" aus gesteuert werden, sondern daß dabei viele neuronale Verbindungen zusammenwirken (s. Art. 32). Die Untersuchung der physiologischen Grundlagen verschiedener Hirnfunktionen konzentriert sich daher darauf, festzustellen, zwischen welchen Gehirnregionen bei einer bestimmten Hirnfunktion eine verstärkte Kooperation stattfindet. Ein Vergleich der lokalen und interhemisphärischen Kohärenzen (d.h. mit benachbarten Elektroden bzw. mit den entsprechenden Elektroden in der anderen Hemisphäre) mit jenen im Ruhe-EEG und ihre statistische Signifikanzprüfung liefert Angaben über die Wahrscheinlichkeit, mit der bei bestimmten kognitiven Prozessen bestimmte Hirnregionen mit anderen verkoppelt sind. Die Ergebnisse werden in schematischen Hirnkarten *(EEG probability maps)* dargestellt.

Die Auswertung der Ergebnisse ist noch nicht zur Gänze abgeschlossen. Die vorläufigen Resultate lassen sich jedoch wie folgt zusammenfassen:

Das EEG enthält Informationen über sprachliches Denken oder, anders ausgedrückt: Die Registrierung von Kohärenzänderungen bei sprachlichen Leistungen gestattet Einblicke in die dabei ablaufenden Gehirnvorgänge.

Verschiedene Hirnregionen in verschiedenen Frequenzbändern sind beim Simultandolmetschen mehr oder weniger stark involviert, d.h., sie sind an mehr oder weniger zahlreichen Kohärenzänderungen gegenüber dem Ruhe-EEG beteiligt.

Die topographische Verteilung der Kopplungsmuster bei sprachlichem Denken (Simultandolmetschen) unterscheidet sich von dem bei nicht-sprachlichem Denken (Kopfrechnen, Musikhören) und zeigt die stärksten Veränderungen in den sogenannten „Sprachregionen". Die Ergebnisse für das Shadowing sind ähnlich, aber niedriger als bei der weitaus anspruchsvolleren sprachlichen Leistung des Dolmetschens.

Beim mentalen Simultandolmetschen nehmen gewöhnlich die Kohärenzen zwischen benachbarten Elektroden speziell im Betabereich gegenüber dem Ruhe-EEG in beiden Temporalregionen zu, und zwar bei Rechtshändern links stärker als rechts. (Unter den Probanden befand sich auch eine Linkshänderin. Bei ihr waren die stärksten Veränderungen über der rechten Temporalregion zu finden.)

Zwischen Dolmetschen in die Muttersprache und in die Fremdsprache bestehen Unterschiede. Die Zunahme der lokalen und interhemisphärischen Kohärenzen ist beim Dolmetschen in die Fremdsprache größer als umgekehrt. Das deutet darauf hin, daß das Gehirn beim Dolmetschen in die Fremdsprache möglicherweise eine größere Denkleistung vollbringen muß.

Diese ersten Befunde zeigen, daß uns computerunterstützte neurophysiologische Meßmethoden wertvolle Einblicke in die beim Simultandolmetschen ablaufenden kortikalen Prozesse liefern können. Für die Neurophysiologie sind diese Ergebnisse insofern interessant, als sie Verfahren ausbauen helfen, die ihrerseits zum besseren Erkennen von Hirnleistungsstörungen verwendet werden können.

Literatur

Kurz, Ingrid (1994): „A look into the black box – EEG probability mapping during mental simultaneous interpreting." Snell-Hornby, Mary / Pöchhacker, Franz / Kaindl, Klaus (Hrsg.) (1994): *Translation Studies: An interdiscipline.* Amsterdam / Philadelphia: Benjamins, 199–207.

Kurz, Ingrid (1995): „Watching the brain at work – An exploratory study of EEG changes during

simultaneous interpreting (SI).“ *The Interpreters' Newsletter* 6, 3–16.
Kurz, Ingrid (1996): *Simultandolmetschen als Gegenstand der interdisziplinären Forschung.* Wien: Wiener Universitätsverlag.
Petsche, Hellmuth (1991): „Wie kann man Denken messen? – Die Objektivierung von Denkvorgängen.“ Molden, Otto (Hrsg.) (1991): *Zeitenwende – Vision und Wirklichkeit.* Wien: Europäisches Forum Alpbach, 44–50.
Petsche, Hellmuth (1993): „Hirnelektrische Vorgänge bei verbalem Denken.“ *Neuropsychiatrie* 7/1, 13–17.
Rappelsberger, Peter / Petsche, Hellmuth (1988): „Probability mapping: power and coherence analysis of cognitive processes.“ *Brain Topography* 1, 46–54.

Ingrid Kurz (Wien)

36. Feministische Aspekte

Feministische Aspekte bringen Erkenntnisse der Frauenforschung in die Übersetzungspraxis und -wissenschaft, welche angrenzenden Disziplinen wie z.B. Literatur- und Sprachwissenschaft, Philosophie, Soziologie, Politikwissenschaft, Publizistik oder Geschichtswissenschaft entspringen.

Seit ca. 1978 werden solche Aspekte in die Praxis und Wissenschaft der Übersetzung aufgenommen. Dies geschieht zuerst in Nordamerika u.a. aufgrund der Auseinandersetzung mit den Übersetzungen von *écriture féminine* von Schriftstellerinnen wie Hélène Cixous und Nicole Brossard und mit feministischen Bibelübersetzungen (*The Word for Us*, 1977; *An Inclusive Language Lectionary*, 1983), durch Spezialausgaben von wissenschaftlichen Zeitschriften, z.B. *Tessera* (VI, 1989) und *Traduction Terminologie Rédaction (TTR)* (IV/2, 1991), die das Thema behandeln, und durch Veröffentlichungen in Sammelbänden zur Translationstheorie. Es entsteht ca. 1990 auch außerhalb des anglo-amerikanischen Sprachraums Interesse an feministischen Aspekten der Übersetzungspraxis und -wissenschaft.

1. Geschichtliche Ansätze

Frauen als Übersetzerinnen: Was wissen wir über die Arbeit von Übersetzerinnen? Das Interesse an der Kulturgeschichte von Frauen dehnt sich auf die Beiträge von ‚vergessenen‘ Übersetzerinnen aus. Übersetzungen von Frauen der englischen Renaissance, der deutschen Romantik, der französischen Aufklärung oder der amerikanischen Neuzeit werden vorgestellt, untersucht und auf eine etwaige oppositionelle Haltung gegenüber der frauenverachtenden Ideologie ihrer Zeit beleuchtet (s. Krontiris 1992, Kadish/Massardier-Kenney 1994, Gooze 1995, Zwarg 1990). Welche Textstrategien wandten diese Frauen an, wie war das Verhältnis zu den literarischen Machthaltern der Zeit? Wie konnten Frauen durch Literaturübersetzung die Möglichkeit ergreifen, am öffentlichen Leben teilzunehmen, und inwiefern beeinflußte diese Teilnahme die Translationstheorien ihrer Zeit? In Deutschland stellt Karen Nölle-Fischer (1995) zu heutigen Übersetzungen ähnliche Fragen.

Texte von Frauen in Übersetzung: Wie werden bzw. wurden Texte von Frauen übersetzt? Wie werden die Erkenntnisse der Frauenforschung des 20. Jahrhunderts bei Neuübersetzungen von historischen Texten angewandt? Komparatistische Arbeiten untersuchen Übersetzungen von Sappho, Louise Labé und Simone de Beauvoir u.a. Die Analysen zeigen auf, daß feministische Ansätze und frauenfreundliche Übersetzungspraxis dazu führen, daß Texte anders gelesen, interpretiert und übersetzt werden. Ein Text von Sappho wird nunmehr nicht als Sensation, sondern als vielschichtiges Kunstwerk übersetzt (Prins 1997), und die Zensur der Werke von Beauvoir wird klar dargestellt (Simons 1983).

2. Ethische Fragen

Frauenbewegte Übersetzerinnen: Wie sollen/dürfen Übersetzerinnen feministische Praxis und Theorien anwenden? Sollen sie Zensur/Korrektur an unliebsamen Texten üben? Wie können sie ihre politische Überzeugung in die Arbeit einbringen? Inwiefern müssen sie dem Text ‚treu‘ bleiben und die traditionelle Rolle der Übersetzer ausüben? Aus feministischer Perspektive ist zu erkennen, daß bisher ‚Treue‘

und ‚Verantwortung' dem Originaltext gegenüber selektiv angewandt wurden; doch wo liegen die Grenzen feministischer Verbesserung von frauenfeindlichen oder -verachtenden Textstellen (s. Art. 108, 109)? Die Textstrategien der ÜbersetzerInnen, die sich mit dieser Problematik befassen, werden von den Auftraggebern, der Kulturpolitik, dem Kontext bestimmt. Im nordamerikanischen Kulturraum ist es üblich, daß ÜbersetzerInnen sich in Vorworten, Nachworten, Fußnoten oder Aufsätzen zu ihrer politischen Praxis äußern: z.B. übersetzt Susanne de Lotbinière-Harwood (1991) nur Texte, die sie politisch vertreten kann. Sie sieht dies nicht als eine Form von Zensur anderer Texte, sondern als politische Arbeit für Frauen:

> My translation practice is a political activity aimed at making language speak for women. So my signature on a translation means: this translation has used every possible feminist strategy to make the feminine visible in language. Because making the feminine visible in language means making women seen and heard in the real world. Which is what feminism is all about.

3. Philosophische Fragen

Metapher und Selbstbilder: Wie wird über das Übersetzen gesprochen oder geschrieben (s. Art. 79)? Wie beschreiben ÜbersetzerInnen ihre Tätigkeit? Es ist aufgezeigt worden, daß ‚patriarchalische' Metaphern angewandt werden, um das Verhältnis AutorIn/ÜbersetzerIn oder Original/Übersetzung zu beschreiben – z.B. soll das Kind/die Übersetzung dem Vater ähnlich sein (Chamberlain 1992). Die Arbeit der ‚Reproduktion' eines Textes wird nicht selten mit der biologisch reproduktiven Arbeit der Frau in Verbindung gebracht, und beide Teile der Metapher werden abwertend dargestellt. Feministische Ansätze weisen solche Auffassungen zurück und erarbeiten Begriffe wie *métissage* und *contamination*, die den Vorgang der Übersetzung als Kooperation darstellen. Eine weitere Frage betrifft das Selbstbild der ÜbersetzerInnen, die sich als ‚Coolies' oder ‚Fähr*männer*' bezeichnen (Thill 1995) und das konventionelle Bild der bescheidenen, unscheinbaren Übersetzerin untermalen. Dieses Bild wird in Arbeiten aus dem nordamerikanischen Raum dekonstruiert, wo das Selbstbewußtsein der ÜbersetzerInnen durch eine Auffassung des Übersetzens als kreative und politische Maßnahme gestärkt wird (Godard 1990, de Lotbinière-Harwood 1991).

Literatur

An Inclusive Language Lectionary (1983). Philadelphia: Westminster Press.

Chamberlain, Lori (1992): „Gender and the Metaphorics of Translation." Venuti, Lawrence (Hrsg.) (1992): *Rethinking Translation. Discourse, Subjectivity, Ideology*. London / New York: Routledge, 57–74.

Flotow, Luise von (1997): *Gender and Translation. Translation in an ‚Era of Feminism'*. Manchester: St. Jerome / Ottawa: University of Ottawa Press.

Godard, Barbara (1990): „Theorizing Feminist Discourse/Translation." Bassnett, Susan / Lefevere, André (Hrsg.) (1990): *Translation, History, Culture*. London: Pinter.

Gooze, Marjanne (1995): „A Language of her Own: Bettina Brentano-von Arnim's Translation Theory and her English Translation Project." Frederiksen, Elke / Goodman, Katerine R. (Hrsg.) (1995): *Bettina Brentano-von Arnim: Gender and Politics*. Detroit: Wayne State UP, 278–303.

Haugerud, Joan (1977): *The Word for Us*. Seattle: Coalition of Women in Religion.

Kadish, Doris / Massardier-Kenney, Françoise (Hrsg.) (1994): *Translating Slavery, Gender and Race in French Women's Writing 1783–1823*. Kent/Ohio: Kent State UP.

Krontiris, Tina (1992): *Oppositional Voices: Women as Writers and Translators of Literature in the English Renaissance*. London / New York: Routledge.

Lotbinière-Harwood, Susanne de (1991): *Re-Belle et Infidèle. La Traduction comme pratique de réécriture au féminin / The Body Bilingual. Translation as a Rewriting in the Feminine*. Toronto: The Women's Press / Montréal: Les éditions du remue-ménage.

Meurer, S. (Hrsg.) (1993): *Die vergessenen Schwestern. Frauengerechte Sprache in der Bibelübersetzung*. Stuttgart: Deutsche Bibelgesellschaft.

Nölle-Fischer, Karen (1995): „Können weibliche Schreibweisen Bewegung in die Geschlechterbeziehungen bringen?" *Der Übersetzer* 29/1, 1–8.

Prins, Yopie (1997): „Sappho's Afterlife in Translation." Greene, E. (Hrsg.) (1997): *Rereading Sappho: Reception and Transmission*. Berkeley: University of California Press.

Simon, Sherry (1996): *Gender and Translation. Culture and Identity and the Politics of Transmission,* London / New York: Routledge.
Simons, Margaret (1983): „The Silencing of Simone de Beauvoir, Guess What's Missing from *The Second Sex*". *Women's Studies International Forum* 6/5, 559–564.
Thill, Beate (1995): „Translation and Identity." Vortrag auf der Tagung der EST in Prag.
Zwarg, Christina (1990): „Feminism in Translation: Margaret Fuller's Tasso". *Studies in Romanticism* 29, 463–490.

Luise von Flotow (Ottawa)

B4 Modelle der automatischen Translation

37. Automatisches Übersetzen

1. Machbarkeit

Automatisches Übersetzen oder Maschinelle Übersetzung (MÜ) ist eine der allerersten Computeranwendungen überhaupt. Erste Experimente gab es schon Anfang der 50er Jahre. MÜ ist allerdings bisher noch nicht in großem Stile einsetzbar.

Generelle Urteile über MÜ ‚oszillieren' üblicherweise zwischen zwei widersprüchlichen Behauptungen. Die eine beruht auf einer Unterschätzung, die andere auf einer Überschätzung der Möglichkeiten von MÜ:

- MÜ-Projekte sind vergeudetes Geld, MÜ ist nicht machbar (oder sogar ‚theoretisch unmöglich').
- Das MÜ-Projekt XY wird alle Sprachbarrieren beseitigen.

Den Pessimisten sei entgegengehalten, daß die Qualität von MÜ-Systemen nicht so schlecht ist, daß diese überhaupt nicht genutzt werden können. *Taum Meteo* z.B. übersetzt 40.000 Wörter Wetterberichte pro Tag seit 1977 mit einer Nachedition von nur 4%. *SYSTRAN* wird in der EU-Kommission für Informativübersetzungen im großen Stil verwendet (pro Jahr Zehntausende von Seiten).

Den Optimisten sei gesagt, daß MÜ bisher nur unter extremen Einschränkungen (bezüglich Domäne und Textsorte) erfolgreich war.

Alles in allem sind MÜ-Systeme bisher enttäuschend. Ältere Systeme, aber auch billige neuere PC-Produkte, beruhen auf mangelhaften linguistischen Konzepten. Ihr Kern ist im Prinzip eine Wort-für-Wort-Übersetzung plus einiger heuristischer Verfahren. Jedenfalls arbeiten sie ohne systematische Einbeziehung linguistischer Information. Ein weiteres Problem ist, daß die Verwendung prozeduraler Programmiersprachen enge Grenzen bezüglich Erweiterbarkeit der Systeme, Pflege und Wartbarkeit setzt.

Neuere Systeme setzen auf die Einbeziehung linguistischer Information und oft auch auf die Trennung von Algorithmen und linguistischen Daten. Aber auch die Qualität dieser Systeme ist bisher enttäuschend. Dafür gibt es zumindest folgenden Grund:

Gute Übersetzungsqualität kann nur erreicht werden, wenn der Quellsatz vollständig analysiert werden kann, also alle Wörter und alle syntaktischen Strukturen eines Satzes erkannt werden. Ist dies nicht der Fall, dann benutzt das System einen sog. Robustmodus, der auf der Basis unvollständiger Information übersetzt. Jedes System muß einen solchen Modus haben, um kommerziell einsetzbar zu sein. (Die Alternative zur Robustübersetzung wäre *kein* Ergebnis). Die Robuststrategien beruhen aber mehr oder weniger auf Wort-zu-Wort-Übersetzungen, sind also Systemen älterer Konzeption sehr ähnlich, und da sehr viele Sätze aus irgendeinem Grund nicht vollständig analysiert werden können, ist die Qualität neuerer System bisher insgesamt nicht deutlich besser.

MÜ ist nützlich und machbar unter sehr spezifischen Bedingungen: Beschränkung auf ein spezifisches Fachgebiet, spezifische Textsorten, langes ‚Training' des Systems, Anpassung des Systems an ein spezielles Szenario, hohe Investition an menschlichen und finanziellen Ressourcen.

2. Konzeptionen

In der MÜ werden drei grundlegende Konzepte unterschieden: der *direkte*, der *Transfer-* und der *Interlingua-Ansatz*. Diese kommen in unterschiedlichen Varianten vor.

2.1 Der direkte Ansatz

Diese Architektur benutzt die einfachste aller Transformationen für die Übersetzung, die Ersetzung der Wörter in der Quellsprache durch ihre Entsprechungen in der Zielsprache (ZS). (In der MÜ heißt die Ausgangssprache ‚Quellsprache').

Zusätzlich wird meist morphologische Information benutzt, um Kasus-Numerus-Genus-Übereinstimmung in Nominalkonstruktionen zu gewährleisten, und lexikalisch-semantische

Information zur lexikalischen Disambiguierung. Wortstellungsinformation in der ZS soll zu korrekter Anordnung im ZS-Satz führen. Fast allen kommerziellen Systemen liegt diese Architektur zugrunde. Das Beispiel (1) zeigt zwar, daß das Übersetzungsresultat nicht völlig unbrauchbar ist. Es ist allerdings nur deshalb einigermaßen gut, weil die Quellsprache hier der ZS hinreichend ähnlich ist. Nicht erkannte Mehrdeutigkeiten wirken sich ,per Zufall' nicht negativ auf die Übersetzung aus. Enthielte das System die Möglichkeit, das Präfix richtig und die Konstruktion als Imperativ zu erkennen, könnte der Satz sogar völlig korrekt übersetzt werden.

(1) Legen Sie das Buch auf das Regal zurück.
Put you the book on the shelf back.

Diese Systeme sind per Definition sehr stark sprachpaarbezogen. Das bedeutet, daß für jedes Sprachpaar ein neues System implementiert werden muß. Es ist nicht möglich, Teile wiederzuverwenden. Ein Vorteil ist die große Robustheit, d.h. es wird immer ein Resultat geliefert (und sei es auch noch so schlecht). Die Systeme sind auch sehr effizient, was die Laufzeiten angeht.

2.2 Transfer-Ansatz

Transfersysteme bestehen aus drei Komponenten:

- In der Analyse wird dem quellsprachlichen Satz eine (je nachdem) abstrakte (semantische) Strukturbeschreibung zugeordnet.
- Diese wird in der Transferkomponente in eine solche der ZS abgebildet. Die Transferkomponente besteht aus einem Automaten, der es erlaubt, die abstrakten Analyserepräsentationen zu manipulieren und zu verändern.
- Die dritte Komponente ist die ZS-Generierung, die aus der abstrakten ZS-Struktur eine Oberflächenstruktur generiert. Dies wird in der Skizze (2) illustriert.

(2)

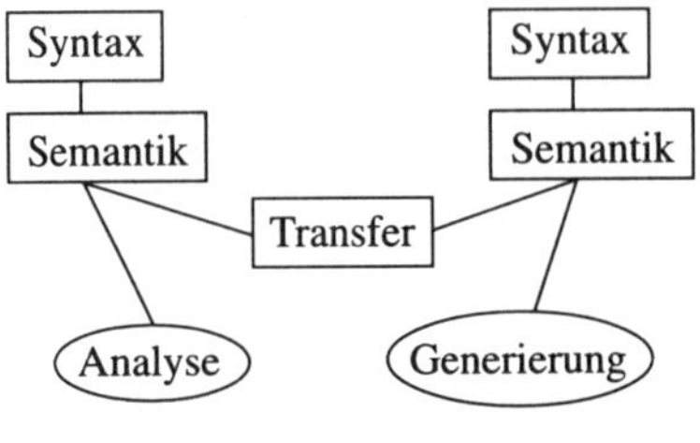

Transfersysteme existieren in vielen Varianten. Sie unterscheiden sich im Hinblick auf den Abstraktheitsgrad des Analyseoutputs, die Form der linguistischen Repräsentation, Analyse- und Generierungsautomaten, Grammatiktheorie, Transferstrategie (struktureller Transfer, lexikalistischer Transfer, multilingualer Transfer), Transferformalismen etc.

Wenn die drei Komponenten sauber getrennt und die Repräsentationen abstrakt genug sind, können die Analysekomponente und die Generierung für mehrere Sprachpaare benutzt werden. Diese Systeme nennt man dann ,multilinguale Transfersysteme'.

Transferbasierte Systeme sind den zuvor beschriebenen Systemen in bezug auf Qualität potentiell überlegen, da sie auf einer umfassenderen linguistischen Analyse beruhen. Auf der anderen Seite sind sie weniger robust (ihren Qualitätsvorteil können sie nur zur Geltung bringen, wenn eine vollständige Analyse erreicht wird). Und sie sind meist auch ineffizienter, da alle Mehrdeutigkeiten des Quelltextes errechnet werden.

2.3 Interlingua-Ansatz

Der Interlingua-Ansatz beruht nur auf zwei Komponenten, einer Analysekomponente, deren Ergebnis eine interlinguale (!) Repräsentation ist, und einer Generierungskomponente, die direkt aus dem Analyseergebnis die ZS-Oberflächenstruktur generiert. In Skizze (2) würde also der Transferschritt entfallen und direkt aus der Semantik der Quellsprache in die ZS generiert werden.

Gegen den Interlingua-Ansatz spricht die Schwierigkeit, eine wirklich interlinguale Repräsentation zu finden. Bisherige Vorschläge erfüllen diese Ansprüche weitgehend nicht und enthalten außerdem keine Informationen über die Quellsprache mehr, die wichtig für die Übersetzung wären. Der Interlingua-Ansatz im strengen Sinne ist eher eine theoretische Möglichkeit als eine praktische Option.

3. Linguistische Transfer-Strategien

In diesem Abschnitt soll illustrativ gezeigt werden, welche linguistischen Strategien ein Transferansatz anwenden kann.

Die Skizze in (3) ist eine (vereinfachte) semantische Repräsentation (Analyseergebnis) des Satzes ‚Der Schriftsteller schrieb ein Buch in London', die Elemente enthält, die üblicherweise Basis des Transfers sind. Sie ist Teil einer umfassenden linguistischen Darstellung. (Formal ist die Darstellung eine komplexe Merkmalsstruktur, wie sie in unifikationsbasierten Systemen verwendet wird).

(3)

$$\begin{bmatrix} \textit{re}\ \mathrm{ln} & \textit{schreiben} \\ \textit{time} & \textit{anterior} \\ \textit{agent} & \begin{bmatrix} \textit{re}\ \mathrm{ln} & \textit{schriftsteller} \\ \textit{def} & \textit{def} \end{bmatrix} \\ \textit{theme} & \begin{bmatrix} \textit{re}\ \mathrm{ln} & \textit{buch} \\ \textit{def} & \textit{indef} \end{bmatrix} \\ \textit{location} & \begin{bmatrix} \textit{re}\ \mathrm{ln} & \textit{in} \\ \mathrm{arg\ 1} & \begin{bmatrix} \textit{re}\ \mathrm{ln} & \textit{london} \end{bmatrix} \end{bmatrix} \end{bmatrix}$$

Die semantische Repräsentation in (3) könnte direkt z.B. durch Austausch der Werte für ‚*re* ln' in eine ZS-Repräsentation abgebildet werden. Sie zeigt einige wichtige Eigenschaften für ‚transfertaugliche' Repräsentationen. So ist sie keine arbiträre syntaktische Repräsentation, die im Transfer zu sehr komplexen Abbildungsrelationen führen würde, und sie bietet eine Abstraktion von diversen sprachspezifischen Regularitäten und ist damit tauglich für die Abbildung in mehrere Sprachen.

- Von der Wortstellung der Quellsprache wird abstrahiert, da Wortstellungsregeln weitgehend sprachspezifisch sind.
- Artikel sind durch das Merkmal ‚Definitheit' repräsentiert.
- Tempus ist als (interlinguales) Merkmal ‚time' repräsentiert. In der ZS werden daraus die erforderlichen Oberflächenstrukturen generiert (Verbalsuffixe oder Hilfsverbkonstruktionen).

Transfersysteme mit solchen Repräsentationen werden multilingual genannt. Die Strategie besteht darin, eine Beschreibung zu definieren, die für linguistische Phänomene eine möglichst neutrale Repräsentation darstellt, so daß kein komplizierter Transfer nötig ist. Dies geschieht durch Merkmalssysteme, die die *Bedeutung* linguistischer Einheiten repräsentieren.

Das Beispiel in (4) zeigt weitere Probleme, für die in einem MÜ-System transfertaugliche Repräsentationen entwickelt werden müssen.

(4a) Er ist Lehrer. (He is a teacher.)
(4b) Er schlägt einen Spaziergang vor. (Il propose de faire une promenade.)
(4c) Jean plaît à Marie. (Mary likes John).
(4d) Er schläft. (He sleeps / He is sleeping.)
(4e) to take measures (Maßnahmen ergreifen nicht: Maßnahmen nehmen)
(4f) He is likely to come. (Er kommt wahrscheinlich.)

(4a): unterschiedliche Determination. (4b): Diskrepanzen bezüglich syntaktischer Kategorien. (4c): Unterschiedliche syntaktische Funktionen. (4d): Tempus, Aspekt. (4e): Funktionsverbgefüge (können nicht kompositionell übersetzt werden, aber auch nicht als feste Syntagmen, weil Determination und Modifikation der prädikativen Nomen im FVG variieren können.) (4f): Modalität ist strukturell unterschiedlich in verschiedenen Sprachen.

4. Neuere Ansätze

Forschung und Entwicklung in der MÜ gehen in Richtung *statistik-basierte Übersetzung*, MÜ auf der Basis *kontrollierter Sprache* und *wissensbasierte MÜ.*

4.1 Statistikbasierte Übersetzung

Statistikbasierte Übersetzung enthält folgende Ingredienzen: Auf der Basis eines genügend großen Corpus kann die sog. Fertilitätswahrscheinlichkeit berechnet werden, d.h. die Wahrscheinlichkeit, mit der ein Wort y einem Wort x nachfolgt. (Die Wahrscheinlichkeit z.B., daß *schlafe* dem Pronomen *ich* folgt, ist relativ hoch, daß *schläfst* folgt, relativ gering.) Die relative Wahrscheinlichkeit für einen Satz setzt sich aus den so gewonnenen Wahrscheinlichkeiten für die Wörter zusammen.

Auf der Basis alignierter (aufeinander ausgerichteter) Corpora können bilinguale Wörterbücher entwickelt werden. (Die Alignierung muß entweder von Hand oder mit Hilfe von Softwarewerkzeugen gemacht werden). Das Beispiel in (5) (aus Arnold et al. 1994) zeigt zwei alignierte Sätze. Die Nummern geben die jeweilige Entsprechung in der ZS an, also *fédéral (2)* entspricht *Federal* (im en. Satz). *asked* wird übrigens in zwei Wörter übersetzt: *a demandé* (Fertilitätswert 2).

(5) The Federal Government asked Petro-Canada to buy everything.
Le (1) gouvernement (3) fédéral (2) a demandé (4) à Petro-Canada (5) de (6) tout (8) acheter (7).

Bei der Übersetzung eines neuen Satzes wird die Fertilitätswahrscheinlichkeit für jedes Wort errechnet, die Übersetzungsmöglichkeiten (gemäß Wörterbuch) und die Abweichungswahrscheinlichkeit in bezug auf die Stellung im Quellsatz. Die Berechnung der größten relativen Wahrscheinlichkeit der Wörter in der ZS (s. erster Abschnitt) liefert die Übersetzung.

Statistische Übersetzung beruht auf großen bilingualen Corpora, die für Englisch und Französisch mit dem Hansard Corpus gegeben sind (mehrere Hundert Millionen Wörter kanadischer Parlamentsprotokolle parallel auf en. und fr.).

Die Ergebnisse dieser Verfahren sind bisher nicht sehr ermutigend (Erfolgsquoten von 40%). Die Einbeziehung linguistischer Intelligenz (z.B. morphologische Information: Wahrscheinlichkeit des gemeinsamen Vorkommens von *ich* und *sehe* und *ich* und *sah* werden nicht mehr getrennt berechnet) zeigt bessere Ergebnisse: bis 60%.

4.2 Kontrollierte Sprache

Kontrollierte Sprachen wurden u.a. in der Flugzeugindustrie entwickelt. Primäre Motivation war, technische Dokumentation optimal verständlich und möglichst eindeutig zu gestalten. (Beispiele: *Siemens Technical German, Multinational Customized English, Perkins Approved Clear English*). Diese kontrollierten Sprachen (auf Eindeutigkeit, Einfachheit ausgerichtet) sind auch attraktiv für MÜ-Systeme, indem sie die Anpassung des MÜ-Systems an die eingeschränkten Strukturen der kontrollierten Sprache erlauben.

Generell könnte man das Verfahren als Präedition charakterisieren, die sich an den Anforderungen der kontrollierten Sprache orientiert, an die das MÜ-System vorher angepaßt wurde.

4.3 Wissensbasierte MÜ

Wissensbasierte Systeme gehen von der Annahme aus, daß qualitativ hochwertige MÜ das Verstehen von Texten voraussetzt. Zusätzlich zu linguistischem Wissen wird reiches semantisches und pragmatisches Wissen in das System integriert, mit der Möglichkeit, Inferenzen zu ziehen. Dies ist v.a. von der Carnegie Mellon Universität (Pittsburgh) für kleine Domänen ausprobiert worden (z.B. 1.500 Konzepte für die Interaktion von PCs mit Benutzern).

Relevant für diesen Bereich sind alle Entwicklungen (in Informatik und Computerlinguistik) zur maschinellen Behandlung von Diskursphänomenen, Domänenmodellierung, Behandlung von Metaphern, Metonymien etc. Explizite Versuche, alle diese Ergebnisse in ein MÜ-System zu integrieren, gibt es derzeit nicht.

5. Weiterführende Information

Im folgenden einige weiterführende Literaturhinweise: Hutchins 1986 gibt einen erschöpfenden Überblick über existierende Systeme und die Geschichte der MÜ. Streiter 1996 entwickelt linguistische Strategien für multilingualen Transfer, genauso wie Eurotra Reference Manual 1990, Arnold et al. 1994 geben einen Überblick über Techniken, Konzepte, Module und Einsatzmöglichkeiten für MÜ, Whitelock 1992 entwickelt ein spezielles Transferkonzept (*shake-and-bake*), Brown et al. 1990 skizzieren die Ideen der statistikbasierten MÜ.

Literatur

Arnold, Douglas / Balkan, Lorna / Humphreys, Lee / Meijer, Siety / Sadler, Louisa (Hrsg.) (1994): *Machine Translation. An Introductory Guide*. London: NCC Blackwell.

Brown, P. / Cocke, S. / Di-Pietra, F. / Jelinek, J. / Lafferty, R. / Mercer, R., / Roossin, P. (1990): „A Statistical Approach to Machine Translation." *Computational Linguistics* 16, 79–85.

Eurotra Reference Manual (1990): *The Eurotra Reference Manual*. 7.0 edn., ms.

Hutchins, W. (1986): *Machine Translation: Past, Present, Future*. Chichester/NY: Ellis Harwood/ Wiley.

Streiter, O. (1996): *Linguistic Modelling for Multilingual Machine Translation*. Aachen: Shaker.

Whitelock, P. (1992): „Shake and bake machine

translation." *Proceedings of the 13th International Conference on Computational Linguistics.* Nantes: Association of Computational Linguistics, 784–791.

Paul Schmidt (Germersheim)

38. Automatisches Dolmetschen

Der Terminus *Automatisches Dolmetschen* kennzeichnet zum gegenwärtigen Zeitpunkt noch keine bereits auf dem Markt vorhandenen Produkte oder schon im praktischen Einsatz erprobten Computersysteme, sondern eine Vielfalt von Forschungsaktivitäten, die unter den international gängigen Bezeichnungen ‚*speech-*' oder ‚*speech-to-speech translation*', ‚*voice translation*', ‚*spoken language interpreting*' und ‚*interpreting telephony*' im Rahmen von derzeit 15 größeren oder kleineren Forschungsprojekten weltweit betrieben werden. Ziel dieser Aktivitäten ist es, die wissenschaftlichen und technologischen Voraussetzungen für die Entwicklung eines Gerätes zu schaffen, welches in der Lage ist, spontansprachliche Dialoge zwischen Sprechern verschiedener Sprachen vollautomatisch zu dolmetschen. Die hierfür vorgesehenen Randbedingungen und Einsatzbereiche unterscheiden sich dabei teilweise beträchtlich zwischen den einzelnen Projekten. So entwickelt beispielsweise das japanische Forschungsinstitut ATR (*Advanced Telecommunications Research*) in Kyoto sein System ASURA für den Einsatz in einem Szenario, in dem Telefongespräche (ohne Blickkontakt) zwischen amerikanischen und japanischen Muttersprachlern von einem zwischengeschalteten stationären Computer in voller Länge und ohne menschliches Eingreifen konsekutiv in beide Richtungen gedolmetscht werden. In dem deutschen Forschungsprojekt *Verbmobil* geht man hingegen, zumindest in der ersten Projektphase, vom Einsatz eines transportablen Dolmetschgerätes in einem Szenario aus, in der sich deutsche und japanische Muttersprachler direkt, d.h. mit Blickkontakt, am Verhandlungstisch gegenübersitzen und den größten Teil ihrer Verhandlungen auf englisch führen. Der mitgebrachte Dolmetsch-Computer kommt hierbei nur dann zum Einsatz, wenn einer der Verhandlungspartner ihn aktiviert, etwa weil er mangels ausreichender Englischkenntnisse auf seine Muttersprache ausweichen will. Maschinell gedolmetscht werden also lediglich kürzere oder längere Dialogabschnitte in jeweils nur eine Richtung, d.h. aus dem Deutschen oder Japanischen in die Pivotsprache Englisch.

Ungeachtet dieser und weiterer Unterschiede – gemeinsam für alle Projekte ist die Beschränkung auf einen zunächst eng begrenzten Anwendungsbereich (meist Terminabsprachen, telefonische Bestellungen aus dem Versandhandel, Hotelreservierungen, Flugbuchungen oder andere Formen der Reiseplanung) mit einem jeweils stark eingeschränkten, domänenspezifischen Vokabular (typischerweise zwischen 500 und 2500 Wörter). Ebenfalls gemeinsam für alle derzeit entwickelten Dolmetschsysteme ist der funktionale Aufbau des Gesamtsystems aus verschiedenen, modular hintereinandergeschalteten Einzelkomponenten für die *Sprachanalyse,* den *Transfer* und die *Sprachsynthese.*

Dabei geht es im ersten Verarbeitungsschritt, in der *Sprachanalyse,* zunächst darum, das akustische Signal des jeweiligen Sprechers in seine kommunikativ relevanten Merkmale zu zerlegen und diese aufgrund ihrer Ähnlichkeit mit bereits im Computer gespeicherten Lautmustern zu identifizieren. In den meisten der derzeit laufenden Projekte werden hierfür stochastische Automaten (welche die Wahrscheinlichkeitsverteilung der einzelnen Lautsegmente im Kontext ihrer unmittelbaren Umgebung auswerten) oder konnektionistische Methoden (das heißt „lernfähige" Programme, welche die neuronalen Strukturbedingungen der menschlichen Verstehensprozesse modellieren) aus der *Spracherkennung* übernommen. Zur Bewältigung dieser Aufgabe genügt jedoch kein bloßes signaltechnisches ‚Erkennen' und stochastisches Aneinanderreihen einzelner Lautsegmente. Jedes über das bloße Erkennen hinausgehende inhaltliche ‚Verstehen' spontansprachlicher Äußerungen erfordert über die signaltechnische und statistische Verarbeitung hinaus zusätzliche linguistische (vor allem semantische), prosodische (vor allem intonatorische) und pragmatische (vor allem situative und kontextuelle) Analysen, um zu einer verläßlichen Interpretation des Gemeinten auf der Grundlage des Gesagten zu kommen.

Für diesen Schritt von der *Spracherkennung* zum *Sprachverstehen* werden in den einzelnen Projekten verschiedene computerlinguistische Ansätze der flachen oder tiefen oder hybrid flachen/tiefen Analyse verfolgt, die sich über die Art und den Umfang der Analyseverfahren hinaus vor allem in der Frage der Einbeziehung von außersprachlichen Wissensquellen (Domänenwissen, Weltwissen, Allgemeinwissen) und prosodischer Information (vor allem über Satzmodus, Fokus sowie Phrasen- und Satzgrenzen) unterscheiden. Ergebnis der Sprachanalyse ist gewöhnlich eine abstrakte, formal-logische Beschreibung des Inhalts, angereichert mit Informationen zu den linguistischen und stilistischen Rahmenbedingungen der ausgangssprachlichen Äußerung.

Die eigentliche Verdolmetschung geschieht in den meisten heute entwickelten Systemen nach einem im wesentlichen aus der Maschinellen Übersetzung (s. Art. 37) übernommenen methodischen Ansatz, dem sogenannten *Transfer*. Hierbei wird das Ergebnis der Sprachanalyse durch Austausch einzelner Variablen in eine zielsprachliche semantische Repräsentation übertragen. In diesem Prozeß werden zwar abstrakte Strukturbeschreibungen und Informationen über Inhalt, Form und Kontext der zu übermittelnden Nachricht ausgetauscht; die Umwandlung dieser formalsprachlichen Darstellung in eine für den Menschen verständliche und hörbare Äußerung erfolgt jedoch erst im nächsten Verarbeitungsschritt, der *Sprachsynthese*. Diese umfaßt sowohl die Generierung einer linguistisch korrekten Oberflächenstruktur *(Textgenerierung)* als auch die Umwandlung des kodierten Textes in ein hörbares akustisches Signal *(Text-to-Speech* oder *Concept-to-Speech).*

Obwohl es praktisch zu jedem einzelnen der oben beschriebenen Verarbeitungsschritte bereits technische Lösungen gibt, die teilweise auch schon als fertige Produkte auf dem Markt erhältlich sind, erweist sich dennoch ein einfaches Hintereinanderschalten dieser, im wesentlichen schrifttextbasierten, Einzelmodule für die Sprachanalyse *(Speech-to-TEXT)*, die Maschinelle Übersetzung *(TEXT-to-TEXT)* und die Sprachsynthese (TEXTgenerierung und *TEXT-to-Speech*) als völlig unzureichend für die Entwicklung eines vollwertigen Dolmetschsystems. Die Gründe hierfür sind vielfältig und beruhen vor allem auf den linguistischen und paralinguistischen Besonderheiten gesprochener Sprache. So hat jeder Sprecher eine andere, regional, sozial und individuell gefärbte Aussprache; gesprochene Spontansprache kennt im Gegensatz zur Schriftsprache keine Wortgrenzen und Satzzeichen, dafür aber unvollständige Satzkonstruktionen, angereichert mit zahlreichen Hms, Äähs und Ähms; Gesprächspartner fallen sich gegenseitig häufig ins Wort, so daß immer wieder parallele, gleichzeitige und sich mehr oder weniger stark überschneidende Gesprächspassagen auseinandergehalten werden müssen. Hinzu kommt, daß wir im direkten Gespräch nonverbale, paralinguistische Mittel der Satzmelodie und Betonung, der Mimik und Gestik anwenden, um Inhalte und Inhaltsnuancen auszudrücken, die wir in der Schriftsprache, wenn überhaupt, oft nur mühsam umschreiben können. Ein wesentlicher Teil der heute weltweit betriebenen sprachtechnologischen Forschung richtet sich daher darauf, die spezifischen Strukturmerkmale gesprochener Sprache auf allen Ebenen der linguistischen, paralinguistischen und statistischen Beschreibung zu ermitteln und für die praktische Anwendung nutzbar zu machen. Speziell auf die Probleme des Automatischen Dolmetschens bezogen, stehen dabei Forschungen zur kontrastiven Beschreibung spontansprachlicher Phänomene im Bereich der Prosodie, der Grammatikentwicklung, der semantischen Auswertung und der Dialogstrategien im Vordergrund. Dazu kommen auf seiten der Informatik, und hier insbesondere innerhalb der künstlichen Intelligenz, umfangreiche Studien zur Ermittlung einer kognitiv fundierten Systemarchitektur, die ein paralleles und auch nicht-sequentielles Zusammenwirken der einzelnen Module und Verarbeitungsschritte im Dolmetschprozeß möglich machen soll.

Erste Evaluierungsergebnisse aus den einzelnen Projekten zur Zahl der korrekt gedolmetschten Äußerungen liegen, abhängig von der Vokabulargröße, zwischen 56% (ETRI, Korea: 5.000 Wörter) und 80% (OSTIA-DR, Spanien: 500 Wörter). Der Trend für die weitere Entwicklung der kommenden Jahre richtet sich vor allem auf die Vergrößerung des Vokabulars, die Verbesserung der Sprecher- und Sprachenunabhängigkeit sowie den zunehmenden Einsatz stochastischer Methoden nicht nur in der Spracherkennung, sondern auch bei der Grammatikentwicklung und im Transfer. Die Fertigstellung der ersten industriellen Prototypen ist für das Jahr 2000 avisiert.

Analog zur Verlagerung des Schwerpunktes der Forschungsaktivitäten im Bereich der Maschinellen Übersetzung von der Arbeit an vollautomatischen Systemen (FAHQMT: *Fully-Automatic-High-Quality-Machine-Translation)* zur Entwicklung computerbasierter Werkzeuge zur Unterstützung menschlicher Übersetzer (MAHT: *Machine-Assisted-Human-Translation*, s. Art. 102), entstehen heute, neben der Arbeit an vollautomatischen Dolmetschsystemen, auch erste Projekte zur Entwicklung sogenannter computerbasierter Dolmetschhilfen (MAHI: *Machine-Assisted-Human-Interpreting*). MAHI als Forschungsziel hat dabei zur Aufgabe, Methoden und Systeme der modernen Informationstechnologie für den Simultandolmetscher in der Kabine nutzbar zu machen. Die Überlegungen gehen dabei in Richtung auf den Einsatz von Computerhilfen in der Phase der Vorbereitung eines Dolmetschauftrages, während der Arbeit in der Kabine und für die Nachbearbeitung (s. Art. 97, 98).

In der Phase der *Vorbereitung auf einen Dolmetschauftrag* steht für Dolmetscher das Einarbeiten in das jeweilige Fachgebiet mit seiner spezifischen Terminologie im Vordergrund. Volltextrecherchen, Literatursuche und die Zusammenstellung der voraussichtlich benötigten Terminologie (einschließlich ihrer benutzerspezifischen Darstellung auf dem Bildschirm etwa in Form semantischer Netze) sind Aufgaben, die bereits heute mit dem Computer erledigt werden können. Die modernen Möglichkeiten multimedialer Informationsverarbeitung erlauben darüber hinaus den Zugang zu gespeicherten Bild- und Tonsequenzen, die es dem Dolmetscher ermöglichen, sich bei Bedarf in etwaige sprachlich-stilistische Eigenheiten der Redner einzuhören.

Während der Arbeit in der Kabine ist neben der benutzergerechten Darstellung des ‚mitgebrachten' Informationsangebots aus der Vorbereitungsphase der schnelle Online-Zugriff auf zusätzlich benötigte Datenbestände (etwa während der Dolmetschpausen oder durch den Kollegen in der Kabine) denkbar. Mit den bereits existierenden Möglichkeiten der digitalen Signalverarbeitung von Bild und Ton bestehen darüber hinaus die technologischen Voraussetzungen beispielsweise (1) für eine automatische Schlüsselworterkennung (sog. *Keyword Spotting*) mit Anzeige von automatisch ermittelten Übersetzungsalternativen, (2) für eine kontinuierliche Sprachsignalaufnahme mit Möglichkeit der Kompression/Dekompression unverständlicher oder extrem schnell gesprochener Redesequenzen, (3) für eine automatische Erkennung von inhaltlichem Topikwechsel und damit verbunden das schnelle Umschalten auf eine neue Terminologie, (4) für eine graphische Dialogwechseldarstellung (über die bereits genannte Schlüsselworterkennung) sowie (5) für die computerbasierte Interkommunikation zwischen den Dolmetschern in den verschiedenen Kabinen.

In der Phase der *Nachbereitung eines Dolmetschauftrags* stehen im Vordergrund des Interesses vor allem verschiedene Formen der Protokollierung (auf der Grundlage der kontinuierlichen Aufnahme des Sprachsignals oder der Ergebnisse der Spracherkennung) sowie der Aktualisierung der Datenbanken mit neuen Terminologien, Übersetzungsbeispielen und Hintergrundmaterial.

Für die Anwendbarkeit jeder potentiell möglichen Art computerbasierter Dolmetschhilfe stehen dabei die zwei Faktoren *Schnelligkeit* und *geringer ergonomischer Aufwand* im Vordergrund, um den Dolmetscher bei der Durchführung seines Auftrages nicht abzulenken und zu behindern.

Literatur

Bub, Thomas / Wahlster, Wolfgang / Waibel, Alex (1997): *Verbmobil: The Combination of deep and shallow processing for spontaneous speech translation.* München: Proceedings ICASSP.

Görz, Günther (Hrsg.) (1995): *Einführung in die Künstliche Intelligenz.* Darmstadt: Addison-Wesley.

Huber, Dieter (1990): *Prosodic transfer in spoken language interpretation.* Kobe: Proceedings of the International Conference on Spoken Language Processing (ICSLP 90).

Kay, Martin / Gawron, Jean Marki / Norvig, Peter (1991): *Verbmobil: A Translation System for Face-to-Face Dialog*: CSLI. Stanford: Stanford UP.

Schukat-Talamzzini, Ernst Günter (1995): *Automatische Spracherkennung*. Braunschweig / Wiesbaden: Vieweg & Sohn.

Shimizu, Tohru / Singer, Harald / Sagisaka, Yoshinori (1997): *Fast word-graph generation for spontaneous conversational speech translation*. München: Proceedings ICASSP.

Dieter Huber (Germersheim)

C Translatorische Aspekte: *Wie „funktioniert" das Übersetzen?*

C1 Methodik

39. Das Verhältnis des Zieltexts zum Ausgangstext

1. Abgrenzung der Begriffe

Als „Ausgangstext" (AT) bezeichnen wir den zu übersetzenden ausgangssprachlichen Text, der für Adressaten der Ausgangskultur produziert wurde. Auf der Grundlage des AT stellt der Translator einen Zieltext (ZT) in der Zielsprache (ZS) her, der in einer neuen Situation für zielkulturelle Adressaten als „Übersetzung" des AT fungieren soll. In der modernen Translationswissenschaft besteht bisher keine Einigkeit, welcher Status dem AT in diesem Beziehungsgefüge zukommt.

2. Stand der Diskussion

Koller (1979:89) betrachtet es als konstitutiv für die Übersetzung, daß der AT „unabhängig von seinen speziellen Übersetzungsbedingungen (Empfänger in der ZS, kommunikativer Hintergrund) als autonomes Objekt betrachtet (und geachtet) und als solches in der ZS wiedergegeben wird". Diese äquivalenztheoretische Auffassung wird zwar später leicht relativiert, aber nicht grundsätzlich aufgegeben; immerhin wird eine „doppelte Bindung" der Übersetzung an den AT *und* an die kommunikativen Bedingungen auf der Seite des Empfängers postuliert ([4]1992:191).

Aus einer ebenfalls äquivalenzorientierten Position heraus beschreibt Neubert den Status des Originals dialektisch. Er sieht den AT als „Auslöser der interlingualen Kommunikation" an, der jedoch in dieser durch den ZT ersetzt wird. Der ZT genügt sich scheinbar selbst, lebt jedoch in Wirklichkeit vom Original, das er äußerlich negiert (Neubert 1990:32).

Auch Reiss geht von einer generellen Forderung nach Äquivalenz aus, wenn sie den Zusammenhang von Texttyp und Übersetzungsmethode beschreibt (Reiss 1971, 1976). Die empirischen Ausnahmen von dieser Regel erklärt sie mit der besonderen Funktion oder einem besonderen Adressatenkreis der Übersetzung (Reiss 1971:89ff.). Obwohl ihr Modell später in die Skopostheorie (s. Art. 28) integriert wird (Reiss/Vermeer 1984), bezeichnet Reiss weiterhin (1988, 1990) den AT als „das Maß aller Dinge" in der Übersetzung. Sie differenziert dabei jedoch zwischen $Text_1$ und $Text_2$. $Text_1$ ist der „Text, wie er einmal schriftlich fixiert worden ist, und mehr noch: wie er vom Produzenten gemeint war, als er ihn so und nicht anders fixierte" (Reiss 1988:68f.); $Text_2$ ist der Text, wie er vom Übersetzer erschlossen, verstanden und interpretiert wird. $Text_2$ ist nach Reiss die „Ausgangsbasis" für den Übersetzungsvorgang.

Die hermeneutische Übersetzungstheorie sieht den Text als „Anleitung zum Produzieren einer eigenen Gestaltung" (Paepcke [1968] 1986:56). Er „entfaltet [...] seinen Sinn erst im Verlauf seiner Rezeption durch die Individuen" (Stolze 1982:48).

Die Skopostheorie betrachtet den AT als ein „Informationsangebot", über das der ZT seinerseits ein Informationsangebot macht (Reiss/Vermeer 1984:76). In der Rezeption (auch der des Translators) werden jeweils nur bestimmte Teile dieses Informationsangebots verarbeitet.

Vermeer (1986:42) betrachtet die Vorstellung, es könne „den" AT (im Sinne einer eindeutig festgelegten und objektiv feststellbaren Größe) geben, als Fiktion.

Bei Holz-Mänttäri (1984:31) wird der AT noch weiter „entthront"; er kann, wenn er defekt oder nicht funktional ist, auch durch andere Informationen ersetzt werden. Allerdings kommen bei Holz-Mänttäri die Begriffe „Ausgangstext" oder „Ausgangsmaterial" nicht vor; „translatorisches Handeln" als Oberbegriff zu verschiedenen Formen der vermittelten interkulturellen Kommunikation kann auch ohne einen fixierten AT stattfinden (vgl. Nord 1997:13).

Eine Mittelposition zwischen Reiss und Holz-Mänttäri vertritt Nord (1988, 1993): Vor der Isolierung der für die Erfüllung des Übersetzungsauftrags relevanten AT-Merkmale prüft der Übersetzer im Sinne des Prinzips der Loyalität gegenüber AT-Produzent, Auftraggeber *und* Zielrezipienten, ob der Übersetzungsauftrag mit den Intentionen des AT-Autors (soweit durch Textanalyse eruierbar, s. Art. 103) vereinbar ist (siehe unter Abschnitt 4). Nur wenn dies der Fall ist (oder wenn der Auftrag in Absprache mit dem Auftraggeber entsprechend verändert worden ist), dienen die zielfunktionsrelevanten AT-Merkmale als „Materialbasis" für die Herstellung eines funktionsgerechten ZT.

3. *Übersetzungstypologien*

Die verschiedenen Auffassungen zum Status von AT und ZT sind unter anderem dadurch bedingt, daß ihre Vertreter unterschiedliche Formen von Übersetzung im Blick haben, die sie dann jeweils verallgemeinern. Das funktionale Konzept könnte hier als generische „Klammer" fungieren, da es äquivalenzorientierte Einzelfälle nicht ausschließt (umgekehrt schließt das Äquivalenzkonzept Fälle von Nicht-Äquivalenz aus dem Bereich des Übersetzens *per definitionem* aus).

Ausgehend von der Funktion des Transfers kann man empirisch grundsätzlich zwei verschiedene Übersetzungstypen unterscheiden: einen den AT in bezug auf bestimme (oder alle) Eigenschaften abbildenden (also *retro*spektiv am AT orientierten) Typ A und einen auf die in der Zielkultur für die Zielempfänger intendierten kommunikativen Funktionen ausgerichteten (*pro*spektiv an der Zielsituation orientierten) Typ B, denen jeweils verschiedene Varianten zuzuordnen sind, etwa die im Fremdsprachenunterricht beliebte wörtliche Übersetzung *(grammar translation)* dem Typ A oder die funktionskonstante Übersetzung von Fachtexten oder Werbetexten mit unterschiedlichen Anteilen von adaptierenden Übersetzungsverfahren dem Typ B. Die beiden Typen sind seit alters bekannt. Schon Cicero (*De optimo genere oratorum*) unterschied das Übersetzen „ut interpres" (Typ A) von dem Übersetzen „ut orator" (Typ B). Luther propagierte in seinem *Sendbrief vom Dolmetschen* einerseits, „dem Volk aufs Maul zu schauen" (Typ B), während er es an anderen Stellen seiner Bibelübersetzung für nötig hielt, „die Wörter genauso stehen zu lassen" wie im Original (Typ A). Nida (1964) unterscheidet zwischen *formal equivalence* (Typ A) und *dynamic equivalence* (Typ B), House (1977) zwischen *overt translation* (Typ A) und *covert translation* (Typ B).

Auch Nord (1989) greift diese grundsätzliche Unterscheidung auf und ordnet alle Übersetzungsformen zunächst einem der beiden Typen „dokumentarische Übersetzung" (Typ A) und „instrumentelle Übersetzung" (Typ B) zu. Ihre Typologie unterscheidet sich jedoch von den früheren dadurch, daß die Wahl des Übersetzungstyps bzw. der Übersetzungsvariante nicht von den Charakteristika des AT (Texttyp, Textsorte, literarischer Text vs. Gebrauchstext etc.) abhängt, sondern vom „Übersetzungsauftrag", das heißt, von den Bedingungen der zielkulturellen Situation, für die übersetzt wird (s. Art. 40). Damit fügt sich diese Typologie in den funktionalistischen Ansatz der Skopostheorie ein. Aus dieser Perspektive haben alle dokumentarischen Übersetzungsformen (Wort-für-Wort-Übersetzung, wörtliche Übersetzung, philologische Übersetzung, exotisierende Literaturübersetzung) grundsätzlich eine metatextuelle Funktion, indem sie einen oder mehrere Aspekte des AT (etwa die in ihm manifesten Strukturen des ausgangssprachlichen Systems in der Wort-für-Wort-Übersetzung oder die fremde, für den Zielrezipienten im Gegensatz zum Ausgangsrezipienten „exotische" Textwelt) für die Zielleser „dokumentieren", während instrumentelle Übersetzungen die gleichen Funktionen wie nicht-übersetzte Texte haben können. Dokumentarische Übersetzungsformen sind textextern (durch Hinweise auf den Übersetzer oder, wie beim Dolmetschen, durch die besonderen Merkmale der Kommunikationssituation) oder textintern (durch „befremdliche“ sprachliche oder nichtsprachliche Kommunikationsformen oder durch „Sichtbarmachung“ (*visibility* als Gegenbegriff zu Venutis *invisibility*, Venuti 1995) des Übersetzers in Vorworten, Fußnoten oder Glossaren) als „Übersetzung“ markiert, so daß die Leser (meist) nicht der Illusion erliegen, sie läsen ein Original. Gerade diese Illusion soll aber bei den instrumentellen Übersetzungsformen gewahrt werden, seien sie gegenüber dem Original nun „funktionskonstant“, „funktionsvariierend“ (wenn aus pragmatischen Gründen nicht alle, aber doch die meisten Funktionen des AT auch für den ZT intendiert werden können) oder „korrespondierend“, d.h. für eine analoge (literarische) Wirkung konzipiert.

4. *Funktionsgerechtigkeit und Loyalität – ein funktionaler Ansatz für die Praxis*

Im Rahmen der Skopostheorie erlaubt also jeder Text, abhängig vom Übersetzungsauftrag und damit letztlich von den Bedürfnissen und Vorstellungen des Auftraggebers, grundsätzlich jede Art von Übersetzungstyp oder -variante. Für eine allgemeine Theorie des Übersetzens, als die sich die Skopostheorie versteht, ist das vertretbar; für eine Anwendung dieser Theorie in der konkreten Praxis des Übersetzens und damit auch in der Ausbildung ist jedoch eine Einschränkung zu machen. Die Vorstellungen, welches Verhältnis zwischen einem „Übersetzung“ genannten Text und dem dazugehörigen AT herrschen soll, sind zeit- und kulturbedingt. Der dafür häufig ins Spiel gebrachte Begriff „Treue“ bedarf einer Präzisierung: Die Freiheit bei der Zuordnung von AT und Übersetzungstyp wird eingeschränkt durch die Verantwortlichkeit des Übersetzers, die Erwartungen seiner Handlungspartner (und dazu gehört auch der AT-Autor) so weit zu respektieren, daß er ihnen nicht „ein X für ein U“ vormacht. Diese Verantwortlichkeit nenne ich Loyalität.

Das Loyalitätsprinzip relativiert die Skopostheorie im Blick auf ihre Anwendung im Rahmen einer bestimmten Kultur zu einer bestimmten Zeit und mit einem bestimmten Übersetzungs„konzept“. Dadurch daß die kommunikativen Intentionen des AT-Autors, soweit sie durch die Textanalyse feststellbar sind, mit den Forderungen des Übersetzungsauftrags in Einklang gebracht werden müssen (was gegebenenfalls auch das „Aushandeln“ eines veränderten Übersetzungsauftrags mit dem Auftraggeber erfordert), wird der Übersetzer wirklich zum „Vermittler“ zwischen den beiden Kulturen. Durch die Kombination der beiden Prinzipien Funktionsgerechtigkeit und Loyalität wird die rigide Normativität eines radikal funktionalistischen Ansatzes gemildert. Darüber hinaus läßt sich so auch eine Anwendung des Skoposkonzepts auf Texte, deren Funktionalität nicht rein gebrauchsbedingt ist (wie bei Bedienungsanleitungen und Werbetexten), also auf literarische und im weiteren Sinne autorgebundene Texte, besser rechtfertigen (vgl. Nord 1988b).

Im Rahmen des Konzepts „Funktionsgerechtigkeit und Loyalität“ ist eine instrumentelle Übersetzung nur dort legitim, wo die Intentionen des AT-Autors nicht ausschließlich auf ausgangskulturelle Adressaten ausgerichtet, sondern auch für zielkulturelle Adressaten sinnvoll sind. Dokumentarische Übersetzungen, bei denen der Übersetzer gewissermaßen „sichtbar“ wird, sind dagegen bei jeder Art von AT möglich.

Literatur

Holz-Mänttäri, Justa (1984): *Translatorisches Handeln*. Helsinki: Finnische Akademie der Wissenschaften.

House, Juliane (1977): *A Model for Translation Quality Assessment*. Tübingen: Narr.

Koller, Werner (1979/[4]1992): *Einführung in die Übersetzungswissenschaft*. UTB 819. Heidelberg: Quelle & Meyer.

Neubert, Albrecht (1990): „Übersetzen als ‚Aufhebung‘ des Ausgangstextes.“ Arntz, Reiner / Thome, Gisela (Hrsg.) (1990): *Übersetzungswissenschaft – Ergebnisse und Perspektiven. Festschrift für Wolfram Wilss zum 65. Geburtstag*. Tübingen: Narr, 31–39.

Nida, Eugene A. (1964): *Toward a Science of Translating. With special reference to principles and procedures involved in Bible translating*. Leiden: Brill.

Nord, Christiane (1988a): *Textanalyse und Übersetzen. Theoretische Grundlagen, Methode und didaktische Anwendung einer übersetzungsrelevanten Textanalyse.* 2. neu bearb. Aufl. 1991, [3]1995.
Nord, Christiane (1988b): „Übersetzungshandwerk – Übersetzungskunst. Was bringt die Translationstheorie für das literarische Übersetzen?". *Lebende Sprachen* 2, 51–57.
Nord, Christiane (1989): „Loyalität statt Treue. Vorschläge zu einer funktionalen Übersetzungstypologie". *Lebende Sprachen* 3, 100–105.
Nord, Christiane (1993): *Einführung in das funktionale Übersetzen. Am Beispiel von Titeln und Überschriften.* UTB 1734. Tübingen: Francke.
Nord, Christiane (1997): *Translating as a Purposeful Activity. Functionalist Translation Theories Explained.* Manchester: St. Jerome.
Paepcke, Fritz (1968): „Verstehen und Übersetzen". Berger, Klaus / Speier, Michael (Hrsg.) (1986): *Im Übersetzen leben. Übersetzen und Textvergleich.* Tübinger Beiträge zur Linguistik 281. Tübingen: Narr.
Reiss, Katharina (1971): *Möglichkeiten und Grenzen der Übersetzungskritik.* München: Hueber.
Reiss, Katharina (1976): *Texttyp und Übersetzungsmethode. Der operative Text.* Kronberg/Ts.: Scriptor.
Reiss, Katharina (1988): „‚Der' Text und der Übersetzer." Arntz, Reiner (Hrsg.) (1988): *Textlinguistik und Fachsprache.* Hildesheim: Olms, 67–75.
Reiss, Katharina (1990): „Der Ausgangstext – das *sine qua non* der Übersetzung." *TEXTconTEXT* 5, 30–39.
Reiss, Katharina / Vermeer, Hans J. (1984): *Grundlegung einer allgemeinen Translationstheorie.* Tübingen: Niemeyer.
Stolze, Radegundis (1982): *Grundlagen der Textübersetzung.* Heidelberg: Groos.
Venuti, Lawrence (1995): *The Translator's Invisibility. A History of Translation.* London: Routledge.
Vermeer, Hans J. (1986): „Übersetzen als kultureller Transfer." Snell-Hornby, Mary (Hrsg.) (1986): *Übersetzungswissenschaft – eine Neuorientierung.* UTB 1415. Tübingen: Francke, 30–53.

Christiane Nord (Magdeburg)

40. Ausrichtung an der zielkulturellen Situation

1. Einleitung

Funktionale translationstheoretische Ansätze, wie etwa die „Skopostheorie" (vgl. Vermeer 1978, Reiss/Vermeer 1984; s. Art. 28), erheben die Forderung, der Translationsprozeß solle „an der zielkulturellen Situation ausgerichtet" sein, damit das aus diesem Prozeß resultierende Translat, also die Übersetzung oder Verdolmetschung, in dieser Situation, für die es ja produziert wird, eine, oder besser: die gewünschte, Funktion erfüllen könne. Diese Forderung beruht auf zwei nicht immer explizit formulierten Prämissen, nämlich zum einen auf einem soziologischen (im Gegensatz etwa zu einem linguistischen) Textbegriff und zum anderen auf einem an der Praxis des professionellen Dolmetschens und Übersetzens orientierten Verständnis von Translation, und steht damit in Opposition zu einer traditionsreichen anderen Form des Übersetzens, die vielfach als „philologisches Übersetzen" bezeichnet wird. Philologisches Übersetzen findet im Fremdsprachenunterricht der weiterführenden Schulen und in den philologischen Fakultäten der Universitäten statt und dient dort verschiedenen Zwecken (z.B. der Kontrolle des Textverständnisses oder der Beherrschung fremdsprachlicher Strukturen und Ausdrucksformen), die man als „metakommunikativ" bezeichnen könnte, weil sie die Voraussetzungen und Vollzugsformen der Kommunikation und nicht ihren Inhalt in den Blick nehmen.

2. Texttheoretischer Ausgangspunkt

Texttheoretischer Ausgangspunkt für eine funktionale Translationstheorie ist die Erkenntnis, daß Texte als Kommunikationsinstrumente in kommunikative Situationen eingebettet und somit Teil eines „kommunikativen Handlungsspiels" (Schmidt [2]1976:22) sind, zu dem neben den sprachlichen und/oder nichtsprachlichen Botschaftsträgern auch die Kommunikanten mit ihren jeweils kulturspezifisch geprägten Texterfahrungen und -erwartungen, Weltwissensbeständen, Verhaltensgewohnheiten, Wertesystemen, Kommunikationsintentionen etc. gehören. Daher ist eine Text„handlung“ noch nicht mit der Herstellung eines (schriftlich oder mündlich zu übermittelnden) Texts, sondern erst mit der Rezeption durch einen Empfänger abgeschlossen. Der Sender hat eine bestimmte Kommunikationsintention, die er im Text zum Ausdruck bringt – ob diese Intention jedoch ihr Ziel erreicht, hängt davon ab, ob der Empfänger „mitspielt“.

Die Intention (also die Vorstellung davon, was mit dem Text erreicht werden soll) bestimmt die Strategie für die Textproduktion (Wahl der Themaentwicklung, der stilistischen und rhetorischen Gestaltungsmittel, des Layouts etc.), die dann wieder die Rezeption beeinflußt. „Zur Kommunikation“, so schreibt Vermeer (1972:133), „stellt sich der Sender bereits auf den Empfänger ein – genauer: er stellt sich auf eine Rolle ein, von der er erwartet, daß der Empfänger sie von ihm erwartet.“ Statt *Empfänger* sollte es hier besser *Adressat* heißen, da es um den intendierten, nicht um einen bereits bekannten realen Empfänger geht.

Der (tatsächliche) Empfänger erst gibt dem Text dann eine Funktion. Dabei spielen sowohl die situativen Bedingungen, die bestimmte Textfunktionen wahrscheinlicher sein lassen als andere, als auch die im Text vorgefundenen Intentions„signale“ eine Rolle, ebenso aber auch die individuellen kommunikativen Bedürfnisse des Empfängers, die ihn unter Umständen dazu verleiten, daß er z.B. bei einem nicht primär für einen informativen Zweck intendierten Text (z.B. einem Kommentar) den informativen Bestandteilen Priorität einräumt.

Nach dieser dynamischen Textauffassung „hat“ ein Text keine Funktion, sondern bekommt eine Funktion (oder mehrere) zugeschrieben, und grundsätzlich können ihm so viele Funktionen zugeschrieben werden, wie es Rezipienten gibt (Vermeer 1979/1983:70). Da in bestimmten Situationen Texte immer wieder in derselben Funktion rezipiert werden, bilden sich Textsorten heraus, die dann konventionell mit bestimmten Funktionen assoziiert werden.

3. *Translationstheoretischer Ausgangspunkt*

In den frühen theoretischen Arbeiten zum Übersetzen wird – manchmal ohne daß dies explizit vermerkt wird (vgl. z.B. Reiss 1971) – „Äquivalenz“ zwischen Ausgangstext (AT) und Zieltext (ZT) als zentrales Kriterium für eine Übersetzungsrelation angesetzt (so auch in Wilss 1977, Koller 1979). Betrachtet man jedoch die Praxis des Übersetzens und Dolmetschens, so fällt auf, daß in zahlreichen Situationen Äquivalenz im Sinne einer Gleichheit oder zumindest Analogie von Funktion oder Wirkung (zur Vagheit des Begriffs vgl. Snell-Hornby 1986) nicht möglich (etwa beim Simultandolmetschen) oder auch gar nicht gefordert (etwa bei der Übersetzung von Zeugnissen, Urkunden, historischen Dokumenten, manchen Vertragsarten) ist, obwohl das Produkt durchaus als „Übersetzung“ bezeichnet wird. In anderen Fällen ist dagegen eine Äquivalenz der Funktion oder Wirkung nur dadurch gewährleistet, daß auf Äquivalenz der Information oder der Form verzichtet wird.

Zusammen mit dem neuen Textbegriff, der die Rolle der im engeren Sinne textlinguistischen im Vergleich zu den pragmatischen Komponenten des Kommunikationsvorgangs erheblich relativiert, führt die praxisorientierte Betrachtung der Translation folgerichtig zu der Einsicht, daß grundsätzlich ein und derselbe AT je nach den Anforderungen der Zielsituation und der darin eingeschlossenen Adressaten durchaus unterschiedlich zu übersetzen ist. Damit wird der Status des AT als des einzigen Maßstabs für die Qualität oder Adäquatheit der Übersetzung gebrochen, der AT wird „entthront“, und die zielkulturelle Situation, für die ein Translat zu produzieren ist, wird an seiner Stelle zur wichtigsten Leitlinie für den Translator (s. Art. 39).

Die „zielkulturelle Situation“ umfaßt nicht nur die situativen Faktoren im engeren Sinne (wie etwa Ort und Zeit der Textproduktion bzw. -rezeption), sondern auch die Kommunikanten, das heißt hier: vor allem die (neuen) Adressaten. Wie jeder Textproduzent stellt sich auch der Translator bei der Produktion des ZT auf den Adressaten ein und auf die Rolle, von der er erwartet, daß der Empfänger sie vom Sender (und das ist in den meisten Fällen nicht der Translator, sondern möglicherweise der AT-

Sender oder der Auftraggeber) erwartet, um die intendierten Funktionen so zu signalisieren, daß der zielkulturelle Empfänger sie möglichst „richtig“ (d.h. im Sinne der vom Sender intendierten Funktionen) interpretiert.

4. Der Übersetzungsauftrag

Damit der Übersetzer sich auf die Gegebenheiten der zielkulturellen Situation einstellen kann, benötigt er möglichst detaillierte Informationen darüber, wann und wo der Text von wem zu welchem Zweck rezipiert werden soll. Diese Informationen ergeben sich aus dem sogenannten „Übersetzungsauftrag“ (zuerst bei Hönig/ Kußmaul 1982, detaillierter und mit übersetzungsdidaktischer Anwendung vgl. Nord 1986 und demn.). In der übersetzerischen Praxis sind Aufträge meist sehr knapp und wenig informativ formuliert, so daß professionelle Übersetzer die benötigten Angaben häufig – besonders bei Routineaufträgen – durch eine Interpretation der Übersetzungssituation erschließen müssen. Bei vielen Gebrauchstexten (Gebrauchsanweisungen, Betriebsanleitungen, Beipackzetteln, Computerhandbüchern etc., s. Art. 54) kann man oft, sofern vom Auftraggeber nicht anders spezifiziert, eine Art „konventionellen Übersetzungsauftrag“ annehmen, da hier in der Regel funktionskonstante Übersetzungen für einen zielkulturellen Adressatenkreis gefordert sind, der dem ausgangskulturellen Adressatenkreis weitgehend entspricht.

In der Übersetzerausbildung dagegen kann von den Lernenden nicht erwartet werden, daß sie diese konventionellen Anforderungen an Übersetzungen bestimmter Textsorten kennen, auch die Interpretation der Übersetzungssituation ist nicht möglich, da die Lernsituation per definitionem mehr oder weniger praxisfern ist. Daher sollte zu jeder Übersetzungsaufgabe ein Übersetzungsauftrag formuliert werden, und zwar um so expliziter, je unerfahrener die Übersetzenden sind. Er sollte explizit oder implizit Informationen zum Adressatenkreis, zu Zeit, Ort und Anlaß der Rezeption und zur intendierten Funktion des Translats enthalten. Dieser „didaktische Übersetzungsauftrag“ (vgl. Nord 1994:167, vgl. auch Art. 105) muß nicht unbedingt „realistisch“ in dem Sinne sein, daß er auch in der professionellen Praxis vorkommt – die Motivation der Lernenden wird jedoch durch zumindest realitätsnahe oder plausible Übersetzungsaufträge verstärkt.

5. Ausrichtung vs. Anpassung

Ein verbreitetes Mißverständnis besteht in der Annahme, „Ausrichtung an der zielkulturellen Situation“ sei gleichbedeutend mit „Anpassung“, die Skopostheorie sei demnach eine Adaptationstheorie. Das ist auf jeden Fall zu kurz gedacht. Einen Text an den Erfordernissen der zielkulturellen Situation auszurichten, kann bei bestimmten Übersetzungstypen (s. Art. 42) auch die Bewahrung oder gar Betonung des Fremden bedeuten. Wenn beispielsweise in einer Übersetzung von *Alice in Wonderland* ins Deutsche gerade vermieden werden soll, daß die Empfänger aufgrund der veränderten Deixis die Texthandlung in ihre eigene Welt „verlegen“ und dadurch ein inkohärentes Bild vom Setting der Geschichte erhalten, müßte die im Original nicht explizit kulturell markierte Stelle „I dare say it's a French mouse, *come over* with William the Conqueror“ (Carroll 1946, Hervorhebung C.N.) in der Übersetzung mit einer expliziten Fremdheitsmarkierung versehen werden, etwa so wie in der Übersetzung von Liselotte Remané: „Vielleicht ist es eine französische Maus, die mit Wilhelm dem Eroberer *zu uns nach England* herübergekommen ist.“ (Carroll 1973a, Hervorhebung C.N.). Eine Adaptation derselben Stelle nimmt Christian Enzensberger in seiner Übersetzung vor, wenn er schreibt: „Ich könnte mir denken, sie ist eine französische Maus und *mit Napoleon herübergekommen*“ (Carroll 1973b, Hervorhebung C.N., vgl. Nord 1994).

Literatur

Carroll, Lewis (1946): *Alice in Wonderland and Through the Looking Glass*. New York: Gfrosset & Dunlap.

Carroll, Lewis (1973a): *Alice im Wunderland*. Übers. Liselotte Remané. München: dtv.

Carroll, Lewis (1973b): *Alice im Wunderland*. Übers. Christian Enzensberger. Frankfurt a.M.: Suhrkamp.

Hönig, Hans G. / Kußmaul, Paul (1982): *Strategie der Übersetzung*.Tübingen: Narr.

Koller, Werner (1979, [4]1992): *Einführung in die Übersetzungswissenschaft*. Heidelberg: Quelle & Meyer.
Nord, Christiane (1986): „Treue, Freiheit, Äquivalenz – oder: Wozu brauchen wir den Übersetzungsauftrag?" *TEXTconTEXT* 1, 30–47.
Nord, Christiane (1994): „It's tea-time in Wonderland: culture-markers in fictional texts." Heiner Pürschel (Hrsg.) (1994): *Intercultural Communication. Proceedings of the 17th International L.A.U.D. Symposium Duisburg 1992*, 523–538.
Nord, Christiane (demn.): „Defining Translation Functions. The translation brief as a guideline for the trainee translator." Wolfgang Lörscher (Hrsg.) (demn.): *Translation Studies in Germany*. Themenheft der Zeitschrift *Ilha do Desterro*.
Reiss, Katharina (1971): *Möglichkeiten und Grenzen der Übersetzungskritik*. München: Hueber.
Reiss, Katharina / Vermeer, Hans J. (1984): *Grundlegung einer allgemeinen Translationstheorie*. Tübingen: Niemeyer.
Schmidt, Siegfried J. ([2]1976): *Texttheorie*. München: Fink.
Snell-Hornby, Mary (Hrsg.) (1986): *Übersetzungswissenschaft – eine Neuorientierung*. Tübingen: Francke.
Vermeer, Hans J. (1972): *Allgemeine Sprachwissenschaft*. Freiburg: rombach.
Vermeer, Hans J. (1978): „ein rahmen für eine allgemeine translationstheorie." *Lebende Sprachen* 23/1, 99–102; Nachdr. in: Vermeer, Hans J. (1983): *Aufsätze zur Translationstheorie*. Heidelberg, 48–61.
Vermeer, Hans J. (1979/1983): „vom ‚richtigen' Übersetzen." *Mitteilungsblatt für Dolmetscher und Übersetzer* 25/4, 2–8. Nachdr. in: Vermeer, Hans J. (1983), *Aufsätze zur Translationstheorie*. Heidelberg, 62–88.
Wilss, Wolfram (1977): *Übersetzungswissenschaft – Probleme und Methoden*. Tübingen: Narr.

Christiane Nord (Magdeburg)

41. Defekte im Ausgangstext

1. Definitionen

„Lebende Texte sind defekte Texte" – um dieser recht radikal klingenden Aussage von Hönig (1988:162) zustimmen zu können, ist zunächst klarzustellen, was wir dabei unter „Text" verstehen und was unter „Defekt". In diesem Artikel gilt folgende Textdefinition:

> Ein Text ist ein thematisch und/oder funktional orientierter, kohärenter Komplex aus verbalen und/oder nonverbalen Zeichen, der eine für den Adressaten erkennbare kommunikative Funktion erfüllt und eine inhaltlich und funktional abgeschlossene Einheit bildet.

Wichtig ist dabei: Ein Text muß seine Botschaft nicht notwendigerweise (nur) verbal vermitteln, sondern z.B. auch durch Abbildungen. (Näheres zum Textbegriff in Art. 17 sowie in Schmitt 1997). Würden wir einen Text nur dann als „defekt" betrachten, wenn er seinem Zweck nicht gerecht wird, dann wären nur wenige Texte defekt – schließlich kann man z.B. viele Konsumgüter auch bedienen lernen, wenn deren Bedienungsanleitung miserabel formuliert ist, und man kann z.B. Max Frischs *Homo Faber* auch dann als Roman akzeptieren und genießen, wenn der Protagonist und Ingenieur Walter Faber Ausdrücke gebraucht (z.B. *Steuerrad* und *die Niete* statt *Lenkrad* bzw. *der Niet*), die vielleicht ein Laie, nicht aber ein Techniker verwenden würde. Wenn wir die Nichterfüllung eines der üblichen Textualitätskriterien (s. Art. 17) als Defektkriterium heranzögen, dann wäre z.B. ein Text mit mangelnder Kohärenz nicht nur ein defekter (schlechter, nicht wohlgeformter) Text, sondern gar kein Text. Damit wären die meisten Texte keine Texte. Hier soll gelten: Ein Text ist defekt, wenn er suboptimal ist, also in irgendeiner Hinsicht nicht so gut, wie er idealerweise sein könnte. Mit dieser Definition sind ebenfalls die meisten Texte defekt (auch *Homo Faber*), aber wir bestreiten nicht ihren Textstatus.

2. Fehlerwahrscheinlichkeit

Bei Normen und Patentschriften – die im Zuge des Normierungs- bzw. Patentverfahrens mehrmals von verschiedenen Personen besonders sorgfältig geprüft werden, sowohl hinsichtlich formaler Korrektheit als auch hinsichtlich fachlicher (technischer/juristischer) Richtigkeit (s. Art. 59) – liegen trotz umfangreicher Textcorpora keine Belege über Defekte vor. Sehr gering ist auch die Fehlerwahrscheinlichkeit in Lehrbüchern. Populärwissenschaftliche Zeitschriften wie z.B. *Scientific American, National Geographic, Geo* scheinen – so mein über Jahre hinweg gewonnener Eindruck – ebenfalls sehr sorgfältig redigiert zu sein; bei Fachzeitungen und Fachzeitschriften hingegen konnte kein Zusammenhang zwischen Preis, Erscheinungshäufigkeit und Fehlerträchtigkeit beobachtet werden – auch in nur quartalsweise erscheinenden und nur im Abonnement beziehbaren Fachzeitschriften mit Preisen von über 100 DM pro Heft oder in renommierten Publikationen wie etwa den *VDI-Nachrichten* ist mit gravierenden Fehlern zu rechnen. Bei Anleitungen (s. Art. 54) ist zu unterscheiden zwischen fachexternen Gebrauchs-, Bedienungs- und Betriebsanleitungen (z.B. Auto-Betriebsanleitungen) mit eher geringer Fehlerwahrscheinlichkeit und fachinternen Anweisungen (z.B. Werkstatthandbücher) mit eher hoher Fehlerwahrscheinlichkeit. Bei kurzlebigen Produkten (wie z.B. Software) und entsprechend eilig erstellter Dokumentation (s. Art. 55) ist generell mit zahlreichen Defekten zu rechnen. Dabei hängt die konkrete Fehlerquote entscheidend vom Produkt und der *corporate identity* des Produktherstellers ab: Normalerweise ist die Fehlerquote um so geringer, je höherwertiger das Produkt ist und je höher die Produktqualität (und der Qualitätsanspruch des Herstellers) ist. Kurz: Besonders häufig sind Defekte in Texten, die unter hohem Zeitdruck und ohne Qualitätslektorat erstellt werden. Typische Defektkategorien sind (in der Reihenfolge vom Offensichtlichen zum Subtilen): formale Defekte; fehlerhafte Zahlen und Maßeinheiten; Tipp- bzw. Druckfehler; Diskrepanz zwischen Text und Abbildung; Diskrepanz zwischen Text und Realität; Ausdrucksdefekte; Verständlichkeitsdefekte.

3. Konsequenzen für das Übersetzen

Für den Translator stellt sich daher bei fast jeder Übersetzung die Frage: Wie verhält man sich, wenn man einen Defekt im Ausgangstext (AT) erkennt? Im folgenden geht es nicht um literarische Texte, die oft wie ein „heiliges Original" betrachtet werden und deren Qualität nicht in Frage gestellt wird, sondern um Gebrauchstexte. Aber auch in bezug auf sie (Fachtexte, sogar technische Fachtexte) wird von Übersetzern überraschend oft die Auffassung vertreten, das GIGO-Prinzip (*garbage in – garbage out*) gelte auch für das Übersetzen. Das Argument, der AT sei die unantastbare Grundlage und Richtschnur für die Erstellung des Zieltexts (ZT), dient dabei zur Rechtfertigung, im ZT die Defekte des AT getreu zu reproduzieren. Diese Vorstellung von Übersetzungstreue dürfte die meisten Auftraggeber wenig glücklich machen. Es gibt freilich auch andere Auffassungen (vgl. Art. 39); nach Fluck (1992:227) haben Übersetzer schon immer den ZT gegenüber dem AT situativ und funktional optimiert, wenn sie in der Vorlage Fehler oder Nachlässigkeiten vorgefunden haben, ohne daß solche Korrekturen speziell trainiert worden wären.

Dazu gehört selbstverständlich, daß der Text adressatenspezifisch *und* benutzerfreundlich gestaltet wird, indem begriffliche Unklarheiten – unter Wahrung kultureller Konventionen – möglichst ausgeschlossen werden.

4. Typische AT-Fehler, typische Lösungen

Eine ausführliche Darstellung mit zahlreichen Beispielen liefert Schmitt (1999); hier ein kurzer Überblick:

4.1 Formale Defekte

Wenn im AT eine Seite (oder ein anderes Textsegment) fehlt oder doppelt (oder mehrfach) vorhanden ist, was bei als Papierkopie verteilten AT relativ häufig vorkommt, aber auch das Ergebnis von Fehlern bei Cut-and-paste-Operationen sein kann, dann dürfte außer Frage stehen, daß der Übersetzer dies im ZT nicht reproduziert. In Zweifelsfällen (es könnte ja der AT nur auszugsweise zu übersetzen sein) genügt eine Rückfrage beim Auftraggeber.

4.2 Falsche Zahlen, Maßangaben

Zahlen und Maßeinheiten sind oft fehlerhaft. Das gilt für Querverweise auf andere Seiten im Text ebenso wie für Maßangaben aller Art und ist meist schlicht ein Druckfehler. Oft fehlt ein Buchstabe (z.B. 327 m statt 327 km, 500 m^3 statt 500 cm^3), oder ein Zeichen ist gegen ein anderes (z.B. ähnliches) Zeichen vertauscht (z.B. 10 km statt richtig 10 kn in bezug auf ein Schiff). Der Auftraggeber einer Übersetzung darf erwarten, daß der Übersetzer genügend textspezifisches Sachwissen, Allgemeinbildung und gesunden Menschenverstand mitbringt und beim Übersetzen die im Fließtext integrierten Zahlen (also nicht etwaige Zahlenkolonnen in Tabellen etc.) auf Plausibilität überprüft, bevor sie in den ZT übernommen bzw. umgerechnet werden (s. Art. 85). Das Nichterkennen solcher Defekte wird umso wahrscheinlicher, je weiter die Zahlen den täglichen Erfahrungshorizont überschreiten (z.B.: welche Aussage ist richtig – „die Staatsverschuldung Deutschlands im Jahre 1995 betrug 2.007.200.000.000 DM" oder „207.200.000.000 DM"?).[1] Eine Verpflichtung, falsche Zahlen zu erkennen und zu korrigieren, besteht natürlich nicht. Übersetzer sind erfahrungsgemäß relativ bereit, „offensichtliche" Fehler zu korrigieren, doch ist zu bedenken, daß es vom Wissenshorizont des Beurteilenden abhängt, was „offensichtlich" falsch ist, und fehlendes Fachwissen beim Anfertigen von Fachübersetzungen ist weder eine Entschuldigung noch rühmlich.

4.3 Sinnverändernde Tipp- und Druckfehler

Diese Fehler sind relativ problemlos, wenn sie ein Wort entstellen, aber nicht bis zur Unkenntlichkeit (z.B. *rtemove* statt *remove*). Besonders heikel sind jedoch Fehler, die zu einem anderen bedeutungstragenden Wort führen (z.B. *raucharm* statt *rauscharm*, *sauer* statt *sauber*). Das läßt sich jedoch meist durch den Kotext klären, wobei allerdings oft Fachwissen hilfreich oder unverzichtbar ist (z.B. gibt es an einer Pkw-Vorderachse einen *central arm*, wie es im AT steht, oder einen *control arm*?)[2].

4.4 Diskrepanz zwischen Verbaltext und Bild

Fehlende Kohärenz zwischen Verbaltext und zugehörigen Abbildungen ist ein typischer Defekt in Anleitungen, da diese meist einen sehr hohen Abbildungsanteil haben, oft unter hohem Zeitdruck erstellt und häufig aktualisiert werden. Typische Defektvarianten sind vertauschte Abbildungstitel (Titel paßt nicht zum Bild), falsche Bezüge auf Abbildungen (z.B. fehlt die Abbildung, oder sie zeigt nicht das, was im Verbaltext genannt wird) und terminologische Inkonsistenz (z.B. wird ein Gegenstand im Fließtext anders benannt als in der Abbildung(slegende)). Wenn z.B. im AT ein und dasselbe Bauteil *fixed pointer*, *bracket* und *stationary pointer* genannt wird, dann ist dies kein Grund, im ZT ebenfalls drei verschiedene Benennungen zu wählen. Die meisten dieser Defekte sind leicht erkennbar (sofern man beim Übersetzen nicht nur den Verbaltext im Auge hat) und mühelos zu beheben. Problematisch kann aber die Frage sein, was denn nun richtig ist, die Proposition des Verbaltexts (der z.B. empfiehlt, eine Handlung mit dem linken Zeigefinger auszuführen) oder die Abbildung (die z.B. die Handlung mit dem Zeigefinger der rechten Hand zeigt) – dabei können subtile Überlegungen nötig sein (s. Schmitt 1999). Änderungen an den Abbildungen erfordern normalerweise Rücksprache mit dem Auftraggeber.

4.5 Diskrepanz zwischen Text und Realität

Gelegentlich stimmt das, was im Text gesagt oder gezeigt wird, nicht mit der Realität überein. Das ist insofern beim Übersetzen problematisch, als nicht unbedingt die Realität „recht" hat; z.B. könnten die im Text beschriebenen Produktmerkmale die endgültigen sein, während das dem Übersetzer vorliegende Produkt nur ein Prototyp ist. Ein typisches Beispiel wäre die Anordnung oder Kennzeichnung von Bedienungselementen oder die Benutzeroberfläche einer Software. Auch wenn die Abbildung ein Foto ist und der Verbaltext etwas anderes aussagt, als das Foto zeigt, muß nicht unbedingt das Foto der Realität entsprechen; das ist zwar wahrscheinlicher, aber das Foto könnte auch einen überholten Stand des Produkts zeigen, der noch aus einer Vorläuferversion des Dokuments stammt. Dies läßt sich meist nur nach Rücksprache klären.

Noch schwieriger wird es, wenn die Proposition des AT nicht dem entspricht, was der Übersetzer für „wahr" oder „richtig" hält, weil dann zu interpretieren ist, ob das, „was da-

1 Ersteres, natürlich ...

2 Nur letzteres, natürlich ...

steht", wirklich der kommunikativen Intention des AT-Senders entspricht (dann kommt eine Änderung nicht in Frage, allenfalls ein Hinweis an den Auftraggeber, daß man hier Bedenken habe) oder ob es sich um einen (z.B. Formulierungs-)Fehler des AT-Senders handelt.

4.6 Ausdrucksfehler

Besonders im mündlichen Diskurs, aber auch in schriftlichen Texten und besonders solchen, die unter Zeitdruck und von Personen erstellt werden, die keine Textexperten sind (sondern Experten auf einem anderen Gebiet), ist stets damit zu rechnen, daß der Textverfasser sich versehentlich in der Wahl sprachlicher Mittel „vergriffen" hat. Zu übersetzen (oder zu dolmetschen) ist also nicht, „was dasteht" (bzw. „gesagt" wurde), sondern was *gemeint* ist – Übersetzen und Dolmetschen ist *immer* eine Interpretation des AT. Wenn im AT z.B. gesagt wird, daß sich unter einer Schraube eine Federscheibe befinde, so könnte das zwar theoretisch wirklich so gemeint sein, aber wahrscheinlicher meinte der AT-Verfasser keine Federscheibe, sondern einen Federring (also ein ganz anderes Teil), was z.B. ins Amerikanische ganz anders zu übersetzen wäre. Während dieses Beispiel mit Fachwissen und Kontext ohne Rekurs auf den Auftraggeber zu klären wäre, wird in vielen anderen Fällen – und in allen Zweifelsfällen – eine Rücksprache mit dem Auftraggeber bzw. AT-Verfasser nötig sein.

4.7 Verständlichkeitsdefekte

Nicht nur sprachliche Mittel, bei deren Wahl man eine glückliche oder weniger glückliche Hand haben kann, sondern auch die Mikro- und Makrostruktur des Texts, Format und Umfang, die Entscheidung für verbale oder nonverbale Darstellungen, deren Art und Ausführung, typographische Aspekte ua. beeinflussen die Verständlichkeit eines Texts. In der Regel ist der Textverfasser dabei an Vorgaben gebunden, die den Spielraum einschränken. Dieser Artikel beispielsweise durfte nicht länger als 18 KB sein und mußte zu einem bestimmten Termin fertig sein – unter anderen Rahmenbedingungen hätte man manches besser machen können, z.B. die Defekte systematischer gliedern. Viele Texte sind daher nicht so verständlich, wie sie idealerweise sein könnten und insofern defekt. Dies beim Übersetzen im ZT zu ändern ist im Prinzip erstrebenswert, praktisch aber meist um so weniger möglich, je mehr davon die Grundkonzeption des Texts betroffen ist: Änderungen an der Makrostruktur (Gliederung) sind daher fast nie und an den Abbildungen selten mit vertretbarem Zeit- und Kostenaufwand möglich. Etwas leichter, aber gedanklich meist relativ anspruchsvoll ist es, im ZT für Kohärenz zu sorgen, sei es textintern oder zwischen ZT und Situation des ZT-Adressaten in der Zielsprachenkultur, etwa durch Wahl geeigneter Beispiele im ZT (und mithin anderer als im AT). Im Detail hingegen, von der Mikrostruktur der Abschnitte, der Informationssequenz und Thema-Rhema-Progression über Sätze hinweg oder innerhalb der Sätze bis hin zur Wahl der Ausdrücke, läßt sich der ZT gegenüber dem AT oft ohne nennenswerten zeitlichen Aufwand optimieren.

Den gedanklichen Mehraufwand sollte man sich allerdings honorieren lassen: Ein Übersetzer, der sich als interlingualer Technical Writer Gedanken über adressaten- und skoposgerechte ZT-Optimierung macht, liefert einen Mehrwert gegenüber Übersetzern, die den AT quasi als Schicksalsschlag hinnehmen und AT-Defekte im ZT „getreu" reproduzieren. Das hat auch mit dem Berufsethos und der Loyalität gegenüber dem zahlenden Auftraggeber zu tun; Berglund (1987:7) betont:

> The point is that [this] kind of translation, even if literally correct, is inadequate since it puts the German manufacturer at a disadvantage against his overseas competition.

Außerdem fördert das „blinde" Übersetzen die Marktchancen automatischer Übersetzungssysteme.

Juristisch gesehen, das sei nicht verschwiegen, ist derjenige Übersetzer „auf der sicheren Seite", der sich stets auf den AT und dessen Oberfläche beruft und – beispielsweise im Schadensfall aufgrund eines Fehlers im ZT – nachweisen kann, daß der Fehler genauso bereits im AT bestand. Man mag sich aber überlegen, welchem Übersetzer ein Auftraggeber mehr Vertrauen schenkt, demjenigen, der solche Fehler im Kundeninteresse zu vermeiden sucht oder demjenigen, der nur die eigene Risikominimierung im Auge hat.

Literatur

Berglund, Lars O. (1987): „The Ethics of Ineffective Translation." *Lebende Sprachen* 1, 7–11.

Fluck, Hans-Rüdiger (1992): *Didaktik der Fachsprachen. Aufgaben und Arbeitsfelder, Konzepte und Perspektiven im Sprachbereich Deutsch.* Forum für Fachsprachenforschung 16. Tübingen: Narr.

Hönig, Hans G. (1988): „Übersetzen lernt man nicht durch Übersetzen. Ein Plädoyer für eine Propädeutik des Übersetzens." *Fremdsprachen lehren und lernen FLuL* 17, 154–167.

Schmitt, Peter A. (1997): „Was ist ein ‚Text'?" Fleischmann, Eberhard / Kutz, Wladimir / Schmitt, Peter A. (Hrsg.) (1997): *Translationsdidaktik.* Beiträge der VI. Internationalen Konferenz zu Grundfragen der Translationswissenschaft in Leipzig. Tübingen: Narr.

Schmitt, Peter A. (1999): *Translation und Technik.* Tübingen: Stauffenburg.

Peter A. Schmitt (Leipzig)

42. Übersetzungstypen und Übersetzungsverfahren

1. Einleitung

Übersetzungstypen können nach unterschiedlichen Kriterien klassifiziert werden: nach dem *Übersetzungsgegenstand*, d.h. dem „Was" des Übersetzens, z.B. nach Texttyp und Textsorte des Ausgangstextes (AT; s. Kap. D1–D3), und nach der *Übersetzungsmethode*, d.h. dem „Wie" des Übersetzens. Bei der Übersetzungsmethode wird oft zwischen *wörtlicher* und *freier Übersetzung* unterschieden und empfohlen, „so wörtlich wie möglich, so frei wie nötig" zu übersetzen, ohne daß jedoch, so Reiss, „genügend darüber reflektiert worden wäre, [...] wo genau die Wörtlichkeit aufzuhören und die Freiheit (welche?) zu beginnen hätte" (1985:79). Eine verwandte Unterscheidung ist die zwischen *verfremdender* und *einbürgernder Übersetzung*, bei der es um die Anpassung („Einbürgerung") bzw. Nichtanpassung („Verfremdung") an die Normen der Zielsprache (ZS) geht (Schneider 1985); diese Unterscheidung läßt sich analog auf die kulturelle Ebene übertragen (Koller 1979/[4]1992:59f.). Eine weitere Klassifikationsmöglichkeit (*Textübersetzung – Umfeldübersetzung – Bearbeitung*) wird unten (2ff.) vorgestellt.

Die Wahl der Übersetzungsmethode hängt vom Texttyp und von der Übersetzungsfunktion ab. Eine generelle Empfehlung kann daher nicht gegeben werden. Mit Snell-Hornby (1988:115) kann man jedoch davon ausgehen, daß ein hoher Grad an Fachlichkeit oft mit einer sehr spezifischen Übersetzungsfunktion und daher mit einer sprachlich und kulturell „einbürgernden" Übersetzung einhergeht, während bei literarischen Übersetzungen die Autonomie des Originals eine größere Rolle spielt und Funktionsänderungen eher der Interpretation des Lesers überlassen werden.

Übersetzungsmethoden sind zu unterscheiden von *Übersetzungsverfahren* (ÜV): Die Übersetzungsmethode, d.h. die „Strategie der Übersetzung" (Hönig/Kußmaul 1982), kann sich auf einen ganzen Text beziehen und hängt u.a. vom Texttyp (s. Art. 17) und vom Übersetzungszweck (s. Art. 28, 39, 40) ab; die einzelnen Übersetzungsverfahren, d.h. die „Techniken der Übersetzung" (Wotjak 1985), beziehen sich auf kleinere Textabschnitte und hängen ihrerseits von der Übersetzungsmethode sowie vom Sprachen- bzw. Kulturpaar ab (Schreiber 1993:54f.). Seit der in der *stylistique comparée* vorgelegten Aufstellung von *procédés techniques de la traduction* (Vinay/Darbelnet 1958:46ff.) wurden immer wieder Vorschläge zur Klassifikation von ÜV gemacht (z.B. Fleischmann 1987, Doherty 1989, van Leuven-Zwart 1989/1990, Henschelmann 1993). Dabei wurde oft von einer einzigen Übersetzungsmethode ausgegangen. H. Schmidt (1992:132) vertritt dagegen die Ansicht, daß die Beschränkung der ÜV auf eine einzige Übersetzungsmethode problematisch ist, da sie der Vielfalt der übersetzerischen Praxis nicht entspricht. Einige Autoren berücksichtigen daher bei ihrer Klassifikation von ÜV verschiedene Übersetzungsmethoden (z.B. Reiss 1985, Nord 1989, Schreiber 1993 und 1997). Die folgende Aufstellung beruht auf der in Schreiber 1993 und 1997 vorgeschlagenen Klassifikation (die z.T. auf den o.a. Quellen aufbaut).

2. Verfahren der Textübersetzung

Textübersetzungen sind Übersetzungen, bei denen *textinterne* (inhaltliche oder formale) *Invarianten* (zu erhaltende Merkmale) im Vordergrund stehen. Die meisten der unten aufgeführten ÜV beziehen sich auf Textübersetzungen, die Invarianz auf der Inhaltsebene bei gleichzeitiger ZS-Normgerechtheit anstreben, d.h. es geht um Verbindungen von „kultureller Verfremdung" und „sprachlicher Einbürgerung". Gegliedert sind die ÜV nach den Bereichen Lexik (L), Grammatik (G), Semantik (S) und Hilfsverfahren (H). Die Reihenfolge der einzelnen ÜV entspricht einer abnehmenden „Wörtlichkeit". (Bei den Übersetzungsbeispielen handelt es sich selbstverständlich nur um Lösungsmöglichkeiten, nicht um „Patentlösungen".)

- (L1) *Lexikalische Entlehnung*: Übernahme einer lexikalischen Einheit, z.B. bei Realia-Bezeichnungen (Art. 81): sv. *ombudsman* – dt. *Ombudsman(n)* (Koller 1979/[4]1992: 233).
- (L2) *Lexikalische Ersetzung (Substitution)*: Ersetzen eines lexikalischen Elementes durch ein ZS-Element („Trivialfall"), z.B. fr. *table* – dt. *Tisch.*
- (L3) *Lexikalischer Strukturwechsel*: Änderung im Bereich der Wortbildung, z.B. nl. substantivierter Infinitiv – dt. Suffigierung auf *-ung*: „*het oprichten* van crèches – *die Errichtung* von Kindergärten" (Schreiber 1992:108).
- (G1) *Wort-für-Wort-Übersetzung*: Beibehaltung von Wortzahl, -art und -stellung, z.B. en.-dt. Inversionsfrage bei Kopulasätzen: „Where is he? – Wo ist er?" (Wilss 1977:106).
- (G2) *Permutation*: Umstellung von Konstituenten, z.B. en. Subjekt-Prädikat-Objekt – dt. Satzklammer: „I *have read* the book – Ich *habe* das Buch *gelesen*" (Wilss 1977:106).
- (G3/4) *Expansion / Reduktion*: Erhöhung bzw. Verringerung der Wortzahl, z.B. fr. einfaches Futur – dt. umschriebenes Futur: „il *pourra* – er *wird können*" (Thome 1981:311).
- (G5) *Intrakategorialer Wechsel*: wortartinterne Änderung der grammatischen Funktion, z.B. fr. bestimmter Artikel – dt. Nullartikel (bei Verallgemeinerungen): „*Le progrès* engendre la crise, à moins que... – *Fortschritt* führt zu einer Krise, wenn nicht..." (Henschelmann 1993:59).
- (G6) *Transposition*: Änderung der Wortart, z.B. it. Nominalabstraktum – dt. Pronominaladverb: „Il professor S. muove dall'*idea* – Professor S. geht *davon* aus" (Bausch 1968/1981:282).
- (G7) *Transformation*: Änderung der syntaktischen Konstruktion, z.B. sp. Partizipialkonstruktion – dt. Relativsatz: „la sangre *derramada en la segunda guerra mundial* – das Blut, *das im 2. Weltkrieg vergossen wurde*" (Wotjak 1985:31).
- (S1) *Semantische Entlehnung*: Verbalisierung der gleichen Inhaltsmerkmale, z.B. bei vollständig äquivalenten Entsprechungen von Redewendungen: „il a vu rouge – er hat rot gesehen" (Zimmer 1990:40).
- (S2) *Modulation*: Änderung der Perspektive durch Verbalisierung anderer Inhaltsmerkmale, z.B. durch Verneinung des Gegenteils: „his failure to feel excitement – er war gar nicht scharf darauf" (Neubert 1991:37).
- (S3/4) *Explikation / Implikation*: Erhöhung bzw. Verringerung des Explikationsgrades, z.B. dt. präfigiertes Verb – fr. Periphrase: „bis der Turnlehrer *abpfeifen* würde – avant que le professeur de gymnastique n'*envoyât le coup de sifflet final*" (Albrecht 1973:42).
- (S5) *Mutation*: Änderung des denotativen Inhalts zugunsten einer anderen Invariante, z.B. bei Reimzwang in „formbetonten" Gedichtübersetzungen: „Ein Wiesel / saß auf einem *Kiesel* / inmitten *Bachgeriesel.* – A weasel / perched on an *easel* / within a patch of *teasel*" (Ch. Morgenstern, zit. nach Levý 1969:146).
- (H) *Hilfsverfahren*: Anmerkungen, Vor- und Nachworte können in Übersetzungen als Hilfsverfahren dienen, z.B. Anmerkungen zur Explikation kulturspezifischer Abkürzungen: „my uncle was in the *I.R.B.* with Yeats. – mein Onkel war mit Yeats in der *I.R.B.* [Irisch-Republikanische Brigade] gewesen." (B. Behan, vgl. Schreiber 1993: 234)

3. Verfahren der Umfeldübersetzung

Umfeldübersetzungen sind Übersetzungen, bei denen *textexterne* Invarianten vorrangig sind, z.B. der ursprünglich intendierte („gemeinte") Textsinn (bei korrigierenden Übersetzungen) oder die kulturelle Funktion bzw. die „Wirkung" (bei kulturell einbürgernden Übersetzungen). Neben den bereits behandelten Verfahren sind folgende ÜV möglich:

- (U1) *Korrektur*: Rekonstruktion des „Gemeinten" bei Defekten des AT, z.B. die Verbesserung offensichtlicher Schreibfehler, wie „die *327 m* lange Bundesbahn-Neubaustrecke Hannover-Würzburg" (Schmitt 1987:2; s. Art. 41).
- (U2) *Adaptation*: Anpassung an die Zielkultur bei situativer Äquivalenz, z.B. rechtlich bedingte Anpassung in Fachtexten: „A partir du *1er Octobre 1983*, les bicyclettes *neuves* définies ci-après, doivent être équipées de *deux* catadioptres oranges. – Ab *1. Januar 1986* müssen *alle* Fahrräder mit *vier* orangefarbenen Speichenrückstrahlern ausgestattet sein" (Schreiber 1993:255).

4. Verfahren der interlingualen Bearbeitung

Interlinguale Bearbeitungen beruhen im Gegensatz zu Übersetzungen nicht auf Invarianzforderungen, sondern auf *Varianzforderungen*, d.h. intentionalen Änderungen. Als bearbeitungstypische Teilverfahren sind vor allem zu nennen:

- (B1/2) *Zusätze / Kürzungen*: intentionale Änderungen der Informationsmenge, z.B. Kürzungen im Rahmen von interlingualen Zusammenfassungen (Reiss 1971:93f.) oder „moralisierende" Zusätze in Kinderbuchbearbeitungen (Schreiber 1993:292).

5. Möglichkeiten und Grenzen der Anwendung von Übersetzungsverfahren

ÜV stellen, so H. Schmidt (1985:34), „Lösungstypen für Übersetzungsprobleme" dar. Schmidt gibt jedoch auch zu bedenken, daß sich ÜV nicht auf alle Übersetzungsprobleme anwenden lassen (1992:130). Eine notwendige Bedingung für die Anwendung von ÜV ist die Verallgemeinerbarkeit des Übersetzungsproblems (Henschelmann 1993:22). Prinzipiell verallgemeinerbar sind sprachenpaarbedingte, in geringerem Maße auch kulturpaarbedingte Übersetzungsprobleme. Erleichtert wird die Anwendung systematisierter ÜV durch Strukturähnlichkeiten zwischen nah verwandten Sprachen, die in weiten Teilen eine relativ „wörtliche" Übersetzung ermöglichen (Wilss 1992:84ff, Albrecht 1995). Nicht möglich ist die Anwendung routinierter ÜV bei rein textuell bedingten, individuellen Übersetzungsproblemen (z.B. dem Problem, wie man den „Individualstil" eines Autors wiedergibt). Hier muß man in der Regel auf holistische Verfahren, sog. Top-down-Prozeduren (Neubert 1988), zurückgreifen, die schwer zu systematisieren sind.

Literatur

Albrecht, Jörn (1973): *Linguistik und Übersetzung*. Tübingen: Niemeyer.

Albrecht, Jörn (1995): „Typologische Ähnlichkeit als ‚Übersetzungshilfe'." Dahmen, Wolfgang et al. (Hrsg.) (1995): *Konvergenz und Divergenz in den romanischen Sprachen*. Tübingen: Narr, 287–303.

Bausch, Karl-Richard (1968/1981): „Die Transposition." Wilss (Hrsg.) (1981): 277–297.

Doherty, Monika (1989): „Übersetzungsoperationen." *Fremdsprachen* 33, 172–177.

Fleischmann, Eberhard (1987): „Zum Problem der Übersetzungsverfahren und ihrer Klassifizierung." *Fremdsprachen* 31, 231–235.

Henschelmann, Käthe (1993): *Zur Beschreibung und Klassifizierung von Übersetzungsverfahren*. Univ. Lausanne: Centre de traduction littéraire.

Hönig, Hans G. / Kußmaul, Paul (1982): *Strategie der Übersetzung*. Tübingen: Narr.

Koller, Werner (1979/⁴1992): *Einführung in die Übersetzungswissenschaft*. Heidelberg / Wiesbaden: Quelle & Meyer.

Leuven-Zwart, Kitty M. van (1989/1990): „Translation and Original: Similarities and Dissimilarities." *Target* 1, 152–181, und 2, 69–95.

Levý, Jiří (1969): *Die literarische Übersetzung*. Ins Deutsche übertragen von Walter Schamschula. Frankfurt a.M.: Athenäum.

Neubert, Albrecht (1988): „Top-down-Prozeduren beim translatorischen Informationstransfer." Jäger, Gert / Neubert, Albrecht (Hrsg.): *Semantik, Kognition und Äquivalenz*. Leipzig: Akademie, 18–30.

Neubert, Albrecht (1991): *Die Wörter in der Übersetzung*. Berlin: Akademie.
Nord, Christiane (1989): „Loyalität statt Treue." *Lebende Sprachen* 34, 100–105.
Reiss, Katharina (1971): *Möglichkeiten und Grenzen der Übersetzungskritik*. München: Hueber.
Reiss, Katharina (1985): „Paraphrase und Übersetzung." Gnilka, Joachim / Rüger, Hans Peter (Hrsg.) (1985): *Die Übersetzung der Bibel*. Bielefeld: Luther-Verlag, 272–287.
Schmidt, Heide (1985): „Welchen didaktischen Wert hat ein Katalog von Übersetzungsverfahren für die Übersetzungslehre?" *Linguistische Arbeitsberichte* 47, 31–38.
Schmidt, Heide (1992): „Übersetzungsverfahren – Metamorphose eines traditionellen Begriffs." Salevsky, Heidemarie (Hrsg.) (1992): *Wissenschaftliche Grundlagen der Sprachmittlung*. Frankfurt a.M. etc.: Lang, 123–139.
Schmitt, Peter A. (1987): „Fachtextübersetzungen und ‚Texttreue'." *Lebende Sprachen* 32, 1–7.
Schneider, Michael (1985): „Zwischen Verfremdung und Einbürgerung." *Germanisch-romanische Monatsschrift* 66, 1–12.
Schreiber, Michael (1992): „Stilistische Probleme der niederländisch-deutschen Übersetzung." *Linguistica Antverpiensia* 26, 103–126.
Schreiber, Michael (1993): *Übersetzung und Bearbeitung*. Tübingen: Narr.
Schreiber, Michael (1997): „Übersetzungsverfahren – Klassifikation und didaktische Anwendung." Fleischmann, Eberhard / Kutz, Wladimir / Schmitt, Peter A. (Hrsg.) (1997): *Translationsdidaktik*. Tübingen: Narr, 219–226.
Snell-Hornby, Mary (1988): *Translation Studies: An Integrated Approach*. Amsterdam / Philadelphia: Benjamins.
Thome, Gisela (1981): „Die wörtliche Übersetzung." Wilss (Hrsg.) (1981): 302–322.
Vinay, Jean-Paul / Darbelnet, Jean (1958): *Stylistique comparée du français et de l'anglais*. Paris: Didier.
Wilss, Wolfram (1977): *Übersetzungswissenschaft: Probleme und Methoden*. Stuttgart: Klett-Cotta.
Wilss, Wolfram (Hrsg.) (1981): *Übersetzungswissenschaft*. Darmstadt: Wissenschaftliche Buchgesellschaft.
Wilss, Wolfram (1992): *Übersetzungsfertigkeit*. Tübingen: Narr.
Wotjak, Gerd (1985): „Techniken der Übersetzung." *Fremdsprachen* 29, 24–34.
Zimmer, Rudolf (1990): *Äquivalenzen zwischen Französisch und Deutsch*. Tübingen: Niemeyer.

Michael Schreiber (Heidelberg)

43. Technical Writing und Übersetzen

(1) Übersetzer mit abgeschlossenem translatorischem Studium sind nahezu ausschließlich als Fachübersetzer und hierbei zu über 70% als technische Übersetzer tätig (s. Art. 2), die wiederum vorwiegend Benutzerinformationen verfassen. Diese bereits 1989 durch Umfragen belegte Tatsache (vgl. Schmitt 1990) wird seither gefördert durch die mit dem erweiterten EU-Binnenmarkt einhergehende Forderung, wonach die Bedienungsanleitungen von Produkten, die in EU-Länder exportiert werden, in mindestens zwei Sprachen vorliegen müssen, nämlich in der Sprache der Zielkultur („Verwendungsland") sowie in einer anderen EU-Sprache, vorzugsweise in der Sprache der Ausgangskultur („Herstellerland"). Ausnahmen sind Wartungsanleitungen, sofern das Wartungspersonal aus dem Herstellerland kommt (Näheres zur EG-Richtlinie Maschinen, zum EC-Kennzeichen und zur Produkthaftung in diesem Bereich liefern Mark/Sturz/Voges 1994 und Berghaus/Langner 1995). Die Anpassung eines Produkts (insbesondere seiner Benutzeroberfläche) und der Produktdokumentation an die Zielkultur wird auch als „Lokalisierung" bezeichnet: „localization is ... the adaptation of the entire product to the language, customs, and culture of the local market" (Carter 1991:3) (Näheres in Art. 55). Die zwangsläufige Folge ist eine Annäherung der Begriffe „Übersetzen" und „Technical Writing".

(2) Im Deutschen versteht man unter *Technical Writing* das planvolle, textsortengerechte und adressatenorientierte Erstellen optimal verständlicher technischer Dokumentation, insbesondere von Benutzerinformationen, unter Einsatz aller unter den gegebenen Produktionsbedingungen verfügbaren und der Kommunikationsabsicht dienlichen verbalen und nonverbalen Mittel, soweit sie mit etwaigen Zielvorgaben (wie etwa eine zur *corporate identity* gehörende *corporate*

language) kompatibel sind, unter Einbezug von Rezeptionssituation, rechtlichen Aspekten und Normen, im Idealfall unter Berücksichtigung relevanter Erkenntnisse anderer Disziplinen, wie pädagogische Psychologie, Rezeptionsforschung, Psycholinguistik, Ergonomieforschung, Handlungstheorie, Semiotik, Schreibforschung, Fachsprachenforschung, Terminologieforschung und Translatologie, sowie unter Nutzung aktueller technischer Hilfsmittel.

(3) Im Englischen hat *technical* die zwei Hauptbedeutungen „fachlich" und „technisch" (Göpferich/Schmitt 1996:369f.); insofern deckt der Begriff „technical writing" im Englischen die Erstellung aller Erscheinungsformen schriftlicher Fachtexte ab, also auch die Erstellung primär nichttechnischer Texte wie etwa Ausschreibungen, Verträge und Geschäftsberichte. In der Regel verwendet man jedoch auch im Englischen den Ausdruck *technical writing* in eingeschränktem Sinne in bezug auf einen Teilbereich der schriftlichen Fachkommunikation, nämlich den Herstellungsprozeß bei technischer Dokumentation, und hier wiederum bezieht man sich meist auf das Erstellen von Benutzerinformationen (insbesondere von Anleitungen, vgl. Art. 54) unter Einsatz adressatenorientierter Vertextungsmittel. Eine Eindeutschung von *technical writing* mit *technischem Schreiben* bedeutet daher eine semantische Einengung (begrifflich korrekter wäre *fachliches Schreiben*), in den meisten Fällen dürfte der Ausdruck *technisches Schreiben* aber dennoch zutreffen.

(4) Der Zweck des Technical Writing (im engeren dt. Sinne, also in bezug auf Benutzerinformationen) liegt vor allem darin, sowohl den Grundnutzen eines Produkts zu gewährleisten (Gebrauchstüchtigkeit, Funktionssicherheit und Werterhaltung) als auch einen Zusatznutzen zu erzielen: Inbetriebnahme und Nutzung erleichtern, das Zufriedenheitsniveau des Anwenders steigern, das Ansehen des Herstellers verbessern. Zum Umfang des Technical Writing gehört daher insbesondere auch die Beschaffung der zur Textproduktion nötigen Informationen sowie ggf. die Entscheidung über den Einsatz von verbalen und nonverbalen Informationsträgern. Die Erstellung solcher nonverbaler Informationsträger kann der Technical Writer u.U. selbst übernehmen (z.B. *screenshots*, eingescannte Fotos, einfache Computergrafik) oder von einem Grafiker ausführen lassen (z.B. Isometrien, fotorealistische Computergrafik).

(5) Obgleich man Abbildungen sinnvoll unter dem Textbegriff (lat. *textus* = „Gewebe, Geflecht") subsumieren könnte (vgl. Schmitt 1997:25), herrscht bislang die Trennung zwischen Text (für verbale Codes) und Bild (für nonverbale Codes) vor, und die „semiotische Funktionsgemeinschaft von Text und Bild" (Kalverkämper 1993:218; dort auch weiterführende Literaturangaben), d.h., das Handlungsprodukt des Technical Writing, wird – zumindest von technischen Redakteuren – in der Regel als *Dokument* und nicht als Text bezeichnet. Soweit mit Technical Writing kein Text im engeren Sinne produziert wird, ist Technical Writing folglich keine Textproduktion im engeren Sinne und keine Sprechhandlung, sondern allgemeiner eine kommunikative/semiotische Handlung, die auch die Tätigkeit eines Grafikers abdeckt (in diesem Zusammenhang weist Krings 1996:10 auf Abgrenzungsprobleme bei den Berufsbildern hin).

(6) Beim Technical Writing steht der Gesamttext und dessen kommunikative Wirkung im Mittelpunkt des Interesses. Gegenstand des Technical Writing ist aber weniger der Text als Produkt, sondern der Textproduktionsprozeß und die hierbei relevanten Prozeßparameter (Textproduzent, Textadressat, Situation, Textsorte, Textintention). Zur Situation gehören hier die Rahmenbedingungen sowohl bei der Textproduktion als auch bei der Textrezeption. Die sog. „erweiterte Ergonomie" beim Technical Writing berücksichtigt überdies Denkprozesse, Erfahrungen und Emotionen des Adressaten (Anwenders) während der Produktanwendung (Cadera 1993:45). Da nicht auszuschließen ist, daß ein Text von einer nicht zur Adressatengruppe gehörenden Person rezipiert wird (z.B. ein Service Manual von einem Laien), ist zwischen Rezipient (= tatsächlicher Leser) und Adressat (= intendierter Leser) zu unterscheiden. Textrezeption ist auch nicht mit Textverstehen (bzw. geglückter Kommunikation) gleichzusetzen.

(7) Die Ursprünge des Technical Writing gehen auf die Lesbarkeitsforschung zurück, die sich „seit Mitte der 30er Jahre mit der sprachlich-stilistischen und drucktechnischen Optimierung von Textmaterial befaßt“ (Groeben/Christmann 1989:167) und zu sog. Lesbarkeits- oder Verständlichkeitsformeln geführt hat, mit der die Lesbarkeit und Verständlichkeit von Texten – zunächst primär von Lehrbüchern – nach objektiven Textmerkmalen (z.B. Anzahl der Silben pro 100 Wörter, Wortlänge, Worttiefe, Satzlänge, Satztiefe) ermittelt werden soll (einen guten Überblick liefern Ballstaedt et al. 1981; Näheres zum facettenreichen Problem der Textverständlichkeit ausführlich in Spillner 1995). Eine weitere Wurzel des Technical Writing liegt in dem ab 1971 von der „Caterpillar Tractor Company“ eingesetzten *fundamental English*, das in der Industrie (vornehmlich der Luftfahrtindustrie) zu verschiedenen Varianten von *simplified English* geführt hat und die Verständlichkeit von Handbüchern verbessern sowie Übersetzungsprobleme reduzieren soll. Der Ausdruck *Technical Writing* wurde zunächst in den USA in Lehrbüchern über schriftliche Fachkommunikation eingeführt (einen Überblick liefert Doheny-Farina 1987). Im Bereich der U.S. Army wird im Zusammenhang mit klarer Kommunikation von *plain English* und *effective Army Writing* gesprochen (U.S. Army DA Pam 600–67). Seit 1970 gibt es in den USA die Zeitschrift „Journal of Technical Writing and Communication“. Anfang der achtziger Jahre wurde der Ausdruck *Technical Writing*, ausgelöst durch den großen Dokumentationsbedarf der elektronischen Datenverarbeitung und anderer durch die Mikroelektronik geprägter Technikbereiche, im Zuge der intensivierten Beschäftigung mit Problemen der Fachtextproduktion sowie mit Schreib- und Verständlichkeitsforschung auch im deutschsprachigen Raum verbreitet.

(8) Derjenige, der die Tätigkeit des Technical Writing ausübt, wird im Englischen als *technical writer* oder *technical communicator* bezeichnet. Bei Varantola (1990:48) finden wir die Prognose:

The U.S. Labor Department predicted in 1986 that technical communication was going to be the fastest growing profession during the following ten years. The number of university programmes for technical writers or technical communicators has proliferated in the U.S.A. and the fact that these professionals are doing valuable work is becoming generally recognized.

Im Deutschen dominierte für diesen Beruf anfangs die entlehnte Bezeichnung *Technical Writer*. Im Jahre 1978 wurde in Deutschland die Gesellschaft für technische Kommunikation e.V. (tekom) gegründet, deren Ziel es ist, alle Dokumentation auf den Gebieten der Naturwissenschaft und der Technik leser-/benutzergerechter zu machen, damit die Leser/Benutzer in die Lage versetzt werden, wissenschaftliche Forschungsberichte, Beschreibungen technischer Geräte, Systeme und Anlagen usw. klar zu verstehen, Anweisungen besser zu befolgen und Geräte besser zu nutzen. (tekom-Satzung, § 2, seit 1978)

Im Gegensatz dazu steht die Feststellung von Krings (1996:11), wonach „der gesamte Bereich technischer und ingenieurwissenschaftlicher Fachpublikationen [...] ganz sicher nicht in das Aufgabenfeld technischer Redakteure“ falle. In der tekom-Satzung von 1978 wurde zunächst die Berufsbezeichnung *Technischer Autor* eingeführt, die jedoch im Berufsbild 1989 von der Bezeichnung *Technischer Redakteur* bzw. *Technische Redakteurin* (TR) abgelöst wurde (Näheres zum Berufsbild bei Herzke/Juhl/de la Roza 1989:504–506, 511–515; zu alternativen Berufsbezeichnungen s. Padrutt 1987; vgl. auch Freibott 1989). In einer Umfrage unter 317 tekom-Mitgliedern im Jahre 1997 gaben 66% der Befragten als Berufsbezeichnung *Technischer Redakteur* an und nur noch 6% *Technischer Autor* (Neugebauer/Offelder 1997:71).

(9) Nach Herzke/Juhl/de la Roza (1989:513) ist Technical Writing vom Übersetzen abzugrenzen und somit generell intralingual. Adolph (1992:19) geht ebenfalls von diesem Standpunkt aus und ergänzt, daß nach den Maximen des Technical Writing erstellte und mithin klar verständliche Doku-

mente auch deren Übersetzung erleichtern: Eine übersetzungsgerechte Dokumentation ist ein Kostensenkungsfaktor für exportorientierte Unternehmen. Eine andere Position besteht darin, unter Technical Writing durchaus auch die interlinguale Textproduktion zu subsumieren (soweit sie den Maximen des intralingualen Technical Writing folgt); ein Indiz dafür ist das Umfrageergebnis von Neugebauer/Offelder (1997:71), wonach 90% der technischen Redakteure zur Ausübung ihrer Tätigkeit eine Fremdsprache benötigen. Soweit Technical Writing gegen Übersetzen abgegrenzt wird, wird unter Übersetzen meist explizit oder implizit ein stark ausgangstextorientiertes Übersetzen verstanden, bei dem auf die Zieltextfunktion keine Rücksicht genommen wird.

(10) Im Zusammenhang mit dem adressatenorientierten und textsortengerechten Übersetzen von Fachtexten und einer damit ggf. gekoppelten redaktionellen Bearbeitung verwendet Göpferich (1993) die Bezeichnung *Interkulturelles Technical Writing* (ITW). Unter Verwendung eines nichtfeuilletonistischen Kulturbegriffs ist Technical Writing aber auch bei intralingualer Textproduktion stets dann „interkulturell", wenn ein Text an Adressaten angepaßt werden muß, die nicht zur (sozialen) Gruppe des Textproduzenten oder zu dem Umfeld gehören, in dem der Text oder der darin behandelte Gegenstand angesiedelt ist. Da sich Technical Writing in der Regel auf Benutzerinformationen bezieht, ist Technical Writing dann interkulturell, wenn es sich um fachexterne Kommunikation (z.B. Gebrauchs- und Betriebsanleitungen für Konsumgüter) handelt, jedoch intrakulturell, wenn es sich um fachinterne Kommunikation (z.B. um Werkstattanweisungen oder Betriebshandbücher für Investitionsgüter) handelt. Wenn also beispielsweise ein Programmierer einen Text verfaßt, dessen Zielgruppe wiederum Programmierer sind (z.B. ein Handbuch über Delphi), dann ist das *Intrakulturelles Technical Writing*. Schreibt er einen Text für Laien (z.B. einen Hilfetext für Word), dann ist es Interkulturelles Technical Writing.

(11) Übersetzen ist eine Sondersorte von Kommunikation, die immer interkulturell ist (wenn wir Sprache als Teil von Kultur verstehen) und zusätzlich meistens (im prototypischen Fall) interlingual. Interkulturell, aber intralingual wäre z.B. eine Übersetzung vom „Fachchinesischen" ins Allgemeinverständliche oder vom Hochdeutschen ins Schwäbische (wenn wir Dialekte als Subsystem von Sprachen verstehen), interkulturell interlingual wäre z.B. jede Übersetzung vom Deutschen ins Englische – das gilt auch dann, wenn z.B. ein von Kfz-Technikern verfaßter kfz-technischer Fachtext von einem Kfz-Technik-Fachübersetzer für Kfz-Techniker vom Englischen ins Deutsche übersetzt wird.

(12) Sofern wir akzeptieren, daß für das Übersetzen von Fachtexten die Vermeersche Skopostheorie (s. Art. 28) zutrifft, dann sind dabei im Prinzip die gleichen prozeduralen Aspekte zu beachten wie beim Technical Writing – insbesondere also Zweckerfüllung (Skoposadäquatheit), Textsortenadäquatheit und Adressatenorientiertheit. Für Technical Writing und Fachübersetzen gilt dann gleichermaßen: Der zu erstellende Text muß in der Zielkultur seinen Zweck erfüllen. Beim Übersetzen gibt es zwar (und das ist ein zentraler Unterschied) im Gegensatz zum Technical Writing einen Ausgangstext (AT), doch dient dieser für das Übersetzen obligatorische und konstitutive AT (zumindest beim Fachübersetzen) lediglich als „Informationsangebot" (Vermeer 1982) und spielt somit eine ähnliche Rolle wie das Informationsmaterial, auf das auch die intralingual arbeitenden technischen Redakteure angewiesen sind (z.B. bereits vorhandene Dokumentationen, Handbücher von Vorläuferprodukten, mündliche Auskünfte zum Ausgleich von Wissenslücken).

(13) Beim Fachübersetzen findet in der Phase der zielsprachlichen Textproduktion Technical Writing statt. Damit ist Technical Writing ein Teilaspekt des Fachübersetzens. Insgesamt läßt sich Fachübersetzen als *Interlinguales Technical Writing* auffassen.

(14) „Writing" ist auch metaphorisch zu verstehen, da der Anteil verbaler Elemente und mithin das „Schreiben" im engeren Sinne

durchaus gegen Null gehen kann (etwa bei Montageanleitungen, die nur aus Bildern bestehen). Während traditionell arbeitende Übersetzer oft nur dem verbalen Teil eines Texts verhaftet sind und die in etwaigen nonverbalen Elementen (z.B. technische Zeichnungen, Schaubilder) enthaltenen Informationen u.U. nicht nutzen, z.B. zur Disambiguierung von Textaussagen (s. hierzu Schmitt 1986:267–270, 278; Schmitt 1987:3f.), wird von technischen Redakteuren nicht in Frage gestellt, daß Illustrationen, Piktogramme, Fotos und Strichzeichnungen Handlungsanweisungen unter Umständen schneller transportieren als Text (Günther 1993:43). Das Zusammenspiel verbaler und nonverbaler Informationen sowie ästhetische, psychologische, mnemotechnische und verfahrenstechnische Aspekte der Produktion und Gestaltung text- und adressatengerechter Abbildungen sind beim Technical Writing daher von besonderer Bedeutung (zum komplementären Einsatz von Text und Bild s. z.B. Ballstaedt 1994:38ff.). Dazu gehört auch ggf. die Umwandlung von Fotos bzw. Halbtondarstellungen in klare, einprägsame Schwarz/Weiß-Strichzeichnungen oder der Einsatz von *Computer-Aided Design* (CAD) zur fotorealistischen Visualisierung – u.U. noch nicht existierender – technischer Produkte (s. z.B. Thiele/Thiele 1993, Thiele 1997). Abgesehen von ihren etwaigen kommunikativen Vorteilen werden nonverbale Elemente auch als Maßnahme zur Reduzierung von Übersetzungskosten eingesetzt.

(15) Beim Technical Writing spielt bei der Beurteilung der Qualität der erstellten Dokumentation das zur Erstellung verwendete Hintergrundmaterial keine Rolle (zu Defekten s. auch Art. 41); es zählt ausschließlich die Eignung des Dokuments für die intendierte Funktion, was meist auf das Motto hinausläuft: „Qualität ist, was der Kunde will" (Kohlmeier/Hülk 1993:9) (Näheres zum Qualitätsproblem in Art. 114).

(16) Da Techniker und dgl. Fachleute bei der Kommunikation mit Laien zur Über- oder Unterdifferenzierung neigen (weil sie beim Leser entweder zuwenig oder zuviel Vorwissen voraussetzen, sind sie für die interkulturelle Kommunikation nicht die idealen Textproduzenten, und insbesondere sind sie für das interlinguale Technical Writing nicht ausgebildet. In Deutschland war das Technical Writing bis in die 80er Jahre primär autodidaktisch oder durch seminarähnliche Fort- und Weiterbildungsmaßnahmen erlernbar, doch gibt es inzwischen in Deutschland – wie bereits schon länger in den USA – spezielle Seminare und Studiengänge (s. z.B. Noack 1993:68, Herzke/Juhl/de la Roza 1989:518) und postgraduale Aufbaustudiengänge (etwa basierend auf einer translatorischen Ausbildung), die sich inhaltlich mit Technical Writing befassen. Auch innerhalb der translatorischen Ausbildung lassen sich die Grundlagen des Technical Writing integrieren. Davon abgesehen, daß dies Bestandteil fachsprachlicher Übersetzungsübungen sein sollte (s. auch Art. 102, 105), sollte auch gelehrt und geübt werden, wie man ohne einen AT als Vorlage z.B. eine adressatengerecht verständliche Anleitung formuliert. Es gibt Tendenzen, den Bereich des Technical Writing für Absolventen philologischer Studiengänge zu reklamieren, doch ist insbesondere das interlinguale Technical Writing die Domäne entsprechend ausgebildeter technischer Fachübersetzer.

Literatur

Adolph, Harald B. (1992): „Berufsbild: Was prägt zukünftig den Job des Technischen Redakteurs?" *Technische Dokumentation* 3: 18f.

Antos, Gerd / Krings, Hans P. (Hrsg.) (1989): *Textproduktion. Ein interdisziplinärer Forschungsüberblick.* Tübingen: Niemeyer.

Ballstaedt, Steffen-Peter (1994): „Text oder Bild? Das ist die Frage." *tekom Nachrichten* 1, 38ff.

Ballstaedt, Steffen Peter / Mandl, Heinz / Schnotz, Wolfgang / Tergan, Sigmar-Olaf (1981): *Texte verstehen, Texte gestalten.* München / Wien / Baltimore: Urban und Schwarzenberg.

Berghaus, Hartwig / Langner, Dirk (1995): *Das CE-Zeichen.* München: Hanser.

Cadera, Tom (1993): „Die Rolle des Technischen Redakteurs im Entwicklungsprozeß der Mensch-Maschine-Schnittstelle." *tekom Nachrichten* 3, 45–48.

Carter, Daniel R. (1991): *Writing localizable software for the Macintosh.* Reading/Mass.: Addison-Wesley.

Doheny-Farina, Steven (1987): „Current Research in Technical Communication." *Technical Communication* 34, 180ff.

Freibott, Gerhard (1989): „Quo vadis, Translator? Der Übersetzer als Desktop Publisher?". *Lebende Sprachen* 1, 1–6.

Göpferich, Susanne (1993): „Interkulturelles Technical Writing in der Diplom-Übersetzer-Ausbildung am F.A.S.K. Germersheim." *tekom Nachrichten* 2, 83.

Göpferich, Susanne / Schmitt, Peter A. (1996): „Begriff und adressatengerechte Benennung: Die Terminologiekomponente beim Technical Writing." Krings, Hans P. (Hrsg.) (1996): 369–402.

Groeben, Norbert / Christmann, Ursula (1989): „Textoptimierung unter Verständlichkeitsperspektive." Antos, Gerd / Krings, Hans P. (Hrsg.) (1989): 165–196.

Günther, Wolfgang (1993): „Plädoyer für die Bilder." *tekom Nachrichten* 3, 42f.

Herzke, Herbert / Juhl, Dietrich / de la Roza, Rafael (1989): „Das Berufsbild des technischen Autors/ Redakteurs. Gegenwärtige Situation und neuere Entwicklungen im Arbeitsfeld ‚Technische Dokumentation'." Antos, Gerd / Krings, Hans P. (Hrsg.) (1989): 502–522.

Kalverkämper, Hartwig (1993): „Das fachliche Bild. Zeichenprozesse in der Darstellung wissenschaftlicher Ergebnisse." Schröder, Hartmut (Hrsg.) (1993): 215–238.

Kohlmeier, Bernhard / Hülk, Christa (1993): „Normierte Qualität. Zertifizierung nach DIN/ISO 9000." *tekom Nachrichten* 3, 8ff.

Krings, Hans P. (Hrsg.) (1996): *Wissenschaftliche Grundlagen der Technischen Kommunikation.* Forum für Fachsprachenforschung 32. Tübingen: Narr.

Malewski, Jürgen (1997): „Was versteht man unter der Lesbarkeit eines Textes?" *tekom Nachrichten* 3, 30ff.

Mark, Gerhard / Sturz, Wolfgang / Voges, Bernd (Hrsg.) (1994): *Technische Dokumentation optimieren. Professionelle Arbeitshilfen und Musterlösungen.* Berlin etc.: Raabe.

Neugebauer, Hans-Jürgen / Offelder, Helmut (1997): „Skizzen zur beruflichen Realität angestellter Technischer Redakteure." *tekom Nachrichten* 3, 70f.

Noack, Claus (1993): „Praxisprojekte für Technical-writing-Studenten." *tekom Nachrichten* 4, 68f.

Padrutt, Juergen (1987): „Technischer Redakteur, Verfasser oder Autor? Ein Beruf sucht seinen Namen." *tekom Nachrichten* 3, 9.

Redish, Janice / Selzer, Jack (1985): „The place of readability formulas in technical communication." *Technical Communication* 32, 46–52.

Schmitt, Peter A. (1986): „Die ‚Eindeutigkeit' von Fachtexten: Bemerkungen zu einer Fiktion." Snell-Hornby, Mary (Hrsg.) (1986): *Übersetzungswissenschaft. Eine Neuorientierung.* UTB 1415. Tübingen: Francke, 252–282.

Schmitt, Peter A. (1987): „Fachtextübersetzung und Texttreue: Bemerkungen zur Qualität von Ausgangstexten." *Lebende Sprachen* 1, 1–7.

Schmitt, Peter A. (1990): *Die Berufspraxis der Übersetzer. Eine Umfrageanalyse.* Berichtssonderheft des Bundesverbandes der Dolmetscher und Übersetzer. Bonn: BDÜ.

Schmitt, Peter A. (1997): „Was ist ein ‚Text'?" Fleischmann, Eberhard / Kutz, Wladimir / Schmitt, Peter A. (Hrsg.) (1997): *Translationsdidaktik. Beiträge zu Grundfragen der Translationswissenschaft.* Tübingen: Narr, 15–27.

Schröder, Hartmut (Hrsg.) (1993): *Fachtextpragmatik.* Tübingen: Narr.

Spillner, Bernd (Hrsg.) (1995): *Sprache: Verstehen und Verständlichkeit. Kongreßbeiträge zur 25. Jahrestagung der Gesellschaft für Angewandte Linguistik GAL.* Forum Angewandte Linguistik 28. Frankfurt a.M. etc.: Lang.

Thiele, Jutta / Thiele, Ulrich (1993): „Fotorealistische Visualisierung technischer Produkte." *tekom Nachrichten* 2, 39ff.

Thiele, Ulrich (1997): „Anleitungen zur Visualisierung: Fotografie in der technischen Dokumentation." *tekom Nachrichten* 3, 12–16.

Varantola, Krista (1990): „Changes in communicative strategies in scientific/technical English." *UNESCO Alsed-LSP Newsletter* 2, 41–50.

Vermeer, Hans J. (1982): „Translation als ‚Informationsangebot'." *Lebende Sprachen* 3, 97–100.

Peter A. Schmitt (Leipzig)

44. Textverstehen und Recherchieren

1. Vorbemerkung

Dieser Beitrag beschäftigt sich mit dem Zusammenhang zwischen Textverstehen und Recherchieren. Zu Verstehensprozessen vgl. Art. 13, 18, 32, 47, zu Recherchiermitteln vgl. Art. 49, 50, 51.

2. Reflexe und Reflexion

Den für ein ausreichendes Textverstehen nötigen Recherchierbedarf zu erkennen ist ein wichtiger Teil professioneller Kompetenz. Voraussetzung dafür ist jedoch, daß Textverstehen und Recherchieren eng aufeinander bezogen werden.

Das Verstehen eines Textes innerhalb einer übersetzerischen Aufgabenstellung ist ein komplexer Vorgang (s. Art. 39 und 40). Der Übersetzungsprozeß selbst kann als ein Zusammenspiel von (sprachlichen) Reflexen und methodischer Reflexion dargestellt werden. Bei den Reflexen ist zwischen der intuitiven, mentalen Konstruktion von *Szenen* (s. Art. 13, 18, 47) und der reflexhaften Assoziation von Wörtern (Syntagmen, Kollokationen) der Zielsprache (ZS) zu unterscheiden. Als Assoziation wird die Tatsache bezeichnet, daß sich meistens schon beim ersten Lesen eines Textes (der übersetzt werden soll) unkontrolliert ZS-Formulierungen aufdrängen, die der Übersetzer nicht eigentlich erdacht hat. Die Reflexion setzt bei den meisten beobachteten Versuchspersonen (vgl. Kiraly 1995:72f.) erst ein, wenn diese Reflexe entweder ausbleiben („Ich weiß nicht, was dieses Wort heißt“) oder sich nicht zu einer Szene konfigurieren lassen („Das ergibt keinen Sinn“).

Wilss (1988) sieht dagegen die Reflexion am Anfang der übersetzerischen Tätigkeit. Erst wenn sich dieses Reflexionsgerüst als nicht mehr tragfähig erweist, kommen kreative – und damit auch nicht kontrollierte – Prozesse zum Tragen. Ähnlich denkt Königs (1987), der die übersetzerische Tätigkeit in einen *Ad-hoc-* und einen *Restblock* unterteilen will, wobei wiederum nur im zweiten – und damit zeitlich nachgeordneten – Teil nicht kontrollierte Prozesse stattfinden.

Kiraly (1995) und Hönig (1995) sehen es als eine zentrale Aufgabe der Übersetzungsdidaktik an, die Koordination der gleichzeitig den Übersetzungsprozeß beeinflussenden Reflexe und Reflexionen zu vermitteln. Textverstehen als integraler Bestandteil professionellen übersetzerischen Handelns ist aus ihrer Sicht niemals nur ein intuitives oder kognitiv gelenktes Verstehen, sondern immer das Ergebnis einer Koordination von Reflexen und Reflexion. Deshalb ist es so wichtig, daß in der Ausbildung professioneller Übersetzer Textverstehen und Recherchieren eng aufeinander bezogen werden.

3. Verstehensprobleme und Recherche. Ein Beispiel

Beispiele für reflexhaftes Mißverstehen beobachtete Verf. bei der Übersetzung des folgenden Textausschnitts:

> The Place Drug Addicts Call Home
> Financial Times' reporter Robert Graham visits Europe's largest live-in drug treatment centre and finds controversy surrounds it.
>
> From a distance San Patrignano looks just another prosperous farming community on the rolling hills behind the shores of the Adriatic round Rimini.
> Close up, it is obviously no ordinary rural outpost. The entrance is barred by a removable barrier. A gatehouse monitors those going in and out.
> Waiting at the gate are eight men, with hollow eyes and unkempt clothes. Beside them, sleeping bags and blankets are airing on a wire fence. All are drug addicts. They are sleeping rough hoping to be admitted, or readmitted, to San Patrignano, Europe's biggest residential drug treatment centre. [...:]
>
> (*Financial Times*, 23.4.95)

Diese Passage steht am Anfang eines Textes, der von insgesamt 22 angehenden Diplomübersetzerinnen und -übersetzern am FASK Germersheim der Universität Mainz ins Deutsche übersetzt wurde. Sieben von ihnen übersetzen *monitors those going in and out* mit Formulierungen wie *Eine Fernsehkamera am Eingang überwacht...* Sie stellen sich also vor, daß die Therapiewilligen wie in einem Gefangenenlager oder wie beim Strafvollzug elektronisch überwacht werden.

Doch damit nicht genug: Fünf von diesen sieben Studierenden (übrigens keine Studienanfänger!) übersetzen *wire fence* mit *Stacheldraht*! Dabei dürfte ihnen eigentlich bekannt gewesen sein, daß hier das englische Wort für einen ganz normalen *Drahtzaun* verwendet wird, während *Stacheldraht* gewöhnlich mit *barbed wire* bezeichnet wird.

Das Verhalten dieser fünf angehenden Übersetzerinnen ist insofern konsequent, als die *Überwachungskamera* sehr gut zum *Stacheldraht* paßt, wenn man – wie sie es wohl getan haben – die Szene fälschlicherweise so konstruiert, daß man sich die therapiewilligen Drogenabhängigen als Kriminelle vorstellt, die durch entsprechende Überwachungsmaßnahmen kontrolliert werden.

Man könnte dieses Fehlverhalten als szenisches Mißverstehen bezeichnen. Andererseits läßt sich auch behaupten, daß die Interferenz *monitoring* = *Monitor* Ausgangspunkt der Fehlübersetzung war, die in der Assoziation *Stacheldraht* dann nur ihre konsequente Fortsetzung fand. Es dürfte schwierig sein, die Genese dieses Mißverstehens aufzuklären (zur Problematik der *Protokolle des Lauten Denkens* s. Art. 47).

An diesem kurzen Textausschnitt läßt sich die Notwendigkeit von Recherchen exemplarisch demonstrieren. Es wurde absichtlich ein allgemeinsprachlicher Text gewählt, um zu zeigen, daß Recherchen keineswegs nur bei der Übersetzung sogenannter Fachtexte nötig sind. Im Gegenteil: Wie das Beispiel zeigt, wird der Recherchierbedarf gerade bei den sogenannten „allgemeinsprachlichen Texten" häufig unterschätzt, weil der Leser (und Übersetzer) davon ausgeht, daß er bei einem Beitrag zu einem ihm bekannten Thema keine Wissensdefizite hat. Dieser Trugschluß hat bei den Lesern eines allgemeinsprachlichen Textes in aller Regel keine Folgen, die Sanktionen zur Konsequenz haben. Anders sieht es dagegen bei Übersetzer/innen aus, denn ihr Textverstehen ist im Unterschied zu dem der „normalen" Leser überprüfbar und wird kontrolliert.

Auf den ersten Blick geht es bei diesem Text um ein bekanntes Thema: Die Therapie von Drogenabhängigen. Die Leser der *Financial Times* wissen, daß es Drogenabhängige gibt und daß es ihnen ohne institutionelle Hilfe selten gelingt, von der Droge loszukommen. Viele haben auch Berichte gelesen und/oder gesehen, in denen anschaulich gezeigt wird, wie schwer es für die Abhängigen ist, diese Therapie erfolgreich durchzustehen. Bekannt ist auch, daß es eine Beschaffungskriminalität gibt, die zu Strafverfahren gegen Drogenabhängige führen kann. Bei entsprechender Schwere des Delikts können die Gerichte die Zwangseinweisung in eine Rehabilitationsklinik verfügen, wo auf die Betroffenen ein institutioneller Zwang ausgeübt wird.

Obwohl das Thema nichts weniger als esoterisch ist, läßt sich nicht voraussagen, daß jeder Leser über dieses Wissen aus der Gesamt-„szene" verfügt. Festzuhalten ist jedoch, daß der Autor des Beitrags davon ausgeht, daß seine Leser über das skizzierte Wissen verfügen.

Meine Befragung der Studierenden ergab jedoch, daß die sieben bzw. fünf VerfasserInnen der Fehlübersetzungen über kein differenziertes Wissen in diesem Bereich verfügten oder es zumindest nicht verfügbar machen konnten.

Es muß deshalb als eine wichtige Kompetenz professioneller Übersetzer angesehen werden, daß sie in der Lage sind, ihre Wissensbestände in dem jeweils aktuellen Gebiet zu überprüfen, zu ordnen und ggfs. zu ergänzen. Bei dem Thema „Therapie von Drogenabhängigen" gibt es genügend leicht zugängliches Material, mit dessen Hilfe man sich ausreichend informieren kann. Was aber heißt „ausreichend"?

4. Wann hat man verstanden?

Die Subjektivität der Verstehensvorgänge, ihre Steuerung durch Top-down-Prozesse (s. Art. 18) machen es der verstehenden Person schwer, die Subjektivität ihres Verstehens zu erkennen. Sie kann (und muß) deshalb einen Blick auf – und über – diese Grenzen werfen, um sich zu vergewissern, daß sie das vom Autor vorausgesetzte

Weltwissen besitzt. Deshalb ist die Vorschaltung einer Reflexionsphase entscheidend wichtig. Reflexion ist also nicht nur als ein Abwägen und Überdenken von ZS-Formulierungen zu verstehen, sondern vor allem (und methodisch an erster Stelle) die Erarbeitung eines Standpunkts, von dem aus sichtbar wird, welche Verstehensvoraussetzungen vom Autor eines Textes impliziert wurden. Und das bedeutet für professionelle ÜbersetzerInnen, daß sie so diagnostizierte Defizite gegebenenfalls durch gezielte Recherche auffüllen können.

„Ausreichend“ sind die Verstehensvoraussetzungen in obigem Textausschnitt zum Beispiel dann, wenn die lesende/übersetzende Person erkennt, warum der Autor diesen Beitrag für dieses Medium geschrieben hat. In der *Financial Times* wird eine Reportage über eine Therapieform für Drogenabhängige nur dann erscheinen, wenn sie *Neuigkeitswert* hat. Das bedeutet: Der Autor setzt voraus, daß seine Adressaten mit den herkömmlichen Therapieformen vertraut sind und auf dieser Grundlage erkennen, was in der privaten Institution, von der er berichtet, *anders* gemacht wird.

Deutliche Hinweise darauf werden mit den Wörtern *Home* (in der Überschrift) und *controversy* (im Vorspann) gegeben: Es ist offenbar nicht alltäglich, daß die Abhängigen das Therapiezentrum als eine Art *Heimat* bewerten. Daß sich um die dort angewandten Methoden eine *Kontroverse* entsponnen hat, spricht ebenfalls dafür, daß es sich hier um einen *neuen, unkonventionellen* Therapieansatz handelt.

Wer allein diese Informationen aus der Überschrift und aus dem Vorspann des Beitrags auswertet, auf das Medium bezieht und in der beschriebenen Art reflektiert, ist schon weitgehend gegen das Mißverstehen geschützt, dem einige ÜbersetzerInnen zum Opfer fielen. Denn er/sie wird sich beim weiteren Lesen des Textes die Frage stellen: „Was ist nun eigentlich neu an dieser Therapie, weshalb paßt sie nicht in wessen Vorstellungen (und welche Vorstellungen habe eigentlich ich selbst)?“

An diesem Beispiel wird deutlich, daß Fertigkeiten im Bereich der (text)linguistischen Analyse und die Recherchierfähigkeit im engeren Sinne nicht voneinander zu trennen sind. Nur eine methodisch durchgeführte, übersetzungsrelevante Textanalyse kann den Weg zur gezielten Recherche weisen.

5. Wissen und übersetzerische Kompetenz

Natürlich brauchen Übersetzer (und Dolmetscher) auch große und geordnete Bestände deklarativen Wissens, d.h. sachlichen und fachlichen Wissens, doch sie werden angesichts der von ihnen nicht zu beeinflussenden Aufgabenstellungen niemals in der Lage sein, allen Wissensansprüchen ohne Vorbereitung und Recherche gerecht zu werden.

Kurultay (1997) weist darauf hin, daß ein detailliert ausgearbeitetes Unterrichtsmodul „Mittel und Methoden des Recherchierens“ bisher noch nicht vorgestellt wurde. Als mögliche Themen und Lernziele nennt er z.B.:

- Klassifikation/Definition (Archivierung/Bibliothekssysteme)
- Allgemeinwissen/Expertenwissen
- Arten des Wissens (Thematik, Methodik ...)
- Speicherung des Wissens (Gedächtnis)
- Wörterbücher
- Bedeutungserschließung aus dem Kontext [...]
- Lexematische und enzyklopädische Bedeutung [...]

(Kurultay 1997:8)

Auch er betont, daß prozedurales und deklaratives Wissen eng aufeinander bezogen sind; in manchen Bereichen ist eine Trennung unmöglich (zur Diskussion vgl. Wilss 1992:115ff.). Dies gilt ganz spezifisch für Übersetzer und Dolmetscher: Um ihr deklaratives Wissen einsetzen zu können, brauchen sie prozedurales Wissen. Aber auch umgekehrt gilt: Um prozedurales Wissen operativ machen zu können, benötigt man deklaratives Wissen.

Das heißt konkret bezogen auf die Ausbildung professioneller Übersetzer und Dolmetscher:

Es ist sinnvoll und notwendig (etwa im Rahmen der sog. „Ergänzungs- oder Sachfächer“), deklaratives Wissen zu vermitteln. Man muß sich jedoch dabei der Tatsache bewußt sein, daß dieses Wissen immer ergänzungs- und anpassungsbedürftig sein wird. Deshalb ist es bei der Vermittlung von Fachwissen wichtig, immer auch zu lehren, wie Wissen in diesem Gebiet organisiert wird. Interkulturelle Vergleiche schaffen die Grundlage für ein Verständnis verschiedener Formen der Wissensorganisation.

Prozedurales Wissen kann nur vermittelt werden, wenn eine gewisse Begrifflichkeit (zum Beispiel bei der Beschreibung sprachlicher Phänomene) vorhanden ist. Die Vermittlung von Übersetzungsstrategien und (als ein Teil davon) von Recherchiermethoden muß also auf linguistischem, auch psycholinguistischem und soziolinguistischem, Systemwissen aufbauen (s. Sektion B3.1 und B3.4). Bei der Vermittlung methodischer Fertigkeiten ist es wichtig, nicht „aus dem Nähkästchen zu plaudern", sondern das vermittelte prozedurale Wissen fest in einer Darstellung der Systematik des relevanten Sachgebietes zu verankern.

So betrachtet, hat die Recherche eine Brükkenfunktion zwischen prozeduralem und deklarativem Wissen. Das bedeutet einerseits, daß die Anleitung zur effizienten Recherche im Zentrum der Übersetzungsdidaktik stehen muß, andererseits aber auch, daß sie nur integriert in eine fundierte Modellierung des Übersetzungsprozesses gelehrt werden kann.

Die Integration der Recherche in das Textverstehen im Rahmen einer übersetzungsrelevanten Textanalyse (zum Beispiel nach den Modellen von Nord 1988, Hönig 1986 und Reiss 1984) versetzt ÜbersetzerInnen in die Lage, ihre sprachliche und wissensbasierte Kompetenz für die zu erbringenden Leistungen zu beurteilen und – wo nötig – gezielt zu ergänzen. Außerdem wird es dadurch möglich, den zeitlichen Aufwand für die Recherchen abzuschätzen und vor dem Eintritt in die eigentliche übersetzerische Arbeit das Verhältnis von Kosten und Nutzen zu beurteilen. Letzteres ist von großer praktischer Bedeutung, denn nicht selten sind Übersetzer auch als Berater tätig, die Aufwand und Effizienz einer Übersetzung beurteilen müssen, um dem interessierten Auftraggeber eine fundierte Entscheidung darüber zu ermöglichen, ob sich für ihn überhaupt eine Übersetzung lohnt.

Deshalb muß auch zur Vorbereitung auf die berufliche Praxis die Fähigkeit, den eigenen Recherchierbedarf zu definieren und den dafür nötigen zeitlichen Aufwand realistisch einzuschätzen, in die Ausbildung integriert werden.

Dabei ist zu berücksichtigen, daß in der beruflichen Praxis häufig mit Hilfe des Computers recherchiert wird: durch Nutzung von Datenbanken, von Datenfernübertragung oder von CD-ROMs (s. Art. 51). Ob sich der Einsatz dieser Hilfsmittel lohnt, wie und wann man sie einsetzen und gegebenenfalls weiterentwickeln kann – dies sind in der modernen Übersetzerpraxis wichtige Fragen, auf die wiederum nur auf der Grundlage der hier beschriebenen Integration der Recherche in das Textverstehen eine fundierte Antwort gegeben werden kann.

Literatur

Hönig, Hans G. (1986): „Übersetzen zwischen Reflex und Reflexion – ein Modell der übersetzungsrelevanten Textanalyse." Snell-Hornby, Mary (Hrsg.) (1986): *Übersetzungswissenschaft. Eine Neuorientierung.* UTB 1415. Tübingen: Francke, 230–251.

Hönig, Hans G. (1990): „Sagen, was man nicht weiß – wissen, was man nicht sagt. Überlegungen zur übersetzerischen Intuition." Arntz, Reiner / Thome, Gisela (Hrsg.) (1990): *Übersetzungswissenschaft. Ergebnisse und Perspektiven. Festschrift für Wolfram Wilss zum 65. Geburtstag.* Tübingen: Narr, 152-161.

Hönig, Hans G. (1995): *Konstruktives Übersetzen.* Tübingen: Stauffenburg.

Kiraly, Donald C. (1995): *Pathways to Translation. Pedagogy and Process.* Kent / London: The Kent State UP.

Königs, Frank (1987): „Was beim Übersetzen passiert. Theoretische Aspekte, empirische Befunde und praktische Konsequenzen". *Die Neueren Sprachen* 86, 162–183.

Krings, Hans P. (1986): *Was in den Köpfen von Übersetzern vorgeht. Eine empirische Untersuchung zur Struktur des Übersetzungsprozesses an fortgeschrittenen Französischlernern.* Tübingen: Narr.

Kurultay, Turgay (1997): „Der Weg von einzelnen Übersetzungsübungen zur übergreifenden Übersetzungskompetenz. Curriculare Überlegungen zur Frage der Vermittlung methodischen Wissens". Vorträge beim Symposium *Übersetzerische Kompetenz* am FASK Germersheim (im Druck).

Nord, Christiane (1988): *Textanalyse und Übersetzen. Theoretische Grundlagen, Methode und didaktische Anwendung einer übersetzungsrelevanten Textanalyse.* Heidelberg: Groos.

Reiss, Katharina (1984): „Methodische Fragen der übersetzungsrelevanten Textanalyse. Die Reichweite der Lasswell-Formel." *Lebende Sprachen* 1, 7–10.

Wilss, Wolfram (1988): *Kognition und Übersetzen. Zu Theorie und Praxis der menschlichen und maschinellen Übersetzung.* Konzepte der Sprach- und Literaturwissenschaft 41. Tübingen: Narr.

Wilss, Wolfram (1992): *Übersetzungsfertigkeit. Annäherungen an einen komplexen übersetzungspraktischen Begriff.* Tübingen: Narr.

Hans G. Hönig (Germersheim)

45. Textproduktion

TranslatorInnen sind „Texter von Beruf" (Holz-Mänttäri 1988), also ExpertInnen für Textproduktion über Kulturgrenzen hinweg. Textkompetenz macht einen wichtigen Grundpfeiler der translatorischen Kompetenz aus. Die Textproduktion in allen Arbeitssprachen ist darüber hinaus auch ein eigenständiger Aspekt des modernen Berufsbildes „Translator". Die Frage, wie Textproduktion erfolgt, ist daher von grundlegendem Interesse für Translation. Die Modellvorstellungen der Textproduktionsforschung gehen davon aus, daß Textproduktion ein sehr komplexer Prozeß ist und als Expertentätigkeit betrachtet werden muß. Eine hochspezialisierte Form der Textproduktion stellt Translation dar. Für die Modellierung der kulturübergreifenden Textproduktion und das Schreiben im interkulturellen Kontext liefern die Modelle des monolingualen Schreibprozesses einen Ausgangspunkt.

1. Stufenmodelle: Die Subprozesse der Textproduktion

Textproduktion kann als eine Abfolge von mehreren Prozessen definiert werden. Diesen Modellvorstellungen zufolge umfaßt Schreiben die Subprozesse Planung, Enkodierung und Revision, die selbst zum Teil wieder Subprozesse enthalten. Betont wird in der Forschung die Interaktivität dieser Prozesse. Die einzelnen Stufen des Schreibprozesses dürfen demnach nicht als zeitlich aufeinander folgend angesehen werden, sondern vielmehr als rekursiv: Die einzelnen Phasen, also Planung, Enkodierung und Revision, beziehen sich immer wieder aufeinander und beeinflussen sich gegenseitig.

Auch translatorische Textproduktion und Schreiben im interkulturellen Kontext kann als eine Abfolge rekursiver Phasen betrachtet werden. Für professionelle Translation muß jedoch in einem ersten Arbeitsschritt der „Skopos", also der Zweck der Textproduktion (Reiss/Vermeer 1984; s. Art. 28), bestimmt werden. So modelliert z.B. Nord (1991:38) ein Stufenmodell des Übersetzungsprozesses. Nach Festlegung des Skopos, des Zwecks der Translation, analysieren die TranslatorInnen den Ausgangstext (AT) in seiner Situation nach den darin enthaltenen übersetzungsrelevanten AT-Elementen im Sinne des Übersetzungsauftrags (s. Art. 103). Es folgt der Transfer, die Produktion des Zieltextes (ZT). Bei professioneller translatorischer Textproduktion kommen dazu noch weitere Aspekte, die die Textproduktion mitbestimmen, wie Recherche (s. Art. 44), Kommunikation mit den AuftraggeberInnen etc. (Holz-Mänttäri 1993). Diese nehmen wieder rekursiv auf den Textproduktionsprozeß Einfluß.

Weiters ist für professionelles Texten charakteristisch, daß jede Phase des Textproduktionsprozesses eine eigene, bewußt geplante Expertentätigkeit darstellt. Am besten kann dies an der Stufe „Revision" gezeigt werden (s. Art. 110). Bei nicht-professionellen Texten wird während des Produktionsprozesses immer wieder korrigiert und vielleicht auch nach Fertigstellung der ersten Textversion. Bei professioneller Textproduktion wird darüber hinaus auch eine „Textoptimierung" (Schmidt 1995) durchgeführt, also die geplante, strukturierte Überarbeitung des erstellten Textes mit dem Ziel der Qualitätssicherung.

Die Stufenmodelle machen die Rekursivität des Schreibprozesses gut anschaulich. Der hohe Abstraktionsgrad dieser Modelle läßt aber kaum Rückschlüsse auf das eigentliche Texten und Formulieren zu. Auch spielen die für kulturübergreifende Textproduktion so wichtigen sozialen Aspekte der Kommunikation bei der Modellierung des interkulturellen Schreibprozesses eine wichtige Rolle.

2. Interaktionistische Modelle: Text und Gesellschaft

Die gesellschaftlichen Bedingungen beeinflussen, wann, ob und wie Kommunikation erfolgt, und bestimmen so auch die Textproduktion. Diese Bedingungen müssen in eine Modellierung der Textproduktion Eingang finden. Interaktionistische Modelle stellen diese sozialen Aspekte der Textproduktion in den Mittelpunkt der Theorienbildung. Texte werden als Mittel zur sozialen Interaktion verstanden. Damit werden die gesellschaftlichen Bedingungen und die Erwartungen der LeserInnen an den Text zum eigentlichen Problem der Textproduktion: Es gilt, die Erwartungen der LeserInnen an den Text mit den eigenen Kommunikationsbedürfnissen in Einklang zu bringen. Erfolgreiche Kommunikation bedeutet nach dieser Sichtweise ein Aushandeln von Bedeutung. Dafür müssen Texte so gestaltet sein, daß die LeserInnen unter all den Bedeutungsmöglichkeiten eines Textes eine sinnhafte auswählen können (Nystrand 1986).

Diese Sichtweise von Textproduktion als Kommunikation in der Gesellschaft ist grundlegend für jede professionelle Textproduktion, so auch für Translation und kulturspezifisches Texten. Für die funktionale Translationstheorie und ihre Didaktik werden Überlegungen zur Kultur und zum Zusammenhang zwischen Kultur und Sprache zum zentralen Gegenstand der Übersetzungstheorie (Snell-Hornby 1986). Nach dem funktionalen Ansatz wird translatorische Textproduktion als Expertentätigkeit bestimmt durch den Skopos (Reiss/Vermeer 1984), also den Zweck des Translats in der Kommunikationssituation der Zielkultur. Für die Ausbildung ergibt sich daraus das Ziel, ein profundes Wissen um die Sprachverwendungskonventionen in der Gesellschaft und also auch der Erwartungen, die Texten entgegengebracht werden, zu vermitteln.

Die jeweils typischen Erwartungen gegenüber Texten (Resch 1997), an denen die TextproduzentInnen sich bei der inhaltlichen wie auch stilistischen Textgestaltung normalerweise orientieren, ergeben sich aus der Wechselwirkung von Gesellschaft und Kommunikation. Die typische Autor-Leser-Beziehung, also die Art und Weise, wie sich AutorIn und RezipientIn im Text positionieren, ist bestimmt vom Skopos des Texts und spiegelt auch die Wertvorstellungen und Machtverhältnisse in der betreffenden Gesellschaft wider.

Ein Beispiel soll das illustrieren: In englischen PR-Texten herrscht ein eher emotionaler Ton vor, und die LeserInnen werden direkt mit „you" angesprochen. In vergleichbaren deutschen Texten hingegen wird häufig pseudowissenschaftlich argumentiert, und eine persönliche Bezugnahme auf die LeserInnen wird oft vermieden, z.B. durch Passivkonstruktionen. Hier zeigen sich auf textueller Ebene die jeweils kulturspezifischen Einstellungen zum Verhältnis zwischen Anbietern, Öffentlichkeit und KonsumentInnen, das von einem unterschiedlichen Maß an Distanz gekennzeichnet ist, und es zeigen sich auch Einstellungen gegenüber Wissenschaft und Autorität allgemein.

Das Aushandeln von Bedeutungen beim Koordinieren der Kommunikationsbedürfnisse einerseits und der Lesererwartungen andererseits, das beim Texten erfolgt, ist bei kulturübergreifender Textproduktion sehr komplex. Bei kulturübergreifender Kommunikation liegt es an den TranslatorInnen, Verstehen zu ermöglichen, indem sie Information in Texten entsprechend dem Skopos und entsprechend den gesellschaftlichen Bedingungen in der Zielkultur neu organisieren. Es muß als die große Leistung der funktionalen Translationstheorie angesehen werden, auf diese für die Translation so wichtigen Zusammenhänge aufmerksam gemacht zu haben. Nur wer die Komplexität des Übersetzungsvorgangs erkennt, kann auch die Leistung der ÜbersetzerInnen richtig würdigen.

3. Integrative Modelle: Texten als Formulierungsleistung

Der funktionale Zugang macht klar, wie viele Faktoren auf den Textproduktionsprozeß Einfluß nehmen. Alle Faktoren müssen im Textproduktionsprozeß zusammengeführt werden.

Diese Integration der Kommunikationsbedürfnisse, des Sprachverwendungswissens und nicht zuletzt der Zwänge des jeweiligen Sprachsystems in einem Text macht den eigentlichen Textproduktionsprozeß aus.

Herkömmlich wird der aktive Schreibprozeß so betrachtet, daß zwischen verschiedenen Formulierungsalternativen „gewählt" werden muß. Dieses Verständnis von Textproduktion greift aber zu kurz. Empirische Untersuchungen des Schreibprozesses zeigen, daß die Alternativen von den Textproduzierenden erst beim Schreiben geschaffen werden. Auch setzen sie ihr Wissen um die Konventionen der Kommunikation ein. In bezug auf die Textsortenkonventionen betreiben Textproduzierende dabei Schema-Innovation, indem sie die bestehenden Muster modifizieren und sie entsprechend den individuellen Textanforderungen adaptieren (Antos 1982).

Dieser Ansatz betont also die kreativen Aspekte des Textproduzierens, die auch bei translatorischer Textproduktion wirken: Die Integration der Kommunikationsbedürfnisse einerseits und der sprachsystematischen Zwänge andererseits in einem neuen einmaligen Text muß bei interkultureller Kommunikation nämlich auch über Kulturgrenzen hinweg funktionieren. Die Komplexität dieser Aufgabe ruft Probleme hervor, die nach Lösungen auf der Textebene verlangen. Translatorische Textproduktion kann daher als ein Prozeß der Problemlösung mit Hilfe von Expertenwissen betrachtet werden (Kaiser-Cooke 1993). Denn neben dem Sprachverwendungswissen, dem Kulturwissen und der Fähigkeit zu Schema-Innovation müssen TranslatorInnen auch imstande sein, diese Wissensbereiche in einem Text zu integrieren.

Diese Integrationsleistung kann also als ein wesentlicher Aspekt der kulturübergreifenden Textproduktion betrachtet werden. Besonders deutlich wird dies bei multimedialen Texten. Bei der Übertragung z.B. eines Werbetextes (s. Art. 65) für eine andere Kultur ist ja nicht nur die Werbebotschaft selbst zu transferieren. Um Aufmerksamkeit zu erzielen, muß notwendigerweise Schema-Innovation erfolgen; ein Eingehen auf die sprachlichen Gepflogenheiten der meist sehr genau definierten Zielgruppe ist unumgänglich, die im AT verwendeten Symbole sind vielleicht in der Zielkultur ganz unpassend, und unter Umständen muß auch die Bildinformation „übersetzt", also an die kulturellen Normen der Zielkultur angepaßt werden. Und schließlich soll der neue Text auch noch in sich schlüssig sein.

Demnach ist Texten, und kulturübergreifendes Texten um so mehr, ein kreativer Prozeß (s. Art. 48), bei dem unterschiedliche Wissensbereiche integriert werden, und zwar auf kulturspezifische Weise. Der eigentliche Formulierungsprozeß ist dann durch Aktivitäten der Problemlösung gekennzeichnet. Durch diese Integration von komplexen Wissensbereichen entsteht bei professioneller Translation ein neuer Text, nämlich das Translat als Ergebnis einer kreativen Formulierungsleistung.

4. Translatorische Textproduktion: Professionelles Textdesign

Die unterschiedlichen Modelle verdeutlichen die Komplexität der kulturübergreifenden Textproduktion und weisen diese als Expertentätigkeit aus: TranslatorInnen betreiben professionelles Textdesign (Holz-Mänttäri 1993). Sie sind spezialisiert auf die Konzeption und Produktion von Texten, und zwar sowohl für Übersetzung wie auch für das kulturspezifische Texten in der Muttersprache und den anderen Arbeitssprachen. Ihre Tätigkeit in bezug auf die Textarbeit umfaßt das Spezifizieren des Auftrags und die Konzeption des ZT, das Recherchieren und Modifizieren, schließlich die Produktion des Textes und die Qualitätskontrolle. In bezug auf das Produkt Text und die Kommunikation mit den AuftraggeberInnen heißt Textdesign auch, die Entscheidungen, die die Gestaltung des Textes beeinflußt haben, argumentativ begründen zu können. Beobachtet man die Entwicklung des Berufsbildes, so ist zu erwarten, daß TranslatorInnen ihre Expertenkompetenz auch zunehmend für monolinguale Textproduktion in ihren Arbeitssprachen einsetzen werden.

Literatur

Antos, Gert (1982): *Grundlagen einer Theorie des Formulierens. Textherstellung in geschriebener und gesprochener Sprache.* Tübingen: Niemeyer.

Holz-Mänttäri, Justa (1988): „Texter von Beruf". *TEXTconTEXT* 3, 3/4, 153–173.

Holz-Mänttäri, Justa (1993): „Textdesign – verantwortlich und gehirngerecht." Holz-Mänttäri, Justa / Nord, Christiane (Hrsg.) (1993): *Traducere navem. Festschrift für Katharina Reiss.* Tampere: Tampereen Yliopisto, 301–320.

Hönig, Hans G. / Kußmaul, Paul (1982): *Strategie der Übersetzung. Ein Lehr- und Arbeitsbuch.* Tübingen: Narr.

Kaiser-Cooke, Michèle (1993): „Translatorial expertise – a cross-cultural phenomenom from an interdisciplinary perspective". Snell-Hornby, Mary / Pöchhacker, Franz / Kaindl, Klaus (Hrsg.)

(1993): *Translation Studies. An Interdiscipline.* Amsterdam: Benjamins, 135–140.
Nord, Christiane (1991): *Textananlyse und Übersetzen.* Heidelberg: Groos.
Nystrand, Martin (1986): *The Structure of Written Communication.* Orlando: Academic Press.
Reiss, Katharina / Vermeer Hans J. (1984): *Grundlegung einer allgemeinen Translationstheorie.* Tübingen: Niemeyer.
Resch, Renate (1997): „Ein kohärentes Translat – was ist das? Die Kulturspezifik der Texterwartungen." Snell-Hornby, Mary / Jettmarová, Zuzana / Kaindl, Klaus (Hrsg.) (1997): *Translation as Intercultural Communication. Selected papers from the EST Congress Prague 1995.* Amsterdam: Benjamins, 271–281.
Schmidt, Heide (1995): „Textoptimierung und Translation". Salnikov, Nicolai (Hrsg.) (1995): *Sprachtransfer – Kulturtransfer. Text, Kontext, Translation.* Frankfurt a.M.: Lang, 63–94.
Snell-Hornby, Mary (1986): „Übersetzen, Sprache, Kultur". Snell-Hornby, Mary (Hrsg.) (1986): *Übersetzungswissenschaft. Eine Neuorientierung.* Tübingen: Francke, 9–29.

Renate Resch (Wien)

46. Interferenzen

1. Begriff

Der Begriff *Interferenz* stammt aus der Physik des 17. Jahrhunderts, wo er die durch Überlagerung von zwei oder mehreren Wellenzügen entstehenden Phänomene bezeichnet. Im 20. Jahrhundert gelangt der Terminus ab Mitte der 50er Jahre in die sprachwissenschaftliche Literatur. In seiner epochemachenden Arbeit zum Sprachkontakt bestimmt Weinreich (1953; dt. 1977:15) Interferenzphänomene als „diejenigen Fälle der Abweichung von den Normen der einen wie der anderen Sprache, die in der Rede von Zweisprachigen [...] als Ergebnis des Sprachkontaktes vorkommen". Danach begegnet man dem Terminus fast ausschließlich in der Kontrastiven Linguistik, wo er „die durch Beeinflussung von anderen sprachlichen Elementen verursachte Verletzung einer sprachlichen Norm bzw. den Prozeß der Beeinflussung" bezeichnet (Juhász 1970:9; 17–20 zur Forschungsgeschichte). Der Interferenzbegriff umfaßt also zum einen den singulären Prozeß, in dem ein Sprecher einen Normverstoß begeht, weil er Strukturen einer Sprache auf eine andere überträgt (So noch Wilss 1992:80; Beispiele für die kontrastlinguistische Sicht in Kolb/Lauffer 1977). Zum anderen umfaßt er das Ergebnis dieses Prozesses, wie es sich in Grammatik, Lexik, Idiomatik etc. niederschlägt (Zu den Grundkonzepten von Interferenz und zur Begriffsgeschichte s. Tesch 1978:31–57). Ohne daß sich eine spezifische Definition abzeichnet, wird Interferenz aber immer aufgrund kontrastlinguistischer Beschreibung definiert.

2. Translatorische Interferenz

Die moderne Translatologie gebraucht den Terminus der interlingualen Interferenz für die Projektion von Merkmalen des Ausgangstextes (AT) in den Zieltext (ZT), deren Ergebnis eine Verletzung der (*parole*-bezogenen) ZT-Normen, -Konventionen und -Diskurse ist, also lexikalischer, thematisch-inhaltlicher, mikro- und makrotextueller, situativer sowie kultureller Art sein kann. Solche Projektionen können beim Übersetzen nicht mehr lediglich kontrastiv als Abweichung von einer grammatischen oder lexikalischen Sprachnorm definiert werden, stellen sie doch meist Verstöße gegen Sprachkonventionen oder die beabsichtigte kommunikative Wirkung dar. Daher muß translatorische Interferenz in eine Theorie des Sprechens und der Kommunikation integriert sein und auf dem Hintergrund einer Sprachhandlungstheorie beschrieben werden (Vgl. den Sammelband von Schmidt 1989).

3. Interferenz im Text

Natürlich verletzen auch Translatoren rein linguistische Normen, etwa bezüglich der Wortbildung, der Scheinentsprechungen im Wortschatz (*faux amis*), der Kollokationsmöglichkeiten, der Idiomatik und Phraseologie, der grammatisch-syntaktischen Regeln. Diese Normverletzungen sind vielleicht sogar die häufigsten.

3.1 Lexikalische Interferenz

Beim Übersetzen in die Muttersprache trifft man sehr selten auf morphologische Interferenz. Recht häufig kommen semantische Interferenzen vor, in denen ein AT-Wort als Lehnübersetzung übernommen wird: en. *background* wird zu dt. *Hintergrund*, obwohl ‚Milieu', ‚Herkunft' oder ‚Kreise' gemeint ist. Semantische Interferenz liegt auch in Fällen polysemischer Ausweitung vor; so wirkt en. *paper* auf das dt. *Papier* in der Bedeutung ‚Schriftstück, Aufsatz, Artikel, Dokument'. Auffallend in Fachübersetzungen sind terminologische Interferenzen, d.h. die Verwendung gebrauchsbeschränkter und situationsgebundener Wörter in einem anderen Sachbereich. Zentrale Bedeutung kommt den *faux amis*, den *falschen Freunden* zu, interlingualen Homonymen, also formal ähnlichen Wörtern, die inhaltlich teilweise (z.B. en. *psychological* – dt. *psychologisch* oder aber auch *psychisch*) oder völlig verschieden sind (z.B. en. *fabric* und dt. *Fabrik*), also in keinem Kontext je übereinstimmen (vgl. Haschka 1989 und Wandruszka 1977). Es gibt Fälle, in denen zwar die Inhalte konvergieren, aber der Gebrauch eines Wortes vom situativen Kontext oder der kommunikativen Funktion im AT und ZT abhängt. So entspricht fr. *appendicite* sowohl dt. ‚Blinddarmentzündung' (allgemeinsprachlich) als auch dt. ‚Appendizitis' (fachsprachlich), das an den medizinischen Sprachbereich gebunden ist.

3.2 Syntagmatisch-syntaktische Interferenz

Die Verknüpfungs- und Verträglichkeitsbedingungen von lexikalischen Einheiten in AT und ZT sind unterschiedlich. Daher gibt es häufig Interferenz auf der Ebene der Kollokationen und der idiomatischen Wendungen, die aus dem AT übernommen werden. Die Übersetzung von L. Norfolks *Lemprière's Dictionary* aus dem Englischen von Hanswilhelm Haef liefert Beispiele, die von unüblichem Deutsch bis zu völligem Unsinn reichen, weil Haef mit den gängigsten idiomatischen Wendungen nicht vertraut ist und formelhafte Wendungen fälschlicherweise für originelle Metaphern hält (vgl. Friederich 1995:106f.). Syntaktische Interferenzen liegen vor, wenn Wort- und Satzstellung des AT in den ZT übernommen werden. In Fachtexten, in denen die logische Progression unterschiedlich ist, müssen Sätze häufig umgestellt, Argumente und ihre Abfolge neugeordnet, Teilinformationen anders angeordnet / verknüpft bzw. gestrichen werden.

Sowohl lexikalische als auch syntaktische Interferenzen äußern sich in Übersetzungen v.a. auch darin, daß die unterschiedliche Häufigkeit der sprachlichen Mittel in AT und ZT nicht beachtet wird.

4. Textuelle Interferenz

Textuelle Interferenz liegt vor, wenn die Textsortenbesonderheiten eines AT, also die syntaktisch-semantische und textuelle Gestaltung, im ZT reproduziert werden, obwohl andere Konventionen üblich und kommunikativ angemessen sind. Auf der syntaktischen Ebene mag der ZT grammatisch korrekt und akzeptabel sein, trotzdem funktioniert er nicht recht auf der Diskursebene, weil Textaufbau und makrotextuelle Muster von der erwarteten Textsorte abweichen (Zur Interferenz von Textsorten vgl. Kupsch-Losereit 1995 und Stolze 1992:243–259). Die in arabischen Gebrauchstexten übliche Texteinleitung mit einer religiösen Anrufung ist nach deutschen Textkonventionen völlig untypisch. Die Linearität eines wissenschaftlichen englischen Textes steht dem digressiven deutschen gegenüber, der durch Exkurse gekennzeichnet ist. Je strenger konventionalisiert Textsorten sind, um so mehr müssen Divergenzen der äußeren Textformen, der Redemuster und der entsprechend dem Übersetzungszweck situationsangemessenen Textsortenkonventionen beachtet werden (s. Art. 63).

5. Kulturelle Interferenz

Unterschiedliche Kulturgemeinschaften organisieren ihre Diskurse anders, und die Übernahme ausgangssprachlicher Sprach- und Verhaltensmuster stellt mitunter einen Verstoß gegen den in gegebener Situation üblichen Sprachgebrauch bzw. die Interaktionsmuster dar. So unterscheiden sich etwa die kulturellen Konventionen im Spanischen, Französischen und Deutschen, die betreffen: Zeitauffassung und Gebrauch von Zeitadverbien, Signale für Sprecherwechsel, sprachliche Mittel zum Ausdruck von Höflichkeit (vgl. Keim 1994:121, 177–214 und 258–324 sowie Raible 1987). Diese Unterschiede reichen von kulturspezifischem Textlayout und realen Inkongruenzen, sog. Kulturspezifika, über kulturbedingte unterschiedliche Konnotationen, Assoziationen, gruppen- bzw. sachspezifischen und propagandistischen Sprachgebrauch (Beispiele in Stolze 1992:207–213) bis hin zu unterschiedlichen Textbauplänen. Die Gefahr des Hereinwirkens des AT, der in einer imitativen Übersetzung auf ganz andere Verhältnisse der ZT-Kultur verweist, ist da groß, wo die sprachlichen Phänomene und die Ausdruckspotentiale sich ähneln und die Denkweisen scheinbar nahe beieinander liegen: also etwa bei wörtlicher Übersetzung von Sprachroutinen, Sprechhandlungen (bitten, auffordern, entschuldigen, verordnen etc.) und Diskurstypen, die der deutsche Leser nicht als kohärent empfindet oder die er im Rahmen seines Sprachhandelns und seiner Kommunikationskonventionen falsch interpretiert (vgl. Snell-Hornby 1989 und House 1997).

6. *Übersetzungskritik und Interferenz*

Translatorische Interferenz wird meist im Rahmen des Übersetzungsvergleichs und der Übersetzungskritik (so noch Wilss 1992:69–82) behandelt, basiert sie doch letztlich auf der Annahme einer interlingual lexikalischen / idiomatischen / syntaktischen / situationellen / funktionellen / kulturellen Symmetrie, die nicht vorhanden ist. Vergleichende Analysen literarischer Übersetzungen ergeben, daß das Ergebnis von Interferenz aber auch eine Form der sprachlichen Kreativität sein kann. Entlehnungen bzw. Lehnübersetzungen füllen eine Benennungslücke, neuartige Ausdrucksweisen für alte oder gewandelte Situationen erweitern und bereichern die Zielsprache, oder Interferenzen dienen zur Wiedergabe von Mehrsprachigkeit (Vgl. Kosta zur Übersetzung von Hašeks Roman *Švejk*). So bewegt sich translatorische Interferenz im Spannungsfeld zwischen Normverletzung und sprachbereichernder Innovation.

Literatur

Friederich, Wolf (1995): „Die ‚Lemprière's Wörterbuch' Debatte – wirklich entpolemisiert?" *LES* 40, 106–107.

Haschka, Christine (1989): „Zur Entwicklung der ‚faux amis'-Forschung." *LES* 34, 148–152.

House, Juliane (1997): „Interkulturelle Pragmatik und Übersetzen." Wotjak, Gerd / Schmidt, Heide (Hrsg.) (1997): *Modelle der Translation. Models of Translation. Festschrift für Albrecht Neubert.* Frankfurt a.M.: Vervuert, 21–40.

Juhász, János (1970): *Probleme der Interferenz.* München: Hueber.

Keim, Lucrecia (1994): *Interkulturelle Interferenzen in der deutsch-spanischen Wirtschaftskommunikation.* Frankfurt a.M. etc.: Lang.

Kolb, Herbert / Lauffer, Hartmut (Hrsg.) (1977): *Sprachliche Interferenz. Festschrift für Werner Betz zum 65. Geburtstag.* Tübingen: Niemeyer.

Kosta, Peter (1989): „Zur Translation von Mehrsprachigkeit und Interferenz im literarischen Text (J. Hašeks ‚Švejk' in slavischen und nichtslavischen Übersetzungen.)". Schmidt (Hrsg.) (1989): 120–128.

Kupsch-Losereit, Sigrid (1995): „Übersetzen als transkultureller Verstehens- und Kommunikationsvorgang: andere Kulturen, andere Äußerungen." Salnikow, Nicolai (Hrsg.) (1995): *Sprachtransfer – Kulturtransfer. Text, Kontext und Translation.* Frankfurt a.M.: Lang, 1–15.

Raible, Wolfgang (1987): „Sprachliche Höflichkeit. Realisierungsformen im Deutschen und im Französischen." *ZFSL* 47, 145–168.

Schmidt, Heide (Hrsg.) (1989): *Interferenz in der Translation.* Leipzig: VEB Verlag Enzyklopädie.

Snell-Hornby, Mary (1989): „Andere Länder, andere Sitten. Zum Problem der kulturbedingten Interferenz in der Translation." Schmidt (Hrsg.) (1989): 135–143.

Stolze, Radegundis (1992): *Hermeneutisches Übersetzen. Linguistische Kategorien des Verstehens und Formulierens beim Übersetzen.* Tübingen: Narr.

Tesch, Gerd (1978): *Linguale Interferenz. Theoretische, terminologische und methodische Grundfragen zu ihrer Erforschung.* Tübingen: Narr.

Wandruszka, Mario (1977): „Interferenz und Übersetzung." Kolb, Herbert / Lauffer, Hartmut (Hrsg.) (1977): 77–100.

Weinreich, Uriel (1977): *Sprachen in Kontakt. Ergebnisse und Probleme der Zweisprachigkeitsforschung.* Original New York 1953. München: Beck.

Wilss, Wolfram (1992): *Übersetzungsfertigkeit. Annäherung an einen komplexen übersetzungspraktischen Begriff.* Tübingen: Narr.

Sigrid Kupsch-Losereit (Germersheim)

47. Einblicke in mentale Prozesse beim Übersetzen

1. Empirische Untersuchungen (Kußmaul)

1.1 Die Methode des Lauten Denkens

Empirische, d.h. auf Daten beruhende Untersuchungen, gab es in der Übersetzungswissenschaft von Anfang an. Es gab die Textanalyse zur Prognose der Verstehens- und Reverbalisierungsprobleme. Es gab die retrospektive Fehleranalyse zur Ermittlung von Fehlerursachen. Doch waren beide bezüglich des Übersetzungsprozesses naturgemäß spekulativ. Man benutzte den Ausgangstext (AT) bzw. den Zieltext (ZT) als empirische Basis, aber was dazwischen lag, nämlich die Vorgänge im Kopf des Übersetzers, entzog sich der Beobachtung.

Was man sich wünschte, war eine Methode, mit der man diese Vorgänge quasi „simultan" beobachten konnte. In der Psychologie war im Zusammenhang mit Introspektion bereits in den 30er Jahren die *Methode des Lauten Denkens (LD-Methode)* entwickelt worden. Sie wurde von einigen Übersetzungswissenschaftlern ab Mitte der 80er Jahre zunächst in Deutschland und im angelsächsischen Raum angewandt, und sie breitet sich inzwischen immer weiter in der ganzen Welt aus. Bei dieser Methode äußern die Testpersonen alles, was ihnen bei der Übersetzung eines Texts durch den Kopf geht. Diese Äußerungen werden auf Tonträgern, neuerdings auch auf Ton- und Bildträgern, festgehalten und anschließend zu *LD-Protokollen* transkribiert, die dann unter verschiedenen Gesichtspunkten analysiert werden.

Natürlich ist auch die Methode des Lauten Denkens nicht ohne Probleme. Bei ihrer Beurteilung geht es vor allem um die Zuverlässigkeit als empirisches Verfahren. Relativ kritisch äußert sich Hönig. Er bemängelt vor allem, daß sich in den LD-Protokollen nur Bewußtseinsäußerungen niederschlagen, daß aber die unbewußten, oft chaotischen und ungeordneten Gedanken nicht beobachtbar sind (Hönig 1992). Optimistischer äußern sich Wilss und Krings. Zwar bleibt auch bei der LD-Methode immer ein unerklärlicher Rest (Wilss 1992:209), aber sie eignet sich in hervorragender Weise als Leitverfahren empirischer übersetzungsprozessualer Forschung (Krings 1986:522). Zwar gewährt auch sie keinen unmittelbaren Einblick in die Köpfe der Übersetzer, dennoch ist das Maß der Spekulation wohl deutlich geringer als bei der Textanalyse und der Fehleranalyse; wir sind „näher dran" am Geschehen. Außerdem ist zu bedenken, daß es beim Übersetzen ja um sprachliches (also z.B. nicht um bildhaftes oder musikalisches) Denken geht und daß, wie wir seit Kleist wissen, unsere Gedanken sich allmählich beim Sprechen verfertigen.

Der Blick ins Gehirn des Übersetzers kann didaktischen Zwecken dienen. (1) Die in den LD-Protokollen beobachteten Strategien können als Modelle für erfolgreiches Übersetzen dienen. Dies bedeutet natürlich, daß die Testpersonen einen gewissen Grad an Professionalität besitzen müssen. Von Studienanfängern kann man dies nicht erwarten. (2) Sind die Testpersonen Studierende, können LD-Protokolle benutzt werden, um herauszufinden, wo sie Probleme haben. Die Ergebnisse der Analysen können dann als Basis für didaktische Hilfen dienen.

In den ersten Untersuchungen (z.B. Gerloff 1986, Krings 1986, Lörscher 1986, Königs 1987) waren die Testpersonen Studierende in neuphilologischen Studiengängen, professionelles Übersetzen war also nicht das Studienziel. Die Texte wurden danach ausgewählt, ob sie eine möglichst große Anzahl von Schwierigkeiten enthielten. Es gab keinen Übersetzungsauftrag und keine praxisnahe Situation. Die Versuchsbedingungen waren von denen einer professionellen Übersetzerausbildung völlig verschieden. Die Übersetzung in neuphilologischen Studiengängen dient dem Nachweis von Fremdsprachenkenntnissen. Studierende übersetzen daher oft wörtlich, um den an sie gerichteten Erwartungen zu entsprechen. Um die Versuchsdesigns den Bedürfnissen einer

Ausbildung zum professionellen Übersetzer anzupassen, werden in neueren Untersuchungen sog. semi-professionelle Versuchspersonen, d. h. fortgeschrittene Studierende, verwendet oder sogar in der Praxis tätige Übersetzer (z.B. Hönig 1988, Jääskeläinen 1989, Kiraly 1995, Krings 1987, Kußmaul 1995, Lauer 1996, Lörscher 1992, Séguinot 1989, Tirkkonen-Condit 1989, Dancette 1994). Normalerweise wird den Testpersonen in diesen Versuchen ein Übersetzungsauftrag erteilt und eine praxisnahe Situation zumindest simuliert.

Am häufigsten werden Monologprotokolle benutzt, d.h. eine Testperson unterhält sich beim Übersetzen mit sich selbst. Die inhärente Künstlichkeit der Situation hat einige Forscher dazu veranlaßt, ihre Testpersonen miteinander reden zu lassen und Dialogprotokolle, vereinzelt sogar Gruppenprotokolle, zu erstellen (House 1988, Hönig 1990 und 1991, Kußmaul 1995, Schmid 1994).

1.2 Bisherige Ergebnisse

Die ersten Untersuchungen hatten mit professionellem Übersetzen wenig zu tun, was sich vor allem auch darin zeigte, daß die Auswerter der Protokolle die Übersetzung nicht bewerteten. Sie beobachteten daher auch nicht den so wichtigen Zusammenhang zwischen Übersetzungsstrategien und guten oder schlechten Übersetzungen.

Der Zusammenhang zwischen Prozeß und Übersetzungsergebnis wurde von Hönig (1988, 1990), Kiraly (1995), Kußmaul (1995) und Lauer (1996) beachtet. Sie benutzten sog. Semiprofessionelle (s.o.) als Testpersonen und beobachteten erfolgreiche und erfolglose Verhaltensweisen. Was die dabei ablaufenden Verstehensprozesse betrifft, so stellt Kiraly aufgrund seiner Analyse von Monologprotokollen die Hypothese auf, daß sie im nichtkontrollierten Arbeitsraum ablaufen und sich der Beobachtung entziehen (Kiraly 1995). Kußmaul konnte im Gegensatz zu Kiraly in Dialogprotokollen manche dieser Prozesse beobachten und feststellen, daß ein Gleichgewicht zwischen Bottom-up- und Top-down-Prozessen (s. Art. 13 u. 18) in richtigem Verstehen, ein Ungleichgewicht in Mißverstehen des AT und folglich in Fehlübersetzungen resultierte. Ferner erkannten die Testpersonen oft nicht den Wert der Paraphrase als Übersetzungstechnik bei nicht möglicher wörtlicher Übersetzung. Zwar verwendeten sie diese in der Verstehensphase und verstanden dadurch den Text richtig, aber sie schienen Paraphrasen nicht als Übersetzungsmethode in der Reverbalisierungsphase zu akzeptieren (Kußmaul 1995:28ff.)

Was professionelle Übersetzer betrifft, so zeigte sich, daß Übersetzungseinheiten bei ihnen länger sind als bei Lernern. Professionelle verwenden globale, d.h. den ganzen Text erfassende, Nichtprofessionelle eher lineare, d.h. nur eine Textstelle erfassende, Strategien (Krings 1987). Professionelle übersetzen außerdem mehr sinnorientiert, wobei sie, wie sich vor allem in den finnischen Studien zeigt (z.B. Jääskeläinen 1989), auf ihr Weltwissen zurückgreifen. Lerner übersetzen dagegen eher formorientiert (Lörscher 1991:272ff.). Professionelle haben, dies zeigt sich in den finnischen LD-Untersuchungen (z.B. Tirkkonen-Condit 1990), relativ explizite Maßstäbe und Theorien, die ihr Verhalten lenken und damit zur Ökonomie des Übersetzens beitragen. Ferner ist ihre Arbeitshaltung geprägt von Selbstbewußtsein, Berufsstolz, Verantwortungsbereitschaft und intellektueller Neugier.

1.3 Forschungsdesiderate

Überblickt man die Analysen von LD-Protokollen, so kann man sich gelegentlich des Eindrucks nicht erwehren, daß sie sich doch sehr auf die „Oberfläche" der Vorgänge beschränken. Daß die Testpersonen z.B. lineare bzw. globale Strategien verwenden, sind nur in einem sehr vordergründigen und eigentlich vorwissenschaftlichen Sinne psycholinguistische Beobachtungen. Was eigentlich interessiert, sind z.B. folgende Fragen: Wie sehen globale Strategien im Detail aus? Spielen dabei szenische Vorstellungen im Sinne Fillmores (1977) eine Rolle? Wieviel Kontextwissen wird im Kurzzeitgedächtnis gespeichert? Wann gelangt es ins Langzeitgedächtnis, und wie problemlos kann es dann wieder abgerufen werden? In welcher Relation steht dieses Kontextwissen zum im Langzeitgedächtnis gespeicherten Weltwissen?

Ein eigentlich sehr wichtiges Thema wird in der LD-Forschung erst ansatzweise behandelt: die detaillierte Untersuchung *erfolgreicher* Prozesse. Zwar gibt es die erwähnten Beobachtungen professionellen Übersetzens, doch beziehen sich auch sie eher auf Oberflächenphänomene als auf zugrundeliegende Denkprozesse.

Erfolgreiche Prozesse lassen sich interdisziplinär beschreiben (s. Art. 48): durch die *Kreativitätsforschung* und durch die *Kognitionslinguistik*, u.a. die Prototypensemantik in ihrer Erweiterung durch das Scenes-and-frames-Modell (s. Art. 13).

Dabei könnte es um folgende Fragen gehen: Welche Erkenntnisse der Kreativitätsforschung könnten für das Verständnis und die Optimierung des Übersetzungsprozesses nützlich sein? Welche dieser Erkenntnisse haben eine Ähnlichkeit mit denen der kognitiven Linguistik und lassen sich daher durch diese ergänzen? Bei welchen Ergebnissen könnte es gar eine wechselseitige Befruchtung geben?

Ein Beispiel zur Illustration (Kußmaul 1997): Testpersonen übersetzten einen Text über den steigenden Lebensstandard in den neuen deutschen Bundesländern. Eine Textstelle lautete:

> Even in grimy Bitterfeld, a mining and chemicals centre notorious for its pollution, well-dressed women from a nearby retirement home gather for creamy coffee and gigantic pastries at a Swiss-owned coffee shop.
> (*Newsweek*, 28.2.1994)

> Dazu ein Auszug aus dem Dialogprotokoll:
> A: Ja, aber ich meine *gigantic*, ich meine, das hört sich auch nach riesig an, soll ja auch so gesagt werden, daß die regelrecht dahingehen und sich echt vollfressen.
> B: Iii, ja.
> A: Nicht dezent so ein Keks so verdrücken, sondern riesige Stücke...
> B: Ja, ich find auch, sollte schon ein bißchen superlativmäßig, und riesige Kuchenstücke zu genießen. Jetzt ist nur, so, mit diesem guten Kaffee, dieser *creamy coffee*, das gefällt mir noch nicht so. Weißt du, das hört sich nicht richtig an, das hört sich nicht deutsch an: um dort guten Kaffee und riesige Kuchenstücke zu genießen. „Guter Kaffee" (lange Pause) und wenn wir einfach sagen: um dort Kaffe zu trinken und riesige Kuchenstücke zu vertilgen, ja vertilgen (Lachen).

In diesem Protokoll lassen sich Phänomene erfolgreicher Prozesse beobachten: Die Testpersonen visualisieren die „Szene" und denken dabei „divergent" (s. Art. 48). Die im englischen Text mit einem Adjektiv ausgedrückte Vorstellung „gigantic" wird durch deutsche Verben des Essens versprachlicht: *vollfressen, vertilgen*. Diese divergent entstandenen szenischen Details werden für die Übersetzung genutzt: *um Kaffee zu trinken und riesige Kuchenstücke zu vertilgen*.

Eine zentrale Vorstellung, in der sich Kreativitätsforschung und Kognitionslinguistik treffen, ist vermutlich Lakoffs (1987) *chaining*-Konzept, das Wechseln von einer sprachlichen Kategorie in eine andere; im Beispiel der Wechsel von *gigantic* zu *vertilgen*. Wie diese Prozesse beim Übersetzen im Detail aussehen, d.h. wie sie durch eine szenische Vorstellung verknüpft werden, wissen wir noch kaum. Der Antwort auf derartige Fragen läßt sich vermutlich durch die Analyse von LD-Protokollen ein Stück näher kommen.

2. *Didaktische Verwertbarkeit (Hönig)*

Wie Kußmaul (in diesem Beitrag) hervorhebt, geht es bei der Erforschung der mentalen Prozesse beim Übersetzen nicht nur um die wissenschaftliche Erhellung dieser zumindest teilweise verborgenen Prozesse, sondern vor allem um die Frage, inwieweit sich die gewonnenen Erkenntnisse didaktisch verwerten lassen.

Wie man erfolgreich (d.h. sowohl zeitökonomisch als auch mit akzeptablen Ergebnissen) übersetzt, lernt man besser, wenn man sich eine Vorstellung davon machen kann, welche Faktoren an den relevanten Prozessen beteiligt sind und wie sie miteinander vernetzt sind. LD-Protokolle helfen bei diesem Prozeß der Bewußtmachung und sind insofern ein wertvolles methodisches Hilfsmittel. Allerdings muß sichergestellt sein, daß die auswertende und ggfs. lehrende Person die relevanten Faktoren und prozessualen Zusammenhänge kennt.

Ich beginne deshalb mit einer Darstellung dieser Faktoren und Prozesse in einem *Idealtypischen Modell* (Abb. 1). Es stellt kein Abbild empirisch gewonnener Daten dar, zumindest nicht in dem Sinne, daß die durch LD-Protokolle erhobenen Befunde ein solches Modell ergeben. Dies liegt jedoch an den grundsätzlichen und aus meiner Sicht auch nicht zu behebenden Schwächen dieser Untersuchungsmethoden, die von Kußmaul (in diesem Beitrag) zutreffend referiert wurden.

Gehirnphysiologische (Oeser/Seitelberger 1988), allgemein verstehenstheoretische (Bergström 1988) sowie computerlinguistische (Kay et al. 1991) Ansätze zur Natur der Verstehensprozesse zur Simulation der Dolmetsch- und Übersetzungsprozesse machen zweierlei deutlich (s. Hönig [2]1997):

(1) Daß der Vorgang des Übersetzens höchst artifiziell und hochkomplex ist: Setzt schon die Schaffung des Bewußtseins die selbstreferentiellen (d.h. sich auf das erkennende Subjekt beziehenden) Fähigkeiten des Gehirns voraus, so beschäftigt sich der Übersetzer beim Übersetzen selbstreferentiell mit seinem selbstreferentiellen System – seiner Sprache. Soll er nun gar noch darüber Auskunft geben, was er macht, wenn er übersetzt, so macht er selbstreferentiell Aussagen über die selbstreferentielle Benutzung des selbstreferentiellen Systems Sprache. Diese dreifache Brechung der gewonnenen Daten durch die Versuchsperson selbst (zu der dann noch eine weitere durch die auswertende Person kommt) lassen es unmöglich erscheinen, daß auf diesem Weg intersubjektiv gültige Erkenntnisse gewonnen werden können.

(2) Bewertungsinstanz und Verstehensstrategien sind so eng aufeinander bezogen, daß sie sich kaum voneinander trennen lassen. Die Aussage „Ich habe dies verstanden" ist ein Urteil einer überwachenden Instanz, die Resultate textverursachter Assoziationen (*top-down* und *bottom-up*, vgl. Kußmaul in diesem Beitrag) als logisch befriedigend und verständlich beurteilt – oder nicht. Das gleiche gilt prinzipiell für das Urteil „befriedigend" bzw. „nicht befriedigend" übersetzt.

Doch weder das eine noch das andere Urteil bietet eine Gewähr für eine objektive Richtigkeit: Auch Unverstandenes kann als verstanden beurteilt werden, auch Verstandenes kann als unverstanden bewertet werden. Und: Auch objektiv akzeptable Übersetzungen können angezweifelt, zweifelhafte akzeptiert werden.

Dafür zwei Beispiele:

Ein Student übersetzt ein Kapitel über das Rauchen aus einem Buch, das die wichtigsten gesundheitlichen Risiken unserer Zeit darstellt. Im Augenblick beschäftigt er sich mit dieser Passage:

> Most people who want to give up mention minor upsets to their health, such as frequent colds and „poor wind", rather than to worry over serious conditions such as lung cancer.

Und das geht ihm dabei durch den Kopf:

> Also ... schon beim ersten Lesen bin ich über dieses *poor wind* gestolpert .... ich weiß genau, was es heißen soll ... und im Englischen ist das auch 'ne akzeptable Sache, so was zu sagen, obwohl es in Anführungszeichen steht ... es ist eigentlich nicht so wie bei uns, daß man das so nicht ausdrückt ... das muß man ein bißchen ... ich hab' mir da als allererste Übersetzungslösung, die mir eingefallen ist, geschrieben: *Verdauungsprobleme* ... was es ja eigentlich trifft ... wenn jemand nicht so richtig verdaut, bekommt er *Blähungen* – und das ist das, was es hier aussagen soll.
> (Zu diesem und dem folgenden Auszug aus einem Introspektionsprotokoll vgl. Hönig [2]1997:42–48.)

Scheinbar weiß dieser semiprofessionelle Übersetzer genau, was sein Problem ist: Es ist kein Verstehensproblem (*ich weiß genau, was es heißen soll*), sondern allenfalls ein Wiedergabeproblem; er ringt um den richtigen Ausdruck (*Verdauungsprobleme – Blähungen*).

In Wirklichkeit aber hat er ein großes Verstehensproblem, denn *poor wind* bezeichnet hier Konditionsprobleme – Raucher kommen bei körperlicher Belastung schnell außer Atem. Hinweise darauf gibt es im Textausschnitt genug: sowohl *colds* als auch *lung cancer* beziehen sich auf Erkrankungen der Atemwege, außerdem hätte er wissen müssen, daß *Verdauungsprobleme* keine typischen Folgen des Rauchens sind.

Aber auch bei der nochmaligen Nachfrage besteht die Versuchsperson darauf, daß sie kein Verstehensproblem hat:

> Ich weiß, daß wenn *wind* gesagt wird – dann weiß ich, es geht um Blähungen, auf jeden Fall! Und *poor wind* ist, wenn jemand nur ganz schlecht verdauen kann, weil wenn einer eine gute Verdauung hat, dann hat er auch *good wind*. Also, ich kenne den Ausdruck, von daher war es für mich kein Übersetzungsproblem.

Hier wird deutlich, daß Übersetzer nicht selten auch dann Verstehensprobleme haben, wenn sie glauben, keine zu haben.

Genauso häufig gibt es den umgekehrten Fall: Eine Übersetzerin glaubt, ein Wort nicht verstanden zu haben, in Wirklichkeit hat sie es aber verstanden. Auch dafür ein Beispiel: In einem populärwissenschaftlichen Text zur Psychologie des Alltags bei Partnerschaften taucht die Formulierung auf: *persons ... who tend to be self-serving*. Spontan formuliert die Studentin: *Menschen, die zu egoistischem Verhalten tendieren.* Fast erschrocken über die eigene Kühnheit erklärt sie darauf, sie wolle „zur Sicherheit" aber doch noch einmal kontrollieren, ob *self-serving* „wirklich" *egoistisch* heißt. Sie schlägt also in ihrem zweisprachigen Wörterbuch nach, findet unter *self-serving* keinen entsprechenden Eintrag, verwirft nun verunsichert ihre erste (korrekte) Version und erklärt am Ende: „Ich kann das nicht übersetzen – ich versteh' das nicht!"

Am Ende diagnostiziert sie also ein Verstehensproblem – aber war es wirklich eines? Hat die Übersetzerin nicht im ersten, spontanen Zugriff auf den Text ganz klar demonstriert, daß sie sehr wohl (und sehr genau) wußte, wovon hier die Rede ist? Eigentlich hat sie sich – möglicherweise verursacht durch das Versuchsdesign selbst! – das Verstehensproblem im wahrsten Sinn des Wortes selbst eingeredet. Mit ein wenig Selbstvertrauen wäre sie bei ihrer ersten Version geblieben.

Es kommt also entscheidend darauf an, mit welchem Grad an Selbstbewußtsein eine VP ihre (vielleicht nur intuitiv assoziierte) Lösung vertritt. Ob die Protokollierung des „Lauten Denkens" dieses Selbstbewußtsein fördert, ist gewiß fraglich. Andererseits erhalten wir durch LD-Protokolle jene Daten, die es uns erst ermöglichen, Rückschlüsse in bezug auf „selbstbewußtes" Verhalten zu ziehen. Insofern sind sie die Basis für die Didaktik des Übersetzens – aber nur in der Hand eines translatologischen Experten!

Denn das Fundament des übersetzungsspezifischen Selbstbewußtseins ist ein Bewußtsein davon, was beim Übersetzen geschieht. Wenn dieses Bewußtsein nicht durch eine entsprechende Ausbildung aufgebaut wird, werden sich bei der Introspektion ganz andere Daten ergeben, als wenn dies der Fall ist. Mit anderen Worten: Mit der Methode der gelenkten Introspektion kann nur beobachtet werden, was im Bewußtsein ist oder darin verankert wurde. Dabei spielen Theorien darüber, was eine Übersetzung ist – triviale, reflektierte oder wissenschaftlich begründete – eine entscheidende Rolle. Deshalb kommt es entscheidend darauf an, mit welchem Bewußtsein der auswertende Versuchsleiter die angebotenen Lösungen und Lösungswege beurteilt.

Die obigen Beispiele liefern wichtige Daten: Der ersten VP fehlt es am nötigen *Bewußtsein*: Sie weiß nicht einmal, welches Problem sie hat, und sucht deshalb eine auf dem eingeschlagenen Weg nicht zu findende Lösung. VP 2 dagegen fehlt es an *Selbstbewußtsein*: Sie hat bereits eine akzeptable Lösung gefunden, kann sie aber gegen die eigenen kritischen Kontrollfragen nicht behaupten.

Bewußtsein und Selbstbewußtsein sind eng miteinander verknüpft: Wer nicht weiß, was beim Übersetzen geschieht (oder zumindest geschehen sollte), wird nicht in der Lage sein, eine akzeptable Lösung zu finden und sie gegen (innere oder äußere) Kritik durchzusetzen.

Aus diesem Grund schlage ich vor, in der Ausbildung Übersetzerinnen und Übersetzern eine Orientierungshilfe zu geben, die es ihnen ermöglicht, sich mit Hilfe einer „Landkarte" in der eigenen mentalen Welt zurecht zu finden. Dieses *idealtypische Modell des Übersetzungsprozesses* (Abb. 1) wird abschließend vorgestellt (s. Hönig [2]1997:40–63):

Die Besichtigung des Modells beginnt rechts oben, also beim *AT* in der *realen Kommunikation*, wo er vom Übersetzer zuerst erfaßt wird. Für die Übersetzung wird der AT aus dieser „natürlichen" Umgebung entfernt und in die mentale Realität des Übersetzers projiziert. Durch diese Projektion wirkt er subjektiv „größer" als in der realen Kommunikation, denn er bindet nun mehr mentale Kapazität, als dies bei der nicht übersetzungsbezogenen Rezeption eines Textes der Fall wäre.

Der *projizierte AT* wird nun zum Objekt der mentalen Verarbeitungsprozesse. Dabei lassen sich grundsätzlich zwei Verarbeitungsräume unterscheiden: der unkontrollierte (= *unko. AR*) und der kontrollierte Arbeitsraum (= *ko. AR*). An den unkontrollierten Bearbeitungsprozessen sind vor allem *Schemata* und *frames* beteiligt, die beide gemeinsam als strukturierte Domänen des Langzeitgedächtnisses definiert werden können (*scene* bei Fillmore – vgl. Kußmaul in diesem Beitrag).

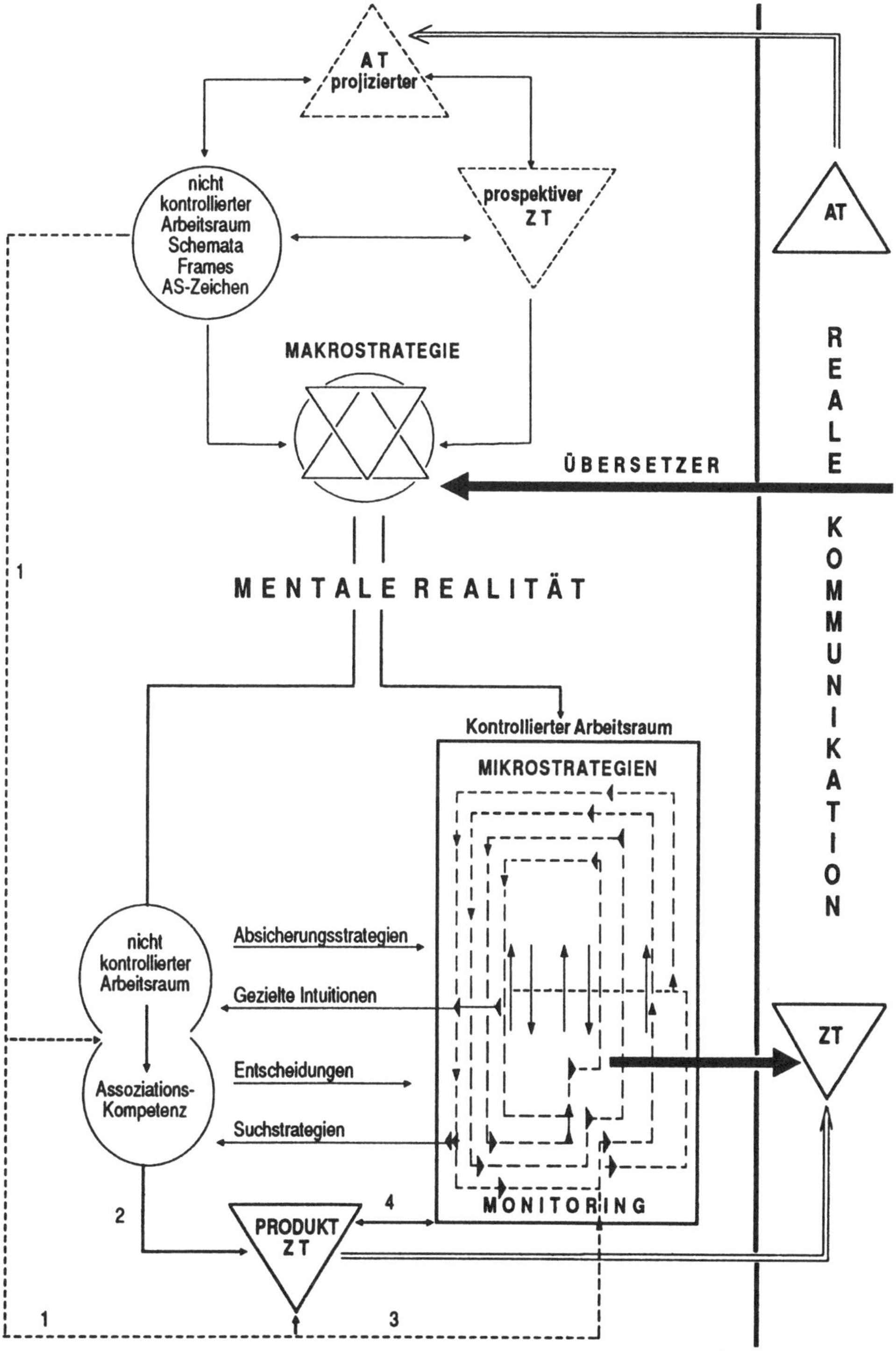

Abb. 1: Eine idealtypische Modellierung des Übersetzungsprozesses

Gleichzeitig bauen sich innerhalb dieses „Verstehens“ unwillkürlich Erwartungsstrukturen in bezug auf den prospektiven ZT auf. Ganzheitliche Erwartungsstrukturen – also Erwartungen in bezug auf die Gesamtgestalt und den ganzen Inhalt des Texts – sind Teil jedes Textverarbeitungsprozesses, aber beim Übersetzen sind diese ZT-orientiert und überlagern die Prozesse im *unko. AR*.

Der qualifizierte Übersetzer wird sich aus dem Zusammenspiel von projiziertem AT, prospektivem ZT und den Daten aus seinem *unko. AR* seiner übersetzerischen Aufgabe bewußt. Das heißt, er erarbeitet sich eine übersetzerische Makrostrategie, die er entweder aufgrund seiner beruflichen Erfahrung weitgehend automatisch herstellt oder die er ganz bewußt (möglicherweise gestützt auf eine übersetzungsrelevante Textanalyse; s. Art. 39, 44, 103 u. 104) formuliert. Diese Makrostrategie legt die Koordinaten fest, auf die sich der übersetzte Text beziehen muß:

- Welchen Zweck hat die Übersetzung, d.h. für welche Gruppe von Adressaten und für welches Medium ist zu übersetzen?
- Was assoziiere ich subjektiv mit dem Thema und den einzelnen Argumenten des Textes? Durch welche Recherchen (s. Art. 44) kann ich meine subjektiven Assoziationen objektivieren und meine Sachkompetenz erweitern?
- Wie stellt sich die Struktur des Textes unter obigen Gesichtspunkten dar, in welchem Bezug stehen die einzelnen Teile des Textes zu seinem Thema, seinem Autor und dem Medium?

Gesteuert von dieser Makrostrategie erfolgen nun die weiteren mentalen Prozesse, die sich sowohl im *unko. AR* als auch im *ko. AR* vollziehen. Erst jetzt sollte also die eigentliche Übersetzungsphase beginnen. In der eigentlichen Übersetzungsphase wird der *unko. AR* erweitert um die Assoziationskompetenz, die sich weitgehend deckt mit der verschiedentlich (Harris/Sherwood 1978, Lörscher 1986) postulierten angeborenen Übersetzungskompetenz.

In den *Produkt-ZT* – den übersetzten Text – gelangen verabschiedete Daten auf den vier verschiedenen Wegen, die in Abb. 1 ersichtlich sind:

(1) Als sprachlicher Reflex aus dem ersten Kontakt des projizierten AT mit dem unko. AR.
(2) Als automatisierte Assoziation aus dem unko. AR *nach dem* Erarbeiten einer Makrostrategie.
(3) Aus dem ko. AR als Produkt einer Mikrostrategie, das vom *Monitoring* akzeptiert wird.
(4) Als Produkt des Zusammenwirkens von unko. AR und ko. AR, wobei die letzte Instanz entweder kontrollierendes Monitoring oder unkontrollierte (intuitive oder automatisierte) Prozesse sein können.

Die Unterscheidung *unkontrollierter* und *kontrollierter* Prozesse wird von Kiraly (1995) eingeführt und auf breiter empirischer Basis dokumentiert. (Zur Diskussion vergleichbarer Ansätze s. ebenfalls Kiraly 1995:42–51.) Das so erstellte Produkt, der ZT, erhält auf diesen Wegen seine endgültige Form, die bei makrostrategisch gelenkten mentalen Operationen immer wieder an der prospektiven ZT-Form überprüft wird. Dieser fertiggestellte ZT wird dann in der geeigneten Form fixiert und dem Auftraggeber übermittelt. Damit verläßt er die mentale Realität des Übersetzers und wird Bestandteil der realen Kommunikation.

Trotz seiner Komplexität kann dieses Modell nicht beanspruchen, alle Relationen erfaßt zu haben. Andererseits läßt sich feststellen, daß die meisten didaktischen Ansätze dieser minimalen Komplexität nicht gerecht werden.

Die wichtigste – und für die Fundamentierung der Didaktik des Übersetzens unerläßliche – Erkenntnis, die wir aus diesem Modell gewinnen, ist folgende: Die eigentliche Ursache der Frustration von Lernenden und Lehrern des Übersetzens ist darin zu sehen, daß sie zwar die Komplexität der mentalen Vorgänge beim Übersetzen erleben, sich aber von ihr zu entlasten versuchen, weil sie sie nicht ausreichend durchschauen.

Symptomatisch für solche Entlastungsversuche ist die Orientierung an Regeln, die das Ziel haben, die *absolute* Richtigkeit einer Wort- oder Satzübertragung nachzuweisen. Das Modell liefert deshalb auch eine Erklärung dafür, weshalb triviale und sachlich falsche Aussagen zum Übersetzen so attraktiv und erklärungsresistent sind: Sie bestechen nicht durch ihre Richtigkeit, sondern durch ihre Einfachheit.

Aus dem gleichen Grund kommt es so selten zu einem konstruktiven Gespräch zwischen Übersetzern auf der einen und Auftraggebern und Rezipienten auf der anderen Seite. Wer Übersetzungen in der Überzeugung nutzt und/ oder in Auftrag gibt, daß das Übersetzen eigentlich eine ganz einfache Sache ist, kann logischerweise kein konstruktives Gespräch mit den Übersetzern und Übersetzerinnen führen, die ihre Tätigkeit als hochkomplex erleben.

Literatur

Bergström, R. Matti (1988): „Communication and Translation from the Point of View of Brain Function." Holz-Mänttäri, Justa (Hrsg.) (1988): *Translationstheorie – Grundlagen und Standorte.* studia translatologica ser. A, 1. Tampere: Suomalainen Tiedeakatemia, 21–34.

Dancette, Jeanne (1994): „Comprehension in the Translation process: An Analysis of Think-aloud Protocols." Dollerup, Cay / Lindegaard, Annette (Hrsg.) (1994): *Teaching Translation and Interpreting 2.* Amsterdam: Benjamins, 111–120.

Fillmore, Charles J. (1977): „Scenes-and-Frames Semantics." Zampolli, Antonio (Hrsg.) (1977): *Linguistic Structures Processing.* Amsterdam: North Holland, 55–88.

Gerloff, Pamela (1986): „Second Language Learner's Reports on the Interpretive Process: Talk-aloud Protocols of Translation." House, Juliane / Blum-Kulka, Shoshana (Hrsg.) (1986): *Interlingual and Intercultural Communication.* Tübingen: Narr, 243–262.

Harris, B. / Sherwood, B. (1978): „Translating as an innate skill." Gerver, D. / Sinaiko, W. (Hrsg.) (1978): *Language interpretation and communication.* New York: Plenum, 155–170.

Hönig, Hans G. (1988): „Wissen Übersetzer eigentlich, was sie tun?" *Lebende Sprachen* 1/1988, 10–14.

Hönig, Hans G. (1990): „Sagen, was man nicht weiß – wissen, was man nicht sagt. Überlegungen zur übersetzerischen Intuition." Arntz, Reiner / Thome, Gisela (Hrsg.) (1990): *Übersetzungswissenschaft. Ergebnisse und Perspektiven. Festschrift für Wolfram Wilss zum 65.Geburtstag.* Tübingen: Narr, 152–161.

Hönig, Hans G. (1991): „Holmes' ‚Mapping Theory' and the Landscape of Mental Translation Processes." Van Leuven-Zwart, Kitty / Naaijkens, Ton (Hrsg.) (1991): *Translation Studies: The State of the Art. Proceedings of the First James S. Holmes Symposium on Translation Studies.* Amsterdam: Rodopi, 91–101.

Hönig, Hans G. (1992): „Von der erzwungenen Selbstentfremdung des Übersetzers – Ein offener Brief an Justa Holz-Mänttäri." *TEXTconTEXT* 7 (1992), 1–14.

Hönig, Hans G. ([2]1997): *Konstruktives Übersetzen.* Tübingen: Stauffenburg.

House, Juliane (1988): „Talking to oneself or thinking with others." *Fremdsprachen Lehren und Lernen* (1988), 84–98.

Jääskeläinen, Riitta (1989): „Translation Assignment in Professional vs. Non-professional Translation: A Think-Aloud Protocol Study." Séguinot, Candace (Hrsg.) (1989): *The Translation Process.* Toronto: H. G. Publications, School of Translation, York University, 87–98.

Kay, Martin / Gawron, Jean Mark / Norvig, Peter (1991): *Verbmobil: A Translation System for Face-to-Face Dialogue.* Stanford University (o.Vg.).

Kiraly, Donald Charles (1995): *Pathways to translation: From Process to Pedagogy.* Kent/Ohio: Kent State UP.

Königs, Frank G. (1987): „Was beim Übersetzen passiert: Theoretische Aspekte, empirische Befunde und praktische Konsequenzen." *Die Neueren Sprachen* 87/2, 162–185.

Krings, Hans-Peter (1986): *Was in den Köpfen von Übersetzern vorgeht: Eine empirische Untersuchung zur Struktur des Übersetzungsprozesses an fortgeschrittenen Französischlernern.* Tübingen: Narr.

Krings, Hans-Peter (1987): „Der Übersetzungsprozeß bei Berufsübersetzern – Eine Fallstudie." Arntz, Reiner (Hrsg.) (1987): *Textlinguistik und Fachsprache. Akten des Internationalen übersetzungswissenschaftlichen AILA-Symposiums Hildesheim, 13.–16.4.1987.* Hildesheim: Olms.

Kußmaul, Paul (1993): „Empirische Grundlagen einer Übersetzungsdidaktik: Kreativität im Übersetzungsprozeß." Holz-Mänttäri, Justa / Nord, Christiane (Hrsg.) (1993): *Traducere navem. Festschrift für Katharina Reiss zum 70. Geburtstag.* Tampere: Universitätsbibliothek, 275–286.

Kußmaul, Paul (1994): „Möglichkeiten einer empirisch begründeten Übersetzungsdidaktik." Snell-Hornby, Mary / Pöchhacker, Franz / Kaindl, Klaus (Hrsg.) (1994): *Translation Studies. An Interdiscipline.* Amsterdam: Benjamins: 377–386.

Kußmaul, Paul (1995): *Training the Translator.* Amsterdam: Benjamins.

Kußmaul, Paul (1997): „Comprehension processes and translation. A think-aloud protocol study." Snell-Hornby, Mary / Jettmarová, Zuzana / Kaindl, Klaus (Hrsg.) (1997): *Translation as Intercultural Communication.* Amsterdam: Benjamins, 239–248.

Lakoff, George (1987): *Women, Fire and Dangerous Things. What Categories Reveal about the Mind.* Chicago: University of Chicago Press.

Lauer, Angelika (1996): „Lautes Denken und Übersetzen: Fehlerlinguistik, die LD-Methode und die Analyse von Übersetzungsfehlern." Lauer, Angelika / Gerzymisch-Arbogast, Heidrun / Haller, Johann / Steiner, Erich (Hrsg.) (1996): *Übersetzungswissenschaft im Umbruch. Festschrift für Wolfram Wilss zum 70. Geburtstag.* Tübingen: Narr 1996, 239–250.

Lörscher, Wolfgang (1986): „Linguistic Aspects of Translation Processes: Toward an Analysis of Translation Performance". House, Juliane / Blum-Kulka, Shoshana (Hrsg.) (1986): *Interlingual and Intercultural Communication.* Tübingen: Narr, 277–292.

Lörscher, Wolfgang (1991): *Translation Performance, Translation Process, and Translation Strategies. A Psycholinguistic Investigation.* Tübingen: Narr.

Lörscher, Wolfgang (1992): „Process-oriented research into translation and implications for translation teaching." *Traduction, Terminologie, Rédaction (TTR)* 5/1 (1992), 145–161.

Oeser, Erhard / Seitelberger, Franz (1988): *Gehirn, Bewußtsein und Erkenntnis.* Darmstadt: Wissenschaftliche Buchgesellschaft.

Schmid, Annemarie (1994): „Gruppenprotokolle – ein Einblick in die black box des Übersetzens." *TEXTconTEXT* 9 (1994), 121–146.

Séguinot, Candace (Hrsg.) (1989): *The Translation Process.* Toronto: H. G. Publications, School of Translation, York University.

Tirkkonen-Condit, Sonja (1989): „Professional vs. Non-Professional Translation: A Think-Aloud Protocol Study". Séguinot, Candace (Hrsg.) (1989): *The Translation Process.* Toronto: H. G. Publications, School of Translation, York University, 73–85.

Tirkkonen-Condit, Sonja (1990): „Professional vs. non-professional translation: A think-aloud protocol study." Halliday, M. A. K. / Gibbons, John / Nicholas, Howard (Hrsg.) (1990): *Learning, Keeping and Using Language: Selected Papers from the Eighth World Congress of Applied Linguistic.* Sydney, 16–21 August 1987. Amsterdam: Benjamins, 381-394.

Wilss, Wolfram (1992): *Übersetzungsfertigkeit. Annäherungen an einen komplexen übersetzungspraktischen Begriff.* Tübingen: Narr.

Paul Kußmaul / Hans G. Hönig (Germersheim)

48. Kreativität

1. Kann ein Übersetzer kreativ sein?

In der Translationswissenschaft wurde das Thema Kreativität bisher eher vorwissenschaftlich, marginal und punktuell behandelt. Wilss (1988), der zum ersten Mal ausführlicher darüber schreibt und vor allem von Guilford (1975) ausgeht, nennt dafür einen entscheidenden Grund. Übersetzen ist im Gegensatz zum schöpferischen Arbeiten eines Schriftstellers eine rekreative Tätigkeit, die sich an einem Ausgangstext orientiert (Wilss 1988:111).

In der Translationswissenschaft versteht man unter Kreativität etwas anderes als in der Sprachwissenschaft. Nach Chomsky ist sprachliche Kreativität „der unendliche Gebrauch von endlichen Mitteln" (Bußmann 1990:427). Die Übersetzungswissenschaft dagegen geht von einem in der Psychologie entwickelten Begriff aus, der beim kreativen Produkt ansetzt, für das einerseits Neuheit und Originalität und andererseits Sinnhaftigkeit, Realitätsangepaßtheit und Nützlichkeit zentrale Eigenschaften sind. Die schöpferischen Prozesse, die zu einem solchen Produkt führen, bezeichnet man als kreativ (Preiser 1976:1ff.).

Zu fragen wäre, an welchen Stellen des Übersetzungsprozesses der Freiraum vorhanden ist, um Neues und Einzigartiges zu schaffen. Für den Verstehensprozeß hat Biser (1993) den aus der Theologie stammenden Begriff der *relecture,* der Neulektüre im Lichte eines neuen Erlebnisses, ins Spiel gebracht, die zu einem vom ursprünglichen Verständnis abweichenden oder vertieften Verstehen eines Textes führen kann. Was die Reverbalisierungsphase betrifft, so besteht wohl Einigkeit darüber, daß vor allem nicht durch Routine zu lösende Übersetzungsprobleme, wie sie z.B. bei literarischen Texten und auch bei Wortspielen (s. Art. 80) auftreten, Kreativität erfordern. Sie stehen in einem engen Zusammenhang mit nicht-wörtlichen Übersetzungsprozeduren, die Transpositionen, Ausdruckverschiebungen und *translation shifts* verlangen (Wilss 1988:116f., 124ff.; Alexieva 1990:2ff.; s. Art. 13 und 42).

2. *Der kreative Übersetzungsprozeß*

Die Kreativität des Übersetzens wurde bisher nur anhand der hervorgebrachten Produkte, d.h. der Übersetzungen, diskutiert (vgl. Wilss 1988:114ff.). Die Beobachtung von Kreativität während des Übersetzungsprozesses selbst ist noch absolutes Neuland. Auf einer schmalen Basis von LD-Dialogprotokollen (s. Art. 47) wurde versucht, herauszufinden, ob sich das *Vierphasen-Modell* des kreativen Prozesses (Präparation, Inkubation, Illumination, Evaluierung, vgl. Preiser 1976:42) in den Protokollen beobachten läßt (Kußmaul 1993, 1995:39ff.; Kußmaul 1997). Die Ergebnisse haben vorläufig noch Hypothesencharakter. Die Vorbereitungsphase ist gekennzeichnet durch bewußte Aktivitäten wie Textanalyse, Interpretation und Überlegungen über die Funktion der Übersetzung. Die Inkubationsphase, die optimalerweise zur Illumination führt, ist gekennzeichnet durch physische und psychische Entspannung, die häufig durch parallele Aktivitäten erreicht wird (z.B. durch einen Gang in die Küche, eine Tasse Kaffe oder – bei den Bandaufnahmen – einfach durch das Umdrehen der Kassette). Durch diese Parallelaktivitäten werden mentale Blockaden überwunden.

Was die kreativen Denkprozesse betrifft, so zeigt sich die sog. *Flüssigkeit des Denkens* (zum Begriff vgl. Preiser 1976:60) darin, daß die Testpersonen für ein ausgangssprachliches Wort rasch viele Synonyme oder semantisch verwandte Wörter der Zielsprache (ZS) nennen. Das zur Lösung führende Denken ist nicht konvergent, sondern *divergent* (zu den Begriffen vgl. Guilford 1975:40), was zunächst einmal daran deutlich wird, daß die Testpersonen den Sinn von der Form abstrahieren. Das ist zu erwarten und nicht weltbewegend. Interessant aber ist die Art und Weise, wie sie zu ZS-Sinnkategorien gelangen, nämlich über einen Vorgang, den Lakoff (1987:91) im Zusammenhang mit prototypischen Szenarien als *chaining* bezeichnet. Dazu ein Beispiel: In einem Text über Urlaub unter südlicher Sonne schildert eine Single-Urlauberin das Verhalten der Männer ihr gegenüber. In diesem Zusammenhang taucht die Wendung „fanned by the flattery of murmuring machos" auf. Die Testpersonen übersetzten die Wendung mit „bewundernden Blicken". Dabei vereinten sie Elemente in einer Kategorie, die gemäß einer strukturalistischen semantischen Theorie überhaupt nicht zusammengehören. Nach Lakoff gibt es jedoch innerhalb des prototypischen Szenarios durchaus eine Verknüpfung. Das verknüpfende Glied der Kette ließe sich, wenn man so will, als „Anmache" oder, weniger kraß, als „männliche Reaktion auf attraktive Frauen" bezeichnen. Vermutlich ist *divergentes Denken* gerade durch solche Verknüpfungen von Kategorien gekennzeichnet (Kußmaul 1997).

Was die Evaluierungsphase betrifft, so zeigt sich in den LD-Protokollen, daß eine strikte Trennung der Phasen, wie es das Modell nahelegt, unrealistisch ist. Auch die beim *Brainstorming* praktizierte Trennung zwischen Grünlicht-Stadium und Rotlicht-Stadium scheint beim Übersetzen nicht praktikabel zu sein. Eine kritische, d.h. evaluative Haltung gegenüber den eigenen Lösungen ist eine Voraussetzung dafür, daß kreative Lösungen überhaupt als solche erkannt und in die Übersetzung übernommen werden. Die Verbindung der Phasen wird von Hönig (1990) in seinen Analysen von Protokollen des Lauten Denkens bestätigt. Er konnte beobachten, daß sich Kognition und Intuition im Prozeß der Lösungsfindung vermischen. Hönig spricht in diesem Zusammenhang von „kognitiv-intuitiven Ketten".

3. *Anwendung*

Die Ergebnisse derartiger LD-Kreativitätsanalysen lassen sich didaktisch verwerten. Die zu kreativen Lösungen führenden Prozesse könnten Modelle für erfolgreiches Übersetzen sein. Die bisherigen Beobachtungen – die Affinität von divergentem Denken mit dem von Lakoff beobachteten Verknüpfen von Kategorien – geben Anlaß zu der Hypothese, daß Kreativität nicht ein Geschenk der Götter an Auserwählte ist, sondern im Denken des Menschen grundsätzlich angelegt ist. In einer Übersetzungsdidaktik – und in der Selbstschulung – ginge es dann darum, sich dieser Denkprozesse bewußt zu werden und sie zu aktivieren. Zu überlegen wäre ferner, ob von der Kreativitätsforschung entwickelte Methoden für die Verbesserung der Kreativität auch für das Übersetzen nutzbringend angewandt werden könnten.

Literatur

Alexieva, Bistra (1990): „Creativity in simultaneous interpretation." *Babel* 36/1, 1–6.

Biser, Eugen (1993): „Kreatives Verstehen." Holz-Mänttäri, Justa / Nord, Christiane (Hrsg.) (1993): *Traducere navem. Festschrift für Katharina Reiss zum 70. Geburtstag.* Tampere, 219–228.

Bußmann, Hadumod (1990): *Lexikon der Sprachwissenschaft.* Stuttgart: Kröner.

Guilford, Joy Peter (1975): „Creativity: A Quarter Century of Progress." Taylor, Irving A. / Getzels, J. W. (Hrsg.) (1975): *Perspectives in Creativity.* Chicago: Aldine, 37–59.

Hönig, Hans G. (1990): „Sagen, was man nicht weiß – wissen, was man nicht sagt. Überlegungen zur übersetzerischen Intuition." Arntz, Reiner/ Thome, Gisela (Hrsg.) (1990): *Übersetzungswissenschaft. Ergebnisse und Perspektiven. Festschrift für Wolfram Wilss zum 65. Geburtstag.* Tübingen: Narr, 152–161.

Kußmaul, Paul (1991): „Creativity in the Translation Process. Empirical Approaches." Van Leuven-Zwart, Kitty / Naaijkens, Ton (Hrsg.) (1991): *Translation Studies: The State of the Art. Proceedings of the First James S. Holmes Symposium on Translation Studies.* Amsterdam: Rodopi, 91–101.

Kußmaul, Paul (1993): „Empirische Grundlagen einer Übersetzungsdidaktik: Kreativität im Übersetzungsprozeß." Holz-Mänttäri, Justa / Nord, Christiane (Hrsg.) (1993): *Traducere navem. Festschrift für Katharina Reiss zum 70. Geburtstag.* Tampere, 275–286.

Kußmaul, Paul (1995): *Training the Translator.* Amsterdam / Philadelphia: Benjamins.

Kußmaul, Paul (1997): „Die Rolle der Psycholinguistik und der Kreativitätsforschung bei der Untersuchung des Übersetzungsprozesses". Fleischmann, Eberhard / Kutz, Wladimir / Schmitt, Peter A. (Hrsg.) (1997): *Translationsdidaktik. Grundfragen der Übersetzungswissenschaft.* Tübingen: Narr.

Lakoff, George (1987): *Women, Fire, and Dangerous Things. What Categories Reveal about the Mind.* Chicago / London: University of Chicago Press.

Preiser, Siegfried (1976): *Kreativitätsforschung.* Darmstadt: Wissenschaftliche Buchgesellschaft.

Wilss, Wolfram (1988): *Kognition und Übersetzen. Zur Theorie und Praxis der menschlichen und der maschinellen Übersetzung.* Tübingen: Niemeyer.

Paul Kußmaul (Germersheim)

49. Wörterbücher

1. Das Wörterbuch in der Berufspraxis

Entgegen der Überzeugung vieler Laien ist das Wörterbuch keineswegs das einzige Hilfsmittel des Berufsübersetzers (s. Art. 50 u. 51); vor allem die laienhafte Klischeevorstellung des zweisprachigen Wörterbuches als *‚translator's dictionary‘* sollten angehende Übersetzer möglichst früh in der Ausbildung verwerfen. Beim professionellen Übersetzen ist die Einsicht wichtig, daß Wörterbücher nicht in erster Linie dazu dienen, fertige, unmittelbar einsetzbare Äquivalente zu liefern, sondern Informationen zur Hilfestellung im translatorischen Entscheidungsprozeß zu geben (s. Art. 19). Und dazu gibt es – vor allem im englischen, französischen und deutschen Sprachraum, wo die Lexikographie seit etwa 1980 einen beispiellosen Aufschwung erlebt – eine reiche Palette von Möglichkeiten.

2. Wörterbuchtypen

Wörterbücher unterscheiden sich in der Auswahl und Anordnung der Stichwörter (Makrostruktur), im Aufbau und Inhalt der Artikel (Mikrostruktur) und nicht zuletzt im Umfang (was auch die Art und Ausführlichkeit der Angaben beeinflußt). Wichtige Informationen, z.B. zum Inhalt und Adressatenkreis, zur Zielsetzung und zu den aus Platzgründen notwendigen Abkürzungen, finden sich im Vorspann (Vorwort und Anleitung), und mit diesen sollte sich der Benutzer unbedingt vertraut machen.

2.1 Einsprachige Wörterbücher

Zu diesen zählen historische Wörterbücher (wie etwa *Grimms Wörterbuch* oder das *Oxford English Dictionary*), allgemeine Bedeutungswörterbücher (wie das *Duden Universalwörterbuch,* das *Collins English Dictionary,* das *Random House Dictionary, Robert* oder *Larousse*), Lernwörterbücher (wie das *Advanced Learner's Dictionary* oder *Longman Dictionary of Contemporary English*) und Spezialwörterbücher (wie etymologische Wörterbücher, Slang-, Dialekt- oder Aussprachewörterbücher).

Das einsprachige Wörterbuch ist alphabetisch angeordnet; nach dem Stichwort (Lemma) folgen Informationen (z.B. zur Wortart, Etymologie oder Aussprache) und Definition(en) (bzw. Erläuterungen) und – je nach Typ, Adressatenkreis und Zielsetzung – weitere Angaben wie Kollokationen, Redewendungen und Beispielsätze.

Für BerufsübersetzerInnen ist das einsprachige Wörterbuch ein überaus wichtiges Werkzeug, dessen Benutzung in der Ausbildung gelernt und geübt werden muß. Lexikographen plädieren seit längerer Zeit für eine gezielte *Wörterbuchdidaktik.* In der Berufspraxis kann es natürlich vorkommen, daß Informationen aus allen oben genannten Bereichen – je nach Fachgebiet und Sprachspezialisierung – eingeholt werden müssen, aber im großen und ganzen kann man einen Grundstock umreißen, der zur persönlichen Bibliothek aller Übersetzer gehören sollte. Es ist nicht die Aufgabe dieses Beitrags, für einzelne Werke Werbung zu machen, deshalb werden im folgenden keine Titel genannt, sondern nur die Eigenschaften umrissen, die ein für Übersetzungszwecke gutes Wörterbuch besitzen sollte.

Unentbehrlich für alle Berufsübersetzer (auch in der Ausbildung) ist (für jede Arbeitssprache) ein modernes *allgemeines Wörterbuch* mit mindestens 100 000 Stichwörtern, das vor allem den gemeinsprachlichen Wortschatz abdeckt, aber auch allgemein gängige Fachwörter (zu Termini und Fachwörtern s. 2.2 unten) sowie – entsprechend dem heutigen Trend – Sachinformationen (s. 2.4 unten) enthält. Wichtig sind treffende, ausführliche, aber klare Definitionen und eine benutzerfreundliche, leicht erkennbare Strukturierung der einzelnen Artikel (wobei typographische Gesichtspunkte eine Rolle spielen) sowie geeignete Beispielsätze, die das Stichwort in einen prototypischen Kontext einbetten, aber auch Synonyme, stilistische Bewertungen und Querverweise.

Im Gegensatz zu den herkömmlichen allgemeinen Wörterbüchern, die meist für Muttersprachler verfaßt werden, richten sich *Lernwörterbücher* an Fremdsprachenlerner und dienen in erster Linie der Sprachvervollkommnung. Sie sind in dieser Funktion auch in der Übersetzerausbildung wertvoll, und die neuesten Ausgaben enthalten Informationen, die auch für den ,Profi' durchaus von Interesse sein können. Sie zeichnen sich durch leicht verständliche Definitionen sowie viele Kollokationen und Beispielsätze aus, aber auch durch zusätzliche Angaben zur Grammatik, Aussprache und Sprachverwendung sowie Illustrationen und graphische Darstellungen.

Historische Wörterbücher, die nicht nur über Etymologie und Bedeutungswandel informieren, sondern auch authentische Kontextbelege anführen, sind besonders in der literarischen Übersetzung notwendig. Diese sind aber meist mehrbändig und – sofern überhaupt noch erhältlich – sehr teuer und deshalb vorwiegend nur in Bibliotheken zu finden. Übersetzer sollten vor den Taschenausgaben solcher Wörterbücher (als vermeintlichen Ersatz für ein allgemeines Wörterbuch) gewarnt werden, da sie oft nur unzulängliche Definitionen und sehr knappe Zusatzinformationen bieten können.

2.2 Zweisprachige Wörterbücher

In der Makrostruktur sind ein- und zweisprachige Wörterbücher ähnlich; in der Mikrostruktur unterscheiden sie sich vor allem dadurch, daß im zweisprachigen Wörterbuch anstelle von Definitionen fremdsprachliche „Äquivalente" aufgeführt werden. In der translatorischen Praxis und in der Ausbildung müßte beachtet werden, daß diese keine Patentlösungen sind, sondern als Informationen zur Entscheidungshilfe verstanden werden sollten; d.h. je mehr Informationen zu den angeführten Äquivalenten bzw. Teiläquivalenten geboten werden (Differenzierung in Bedeutung und Verwendung), desto brauchbarer das Wörterbuch. Auf eine moderne Konzeption wäre auch zu achten: einige als „neu" präsentierte Wörterbücher sind oft Überarbeitungen alter Vorlagen, und die „Äquivalente" sind entsprechend veraltet. Der kritische Umgang mit dem zweisprachigen Wörterbuch muß ebenfalls in der Ausbildung gelernt werden, und auch hier muß vor den – bei Touristen und Schülern so beliebten – Taschenausgaben gewarnt werden.

Allerdings sind v.a. in der russischen Lexikographie auch zweisprachige Lernwörterbücher entstanden, die in der Übersetzerausbildung eingesetzt werden können. Das Konzept eines didaktisierten zweisprachigen Wörterbuchs wurde schon 1935 von Ščerba vorgelegt (s. Snell-Hornby 1987), der zwischen „aktiven" Wörterbüchern zur Textproduktion in der Fremdsprache und „passiven" Wörterbüchern als Verständnishilfe und zur Übersetzung aus der Fremdsprache unterschieden hat. Nach diesem Konzept wurde Bielfeldts überaus nützliches Wörterbuch Russisch-Deutsch (1982) und Deutsch-Russisch (1983) verfaßt.

Für das Übersetzen von Fachtermini sind zweisprachige Darstellungen hingegen angemessen und auch notwendig; diese haben aber längst den engen Rahmen gedruckter Wörterbücher gesprengt, wobei sich die Terminographie neben der allgemeinen Lexikographie zu einem eigenständigen Wissensgebiet entwikkelt hat (s. Art. 22, 23). Heutzutage sind Terminisammlungen – neben zahlreichen Glossaren zu engen Fachgebieten – vor allem in elektronischer Form (Datenbanken) für den Translator zu empfehlen (s. Art. 51).

2.3 Thesauri

Der Thesaurus hat für Übersetzer ein reiches, noch kaum erforschtes Potential. Im Gegensatz zu den bisher erwähnten Wörterbuchtypen ist er meist nicht alphabetisch, sondern nach Sachgruppen bzw. Wortfeldern angeordnet (s. Art. 19). Während das herkömmliche Wörterbuch vom Wort ausgeht und Bedeutungen definiert, geht der Thesaurus von Begriffen aus, die nach einem bestimmten System geordnet werden. Am bekanntesten ist wohl der bereits 1852 erschienene *Thesaurus of English Words and Phrases* des Physikers Peter Mark Roget, der immer wieder neu bearbeitet wird und sich noch heute großer Beliebtheit erfreut. Auch im deutschen Sprachraum hat der Thesaurus Tradition: wegen der veralteten Sprache für den heutigen Übersetzer fast unbrauchbar, in der Konzeption aber noch vorbildlich ist Daniel Sanders' 1877 erschienenes Nachschlagewerk *Deutscher Sprachschatz*. Die Einträge, „geordnet nach Begriffen zur leichten Auffindung und Auswahl des passenden Ausdrucks", wie es auf dem Titelblatt heißt, und selbst der umfangreiche Index bieten eine Fülle von Informationen (neben Synonymen auch Kollokationen, Redewendungen, Homonyme, Antonyme, Fachtermini und Angaben zur Bedeutungsdifferenzierung), die vor allem für literarische Übersetzer überaus wertvoll sind. Als „Übersetzerwörterbuch" wird von Übersetzern ein moderner Thesaurus dieser Art gefordert (Birkenhauer/ Birkenhauer 1989; s. auch Snell-Hornby 1996).

2.4 Sachlexika und Enzyklopädien

Das Problem in der translatorischen Praxis besteht darin, daß der Übersetzer mit Texten – also auf der *parole*-Ebene – arbeitet, während das Wörterbuch von isolierten lexikalischen Einheiten (Lexemen) auf der *langue*-Ebene ausgeht (s. Art. 19). Das gilt auch für Wörterbücher, die – entsprechend dem heutigen Trend – zusätzlich Sachinformationen anbieten. Als unentbehrliches Hilfsmittel beim Übersetzen erweisen sich deshalb auch Sachlexika und Enzyklopädien, die unter alphabetisch geordneten Stichwörtern Wissensgebiete beschreiben. Wertvoll sind sie nicht nur wegen der kompakten Sachinformationen, sondern auch deshalb, weil sie Termini, Begriffe und Lexeme in einen breiteren Kontext einbetten und in ihrer natürlichen Sprachverwendung in einem Text – also auf der Ebene der *parole* – zeigen. Neben den mehrbändigen Enzyklopädien, die den gesamten Wissensstoff aller Disziplinen darstellen wollen, gehören auch die Sachlexika zum jeweiligen Spezialgebiet in die Bibliothek des Übersetzers – und deren Benutzung sollte ebenfalls in der Ausbildung geschult werden.

3. Schlußbemerkung

Da heute die Großverlage – zumindest im englischen, französischen und deutschen Sprachraum und bei anderen weit verbreiteten Sprachen – mit immer neuen Nachschlagewerken eifrig miteinander konkurrieren, gibt es auch innerhalb der jeweiligen Gebiete eine manchmal reichliche Auswahl (bei der Wahl eines Wörterbuches können Rezensionen in einschlägigen Fachzeitschriften sehr aufschlußreich sein). Bei den sog. „kleineren Sprachen" hingegen ist das Angebot heute manchmal noch sehr dürftig; hier befinden sich lexikographische Großprojekte oft erst in den Anfängen bzw. kommen aus finanziellen Gründen kaum voran.

Im ausgehenden 20. Jahrhundert soll der Hinweis nicht versäumt werden, daß Wörterbücher immer häufiger in elektronischer Form (CD-ROM) erscheinen, in der sie dem gedruckten Buch (zumindest in den reichen Industrieländern) immer mehr den Rang ablaufen. Außerdem werden mit der zunehmenden Technisierung und Globalisierung des Übersetzerberufs auch andere elektronische Arbeitsmittel zum festen Bestandteil des Übersetzer-Arbeitsplatzes (s. Art. 51, 52).

Literatur

1. Nachschlagewerke

Bielfeldt, Hans Holm (1982): *Russisch-Deutsches Wörterbuch*. Berlin: Akademie-Verlag.

Bielfeldt, Hans Holm / Lötzsch, Ronald (1983/1991): *Deutsch-Russisches Wörterbuch*. Berlin: Akademie-Verlag.

Drosdowski, Günther (1996): *Duden. Deutsches Universalwörterbuch*. Mannheim: Duden.

Grimm, Jacob / Grimm, Wilhelm (1854/1984): *Deutsches Wörterbuch*. München: dtv.

Hanks, Patrick (1979): *Collins Dictionary of the English Language*. London: Collins.

Hornby, A. S. et al. (1948/1974/1989): *Oxford Advanced Learner's Dictionary of Current English*. Oxford: Oxford UP.

Le Grand Larousse de la langue française (1971). 7 Bde. Paris: Larousse

Murray, James et al. (1933): *The Oxford English Dictionary*. 12 Bde. Oxford: Clarendon.

Procter, Paul et al. (1978): *Longman Dictionary of Contemporary English*. London: Longman.

Rey, Alain (Hrsg.) (1985/1990): *Le Robert. Dictionnaire de la langue française*. Paris: Le Robert.

Roget, Peter Mark et al. (1852/1962): *Thesaurus of English Words and Phrases*. London: Longman.

Sanders, Daniel (1877/1985): *Deutscher Sprachschatz*. Tübingen: Niemeyer.

Stein, Jess (Hrsg.) (1967): *The Random House Dictonary of the English Language*. New York: Random House.

2. Fachliteratur

Birkenhauer, Klaus / Birkenhauer, Renate (1989): „Shaping Tools for the Literary Translator's Trade". Snell-Hornby, Mary / Pöhl, Esther (Hrsg.) (1989): *Translation and Lexicography. Papers read at the EURALEX Colloquium held at Innsbruck 2–5 July 1987*. Amsterdam: Benjamins, 89–98.

Snell-Hornby, Mary (1987): „Towards a Learner's Bilingual Dictionary“. Cowie, Anthony (Hrsg.) (1987): *The Dictionary and the Language Learner. Papers from the EURALEX Seminar at the University of Leeds, 1–3 April 1985.* Tübingen: Niemeyer, 159–170.

Snell-Hornby, Mary (1996): „The translator's dictionary – An academic dream?“ Snell-Hornby, Mary (1996): *Translation und Text.* Wien: Wiener Universitätsverlag, 90–96.

Mary Snell-Hornby (Wien)

50. Paralleltexte

1. Paralleltextvergleiche zur Aufdeckung von Unterschieden in Vertextungskonventionen

Übersetzungen erstellen zu können, die sich unauffällig in die jeweilige Zielkultur einfügen, so, als ob sie originär in der Zielsprache und -kultur erstellt worden wären, setzt voraus, daß der Übersetzer mit den jeweils einschlägigen *Textsortenkonventionen* vertraut ist, die in Ausgangskultur und Zielkultur auf allen Sprachbeschreibungsebenen unterschiedlich sein können, von der Lexik und der Interpunktion über die Syntax, die Verwendung metakommunikativer Elemente, die Art und Weise, in der der Verfasser von sich spricht oder den Leser anredet, die Verteilung und sprachliche Realisierung von Sprechakten bis hin zur Phraseologie und Textstrukturierung (vgl. Reiss/Vermeer 1984:184f., Göpferich 1995a).

Die beste Methode, interlinguale bzw. interkulturelle Unterschiede in den Textsortenkonventionen herauszufinden, ist die Paralleltextanalyse bzw. der Paralleltextvergleich. Unter Paralleltexten sind hierbei verschiedensprachige Texte zu verstehen, die originär in ihrer jeweiligen Sprache – am besten von kompetenten Muttersprachlern – erstellt wurden, die also keine Übersetzungen voneinander sind, aber ein möglichst ähnliches Thema behandeln und sich in ihrer kommunikativen Funktion entsprechen, d.h. derselben Textsorte(nvariante) angehören (s. Spillner 1981:241 sowie Art. 17). Daß die Texte nicht nur derselben Textsorte(nvariante) angehören, sondern sich auch im Thema gleichen, ist deshalb wichtig, weil Textsortenkonventionen nicht nur textsortenabhängig sind, sondern innerhalb einer Textsorte auch disziplinabhängig variieren können.

Texte sind kein homogenes Ganzes; daher sollten bei Paralleltextvergleichen innerhalb der Gliederungsstruktur von Textsorten wiederum nur jeweils die sich entsprechenden Textabschnitte miteinander verglichen werden, also etwa der Abstract eines deutschen Fachzeitschriftenartikels mit demjenigen eines englischen, die Patentansprüche einer deutschen Patentschrift mit denjenigen einer britischen usw. Um darüber hinaus sicherzustellen, daß etwaige Unterschiede, die zwischen Textsorten verschiedener Sprachen festgestellt werden, tatsächlich textsortenspezifisch und keine idiolektalen Eigenheiten des jeweiligen Verfassers sind, sollte einem Paralleltextvergleich eine möglichst große Anzahl von *Textexemplaren* unterschiedlicher Verfasser in den zu vergleichenden Sprachen zugrunde gelegt werden. Übersetzer sollten daher stets auf ein Korpus von Texten aller Sprachen, zwischen denen sie übersetzen, und aller Textsorten, die sie bearbeiten, zurückgreifen können (vgl. zum Begriff des Paralleltextes auch Wilss 1996:156ff.).

2. Paralleltextvergleiche versus Übersetzungsvergleiche

Übersetzungsvergleiche (d.h. Vergleiche zwischen Ausgangstexten und ihren Übersetzungen) eignen sich zur Aufdeckung interlingualer bzw. interkultureller Unterschiede in den Textsortenkonventionen nur dann, wenn die jeweiligen Übersetzungen sich unauffällig in das Textsortenspektrum ihrer jeweiligen Kultur einfügen, also eine hohe Qualität aufweisen. Ob dies der Fall ist, muß zunächst in einer Übersetzungskritik festgestellt werden (vgl. Reiss/Vermeer 1984:194f.), für die jedoch als Bewertungskriterien wiederum die einschlägigen Textsortencharakteristika bekannt sein müssen, die man als Übersetzer jedoch oftmals gerade durch die Textvergleiche erst zu eruieren versucht. In jedem Fall besteht bei einem Vergleich mit Übersetzungen die Gefahr, „daß bei ihnen Harmonisierungstendenzen und Interferenzen in bezug auf die in den jeweiligen Sprach- und Kulturgemeinschaften üblichen Vertextungskonventionen ihren Niederschlag finden" (Reiss/Vermeer 1984:195), was bei Paralleltextvergleichen ausgeschlossen wird.

3. Zur Methode des Paralleltextvergleichs

Bei jeder interlingualen Textsortenkontrastierung ist zunächst die Frage zu stellen, ob eine Textsorte in der Vergleichssprache aufgrund gleicher oder ähnlicher situationeller Gegebenheiten ein Pendant aufweist (vgl. hierzu die Unterscheidung zwischen „generellen", „übereinzelsprachlichen" und „einzelsprachlichen *Textsorten*(klassen)" von Reiss/Vermeer 1984:192 sowie Art. 17). Ob dies der Fall ist, kann anhand einer Textsortenbeschreibung der zu vergleichenden Textexemplare mittels textexterner Kriterien festgestellt werden, in denen sich Textexemplare gleichen müssen, um als Paralleltexte behandelt werden zu können. Solche textexternen Kriterien sind z.B. das Wissensniveau des Senders, die Adressatenmerkmale und die Kommunikationssituation (vgl. Spillner 1981:242). Zur Sicherstellung der Vergleichbarkeit (Parallelität) von Textexemplaren kann auch ihre Verortung in einer *Typologie* zweckmäßig sein, wie sie z.B. speziell für Paralleltextvergleiche von Textsorten der Naturwissenschaften und der Technik von Göpferich erstellt wurde (vgl. Göpferich 1995a:124, 1995b).

Sollen bei kontrastiven Textsortenanalysen nur die einzelsprachlichen *textsortenspezifischen* Besonderheiten aufgedeckt werden, muß dem *interlingualen Paralleltextvergleich* jeweils eine *intralinguale Kontrastierung* unterschiedlicher Textsorten mit möglichst ähnlicher Thematik vorausgehen, in der festgestellt wird, welche Eigenschaften textsortenübergreifende allgemeine Textualitätsmerkmale sind und welche sich als textsortenspezifisch erweisen (vgl. Spillner 1981:242).

Solche intralingualen und interlingualen Analysen führte Göpferich (1995a) an einem breiten Spektrum von deutsch- und englischsprachigen Textsorten der Naturwissenschaften und der Technik (speziell der Kraftfahrzeugtechnik) auf der Basis einer pragmatischen Fachtexttypologie durch und deckte dabei – empirisch abgesichert – eine Reihe von translationsrelevanten interlingualen Unterschieden in den Textsortenkonventionen der untersuchten Texte auf (s. zu diesen Unterschieden Göpferich 1995a: Teil II, insbes. 445ff., 1995b; Paralleltextvergleiche im fachsprachlichen Bereich finden sich u. a. auch in Baumann/Kalverkämper 1992 und Kalverkämper/Baumann 1996). Um sicherzustellen, daß einzelsprachenspezifische Unterschiede in den Textsortenkonventionen auf allen Sprachbeschreibungsebenen aufgedeckt werden, empfiehlt sich bei Paralleltextvergleichen eine „kumulative Textanalyse", bei der als Vergleichskriterien alle „wichtigen distinktiven Merkmale auf den einzelnen Ebenen der sprachlichen Hierarchie in absteigender Richtung von den Makrostrukturen und Vertextungsmitteln über die Syntax und Lexik bis zu den grammatischen Kategorien und den sie repräsentierenden Morphemen" herangezogen werden (Hoffmann 1983:63, vgl. hierzu auch Sager et al. 1980:9).

Als zusätzliches Vergleichskriterium empfiehlt sich bei Paralleltextvergleichen auch die Einbeziehung eventuell existierender Lehrwerke, Richtlinien und Empfehlungen zur Abfassung von Texten der jeweiligen Textsortenzugehörigkeit.

4. Praxistaugliche Aufbereitung von Ergebnissen aus Paralleltextvergleichen

Rasche Paralleltextvergleiche bzw. einen gezielten Zugriff auf die Ergebnisse von interlingualen Paralleltextvergleichen bieten zum einen Volltextdatenbanken, die Zugriff auf typische Vertreter unterschiedlicher Textsorten (Textsortenprototypen) in zwei oder mehr Sprachen gewähren, und zum anderen „textographische Datenbanken" (Göpferich 1995a:453ff.), die in ihrem Aufbau Terminologieverwaltungssystemen gleichen, jedoch der Erfassung und Abfrage von Textversatzstücken und textsortenspezifischen Informationen dienen (zur Konzeption solcher Datenbanken s. Göpferich 1995a:453ff., 1995c).

Literatur

Baumann, Klaus-Dieter / Kalverkämper, Hartwig (Hrsg.) (1992): *Kontrastive Fachsprachenforschung*. Forum für Fachsprachen-Forschung 20. Tübingen: Narr.

Göpferich, Susanne (1995a): *Textsorten in Naturwissenschaften und Technik. Pragmatische Typologie – Kontrastierung – Translation*. Forum für Fachsprachen-Forschung 27. Tübingen: Narr.

Göpferich, Susanne (1995b): „A Pragmatic Classification of LSP Texts in Science and Technology." *TARGET International Journal of Translation Studies* 2, 305–326.

Göpferich, Susanne (1995c): „Von der Terminographie zur Textographie: Computergestützte Verwaltung textsortenspezifischer Textversatzstükke." *Fachsprache/International Journal of LSP* 1–2, 17–41.

Hoffmann, Lothar (1983): „Fachtextlinguistik." *Fachsprache/International Journal of LSP* 2, 57–68.

Kalverkämper, Hartwig / Baumann, Klaus-Dieter (Hrsg.) (1996): *Fachliche Textsorten: Komponenten – Relationen – Strategien*. Forum für Fachsprachen-Forschung 25. Tübingen: Narr.

Reiss, Katharina / Vermeer, Hans J. (1984): *Grundlegung einer allgemeinen Translationstheorie*. Linguistische Arbeiten 147. Tübingen: Niemeyer.

Sager, Juan C. / Dungworth, David / McDonald, Peter F. (1980): *English Special Languages. Principles in Science and Technology*. Wiesbaden: Brandstetter.

Spillner, Bernd (1981): „Textsorten im Sprachvergleich: Ansätze zu einer Kontrastiven Textologie." Kühlwein, Wolfgang / Thome, Gisela / Wilss, Wolfram (Hrsg.) (1981): *Kontrastive Linguistik und Übersetzungswissenschaft: Akten des Internationalen Kolloquiums Trier/Saarbrücken, 25.–30.09.1978*. München: Fink, 239–250.

Wilss, Wolfram (1996): *Übersetzungsunterricht. Eine Einführung: Begriffliche Grundlagen und methodische Optimierungen*. Narr Studienbücher. Tübingen: Narr.

Susanne Göpferich (Karlsruhe)

51. Technische Arbeitsmittel

Da Übersetzen *per definitionem* etwas mit schriftlicher Textproduktion zu tun hat, handelt es sich bei den technischen Arbeitsmitteln des Übersetzers zunächst um Schreibwerkzeuge; andererseits spielt auch die Recherche, der Zugriff auf externe Wissensbestände, eine zentrale Rolle, so daß auch Recherchewerkzeuge zum typischen Instrumentarium des Übersetzers gehören. Mit dem in den 80er Jahren beginnenden Einzug der Computer in alle Lebensbereiche wurde das translatorische Instrumentarium zunehmend technisiert; gleichwohl ist zur Jahrtausendwende in der Übersetzungspraxis ein breites Spektrum an Arbeitsmitteln üblich, das auch noch relativ archaisch anmutende Werkzeuge mit einschließt.

1. Der Technikanteil beim Übersetzungsprozeß

Wenn wir diese Arbeitsmittel danach ordnen, wie „technisiert" sie sind und wie sich ihr Einsatz auf die Übersetzungsgeschwindigkeit auswirkt, dann ergibt sich ein Schema wie in Abb. 1. Dabei nimmt in Richtung X-Achse (nach rechts) der Technikanteil beim Transferprozeß zu, in Richtung Y-Achse (nach oben) nimmt die Transfergeschwindigkeit zu. Links herrschen die menschlichen Transferprozesse (*human translation,* HT), rechts dominieren Transferprozesse durch „Maschinen" (*machine translation,* MT). Zwischen den beiden Extrempositionen HT und MT liegen die Mischformen *Computer-Aided Translation* (CAT) (auch als *Machine-Aided Human Translation* (MAHT) bezeichnet) einerseits und die interaktiven MT-Syteme mit *Human-Aided Machine Translation* (HAMT) andererseits. Als künstliche definitorische Abgrenzung zwischen den Erscheinungsformen von HT (weiße Schrift, linke Hälfte) und denen von MT (schwarze Schrift, rechte Hälfte) soll gelten: Bei der HT findet die Decodierung/Analyse des Ausgangstexts (AT) durch den Menschen statt, bei der MT durch den Computer. Eine eindeutige und befriedigende Zuordnung ist freilich nicht immer möglich. Eine ausführliche Diskussion der Abgrenzungsprobleme liefert bereits Schwanke

(1991:47–63; s. dazu auch Art. 37). Außerdem ergibt sich, mit Ausnahme der rechts oben angeordneten FAHQMT *(fully automatic high quality machine translation)* – einer Utopie aus der Pionierzeit der MT-Forschung in den 50er und 60er Jahren – im Diagramm eine dritte Dimension in Gestalt einer chronologischen Reihenfolge von links unten nach rechts oben.

Das langsamste Arbeitswerkzeug mit dem geringsten Technik-Anteil ist im Bild folglich links unten angeordnet: *Stift und Papier*. Diese Arbeitsmittel werden nur noch selten eingesetzt, z.B. in Bereichen, wo es nicht auf Schnelligkeit ankommt (z.B. beim Übersetzen von Lyrik) oder wo der Computereinsatz aus praktischen Gründen nicht möglich ist (wie in manchen Ausbildungssituationen). Beispielsweise waren die Prüfungsklausuren in der Übersetzerausbildung bis Ende der 90er Jahre noch eine Domäne des Übersetzens mit Stift und Papier; am IALT Leipzig werden Fachübersetzungsklausuren seit 1997 an gut ausgestatteten Computerarbeitsplätzen durchgeführt.

Das Schreiben mit *mechanischer Schreibmaschine* ist heute kaum noch aktuell; in manchen Situationen wird der Übersetzer aber auch heute noch mit einer mechanischen Schreibmaschine arbeiten (müssen), etwa bei manchen militärischen Dienststellen (aus Gründen der Abhörsicherheit, wenn keine abhörsicheren EDV-Einrichtungen vorhanden sind) oder in Ländern, in denen der technologische Fortschritt den Übersetzeralltag noch nicht so durchdrungen hat und beispielsweise keine stabile Stromversorgung vorhanden ist. Je nach Maschinenschreibfähigkeit des Übersetzers bringt dieses Arbeitsmittel u.U. einen Zeitgewinn mit sich; meist ist es jedoch letzten Endes schneller, ein handschriftliches Manuskript zu erstellen und dieses von einer (mit der Handschrift vertrauten) professionellen Schreibkraft abschreiben und in Form bringen zu lassen.

In den siebziger Jahren wurde in Deutschland die *elektrische Schreibmaschine* bei Übersetzern eingeführt. Damit wurde der physische Aufwand erheblich reduziert. Ein entscheidender Tempo- und Qualitätsvorteil ergab sich durch deren immer bessere Korrekturmöglichkeiten (zunächst mit integriertem TippEx-Korrekturband, später mit Lift-off-Korrekturband in Verbindung mit Karbonfarbbändern). Da zum Formulieren guter Texte unausweichlich auch das Umformulieren gehört, spielen die jeweiligen technischen Mittel zur Textkorrektur

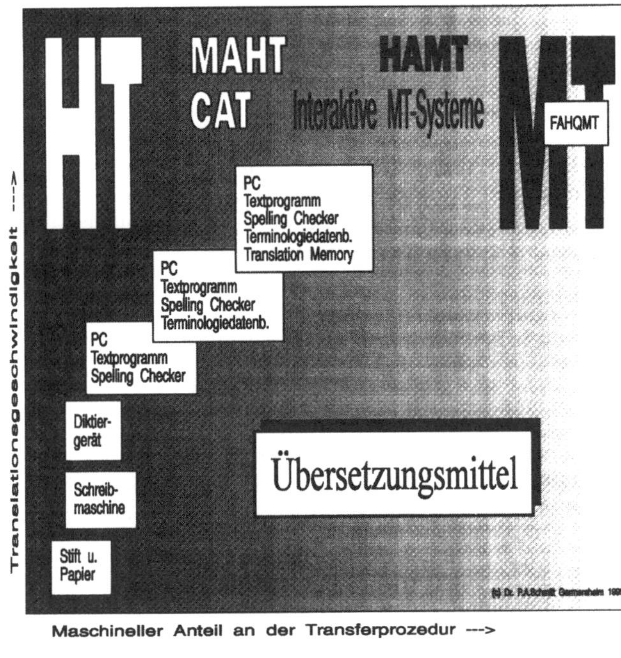

Abb. 1: Übersetzungsmittel

bzw. der zur Korrektur einer abgelieferten Übersetzung nötige Aufwand eine zentrale Rolle sowohl beim Übersetzen als auch beim Bewerten der Qualität einer Übersetzung. Aus heutiger Sicht ist es kaum vorstellbar, welchen Aufwand es noch Ende der 60er Jahre bedeutete – also ohne TippEx, Kopierer, Speicherschreibmaschinen oder gar Computer – in einem womöglich längeren Dokument z.B. einen Terminologiefehler zu beheben. Kugelkopf- und Typenradschreibmaschinen ermöglichten erstmals auch den Wechsel von Schriften (und Zeichensätzen), sei es, um Schriftauszeichnungen (wie kursiv) zu realisieren, um innerhalb eines Dokuments verschiedene Zeichensätze zu verwenden oder um bei Platzproblemen (z.B. in Abbildungen und Tabellen) durch Einsatz einer kleineren Schrift oder kürzerer Zeichenabstände (z.B. 12 cpi statt 10 cpi oder 15 cpi statt 12 cpi) die Übersetzung in eine bestimmte Fläche zu setzen. Mit den Speicherschreibmaschinen (ab den 80er Jahren) wurden die Möglichkeiten dieses Arbeitsmittels immer vielfältiger, doch spielen sie im Vergleich zu PCs bei Übersetzern heute nur noch eine marginale Rolle.

Die Verfügbarkeit von immer kleineren und letztlich auch für Einzelübersetzer erschwinglichen *Kopiergeräten* machte seit den 70er Jahren auch die Handhabung bzw. Integration von Abbildungen und komplexen Tabellen in Übersetzungen erheblich einfacher und verbesserte das Aussehen des Zieltextes (ZT) (bei guten Kopierern war die Kopie „vorzeigbarer" als ein z.B. mit TippEx-Korrekturen versehenes Original).

Das *Diktiergerät* kann im Vergleich zur Schreibmaschine eine erhebliche Leistungssteigerung bringen, wenn (1) der Übersetzer bereits viel Routine mit dieser eher dem Dolmetschen ähnlichen Form der ZT-Produktion hat, (2) mit Textsorte und Thema sehr vertraut ist und daher schneller sprechen als schreiben kann und wenn (3) die das Diktat aufnehmende Schreibkraft sehr schnell arbeitet. Andernfalls ist diese Methode bei ganzheitlicher Betrachtung eher langsamer als andere moderne Techniken. Außerdem ist die Fehlerquote und damit der Korrekturaufwand hoch, besonders beim Diktieren von Fachtexten in die Fremdsprache. Auch ist es beim Diktieren schwieriger, über längere Textdistanzen für gute Textkohärenz zu sorgen.

Alle Aspekte der Textproduktion sind erheblich günstiger bei den seit Mitte der 80er Jahre preiswert verfügbaren *PCs in Verbindung mit guten Textverarbeitungsprogrammen*: Das Schreiben mit geringem physischen Kraftaufwand, die problemlose Korrektur des Geschriebenen, das Gestalten und Drucken mit fast grenzenlosen Möglichkeiten sind damit heute eine Selbstverständlichkeit.

Noch nicht selbstverständlich ist die Nutzung der Rechtschreibprüfmodule (*spelling checker*) der Textverarbeitungsprogramme. Inzwischen verfügen manche dieser Programme schon beim Kauf über einen so großen Lexikonbestand und so schnelle Such- und Erweiterungsmöglichkeiten (zur Aufnahme eines neuen Lexems sind z.B. bei WordPerfect 8 nur zwei Mausklicks nötig), daß das Argument heute nicht mehr gilt, die Rechtschreibprüfung sei in der Übersetzungspraxis hinderlich und zu zeitaufwendig. Die automatische Rechtschreibprüfung erkennt nicht nur „Dreher" und Rechtschreibfehler, sondern auch Wortwiederholungen; sie ergänzt damit und beschleunigt erheblich die Arbeit des Qualitätslektorats (s. Art. 110). Da viele Freiberufler ihre eigenen Korrekturleser sind (vgl. dazu aber ISO 9000ff. bzw. DIN 2345) und jeder Schreiber das Phänomen der „Blindheit" gegenüber Fehlern in eigenen Textprodukten kennt, fördert die automatische Rechtschreibprüfung die Translatqualität im elementar-sprachlichen Bereich. Außerdem überprüfen die Rechtschreibprüfmodule jedes Wort der Übersetzung und nicht nur (wie beim Nachschlagen von Hand) diejenigen Wörter, bei denen man selbst unsicher ist; auch dies fördert die Qualität, da der Übersetzer dabei u.U. auf fest eingefahrene Fehler aufmerksam gemacht wird. Jedenfalls stellen diese Rechtschreibprüfprogramme die erste Nutzung des PCs als Recherchewerkzeug dar.

Die „klassischen" *Recherchemittel* sind Paralleltexte (s. Art. 50) und Nachschlagewerke, wobei bei letzteren primär an Wörterbücher (s. Art. 49) gedacht wird, aber auch die selbst erstellten Terminologiekarteien gehören hierzu. Seit den 70er Jahren findet die Terminologieverwaltung zunehmend mit Hilfe von Computern statt, zunächst (und in manchen Unternehmen auch heute noch) ausschließlich großrechnerbasiert. Mit der Einführung von PCs begann die Verlagerung der kartei- und großrechnerbasierten Terminologiearbeit auf PC-basierte Terminologieverwaltungssysteme; schon im Jahre 1989 setzten 30% der mit PC arbeitenden Übersetzer ihren PC auch zur Terminologieverwaltung ein. Die dazu nötige Software deckt ein breites Spektrum ab; es reicht von einfachen selbstangelegten Glossardateien (z.B. im Rahmen der Textverarbeitungsprogramme und deren Sortier- und Suchfunktionen) über Datenbanken (mit allgemeinen Datenbankprogrammen wie z.B. Access, dBase, Foxpro, Paradox) bis hin zu komplexen und für translatorische Bedürfnisse maßgeschneiderten Terminologieverwaltungssystemen (TVS; s. Art. 23); Näheres hierzu sowie zahlreiche Literaturverweise liefern Fischer et al. (1994). Solche TVS bieten in der Regel einen praktisch verzögerungsfreien Zugriff auf terminologische (s. dazu z.B. Arntz/Picht 1992, Schmitt 1999) und/oder textographische (vgl. Göpferich 1995) Einträge, erlauben eine Suche nach verschiedenen Kriterien (nach bestimmten Lemmata oder Lemmafragmenten, nach Sachgebiet, nach Abkürzungen usw.) und können in manchen Fällen sogar zur Erstellung reproreifer Druckvorlagen oder Filme für lexikographisch gestaltete Fachwörterbücher dienen und damit die technische Produktionszeit von Fachwörterbüchern ganz entscheidend verkürzen (vgl. Schmitt 1999).

Der aktuelle Stand der Technik sind sog. *Translation-Memory-Systeme* oder *integrierte Übersetzungssysteme*: Sie integrieren Textverarbeitung, Terminologieverwaltung und einen Speicher der bisher vorliegenden AT mit ihren jeweiligen Übersetzungen (Übersetzungsspeicher, *translation memory*). Diese Systeme erlauben eine Automatisierung des Transfervorgangs insofern, als sie auf bereits früher übersetzte gleiche oder ähnliche Texte sowie auf eine Terminologiedatenbank zugreifen und dabei ggf. keine Eingriffe *(Interediting)* seitens des Benutzers erwarten. Generell gilt: Solche Systeme lassen sich (nur dann) mit Gewinn einsetzen, wenn der aktuell zu übersetzende AT möglichst viele Textsegmente enthält, die so (oder so ähnlich) bereits früher übersetzt wurden und zusammen mit dem damaligen AT im Übersetzungsspeicher abgespeichert sind, oder wenn zu erwarten ist, daß ähnliche Texte wie der aktuelle AT künftig wiederholt zu übersetzen sein werden; dies trifft in erster Linie auf Handbuch-Updates und andere wiederkehrende Revisionen von Dokumenten zu. Ein zentraler Punkt ist dabei natürlich die Frage, was „ähnlich" bedeutet, d.h. inwiefern der aktuelle AT von früheren AT abweichen darf; die kommerziellen Programme gehen hier recht unterschiedliche Wege mit verschiedenen Vor- und Nachteilen (s. dazu die Untersuchungen von Reinke 1994). Im Idealfall lassen sich mit diesen Programmen sowohl die Übersetzungsleistung als auch die Qualität erheblich steigern: Ersteres durch das automatische Einfügen bereits früher übersetzter Textpassagen, letzteres durch Förderung einheitlicher Formulierungen für gleiche Sachverhalte und durch Verwendung einheitlicher Terminologie. Als etwas problematisch hat sich die segmentweise (d.h. in der Praxis meist: satzweise) Vorgehensweise erwiesen, besonders dann, wenn das Programm nur noch diejenigen Segmente am Bildschirm anzeigt, die noch nicht übersetzt wurden (was bei Handbuch-Updates wenige Prozent des Gesamtdokuments sein können); dadurch geht der Blick des Übersetzers für Zusammenhänge verloren, es können übersetzerische Interpretationsprobleme entstehen, und oft leidet dadurch die ZT-Kohärenz.

Im Extremfall, daß man ein Translation-Memory-System auf einen AT ansetzt, der bereits früher übersetzt wurde (das ist wahrscheinlicher, als es klingt, wenn man mit mehreren Übersetzern zu tun hat und über den Zeitraum von Jahren denkt: So könnte z.B. eine für ein Unternehmen wichtige ANSI-Norm oder Patentschrift von verschiedenen Fachabteilungen über Jahre hinweg mehrfach als deutsche Übersetzung angefordert werden), könnte das Programm mit exakten Übereinstimmungen arbeiten und folglich insofern vollautomatisch übersetzen, als es (Segment für Segment) den früheren ZT hervorsucht und als neuen ZT anbietet. Der Übergang zu dem, was man als *Maschinelle Übersetzung* bezeichnet, ist dabei fließend.

Angestrebt wurde zunächst, d.h. in den fünfziger Jahren, *die fully automatic high quality machine translation* (FAHQMT): eine vollautomatische Übersetzung, ohne menschlichen Eingriff, in tadelloser Qualität. Dieses utopische Ziel nimmt folglich im Diagramm die Extremposition rechts oben ein: hoher Technikanteil am Transferprozeß und extrem schnell. Da es damals nur sehr „maschinell“ anmutende Großrechner im Wohnzimmerformat gab, prägte man die Bezeichnung *machine translation* und die deutsche Lehnübersetzung *maschinelle Übersetzung* (MÜ). Da man die heutigen Computer im allgemeinen und PCs im besonderen normalerweise eher nicht als *Maschine* bezeichnet, spricht man inzwischen öfter auch von *automatischer Übersetzung*. Näheres in Art. 37 und 38.

Neben den für große Textvolumina gedachten und hinsichtlich der Hardware anspruchsvollen MÜ-Systemen wie LOGOS und SYSTRAN sowie einer Reihe japanischer Systeme speziell für das Sprachenpaar Japanisch-Englisch (vgl. Meli 1989 und Schwanke 1991) – das in der einschlägigen Literatur erwähnte Programm METAL wird seit 1996 nicht mehr vermarktet; es wurde auf die PC-Plattform portiert und ist seit 1996 unter dem Namen *Langenscheidt T1* im Buchhandel erhältlich – gibt es seit den neunziger Jahren auch einige für PC-Systeme konzipierte, voll- oder halbautomatisch arbeitende Übersetzungsprogramme mit Preisen zwischen 0 (Freeware) und 5.000 DM. Dabei läßt sich unterscheiden zwischen Wort-für-Wort-Übersetzungsprogrammen, die den Stand der Technik der sog. ersten MÜ-Generation darstellen, und solchen Programmen, die den AT syntaktisch/morphologisch analysieren und den ZT nach den Grammatikregeln der Zielsprache (ZS) neu aufbauen und der zweiten und dritten MÜ-Generation entsprechen. Die Wort-für-Wort-Übersetzungsprogramme, die zu Preisen von unter 100 DM angeboten werden, haben den Nachteil, daß sie mit den mitgelieferten Wörterbüchern im vollautomatischen Modus normalerweise keinen verständlichen und allenfalls nur zufällig grammatisch korrekten Satz erzeugen. Das Postediting dieser Translate ist aufwendiger als eine neue Humanübersetzung. Die Alternative, das Übersetzen im Dialogmodus (mit Interediting und Auswahl adäquater lexikalischer Entsprechungen von Hand – wobei dann der Satzbau noch nicht stimmt), erfordert ebenfalls einen prohibitiv hohen Zeitaufwand. Eine vorherige AT-spezifische Anpassung des Wörterbuchs kann die Qualität ganz erheblich verbessern, erfordert (beim ersten Mal) aber ein Mehrfaches der Zeit wie eine Humanübersetzung dieses AT und rentiert sich nur dann, wenn genau dieser AT oft erneut zu übersetzen ist. Der Nutzen des Programms wird um so geringer, je unähnlicher die AT sind. Der Vorteil dieser einfachen Programme besteht allerdings darin, daß man nicht nur Wörter (genauer: Ausdrücke), sondern auch längere Syntagmen und Textbausteine (syntaktische Fertigstücke) mit ihren (vom Humanübersetzer vorformulierten) ZS-Entsprechungen in das Wörterbuch eingeben kann, so daß das Programm auch längere wiederkehrende Formulierungen wie etwa „wir danken Ihnen für Ihren Auftrag vom“ en bloc sprachlich tadellos vollautomatisch „übersetzen“ kann. Je länger man diese Bausteine wählt und je mehr man sich beim Formulieren der AT (sofern man dies beeinflussen kann) an die dem Programm bekannten Versatzstücke hält, um so besser wird die Übersetzung. (Sie wird natürlich maximal nur so gut, wie die im Wörterbuch vom Programmbenutzer abgespeicherte Übersetzung.): Das Ergebnis kann für den Laien ausgesprochen verblüffend sein. Längere Bausteine verringern andererseits die Wahrscheinlichkeit, daß genau diese Formulierung erneut in einem AT vorkommt. Umgekehrt nimmt die Übersetzungsqualität mit abnehmender Bausteinlänge ab – auf Wortebene ist die Qualität (normalerweise) für jeden Zweck unbrauchbar, und auf jeden Fall läßt sich dann ein grammatisch richtiger ZS-Satz nur erzeugen, wenn sich die Wortfolge des AT-Satzbaus zufällig genau in der ZS abbilden läßt. Ein Nebeneffekt-Vorteil der Wort-für-Wort-Übersetzungsprogramme ist, daß man nicht an die vom Hersteller angebotenen Sprachpaare gebunden ist, sondern sich ein beliebiges elektronisches Wörterbuch anlegen kann, z.B. zum automatischen Übersetzen in Sprachen, für die es kein besseres Softwareangebot gibt (z.B. Deutsch/Slowenisch oder Dänisch/Finnisch). Quintessenz: Diese Programme eignen sich nur für Texte mit möglichst identisch wiederkehrenden Strukturen und das praktisch verzögerungsfreie automatische Ersetzen dieser Textstrukturen (Bausteine bis ca. 150 Zeichen Länge), unter der Voraussetzung, daß das zugrundeliegende Wörterbuch vorher von einer Person mit translatorischer Ausbildung zeitaufwendig präpariert wurde.

Mit den erheblich aufwendiger konzipierten Programmen der 2. und 3. Generation sieht die Situation anders aus. PT+ (von IBM) und T1+ (das METAL-Derivat von Siemens-Nixdorf) liefern auch bei unterschiedlichen AT mitunter (!) auf Anhieb (also mit Standardwörterbuch und ohne Prä-, Inter- und Postediting) für manche Zwecke ausreichend verständliche Rohübersetzungen. Untersuchungen mit LOGOS, METAL, PT+ und T1+ unter Verwendung der gleichen AT ergaben überraschenderweise keine systematischen Qualitätsunterschiede zwischen den „großen" MÜ-Programmen mit Preisen von rund 100.000 DM und den PC-basierten Billigversionen mit Preisen von unter 500 DM. Erkennbar war aber die Tendenz, daß PT+ (unabhängig vom Aufwand für AT-Präedition und Wörterbuchanpassung) bessere Resultate lieferte als T1+. Sowohl PT+ als auch T1+ erstaunen durch ihre Fähigkeit, mitunter transphrastische anaphorische pronominale Deixis richtig zu interpretieren, also den Bezug zwischen einem Pronomen und seinem Antezedens im vorhergehenden Satz herzustellen. Andererseits führt die fehlende Möglichkeit, längere Textbausteine und ihre Äquivalente im Wörterbuch vorzugeben, dazu, daß die mit diesen Programmen erzeugten ZT auch unter idealen Bedingungen in der Regel sprachlich fehlerhaft sind. Quintessenz: Diese Programme erlauben die (im Vergleich zu Humanübersetzungen) relativ rasche Erstellung von Rohübersetzungen, deren Qualitätsspektrum (auch je nach Größe der betrachteten Übersetzungseinheit) von völlig unverständlich bis zu tadellos reicht. Die erzielbare ZT-Qualität ließ sich in unseren Tests schneller durch AT-Präedition (oder noch besser: Verwendung einer an die Fähigkeiten des Programms angepaßten Sprache im AT) erhöhen als durch Eingriffe in das Wörterbuch (mit Ausnahme der unverzichtbaren Eingabe von Fachterminologie).

Für bestimmte Anwendungen (z.B. automatisches Übersetzen von Stücklisten und weitgehend (!) standardisierten Dokumenten mit geringer terminologischer und lexikalischer Bandbreite und stets identischen syntaktischen Fertigstücken, wie z.B. Korrespondenz oder Angebote in einem mittelständischen Unternehmen mit einer eng umrissenen Produktpalette) kommen diese Programme also durchaus in Frage. Die pauschale Annahme, daß man damit mit vertretbarem Aufwand brauchbare technische Fachtexte, womöglich verständliche Handbücher, erzeugen könnte, ist hingegen völlig abwegig.

2. Übersetzungsleistung

Mit Übersetzungsleistung ist hier das pro Zeiteinheit bewältigte Übersetzungsvolumen gemeint. Dieses hängt natürlich nicht nur von den eingesetzten Arbeitsmitteln, sondern auch (eher: primär) vom translatorischen Schwierigkeitsgrad der AT ab (s. Art. 104), und ist damit wiederum abhängig von Sprachenpaar und Übersetzungsrichtung, Textsorte, Thema und der textspezifischen Transferkompetenz des Übersetzers. Die folgenden Angaben gehen von den im Jahresdurchschnitt ermittelten Werten pro Person und 8-Stunden-Arbeitstag aus, wie sie etwa von Sprachendienstleitern bei der Kalkulation des Zeit- und damit Personalaufwands für durchschnittliche Fachübersetzungen angesetzt werden. Die Übersetzungsleistung im konkreten Einzelfall kann davon erheblich abweichen. Als Seite gilt die sog. Standardseite mit 30 Zeilen je 55 Zeichen (Anschläge).

Bei handschriftlicher Arbeit mit Stift und Papier liegt die Übersetzungsleistung typisch bei 5-6 Seiten (ggf. zuzüglich des Zeitaufwands im Schreibbüro). Die Arbeit mit (mechanischer oder elektrischer) Schreibmaschine bringt eine Beschleunigung, wenn der Übersetzer im Zehnfingersystem Maschine schreiben kann, so daß der „Engpaß" nicht der physische Schreibvorgang, sondern „nur" noch der intellektuelle Transferprozeß ist; Leistungen von 5–10 Seiten sind dann typisch, wobei die höheren Werte insbesondere mit elektrischen Schreibmaschinen und deren Korrekturmöglichkeiten erzielbar sind. Das Diktieren erlaubt (Routine und hohe Textkompetenz vorausgesetzt) aus der Sicht des Übersetzers zweistellige Übersetzungsleistungen (typisch 10–20 Seiten, in Extremfällen über 30 Seiten), wobei der letztlich erzielte Tempovorteil davon abhängt, wie schnell und fehlerfrei das nachgeschaltete Schreibbüro arbeitet. Wenn sich z.B. zehn Übersetzer eine Schreibkraft teilen müssen oder die schriftlichen Versionen der Diktate (vom Übersetzer oder Überprüfer) korrekturgelesen, handschriftlich korrigiert, von der Schreibkraft korrigiert und vom Übersetzer/Überprüfer erneut korrekturgelesen werden müssen, kann die Übersetzungsleistung letztlich durchaus wieder auf 5–6 Seiten sinken. Bei der Arbeit mit PC und Textverarbeitungsprogramm spielen hinsichtlich der erzielbaren Übersetzungsleistung noch mehr Faktoren eine Rolle, da jetzt auch die Beherrschung der Software und ihrer Arbeitsersparnismöglichkeiten (z.B. Nutzung von Blitzkorrektur, Makros, Druckformatvorlagen bzw. Styles, Automatisierungsfunktionen etc.) eine zentrale Rolle spielt. Wer den Computer nur wie eine Schreibmaschine benutzt (entweder mangels entsprechender Fähigkeiten oder weil der Text keine Erleichterungen zuläßt), wird daraus keinen Geschwindigkeitsvorteil erzielen; andernfalls sind damit (je nach Bedingungen) durchaus 8 bis 15 Seiten realistisch. Die Nutzung elektronischer Recherchemittel kann, je nach Anteil des Rechercheaufwands am Transferprozeß und je nachdem, ob nur auf vorhandene Bestände zugegriffen wird oder ob auch en passant Bestandspflege und -erweiterung betrieben wird, eine mehr oder weniger deutliche weitere Beschleunigung bringen, die sich nicht exakt quantifizieren läßt, aber wohl im Bereich von 1 bis 5 Seiten zusätzlich liegen dürfte. Noch schwerer quantifizierbar ist der Nutzen von Translation-Memory-Systemen, da hier nicht nur alle bisherigen Aspekte wirksam werden (insbesondere auch die anspruchsvolle Beherrschung des Systems), sondern auch die prinzipielle Eignung des AT für den Einsatz solcher Systeme: Wenn sich der AT nicht eignet, kann das für den Arbeitsfortschritt eher hinderlich sein, während mit zunehmendem Anteil rekurrenter Textelemente die Übersetzungsleistung auf 100 Seiten ansteigen kann. Bei Aktualisierungen typischer Computerhandbücher sind Übersetzungsleistungen von rund 30 Seiten realistisch. Ähnlich problematisch sind Aussagen über die mit maschinellen Übersetzungsprogrammen erzielbare Übersetzungsleistung. Herstellerangaben berücksichtigen nicht den (je nach Anforderungen mehr oder weniger nötigen) Aufwand für Prä-, Inter- und Postediting (s. auch Art. 112). Für LOGOS werden 20.000 Wörter/h angegeben, für SYSTRAN 500.000 Wörter/h (Schmitt 1997). Außerdem spielen die Rechnerleistung und der vom Programm betriebene Aufwand eine entscheidende Rolle. Auf einem aktuellen PC übersetzt ein einfaches Wort-für-Wort-Übersetzungsprogramm wie FB-Translator eine Textseite (ohne Editing und Wörterbucheingriffe) innerhalb von einer Sekunde, die erheblich komplexeren Programme PT+ und T1+ benötigen wegen des mehrphasigen Übersetzungsprozesses dafür rund 30 Sekunden bis eine Minute und um so länger, je komplizierter die AT-Satzstruktur ist. Wird ein einigermaßen verständliches Ergebnis gewünscht, so ist beim ersten Textexemplar einer bestimmten Sorte und zu einem bestimmten Thema der Zeitaufwand mit MÜ in der Regel erheblich länger als bei jeder Humanübersetzung: Für einen nicht blamablen fünfzeiligen Geschäftsbrief beispielweise wären mit MÜ rund eine Stunde zu veranschlagen, mit normaler Textverarbeitung etwa 10 Minuten. Bei „großen" MÜ-Systemen (wie LOGOS, METAL) hat sich der *break-even point*, ab dem das MÜ-System Vorteile gegenüber der Humanübersetzung bringt, erfahrungsgemäß frühestens nach etwa 2 bis 3 Jahren eingestellt. Aus heutiger Sicht ist, sofern die Übersetzungsqualität eine Rolle spielt, eine höhere Übersetzungsleistung weniger mit MÜ als mit Translation-Memory-Systemen erzielbar.

Eine Steigerung der Übersetzungsgeschwindigkeit bei gleichzeitiger physischer Entlastung dürfte die Nutzung der seit Ende 1997 praxistauglichen Spracherkennungsprogramme bieten, mit denen die Vorteile des Diktierens mit jenen der PC-Nutzung verbunden werden, sofern der PC sehr leistungsfähig ist (1998 gilt: mindestens 200 MHz, mindestens 64 MB RAM).

3. Ein beispielhafter Übersetzerarbeitsplatz

Abb. 2 zeigt schematisch den Übersetzerarbeitsplatz, wie er sich Ende der neunziger Jahre darstellt: Im Zentrum und hinter allem steht der Mensch. Da 74% der Translatoren Frauen sind (Schmitt 1990), zeigt die Abbildung also den „typischen" Translator mit seinem zentralen Hilfsmittel, dem Computer. Die ovalen Felder kennzeichnen Software (links die Programme, rechts die Daten), die rechteckigen breitumrandeten Felder kennzeichnen Hardware. Im unteren Bereich sind die elektronischen Kommunikationswege dargestellt, über die der Translator mit der Außenwelt verbunden ist.

3.1 Hardware

Wegen der extrem kurzen Innovationszyklen in diesem Bereich eignen sich Informationen über Computerhardware eigentlich nur für entsprechend kurzlebige Printmedien wie Zeitschriften

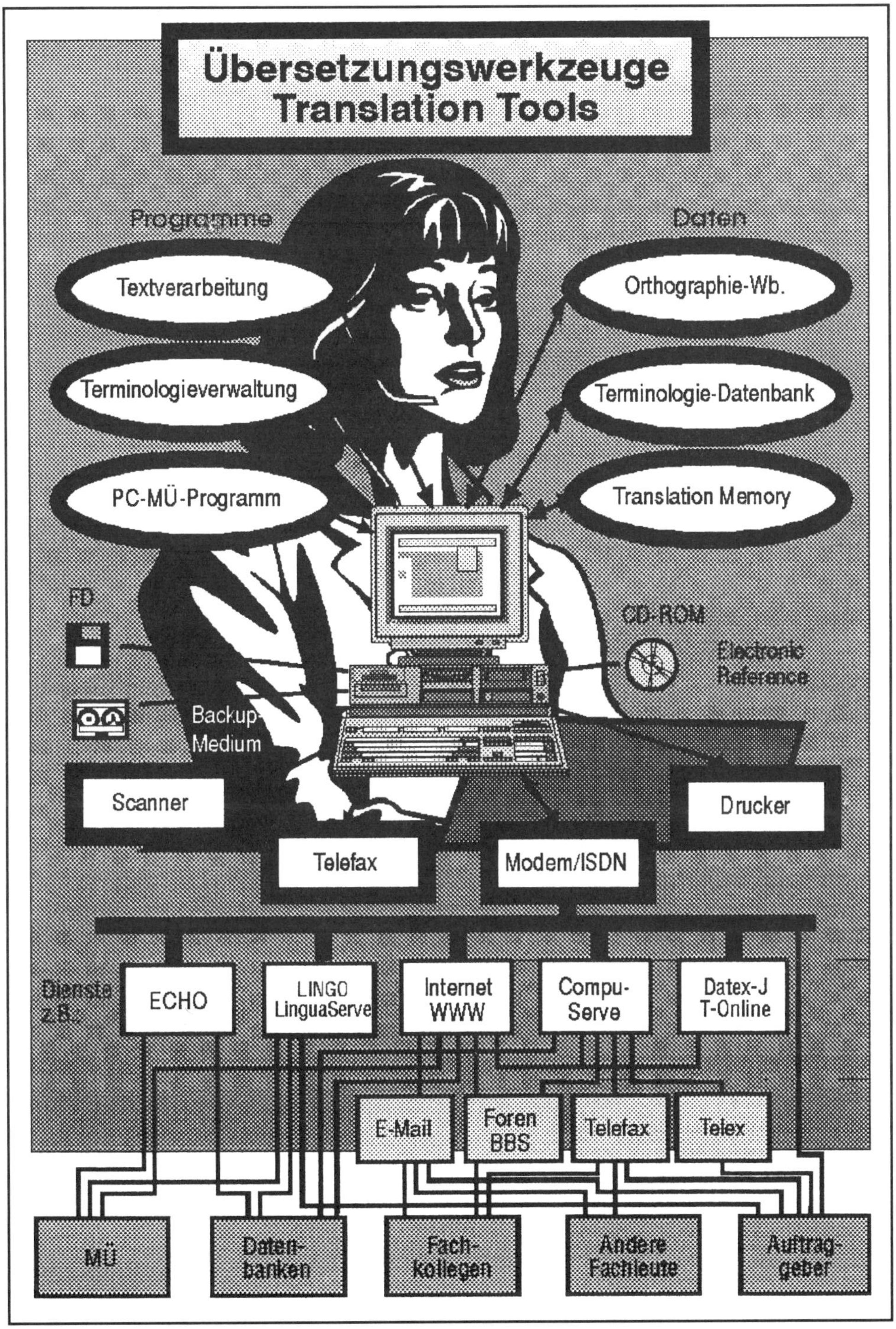

Abb. 2: Übersetzungswerkzeuge

und Online-Informationen. Die folgenden Angaben sollen daher nur Anhaltspunkte für prinzipielle Überlegungen bieten. Grundsätzlich ist zu bedenken, daß für einen professionellen Übersetzer der Computer kein Hobbyartikel oder Spielzeug ist, sondern ein professionelles Arbeitsgerät. Genausowenig wie ein Handwerker zum Bohren in Beton eine Heimwerker-Schlagbohrmaschine für 250 DM einsetzen würde, sondern einen rund zehnmal so teuren Profi-Bohrhammer (mit dem die Aufgabe zuverlässig in einem Bruchteil der Zeit zu lösen ist), genausowenig sollte ein Übersetzer mit Hobby-Hardware arbeiten. Professionelles Werkzeug ist allerdings auch immer erheblich teurer. Im Falle von Computerhardware kann man davon ausgehen, daß alle drei Jahre ein neuer PC nötig ist (dann ist er auch steuerlich abgeschrieben) und daß dieser rund 8.000-12.000 DM kostet (sofern man nicht Komponenten, wie etwa Festplatten, aus dem alten Gerät weiterverwendet). Der allgemein bekannte (und stets nach erfolgtem Computerkauf beklagte) Hardware-Preisverfall bedeutet nicht, daß „Computer immer billiger" werden: Billiger wird nur das, was nicht mehr Stand der Technik ist; der aktuelle Stand der Technik (und den braucht der Übersetzer, wenn er mit aktueller Software arbeiten und konkurrenzfähig bleiben will) kostet seit einem Jahrzehnt recht stabil etwa 8.000 bis 12.000 DM. (Das ist billig in Relation zu einer Zahnarztpraxiseinrichtung, ist aber zugegebenermaßen auch weniger langlebig und bringt weniger *return on investment*). Allgemein läßt sich zusammenfassen: Der Übersetzer sollte mit dem besten System arbeiten, das er sich leisten kann (und will) und insbesondere nicht am Bildschirm und an der Datensicherheit sparen.

Bei der *Hardware* handelt es sich global und insbesondere in Deutschland immer noch vorwiegend (ca. 90%) um IBM-kompatible PC. (In den USA und in Frankreich ist der – weltweit sinkende – Macintosh-Anteil etwas höher.)

Als *Gehäuse* empfiehlt sich ein Tower, erstens wegen des größeren Raums für die (wahrscheinlichen) späteren Systemerweiterungen, zweitens wegen des größeren Luftvolumens, was die Innentemperatur und damit thermische Belastung der Komponenten verringert, deren Zuverlässigkeit und Lebensdauer erhöht und nebenbei dazu führt, daß der Computer leiser ist, weil der (idealerweise temperaturgesteuerte) Lüfter seltener oder langsamer oder gar nicht läuft. Ein Standgerät unter oder neben dem Schreibtisch ist außerdem generell akustisch weniger präsent als ein Desktopgerät.

Eine typische *Systemeinheit* verfügte 1998 über einen Pentium-Prozessor mit 200 MHz Taktfrequenz und mindestens (!) 16 MB Arbeitsspeicher (RAM; manche PC-basierten MÜ-Programme und integrierten Programme mit Translation Memory arbeiten jedoch erst mit 200 MHz und 32 MB RAM zufriedenstellend, für Spracherkennungssoftware sind 64 MB nötig, um ein normales Sprechtempo zu erlauben). Prozessoren ab 133 MHZ werden sehr heiß und benötigen einen aktiven Prozessorkühler; bei Billigrechnern werden in der Regel billige Prozessorlüfter eingesetzt, die sich oft bald (vorübergehend) durch zunehmende Laufgeräusche bemerkbar machen, dann (u.U. wenige Wochen nach Neukauf) endgültig ausfallen und zu Prozessorüberhitzung, erratischem Prozessorverhalten und -ausfall führen können. Empfehlenswert sind die vom Prozessorhersteller autorisierten kugelgelagerten Lüfter mit Garantie.

An den *Massenspeicher* stellt auch die bloße Textverarbeitung insofern besondere Anforderungen, als die Textverarbeitungsprogramme immer umfangreicher werden, was zum Teil auf größeren Funktionsumfang, in erster Linie aber auf den Wechsel zu Windows zurückzuführen ist. Der Speicherbedarf einer Vollinstallation von WordPerfect beispielsweise wuchs in drei Jahren um das Zehnfache: von rund 3 MB bei WP5.1 für DOS im Jahre 1990 auf 30 MB bei WP6.0 (für Windows) im Jahre 1993. Auch die Textdateien von Dokumenten mit hohem Formatierungsanteil (automatische Gliederungen, Stichwortverzeichnisse, Querverweise, aufwendiges Layout, hoher Grafik- und Tabellenanteil) können erheblichen Speicherplatz benötigen. Außerdem bedeutet es eine erhebliche Zeitersparnis, wenn man möglichst viele der (in der Regel auf CD-ROM gelieferten) elektronischen Nachschlagewerke auf die Festplatte installiert, anstatt jeweils die benötigte CD-ROM ins CD-Laufwerk zu legen; auf eine 4-GigaByte-Festplatte passen bei Verwendung von Datenkompression durchaus 50 Wörterbücher mit sofortigem Zugriff. Generell sollte die Festplatte daher eine möglichst große Kapazität haben, zumal Festplatten mit höherer Kapazität normalerweise auch kürzere Zugriffszeiten aufweisen. 1998 galt ein GigaByte (1.000 MB) als Minimum. Ein hoher Datendurchsatz zwischen Festplatte und Zentraleinheit ist nicht nur bei aufwendig formatierten Textdokumenten sinnvoll, sondern vor allem auch bei der Arbeit mit großen (Terminologie-) Datenbanken: Bei einer Borland-Datenbank mit einem Volumen von 250.000 Datensätzen und 500 MB Größe wirkt sich der Unterschied zwischen einem 120-MHz-Pentium mit AT-Bus-Festplatte und einem 200-MHz-Pentium mit SCSI-Festplatte (Aussprache unter Insidern kurz ['skasi], ansonsten als Buchstabierkürzung ['es'tse'es'i]) beispielsweise so aus, daß eine Neuindizierung der Datenbank auf dem einen Rechner über 12 Stunden, auf dem anderen nur rund eine Stunde dauert. Hier wirken sich verschiedene Hardwarekomponenten aus, u.a. auch der Disk-Controller, wobei SCSI-Controller – je nach Typ – um ein Vielfaches schneller sein können als die billigeren EIDE-Controller, doch sind diese Daten zu vergänglich, um sie hier näher zu betrachten. Generell gilt jedoch, daß Festplatten je nach Hersteller und Typ unterschiedlich laut sind; zu unterscheiden ist zwischen dem Grundgeräusch, das je nach Drehzahl u.U. relativ hochfrequent ist und als störend empfunden werden kann, und dem Geräusch beim Schreib-/Lesezugriff.

Die im BIOS-Setup gegebene Möglichkeit des automatischen Abschaltens und Startens der Festplatte bei (zeitlich definierbarem) Nichtgebrauch der Festplatte eliminiert das Laufgeräusch, dürfte aber in der Mehrzahl der übersetzerischen Arbeitssituationen bei zügigem Arbeitsfortschritt wegen des ratsamen automatischen Zwischensicherns nicht empfehlenswert sein und kommt bei der Nutzung von Terminologiedatenbanken und Translation Memory wegen der damit verbundenen Festplattenzugriffe ohnehin nicht in Frage. Was die Frage des Abschaltens des Systems bei Nichtbenutzung betrifft, so ist zu berücksichtigen, daß Computer (wie die meisten technischen Systeme) durch das Hoch- bzw. Herunterfahren und die damit verbundenen Temperaturgradienten mehr belastet werden als durch einen stationären Betrieb; Festplatten insbesondere haben eine MTBF (*mean time between failure*) von mindestens 300.000 Betriebsstunden – das ist eine statistisch störungsfreie Lebensdauer von rund 35 Jahren Dauerbetrieb und damit erheblich länger als die Zeitspanne, in der der PC technisch aktuell ist. Abschalten spart also etwas Strom, schont aber nicht den Computer und erhöht nicht die Datensicherheit.

Zur Datensicherung und zum Datenaustausch mit Auftraggebern sind Diskettenlaufwerke (FD = floppy disk) üblicher Formate (z.Z. 3,5") sowie ein angemessen dimensionierter Massenspeicher mit wechselbaren Speichermedien nötig, z.B. ein *Streamer* (Bandlaufwerk). In der Anschaffung teurer, aber hinsichtlich der Speichermedien (Bandkassetten) erheblich günstiger und zudem schneller sind sog. DAT-Streamer (mit SCSI-Controller). Da sich die technischen Merkmale und Bezeichnungen solcher Speichermedien rasch ändern, gehen wir darauf nicht weiter ein; nähere und tagesaktuelle Angaben liefern die üblichen Computerzeitschriften und Händlerkataloge.

Der dramatische Preisverfall bei Massenspeichermedien wie Festplatten- und CD-ROM-Laufwerken stimulierte ein seit Mitte der 90er Jahre reichhaltiges Angebot elektronischer Nachschlagewerke, vor allem auf CD-ROM, was wiederum dazu führte, daß derzeit ein *CD-ROM-Laufwerk* (oder besser: CD-ROM-Wechsler; in Netzwerkumgebungen noch besser: ein CD-ROM-Turm) zur Grundausstattung eines Translator-Arbeitsplatzes gehört. Nützlich ist auch ein CD-ROM-Brenner, um von den (z.T. recht teuren) vielbeanspruchten Nachschlagewerken auf CD-ROM eine Sicherheitskopie anfertigen und statt mit dem Original im Alltag mit der Kopie arbeiten zu können.

Da immer mehr CD-basierte Nachschlagewerke die Multi-Media-Möglichkeiten nutzen, also Text, (bewegte) Bilder und Ton anbieten (etwa die Aussprache von Wörtern), und da manche Online-Dienste dies voraussetzen, sollte ein gut ausgestatteter Übersetzerarbeitsplatz außerdem *multimediafähig* sein. Hierzu gehört also die Ausstattung mit einer Soundkarte, mit Lautsprechern und, optional, mit einem Mikrofon. Letzteres ist ohnehin erforderlich, falls von der Möglichkeit der Spracheingabe zum Diktieren von Übersetzungen Gebrauch gemacht werden soll. Zu beachten ist, daß manche Multimedia-Nachschlagewerke und Wörterbücher mit Aussprache *(talking dictionaries)* relativ anspruchsvoll hinsichtlich der Soundkarte sind, so daß man auch ohne musikalische Ambitionen gut beraten ist, eine Original-Soundblaster-Karte mindestens mittlerer Preisklasse zu wählen.

Zur typischen *Peripherie* gehören ausgabeseitig ein möglichst hoch auflösender und flimmerfreier *Farbbildschirm* (möglichst 17-Zoll-Format oder größer) mit passender „intelligenter“ Grafikkarte bzw. Grafikbeschleuniger, um auch bei stark formatierten Dokumenten, evtl. mit hohem Grafikanteil (wie z.B. bei Werkstatthandbüchern), ein möglichst verzögerungsfreies Arbeiten zu erlauben. Bauartbedingt flimmer- und strahlungsfrei sind die bei Notebooks seit langem üblichen und für Desktop-Computer aber erst 1997 auf der CeBit vorgestellten LCD-Flachbildschirme, die voraussichtlich die über 20kg schweren, voluminösen und stromschluckenden Monitore mit Kathodenstrahlröhre ablösen werden.

Der typische *Drucker* der Computer-Frühzeit war der Nadeldrucker; dieser Anschlagdrucker ist zwar für bestimmte Zwecke (z.B. Endlosformulare mit selbstdurchschreibendem Papier) immer noch unverzichtbar, wurde aber seit Mitte der neunziger Jahre ansonsten weitgehend vom (in der Anschaffung) preiswerten Tintenstrahldrucker verdrängt, der (je nach Modell) mit einem laserdruckerähnlich guten Schriftbild aufwarten kann, meist auch Farbdruck bietet und dadurch das Erstellen von farbigen Transparentfolien für Overhead-Projektoren (z.B. für Geschäftsgrafik) ermöglicht. Laserdrucker (vor allem als Postscript-Drucker) sind in der Anschaffung teurer, aber im Unterhalt billiger und hinsichtlich der Druckmöglichkeiten (z.B. stufenlose Schriftskalierung), Druckgeschwindigkeit und -qualität den meisten anderen Druckern (je nach Modell mehr oder weniger deutlich) überlegen; der Umsatz an Laserdruckern liegt weltweit gleichbleibend auf hohem Niveau.

Da nach Auskunft von Übersetzungsbüros und freiberuflichen Übersetzern rund 50% der AT noch nicht auf computerlesbarem Datenträger geliefert werden, sondern als Papierdokument, kann es nötig (z.B. für Translation-Memory-Systeme oder automatisches Übersetzen) oder sinnvoll sein, den AT ganz oder teilweise (z.B. nur die Abbildungen) einzuscannen. (Das hängt natürlich stark von der Kundenstruktur und Textsorte ab: Großkunden werden Handbücher als AT vorwiegend auf Datenträger vorlegen und den ZT auf Datenträger wünschen, Privatkunden werden Zeugnisse u. dgl. immer von Papier auf Papier übersetzt haben wollen.) Seit Mitte der neunziger Jahre sind jedenfalls gute und ausreichend hoch auflösende (1200 x 1200 dpi oder mehr) Color-Flachbett-*Scanner* mit Preisen von deutlich unter 1.000 DM zu einem auch für kleine Übersetzungsbüros wirtschaftlichen Arbeitsmittel geworden.

Die – inhärent unergonomischen – *Tastaturen*, deren merkwürdige Tastenanordnung noch auf die Typenhebelverhakungsprobleme der ersten mechanischen Schreibmaschinen zurückgeht, sind so fest etabliert, daß es nicht überrascht, daß sie bisher noch nicht durch die seit längerem erhältlichen weniger gesundheitsschädlichen Systeme verdrängt wurden (etwa durch winklig, schräg oder senkrecht angeordnete, geteilte Tastaturen). Auch die üblichen externen oder integrierten Zeigegeräte (Maus bzw. Trackball, Mauspoint/Trackpoint, Touchpad, letztere bei Notebooks) sind für die tägliche Dauerbenutzung wegen der angespannten Handhaltung und anstrengenden feinmotorischen Bedienung wenig geeignet (zu arbeitsmedizinischen Aspekten des Übersetzerarbeitsplatzes siehe Ueberschär/Schmitt 1997). Übersetzer und Dolmetscher, die abwechselnd mit einem stationären Gerät und einem portablen Gerät arbeiten, sollten darauf achten, daß die Tastaturanordnung und -abmessungen des portablen Geräts (z.B. Notebook) möglichst identisch mit der stationären Tastatur sind. Subnotebooks (oder gar noch kleinere Geräte wie sog. Palmtops) scheiden damit aus. Erstrebenswerter als Tastaturen und durchaus aussichtsreich scheint aus heutiger Sicht die Spracheingabe zu sein, bei welcher der Translator dem Computer den ZT diktiert (deshalb hat der in Fig. 2 abgebildete Translator bereits ein Mikrofon).

Speziell für Übersetzer (und Übersetzungsbüros mit mehreren Mitarbeitern) relevant ist die Möglichkeit, mehrere Computerarbeitsplätze in einem *Netzwerk* (*local area network*, LAN; im Gegensatz zum Internet auch als Intranet bezeichnet) zu verbinden. In Verbindung mit netzwerkfähigen Programmen erlaubt dies den Zugriff aller Mitarbeiter auf gemeinsame Systemressourcen, wie etwa eine für alle Mitarbeiter verbindliche Terminologiedatenbank, und vermeidet das Problem eines Abgleichs dezentraler/lokaler Terminologiebestände. Die wichtigsten Netzwerkkonfigurationen sind der *Token Ring* (bei dem die Arbeitsplätze über eine Ringleitung miteinander verbunden sind und eine Leitungsunterbrechung an einer Stelle keinen Arbeitsplatzausfall verursacht), mit einem abnehmenden Marktanteil von derzeit rund 15 Prozent, und das marktbeherrschende *Ethernet* (bei dem die Arbeitsplätze bislang fast immer über ein Koaxialkabel in Bustopologie – also linear – miteinander verbunden sind), mit einem weiter expandierenden Marktanteil von derzeit rund 85 Prozent (*PCpro* 9/95:24). Bei der Verkabelung zeichnet sich ein Trend zu *Twisted Pair* und Glasfaser ab, was langfristig höhere Datenübertragungsraten erlaubt.

Das in den 90er Jahren vorherrschende und leistungsfähigste Netzwerk-Betriebssystem ist die Software *NetWare* von Novell. Ob bzw. inwieweit sich Windows NT von Microsoft dagegen durchsetzen wird, ist derzeit nicht absehbar. Für kleine Übersetzungsbüros oder Freiberufler bietet sich die einfache Vernetzung über Windows an (möglich seit Windows for Workgroups, standardmäßig integriert seit Windows 95 und Windows NT); da dabei kein dedizierter Server nötig ist, funktioniert dies schon, wenn nur zwei PCs (mit Netzwerkkarte und Ethernet-Kabelverbindung) vorhanden sind (etwa der Hauptarbeitsplatz und ein – u.U. älterer – PC als Zweit- oder Reservearbeitsplatz für Reparaturfälle). Der besonders auch für Dolmetscher relevante Datenaustausch und -abgleich zwischen stationärem PC im Büro und einem Notebook kann im Idealfall über ein Netzwerk erfolgen (z.B. via Netzwerkkarte im PCMCIA-Slot) oder über die serielle oder – erheblich schneller – über die parallele Schnittstelle (unter Verwendung spezieller Verbindungskabel, Infrarotschnittstellen und Verbindungssoftware; für Norton-Commander-Anwender am einfachsten mit der integrierten Link-Funktion; auch der Datenabgleich kann automatisiert werden (z.B. unter Windows 95 über die „Aktenkoffer"-Option).

3.2 Software

Die Grundlage aller Software ist das *Betriebssystem.* Die typische Arbeitsplattform von Übersetzern sind PCs mit einem DOS-Betriebssystem und Microsoft Windows als Betriebssystemerweiterung. Damit wird zum einen die DOS-inhärente 640-kB-Beschränkung des Arbeitsspeichers überwunden, zum andern das mit DOS nicht mögliche, aber für Übersetzer unverzichtbare Multitasking (oder zumindest Pseudomultitasking) erlaubt, mit dem mehrere „Fenster" (also mehrere Anwendungsprogramme, also z.B. Textverarbeitung plus Terminologiedatenbank plus elektronische einsprachige Wörterbücher plus CD-ROM plus Grafik etc.) gleichzeitig geöffnet werden können. Windows war bis Ende der neunziger Jahre marktbeherrschend; durch seine am Laienpublikumsgeschmack orientierte, aufwendige graphische Benutzeroberfläche (*graphical user interface*, GUI) stellt es sehr hohe Hardwareanforderungen und förderte so auch im Übersetzungswesen den (für rein verbale Text- und Terminologiearbeit an sich nicht nötigen) Trend zu leistungsstarken PCs und schnellen Festplatten mit möglichst großen Kapazitäten.

Grundsätzlich sind auf DOS aufbauende multitaskingfähige Systemkonfigurationen relativ labile Konstrukte, die für ihre Systemabstürze notorisch und daher im Prinzip für professionelle Arbeit wenig wünschenswert sind. Das am 25. September 1995 in Chicago vorgestellte *Windows 95*, das im Vorfeld auch als *Windows 4* und als *Windows Chicago* bezeichnet wurde, ist in dieser Hinsicht etwas stabiler, aber entgegen ersten Verlautbarungen und immer noch verbreiteter Meinung kein eigenständiges Betriebssystem, da es das Vorhandensein von DOS voraussetzt (vgl. *PC-Welt* 3/95:60f. und 7/95:51). Die Alternative, das Betriebssystem OS/2 von IBM, das nicht auf DOS aufsetzt und folglich dessen Beschränkungen nicht berücksichtigen muß, erreichte bis 1995 jedoch nur einen Marktanteil von 5 Prozent. Erst ab *Windows NT* ist Windows ein eigenes Betriebssystem, das wie OS/2 und Unix die DOS-spezifischen Grundsatzprobleme vermeidet. Windows NT 4.0 war bei Redaktionsschluß (Ende 1997) noch nicht als Arbeitsplattform für Übersetzer zu empfehlen, da diverse translationsrelevante Software unter diesem Betriebssystem nicht lief.

Bei der *Textverarbeitung* dominieren die Programme MS-Word und WordPerfect mit jeweils spezifischen Stärken und Schwächen. In den USA beispielsweise ist WordPerfect marktführend, in Deutschland MS-Word. Wichtige

Textformate sind daher Word- und Word-Perfect-Formate, aber z.B. auch Interleaf und RTF (*rich-text format*).

Eine Terminologieverwaltungssoftware und die von ihr verwalteten Daten (die Datenbasis) ergeben zusammen eine Terminologiedatenbank; Näheres dazu in Art. 23. Die anderen Werkzeuge, Translation-Memory-Systeme und MÜ-Programme, wurden bereits oben erläutert. Eine aktuelle Liste translationsrelevanter Software mit Merkmalen, Preisen und Lieferadressen ist im Internet abrufbar unter der Adresse http://dsb.uni-leipzig.de/~xlatio.

3.3 Telekommunikation

Der untere Teil von Fig. 2 soll den Einsatz des Computers zur elektronischen Kommunikation (Datenfernübertragung, DFÜ) symbolisieren. Dabei wird der mittels Modem oder vorzugsweise ISDN über die Telefonleitung an diverse Datennetze anschließbare PC zur Kommunikationszentrale am Arbeitsplatz. Von zentraler Bedeutung ist dabei seit Mitte der 90er Jahre die Nutzung des Internets und des Informationspotentials im *World Wide Web* (WWW). Die gezielte Recherche nach bestimmten Informationen in dem an sich absolut unüberschaubaren und unstrukturierten Informationsangebot wird durch Suchmaschinen (z.B. Yahoo) und Web-Crawler ermöglicht, die in der Regel innerhalb von Sekunden das Suchergebnis liefern. Eine besonders leicht zu benutzende „Informationsdrehscheibe“ mit Verknüpfungen zu den verschiedensten translationsrelevanten Informationen (darunter Verknüpfungen zu den C.I.U.T.I.-Instituten und anderen translatorischen Ausbildungsstätten, zum Stellenangebot des Arbeitsamts, zu Berufsverbänden, übersetzungswissenschaftlichen Organisationen, Online-Wörterbüchern und Terminologiedatenbanken, translationsrelevanter Literatur etc.) liefert ebenfalls die oben erwähnte Adresse: http://dsb.uni-leipzig.de/~xlatio.

Der Zugang zum Internet erfolgt außerhalb der Universitäten über sog. Service Provider oder (kostengünstiger) über die Online-Dienste (z.B. CompuServe, AOL oder T-Online mit Gebühren von jeweils rund 15 DM/Monat). Diese bieten besonders zuverlässige Möglichkeiten zum Dateitransfer und für Elektronische Post und erlauben damit die Möglichkeit der schnellen, preiswerten – und im Vergleich zur Internet-E-Mail sichereren – weltweiten Kommunikation z.B. mit Kunden und anderen Übersetzern. Außerdem bietet speziell CompuServe die einzigartige und außerordentlich nützliche Möglichkeit, im sog. Foreign Language Forum (go FLEFO) mit anderen Übersetzern über fachspezifische Themen zu diskutieren, fachspezifische Literatur einzusehen (und auf den eigenen Computer zu kopieren) sowie „am Schwarzen Brett“ allgemein zugängliche Nachrichten zu hinterlassen, etwa mit Fragen zu speziellen Übersetzungsproblemen. Durch die forumspezifische weltweite gegenseitige Hilfsbereitschaft lassen sich auf diesem Wege oft innerhalb weniger Stunden Übersetzungsprobleme lösen, für die man in der Prä-Computerära keinen Ansprechpartner gefunden hätte.

Literatur

Arntz, Reiner / Picht, Heribert (1992): *Einführung in die Terminologiearbeit.* Studien zu Sprache und Technik 2. Hildesheim / Zürich / New York: Olms.

Fischer, Ingeborg / Freigang, Karl-Heinz / Mayer, Felix / Reinke, Uwe (Hrsg.) (1994): *Sprachdatenverarbeitung für Übersetzer und Dolmetscher. Akten des Symposiums zum Abschluß des Saarbrücker Modellversuchs, 28./29. September 1992.* Studien zu Sprache und Technik 5. Hildesheim: Olms.

Göpferich, Susanne (1995): „Von der Terminographie zur Textographie: Computergestützte Verwaltung textsortenspezifischer Textversatzstücke.“ *Fachsprache* 1–2, 17–41.

Göpferich, Susanne / Schmitt, Peter A. (1996): „Begriff und adressatengerechte Benennung: Die Terminologiekomponente beim Technical Writing.“ Krings, Hans P. (Hrsg.) (1996): *Wissenschaftliche Grundlagen des Technischen Schreibens.* Forum für Fachsprachenforschung 32. Tübingen: Narr, 369–402.

Meli, Salvo (1989): „Informationsmarkt der maschinellen Übersetzung. Linguistischer Hintergrund, Typologie, Systeme, Übersetzungshilfen, Projekte und Übersetzungsdienste.“ *Terminologie et Traduction* 3, 63–107.

Reinke, Uwe (1994): „Zur Leistungsfähigkeit integrierter Übersetzungssysteme.“ *Lebende Sprachen* 3, 97–104.

Schmitt, Peter A. (1990): *Die Berufspraxis der Übersetzer. Eine Umfrageanalyse.* Berichtssonderheft

des Bundesverbandes der Dolmetscher und Übersetzer. Bonn: BDÜ.
Schmitt, Peter A. (1998, quartalsweise Aktualisierung): *Translation-relevant Software*. Internet-Publikation. http://www.uni-leipzig.de/~xlatio/xtools
Schmitt, Peter A. (1999): *Translation und Technik*. Tübingen: Stauffenburg.
Schwanke, Martina (1991): *Maschinelle Übersetzung. Ein Überblick über Theorie und Praxis*. Berlin etc.: Springer.
Ueberschär, Ina / Schmitt, Peter A. (1997): „Dolmetscher(in) (BKZ 8221) und Übersetzer(in) (BKZ 8222)." *Arbeitsmedizinische Berufskunde E 101. Sonderbeilage der Arbeitsmedizin. Sozialmedizin. Umweltmedizin* 1, 1–4.

Peter A. Schmitt (Leipzig)

52. Typographie und Layout

Seit der Einführung von Computern und Desktop Publishing in die Arbeitswelt des Übersetzers hat sich auch im translatorischen Bereich die Aufmerksamkeit mehr als bisher auf die visuelle Dimension des Textes gerichtet. *Layout* und *Typographie* sind Ausdrücke, die zunehmend in translatologischer Literatur (z.B. Holz-Mänttäri 1984, Vermeer 1989, Nord [2]1991) wie auch in der Praxis vorkommen (z.B. BDÜ 1994). Immer häufiger wird das Translat heute meist schon am Computer erstellt und als *druckfertige Übersetzung* vom Auftraggeber gefordert (vgl. Schopp 1993 et passim). Zunehmend bieten Übersetzungsbüros DTP-Bearbeitung, Layoutgestaltung, Graphikdesign und mehrsprachigen Schriftsatz an und signalisieren den damit verbundenen grundlegenden Wandel im Berufsbild (vgl. Freibott 1989:1).

1. DTP als Werkzeug des Übersetzers

DTP, *Desktop Publishing* („Publizieren am Schreibtisch"), ist eine Form von *Electronic Publishing* (auch CAP = *Computer-Aided/ Assisted Publishing*), bei der Dateien unterschiedlichen Charakters (Text, Bild, Graphik) zusammengeführt und von einer Person als Publikation gestaltet werden. Am Schreibmaschinen-Layout orientierte Textverarbeitungsprogramme älteren Datums mit ihrem begrenzten Zeichensatz und oft einer einzigen Schrift boten nur eingeschränkte Gestaltungsmöglichkeiten. Das seit Mitte der 80er Jahre entwickelte DTP dagegen orientiert sich am professionell gestalteten typographischen Text und arbeitet nach dem WYSIWYG-Prinzip *(what you see is what you get)*. Damit steht es zwischen der reinen Textverarbeitung und den professionellen Satzsystemen. DTP-Programme besitzen einen erweiterten Zeichensatz mit einer Reihe von typographischen Zeichen: Binde-/Trenn- und Gedankenstriche; neben dem Zollzeichen [″] deutsche [„ "], englische [" "] und französische [« »] Anführungszeichen; Sonderzeichen für Fremdsprachentext und eine steigende Zahl von Fonts (Druckschriften), z.T. mit KAPITÄLCHEN, Ligaturen (Buchstabenverbindungen, z.B. ff, fi, fl) und Charakterziffern (Ziffern mit Ober- und Unterlängen, z.B. 148). Der Grad ihrer Professionalität läßt sich an weiteren Möglichkeiten zur typographischen Bearbeitung und Gestaltung des Textes messen: genaueste Bestimmung von Laufweite der Schrift (einer variablen Größe, die sich auf den schriftgrad- und sprachspezifisch festzulegenden Buchstabenabstand bezieht und nicht mit dem schriftartspezifischen Breitenlauf verwechselt werden sollte); *Kerning* (Verringerung der Buchstabenabstände bei kritischen Buchstabenverbindungen wie „Te"); Bestimmung von Wortabstand, Zeilenabstand und Satzbreite; Vermeidung von Umbruchfehlern (sog. Hurenkinder und Schusterjungen). Dazu tritt die Möglichkeit zur Erzeugung von Graphiken sowie zur Einbindung und Bearbeitung von Bildmaterial. Die Qualität der Druckvorlage hängt zudem von der Punkt-Dichte des Ausgabegerätes ab (dpi = *dots per inch*): während ein gängiger Laserdrucker heute mit 600 dpi arbeitet, kommen professionelle Laserbelichter auf 2540 dpi und erzeugen somit ein wesentlich schärferes Druckbild. Allerdings reichen Hard- und Software sowie deren technische Beherrschung allein nicht für professionell gestaltete Produkte aus. Hinzu kommen muß das professionelle Wissen über die visuelle Gestaltung eines Textes. Erst dann ist ein Endprodukt gewährleistet, bei dem sprachliche Form und visuelle Gestalt des Textes optimal aufeinander abgestimmt sind.

Einsatzmöglichkeiten für DTP finden sich vor allem im Bereich der technischen und der wissenschaftlichen Dokumentation, für betriebsinterne Kommunikationsaufgaben, für Kundenzeitschriften sowie für einen Großteil der sogenannten Akzidenzdrucksachen (Prospekte, Kataloge, Briefbögen, Visitenkarten etc.), aber auch Zeitungen, Zeitschriften und Bücher jeder Art.

Als Werkzeug des Übersetzers zur Gestaltung des Translat-Layouts bietet DTP hauptsächlich drei Verwendungsmöglichkeiten (vgl. auch Freibott 1989): (1) Elektronisches Erfassen des Textes und Ausdruck des Translats in optimal lesbarer Form als *druckreife* Übersetzung (Layout als „Verpackung"); (2) Rekonstruktion des Layouts zwecks unmittelbarer Kontrolle der Textmenge, die auf einem beschränkten Raum untergebracht werden muß (Layout als Arbeitstechnik, als „Kontrollinstrument"); (3) Herstellung der Druckvorlage nach vorgegebenem Layout (Layout als „Endprodukt"). So ist durch DTP ein neuer Produkttyp der Übersetzung entstanden, die *druckfertige Übersetzung*. Sie ist im Übersetzungsprozeß die höchste Veredlungsstufe, da hier die sprachliche und die visuelle Form des Textes aufeinander bezogen in einem Arbeitsgang gestaltet werden.

Vorteile von DTP für den Übersetzer sind: (1) Erstellung multilingualer Übersetzungen mit einer Vielzahl von *typographischen Sonderzeichen;* (2) *Integration von Textelementen* in unterschiedlichen Alphabeten (lateinisch, kyrillisch, griechisch, arabisch etc.) in einem Dokument; (3) *Zeit- und Kostenersparnis* durch Wegfall der zweiten Texterfassung in der Setzerei/Druckerei; (4) *Ausschluß von Fehlerquellen*, die entstehen, wenn Personen ohne Kenntnisse der Zielsprache (ZS) den Text setzen; (5) Möglichkeiten zu *Änderungen in letzter Minute*; (6) Möglichkeit zur *Abstimmung von Text und visueller Form* in der Formulierungsphase (unmittelbare Kontrolle der Textmenge bei Einpassung in vorgegebenes, seiten- oder flächenbetontes Layout; Umformulierung von Überschriften zur Erzielung einer ästhetisch befriedigenden visuellen Form); (7) Berücksichtigung *typographischer Konventionen der Zielkultur*; (8) direkte *Einbindung von Abbildungen, Skizzen* etc.; (9) *erweitertes Dienstleistungsangebot* und dadurch erhöhte Einkommensmöglichkeit.

Ein *Nachteil* liegt in den hohen Anschaffungskosten für solche Hard- und Software, die professionellen Ansprüchen genügt. Ein weiterer liegt in der sehr komplexen Struktur der Programme, deren optimale Nutzung umfangreiches Training und ständigen Gebrauch voraussetzt. Schließlich wird häufig vergessen, daß selbst die professionell gestalteten, mitgelieferten Layoutdateien nicht das gesamte Fachwissen eines Typographen ersetzen können. Und so führt die oft mangelnde gestalterische Kompetenz der Laien zu Gestaltungsdefiziten bei den Produkten.

2. *Typographie und Layout*

Typographie (aus griech. *typos* = Schlag, Spur, Gestalt, Gepräge, Abdruck und *graphein* = zeichnen, malen, einritzen, graben, schreiben) bezieht sich auf die visuelle Dimension des gedruckten Textes. Der Begriff umfaßt sowohl die Gesamtheit aller Mittel, durch die sprachlicher Text visualisiert wird, als auch den visuellen Gestaltungsprozeß und schließlich das daraus resultierende Produkt. Bis in jüngste Zeit wurde Typographie ausschließlich als Fachterminus des graphischen Gewerbes auf Texte angewandt, deren „Textbild" von der Technik des Drucks mit Bleilettern geprägt und gestaltet war. Computerfonts und DTP-Programme haben den Begriff popularisiert und gleichzeitig teilweise an *Layout* (en. *lay out* = auslegen, ausstellen, Entwurf) angeglichen. *Layout* wird heute allgemein für das Erscheinungsbild eines Druckerzeugnisses verwendet, bezeichnet fachsprachlich aber immer noch den *Entwurf* des Druckerzeugnisses für die Druckerei.

Bei der Bearbeitung eines Auftrags wird der Übersetzer mehrfach mit Typographie und Layout konfrontiert. Zum einen sollte er bei der Ausgangstextanalyse die kulturspezifisch übliche Ausprägung der Layoutelemente von deren expressiver Verwendung durch den Autor unterscheiden können. Zum andern muß er in bezug auf die Konzeption des Zieltextlayouts den Auftraggeber auf mögliche Probleme aufmerksam machen und adäquate Lösungen vorschlagen können, und schließlich sollte er seine Übersetzung als Druckvorlage (*druckfertige Übersetzung*) mittels DTP realisieren können.

3. Typographie und Layout als Übersetzungsproblem

Aus dem Zeichencharakter typographischer Mittel folgt, daß sie prinzipiell kultur- oder autorenspezifisch eingesetzt werden und somit potentiell als „latentes Übersetzungsproblem“ (Schmitt 1989:53f.) auftreten können. Typographie und Layout sind demnach Größen, die bei der Übersetzung mitberücksichtigt werden müssen (vgl. Schopp 1993 et passim). Dabei ist auf die Kulturspezifik der Schriftsysteme, der einzelnen (typo)graphischen Zeichen sowie der Anwendung einzelner typographischer Mittel zu achten.

Übersetzungsprobleme entstehen beim Übergang von einem *Schriftsystem* zum andern u.a. durch die unterschiedliche Transkription bzw. Transliteration von Namen. Russische Namen werden z.B. in verschiedenen europäischen Sprachen unterschiedlich transkribiert: Хрущёв schreibt sich dt. *Chruschtschow*, en. *Khrushchev*, fr. *Khrouchtchev*, sp. *Jruschev*, sv. *Chrusjtjov* und fi. *Hruštšev*. Andererseits kann der Schriftcharakter schon an sich ein Problem bedeuten: die arabische Schrift kennt z.B. weder Großbuchstaben noch kursiven Schriftschnitt, was bei der Übersetzung europäischer Texte ins Arabische zu berücksichtigen ist (vgl. Emery 1989:2).

Kulturspezifische Schriftzeichen: Diese leiten sich davon her, daß das lateinische Alphabet mit seinem ursprünglichen Zeicheninventar nicht ausreicht, die vielen Nationalsprachen Europas lautlich wiederzugeben. Daher wurden für viele Sprachen spezielle Zeichen eingeführt, z.B. sp. ñ/Ñ, isl. ð/Đ und þ/Þ sowie sv. å/Å. Zusätzlich finden sich kulturspezifische Varianten wie z.B. no./da. ø/Ø (= ö) sowie dt. ß (= ss). Zeichen dieser Art stellen Probleme bei der Rezeption des Textes dar (wenn z.B. das sv. å als ä interpretiert wird oder Zeichen dieser Art kommentarlos in Übersetzungen von Kinder- und Jugendliteratur übernommen werden). Andererseits bilden sie ein Problem beim Druck des Zieltextes (ZT) in einem Land der Ausgangskultur, wenn dort die Regeln für die Verwendung nicht bekannt bzw. die entsprechenden Zeichen im Zeichensatz der Druckerei nicht vorhanden sind. So findet man im Ausland hergestellte deutschsprachige Druckerzeugnisse, in denen das deutsche ß als Großbuchstabe auftritt, was eindeutig den Regeln widerspricht (vgl. Duden [21]1996:75).

MAASSA MAAN TAVALLA : SAKSASSA

saksaksi

Saksassa kova kilpailu ylläpitää kovaa työtahtia. "Aika on rahaa. On työskenneltävä nopeasti", Senior-PR-konsultti Ginny Gottschalk painottaa.

Tiukan työrytmin ovat varmasti huomanneet suomalaisetkin ollessaan yhteydessä saksalaisiin. Kirjeisiin tai telefaxiin vastaus tulee paluupostissa eli siltä istumalta vastataan. Saksalaisten kanssa ei tarvitse epätietoisena odotella. Oli vastaus myönteinen tai kielteinen, se tulee pian ja kohteliaasti.

Merja Sinkkonen muistuttaakin suomalaisia: "Ilmoittakaa edes, että olette saanut kyselyn ja teette jotain. Tai sitten kohteliaasti, ettei voi tällä kertaa auttaa, mutta katsotaan myöhemmin. Valitettavasti suomalaiset joskus jättävät kokonaan vastaamatta."

Suomalaisilla hyvä maine

Sekä Ginny Gottschalk että Merja Sinkkonen ovat huomanneet, että suomalaisilla on hyvä maine Saksassa. "Kun suomalaisten kanssa on päästy liikesuhteisiin, niin kaikki pelaa jämptisti", Merja Sinkkonen kiittää. Ginny Gottschalk taas ei voisi kuvitella suomalaisten pettävän lupauksiaan.

"Suhteet suomalaisiin elintarviketeollisuuden viejiin ovat hyvät ja teen hyvin mielelläni töitä suomalaisten kanssa. Olen myös työssäni saanut Suomesta paljon apua ja nopeasti. Luotettavuutta arvostan", Gottschalk painottaa.

Muutenkin Ginny Gottschalk on "suomalaismielinen". Hän on tehnyt mm. matkoja Suomeen saksalaisten toimittajien kanssa ja liikkunut eri puolilla maata. Koko ryhmä on ollut ihastunut suomalaiseen luontoon ja ruokaan. PR-ihmisenä Gottschalk pitääkin suomalaisten vahvuutena "uskomattoman kaunista maata ja innostavaa ruokaa".

"Journalistien saama vaikutelma maasta näkyy myös positiivisina lehtijuttuina. Se todistaa, että Suomen luonto on viennissä imago-kysymys."

Gottschalk ihailee suomalaisissa piirteitä, jotka ehkä suomalaisista itsestään kuulostavat jo kliseiltä. "Jokaisella kansalla on oma olemus. Suomalaisissa ihailen sitä, että kansa on vahva, sisukas ja pitkäjänteinen. Suomalaisissa on luonteenlujuutta. Näitä ominaisuuksia toivoisin myös saksalaisille."

"Suomalaiset naiset taas ovat emansipoituneempia kuin naiset muissa maissa. Mm. viime syksynä Kölnin Anuga-messuilla (elintarviketeollisuuden messut) naiset olivat tärkeitä. Osastoilla esittelijät puhuivat hyvin saksaa ja hoitivat suomalais-saksalaiset suhteet mainiosti", Gottschalk sanoo.

Virheet maksavat

Merja Sinkkonen muistuttaa, että esimerkiksi messuille lähdettäessä on otettava selvää saksalaisista liiketavoista. "Vaikka tuote olisi kuinka hyvä, se ei myy, jos seisoskellaan hiljaa nurkissa. On osattava pukeutua niin, että saksalaiset ottavat vakavasti. On osattava käyttäytyä hillitysti ja fiksusti. On näytettävä, että haluaa päästä Saksan markkinoille."

Gottschalk neuvoo suomalaisia viejiä, jotka aikovat Saksan markkinoille: "On osattava sekä saksaa että englantia. Kannattaa pyytää neuvoja saksalaiselta liikekumppanilta esimerkiksi pakkausten etiketteihin. Ne on oltava

KÄÄNNÄ

Abb. 1: Bei diesem finnischsprachigen Zeitschriftenartikel weist der Schriftcharakter der Titelzeile „saksaksi“ („auf deutsch“) visuell auf das Thema des Artikels hin – ein Beispiel für die kulturspezifische Assoziation bei Frakturschriften.

Kulturspezifische Anwendung typographischer Zeichen: Hierbei handelt es sich zum einen um international verbreitete Zeichen, die in einzelnen Kulturen unterschiedlich zum Einsatz kommen. Dies gilt vor allem für die typographische Markierung von direkter Rede, Zitaten etc. durch Anführungszeichen sowie für den Bindestrich und den Gedankenstrich. Die korrekte Verwendung dieser Zeichen wird für deutschsprachige Druckerzeugnisse in den *Richtlinien für den Schriftsatz* (Duden [21]1996: 65–73) geregelt. Einen zweiten Bereich bildet die Vielzahl der Schriften, die sich voneinander durch Wechsel in der Strichstärke, Neigungsgrad, charakteristische Zusätze, Serifenausprägung u.a. periphere graphische Merkmale unterscheiden. Jede dieser Schriften hat ihre assoziative Wirkung auf den Leser, ihren *Anmutungswert* (Jegensdorf 1980:33f.). Für einige dieser Varianten haben sich kulturspezifische Assoziationen herausgebildet. So galt fast bis in die Mitte unseres Jahrhunderts die Fraktur als *die* deutsche Schrift. Die Antiquaschrift wurde erst durch die Machthaber des Dritten Reiches als „Normalschrift" eingeführt und damit auch im deutschen Kulturraum als Leseschrift etabliert (vgl. Jegensdorf 1980:69f.). Die Assoziation der gebrochenen Schriften mit „(typisch) deutsch" blieb im Ausland dennoch erhalten (vgl. Abb. 1), während sich im deutschen Kulturraum diese Assoziation auf den politischen Bereich einengte und je nach Kontext über das Visuelle die Zusatzbedeutung „Nazi, Neonazi, Naziherrschaft etc." in den Text einfließen läßt (vgl. Abb. 2).

Kulturspezifische Hervorhebungsmittel: Auch der Einsatz von kursivem und fettem Schriftschnitt als Hervorhebungsmittel, von Linien zur Unterstreichung und als Abgrenzung bzw. Kasten (Umrandung) kann in verschiedenen Kulturen in unterschiedlichem Grad und in einzelnen Textsorten mit unterschiedlicher Distribution erfolgen und somit Übersetzungsprobleme hervorrufen (vgl. Nord [2]1991:143).

Kulturspezifische Layoutgestaltung: Wenn der ZT in der Ausgangskultur als Druckerzeugnis fertig gestaltet wird, ergeben sich oft Probleme mit der Layoutgestaltung. Hier ist (1) die *funktionale Gestaltung* des Layouts von (2) der *qualitativen Ausführung* zu unterscheiden.

(1) Aus Kostengründen wird oft für alle Sprachversionen eines Druckerzeugnisses das gleiche Layout verwendet und die mehrfarbigen Abbildungen in größerer Auflage vorgedruckt, danach die jeweilige Sprachversion hergestellt. Da das Layout häufig in Werbeagenturen der Ausgangskultur angefertigt wird, können sich Probleme mit der *Gewichtung von Bild- und Textelementen* ergeben (indem z.B. nur in der Ausgangskultur bekannte Unternehmenslogos ohne ZS-Textelemente verwendet werden). Layoutelemente, die sich als Problem erweisen können sind u.a. das *Papierformat* (wenn z.B. Textmengen und Abbildungen von DIN-A4 auf dem amerikanischen Letter-Format untergebracht werden sollen oder umgekehrt), *Farben* mit kulturspezifischem Symbolwert (heilige Farben, rituelle Farben und Trauerfarben) und Farbkombinationen (Nationalfarben), die *Anordnung von Text- und Bildelementen* („Topographie" – bekannt ist die Problematik bei Schriftkulturen mit *Leserichtung* von rechts nach links), die kulturspezifische *Auswahl von Bildinhalten* sowie die kulturspezifische *Verwendung von Bildern* (Symbol-

Abb. 2: Dieses Inserat zu den österreichischen Parlamentswahlen 1994, veröffentlicht in *Der Standard* am 9. Juni 1994, nutzt den im deutschen Sprachraum verbreiteten Anmutungswert der Frakturschrift für eine politische Aussage.

wert), u.U. auch die kulturspezifische Ausarbeitung des Bildes als Foto, Zeichnung oder Karikatur.

(2) Wird das Druckerzeugnis mit dem ZT in der Ausgangskultur hergestellt, so kann die *qualitative Realisation des Layouts* zum Problem werden, sofern fallspezifisch die Ansprüche an das Gestaltungsniveau dort geringer sind. Häufig enthalten derartige Druckerzeugnisse eine Vielzahl von Verstößen gegen die zielkulturelle Orthotypographie oder gegen die Prinzipien der Lesbarkeit. Die Folge ist, daß einem solchen Druckerzeugnis in der Zielkultur nicht der ihm zugedachte Repräsentationswert zuerkannt wird, d.h., daß über die visuelle Qualität des Druckwerks u.U. unbeabsichtigt ein negatives Bild von dem dargestellten Unternehmen entsteht.

4. Die typographische Kompetenz des Übersetzers

Um zu gewährleisten, daß die visuelle Seite der Übersetzung nicht vernachlässigt und relevante visuelle Information des Ausgangstextes (AT) erkannt und in den ZT übernommen wird bzw. daß Gestaltungskonventionen der Zielkultur in der Ausgangskultur berücksichtigt werden, sollte der Übersetzer so etwas wie eine typographische Kompetenz besitzen. Daher muß die professionelle Kompetenz des Übersetzers (vgl. Schopp 1995; 1996a) weiter definiert werden, als es bisher üblich war, und das Curriculum mit entsprechenden Inhalten ergänzt werden.

Eine volle typographische Kompetenz läßt sich durch Progression von Teilkompetenzen aufbauen (s. Art. 6). Die *typographische Grundkompetenz* umfaßt die Grundlagen professioneller Textgestaltung (Textdesign – vgl. Schopp 1996a:193ff.). Sie versetzt den Übersetzer in die Lage, kultur- oder autorenspezifische Elemente im Textbild des AT zu erkennen und das in der Ausgangskultur konzipierte ZT-Layout auf seine Funktionstauglichkeit zu überprüfen und zu beurteilen.

Teil einer *Erweiterungskompetenz,* die sich auf die mediengerechte Gestaltung der Übersetzung für den Druck, für Film und Fernsehen bezieht, ist die *erweiterte typographische Grundkompetenz.* Diese ermöglicht dem Übersetzer, ein gegebenes Layout mittels DTP zu rekonstruieren bzw. für den ZT zu adaptieren und somit eine druckfertige Übersetzung herzustellen.

Die höchste Stufe besteht in der kreativen Gestaltung des ZT-Layouts, die in den meisten Fällen eine auf gesonderter Ausbildung beruhende professionelle *Kompetenz in typographischer Gestaltung* bzw. Graphikdesign voraussetzt.

Literatur

BDÜ (1994): Erhebungsbogen – Honorarumfrage: 1993/1994. *Mitteilungsblatt MDÜ* 40, 1/94, 15–18.

Duden ([21]1996): *Rechtschreibung der deutschen Sprache.* Mannheim / Leipzig / Wien / Zürich: Dudenverlag.

Emery, P. G. (1989): „Legal Arabic texts: implications for translation" *Babel* 35/1, 1–11.

Freibott, G. (1989): „Quo vadis, Translator? Der Übersetzer als Desktop Publisher?" *Lebende Sprachen* 1/89, 1–6.

Gulbins, Jürgen/Kahrmann, Christine (1993): *Mut zur Typographie. Ein Kurs für DTP und Textverarbeitung.* Berlin etc.: Springer.

Holz-Mänttäri, Justa (1984): *Translatorisches Handeln. Theorie und Methode.* Annales Academiae Scientiarum Fennicae B 226. Helsinki: Suomalainen Tiedeakatemia.

Holz-Mänttäri, Justa (1993): „Bildungsstrukturen und Netzwerke für ein Tätigkeitenfeld Textdesign." *TEXTconTEXT* 8/93, 259–293.

Jegensdorf, Lothar (1980): *Schriftgestaltung und Textanordnung: Theorie und didaktische Praxis der visuellen Kommunikation durch Schrift.* Ravensburg: Otto Maier.

Luidl, Philipp (1988): *Desktop-Knigge. Setzerwissen für Desktop-Publisher.* München: tewi.

Nord, Christiane ([2]1991): *Textanalyse und Übersetzen. Theoretische Grundlagen, Methode und didaktische Anwendung einer übersetzungsrelevanten Textanalyse.* Heidelberg: Groos.

Schmitt, Peter A. (1989): „Kultur-Spezifik von Technik-Texten: Ein translatorisches und terminographisches Problem." Vermeer, Hans J. (Hrsg.) (1989): *Kulturspezifik des translatorischen Handelns. Vorträge anläßlich der GAL-Tagung 1989.* th – translatorisches handeln 3. Heidelberg, 49–87.

Schopp, Jürgen (1993): „Der Übersetzer als ‚Typograf' – Von der druckreifen Übersetzung zum druckfertigen Translat." *TEXTconTEXT* 8 (1993), 237–257.

Schopp, Jürgen (1994): „Typographie als Translationsproblem." Snell-Hornby, Mary / Pöchhacker, Franz / Kaindl, Klaus (Hrsg.) (1994): *Translation Studies – An Interdiscipline. Selected Papers from the Translation Studies Congress, Vienna, 9–12 September 1992.* Amsterdam / Philadelphia: Benjamins, 349–360.

Schopp, Jürgen (1995): „Veredlungsstufe und Kompetenzbereich: Entwurf zu einer Produkttypologie der Übersetzung." *Erikoiskielet ja käännösteoria. VAKKI-symposiumi XV. Vöyri 11.–12. 2. 1995.* Vaasa/Finnland, 217–228.

Schopp, Jürgen (1996a): „The Typographic Competence of the Translator – Visual Text Design and Desktop Publishing." *XIV World Congress of the Fédération Internationale des Traducteurs (FIT) February 1996, Melbourne, Australia, Proceedings Vol. 1,* 189–195.

Schopp, Jürgen (1996b): „Wozu brauchen ÜbersetzerInnen eine typographische Kompetenz?" Oittinen, Riitta / Paloposki, Outi / Schopp, Jürgen (Hrsg.) (1996): *Aspectus varii translationis II.* studia translatologica ser. B, 2. Tampere, 83–106.

Vermeer, Hans J. (Hrsg.) (1989): *Kulturspezifik des translatorischen Handelns. Vorträge anläßlich der GAL-Tagung 1989.* th – translatorisches handeln 3. Heidelberg.

Jürgen F. Schopp (Tampere)

D Spezifische Aspekte des Übersetzens

D1 Primär informative Texte (Gebrauchstexte)

53. Geschäftskorrespondenz

1. Einleitung

Bei oberflächlicher Betrachtung mag man den Eindruck gewinnen, der Geschäftsbrief sei eine in hohem Maße routinebetonte und phraseologisch fixierte Textsorte. Zudem sind heute für wenig Geld Datenträger mit Standardbriefen und/oder Briefbausteinen erhältlich, so daß sich die Beschäftigung mit dieser Textsorte nicht zu lohnen scheint.

Leider stößt man in der Praxis jedoch sehr schnell an die Grenzen der Standardisierbarkeit. Auch wenn z.B. in einen Textbaustein für die Mängelrüge „nur" noch die spezifischen Fakten eingesetzt werden müssen, gilt es, gewisse lexikalische und grammatische Hürden zu überwinden. Noch schwieriger wird es, wenn man einen argumentativen Brief selbst formulieren oder übertragen muß, der dann die lexikalischen, phraseologischen, syntaktischen, kommunikativen und textsortenspezifischen Merkmale eines professionellen Geschäftsbriefs besitzen sollte.

In einem kurzen Artikel dieser Art kann nur schwerpunktmäßig und beispielhaft (ausgehend vom deutschen Geschäftsbrief) auf einige Problembereiche hingewiesen werden, die die besondere Aufmerksamkeit des Translators/Textproduzenten verdienen:

(1) Äußere Form, Anrede, Grußformeln
(2) Routineformulierungen
(3) Textstrukturelle Aspekte
(4) Persönliche bzw. unpersönliche Ausdrucksweise
(5) Höflichkeitssignale
(6) Verbalisierungsmuster für textsortenspezifische Sprechakte (zum Begriff s. Art. 13)

2. Äußere Form, Anrede, Grußformeln

Der formale Aufbau des deutschen Geschäftsbriefs ist in DIN 5008 festgelegt und selbstverständlich jedem guten Handbuch der Geschäftskorrespondenz zu entnehmen. Im Vergleich zu früher ist eine Tendenz zur Ökonomisierung festzustellen, indem z.B. redundante Rubriken wie „Betreff" oder „Bezug" gestrichen werden. Parallel hierzu ist auch die Sprache schnörkelloser geworden. Ältere Formeln wie

> Wir hoffen, Ihnen hiermit gedient zu haben,
> und verbleiben mit vorzüglicher Hochachtung

werden heute als veraltet empfunden.

Anrede und *Grußformel* sind die ersten Stolpersteine im Brief, besonders für Translatoren aus Kulturen mit anderen Konventionen, in denen z.B. die Anredeformel bei offiziellen Briefen gänzlich wegfällt oder umgekehrt bedeutend kompliziertere Muster hat. Angeredet wird in Deutschland heute standardmäßig mit

> Sehr geehrte Damen und Herren,

wenn man an mehrere Personen oder ein Unternehmen schreibt. Kennt man den Empfänger, sollte der Name unbedingt genannt werden:

> Sehr geehrte Frau Meier,
> Sehr geehrter Herr Müller,

Die Standardgrußformel ist heute

> Mit freundlichen Grüßen

Das ältere

> Hochachtungsvoll

wird als (ablehnende oder respektvolle) Distanzierung empfunden.

Auch der Gebrauch von *Titeln* ist hochgradig kulturabhängig, wobei noch unterschieden werden muß zwischen Titeln, die nur in der Anschrift verwendet werden (z.B. Dipl.-Ing.), und solchen, mit denen der Empfänger auch angeredet werden sollte (z.B. Doktor, Direktor):

> Sehr geehrte Frau Dr. Müller
> Sehr geehrter Herr Direktor Meyer

3. *Routineformulierungen*

Formulierungen des Typs

> Wir bestätigen Ihnen hiermit dankend den Erhalt Ihres Schreibens vom 15.03.
> Wir würden uns über Ihre Bestellung freuen und sichern Ihnen eine rasche und sorgfältige Erledigung des Auftrags zu,

die mehr oder weniger kontextunabhängig in verschiedenen Situationen verwendet werden können, sollen nicht Gegenstand dieses Artikels sein, da sie – wie die formalen Aspekte – ebenfalls in jedem Briefsteller oder Lehrbuch der Geschäftskorrespondenz zu finden sind. Es soll nur darauf hingewiesen werden, daß die oft von Briefratgebern vertretene Auffassung, diese „Floskeln" seien unnötiger Ballast in der Geschäftskommunikation, teilweise die Funktion dieses „kommunikativen Zuckers" verkennt (s. auch Abschnitt 6 unten). Für den Ausländer bieten sie Gelegenheit, authentisch zu klingen. Ferner ist es unökonomisch, zu viel sprachschöpferische Energie in sich ständig wiederholende Formulierungsaufgaben zu investieren.

4. *Textstrukturelle Aspekte*

Man kann nicht automatisch davon ausgehen, daß in zwei verschiedenen Kulturen die Argumentation im Geschäftsbrief nach den gleichen Grundsätzen strukturiert wird, weder qualitativ noch quantitativ. Im angelsächsisch-skandinavischen Raum z.B. ist die Geschäftskorrespondenz (falls sie nicht, wie in Skandinavien, am liebsten ganz vermieden wird – man greift lieber zum Telefon) von Effektivität und Kürze geprägt. Man geht möglichst sofort und direkt „zur Sache". Auch wenn dieser vermeintlich ökonomische Stil in vielen deutschen Briefratgebern ebenfalls empfohlen wird, entspricht er nicht dem traditionellen Aufbau des deutschen Geschäftsbriefs, in dem Art, Ausführlichkeit und Position von die eigene Stellungnahme begründenden Argumenten sehr stark mit dem sozialen und kommunikativen Stellenwert des Briefes korrelieren. So steht etwa ein abschlägiger Bescheid selten im ersten Satz des Briefes, sondern wird zunächst argumentativ untermauert. Der typische Aufbau eines deutschen Briefes mit für den Empfänger negativem Inhalt ist

(1) *einleitende Argumentation* (je wichtiger der Empfänger oder die Angelegenheit für den Sender, desto ausführlicher)
(2) *negativer Bescheid im Klartext*
(3) eventuell *Besänftigung* und *Imagearbeit.*

Imagearbeit nennt man Formulierungen, die – trotz negativem Briefinhalt – versuchen, eine gute persönliche Relation aufrechtzuerhalten. Der Zusatz *im Klartext* soll daran erinnern, daß man durchaus nicht in allen Kulturen ein *Nein* als *Nein* formuliert (*mañana!*).

Als Parenthese sei hier angemerkt, daß kommerzielle Briefratgeber gerade in der Beurteilung der kommunikativen Elemente oft größeren Rationalisierungseifer zeigen als sowohl Praktiker als auch Kommunikationswissenschaftler, weshalb auch dem Praktiker durchaus empfohlen werden kann, sich mit pragmalinguistisch orientierten Arbeiten zur Zielsprache auseinanderzusetzen.

5. *Persönliche bzw. unpersönliche Ausdrucksweise*

Die deutsche Fachsprache ist stark von Passivkonstruktionen und mit ihnen verwandten sog. unpersönlichen Konstruktionen geprägt, bei denen durch verschiedene grammatische Mittel der Handelnde/Verantwortliche in den Hintergrund gerückt wird (s. Art. 20, 63). Diese Unpersönlichkeit ist einerseits auch im Geschäftsbrief ein neutrales und ökonomisches Stilmittel, wird aber andererseits in konfliktären Briefen gezielt eingesetzt, um (etwas vereinfacht) eigene Schwächen zu decken, eigene Stärken hervorzuheben bzw. die Stärken des Anderen zu verdecken oder dessen Schwachstellen zu betonen. Man vergleiche als einfaches Beispiel die folgenden Formulierungen:

(1) Wir haben Sie bereits am 1. Juni darauf aufmerksam gemacht...

(2) Sie haben es trotz zweifacher Aufforderung unterlassen...
(3) Die Lieferung verspätet sich.
(4) Sie haben die Werkzeuge nicht rechtzeitig geliefert.

In (1) verteidigt man sich (pers.), in (2) macht man dem Empfänger einen Vorwurf (pers.), in (3) hat sich offenbar eine Lieferung ohne Verantwortung des Lieferanten verselbständigt (unpers.), was aber vom Geschädigten nicht anerkannt wird, wie aus (4) hervorgeht (pers.). Die Wahl der syntaktischen Konstruktion ist somit durchaus nicht beliebig, wobei auch hier wiederum sprach- und kulturspezifische Konventionen zu beachten sind (wenn z.B. persönliche Konstruktionen bevorzugt werden).

6. *Höflichkeitssignale*

Höflichkeit – die Kunst, das „Gesicht" des Partners zu wahren – ist ebenfalls stark sprach- und kulturbedingt. Ihre Ausdrucksformen muß der Translator unbedingt beherrschen. Grammatische Fehler werden nämlich in der Regel dem Ausländer verziehen, während ein „falscher Ton" unbewußt zu emotionalen Abwehrhaltungen führen kann..

Wenn alle anderen Faktoren konstant gehalten werden, sind z.B. im Deutschen die Sprechakte „Bitten" oder „Auffordern" höflicher, wenn sie

(1) als *Frage* formuliert sind statt als Aufforderung oder Deklarativsatz: Teilen Sie mir den genauen Termin noch mit?/!;
(2) im *Konjunktiv* stehen statt im Indikativ: *Können / Könnten* Sie mir die Broschüre übersenden?;
(3) ein *Höflichkeitsadverb* wie *bitte* enthalten: Könnten Sie mir [*bitte*] die Broschüre übersenden?;
(4) *explizit* das Anliegen als z.B. Bitte oder Frage markieren, statt den Empfänger diesbezüglich im unklaren zu lassen: *Ich bitte Sie*, mir eine Warenprobe zuzusenden.;
(5) das explizierte Sprechaktverb (*bitten, fragen, auffordern* usw., vgl. auch Abschnitt 6) mit Hilfe eines *Modalverbs* „weicher" machen: Ich *möchte* Sie bitten, ...

Diese verschiedenen Mittel können kombiniert werden, vgl.:

> Überlassen Sie mir ein neues Exemplar!

das am unteren Ende der Höflichkeitsskala liegt (ohne jedes Signal) und

> Dürfte ich Sie höflichst bitten, mir ein neues Exemplar zu überlassen?

am oberen Ende mit fünf Signalen (Frageform, *höflichst*, explizites *bitten*, modalisiert mit Modalverb *dürfen*, das im Konjunktiv steht).

7. *Verbalisierungsmuster für textsortentypische Sprechakte*

Ein besonderes Merkmal des deutschen Geschäftsbriefs sind die sog. *expliziten Sprechakte*, die beschreiben, was der Sender mit einem Satz oder einem Textsegment eigentlich „tut". Man kann z.B. eine neue Wirklichkeit *konstituieren* (Beispiel: einen Rabatt *gewähren*), einen Informationsgehalt *vermitteln* (Beispiel: einer Auffassung *widersprechen*), den Empfänger *kognitiv aktivieren* (z.B. etwas *mitteilen*), oder aber man kann *interaktiv regulierend* tätig werden (Beispiel: jemanden um etwas *bitten*).

Während man in der Alltagssprache diese Sprechakte oft indirekt oder implizit vollzieht (*Weißt du, wieviel Uhr es ist?* als Bitte um Mitteilung der Uhrzeit oder *Es zieht!* als Aufforderung zum Fensterschließen), findet man im deutschen Geschäftsbrief oft explizite Formulierungen von Sprechakten:

> Wir *gewähren* Ihnen einen Rabatt von 15%.

statt

> Sie erhalten einen Rabatt von 15%.

oder

> Wir *bestätigen* den Erhalt Ihres Schreibens.

statt

> Wir haben Ihr Schreiben erhalten.

Eine Ursache dieser Explizitheit ist sicher die juristische Eindeutigkeit. Es ist eben ein Unterschied, ob ich etwas *versichere*, *verspreche*, *in Aussicht stelle*, *mitteile* oder *feststelle*.

Ein zweiter wichtiger Grund für die explizite Nennung der Sprechaktverben ist jedoch die sich hierdurch eröffnende Möglichkeit der kommunikativen Feinabstufung durch ein Modalverb, womit dem Empfänger ein kommunikatives Signal vermittelt wird, wie der Sender den vollzogenen Sprechakt auf dem Hintergrund der sozialen Beziehung zum Empfänger und der Wichtigkeit der diskutierten Angelegenheit einstuft.

Typisch sind Wendungen wie:

> Die drucktechnischen Probleme aufgrund des Arbeitskampfes bedauern wir außerordentlich. Wir *können/dürfen/möchten/müssen* jedoch in diesem Zusammenhang auf die Höhere-Gewalt-Klausel in unserem Vertrag hinweisen.

Hierbei steht nicht zur Diskussion, daß mit dem zweiten Satz die Sprechhandlung des Hinweisens vollzogen wird. Unterschiedliche Interpretationen erfahren jedoch die Bedeutungsmodifikationen, die durch die Modalverben erzielt werden.

Vereinfachend kann man hier feststellen, daß *können*, *dürfen* und *möchten* von der Senderposition ausgehen, während *müssen* den für den Empfänger negativen Gehalt anerkennt und „bedauert".

Allgemein verwendet man *können* entweder wie hier zur Markierung der Selbstsicherheit oder aber, bei empfängerpositiven Handlungen, als Solidarisierung, oft in Kombination mit *Wir freuen uns, (Ihnen mitteilen zu können)*. *Dürfen* ist ein problematisches Verb, distanzierend im Indikativ, dagegen sehr höflich in der Frage im Konjunktiv. *Möchten* wird fälschlich oft als reines Höflichkeitssignal gewertet, in der Kombination mit einer Reihe von Sprechaktverben drückt es allerdings aus, daß der Sprechakt im Interesse des Senders liegt. *Müssen* hat die doppelte Funktion der Signalisierung eines Bedauerns (häufig in Kombination mit *leider*) und des Sich-Versteckens hinter objektiven Sachverhalten.

Für eine ausführliche Diskussion fehlt hier der Platz (vgl. jedoch Koch 1986a). Zu betonen ist, daß das Verständnis für diese (oft subtilen) kommunikativen Abstufungen natürlich keinesfalls bedeutungslos ist und daß man diese wichtigen Ausdrucksmöglichkeiten nicht einfach als überholte Floskeln abqualifizieren darf (so z.B. Manekeller 1983).

Literatur

Brandt, Margareta / Koch, Wolfgang / Motsch, Wolfgang / Rosengren, Inger / Viehweger, Dieter (1983): „Der Einfluß der kommunikativen Strategie auf die Textstruktur, dargestellt am Beispiel des Geschäftsbriefs." Rosengren, Inger (Hrsg.) (1983): *Sprache und Pragmatik, Lunder Symposium 1982*. Lund: Gleerups, 105–135.

Brandt, Margareta / Rosengren, Inger (1991): „Zur Handlungsstruktur des Textes." *Sprache und Pragmatik* 24, 3–46.

Hartley, Paul / Robins, Gertrud (1996): *German business correspondence*. London / New York: Routledge.

Hermling, Christoph (1984): *Handbuch zur Geschäftskorrespondenz*. Wiesbaden: Gabler.

Koch, Wolfgang (1986a): „Das Modalverb als Handlungsevaluator." Weiß, Walter / Wiegand, Herbert / Reis, Marga (Hrsg.) (1986): *Kontroversen, alte und neue. Akten des VII. Internationalen Germanisten-Kongresses, Göttingen 1985*. Bd. 3. Tübingen: Niemeyer, 381–392.

Koch, Wolfgang (1986b/[3]1994): *Tyska affärsbrev* [„Deutsche Geschäftsbriefe"]. Lund.

Koch, Wolfgang (1987): „Thematische Rollen und Kasuszuweisung in Geschäftsbriefen – zur pragmatischen Determiniertheit von syntaktischen Strukturen." Rosengren, Inger (Hrsg.) (1987): *Sprache und Pragmatik, Lunder Symposium 1985*. Lund: Gleerups, 71–103

Manekeller, Wolfgang (1983): *Das große Handbuch der Musterbriefe für Privat- und Geschäftskorrespondenz*. Landsberg am Lech: vmi.

Rosengren, Inger (1979): „Die Sprachhandlung als Mittel zum Zweck. Typen und Funktionen." Rosengren, Inger (Hrsg.) (1979): *Sprache und Pragmatik, Lunder Symposium 1978*. Malmö: Gleerups.

Wolfgang Koch (Aarhus)

54. Anleitungen / Benutzerhinweise

1. Definition

Die in diesem Kapitel behandelten Texte gehören nach Reiss (1971) zu den primär informativen Texten, die jedoch durchaus appellative und expressive Elemente enthalten können; nach Göpferich (1995:124 passim) fallen sie in die Textsortenkategorie der Mensch/Technik-interaktionsorientierten Texte. Die Bezeichnung dieser Textsorte ist im Deutschen etwas problematisch. Im Englischen trifft die hyperonymische Bezeichnung *manuals* den gemeinten Begriff recht gut, da dieser Ausdruck keine Aussage darüber macht, in welchem Verhältnis Textverfasser und Textadressat zueinander stehen und welche äußere Form ein konkretes *manual* hat. Gelegentlich verwendet man daher auch im Deutschen den Ausdruck *Manual* als Lehnwort (mit englischer Aussprache), selten auch phonetisch und hinsichtlich Deklination ans Deutsche assimiliert als *Manual* (pl: *Manuale*).

Gemeint sind damit jene Teile einer Produktdokumentation, in denen der Benutzer eines Produkts mit dem Produkt und dessen Gebrauch, Bedienung, Betrieb, Instandhaltung und/oder Instandsetzung vertraut gemacht werden soll. Der Text ist dabei üblicherweise (meist auf Papier) gedruckt, kann aber auch direkt auf das Produkt aufgebracht werden (Aufkleber, Tampondruck etc.) oder (besonders bei Softwaremanuals) auch in Form einer Datei (z.B. als Hypertextdokument) geliefert werden. Im Gegensatz zum en. Ausdruck *manual*, der von einem einzelnen Blatt über ein geklammertes Heft bis zu mehrbändigen Büchern alles abdeckt, kann der dt. Ausdruck *Handbuch* nur auf solche Dokumentationen bezogen werden, die tatsächlich die Merkmale eines Buches (Bindung mit Rücken, auch Ringbücher) aufweisen.

Der Ausdruck *Anweisung* sollte als Titel nur dann gewählt werden, wenn der Textsender in bezug auf den Textadressaten weisungsbefugt ist (z.B. bei fachinternen Dokumentationen, wie etwa bei Instandhaltungs- und Instandsetzungsanweisungen für die Servicetechniker eines Unternehmens). Der Ausdruck *Anleitung* ist in dieser Hinsicht neutral und kommt auch für Dokumentationen in Frage, die in den Bereich der fachexternen Kommunikation fallen, wie etwa die Anleitungen für Haushalts- und Sportgeräte, Autos etc. Die Ausdrücke *Gebrauchs-*, *Bedienungs-* und *Betriebs-* können in Zusammensetzungen als Bestimmungswörter zu den Grundwörtern *Handbuch*, *Anweisung* und *Anleitung* verwendet werden, sind aber nicht beliebig austauschbar, da sie sich auf Produkte unterschiedlicher Komplexität beziehen. So paßt zu einem Kernkraftwerk der Ausdruck *Betriebshandbuch*, aber nicht *Gebrauchsanleitung*; das umgekehrte gilt für eine Zeckenzange.

	Bestimmungswort	Grundwort		
Produkt wird ...		Sender hat Weisungsbefugnis	Sender hat keine Weisungsbefugnis	In Buchform (auch Spiralbindung oder Ringbuch)
gebraucht:	Gebrauchs	anweisung	anleitung	-
benutzt:	Benutzer	anweisung	anleitung	handbuch
bedient:	Bedienungs	anweisung	anleitung	handbuch
betrieben:	Betriebs	anweisung	anleitung	handbuch
gewartet:	Wartungs	anweisung	anleitung	handbuch
repariert:	Reparatur	anweisung	anleitung	handbuch

2. Übersetzungsrelevante formale Aspekte

Generell ist bei der Übersetzung von Produktdokumentationen die Frage zu stellen, ob sich die Übersetzung möglichst nahtlos in die Zielkultur einfügen und am Erscheinungsbild dortiger Paralleltexte orientieren soll oder ob das vorrangige Ziel die *corporate identity* ist mit dem Prinzip: *show one face to the customer.* Im letzteren (und häufigeren) Fall muß die Produktdokumentation in allen Sprachen gleich aussehen (z.B. hinsichtlich Papierformat, Layout, Typographie etc.), unabhängig davon, was in den jeweiligen Märkten üblich ist. Andernfalls sind insbesondere folgende formalen Aspekte zu berücksichtigen, die erfahrungsgemäß bei Anleitungen etc. potentiell kulturspezifisch und ggf. anzupassen sind:

- *Papierformat* (z.B. DIN-A4-Format in Deutschland vs. Letter in den USA; Betriebsanleitungen amerikanischer Autos haben meist ein kleineres Format als die deutscher Autos)

- *Seitenausrichtung* (z.B. sind Betriebsanleitungen von Autos fast ausnahmslos querformatig)
- *Art der Bindung/Lochung* (z.B. dominiert in Deutschland bei Ringbüchern die 2er- oder 4er-Lochung, in den USA hingegen die 3er-Lochung, wobei Lochdurchmesser und -abstände unterschiedlich sind, was sich auf den Satzspiegel und die pro Seite verfügbare Fläche und mithin auf Layout und Textformulierung auswirkt)
- *Typographische Merkmale* (z.B. typische Verwendung bestimmter Schriften und Schriftschnitte; z.B. sind kfz-technische Handbücher im Dt. meist in Helvetica gesetzt, in den USA meist in Times)
- *Art und Ausführung von Abbildungen* (z.B. werden die Comic-Elemente in den Übersetzungen japanischer Kfz-Werkstattanweisungen üblicherweise beibehalten, obwohl sie bei den Adressaten eher auf Ablehnung stoßen; die Abbildungen in Betriebsanleitungen fr. Pkw sind üblicherweise bunt, während im Dt. bisher monochrome und allenfalls zweifarbige Darstellungen üblich sind)

3. Makrostruktur

Die Makrostruktur von Anleitungen bleibt in der Regel beim Übersetzen unverändert. Viele Anleitungen, insbesondere von weniger hochpreisigen Produkten wie etwa Spielzeug, sind in dieser Hinsicht allerdings defekt und ließen sich im Rahmen der Übersetzung verbessern. Änderungen an der Makrostruktur sind jedoch meist mit mehr (Folge-)Aufwand verbunden, als man spontan annimmt, und daher hinsichtlich Zeitaufwand und Kosten vorher mit dem Kunden abzustimmen. Insbesondere bei Handbüchern wird oft für alle Sprachversionen ein identischer Seitenumbruch oder gar eine Entsprechung auf Absatzebene gefordert, womit Änderungen der Makrostruktur ausgeschlossen sind. Grundsätzlich ist zu beachten (auch bei der Terminologie, s. dazu Göpferich/Schmitt 1996), daß Anleitungen komplexerer Produkte normalerweise nicht komplett sequentiell gelesen werden, sondern die benötigte Information von Fall zu Fall gezielt (über Inhalts- und Stichwortverzeichnisse) gesucht wird. Gleichwohl sollte die Präsentationssequenz der Informationen möglichst dem typischen Nutzungsablauf entsprechen, d.h. Informationen zur Inbetriebnahme sollten zu Beginn stehen, Informationen zur Störungsbehebung am Ende. Hinweise zum Auspacken des Produkts sollten nicht innerhalb einer Anleitung stehen, die erst nach dem Auspacken zugänglich ist. Die Textbaupläne variieren in der Realität erheblich, in bezug auf Informationsangebot und -struktur ebenso wie hinsichtlich der -reihenfolge. Die folgende Liste nennt (in einer exemplarischen, aber nicht verbindlichen Reihenfolge) die typischen Textelemente, von denen je nach Komplexität des Produkts und Zweck des Dokuments mehr oder weniger Gebrauch gemacht wird:

- Titelseite mit Produktbezeichnung, -abbildung, Herstellerfirma, -logo und Dokumenttitel
- Gesamtansicht des Produkts
- Impressum, Copyright-Vermerk, Änderungsvorbehalt, eingetragene Warenzeichen, Hinweis auf Umweltschutz (Papiersorte)
- Gratulation zum Kaufentscheid/Dank für Kundenvertrauen
- Appell zur Lektüre des Dokuments
- Hinweise zu Dokumentinhalt, -struktur, Symbolen
- Hinweis auf Risiken beim Produkteinsatz
- Hinweis auf Haftungsausschluß bei Einsatz fremder Ersatzteile
- Gewährleistungsbedingungen und Hinweis auf die Gewährleistungsrelevanz regelmäßiger Wartung und Verwendung der Originalverpackung bei Versand
- Inhaltsverzeichnis mit Seitenangaben
- Abbildung des Produkts und Benennung der Teile/Bedienungselemente
- Globalbeschreibung des Produkts und seiner wichtigsten Merkmale
- Hinweise zur Montage, Installation, Inbetriebnahme etc.
- Hinweis auf benötigte Werkzeuge/Arbeitsmittel/Werkstoffe
- Kurzbeschreibung der Produktbedienung („Schnellstart")
- Detailbeschreibung der Produkt-Systeme/-Komponenten/-Funktionen, gefolgt von einer Detailbeschreibung der jeweiligen Arbeitsschritte für Gebrauch, Bedienung, Betrieb etc., ggf. mit Sicherheitshinweisen von Fall zu Fall

- Beschreibung von Pflege und Wartung (sofern das Dokument nicht ausschließlich diesem Thema gewidmet ist)
- Störungsdiagnose (meist in Form von Tabellen- oder Flußdiagrammen)
- Ansprechpartner und Vorgehensweise bei gravierenden Störungen (Adressen, Hotline etc.)
- Außerbetriebnahme, Recyclingaspekte
- technische Daten, Füllmengen etc.
- Ersatzteile, Sonderzubehör
- Stichwortverzeichnis

4. Mikrostruktur

Vor Übersetzungsbeginn ist mit dem Kunden zu klären, ob die Anleitung (und insbesondere die darin enthaltenen direktiven Sprechakte) persönlich formuliert werden soll (sog. Adressateneinbezug) oder unpersönlich. Als Faustregel gilt: Fachinterne Dokumentation (z.B. Werkstattliteratur, Servicehandbücher, Montageanweisungen, Betriebshandbücher) ist normalerweise unpersönlich (und knapp) zu formulieren (z.B. „Kopf aufsetzen und festschrauben."), fachexterne Dokumentation (z.B. Gebrauchs-, Bedienungs- und Betriebsanleitungen für Konsumgüter) eher persönlich (z.B. „Zum Schließen des Fensters drücken Sie [Esc]." oder „Drücken Sie [Esc], um das Fenster zu schließen." oder „Schließen Sie das Fenster mit: [Esc]"). Pkw-Betriebsanleitungen müßten eigentlich persönlich formuliert sein, doch wurde hier bislang unpersönlicher Stil verlangt (seit 1997 zeichnet sich eine Trendwende ab).

Als typische Gebrauchstexte sind Anleitungen im Regelfall so klar und präzise wie möglich zu formulieren (zum Einsatz rhetorischer Mittel in dieser Textsorte s. Ebermann 1992). Was klar und präzise (genug) ist, hängt vom Adressaten und dessen Vorwissen ab. Das Informationsangebot im Zieltext (ZT) und mithin dessen Mikrostruktur richtet sich daher ausschließlich nach dem Zweck des ZT. Unzulänglichkeiten des Ausgangstexts (AT), wie etwa Kohärenz- und Kohäsionsmängel und schwerfällige Thema-Rhema-Progression, sind daher keine gegenüber dem Kunden vertretbare Begründung dafür, es im ZT genauso schlecht zu machen (zu AT-Defekten s. Art. 41). Da das beim ZT-Adressaten vorausgesetzte Vorwissen kulturspezifisch sein kann, gehört es zum üblichen Übersetzungsverfahren (s. Art. 42), entsprechende Passagen ggf. entweder näher auszuführen, weniger ausführlich darzustellen oder wegzulassen. Man spricht hier auch von einer kulturspezifischen „Beschreibungstiefe"; z.B. wird in amerikanischen Pkw-Betriebsanleitungen für Fahrzeuge mit Schaltgetriebe (die in den USA nur 10% der Pkw ausmachen) relativ ausführlich das Schalten beschrieben, was in dt. Auto-Betriebsanleitungen als bekannt vorausgesetzt wird.

5. Verbaltext und Bild

Anleitungen jeder Art sind fast immer eine semiotische Funktionsgemeinschaft aus verbalen und nonverbalen Informationen (Bildern). Der (Flächen-)Anteil der Bilder liegt meist bei 50% und darüber, kann aber je nach Zielgruppe und Produkt (z.B. Montageanleitungen im Spielzeugmodellbau) fast 100% betragen. Beim Übersetzen zu beachten ist zum einen die im Bild gebotene Information (ohne die oft der Verbaltext nicht richtig interpretierbar ist), zum andern die Übereinstimmung der z.B. in Abbildungslegenden etc. verwendeten Ausdrücke (z.B. Teilebenennungen) mit dem übrigen Text.

6. Platzprobleme

Insbesondere beim Übersetzen aus dem Englischen (vor allem in romanische Sprachen) gibt es oft Platzprobleme, wenn Abbildungen, Diagramme und Tabellen wenig Freifläche für den ZT bieten; bei solchen Flächenrestriktionen kann auf typographische Mittel ausgewichen werden, wobei sachliche Richtigkeit und gute Lesbarkeit Priorität haben: Groß-/Kleinschreibung statt (der im En. üblichen) Versalien bringt den größten Gewinn, aber auch ein schmalerer Schriftschnitt (innerhalb der Schriftfamilie) und Abkürzungen sind vorteilhafter als eine kleinere Schrift (Näheres dazu in Schmitt 1998).

7. Sicherheitshinweise

Die Produktdokumentation muß auf alle Restrisiken aufmerksam machen, die mit dem Gebrauch etc. des Produkts verbunden sind. Es ist normalerweise nicht Aufgabe des Übersetzers, im ZT Sicherheitshinweise einzufügen oder zu tilgen. Manche Unternehmen mit hohem Dokumentationsvolumen verwalten die juristisch abgesicherten Sicherheitshinweise (auch mehrsprachig) in separaten Dateien oder textographischen Datenbanken. Gleichwohl sollte der Übersetzer in der Lage sein, den Kunden auf einschlägige textrelevante Konventionen in der zielsprachlichen Kultur hinzuweisen; dazu gehören zum einen die zur Hervorhebung der Sicherheitshinweise verwendeten verbalen und nonverbalen Mittel (Signalwörter, Piktogramme, Typographie), zum andern der Detaillierungsgrad der Sicherheitshinweise (der von den rechtlichen Rahmenbedingungen bezüglich der Produkthaftung etc. abhängig ist). So waren z.B. in den Betriebsanleitungen amerikanischer Autos in den USA schon jahrelang sehr differenzierte Gefahrenhinweise üblich, als manche dt. Autohersteller in den übersetzten Betriebsanleitungen ihrer in die USA exportierten Pkw (wie im Dt.) immer noch fast völlig auf solche Hinweise verzichteten und sich damit einem unermeßlichen Haftungsrisiko aussetzten. Die Einteilung der Risiken bzw. die Hierarchie von Hinweisen und deren etwaige Signalwörter ist kulturspezifisch (insbesondere auch unternehmenskulturspezifisch) (in bezug auf Dt./En. ausführlich in Schmitt 1999).

8. Standardtexte

In vielen Anleitungen etc. kommen Standardtexte vor, wie z.B. lizenzrechtliche Bestimmungen, Urheberrechtsklauseln, Sicherheitshinweise (s.o.), Hinweise auf behördliche Auflagen, Funkentstörung. Dafür liegen häufig bereits fertige zielkulturelle Entsprechungen vor (die oft aus Paralleltexten zu entnehmen sind oder vom Auftraggeber geliefert werden können), oder sie entfallen in der Zielkultur (wie z.B. der Standardtext in den Anleitungen englischer Elektrogeräte, der das Anschließen eines Netzsteckers beschreibt und im Dt. hinfällig ist). Auch hier sollte der Übersetzer beratend wirken können; die letztendliche Entscheidung wird gewöhnlich von oder in Absprache mit den zuständigen Fachabteilungen getroffen.

9. Umfang

Der Umfang von Anleitungen und Benutzerhinweisen variiert von wenigen auf das Produkt selbst gedruckten Zeilen (z.B. Gebrauchsanleitungen auf Lackdosen), einem Beiblatt auf kleinem Format (z.B. Montageanleitung von Überraschungseiern) oder Standardformat (z.B. Bedienungsanleitungen einfacher Spielzeuge, etwa eines Tamagotchis), über in verschiedener Weise gefaltete oder geheftete mehrseitige Hefte (z.B. Gebrauchsanleitungen für Haushaltsartikel, Bedienungsanleitungen für Elektrogeräte), über gebundene Dokumente, deren Seitenzahlen von wenigen hundert (z.B. Pkw-Betriebsanleitungen haben typisch 100-250 S.) oder einigen hundert (Softwarehandbücher typisch 100 bis 1200 S., Werkstatthandbücher pro Band meist 200 bis 600 S.) bis zu vielen tausend Seiten in mehreren Bänden reicht (z.B. Handbücher für komplexe Software, Maschinen, Flugzeuge, Industrieanlagen).

10. Arbeitsprozedere

Im Idealfall sollte der Übersetzer Zugang zu dem Produkt haben, auf das sich die Anleitung bezieht: Einerseits um (die unweigerlich auftretenden) Fragen zu klären, andererseits um die Kohärenz zwischen Dokument und Produkt sicherstellen zu können. Da die Produktdokumentation aber (in der Regel) zusammen mit dem Produkt verkauft wird und das Produkt erst dann vermarktet werden kann, wenn die Dokumentation vorliegt, muß die Dokumentation (in allen Sprachen, und mithin die Übersetzung) oft schon erstellt werden, wenn das Produkt (z.B. eine Software) noch nicht fertig ist (s. Art. 55). Im Idealfall sollte der Übersetzer das zu übersetzende Dokument vor dem Übersetzen komplett lesen; praktisch ist das aber aus Zeitgründen nur dann möglich, wenn es sich um eine Anleitung sehr geringen Umfangs handelt. Umfangreiche Dokumentationen müssen zur Zeitersparnis auf mehrere Übersetzer verteilt werden (zum Arbeitstempo s. Art. 51), was wiederum zusätzlichen Organisations- und Koordinationsaufwand erfordert, z.B. hinsichtlich der für Handbücher typischen Vernetzung durch Querverweise und zur Wahrung einheitlicher Terminologie (s. Art. 22 und 23 sowie Göpferich/Schmitt 1996).

Literatur

Ebermann, Reiner (1992): „Das rhetorische Mittel der Verstärkung in technischer Dokumentation: Theorie und Praxis." *tekom Nachrichten* 2, 20–23.

Göpferich, Susanne (1995): *Textsorten in Naturwissenschaften und Technik: Pragmatische Typologie – Kontrastierung – Translation.* Forum für Fachsprachenforschung 27. Tübingen: Narr.

Göpferich, Susanne / Schmitt, Peter A. (1996): „Begriff und adressatengerechte Benennung: Die Terminologiekomponente beim Technical Writing." Krings, Hans P. (1996) (Hrsg.): *Wissenschaftliche Grundlagen des Technischen Schreibens.* Forum für Fachsprachenforschung 32. Tübingen: Narr, 369–402.

Reiss, Katharina (1971): *Möglichkeiten und Grenzen der Übersetzungskritik.* München: Hueber.

Schmitt, Peter A. (1999): *Translation und Technik.* Tübingen: Stauffenburg.

Peter A. Schmitt (Leipzig)

55. Software-Lokalisierung

1. Hintergrund

Unter Lokalisierung versteht man allgemein die „Anpassung eines Produkts (oder einer Dienstleistung) und zugehöriger Dokumentation an die Kultur eines konkreten fremden Marktes mit dem Ziel der Vermarktung. Im engeren Sinne handelt es sich bei der Lokalisierung um die landesspezifische Anpassung bestimmter Variablen eines internationalisierten Produktkerns im Rahmen einer unternehmenspolitischen Globalisierungsstrategie des Produktanbieters." (Schmitt 1999; vgl. auch Carter 1992:1). Unter dem Begriff „Kultur" sind dabei insbesondere Sprache, Sitten und Gebräuche subsumiert. Unter „Dokumentation" sind im weitesten Sinne gedruckte Informationen (z.B. Handbücher) ebenso zu verstehen wie Bildschirmmeldungen und Hilfetexte von Softwareprogrammen, Verpackungs- und Tastaturbeschriftungen, Maschinenbeschriftungen, Produktaufkleber u.ä.; meist wird Dokumentation aber nur auf gedruckt vorliegende Texte und insbesondere Benutzerinformationen bezogen. Zur Lokalisierung gehört daher zwar insbesondere das Übersetzen (auch im engeren Sinne) verbaler Texte, aber auch die Anpassung nonverbaler Informationen und konstruktiver Ausführungen. Lokalisierung manifestiert sich folglich nicht nur im Übersetzen von Handbüchern, Produktaufklebern, Verpackungsbeschriftungen sowie in der Anpassung von Bildern und Zeichen auf Bedienungselementen, sondern auch in der Anpassung technischer Merkmale, beispielsweise an zielkulturelle Vorschriften, etwa in bezug auf Sicherheitseinrichtungen, Anordnung von Bedienungselementen, Abmessungen und dgl. Bei Kraftfahrzeugen beispielsweise sind u.a. die Beleuchtungsanlage, Insassenrückhalteeinrichtungen und emissionsmindernde Systeme an zielmarktspezifische Vorschriften anzupassen, was wiederum in der zugehörigen Dokumentation berücksichtigt werden muß, um Kohärenz zwischen Text und Realität herzustellen. Besonders häufig wird der Ausdruck *Lokalisierung* – oft unausgesprochen – in bezug auf Softwareprodukte verwendet. Dieser Bereich wird im folgenden exemplarisch vorgestellt.

Im Zuge der explosionsartigen Entwicklung der Datenverarbeitung im allgemeinen und der Computer-Software im besonderen hat die Software-Lokalisierung, und damit deren Übersetzung, seit Beginn der 80er Jahre immens an Bedeutung gewonnen. Auch die seit Beginn der 90er Jahre zu beobachtende Wechselwirkung zwischen der ständig steigenden Zahl der Internet-Benutzer einerseits und der Präsenz von Soft- und Hardwareanbietern im *World Wide Web* andererseits hat es für viele Software-Hersteller zur wirtschaftlichen Notwendigkeit werden lassen, ihre Produkte global anzubieten und die Dokumentation ihrer Produkte in mehrere Sprachen übersetzen zu lassen. Für die mit der Lokalisierung betraute Agentur bzw. Firma gestaltet sich der Gesamtprozeß dabei je nach Aufgabenbereich mehr oder weniger umfangreich, von der bloßen Übersetzung der Texte auf der Verpackung bis zur Komplettlokalisierung, d.h. der zielkulturellen Anpassung von Software, elektronischen Beispieldateien, Lernprogrammen, Online-Hilfe und gedruckter Dokumentation. Die Rolle des Übersetzers kann hierbei verschiedener Natur sein. Viele Freiberufler sind lediglich mit der einfachen Übersetzung bzw. dem Korrekturlesen von Textdateien befaßt, andere wiederum mögen bei der betreffenden Firma auf Vertragsbasis in Teilzeit oder auch nur bei Bedarf intern stundenweise lokalisierungsspezifische Aufgaben, wie z.B. eine Online-Überprüfung der Software, ausführen. Es ist jedoch vor allem der firmeninterne Übersetzer, der in alle Phasen des Lokalisierungsprozesses eingebunden ist und so den umfassendsten Einblick in den Gesamtablauf besitzt. Dieser läßt sich folgendermaßen zusammenfassen (die Darstellung stützt sich auf den in den USA bei Software typischen Prozeß).

2. Der Lokalisierungsprozeß

Der Prozeß der Lokalisierung setzt im Idealfall die Internationalisierung voraus. Dabei wird ein universell verwendbarer Produktkern geschaffen, der alle *locales* unterstützt. Ein *locale* ist im geographischen Sinne ein Ort (eine Region, z.B. der französischsprachige Teil Kanadas, oder ein beliebiges Land), im softwaretechnischen Sinne ein Satz von Informationen oder Codes, der mit diesem Ort assoziiert ist. Zu diesen Informationen oder Codes gehören Zeichensätze, Datums-, Zeit- und Währungsformate, Keyboard-Layouts, Bildschirmauflösungen, Textausrichtungen (von links nach rechts, rechts nach links, horizontal oder vertikal) und Eingabemethoden. Wenn auch die Dokumentation einen internationalisierten Kern hat, ist eine anschließende Lokalisierung (und mithin Übersetzung) erheblich einfacher und erfolgversprechender (vgl. Spalink 1995, Kano 1995:16, ausführlich auch bei Carter 1992 und Taylor 1992).

Sobald diese globale Plattform (z.B. für die Software) geschaffen ist, beginnt die eigentliche Lokalisierung, „[...] the process of adapting a program for a specific international market, which includes translating the user interface, resizing dialog boxes, customizing features (if necessary), and testing results to ensure that the program still works." (Kano 1995:10). Nachfolgend sind alle in einer Lokalisierung möglichen Schritte für Software, Online-Hilfe und Dokumentation aufgeführt. Natürlich variiert dieser Vorgang von Firma zu Firma, das heißt, es existieren unterschiedliche Methoden des Projektmanagements, der Terminologieverwaltung und der Ressourcenauswahl. Der rein programmiertechnische Aspekt der Software-Lokalisierung allerdings ist im allgemeinen überall einheitlich.

Eine der Grundlagen einer soliden Lokalisierung ist die Erstellung und Verwaltung der für die Übersetzung verwendeten Terminologie. Diese entstammt, wenn es sich um Windows-, Macintosh- oder UNIX-basierte Programme handelt, zunächst den allgemein gebräuchlichen und erhältlichen Betriebssystemglossaren und vom Kunden gelieferten Vokabellisten. Um die Terminologiedatenbank für zukünftige Produkt-Updates oder neue Projekte auf dem neuesten Stand zu halten, werden die Glossare für die einzelnen Komponenten des Produkts nach Abschluß der Lokalisierung mit den neu übersetzten Begriffen aus Software und Hilfe aktualisiert. Eine weitere Möglichkeit, die Einheitlichkeit der Terminologie zu bewahren, bieten die sogenannten Translation-Memory-Systeme (s. Art. 51). Da bei den meisten Firmen aus wirtschaftlichen Gründen die rein technische Lokalisierung der Software und das Desktop Publishing (DTP) im Vordergrund stehen, wird der Terminologieverwaltung leider oft nicht genügend Beachtung gewidmet; daher kann es gegen Ende des Lokalisierungsprozesses manchmal zu unerwarteten terminologischen Unstimmigkeiten innerhalb und zwischen einzelnen Produktkomponenten kommen, die dann aufgrund von Zeitmangel und technischem Aufwand für die jeweilige Version nicht mehr behoben und allenfalls beim nächsten Update der Software korrigiert werden.

Im folgenden betrachten wir exemplarisch die Lokalisierung der Teilbereiche Software, Online-Hilfe und Dokumentation.

2.1 Software

Voraussetzung ist, daß die kompilierte Software von den zuständigen Technikern bereits auf Vollständigkeit und Funktion überprüft wurde. Danach werden mittels eines speziellen Hilfsprogramms alle Textstrings (Bildschirmmeldungen etc.) aus dem Quellcode (die in einer Programmiersprache geschriebene unkompilierte und daher für den Menschen lesbare Fassung eines Programms) extrahiert, auf internationalisierungsrelevante Aspekte überprüft und in sogenannten String-Dateien zusammengefaßt. Diese Strings enthalten alphabetische oder numerische Programmcodes, die in der Software enthaltene, zu übersetzende Menüpunkte, Befehle, Dialogtitel, Informations- und Fehlermeldungen (z.B. IDE_NA_INTERERR=*„File“* oder 00056789=*„Save file as dialog“).* Diejenigen Strings, die in den Glossaren des jeweiligen Produkts (z.B. Windows, UNIX, Macintosh) bereits als Übersetzung vorliegen, werden identifiziert, ausgesondert und mit Hilfe eines entsprechenden Programms automatisch übersetzt. Neue Strings werden von Übersetzern übersetzt. Danach werden die Strings wieder in die Software eingebracht. Damit entsteht eine lokalisierte Softwareversion, die sodann automatisch kompiliert (d.h. in die auf dem Computer lauffähige Maschinensprache übersetzt) und getestet wird.

Besonders zu beachten sind die sogenannten *hotkeys*, d.h. Tastaturkurzbefehle, die durch Drücken von Funktionstasten oder einer Kombination der Tasten ALT bzw. CTRL (STRG) und/oder der Umschalttaste und des im jeweiligen Menüpunkt/Dialog unterstrichenen Buchstabens aktiviert werden (z.B. im Englischen ALT+f zum Öffnen von *files*). Nach der Übersetzung der Benutzeroberfläche muß für diese Hotkeys im allgemeinen ein neuer Buchstabe bestimmt werden, der in einem Menü/in einem Dialog einzigartig sein muß (z.B. im Deutschen ALT+d zum Öffnen einer Datei) und in manchen Fällen kein diakritisches Zeichen sein darf. Die bereits angesprochenen locale-spezifischen Aspekte beeinflussen die Abmessungen von Schaltflächen, Dialogfeldern und Menüs, die deshalb u.U. auf die notwendige Größe „gestreckt“ werden müssen. Dies wird z.B. bei der Verwendung chinesischer Zeichen notwendig, die zu den sogenannten *double byte characters* gehören und größer bzw. höher sind als ihre europäischen Gegenstücke. Ein mit Blick auf Internationalisierung konzipiertes Softwareprodukt sollte Dialogfelder flexibler Größe haben, um der Tatsache Rechnung zu tragen, daß bei der Übersetzung aus dem besonders „kompakten“ Englischen in fast jede andere Sprache, insbesondere in die romanischen Sprachen, mehr Platz benötigt wird. Oft wird dies allerdings nicht rechtzeitig berücksichtigt, so daß dabei erhebliche Übersetzungsprobleme entstehen, die durch Abkürzungen nur unbefriedigend lösbar sind.

Nach Abschluß aller physikalischen Tests wird die Software erneut kompiliert und auf Funktion geprüft. Firmeninterne, mit dem Produkt vertraute Übersetzer oder auch kompetente Muttersprachler prüfen die Software *online* mit Hilfe eines Testskripts. Dieses Skript enthält präzise Anweisungen zum Öffnen aller Menüs, Anklicken aller Schaltflächen und Ausführen jeglicher Funktionen. Dabei soll auch sichergestellt werden, daß alle Textelemente, mit denen der Softwarebenutzer konfrontiert werden kann und die nicht ausdrücklich in der Ausgangssprache (AS) zu belassen sind, übersetzt sind und keine Rechtschreib- oder groben Sinnfehler enthalten.

2.2 Online-Hilfe

Die Online-Hilfe ist heute meist schon als interaktives Software-Lernprogramm ausgelegt, d.h. bei Aufruf der Hilfe und eines bestimmten Themas/Stichworts wird der Benutzer, während er die Software ausführt, parallel durch den jeweiligen Prozeß geführt. Windows-kompatible Programme verwenden als Hilfe-Dokumentformat eine Microsoft-Winword- oder Rich-Text-Format-Datei mit der Erweiterung *.doc* bzw. *.rtf*, die kodierte Titel, Fußnoten und sogenannte *jumps* enthält. Diese jumps sind farbig (in Windows meist grün) markierte und unterstrichene Ausdrücke, die nach einmaligem Anklikken zum gewünschten Hilfethema „springen“ und mit allen Dialogfenstern, Grafiken und Popup-Fenstern zu Beginn auf ihre Funktion hin geprüft werden müssen. Den jumps folgt im Dokument ein verborgener, im Hilfeprogramm selbst nicht sichtbarer Code (z.B.: *Befehl Speichern* command_save), der die Verknüpfung zur jeweiligen Textseite darstellt und bei der Übersetzung nicht verändert werden darf. Ins Hilfeprogramm und auch in die Dokumentation werden sogenannte *screenshots* eingebettet. Dies sind „Bildschirmfotos“ von Dialogen, Menüs oder Meldungen, die von einem Softwaretechniker mit Hilfe eines entsprechenden Programms „aufgenommen“ und mit dem entsprechenden Dokument elektronisch verknüpft werden. Popup-Fenster werden durch einmaliges Klicken auf einen unterstrichenen, farbigen (in Windows meist grünen) Ausdruck angezeigt und durch nochmaliges Klicken wieder ausgeblendet. Meist ist die Größe dieser Fenster begrenzt, dann darf der übersetzte Text eine bestimmte Anzahl Zeichen nicht überschreiten, da das jeweilige Fenster ansonsten unter Umständen gar nicht angezeigt wird.

Nach der Übersetzung und dem Korrekturlesen des Dokumenttexts wird die Hilfedatei zum eigentlichen Hilfeprogramm kompiliert und danach, ähnlich wie bei der Software, von einem Übersetzer mit Hilfe eines Skripts *online* auf Textintegrität und Funktion geprüft. Die bei der Überprüfung von Software und Hilfe auftretenden Probleme und Unstimmigkeiten werden registriert und anschließend korrigiert.

2.3 Dokumentation

Der abschließende und aufgrund des Umfangs arbeitsintensivste Schritt der Lokalisierung ist die Übersetzung der Dokumentation. Das Ausgangsmaterial wird dabei, wie bei der Software und den Hilfetexten, bei Eingang auf Formatierung und Integrität geprüft, Textdateien werden entsprechend konvertiert (von bzw. in MS Word, WordPerfect, das jeweilige DTP-Programm, wie z.B. Interleaf, Ventura Publisher usw.) und für die Übersetzung vorbereitet. Um eine einheitliche Übersetzung von Schlüsselbegriffen (wie Menüpunkte, nicht zu übersetzende Ausdrücke, Dialog- und Handbuchtitel, Warenzeichen usw.) von der Software bis hin zur Dokumentation zu gewährleisten, bedient man sich der verschiedensten Verfahren. Die Methode, die hier angesprochen werden soll, beginnt mit der Analyse des Ausgangstextes (AT) auf solche Schlüsselausdrücke. Diese werden mit Hilfe eines Makros farbig markiert und durchgestrichen, ähnlich den Software-Stringdateien in Listen gesammelt und vor der Dokumentation übersetzt. Die zielsprachlichen Ausdrücke werden dann mit Hilfe eines weiteren Makros anstelle der farbig markierten, durchgestrichenen AS-Ausdrücke eingefügt. Das so vorbereitete Dokument wird nun zusammen mit zugehörigen Glossaren, Referenzmaterial und allen entsprechenden Anweisungen zur Übersetzung geschickt. Ein gravierender Nachteil beim Übersetzen solcher Listen ist, daß es ohne Kontext (besonders im Englischen) oft schwierig zu bestimmen ist, ob es sich bei einem Wort um ein Substantiv, ein Adjektiv, einen Infinitiv usw. handelt. Ein Beispiel dafür ist der oft gebrauchte Ausdruck *print job*, der sowohl als Befehl im Sinne von „Auftrag drucken" als auch als Substantiv im Sinne von „Druckauftrag" interpretiert werden kann.

Da viele Software-Produkte in Serie produziert werden, also auf eine Version 1.0 meist ein Update 1.x usw. folgt, kann es vorkommen, daß Handbücher bis zu 90% aus altem und lediglich zu 10% aus neuem Text bestehen. Um sich die nochmalige Übersetzung des alten Textes zu ersparen, verwenden manche Firmen deshalb das sogenannte *leveraging* oder auch die bereits angesprochenen Translation-Memory-Systeme (zu Werkzeugen s. Art. 51). Dabei wird der neue AT manuell bzw. elektronisch mit dem Vorgänger-AT verglichen, und gleichgebliebene Passagen bzw. neue Abschnitte werden identifiziert. Nur die veränderten Passagen im neuen AT werden dann entsprechend übersetzt und in den Vorgänger-Zieltext (ZT) eingefügt, so daß ein aktualisierter ZT entsteht.

Nach der Übersetzung der Dokumentation folgt das Korrekturlesen, für das in den USA üblicherweise zwei oder sogar mehrere Schritte vorgesehen sind und das anhand individuell formulierter Richtlinien, sogenannten *editing* oder *proofing guidelines*, ausgeführt wird. Beim ersten Schritt, dem Editing, wird auf Textvollständigkeit, Terminologie, Format, Stil, Rechtschreibung, Tippfehler usw. geprüft. Alle weiteren notwendigen Schritte fallen dann unter das einfache Proofing, bei dem nochmals die Vollständigkeit sichergestellt, aber das Hauptaugenmerk auf Rechtschreibung, Tippfehler und Einheitlichkeit der Terminologie gerichtet wird. Ein in dieser Phase häufig auftretendes Problem ist, daß aufgrund von Überschneidungen im Zeitplan des Projektmanagements die in die Dokumentation einzubettenden, lokalisierten *screenshots* zum Zeitpunkt der Übersetzung oder des ersten Korrekturlesens oft noch nicht vorliegen. Die Richtigkeit und Einheitlichkeit der Terminologie zwischen Software und Text kann daher meist erst nach dem abschließenden Layout und einem zusätzlichen Proofing-Schritt sichergestellt werden. Nachdem auch diese letzte „linguistische" Phase abgeschlossen ist, durchläuft das Dokument nochmals eine sogenannte *mechanical correction*, um sicherzustellen, daß ursprüngliche Stilkonventionen und Formate beibehalten wurden. Zum Qualitätslektorat s. auch Art. 108, 109, 110 und 114.

Nach Abschluß aller Prozeßschritte werden Software, Online-Hilfe und Dokumentation erneut kompiliert bzw. in die jeweiligen Formate konvertiert, auf die entsprechenden Speichermedien gebracht und/oder ausgedruckt. Alle Komponenten werden im Idealfall beim Kunden nochmals auf Integrität und Kohärenz geprüft und ggf. zur firmeninternen Revision an die Zweigstelle im Zielland der lokalisierten Version geschickt. Etwaige dabei auftretende Probleme und Unstimmigkeiten sowie zwischenzeitliche Updates oder Korrekturen von seiten des Kunden werden in einem abschließenden Schritt von der Lokalisierungsfirma behoben bzw. berücksichtigt.

Eine detaillierte Darstellung des Lokalisierungsprozesses von Software (am Beispiel von Macintosh) liefert Daniel R. Carter, CEO von International Software Products, auf Grundlage seiner Erfahrungen als Lokalisierungsverantwortlicher bei Microsoft für alle europäischen Sprachen, in Carter (1992). Nützliche Hinweise finden sich auch in den Zeitschriften *tekom Nachrichten, Technische Dokumentation* und *doculine printnews*.

Literatur

Carter, Daniel R. (1992): *Writing Localizable Software for the Macintosh.* Reading etc.: Addison-Wesley.

Kano, Nadine (1995). *Developing international software for Windows 95 and Windows NT: a handbook for software design.* Redmond/Wash.: Microsoft Press.

Schmitt, Peter A. (1999): *Translation und Technik.* Tübingen: Stauffenburg.

Spalink, Karen (1995): „Document Design with Translation in Mind.“ *Intercom*, 38–43.

Taylor, Dave (1992): *Global Software: Developing Applications for the International Market.* New York: Springer.

Stefan Gerhardt (Port Washington, USA)

56. Lehrbücher

Lehrbücher als speichernde Texte haben die Aufgabe, gesichertes Fachwissen didaktisch und methodisch aufbereitet an Adressaten mit unterschiedlichen Kenntnisvoraussetzungen zu vermitteln. Als Fachtextsorte bildet das Lehrbuch ein wichtiges Bindeglied zwischen der fachinternen und fachexternen Kommunikation. Die Zielgruppen können angehende Fachleute (Studierende, Lehrlinge) oder Schüler sein. Lehrbücher auf Hoch-, Fach- und Berufsschulniveau haben zwangsläufig einen höheren Fachlichkeitsgrad als Lehrbücher für den Grundschul- oder Gymnasialunterricht. Die Autoren von Lehrbüchern sind in der Regel Fachwissenschaftler, die aber zugleich über die Fähigkeit verfügen müssen, komplexe Fachprobleme zu vereinfachen, Zusammenhänge durch Beispiele zu veranschaulichen und einsehbar zu erklären, ohne sie aber zu trivialisieren. Grundanforderungen an Lehrbücher auf allen Niveaustufen sind die Wahrung der Fachsystematik, die Beachtung didaktischer Prinzipien der Jugend- und Erwachsenenpsychologie und ein klarer sprachlicher Ausdruck.

Insofern ist das Lehrbuch eine informationsvermittelnde und didaktisierte Fachtextsorte (vgl. Gläser 1990). Für die Gestaltung von Schullehrbüchern gelten didaktische Prinzipien der Schulpädagogik (z.B. das Prinzip der Anschaulichkeit, der Faßlichkeit, der immanenten Wiederholung und Festigung des Lehrstoffs und der Selbsttätigkeit des Schülers). In Lehrbüchern für den Hochschulunterricht und in Lehrbriefen in der Erwachsenenbildung werden Erkenntnisse der Erwachsenenpsychologie beachtet (analoges und ganzheitliches Denken; Implikaturen), wobei didaktische Prinzipien der Schulbuchgestaltung modifiziert angewandt werden. Die Anschaulichkeit der Stoffvermittlung kann in allen Lehrbucharten durch Detailbeschreibungen, Vorgangs- und Zustandsschilderungen, durch anekdoten- und episodenhafte Exkurse in die Geschichte eines Faches, durch Bildillustrationen und eine günstige typographische Gestaltung erreicht werden. Eine wichtige Rolle spielt dabei eine bildhafte Sprache, die Vergleiche und Metaphern verwendet und auch emotionale Elemente einschließt.

Lehrbücher gehören nicht zu den Textsorten, für die ein starker internationaler Übersetzungsbedarf besteht. Gewöhnlich werden Hochschullehrbücher nur dann übersetzt, wenn sie in einem bestimmten Fach einen besonders hohen Wissensstand in einer methodisch eingängigen Form vermitteln. Da Schulsysteme weitgehend landesspezifisch sind, zeichnet sich auch in den jungen Nationalstaaten in zunehmendem Maße die Tendenz ab, eigene Lehrwerke für die entsprechenden Zielgruppen zu entwickeln, anstatt sie aus anderen Sprachen und Kulturen zu übersetzen.

Für den Fachübersetzer sind Lehrbücher dennoch eine wichtige Informationsquelle, da sie die Studierenden bzw. Auszubildenden nicht nur in die *Systematik* eines Fachgebiets, sondern zugleich in seine *Fachsprache* einführen. Hoch-, Fach- und Berufsschullehrbücher bieten in der Regel eine sachlogisch gegliederte Übersicht über die Fachgebietsstruktur, die Haupt- und Nebendisziplinen, Gegenstände und Methoden, Entwicklungsetappen und Forschungsrichtungen in Vergangenheit und Gegenwart. Sie präsentieren Fachbegriffe in ihrer gegenstandsbedingten Vernetzung, mit ihren Definitionen und gültigen Fachbezeichnungen (darunter Termini, Nomenklaturzeichen und Fachkollokationen). Als Einführungswerke in ein Fachgebiet und eine Fachsprache sind solche Lehrbücher eine wertvolle Orientierungshilfe für Fachübersetzer, vor allem dann, wenn Hintergrundwissen über fachliche Zusammenhänge, die der ausgangssprachliche Text nicht expliziert, eingeholt werden muß. Hierbei sind Hochschullehrbücher verschiedener Sprachen als Paralleltexte (s. Art. 50) hilfreich.

Das Lehrbuch als (Fach-)Textsorte ist ein Oberbegriff für die *Textsortenvarianten* Schullehrbuch, Hoch-, Fach- und Berufsschullehrbuch. Der Textsortenbezeichnung *Lehrbuch* entsprechen im Englischen *textbook* (für den akademischen Unterricht) und *manual* (für die Ausbildung in einem Handwerk oder einem technischen Fach); im Französischen lautet die Entsprechung mit den gleichen Funktionsunterschieden *livre d'enseignement* und *manuel;* im Russischen (ohne weitere Differenzierung *učebnik* und im Schwedischen generell *lärobok*.

Sonderformen des Hochschullehrbuchs, die man ebenfalls als Textsortenvarianten bezeichnen könnte, sind das *Skript* für eine konkrete Lehrveranstaltung und der *Lehrbrief* für das Fernstudium. Auch sie können Übersetzern bei der Recherche als Material dienen. Das Skript beruht häufig auf der Stoffauswahl eines Hochschullehrers für einen Vorlesungszyklus und ist nicht von pädagogischen oder psychologischen Grundsätzen der Erwachsenenbildung geleitet. Im Mittelpunkt stehen die thematisch systematisierte Stoffvermittlung, die Problemanalyse und die Anleitung zum selbständigen Studieren, unterstützt durch konkrete Aufgabenstellungen und eine Literaturauswahl. In diesem Sinne sind Vorlesungsskripten eine solide Grundlage für die Vorbereitung auf eine Zwischen- oder Abschlußprüfung. Obwohl Skripten in der Regel keine Standardlehrmaterialien sind, sondern meist im Hausdruck erscheinen, können sie nach erfolgreicher Erprobung zu Hochschullehrbüchern umgearbeitet werden und als Verlagsveröffentlichungen größere Verbreitung finden.

Lehrbriefe für das Fernstudium wenden sich an Studierende im fortgeschrittenen Erwachsenenalter, die nicht selten als dritten Bildungsweg durch ein Fernstudium einen Hochschulabschluß – oft auch als Alternative zur Arbeitslosigkeit – erwerben möchten. Die Lehrbriefe beispielsweise der Open University (*correspondence texts*) in Milton Keynes, GB, haben weitgehend dialogischen Charakter. Im Textaufbau wechseln informationsvermittelnde, erörternde, argumentative und kontaktive Textsegmente mit solchen, die den Kenntnisstand kontrollieren und weitere Studienhinweise erteilen. Die Verfasser der Lehrbriefe, versierte Hochschullehrer, betrachten die Kursteilnehmer als lebenserfahrene und ebenbürtige Kommunikationspartner.

Literatur

Baumann, Manfred (1982): *Lernen aus Texten und Lehrtextgestaltung*. Unter Mitarbeit von U. Geling und K. Nestler. Beiträge zur Psychologie 14. Berlin.

Gläser, Rosemarie (1990): *Fachtextsorten im Englischen.* Forum für Fachsprachenforschung 13. Tübingen: Narr.

Rosemarie Gläser (Leipzig)

57. Fachzeitschriftenartikel

Artikel in (inter)nationalen wissenschaftlichen und technischen Fachzeitschriften sind nicht nur eine wichtige Informationsquelle für den Fachexperten, sondern auch für den Fachübersetzer. Sie vermitteln dem Experten Einblicke in die neuesten Forschungsergebnisse, in technische Verfahren und Ausrüstungen sowie in internationale Entwicklungstendenzen. Der Fachübersetzer findet in fremdsprachigen Fachzeitschriftenartikeln, insbesondere in Paralleltexten zum gleichen Thema (s. Art. 50), die neueste Terminologie und die entsprechenden Kollokationen, die ihm die Aktualisierung seines (computergestützten) terminologischen Glossars und phraseologischen Inventars erleichtern. Im Deutschen ist die Bezeichnung (Textdeklaration) *Zeitschriftenaufsatz* und *Zeitschriftenartikel* üblich. Im Englischen gibt es dafür mehrere Entsprechungen: *specialist article, research article, learned article/article in a learned journal* und *scientific article*. Im Französischen spricht man von *articles de revues techniques et scientifiques* und *articles de périodiques*. Das Russische verwendet die Bezeichnungen *naučnaja stat'ja, issledovatel'skaja stat'ja* und *stat'ja v naučnom/techničeskom žurnale*; das Schwedische die Bezeichnungen *vetenskaplig artikel* bzw. *forskningsrapporter i vetenskapliga tidskrifter*.

Zeitschriftenartikel sind die zentrale Textsorte der fachinternen Kommunikation. Sie richten sich an die Vertreter des gleichen oder eines angrenzenden Fachgebiets und setzen das entsprechende Fachwissen und die Kenntnis der Fachterminologie voraus. Insofern unterscheiden sie sich grundsätzlich von einem populärwissenschaftlichen Zeitschriftenaufsatz, der dem Nicht-Spezialisten Fachbegriffe, Definitionen und fachliches Hintergrundwissen in Form förderlicher Redundanz – oft mit journalistischen Darstellungsmitteln – erst nahebringen muß. Der Fachlichkeitsgrad eines Artikels in einer Fachzeitschrift unterscheidet sich von dem in einer wissenschaftlichen Zeitschrift durch das Abstraktionsniveau (die Formalisierung bzw. Mathematisierung von Sachverhaltsaussagen), die Terminusdichte, bestimmte phraseologische und syntaktische Muster und Stilmittel, durch den Textaufbau und die Verwendung nicht-verbaler Informationsträger (Tabellen, Diagramme, Abbildungen).

Wie jede (Fach)textsorte ist auch der Begriff „Fachzeitschriftenartikel" eine Abstraktion aus einer Vielzahl von Einzeltexten. Zwar gilt er als das prototypische Textbildungsmuster für informationsvermittelnde Fachtexte, doch weist er inhalts- und funktionsabhängige *Textsortenvarianten* auf. Zu diesen gehören:

- der Überblicks-/Übersichtsartikel über den Forschungsstand (*state-of-the-art article*): Dieser kann auch aus einem Rezensionsartikel (*review article*), der mehrere Neuerscheinungen kritisch einschätzt, hervorgehen;
- der erörternde Fachartikel oder Problemaufsatz: Dieser hat Diskussionscharakter und behandelt theoretische Grundsatzfragen;
- die Experimentalstudie: Diese hat beschreibenden oder berichtenden Charakter und abstrahiert von Versuchsreihen;
- der Fallbericht: Dieser dokumentiert einen konkreten Sachverhalt, z.B. einen medizinischen Befund.

In einzelnen Fachgebieten sind noch andere Textsortenvarianten anzutreffen, z.B. in Jahresberichten börsennotierter Industrieaktiengesellschaften.

In internationalen Fachzeitschriften hat sich in den naturwissenschaftlichen, medizinischen, z.T. in den technischen und zumindest ansatzweise in den geistes- und sozialwissenschaftlichen Disziplinen eine *Makrostruktur* (als Textaufbau) des Zeitschriftenartikels eingebürgert, die auch in der Praxis des „Technischen Schreibens" (*Technical Writing*) (s. Art. 43) vermittelt wird und die auch der Übersetzer kennen sollte. Sie beinhaltet folgende Textsegmente:

- Artikelüberschrift/Verfasser/Akademischer Grad/Angaben zur Arbeitsstelle
- Zusammenfassung/*Abstract/Résumé*
- Schlüsselwörter/*Key Words* (fakultativ)
- Textkörper
  - Einleitung/*Introduction*: Forschungssituation/Problemstellung und Neuansatz
  - Untersuchungsgegenstand und -methode/*Materials and Methods*
  - Untersuchungsverlauf/*Experimental*
  - Untersuchungsergebnisse/*Results*
  - Diskussion/*Discussion*

  - Zusammenfassung und Schlußfolgerungen/*Summary and Conclusions*
  - Danksagung/*Acknowledg(e)ments* (fakultativ)
- Literaturverzeichnis/*Literature/References/ Bibliography*

Dieses Textablaufschema erlaubt fachspezifische Modifikationen. Das *Abstract* (Autorreferat) ist nicht nur ein Textsegment, sondern auch eine selbständige (obwohl abgeleitete) Fachtextsorte, da es, unabhängig vom Bezugstext, in einem Referateorgan mit den entsprechenden bibliographischen Ergänzungen erscheinen kann.

In Handbüchern und Stilführern zum wissenschaftlichen und technischen Schreiben werden bestimmte Anforderungen an den *Stil* eines Zeitschriftenartikels gestellt. Dazu gehören logischer Aufbau, Systematik in der Darlegung und eine klare Ausdrucksweise, die durch den wirkungsvollen Gebrauch bestimmter *Stilfiguren* (Metapher, Antithese, Parallelismus, rhetorische Frage, Parenthese, Inversion) unterstützt werden kann.

In einem gewissen Gegensatz zu den internationalen Gepflogenheiten bei der Abfassung wissenschaftlicher Zeitschriftenartikel steht das von J. Galtung entwickelte und von M. Clyne (1991) popularisierte und konkretisierte Konzept der ‚*intellectual styles*'. Diese Autoren nehmen an, daß sich in einer bestimmten Kulturgemeinschaft intellektuelle Stile herausgebildet und einzelsprachlich verfestigt haben (s. Art. 63).

Ausgehend von den Kategorien ‚sachsonischer' und ‚teutonischer' Denk- und Schreibstil hat M. Clyne (1991) anhand von Textcorpora englischer und deutscher Aufsätze der Fachgebiete Soziologie und Linguistik kultur- und sprachspezifische Diskursmuster nachzuweisen versucht. Nach seinen Beobachtungen haben englische Aufsätze (*essays*) mehr Linearität in der Gedankenführung als deutsche, vermeiden Wiederholungen und thematisch irrelevante Fakten, beenden einen längeren Abschnitt mit einem zusammenfassenden Satz und beginnen einen neuen Textabschnitt mit Gliederungssignalen der Vororientierung. Die Absolutheit einer Aussage wird durch *Heckenausdrücke* (*hedges*) wie Modalverben, Modaladverbien und -partikeln abgeschwächt. In deutschen Aufsätzen wird die Linearität häufig durch Abschweifungen (Exkurse, Digressionen) durchbrochen. Deutsche Wissenschaftler folgen ihren eigenen Schreibgepflogenheiten offenbar auch dann, wenn sie englisch formulieren.

In dem von M. Clyne untersuchten Textkorpus fehlt allerdings ein ausgewogener Vergleich mit deutschsprachigen Aufsätzen, die von anglophonen Schreibern verfaßt wurden, aus denen hervorgehen könnte, inwieweit ein ‚sachsonischer' Denk- und Schreibstil in einem deutschsprachigen Zeitschriftenartikel seinen Niederschlag findet.

Für den Fachübersetzer sind solche Stilbeobachtungen – trotz ihrer noch eingeschränkten Verallgemeinerungsfähigkeit – insofern von Belang, als ein nicht-wohlgeformter Aufsatz der Ausgangssprache Deutsch nach Absprache zwischen Übersetzer und Autor für die zielsprachliche Fassung (zumal im Englischen) bearbeitet und durch die Übersetzung an die Stilgepflogenheiten englischer (Zeitschriften-) Aufsätze der Soziologie und Linguistik angenähert werden sollte.

Literatur

Clyne, Michael (1991): „The Sociocultural Dimension: The Dilemma of the German-speaking Scholar." Schröder, Hartmut (Hrsg.) (1991): *Subject-oriented Texts. Languages for Special Purposes and Text Theory.* Berlin / New York: de Gruyter, 49–67.

Gläser, Rosemarie (1990): *Fachtextsorten im Englischen.* Forum für Fachsprachen-Forschung 13. Tübingen: Narr.

Huckin, Thomas N. / Olsen, Leslie A. ([2]1991): *Technical Writing and Professional Communication For Nonnative Speakers of English.* New York etc.: McGraw Hill.

Rosemarie Gläser (Leipzig)

58. Konferenztexte

1. Anforderungen an den Übersetzer

Erfahrungsgemäß ist nicht jeder literarische oder technische Übersetzer ein guter Konferenzübersetzer, von dem man besondere Anpassungsfähigkeit in jeder Hinsicht erwartet. Er sollte mit einer gewissen Leichtigkeit imstande sein, auch unzusammenhängende und chaotische Texte sprachlich so wiederzugeben, daß die von ihm gewählten Formulierungen unmittelbar in den Sprachgebrauch der betreffenden Organisation übernommen werden können – und das alles unter großem Zeitdruck, unter oft schlechten, mitunter sogar chaotischen Arbeitsbedingungen. Übersetzer, die all diesen Anforderungen gerecht werden, arbeiten meist freiberuflich oder im Angestelltenverhältnis bei internationalen Organisationen und – seltener – bei Konferenzen, üblicherweise übersetzen sie aus mehreren Sprachen ausschließlich in ihre Muttersprache. Sie haben mit ganz unterschiedlichen Textsorten zu tun, denen jedoch im wesentlichen folgende Probleme gemeinsam sind:

Die übersetzerische Freiheit ist stark dadurch eingeschränkt, daß die in alle offiziellen Sprachen einer Organisation übersetzten Texte absolut identisch sein müssen; inhaltliche und formale Originaltreue ist somit oberstes Gebot.

Die Arbeitsweise wird durch den Zeitdruck bestimmt. Der Übersetzer diktiert die Rohfassung entweder auf Tonband oder direkt an eine Schreibkraft; im nächsten Arbeitsgang erfolgt die Korrektur. Arbeiten mehrere Übersetzer pro Sprache, gibt es meist einen vorgesetzten Kollegen (*reviser*), der die Arbeit auf terminologische und stilistische Übereinstimmung überprüft.

Jede Organisation hat ihre spezifische Terminologie und Sprachgepflogenheiten. Daher ist auf absolute Einheitlichkeit der Terminologie zu achten, die Neuübersetzung eingeführter Termini ist zu vermeiden, da dies den falschen Schluß nahelegt, daß inhaltliche Änderungen erfolgt sind. Besonders mühsam ist das Erkennen und Auffinden versteckter Zitate, weshalb eine fundierte Kenntnis der Referenztexte notwendig ist. Bereits abgesegnete Ausdrücke sind immer sakrosant, somit besteht ein Gutteil der Arbeit im Durchforsten verbindlicher Texte.

Nur in seltenen Fällen sind Rückfragen an den Autor möglich. Unsichere Interpretationen sind absolut zu vermeiden, wortwörtliche Übersetzungen daher in heiklen Fällen weniger irreführend.

Ein weiteres Problem ist die mangelhafte Ausstattung mit Wörterbüchern und Fachunterlagen bei Konferenzen; bei internationalen Organisationen sieht es damit etwas besser aus.

2. Einteilung der Textsorten

- *Vertragstexte für internationale Übereinkünfte, Schlußdokumente von Konferenzen:* Hierbei handelt es sich um Texte mit hohem Verbindlichkeitsgrad, die oft das Ergebnis langwieriger Verhandlungen sind. Eine unterschiedliche Auslegung in einer der Amtssprachen darf sich durch die Übersetzung keinesfalls ergeben, da dies politische Konsequenzen haben kann. Mitunter muß sich die Übersetzung sogar nach politischen Vorgaben richten, was an der Grenze zu Fehlübersetzungen liegt.
- *Texte und Vorschläge als Vorbereitung für internationale Dokumente:* Da die Verfasser sich zumeist nicht ihrer Muttersprache bedienen, die Texte darüber hinaus oft erst in letzter Minute als Kompromiß zwischen unterschiedlichen Standpunkten zustande gekommen sind, ist der Übersetzer häufig mit sprachlich fehlerhaften und mitunter absichtlich unklar und mehrdeutig formulierten Ausgangstexten konfrontiert. Rückfragen an den Autor sind in der Regel nicht möglich, Präzisierungen gegenüber dem Original sind zu vermeiden.
- *Protokolle, Kurzprotokolle von Sitzungen:* Stark formalisierte Textsorten, die immer wiederkehrende Textbausteine verwenden; die EU-Kommission läßt diese bereits teilweise maschinell übersetzen und dann von einem *reviser* durchsehen.
- *Reden:* Sie landen meist ebenfalls erst in letzter Minute auf dem Schreibtisch des Übersetzers. Hier sind die Formalerfordernisse weniger streng, die Freiheit des Übersetzers ist größer.
- *Berichte allgemeiner Natur, Fachberichte:* Sie dienen der Dokumentation und Information eines größeren Leserkreises, daher

stehen weniger formale Kriterien im Vordergrund; die Themen sind breit gefächert und oft voll überraschender Termini (abgesehen von fehlenden Referenzen und Wörterbüchern kann es sich um neue Fachgebiete handeln, für die es noch kein eingeführtes Fachvokabular gibt).

- *Rechtlich verbindliche interne Regelungen wie etwa Finanzvorschriften oder Personalstatuten:* Hier ergibt sich ein zusätzliches Problem im Deutschen, da gerade die juristische Fachsprache viele kleine Unterschiede in der Terminologie zwischen Deutschland, Österreich und der Schweiz aufweist, die eigentlich nur Juristen geläufig sind, aber von einem Konferenzübersetzer u.U. erwartet werden.

Die Tätigkeit eines Konferenzübersetzers erfordert eine Persönlichkeit, die bereit ist, sich in einen engen vorgegebenen Rahmen einzufügen, auf eigene literarische Höhenflüge zu verzichten und im Hintergrund zu wirken; als Ausgleich dafür mag die große Vielfalt der zu bearbeitenden Themen stehen.

Berufsverband:

Association Internationale des Traducteurs de Conférence
15, Route des Morillons
CH-1218 Grand-Saconnex/Genève
Tel.: +41-227910666
Fax: +41-227885644

Literatur

Cary, Edmond (1956): *La Traduction dans le Monde Moderne.* Genf: *Librairie de l'Université GEORG.*

Scharf, Karl / Böhm, Barbara (1997): "Arbeitgeber Internationale Organisation. Als Übersetzer bei den Vereinten Nationen." Kurz, Ingrid / Moisl, Angela (Hrsg.) (1997): *Berufsbilder für Übersetzer und Dolmetscher. Perspektiven nach dem Studium.* Wien: Wiener Universitätsverlag, 62–69.

Yvon, Mechthild (1997): „Geschwindigkeit und Genauigkeit – auch im Chaos Konferenzübersetzen." Kurz, Ingrid / Moisl, Angela (Hrsg.) (1997): *Berufsbilder für Übersetzer und Dolmetscher. Perspektiven nach dem Studium.* Wien: Wiener Universitätsverlag, 70–79.

Mechthild Yvon (Wien)

59. Patentschriften

1. Zur Konventionalisierung von Patentschriften

Patentschriften gehören zu den am stärksten konventionalisierten Textsorten. Dies ist darauf zurückzuführen, daß ihre formale, inhaltliche und sprachliche Gestaltung nicht allein von ‚gewachsenen' Konventionen bestimmt wird, sondern gesetzlich geregelt ist, und die zuständigen nationalen Patentbehörden auf Gesetzen und Verordnungen (wie dem Patentgesetz [PatG], der Verordnung über die Anmeldung von Patenten/Patentanmeldeverordnung [PatAnmV], dem *Patents Act* und den *Patent Rules*) basierende Richtlinien herausgeben, deren Nichteinhaltung bei der Abfassung von Patentschriften dazu führen kann, daß eine Patenterteilung verweigert wird. In diesen Richtlinien ist auch der Grund für deutliche nationale Unterschiede in der Gestaltung von Patentschriften zu suchen, die beim funktionskonstanten (Reiss/Vermeer 1984) bzw. funktionsanalogen (Schmidt 1996: 430) Übersetzen entsprechende Anpassungen erforderlich machen. Zu den einzuhaltenden Richtlinien gehören bei deutschen Patentschriften beispielsweise die in der Bibliographie aufgeführten Merkblätter des Deutschen Patentamts (DPA), bei britischen die angegebene Informationsbroschüre des britischen Patentamts (*The Patent Office* [PO]), an deren Vorgaben man sich auch bei der Übersetzung von Patentschriften orientieren sollte.

2. Zur Makro- und Argumentationsstruktur von Patentschriften

Charakteristisch für Patentschriften ist insbesondere ihre starre Makrostruktur. Gibt es auch nationale Abweichungen in der Anordnung einzelner Gliederungspunkte, insbesondere in der Plazierung der Patentansprüche, die in deutschen Patentschriften beispielsweise in der Regel am Anfang, in britischen hingegen am Ende erscheinen, so zeichnet sich in der Makrostruktur von Patentschriften doch international eine für die Textfunktion naheliegende einheitliche Argumentationsstruktur ab, die auch an der folgenden Übersicht über die Gliederungsstruktur von (deutschen und britischen) Patentschriften deutlich wird:

I. Verwaltungstechnische Daten
II. In deutschen Patentschriften: Patentansprüche
In britischen Patentschriften: Standardformel mit Gesuch um Patenterteilung („We, ..., do hereby declare the invention, for which we pray that a patent may be granted to us, and the method by which it is to be performed, to be particularly described in and by the following statement: –")
III. Beschreibung der Erfindung
III.1 Einordnung der Erfindung in ein Fachgebiet
III.2 Beschreibung des Standes der Technik [mit Fundstellen]
III.3 Kritik am Stand der Technik
III.4 [Zu lösendes Problem, Zweck der Erfindung]
III.5 Lösung des Problems, wesentliche Merkmale der Erfindung unter Angabe ihrer Vorteile; ggfs. Kritik am Stand der Technik
III.6 [Weitere Ausgestaltung(en) der Erfindung]
III.7 Beschreibung eines oder mehrerer Ausführungsbeispiele der Erfindung mit Bezug auf die Abbildungen am Ende
III.8 In britischen Patentschriften: Patentansprüche *(claims)*
III.9 Zeichnungen
(Die Elemente in eckigen Klammern sind fakultativ.)

Die Argumentation beginnt stets damit, daß der Stand der Technik aufgezeigt und an ihm Kritik geübt wird. Im Anschluß hieran wird dargelegt, wie die Mängel oder Nachteile des Standes der Technik mit der Erfindung beseitigt werden. Hierauf können weitere „Ausgestaltungen" (Varianten) der Erfindung vorgestellt werden, bevor schließlich eines oder mehrere Ausführungsbeispiele vorgestellt werden.

3. Stereotypie der Formulierungen

Ein weiteres Charakteristikum von Patentschriften ist die Vielzahl der in ihnen vorkommenden stereotypen, oftmals obsolet anmutenden Formulierungen. Tabelle 1 bietet eine Übersicht über einige typische derartige Formulierungen aus deutschen Patentschriften mit ihren Pendants aus britischen bzw. amerikanischen Patentschriften. Da diese Formulierungen jeweils an bestimmte Gliederungspunkte innerhalb von Patentschriften gebunden sind, wurde in der Tabelle eine entsprechende Zuordnung vorgenommen (die Numerierung in der ersten Spalte bezieht sich auf die obige Übersicht über die Makrostruktur).

4. Internationaler Zahlencode

Für die Feststellung von zielsprachlichen Entsprechungen in den verwaltungstechnischen Daten am Anfang von Patentschriften ist der internationale Zahlencode hilfreich, der den einzelnen Angaben jeweils vorangestellt ist. So weist das Aktenzeichen (en. *Application No.*) beispielsweise international den vorangestellten Code 21 auf, der Erfinder (en. *Inventor*) den Code 72 und die Bezeichnung der Erfindung (im En. ohne verbale Benennung) den Code 54 (vgl. Reichel [2]1988:63).

5. Semantisch unterdeterminierte Substantive

Zur Ausdehnung des Schutzumfangs werden in Patentschriften an vielen Stellen möglichst allgemeine Substantive (dt. *Einrichtung*, en. *means, device*), d.h. Hyperonyme zu denjenigen Nomen verwendet, die die Gegenstände bezeichnen, die der Verfasser eigentlich vor Augen hatte. Diese müssen dann zwangsläufig durch Attribute (z. B. im Deutschen) bzw. Partizipialkonstruktionen (wie im Englischen) oder Relativsätze näher spezifiziert werden. Schamlu (1985:125) bezeichnet diese allgemeinen Substantive sehr zutreffend als „semantisch unterdeterminiert". Aufgrund dieser Tatsache fällt die Frequenz pränominaler Attribute bzw. adnominaler Partizipialkonstruktionen in Patentschriften verhältnismäßig hoch aus (vgl. hierzu Göpferich 1995a: Fig. 7.5–2, 424f.). Beim Übersetzen müssen für diese semantisch unterdeterminierten Nomen zielsprachliche Äquivalente gefunden werden, die den gleichen Begriffsumfang haben, um Einschränkungen des Schutzumfangs zu vermeiden.

	Deutsche Patentschriften	**Britische/amerikanische Patentschriften**
I	Entgegenhaltungen:/Im Prüfungsverfahren entgegengehaltene Druckschriften nach § 44 PatG:/Für die Beurteilung der Patentfähigkeit herangezogene Druckschriften:	References cited:
II	dadurch gekennzeichnet, daß	wherein/characterized in that (US)
III.1	Die Erfindung betrifft/bezieht sich auf	This/The present invention relates to/ is concerned with
III.2	Es ist bekannt/Bei einem bekannten	It is known to + Inf./Prior mechanisms utilize/ as well known in the prior art
III.3	hat insbesondere den Nachteil/macht sich als nachteilig bemerkbar	which is expensive and in itself undesirable/ negativ wertende Adjektive
III.4	Der Erfindung liegt die Aufgabe zugrunde/Die Aufgabe der Erfindung ist es, ... zu + Inf.	An object of the present invention is to + Inf./It is the underlying aim of this invention to + Inf./ The invention seeks to + Inf.
III.5	Erfindungsgemäß wird die Aufgabe dadurch gelöst, daß	According to the present invention/ The invention provides
III.6	Eine vorteilhafte Ausgestaltung der Erfindung/gemäß einem ersten Merkmal zur vorteilhaften Ausgestaltung der Erfindung	In a preferred combination in accordance with the invention/In the embodiment of Figure 4/ An alternative embodiment of the arrangement according to the invention
III.7	Die Erfindung wird (in der nachfolgenden Beschreibung/nachstehend) anhand eines in den Zeichnungen dargestellten/ gezeigten Ausführungsbeispiels näher erläutert/Die wesentlichen Merkmale der Erfindung sind in der nachfolgenden Beschreibung enthalten, die das in der Zeichnung gezeigte Ausführungsbeispiel der Erfindung näher erläutert. Es zeigt/Dabei zeigt Fig. 1 Fig. 2	The invention will now be described with reference to the accompanying drawings, in which:– /Embodiments of the invention will now be described by way of example and with reference to the accompanying drawings in which:– Figure 1 is Figure 2 shows
III.8	s. II	
III.9	Hierzu X Blatt/Seite(n) Zeichnungen.	–

Tab. 1: Stereotype Formulierungen in deutschen und britischen bzw. amerikanischen Patentschriften (vgl. Göpferich 1995a: 7.1.1 und 9.3)

6. *Weiterführende übersetzungsrelevante Informationen zu Patentschriften*

Eine ausführliche Kontrastierung deutscher und britischer Patentschriften mit übersetzungsrelevanten Unterschieden und einem deutsch/englischen Glossar zu patentschriftenspezifischen Formulierungen findet sich in Göpferich (1995a, insbes. 7.1.1 und 9.3; sowie 1995b). Dort wird auch die Ratgeberliteratur der Patentbehörden einbezogen. Eine argumentationstheoretische Analyse deutscher Patentschriften liefert Schamlu (1985). Raible (1972) behandelt Patentschriften in der Romania. Gläser (1979:111ff.) und Zerm (1987:75ff.) analysieren englischsprachige Patentschriften. Zur Patentliteratur mit Bezugsadressen siehe Wittmann (1990).

Literatur

Deutsches Patentamt (Hrsg.) (1990): *Merkblatt für die Abfassung von nach Merkmalen gegliederten Patentansprüchen*. München.

Deutsches Patentamt (Hrsg.) (o. J.): *Merkblatt für die Erstellung der gemäß § 36 des Patentgesetzes (PatG) vorgeschriebenen Zusammenfassung zur Patentanmeldung*. München.

Deutsches Patentamt (Hrsg.) (1990): *Merkblatt für Patentanmelder*. München.

Gläser, Rosemarie (1979): *Fachstile des Englischen*. Leipzig: Enzyklopädie.

Göpferich, Susanne (1995a): *Textsorten in Naturwissenschaften und Technik. Pragmatische Typologie – Kontrastierung – Translation*. Forum für Fachsprachen-Forschung 27. Tübingen: Narr.

Göpferich, Susanne (1995b): „Von der Terminographie zur Textographie: Computergestützte Verwaltung textsortenspezifischer Textversatzstükke." *Fachsprache / International Journal of LSP* 1–2, 17–41.

The Patent Office (Hrsg.) (o. J.): *How to Prepare a UK Patent Application*. London.

Raible, Wolfgang (1972): *Satz und Text. Untersuchungen zu vier romanischen Sprachen*. Beihefte zur *Zeitschrift für Romanische Philologie* 132. Tübingen: Niemeyer.

Reichel, Hans-Rolf ([2]1988): *Patente, Arbeitnehmererfindungen*. Reihe Erfolg im Beruf. Düsseldorf: VDI.

Reiss, Katharina / Vermeer, Hans J. (1984): *Grundlegung einer allgemeinen Translationstheorie*. Linguistische Arbeiten 147. Tübingen: Niemeyer.

Schamlu, Miriam (1985): *Patentschriften – Patentwesen. Eine argumentationstheoretische Analyse der Textsorte Patentschrift am Beispiel der Patentschriften zu Lehrmitteln*. Studien Deutsch 1. München: Iudicium.

Schmidt, Heide (1996): „Der übersetzungsorientierte Vergleich textsortentypischer Makrostrukturen." Kalverkämper, Hartwig / Baumann, Klaus-Dieter (Hrsg.) (1996): *Fachliche Textsorten: Komponenten – Relationen – Strategien*. Forum für Fachsprachen-Forschung 25. Tübingen: Narr, 426–457.

Wittmann, Alfred (1990): „Die Fachsprache des Patentwesens." *Mitteilungsblatt für Dolmetscher und Übersetzer (MDÜ)* 5/36, 11–17.

Zerm, Gudrun (1987): *Textbezogene Untersuchungen zur englischen Fachsprache der Metallurgie (Schwarzmetallurgie)*. Dissertation. Leipzig.

Susanne Göpferich (Karlsruhe)

60. Gerichtsurteile

Der öffentlich bestellte und bei einem deutschen Gericht allgemein beeidigte und ermächtigte Übersetzer wird tätig (1) in gerichtlichen Verfahren, (2) in Beurkundungsverfahren und (3) in Verwaltungsverfahren. Unter (1) fallen Gerichtsurteile, d.h. gerichtliche Entscheidungen, die über eine Klage befinden und schriftlich abgefaßt werden. Gerichtsurteile haben als Teil der Rechtspflege über die inhaltliche Funktion hinaus eine textexterne handlungsregelnde, also direktive Funktion. Daher muß die Übersetzung dasselbe juristische Ergebnis und dieselbe Bindungswirkung haben wie das Urteil; schließlich bestätigt der beeidigte Translator am Textende die Richtigkeit und Vollständigkeit der von ihm angefertigten Übersetzung.

1. Nationale Rechtsordnungen und rechtsvergleichende Terminologie

Folgende Kommunikationssituation bestimmt das Handeln des Translators: die Intention des Senders, hier des Gerichts, und der jeweilige institutionelle Rahmen, von dem die geltenden sprachlichen Konventionen abhängen. Daraus ergibt sich, daß der Translator die nationalen verschiedenartigen Rechtsordnungen – z.B. Römisches Recht vs. Fallrecht –, wie sie sich in der Gesetzgebung und der Rechtsprechung niederschlagen, kennen muß. Selbst wenn die benutzten Rechtssprachen sich ähneln, weichen die Rechtssysteme mehr oder weniger voneinander ab (Eng verwandte Rechtssysteme sind z.B.: Zivilrecht in Dänemark und Norwegen sowie in Frankreich und Spanien). Ein Beispiel möge diesen Sachverhalt verdeutlichen: dt. *Mord* und nl. *moord* sowie dt. *Totschlag* und nl. *doodslag* werden unterschiedlich definiert, insofern, als dt. *Mord* bestimmte Motive und die Art und Weise des Tötens (§ 211, Abs. 2 StGB), nl. *moord* weder Motive noch die Weise, sondern allein den Vorsatz und die vorherige Planung (Art. 287 StGB d. Niederl.) implizieren. So können also verschiedene deutsche *Mörder* in den Niederlanden lediglich wegen *doodslag* bzw. niederländische *moordenaars* nach deutschem Recht nur wegen *Totschlag* verurteilt werden. (Weitere Beispiele in De Groot 1992: 295–299 und in Arntz/Mayer 1996:118–121.) Auch die nationalen rechtsetzenden und rechtsprechenden Institutionen und Prozeßordnungen stehen im Rahmen ihrer Rechtssysteme und sind daher nicht immer kongruent und vergleichbar mit denen anderer Länder. So wird das erstinstanzliche Gericht eines amerikanischen Bundesstaats als *Superior Court* oder *Circuit Court* bezeichnet, das nur in etwa dem deutschen Landgericht entspricht und meist mit dt. *Gericht* übersetzt wird. Das dt. *Landgericht* wird mit am. *Regional Court* und das dt. *Amtsgericht* mit am. *Local Court* oder *Municipal Court*, brit. *County Court* übersetzt. „Das am. *County Court* wiederum ist ein einzelstaatliches Kreisgericht als Berufungsinstanz der Municipal Courts“ (Stolze 1992:183). Einführungen in das jeweilige nationale Recht sind eine unverzichtbare Lektüre, um die Strukturen und Verfahrensordnungen dieser Organe sowie die juristische Fachterminologie kennenzulernen (z. B. Tilch [2]1992, Kindler 1993). Erst das Fachwissen ermöglicht eine Übersetzung, deren Formulierungen die Charakteristika der ausgangssprachlichen Rechtsnormen durchscheinen lassen, weil ein Begriff aus dem Ausgangsrechtsystem durch ein funktionelles systemtechnisches Äquivalent aus dem Zielrechtsystem wiedergegeben wird. Gute zweisprachige juristische Wörterbücher geben daher neben den Äquivalenten oder Umschreibungen in der Terminologie des Zielrechtsystems auch die Kontexte (Gesetze, Kommentare) der zu übersetzenden Begriffe und die Kontexte der Übersetzungsvorschläge an. (Zur rechtsvergleichenden Terminologie Šarčevič 1991, Arntz/Mayer 1996: 117–129 sowie das empfehlenswerte HIRV.)

2. *Makrostruktur*

Die Makrostruktur von Gerichtsurteilen ergibt sich aus der Art, der Abfolge und der Verknüpfung ihrer funktionellen Teiltexte. So weist ein dt. Urteil in Zivilsachen (detaillierter dazu Engberg 1992:97–98, 108–111) eine Gliederung auf, die sich vom ebenfalls standardisierten Textaufbau der Urteile anderer Länder deutlich unterscheidet (Weitere Strukturvergleiche in Stolze 1992:192 und Arntz 1992).

Dt.
1. Urteilseingang
2. Urteilsformel
3. Tatbestand
4. Entscheidungsgründe

Fr.
1. Urteilseingang
2. Tatbestand
3. Entscheidungsgründe
4. Urteilsformel

It.
1. Urteilseingang
2. Schlußanträge
3. Verfahrensablauf (Instruktionverfahren)
4. Entscheidungsgründe
5. Urteilsformel

Vom Urteilseingang abgesehen, der Name und Anschrift der Prozeßparteien und ihrer Vertreter, das zuständige Gericht sowie den Verhandlungstag angibt, wird der unterschiedliche Textaufbau deutlich. So lautet die Argumentationsstruktur in dt. Urteilen etwa: „Urteilen“ – „Erklären“ – „Feststellen“ – „Begründen“. Unterschiede des Textprototyps Urteil zeigen sich auch in der Mikrostruktur, in den sprachlichen Mitteln, mit denen die kommunikativen Funktionen und Argumentationsstrukturen realisiert werden.

3. *Mikrostruktur*

Auffallend in allen Urteilstexten ist die Verwendung von vorgeformten Schematexten, Standardformeln, formelhaften Wendungen, archaischen Formen sowie die bereits erwähnte forensische Terminologie mit ihren rechtsförmigen Begriffswörtern. Diese in jeder Einzelsprache sowohl syntaktisch, syntagmatisch (z.B. substantivische und passivische Formulierungsweise im Deutschen) als auch lexikalisch stark konventionalisierten Wendungen und Standardformeln garantieren die präjudizielle Wiederverwendbarkeit der Texte in der Rechtsprechung und sind daher bei vergleichbaren Verfahrensschritten in Ausgangstext (AT) und Zieltext (ZT) bindend für den Translator. Einige Beispiele mögen dies verdeutlichen. Typisch für fr. Gerichtsurteile ist, daß sie häufig nur 15–20 Zeilen lang sind, daß sie aus einem einzigen Satz bestehen (vgl. Krefeld 1985:97ff.) und sämtliche Tatbestände und Entscheidungsgründe in Nebensätzen mit *attendu que...* oder *considérant que...* eingeführt werden. Hinweise auf Rechtsvorschriften und Dokumente werden mit fr. *vu...* dt. *Siehe hierzu...* eingeleitet. Auch in am. Urteilen werden die Tatsachen in Nebensätzen mit *that..., and that...* aufgelistet, während sich hier in der dt. Übersetzung ebenfalls einfache Aussagesätze anbieten. Außerordentlich hilfreich für Übersetzungen ist daher die Kenntnis von Paralleltexten (s. Art. 50), wie z.B. die Sammlung von dt. Gerichtsurteilen in der kostenpflichtigen elektronischen Datenbank *JURIS* oder weltweite Entscheidungssammlungen, die über juristische Online-Datenbanken abrufbar sind (z. B. über die Internet-Adresse: http://www.jura. uni-sb.de), sowie von kontrastiven Untersuchungen der Mikrostrukturen, die bereits ein Inventar von Textsortenkonventionen enthalten (zur Mikrostruktur dt., it., am. und en. Zivilurteile vgl. Stolze 1992:307–327; zu dt. und dän. Urteilen vgl. Engberg 1997; zu dt. und sp. Urteilen vgl. Arntz 1992:116–117).

4. Prototyp Gerichtsurteil

Der institutionelle Rahmen, in dem „Im Namen des Volkes" ein Urteil gefällt wird, bedingt sowohl die bei der Ausfertigung als auch die bei der Übersetzung verwendeten Konventionen. Diese weisen von Rechtsordnung zu Rechtsordnung bzw. von Sprache zu Sprache formal wie inhaltlich erhebliche Unterschiede auf und manifestieren sich in Textaufbau und Textgestaltung. Bei der Übersetzung nun ist für einzelne Textteile ein unterschiedliches translatorisches Verhalten gefordert. Während der makrostrukturelle Textaufbau des AT erhalten bleibt, die Übersetzung von Standardformeln sich an zielsprachlich determinierte Konventionen hält, wird man bei der Übersetzung von Gerichtsbezeichnungen und von – meist gesetzlich festgelegten – rechtsförmigen Begriffswörtern Entsprechungen wählen, die die Verschiedenartigkeit der nationalen Rechtsordnungen verdeutlichen, so daß der ZT-Leser sie nicht irrtümlich mit den Institutionen und Begriffen seiner Rechtsordnung gleichsetzt.

Literatur

Arntz, Reiner (1992): „Interlinguale Vergleiche von Terminologien und Fachtexten." Baumann, Klaus-Dieter / Kalverkämper, Hartwig (Hrsg.) (1992): *Kontrastive Fachsprachenforschung*. Forum für Fachsprachen-Forschung 20. Tübingen: Narr, 108–122.

Arntz, Reiner / Mayer, Felix (1996): „Vergleichende Rechtsterminologie und Sprachdatenverarbeitung – das Beispiel Südtirol." Lauer, Angelika / Gerzymisch-Arbogast, Heidrun / Haller, Johann / Steiner, Erich (Hrsg.) (1996): *Übersetzungswissenschaft im Umbruch. Festschrift für Wolfram Wilss zum 70. Geburtstag*. Tübingen: Narr, 117–129.

De Groot, Gérard-René (1992): „Recht, Rechtssprache und Rechtssystem. Betrachtungen über die Problematik der Übersetzung juristischer Texte." Office des publications officielles des Communautés européennes (Hrsg.) (1992): *Terminologie et Traduction*. Bruxelles / Luxembourg: Commission des Communautés Européennes, 279–316.

Engberg, Jan (1992): „Wie analysiert man Gerichtsurteile? – Ein Plädoyer für eine textsortenspezifische Textanalyse." Grindsted, Annette / Wagner, Johannes (Hrsg.) (1992): *Communication for specific purposes / Fachsprachliche Kommunikation*. Tübingen: Narr, 93–111.

Engberg, Jan (1997): *Konventionen von Fachtextsorten. Kontrastive Analysen zu deutschen und dänischen Gerichtsurteilen*. Forum für Fachsprachen-Forschung 36. Tübingen: Narr.

HIRV: *Handbuch der Internationalen Rechts- und Verwaltungssprache*. Hrsg. vom Internationalen Institut für Rechts- und Verwaltungssprache (1981 ff.). Köln: Carl Heymanns. (Glossare zu einzelnen Rechtsgebieten wie zum Zivilprozeß, zur Staats- und Verwaltungsorganisation etc.)

JURIS: Kommerzielle Datenbank für deutsche

Rechtsprechung und Literatur. Internet-Adresse: http://www.juris.de.
Kindler, Peter (1993): *Einführung in das italienische Recht.* JuS-Schriftenreihe 122. München: Beck.
Krefeld, Thomas (1985): *Das französische Gerichtsurteil in linguistischer Sicht.* Frankfurt a.M.: Lang.
Šarčevič, Susan (1991): „Bilingual and multicultural legal dictionaries: New standards for the future." *Meta* 36/4, 615–626.
Stolze, Radegundis (1992): *Hermeneutisches Übersetzen. Linguistische Kategorien des Verstehens und Formulierens beim Übersetzen.* Tübingen: Narr.
Tilch, Horst (Hrsg.) (²1992): *Deutsches Rechts-Lexikon.* München: Beck.

Sigrid Kupsch-Losereit (Germersheim)

61. Vertragstexte

1. Begriffsklärung

Der Vertrag ist ein mehrseitiges Rechtsgeschäft, das durch übereinstimmende Willenserklärungen mindestens zweier Personen zustande kommt. Es kann durch einvernehmliche Erklärungen ein Rechtsverhältnis zwischen Personen (privatrechtlicher Vertrag), Bürger und Staat (öffentlich-rechtlicher Vertrag) oder zwischen Völkerrechtsubjekten (völkerrechtlicher Vertrag) begründen, ändern oder aufheben. Wichtigster Fall eines Vertrags ist der schuldrechtliche Vertrag, durch den Leistungspflichten begründet werden. Während der öffentlich-rechtliche und völkerrechtliche Vertrag grundsätzlich der Schriftform bedürfen, besteht im Schuldrecht des BGB Vertragsfreiheit (Ausnahmen z.B. Mietv., Kreditv., Grundstückskauf etc.), was sowohl den Abschluß als auch die inhaltliche Gestaltungsfreiheit von Vertragsarten wie Kauf, Schenkung, Bürgschaft, Leihe etc. umfaßt.

2. Funktionen und Formen des Vertrags

Der Zweck von Verträgen besteht darin, zwischen Menschen/Staaten Rechte und Pflichten zu begründen. Vertragliche Kommunikation besteht darin, daß die Parteien sich gegenseitig ihre Absichten erklären, mit Unterstützung eines Juristen/Rechtsberaters und mit Verweis auf das einvernehmlich gewählte Recht, das Schuldstatut, sowie den Gerichtsstand. Sie wird also entscheidend bestimmt von dem anzuwendenden Recht als Vertragsgrundlage. Die jeweilige Rechtsordnung stellt „Formulare" – das sind die für ein Rechtsgebiet typischen Klauseln, einzelsprachlich normierte Muster- bzw. Typenverträge – zur Verfügung, die sich im Geschäftsleben immer mehr durchsetzen. Da die Rechtsvorschriften der Länder häufig kollidieren, sind Sammlungen solcher Formulare für den Translator äußerst hilfreich. (Vgl. für das dt. Vertragsrecht: *Münchener Vertragshandbuch, Beck'sches Formularbuch* und *Beck'sche Musterverträge.*)

3. Übersetzerische Strategien

Die Aufgabe des Translators von Vertragstexten beruht darin, den Ausgangstext (AT) nicht in ein anderes Rechtssystem, sondern in eine andere Sprache zu übersetzen. Da also das Schuldstatut mit seinen Rechtsfolgen das tertium comparationis zwischen AT und Zieltext (ZT) ist, ergeben sich folgende Übersetzungsstrategien:

(1) Die kommunikative Funktion des jeweiligen Vertragstyps, der von dem vereinbarten nationalen Recht abhängt, muß im AT und ZT identisch sein, wobei die Sprechakte (zum Begriff s. Art. 13) – das sind meist Verben, die die kommunikative Handlung zum Ausdruck bringen – jeweils zielsprachlichen Normen entsprechen müssen. So wird im Englischen eine Verpflichtung/ein Verbot mit *shall/shall not*, eine Erlaubnis/ein Verbot mit *may/may not* eingeleitet. Ein Versprechen zum Handlungsvollzug kann mit *agree, undertake, acknowledge, warrant, accept* ausgedrückt werden – aber nicht mit *promise* (vgl. Trosborg 1994).
(2) Die Inhalte von AT und ZT müssen sich entsprechen, also referenzidentisch sein, und die Bezugnahme auf eine gleiche Realität mit Hilfe gleicher oder verschiedener Ausdrücke ermöglichen. Solche Inhalte sind im Kaufv. die Rechte und Pflichten der Vertragspartner: wer, an welchem Ort, was, an

wen, wann zu leisten hat; genannt werden auch Kaufpreis, Zahlung, Garantien und Gewährleistung, Lieferbedingungen, Eigentumsübergang, Leistungsstörungen, Rechtsfolgen, Erlöschen des Schuldvertrags, der Gerichtsstand sowie das Schuldstatut (Vgl. Ferid/Sonnenberger [2]1986 zu erheblichen Unterschieden im *Code Civil* gegenüber dem BGB betr. Eigentumsübergang, Mängelhaftung und Sicherung der Kaufpreisforderung. Hilfreich auch Spezialwörterbücher, z. B. Fraer 1994 und Lerat/Sourioux 1994). Durch falsche funktionale Übersetzungen dieser Inhalte können juristische Implikationen des Z-Rechts in die A-Termini hineingelesen werden, die dem A-Recht fremd sind. So lehnt der Übersetzer eines chinesischen Vertrags die funktionale Entsprechung „Haftung" ab und verwendet den neutralen Terminus „Verantwortung", damit der dt. Vertragspartner nicht die Verantwortung chinesischer Unternehmen mit der Haftung deutscher Unternehmen gleichsetzt (weitere Bspe in Šarčevič 1990). Unterschiedliche Konzepte müssen bei der Formulierung des ZT transparent gemacht werden, ggf. sind neue Klauseln zu ergänzen, alte zu streichen, Formulierungen zu ändern oder auch definitorische Umschreibungen zu wählen. Um Schaden zu vermeiden, muß der dt. Terminus *Höhere Gewalt*, der Naturkatastrophen und ungesetzgeberische Maßnahmen beinhaltet, im Fr. präzisiert werden *force majeure et cas fortuits*, da andernfalls der fr. Partner bei Streik von der Vertragserfüllung entbunden wäre (weitere Bspe in Stellbrink 1987:35–37).

(3) Der formal-strukturelle Textaufbau muß die für die Vertragsgestaltung unverzichtbaren Elemente beachten (vgl. Stellbrink 1984:100). Allgemein gilt für die präzise und knappe Darstellung: als Tempus das Präsens wählen, lange Satzperioden vermeiden, konventionalisierte Standardformeln beachten, widerspruchsfreie eindeutige Fachtermini unter Beachtung der Legaldefinitionen verwenden.

Von wachsender Bedeutung sind die Handelsbräuche, die sich neben den verschiedenen kodifizierten Kaufrechtsnormen herausgebildet haben. Eine Sammlung solcher international gebräuchlicher Liefer- und Transportklauseln für Außenhandelsverträge, die *Incoterms*, aber auch einzelne Klauseln (Höhere Gewalt, Eigentumsvorbehalt, Vertragsgarantien etc.) werden in vielen Sprachen von den internationalen Handelskammern herausgegeben. Diese Klauseln gewährleisten eine von national-rechtlich geprägten Vorstellungen losgelöste einheitliche Rechtsauslegung.

4. Internationales Kaufrecht: das UN-Kaufrecht

Besondere Bedeutung für die Translation haben Kaufverträge und diesen gleichgestellte Herstellungsverträge. Den internationalen Warenkauf regelt – sofern internationales Kaufrecht nicht ausdrücklich ausgeschlossen ist – das in vielen Sprachen abgefaßte sog. UN-Kaufrecht. Dieses Übereinkommen der Vereinten Nationen über „Verträge über den internationalen Warenkauf" (CISG von 1980), das das Zustandekommen des Vertrags, die Pflichten der Vertragspartner, wesentliche Vertragsverletzungen etc. regelt (Genaueres dazu in Schlechtriem [2]1995), ist am 1.1.1991 für die Bundesrepublik Deutschland in Kraft getreten und hat weltweit auch für die wichtigsten Außenhandelspartner der Bundesrepublik Geltung. Richter wie Translatoren haben demzufolge in allen diesen Staaten mit identischen Kaufrechtsvorschriften, ausgehandeltem einheitlichen Recht und mit einheitlichem Gebrauch von Entsprechungen in den verschiedenen Sprachen zu tun.

5. Völkerrechtliche Verträge

Völkerrechtliche Übereinkünfte besitzen eine relativ stark konventionalisierte Makrostruktur, die sich in vier Teile untergliedert. Die Überschrift bezeichnet die Art der Übereinkunft, gibt den Vertragsgegenstand und die Namen der Vertragsparteien an. Es folgt die Präambel, die die Beweggründe enthält. Danach kommt der fast immer in Artikel gegliederte, eventuell in Absätze untergliederte (fr. *paragraphes* bzw. *alinéas*) Inhaltsteil. Der Vertrag endet mit den Schlußbestimmungen, die das Inkrafttreten, die Geltungsdauer, das Außerkrafttreten und die Schlußklausel enthalten, die in der Regel aus dem *Zu-Urkund*-Vermerk und dem *Geschehen-*

Vermerk besteht (grundlegend hierzu die *Standardformulierungen* des AA). Auch die Formulierungen sind recht standardisiert. So leitet die Präambel die Beweggründe im Fr. mit Partizipialkonstruktionen oder Adjektiven ein, im Dt. mit Präpositionalphrase und Verbalsubstantiv, also: fr. *désireux* oder *désirant*, dt. *in dem Wunsch*; fr. *considérant*, dt. *in der Erwägung, in Anbetracht, im Hinblick* etc. Die Schlußklausel kann z.B. lauten: fr. *Fait à Bonn, le 10 juillet 1980 en double exemplaire en langues française et allemande, les deux textes faisant également foi*; dt. *Geschehen zu Bonn am 10. Juli 1980 in zwei Urschriften, jede in deutscher und französischer Sprache, wobei jeder Wortlaut gleichermaßen verbindlich ist.* Kenntnisse auf dem Gebiet des anzuwendenden Rechts wie im Recht der Vertragssprache(n) sind somit für verbindliche Übersetzungen unverzichtbar.

Literatur

Beck'sche Musterverträge (29 Bde) (Verschiedene Hrsg.) (1990 ff.). München: Beck.

CISG: *Convention on contracts for the international sale of goods / Verträge über den internationalen Warenkauf. UN-Übereinkommen vom 11. 04. 1980.* Der Text ist in dt., en. und fr. Fassung abgedruckt im BGBl 1989 II, 586ff. und BGBl 1990 II, 1699.

Ferid, Murad / Sonnenberger, Hans-Jürgen (²1986): *Das französische Zivilrecht.* Bd. 2: „Schuldrecht: Die einzelnen Schuldverhältnisse. Sachenrecht." Frankfurt a.M.: Metzner.

Fraer, Tatiana (1994): *Wörterbuch Vertragsrussisch: Deutsch-Russisch, Russisch-Deutsch.* Berlin: Cornelsen.

Heidenhain, Martin et al. (Hrsg.) (⁴1996): *Münchener Vertragshandbuch in vier Bänden.* München: Beck.

Hoffmann-Becking, Michael / Schippel, Helmut (Hrsg.) (⁶1995): *Beck'sches Formularbuch zum Bürgerlichen, Handels- und Wirtschaftsrecht.* München: Beck.

Incoterms 1990: Internationale Regeln für die Auslegung der handelsüblichen Vertragsformeln. Köln: Vertriebsdienst der Internationalen Handelskammer 1990.

Lerat, Pierre / Sourioux, Jean-Louis (1994): *Dictionnaire juridique: terminologie et contrat avec des équivalents en anglais et en allemand.* Paris: Conseil international de la langue française.

Šarčevič, Susan (1990): „Strategiebedingtes Übersetzen aus den kleineren Sprachen im Fachbereich Jura." *Babel* 36/3, 155–166.

Schlechtriem, Peter (Hrsg.) (²1995): *Kommentar zum Einheitlichen UN-Kaufrecht. Das Übereinkommen der Vereinten Nationen über Verträge über den intern. Warenkauf – CISG-Kommentar.* München: Beck.

Standardformulierungen für deutsche Vertragstexte mit Übersetzungen in englischer, französischer und spanischer Sprache (³1992). Hrsg. vom Sprachendienst des Auswärtigen Amts. Berlin / New York: de Gruyter.

Stellbrink, Hans-Jürgen (1984): „Die Aufgaben eines Fremdsprachendienstes beim Abschluß von fremdsprachigen Verträgen." *Lebende Sprachen* 29/3, 97-101.

Stellbrink, Hans-Jürgen (1987): „Der Übersetzer und Dolmetscher beim Abschluß internationaler Verträge." *TEXTconTEXT* 2/1, 32–41.

Trosborg, Anna (1994): „‚Acts' in contracts: Some guidelines for translation." Snell-Hornby, Mary et al. (Hrsg.) (1994): *Translation Studies. An Interdiscipline.* Amsterdam / Philadelphia: Benjamins, 309–318.

Sigrid Kupsch-Losereit (Germersheim)

62. Urkundenübersetzung

1. Grundsätzliches

1.1 Obgleich man geneigt ist, mit dem Begriff „Urkundenübersetzung" die Erwartung juristisch verbindlicher Vorschriften und Regeln zu verknüpfen, kann man weder den Leitlinien dieses Beitrags noch anderen einschlägigen „Richtlinien" oder „Arbeitsrichtlinien" irgendeine Rechtsverbindlichkeit zugestehen – es handelt sich immer nur um unverbindliche Vorschläge. Sämtliche Bemühungen des BDÜ, die deutschen Justizbehörden dazu zu bewegen, derartigen Richtlinien Allgemeinverbindlichkeit zu verleihen, mußten schon aus rechtlichen Gründen fehlschlagen. Zwar heißt es in § 184 GVG, daß die Gerichtssprache vor den deutschen Gerichten ausschließlich deutsch ist, doch können deutsche Behörden den Übersetzern nicht vorschreiben, wie sie fremdsprachige Urkunden ins Deutsche zu übersetzen haben.

1.2 Eine Urkunde im Sinne der gesetzlichen Bestimmungen ist jede in Schriftzeichen verkörperte Gedankenäußerung. Im Strafrecht ist der Urkundenbegriff noch weiter und umfaßt nicht nur Schriftstücke, sondern alle Gegenstände, die eine Gedankenerklärung enthalten können und dazu geeignet und bestimmt sind, im Rechtsverkehr Beweis zu erbringen und den Aussteller erkennen lassen. So gehören zu den Urkunden z.B. auch gestempelte Kfz-Kennzeichen, Fahrkarten und Künstlerzeichen, jedoch keine bloßen Wertzeichen wie Briefmarken und Garderobenummern. Beurkunden bedeutet das Errichten eines Schriftstücks über Tatsachen oder Vorgänge, die die Urkundsperson wahrgenommen hat. Die Beweiserheblichkeit einer in Schriftzeichen verkörperten Gedankenäußerung kann sich aus ihrem Zweck oder dem Zufall ergeben, und so unterscheidet man zwischen Absichts- und Zufallsurkunden. Beide werden zusammenfassend als Beweisurkunden bezeichnet. Mit anderen Worten, jedes Schriftstück, das zu Beweiszwecken verwendet werden kann, jede Gebrauchsanweisung, jeder Liebesbrief, sämtliche Verträge und Bestätigungen, Hinweise und Informationen sind Urkunden.

1.3 Eine weitere für den Übersetzer wichtige Unterscheidung ist diejenige zwischen öffentlicher und privatschriftlicher Urkunde. Öffentliche Urkunden sind gemäß § 415 ZPO solche, die von einer Behörde innerhalb ihrer Amtsbefugnisse oder von einer mit öffentlichem Glauben versehenen Person innerhalb des ihr zugewiesenen Geschäftskreises in der vorgeschriebenen Form aufgenommen wurden. Zur ersten Gruppe gehören z.B. die Gerichtsurkunden (Urteile, Mahnbescheide usw.), zur zweiten insbesondere die notariellen Urkunden (Eheverträge, Grundstückskaufverträge usw.). Der öffentlich bestellte und beeidigte Übersetzer erstellt also mit seiner Übersetzung eine öffentliche Urkunde mit allen sich daraus ergebenden Rechtsfolgen. Gegebenenfalls kommt sogar eine Falschbeurkundung im Amt gemäß § 348 StGB in Betracht. Privatschriftliche Urkunden, auch Privaturkunden genannt, sind alle anderen schriftlich fixierten Gedankenäußerungen, also Verträge, allgemeine Geschäftsbedingungen, Satzungen, Geschäftsbriefe usw. Sie tragen die Unterschrift des Ausstellers. Der Übersetzer sollte nicht vergessen, daß eine Urkunde, deren Unterschrift öffentlich beglaubigt wurde, dadurch keine öffentliche Urkunde wird, sondern eine privatschriftliche Urkunde bleibt.

1.4 Wesentlich ist auch die Unterscheidung zwischen Urkunden einerseits und Abschriften oder Fotokopien andererseits: Nur Urschriften, also Originale, sind Urkunden; auch beglaubigte Abschriften sind im Prinzip keine Urkunden, es sei denn, sie tragen einen sog. Originalvermerk. Die beglaubigte Abschrift einer öffentlichen Urkunde muß gemäß § 435 ZPO hinsichtlich ihrer Beglaubigung die Erfordernisse einer öffentlichen Urkunde an sich tragen.

1.5 Eine beglaubigte Übersetzung ist eine Übersetzung, die mit der Bescheinigung einer hierzu befugten Person versehen ist, daß die Übersetzung ihr fremdsprachliches Original richtig und vollständig wiedergibt. Diese Bescheinigung wird als Beglaubigungsvermerk oder Beglaubigungsformel bezeichnet. Ein derartiger Vermerk ist zwar bei jeder Übersetzung möglich, doch findet man ihn meist nur bei Schriftstücken, die von einer Behörde ausgestellt oder bei ihr eingereicht werden und für den Nachweis von Rechten oder Rechtsverhältnissen erheblich sind. Zu diesen Schriftstücken zählen insbesondere die Urkunden des täglichen Lebens, wie z.B. standesamtliche Urkunden, Ladungen, Klageschriften, Beweisaufnahmeprotokolle, Gutachten, Verträge, Zeugnisse sowie amtliche Bescheinigungen aller Art. Die kürzeste Beglaubigungsformel lautet: F.d.R.d.Ü. (= Für die Richtigkeit der Übersetzung). Etwas länger ist die Formel: Die Richtigkeit und Vollständigkeit der Übersetzung wird beglaubigt. Erheblich detaillierter ist der Beglaubigungsvermerk auf Urkunden, die zur Vorlage bei Behörden dienen: Vorstehende Übersetzung der mir in [Original/Abschrift/Fotokopie/beglaubigter Fotokopie/usw.] vorgelegten, in [deutscher/englischer/französischer/usw.] Sprache abgefaßten Urkunde ist richtig und vollständig. In jedem Fall folgen Ort, Datum und Unterschrift des Übersetzers.

1.6 Wenn der Übersetzer öffentlich bestellt und beeidigt ist, darf er auf der Übersetzung seinen Rundstempel anbringen. Dieser Stempel enthält in der Mitte horizontal (und meist dreizeilig) den Namen des Übersetzers, ggf. mit akademischem Grad und Titel, sowie fakultativ etwaige Mitgliedschaften in relevanten Berufsverbänden, z.B.: Martina Mustermann, Diplom-Übersetzerin, BDÜ, tekom, VDI. Darüber steht halbkreisförmig und zweizeilig: Öffentlich bestellter und beeidigter Urkundenübersetzer. Darunter werden, ebenfalls zweizeilig und halbkreisförmig, die Fremdsprachen sowie das Bundesland angegeben, für die die Beeidigung gilt, also z.B.: der englischen und portugiesischen Sprache für Baden-Württemberg.

1.7 In gewissen Fällen ist zusätzlich die Legalisation der Unterschrift des Übersetzers durch einen Notar erforderlich. Durch diesen Legalisationsvermerk wird allerdings nur die Echtheit der Unterschrift des Übersetzers bestätigt.

1.8 Über sämtliche durch ihn beglaubigten Übersetzungen führt der öffentlich bestellte Übersetzer ein Register mit laufender Numerierung. Diese Register-Nummer ist auch auf der Übersetzung zu vermerken.

1.9 Urkundenübersetzer ist somit jede aufgrund entsprechender Rechtsvorschriften zum Anfertigen bzw. zum Beglaubigen von Urkundenübersetzungen ermächtigte Person, und unter einer Urkundenübersetzung versteht man jede Übertragung einer fremdsprachigen Gedankenäußerung, die im Rechtsverkehr der Zielsprache (ZS) anstelle der Originalurkunde verwendet werden soll. Die örtliche Zuständigkeit des öffentlich bestellten und beeidigten Übersetzers entspricht derjenigen des Landgerichtsbezirks, für die er seine öffentliche Bestellung und Beeidigung erhielt.

2. Leitlinien der Urkundenübersetzung

2.1 Parallelität

2.1.1 Das übersetzte Schriftstück muß formal (hinsichtlich Gliederung und Layout) exakt dem Original in der Ausgangssprache entsprechen, damit der Leser der Übersetzung jede Stelle des Originals leicht identifizieren kann. Vom Grundsatz der Parallelität ausgenommen sind das Papierformat, die Papierfarbe, die Typographie (insbesondere die handschriftliche oder maschinenschriftliche Herstellung), der Druck und etwaige Urkundenakzessorien wie Schutzdecken und (Notar-)Schnüre. Bei Formularen sind etwaige durchgestrichene alternative Vermerke zu kennzeichnen und mit zu übersetzen. Alle durchgestrichenen, aber lesbar gebliebenen Stellen werden ebenfalls übersetzt. Auch der Inhalt von Siegeln und Textstempeln muß an der entsprechenden Stelle vermerkt und übersetzt werden.

2.1.2 Bei der Übersetzung von Vordrucken ist in den Spalten, in denen keine Eintragung vorgenommen wurde, ein Vermerk im Sinne von: „keine Eintragung" anzubringen. Im Original mit Füllstrich geschlossene Zeilen sind auch in der Übersetzung so zu schließen. Sollte aus technischen Gründen ein zum Beispiel querstehender Randvermerk nicht ebenfalls quer angebracht werden können, so wird am Ende der entsprechenden Seite der Übersetzung ein Hinweis auf die Stelle des Originals angebracht, an der sich besagter Text befindet. Auf besondere Auffälligkeiten des Originals (wie Rasuren, handschriftliche Vermerke und Verbesserungen, Streichungen, unterschiedliche Handschriften) ist in einer Fußnote oder Anmerkung des Übersetzers hinzuweisen.

2.1.3 Nicht zuletzt wegen solcher Anmerkungen und weil die Übersetzung typographisch nicht dem Ausgangstext (AT) entsprechen muß, kommt es insbesondere bei Formularen oft vor, daß die Übersetzung länger wird als das Original. In allen Fällen, in denen eine Seite des AT nicht ganz auf eine Seite der Übersetzung paßt, wird auf der folgenden Übersetzungsseite ein entsprechender Vermerk angebracht; benötigt z.B. Seite 1 des AT zwei Seiten im Zieltext (ZT), wird auf Seite 2 des ZT oben vermerkt: „Fortsetzung der Übersetzung von Seite 1". Die Übersetzung von Seite 2 des AT beginnt dann auf einem neuen Blatt.

2.2 Kennzeichnungspflicht als Übersetzung und der Untrennbarkeit vom Original

2.2.1 Jede Übersetzung ist deutlich (auf jeder Seite) als solche zu kennzeichnen. Die Übersetzung tritt zwar im innerstaatlichen Rechtsverkehr an die Stelle des AS-Originals, macht das AS-Original aber keineswegs überflüssig: Im Rechtsverkehr kann die Übersetzung einer Urkunde stets nur zusammen mit ihrem Original verwendet werden – es gilt das Prinzip der Untrennbarkeit (Einheit, Unität) von Original und Übersetzung, und deshalb muß die Übersetzung einer Urkunde immer klar von ihrem zugehörigen Original zu unterscheiden sein. Nur wenn

AT und ZT als solche identifiziert sind und verbunden bleiben, kann man Fehlinterpretationen einigermaßen vorbeugen.

2.2.2 Die Unität von Original und Übersetzung läßt sich am besten dadurch gewährleisten, daß man beide Fassungen in einem Schriftstück verbindet. Das AS-Original bildet dann meist die linke Textspalte, die Übersetzung die rechte. In Ländern mit zwei oder drei Amtssprachen werden Gesetzestexte häufig in dieser Form bekanntgegeben. Allerdings handelt es sich hier nicht unbedingt um Übersetzungen, sondern zumeist um Parallelfassungen. Doch auch Verträge und Satzungen mit Bezug auf zwei Sprachräume werden immer häufiger in dieser Form abgefaßt. Bei mehr als drei Sprachen sowie auf Formularen und in Pässen druckt man die verschiedenen Sprachversionen aus Platzgründen meist nicht nebeneinander (parallel), sondern untereinander (sequentiell).

2.3 Vollständigkeit

2.3.1 Bei Urkunden kann im Prinzip nur eine vollständige Übersetzung richtig sein. Auslassungen des Übersetzers, und seien sie noch so geringfügig, können im Rechtsstreit unter Umständen gravierende Folgen nach sich ziehen. In der Beglaubigungsformel (s. Pkt. 1.5) darf die Vollständigkeit nur bestätigt werden, wenn die Originalurkunde tatsächlich ohne Auslassungen übersetzt wurde.

2.3.2 Auf auszugsweise Übersetzungen sollte sich der Übersetzer daher nur in Ausnahmefällen und dann einlassen, wenn der Sachzusammenhang deutlich erkennbar bleibt und Mißverständnisse und sonstige Fehlinterpretationen ausgeschlossen werden können. Auszugsweise Übersetzungen sind als solche unter Bezugnahme auf die entsprechenden Stellen des Originals eindeutig zu kennzeichnen. Die betreffenden Stellen sollten im Original (in einer Form, die dem Original nicht bleibend schadet) besonders markiert (z.B. eingerahmt) werden. Für auszugsweise Übersetzungen kommt nur eine Beglaubigungsformel in Frage, bei der keine Vollständigkeit bestätigt wird (z.B. die in Pkt. 1.5 genannte Kurzversion).

2.4 Richtigkeit

2.4.1 Die Bestätigung der Richtigkeit in der Beglaubigungsformel ist – das liegt in der Natur der Sache – insofern heikel, als dabei beim Leser eine „absolute Richtigkeit" suggeriert wird, während es um eine relative Richtigkeit mit Blick auf den Zweck des ZT (hier: seine Funktion als Urkunde) geht. Hier werden freilich elementare Grundsatzfragen der Translation und Evaluierung von Translation berührt, wie etwa das Problem der Äquivalenz und Adäquatheit, die an anderer Stelle in diesem Handbuch behandelt werden (Art. 9, 39, 40, 41, 42, 81, 84, 108, 109). Gleichwohl sollen hier einige Detailaspekte erwähnt werden, die für die Richtigkeit von Urkunden besonders relevant sind.

2.4.2 Die für Urkunden meist zentralen Begriffe aus dem Rechts- und Behördenwesen sind immer in eine bestimmte Rechtskultur eingebettet und verweisen auf ganz bestimmte in der Tradition verankerte Institutionen. Der Übersetzer muß unter allen Umständen vermeiden, Rechtsbegriffe der AS mit Rechtsbegriffen der ZS quasi „gleichzusetzen". Lehnübersetzungen können ebenso wie die Übersetzung mit einem funktionalen Äquivalent der Zielkultur zu Mißverständnissen führen. Aus diesem Grunde erfordert die Maxime der „Richtigkeit der Übersetzung" häufig paraphrasierende Übersetzungen. Wer zum Beispiel *l'officier de l'état civil* mit *der Standesbeamte* übersetzt, trifft zwar ungefähr den „Wortsinn", weckt aber gleichzeitig falsche Vorstellungen, denn in Frankreich handelt es sich nicht um einen Kommunalbeamten, sondern um den Bürgermeister selbst oder einen seiner Beigeordneten, dem er vorübergehend, und jederzeit widerrufbar, diese Funktion übertragen hat. Erscheint in einem fr. Text das Wort *patrimoine* und wird dieser Rechtsbegriff mit *Vermögen* übersetzt, ist das im Regelfall schlicht falsch. Der französische Vermögensbegriff umfaßt nämlich nicht nur die Aktiva wie im Deutschen, sondern auch sämtliche Passiva: *patrimoine actif et passif.*

2.4.3 Behördenbezeichnungen des Originals sollten in der Übersetzung beibehalten werden, und in Klammern, sozusagen als Erklärungsversuch, sollte eine Übersetzung angeboten werden. Das Bundesministerium der Justiz veröffentlichte 1974 eine Liste mit Übersetzungsvorschlägen, die vom Auswärtigen Amt in Bonn erarbeitet worden war. Im Vorspann dieser Vorschläge heißt es: „Hinsichtlich der Benutzung der fremdsprachlichen Bezeichnungen erscheint es geboten, grundsätzlich die deutsche Gerichtsbezeichnung nach der fremdsprachlichen Übersetzung in Klammern anzufügen." Ob Original oder Übersetzung in Klammern stehen, spielt also keine Rolle. Analoges gilt für Amtsbezeichnungen. Anschriften, insbesondere Ortsnamen und sonstige geographische Bezeichnungen, selbstverständlich auch Personennamen und Adelsprädikate, werden nicht übersetzt. Wo eine Transliteration erforderlich ist, richtet man sich strikt nach den international gültigen ISO-Transliterations- und Transkriptionsregeln. Diese findet man im *Duden*-Taschenwörterbuch Band 5: „Satzanweisungen und Korrekturvorschriften".

3. Kommentar

Das Kriterium der „Richtigkeit" kann nur annähernd erfüllt werden; der Übersetzer kann im Bereich der Rechts- und Verwaltungssprache immer nur versuchen, möglichst wenige Mißverständnisse aufkommen zu lassen. Wird Bundesgerichtshof (= BGH) mit *Cour fédérale de justice* ins Fr. übersetzt, wie es das Auswärtige Amt vorschlägt, so kann sich der französische Jurist nur schwer vorstellen, welches die Zuständigkeiten dieses Gerichts sind und was für eine Gerichtsbarkeit gemeint ist. Erst wenn man hinzufügt, daß dieses Gericht ungefähr mit der *Cour de cassation* in Paris vergleichbar ist, doch weder in Arbeitssachen noch in Sozialstreitigkeiten entscheidet, da es in Deutschland nicht nur zwei Gerichtsbarkeiten wie in Frankreich, sondern gleich fünf verschiedene Gerichtsbarkeiten gibt, versteht er annähernd, worum es geht. Einer derartigen kritischen Betrachtung können nicht nur sämtliche Übersetzungen der Gerichtsbezeichnungen unterworfen werden, sondern praktisch alle nationalen in eine andere Sprache übersetzten Rechtsbegriffe. Auf dem Gebiet der Rechts- und Verwaltungssprache muß man tatsächlich mit Gémar (1995:145f.) die Frage stellen: „La traduction juridique est-elle possible?"– kann man Rechtstexte überhaupt übersetzen?

> L'abondance de l'activité traduisante en la matière semblerait démontrer cette possibilité. Cette activité ne peut être mise en doute. Toutefois, si le texte produit ne reflète pas fidèlement à la fois la lettre et l'esprit du texte de départ, c'est-à-dire son contenu (le droit) et le contenant (la langue qui l'exprime), peut-on dire que l'opération traduisante atteint pleinement son but? Une traduction existe certes, mais inachevée. Vidée en partie de sa substance, elle est finalement sans objet lorsque le traducteur ne réussit pas à établir l'équivalence potentielle entre les deux textes sur le double plan juridique et linguistique.

Mit anderen Worten, den (Rechts-)Sinn beziehen die einzelnen Bedeutungseinheiten aus ihrer Abgrenzung von den Nachbarbegriffen und ihrer Einordnung in ein sprachgebundenes und mithin kulturspezifisches hierarchisches Begriffsfeld. Es ist meist sehr schwer und manchmal unmöglich, alle diese Verknüpfungen und Strukturen innerhalb des ZT sichtbar zu machen. Immer wieder wird es deshalb der Grundsatz der inhaltlichen Richtigkeit und Vollständigkeit erfordern, daß der Urkundenübersetzer erklärende Anmerkungen (z.B. als Fußnoten) anbringt.

Literatur

Freie und Hansestadt Hamburg. Behörde für Inneres: „Merkblatt für die Anfertigung von Übersetzungen. 19.2.1988 – A 222/721.00–20/9" – Abgedruckt in: *Mitteilungsblatt für Übersetzer und Dolmetscher* 1 (1989), 16–17.

Gémar, Jean-Claude (1995): „Le langage du droit au risque de la traduction. De l'universel et du particulier." Snow, Gérard / Vanderlinden, Jacques (1995): *Français juridique et science du droit.* Bruxelles: Bruylant, 122ff.

Lane, Alexander: *Einführung in das französische Recht unter besonderer Berücksichtigung der Rechts- und Verwaltungssprache. Die Technik des Übersetzens von Rechtstexten.* SDI-Skript. München: Sprachen- und Dolmetscher-Institut, 1968.

„Übersetzungen deutscher Gerichtsbezeichnungen". Zuletzt abgedruckt in: *Bayern-Info* 1/97 des BDÜ – Landesverband Bayern – und im *Rundbrief des Deutschen Terminologie Tags* (DTT), Juni 1997, 63.

Zänker, Norbert (1978): „Arbeitsrichtlinien für die Anfertigung von Urkunden-Übersetzungen". Seminarmappe. BDÜ-Rechtskundeseminar für Übersetzer und Dolmetscher am 19. November 1978 in Köln. Köln: Hans Baum.

Klaus E. W. Fleck (Fürstenfeldbruck)

63. Philologische Texte

Auch in der akademischen Welt gibt es, wie überall, Klischees. Wenn sie Vorträge halten, gelten deutsche Philologen (Sprach- und Literaturwissenschaftler) in England als seriös, aber trocken. Englische Philologen gelten in Deutschland als witzig und geistreich, aber irgendwie unseriös.

Derartige Intuitionen sind ein erster Schritt zur wissenschaftlichen Erforschung von Konventionen. Übersetzer müssen Konventionen kennen, um sie befolgen zu können. Sie können sich auch über sie hinwegsetzen, aber nur, wenn sie wissen, was sie tun. Konventionen lassen sich durch kontrastive Untersuchungen von Textsorten beobachten. Was philologische Texte betrifft, wurden von der kontrastiven Textlinguistik bisher untersucht: wissenschaftliche Vorträge, Arbeitspapiere, Monographien, Zeitschriftenartikel, Anthologiebeiträge, Seminararbeiten und Studienabschlußarbeiten.

Als methodisch sinnvoll erwies sich die Unterscheidung zwischen *Makro- und Mikrostrukturen*. Bezüglich der Makrostrukturen verspricht das Konzept der kulturspezifischen intellektuellen Stile übersetzungsrelevante Ergebnisse, vor allem in der Art, wie es von dem Fachsprachenforscher Michael Clyne (1991a, 1991b) sowie dem Kulturanthropologen, Soziologen und Friedensforscher Johan Galtung (1985) vertreten wird (s. Art. 57). Beide versuchen, kulturspezifische Idealtypen wissenschaftlichen Diskurses zu entwickeln. Clyne untersuchte deutsch- und englischsprachige Texte aus der Linguistik und Philosophie, indem er den Gedankengang der Texte herausarbeitete. Er stellte fest, daß englische Texte durch eine Tendenz zur Linearität und Symmetrie gekennzeichnet sind, deutsche Texte dagegen durch eine Tendenz zur Digressivität und Asymmetrie. Außerdem enthalten die deutschen Texte weniger Organisationshinweise (s.u.) als die englischen, was dem Leser die Orientierung erschwert.

Galtung (1985) geht es nicht um empirisch beschreibbare textuelle Makrostrukturen, sondern um intuitiv entworfene prototypische Idealbilder des „sachsonischen", „teutonischen", „gallischen" und „nipponischen" intellektuellen Stils. „Intellektueller Stil" ist bei ihm ein komplexer Begriff; im Zusammenhang mit philologischen Texten ist der Teilaspekt der Denktypen interessant, die Galtung auf die ihm eigene Weise metaphorisch darstellt (Galtung 1985: 162ff.). Der sachsonische Denkstil z.B. gleicht vielen kleinen Pyramiden. Er ist thesenorientiert, nicht-dialektisch und induktiv, während der teutonische Denkstil einer großen Pyramide gleicht, deduktiv, nicht-dialektisch und theorieorientiert ist. Clyne (1991a:383) schneidet die Frage an, wie sich diese Denkstile konkret in den Textstrukturen niederschlagen. Englische Texte sind, wohl aufgrund ihres induktiven Vorgehens und der leichteren Überschaubarkeit der „kleinen Pyramiden", eher leserorientiert, und der Autor trägt die Verantwortung für ihre Verständlichkeit. Deutsche Texte sind, wohl aufgrund ihrer Deduktivität und Theorielastigkeit, mehr autorbezogen, und der Leser muß sich selbst die Mühe machen, sie zu verstehen.

Unter dem Gesichtspunkt der Mikrostrukturen sind die sog. metakommunikativen Äußerungen interessant. Dazu zählen z.B. *Definitionen, Explikationen, Kommentierungen, Präzisierungen, Ankündigungen, Rückverweise und Zusammenfassungen.* Die bisherigen Untersuchungen dazu haben Hypothesencharakter. Kommentierungen und Verweise scheinen in deutschen geisteswissenschaftlichen Texten häufiger zu sein als in englischen (Sachtleber 1992:116), während Ankündigungen, Rückverweise und Zusammenfassungen in englischen Texten häufiger sind als in deutschen (Clyne 1991a, 1991b). Ferner ist offenbar das Autor-Leser-Verhältnis bei manchen dieser Sprechakte (zum Begriff s. Art. 13) im Englischen „persönlicher" als im Deutschen. Typisch für englische Ankündigungen ist die Verwendung der 1. Person Singular oder Plural (*„I/we shall discuss this topic in the following chapter")*, für deutsche Ankündigungen dagegen die Nennung des Buchs oder Kapitels als Subjekt oder eine Passivkonstruktion („Das vorliegende Buch erörtert..."/ „Diese Frage wird im vorliegenden Kapitel erörtert"). Das gleiche gilt für Rückverweise (vgl. Kußmaul 1978:55f., Busch-Lauer 1992:52).

Der Übersetzer steht vor der Frage, ob er die ausgangssprachliche Konventionen beibehalten soll oder nicht. Wie Clyne (1991a, 1991b) überzeugend darstellt, sind im deutschen Wissenschaftsstil verfaßte Texte für angelsächsische Leser schwer lesbar und wenig akzeptabel. Nimmt man Akzeptanz als Maßstab, wird man bei der Übersetzung ins Englische die englischen Konventionen befolgen. Was soll dann aber in umgekehrter Richtung geschehen? Sollen englische Texte durch die Übersetzung ins Deutsche zu digressiven, asymmetrischen und unpersönlichen Texten werden? Ist der Übersetzer überhaupt berechtigt, solche Veränderungen vorzunehmen. Die in der Übersetzungswissenschaft inzwischen sehr bekannte Skopostheorie (vgl. Reiss/Vermeer 1984, s. Art. 28) bietet für solche Entscheidungen eine Hilfe. Der Übersetzer wird mit dem Auftraggeber absprechen, wie stark er den Ausgangstext (AT) im Hinblick auf die Erwartungen der zielsprachlichen Leser verändern soll. Daraus entsteht der Übersetzungsauftrag. Er könnte z.B. lauten: Bewahren Sie den linearen und symmetrischen Stil des englischen AT sowie die Organisationshinweise, machen Sie aber die Darstellungshaltung unpersönlicher.

Literatur

Busch-Lauer, Ines-Andrea (1992): „Zur Rolle der Metakommunikation in englischen Fachtexten." Gläser, Rosemarie (Hrsg.) (1992): *Aktuelle Probleme der anglistischen Fachtextanalyse*. Frankfurt a.M.: Lang, 48–58.

Clyne, Michael (1991a): „Zu kulturellen Unterschieden in der Produktion und Wahrnehmung englischer und deutscher wissenschaftlicher Texte". *Info DaF* 18/4, 376–383.

Clyne, Michael (1991b): „The Sociocultural Dimension: The Dilemma of the German-speaking Scholar." Schröder, Hartmut (Hrsg.) (1991): *Subject-oriented Texts. Languages for Special Purposes and Text Theory*. Berlin / New York: de Gruyter, 49–67.

Galtung, Johan (1985): „Struktur, Kultur und intellektueller Stil. Ein vergleichender Essay über sachsonische, teutonische, gallische und nipponische Wissenschaft". Wierlacher, Alois (Hrsg.) (1985): *Das Fremde und das Eigene: Prolegomena zu einer interkulturellen Germanistik*. München: Iudicium, 151–193.

Kußmaul, Paul (1978): „Kommunikationskonventionen in Textsorten am Beispiel deutscher und englischer geisteswissenschaftlicher Abhandlungen." *Lebende Sprachen* 2/78, 54–58.

Reiss, Katharina / Vermeer, Hans J. (1984): *Grundlegung einer allgemeinen Translationstheorie*. Tübingen: Niemeyer.

Sachtleber, Susanne (1992): „Texthandlungen und thematische Entfaltung in der Wissenschaftssprache." Grindsted, Annette / Wagner, Johannes (Hrsg.) (1992): *Communication for Specific Purposes. Fachsprachliche Kommunikation*. Tübingen: Narr, 113–124.

Paul Kußmaul (Germersheim)

64. Texte von Presseagenturen

Presseagenturen haben ihre eigenen Gesetzmäßigkeiten, ihren eigenen Stil und Aufbau der Meldungen, der von der Anforderung einer sachlichen, neutralen Berichterstattung und heute weitgehend auch von den Notwendigkeiten des Computereinsatzes bestimmt ist. Der Übersetzer muß diese Charakteristika kennen, um adäquat formulieren zu können.

Der Redaktionsstil ist geprägt von den Forderungen der „Lasswell-Formel", wonach die ersten Zeilen einer Information die Fragen wer, was, wann, wo, aus welcher Quelle und möglichst noch wie und warum beantworten sollen. (So benannt nach dem US-amerikanischen Politologen Harold D. Lasswell [1902–1978].)

Jede Meldung unterliegt dem Kriterium, über Neues zu informieren und damit Aufmerksamkeit zu erregen. Die Entscheidung darüber, ob eine Nachricht in die Kommunikationskette aufgenommen wird und in die Medien kommt, wird anhand des Titels und des ersten Absatzes *(lead)* gefällt, wo demnach alle wesentlichen Aussagen der Meldung enthalten sein müssen.

Für die Agentur gilt es als höchster Anspruch, der Information durch den Verzicht auf individuelle Färbungen zum Durchbruch zu verhelfen und dabei sich selbst zurückzunehmen, um verschiedenen Bearbeitungen, ausführlichen Versionen und Interpretationen anderer Medien Raum zu geben.

Texte, die in der Presseagentur erstellt werden, sind dazu bestimmt, für andere Medien

Rohmaterial zu sein, das als Ergänzung von Korrespondentenberichten dient, weiter bearbeitet, zusammengefaßt oder in einen zusätzlichen Rahmen eingebettet werden kann und dem jeder Sensationalismus fremd sein soll. Es wird zwischen *hard news* und *soft news* unterschieden: Der Schwerpunkt der *hard news* liegt beim aktuellen Informationswert. Sie sind häufig in den Ressorts Politik und Wirtschaft angesiedelt, während *soft news* mehr Unterhaltungswert haben und sehr oft in den Bereichen Chronik oder Kultur vorkommen.

Charakteristisch für Presseagenturen ist es, den zeitlichen Ablauf eines Ereignisses in aufeinanderfolgenden Meldungen zu spiegeln, die verschiedene Prioritäts- und Geschwindigkeitsgrade haben, und ein Thema dann zusammenfassend aufzuarbeiten sowie Hintergrundinformation anzubieten.

Dem Journalisten allgemein und dem Agenturjournalisten als Quelle für ein Vielfaches an Medienerzeugnissen im besonderen ist die Pflege der Sprache aufgegeben, die sein spezifisches Werkzeug und Medium ist und mit deren zeitbedingten Ausformungen er, z.B. in Modewörtern und Schlagwörtern sowie Neologismen, besonders konfrontiert ist.

Presseagenturen geben für ihre Mitarbeiter Handbücher heraus, in denen Qualitätskriterien, Grundregeln des Stils oder formale Details betreffend den Kopf einer Meldung ebenso dargelegt werden wie Fragen der Ausführlichkeit und Zuordnung nach Ressorts und die Forderung nach Zuverlässigkeit der Quellen und nach Kontrolle in der Redaktion.

Außerdem sind in solchen Handbüchern auch Regeln für die Rechtschreibung von fremden Namen und geographischen Bezeichnungen enthalten. Ein wichtiges Kapitel sind Prioritäten nach Geschwindigkeit, z.B. „Eilt", „Vorrang" etc.

Translatorische Tätigkeit bedeutet auch im Pressewesen das Überschreiten kultureller Grenzen, das Einbetten einer Information in einen anderen Kulturkreis. Dies ist ein Prozeß, der das Auswählen von Informationsmaterial und die Entscheidung über die geeignete Darstellungsweise *(gatekeeping)*, über die richtige Kontundenz, d.h. die Ausführlichkeit von Texten, beinhaltet.

Agenturen wahren oft nationale Interessen oder solche eines Kulturkreises, womit bei der Zusammenarbeit zwischen Agenturen zur Bearbeitung von Texten für einen neuen Leser- und Hörerkreis die Notwendigkeit gegeben ist, neue Prioritäten zu setzen und zusätzliche Information zu liefern bzw. das wegzulassen, was beim Zielpublikum als bekannt vorausgesetzt werden kann. Wie in vielen anderen Bereichen gilt auch hier, daß ein „Übertragen" eines Textes im Sinne von Transkodieren völlig unzureichend und unangebracht wäre. Eine Ausrichtung auf die Erwartungen der Zielmedien ist unumgänglich. Meist ist die übersetzerische Tätigkeit von der Aufgabe, Texte aus verschiedenen Quellen auszuwählen und neu zusammenzustellen, nicht zu trennen, wobei der journalistisch tätige Übersetzer sich aller verfügbaren Medien und der Möglichkeit, persönlich bei Gesprächen und Interviews oder Pressekonferenzen Informationen einzuholen, bedient.

Literatur

Dröge, Franz W. (1967): *Publizistik und Vorurteil.* Schriftenreihe für Publizistik und Kommunikationswissenschaft „Dialog der Gesellschaft". Münster: Regensburg.

Fujii, Akio (1988): „News Translation in Japan". *Meta* XXXIII/1.

Glotz, Peter / Langenbucher, Wolfgang R. (1969): *Der mißachtete Leser.* Köln / Berlin.

Mayr, Wolfgang (1992): *Redaktions-Handbuch der Austria Presse Agentur* (APA). Wien.

Schneider, Wolf (1986): *Wörter machen Leute.* München / Zürich: Piper.

Stoll, Nikolaus (1987): *Die journalistische Vermittlungstätigkeit.* Dissertation am Institut für Publizistik, Universität Wien.

Vuorinen, Erkka (1995): „Source Text Status and (News) Translation". Oittinen, Riita / Varonen, Julcka-Pekka (Hrsg.) (1995): Aspectus varii translationis. studia translatologica ser. B, vol. 1. Tampere, 89–102.

Christine Gawlas (Wien)

D2 Primär appellative Texte

65. Werbetexte

1. *Einführung*

Durch die Globalisierung der Märkte und die Zunahme des internationalen Reiseverkehrs gewinnt die Übersetzung von Werbetexten immer mehr an Bedeutung. Da die Kosten einer Werbekampagne hoch sind, hoffen viele Unternehmer, ein und dasselbe strategische Konzept samt Bildmaterial auf mehreren Märkten einsetzen zu können (s. Smith/Klein-Braley 1997). Auch die Tourismusbranche braucht mehrsprachiges Werbematerial in Form von Prospekten, Broschüren usw. Obwohl sie in erster Linie eine Appellfunktion ausüben, bilden Werbetexte keinesfalls einen homogenen Texttyp, denn die Werbeindustrie bedient sich sämtlicher textueller und sprachlicher Mittel wie Rhetorik, Intertextualität, Prosodie, Wortspiel, Metapher usw., um die Werbebotschaft erfolgreich zu vermitteln. Bei Werbetexten können daher atypische Textsorten, wie z.B. Bericht, Erzählung, oder auch Textmischungen (s. Snell-Hornby 1992: 348) vorkommen, so daß die konative Absicht (oder Appellfunktion) nicht sofort erkannt wird.

Im folgenden wird die Übersetzung von Werbetexten aus der Marketingperspektive erörtert, wobei allerdings auf unterschiedliche Medien wie Zeitschriften, TV, Internet usw. nicht näher eingegangen wird. Die wesentlichen Merkmale von Werbetexten werden anhand von Werbung für Konsumprodukte bzw. Dienstleistungen veranschaulicht. Dabei handelt es sich um Texte, die Produkte einem neuen Publikum im Ausland vorstellen, wobei der Ausgangstext (AT) vom Zielpublikum nicht rezipiert wird, so daß der Zieltext wie ein Original für ein bestimmtes Produkt wirbt. Diese Ausführungen werden unter 9. durch einige Bemerkungen zur Werbung in der Tourismusbranche ergänzt.

2. *Die Arbeit des Übersetzers in der Werbung*

In der Marketing-Literatur wird die Werbung als „jede Art der nicht-persönlichen Vorstellung und Förderung von Ideen, Waren oder Dienstleistungen eines eindeutig identifizierten Auftraggebers durch den Einsatz bezahlter Medien“ (Kotler/Bliemel [8]1995:955) definiert. Wir haben es hier mit einer Form der öffentlichen, indirekten Kommunikation zu tun, in der alle Aspekte des Kommunikationsvorgangs bis ins letzte Detail *geplant* sind. Solche Planung betrifft die Wahl der Botschaft, der Empfänger (ggf. nach Alter, Geschlecht, sozialer Herkunft, Bildung usw. aufgeschlüsselt), des Kodes (Bild, Sprache, Musik) und des Kanals (Medien), wobei diese Aspekte nicht isoliert, sondern in ihrem Zusammenwirken reflektiert werden müssen. Da die meisten Konsumenten der Werbung äußerst skeptisch gegenüberstehen, wirkt die Werbeindustrie dieser Skepsis entgegen, um den Erfolg (die Kaufentscheidung) zu garantieren. Die Übersetzung eines Werbetextes muß daher die strategischen Entscheidungen des Ausgangskonzepts und dessen potentielle Wirkung innerhalb der Werbelandschaft des Zielmarktes berücksichtigen.

Bei der Übersetzung eines Werbetextes gilt es vor allem, die *Funktion* des Textes in der *Zielkultur* zu betonen (s. Art. 40). Im Vordergrund steht die Werbebotschaft. Daher kommen grundsätzlich nur Übersetzungsansätze wie die Skopostheorie von Vermeer (Reiss/ Vermeer 1984:95ff.), die funktionsorientierte Übersetzung von Hönig/Kußmaul (1982:33ff.) oder das translatorische Handeln von Holz-Mänttari (1986:348) als Leitbilder für die Übersetzung in Frage.

3. *Linguistische Überlegungen*

Die Werbung geht spielerisch mit der Sprache um: vor allem mit der Wechselwirkung zwischen Denotation (dem Bezug auf Dinge und Sachverhalte) und Konnotation (dem Bezug auf kulturell (kollektiv) oder affektiv (individuell) vermittelte Assoziationen). Daher ist der Übersetzer gefordert, mit Hilfe seiner Kenntnisse der *Zielkultur* herauszufinden, ob die im Originaltext angelegten konnotativen Bezüge auch auf diese Kultur übertragbar sind. Sollte dies nicht der Fall sein, so fällt es in den Aufgabenbereich des Übersetzers, sprachliche Mittel für die neue Adressatengruppe zu finden, die der Werbeabsicht möglichst nahekommen.

Die Sprache der Werbung selbst findet wenig Beachtung in der wissenschaftlichen Literatur zum Bereich Marketing. Sie wird aber zunehmend zum Gegenstand linguistischer und rhetorischer Untersuchungen (für Englisch s. Bibliographie in Myers 1994; für Deutsch s. Baumgart 1992). Obwohl einige Parallelen zwischen der deutschen und der englischen Werbesprache festzustellen sind (z.B. Bevorzugung einfacher Satzmuster, eines nominellen Stils sowie die Verwendung von Block-Sprache [Snell-Hornby 1992:346]), werden die spezifischen Eigenschaften der jeweiligen Sprache (z.B. Partizipialwendungen [En.] oder Kompositabildung [Dt.]) voll ausgenutzt. Beide Sprachen verwenden Stilmittel wie Alliteration, Wortspiele (s. Art. 80) usw., die nicht ohne weiteres übersetzt werden können. Daher erfordert das Übersetzen von Werbetexten eine kreative Textproduktionsfähigkeit, die über das normale Verständnis der Rolle des Übersetzers hinausgeht.

4. Werbung für Konsumgüter

Die Werbeindustrie unterscheidet zwischen Produkten (auch Dienstleistungen), die sich mit kognitiven Argumenten oder mit affektiven Überredungsstrategien verkaufen lassen (Belch/Belch 1992). In die erste Gruppe gehören Produkte wie Autos, Stereoanlagen, Versicherungen, deren Produkteigenschaften unterschiedlich sind und die daher mit längeren Texten, die über ihre Vorteile informieren *(body copy)*, verkauft werden können. In der zweiten Gruppe finden wir z.B. Produkte wie Parfum, Zigaretten, Alkoholika, die untereinander kaum zu differenzieren sind und daher kaum mit Hilfe von Informationsangaben verkauft werden können. Bei solchen Produkten wird vor allem auf jene Komponenten (Bilder, ggf. auch Musik) gesetzt, die eine gefühlsbetonte Reaktion auslösen, die für den Kauf entscheidend ist. Bei der affektiven Werbung wird der Text daher auf ein Minimum (Slogan, Logo) reduziert.

5. Sprachliche Erwägungen

Die wissenschaftliche Literatur zur Werbung ist voll von Geschichten über Produktnamen und deren Übersetzungen, die zu allgemeiner Heiterkeit oder Peinlichkeit und letztendlich zum Scheitern des Produktes in der Zielkultur geführt haben (Ricks 1983, s. auch Art. 84). Daher ist äußerste Vorsicht bei der Entscheidung angebracht, unter welchem Namen ein Produkt auf einem neuen Markt eingeführt werden soll. Der Stellenwert der Ausgangssprache (AS) für die Zieladressaten sollte auch überprüft werden, bevor die Entscheidung zur Übersetzung des Werbetexts getroffen wird. Manche Sprachen genießen ein gewisses Prestige in bestimmten Zielkulturen, so daß man die mit ihnen verbundenen positiven Assoziationen in die Produktwerbung einbeziehen kann. Ein französischer Text für exklusive Kosmetika etwa bedarf keiner Übersetzung für den britischen Markt, auch der Autohersteller Audi hatte großen Erfolg mit Werbung in deutscher Sprache in britischen Zeitungen. Die englische Sprache wiederum genießt großes Ansehen in der Werbung für Produkte, die für Geschäftsleute und Jugendliche konzipiert sind (s. De Mooij [2]1994:243). Andererseits müssen linguistisch scheinbar homogene Märkte differenziert werden. Auch innerhalb einer Sprachgruppe muß zwischen den Zielmärkten (wie z.B. Deutsch für Deutschland, die Schweiz oder Österreich) unterschieden werden.

6. Kulturelle Erwägungen

Kenntnisse der Kultur einer bestimmten Zielgruppe sind bei der Übersetzung von Werbetexten unerläßlich (s. Althans 1982:95). Denn einige Themen und Motive können in anderen Kulturen auf Ablehnung stoßen (Wells et al. [2]1992:238, Séguinot 1994:258). Auch kann ein und dasselbe Produkt in verschiedenen Kulturkreisen eine unterschiedliche Verwendung finden, etwa Mineralwasser in verschiedenen europäischen Ländern (Smith/Klein-Braley 1997) oder Frühstückscerealien in Schweden und Frankreich, die ohne Milch zum Knabbern zwischendurch verzehrt werden (Séguinot 1994: 257). Solche interkulturellen Diskrepanzen müssen im Vorfeld ausgeräumt werden.

Ein weiteres Problem, das unmittelbar mit den Texteigenschaften der Werbung zusammenhängt, betrifft das von E. T. Hall (1976) kommentierte Phänomen der Kontextbedürfnisse verschiedener Kulturen. Wells et al. (²1992) haben die Implikationen dieses Problembereichs für die Werbeindustrie thematisiert. In ihren Überlegungen weisen sie auf die unterschiedlichen Kontextualisierungsbedürfnisse verschiedener Kulturen hin. So zählen etwa die japanische, die chinesische oder die arabische Kultur zu jenen Kulturen, die einen hohen *Kontextbedarf* haben. Andere Kulturen, z.B. der deutsche Kulturkreis, weisen einen niedrigen Kontextbedarf auf. Die britische Kultur liegt ungefähr in der Mitte, die amerikanische hat einen niedrigeren Kontextbedarf als die britische, aber einen höheren als die deutsche. Mit diesem Konzept wollen Wells et al. (²1992) zum Ausdruck bringen, daß die Übersetzung einer knappen und pointierten Werbebotschaft, die für eine Kultur mit niedrigem Kontextbedarf entwickelt wurde (z.B. die deutsche), in einer Kultur mit höherem Kontextbedarf (z.B. die britische) unter Umständen nicht verstanden wird, da letztere nach dem Einbeziehen zusätzlicher Details verlangt. Übersetzte Werbebotschaften müssen dieses Phänomen berücksichtigen. Da Übersetzungen im allgemeinen mehr Platz als das Original in Anspruch nehmen (s. De Mooij ²1994:213), müssen oft gezielte Entscheidungen über mögliche Streichungen im AT getroffen werden, um die vorgesehene Textlänge nicht zu sprengen. Wie solche Streichungen realisiert werden, ohne die Werbebotschaft abzuschwächen, zeigen Smith/Klein-Braley (1997).

7. Gesetzliche Regelungen

Die Werbung ist in der ganzen Welt gesetzlich geregelt. In den meisten europäischen Ländern gilt das Verbot von Werbung, die konkurrierende Produkte vergleicht. Werbung für Tabakwaren und Alkoholika unterliegt unterschiedlichen Regelungen. Im europäischen Kontext sind die relevanten Publikationen der EU (s. z.B. Reese 1994) leicht erhältlich.

8. Vorgangsweise beim Übersetzen von Werbetexten

Zunächst gilt es, anhand der folgenden beiden Fragen zu prüfen, ob der Werbetext überhaupt übersetzt werden soll:

- Erfüllt das Produkt eine ähnliche Funktion auf dem neuen Markt?
- Werden vergleichbare positive Konnotationen durch die in der Werbung gewählten Images beim Zielpublikum geweckt?

Wenn beide Fragen positiv beantwortet wurden, kann man eine Übersetzung unter Anwendung einer der folgenden Strategien vornehmen (s. Smith/Klein-Braley 1997):

- *Keine Übersetzung*: Wenn es sich um Produkte mit einem überwiegend affektiven Appell wie Parfum, Alkoholika oder Schmuck handelt, wird der Text meistens nicht übersetzt, da die Werbebotschaft in erster Linie durch Bildeffekte ihr Ziel erreicht.
- *Exportwerbung*: Hier bedient man sich der positiven Assoziationen des Ursprungslands und dessen Kultur. Daher bleiben Logo, Slogan, evtl. auch Überschrift, ohne Übersetzung, wobei allerdings ein zusätzlicher Text in der Zielsprache (ZS) die Werbung ergänzen kann.
- *Direkte Übersetzung*: Diese Strategie wird weniger verwendet, weil sie den kulturellen Gegebenheiten der neuen Zielkultur am wenigsten Rechnung trägt. Sie kommt für Produkte und Dienstleistungen in Frage, wenn viel Information zu übertragen ist, z.B. bei der Werbung für technische Produkte.
- *Adaption*: Das Bildmaterial wird beibehalten, aber der Text wird geändert, um den Gegebenheiten der Zielkultur besser zu entsprechen. Diese Strategie dominiert in der Produktwerbung und sollte stärker in der Tourismusbranche eingesetzt werden (s.u.).
- *Revision*: Das Bildmaterial wird ebenfalls beibehalten, aber ein völlig neuer Text wird entworfen. Diese Strategie ist insofern riskant, als Bildmaterial und Text als einheitliches Produktkonzept entwickelt wurden und daher nicht ohne weiteres voneinander

getrennt werden können. Daß dieser Weg trotzdem beschritten wird, zeigt die Ericsson Handy-Werbung in Großbritannien und Österreich.

9. *Tourismuswerbung*

Das bisher Gesagte trifft auch für die Tourismuswerbung zu. Zusätzlich sollte beachtet werden, daß die Tourismuswerbung oft längere Texte verwendet, die auf den ersten Blick eher erzählenden (z.B. die Geschichte der Stadt) oder beschreibenden Textgattungen (z.B. die Schönheit der Landschaft usw.) zuzuordnen sind. Daher müssen die texttypologischen Merkmale dieser Gattungen, aber auch die entsprechenden Stilmittel der jeweiligen ZS berücksichtigt werden (s. Snell-Hornby 1992: 347ff.).

In der Tourismuswerbung orientieren sich Übersetzer häufig am AT, weil Tourismustexte ein und derselben Broschüre oft mehrsprachig in Parallelfassungen abgedruckt werden. Manchmal dient sogar eine der Übersetzungen selbst als Vorlage für weitere Übersetzungen. Abweichungen vom AT sind in der Regel unerwünscht. Durch diese Vorgangsweise verfehlt die Werbung jedoch ihr eigentliches Ziel. Ein zentrales Problem ist nämlich die Auswahl der Inhalte für die neue Zielgruppe. Die AT werden vom *Insider*-Standpunkt verfaßt und enthalten Informationen, die an das Wissen und die Vorstellungen der heimischen Bevölkerung anknüpfen, die allerdings für den ausländischen Besucher oft schwer nachvollziehbar oder für seine Bedürfnisse schlicht irrelevant sind (s. Smith/Klein-Braley 1985:84). Bei solchen Texten ist es angebracht, die Relevanz des Informationsgehalts zu reflektieren: Der ausländische Besucher braucht manchmal mehr, manchmal weniger oder andere Informationen als der einheimische Tourist. Bei der Übersetzung eines Prospektes sollte dies beachtet werden.

10. *Probleme in der Praxis*

Zu oft wird der Übersetzer für Fehler verantwortlich gemacht, die mit der Übersetzung wenig zu tun haben. So ist es wichtig, daß etwaiges Bildmaterial bei der Anfertigung der Übersetzung mitgeliefert wird, damit Fehlübersetzungen aufgrund von Polysemien (wie z.B. *das Baby ändern* statt *wickeln* für *change* in einem TV-Werbespot) verhindert werden können. Auch im Layout können sich Fehler einschleichen, die eigentlich nur indirekt mit der Übersetzung zu tun haben, wie etwa bei der Kampagne für ein Schmerzmittel (Althans 1982:95), die mit drei Smiley-Köpfen die Entwicklung vom Schmerzzustand vor (Mundwinkel nach unten gezogen), während (Mund als gerade Linie) und nach der Tabletteneinnahme (Mundwinkel nach oben als Lächeln) darstellte. Für die arabische Übersetzung wurde die Reihenfolge der Bilder leider nicht umgedreht. Daher hat das arabische Zielpublikum, das die Botschaft von rechts nach links las, die Produktvorteile nicht begriffen. Weitere Beispiele solcher Pannen sind bei Séguinot (1994:252ff.) zu finden. Aus diesem Grund ist dem Übersetzer größte Vorsicht im Detail anzuraten.

Literatur

Althans, Jürgen (1982): *Die Übertragbarkeit von Werbekonzeptionen auf internationale Märkte.* Frankfurt a.M.: Lang.

Baumgart, Manuela (1992): *Die Sprache der Anzeigenwerbung.* Heidelberg: Physica.

Belch, George E. / Belch, Michael A. (1992): *Introduction to Advertising and Promotion.* Homewood/Ill.: Dow-Jones-Irwin.

De Mooij, Marieke ([2]1994): *Advertising Worldwide.* London: Prentice Hall.

Hall, Edward T. (1976): *Beyond Culture.* New York: Doubleday.

Holz-Mänttäri, Justa (1986): „Translatorisches Handeln – theoretisch fundierte Berufsprofile." Snell-Hornby, Mary (Hrsg.) (1986): *Übersetzungswissenschaft. Eine Neuorientierung.* UTB 1415. Tübingen: Francke, 348–374.

Hönig, Hans G. / Kußmaul, Paul (1982): *Strategie der Übersetzung.* Tübingen: Narr.

Kotler, Philip / Bliemel, Friedhelm ([8]1995): *Marketing-Management.* Stuttgart: Schäffer-Poeschel.

Myers, G. (1994): *Words in Ads.* London: Edward Arnold.

Reese, Ulrich (1994): *Grenzüberschreitende Werbung in der Europäischen Gemeinschaft.* München: Beck.

Reiss, Katharina / Vermeer, Hans J. (1984): *Grundlegung einer allgemeinen Translationstheorie.* Tübingen: Niemeyer.

Ricks, David A. (1983): *Big Business Blunders.*

Mistakes in Multinational Marketing. Homewood/Ill.: Dow-Jones-Irwin.
Séguinot, Candace (1994): „Translation and Advertising: Going Global.“ *Current Issues in Language & Society* 1/3, 249–265.
Smith, Veronica / Klein-Braley, Christine (1985): *In other words* ... München: Hueber.
Smith, Veronica / Klein-Braley, Christine (1997): „Advertising – a five-stage strategy for translation.“ Snell-Hornby, Mary / Jettmarovà, Zusanna / Kaindl, Klaus (Hrsg.) (1997): *Translation as Intercultural Communication. Selected Papers from the EST-Congress, Prague 1995*. Amsterdam: Benjamins, 173–184.
Snell-Hornby, Mary (1992): „Translation as a cultural shock.“ Blank, Claudia (Hrsg.) (1992): *Language and Civilization. A Concerted Profusion of Essays and Studies in Honour of Otto Hietsch*. Frankfurt a.M.: Lang, 341–355.
Wells, William / Burnett, John / Moriarty, Sandra ([2]1992): *Advertising. Principles and Practice*. Englewood Cliffs/NJ: Prentice Hall.

Veronica Smith (Klagenfurt)

66. Video Narrations

Unter *Video Narrations* ist der gesprochene Text zu Industrievideos zu verstehen. Diese stellen meist ein Produkt oder auch ein Unternehmen vor, haben also Werbecharakter, und werden z.B. auf Fachmessen oder bei eigens arrangierten Präsentationen für eine ausgewählte Gruppe von Interessenten gezeigt. Verwandt damit sind *slide shows* (Diapräsentationen), auf die das Folgende ebenfalls zutrifft.

Je nach Auftrag liefert der Übersetzer entweder ein „sprechreifes“ *video script* oder nur eine Rohübersetzung, aus der dann beispielsweise eine Werbeagentur die Endversion erarbeitet. Die folgenden Ausführungen beziehen sich auf den erstgenannten Fall.

Für die Produktion einer stilistisch und pragmatisch äquivalenten Übersetzung gelten zunächst einmal die gleichen Grundregeln wie bei anderen Textsorten; darauf soll hier nicht näher eingegangen werden.

Weiterhin sind aber auch folgende Punkte von Bedeutung, da die Zielgruppe den Text nur hört:

- *Verständlichkeit*: Der Text muß beim Zuhören verständlich sein. Zu vermeiden sind Schachtelsätze, Pronomenhäufungen (nicht „wenn Sie sie von oben befüllen“, sondern „wenn Sie die Anlage von oben befüllen“) und aufeinanderfolgende Relativsätze (nicht „Dies ist der Bediener, der die Klappe öffnet, die sich an der Rückseite befindet“, sondern „Dieser Bediener öffnet die Klappe, die sich...“); wichtig sind Textkohärenz und eine möglichst lineare Thema-Rhema-Progression.
- *Gesprochene Sprache*: Bei einer Video Narration handelt es sich um gesprochene Sprache, daher darf beispielsweise Imperfekt in einem englischen Ausgangstext (AT) nicht grundsätzlich als Präteritum in der deutschen Übersetzung wiedergegeben werden, da dies manieriert wirken kann („*We developed a new process ... last year*“ also nicht übersetzen mit „Wir entwickelten letztes Jahr...“, sondern mit „Letztes Jahr haben wir ... entwickelt“).

Für den Sprecher im Aufnahmestudio muß der Text vor allem leicht lesbar und leicht sprechbar sein. Dies ist nicht zuletzt eine Frage des Schriftbildes. Der Übersetzer sollte daher:

- Trennstriche ohne Rücksicht auf ästhetische Gesichtspunkte überall dort verwenden, wo das Fehlen eines Trennstriches die Lesbarkeit erschwert oder zu Mißverständnissen führt: nicht „Produktionsauftragseingabe“ und „Druckerzeugnis“, sondern „Produktionsauftrags-Eingabe“ und „Druck-Erzeugnis“.
- Ergänzungsbindestriche sparsamst verwenden: nicht „Gasheiz- und -klima-Anlagen“ (wird beim Hören interpretiert als „Gasheizanlagen und Klima-Anlagen“), sondern „Gasheiz- und Gasklima-Anlagen“.
- Abkürzungen, die nicht als solche gesprochen werden, ausschreiben: nicht „i.a.“ und „z.Zt.“, sondern „im allgemeinen“ und „zur Zeit“.
- Klammern ganz vermeiden, da sie nicht mitgesprochen werden und der Klammerinhalt sich meist nicht syntaktisch unauffällig in den Satz einfügt: „*...new pharmaceutical products... One example is the Drug Delivery*

System (DDS). DDS makes sure a drug...“ sollte z.B. folgendermaßen übersetzt werden: „...an der Entwicklung anderer Pharmazeutika gearbeitet wird, zum Beispiel an DDS. DDS steht für *Drug Delivery System.* Es sorgt dafür, daß ein Wirkstoff...“

Die Präsentationsform Video erfordert die inhaltliche und zeitliche Kongruenz von Bild und Ton. Diese kann der Übersetzer nur sicherstellen, wenn er im Besitz des Videos ist, er sollte also unbedingt darauf bestehen! Notfalls genügt auch das Video in einer anderen als der Ausgangssprache; es kommt nur darauf an festzustellen, was eigentlich zu sehen ist und wie lang die einzelnen Bildsequenzen sind. (Was zu sehen ist, geht keineswegs immer aus dem Text hervor. In einer *Narration* für ein Kopiergerät beispielsweise läßt der Satz *„Staying ahead of the game is tough in today's competitive world...“* nicht darauf schließen, daß zwei Schachspieler zu sehen sind.)

- Zeitangaben im AT (nicht immer vorhanden) sind eine Richtlinie sowohl für den Sprecher als auch für den Übersetzer. Sie weisen darauf hin, wie viele Minuten und Sekunden nach Beginn des Videos der Sprecher jeweils einsetzen muß.
- Die Länge der Übersetzung darf bei einzelnen Abschnitten vom Original abweichen, sofern der Text nicht die nächste Bildfolge überschneidet. Idealerweise sollte der Übersetzer sich das Video anschauen und dazu die Übersetzung laut lesen. Auf diese Weise lassen sich auch Stolpersteine (schwer zu sprechende Textstellen) im Text identifizieren und eliminieren.
- Ergänzende Angaben in der Übersetzung können im Hinblick auf die Zuschauer/Zuhörer von Vorteil sein: *„Here we see the metering station“* kann auch mit „Rechts sehen wir...“ übersetzt werden, wenn der Übersetzer die Dosieranlage rechts im Bild erkennt.

Bei der Studioaufnahme ist die Anwesenheit des Übersetzers sinnvoll, läßt sich aber aus Kostengründen nur schwer durchsetzen. Dafür spricht, daß oft noch letzte Änderungen am Text gewünscht werden oder tatsächlich erforderlich sind, die von einem Sprach-/Fachexperten vorgenommen werden sollten und nicht von einem Sprecher, der womöglich nur aufgrund seiner Stimme ausgewählt wurde. Erfahrungsgemäß hat ein Übersetzer dann die besseren Argumente, wenn er in eine andere als die jeweilige Landessprache übersetzt hat, weil in diesem Fall die Anzahl der tatsächlichen und vermeintlichen Experten geringer ist.

Sybille D. Vetter (Schwetzingen)

D3 Primär expressive Texte

D3.1 Narrative Texte

67. Erzählprosa

1. Sprache aller Sprachen

Texte können in Textsorten gegliedert werden, Sprachen – zunächst einmal in gesprochene oder geschriebene Sprache, dann in regionale Spielarten größeren oder kleineren Umfangs (z.B. süddeutsch, österreichisch, tirolerisch), schließlich, je nach dem Bereich, in dem sie verwendet werden, in funktionale Sprachen/ Stile – publizistische, juristische, wissenschaftliche, wo wieder Subgruppen herausgelöst werden können: Sprache eines politischen Leitartikels vs. jener einer kurzen Zeitungsnotiz, Sprache der Enzyklopädien vs. jener eines Lehrbuchs, dazu Fachsprachen der verschiedenen Wissenschaften und Gewerbe, Sprache der Diplomatie vs. jener eines amtlichen Dokuments. Man kann die Liste erweitern. Über allem, alles in sich aufnehmend, steht die Sprache des literarischen Kunstwerks, in unserem Fall der *Erzählprosa*; sie ist zwar geschrieben, umfaßt jedoch genauso gesprochene Sprache, und das in vielen Varianten: Dialekt, derbe Umgangssprache, diverse Slangs wie Jugendsprache, Junkie-Sprache und dergleichen.

Nehmen wir uns Max Frischs *Der Mensch erscheint im Holozän* (1981) zur Hand und überlegen nun, wie die verschiedensprachigen Übersetzer damit an die Arbeit gehen müssen. Zu übersetzen sind selbstredend die narrative Autorenrede und die inneren Monologe der Hauptperson. Dazu Ausschnitte aus Lexika (über Dinosaurier, geologische Formationen, Gedächtnisschwäche), aus Wetterberichten, aus Geschichts- und Wanderbüchern, aus der Bibel und aus einem Zugfahrplan. Nicht übersetzt braucht nur eine geometrische Zeichnung zu werden: die (Latein)buchstaben eines Dreiecks sind international. Schließlich bietet der Text auch Schweizerisches: *Flühe, Molasse*. Dabei gibt es in der Erzählung von Frisch eine einzige handelnde Person. Wenn es in einem Buch mehrere handelnde Personen mit eigener Personen- oder Objektsprache gibt, wird es noch schwieriger. Der russische Literaturkritiker Vladimir Lakšin hat sich die Mühe gemacht, alle historischen und sozialen Typen aufzuzählen, die er in Michail Bulgakovs Roman *Der Meister und Margarita* gefunden hat. Und zwar: Menschen verschiedener Epochen und Berufe, alte und junge, begüterte und arme: ein Schriftsteller, ein Buchhalter, ein Hausverwalter, der Prokurator von Judäa, ein Hohepriester, ein Zenturio, ein Barkeeper, ein Conférencier, ein Straßenbahnschaffner, ein Literaturkritiker, römische Soldaten, Räuber, Steuereintreiber, sowjetische Amtspersonen, Schauspieler, Ärzte, Kellner, Hausfrauen, Untersuchungsrichter, Taxifahrer, Platzanweiser im Theater, Milizmänner, Straßenverkäuferinnen, Leitungsmitglieder in einer Wohngenossenschaft, Zeitungsredakteure, Krankenschwestern, Feuerwehrleute und zu alldem noch der Teufel mit seiner bunten Gefolgschaft. Diese lange Liste von Vladimir Lakšin (1968:285) belegt anschaulich, wie viele Einzelsprachen die literarisch Übersetzenden zu meistern haben. Und noch eine Spur schwieriger wird es, wenn die Personen Dialekt, d.h. lokal gefärbte Sprache, sprechen. In der Dichtung ist diese Vielfalt von Sprachen nur eine Ausnahme, in der Erzählprosa ist sie immanent. Andererseits wird die künstlerische Prosa von benachbarten und nicht immer klar von ihr abzutrennenden Textsorten umgeben, wie dem Essay, dem Zeitungsfeuilleton oder auch dem wissenschaftlichen Sachbuch, sofern es ästhetische Ansprüche an sich selbst stellt.

2. Der Text und sein Leser

Wenn man nach der Eigenart künstlerischer Prosa im Vergleich zur Gebrauchsprosa fragt, heißt es natürlich: die ästhetische Komponente. Die sprachliche Ausformung des Originals besitzt Eigenwert, und die Wiedergabe der *formalen* Elemente in der Übersetzung braucht größere Aufmerksamkeit. Darauf kommen wir später zurück. Seltener jedoch wird man sich bewußt, daß beim Sprachkunstwerk auch die Beziehung zum Leser grundsätzlich anders strukturiert ist als bei sogenannten pragmatischen Texten. (Dort, wo im folgenden die Wörter *Autor/Leser* als literatursoziologische Termini gebraucht werden, will ich auf die weibliche Variante verzichten.) Im Unterschied zu den letzteren mit ihren klar definierbaren Adressaten wendet sich das sprachliche Kunstwerk an ein Auditorium, das einzig durch die Bereitschaft charakterisiert werden kann, schöne Literatur als solche aufzunehmen. Trotzdem schreiben der Schriftsteller/die Schriftstellerin nicht *urbi et orbi*, sprechen vielmehr *ihren* Leser, den imaginären Adressaten *ihrer* Werke, an, von dem sie sich ein bestimmtes Bild gemacht haben, und suchen die Form, in der sie diesem Leser gegenübertreten. Der Autor von literarischen Prosatexten kann sich als auktorialer Narrator präsentieren, als eine fiktive Person, die dessen Erzählpart übernimmt und nicht unbedingt selbst am Geschehen teilnimmt, er kann die Erzählperspektive wechseln, dabei die eigene Perspektive auch an eine oder mehrere der handelnden Personen abgeben. Er kann episch in langen Perioden schreiben oder dramatisch in einem abgerissenen Telegrammstil, er kann stilisieren, ironisieren, gesprochene Sprache imitieren und schließlich in ein und demselben Werk verschiedene Erzählhaltungen einnehmen. So wird es noch schwieriger, die Diktion des Autors präzise zu beschreiben, die Diktion des Dialogs nämlich, in den der Autor mit seinem Leser eintreten will: mal ruhig, entrückt, mal freundschaftlich, vertraulich (dann heißt es bald: „Lieber Leser"), mal schroff und provozierend. Die Übersetzenden müssen hellhörig sein gegenüber der *Stimme* des Autors. Dieselbe Diktion oder Tonart, die der Autor einschlägt, muß nun der Übersetzer/die Übersetzerin für *ihren* Dialog mit *ihrem* Leser finden, denn letztlich ist der ZS-Leser dank der Übersetzung auch wieder Leser des Autors selbst, dessen Idiolekts.

Ein kurzer Exkurs zu einem Nebeneffekt dieser Stellung der Übersetzung zwischen ausgangssprachlichem Autor und ZS-Leser. Im Russischen, zu dem ich immer wieder greife, weil es meine Ausgangssprache (AS) ist, gibt es dazu ein treffendes Wort, es heißt *otsebjatina*, frei übersetzt: *Eigenbau*, ist jedoch auf die übersetzerische Arbeit gemünzt und bezeichnet eine der Todsünden des literarischen Übersetzers – das schier unbezwingbare Bedürfnis, seinem Leser auch noch frei Haus *Erläuterungen* zum Original mitzuliefern. Gemeint sind nicht die grundsätzlichen Schwierigkeiten des kulturellen Transfers, nicht die kommentierenden Übersetzungen, die vor allem bei der Wiedergabe von Realien (s. Art. 81), aber auch als Ausdeutung eines unübersetzbaren Wortes gute Dienste leisten. Gemeint ist die Fülle der überflüssigen Einschübe von *schon, noch, aber, danach, wieder, später* und darüber hinausgehende Erklärungen an die Adresse des Lesers. Ein Beispiel aus der russischen Übersetzung des Bestsellers *Schlafes Bruder* von Robert Schneider. Eben weil die Übersetzung durch Aleksandr Fadeev außerordentlich gut ist, verwundert es, wenn er seinem russischen Leser weniger zumutet als Robert Schneider dem deutschsprachigen. Der Satz: „[Peter Alder] sitzt dort seit wer weiß wie lange, sitzt wie eine Kröte, glart auf den Zunderpilz..." (1992:72) lautet in wörtlicher Rückübersetzung aus dem Russischen: „.. sitzt dort wer weiß wie lange wie eine Kröte in ihrem Loch. In der Hand hält er einen Zunderpilz *(trutovyj grib)*, der sich jeden Augenblick am kleinsten Funken entflammen könnte..." (1994:79). So wie der deutschsprachige Leser auch ohne botanische Kenntnisse versteht, daß der Zunderpilz etwas mit Feuer zu tun hat, so dürfte auch ein russischer dank der Bezeichnung *trutovyj* mühelos dasselbe erkennen. Unser Vertrauen gegenüber dem ZS-Leser darf nicht geringer sein als jenes des Autors gegenüber seinem, dem AS-Leser. Bücherlesen ist ein schöpferischer Akt, wir sollen unseren Leser nicht um das Vergnügen bringen, diesen Akt zu vollziehen.

Zurück zum Leser. AS-Leser und ZS-Leser unterscheiden sich durch ihr jeweiliges „gesamtkulturelles und gesamtnationales Gedächtnis", ein Terminus von Michail Lotman (1992:1,164 u. passim), und dieses Gedächtnis umfaßt nicht nur kulturkundliches, sondern auch literarisches Wissen (Tradition, Gattungsgeschichte u. dgl.). Natürlich ist der Umfang dieses „fremdländischen" Gedächtnisses beim ZS-Leser geringer als beim AS-Leser. Für uns Übersetzende bedeutet dies, daß der Text seinerseits von einem noch größeren, gleichsam

Megakontext umfaßt wird – sein kulturelles Umfeld. Wir übersetzen nicht nur Sprache, sondern auch Kultur, die in der Sprache bewahrt ist. Diesem Umstand muß der/die Übersetzende Rechnung tragen, ohne jedoch das Original zu simplifizieren, was oft unter dem Titel „gut lesbar machen" läuft. Wir dürfen nicht vergessen, daß der ZS-Leser gerade an der Fremdheit des zu übersetzenden Werkes interessiert ist.

3. Das Wort und der Satz

Als nächstes müssen wir uns nun fragen, wie denn die Expressivität der künstlerischen Prosa erreicht wird? Denn was macht, konkret betrachtet, die ästhetische Wirkung eines Textes aus? Es ist wohl die spezifische Wertigkeit der Wörter und ihre einem inneren Rhythmus gehorchende Zusammenfügung zu Worten. Wir müssen bei einem künstlerischen Sprachwerk davon ausgehen und darauf vertrauen, daß der Autor keines seiner Wörter zufällig gesetzt hat. Für die Übersetzenden wird das Wort, nach Neubert, zu einem „komprimierten Informationsangebot" (1991:12). Das Wort im literarischen Kunstwerk gewinnt gegenüber der pragmatischen Gebrauchsprosa eine größere semantische Dichte (Komprimierung), es ist *historisch saturiert*, nimmt also eine Vielfalt von Assoziationen und Konnotationen in sich auf und konkretisiert sie dann im Kontext eines Satzes (*Mikro-*) oder des gesamten Werkes (*Makrokontext*). Ein schlichtes Beispiel: wenn in einem medizinischen Fachtext für *Tod* und *sterben* nur die Äquivalente *versterben*, *Exitus* dazukommen können und in einem Nekrolog *aus dem Dasein scheiden, die Augen für immer schließen, abgerufen werden* und noch einiges auf dieser Stilebene, so haben die Übersetzenden eines Textes künstlerischer Prosa aus rund 80 Synonymen (nach Wehrle-Eggers 1968) mit lexikalischen und stilistischen Unterschieden von *entschlafen* bis *verrecken* zu wählen, denn fast jedes dieser Synonyme paßt nur in den einen, ihm gemäßen Kontext. Analysiert man dann die im Deutschen angebotene Palette von Synonymen für *sterben* noch genauer, merkt man, daß gut zwei Drittel von ihnen *schriftlich* überhaupt nur in der schöngeistigen Literatur und da am häufigsten in der Erzählprosa Verwendung finden. Auch das beste zweisprachige Wörterbuch kann hier nicht mehr als einen Anstoß geben, oft lediglich zu einsprachigen Synonym- oder Stilwörterbüchern weiterleiten, denn das Wörterbuch liefert uns die allgemeinere, neutrale „übliche" Bedeutung, ist *extensional*, wie es Neubert im Gegensatz zum *intensionalen*, „aufgeladenen" Textwort nennt (1991: 12).

Je dichter ein literarischer Text ist, desto gewichtiger ist in ihm das einzelne Wort. Denn was ist ein dichter literarischer Text? Ein Text, in dem kein Wort entfernt werden darf, ohne daß die ästhetische Aussage verändert wäre. Ein Text, der neben der kommunikativen Funktion Autor-Leser einen in sich selbst geschlossenen Wert besitzt. Oder, wie es Eugenio Coseriu textlinguistisch formuliert: „Die Zeichen [werden] nicht einfach als Instrumente zur Bezeichnung von etwas anderem verwendet [...], sondern erscheinen als das, was sie wirklich sind, in der vollen Realisierung aller ihrer funktionellen Möglichkeiten" (1981:111). Einzig in der Dichtung fällt die *Poetik des Wortes* noch stärker ins Gewicht. Solange man nicht zumindest versucht, die zu aktualisierenden semantischen Komponenten eines Wortes in die ZS hinüberzuretten, entsteht das, was Levý als „übersetzerischen Stil" bezeichnet, worunter er primär eine lexikalische Verarmung der Übersetzung gegenüber dem Original meint und davon drei Arten herausschält: es wird generalisiert, d.h. der allgemeinere Begriff gegenüber dem konkreteren bevorzugt, ein stilistisch neutrales Wort statt eines stilistisch expressiven gesetzt und die ZS-Synonymik zwecks Abwechslung im Ausdruck nicht genügend ausgeschöpft (1969:109f.).

Der/die Übersetzende muß eigentlich, ehe er/sie beginnt, zur „inneren Form" des Wortes vordringen. Ein krasses Beispiel für das Nicht-Hören auf den semantischen Inhalt eines Wortes bietet uns die Umbenennung von Dostoevskijs *Schuld und Sühne* in *Verbrechen und Strafe* (1994). Beiden Wörtern des Originaltitels *Prestuplenie i nakazanie* wohnt viel mehr inne, als ein zweisprachiges Wörterbuch auszuweisen imstande ist. Aus der Etymologie von *prestuplenie* hört jeder Russe das *Übertreten* heraus, eben das, was den Helden Rodion Raskolnikov den ganzen Roman lang quält: gibt es Menschen und gehört er zu ihnen, die berechtigt sind, auch mit dem Mord an einem weniger

„wertvollen" Menschen die Grenzen zu überschreiten? Diese Zweifel Raskolnikovs haben mit Jurisdiktion nicht das geringste zu tun. Auch das aufs Juristische eingeengte *Strafe* deckt nicht den Inhalt von *nakazanie*, in dem die *Vergeltung* mitklingt, eine religiöse Konnotation, die dem Geist von Dostoevskijs Roman eher entspräche. Dostoevskijs Titel läßt sich wörtlich nicht übersetzen, Titelübersetzungen sind wegen ihrer Knappheit an sich schwer und oft nur durch Kompromisse zu lösen. Doch abgesehen davon, daß der alte Kompromißtitel *Schuld und Sühne* eingebürgert ist, kommt in diesem konkreten Fall eine übersetzerische Generalisierung den Intentionen Dostoevskijs weit näher als eine Reduzierung auf das Juristische.

Ist es nicht erstaunlich, daß es sich wie von selbst ergibt – jedenfalls bei Überlegungen über die literarische Übersetzung –, vom Wort auszugehen und dann erst zum Satz zu kommen? Mitnichten soll das heißen, daß das Syntaktische vom Lexikalischen an Bedeutung übertroffen wird. Natürlich ist nicht nur das richtige Wort, sondern auch die äquivalente syntaktische Konstruktion und grammatikalische Variante zu suchen. Alle drei Komponenten müssen gegeneinander ausgewogen sein. Doch Erfahrungen bei eigenen Übersetzungen wie auch in Seminaren und Workshops zeigen, daß semantisch saturierte Wörter, mit denen wir ja stets zu tun haben, nicht immer, aber dominant die Ausformung des Satzes, des Wörtergefüges, bestimmen. Zuerst müssen die lexikalischen Gegebenheiten abgeklärt werden, ehe aus Wörtern Worte werden.

Landläufig heißt es, Poesie unterscheide sich von der Prosa durch Reime, manchmal wird auch noch das Metrum genannt (s. Art. 75). Der Poesie wird damit sicher Unrecht getan: es gibt wesentlichere Unterscheidungsmerkmale, will man auch Blankverse und *vers libres* als poetisch verstehen. Doch in der künstlerischen Prosa sind (unbeabsichtigte) Reime und Metren tatsächlich zu vermeiden, sie geben einem Prosatext einen manieristischen Touch. Statt des Reims darf Alliteration stehen, statt des Metrums der Satzrhythmus, schwerer zu erfassen als das Metrum eines Gedichts.

Das rechte Wortäquivalent in der ZS zu finden erfordert Mühe. Doch bei der ästhetischen, d.i. stilistischen Gestaltung einer Übersetzung fällt es mitunter, wie jede/r Übersetzende weiß, auch nicht leichter, den einfachsten Satz in der ZS richtig „hinzukriegen". Denn wenn ein Prosatext – im Unterschied zur Poesie – gegenüber der reinen Lautung des einzelnen Wortes weitgehend indifferent ist, kann durch eine falsche Zusammenfügung der Wörter, durch ein inadäquates syntaktisches Gebilde also, nicht nur die Ästhetik des Textes, sondern auch die lexikalische Bedeutung der einzelnen Wörter selbst eingeengt werden. Als Beispiel ein einziger Satz aus zwei der zahlreichen Übersetzungen von Nikolaj Gogols *Mainacht*. Russisches Original: „Tichi i pokojny eti prudy" (1950:58). Zuerst die wörtliche, die Wörterbuchübersetzung: „Still und ruhig sind diese Teiche". Die Übersetzung von Rubiner/Schak entwickelt den Satz weiter: „Still liegen die Teiche ruhend da" (1946:80). Der Satz hat einen schönen Rhythmus und gibt durch die Vollverben den prädikativen Aspekt der russischen Kurzadjektiva wieder. Das Demonstrativpronomen *diese* ist im Deutschen durch den bestimmten Artikel ausreichend wiedergegeben. Eine neuerliche semantische Erweiterung erfährt der Satz dann bei Michael Pfeiffer: „Still und friedlich ruhen die Teiche" (1982:1,71); hier wird zusätzlich zu *ruhen* das Bedeutungselement *friedlich* aktualisiert, das im russischen Wort *pokoj* enthalten ist. Somit ist der Satz rhythmisch und lexikalisch-semantisch erschlossen. Nicht immer sind übersetzerische Lösungen so leicht zu durchschauen wie im obigen Beispiel, häufig bleibt nur das Gefühl: „klingt gut", „klingt schlecht"; es ist vage, aber oft genug der einzige Leitfaden bei der Übersetzung künstlerischer Prosa.

4. Die Übersetzung

Ein Goethesatz wartet darauf, zitiert zu werden: In seinen *Noten zum West-östlichen Divan* spricht Goethe mehrmals vom Übersetzen als Bekanntmachen mit dem „Ausland" und nennt als letztes Ziel einer Übersetzung „die Annäherung des Fremden und Einheimischen, des Bekannten und Unbekannten" (1949:2, 258). Dieser Maxime zu folgen und das richtige Maß dabei zu halten gehört zu den größten Herausforderungen für die literarisch Übersetzenden. Es ist eine uralte Diskussion, die nicht mit Goethe begann und nicht mit ihm endete. Und es gibt kein Rezept, das uns sagen würde, wie wir das Fremde und das Einheimische in Balance halten können. Und keinen Richter, diese oder jene Lösung als einzig richtige zu approbieren. Nehmen wir die Bibelübersetzungen (s. Art. 77), die der Translationswissenschaft schon immer gute Dienste geleistet haben. Wer wird die Bibelübersetzung von Luther, der bekanntlich empfahl, den Leuten „aufs Maul zu sehen, wie sie reden und darnach dolmetschen" (zit. nach Störig 1963:21), für schlecht befinden, wer jener von Buber/Rosenzweig, die bemüht waren, durch ihre Übersetzung den hebräischen Originaltext durchscheinen zu lassen, die Anerkennung versagen (vgl. Buber 1954)? Bei einer Tagung der Jury für den Österreichischen Übersetzerpreis wurden zu zwei verschiedenen Übersetzungen zwei grundverschiedene Gutachten vorgelegt; das eine hob lobend hervor, die Übersetzung lese sich wie ein Original, das andere, es sei viel von der AS hinübergebracht worden. Beide Übersetzungen erhielten einen Preis.

Das Dilemma bleibt bestehen, doch es scheint, daß neuerdings den literarisch Übersetzenden bezüglich der Originaltreue eine größere Freiheit zugestanden wird. Das Instrumentarium eines angestrebten Maximums an Originaltreue ist eine gewisse Verfremdung, die dadurch zu erzielen ist, daß man bis an die Grenzen der eigenen Sprache geht und diese auch überschreitet. Wohlgemerkt macht es sich der/die Übersetzende dabei um nichts leichter, zudem muß er/sie einem Leser vertrauen, der die Strategie versteht und mitzumachen bereit ist. Doch anders als zu den Zeiten Goethes, der meinte, eine solche Art des Übersetzens diene „nur zur Unterhaltung der Gelehrten untereinander" (1949:9,493), ist der Kreis unserer, der Übersetzenden, Leser seit Goethes Zeit größer und qualifizierter geworden. Letztlich jedoch hängt es vom Original ab, ob dessen Autor zum sprachlichen Experiment neigt oder nicht, ob es stilistisch anspruchsvoll ist oder nicht, ob es sich an ein anspruchsvolles Publikum wendet oder nicht. Und statt uns einen AS-Autor vorstellen zu wollen, der unvermutet in der ZS schreibt, sollten wir uns den AS-Leser vorstellen, für den das Original bestimmt ist, und den ihm analogen ZS-Leser suchen, für den wir zu übersetzen haben.

Literatur

Buber, Martin (1954): „Zu einer Verdeutschung der Schrift." *Die fünf Bücher der Weisung*. Köln / Olten: Hegner, 3–44.

Coseriu, Eugenio (1981): *Textlinguistik. Eine Einführung*. Tübinger Beiträge zur Linguistik 109. Tübingen: Narr.

Dostoevskij, Fedor (1994): *Verbrechen und Strafe*. Übersetzt von Swetlana Geier. Zürich: Ammann.

Goethe, Johann Wolfgang (1949): „Noten und Abhandlungen zu besserem Verständnis des West-östlichen Divans". Goethe, Johann Wolfgang (1949): *Werke*. Hamburger Ausgabe. Christian Wegner Verlag.

Gogol, Nikolaj (1950): *Sobranie socinenij*. Bd. 1. Moskva: Goslitizdat.

Gogol, Nikolaj (1946): *Abende auf dem Gutshof bei Dikanka*. Übersetzung aus dem Russischen von Ludwig Rubiner und Frieda Schak. Wien: Ullstein.

Gogol, Nikolaj (1981–1982): *Gesammelte Werke*. Bd. 1: „Erzählungen". Übersetzung aus dem Russischen von Michael Pfeiffer u.a. Stuttgart: Klett-Cotta.

Frisch, Max (1981): *Der Mensch erscheint im Holozän*. Frankfurt a.M.: Suhrkamp.

Lakšin, Vladimir (1968): „Roman M. Bulgakova Master i Margarita". *Novyj mir* 6, 284–311.

Levý, Jiří (1969): *Die literarische Übersetzung. Theorie einer Kunstgattung*. Übersetzung aus dem Tschechischen von Walter Schamschula. Frankfurt a.M.: Athenäum.

Lotman, Michail (1992): „Tekst i struktura auditorii." *Izbrannye stat'i*. Tallin: Aleksandra, 161–166.

Neubert, Albrecht (1991): *Die Wörter in der Übersetzung. Sitzungsberichte der Sächsischen Akademie der Wissenschaften zu Leipzig. Philologisch-historische Klasse*. Bd. 131, Heft 4. Berlin: Akademie Verlag.

Schneider, Robert (1992): *Schlafes Bruder*. Leipzig: Reclam.

Schneider, Robert (1994) *Sestra sna*. Übersetzung aus dem Deutschen von Vladimir Fadeev. St. Petersburg: Fantakt.

Störig, Hans Joachim (Hrsg.) (1963): *Das Problem des Übersetzens*. Stuttgart: Goverts, 14–32.

Wehrle-Eggers (1968): *Deutscher Wortschatz. Ein Wegweiser zum treffenden Ausdruck*. 2 Bde. Frankfurt a.M.: Fischer.

Elisabeth Markstein (Wien)

68. Massenliteratur

Massenliteratur ist ein Resultat der Massenkommunikation und damit ein Phänomen des 20. Jahrhunderts. Ihre Definition ist allerdings keineswegs geklärt. Als Charakteristikum wird zumeist die in der Literatur seit jeher praktizierte Unterscheidung zwischen trivialer und hoher Literatur und damit zwischen der breiten Masse der Leser und einer eher spezialisierten Leserschaft (ob man diese als „elitär" bezeichnen kann, sei dahingestellt) herangezogen. Eine solche Differenzierung geht nicht so sehr vom Objekt selbst aus, sondern erfolgt vielmehr auf der Grundlage einer gedanklich-abstrakten Werteskala. Pierre Bourdieu (1992) erkennt in ihr die Grundlage für seine Unterscheidung zwischen „begrenzter Produktion" und „Massenproduktion". Dies bedeutet jedoch keineswegs, daß es sich hierbei um eine objektive Unterscheidung im Sinne eines qualitativen Urteils handelt. Nichtsdestoweniger eignet sich das Phänomen der Massenproduktion und -distribution für quantitative Analysen. So kann zum Beispiel in der ersten Hälfte des 19. Jahrhunderts im deutschsprachigen Raum die Verbreitung von Reiseerzählungen (vielfach auch in Form von Übersetzungen aus dem Englischen und Französischen) als Massenphänomen bezeichnet werden, zumindest, was die hohe Zahl der Buchtitel betrifft. Mit großer Wahrscheinlichkeit befanden sich unter diesen Werken zahlreiche „Bestseller". Und wenn man sich in den privaten Sammlungen die Romane ansieht, vor allem Frauenromane bzw. jene, die sich an eine weibliche Leserschaft richten, so wird deutlich, daß es bereits im vorigen Jahrhundert einen internationalen Markt für Romane in Europa gab.

Nach dem derzeitigen Stand der Forschung (vgl. Lambert 1989) wurden im 20. Jahrhundert durch die Internationalisierung nicht nur neue institutionelle Grundlagen für die Massenkommunikation, sondern auch die Voraussetzung für einen internationalen Übersetzungsmarkt geschaffen. Offen bleibt allerdings, ob sich die für ein breites (literarisches) Publikum gedachten Übersetzungen wesentlich von der Übersetzung in anderen Bereichen unterscheiden, sei es hinsichtlich ihrer Konzeption (dem Übersetzungsvorgang), ihrer textuellen Beschaffenheit oder ihrer intendierten (bzw. tatsächlich erreichten) Leser/Zuhörer/Empfänger. Es stellt sich also die Frage, ob sich für den Übersetzer, dessen Zielpublikum die breite Masse ist, spezifische Aufgaben ergeben. Es scheint, daß diese Frage mit einem Blick auf die nichtliterarische Massenkommunikation beantwortet werden kann. Die internationalen Organisationen (UNO, EU, UNESCO etc.) haben dazu beigetragen, die „ethnolinguistische" Demokratie (Fishman 1993) zu verbreiten, d.h. das Recht jeder Gemeinschaft auf die von ihr anerkannte Sprache. Daraus ergibt sich eine Vervielfachung des Übersetzungsvolumens. Dies macht nun eine Professionalisierung und damit eine Standardisierung der Übersetzung nötig, sowohl was die (elektronische) Ausrüstung, die Auftragskette (die wiederum unweigerlich wiederholte Revisionen der übersetzten Texte mit sich bringt) als auch die sprachlichen Regelungen etc. betrifft: Die Arbeit wird dadurch zu einer kollektiven und in der Folge internationaleren Tätigkeit. Es ist nur schwer vorstellbar, daß sich die literarische Übersetzung dieser gezielt multinationalen Handhabung der Diskurse und Kodes, die sei es nun Coca Cola oder Walt Disney (auf der Leinwand und in Buchform) prägen, entziehen könnte. Folglich wird das Zeitalter der sogenannten Gebrauchsliteratur in seiner Wahl der Bücher, der Übersetzer und seiner diskursiven und werbestrategischen Möglichkeiten zu einem Großteil vom internationalen Markt geprägt. Damit ist die traditionelle Vorstellung von Übersetzungen, bei der ein einzelner Übersetzer darum bemüht ist, in erster Linie seiner Vorlage gerecht zu werden, überholt. In theoretischer Hinsicht wiederum muß die, wie Toury (1980) und Reiss/Vermeer (1984) es nennen würden, „zieltextorientierte" Auffassung von Übersetzung überdacht werden. Dies vor allem deshalb, weil der binäre Gegensatz zwischen einer Ausgangssprache (bzw. -kultur) und einer Zielsprache (bzw. -kultur) nur bestimmte zeitgenössische übersetzerische Situationen erfaßt, während die Mehrzahl der für ein Massenpublikum gedachten Übersetzungen das Ergebnis internationaler Konzeptionen sind, bei denen die „literarischen" Erwartungen wirtschaftlichen Planungen multinationalen Zuschnitts untergeordnet werden. Dies hat natürlich auch Einfluß auf die

Texte selbst, so etwa bei *Reader's Digest*, wo die (Re-)Produktion von Texten von einem Bearbeitungs- und Kurzfassungskult bestimmt wird.

Was die Arbeitsgeschwindigkeit betrifft, so ist die rasche Erledigung bei weitem wichtiger als die Ablieferung eines fertigen Produkts: Wie viele Publikationen bestätigen, liefern Übersetzer dem Verleger unvollendete (elektronische) Manuskripte, nicht zuletzt weil der Bedarf an Übersetzungen und Übersetzern dringend und der Zeitfaktor in den neuen Kommunikationskanälen nicht (mehr) wirklich unter Kontrolle ist. Mehr denn je erscheint die Übersetzung in diesen Fällen als ein notwendiges Übel, dem man bereitwillig zweideutige Namen gibt, wie etwa *copywriting* (oder auch *ghostwriting*). In jüngerer Zeit ist es sogar häufiger vorgekommen, daß simulierte Übersetzungen, sogenannte Pseudoübersetzungen, dazu beitragen, neue Genres und Prototypen einzuführen: Dafür lassen sich leicht spektakuläre Beispiele angeben (wie der Kriminalroman in Frankreich, die Cowboygeschichten in Belgien und die Science-fiction in Ungarn). Es scheint daher legitim, die allgemeine Regel aufzustellen, daß zwischen der (simulierten) Übersetzung und der Massenliteratur eine fundamentale Beziehung besteht. Das eine ist ohne das andere nicht denkbar. Die Internationalisierung im zu Ende gehenden 20. Jahrhundert hat zu einer Globalisierung der Kommunikationsräume und Genres geführt. Es ist durchaus gerechtfertigt anzunehmen, daß die Standardisierung, die auch die literarischen Kommunikationskanäle erfaßt hat, über den Umweg des Diskurses unweigerlich zu einer Neuorganisation der Gesellschaften führen wird.

Literatur

Bourdieu, Pierre (1992): *Les règles de l'art. Genèse et structure du champs littéraire*. Paris: Seuil.

Fishman, Joshua A. (1993): „Ethnologuistic Democracy: Varieties, Degrees, Limits". *Language International* 5/1, 11–17.

Lambert, José (1989): „La traduction, les langues et la communication des masses." *Target* 1/2, 215–237.

Reiss, Katharina / Vermeer, Hans J. (1984): *Grundlegung einer allgemeinen Translationstheorie*. Tübingen: Niemeyer.

Toury, Gideon (1980): *In Search of a Theory of Translation*. Tel Aviv: Porter Institute for Poetics and Semiotics.

José Lambert (Leuven)
Aus dem Französischen übersetzt von
Klaus Kaindl (Wien)

69. Kinderliteratur

Bei jeder Art des Übersetzens spielen zwei Aspekte eine Rolle: die Situation und der Zweck. Übersetzt werden nicht einzelne Wörter, sondern ganze Situationen. Wer übersetzt, bringt sein kulturelles Erbe, seine Leseerfahrung und – bei der Übersetzung von Kinderbüchern – auch sein eigenes Bild von Kindern mit ein. Dabei entsteht ein Dialog, an dem die Leser, der Autor, der Illustrator, der Übersetzer und der Verleger beteiligt sind (vgl. Reiss/Vermeer 1984, Nord 1991).

Nach dem russischen Philosophen Mikhail Bakhtin (1990) kann alles im Leben als Teil eines größeren Ganzen verstanden werden, und es gibt eine dauernde Interaktion zwischen Bedeutungen. Die Wörter „ich" und „du" sind Bestandteil jeder Kommunikation. In jeder Übersetzung trifft der Leser als „Ich" auf das „Du" des Texts. Bakhtin bezieht dabei außerdem die Faktoren Zeit, Ort, Situation und den Unterschied zwischen lesen und hören mit ein. Der erwähnte Dialog kann als eine Art von Kontext gesehen werden, bei dem alle diese Faktoren eine Rolle spielen, und der Dialogteilnehmer interpretiert den Kontext und handelt in ihm. Diese Kontexte sind nicht wiederholbar; in jedem ergibt sich eine neue Reihe von Funktionen und Zwecken, die Auswirkungen auf die darin entstandenen Vorstellungen haben (vgl. Bakhtin 1990:426–428 u. Snell-Hornby 1988:29).

1. Kinderliteratur

Unter Kinderliteratur kann man entweder Literatur verstehen, die für Kinder geschrieben und intendiert ist, oder Literatur, die von Kindern gelesen wird, ganz gleich ob sie nun für Kinder gedacht war oder nicht. Hunt (1990, 1991) weist auf die verschwimmenden Grenzen dieser Literaturgattung hin. Nach Hunt kann sie weder durch stilistische noch durch inhaltliche innertextliche Merkmale definiert werden. Hunt schlägt daher vor, die Gattung aufgrund der Leser und nicht aufgrund der Intentionen des jeweiligen Autors oder aufgrund der Merkmale der Texte zu definieren (Hunt 1990:1 u. 1991:60–64).

Doch auch der Begriff „Kinder" ist schwer zu fassen. Kind und Kindheit wurden zu verschiedenen Zeiten ganz unterschiedlich definiert. „Kindheit" ist eine gesellschaftlich und kulturell geprägte Vorstellung, und sie kann aus der Perspektive des Kindes oder des Erwachsenen gesehen werden. Man denke nur an den großen Unterschied zwischen John Lockes „tabula rasa" und Jean-Jacques Rousseaus von Natur aus gutem Kind, Jean Piagets egozentrischem Kind und Lev Vygotskys sozial geprägtem Kind (vgl. Oittinen 1993:15–45).

Da wenig Konsens darüber besteht, was Kindheit, Kind und Kinderliteratur bedeuten, vermeide auch ich eine generelle und genaue Definition. Ich befasse mich hauptsächlich mit der Übersetzung illustrierter Erzählungen für Kinder und beziehe mich daher auf Kinder im Vorschulalter (in Finnland vor dem 7. Lebensjahr). Doch was ich sage, gilt häufig auch für das Übersetzen von Büchern für ältere Kinder.

2. *Die Zielgruppe*

Die Frage „Für wen schreibe ich?" ist vor allem relevant bei der Übersetzung von Kinderliteratur. Der Blick auf die Zielgruppe ist hier besonders wichtig. Wir übersetzen für die Sinne, für die Augen und Ohren der Kinder. Übersetzerinnen und Übersetzer müssen sich klar machen, was Kinder verstehen können. Ihre Entscheidungen sind dabei freilich beeinflußt von ihrer Kultur, Sprache, ihrem Geschlecht und ihrer Vorstellung von Kindern.

Wir wissen natürlich, daß man nie sicher sein kann, daß man richtig verstanden wird. Das Verständnis des Hörers oder Lesers wird immer beeinflußt von dessen individueller Persönlichkeit, sozialem und kulturellem Hintergrund, augenblicklicher Situation usw. Andererseits müssen Autoren und Übersetzer, um überhaupt jemanden ansprechen zu können, von diesen Einzelfaktoren abstrahieren und sich eine allgemeine Vorstellung von einem Leser machen. Bakhtin spricht in diesem Zusammenhang vom *superaddressee,* und er meint damit einen in gewisser Weise prototypischen Leser (1990:135).

Genauso könnte man beim kindlichen Leser von einem *superaddressee* sprechen. Übersetzer richten ihre Worte an ein irgendwie typisches Kind, sei es einfältig oder verständig, naiv oder erfahren. Diese Vorstellung von einem Kind beeinflußt, wie sie das Kind ansprechen, welche Worte sie wählen usw. Später, in der echten Lesesituation (die ja dialogisch ist), nimmt ein reales Kind das Buch in die Hand, und es entstehen natürlich wieder neue Bedeutungen in der Interaktion zwischen Leser und Text. Gäbe es aber für den Autor und den Übersetzer keinen kindlichen *superaddressee*, dann wäre das Buch kein kohärentes Ganzes. Ein Buch z.B. mit Illustrationen für kleine Kinder, aber mit Texten für ältere Kinder wendet sich eigentlich ins Leere.

Auch wenn wir uns das lesende Kind als *superaddressee* vorstellen, müssen wir natürlich seine Erfahrungen, Fähigkeiten und Erwartungen berücksichtigen. Wie wir dies in der Praxis tun, hängt davon ab, was wir von den Kindern unserer Zeit wissen, aber auch von unserem persönlichen Kindbild. Wenn „unser Kind" z.B. intelligent und aufgeweckt ist, erklären wir ihm weniger, als wenn wir es für weniger intelligent halten. Wir wissen aber auch, daß Kinder noch nicht so alt wie Erwachsene sind und noch kein so großes Weltwissen haben können. Deshalb tendieren wir dazu, Kindern mehr zu erklären als Erwachsenen. Wir berücksichtigen also die Erwartungen und Bedürfnisse unserer kleinen Leser. Man könnte dies als Loyalität bezeichnen (vgl. Nord 1991:29).

3. *Aufführbarkeit*

Das laute Vorlesen oder Aufgeführtwerden (in einem sehr umfassenden Sinn) ist ein wesentlicher Teil eines literarischen Kunstwerks, sei es ein Roman, ein Gedicht oder ein Theaterstück. Oft bekommt es nur dadurch sein Leben und seine Bedeutung. Eine Aufführung ist etwas, das hier und jetzt geschieht, ein Stück erlebte Zeit (vgl. Nord 1991:56f., 63ff.).

Vorgelesen (oft vor einer Gruppe) und manchmal auch aufgeführt werden ist typisch für Kinderbücher und ihre Übersetzungen. Darauf muß der Übersetzer achten und bedenken, daß Kinder, die noch nicht lesen können, die Texte vorgelesen bekommen, was bedeutet, daß sie dem Erwachsenen auch leicht von den Lippen gehen müssen. Wer ein Märchen, eine Erzählung, ein Gedicht oder ein Theaterstück für Kinder übersetzt, muß berücksichtigen, an welche Sinne er sich wendet. Übersetzer tun z.B. gut daran, durch die Interpunktion den Text sowohl für das Auge als auch für das Ohr rhythmisch zu gliedern und ihn dadurch leichter vorlesbar zu machen. Wenn von Übersetzen geredet wird, wird der „Mündlichkeit" schriftlich fixierter Texte häufig zu wenig Beachtung geschenkt (vgl. Tymoczko 1990:53).

Susan Bassnett weist – im Zusammenhang mit Theaterstücken – auf die Aufführbarkeit von Übersetzungen hin, und sie gebraucht die Begriffe „aufführungsorientiert" und „leseorientiert" (1980:132). Auch Übersetzungen müssen unter Umständen auditiv und visuell sein. Bassnetts Ideen lassen sich gut auf die Übersetzung von Kinderbüchern anwenden: Wenn ein Erwachsener eine Geschichte vorliest, dann führt er die Geschichte für das Kind auf. Seine eigene Interpretation ist dann in die Geschichte hineinverwoben, und das zuhörende Kind ist sein Publikum. In dieser Situation gelten viele Prinzipien der Bühnenübersetzung (s. Art. 70 und 71).

4. Text und Illustrationen

Dialoge können sowohl zwischen Menschen als auch in einem Menschen stattfinden, und manchmal ist dies nicht nur ein Dialog mit Worten. Wenn wir z.B. ein Bilderbuch für Kleinkinder lesen, in dem Bilder eine genauso große Rolle spielen wie Worte (Shulevitz 1985), entsteht ein Dialog zwischen dem Leser und der durch Text und Bilder erzählten Geschichte, also ein Dialog in einem Menschen mit einem Buch.

Die visuelle Botschaft eines Buchs, darin sind sich die Forscher einig, beeinflußt die verbale Botschaft (s. z.B. Berger et al. 1977, Schwarcz 1982, Shulevitz 1985). Die Illustrationen, der Schrifttyp, die Form und Anordnung der Kapitelüberschriften, das Layout, die Titelseite, der Bucheinband – all dies beeinflußt den Leser emotional. Illustrationen als wesentliche Bestandteile eines Buchs zeigen, wie die Charaktere und die Welt, in der sie leben, aussehen. Illustrationen können aber auch nur schmükkendes Beiwerk sein. Illustrationen können das Leseerlebnis vertiefen, können Spannung erzeugen und dem Leser schon andeuten, was auf den nächsten Seiten passieren wird (vgl. Gannon 1991:90f.). In England haben z.B. John Tenniels Illustrationen das Verständnis von Lewis Carrolls *Alice's Adventures in Wonderland* and *Through the Looking-Glass* stark beeinflußt (s. Oittinen 1993 und 1995). Trotz ihrer starken Wirkung auf den Leser werden Illustrationen beim Übersetzen oft nicht genügend berücksichtigt, zumindest nicht bewußt.

Als Kunstformen haben Bilderbücher viel Ähnlichkeit mit Theaterstücken und Filmen, und die Übersetzung eines illustrierten Texts für Kinder ist gar nicht so weit entfernt von der Bühnen- und Filmübersetzung (s. Art. 70, 72, 73). In beiden Fällen muß, wie bereits erwähnt, der Übersetzer auf die Sprechbarkeit (oder sogar Singbarkeit, etwa bei Kinderliedern) eines Texts achten. Der Text muß „fließen", wenn er gesprochen oder gesungen werden soll. Was die Illustrationen betrifft, sind sie eine Art Bühnenbild. Der Übersetzer von Bilderbüchern und bebilderten Büchern muß in der Lage sein, die visuellen Botschaften zu interpretieren und die Dynamik zwischen Text und Illustrationen zu verstehen. Die visuelle Sprache ist genauso wie z.B. Englisch, Deutsch und Finnisch eine Sprache, und genauso wie man beim Übersetzen vom Deutschen ins Finnische die beiden Sprachen beherrschen muß, muß der Übersetzer illustrierter Texte die Sprache der Illustrationen beherrschen (s. Art. 74).

Übersetzen ist immer Interaktion, und ich stimme Justa Holz-Mänttäri zu, daß Übersetzer als Interaktionsspezialisten betrachtet werden müssen. Wer für Kinder übersetzt, muß sowohl die schriftlichen Texte als auch die Bilder lesen können. Er oder sie muß auch mit den beiden Möglichkeiten des Gebrauchs von Kinderbüchern vertraut sein: zur stillen Lektüre und zum Vorlesen.

Literatur

Bakhtin, Mikhail (1990): *The Dialogic Imagination: Four Essays*. Austin: University of Texas Press.
Bassnett, Susan (1980): *Translation Studies*. London: Methuen.
Bassnett, Susan / Lefevere, André (Hrsg.) (1990): *Translation, History, and Culture*. London: Pinter.
Berger, John / Blomberg, Sven / Fox, Chris / Dibb, Michael / Hollis, Richard (1977): *Ways of Seeing*. Harmondsworth: BBC / Penguin.
Carroll, Lewis (1962): *Alice's Adventures in Wonderland and Through the Looking-Glass* (orig. 1865 and 1871). Illust. John Tenniel. London: Penguin.
Gannon, Susan R. (1991): „Illustrator as Interpreter: N. C. Wyeth's Illustrations for the Adventure Novels of Robert Louis Stevenson." *Children's Literature* 19, 90-106.
Holz-Mänttäri, Justa (1984): *Translatorisches Handeln. Theorie und Methode*. Helsinki: Finnische Akademie der Wissenschaften.
Hunt, Peter (Hrsg.) (1990): *Children's Literature. The Development of Criticism*. London: Routledge.
Hunt, Peter (1991): *Criticism, Theory, and Children's Literature*. Cambridge/Mass.: Basil Blackwell.
Nord, Christiane (1991): *Text Analysis in Translation. Theory, Methodology, and Didactic Application of a Model for Translation-Oriented Text Analysis*. Amsterdam / Atlanta: Rodopi.
Oittinen, Riitta (1993): *I Am Me – I Am Other: On the Dialogics of Translating for Children*. Tampere: University of Tampere.
Oittinen, Riitta (1995): *Kääntäjän karnevaali* (Translator's Carnival). Tampere: Tampere UP.
Oittinen, Riitta (1997): *Liisa, Liisa ja Alice* (Liisa, Liisa, and Alice). Tampere: Tampere UP.
Reiss, Katharina / Vermeer, Hans J. (1984): *Grundlegung einer allgemeinen Translationstheorie*. Tübingen: Niemeyer.
Schwarcz, Joseph H. (1982): *Ways of the Illustrator. Visual Communication in Children's Literature*. Chicago: American Library Association.
Shulevitz, Uri (1985): *Writing with Pictures. How to Write and Illustrate Children's Books*. New York: Watson-Guptill.
Snell-Hornby, Mary (1988): *Translation Studies. An Integrated Approach*. Amsterdam / Philadelphia: Benjamins.
Tymoczko, Maria (1990): „Translation in Oral Tradition as a Touchstone for Translation Theory and Practice." Bassnett, Susan / Lefevere, André (Hrsg.) (1990): 46-55.

Riitta Oittinen (Tampere)
Aus dem Englischen übersetzt von
Paul Kußmaul (Germersheim)

D3.2 Bühnentexte

70. Sprechtheater

In Shakespeares *King Henry V* wendet sich Heinrich mit folgenden Worten an Katharine, die Tochter des französischen Königs: „... these fellows of infinite tongue, that can rhyme themselves into ladies' favours, they do always reason themselves out again" (V,ii,162). Mit dieser Aussage distanziert sich Heinrich von rhetorischem Kalkül in Liebesdingen, um in der Folge geltend zu machen, daß seine Liebe etwas Dauerhaftes sei und nur durch sich selbst wirke. Ein Blick in den Text belegt jedoch Heinrichs eigenen Hang zu imposanter Rhetorik: die Überlängen seiner Repliken verweisen auf den Umstand, daß ihm kalkulierte Eloquenz zur Gunstgewinnung nicht gegeben ist. Nicht leichtfertiger Eigennutz ist es, der ihn antreibt, sondern ein inneres Feuer, das sich weder im Sinne einer gefälligen Rhetorik noch gezähmt und von Vernunft geleitet artikulieren läßt. Betrachten wir Heinrichs Replik in einem größeren, außertextlichen Zusammenhang, entpuppt sie sich als Kommentar zu einer für uns ungleich relevanteren Thematik. Bühnentexte realisieren sich zwar primär als gesprochene Sprache, weisen aber als literarische Textgattung in Abweichung etwa von gesprochener Alltagssprache einen je unterschiedlichen Stilisierungsgrad auf. Die dem Autor zur Verfügung stehenden stilistischen Mittel erschöpfen sich nicht in der Verwendung von Reimen, wie das Shakespeare-Zitat suggeriert, sondern diese stellen nur eine von vielen Möglichkeiten der stilistischen Formung dar. Die Replik kann aber gleichsam als Reflexion über die Wichtigkeit der Verwendung stilistischer Mittel in Bühnentexten und deren Wirkung auf das Theaterpublikum verstanden werden. Es kann deshalb gesagt werden, daß das Shakespeare-Zitat, obwohl sinngemäß-vordergründig auf den lyrischen Stil eines Gedichts oder einer Ballade bezogen, als Thematisierung des Gebrauchs wirkungsrelevanter Elemente im Sprechtheater schlechthin ausgelegt werden kann.

1. Die Beschaffenheit des Bühnentextes

Mit einem Theaterstück eine Wirkung auf das Theaterpublikum zu erzielen ist tatsächlich die Absicht des Dramatikers. So gesehen legt die Replik nahe, daß der Rhetorik, d.h. der Verwendung rhetorisch-stilistischer Mittel, als Werkzeug des Autors oder der Autorin tatsächlich eine Bedeutung zukommt. Soll nun ein Theaterstück in eine andere Sprache übersetzt werden, tut der Übersetzer/die Übersetzerin gut daran, sich eingehend mit der Frage nach der Bühnenwirksamkeit seiner/ihrer Übersetzung zu befassen (s. hierzu Mounin 1967:137f.; vgl. auch Reiss 1981:84-89). Von Wirkung auf das Theaterpublikum spricht z.B. Wellwarth (1981:142), wenn er sagt, daß die Übersetzung von Bühnentexten in erster Linie eine Stilfrage sei, denn „... style is that which causes a play to sound as if it had originally been written in the target language." Snell-Hornby (1984:104) weist denn auch darauf hin, daß der Dialog in modernen Stücken, trotz seiner offensichtlichen Affinität zum alltagssprachlichen Diskurs, immer noch als „Kunstsprache, als Sonderform der gesprochenen Sprache, zum Sprechen geschrieben, jedoch mit der normalen gesprochenen Sprache niemals identisch" betrachtet werden muß (vgl. auch Levý 1969:133–137). Es ist also Aufgabe des Übersetzers, jenen Stilisierungsgrad in der Übersetzung zu bestimmen, der angemessen erscheint. „Angemessen" bedeutet hier, daß sich der Stilisierungsgrad nach der gewünschten Bühnenwirksamkeit zu richten hat. Daraus ergibt sich für den dramatischen Text, daß er nicht in erster Linie auf einen individualisierten Leser abzielt, wie dies z.B. narrative Texte tun (s. Art. 67), sondern sich primär an ein Publikum in einer Theatersituation richtet. Die Übersetzung von Theaterstücken ist deshalb, wie es Wellwarth (1981:140) formuliert, „a specialized form of translation with its own rules and requirements ..." und muß ihrer raum-zeitlichen Gebundenheit gerecht werden. Der performative Aspekt des dramatischen Textes, d.h. auf anderen Ebenen zu wirken als nur der rein linguistischen, sowie die Rolle des Publikums als öffentliche Dimension haben als zentrale Überlegungen im Rahmen einer Bühnenübersetzung zu gelten (s. hierzu Bassnett-McGuire 1985:132).

Insbesondere Pfister (1982) und Hess-Lüttich (1985) untersuchen die Komplexität dramatischer Kommunikation und die daraus resultierende Überlagerung von Bedeutungsebenen. Sie unterscheiden dabei zwischen der Figurenebene (dem inneren Kommunikationssystem) und der Autoren-/Publikumsebene (dem äußeren Kommunikationssystem). Im inneren Kommunikationssystem teilen sich gesprochene Alltags- und Bühnentexte trotz des fundamentalen Unterschieds zwischen gesprochener und gespielter Sprache eine wichtige kommunikative Funktion. Beide Texttypen haben im Vergleich etwa zu Gebrauchstexten weitaus weniger informativen Charakter:

> [...] the spoken word in real life (and, to some extent on the stage) derives much of its significance from the context of situation, the relation of language to all those extralinguistic features which, in a novel, must be rendered consciously and explicitly [...] by linguistic means. [...] fictional dialogue is likely to be more heavily burdened with informative and suggestive detail than the speech of everyday life, though this burden is also shared by non-dialogue elements. (Page, zit. in Pfister 1982:168)

Sowohl im Drama als auch in der Alltagssprache können außertextliche Lücken deshalb durch die verschiedenen extralinguistischen Komponenten der eigentlichen Sprachhandlung (z.B. das nonverbale Verhalten eines Sprechers innerhalb eines gegebenen raum-zeitlichen Kontinuums) kompensiert werden. Betrachten wir dialogisches Sprechen als den Grundmodus dramatischer Rede (vgl. Pfister 1982:168) und gehen wir dabei von der Identität von Rede und Handlung aus, ist Dialog „gesprochene Handlung" (Pfister 1982:24): „Wenn sich im dramatischen Dialog sprechend Handlung vollzieht, geht die einzelne dramatische Replik nicht in ihrem propositionalen Aussagegehalt auf, sondern stellt darüber hinaus den Vollzug eines Aktes – eines Versprechens, einer Drohung, einer Ueberredung usw. – dar" (Pfister 1982:24). Dramatischer Rede ist deshalb ein Handlungscharakter eigen, welcher für eine ganze Reihe alltäglicher verbaler Interaktionen ebenso typisch ist. Für die Theaterbesucher im äußeren Kommunikationssystem ist solche Rede primär expressiv und nicht etwa appellativ wie die gesprochene Handlung der Figuren im inneren Kommunikationssystem, da erstere nur in seltenen Fällen (etwa in Happenings) direkt angesprochen bzw. physisch mit in die Handlung einbezogen werden.

> Die expressive Funktion des Ausdrucks, die auf den Sprecher einer Replik zurückverweist, ist vor allem im äußeren Kommunikationssystem ständig von großer Bedeutung, da die Konkretisierung einer Figur durch die Wahl ihrer Redegegenstände, durch ihr sprachliches Verhalten und durch ihren Sprachstil zu den wichtigsten Techniken der Figurencharakterisierung im Drama gehört ... (Pfister 1982:156)

Zur übersetzungsrelevanten Unterscheidung appellbetonter und expressiver Texttypen siehe z.B. Stolze (1994:108ff.). Eiselt (1995:36f.), in Anlehnung an Snell-Hornby (1984:105f.) und Haag (1984:222), weist auf die „Multiperspektivität“ bzw. „Vieldeutigkeit und Symbolhaftigkeit“ des Bühnentextes hin und fordert eine Bühnenübersetzung, die dessen semantischer Komplexität (als distinktives Merkmal dramatischer Rede, Anm. d. Verf.) möglichst gerecht wird (Näheres zum Begriff „semantic complexity“ bei Levý 1969:137ff.).

Bei Andric (1967:141–143) finden sich Vorschläge an den Übersetzer zur Umsetzung solcher Erkenntnisse: „Da der Dialog Worthandlung ist, geht es bei der Übersetzung auch um die Beibehaltung der Willensintensität, mit der die Gestalt an den Gegenspieler appelliert, um ihn zu irgendeiner Aktion zu bewegen.“ Für den Übersetzer heißt das nun, daß der potentielle Antagonismus zwischen dem *Ich* und dem *Du*, welcher auf der Bühne auch durch Mimik, Gestik sowie paralinguistische Merkmale wie Tempo, Rhythmus, Intonation und Sprechpausen ausgedrückt wird, bereits auf der syntaktischen Ebene ‚sichtbar‘ gemacht werden sollte.

> In einem *wirklichen* Gespräch kann eine Gestalt einen vollkommen normal gebauten Satz zögernd, stotternd, affektiert vorbringen, der Dramatiker [und damit auch der Übersetzer] aber sollte den Satz so gestalten, daß diese expressiven Werte allein durch die Konstruktion angedeutet werden und er das Zögern, Stottern und die Affektiertheit *bezeichnet*. (Andric 1967:141)

Die Schwierigkeit für den Übersetzer besteht nun darin, daß er zuerst einmal das Verhältnis zwischen notwendiger und hinreichender textlicher Explizitheit und den außertextlichen situationsgebundenen Aspekten dramatischer Handlung bestimmen muß. Er darf deshalb keinesfalls die syntaktisch-semantische Textkomponente überdifferenzieren, um etwa das scheinbar fehlende emotionale Potential mit verbalen Mitteln zu kompensieren. Vielmehr sollte er Formulierungen finden, welche mit dem bereits durch außertextliche Mittel erreichbaren Ausdruckspotential korrelieren. Nach Bassnett-McGuire (1985:98ff.) geben deiktische Texteinheiten (d.h. solche, die auf etwas verweisen, wie z.B. Demonstrativpronomen) hier die Richtung an, in der übersetzt werden soll, und spiegeln die Art und Weise wider, in der die verschiedenen miteinander in Konflikt stehenden Figuren dialogisch interagieren. Satzkonstruktion und Grad der Explizitheit entscheiden hier über die Spielbarkeit eines Textes. Die Hinzuziehung eines Theaterregisseurs oder Schauspielers mag in einzelnen Fällen unabdingbar sein, um die Spielbarkeit zu gewährleisten. Wir sind jedenfalls der Meinung, daß fundierte Kenntnisse der Theaterbedingungen und des Theaterbetriebs seitens des Übersetzers manchen Dramatiker davor bewahren, daß Übersetzungen seiner Stücke Regisseure zu textlichen Eingriffen verleiten.

2. *Spielbarkeit und Atembarkeit*

Die Spielbarkeit gesprochener dramatischer Handlung hängt noch von einem weiteren übersetzungsrelevanten Aspekt ab. Nach Snell-Hornby (1984:106) ist dies die „rhythmische Progression“ eines Stücks, diese besteht aus Faktoren, welche die zeitliche Abfolge der einzelnen textlichen Elemente bestimmen. Es sind dies szenische Wechsel (räumliche oder zeitliche Verschiebungen oder Veränderungen in der Bühnenausstattung), Variationen zwischen Diskurstypen (monologisch/dialogisch), Variationen zwischen Stilen der Rede (Prosa/Vers) und Satzrhythmus (d.h. Akzentuierung der natürlichen Rede oder prosodische Merkmale von Versen). Diesen progressiven Aspekten dramatischer Rede diametral entgegengesetzt, aber für den Theaterbesucher nicht weniger expressiv, sind Sprechpausen zwischen Äußerungen und Wiederholungen (wiederkehrende strukturelle sowie thematische Elemente/Motive), welche die statisch-durativen Aspekte dramatischer Handlung betonen. (Näheres hierzu z.B. bei Canaris 1989:67) Es ist kein Zufall, daß im modernen Drama, besonders bei Pinter und Beckett, in dem Daseinsmonotonie und das Fehlen jeglicher existentieller Perspektive zentrale Themen darstellen, statische gegenüber progressiven textlichen Elementen vorherrschen. Sie reflektieren nach Pfister (1982:349) „allgemeine Bestimmungen der *conditio humana*". Es ist deshalb unabdingbar, daß sich der Übersetzer an das übergeordnete rhythmische Muster des Originals hält, um die spezifische Korrelation von Inhalt und Form treu wiedergeben zu können. Es ist selbstverständlich, daß der Übersetzer sein Augenmerk gleichermaßen auf die Längen der Repliken sowie auf die Gesamtdauer des Theaterstücks zu richten hat, falls er den Bühneneffekt der Originals erreichen will. Carlson, der die Dauer der Bühnenrede als Teil ihrer Bedeutung betrachtet, hält fest, daß Übersetzungen erfahrungsgemäß länger sind als die Ausgangstexte: „A play that runs two hours in the original French version might run two and threequarter hours, or even longer, in English. If duration is part of the meaning, then the audience receives a distorted view of the artist's vision" (Carlson 1964:56).

In diesem Zusammenhang interessant erscheint Haags Forderung nach der „Atembarkeit" gesprochener dramatischer Handlung, denn diese sei an den rhythmischen Fluß der Gefühle des Sprechers gebunden (Haag 1984:221f.). Dieses Kriterium ermöglicht es dem Schauspieler letztlich, sich verständlich zu machen in einer konkreten Bühnensituation, indem er eine fiktive Figur kreiert, die in einer bestimmten, ihm vorgegebenen Bühnenwelt vom Theaterpublikum als glaubhaft agierend wahrgenommen werden kann (s. hierzu Snell-Hornby 1984:107f.; vgl. auch Pavis 1989). Die Wörter, die dem Schauspieler in den Mund gelegt werden, sind deshalb Mittel zur Charakterisierung der dramatischen Figur, die er darstellt. Ein Übersetzer wird folglich versuchen wollen, die Figurenrede im Sinne jener syntaktischen und stilistischen Merkmale nachzudichten, welche in der Zielsprache charakteristisch sind für die psychologische Disposition der Figur. Er müßte also, um die Terminologie Pfisters (1982:259f.) zu verwenden, die Technik der impliziten Selbst-Charakterisierung anwenden, um die expressive Funktion der Figurenrede, in diesem Falle dominant im äußeren Kommunikationssystem, wiederzugeben (vgl. auch Canaris 1989:67f.). Übersetzungsrelevante Aspekte in dieser Hinsicht sind Dialektgebrauch, Register und idiomatischer Stil, da sie die psychologischen Realitäten der Figuren und des sozio-kulturellen Kontexts, in dem sie sich bewegen, transparent machen (vgl. jedoch Canaris 1989:68). Zeilen, die zum Beispiel bei Auftritten bzw. Abgängen gesprochen werden, sind besonders wichtig für die Charakterisierung. Dies gilt vor allem für kleinere Rollen, da die ersten und letzten Repliken einer Figur bei den Rezipienten erfahrungsgemäß einen bleibenden Eindruck hinterlassen (s. Levý 1969: 157; vgl. auch Hamberg 1969:94).

3. Die Rolle des Publikums

Ein weiterer Punkt, der beim Übersetzen von Sprechtheater zu berücksichtigen ist und allen bisher angestellten Überlegungen zugrunde liegt, ist die Rolle des Publikums. Denn was entscheidend ist während des Übersetzungsprozesses, ist nicht die Berücksichtigung übersetzungsrelevanter Kriterien *per se*, sondern deren Funktion hinsichtlich der Textrezeption durch das Theaterpublikum. Wird die emotionale Welt einer Figur übersetzt, heißt das nichts anderes, als daß der Übersetzer die Aufgabe hat, das Publikum zu berühren (s. hierzu z.B. Pulvers 1984). Dies jedoch ist nur möglich, wenn die Übersetzung „[the] *recreation* of the original language's meaning ... in the socially accepted style of the target language" ist und durchgeführt wird „by a person steeped in both cultures," wie es Wellwarth (1981:142) fordert. Eine Publikumsreaktion hervorzurufen – in der Komödie wäre das Gelächter über eine komische Figur, ein überraschender Handlungsumschwung oder ein Wortspiel; in der Tragödie Empathie und/oder Mitgefühl für den tragischen Helden – ist also abhängig vom Wohlwollen des Publikums gegenüber der Theaterproduktion. Konkrete Parameter, die einen Einfluß auf die Wirkung eines übersetzten Theaterstücks haben, während sie am „sozial und kulturell bedingten Erwartungshorizont" des Publikums gemessen werden (Snell-Hornby 1984:108), sind Art der Diktion und Darstellungsform. Es ist offensichtlich, daß die literarische Tradition der Zielkultur im allgemeinen und deren Bühnentradition im speziellen auf der einen Seite sowie der sich ändernde Geschmack der Theaterbesucher auf der anderen den Grad der Publikumserwartung und -toleranz entscheidend mitbestimmen (s. Mounin 1967:135f., vgl. auch Levy 1969:137, Bassnett-McGuire 1978:161ff.). Fotheringham (1984: 37) argumentiert sogar, daß die Publikumserwartung Bedeutung generiere: „[T]he meaning of any play is modified by the structure of the audience ... Not only are audiences aware of the paradigm of types of which they are one, they are also supremely aware of anyone who shouldn't be there." In dieser Feststellung ist ganz klar von einer bidirektionalen Komponente im Kommunikationsprozeß der Theatersituation die Rede. Folgende Überlegung macht dies weiter plausibel: „[T]he encoded message of the play is impotent ... in those situations in which other, stronger codes are at work; principally orthodox theatre buildings, hierarchical social groupings, and commercial financial structures" (Fotheringham 1984:35). Der Übersetzer mag diesen Sachzwängen dort ausgeliefert sein, wo es um das Übersetzen von Ideentheater für kommerzielle Bühnen geht (s. z.B. Bassnett-McGuire 1985:92f.) oder für das Fernsehen. Dort nämlich könnte sich der Übersetzer gezwungen sehen „[to subvert] a play's encoded meaning and style in order to make it fit into a desired paradigm of entertainment" (Fotheringham 1984:33). Diese Überlegung, dasselbe Theaterstück je nach zu erwartender Publikumsrezeption in verschiedenen Inszenierungsvarianten aufzuführen, schafft nach Bassnett-McGuire (1985:89) „a special need for the continued retranslation or updating of theatre texts, where patterns of speech are in a continuous process of change." Da sich die potentielle Vergänglichkeit eines Bühnentexts nicht nur auf die Übersetzung für die ausländische Bühne, sondern auch auf die Inszenierung für die eigenen Häuser auswirkt, kann davon ausgegangen werden, daß Bühnenproduktionen generell instabil und schnell überholt sind (vgl. hierzu auch Canaris 1989:63f.). Wie Bassnett-McGuire (1980:120, 1985:87) feststellt, sind Bühnentext und Aufführung dialektisch miteinander verschränkt, was als Folge der bidirektionalen kommunikativen Interaktion zwischen Autor und Publikum angesehen werden muß.

Übersetzer von Dramen sind folglich als Profis anzusehen, die im Namen einer Theatergesellschaft oder eines Verlags arbeiten und versuchen, ausgehend von einer holistischen Betrachtung kommunikativer Prozesse für das Theater eine Übertragung zu schaffen, welche als dramatische Einheit von Handlung und Sprache dem Original in nichts nahesteht. Dies setzt eine enge Zusammenarbeit zwischen Stückeschreiber, Übersetzer, Produzent/Regisseur, Schauspieler und Sprach- bzw. Literaturwissenschaftler voraus (s. Art. 71, 73 und auch Braem 1965:122, De Beer/Tabori 1966:17f., 24, Hamberg 1969:92, Wellwarth 1981:41, Zuber-Skerritt 1984:9, Canaris 1989:66f., Eiselt 1995:36).

Literatur

Andric, Dragoslav (1967): „Das Übersetzen moderner Bühnenwerke und einige Ansichten über das schöpferische Übersetzen im Allgemeinen." Citroen, I. J. (Hrsg.) (1967): *Ten Years of Translation. Proceedings of the Fourth Congress of the International Federation of Translators (FIT), Dubrovnik 1963*. Oxford, 79–82.

Bassnett-McGuire, Susan (1978): „Translating Spatial Poetry: an Examination of Theatre Texts in Performance." Holmes, James S. (Hrsg.) (1978): *Literature and Translation*. Leuven: Acco, 161–176.

Bassnett-McGuire, Susan (1980): *Translation Studies*. London: Methuen.

Bassnett-McGuire, Susan (1985): „Ways Through the Labyrinth. Strategies and Methods for Translating Theatre Texts." Hermans, Theo (Hrsg.) (1985): *The Manipulation of Literature. Studies in Literary Translation*. London / Sidney: Croom Helm, 87–102.

Braem, Helmut (1965): „Bühnenübersetzer und Theaterleute." *Babel* 11, 102.

Canaris, Volker (1989): „Literaturübersetzen aus der Sicht des Theaters." Nies, Fritz et al. (Hrsg.) (1989): *Ist Literaturübersetzen lernbar?* Tübingen: Narr, 63–72.

Carlson, H. G. (1964): „Problems in Play Translation." *Educational Theatre Journal* 16, 55–58.

De Beer, J. / Tabori, P. (1966): „Translation and the Theatre: A Report of a Round-Table Discussion of P.E.N., Reims 1963." *Arena* 25, 1–107.

Eiselt, Marianne G. (1995): „Bühnentexte als Übersetzungsproblem: Georg Büchners Woyzeck." *Babel* 41, 36–42.

Fotheringham, Richard (1984): „The Last Translation: Stage to Audience." Zuber-Skerritt, Ortrun

(Hrsg.) (1984): *Page to Stage. Theatre as Translation.* Amsterdam: Rodopi, 29–39.

Greiner, Norbert (1987): „Sprechrhythmus und Sprechbarkeit als Mittel der Figurenkonstitution: zu einem Problem der Übersetzung von Bühnensprache (am Beispiel des Hamlet)." Kühlwein, W. (Hrsg.) (1987): *Perspektiven der Angewandten Linguistik.* Tübingen: Narr, 51–53.

Haag, Ansgar (1984): „Übersetzen fürs Theater: Beispiel William Shakespeare." *Babel* 30, 218–224.

Hamberg, Lars (1969): „Some Practical Considerations Concerning Dramatic Translation." *Babel* 15, 91–94; 100.

Hess-Lüttich, Ernest W. B. (1985): „Dramatic Discourse." Van Dijk, Teun A. (Hrsg.) (1985): *Discourse and Literature.* Amsterdam: Benjamins, 199–214.

Heylen, Romy (1993): *Translation, Poetics, and the Stage: Six French Hamlets.* London / New York: Routlege.

Jakobson, Roman (1960): „Linguistics and Poetics." Sebeok, T. A. (Hrsg.) (1960): *Style in Language.* Cambridge/Mass.: MIT Press, 350–377.

Levý, Jiří (1969): „Die Übersetzung von Theaterstücken." Levý, Jiří (1969) *Die literarische Übersetzung. Theorie einer Kunstgattung.* Frankfurt a.M.: Athenäum, 128–159.

Mengel, Ewald (1994): *On First Looking into Arden's Goethe. Adaptations and Translations of Classical German Plays for the Modern English Stage.* Columbia: Camden House.

Mounin, Georges (1967): „Die Übersetzung für die Bühne." Mounin, Georges (1967): *Die Übersetzung. Geschichte, Theorie, Anwendung.* München: Nymphenburg, 135–141.

Pavis, Patrice (1989): „Problems of Translation for the Stage: Interculturalism and Post-Modern Theatre." Scolnicov, Hanna / Holland, Peter (Hrsg.) (1989): *The Play Out of Context. Transferring Plays from Culture to Culture.* Cambridge: Cambridge UP, 25–44.

Pfister, Manfred (1982): *Das Drama.* UTB 580. München: Fink.

Pulvers, Roger (1984): „Moving Others: The Translation of Drama." Zuber-Skerritt, Ortrun (Hrsg.) (1984): *Page to Stage. Theatre Translation.* Amsterdam: Rodopi, 23–28.

Reiss, Katharina (1981): „Textbestimmung und Textmethode." Wilss, Wolfram (Hrsg.) (1981): *Übersetzungswissenschaft.* Darmstadt: Wissenschaftliche Buchgesellschaft, 76–91.

Snell-Hornby, Mary (1984): „Sprechbare Sprache – Spielbarer Text. Zur Problematik der Bühnenübersetzung." Watts, R. / Weidmann, U. (Hrsg.) (1984): *Modes of Interpretation. Essays Presented to Ernst Leisi.* Tübingen: Narr, 101–116.

Stolze, Radegundis (1994): *Übersetzungstheorien. Eine Einführung.* Tübingen: Narr.

Vigouroux-Frey, Nicole (Hrsg.) (1993): *Traduire le théâtre aujourd'hui?* Rennes: Presses Universitaires de Rennes.

Wellwarth, George E. (1981): „Special Considerations in Drama Translation." Rose, M. G. (Hrsg.) (1981): *Translation Spectrum.* Albany: State University of N.Y. Press, 140–146.

Zuber-Skerritt, Ortrun (1984): „Introduction." / „Translation Science and Drama Translation." Zuber-Skerritt (Hrsg.) (1984): *Page to Stage. Theatre as Translation.* Amsterdam: Rodopi, 1–11.

Markus Weber (Zürich)

71. Musiktheater

Die Problematik der Übersetzung für das Musiktheater resultiert aus der multimedialen Beschaffenheit des Textes. In musiktheatralischen Formen wie der Oper, Operette und dem Musical interagieren sprachliche, musikalische und szenische Zeichen miteinander und beeinflussen sich gegenseitig. Für die Übersetzung ergibt sich daraus, daß die verschiedenen Elemente als ein simultanes Ineinander von Sprache, Musik und Szene begriffen werden müssen, d.h., der Übersetzer muß seine Arbeit am verbalen Teil immer in Relation zu seiner musikalisch-gesanglichen Einbettung und im Hinblick auf seine szenische Umsetzung sehen. Die auftretenden Übersetzungsprobleme können dabei in die vier Bereiche Sprache, Gesang, Musik und Szene unterschieden werden.

1. Sprachliche Aspekte

Während das Libretto in der Regel vor der Komposition geschrieben wird und die musikalische Gestaltung vom sprachlichen Text ausgeht, steht der Übersetzer vor der Aufgabe, seine zielsprachliche Version an die vorhandene

Musik anzupassen. Daraus ergeben sich eine Reihe von Übersetzungsproblemen, die eng verbunden sind mit dem „internal nexus between sound and meaning" (Jakobson 1960:373), also den klanglich-musikalischen Eigenschaften der Sprache, wie sie in Prosodie, Versmaß und Reim, Phrasierung, Alliteration, Klangqualitäten etc. zum Tragen kommen.

Die prosodische Gestaltung der Übersetzung stellt dabei aufgrund der zumeist engen Verbindung von Sprache und Musik eines der Hauptprobleme dar (vgl. Honolka 1978:91–100, Apter 1989:29–32). In der Regel wird gefordert, daß die Relation zwischen betonten und unbetonten, langen und kurzen Wörtern und Silben einerseits und Noten andererseits auch in der Übersetzung beibehalten wird, was aufgrund der unterschiedlichen prosodischen Muster der Sprachen in der Praxis in dieser rigorosen Form nur schwer durchführbar ist. So können z.B. im Italienischen auch unbetonte Silben mit musikalischen Akzenten kombiniert werden und Betonungen viel freier erfolgen als im Deutschen, wo die Betonung meistens auf der ersten Silbe erfolgt. „Wer dieses Gebot mißachtet, schafft Operndeutsch und übersetzt gegen die Sprachmelodie, also schlecht verständlich" (Honolka 1978:95).

Auch die Übereinstimmung von musikalischem Schwerpunkt und inhaltlichem Fokus des sprachlichen Textes stellt eine immer wieder erhobene Grundforderung dar, da sie wesentlich zur Verstehbarkeit des sprachlichen Textes beiträgt (vgl. Brecher 1911:20, Anheisser 1938:17). Hierbei handelt es sich meist um, wie Verdi sie bezeichnete, *parole sceniche*, knappe Verbalisierungen szenischer Situationen, die durch musikalische Akzente (z.B. durch Notenwerte, besondere Instrumentierung, dynamische Akzente etc.) hervorgehoben werden.

Der Umgang mit Reimen in der Übersetzung musiktheatralischer Werke wird meist von ihrer Verstehbarkeit abhängig gemacht: Durch die gesangliche Präsentation werden sprachliche Texte in einem langsameren Tempo vermittelt als im Sprechtheater. Dadurch werden Reimschemata wie etwa a-b-b-c, d-e-e-c vom Zuhörer auch kaum wahrgenommen (vgl. Honolka 1978:106, Graham 1989:31). Solche „Augenreime" (Anheisser 1938:17) sind in der Übersetzung nicht unbedingt nachzuvollziehen, die Beibehaltung des Reimes und auch des Reimschemas ist nur dann wesentlich, wenn „die Musik ausdrücklich auf ihn Bezug nimmt" (Abert 1918:3). Diese gegenseitige Bezugnahme von Musik- und Reimstruktur kann dabei sowohl auf syntaktischer als auch semantischer und pragmatischer Ebene erfolgen.

Neben den Problemen der musikalisch-sprachlichen Prosodie und Informationsgewichtung sowie der Reimgestaltung wird auch die Wiedergabe der ausgangssprachlichen Klangqualitäten in der Übersetzung als Problem genannt (vgl. Anheisser 1938:17, Honolka 1978:107ff.). Inwieweit die Wiedergabe der klanglichen Eigenschaften eine Rolle spielt, wird davon abhängen, ob z.B. mit den Hell-/Dunkel-Qualitäten der Vokale auch eine kommunikative Funktion verbunden ist, z.B. der Ausdruck einer bestimmten emotionalen Stimmung einer Rollenfigur.

2. *Gesangliche Aspekte*

Während die Bedeutung der vokalen Klangqualitäten für die Übersetzung in der Sekundärliteratur zumeist nicht als vorrangig erachtet wird, spielen die Modalitäten der Vokalbildung eine wichtige Rolle bei der Gestaltung sangbarer Texte (vgl. Honolka 1978:109, Thur 1990:81f.).

Die Artikulation von Vokalen als erstes Kriterium der Sangbarkeit wird von der Offenheit, Artikulationsposition und den für die Klangfärbung verantwortlichen Formanten der Vokale bedingt (vgl. Kaindl 1995:127f.). Die Vokale [o] und [u] sind dabei vor allem für tiefere Lagen geeignet, je höher sie gesungen werden, desto mehr verlieren sie ihre charakteristische Färbung. Für höhere Tonlagen eignen sich die vorderen [e]- und [i]-Laute sowie offene [o]-Vokale. Letzterer ist ebenso wie das [a] und der sehr offen artikulierte [e]-Laut auch für extrem hohe Noten günstig.

Neben der Artikulierbarkeit ist auch die Verstehbarkeit ein wesentlicher Faktor sangbarer Texte. Brecher plädiert in diesem Zusammenhang für den Gebrauch von konsonantenarmen Worten (vgl. 1911:66). Im Gegensatz zu den Vokalen erfolgt die Artikulation von Konsonanten durch die Bildung von Verengungen bzw. Verschlüssen des Luftweges. Dabei eignen sich Konsonanten mit eigenem Klanggepräge wie [b, d, g, l, m, n, r, v...] besser für Gesangstexte, da sie auch zur Tonprojektion beitragen können, im Gegensatz zu den reinen Geräuschlauten wie [x, k, p, t].

Das dritte Kriterium der Sangbarkeit kann mit dem von Haag (1984:218) geprägten Begriff der „Atembarkeit" umschrieben werden. Zum Singen einer Phrase steht dem Darsteller nur ein bestimmes Quantum an Luft zur Verfügung. Der Sänger verfügt zwar über Techniken, seinen Luftverbrauch zu regulieren, die Wahl atemökonomischer Konsonanten kann dabei jedoch unterstützend wirken (vgl. Kaindl 1995:129f.). Generell gilt dabei, daß die Produktion der Explosivae [k, p, t] sowie der Frikativae [x, h, s...] viel Luft benötigt, während die Explosivae [b, d, g] sowie die Frikativae [f, j, v, w] atemökonomisch sind.

3. Musikalisch-semantische Aspekte

Die musikalische Einbettung des sprachlichen Textes bringt für den Übersetzer neben syntaktisch-strukturellen Aspekten auch semantische Probleme mit sich, da Sinn und Gehalt einer Szene über sprachlich-gesangliche Mittel hinaus auch durch das Orchester, das laut Jiránek ein „semantisierendes Instrument" darstellt (1990:209), vermittelt werden. Die orchestrale Partitur kann in diesem Sinne als eine Art „klangliches Inszenierungsmuster" (Kaindl 1995:111) beschrieben werden, d.h., der Notentext mit seinen musikalischen Elementen, wie etwa Rhythmus, Tempo, Melodik, Harmonik und Dynamik, die Orchestrierung und Instrumentenwahl entwerfen eine Art Regiebuch, in dem die Motorik der Repliken, der schauspielerische Gestus, die Beziehung der Figuren zueinander und der Stimmungsgehalt einer Szene bereits vorgezeichnet sind. Die musikalisch-semantischen Aspekte, die auch in der Übersetzung berücksichtigt werden müssen, sind dabei sehr vielfältig. Wie Gruhn (1989:90) feststellt, kann die Musik den sprachlichen Text sowohl bestätigen, ergänzen, betonen, ihm widersprechen usw. Mit musikalischen Mitteln können bestimmte Bedeutungsaspekte des sprachlichen Textes abgeschwächt, akzentuiert, bestätigt, ergänzt, außermusikalische Assoziationen hervorgerufen und das Konnotationsfeld von Begriffen stimmungsmäßig dargestellt werden. Musikalische Zeichen können in diesem Zusammenhang in drei Gruppen eingeteilt werden: jene, die sich auf die Bühnenfiguren beziehen, jene, die sich auf szenische Situationen beziehen, und jene, die auf abstrakte Begriffe referieren (vgl. Kaindl 1995:112f.)

4. Szenische Aspekte

Durch die Aufführung wird das in der Partitur verankerte Bedeutungspotential konkretisiert und auf bestimmte Interpretationsperspektiven eingeengt. Dabei besteht zwischen dem schriftlichen Text und seiner szenischen Umsetzung kein 1:1-Verhältnis, vielmehr sind in der heutigen Inszenierungspraxis sowohl genaue Werkrekonstruktionen als auch Kürzungen, Umstellungen, Aktualisierungen und sogar völlige Neugestaltungen der Vorlage möglich. Angesichts dieses breiten Spektrums an Möglichkeiten ist die Integration des Übersetzers in den Produktionsverlauf einer Aufführung zweifelsohne sinnvoll, um so eine für die Bedürfnisse einer Inszenierung adäquate Übersetzung zu liefern und die ansonsten häufigen willkürlichen Änderungen der Übersetzung durch Regisseure, Dramaturgen, Korrepetitoren und Sänger zu vermeiden (s. Art. 70, 73). Dabei muß der Übersetzer mit allen an der Aufführung beteiligten Personen kooperieren (vgl. Kaindl 1995:165ff.): Mit dem Dramaturgen, der in der Regel die Spielfassung erstellt, die für den Übersetzer die Arbeitsgrundlage bildet; mit dem Regieteam, das eine Inszenierungskonzeption vorlegt und die szenische Gestaltung (z.B. zeitliche Situierung der Handlung, Bühnendekoration, Kostüme, Requisiten, Beleuchtung) übernimmt; und schließlich mit dem Dirigenten, den Korrepetitoren und den Sängern, die für die musikalische und gesangliche Einstudierung verantwortlich sind. Der Übersetzer hat dabei die Aufgabe, seinen Text im Hinblick auf die interpretatorisch-szenischen Lösungen des Regieteams, die musikalisch-gesanglichen Bedürfnisse und die mimischen, gestischen und proxemischen Zeichen der Darsteller zu gestalten.

Literatur

Abert, Hermann (1918): „Vom Opernübersetzen." *Festschrift für Hermann Kretzschmar.* Leipzig: C. F. Peters, 1–5.

Anheisser, Siegfried (1938): *Für den deutschen Mozart. Das Ringen um gültige deutsche Sprachform der italienischen Opern Mozarts.* Emsdetten: Heinrich & J. Lechte.

Apter, Ronnie (1989): „The impossible takes a little longer: Translating opera into English." *Translation Review* 31, 27–37.

Brecher, Gustav (1911): *Opern-Uebersetzungen.* Leipzig: Otto Junne.

Graham, Arthur (1989): „A new look at recital song translation." *Translation Review* 29, 31–37.

Gruhn, Wilfried (1989): *Wahrnehmen und Verstehen. Untersuchungen zum Verstehensbegriff in der Musik.* Wilhelmshaven: Florian Noetzel.

Haag, Ansgar (1984): „Übersetzen für das Theater: Am Beispiel William Shakespeare." *Babel* 30, 218–224.

Honolka, Kurt (1978): *Opernübersetzungen. Zur Geschichte und Kritik der Verdeutschung musiktheatralischer Texte.* Wilhelmshaven: Heinrichhofen's Verlag.

Jakobson, Roman (1960): „Closing statement: Linguistics and poetics." Sebeok, Thomas A. (Hrsg.) (1960): *Style in language.* Cambridge/Mass.: MIT Press, 350–377.

Jiránek, Jaroslav (1990): „Zur Semiotik der Operndramaturgie." Karbusicky, Vladimir (Hrsg.) (1990): *Sinn und Bedeutung in der Musik. Texte zur Entwicklung des musiksemiotischen Denkens.* Texte zur Forschung 56. Darmstadt: Wissenschaftliche Buchgesellschaft, 207–214.

Kaindl, Klaus (1995): *Die Oper als Textgestalt. Perspektiven einer interdisziplinären Übersetzungswissenschaft.* Studien zur Translation 2. Tübingen: Stauffenburg.

Thur, Reinhold (1990): *Modest Mussorgskijs „Boris Godunow" in deutschen Übersetzungen. Ein Beitrag zur Frage der Übersetzungen fremdsprachiger Opernlibretti.* Wien: VWGÖ.

Klaus Kaindl (Wien)

D3.3 Film und Fernsehen

72. Untertitelung / Übertitelung

1. Untertitel

Als *Untertitel* bezeichnet man die gekürzte Übersetzung eines Filmdialoges, die synchron mit dem entsprechenden Teil des Originals auf dem Bildschirm bzw. auf der Leinwand zu sehen ist. Für den Übersetzer stellen Untertitel eine ganz besondere Herausforderung dar. Er hat es dabei nicht nur mit einem schriftlich fixierten Text zu tun, sondern er muß auch die optischen (Fernsehbild, Film ...) und akustischen (Musik, Geräusche ...) Ausdrucksformen berücksichtigen. Dazu steht ihm aufgrund der technischen Gegebenheiten nur ein beschränktes Ausmaß an Zeit und Raum zur Verfügung. Als Richtwert gelten sowohl für das Fernsehen als auch für den Film maximal zweizeilige Untertitel mit je 36 bis 38 Zeichen. Die Mindeststandzeit (d.h. die Zeitspanne, während derer der Untertitel auf dem Bildschirm sichtbar ist) beträgt zwei Sekunden, die maximale Standzeit sechs Sekunden. Um das Einblenden eines neuen Untertitels zu erkennen, benötigt das menschliche Auge etwa 1/6 bis 1/4 Sekunde. Daraus ergeben sich folgende Richtlinien: je nach Länge des Untertitels sollte die Standzeit zwischen zwei und sechs Sekunden, der Abstand zwischen den einzelnen Untertiteln mindestens 1/6 bis 1/4 Sekunde betragen. Worin nun die Arbeit des Übersetzers besteht und welche Möglichkeiten ihm zur Verfügung stehen, diese technischen Vorgaben zu erfüllen, soll im folgenden am Beispiel der deutschen Untertitelung zur britischen Fernsehserie *Spitting Image* gezeigt werden.

Als Arbeitsmaterial erhält der Übersetzer vom Auftraggeber eine VHS-Kopie der Sendung und, wenn vorhanden, ein Skript mit den Originaldialogen. Außerdem steht ihm ein Untertitel-Computerprogramm zur Verfügung, das ihm durch dunkle Balken am Bildschirm die maximale Länge eines Untertitels anzeigt. Seinem Auftraggeber gibt der Übersetzer nur mehr eine Diskette ab, auf der sich die durchnumerierten Untertitel befinden. Alle weiteren

Arbeitsschritte wie die Zeitkodierung, das Einlesen der Untertitel in den Schriftgenerator, deren optische Gestaltung etc. werden im vorliegenden Fall von einem Untertitler ausgeführt.

Die Aufgabe des Übersetzers ist es, dem Publikum das inhaltliche Erfassen der Untertitel durch eine klare Sprache mit kurzen Sätzen und möglichst einfacher Syntax und durch sorgfältige Interpunktion zu erleichtern. Weiters sollte er beim Setzen der Zeilenumbrüche beachten, daß jeder Untertitel nach Möglichkeit eine logische syntaktische Einheit bildet. Wie er dabei das knappe Ausmaß an Zeit und Platz optimal ausnützen kann, demonstrieren die folgenden Beispiele:

- Auslassung oder Umformulierung von Dialogteilen, die nicht unbedingt zum Verständnis notwendig sind bzw. die aus dem dazugehörigen Bild ersichtlich sind:
  O: I can't shut *this case* (Koffer ist auf dem Bildschirm zu sehen)
  UT: Ich krieg *ihn* nicht zu.
- Auslassungen von Wiederholungen, die aus dem Kontext ersichtlich sind:
  O: Um – stick it in the *fridge*.
  You can't put your *pregnancy* in the *fridge*!
  UT: Geben Sie es in den *Kühlschrank*.
  Du kannst *es* nicht *dort* hintun.
- Auslassung von Füllwörtern wie ,well' oder ,I say', von Frageanhängseln wie ,isn't it?', ,don't you' oder von kurzen Ausdrükken, die bereits Gesagtes noch zusätzlich betonen sollen, z.B. ,you know':
  O: *Well*, I can't take my foetus skiing Pandy-poos – *can I* ...
  UT: Ich kann meinen Fötus nicht zum Skifahren mitnehmen.
- Zusammenfassung kurzer Dialoge zu größeren Sinneinheiten:
  O: Mrs V. Goode? – Yes.
  Of, 1, The Avenue, Surrey? – Yes ...
  UT: Mrs. V. Goode? – Ja.
  Avenue 1, Surrey? – Ja.
  Vorschlag: Mrs V. Goode, Avenue 1, Surrey? – Ja.
- Vereinfachung der Syntax und des Vokabulars:
  O: Give me your wallet or I'll kick your head in.
  UT: Geld oder Leben!

Untertitel finden aber nicht nur bei Film und Fernsehen Anwendung, sondern auch in der Oper, und zwar in Form der Übertitelung.

2. Übertitel

Übertitel für Opern, d.h. Übersetzungen, die während der Aufführung parallel zum gesungenen Originaltext auf einem Display oberhalb der Bühne angezeigt werden, stellen den Übersetzer vor ähnliche Probleme wie Fernsehuntertitel. Ebenso wie diese müssen Opernübertitel knapp abgefaßt sein, für den Text stehen meist 2 Zeilen mit je 40 Zeichen zur Verfügung. Diese Textreduzierung ergibt sich daraus, daß in der Oper die Musik den Ablauf des Bühnengeschehens – und damit die Geschwindigkeit der Übertitelprojektion – bestimmt, das Publikum jedoch noch genügend Zeit haben muß, um die Übertitel lesen zu können. Weiters bestimmt das Erfordernis der leichten Lesbarkeit Inhalt und Form der Übertitel, die daher in einem möglichst neutralen, einfachen Stil abgefaßt sein müssen.

Anders als bei den Fernsehuntertiteln tritt bei Übertiteln die zusätzliche Schwierigkeit auf, daß die optische Information der Aufführung vom Originaltext abweichen kann. Der Übersetzer ist daher gezwungen, nicht nur den Ausgangstext, sondern auch die Inszenierung zu berücksichtigen, um nicht durch Unterschiede zwischen Übertiteln und Bühnengeschehen das Publikum zu verwirren.

Der Zusammenhang zwischen Übertiteln, Musik und Inszenierung sowie die technische Übermittlung bedingen bei der Erstellung dieser Texte die Zusammenarbeit des Übersetzers mit anderen Fachleuten wie z.B. Korrepetitor, Regisseur, Tontechniker etc. Der Ablauf der Übertitelproduktion wird an den einzelnen Opernhäusern unterschiedlich gehandhabt.

So wurde z.B. die Übersetzung des *Siegfried* am Théâtre du Châtelet 1994 an die Übersetzerin Durastanti vergeben. Sie nahm die Abstimmung der Übertitel auf den musikalischen Ablauf in Zusammenarbeit mit der Korrepetitorin vor. Die Abfolge der Übertitel muß sich zwar dem Tempo des musikalischen Ablaufes anpassen, soll aber andererseits durch einen regelmäßigen Rhythmus leichte Lesbarkeit ermöglichen.

Die Textreduktion war bei dieser Aufführung besonders ausgeprägt, da nach Ansicht Durastantis die Oper ein Gesamtkunstwerk darstellt, in das sich Übertitel als integraler Teil einfügen sollen; die Inszenierung wurde vom Regisseur Strosser sehr karg gestaltet, folglich schuf die Übersetzerin eine extrem konzise Übertitelung. Z.B. verzichtete Strosser auf die meisten Requisiten, so fehlt in der 3. Szene des 1. Aufzuges auf der Bühne der Blasebalg, von dem Siegfried in der Schmiedeszene singt, daher wird dieser auch in den Übertiteln nicht erwähnt:

Originaltext:

Zu Spreu nun schuf ich
die scharfe Pracht,
im Tiegel brat ich die Späne.
Hoho! Hoho!
Hohei! Hohei! Hoho!
Blase, Balg!
Blase die Glut!

Übertiteltext:

...
J'ai réduit ta lame en poudre
pour la refondre.
...
...
...
Il faut attiser le feu!

Hier wird auch die Reduzierung der Textmenge sichtbar: 5 Zeilen im Original entsprechen 2 Zeilen Übertitel. Ausrufe wie Hoho! Hohei! werden im Zusammenhang der Aufführung ohnehin verstanden.

In welchem Ausmaß die Inszenierung den Inhalt der Übertitel beeinflussen soll, hängt von der Übersetzungspolitik des Opernhauses ab. So vertritt Mackerras als *surtitles co-ordinator* vom Royal Opera House Covent Garden die Ansicht, daß der Zweck der Übertitel neutrale Information über den Originaltext ist und diese daher von der Inszenierung so unabhängig wie möglich zu sein haben. Solche Übertitel haben den Vorteil, daß sie für mehrere verschiedene Inszenierungen derselben Oper verwendet werden können. Welche Rolle Übertitel in der Inszenierung spielen sollen, hängt vom Einzelfall ab, sie sind jedoch immer Teil der Aufführung und tragen als solcher zum Gesamterfolg der Oper bei.

Zusammenfassend läßt sich festhalten, daß für beide Übersetzungen – Fernsehuntertitelung und Opernübertitelung – ähnliche technische Einschränkungen gelten, wie z.B. drastische Reduzierung der Textmenge, Erfordernis der leichten Lesbarkeit und der Abstimmung auf die optische Information. Die Erstellung dieser Übersetzungen erfordert aufgrund ihrer Einbettung in den Gesamtzusammenhang des Fernsehfilmes bzw. der Oper die interdisziplinäre Kooperation des Übersetzers mit Experten aus anderen Fachbereichen (s. Art. 70, 71).

Literatur

Durastanti, Sylvie (6. 12. 1994): „Interview." Théâtre du Châtelet.

Höller, Fr. (1991): „Interview." Cinedoc Filmproduktion OHG.

Ivarsson, Jan (1992): *Subtitling for the Media.* Stockholm: Transedit.

Leterme, Cécile (6. 12. 1994): „Interview." Théâtre du Châtelet.

Luyken, Georg-Michael et al. (1991): *Overcoming language barriers in television.* Manchester: The European Institute for the Media.

Mackerras, Judy (1989): „The craft of surtitling". In: *About the House.* Spring 1989, 20–22. London: Royal Opera House Covent Garden.

Mackerras, Judy (1991): *A Guide to writing Surtitles.* London: Royal Opera House Covent Garden.

Mackerras, Judy (28. 3. 1995): „Interview." Royal Opera House Covent Garden.

Pahlen, Kurt / König, Rosmarie (1982): *Wagner, Richard. Siegfried. Der Ring des Nibelungen. Textbuch Einführung und Kommentar.* Mainz: Piper–Schott.

Spitting Image (1989). Series VII, show 1, P.N. 7223. Post production script plus VHS-Video mit Untertiteln.

Spitting Image (1989). Series VII, show 2, P.N. 7224. Post production script plus VHS-Video mit Untertiteln.

Théâtre du Châtelet (1994) (Hrsg.): *Le Ring.* Paris: Editions du Regard.

Wagner, Richard: *Siegfried,* Aufführung am Théâtre du Châtelet, 14. 10. 1994.

Christina Hurt / Brigitte Widler (Wien)

73. Synchronisation (Synchronisierung)

1. Filmübersetzung als kultureller Transfer

In der Literatur fristet die Filmübersetzung ein ausgesprochenes Schattendasein, obwohl durch den ständig steigenden Film- und Fernsehkonsum und die nahezu flächendeckende mediale Informationslandschaft jeder täglich mit diesem Thema in Berührung kommt. Die Synchronisationsbranche ist als Zulieferindustrie für die Massenmedien zu einem gewaltigen Wirtschaftszweig geworden. In der Übersetzungsliteratur finden sich zahlreiche kleinere Beiträge zur Synchronisation von Filmen, die sich jedoch ausschließlich mit der sprachlichen Komponente befassen (s. dazu v.a. Mounin 1967, Hesse-Quack 1969, Fodor 1976, Mayoral et al. 1988 und Pisek 1994). Dieser Ansatz ist unzureichend, handelt es sich bei der Übertragung von Filmen doch um keine rein sprachliche, sondern in jeder Hinsicht um eine kulturelle Umkodierung. Die Annahme, daß durch die Übertragung des Filmdialogs in eine andere Sprache ein kompletter Transfer aller am Film beteiligten Zeichen (Sprache, Musik, Geräusche, Bilder, nonverbale Kommunikation) vollzogen werde, ist unrichtig. Der Dialog stellt lediglich einen kleinen Teil des filmischen Ganzen dar. Die Problematik bei der Synchronisation von Filmen liegt vielmehr in der *kulturellen Asynchronität,* d.h. in der Visualisierung kultureller Verhaltensweisen, die im Bildteil unveränderbar vorgegeben sind und im Synchrondialog nicht reflektiert werden können.

Die oft zitierte Forderung, eine Übersetzung müsse so *wirken* wie das Original, ist beim Film zum Scheitern verurteilt, da es keine einheitliche Wirkung *eines* Films auf *ein* Publikum gibt, ebensowenig wie die Wirkung *eines* Buches auf *eine* Leserschaft. Das Betrachten eines Films ist ein höchst individuelles Erlebnis, das außerfilmischen Einflüssen wie etwa Alter, Bildung, sozialer Stellung oder persönlichen Erfahrungen des Zuschauers unterliegt. Wahrnehmung und Interpretation äußerer Reize sind je verschieden und können nicht generalisiert bzw. an objektiven Parametern gemessen werden. Darüber hinaus ist das menschliche Auge nicht in der Lage, das Filmbild in seiner Gesamtheit zu erfassen, jeder Zuschauer erkennt und interpretiert auf seine Weise. Die beim Betrachten eines Films auftretenden Emotionen und Assoziationen wirken sich ebenfalls negativ auf die Erstellung allgemeingültiger (Film-)Übersetzungstheorien aus.

2. Filmsynchronisation in der Praxis

Der Filmübersetzer ist nicht einfach nur Mittler zwischen zwei Kulturen, er ist im Sinne der Kommunikationstheorie vor allem *gatekeeper* (s. Art. 64), d.h., er sollte im Idealfall als Mitglied der rezipierenden Gesellschaft den bestehenden Werten und Normen entsprechend eine Filterfunktion ausüben. Zu diesem Zwecke ist es notwendig, Fremdartiges, d.h. Anders-Kulturelles (vgl. Vermeer/Witte 1990:148), durch Vertrautes zu ersetzen oder so anzugleichen, daß es nicht als störend oder bedrohlich empfunden wird. Dies setzt vor allem ein fundiertes Wissen über die eigene und fremde Kultur voraus, um das Potential des Originaltextes erkennen und deuten zu können. Im Grunde genommen wäre die Synchronisation ein Prozeß zur kulturellen Annäherung, denn sie ist ihrer Natur nach dazu geeignet, neugierig auf Noch-nicht-Bekanntes zu machen, ohne kulturelle Konflikte als solche lösen zu müssen. Im heutigen Synchronisationsprozeß ist jedoch kein Platz für derartige Überlegungen. Die alleinige Motivation für die Übersetzung von Filmen ist das erwartete hohe Einspielergebnis, das den an der Synchronisation Beteiligten einen immensen Erfolgsdruck auferlegt, der sich äußerst negativ auf die Qualität des Produktes auswirkt.

Der Auftrag für die Synchronisation eines ausländischen Films ergeht normalerweise durch den Verleiher oder durch die Fernsehstation, welche die Ausstrahlungsrechte für den Film besitzt. Die sogenannte *continuity* (das ist der tatsächliche Filmdialog im Gegensatz zum Drehbuchtext, der oftmals während der Aufnahmen geändert wird) geht mit dem Auftrag der möglichst wortgetreuen Übertragung an einen Rohübersetzer. Erst in jüngster Zeit ist man dazu übergegangen, den Übersetzern zum Zwecke ihrer Arbeit auch eine Videofassung des betreffenden Films zu geben, damit sie den

Dialog im Kontext des Filmbildes sehen können. Viele Rohübersetzer arbeiten auch heute noch quasi unter Laborbedingungen ohne Bezug zum Originalfilm. Diese mehr oder minder wortgetreue Translation des Filmdialogs wird sodann an den Synchronregisseur weitergereicht.

Der Synchronregisseur ist zumeist ein Branchenfachmann mit guten Fremdsprachenkenntnissen, hat jedoch keine übersetzungsrelevante Ausbildung oder Übersetzungskenntnisse, wie sie in unserem Berufsstand als allgemein üblicher Standard gelten würden. Auf der Grundlage der Rohübersetzung erstellt er den Synchrondialog. Hierbei versucht er, auffällige Lippenbewegungen bei Vokalbildungen sowie Gestik und Mimik durch den Dialog abzudekken oder – wie es im Fachjargon heißt – den Darstellern den Text „auf die Lippen zu schreiben". Ist der Synchrontext fertiggestellt, wird er gegebenenfalls dem Auftraggeber zur Prüfung vorgelegt, und Änderungswünsche werden vorgenommen.

An diesem Punkt ist die eigentliche Übersetzerarbeit beendet, und der technische Teil der Filmsynchronisation beginnt. Dazu wird der Film in kurze Abschnitte – *takes* – unterteilt und den Synchronsprechern vorgeführt, die ihren Text synchron zum Filmbild dazusprechen. Das neue Dialogband wird anschließend mit den Geräuschen und der Musik des Originalfilms gemischt. Nach dieser Bearbeitungsphase ist die Synchronisation beendet, und der Auftraggeber erhält nach einer abschließenden Begutachtung seinen „übersetzten" Film.

Eine weitere Form der Filmübertragung ist das sogenannte *voice over* oder *revoicing*: Bei dieser inhaltlich genauen Übertragung des Originaltextes bleibt die Lippensynchronität unberücksichtigt, der Originalton ist aus Gründen der Authentizität einige Sekunden lang in normaler Lautstärke zu hören, bevor er übersprochen wird. Typische Beispiele für Voice-over-Texte sind Dokumentationen oder Interviews.

3. Einflüsse auf den Synchronisationsprozeß

Die Qualität eines synchronisierten Films unterliegt einer Reihe von Faktoren, die außerhalb der eigentlichen Übersetzertätigkeit liegen. Das größte Manko im Übertragungsprozeß selbst ist die Aufteilung eines Arbeitsvorganges auf zwei Personen – Rohübersetzer und Synchronregisseur. Selbstverständlich gibt es vereinzelt eine Personalunion von beiden, so wie sie für ein erfolgversprechendes Verfahren erforderlich wäre, doch hängt die Qualität einer Produktion in erster Linie von der *Qualifikation* der daran Beteiligten ab. Ein akademisch ausgebildeter Filmübersetzer ohne Branchenkenntnisse ist ebensowenig wünschenswert wie ein Synchronfachmann ohne Übersetzererfahrung. Das Einrichten von universitären Lehrgängen für Filmübersetzer (vgl. auch Luyken et al. 1991:171) hieße jedoch über den Bedarf hinaus zu produzieren.

Einen oftmals entscheidenden Einfluß auf die endgültige Synchronfassung hat auch die FSK, die Freiwillige Selbstkontrolle der Filmwirtschaft, deren Prüfungsausschuß die Alterskennzeichnung von Kino- und Videofilmen vornimmt. Um auf das mittlerweile recht zahlungskräftige jugendliche Publikum nicht verzichten zu müssen, nehmen viele Verleiher die mit einer günstigeren Kennzeichnung verbundenen Änderungsauflagen in Kauf. Die Synchronfassung wird entsprechend adaptiert und für eine jüngere Altersgruppe freigegeben.

Der vorherrschende Publikumsgeschmack dient als Feedback-Mechanismus für die Filmsynchronisation. Es gilt, Trends und Interessen zu erkennen und im Synchrondialog zu verarbeiten, damit der Film den Erwartungen des Publikums nicht nur entspricht, sondern diese möglichst übertrifft.

4. Ausblick

In den festgefahrenen Strukturen der heutigen Synchronindustrie spielt der Übersetzer lediglich eine untergeordnete Rolle. Seiner an sich künstlerischen Tätigkeit stehen der ökonomische Druck der Filmwirtschaft und die sozialen Zwänge der Publikumsinteressen gegenüber. Im Sinne einer effizienteren Arbeitsweise und zu Qualitätssicherungszwecken wäre ein gleichbleibendes Team von Übersetzern und Synchronfachleuten wünschenswert, dem die Verantwortung für den gesamten Synchronisationsprozeß obliegt (s. Art. 70, 71). Auf universitärer Ebene wären Institute gefordert, die sich in einen intensiven Gedankenaustausch mit

Fachleuten begeben wollen und auf diese Weise dazu beitragen könnten, die immer noch weite Kluft zwischen Theorie und Praxis zu überbrücken. So könnten die Anliegen der Translationswissenschaft jenen nähergebracht werden, die zwar täglich Kulturtransfer im besten Sinne betreiben, sich über dessen wirkliche Tragweite jedoch nicht immer bewußt sind.

Literatur

Fodor, István (1976): *Film Dubbing. Phonetic, Semiotic, Esthetic and Psychological Aspects.* Hamburg: Buske.

Hesse-Quack, Otto (1969): *Der Übertragungsprozeß bei der Synchronisation von Filmen – Eine interkulturelle Untersuchung.* München: Reinhardt.

Luyken, Georg-Michael et al. (1991): *Overcoming Language Barriers in Television: Dubbing and Subtitling for the European Audience.* Manchester: The European Institute for the Media.

Mayoral, Roberto et al. (1988): „Concept of Constrained Translation: Non-linguistic Perspectives of Translation". *Meta* XXXIII/3.

Metz, Christian (1974): *Language and Cinema.* The Hague: Mouton.

Mounin, Georges (1967): *Die Übersetzung: Geschichte, Theorie und Anwendung.* München: Nymphenburg.

Pisek, Gerhard (1994): *Die große Illusion: Probleme und Möglichkeiten der Filmsynchronisation.* Trier: WTV.

Snell-Hornby, Mary (1986): *Übersetzungswissenschaft – Eine Neuorientierung: Zur Integrierung von Theorie und Praxis.* Tübingen: Francke.

Vermeer, Hans J. / Witte, Heidrun (1990): *Mögen Sie Zistrosen? Scenes & frames & channels im translatorischen Handeln.* Heidelberg: Groos.

Sibylle Manhart (Gießhübl, Österreich)

D3.4 Andere Textsorten

74. Graphische Literatur, Comics

1. Definition

Comics sind räumlich sequentielle Grafik; genauer: „zu räumlichen Sequenzen angeordnete, bildliche oder andere Zeichen, die Informationen vermitteln und/oder eine ästhetische Wirkung beim Betrachter erzeugen sollen." (McCloud 1995:17). Das Syntagma *räumliche Sequenzen* grenzt die Comics von den Zeichentrickfilmen (Animationsfilmen) ab, bei denen die Einzelbilder nicht *räumlich* nebeneinander angeordnet werden, sondern *zeitlich* hintereinander auf dieselbe Fläche projiziert werden. Thematisch in sich abgeschlossene Einzelbilder jeglicher Art, unabhängig von ihrem Thema oder Abstraktionsgrad, erfüllen das Sequenzkriterium nicht und sind daher keine Comics. Bei relativ hohem Abstraktionsgrad handelt es sich dann um *Cartoons*; typische Beispiele sind politische Karikaturen oder die meisten Arbeiten von Gary Larson. Die Integration von verbalem Text (z.B. in Sprechblasen) ist üblich, aber nicht – wie Dolle-Weinkauff (1997) definiert – konstitutiv für Comics. Die meisten Comics lassen sich als Sondersorte der „schönen" Literatur („graphische Literatur") und mithin als expressive Texte betrachten. Andererseits gibt es auch primär wissensvermittelnde (informative) Comics, darunter solche mit sehr fachlichem Inhalt. Comics sind semiotisch komplexe Texte (s. Art. 33), in denen sich in der Regel verbale und nonverbale Zeichen (Sprache und Bild) ergänzen und wechselseitig determinieren – ein Comic verliert seine Kohärenz und damit u.U. seine Akzeptabilität als Text, wenn seine verbalen und nonverbalen Konstituenten nicht aufeinander abgestimmt sind – dies ist beim Übersetzen zu beachten.

2. Übersetzungsrelevanz

Der Comic-Markt ist ein internationaler Markt: Die meisten in deutscher Sprache erhältlichen Comics sind Übersetzungen. Der größte Anteil entfällt auf Übersetzungen aus dem Französischen, eine wesentliche Rolle spielen auch Übersetzungen aus dem Amerikanischen und Italienischen. Unter den etwa 25 deutschen Verlegern von Comics und Cartoons sind der Ehapa-Verlag in Stuttgart und der Carlsen-Verlag in Hamburg marktbeherrschend; Ehapa vergibt rund 10.000 Seiten an Übersetzungen pro Jahr, zu Preisen zwischen 10 und 40 DM je Seite. Die Relation von Honorar pro Textvolumen erreicht dabei 2 DM pro Zeile und mehr und liegt somit eher im Bereich von Fachübersetzungen als auf dem niedrigen Honorarniveau literarischer Übersetzungen. Mit Blick auf die übrigen 20 Verlage und durchschnittlich 500 Neuerscheinungen pro Jahr ist es eine eher konservative Schätzung, daß in Deutschland jährlich ein Volumen von mindestens 25.000 Comic-Seiten in zumindest eine Sprache neu zu übersetzen ist, was einen jährlichen Auftragswert von rund einer Million DM darstellen würde, der bei Ehapa ausschließlich an freiberufliche Übersetzer vergeben wird.

3. *Übersetzungsprozedere*

Meist werden die in den *Panels* (das sind die – in der Regel umrahmten – Einzelbilder) vorkommenden Verbaltextelemente direkt in einer Kopie des Ausgangstexts (AT) durch eine fortlaufende Numerierung gekennzeichnet und in dieser Reihenfolge vom Übersetzer (heute meist am PC) übersetzt. Da der Übersetzer normalerweise nicht direkt in die Sprechblasen schreibt, muß der Zieltext (ZT) durch Abzählen der Zeichen und Zeilen und Ausmessen flächenmäßig genau angepaßt werden. Das Ergebnis ist ein Manuskript bzw. eine Textdatei ohne Graphik. Die graphische bzw. typographische Ausführung erfolgt nicht vom Übersetzer, sondern beim Verlag. Gleichwohl sollte der Übersetzer darauf hinwirken, daß der ZT-Comic nicht durch schlechte Typographie ruiniert wird.

4. *Typographie*

Bei Comics (und insbesondere bei Autorencomics) macht die ästhetische Globalanmutung – die von der Typographie geprägt ist (s. Art. 52) – einen wesentlichen Teil ihrer expressiven Wirkung aus. Außerdem ist die typographische Gestaltung der Schrift in Sprechblasen bedeutungstragend: Die Schriftgröße und Strichstärke variiert mit der Lautstärke und zeigt z.B. an, ob in normaler Lautstärke gesprochen, geflüstert oder geschrien wird. Auch prosodische Merkmale werden mit typographischen Mitteln transportiert, wie etwa Akzent und Intonation; insofern erscheint es selbstverständlich, daß diese semiotische Funktion der Schrift beim Übersetzen berücksichtigt wird. Die Originalausgaben von Comics sind normalerweise durchweg in *Handlettering* geschrieben, da dieses beliebig viele Variations- und Nuancierungsmöglichkeiten bietet; aus Kosten- und Platzgründen (s.u.) wird in Übersetzungen jedoch oft *Maschinenlettering* verwendet. Eine Besonderheit amerikanischer Comics ist der für deutsche Comic-Lesegewohnheiten exzessive Gebrauch von Hervorhebungen durch Fettdruck, oft ergänzt durch Kursivschrift, zur Sichtbarmachung von besonderer Betonung. Diese Hervorhebungen werden bei Übersetzungen ins Deutsche meist nicht und allenfalls dann übernommen, wenn der ZT handgelettert wird.

5. *Sprechblasen-Platzprobleme*

Ein besonderes Übersetzungsproblem ergibt sich aus dem Umstand, daß die Sprech- bzw. Denkblasen Teil der Zeichnung und daher normalerweise unveränderbar sind, so daß der übersetzte Sprechblasentext in der vorgegebenen Blasenfläche untergebracht werden muß. Daß die Form bzw. Größe von Sprechblasen für die Übersetzung geändert wird, ist ein Sonderfall der Comic-Übersetzung, da der damit verbundene Aufwand sehr groß ist. Zu den Makrostrategien beim Übersetzen gehört freilich an vorderster Front die Frage nach dem Papierformat des ZT in der Zielkultur. Wenn in der Zielkultur ein kleineres Format üblich ist als in der Ausgangskultur (so daß z.B. nur zwei statt vier Panels in eine Reihe passen), dann wäre bei Beibehaltung der AT-Sprechblasengröße die Schrift im ZT unleserlich klein. Folglich müssen in diesem Fall die Sprechblasen neu gezeichnet und vergrößert werden. Maschinenlettering ist zwar ästhetisch unattraktiver, erlaubt aber eine kleinere Schriftgröße und dadurch mehr Text, ohne die Lesbarkeit zu beeinträchtigen. Eine Besonderheit sind Comic-Übersetzungen ins Isländische, da dort eine dem *subtitling* ähnliche Methode angewandt wird (s. Art. 72): Die Übersetzungen der Sprechblasen werden *unterhalb* der betreffenden Panels angeordnet.

6. Soundwords

Ein comicspezifisches Übersetzungsproblem sind die laut- und geräuschimitierenden Wörter, also Onomatopöien, die in den Comics eine auditive Verbalebene darstellen. Einerseits sind sie oft so sprach- und kulturgebunden, daß sie eigentlich übersetzt werden müßten, andererseits sind sie direkt in die Graphik integriert, so daß eine Änderung der *Soundwords* einen Eingriff in die Zeichnung erfordert. Schmitt (1997:637-639) beschreibt fünf prinzipielle Möglichkeiten des Vorgehens, von denen in der Praxis in unterschiedlichem Maße Gebrauch gemacht wird: (1) Version der Ausgangssprache (AS) ersatzlos wegretuschieren, (2) AS-Version beibehalten, (3) AS-Version beibehalten und eine Version in der Zielsprache (ZS) darüberdrucken, (4) AS-Version beibehalten und eine ZS-Version danebendrucken, (5) AS-Version wegretuschieren und durch ZS-Version ersetzen.

Version 1 (AT ersatzlos wegretuschieren) nimmt beim Übersetzen einen Verlust an expressiver Qualität in Kauf und wird selten angewandt. Version 2 (AS-Version im ZT beibehalten) bewahrt die künstlerische Qualität des Originals, setzt aber gewisse Fremdsprachenkenntnisse voraus und wird daher in erster Linie bei graphisch anspruchsvollen Autorencomics für erwachsene Leser verwendet. Wegen der weiten Verbreitung englischer Sprachkenntnisse bleiben insbesondere englische Soundwords oft unübersetzt (z.B. ZOOOM! SPLASH! CRASH! AAAARGH!), in der Annahme, daß sich deren Klangqualität dann auch dem Leser der Übersetzung erschließt. Auch bei Übersetzungen innerhalb etymologisch verwandter Sprachen (wie etwa innerhalb der romanischen Sprachfamilie) können Onomatopöien häufig unübersetzt bleiben. Version 3 (AT beibehalten und eine ZS-Version darüberdrucken, eine Analogie zum *voice over* beim Film) wirkt typographisch unsauber, ästhetisch nicht ansprechend und kommt daher vorwiegend bei Billigproduktionen oder Raubdrucken vor, z.B. bei manchen chinesischen Übersetzungen westlicher Comics. Version 4 (AT beibehalten und eine ZS-Version danebendrucken) ist ein Kompromiß, der die künstlerische Qualität des AT bewahrt und gleichzeitig ein ZS-Informationsangebot liefert; hierzu wird die ZS-Formulierung in eine möglichst freie Fläche neben die AS-Formulierung gesetzt. Version 5 (AT wegretuschieren und durch ZS-Version ersetzen, eine Analogie zum Synchronisieren beim Film) verursacht den größten Aufwand, besonders dann, wenn in der ZS versucht wird, die typographische Qualität und den expressiven Charakter des Originals zu reproduzieren. Dabei ist es allerdings unbefriedigend, wenn das ZT-Soundword nicht von Hand gezeichnet, sondern mit einer ausdruckslosen Standardschrift gesetzt ist.

Die in den Graphiken integrierten verbalen Textelemente bereiten ein besonderes Problem bei Übersetzungen ins Arabische. Da wegen der umgekehrten Laufrichtung der arabischen Schrift auch die Anordnung der Panelsequenz umgedreht werden muß, werden alle Panels spiegelbildlich montiert. Dadurch ist auch alles in der Graphik Gezeigte seitenverkehrt. In vielen Fällen ist das problemlos, doch werden dadurch alle Akteure zu Linkshändern (wobei die linke Hand in diesen Kulturen die „unreine" Hand ist!), etwaige Autos haben Rechtslenkung, und alle Schriftzeichen, Zahlen, Uhren, Symbole etc. sind seitenverkehrt. Die Bilder entsprechend zu ändern bedeutet einen großen – meist unvertretbaren – Aufwand, sie kulturell unangepaßt beizubehalten bedeutet eine erhebliche Qualitätseinbuße.

7. Kulturspezifik

Kein comicspezifisches Problem ist das Übersetzen kulturspezifischer Elemente im AT; gleichwohl kommen bei Comics die Schwierigkeiten hinzu, die sich aus dem Zusammenspiel von Sprache und Bild ergeben. Dadurch kann der AT so innig mit der AS-Kultur verflochten sein, daß beim Übersetzen für eine ZS-Kultur nicht nur der verbale Text, sondern auch die Bilder übersetzt werden müssen oder müßten –

diese Änderungen können derart aufwendig sein, daß man zu dem Resultat gelangen kann, auf eine Übersetzung einzelner Panels oder, in Extremfällen, der ganzen Geschichte zu verzichten. Mitunter werden Bildinhalte umgezeichnet (z.B. im Sinne der *political correctness* „entschärft", wenn zwischen Erstellungszeitpunkt des AT und Produktion des ZT textrezeptionsrelevante soziologische Änderungen eintraten, etwa in bezug auf die Darstellung ethnischer Gruppen); zahlreiche Beispiele dokumentieren Grote (1995) und Hunoltstein (1996). Ortsangaben werden normalerweise genauso behandelt wie bei anderer Literatur, d.h., Orte und Handlungen werden nicht in die Zielkultur verlagert, sondern behalten ihre Referenz auf die Ausgangskultur bzw. reale Welt. Ob die in Comics vorkommenden Personennamen zu übersetzen sind oder beibehalten werden, hängt meist von den Vorgaben des Auftraggebers ab. Häufig werden in einem Comic beide Wege beschritten. Der expressive Effekt von Comics (z.B. Stimmungen) wird oft durch Farben und deren Komposition erzielt. Beim Übersetzen wäre dann zu klären, ob die intendierten Leserreaktionen in der Zielkultur mit den gleichen Farben stimuliert werden können oder ob zum Übersetzen im Sinne einer kulturellen Adaption oder Lokalisierung auch die Umcolorierung gehört.

8. Cartoons

Für Cartoons gilt im wesentlichen das Gleiche wie für Comics, mit einer wichtigen Ausnahme: Die Möglichkeit einer „versetzten Äquivalenz" besteht prinzipiell in Comics (sofern sie nicht nur mehrere Panels, sondern auch mehrere Panels mit Verbaltext enthalten), nicht jedoch in Cartoons. Ein Cartoon ist ein in sich abgeschlossenes Einzelbild, so daß der zugehörige Verbaltext entweder zu diesem einen Bild paßt oder nicht. Insofern sind Comics leichter und Cartoons schwieriger zu übersetzen – in vielen Fällen ist bei Cartoons eine funktionsäquivalente Übersetzung überhaupt nicht möglich.

Eine nähere Beschreibung comicspezifischer Übersetzungsprobleme mit zahlreichen Beispielen und Literaturhinweisen liefert Schmitt (1997).

Literatur

Dolle-Weinkauff, Bernd (1997): „Comic". Weimar, Klaus (Hrsg.) (1997): *Reallexikon der deutschen Literaturwissenschaft.* Berlin: de Gruyter.

Grassegger, Hans (1985): *Sprachspiel und Übersetzung. Eine Studie anhand der Comic-Serie ASTERIX.* Tübingen: Stauffenburg.

Grote, Johnny A. (1995): *Carl Barks. Werkverzeichnis der Comics.* Stuttgart: Ehapa.

Hunoltstein, Boemund von (1996): „Ehapa durchleuchtet: Manipulative Eingriffe in die deutschen Disney-Comics." *Der Donaldist*, Sonderheft 34.

McCloud, Scott (1995): *Comics richtig lesen.* Hamburg: Carlsen.

Schmitt, Peter A. (1997): „Comics und Cartoons: (kein) Gegenstand der Übersetzungswissenschaft?". Drescher, Horst W. (Hrsg.) (1997): *Transfer. Übersetzen – Dolmetschen – Interkulturalität.* Frankfurt a.M.: Lang, 619–662.

Schwarz, Alexander (1989): *COMICS übersetzen – besonders ins Deutsche und besonders in der Schweiz.* Travaux du centre de traduction littéraire. Lausanne: Centre de traduction littéraire de Lausanne (CTL) / Université de Lausanne.

Spillner, Bernd (1980): „Semiotische Aspekte der Übersetzung von Comic-Texten". Wilss, Wolfram (Hrsg.) (1980): *Semiotik und Übersetzung.* Tübingen: Narr.

Peter A. Schmitt (Leipzig)

75. Lyrik

Zahlreiche theoretische Arbeiten zur literarischen Übersetzung beschäftigen sich mit Lyrik. Dies wohl deshalb, weil der poetische Text den Übersetzer mit einer Vielzahl von komplexen Problemen konfrontiert, die sowohl formaler als auch semantischer Natur sind. Da ein Gedicht per definitionem ein Text ist, in dem Form und Inhalt untrennbar miteinander verbunden sind, muß der Übersetzer bei seiner Arbeit immer diese dialektische Beziehung zwischen den beiden Ebenen berücksichtigen.

Die Probleme der Lyrikübersetzung, die bereits ausführlich in der Renaissance und der Aufklärung diskutiert wurden, sind dabei mit den romantischen Begriffen „Geist“ bzw. „Wesen“ eines Gedichts vermengt worden. Man war der Meinung, diese Begriffe seien undefinierbar und Gedichte damit auch unübersetzbar. Seit Ende des 18. Jahrhunderts beschäftigen sich daher eine große Zahl der Arbeiten zur Literaturübersetzung damit, was die Lyrikübersetzung nicht leisten kann, wobei vor allem die Verluste und nicht die Gewinne betont werden.

1. Ansichten zur Lyrikübersetzung

Goethe unterscheidet drei Arten der Lyrikübersetzung (1819, zit. in Störig 1963:35ff.; s. Art. 10, 24): erstere bringt dem Leser die fremde Kultur näher; zu diesem Zweck kann Lyrik auch z.B. in Form von Prosa wiedergegeben werden. Das zweite Verfahren stellt für Goethe die parodistische Übersetzung dar. In diesem Fall paßt der Übersetzer den Ausgangstext (AT) an die zielkulturellen Erwartungen des Lesers an. Goethe, der dieser Strategie kritisch gegenüberstand, bemerkte dazu, daß vor allem in Frankreich, aber auch in Deutschland (z.B. von Wieland) auf diese Art und Weise übersetzt wurde. Die dritte und höchste Form der Lyrikübersetzung ist für ihn jene, die absolute Identität zwischen Original und Übersetzung anstrebt. Goethe hebt dabei vor allem die Arbeit von Voss hervor und meint, daß diese Art der kreativen Übersetzung, die vielleicht zunächst auf den Leser befremdlich wirken möge, großen Einfluß auf die Literatur der Zielkultur haben könne. Sowohl Übersetzung als auch Schreiben werden in diesem Fall als Ausdruck von Genialität betrachtet.

Auch Schleiermacher (1813, zit. in Störig 1963:38–71) vertrat ähnliche Ansichten, wenn er meinte, daß ein Übersetzer niemals versuchen sollte, den Text sprachlich seiner eigenen Kultur anzupassen, vielmehr sollte er die Fremdheit auch in der Zielsprache zum Ausdruck bringen. Shelley schlug ebenfalls vor, Übersetzen als eine Art Verpflanzung zu betrachten, durch die der Same oder Keim eines Gedichts in andere Erde verpflanzt wird. Gemeinsam ist vielen dieser romantischen Theorien die Vorstellung eines Dichter-Übersetzers, dessen Aufgabe nicht darin besteht, einen bestehenden Text zu reproduzieren, sondern vielmehr hinter den Text zu blicken, seine prätextuellen Wurzeln freizulegen und so ein Gedicht in der Zielkultur zu schaffen.

Im 20. Jahrhundert haben Lyrikübersetzer wie Ezra Pound, Yves Bonnefoy und Erich Fried ihre Ansichten zur Lyrikübersetzung geäußert. Dabei war es ihre Überzeugung, daß es die Aufgabe der Übersetzung sei, ein Gedicht in der Zielliteratur nachzugestalten. Pound (1954) erfand drei, seiner Meinung nach allgemeingültige Begriffe, mit denen er die verschiedenen Arten von Lyrik beschrieb: Bei der *melopoeia* dominieren die musikalischen Eigenschaften der Wörter, welche die Form der Bedeutung bestimmen; mit *phanopoeia* meint er die Schaffung von Bildern, und *logopoeia* beschreibt „the dance of the intellect among words“. Von diesen drei Kategorien wird lediglich *phanopoeia* als übersetzbar gehalten. Als Pound entdeckte, daß chinesische und japanische Lyrik sehr stark mit ausdrucksstarken Bildern arbeitet, bestand er auf ihrer Übersetzbarkeit. Er ging dabei von der Annahme aus, daß solche sprachlichen Bilder universell gültig seien. Im Gegensatz dazu ist die *logopoeia* laut Pound prinzipiell unübersetzbar, es sei denn, dem Übersetzer gelänge es, das kulturgebundene Gedankensystem des Originalautors in der Zielkultur zu rekonstruieren. Die musikalischen Eigenschaften der *melopoeia* schließlich können nur in manchen Fällen übersetzt werden, da die klanglichen Muster von Sprache zu Sprache verschieden sind.

Viele Arbeiten über Lyrik und ihre Übersetzung geben vor allem persönliche Meinungen wieder, allerdings kehrt der Gedanke der Nachschöpfung immer wieder, wenngleich in unterschiedichen Definitionen. Octavio Paz (1971) zum Beispiel stellt die Aufgabe des Dichters jener des Übersetzers gegegenüber: Ersterer bringt die sprachlichen Zeichen in eine unveränderliche Ordnung, zweiterer befreit die Zeichen daraus und läßt sie wieder zirkulieren. Der Dichter-Übersetzer wird daher als eine Art Freiheitskämpfer betrachtet, dessen Rolle sich zwar grundlegend von jener des Dichters unterscheidet, letztlich jedoch genauso wichtig ist. Diese Ansicht steht somit eindeutig im Gegensatz zu Positionen früherer Übersetzer, wie etwa John Dryden (1961), die sich als Diener des Originals sahen. Als solche waren sie ungeachtet ihres persönlichen Gestaltungswillens zu absoluter Werktreue verpflichtet.

2. *Lyrikübersetzung und Übersetzungswissenschaft*

Einer der ersten Übersetzungswissenschaftler, der versuchte, die Übersetzungsmöglichkeiten von Lyrik systematisch zu beschreiben, war James Holmes (1988). Er wurde stark von den Literaturtheorien des Russischen Formalismus beeinflußt und galt als einer der ersten Praktiker unter den Vertretern der Descriptive Translation Studies (s. Art. 25). Holmes konzentrierte sich in seinen Untersuchungen auf die Übersetzung formaler Elemente in der Lyrik. Dabei identifizierte er fünf grundsätzliche Strategien zur Übersetzung poetischer Formen. In der ersten, der sogenannten mimetischen Form, gibt der Übersetzer die Form des Originals wieder. Dies ist allerdings nur bei in beiden Literatursystemen ähnlichen formalen Konventionen möglich oder dann, wenn das Zielsystem für innovative Formen offen ist. Ein Beispiel dafür, wie die Suche nach formaler Äquivalenz zu Innovationen führen kann, wäre das Sonett, das durch Übersetzungen aus dem Italienischen in andere europäische Literatursysteme Eingang gefunden hat. Holmes legt allerdings Wert auf die Feststellung, daß keine Form jemals identisch in ein anderes Literatursystem übernommen werden kann. Formale Äquivalenz bedeutet, ähnlich wie sprachliche Äquivalenz, in seiner Sicht niemals Gleichheit.

Bei der zweiten Strategie, die er als analoge Form bezeichnet, versucht der Übersetzer, die Funktion der Originalform im Ausgangssystem zu verstehen und eine äquivalente Form in der Zielliteratur zu finden. Ein Beispiel hierfür wäre die deutsche Übersetzung persischer Gedichte von Hafis durch Hammer-Purgstall (1812). Die dritte Strategie, die Holmes als organische Form bezeichnet, kommt zum Einsatz, wenn der Übersetzer ausgehend vom semantischen Material des Originalgedichts eine im Zielsystem akzeptierte Form für seine Übersetzung wählt. Laut Holmes ist dies im 20. Jahrhundert die von Übersetzern am häufigsten gewählte Strategie. Dabei werden unabhängig von Reim- oder Rhythmuskonventionen des Originals im Zieltext (ZT) weitgehend freie Verse verwendet. Unter der vierten Strategie, der abweichenden oder fremden Form, versteht Holmes die Verwendung einer völlig neuen Form, die in keiner Weise aus dem AT ableitbar ist. Auch diese Strategie kann in der Zielliteratur zu Innovationen führen. Als fünfte Strategie erwähnt Holmes schließlich die Prosaübersetzung von Lyrik.

Auch André Lefevere (1975) versucht, für formale Muster in der Lyrik verschiedene Übersetzungsstrategien zu identifizieren. In seiner Studie der englischen Übersetzungen von Catulls Gedicht 64 beschreibt er insgesamt sieben: die phonemische Übersetzung versucht klangliche Muster des Originals wiederzugeben, die wörtliche Übersetzung, bei der eine häufig zu Lasten des Sinns gehende Wort-für-Wort Übersetzung angestrebt wird, und die metrische Übersetzung, in der das Metrum des Originals reproduziert wird. Weiter die Gedichtübersetzung in Prosa, die gereimte Übersetzung, die Blankversübersetzung und schließlich die Interpretation, die er wiederum in die *versio* und die *imitatio* unterteilt.

Jede dieser Techniken kann in bestimmten Epochen gebräuchlich sein, und ein Vergleich von Übersetzungen eines Textes aus verschiedenen Jahrhunderten kann dazu beitragen, die verschiedenen Trends in der Lyrikübersetzung zu verdeutlichen. Es muß dabei beachtet werden, daß die jeweils vorherrschende Poetik auch Einfluß auf die Übersetzung hat: So findet man z.B. im 18. Jahrhundert in den englischen Übersetzungen klassischer Verse häufig die Verwendung gereimter Couplets; dieselben klassischen Gedichte werden dann im 19. Jahrhundert in stark rhythmische Verse übersetzt, dabei imitierte man wiederum die damals gängigen anglosächsischen Lyrikmodelle.

James Holmes interessierte sich nicht nur für die verschiedenen möglichen Übersetzungsstrategien, sondern auch für die Beziehung zwischen AT und ZT. Er weist darauf hin, daß es bei jedem Vergleich zwischen Originalgedicht und Übersetzung möglich ist, die Hierarchie der Korrespondenzen zwischen beiden zu identifizieren. Der Übersetzer wird unweigerlich bestimmte formale Komponenten gegenüber anderen bevorzugen, nicht nur aufgrund des Rhythmus' und des Metrums des AT, sondern auch aufgrund der Syntax und Semantik. Die komparative Untersuchung von Übersetzungen desselben Gedichts stellt daher eine wichtige Methode in der Untersuchung von Lyrikübersetzungen dar.

Eine Reihe von Ansätzen zur Beschreibung des Prozesses bei Lyrikübersetzungen stützt sich auf Modelle, die von verschiedenen Texttransferphasen ausgehen. Robert Bly (1984) etwa behauptet, daß bei der Lyrikübersetzung insgesamt acht Phasen zu unterscheiden sind; ähnliche strukturalistische Auffassungen stehen hinter den Arbeiten von Edwin Honig (1985), Daniel Weissbort (1989) und Frederic Will (1995). Viele Übersetzer stellen ihren Arbeiten ein Vorwort voran. Darin betonen sie häufig, daß die Originalschöpfung und die Übersetzung des Gedichts als zwei verschiedene Gestaltungsphasen unterschieden werden müssen. Die Übersetzungsstadien, die zumindest als Entwurf vorliegen, sind dabei meist leichter zu dokumentieren als die prätextuellen Stadien. Yves Bonnefoy (1988) schlägt dessenungeachtet vor, daß sich Übersetzer ihrer eigenen prätextuellen Phase bewußt sein und immer versuchen sollten herauszufinden, welche Motivationen dem Gedicht zugrunde liegen, bevor sie es aus der fixierten Form, die lediglich eine Spur ist, befreien. Die Betonung liegt hier, wie in vielen anderen Arbeiten zur Lyrik und ihrer Übersetzung, auf der hermeneutischen Dimension des Übersetzens.

3. Besondere Probleme

Einen besonders für die Lyrikübersetzung relevanten Problembereich stellen Metaphern dar (s. Art. 79). Die Auffassungen schwanken hier zwischen den beiden Polen der wörtlichen vs. freien Übersetzung. Bonnefoy (1988) faßt diese Situation sehr treffend zusammen, wenn er das grundlegende Problem von Lyrik in der Tatsache sieht, daß Sprache *(langue)* ein System ist, während eine konkrete Äußerung *(parole)* Wirkung bedeutet. Wie formalistische Analysen gezeigt haben, ist darüber hinaus in der Lyrik die Organisation semantischer Komponenten in einer Art, die nicht unbedingt einem normalen Sprachgebrauch entspricht und damit die „Fremdheit" eines Textes betont sowie seine Wirkung steigert, ausschlaggebend für den Unterschied zwischen einem Gedicht und anderen Textsorten.

Seit langem wird darüber diskutiert, welche Fähigkeiten ein guter Lyrikübersetzer besitzen, und vor allem auch, ob ein Übersetzer selbst ein Dichter sein sollte. Octavio Paz behauptet, daß Dichter nur selten auch gute Übersetzer sind, denn sie benützen das Original als Ausgangspunkt für ihre eigene Kreativität. Paz (1971) hebt in diesem Zusammenhang Arthur Whaley, den englischen Übersetzer chinesischer Poesie, und Gérard de Nerval, der Goethe ins Französische übersetzt hat, als ausgezeichnete Übersetzer hervor. Ersteren beschreibt Paz als Übersetzer, der auch als Dichter arbeitete, letzteren als Dichter, der auch ein Übersetzer war, eine Kombination, die er für wesentlich erachtet. Für ihn ist die Lyrikübersetzung eine Reise, die von Bekanntem zu einem angestrebten Ziel führt. Im Gegensatz dazu beginnt der Dichter seine Reise, ohne zu wissen, wohin sie ihn führen wird. Übersetzen und Dichten sind seiner Meinung nach zwei verwandte Prozesse, allerdings mit einem jeweils anderen Ausgangs- und Zielpunkt. Und dies ist eine der hilfreichsten Perspektiven unserer Zeit für die Übersetzung von Lyrik.

Literatur

Bly, Robert (1984): „The Eight Stages of Translation." Frayley, William (Hrsg.) (1984): *Translation: Literary, Linguistic and Philosophical Perspectives*. Newark: University of Delaware Press, 67–89.

Bonnefoy, Yves (1988): *The Act and the Place of Poetry: Selected Essays*. Chicago: University of Chicago Press.

Dryden, John (1961): *Essays of John Dryden*. Vol. 1 and 2. New York: Russell.

Goethe, Johann Wolfgang von (1819/1963): „Drei Stücke vom Übersetzen". Störig, Hans Joachim (Hrsg.) (1963): 34–37.

Hammer-Purgstall, J. von (1812): *Der Diwan von Mohammed Schemsed-din Hafis. Aus dem Persischen zum ersten mal ganz übersetzt*. Bd. 1–3. Stuttgart / Tübingen: J. G. Cotta'sche Buchhandlung.

Holmes, James (1988): *Translated! Papers on Literary Translation and Translation Studies*. Amsterdam: Rodopi.

Honig, Edwin (1985): *The Poet's Other Voice: Conversations on Literary Translation*. Amherst: University of Massachusetts Press.

Lefevere, André (1975): *Translating Poetry: Seven Strategies and a Blueprint*. Assen / Amsterdam: Van Gorcum.

Paz, Octavio (1971): *Traducción: Literatura y Literalidad*. Barcelona: Tusquets.

Pound, Ezra (1954): *Literary Essays of Ezra Pound*. London: Faber & Faber.
Schleiermacher, Friedrich (1813/1963): „Methoden des Übersetzens." Störig, Hans Joachim (Hrsg.) (1963): 38–71.
Shelley, Percy Bysse (1965): „The Defense of Poetry." Shelley, Percy Bysse (1965): *Complete Works*. Vol. 5. London: Ernest Benn, 109–143.
Störig, Hans Joachim (Hrsg.) (1963): *Das Problem des Übersetzens*. Stuttgart: Henry Goverts.
Weissbort, Daniel (1989): *Translating Poetry: The Double Labyrinth*. Iowa City: University of Iowa Press.
Will, Frederic (1995): *Translation, Theory and Practice. Reassembling the Tower*. Lampeter: Edwin Mellon.

Susan Bassnett (Coventry)
Aus dem Englischen übersetzt
von Klaus Kaindl (Wien)

76. Audiomediale Texte

1971 prägte Katharina Reiss neben den drei grundlegenden Texttypen (inhaltsbetont, formbetont und appellbetont) auch den Begriff der „audio-medialen Texte", die sie als Texte charakterisierte, „...die zwar schriftlich fixiert, aber mit Hilfe eines nicht-sprachlichen *Mediums* in *gesprochener* (oder *gesungener)* Form an das *Ohr* des Empfängers gelangen" (1971:34). Diese „audio-medialen Texte", die Reiss damals noch als vierten Texttyp verstanden hat, lösten in der Fachliteratur eine lebhafte Diskussion aus, so daß sie sich veranlaßt sah, ihren Standpunkt zu modifizieren. Zum einen räumte sie (1990) ein, es handle sich bei solchen Texten doch nicht um einen gesonderten Texttyp in ihrem ursprünglichen Sinne, denn Elemente der Darstellung, des Ausdrucks und des Appells können hier nebeneinander vorhanden sein, so daß eine Abgrenzung kaum relevant oder möglich wäre. Und zum andern änderte sie die Bezeichnung „audio-medial" in „multi-medial" um, wobei auch das Medium der bildlichen Darstellung einbezogen wurde, wie etwa bei Comics. Als multimediale Texte dienen in dieser Definition z.B. auch die Textvorlagen zu Bühnenstücken (s. Art. 70) und Filmen (s. Art. 72, 73) sowie Opernlibretti (s. Art. 71) und Liedertexte, aber auch Comics und Werbematerial (s. Art. 74, 65). In den letzten Jahren hat sich aber im gemeinsprachlichen Gebrauch der Begriff *multimedial* – en. *audiovisual* – im eher technischen Sinn (v.a. in Verbindung mit Computern, Videoaufzeichnungen etc.) durchgesetzt und – zumindest in der übersetzungswissenschaftlichen Literatur – für terminologische Verwirrung gesorgt.

In der Übersetzungswissenschaft ist der Terminus *audiomedial* inzwischen durch *multimedial* völlig verdrängt worden. Allerdings gibt es Textsorten, die zwar schriftlich fixiert, aber in gesprochener Form an das Ohr des Empfängers gelangen, jedoch nicht *multi*medial sind. Es sind Texte, die gezielt zum Sprechen geschrieben bzw. verwendet werden und somit sehr wohl als *audio*medial bezeichnet werden könnten: politische Reden, wissenschaftliche Vorträge, auch Textstellen aus der Bibel, die zu liturgischen Zwecken vorgelesen werden (s. Art. 77). Sie gelangen akustisch über die menschliche Stimme an den Rezipienten statt visuell über das gedruckte Wort.

Somit entstehen für den Textproduzenten bzw. Übersetzer spezifische Probleme, z.B. hinsichtlich der Rhetorik und der Sprechbarkeit (s. Art. 12, 66, 70). Im audiomedialen Text werden solche Elemente – im Gegensatz zum spontanen mündlichen Diskurs – gezielt eingesetzt, um eine bestimmte Wirkung zu erzielen, und sie variieren mit den verschiedenen Sprachen und Kulturräumen. Die rhetorische Wirkung einer Rede im Englischen ist z.B. mit dem Prinzip des End-focus im Satz verbunden (s. Art. 19), im Deutschen spielt hingegen der kontrastive Fokus eine entscheidende Rolle. Bei wissenschaftlichen Vorträgen bestehen verschiedene Konventionen (s. Art. 63): während ein wissenschaftlicher Text im Deutschen durch einen eher abstrakten argumentativen Nominalstil, durch Hypotaxe (Schachtelsätze) und Prämodifikationen gekennzeichnet ist, sind in englischen Vorträgen eher konkrete Beispiele, parataktische Gruppierungen mit Postmodifikationen und End-weight angebracht (s. Art. 19). Vor allem bei Vorträgen, die im Englischen von Nichtmuttersprachlern gehalten (und zu diesem Zweck übersetzt) werden, sind Verständlichkeit und Akzeptanz sehr häufig durch solche Kriterien bestimmt, die deshalb in die Strategie der Übersetzung eingebaut werden sollten. Das geht aus einem Vergleich der folgenden Textstelle aus einem Kongreßvortrag (dt. Original und en. Übersetzung) hervor:

> *Diese Entwicklung wurde durch einen* mit großem Einsatz betriebenen Ausbau (1) *der Verkehrswege und der Transportmittel* unterstützt und vorangetrieben (2); *vor allem der Bau der Eisenbahn* zeitigte in der Folge *wirtschaftliche* Auswirkungen (3) von unabsehbarem Ausmaß (4).
> *Further* impetus was provided (2) *by a* massive expansion (1) *in transport and communications*; *the railways in particular* had an immeasurable (4) effect (3) *on the economic development.*

Durch die Beseitigung der Prämodifikation (1) und der Tautologie (2) sowie die Verkürzung umständlicher Phrasen (3) und die Ersetzung eines Wortverbandes durch ein Lexem (4) wird der Text nicht nur kürzer, sondern auch sprechbarer. Zu den Grundregeln solcher Sprechbarkeit gehören: lineare Satzprogression (s. Art. 66) mit Endfokus; eine rhythmische Sprache mit stark betonten Vokalen; Vermeidung komplexer Konsonantenbündel mit zu vielen unbetonten Vokalen (wie etwa: *zeitigte in der Folge*).

In der politischen Rede kommt der Rhetorik eine besondere Rolle zu, auch in der heutigen Zeit, wie aus diesem Ausschnitt aus Bill Clintons Rede vom 12. Juli 1993 vor dem Brandenburger Tor hervorgeht:

> *Half a century has passed since Berlin was first divided, thirty-three years since the wall went up. In that time, one half of this city lived* encircled *and the other half* enslaved (1). *But one force endured: your courage. Your courage has taken many forms. The* bold courage (2) *of June 17 1953, when those trapped in the East threw stones at the* tanks of tyranny (3). *The* quiet courage (2) *to lift children above the wall so that their grandparents on the other side could see those they* loved *but could not* touch (1). *The* inner courage (2) *to reach for the ideas that make you free. And the* civil courage (2), *Zivilcourage, of five years ago, when starting in the strong hearts and candlelit streets of Leipzig, you turned your dreams of a better life into the* chisels of liberty (4).

Hier werden die oben erwähnten Grundprinzipien der Sprechbarkeit durch akustische Stilmittel wie Alliteration (3), aber auch durch Metaphorik (4) (s. Art. 79), Intensivierung, besonders durch Dreier- und Vierergruppen von Nominalphrasen (2) und Oppositionen (1) verstärkt. (S. dazu Pöchhacker 1997, mit Analyse der deutschen Simultandolmetschung.)

Literatur

Pöchhacker, Franz (1997): „‚Clinton speaks German': A case study of live broadcast simultaneous interpreting." Snell-Hornby, Mary / Jettmarovà, Zuzana / Kaindl, Klaus (Hrsg.): *Translation as Intercultural Communication. Selected Papers from the EST Congress – Prague 1995.* Amsterdam / Philadelphia: Benjamins, 207–216.

Reiss, Katharina (1971): *Möglichkeiten und Grenzen der Übersetzungskritik. Kategorien und Kriterien für eine sachgerechte Beurteilung von Übersetzungen.* München: Hueber.

Reiss, Katharina (1990): „Brief an den Herausgeber". *Lebende Sprachen* 4, 185.

Snell-Hornby, Mary (1997): „Written to be spoken: The audio-medial text in translation". Trosborg, Anna (Hrsg.) (1977): *Text typology and translation.* Amsterdam: Benjamins, 277–290.

Mary Snell-Hornby (Wien)

77. Bibelübersetzung

Die Bibel ist das meist übersetzte Buch der Welt. 1994 lagen nach Angaben von UBS das Neue Testament in 2092 Sprachen, einzelne Bücher der Bibel in 822 Sprachen und die Vollbibel in 341 Sprachen vor (zit. nach Perevod Biblii 1996:227). Die verschiedenen Ausgaben (auch innerhalb einer Sprache) unterscheiden sich neben dem Umfang v.a. nach dem Grundtext, der Zielgruppe, dem Übersetzungstyp, dem Sprachstil, der Namenschreibung, der Kommentierung und nach den Verweisstellen (vgl. Haug 1994, de Waard/Nida 1986).

1. Aus der Geschichte

Es finden sich unterschiedliche Angaben dazu, ob die ersten Bibelübertragungen in der Art eines freien Dolmetschens, eines Übersetzens „vom Blatt" oder des Verlesens einer Übersetzung geschahen, dies mag auch unterschiedlich gewesen sein (vgl. dazu Salevsky 1997).

Der Beginn der (handschriftlichen) Bibelübersetzung geht in die Zeit um 180 v.Chr. zurück. Bei diesen frühen Übersetzungen wie bei allen späteren bleibt strittig, ob an ihrem Anfang eine Urübersetzung stand, von der alle weiteren abhingen, oder ob es sich um parallele Übersetzungen handelt, die sich dann zu einem oder mehreren Überlieferungszweigen zusammenfügten. Nur in seltenen Fällen (wie bei der gotischen und der altkirchenslavischen) steht eine solche Urübersetzung eindeutig fest (vgl. dazu Aland 1980:162).

Um 300–130 v.Chr. wurde das Alte Testament in Ägypten ins Griechische übersetzt (nach der angeblichen Zahl der Übersetzer *LXX Septuaginta* genannt). Um 200 n.Chr. folgten frühe Übersetzungen des Neuen Testaments ins Lateinische (*Vetus Latina* oder *Itala*). Ende des 4./zu Beginn des 5. Jahrhunderts übertrug Hieronymus das Alte Testament aus dem Hebräischen und Aramäischen ins Lateinische und revidierte den altlateinischen Text des Neuen Testaments, das Ergebnis war die (später so genannte) *Vulgata* (s. Art. 10).

Zwischen dem 11. und 15. Jahrhundert entstanden zahlreiche Übersetzungen biblischer Schriften in verschiedene Sprachen, darunter auch ins Deutsche. 1466 druckte Mentelin in Straßburg die erste deutsche Bibel. 1516 erschien in Basel das erste gedruckte griechische Neue Testament, bearbeitet von Erasmus, im September 1522 in Wittenberg das „Septembertestament", das von Luther übersetzte Neue Testament, 1534 die Vollbibel (Altes und Neues Testament) in der Übersetzung Martin Luthers. Revisionen der Luther-Übersetzung erfolgten 1892, 1912, 1921 und 1984.

Eine der Luther-Bibel analoge Bedeutung hatte für den englischen Sprachraum die 1611 veröffentlichte King James Version (Authorized Version). Die Revised Standard Version (1952) stellt eine Neuübersetzung dar, dies trifft in noch stärkerem Maße für die 1970 abgeschlossene New English Bible zu. Große Beachtung fand die Jerusalemer Bibel (1948–1954, Neubearbeitung 1973 ff.).

1947 wurden in den Höhlen bei Qumran am Toten Meer Handschriften des Alten Testaments gefunden. Durch diese Funde liegen nun für nahezu alle Bücher des Alten Testaments wesentlich ältere (als die bis dahin bekannten) Handschriften vor. Die Bedeutung der Qumran-Schriften *(Dead-Sea-Scrolls)* ergibt sich aus der Vergleichsmöglichkeit mit den bisher bekannten Überlieferungen (sowohl des Masoretentextes als auch der *Septuaginta*), des weiteren in dem Beitrag zu einem besseren Verständnis verschiedener neutestamentlicher Texte.

1966 erschien eine gemeinsame Ausgabe des griechischen Neuen Testaments durch den Weltbund der Bibelgesellschaften *(The Greek New Testament)*. Rudolf Kassühlke listete bereits 1976 über 50 deutsche Übersetzungen des 20. Jahrhunderts auf, ohne die Luther-Bibel und die 1931 erschienene Zürcher Bibel (Kassühlke 1976:168–171). Bedeutsam ist auch die Übertragung des Alten Testaments von Martin Buber und Franz Rosenzweig (1954) in ein dem hebräischen Sprachduktus angenähertes Deutsch.

2. „Textspezifik" als Übersetzungsproblem

Keine andere Übersetzung vereint in einem „Text" so viele verschiedene Textsorten und Texttypen wie die Bibel (Lyrik, Gesetzestexte, philosophische Reflexionen, Briefe etc.), und auch die einzelnen biblischen Schriften lassen sich nicht immer präzise einer Gattung bzw. Textsorte zuordnen, viele von ihnen sind Mischungen. Die Bibel wurde und wird für unterschiedliche Adressaten (Theologen und Laien, Erwachsene und Kinder, Gläubige und nichtgläubige Erstleser) sowie zu verschiedenem Gebrauch, d.h. für Leser ebenso wie für Hörer, übertragen.

Die ältesten und die jüngsten Teile der Bibel sind durch einen Zeitabstand von mehr als tausend Jahren getrennt. Bereits 1964 weist Nida in seinem grundlegenden Werk *Towards a Science of Translating* auf die Notwendigkeit hin, daß eine gute Übersetzung es ihren Adressaten ermöglichen sollte, auf die Botschaft im wesentlichen so zu reagieren wie die ursprünglichen Empfänger des Originals. Dabei stößt jede Übersetzung auf mindestens zwei Schwierigkeiten:

(1) Die Reaktionen von damals und heute können nicht identisch sein, weil die historischen und kulturellen Zusammenhänge der biblischen Botschaft von denen der heutigen Wiedergabe in einer modernen Sprache sehr verschieden sind. Sie sollte jedoch die heutigen Empfänger in die Lage versetzen, richtig zu verstehen, wie die Empfänger des Originals reagiert haben (könnten).

(2) Auch die Adressaten innerhalb einer Kultur und Sprache erweisen sich als sehr heterogen mit Blick auf die Vertrautheit mit religiöser Sprache und Praxis, hinsichtlich der emotionalen Konformitätsbereitschaft und bestimmter Verhaltensmuster, mit Blick auf Alter und Bildung sowie auf den Gebrauch bestimmter sprachlicher Formen. Das bedeutet gleichzeitig: Ob die Adressaten bestimmte Übersetzungen annehmen oder ablehnen, hängt oft weniger von der Übersetzung selbst als von den Erfahrungen der Rezipienten, ihrem Wissen, ihren Motivationen und Emotionen ab. Hinzu kommt das Nichtwissen um Hintergrundinformationen, das zu interpretatorischen Schwierigkeiten bei vielen biblischen Texten führt. Ob und in welchem Grade „Hintergrundinformationen" (z.B. in Form von Anmerkungen) mitzuliefern sind, ist noch immer strittig. Fehlende Parallelliteratur und die damalige hebräische Sprache tun ein übriges zur Erschwernis.

Die älteste vollständig erhaltene hebräisch-aramäische Handschrift, der Codex Leningradensis aus dem Jahre 1008 n.Chr., ist in der Biblica Hebraica Stuttgartensia abgedruckt. Dieser Text wurde von den jüdischen Überlieferern, den sog. Masoreten, zwischen 750 und 1000 n.Chr. einheitlich festgelegt. Diese Festlegung weist einen Abstand von der Zeit der Abfassung der entsprechenden Schriften von mehreren Jahrhunderten auf. Übermittlungsfehler sind daher nicht auszuschließen.

Die alten Übersetzungen sind z.T. lange vor der Festlegung des Textes durch die Masoreten angefertigt worden (auf der Grundlage von Handschriften, die nicht erhalten geblieben sind). Daher wurden im Auftrag des Weltbundes der Bibelgesellschaften Entscheidungshilfen für Bibelübersetzer erarbeitet (*Preliminary Report on the Hebrew Old Testament Text Project.* Bd. 1–5. United Bible Societies, Stuttgart 1976–1980, und Dominique Barthélemy: *Critique textuelle de l'Ancien Testament.* Bd. 1–3. Orbis Biblicus et Orientalis 50/1 bis 50/3, Fribourg/Schweiz und Göttingen 1982, 1986, 1992). Für Übersetzungen des Neuen Testaments wird in der Regel der griechische Text zugrunde gelegt, wie er in der 27. Auflage des *Novum Testamentum Graece* von Nestle-Aland und der 4. Auflage des *Greek New Testament* der United Bible Societies gleichlautend vorliegt.

Die Spätschriften des Alten Testaments (vollständig nur in griechischer Sprache überliefert) sind nicht in jeder Bibelausgabe enthalten. Sie sind bis heute vollwertiger Bestandteil des Alten Testaments in der katholischen Kirche (hier bezeichnet als „Deuterokanonische Schriften") und in den orthodoxen Kirchen. Von Luther wurden sie vor dem Neuen Testament in die Bibel als „Apokryphen" eingeordnet, wohl mit Bezug darauf, daß am Ende des 1. Jahrhunderts jüdische Schriftgelehrte den Kanon der „Hebräischen Bücher" ohne diese Schriften festgelegt hatten.

Die unterschiedlichen Textgrundlagen – verbunden mit unterschiedlichen Interpretationen (vgl. z.B. das von der Päpstlichen Bibelkommission herausgegebene Dokument *Die Interpretation der Bibel in der Kirche* vom 23. April 1993) – lassen die Kompliziertheit interkonfessioneller Übersetzungen erkennen, wie sie in Deutschland etwa mit der Einheitsübersetzung angestrebt wurde (erschienen 1980), bei der das Neue Testament und die Psalmen unter evangelischer Mitarbeit übersetzt und als ökumenischer Text anerkannt wurden, nicht jedoch die anderen Teile des Alten Testaments.

Die *Gute Nachricht Bibel* (1997) ist ein Gemeinschaftswerk von Theologen aus der evangelischen und aus der katholischen Kirche sowie aus dem Raum der evangelischen Freikirchen. Sie wurde im Auftrag der Bibelgesellschaften und Bibelwerke aller deutschsprachigen Länder Europas erarbeitet und baut auf der Ausgabe *Gute Nachricht für Sie – NT 68* (die sich stark an der amerikanischen Übersetzung, der *Good News Bible for Modern Man, Today's English Version,* orientierte) sowie den Versionen von 1971 und 1982 auf.

Die feministische Theologie ist bestrebt, die durch männerzentrierte Auslegungs- und

Übersetzungstraditionen verschütteten Probleme herauszuarbeiten (vgl. Trible 1990, Kahl 1994; s. Art. 36).

3. Sprachliche Probleme

Probleme bei der Bibelübersetzung bereitet nicht zuletzt die Vieldeutigkeit der hebräischen Wörter. Das Vokabular der hebräischen Bibel umfaßt nur 7.706 Wörter (vgl. Lapide 1992/1: 53), die meisten von ihnen besitzen jedoch eine vielschichtige Bedeutungsbreite. Ein Beispiel dafür ist SCHALOM, das neben Friede auch Gedeihen, Unversehrtheit, Wohlergehen, Freude, Versöhnung, Wahrheit, Gemeinschaft und Harmonie bedeuten kann (vgl. dazu Lapide 1992/1:21).

Moderne Übersetzungen sind heute bestrebt, Sprachformen zu finden, die Frauen nicht diskriminieren oder ausgrenzen. „Dabei geht es nicht um die kurzsichtige Anpassung an einen Modetrend, sondern um einen Akt der Gerechtigkeit" (Gute Nachricht Bibel 1997: 346).

Literatur

Aland, Kurt (1980): „Zu den alten Übersetzungen des Neuen Testaments." Krause / Müller (Hrsg.) (1980): 161–162.

Die Interpretation der Bibel in der Kirche. Ansprache Seiner Heiligkeit Johannes Paul II. und Dokument der Päpstlichen Bibelkommission. 23. April 1993. Verlautbarungen des Apostolischen Stuhls 115. (Herausgeber der deutschen Ausgabe: Sekretariat der Deutschen Bischofskonferenz, Kaiserstraße 163, 53113 Bonn.)

Gnilka, Joachim / Rüger, Hans Peter (Hrsg.) (1985): *Die Übersetzung der Bibel – Aufgabe der Theologie*. Stuttgarter Symposion 1984. Texte und Arbeiten zur Bibel. Bd. 2. Bielefeld: Luther-Verlag.

Haug, Hellmut (1994): *Deutsche Bibelübersetzungen. Das gegenwärtige Angebot – Informationen und Bewertung*. Stuttgart: Deutsche Bibelgesellschaft.

Kahl, Brigitte (1994): „Die Frau am Väterbrunnen – Von der Kirchenmutterschaft Hagars. Versuch einer synchronen Lektüre von Johannes 4 und Genesis 16." Sölle, Dorothee (Hrsg.) (1994): *Für Gerechtigkeit streiten. Theologie im Alltag einer bedrohten Welt*. Gütersloh: Gütersloher Verlagshaus, 53–58.

Kassühlke, Rudolf (1976): „Deutsche Bibelübersetzungen seit 1900." Meurer (1976): 168–171.

Klauser, Theodor (Hrsg.) (1959): *Reallexikon für Antike und Christentum. Sachwörterbuch zur Auseinandersetzung des Christentums mit der antiken Welt*. Bd. 4. Stuttgart: Hiersemann.

Krause, Gerhard / Müller, Gerhard (Hrsg.) (1980): *Theologische Realenzyklopädie*. Band 6. Berlin / New York: de Gruyter, 160–311.

Lapide, Pinchas (1992): *Ist die Bibel richtig übersetzt?* 2 Bde. Gütersloh: Gütersloher Verlagshaus.

Meurer, Siegfried (1976): *Der Bestseller ohne Leser. Überlegungen zur sinnvollen Weitergabe der Bibel*. Stuttgart: Evangelisches Bibelwerk.

Nida, Eugene A. (1964): *Towards a Science of Translating. With Special Reference to Principles and Procedures Involved in Bible Translating*. Leiden: Brill.

Nida, Eugene A. / Taber, Charles R. (1969): *Theory and Practice of Bible Translation*. Leiden: Brill.

Perevod Biblii (1996): *Lingvističeskie, istoriko-kul'turnye i bogoslovskie aspekty. Materialy konferencii. Moskva, 28–29 nojabrja 1994 g*. Moskva: Institut perevoda Biblii.

Salevsky, Heidemarie (1997): „Dolmetscher – Statisten auf der Bühne der Kommunikation?". *TEXTconTEXT* 3, 163–181.

Stine, Philip C. (Hrsg.) (1992): *Bible Translation and the Spread of the Church. The last 200 years. Studies in Christian Mission*. Vol. 2. Leiden / New York / Köln: Brill.

Trible, Phyllis (1990): *Mein Gott, warum hast du mich vergessen! Frauenschicksale im Alten Testament*. Gütersloh: Gütersloher Verlagshaus.

Waard, Jan de / Nida, Eugene A. (1986): *From one Language to Another. Functional Equivalence in Bible Translating*. Nashville / Camdon / New York: Thomas Nelson.

Heidemarie Salevsky (Magdeburg)

78. Sprachvarietäten (Dialekt / Soziolekt)

In vielen Texten wird nicht nur Standardsprache (z.B. Hochdeutsch) verwendet, sondern es werden auch Sprachvarietäten als Stilmittel eingesetzt. In literarischen Texten, ob Prosa oder Lyrik, in Theaterstücken und in Filmen dienen von der Standardsprache abweichende Varietäten der Charakterisierung von Protagonisten, zur Markierung des soziokulturellen Hintergrunds und zur Verstärkung des Lokalkolorits. Gleichzeitig hat die Entfernung von der Hochsprache immer auch symbolisches Gewicht.

Meist sind es die Dialoge, die in einem Dialekt oder Soziolekt abgefaßt sind, oft spricht aber auch der Erzähler eine vom Standard abweichende Variante. Das Spektrum reicht von Romanen oder Filmen, in denen sich einzelne Personen durch ihre regional oder soziolektal gefärbte Sprechweise auszeichnen, über durchgängig z.B. in Kreolisch geschriebene narrative Texte bis hin zu Dialektlyrik.

Dialekte (räumlich definierte Varietäten), *Soziolekte* (für bestimmte soziale Gruppen charakteristische Varietäten) sowie *Pidgin- und Kreolsprachen* (Varietäten, die aus Sprachkontaktsituationen entstanden sind) unterscheiden sich von der Standardsprache durch phonologische, morphologische, lexikalische, syntaktische und pragmatische Abweichungen. Vor allem aber – und darin liegt die besondere Übersetzungsschwierigkeit – sind sie stark kulturgebunden.

Natürlich muß der Übersetzer Varietäten zunächst als solche erkennen, also in der Ausgangssprache (AS) über die entsprechende linguistische und kulturelle Kompetenz verfügen. Knifflig wird es aber erst danach: Wie kann man Sprachvarietäten in eine andere Kultur übertragen? Sprache schafft Identität, und Sprachvarietäten tragen immer die Werte und den Status der jeweiligen Sprechergruppe mit: Die Sprecher können literarische Figuren oder Personen im Film sein oder auch der Erzähler/Autor. Die Bedeutungen von Sprachvarietäten und die Assoziationen, die sie auslösen, sind keineswegs beliebig, sondern fest mit der jeweiligen Kultur verflochten. Darauf muß die Wahl der Übersetzungsstrategie Rücksicht nehmen: auf die Bedeutung, die der übersetzte Text bzw. die im Zieltext (ZT) gewählte Sprachvarietät für die Leser/Zuschauer als Angehörige der Zielkultur besitzt – oder, anders ausgedrückt, auf die Funktion des ZT in Hinblick auf das Zielpublikum, das sich mit seinen kulturbedingten Werten und Wahrnehmungen und seinem spezifischen Wissen vom AS-Publikum unterscheidet (s. dazu Snell-Hornby 1988:42).

Die verschiedenen Strategien, die zur Übersetzung von Sprachvarietäten wie Dialekten, Soziolekten oder Pidgin- und Kreolvarianten zur Verfügung stehen, machen vor allem zweierlei deutlich: die Rolle der Sprache bei der Schaffung von kultureller Identität und die Rolle, die die Übersetzung in diesem Zusammenhang spielt.

1. Übertragung in einen Dialekt

Während in älteren Übersetzungen noch ohne weiteres AS-Dialekte durch Dialekte der Zielsprache (ZS) ersetzt wurden, hat sich spätestens seit Mitte unseres Jahrhunderts ein merkbarer Wandel gängiger Übersetzungskonzeptionen vollzogen. Übersetzer, Verleger/Synchronanstalten und Leser/Zuschauer sind sich heute im großen und ganzen einig, daß diese Strategie in den allermeisten Fällen unbrauchbar ist: nämlich dann, wenn in der Übersetzung der soziokulturelle Hintergrund in krassem Widerspruch zur sprachlichen Zuordnung der Protagonisten steht (wenn z.B. die Dialoge die Protagonisten im Schwäbischen ansiedeln, der Roman aber im Süden der USA spielt). Ausnahmen gibt es natürlich: etwa die inzwischen bereits in mehrere deutsche und österreichische Dialekte übertragenen *Asterix*-Bände, die durchaus Verkaufserfolge geworden sind. Allerdings ist die kulturelle Verankerung von Asterix, Obelix und Co. schon im (französischen!) Original gebrochen, und die Figuren und erzählten Geschichten sind weitgehend autonom, so daß die Übertragung in einen deutschen Dialekt keinen neuen Bruch bedeutet. Ebenso kann sich diese Strategie etwa zur Übertragung von Dialektgedichten oder Theaterstücken eignen, wenn der jeweilige soziokulturelle Hintergrund unspezifisch ist (z.B. ließe sich ein Kindergedicht über die Freundschaft mit einem Hund ohne Verlust an Authentizität von einem nordenglischen Dialekt ins Wienerische übertragen).

2. *Übertragung in einen Soziolekt*

Für alle drei genannten Sprachvarietäten ist das die weitaus am häufigsten gewählte Übersetzungsstrategie. Man könnte sie als „transparente" Strategie im Sinne Lawrence Venutis bezeichnen (Venuti 1995): Der ZT fügt sich, was sprachliche Markierungen angeht, unauffällig in die Zielkultur ein. Regionale Aspekte (im Fall von Dialekten), ethnische Differenzierungen (z.B. Black English) oder – allgemeiner – die kulturelle Identität, das kulturelle Andere (z.B. bei Kreolliteratur, s. Art. 27) werden in eine dem ZS-Leser oder Zuschauer vertraute Sprachvarietät aufgelöst. Der Übersetzer wird von Fall zu Fall entscheiden müssen, welche Aspekte einer Sprachvarietät übersetzungsrelevant sind, ob z.B. der umgangssprachliche Aspekt oder die regionale/kulturelle Markierung. Am wenigsten Probleme wirft meist die Übertragung von Soziolekten auf, weil es normalerweise in der ZS entsprechende Sprachvarietäten von nach Klasse, Alter oder auch Geschlecht definierten sozialen Gruppen gibt, z.B. englischen und deutschen Teenagerslang.

3. *Übertragung als gebrochenes Deutsch*

Die deutsche Sprache kennt weder für Varietäten wie das Black English noch für Pidgin- und Kreolsprachen, wie z.B. das Kreolische der Karibik, direkte Entsprechungen. Die kulturelle Erfahrung deutschsprachiger Leser schließt die Entwicklung kolonialer und postkolonialer Sprachen nicht ein. Besonders für das Kreolische scheint sich zunächst gebrochenes Deutsch bzw. Gastarbeiterdeutsch als Übersetzungsstrategie anzubieten. Bei näherer Betrachtung liegt die Sache aber nicht so einfach. Das Kreolische der anglophonen Karibik etwa, um die Problematik an einem konkreten Beispiel zu illustrieren, hat sich im Laufe der Zeit zu einem vollwertigen Kommunikationsmedium entwickelt. Es erfüllt in vielerlei Hinsicht die Funktion einer Nationalsprache und besitzt seine eigene literarische Tradition. Autoren aus diesem Teil der Welt verwenden seit den 40er Jahren zunehmend das Kreolische als Literatursprache. Genese und Bedeutung der beiden Sprachvarianten sind demnach sehr verschieden. Während das karibische Englisch eine Muttersprache ist, ist das Gastarbeiterdeutsch als Interimsprache zu sehen, als Zwischenstufe zur fehlerfreien Beherrschung der Fremdsprache Deutsch. Dialoge im Black English oder in karibischem Englisch, die in gebrochenes Deutsch übersetzt werden (das deutsche Leser unweigerlich mit Gastarbeiterdeutsch gleichsetzen werden), sind, wie oben festgestellt wurde, im Lichte des Status zu sehen, der dieser Variante in der deutschsprachigen Kultur zukommt.

4. *Entwicklung einer Kunstsprache*

Diese Strategie wird in jüngster Zeit vermehrt angewendet und kann z.T. wohl als Ausdruck des Unbehagens mancher Übersetzer angesichts anderer gängiger Konzepte gesehen werden. Sie versucht vor allem, das Fremde und Andere des Ausgangstextes zu erhalten und grammatikalische und phonologische Merkmale der Ausgangsvariante in der ZS durch entsprechende grammatikalische Reduktionen und orthographische Verfremdungen nachzuahmen. Meistens sind solche Übersetzungen weniger leicht lesbar als etwa Übersetzungen in einen Soziolekt bzw. Umgangssprache. Den Lesern wird deutlich vor Augen geführt, daß sie eine Übersetzung vor sich haben und kein Original. Für Leser mit einschlägigen Vorkenntnissen bleibt dafür vielleicht das Original mit seinen Eigenheiten stärker spürbar.

5. *Wiedergabe durch Standardsprache*

Auch diese Strategie ist als transparentes Übersetzungsverfahren einzustufen, das auf die Markierung des regionalen/soziokulturellen

Anderen verzichtet. Im Falle von Übersetzungen kreolischer Literatur z.B. kann diese Strategie dafür aber etwas anderes leisten: Sie kann zur Anerkennung des Status des Kreolischen als eigenständige Sprache beitragen, indem sie es eben nicht in eine nicht-standardsprachliche (und in der Regel als inferior empfundene) Varietät überträgt. Dasselbe könnte auch für Varietäten wie das Black English argumentiert werden.

Texte mit nicht-standardsprachlichen Varietäten werden von Übersetzern oft als besonders schwierig empfunden, etwas scheint immer „verlorenzugehen". Jede Übersetzung scheint hier ein Kompromiß zu sein, wenn nicht gar das utopische Unternehmen, von dem Ortega y Gasset spricht (Ortega y Gasset 1976:7). Vorüberlegungen zur Funktion der Übersetzung und dem angepeilten Leser- oder Zuschauerkreis bieten jedoch eine fundierte Entscheidungshilfe bei der Wahl der Übersetzungsstrategie (s. Art. 28). Übersetzungen kreolischer Lyrik z.B., die sich an ein Spezialistenpublikum wenden, werden vielleicht in einer experimentierenden Kunstsprache die geeignetste Strategie finden, um charakteristische Merkmale des Originals auch im Deutschen anklingen zu lassen. Für eine zweisprachige Ausgabe eines Textes mit Dialogen im Black English kann dagegen eine Übersetzung ins Hochdeutsche die beste Lösung sein, wenn es gilt, mit der englischen Sprache vertrauten Lesern eine Lektürehilfe zu bieten. Romane oder Filme, die sich an ein breites Publikum richten, werden wiederum eher zu einem Soziolekt bzw. zu umgangssprachlichen Varianten greifen, um Abweichungen von der Standardsprache wiederzugeben.

In jedem Fall hat der übersetzerische Entscheidungsprozeß für den ZT weitreichende Konsequenzen. Susan Bassnett drückt das so aus: Übersetzen ist kein neutraler, unschuldiger oder transparenter Akt: „Translation is instead a highly charged, transgressive activity." (Bassnett 1993:160f.) Am Beispiel von Sprachvarietäten wird das besonders deutlich.

Literatur

Bassnett, Susan (1993): *Comparative Literature. A Critical Introduction.* Oxford / Cambridge: Blackwell.

Ortega y Gasset, José (1976): *Miseria y Esplendor de la Traducción. Glanz und Elend der Übersetzung.* München: dtv.

Snell-Hornby, Mary (1988): *Translation Studies. An Integrated Approach.* Amsterdam / Philadelphia: Benjamins.

Venuti, Lawrence (1995): *The Translator's Invisibility.* London: Routledge.

Waltraud Kolb (Wien)

79. Metaphern

1. Einleitung

Traducere navem – mit diesem bekannten Bild der Seefahrt beschrieb Jacob Grimm das Übersetzen in metaphorischer Weise (über*setzen* ist *über*setzen). In jüngster Zeit hat Hönig (1995) dem die Metapher vom Übersetzer als Brückenbauer gegenübergestellt.

Metaphern sind ein typisches Merkmal der Kommunikation und stellen auch für das Übersetzen eine Herausforderung dar. Die Metapher als Übersetzungsproblem wurde zwar in der übersetzungswissenschaftlichen Literatur erwähnt, allerdings eher am Rande. Es gibt bis heute relativ wenig Publikationen, die sich speziell diesem Phänomen widmen. Dabei stehen die Fragen nach der prinzipiellen Übersetzbarkeit von Metaphern und nach möglichen Übersetzungsverfahren im Mittelpunkt des Interesses. Dabei folgte die Übersetzungswissenschaft dem linguistischen Metaphernverständnis, trug aber nichts Eigenständiges zur Erklärung dieses Phänomens bei. Es stehen Untersuchungen aus, die überzeugend aufzeigen, was eine übersetzungswissenschaftliche Perspektive für das Verständnis der Metapher leisten kann.

2. Definition der Metapher

Nachdem die Metapher lange Zeit als Redefigur der Rhetorik galt, wurde sie im 20. Jahrhundert hinsichtlich ihres Erkenntniswertes in der linguistischen und philosophischen Literatur wiederentdeckt und erfuhr im Laufe der Zeit Neudefinitionen und Umdeutungen. Lange Zeit dominierte die Auffassung von der Metapher als einem bildhaften sprachlichen Ausdruck, der aufgrund der Bezeichnungsübertragung zwischen Gegenständen und Erscheinungen zustande kommt. Die bildhaften Beziehungen beruhen auf Analogien oder Ähnlichkeiten. Nach dieser Auffassung ist eine Metapher eine bloße Ersetzung eines eigentlichen Wortes und folglich auf eine wörtliche Bedeutung reduzierbar (zu Substitutionstheorie und Vergleichstheorie vgl. Goatly 1997:117ff., Stienstra 1993:21ff.). Ihre Hauptfunktion liegt demnach in der stilistischen Ausschmückung des Textes.

Zur Beschreibung von Metaphern verwendet Newmark (1981:85) die folgenden Kategorien: *object* für das durch die Metapher beschriebene Objekt; *image* als das Bild, der Gegenstand, mit dessen Hilfe das Objekt der Metapher beschrieben wird; *sense* für den Sinn, als die zwischen Objekt und Bild bestehenden Ähnlichkeiten; und *metaphor* für den sprachlichen Ausdruck des Bildes. In seinem Beispiel *rooting out the faults* ist das Objekt *faults*, das Bild ist *rooting up weeds*, die Metapher ist *rooting out*, und der Sinn ist *(a) eliminate, (b) with tremendous personal effort*. Andere Autoren verwenden statt *object* und *image* solche Paare wie *topic and vehicle*, *Bezugsobjekt und Bezeichnungsobjekt*, *primary and secondary subject*, *donor field and recipient field*, und statt *sense* Termini wie *tenor, point of view, tertium comparationis, ground(s)*.

Snell-Hornby (1988:57) stellt Newmarks Kategorien eine komplexe Auffassung von Metaphern als Zusammenwirken der drei Dimensionen *object, image, sense* entgegen. Hier zeigen sich Bezugspunkte zur Interaktionstheorie (Black 1962), nach der ein metaphorischer Ausdruck bestimmte Merkmale eines Gegenstandes selektiv auf einen anderen projiziert, wobei beide interagieren.

In jüngster Zeit hat in der Metaphernforschung eine neue Sichtweise zunehmend an Einfluß gewonnen, im wesentlichen stimuliert durch das Buch *Metaphors we live by* von Lakoff/Johnson (1980). Metaphern sind typisch für die Alltagssprache, und sie sind eher kognitive, konzeptuelle Phänomene als linguistische bzw. rhetorische Erscheinungen. Ihre wichtige kognitive Funktion besteht darin, daß sie einen Erfahrungsbereich in den Termen eines anderen verstehbar machen. Ein Quellenbereich (*source domain*) wird auf einen Zielbereich (*target domain*) projiziert (*mapping*). Diese Projizierung betrifft sowohl strukturelle Elemente als auch alle möglichen Inferenzen, die auf unserem Wissen über den Quellenbereich beruhen. Da es keine unmittelbaren Ähnlichkeitsbeziehungen zwischen Quellen- und Zielbereich gibt, handelt es sich bei der Metapher auch nicht um eine Bezeichnungsübertragung, und sie ist auch nicht auf eine wörtliche Bedeutung reduzierbar. Metaphern sind in erster Linie kognitive Erscheinungen, die sich jedoch in der Kommunikation in sprachlichen Strukturen niederschlagen. So liegt z.B. den metaphorischen Ausdrükken *Your claims are indefensible* und *I have never won an argument with him* die konzeptuelle Metapher ARGUMENT IS WAR zugrunde.

Diese neue Sichtweise hat sich jedoch in der übersetzungswissenschaftlichen Forschung noch nicht durchgesetzt (eine interessante Ausnahme ist Stienstra 1993).

3. Übersetzbarkeit von Metaphern und Übersetzungsverfahren

Die Mehrzahl der übersetzungswissenschaftlichen Beiträge beschäftigt sich mit dem Phänomen der Metapher vom traditionellen Standpunkt der Linguistik aus, d.h. die Metapher wird vor allem als linguistisches Einzelphänomen gesehen, das zu einem Übersetzungsproblem werden kann, meist illustriert anhand literarischer und religiöser Texte.

Eine verstärkte Diskussion zu Metaphern wurde durch den Artikel von Dagut (1976) *Can ‚metaphor' be translated?* stimuliert. Für Dagut ist die Metapher „an individual flash of imaginative insight", ihr Hauptaspekt ist die Schockwirkung für die Leser. Metaphern sind Produkte der kreativen Verletzung semantischer Regeln des Sprachsystems und zutiefst kulturspezifisch. Beim Übersetzen soll mit dem zielsprachlichen Text die Schockwirkung erhalten bleiben, die die Metapher im ausgangssprachlichen Text hatte. Behindern linguistische und kulturelle Faktoren die Reproduktion des Effekts, d.h. sind die mit der Metapher in der Ausgangssprache (AS) verbundenen kulturellen Erfahrungen und semantischen Assoziationen in der Zielsprache (ZS) nicht reproduzierbar, so ist nach Meinung von Dagut die Metapher unübersetzbar.

In den daraufhin folgenden übersetzungswissenschaftlichen Publikationen wird der Erhalt der AS-Metapher gleichermaßen als Ideal und als Problem gesehen. Da der Erhalt des AS-Bildes im ZS-Text nicht immer möglich ist (z.B. das mit der Metapher verbundene Bild ist in der ZS unbekannt, die von der Metapher in der AS ausgelösten Assoziationen gehen in der ZS verloren), wurden verschiedene Übersetzungsverfahren als alternative Lösungen zusammengestellt. Das geschieht mitunter in einem präskriptiven Sinne (d.h. wie Metaphern übersetzt werden sollen). In der Literatur finden sich wiederholt die folgenden drei Hauptverfahren der Metaphernübersetzung (cf. Walther 1986):

(1) *direkte/wörtliche Übersetzung*: Wiedergabe des im AS-Text verwendeten sprachlichen Bildes durch das gleiche sprachliche Bild im ZS-Text bei Beibehaltung des Sinns (z.B. *Robert is a fox. – Robert ist ein Fuchs.*).
(2) *Ersetzung/Substitution*: Substitution des Bildes im AS-Text durch eine ZS-Metapher mit vergleichbarem Sinn und/oder vergleichbaren Assoziationen (z.B. *The surest building block will be free and fair elections. – Der sicherste Eckpfeiler sind freie und faire Wahlen.*).
(3) *Umschreibung/Paraphrase*: Wiedergabe des im AS-Text verwendeten sprachlichen Bildes durch einen nichtmetaphorischen ZS-Ausdruck (Entmetaphorisierung) (z.B. *She used to be a famous actress, but she's now in eclipse. – Sie war früher einmal eine berühmte Schauspielerin, aber jetzt hört man nichts mehr von ihr / jetzt ist es ruhig um sie.*).

Newmark (1981) erweitert die Verfahren auf der Grundlage seiner nach dem Lexikalisierungsgrad unterschiedenen fünf Typen von Metaphern: *dead, cliché, stock, recent, original.* Jeder Typ bietet ein spezifisches Problem für das Übersetzen. Die Funktion der Metapher im Text (Erkenntnisfunktion und emotive Funktion) ist die Grundlage für die Entscheidung des Übersetzers. Tote (*dead*) Metaphern stellen für Newmark kein eigentliches Übersetzungsproblem dar, da sie keine Entscheidungen verlangen; Ausnahmen können jedoch metaphorische Fachtermini (*Mutter, Feder*) sein oder im Kontext ‚wiederbelebte' Metaphern. Beim Metapherntyp *cliché* (Klischee), z.B. stereotype Kollokationen (*explore all avenues*), bieten sich dem Übersetzer zwei Möglichkeiten: Entmetaphorisierung, vor allem bei informativen Texten, und direkte Übersetzung in expressiven und autoritativen Texten.

Im Rahmen der Erörterung der lexikalisierten Metaphern (*stock metaphors*) entwickelt Newmark (1981:87–91) seine oft aufgegriffenen sieben Übersetzungsverfahren für Metaphern, die er nach ihrer Präferenz anordnet:

(1) Reproduktion des gleichen Bildes („reproducing the same image in the TL"), z.B. *ray of hope – Hoffnungsstrahl, golden hair – goldenes Haar.*
(2) Ersetzung des AS-Bildes durch ein in der ZS übliches Bild („replace the image in the SL with a standard TL image which does not clash with the TL culture"), z.B. *other fish to fry – d'autres chats à fouetter.*
(3) Umwandlung der Metapher in einen Vergleich („translation of metaphor by simile, retaining the image"). Nach Newmark kann dieses Verfahren die Schockwirkung einer Metapher abschwächen, z.B. *Ces zones cryptuaires où s'élabore la beauté. – The crypt-like areas where beauty is manufactured.*
(4) Umwandlung der Metapher in einen Vergleich plus Sinnangabe („translation of metaphor (or simile) by simile plus sense (or occasionally a metaphor plus sense)"), z.B. *tout un vocabulaire moliéresque – a whole repertoire of medical quackery such as Molière might have used.* Diese Kompromißlösung kann bei Verstehensproblemen zur Anwendung kommen, geht jedoch mit einem Verlust des intendierten Effektes einher.
(5) Angabe des Sinns durch nichtmetaphorischen Ausdruck („conversion of metaphor to sense"), z.B. *sein Brot verdienen – to earn one's living.* Dieses Verfahren wird empfohlen, wenn das ZS-Bild zu weit vom Sinn abweicht oder dem Register nicht angemessen ist. Allerdings besteht die Gefahr, daß emotive Aspekte verlorengehen.
(6) Tilgung (*deletion*), wenn die Metapher redundant ist. Dieses Verfahren, das von vielen

Autoren nicht als legitim oder wünschenswert angesehen wird, sollte laut Newmark nur dann zur Anwendung kommen, wenn es sich nicht um einen autoritativen oder expressiven Text handelt.

(7) Gleiche Metapher unter Hinzufügung des Sinns („same metaphor combined with sense"). Dieses Verfahren, das am Ende der Präferenzliste steht, kann dazu dienen, das Bild zu verstärken.

Für innovative (*recent*) Metaphern schlägt Newmark entweder eine Sinnangabe oder eine direkte Übersetzung unter Hinzufügung von Anführungszeichen vor. Sein letzter Typ, einmalige kreative (*original*) Metaphern, betrifft Neubildungen bzw. Neuverwendungen, bei denen das expressive Moment und die Schockwirkung dominieren. Immer dann, wenn eine Metapher ein Ausdruck für Originalität und Kreativität ist, vor allem in literarischen, journalistischen und Werbetexten, sollte sie in der Übersetzung erhalten werden. Ist sie jedoch nur schmückendes Beiwerk, können Übersetzer sie ignorieren.

Toury (1995:81ff.) hebt hervor, daß der Ausgangspunkt dieser Übersetzungsverfahren die im AS-Text identifizierte Metapher ist, die als Übersetzungseinheit behandelt wird. Einer solchen retrospektiven Ausrichtung stellt er eine am ZS-Text orientierte Sichtweise gegenüber, bei der zwei weitere Möglichkeiten sichtbar werden: die Verwendung einer Metapher im ZS-Text für einen nichtmetaphorischen Ausdruck im AS-Text („non-metaphor into metaphor") sowie die Hinzufügung einer Metapher im ZS-Text ohne linguistisches Motiv im AS-Text („0 into metaphor, i.e. addition, pure and simple, with no linguistic motivation in the source text"). Diese Betrachtung sieht die Metapher nicht als ein Problem, sondern als eine Übersetzungslösung.

4. *Metapher und Text*

Die Wahl des Übersetzungsverfahrens hängt von verschiedenen Faktoren ab, vor allem von der Funktion der Metapher im Text, von stilistischen Erwägungen, von Konventionen der Textsorte sowie vom Übersetzungsauftrag. Walther (1986) betont, daß eine Metapher in einem Text an zentraler Stelle stehen kann, und mit ihr dann häufig weitere Metaphern und andere lexikalische Einheiten der gleichen Bildsphäre verknüpft sind. Dadurch entsteht ein in sich geschlossenes Metaphernnetz, das den gesamten Text durchzieht und das bei unzureichender Berücksichtigung in der Übersetzung zerrissen werden kann.

Kurth (1995) illustriert, unter Anwendung des Scenes-and-frames-Ansatzes (Vannerem/ Snell-Hornby 1986), wie mehrere Metaphern beim Aufbau einer Gesamtszene zusammenwirken. Anhand verschiedener deutscher Übersetzungen zweier Werke von Charles Dickens zeigt er, welche ZS-frames für eine AS-scene gewählt wurden und welche Konsequenzen für die Wirkung des Textes damit verbunden sind. Relativ zum Grad der Bildhaftigkeit ermittelt er neun Grundmuster translatorischen Handelns bei der Metaphernübersetzung: Streichung, Raffung, Bildeinebnung, Bildabschwächung, Bildverschiebung, Wahrung, Bildüberhöhung, Neumetaphorisierung, Ausspinnen (Kurth 1995: 187).

Mit der Ausweitung auf *scenes and frames* wird ein wichtiger neuer Aspekt in die Diskussion zur Metaphernübersetzung eingebracht, der sich mit dem Metaphernverständnis der kognitiven Linguistik verbinden läßt. Vor diesem Hintergrund zeigt Stienstra (1993), daß sich die konzeptuelle Metapher YHWH IS THE HUSBAND OF HIS PEOPLE als eine wesentliche Metapher im Alten Testament nachweisen läßt. Sie beruht auf dem Verständnis von Ehe in der hebräischen Kultur und reflektiert sich in unterschiedlichen sprachlichen Manifestationen, darunter wiederum Metaphern. An Textstellen verschiedener Bibelübersetzungen ins Englische und Niederländische diskutiert Stienstra den pragmatischen Erfolg der gewählten Lösungen.

Diese kognitive Ausrichtung eröffnet die Möglichkeit, Metaphern im Text als Teil eines metaphorischen Systems zu analysieren. Eine solche Sichtweise hat auch Konsequenzen für das Problem der Übersetzbarkeit von Metaphern. Eine wesentliche Frage ist die nach dem Vorhandensein einer konzeptuellen Metapher in AS- und ZS-Kultur (z.B. finden sich sowohl im Deutschen als auch im Englischen Belege dafür, daß Wut als heiße Flüssigkeit in einem Behälter konzeptualisiert ist, cf. *stew in one's own juice, vor Wut kochen, give vent to one's anger, Dampf ablassen*). Des weiteren stellt sich die Frage, ob alle textuellen Manifestationen einer sich durch den Text hindurchziehenden konzeptuellen Metapher (an der gleichen Stelle) übertragen werden können oder sollen. So zeigt Stienstra (1993), daß die konzeptuelle Metapher YHWH IS THE HUSBAND OF HIS PEOPLE auch bei Veränderung einer konkreten textuellen Manifestation erhalten bleibt.

5. Metapher und Kultur

Kulturelle Unterschiede wurden oft als Problem für die Metaphernübersetzung genannt, z.B. weil bestimmte Metaphern andere Assoziationen auslösen oder weil der Quellenbereich der AS-Metapher in der Soziokultur der ZS-Gemeinschaft keine (bedeutende) Rolle spielt. Das wird besonders deutlich bei Tiermetaphern, z.B. ist in der europäischen Kultur der Drache metaphorisch ein Symbol für Unglück, in der chinesischen Kultur hingegen ein Glücksbringer. Solche Assoziationen sind darüber hinaus diachronisch veränderbar, was bei der Übersetzung historischer Texte zu zusätzlichen Schwierigkeiten führen kann. Deshalb wird oft empfohlen, in solchen Fällen auf eine wörtliche Übersetzung zu verzichten und entweder eine angemessene ZS-Metapher zu verwenden oder den Sinn der AS-Metapher mittels einer Paraphrase wiederzugeben. Soll jedoch mit der Übersetzung die AS-Kulturspezifik betont werden, dann wird die Reproduktion der AS-Metapher mit einer zusätzlichen Erklärung empfohlen, bei extremen kulturellen Unterschieden durch Annotationen oder Fußnoten.

In Hinsicht auf die Kulturspezifik eröffnet die kognitive Ausrichtung der Metaphernforschung ebenfalls neue Perspektiven für das Übersetzen. So unterscheidet Stienstra (1993) universelle, kulturübergreifende und kulturspezifische Metaphern. Sie argumentiert, daß viele menschliche Erfahrungen universell oder zumindest kulturübergreifend sind und folglich oft nicht die konzeptuelle Metapher selbst kulturabhängig ist, sondern vielmehr die sprachliche Realisierung. Hier liegt jedoch noch ein weitgehend unbearbeitetes Forschungsfeld, wobei auch die Nutzbarkeit der in der Übersetzungswissenschaft aufgestellten Übersetzungsverfahren angesichts konzeptueller Metaphern getestet werden muß.

Ein weiterer bisher selten untersuchter Aspekt ist die interkulturelle Intertextualität. So kann eine Metapher infolge der interkulturellen Kommunikation, und damit der Übersetzung, weiterentwickelt und ausgebaut werden. Das zeigte sich z.B. bei der Modifizierung der konzeptuellen Metapher vom *gemeinsamen europäischen Haus* im internationalen politischen Diskurs oder auch in der kontroversen Reaktion in britischen politischen Kreisen auf die Metapher von einem *festen Kern* innerhalb der Europäischen Union. Diese Kontroverse wurde im wesentlichen durch die Übersetzung als *hard core* ausgelöst, womit unterschiedliche Inferenzen einhergehen (cf. Schäffner 1997).

Die Ausrichtung sowohl auf metaphorische Konzepte als auch auf kulturübergreifende Aspekte der Intertextualität eröffnet eine vielversprechende Perspektive für übersetzungswissenschaftliche Fragestellungen, d.h. einen Weg von der Übersetzung *von* Metaphern hin zum Umgang mit Metaphern im Prozeß der Übersetzung. Damit kann die Übersetzungstheorie auch einen eigenständigen Beitrag zur Metaphernforschung leisten.

Literatur

Black, Max (1962): „Metaphor." Margolis, M. (Hrsg.) (1962): *Philosophy Looks at the Arts.* New York: Temple UP, 218–235.

Dagut, Menachem B. (1976): „Can ‚metaphor' be translated?" *Babel* xxii/1, 21–33.

Goatly, Andrew (1997): *The Language of Metaphors.* London / New York: Routledge.

Hönig, Hans G. (1995): *Konstruktives Übersetzen.* Tübingen: Stauffenburg.

Kurth, Ernst-Norbert (1995): *Metaphernübersetzung. Dargestellt an grotesken Metaphern im Frühwerk Charles Dickens' in der Wiedergabe deutscher Übersetzungen.* Frankfurt a.M.: Lang.

Lakoff, George / Johnson, Mark (1980): *Metaphors We Live By.* Chicago: University of Chicago Press.

Newmark, Peter (1981): *Approaches to Translation.* Oxford: Pergamon.

Schäffner, Christina (1997): „European integration through translation?" Klaudy, Kinga / Kohn, János (Hrsg.) (1997): *Transferre Necesse est. Proceedings of the Second International Conference on Current Trends in Studies of Translation and Interpreting, 5–7 September 1996, Budapest.* Budapest: Scholastica Publishers 76–81.

Snell-Hornby, Mary (1988): *Translation Studies. An integrated approach*. Amsterdam / Philadelphia: Benjamins.
Stienstra, Nelly (1993): *YHWH is the Husband of His People. Analysis of a biblical metaphor with special reference to translation*. Kampen: Kok Pharos.
Toury, Gideon (1995): *Descriptive Translation Studies and Beyond*. Amsterdam / Philadelphia: Benjamins.
Vannerem, Mia / Snell-Hornby, Mary (1986): „Die Szene hinter dem Text." Snell-Hornby, Mary (Hrsg.) (1986): *Übersetzungswissenschaft – eine Neuorientierung*. Tübingen: Francke, 184–206.
Walther, Wolfgang (1986): „Neue Aspekte der Übersetzung von Metaphern in journalistischen Texten (E-D)." *Fremdsprachen* 30, 162–166, 237–242.

Christina Schäffner (Birmingham)

80. Wortspiele

1. Wortspiele als Übersetzungsproblem

Der Grund, weshalb Wortspiele in diesem Buch als Einzelphänomen ausgewählt wurden, das einen besonderen Artikel verdient, hat mit ihrer großen Häufigkeit in sehr vielen Textsorten und Sprechsituationen zu tun. Außerdem sträuben sich Wortspiele gegen standardisierte und routinemäßige Übersetzungsverfahren.

Wortspiele finden sich in religiösen Texten und im Kanon der westlichen Literatur von Ovid bis James Joyce und Günter Grass, aber auch in der gesprochenen Sprache (Witze, Kabarett) und in der sog. Popkultur (Comics, Fernsehkomödien, Werbung, journalistische Texte). Sie sind sogar in den akademischen Diskurs eingedrungen, speziell auf Gebieten wie Psychoanalyse, Dekonstruktivismus, geschlechtsspezifische Sprache und Postkolonialismusforschung. Es gibt vermutlich wenig Gebiete, auf denen man *keine* Wortspiele erwarten kann, aber selbst dann kann es sein, daß der Autor oder die Autorin aus Versehen mehrdeutig ist oder ein Wortspiel macht (z.B. einen Freudschen Versprecher).

Für Wortspiele gibt es viele Erscheinungsformen (guter Überblick bei Heibert 1993). Außerdem erkennen wir erst jetzt ganz allmählich, wie Wortspiele in solchen Sprachen funktionieren, die sich wesentlich von den westlichen Sprachen unterscheiden (z.B. Hebräisch und Chinesisch). Gerade die westlichen Sprachen haben aber bisher unsere analytischen Modelle geprägt. In Sprachen wie Englisch oder Deutsch basieren die meisten Wortspiele auf Lautähnlichkeit oder Lautidentität (Paronymie bzw. Homonymie), auf der Tatsache, daß ein Wort verschiedene Bedeutungen hat (Polysemie), auf der Möglichkeit, idiomatische Ausdrücke entweder wörtlich oder übertragen zu verstehen und/oder auf Formen der grammatischen Mehrdeutigkeit. Für eine Typologie ist außerdem wichtig, ob die für das Wortspiel verwendeten ähnlichen sprachlichen Formen beide gleichzeitig im Text vorhanden sind (horizontales Wortspiel, z.B. *traduttore – traditore*) oder ob eine Form eine nicht vorhandene Form aufgrund einer Assoziation suggeriert (vertikales Wortspiel, z.B. *Love at first bite* [Titel eines Vampirfilms] als Anspielung auf die Wendung *love at first sight*). Bestimmte Arten von Wortspielen sind institutionalisiert und haben zusätzliche Regeln: z.B. Anagramme, Kreuzworträtsel, Malapropismen, Palindrome, Wortspiel-Rätsel, Bilderrätsel, Schüttelreime usw. Einer dieser Typen, die multilingualen Wortspiele (deren Bestandteile aus verschiedenen Sprachen bestehen), ist eine besonders große Herausforderung für den Übersetzer (vgl. Hedrick 1996).

Allen Wortspielen ist jedoch gemeinsam, daß sie zwei (oder mehr) Ausdrücke in Opposition zueinander setzen, die unterschiedliche Bedeutungen, aber die gleiche oder eine ähnliche Form haben. Vor allem dadurch wird eine Übersetzung so schwierig. Jede Sprache verbindet Form und Bedeutung auf weitgehend arbiträre und sprachspezifische Weise, so daß die Verknüpfung von formaler Ähnlichkeit und semantischer Verschiedenheit, die ein Wortspiel in einer Sprache möglich macht, in einer anderen Sprache sehr oft nicht wiedergegeben werden kann.

2. Die Unübersetzbarkeit von Wortspielen

Viele Wissenschaftler haben aus den genannten Gründen behauptet, Wortspiele seien unübersetzbar. Manche sind sogar der Meinung, daß die Unübersetzbarkeit eines Wortes oder einer Wendung als sichere Testmethode verwendet werden kann, um echte Wortspiele (im obigen Sinne) von bloß witzigen Äußerungen oder rhetorischen Mitteln zu unterscheiden. Nach dieser Ansicht ist Unübersetzbarkeit das Gütezeichen eines genuinen Wortspiels. Die Unübersetzbarkeitsthese eröffnet faszinierende theoretische, ja philosophische Perspektiven (und die Übersetzungstheorie ist im poststrukturalistischen Fahrwasser darauf eingegangen), aber aus der Sicht des praktischen Übersetzers hat sie mindestens zwei Schwachpunkte.

Erstens widersetzen sich nicht alle Arten von Wortspielen in gleichem Maße einer Übersetzung. Auf Polysemie beruhende Wortspiele z.B. sind manchmal ganz gut übertragbar (selbst wenn die Sprachen unterschiedliche historische Wurzeln haben), weil die Relation zwischen den verschiedenen Bedeutungen eines Worts nicht selten eine Art „objektive" Basis in der außersprachlichen Wirklichkeit hat. Dadurch erhöhen sich die Chancen, daß die Polysemie auch in der Zielsprache (ZS) funktioniert. Ein Wortspiel mit en. *betray* [Objekt: Vaterland/Gefühle] z.B. ist problemlos in verschiedene Sprachen übertragbar. Auch im Deutschen gibt es z.B. die gleiche Polysemie. Aber auch rein lautliche Wortspiele lassen sich manchmal kopieren oder annäherungsweise wiedergeben, wenn zwischen zwei historisch verwandten Sprachen übersetzt wird. Das Spiel mit en. *ship/sheep* z.B. funktioniert auch im Niederländischen, aber nicht in romanischen Sprachen. Schließlich sind auch Wortspiele mit Komponenten lateinischer oder griechischer Herkunft oft relativ leicht reproduzierbar, z.B. Freuds berühmtes *famillionär*, aus *familiär* und *Millionär*, wozu es in vielen westlichen Sprachen formale Äquivalente gibt. Mit anderen Worten, die Übersetzung eines Wortspiels ist nichts Absolutes, sondern etwas Graduelles, bei dem viele Faktoren eine Rolle spielen, übrigens nicht nur die eben erwähnten sprachlichen Faktoren (s.u.).

Zweitens benützen Übersetzer allzu oft die Unübersetzbarkeitsthese als bequemen Vorwand, um sich dem Problem einer Wortspielübersetzung nicht stellen zu müssen, und sie verbannen das Wortspiel in eine Fußnote oder lassen es ganz weg. Natürlich gibt es Fälle, in denen eine Fußnote oder eine Auslassung die angemessenste Übersetzungstechnik sein kann (s.u.), aber man sollte Übersetzer nicht zu solchen Lösungen mit dem Argument ermutigen, es gehe einfach nicht anders. Es ist nicht richtig, die Unübersetzbarkeit von Wortspielen als etwas Gegebenes hinzunehmen.

3. Die Übersetzung von Wortspielen in der Praxis

Dem Übersetzer stehen eine ganze Reihe von Verfahren (s. Art. 42) zur Wortspielübersetzung zur Verfügung. Es wurde verschiedentlich versucht, sie in einer detaillierten Typologie zu systematisieren (z.B. Henry 1993; Heibert 1993; Tęcza 1997). Die wichtigsten Optionen sind folgende:

(1) *Wortspiel → Wortspiel*: Das Wortspiel im Text der Ausgangssprache (AS) wird durch ein Wortspiel der ZS übersetzt, das sich vom AS-Wortspiel bezüglich der Form, der Semantik, der textuellen Wirkung und/oder der kontextuellen Einbettung mehr oder weniger unterscheiden kann.

(2) *Wortspiel → kein Wortspiel*: Das Wortspiel wird durch eine Wendung ohne Wortspielcharakter wiedergegeben, durch die beide Bedeutungen des Wortspiels (durch eine wortspiellose Verknüpfung) erhalten bleiben oder durch die eine der beiden Bedeutungen geopfert wird.

(3) *Wortspiel → ähnliches rhetorisches Mittel*: Das Wortspiel wird durch ein wortspielähnliches rhetorisches Mittel (Wiederholung, Alliteration, Reim, referentielle Vagheit, Ironie, poetische Metapher, Paradox usw.) wiedergegeben, mit dem man den Effekt des AS-Wortspiels zu erhalten versucht.

(4) *Wortspiel → Null-Übersetzung*: Die Textstelle mit dem Wortspiel wird weggelassen.

(5) *AS-Wortspiel = ZS-Wortspiel*: Der Übersetzer reproduziert das AS-Wortspiel und eventuell auch seinen unmittelbaren Kontext in der Originalformulierung, d.h., ohne es wirklich zu übersetzen.

(6) *Nicht-Wortspiel → Wortspiel*: Der Übersetzer fügt als Kompensation für anderswo

verlorengegangene Wortspiele oder aus anderen Gründen ein Wortspiel an einer Stelle des ZS-Texts ein, wo der AS-Text kein Wortspiel hatte.

(7) *Nullstelle → Wortspiel*: Völlig neues Textmaterial wird hinzugefügt. Es enthält ein Wortspiel, das im AS-Text aber keine erkennbare Vorlage hat, und dient der Kompensation.

(8) *Editionstechniken*: erklärende Fußnoten, die Präsentation (in Editionsmanier) von verschiedenen, komplementären Lösungen eines AS-Problems usw.

All diese Techniken können natürlich auf mancherlei Weise kombiniert werden. So kann z.B. ein Wortspiel unterdrückt *(Wortspiel → kein Wortspiel)* und gleichzeitig in einer Fußnote erklärt werden, was weggelassen wurde und warum dies geschah *(Editionstechniken),* wobei an anderer Stelle zur Kompensation ein Wortspiel eingefügt wird *(Nicht-Wortspiel/Nullstelle → Wortspiel).*

Die meisten dieser Verfahren entsprechen nicht dem landläufigen Verständnis von Übersetzen, denn es spielen bei ihnen Formen der Manipulation und Kompensation eine Rolle (Harvey 1995), und diese werden meist eher mit „Bearbeitung" in Verbindung gebracht. Wer Wortspiele übersetzt, tut daher gut daran, sorgfältig folgende Faktoren zu berücksichtigen:

- die *Signifikanz* des Wortspiels, sowohl thematisch (wie eng ist es mit dem größeren Kontext verwoben?) als auch semiotisch (stützt sich das Wortspiel auf den nicht-verbalen Kontext, der materiell fixiert sein kann oder auch nicht, wie dies bei der Film- oder Bühnenübersetzung der Fall ist?), als auch rhetorisch (welchen pragmatischen Zweck erfüllt das Wortspiel, soll es z.B. humorvoll wirken oder eine verkaufsfördernde Atmosphäre bei einer Produktwerbung schaffen usw.?);
- der *Skopos* des Zieltexts, d.h. welche Funktion soll der witzig-geistreiche Text für die Zielleserschaft haben (s. Art. 28);
- die vorherrschenden *Übersetzungsnormen*;
- die *Akzeptabilität* von Wortspielen in der Zielkultur oder in der Zielsubkultur (in der englischen Kultur werden im allgemeinen häufiger Wortspiele praktiziert als in der deutschen) und die Akzeptabilität des semantischen Inhalts eines Wortspiels (zweideutige Anspielungen werden in verschiedenen Kulturen in unterschiedlichem Maße toleriert);
- die mögliche gleichzeitige Präsenz des Originaltexts in zeitlicher oder räumlicher Nähe zur Übersetzung sowie die Möglichkeit, daß der Zielleser oder -hörer die AS bis zu einem gewissen Grade versteht (z.B. bei einer bilingualen Ausgabe, bei der Untertitelung von Filmen, beim Konferenzdolmetschen);
- das Vorhandensein bestimmter Hilfsmittel, z.B. bereits vorliegende Übersetzungen des jeweiligen Texts oder lexikographische Hilfsmittel (Synonymwörterbücher und Thesauren, Reimwörterbücher, Idiomatiksammlungen, Sprichwörtersammlungen usw.);
- die Arbeitssituation des Übersetzers (Zeitdruck, finanzielle Anreize, mögliche Teamarbeit), die es ihm erlaubt oder auch nicht, die möglicherweise zeitaufwendigen Anforderungen zu erfüllen.

Das meiste des hier Gesagten gilt natürlich mehr oder weniger auch für Texte ohne Wortspiele. Der Unterschied liegt darin, daß Wortspiele ihre vielerlei (semantischen, rhetorischen, semiotischen) Wirkungen auf extrem konzentrierte und ökonomische Weise erzielen. Bei der Wiedergabe von Wortspielen sieht sich der Übersetzer mit *so vielen* und oft *so gegensätzlichen* Anforderungen auf engem Textraum konfrontiert, daß die Notwendigkeit, Prioritäten zu setzen, viel dringlicher wird als bei einer „normalen" Übersetzung. Durch ihre Multidimensionalität unterbinden Wortspiele einfache Dichotomien wie ausgangs-/zieltextorientierte, wörtliche/freie, form-/funktionsorientierte, informative/expressive usw. Übersetzung. Sie bringen die empfohlenen und gewohnten Übersetzungsverfahren zu einem plötzlichen Stillstand und rufen den Übersetzer auf, sich speziell um sie zu kümmern und seine Kreativität (s. Art. 48) zum Einsatz zu bringen.

Literatur

Ballard, Michel (1990): „Ambiguïté et traduction". Ballard, Michel (Hrsg.) (1990): *La traduction plurielle*. Lille: Presses Universitaires de Lille, 153–174.

Chiaro, Delia (1992): *The Language of Jokes. Analysing Verbal Play*. London / New York: Routledge, 23–24, 77–99.
Delabastita, Dirk (1993): *There's a Double Tongue. An Investigation into the Translation of Shakespeare's Wordplay*. Amsterdam / Atlanta: Rodopi.
Delabastita, Dirk (1994): „Focus on the Pun. Wordplay as a special problem in translation studies". *Target* 6/2, 223–243.
Delabastita, Dirk (Hrsg.) (1997): *Traductio. Essays on Punning and Translation*. Manchester: St Jerome / Namur: Presses Universitaires de Namur.
Embleton, Sheila (1991): „Names and their Substitutes. Onomastic Observations on *Astérix* and its Translations". *Target* 3/2, 175–206.
Grassegger, Hans (1985): *Sprachspiel und Übersetzung. Eine Studie anhand der Comic-Serie ASTERIX*. Tübingen: Stauffenburg.
Harvey, Keith (1995): „A Descriptive Framework for Compensation". *The Translator* 1/1, 65–86.
Hedrick, Tace (1996): „Spik in Glyph? Translation, Wordplay and Resistance in Chicano Poetry". *The Translator* 2/2, 141–160.
Heibert, Frank (1993): *Das Wortspiel als Stilmittel und seine Übersetzung am Beispiel von sieben Übersetzungen des* Ulysses *von James Joyce*. Tübingen: Narr.
Henry, Jacqueline (1993): *La traduction des jeux de mots*. Thèse de la Sorbonne Nouvelle (Paris III) / E.S.I.T.
Levine, Suzanne Jill (1991): *The Subversive Scribe. Translating Latin American Fiction*. Saint Paul/ Minn.: Graywolf Press.
Rauch, Bruno (1982): *Sprachliche Spiele – Spielerische Sprache. Sammlung, Erklärung und Vergleich der Wortspiele in vier ausgewählten Romanen von Raymond Queneau und in den entsprechenden Übersetzungen von Eugen Helmlé*. Zürich: Zentralstelle der Studentenschaft Universität Zürich.
Tęcza, Zygmunt (1997): *Das Wortspiel in der Übersetzung. Stanisław Lems Spiele mit dem Wort als Gegenstand interlingualen Transfers*. Tübingen: Niemeyer.
Wordplay and Translation (1996). Special issue *The Translator* 2/2.
Zimmer, Rudolf (1981): *Probleme der Übersetzung formbetonter Sprache. Ein Beitrag zur Übersetzungskritik*. Tübingen: Niemeyer.

Dirk Delabastita (Namur)
Aus dem Englischen übersetzt von Paul Kußmaul (Germersheim)

81. Realia

Wenn fünf Russen um einen Samowar, fünf Iren in einem Pub und fünf Wiener beim Heurigen sitzen, so mögen sie wohl über dasselbe reden – Politik, Liebe, Steuern, doch es wird nicht das gleiche Gespräch sein, und dies nicht nur der verschiedenen Sprachen wegen. Es sind der Samowar, der Pub, der Heurige, die die Farben hergeben, die Gesten, den Rhythmus der Unterhaltung, den Klang, alles rundum, was wir bei der Übersetzung zu beachten haben.

1. Realien als Identitätsträger

Neben der gängigen, konkreten Definition der Realie als Element des Alltags, der Geschichte, der Kultur, der Politik u.drgl. eines bestimmten Volkes, Landes, Ortes, die keine Entsprechung bei anderen Völkern, in anderen Ländern, an anderen Orten hat, würde ich verallgemeinernd noch hinzufügen: Die Realien sind Identitätsträger eines nationalen/ethnischen Gebildes, einer nationalen/ethnischen Kultur – im weitesten Sinne – und werden einem Land, einer Region, einem Erdteil zugeordnet. Damit der zielsprachliche Leser die über einen Text der Ausgangssprache (AS) verteilten Bezüge auf Realien versteht, bedarf es einer größeren oder geringeren Transformation, zumindest einer kontextuellen Erklärung. Und weil diese, auch landeskonventionell genannten Elemente fest im Alltag der Menschen verankert sind, sind die AS-Ausdrücke, die sich auf Realien beziehen, im Gegensatz zum nüchtern-präzisen Terminus ihrer Natur nach emotiv und werden daher hauptsächlich in expressiven, respektive appellativen Texten verwendet – im Reisebericht, in der Publizistik, in der Werbung und vornehmlich im sprachlichen Kunstwerk.

Um der obigen Definition gerecht zu werden, muß sich die *Realie* als Wort gegen andere „Sonderbegriffe" der Sprache abgrenzen. Zu allererst gegen den *Terminus*, der einer *Realie* geradezu entgegengesetzt ist. Er ist ein Fachausdruck aus einer bestimmten Wissenschaft oder auch einer bestimmten Tätigkeit, der sich durch eine exakte Definition auszeichnet und meist im internationalen wissenschaftlichen

Gebrauch steht. Trotz der scheinbar so klaren Definition kommen Fragen auf. Sind Begriffe wie „New Deal" (aus der Ära Roosevelt) oder „Großer Bruder" (aus Orwells Roman *1984*) politische Termini oder Realien des politischen Lebens bestimmter Länder zu bestimmten Zeiten? Wahrscheinlich ist beides richtig, und die übersetzerische Entscheidung hängt zu guter Letzt vom AS-Texttyp ab. Nicht leichter ist die Abgrenzung gegen *Dialektismen* und *Barbarismen,* gegen lokale und soziale Ausformungen einer Sprache. Z.B. finden sich im *Duden-Universalwörterbuch* sowohl *Haberer* als auch *Spezi,* das erste mit dem Vermerk „österr.ugs.", das zweite mit „südd. österr.ugs. seltener: schweiz.ugs.". Es leuchtet ein, daß beide Wörter einem Text eine eigene Färbung verleihen, doch die Eigentümlichkeit liegt im Bezeichnenden, nicht im Bezeichneten, einem guten Freund eben, daher handelt es sich um eine Sprachvariante, keine Realie. Andererseits können Dialekte durchaus Realien liefern: vgl. einen *Schmarren,* laut Duden: „österr. auch südd." = etwas von minderer Qualität, etwas Unsinniges und Wertloses, und denselben *Schmarren* in *Kaiserschmarrn* = eine österreichische Lokalspeise und somit eine Realie. Eine Fragestellung anderer Art birgt der sog. *exotische* Wortschatz. Nehmen wir den Schnee, im euroamerikanischen Kulturkreis gewiß keine Realie, hingegen etwas Unbekanntes für Afrikaner am Äquator. Eine Realie also aus ihrer Sicht? Wie ebenso die bis zu zwanzig benannten verschiedenen Schneearten bei den Polarvölkern für uns Mitteleuropäer? Wahrscheinlich doch nicht. Die Fremdheit allein reicht für eine Konstitution des Begriffs „Realie" nicht aus, denn wir verstehen darunter letztlich nicht Naturerscheinungen, sondern etwas vom Menschen Geschaffenes oder Ersonnenes. Und so ist jede Grenzziehung um das Wort *Realie* kompliziert, weil oft relativ, da sich vieles, wie das Leben überhaupt, nicht etikettieren läßt.

Trotz dieser Komplexität der fließenden Grenzen wollen wir zur nächsten Fragestellung gehen: Was gehört zur Realie? Das Wort *Realie* bezeichnet ja nicht nur *Objekte* einer materiellen und geistigen Kultur, damit umzugehen wäre noch einfach, sondern auch Abkürzungen, Titel, Feiertage u.drgl. Und sobald man den Begriff „Realie" weit faßt, kommen nominative Wortverbindungen, wie z.B. Anrede-, Gruß- und Abschiedsfloskeln (*Dear Sir/s, Schalom, gnädige Frau)* hinzu, in bestimmten Kontexten auch Interjektionen und Gesten. Wenn nämlich ein Bulgare die Kopfbewegung macht, die deutsch als Nicken bezeichnet wird, meint er das Gegenteil, nämlich das Kopfschütteln zum *Nein.* Leichter ist es wohl zu sagen, was nicht Realien sind: Sprichwörter, idiomatische Wendungen, was nicht heißt, daß deren Übertragung dadurch leichter wird. Und schließlich die Hauptsache: Eine strikte Klassifizierung ist vom Standpunkt der Übersetzenden auch gar nicht notwendig. Unser Thema ist ja die Umsetzung eines AS-Textes mit dem Ziel, in der Übersetzung möglichst viel an Lokalkolorit zu bewahren, und der Weg, den wir einschlagen, wird nicht von der Theorie, sondern immer vom Kontext, anders gesagt, von der Intention des AS-Autors, bestimmt.

Als Übersetzende wissen wir, daß es eingebürgerte und fremdgebliebene Realien gibt. Zu den ersteren gehören, womit wir begonnen haben, der „Samowar", der „Pub", der „Heurige", auch „Kimono", „Pizza", „Cowboy", die problemlos Verbindungen mit ZS-Wörtern eingehen können: *Pizza*teig, *Kimono*ärmel, *Cowboy*hut. Zu den zweiten ein „Sarafan" (ru.: bäuerlicher Miederrock) oder ein „Novio" (sp.: Bräutigam, fixer Freund). Dazwischen liegt eine breite Palette von Realien, deren Erkennen von der Sprachkompetenz und der Allgemeinbildung des/der Übersetzenden abhängt. Er/sie muß freilich wissen, ob ein Begriff eingebürgert ist, d.h. keiner Übersetzung mehr bedarf, oder mit Hilfe einer sich anbietenden Strategie in die ZS verpflanzt werden soll. Ein simples Vorgehen hilft bei der Entscheidung: man sehe in einem Rechtschreib-Wörterbuch nach (für dt. im *Duden*). Was da angeführt wird, ist eingebürgert. Es müssen nur neuere Editionen sein: Die Einbürgerungen schreiten rapid voran.

2. Kontext und Konnotation

Zum Thema Realien gehört ein weiterer, für die Übersetzenden noch subtilerer Bereich – die Konnotationen, durch die Realien fest im Kontext verankert sind. Unser Samowar beispielsweise ist mehr als eine russische Teemaschine, das Wort steht darüber hinaus für Gemütlichkeit und für die, ach, so gute alte Zeit, und der Heurige ist mehr als eine Weinschenke, er ist samt seiner Lieder die Verkörperung der spezifischen wienerischen Leutseligkeit. Die jeweilige Konnotation wird erst durch den Kontext aktualisiert. Und wenn es ganz zu Unrecht als translatorisches Axiom gilt, daß in bezug auf Personennamen, geographische Bezeichnungen, auch Jahreszahlen und Monatsnamen eine volle Entsprechung der lexikalischen Einheiten in verschiedenen Sprachen festzustellen und die Übertragung mit einer einfachen Transkription (mit evtl. Adaptation vom Typ Donau → Danube) zu bewerkstelligen sei, so sieht das Problem aus der Sicht expressiver Texte viel komplexer aus. Selbst die Uhrzeit hat ein konnotatives Potential: *five o'clock (tea)* – eine Realie britischen Lebens. Und gar Toponyme – dank der Geschichte gewinnen sie oft eine ungeheure Kraft. Man denke an *Auschwitz, Hiroshima* – die Toponyme sind historische Realien geworden, allerdings – weltweit verständlich. Aber *Bad Ischl* – wofür steht das? Wieder sagt uns der Kontext, ob die Konnotation – Kaiser Franz Josephs und des Wiener Hofes Urlaubsdomizil – in die Zielsprache (ZS) „mitgenommen" werden muß.

Und wenn schon die Realien an sich den Übersetzenden Schwierigkeiten bereiten, so um so mehr noch deren Konnotationen. Bei der Realie ist die erste Hürde im Translationsprozeß, nämlich das Identifizieren, leicht zu bewältigen, denn auch wenn man die Realie nicht kennt, erkennt man sie an ihrer Fremdheit sowie an der Eins-zu-Null-Entsprechung in der ZS und beginnt, diverse Quellen abzufragen. Hingegen sind die Konnotationen von scheinbar voll übertragbaren Wörtern meist nirgendwo aufgezeichnet, schon wegen ihrer Abhängigkeit vom Kontext, und es braucht ein großes Wissen um die Lebenswirklichkeit der AS-Ethnien, anders: eine hohe kulturelle Kompetenz, ehe man sich auf die Suche nach der treffendsten translatorischen Lösung begibt.

3. Die Wertigkeit einer Realie

Das Erkennen einer Realie im AS-Text reicht allein noch nicht aus, unter der Vielfalt der übersetzerischen Strategien die richtige zu wählen. Diese Entscheidung hängt nämlich von der kontextuellen *Wertigkeit* einer Realie im AS-Text ab. Es muß also zuallererst abgewogen werden, ob diese Realie häufiger oder nur einmal im AS-Text vorkommt, ob sie für die Zeichnung der Charaktere, für die Tonalität und/oder den Plot des AS-Textes von Bedeutung ist oder lediglich ein kleines Detail am Rande darstellt und somit durch einen anderen, neutralen, meist generalisierenden Begriff wiedergegeben werden kann. Die Entscheidung ist von Fall zu Fall zu treffen. Neuerdings werden wichtige Realien einer ethnischen Einheit, die als solche von den Übersetzenden zu erhalten sind, gern in Glossaren am Ende eines Buches zusammengefaßt.

Nach der Bestimmung der kontextuellen Wertigkeit einer Realie gilt es, den AS-Text als Ganzes unter die Lupe zu nehmen. An welche Lesergruppe wendet er sich? Kann man bei dieser Gruppe die Kenntnis dieser oder jener Realie voraussetzen? Ist es ein Reisebericht für Touristen oder einer für Ethnographen? Ist es ein Roman, ein Bühnenstück, ein Werbetext? Von der Antwort auf diese Fragen hängt es ab, ob man alle Realienbezeichnungen übernimmt und Fußnoten dazu macht, wie in akademischen Ausgaben üblich, oder, wie bei einem Roman, ohne störende Fußnoten auskommen muß und sich die Hinzufügung eines Glossars überlegt. Und wie verfährt man beim Bühnenstück? Den handelnden Personen ist die erwähnte Realie ja vertraut, eine kommentierende Übersetzung würde lächerlich wirken (etwa für *Sarafan*: „Ach wie schön ist dein neuer russischer bäuerlicher Miederrock!"). Erklärungen brauchen hier Regisseur, Bühnenbildner und Requisiteur – an ihnen ist es, die Realie anschaulich zu machen. Und auf andere Art ist die Entscheidung beim Gedicht schwer, denn hier ist der Spielraum der Nachdichtenden wegen der Metrik von vornherein sehr eingeengt. Und auch der Werbespot verlangt maximale Kürze. Um zusammenzufassen: die eine Realie betreffende Entscheidung ist immer makro- oder mikrokontextuell bestimmt und hängt sowohl vom Texttyp als auch von der Zielgruppe ab.

4. Translatorische Lösungen

Endlich kommen wir zu den translatorischen Lösungen. Aus den verschiedenen Klassifizierungen (Koller 1979:162ff., Vlachov/Florin 1980:87ff., u.a.m.) lassen sich folgende strategische Varianten zusammenfassen:

4.1 Der Ausdruck wird unverändert als *Zitatwort* in die ZS übernommen. Bei Sprachen, die nicht die Lateinschrift verwenden, erfolgt dies durch Transkription für ein breites Leserpublikum oder durch Transliteration bei wissenschaftlichen Texten. Die diesbezüglichen Regeln fürs Deutsche sind im *Rechtschreib-Duden* festgelegt. Also: transkribiert *Samowar*, transliteriert *Samovar*. Fallweise erfolgt eine phonetische, morphologische, graphemische Anpassung: *die Kolchose(n), die Pizzen* neben *Pizzas, die Westminster Abbey*. Realien als Hauptwörter, die aus kleinschreibenden Sprachen stammen, schreiben sich im Deutschen (wie oben) groß. Handelt es sich um Abkürzungen, werden diese, wenn die ZS Deutsch ist, meist übernommen: USA, PC, PLO, GULAG, und nur selten wird die Abkürzung „dekodiert" und danach zu einem ZS-Kürzel gemacht: SNG → Sojuz Nezavisimych Gosudarstv → Gemeinschaft Unabhängiger Staaten → GUS. Andere Sprachen folgen öfter diesem Verfahren (ONU, OTAN – fr.; EE, UU – sp.). Allerdings darf man den Text mit unbekannten Zitatwörtern nicht überladen, ein Zuviel stört die Verträglichkeit.

4.2 Die *Lehnübersetzung*. Das immer wieder als Muster dafür zitierte Wort ist der *Wolkenkratzer*, zu dem der *Skyscraper* geworden ist. Eine Lehnübersetzung ist freilich nicht immer passend, unser Samowar z.B. wäre lehnübersetzt ein *Selbstkocher*, niemand verstünde, was damit gemeint ist. Gleichsam eine Untergruppe bilden Wörter, die Vlachov/Florin *Halblehnwörter* nennen (1980:88f.). Als Beispiel führen sie die historische Realie „Drittes Reich" an: *The Third Reich* und Analoges in anderen Sprachen.
Die Erschaffung eines neuen Wortes nach der semantischen Entsprechung, z.B. *Siebenmeilenstiefel – seven-league boots – semiverstnye sapogi* (ebenfalls ein Beispiel von Vlachov/Florin). Daß die deutsche Fassung als erste dagewesen war, ist nur eine Vermutung, jedenfalls sucht sich jede Sprache ihr eigenes Längenmaß (dt. Meile – en. Seemeile – ru. Werst).

4.3 Die *Analogiebildung*, d.i. die Verwendung eines sinngemäß entsprechenden ZS-Wortes, z.B. nach der Funktion: *Home Office* (en.) → *Innenministerium; Ministère public Parquet* (fr.) o. *Fiscalía* (sp.) → *Staatsanwaltschaft*.
Die annähernde Übersetzung durch ein lexikalisch nahes Wort, häufig der Ersatz eines Artbegriffs durch einen Gattungsbegriff (in der TT *Generalisierung* genannt und nicht immer empfohlen). Z.B. : *Izba – ein (russisches) Bauernhaus* oder nach der Bauart *ein Blockhaus; Kilt – (bunt karierter) Schottenrock*. Wie man sieht, kann dies in Kombination mit in den Text eingeflochtenen Erläuterungen erfolgen (s. 4.4).

4.4 Die *kommentierende Übersetzung*, die Verbalisierung der latent im AS-Wort enthaltenen Bedeutungen. Ein einfaches und anschauliches Beispiel dafür bringt Levý (1969:98) aus dem Roman *Rot und Schwarz*, in dem Stendhal Personen nach ihrer Zeitungslektüre (*Constitutionnel* vs. *Quotidienne*) politisch gruppiert. Da diese Zeitungstitel (und Zeitungstitel werden nie übersetzt) dem deutschsprachigen Leser kaum etwas sagen, schlägt Levy Ergänzungen vor, etwa: „X bezog den liberalen *Constitutionnel...* Y die royalistische *Quotidienne....*".
Und schließlich wird die Wahl der Strategie nicht nur von Texttyp und Zielgruppe bestimmt, sondern auch durch die Nähe oder Ferne zwischen AS- und ZS-Kulturkreis. Dadurch, ob wir zwischen Japanisch und Deutsch oder Englisch und Deutsch übersetzen.

Literatur

Koller, Werner (1979): *Einführung in die Übersetzungswissenschaft*. UTB 81. Heidelberg: Quelle & Meyer.

Levý, Jiří (1969): *Die literarische Übersetzung. Theorie einer Kunstgattung*. Frankfurt a.M.: Athenäum.

Vlachov, Sergej / Florin, Sider (1980): *Neperevodimoe v perevode*, Moskva: Me dunarodnye otnošenija.

Elisabeth Markstein (Wien)

82. Buchtitel und Überschriften

1. Begriffsbestimmung

Im heutigen gemeinsprachlichen Sprachgebrauch ist ein Titel „ein kennzeichnender Name eines Buches, einer Schrift, eines Kunstwerks o.ä." (Duden 1993ff.), während als Überschrift das bezeichnet wird, was „zur Kennzeichnung des Inhalts über einem Text geschrieben steht" (Duden 1993ff.). Bei den durch drucktechnische Mittel besonders hervorgehobenen Überschriften auf der ersten Seite einer Zeitung spricht man von Schlagzeilen. Im folgenden wird „Titel" als generische Bezeichnung verwendet, sofern nicht ausdrücklich auf besondere Titelarten Bezug genommen wird.

2. Forschungslage

In der bereits recht umfangreichen Literatur zur Erforschung von Titeln wird die Frage der Übersetzung nur sporadisch berührt (z.B. Rothe 1986:116f., 155f., 405f.). Eigene Arbeiten zu diesem Thema beschränken sich häufig auf einzelne Beispiele und beklagen in der Regel lediglich die mangelnde „Treue" von Titelübersetzungen (Boehlich 1977, Aubrun 1980, Monterroso 1983). Die wenigen systematischen Abhandlungen zur Übersetzung von Titeln sind entweder korpuslinguistisch (z.B. Vuohelainen 1978) oder literaturwissenschaftlich (z.B. Schober 1982, Riesz 1985, Nies 1994) orientiert; eine übersetzungswissenschaftlich ausgerichtete Untersuchung eines umfangreichen Korpus von deutschen, englischen, französischen und spanischen Buchtiteln (differenziert nach Belletristik, Sachbuch, Kinderbuch) und Überschriften (differenziert nach Erzählungen, Gedichten und wissenschaftlichen Fachzeitschriftenartikeln) legt Nord (1993) vor. Listen von Titeln und ihren Übersetzungen haben Vancells 1978 (Operntitel mit spanischen Übersetzungen), Riesz 1985 (anglo- und frankophone afrikanische Romane mit deutschen Übersetzungen) und Dietz 1992 (Operntitel deutsch-französisch) zusammengestellt. Mit der Übersetzung von Kapitelüberschriften hat sich bisher lediglich Ahmit-Kochavi (1988) beschäftigt, die ein Korpus von 23 modernen arabischen Romanen mit ihren Übersetzungen ins Hebräische vergleicht.

3. Buchtitel und Überschriften als Funktionseinheiten

Trotz ihrer besonderen Beziehung zu ihrem Ko-Text, welche die Frage, ob sie Textteile oder selbständige Texte sind oder gar eine Textsorte konstituieren, schwer entscheidbar macht, können Titel und Überschriften als kommunikative Einheiten betrachtet werden, deren Übersetzung funktionalen Kriterien gehorcht. Eine rein sprachstrukturell begründete Alternative, „wörtlich, wenn das zielsprachliche System es zuläßt", und „nicht-wörtlich, wenn die Zielsprache [ZS] keine entsprechenden Strukturen zur Verfügung stellt", greift bei der Übersetzung von Titeln auf jeden Fall zu kurz, da in diesem Falle pragmatische Faktoren wie das soziokulturell bedingte Weltwissen der Ziel-Adressaten und kulturelle Faktoren wie kulturspezifisch unterschiedliche Gattungsaffinitäten bestimmter Titelmuster außer Betracht bleiben. Auch wären die Kriterien zu bestimmen, nach denen sich eine nicht-wörtliche Übersetzung richten müßte. Da Titel auf jeden Fall in der Zielkultur „funktionieren" müssen und ihre besondere Stellung Fußnoten und andere Zusatzinformationen in der Regel nicht zuläßt, bietet sich ein pragmatisch-funktionaler Übersetzungsansatz an, bei dem die intendierten Funktionen des Ausgangstitels, soweit eruierbar und für die zielkulturellen Empfänger sinnvoll, mit zielsprachlichen und -kulturellen Mitteln im Zieltitel versprachlicht werden.

4. Form und Funktion in der Titelübersetzung

Für einen pragmatisch-funktionalen Ansatz ist folgendes Vorgehen konstitutiv: In einem ersten Schritt wird der Ausgangstitel daraufhin analysiert, welche sprachlichen Elemente als Signale für welche intendierten Funktionen zu deuten sind (s. Art. 103). Dann ist zu prüfen, ob die vom Ausgangstitelsender für ausgangskulturelle Empfänger intendierten Funktionen auf zielkulturelle Empfänger übertragbar sind (z.B. ein sprechender Name wie „Maxie Möchtegern", der für deutsche Leser gleichzeitig appellativ-interpretationssteuernd wirkt und referentiell das Setting der Geschichte als „deutsch" markiert) und ob eventuell für zielkulturelle Empfänger zusätzliche Titelfunktionen nötig sind (z.B. eine Appellfunktion, die in der Ausgangskultur von dem – für dortige Leser – bekannten Autornamen übernommen wird). Die aufgrund der Analyse der Zielsituation (s. Art. 40) für übersetzungsrelevant befundenen kommunikativen Funktionen sind sodann im ZS-Titel so zu markieren, daß sie für ZS-Adressaten als „Funktionssignale" erkennbar sind. Da die Versprachlichungsgewohnheiten bei Titeln, wie auch bei anderen Textsorten, kulturspezifisch geprägt sind, impliziert dieser Ansatz ein je nach kultureller Distanz unterschiedliches Maß an formaler Adaptation. So sind beispielsweise in französischen Buchtiteln syntaktische Parallelismen ein beliebtes Mittel der poetischen Appellfunktion – die Übersetzung des Beckett-Titels *Mal vu, mal dit* mit *Schlecht gesehen, schlecht gesagt* kann jedoch im Deutschen nicht poetisch-appellativ wirken, da hier großer Wert auf einen klaren, meist jambischen oder trochäischen Rhythmus gelegt wird, wie z.B. in *Der Mensch entstand im Holozän*.

5. Funktionale Probleme der Titelübersetzung

Auf der Grundlage einer umfangreichen Korpusanalyse (Nord 1993) kann festgestellt werden, daß Titel im allgemeinen eine distinktive oder Namensfunktion, eine metatextuelle Funktion und eine phatische Funktion der ersten Kontaktherstellung als Grundfunktionen sowie darüber hinaus optional eine referentielle (= darstellende), eine expressive (= einstellungsausdrückende) und eine appellative (= zur Lektüre verführende oder interpretationssteuernde) Funktion zu erfüllen haben. Aus diesen Funktionen ergeben sich die folgenden grundsätzlichen Probleme der Titelübersetzung:

(1) Wie der Ausgangstitel muß auch der Zieltitel im Titelkorpus *seiner* Kultur unverwechselbar sein. Dabei kann es zu Kollisionen kommen, wenn die aus einer „treuen" Übersetzung resultierende Titelformulierung in der Zielkultur bereits verwendet wurde.

(2) Die metatextuelle Funktion ergibt sich aus der Akzeptabilität der Form im Rahmen der jeweiligen Formkonventionen. Diese können in Ausgangs- und Zielkultur unterschiedlich sein.

(3) Die phatische Funktion wird durch Länge (Wortzahl) und Einprägsamkeit des Titels sichergestellt – hier können aufgrund unterschiedlicher Sprachstrukturen, kulturspezifischer Titelmusterpräferenzen oder auch intertextueller Beziehungen Probleme entstehen.

(4) Die referentielle Funktion beruht auf der Verstehbarkeit der Denotate der Titellexik. Hieraus ergeben sich Übersetzungsprobleme bei polysemen Lexemen oder wenn das bei den ausgangskulturellen Lesern präsupponierte Welt- oder Kulturwissen bei den zielkulturellen Lesern nicht vorausgesetzt werden kann (vgl. Riesz 1985:18).

(5) Die expressive Funktion führt vor allem dort zu Übersetzungsproblemen, wo *implizite* Bewertungen oder Gefühlsäußerungen auf das Wertesystem der betreffenden Kultur Bezug nehmen, da Titel ja (zunächst) ohne Kontext (d.h. auch ohne den Kotext) rezipiert werden.

(6) Die appellative Funktion ist rezipientenorientiert und daher besonders anfällig für Übersetzungsprobleme. Sie wird direkt durch poetisch-rhetorische Mittel (Reim, Alliteration, syntaktische und lexikalische Stilfiguren, Wortspiele, orthographische und typographische Mittel) und indirekt über die referentielle Funktion (Reizwörter, Exotismen, „Rätsel", Anspielungen etc.) oder die expressive Funktion (Anpreisung des Kotexts, wie in *Ein kurzweiliges Buch...*, oder des Text-Referens, wie in *Die aufregende Reise...*) signalisiert. Direkte und indirekte Appellfunktion können jedoch nur ihre Wirkung entfalten, wenn sie auf die Erwartungen, den Horizont und die Ansprechbarkeit der Empfänger Rücksicht nehmen. Das gilt auch für die Unterfunktion Interpretationssteuerung, vor allem bei literarischen Titeln, die u.a. durch Metaphern und Symbole (*Ein Puppenheim*), sprechende Namen oder Zitate (*Maikäfer flieg!*) bewirkt wird.

6. *Titelübersetzung als Paradigma funktionaler Translation*

Da vor dem Hintergrund eines funktionalen Ansatzes Titeln neben den beiden Sonderfunktionen der Distinktivität und Metatextualität auch alle anderen üblichen kommunikativen Grundfunktionen zuzuschreiben sind, läßt sich die Titelübersetzung als exemplarischer Translationsvorgang betrachten, dessen Übersetzungsprobleme sich bis zu einem gewissen Grade verallgemeinern und auf andere Texte und Textsorten übertragen lassen (vgl. Nord 1993:286ff.).

Literatur

Ahmit-Kochavi, Hannah (1988): „Integrating Satellite Minitexts (Samits) into Translation Theory and Practice." Ms. Vortrag auf dem TRANSIF-Seminar 1988 in Savonlinna/Finnland.

Aubrun, Charles (1980): „Traduire les titres." *Parallèles. Cahiers de l'École de Traduction et d'Interprétation* 3, 31–35.

Boehlich, Walter (1977): „Die Beliebigkeit der Form. ‚Die andere Seite des Lebens' von Vargas Llosa." *Neue Rundschau* 88, 461–466.

Dietz, Gerhard (1995): *Titel wissenschaftlicher Texte*. Forum für Fachsprachen-Forschung 26. Tübingen: Narr.

Dietz, Rudolf (1992): „Deutsche Operntitel im Französischen." *Lebende Sprachen* 1, 26–29.

Duden (1993ff.): *Das Große Wörterbuch der deutschen Sprache*. 8 Bde. Hrsg. von G. Drosdowski. Mannheim: Duden Verlag.

Monterroso, Augusto (1983): „Sobre la traducción de algunos títulos." Monterroso, A. (Hrsg.) (1983): *La palabra mágica*. México, D.F., 89–96.

Nies, Fritz (1994): „Erotischer Schnee. Übersetzte Bücher und ihre Titel." Roloff, Volker (Hrsg.) (1994): *Übersetzungen und ihre Geschichte*. Tübingen: Narr.

Nord, Christiane (1993): *Einführung in das funktionale Übersetzen. Am Beispiel von Titeln und Überschriften*. UTB 1734. Tübingen: Francke.

Riesz, János (1985): „Anglophone und frankophone Roman-Titel in deutscher Übersetzung." *Die Neueren Sprachen* 84, 5–18.

Rothe, Arnold (1986): *Der literarische Titel. Funktionen, Formen, Geschichte*. Frankfurt a.M.: Klostermann.

Schober, Rita (1982): „Probleme literarischer Übersetzung am Beispiel der Titelübersetzung von Zolas ‚Rougon Macquart'." Schober, Rita (Hrsg.) (1982): *Abbild, Sinnbild, Wertung. Aufsätze zur Theorie und Praxis literarischer Kommunikation*. Berlin / Weimar: Aufbau, 308–345.

Vancells, M. (1978): „Buques fantasmas en la traducción." *Lebende Sprachen* 3, 166–167.

Vuohelainen, L. (1978): „English and Finnish Booktitles." Sajavaara, K. et al. (Hrsg.) (1978): *Further Contrastive Papers*. Jyväaskylä Contrastive Studies, 123–132.

Christiane Nord (Magdeburg)

83. Strategien des geschlechtsneutralen Ausdrucks

In den letzten Jahren häufen sich in Zeitungen oder Zeitschriften Glossen, Berichte, Kommentare oder Leserbriefe, die das Thema Sprache und Geschlecht behandeln. Wir sehen uns hier mit dem interessanten und seltenen Phänomen konfrontiert, daß ein primär linguistisches Thema in populären Medien diskutiert und in der Öffentlichkeit zunehmend praktiziert wird.

In der Fachliteratur wird zwischen biologischem Geschlecht (*sex*) und soziokulturellem Geschlecht (*gender*) unterschieden. Es geht hier um die Dichotomie von männlichen und weiblichen Rollen, um Elemente von Identität und Erfahrung, die durch soziokulturelles Bewußtsein Gestalt gewinnen. Eine wesentlich andere, unreflektierte Sichtweise der gegenwärtigen Gesellschaftsbeziehungen ignoriert diesen zentralen Unterschied, indem kulturhistorische Konventionen und Normen (s. Art. 25, 30) als „natürlich" apostrophiert werden. Damit wird jede gesellschaftliche Veränderung in Frage gestellt.

Feministische Linguistinnen fordern ebenso wie Sprachverwenderinnen Gleichbehandlung auch in bezug auf Sprache. Die Terminologie ist nicht einheitlich, je nach Schwerpunkt werden Forderungen formuliert nach: geschlechtsneutraler, geschlechtergerechter, gender-gerechter, frauengerechter, nicht-sexistischer, nicht-diskriminierender, politisch korrekter, inklusiver oder fraueneinbindender Sprache (s. Art. 77).

Feministische Sprachkritik ist Sprachpolitik. Sie bedient sich Methoden der Sprachplanung und zielt auf Sprachwandel. Eine exakte Definition dessen, was als sexistischer Sprachgebrauch bezeichnet wird, ist jedoch weder in formaler noch funktionaler Hinsicht ein einfaches Unterfangen. Die Meinungen zu einzelnen Punkten divergieren sowohl in der theoretischen Auseinandersetzung als auch in sogenannten Richtlinien zur Gleichbehandlung von Frauen in der Sprache. Gemeinsam ist allen ein Anliegen: „to offer alternatives to linguistic practices that have traditionally ignored, overlooked, demeaned, or misrepresented women, their existence, their problems, their aspirations, and their achievements.“ (Walters 1994: 94)

Die feministische Linguistik setzt neben diesem Ziel der Bewußtseinsbildung auf drei Sprachebenen an: dem Sprachsystem (weibliche und männliche Formen), dem Diskurs (Behandlung von Frauen in Texten) und dem Sprachgebrauch (Kommunikationsverhalten von Frauen und Männern). Hier sollen in erster Linie die Möglichkeiten unseres Sprachsystems angesprochen werden.

Auf der Ebene des Sprachsystems geht es in erster Linie um das grammatische Geschlecht. Die moderne Genus-Forschung befaßt sich mit Fragen wie etwa der Unterrepräsentation von Frauen in Sprache. Diese bezieht sich vor allem auf Personenbezeichnungen. Obwohl im Deutschen das grammatische Mittel der Geschlechtsspezifizierung im Singular durch nominale Genusvarianz möglich ist, wird diese Möglichkeit häufig nicht wahrgenommen. Es wird zwar immer wieder betont, daß maskuline Formen nicht nur geschlechtsspezifisch, sondern als generisches Maskulinum auch für gemischtgeschlechtliche Gruppen verwendet werden, doch haben empirische Studien bewiesen, daß aufgrund stereotyper, kulturhistorisch gewachsener Rollenzuweisungen Frauen nicht in gleichem Maße gemeint sind wie Männer (MacKay/Fulkerson 1979).

Zur Unterstützung des Sprachwandels ist einerseits das Bedürfnis nach Veränderung, andererseits deren Verbreitung von Belang. Diese geschieht unter anderem durch die Legislative, durch Empfehlungen, die Medien und die Sprachverwendung selbst. Diesbezügliche Strategien werden in diversen Richtlinien als Orientierungshilfen angeboten und geben Hilfestellungen für den Gebrauch der Innovationen. Ihre Wirksamkeit hängt davon ab, wer sie herausgibt, an wen sie gerichtet sind, wie verbindlich sie sind und welchen Verbreitungsgrad sie haben (vgl. Schräpel 1985).

Sie behandeln u.a. die Frage der sprachlichen Möglichkeiten bei der Nennung gemischtgeschlechtlicher Gruppen. Werden Frauen und Männer in einem Text angesprochen, sollte möglichst versucht werden, beide zu nennen (weibliche und männliche Ingenieure; der/die Angestellte; die Studierenden; liebe Leserinnen und Leser; LehrerInnen; Lehrpersonal; Techniker/innen). Vermieden werden sollten Ableitungen von maskulinen Formen (Frau Bender ist der Bauherr), Asymmetrien durch negative Konnotationen (Junggeselle/Jungfer), herabsetzende Ausdrücke (Weibergeschwätz), asymmetrische Anredeformen (Herr Rothbauer und Gattin), Redewendungen, die sich lediglich auf Männer beziehen (Otto Normalverbraucher) u.ä. Solche Vorschläge sind nicht präskriptiv, sie stellen alternative Wahlmöglichkeiten dar und können im Rahmen der eigenen stilistischen Vorlieben kreativ eingesetzt werden. Ausführliche Beschreibungen finden sich in der Fachliteratur (etwa Hellinger 1990, Samel 1995), in populären Handbüchern (Häberlin et al. 1992, Müller/Fuchs 1993) oder Empfehlungen, die über Frauenministerien erhältlich sind. Eine umfangreiche Bibliographie zu englischen Richtlinien bieten Frank/Treichler (1989:309–314).

Wenn bedacht wird, wieviel heute übersetzt und gedolmetscht wird – allein der EU-Sprachendienst expandierte auf 110 Sprachenkombinationen (Wilss 1996:2) – so zählen TranslatorInnen fraglos zum Zielpublikum dieses sprachreformatorischen Anliegens. Im folgenden werden keine theoretischen Ansätze der feministischen Translationswissenschaft diskutiert (s. Art. 36). Es soll vielmehr am Beispiel verschiedener Texttypen die Relevanz der Verwendung fraueneinbindender Sprache als konkreter Skopos (s. Art. 28) illustriert werden. Wir gehen dabei von einem partnerschaftlichen Modell von Translation aus, das idealiter allen Beteiligten im Handlungsprozeß (InitiatorIn, BestellerIn, AT-ProduzentIn, TranslatorIn, Zieltext-ApplikatorIn, Zieltext-RezipientIn) aktive Rollen zuspricht (s. Art. 29).

Im Falle primär informativer Texte existieren in vielen Fällen In-house-Normen in bezug auf die Verwendung fraueneinbindender Sprache. Sie sind meist nicht explizit im Übersetzungsauftrag enthalten, sondern in erster Linie an TextverfasserInnen gerichtet, wie z.B. behördliche Empfehlungen für öffentliche Texte (Formulare, Merkblätter, Verordnungen, Geschäftsbriefe u.ä.; vgl. Häberlin et al. 1992) oder In-house-Normen von professionellen Verbänden wie der „American Psychological Association“, die eigene *guidelines* zur Vermeidung diskriminierender Sprache in ihren Publikationen erstellt hat (Frank/Treichler 1989). In einem *briefing* mit den AuftraggeberInnen sollte jeder Übersetzer und jede Übersetzerin die Strategien im Sinne des partnerschaftlichen Modells abklären (Lotbinière-Harwood 1991: 154, 166).

Bei primär appellativen Texten, die persuasiv gestaltete Inhalte vermitteln (Werbetexte, Tourismusbroschüren), ist die Einbindung von Frauen durch Sprache schon aus wirtschaftlichen Faktoren für AuftraggeberInnen noch virulenter. In Werbetexten werden zwar aufgrund des Konformitätsdrucks auch Rollenstereotype reproduziert, um konservative „Käufer“-Schichten anzusprechen, andererseits übernimmt Werbung sehr oft einen wichtigen Part bei innovatorischer Sprachverwendung.

In bezug auf die Übersetzung primär expressiver, also literarischer Texte diskutieren Flotow (1991) und Massardier-Kenney (1997) Strategien der Sichtbarmachung von Frauen, die jedoch in einem weitaus breiteren Kontext stehen als die hier thematisierten Strategien fraueneinbindender Sprache. Neben textexternen Eingriffen, die sie ansprechen (Vorwort, Fußnoten, Anmerkungen u.ä.), interessieren textinterne Aspekte wie die bereits erwähnten grammatischen Möglichkeiten, aber auch Wortwahl und Diskurs. In diesem Sinne ist es hier geboten, gezielte Diskursanalysen vorzunehmen, um auch implizite Botschaften des weiblichen Intertexts im Zieltext adäquat formulieren zu können (vgl. Mills 1995).

Zusammenfassend läßt sich sagen, daß TranslatorInnen ungeachtet des zu übersetzenden Texttyps maßgebliche Entscheidungsträger sind. Durch ihre Sach- und Sprachkompetenz, ihr Kulturwissen und ihre Sensibilität leisten sie einen bedeutenden Beitrag zur Verbreitung fraueneinbindender Sprache.

Literatur

Flotow, Luise von (1991): „Feminist Translation: Contexts, Practices and Theories.“ *TTR* 4/2, 69–84.

Frank, Francine W. / Treichler, Paula A. (Hrsg.) (1989): *Language, Gender, and Professional Writing*. New York: Modern Language Association of America.

Häberlin, Susanna / Schmid, Rachel / Wyss, Eva Lia (1992): *Übung macht die Meisterin. Ratschläge für einen nichtsexistischen Sprachgebrauch.* München: Frauenoffensive.

Hellinger, Marlis (1990): *Kontrastive Feministische Linguistik*. Forum Sprache. Ismaning: Hueber.

Lotbinière-Harwood de, Susanne (1991): *Re-Belle et Infidèle/The Body Bilingual*. Toronto: Women's Press / Montréal: Les éditions du remue-ménage.

MacKay, Donald G. / Fulkerson, David C. (1979): „On the comprehension and production of pronouns.“ *Journal of Verbal Learning and Verbal Behaviour* 18, 661–673.

Massardier-Kenney, Françoise (1997): „A Redefinition of Feminist Translation Practice“. *The Translator* 3/1, 55–69.

Mills, Sara (1995): *Feminist Stylistics*. The INTERFACE Series. London / New York: Routledge.

Müller, Sigrid / Fuchs, Claudia (1993): *Handbuch zur nichtsexistischen Sprachverwendung in öffentlichen Texten*. Die Frau in der Gesellschaft. Frankfurt a.M.: Fischer.

Samel, Ingrid (1995): *Einführung in die feministische Sprachwissenschaft*. Berlin: Erich Schmidt.

Schräpel, Beate (1985): „Nichtsexistische Sprache und soziolinguistische Aspekte von Sprachwandel und Sprachplanung.“ Hellinger, Marlis (Hrsg.) (1985): *Sprachwandel und feministische Sprachpolitik: Internationale Perspektiven*. Opladen: Westdeutscher Verlag, 212–230.

Walters, Keith (1994): „The Spread of Nonsexist Language: Planning for Usage That Includes Us All.“ Little, Greta D. / Montgomery, Michael (Hrsg.) (1994): *Centennial Usage Studies*. Publication of the American Dialect Society 78, 91–100.

Wilss, Wolfram (1996): *Übersetzungsunterricht*. Narr Studienbücher. Tübingen: Narr.

Nadja Grbić / Michaela Wolf (Graz)

84. Eigennamen

Wie „Otto Normalverbraucher“, „Krethi und Plethi“, „Lieschen Müller“, „von Pontius zu Pilatus laufen“ oder ein Sätzchen wie „Buschwindröschen ist ein anderer Name für Anemone“ zu übersetzen ist, das kann zeitraubendes Suchen im mentalen wie im gedruckten Lexikon erfordern. Einfacher ist es bei Namen existierender Personen, denn die müssen nicht übersetzt werden: „Helmut Kohl“ bleibt im Englischen erhalten, „Margaret Thatcher“ im Deutschen. Manche Sprachen allerdings verändern Eigennamen, als „Tomo Mano namelis“ bezeichnen Litauer Thomas Manns Sommerhaus in Nidden, Letten machen aus „Jürgen Theobaldy“ einen „Jirgens Teobaldi“. Komplizierter wird es bei Sprachen mit anderen Schriftsystemen und konkurrierenden Transkriptions- bzw. Transliterationsverfahren, so daß „Tschechow“, „Tschechov“ oder „Čechov“ in Frage kommen. Noch kniffliger ist die Re-Transliterierung unbekannterer Namen aus dem Russischen oder Chinesischen, hier hilft keine noch so gute Enzyklopädie, sondern nur eine Privatdatei für das eigene Fachgebiet. Bei der Entlehnung von Namen ist manchmal der Artikel ein Problem, heißt das finnische Nationalepos „der“, „die“ oder „das“ *Kalevala*?

Historische Eigennamen („Charlemagne“, „Boleslaw Krzywousty“, „Franco-Prussian War“) müssen in der Fachliteratur abgeglichen werden, manches hat Eingang in zweisprachige Wörterbücher gefunden. Dort, oft in Form von Appendices, finden sich auch Listen für die Namen von Staaten, Landschaften, Städten, Gebirgen und Gewässern.

Umfangreicherer Bemühungen bedarf es, wenn die an Namen gebundenen kulturspezifischen Kenntnisse auch im Zieltext (ZT) vermittelt werden sollen. „Auschwitz darf sich nie wiederholen“ versteht wohl (noch) jeder, „Bonn ist nicht Weimar“ verlangt aber schon spezifisches Vorwissen, so daß im ZT Erläuterungen erforderlich sein können. Wie umfangreich solche Erläuterungen ausfallen, ist abhängig u.a. von Textsorte, Empfänger und Übersetzungsziel. Enzyklopädisches Wissen ist nicht weltweit gleich, die Differenzen kann der Übersetzer ausgleichen. In einer Beschreibung der architektonischen Sehenswürdigkeiten des Kreml kann (wenn eine Abbildung beigefügt ist) die Angabe „Archangelski sobor“ genügen (nur Transliteration des Kyrillischen), sinnvoller ist vielleicht eine Kombination aus Transliteration und Übersetzung einer Komponente („Archangelski-Kathedrale“) oder auch eine Glied-für-Glied-Übersetzung („Erzengel-Kathedrale“). Soll der Leser noch genauer informiert werden, müßte es heißen „Erzengel-Michael-Kathedrale“ oder gar „von dem italienischen Baumeister Alevisio Novi ab 1505 errichtete Kathedrale des Erzengels Michael, des Schutzengels der russischen Fürsten bei ihren kriegerischen Unternehmungen, mit den Sarkophagen Iwans des Schrecklichen und seiner Söhne“ (vgl. Fleischmann in Gläser 1996. Zur Frage, wieviel Informationen der Leser erhalten soll und welche Übersetzungsverfahren es gibt, s. Art. 40, 41 u. 42).

Neben der kulturellen Erschließung von Namen gehört die Orientierung auf die an sie gebundenen Konnotationen zu den Aufgaben des Übersetzers. Zu denken wäre an Namen aus Märchen, Kinderbüchern (Aschenberg 1991) und literarischen Texten, an Charles Dibdins „poor Nongtongpaw“ alias „Je vous n'entends pas“, an Hebels „Herrn Kannitverstan“, an Thomas Manns „Großkaufmann Klöterjahn“ und dessen schüchternen Gegenspieler „Spinell“. Wie solch „sprechende Namen“ in andere Sprachen gebracht wurden, ist in der Übersetzungsforschung recht gut dokumentiert (z.B. mehrere Beiträge in Frank 1989).

Weniger erforscht sind die schwer faßbaren Konnotationen, die den (Phantasie-)Namen von Produkten anhaften. Auch hier gilt: Namen sind keineswegs Schall und Rauch. Die Globalisierung des Warenaustausches macht ein gründliches Abwägen bei der Kreierung von Markennamen erforderlich („internationaler Namenstest“). Die Firma Rolls Royce ließ sich nur mit Mühe überzeugen, mit Rücksicht auf deutsche Kunden einem Autotyp nicht den Namen „Silver Mist“ zu geben. In spanischsprachigen Ländern mußte Mitsubishi seinen „Pajero“ (sp. ugs. „Wichser“) in „Montero“ umtaufen. Ikea will alle Kunden zu Schweden machen und hat daher keine Scheu, Computertische namens „Jerker“ und Etagenbetten der Marke „Gutvik“ anzubieten. Erkältungsbonbons der Marke „Vick“ hingegen werden in

Deutschland unter dem Namen „Wick“ angeboten. Wer heute ein Produkt in 20 Ländern vermarkten will, muß dessen Namen probeweise in die Sprachen all dieser Länder übersetzen und von Muttersprachlern auf erwünschte wie unerwünschte Konnotationen prüfen lassen (vgl. Latour 1996).

Über eigene Nachschlagewerke verfügen zahlreiche Fachgebiete, in deren terminologischen Systemen auch Namen eine Rolle spielen. „Hodgkin's disease“ ist deutschen Ärzten eher unter „Lymphogranulomatose“ bekannt, eine „Allen screw“ firmiert unter „Innensechskantschraube“. Flüchtiges Übersetzen produziert falsche Freunde (vgl. Gläser 1996). Aufmerksamkeit verlangen auch die Namen für internationale Institutionen (dt. „Montanunion“ vs. „European Coal and Steel Community“), vor allem wenn sie so ähnlich klingen wie „Europäischer Rat“ und „Europarat“. Hilfen bietet das Internet, über das z.B. das Terminologiesystem der Europäischen Union (EURODICAUTOM) abfragbar ist.

„Namen zu geben ist nicht so leicht wie man denkt“ (Goethe). Das gilt in gesteigerter Form für das Übersetzen von Namen.

Literatur

Aschenberg, H. (1991): *Eigennamen im Kinderbuch*. Tübingen: Narr.

Bering, D. (1991): *Kampf um Namen*. Stuttgart: Klett-Cotta.

Frank, A. P. (Hrsg.) (1989): *Die literarische Übersetzung. Der lange Schatten kurzer Geschichten*. Berlin: Erich Schmidt.

Gläser, R. (Hrsg.) (1996): *Eigennamen in der Fachkommunikation*. Frankfurt a.M.: Lang.

Latour, S. (1996): *Namen machen Marken. Handbuch zur Entwicklung von Firmen- und Produktnamen*. Frankfurt a.M. / New York: Campus.

Andreas F. Kelletat (Germersheim)

85. Maßeinheiten

Als Resultat der internationalen Normierungsbemühungen nimmt die Vielfalt kulturspezifischer Maßeinheiten und damit die Notwendigkeit ihrer translatorischen Betrachtung und Behandlung ab. Gleichwohl halten sich insbesondere in der Alltagssprache und der Werkstattsprache die alten Maßeinheiten sehr hartnäckig und sind auch noch Jahrzehnte nach ihrer offiziellen Abschaffung im Sprachgebrauch anzutreffen und für bestimmte Kommunikationssituationen geradezu typisch (etwa im Dt. beim Einkaufen: „ein halbes Pfund Butter“). Die englischen Maßeinheiten insbesondere lassen sich nur sehr langsam von den metrischen SI-Einheiten verdrängen. Der Übersetzer kann daher nach wie vor entscheiden müssen, ob und wie eine Maßangabe umzurechnen ist.

Maßangaben (z.B. 300 km) bestehen aus der Maßzahl (hier: 300) und der Maßeinheit (hier: km). Ob die Maßangaben aus dem Ausgangstext (AT) unverändert in den Zieltext (ZT) übernommen werden oder nicht, hängt von zu vielen Variablen ab, um hierzu eine Regel aufstellen zu können. Die folgenden Ausführungen sind daher lediglich Anhaltspunkte.

(1) In primär expressiven Texten wird normalerweise eher umgerechnet, es sei denn, die fremde Maßeinheit soll zur Erzielung von Lokalkolorit beitragen. Beispiel: Edgar Allan Poe läßt in *The Pit and the Pendulum* den in Toledo eingekerkerten Inquisitionsgefangenen die Größe der Grube, Größe, Abstand und Schwunglänge des Pendels beschreiben und verwendet dabei u.a. *yards* und *feet*. Eine Beibehaltung der englischen Maßeinheiten im Deutschen würde hier voraussetzen, daß dem ZT-Leser die fremden Maßeinheiten geläufig genug sind, um die Bedrohlichkeit der Situation zu vermitteln. Das hängt zwar von der Zielgruppe ab, ist aber eher unwahrscheinlich. Wenn die Handlung in einer englischsprachigen Umgebung situiert wäre (z.B. wenn Sherlock Holmes in London eingesperrt wäre), käme durchaus die Erzielung von Lokalkolorit in Frage; hier aber beschreibt ein englischer Autor eine Situation in Spanien. Folglich würde man in typische Maßeinheiten der

Zielsprache (ZS) umrechnen. Dabei ist auf adäquate Ungenauigkeit zu achten; wenn es im AT bspw. heißt: „its terrifically wide sweep (some thirty feet or more)", dann ist es absurd, „genau" umzurechnen und zu schreiben: „...(ungefähr 9,144 m oder mehr)", passender wäre z.B.: „...(schätzungsweise zehn Meter)" oder „...(mindestens zehn Meter)". Lokalkolorit vermittelt es dagegen, wenn in der dt. Fassung eines in England spielenden Romans gesagt wird: „Wir fuhren die 15 miles nach Castle Combe" oder „Sir, Sie finden eine Telefonzelle rund 50 yards von hier".

(2) In primär informativen Texten und speziell in technischen und wirtschaftlichen Fachtexten wird um so weniger umgerechnet, je höher der Fachlichkeitsgrad des AT ist und je größer der Anteil von Maßangaben ist. Bei Texten der fachexternen Kommunikation, die sich an Nichtfachleute richten (z.B. Gebrauchs-, Bedienungs- und Betriebsanleitungen, s. dazu Art. 55) wird also eher umgerechnet als in fachinterner Kommunikation (z.B. Werkstatthandbücher, wissenschaftliche Aufsätze). Zu bedenken ist auch, ob durch etwaige Umrechnung nicht die Kohärenz zwischen Verbaltext und Bild (z.B. Diagramme, Tabellen) verlorenginge, denn eine Änderung der Bilder kommt normalerweise nicht in Frage. Eine Umrechnung ist oft auch deshalb nicht ratsam, weil die Verwendung der ZS-Maßeinheiten im ZT beim ZT-Rezipienten den Eindruck erwecken könnte, daß die Zahlenwerte im Lichte der ZS-Kultur zu interpretieren seien; die Beibehaltung der ausgangssprachlichen Maßeinheiten dagegen betont die Herkunft der Angaben aus einer anderen (bestimmten) Kultur, mit deren (oft kulturspezifischen) Rahmenbedingungen. Die Meßergebnisse von Werkstoffprüfungen beispielsweise (Streckgrenze, Biegesteifigkeit, Entflammbarkeit usw.) lassen sich zwar in ZS-Einheiten umrechnen, doch wird dadurch die Interpretation verfälscht, da die zur Ermittlung der Werte verwendeten Meßmethoden nicht überall einheitlich sind.

Unterschiedliche Meßmethoden können sich nicht nur auf die Maßangaben, sondern auch auf die darauf verweisenden Verbalinformationen und deren Übersetzung auswirken. Der Kraftstoffverbrauch von Kfz beispielsweise wird im En. (noch) in mpg (gefahrene *miles* pro *gallon* Kraftstoff) angegeben, im Dt. in l/100 km (Liter Kraftstoff pro 100 km gefahrene Strecke); d.h., ein „höherer Verbrauch" bedeutet „less mpg" oder „lower mileage": In diesem Fall ist also *lower* die passende Übersetzung für *höher*.

Prozentangaben müssen normalerweise nicht umgerechnet werden, doch gibt es auch hier Ausnahmen (z.B. bei Prozentangaben zum Kraftstoffmehr- oder -minderverbrauch; vgl. Schmitt 1992:260f.).

Grundsätzlich sollte bei Fachtexten also mit dem Auftraggeber geklärt werden, ob Maßangaben in ZS-Einheiten umgerechnet werden sollen. Bei der Umrechnung passieren erfahrungsgemäß häufig Fehler, die aber leicht vermeidbar sind, wenn auf folgende Punkte geachtet wird:

- AT-Maßangabe richtig interpretieren (z.B. wird im En. bei Dezimalbrüchen gelegentlich die Null vor dem Dezimalpunkt weggelassen: .1 = 0.1 = 0,1;
- richtigen Umrechnungsfaktor wählen (z.B. für britische oder amerikanische *gallons*);
- keine Tippfehler mit dem Taschenrechner machen (z.B. ./. statt x);
- Ergebnis hinsichtlich Größenordnung auf Plausibilität prüfen, insbesondere hinsichtlich der Position des Dezimalkommas bzw. -punkts (z.B. 0,001 oder 0,01);
- im ZT die zweckadäquate Genauigkeit und Maßeinheit liefern (z.B. den AT „the tower is about 150 ft high" nicht übersetzen mit „der Turm ist ca. 4572 cm hoch", sondern „der Turm ist rund 45 m hoch"; den AT „service after 50,000 miles" nicht übersetzen mit „Wartung nach 80467,2 km" sondern mit „...nach 80.000 km").

Abschließend sei darauf hingewiesen, daß Maßangaben (sei es die Maßzahl oder die Maßeinheit) auffallend oft defekt sind (meist aufgrund von Flüchtigkeitsfehlern bei der AT-Erstellung, z.B. fehlende Hochzahlen bei Flächen- oder Volumenangaben, Tippfehler) und daß man als Übersetzer gut beraten ist, im AT vorgefundene Werte nicht blindlings im ZT zu reproduzieren oder gar zu konvertieren, sondern en passant nach Möglichkeit auf Plausibilität zu kontrollieren. (Näheres dazu in Art. 41 und in Schmitt 1998.)

Eine umfangreiche Tabelle der wichtigsten Umrechnungsfaktoren befindet sich am Ende dieses Handbuchs.

Literatur

DIN 1301–1 (1993–12): *Einheiten; Einheitennamen, Einheitenzeichen.* Berlin: Beuth.

DIN 1301-2 (1978–02): *Einheiten; allgemein angewendete Teile und Vielfache.* Berlin: Beuth.

ISO 1000 (1992–11): *SI units and recommandations for the use of their multiples and of certain other units.* Berlin: Beuth.

Schmitt, Peter A. (1992): *PONS Fachwörterbuch der Kfz-Technik. Englisch-Deutsch, Deutsch-Englisch.* Stuttgart: Klett.

Schmitt, Peter A. (1999): *Translation und Technik.* Tübingen: Stauffenburg.

Peter A. Schmitt (Leipzig)

E Spezifische Aspekte des Dolmetschens

E1 Erscheinungsformen des Dolmetschens

86. Simultandolmetschen

Das Simultandolmetschen ist in vieler Hinsicht die spektakulärste Erscheinungsform des Dolmetschens. Die für den Laien verblüffende und für den Sprachpsychologen faszinierende Fähigkeit des gleichzeitigen Sprechens und Hörens, die Mitwirkung am Kommunikationsgeschehen bei Anlässen von weltpolitischer Bedeutung und das durch universitäre Ausbildung und geschlossenes berufsständisches Auftreten erzielte Niveau der Professionalisierung haben die Simultandolmetscher hinsichtlich der ideellen und materiellen Wertschätzung für ihre Leistungen an die Spitze der translatorischen Berufe gestellt. Ebenso hoch wie sein Stellenwert in der Praxis ist auch die Bedeutung, die dem simultanen Konferenzdolmetschen (s. Art. 88) in der wissenschaftlichen Auseinandersetzung mit dem Dolmetschen beigemessen wird. Eine Vielzahl von theoretischen Modellen und empirischen Untersuchungsergebnissen gibt nähere Aufschlüsse darüber, welche Faktoren und Zusammenhänge dem Prozeß und dem Produkt des Simultandolmetschens zugrunde liegen.

1. Begriffe

Der Ausdruck *Simultandolmetschen* bezeichnet im Prinzip jene Ausführungsweise des Dolmetschens, bei der die Verdolmetschung nicht erst *nach,* sondern *während* der verstehenden Aufnahme der ausgangssprachlichen Rede produziert wird. Eine solche gleichzeitige (simultane) Wiedergabe der Originaläußerung wurde mit großer Wahrscheinlichkeit bereits vor Jahrhunderten in Form des Flüsterdolmetschens (fr. *chuchotage*) praktiziert (vgl. van Hoof 1962:37, Bowen et al. 1995:249, 253). Eine weitere Form des Dolmetschens, bei der die mündliche Wiedergabe in der Zielsprache (ZS) in Gleichzeitigkeit zur Rezeption des Ausgangstextes erfolgt, ist das sogenannte Vom-Blatt-Übersetzen (auch „Stegreifübersetzung“; en. *sight translation*, fr. *traduction à vue*), das van Hoof (1962:37) als eine der elementaren Formen des modernen Simultandolmetschens bezeichnet (vgl. auch Širjaev 1979:5). In der Praxis assoziiert man Simultandolmetschen freilich ausschließlich mit dem Einsatz von elektroakustischen Übertragungseinrichtungen (Dolmetschanlagen s. Art. 97), die es dem Simultandolmetscher erlauben, die ausgangssprachliche Rede über Kopfhörer zu empfangen und in einer schalldichten Kabine in ein Mikrophon zu sprechen, über das die Verdolmetschung zu den Empfängern übertragen wird. Dieses meist als „eigentliches“ Simultandolmetschen aufgefaßte „Kabinendolmetschen“ (Kade 1967) ist Gegenstand der weiteren Ausführungen.

2. Historische Entwicklung

Da Konsekutivdolmetschen (s. Art. 87) bei mehrsprachigen Konferenzen mit erheblichem Zeitaufwand verbunden ist, suchte man bereits in den zwanziger Jahren nach Alternativen. Ein erstes Simultandolmetschsystem ähnlich einer tragbaren Telefonanlage, das sogenannte Filene-Finlay-IBM-System, kam 1927 bei der *International Labour Conference* in Genf zum Einsatz. Nach vereinzelten Erfahrungen in den dreißiger und frühen vierziger Jahren (vgl. Kurz 1996:21ff.) bestand das Simultandolmetschen durch seinen erfolgreichen Einsatz beim Nürnberger Prozeß (1945/46) seine Bewährungsprobe und wurde in den darauffolgenden Jahren im

Rahmen der Vereinten Nationen eingesetzt, von wo aus es, nach anfänglicher Skepsis bezüglich seiner Genauigkeit und Zuverlässigkeit, bald seinen „Siegeszug" antrat. Mittlerweile ist Simultandolmetschen nahezu gleichbedeutend mit Konferenzdolmetschen geworden und findet für mehrsprachige Veranstaltungen jeder Art und Größe routinemäßig Verwendung.

3. *Prozeßforschung*

Die analytische Auseinandersetzung mit dem Simultandolmetschen im Wege der Reflexion, Beobachtung und experimentellen Erforschung hat ihren Schwerpunkt in der Frage nach den beteiligten mentalen Prozessen und den entsprechenden Fähigkeiten der Dolmetscher. Während Herbert (1952) sich noch auf rund ein Dutzend praktischer Ratschläge für das Simultandolmetschen beschränken mußte, wies Seleskovitch (1968) auf der Grundlage ihrer berufspraktischen Erfahrung bereits eindringlich darauf hin, daß der Simultandolmetscher nicht papageienhaft Wörter und Sätze überträgt („transkodiert"), sondern den gedanklichen Inhalt, den *Sinn* der Ausgangsrede verstehend aufnimmt und in der ZS neu formuliert.

In den sechziger Jahren wurde das Simultandolmetschen zum Gegenstand von Forschungsarbeiten auf der Grundlage der experimentellen Psychologie (s. Art. 34), in denen vor allem temporale Aspekte bzw. die Simultaneität von Sprechen und Hören im Mittelpunkt des Interesses stand. Die Dauer der Zeitverzögerung (*time lag*) zwischen Original und Verdolmetschung wurde (mit durchschnittlich zwei bis drei Sekunden) ebenso ermittelt wie die relative Dauer und Verteilung der Redepausen oder das (mit 100 bis 120 englischen Wörtern pro Minute angegebene) ideale Sprechtempo (vgl. Gerver 1976). Die von Kade (1967) aufgeworfene Schlüsselfrage nach dem „optimalen Umsetzungszeitpunkt" wurde von Goldman-Eisler (1972) aus psycholinguistischer Sicht dahingehend beantwortet, daß nicht eine bestimmte lexikalische Größe, sondern Sinnstrukturen (Prädikationen) der Umsetzungseinheit – und damit dem *time lag* – zugrunde liegen.

Angesichts der oft wenig praxisnahen Versuchsanordnungen und Analysekriterien setzten sich auch die Dolmetscher selbst vermehrt mit dem Prozeß des Simultandolmetschens auseinander, wobei mit Bezug auf empirisches Material weitgehende Annahmen über mentale Verarbeitungsprozesse getroffen wurden (vgl. Lederer 1981). Das Modell von Moser (1978), das – wie jenes von Gerver (1976) – auf (kognitions)psychologischen Konzepten basiert, präsentiert sich als komplexes Flußdiagramm zwischen Input und Output, das mehrfache Entscheidungspunkte und strategiebedingte Rückkopplungsschleifen aufweist. Die Strategie der Antizipation, d.h. der Vorwegnahme noch nicht gehörter Elemente aufgrund von sprachlich, kontextuell und situativ gesteuerten Erwartungen, steht im Zentrum des psycholinguistischen Erklärungsmodells von Černov (1978), der in der Kombination von „probabilistischer Prognostizierung" über den Fortgang der Ausgangsrede und „vorgreifender Synthese" in der Zieltextformulierung den Schlüssel zur Erklärung des Simultandolmetschprozesses sieht.

Andere Modelle sind meist in drei bis vier Teilprozesse oder Phasen gegliedert. Širjaev (1979) etwa charakterisiert diese als „Orientierung im Ausgangstext", „Suche und Wahl von Dolmetschlösungen" und „Realisierung der Dolmetschhandlung", und Salevsky (1986) spricht von „Rezeption", „Transposition" und „Realisation". Das Modell von Kirchhoff (1976) sieht „Dekodierung eines ausgangssprachlichen Segmentes", „Umkodierung", „zielsprachliche Produktion" und „Outputkontrolle" als interdependente Prozeßphasen vor, deren reibungsloses Zusammenspiel davon abhängt, ob genügend kognitive *Verarbeitungskapazität* verfügbar ist. Dieser Gedanke steht im Zentrum des „Kapazitätsmodells" (*Modèle d'efforts*) von Gile (1985, 1995), der „Zuhören und Analyse", „(Kurzzeit-)Gedächtnisspeicherung" und „Redeproduktion" als kapazitätsfordernde Verarbeitungsleistungen ansetzt und davon ausgehend erklärt, wie ein Überschreiten des Kapazitätshaushalts durch einen oder mehrere dieser Prozesse entweder zu punktuellen (Aufnahme-, Speicherungs- oder Produktions-)-Ausfällen führt oder es sogar zu einer Gesamtüberlastung des Verarbeitungssystems kommt. Damit wird deutlich, daß das Hauptproblem beim Simultandolmetschen nicht im gleichzeitigen Sprechen und Hören liegt. Daß dieses durch Übung unschwer erlernt werden kann, wurde von Kurz (1996) bereits 1969 gezeigt. Vielmehr setzt Simultandolmetschen die Fähigkeit voraus, die kognitiven Ressourcen situationsadäquat so zu nutzen und zu verteilen, daß die gestellte Aufgabe, d.h. die kontinuierliche Wiedergabe der Ausgangsrede unter bestmöglicher Wahrung des kommunikativen und informativen Gehalts, bewältigt werden kann.

4. Kommunikative Aspekte

Inwieweit das Ergebnis des Simultandolmetschprozesses den kommunikativen Anforderungen entspricht, wurde erst in jüngster Zeit näher untersucht (vgl. Pöchhacker 1994, Gile 1995), wobei hinsichtlich der Evaluierung von Dolmetschleistungen (s. Art. 113) vor allem die Qualitätserwartungen der Benutzer erforscht wurden. Als wichtiges textuelles Merkmal von Verdolmetschungen wurden prosodische Phänomene (Intonation, Rhythmik, Betonung etc.) erkannt und z.T. auch in ihrer unmittelbaren Auswirkung auf das Verstehensergebnis beim Zuhörer analysiert (Shlesinger 1994). Im übrigen wird die analytische Betrachtung der Zieltextbeschaffenheit durch den Umstand erschwert, daß ihr komplexe situative Einflüsse (s. Art. 95) und kognitive Prozesse (s. Art. 96) zugrunde liegen und sie als Redeprodukt in wesentlichen Punkten (wie Tempo, innere Logik, Redekonventionen, nonverbale Mittel) unmittelbar an die Beschaffenheit der Originalrede gebunden ist.

5. Sonstige Aspekte

Da der Prozeß des Simultandolmetschens höchste Konzentration erfordert, lösen einander jeweils zwei Dolmetscher pro Kabine in etwa dreißigminütigem Rhythmus ab. Dennoch gibt es Anzeichen dafür, daß die hohe psychophysische Belastung über längere Zeit ein mögliches Risiko für das Herz-Kreislaufsystem (Klonowicz 1994) und das geistige Wohlbefinden (Cooper et al. 1982) sein kann. Situative Umstände wie enge, schlecht belüftete oder beleuchtete Kabinen, ungenügende Sicht, schlechte Mikrophondisziplin der Redner und vor allem das Verlesen von nicht vorliegenden Texten machen das Simultandolmetschen in der Praxis noch belastender, als es prozeßbedingt ohnehin ist. Jüngste Entwicklungen, die etwa in Richtung EDV-Einsatz in der Kabine (s. Art. 98) und Teledolmetschen über Videokonferenzschaltung laufen, lassen sich in ihren Auswirkungen auf die Tätigkeit des Simultandolmetschens noch überhaupt nicht abschätzen. Insgesamt scheint aber klar, daß die Simultandolmetscher einem Prozeß der Anonymisierung und Technisierung unterliegen, der sie im Lauf von fünf Jahrzehnten sozusagen von bewunderten Akrobaten zu notwendigen Technokraten der internationalen Kommunikation hat werden lassen.

Literatur

Bowen, Margareta / Bowen, David / Kaufmann, Francine / Kurz, Ingrid (1995): „Interpreters and the Making of History." Delisle, Jean / Woodsworth, Judith (Hrsg.) (1995): *Translators through History*. Benjamins Translation Library 13. Amsterdam / Philadelphia: Benjamins, 245–277.

Černov, Gelij V. (1978): *Teorija i praktika sinchronnogo perevoda*. Moskva: Me dunarodnie otnošenia.

Cooper, Cary L. / Davies, Rachel / Tung, Rosalie L. (1982): „Interpreting stress: Sources of job stress among conference interpreters." *Multilingua* 1/2, 97–107.

Gerver, David (1976): „Empirical Studies of Simultaneous Interpretation: A Review and a Model." Brislin, Richard W. (Hrsg.) (1976): *Translation: Applications and Research*. New York: Gardner, 165–207.

Gile, Daniel (1985): „Le modèle d'efforts et l'équilibre de l'interprétation en interprétation simultanée." *Meta* 30/1, 44–48.

Gile, Daniel (1995): *Regards sur la recherche en interprétation de conférence*. Lille: Presses Universitaires de Lille.

Goldman-Eisler, Frieda (1972): „Segmentation of Input in Simultaneous Translation." *Journal of Psycholinguistic Research* 1/2, 127–140.

Herbert, Jean (1952): *Manuel de l'Interprète*. Genève: Librairie de l'Université Georg.

Hoof, Henri van (1962): *Théorie et pratique de l'interprétation*. München: Hueber.

Kade, Otto (1967): „Zu einigen Besonderheiten des Simultandolmetschens." *Fremdsprachen* 1, 8–17.

Kirchhoff, Helene (1976): „Das Simultandolmetschen: Interdependenz der Variablen im Dolmetschprozeß, Dolmetschmodelle und Dolmetschstrategien." Drescher, Horst W. / Scheffzek, Signe (Hrsg.) (1976): *Theorie und Praxis des Übersetzens und Dolmetschens*. Bern / Frankfurt a. M.: Lang, 59–71.

Klonowicz, Tatiana (1994): „Putting one's Heart into Simultaneous Interpretation." Lambert / Moser-Mercer (Hrsg.) (1994): 213–224.

Kurz, Ingrid (1996): *Simultandolmetschen als Gegenstand der interdisziplinären Forschung*. Wien: Wiener Universitätsverlag.

Lambert, Sylvie / Moser-Mercer, Barbara (Hrsg.) (1994): *Bridging the Gap: Empirical research in simultaneous interpretation*. Benjamins Translation Library 3. Amsterdam / Philadelphia: Benjamins.

Lederer, Marianne (1981): *La traduction simultanée. Expérience et théorie*. Paris: Minard Lettres Modernes.

Moser, Barbara (1978): „Simultaneous Interpretation: A Hypothetical Model and its Practical Application." Gerver, David / Sinaiko, H. Wallace (Hrsg.) (1978): *Language Interpretation and Communication*. New York: Plenum, 353–368.

Pöchhacker, Franz (1994): *Simultandolmetschen als komplexes Handeln*. Language in Performance 10. Tübingen: Narr.

Salevsky, Heidemarie (1986): *Probleme des Simultandolmetschens. Eine Studie zur Handlungsspezifik*. Linguistische Studien Reihe A 154. Berlin: Akademie der Wissenschaften der DDR / Zentralinstitut für Sprachwissenschaft.

Seleskovitch, Danica (1968): *L'interprète dans les conférences internationales. Problèmes de langage et de communication*. Paris: Minard Lettres Modernes.

Shlesinger, Miriam (1994): „Intonation in the production and perception of simultaneous interpretation." Lambert / Moser-Mercer (Hrsg.) (1994): 225–236.

Širjaev, Anatolij F. (1979): *Sinchronnyj perevod. Dejatel'nost' sinchronnogo perevodcika i metodika prepodavanija sinchronnogo perevoda*. Moskva: Voennoe izdatel'stvo Ministerstva oborony SSSR.

Franz Pöchhacker (Wien)

87. Konsekutivdolmetschen

Die Konsekutivübersetzung ist die natürlichste Art des Dolmetschens, die selbst von Kindern spontan praktiziert wird, wie man z.B. bei Einwandererfamilien beobachten kann. Es ist deshalb nicht verwunderlich, daß sie auch die älteste Form der Sprachmittlung darstellt. Lange Zeit hindurch wurde sie jedoch nicht berufsmäßig, sondern eher bei Gelegenheit von mehr oder minder sprachkundigen Personen praktiziert. Erst zu Beginn des 20. Jahrhunderts wurde sie im Zuge einer verstärkten Institutionalisierung und Intensivierung des internationalen Gedankenaustauschs zu einer regelrechten Sprachmittlungstechnik weiterentwickelt, womit auch der Berufsstand des Konferenzdolmetschers (s. Art. 88) seinen Anfang nahm.

1. Konsekutivtechnik im Wandel der Zeit

Allerdings lebt die Urform des Konsekutivdolmetschens auch heute noch in der Gestalt des Gesprächs- bzw. Verhandlungs- (s. Art. 91) und Gerichtsdolmetschens (s. Art. 90) weiter. Eine objektive Abgrenzung zwischen dem Konferenzdolmetschen und diesen anderen Erscheinungsformen des Konsekutivdolmetschens ist indessen mangels gesetzlicher Ausbildungsvorschriften höchstens nach Maßgabe des Grads, bis zu dem der Dolmetscher die Konsekutivtechnik als solche effektiv beherrscht, also z.B. auch längere Redeabschnitte von mehr als nur einigen wenigen Minuten zu bewältigen vermag, sowie seinem allgemeinen Bildungsniveau möglich.

In der Praxis wird denn auch zumindest in den westeuropäischen Ländern mit zunehmendem Konkurrenzdruck und Kostenbewußtsein der Rückgriff auf die eine oder die andere Dolmetscherkategorie weniger von dem jeweiligen Arbeitsfeld bestimmt als von dem Prestige der miteinander kommunizierenden Personen bzw. der Veranstaltung, die sie zusammenführt. So werden zu Gesprächen und Verhandlungen auf hohem Niveau nicht Gesprächs- bzw. Verhandlungsdolmetscher, sondern Konferenzdolmetscher hinzugezogen. Dasselbe gilt für besonders medienträchtige Gerichtsverfahren.

Da in unserer schnellebigen und technikfreudigen Welt Gespräche, ja Verhandlungen auf hohem Niveau zunehmend simultan gedolmetscht werden – von Sitzungen, selbst bilateralen, ganz zu schweigen – ist die Konsekutivtechnik für die praktische Tätigkeit des Konferenzdolmetschers nur noch von zweitrangiger Bedeutung. So haben laut der jüngsten statistischen Erhebung der AIIC (internationaler Konferenzdolmetscherverband s. Art. 88) lediglich 65% der Mitglieder überhaupt noch Gelegenheit, konsekutiv zu dolmetschen, und auch das nur an ca. 10 von 100 Arbeitstagen (AIIC 1996: 15). Aller Voraussicht nach wird die für die Belange des Konferenzdolmetschens entwickelte Konsekutivtechnik mithin in absehbarer Zeit allein in der Lehre als Grundkompetenz für die Erlernung der Simultanübersetzung noch eine nennenswerte Rolle spielen, während die in der Praxis geübte Technik allmählich wieder auf das Niveau vergangener Jahrhunderte zurückfallen wird.

2. Konsekutivtechnik aus der Sicht des Konferenzdolmetschers

„Beim Konsekutivdolmetschen", so Seleskovitch (1988:32), „werden jeweils abgeschlossene Redebeiträge mit einer Dauer zwischen einigen Sekunden (einige Dutzend Wörter) und mehreren Minuten (mehrere hundert bis mehrere tausend Wörter) im nachhinein verdolmetscht."

Voraussetzung hierfür ist, daß der Dolmetscher das Gesagte verstanden hat und behält, wobei nicht die Erinnerung an den Wortlaut, sondern an den Sinn der Ausführungen gemeint ist. Deshalb sind „[...] beim Dolmetschen [...] Verstehen und Gedächtnis [...] nicht voneinander zu trennen; das eine hängt vom anderen ab", sagt Seleskovitch (1988:36).

Die Erinnerung an den Sinn des Gesagten ist indessen nicht unbedingt aktiv genug, um ohne zusätzliche Stütze eine lückenlose Wiedergabe der Rede zu gewährleisten. Deshalb schreibt der Dolmetscher im allgemeinen mit, um im Bedarfsfall seine Erinnerung bei der Wiedergabe durch einen Blick auf seine Notizen reaktivieren zu können, aber auch um seiner Konzentration zusätzlichen Halt zu geben.

Die Notizen des Dolmetschers bestehen aus vornehmlich senkrecht angeordneten Stichwörtern, Symbolen oder Skizzen, die dieselbe Funktion erfüllen wie die „Knoten im Taschentuch" (Seleskovitch 1988:40) oder die Muscheln und Seesterne, die man als Andenken an einen Urlaub am Meer mit nach Hause bringt. Was, wie und wieviel notiert wird, ist also individuell sehr unterschiedlich, variiert aber auch für ein und denselben Dolmetscher je nach Art des Vortrags und Umfang seines Vorwissens über das Thema.

In diesem Vorwissen sehen viele Dolmetscher und nicht wenige Autoren, u. a. Chernov (1981), Feldweg (1989), Lederer (1984), Seleskovitch (1978, 1988), Déjean Le Féal (1978), die wichtigste Voraussetzung für die geistige Verarbeitung des Sinns der Rede und der unentbehrlichen Plausibilitätskontrolle des Verarbeitungsergebnisses wie auch seiner Wiedergabe. Fehlt dieses Vorwissen, wird, wie Seleskovitch sagt, „die Information nicht einmal wahrgenommen" (1988:51). Um sie zu verstehen, zu überprüfen und zu behalten, muß sie sich in bereits vorhandenes Wissen einbetten lassen, wenigstens jedoch „an relativ weit davon entfernte Kenntnisse angeknüpft werden" (1988:51) können. Auch die Wiedergabe ist schon mangels geeigneter Ausdrucksmittel ohne Vorwissen undenkbar.

Diese zentrale Rolle der Vorkenntnisse wird allerdings nicht von allen Autoren gleichermaßen betont. So treten sie z.B. bei D. Giles „Effort model of consecutive Interpreting" (1997) weder als eine die Verarbeitungskapazität des Dolmetschers modulierende Größe noch als Glied der Gleichung, mit der er den Dolmetschprozeß darstellt, in Erscheinung.

Nichtsdestoweniger scheuen viele Dolmetscher selbst nach langjähriger Berufserfahrung keine Mühe, um sich auf jeden Einsatz nicht nur terminologisch, sondern auch thematisch vorzubereiten.

3. Vor- und Nachteile des Konsekutivdolmetschens

Nachteilig wirkt sich das Konsekutivdolmetschen vor allem für die Sitzungsteilnehmer aus, da es trotz aller Bemühungen des Dolmetschers um maximale Straffung der Wiedergabe unweigerlich mit einem gewissen Zeitaufwand verbunden ist. Allein bei Verhandlungen können die so entstehenden Kunstpausen für delegationsinterne Beratungen oder als Bedenkzeit nützlich sein, was allerdings heutzutage, wie bereits erwähnt, in Westeuropa auch nur noch für Verhandlungen auf verhältnismäßig niedrigem Niveau zutrifft.

Für den Dolmetscher selbst bietet dieser Übersetzungsmodus dagegen sowohl situations- wie verfahrensimmanente Vorteile.

Situationsbedingte Vorteile: Dolmetschen bedeutet Kommunizieren, und zum mündlichen Kommunizieren gehören nun einmal nicht nur Worte und Tonfall, sondern auch die Körpersprache und dieses undefinierbare Etwas, das Menschen im Kontakt miteinander ausstrahlen.

Im Sitzungssaal, im Kreise der effektiv miteinander diskutierenden (und nicht aneinander vorbeilesenden) Delegierten, wird der Dolmetscher voll in das Kommunikationsgeschehen eingebunden. Dadurch wird ihm das Verständnis der verschiedenen Ausführungen erleichtert und gleichzeitig die Möglichkeit geboten, sich seinerseits ganz in den Kommunikationsprozeß einzubringen. Seine Arbeit gewinnt mithin an Relief und an Effektivität.

Dank dieser Effektivität wird er meist schon nach ein oder zwei Stunden nicht mehr als der lästige Fremdkörper, das unvermeidbare Übel betrachtet, über dessen Kopf man hinweg redet, sondern als ein Mitglied der Versammlung, das man beim Sprechen fixiert und dessen Mimik man beobachtet. Gewiß setzt das voraus, daß sich der Dolmetscher auf diese Beziehung und damit auch auf eine Notationstechnik einläßt, die mit dem Blindschreiben auf einer Tastatur einiges gemeinsam hat. Ist er dazu bereit, braucht er kaum noch zu befürchten, in ernsthafte Bedrängnis zu geraten. Denn sollte es passieren, daß sich ihm der Sinn eines Satzes partout nicht erschließen will, genügt meist ein fragender Blick oder ein leichtes Stirnrunzeln, um den Redner dazu zu veranlassen, eine etwas explizitere Formulierung nachzuschieben und somit den Aha-Effekt auszulösen.

Es liegt auf der Hand, daß diese Art der Kooperation und Integration in den Teilnehmerkreis für den Dolmetscher überaus motivierend ist. Er wird es sich folglich doppelt angelegen sein lassen, dem Redner bei der Wiedergabe der ihm anvertrauten Gedanken unter Einsatz seines vollen Kommunikationsvermögens in jeder Hinsicht gerecht zu werden.

Mit der Motivation steigt auch die körperliche und nervliche Belastbarkeit, die bekanntlich für den Erfolg eines Dolmetschers fast ebenso wichtig ist wie die berufliche Kompetenz. Und gerade in Konsekutivsitzungen ist Belastbarkeit gefragt, werden sie doch in der Regel von einem Dolmetscher allein bestritten.

So anstrengend ein zuweilen stundenlang ununterbrochener Einsatz sein mag, er hat den großen Vorteil, daß der Dolmetscher jederzeit einen kompletten Überblick über das seit Beginn der Sitzung Gesagte wahrt. Selbst die vagsten Anspielungen auf Bemerkungen von Vorrednern sind für den Konsekutivdolmetscher deshalb mindestens ebenso leicht verständlich wie für die Sitzungsteilnehmer, wenn nicht noch leichter angesichts der besonders starken Konzentration, die ihm seine Arbeit abverlangt. Abgesehen davon, daß damit eine mögliche Fehlerquelle entfällt, wird dadurch ebenfalls die Einbringung des Dolmetschers in das Beziehungsgeflecht zwischen den Teilnehmern erleichtert.

Verfahrensbedingte Vorteile: Die verfahrensbedingten Vorteile für den Dolmetscher lassen sich unter den Oberbegriff Selbständigkeit subsumieren.

Hier ist zunächst das Sprechtempo zu erwähnen, das der Dolmetscher bei der Konsekutive gemäß seinem eigenen Temperament frei wählen und modulieren kann, vorausgesetzt natürlich, daß es sich im berufsverträglichen Normalbereich hält. Dadurch wird die Wiedergabe erleichtert und deren Qualität verbessert.

Hinzu kommt der verhältnismäßig große Spielraum, über den der Konsekutivdolmetscher bei der sprachlichen Neugestaltung des Gesagten verfügt. Da er mit der Wiedergabe erst dann beginnt, wenn er die vollständige Rede – oder zumindest einen in sich geschlossenen Teil derselben – verarbeitet hat, bietet sich ihm die Möglichkeit, Unvollkommenheiten der Form (Chernov 1981:31–37, Déjean Le Féal 1982:221–239), aber auch im Aufbau des Gedankengangs, wie sie bekanntlich in der freien Rede häufiger vorkommen, auszubügeln und so den Sinn des Gesagten noch klarer und markanter zu formulieren. Selbst wenn diesem Vorgang enge Grenzen gesetzt sind – denn auch der Dolmetscher ist ja bei der Wiedergabe auf Improvisation mit allen ihr eigenen Unzulänglichkeiten angewiesen –, stellt allein die Tatsache, daß diese Möglichkeit vorhanden ist, eine stimulierende Herausforderung und eine willkommene Bereicherung seiner Aufgabe dar.

4. *Qualitätsbewertung*

Vielleicht liegt es an dieser zusätzlichen Entfaltungsmöglichkeit für den Dolmetscher, daß Veranstalter schon mal die Auffassung vertreten, qualitative Unterschiede zwischen den Dolmetschern träten beim Konsekutivdolmetschen stärker zutage als bei der Simultanübersetzung. Präzise Angaben über die Kriterien, nach denen die Sitzungsteilnehmer die Konsekutivleistung beurteilen, liegen indessen nicht vor.

Allerdings ist anzunehmen, daß der Grad der inhaltlichen Übereinstimmung der Wiedergabe mit dem vom Redner Gesagten mit zu diesen Kriterien gehört. Inwieweit diese Übereinstimmung jedoch von den Sitzungsteilnehmern immer richtig beurteilt wird, muß dahingestellt bleiben. Gile (1995:160) hat zwar bei seinen Klassenzimmerexperimenten festgestellt, daß Redner wie Zuhörer in dieser Hinsicht nicht zuverlässig sind, gibt jedoch selber zu, daß von derartigen Versuchen nicht auf das Urteilsvermögen in einer „Real life"-Situation geschlossen werden kann. Da es methodologisch und praktisch äußerst schwierig sein dürfte, bei echten Sitzungen die Kriterien der Teilnehmer bzw. Redner und deren Bewertungsergebnis genau zu erfassen, wird der Berufsstand der Dolmetscher bei der Qualitätsbewertung wohl noch eine Weile Richter in eigener Sache bleiben müssen...

Literatur

AIIC (1996): „The 1995 statistical report". *Bulletin* XXIV/2, 15ff.

Bowen, David / Bowen, Margareta (Hrsg.) (1990): *Interpreting – Yesterday, Today and Tomorrow*. American Translators Association Series 4. Binghamton: State University.

Chernov, Ghelly V. (1981): „Semantic redundancy as a key to reliable comprehension of a verbal message (objective and subjective factors)". *Actes du colloque sur la compréhension du langage*. Paris: Didier Erudition, 31–37.

Déjean Le Féal, Karla (1978): *Lectures et improvisations – Incidences de la forme de l'énonciation sur la traduction simultanée*. Unveröffentlichte Doktorarbeit, Paris: Université Paris III, Sorbonne Nouvelle. (Auf Mikrofiche verfügbar bei AIIC, Research Committee, Genf.)

Déjean Le Féal, Karla (1982): „Why Impromptu Speech is Easy to Understand". Enkvist, N. E. (Hrsg.) (1982): *Publication of the Abo Akademi Foundation* 78. Abo: Abo Akademi, 221–239.

Feldweg, Erich (1989): „The Significance of Understanding in the Process of Interpreting". Gran, Laura / Dodds, John (Hrsg.) (1989): *The Theoretical and Practical Aspects of Teaching Conference Interpretation*. Udine: Campanotto Editore, 130–140.

Fiukowski, Heinz (1989): „Zur Rhetorik für Konsekutivdolmetscher". *Fremdsprachen* 2 (1989), 98–103.

Gile, Daniel (1995): „Fidelity Assessment in Consecutive Interpretation: An Experiment." *Target* 7/1, 151–164.

Gile, Daniel (1997): „Conference Interpreting as a cognitive management problem". Danks, Joseph H. / Shreve, Gregory M. / Fountain, Stephen B. / Mc Beath, Micheal K. (Hrsg.) (1997): *Cognitive Processes in Translation and Interpreting*. London / New Delhi: Sage Publications, 196–214.

Ilg, Gérard (1980): „L'interprétation consécutive: les fondements". *Parallèles* 3 (1980), 109–136.

Kutz, Wladimir (1985): „Zur Frage der spezifischen Fähigkeiten des Konsekutiv- und Simultandolmetschers". *Fremdsprachen* 4 (1985), 229–232.

Lederer, Marianne (1984): „Implicite et explicite". Seleskovitch, Danica / Lederer, Marianne (Hrsg.) (1984): *Interpréter pour traduire*. Paris: Didier Erudition.

Rozan, Jean-François (1956): *La prise de notes en interprétation consécutive*. Genève: Georg.

Seleskovitch, Danica (1975): *Langages, langues et mémoire*. Paris: Minard.

Seleskovitch, Danica (1978): „Language and Cognition". Gerver, David / Sinaiko, H. Wallace (Hrsg.) (1978): *Language Interpretation and Communication*. New York / London: Plenum, 333–341.

Seleskovitch, Danica (1988): „Der Konferenzdolmetscher". *TEXTconTEXT*, Beiheft 2. Heidelberg: Groos.

Karla Déjean Le Féal (Paris)

88. Konferenzdolmetschen

Konferenzdolmetschen ist eine hochspezialisierte Tätigkeit, die aus dem Weltgeschehen unserer Zeit nicht mehr wegzudenken ist. Internationale Kontakte pflegen nicht nur Politiker und Führungskräfte der Wirtschaft, sondern genauso Mathematiklehrer höherer Schulen, Betriebsräte von Konzernen oder Kriegsdienstverweigerer aus Gewissensgründen.

Um solche Kontakte zwischen Angehörigen verschiedener Kulturen und Sprachen unmittelbar und ohne Informationsverlust zu ermöglichen, werden Konferenzdolmetscher eingesetzt, deren Aufgabe es ist, die Aussagen der Redner mit all ihrem semantischen, affektiven und ästhetischen Gehalt dem Zuhörer in seiner Sprache zu vermitteln.

1. Begriffsbestimmung

Eine gültige und allgemein akzeptierte Definition des Konferenzdolmetschens existiert trotz vielfacher Ansätze in der inzwischen umfangreichen Dolmetschliteratur bis heute nicht (vgl. auch Feldweg 1996:24). In der Praxis behilft man sich häufig mit einer Negativdefinition, die das Konferenzdolmetschen in Kontrast zu dem setzt, was es nicht ist: nämlich weder Gerichtsdolmetschen (s. Art. 90) noch Verhandlungsdolmetschen (s. Art. 91), weder Begleitdolmetschen noch Geschäftsdolmetschen. Auch der Internationale Verband der Konferenzdolmetscher (*Association internationale des interprètes de conférence* – AIIC) ist bislang nicht weiter als zu einer aus dem Jahre 1984 stammenden vorläufigen Arbeitsdefinition gekommen: „A Conference Interpreter is a person who by profession acts as a responsible linguistic intermediary (alone or more often as a member of a team) in a formal or informal conference or conference-like situation, thanks to his or her ability to provide simultaneous or consecutive oral interpretation of participants' speeches, regardless of their length and complexity“ (AIIC 1984:21).

2. Geschichtliche Entwicklung

Die Entstehung des Konferenzdolmetschens wird in der einschlägigen Literatur (z.B.: Herbert 1952:1, H. van Hoof 1962:9ff.) übereinstimmend mit der Genfer Friedenskonferenz des Jahres 1919 angegeben. Zu Französisch, das bis zum Ersten Weltkrieg die so gut wie ausschließliche Verkehrssprache der Diplomatie war (siehe auch Kainz 1965:365), trat nun Englisch als gleichberechtigte Sprache hinzu und erzeugte damit einen Bedarf an Verdolmetschung, der zunächst von Außenseitern abgedeckt wurde. Die ersten Konferenzdolmetscher waren ausgebildete und oft im diplomatischen Dienst tätige Juristen, Historiker oder Journalisten, die neben ihrem Fachwissen und einer gründlichen Allgemeinbildung auch hervorragende Sprachkenntnisse aufwiesen (R. van Hoof 1976:28). Die Technik der Übertragung, die zu Beginn des Konferenzdolmetschens ausschließlich aus Konsekutivdolmetschen (s. Art. 87) bestand, hatten sie sich autodidaktisch angeeignet.

In der Zwischenkriegszeit wurden erste Versuche zur Entwicklung einer Simultantechnik (s. Art. 86) unternommen, die mit dem Einsatz bei den Nürnberger Kriegsverbrecherprozessen 1945/46 (Bowen et al. 1995) ihre Feuertaufe bestand und aufgrund der Zeitersparnis gegenüber dem Konsekutivdolmetschen von entscheidender Bedeutung für den Aufschwung des Konferenzdolmetschens nach dem Zweiten Weltkrieg war. Das Konsekutivdolmetschen ist im heutigen Konferenzgeschehen vom Simultandolmetschen zwar weitgehend verdrängt worden, bleibt aber in bestimmten Situationen (mehrsprachige Redaktionsarbeit, technische Pannen der Simultananlage) unverzichtbar und wird im Umfeld der Konferenzen (gesellschaftliches Rahmenprogramm mit Tischreden, Besuchen, Pressekonferenzen oder Gruppenarbeit) häufig verwendet. Ein ausgebildeter Dolmetscher beherrscht jedenfalls beide Techniken des Dolmetschens (siehe auch Seleskovitch/Lederer 1989). Auch in den Einstellungstests der internationalen Organisationen zur Beurteilung der Kompetenz eines Dolmetschkandidaten ist die Konsekutivleistung sehr oft ein ausschlaggebender Faktor.

3. Ausbildung

Mit der Professionalisierung des Konferenzdolmetschens und dem wachsenden Bedarf an Dolmetschern entstanden bereits während des Zweiten Weltkriegs und in verstärktem Maße danach eine Reihe von Dolmetscherschulen in Form von Universitätsinstituten (z.B. Institut für Übersetzer- und Dolmetscherausbildung der Universität Wien 1943) oder postuniversitären Ausbildungsgängen (z.B. ESIT Paris 1957), in denen viele der großen Konferenzdolmetscher der ersten Generation ihre Erfahrung als Leiter oder Lehrer einbrachten. Nach Meinung der Ausbildungskommission des Internationalen Konferenzdolmetscherverbandes *(AIIC School Committee)* ist die heute effizienteste Ausbildung zum Konferenzdolmetscher ein Studiengang in Form eines postuniversitären Zusatzstudiums zu einer akademischen Grundausbildung (AIIC: *Conseil aux étudiants souhaitant devenir interprète de conférence* 1997).

4. Berufsausübung

Der Beruf des Konferenzdolmetschers kann im Rahmen einer freiberuflichen Tätigkeit (als sogenannter *free lance*) oder in Form eines Angestelltenverhältnisses (als *permanent*) bei einem öffentlichen oder privaten, nationalen oder internationalen Dienstgeber ausgeübt werden. Beide Formen der Berufsausübung haben ihre Vor- und Nachteile.

Ein freiberuflich Tätiger mit entsprechender Sprachenkombination hat im Prinzip mehr Freiheit als ein festangestellter Dolmetscher. Er kann Angebote annehmen oder ablehnen, seinen Beruf ausüben, wo er möchte, und sich seine Zeit selbst einteilen. Seine Aufträge erhält er von Kollegen und Auftraggebern auf Grund des Rufes, den er sich im Laufe von Jahren durch die Qualität seiner Arbeit geschaffen hat. Ein entscheidender Faktor in der Karriere eines *free lance* Dolmetschers ist die Wahl seines beruflichen Wohnsitzes, die wiederum von seiner Sprachenkombination abhängt, da die Auftraggeber aus Kostengründen immer mehr danach streben, an Ort und Stelle zu rekrutieren. Der angestellte Dolmetscher wiederum hat den Vorteil der Sicherheit des Arbeitsplatzes und aller sozialen Vergünstigungen eines Angestellten- bzw. Beamtenverhältnisses. In der Praxis ist die freie Wahl der Ausübung des Konferenzdolmetscherberufs aber stark eingeschränkt. Die meisten Konferenzdolmetscher arbeiten als Freiberufler. Die Möglichkeit einer Anstellung hängt für den Konferenzdolmetscher in erster Linie von seiner Sprachenkombination ab (Strolz 1997).

Die Sprachenkombination eines Konferenzdolmetschers setzt sich aus aktiven und passiven Sprachen zusammen. Aktive Sprachen sind jene, in die ein Dolmetscher arbeitet, passiv jene, die der Dolmetscher in all ihren Nuancen versteht und aus denen er in seine aktive(n) Sprache(n) dolmetscht. Eine aktive Sprache kann also im Prinzip nur eine Mutter- oder Bildungssprache sein, die der Dolmetscher schon zu Beginn seiner Ausbildung beherrscht. Eine Nichtmuttersprache kann nur in langen Jahren intensiver Arbeit und mit Hilfe regelmäßiger Aufenthalte im Land der Sprache auf das Niveau einer aktiven Sprache gebracht werden und eignet sich auch dann eher für technisch orientierte Diskussionen, in denen die Fachterminologie wichtiger ist als eleganter und nuancierter Stil (Seleskovitch 1968).

Die Frage nach den besten Sprachenkombinationen kann nicht ohne weiteres beantwortet werden. Die Situation ändert sich mit neuen politischen Konstellationen, und alles hängt davon ab, in welchem Umfeld oder auf welchem Markt der Dolmetscher arbeiten möchte und wo er seinen beruflichen Wohnsitz hat. Prinzipiell kann aber gesagt werden, daß Englisch in der Sprachenkombination für eine Tätigkeit auf dem freien Markt heute unverzichtbar ist und die Chancen auf ein Engagement durch die EU-Institutionen als weltgrößtem Arbeitgeber für Konferenzdolmetscher mit der Anzahl der passiven Sprachen des Dolmetschers steigen (Lamberger 1997). Viele Konferenzdolmetscher erwerben im Laufe ihres aktiven Berufslebens weitere Arbeitssprachen. Wenn man jedoch bedenkt, daß alle Sprachen durch ständige Arbeit zu pflegen sind, um mit ihrer Entwicklung Schritt zu halten, dann wird einsichtig, daß die Zahl der Sprachen, die auf Konferenzdolmetscherniveau zu halten sind, nur begrenzt sein kann.

Die politische Öffnung in Europa hat für das Konferenzdolmetschen ein spezielles Problem akut werden lassen. Der Bedarf an Dolmetschern für bisher weniger benötigte Sprachen steigt so sehr an, daß viele Organisationen große Schwierigkeiten haben, ihre Kabinen zu besetzen. Nicht nur in diese im internationalen Verkehr „neuen" Sprachen, sondern auch aus ihnen muß gedolmetscht werden. Wenn nicht alle Arbeitssprachen einer Konferenz in allen Kabinen abgedeckt werden können, bleibt keine andere Wahl, als über „Relais" zu arbeiten. *Relaisdolmetschen* bedeutet, daß der Ausgangstext für eine Dolmetschung nicht die Originalrede, sondern eine gedolmetschte Version dieser Rede ist. Relaisdolmetschen beinhaltet latent die Gefahr eines Qualitätsverlustes (siehe auch Mackintosh, 1983). Da jedes Verstehen Interpretation durch den Hörenden bedeutet, vergrößert eine doppelte Interpretation das Risiko der Fehlinterpretation (Viaggio 1997).

5. Standesvertretung

Nachfrage schafft Angebot auch auf dem Markt der Konferenzdolmetscher. Da der Berufstitel „Konferenzdolmetscher" nicht geschützt ist, kann jeder beliebige Sprachkundige Dolmetscherdienste anbieten. Ein Qualitätssiegel für Konferenzdolmetscher ist deren Zugehörigkeit zur AIIC *(Association internationale des interprètes de conférence),* dem Internationalen Verband der Konferenzdolmetscher, der eine jährliche Liste seiner Mitglieder mit Angabe ihrer Sprachenkombinationen und Adressen herausgibt. Dieser Verband ist die einzige weltweite Vereinigung von professionellen Konferenzdolmetschern und zählt heute etwa 3.000 Mitglieder in mehr als 60 Ländern. Der Verband handelt als anerkannter Vertragspartner die Arbeits- und Entlohnungsbedingungen für Konferenzdolmetscher bei den großen internationalen Organisationen wie UNO, EU, Europarat, OECD, NATO usw. aus und hat eine Berufsordnung mit Ehrenkodex und entsprechenden Vorschriften für das Berufsverhalten von Konferenzdolmetschern *(Code d'éthique professionnelle)* erarbeitet. Er setzt sich darüber hinaus für die Belange des Berufsstandes auf den Gebieten der Ausbildung, der technischen Einrichtungen, des Berufsschutzes, der Erarbeitung von Normen usw. ein. Gerade für junge Konferenzdolmetscher ist ein der Qualität verpflichteter Berufsverband eine wichtige Unterstützung in ihrem Fortkommen in einem Beruf, der wohl zeitweise mit hoher Streßbelastung verbunden, dafür aber nie langweilig ist (Kurz 1996, Viaggio 1997).

Literatur

AIIC (Hrsg.) (1984): *Bulletin* XII/1.

Bowen, Margareta et al. (1995): „Interpreters and the Making of History." Deslisle, Jean / Woodsworth, Judith (Hrsg.) (1995): *Translators through History*. Amsterdam / Philadelphia: Benjamins.

Feldweg, Erich (1996): *Der Konferenzdolmetscher im internationalen Kommunikationsprozeß*. Heidelberg: Groos.

Herbert, Jean (1952): *Manuel de l'Interprète*. Genève: Librairie de l'Université Georg.

Hoof, Henri van (1962): *Théorie et pratique de l'interprétation*. München: Hueber.

Hoof, Renée van (1976): „A Word in your earphone". *European Community* 6/1976, 28–30.

Kainz, Friedrich (1965): *Psychologie der Sprache*. Bd. 5: „Psychologie der Einzelsprachen", Teil 1. Stuttgart: Enke.

Kurz, Ingrid (1996): *Simultandolmetschen als Gegenstand der interdisziplinären Forschung*. Wien: Wiener Universitätsverlag.

Lamberger, Heike (1997): „Im Sprachengewirr zu Brüssel. Der Dolmetscherdienst der europäischen Kommission." Kurz, Ingrid / Moisl, Angela (Hrsg.) (1997): *Berufsbilder für Übersetzer und Dolmetscher*. Wien: Wiener Universitätsverlag.

Mackintosh, Jennifer (1983): *Relay interpretation, an Exploratory Study*. M.A. Thesis, University of London.

Seleskovitch, Danica (1968): *L'interprète dans les conférences internationales. Problèmes de langage et de communication*. Paris: Minard. Deutsche Ausgabe: *Der Konferenzdolmetscher*. Heidelberg: Groos, 1988.

Seleskovitch, Danica / Lederer, Marianne (1989): *Pédagogie raisonnée de l'interprétation*, Paris: Didier Erudition.

Strolz, Birgit (1997): „Konferenzdolmetschen – Fertigkeit oder Kunst?" Kurz, Ingrid / Moisl, Angela (Hrsg.) (1997): *Berufsbilder für Übersetzer und Dolmetscher*. Wien: Wiener Universitätsverlag.

Viaggio, Sergio (1997): „Open letter to my younger colleagues." Kurz, Ingrid / Moisl, Angela (Hrsg.) (1997): *Berufsbilder für Übersetzer und Dolmetscher*. Wien: Wiener Universitätsverlag.

Birgit Strolz (Wien)

89. Mediendolmetschen

Das Mediendolmetschen, d.h. die Mitwirkung von Dolmetschern in Live-Fernseh- (und seltener auch in Hörfunk-) Sendungen, stellt zwar eine vergleichsweise marginale, aber nichtsdestoweniger wichtige Sonderform des Dolmetschens dar. Die häufigste Form des Mediendolmetschens ist das Simultandolmetschen. Es kommt bei Satellitenübertragungen und in der großen Mehrzahl der Fälle auch bei Veranstaltungen im TV-Studio zur Anwendung. Konsekutiv- und Flüsterdolmetschen gelangen im Vergleich dazu eher selten (z.B. in Talk-Shows und in Gesprächen mit prominenten ausländischen Gästen) zum Einsatz.

In Fachkreisen gilt die Auffassung, daß das Mediendolmetschen auch für erfahrene Konferenzdolmetscher eine zusätzliche Spezialisierung darstellt: „Interpreting live for television requires an entirely new ‚mind' set compared to everyday practice of conference interpretation and to what all of us have learned and taught in various schools of interpretation" (Bros-Brann 1994).

Die Fernsehteilnehmer sind es gewohnt, „perfekte" Texte zu hören, in denen „Fehler", wie sie in spontaner Rede auftreten (Zögern, Versprecher, Pausenfüller, Wiederholungen, Umplanungen mitten im Satz usw.), nicht vorkommen. Sie bedenken nicht, daß die meisten dieser scheinbar frei gesprochenen Texte von geschulten Nachrichtensprechern und Moderatoren von einem Autocue abgelesen werden. Die Dolmetschleistung wird, wie alle Produkte, die das Massenmedium Fernsehen liefert, „konsumiert", und das Publikum erwartet auch vom Mediendolmetscher unter allen Umständen ein so gut wie vollkommenes Produkt (Kurz 1996, 1997). Die Qualitätsanforderungen an die Sprechweise des Mediendolmetschers (grammatikalische Richtigkeit, flüssige Präsentation, angenehme Stimme usw.) sind somit besonders hoch. „Whoever interprets live programs for us must have the voice and clarity of a broadcaster to satisfy the approximately two millions who are our public" (Mayer 1994:11).

Daneben fordert das kritische Publikum vom Fernsehdolmetscher auch außergewöhnliche Schnelligkeit. Der zeitliche Abstand zwischen Original und Dolmetschung muß möglichst kurz sein, d.h. die Dolmetschung darf dem Bild nicht „nachhinken". Besonders wichtig ist dies bei Interviews mit kurzen, prägnanten Fragen, wo eine zwar inhaltlich richtige, aber mit einem zu großen *time lag* behaftete Dolmetschung den Erfordernissen einfach nicht entspricht.

Das spezielle Anforderungsprofil und die hohen Erwartungen der Adressaten sowie das Wissen, daß u.U. Millionen Menschen der Dolmetschung zuhören und jeden Versprecher und Fehler registrieren und kritisieren, erhöhen den Streß für den Mediendolmetscher. (Es gibt Konferenzdolmetscher mit langjähriger internationaler Erfahrung, die Medieneinsätze ablehnen.)

Auch von den Arbeitsbedingungen her unterscheidet sich das Mediendolmetschen in vielfacher Hinsicht vom Konferenzdolmetschen (s. Art. 88). Sehr oft befindet sich der Mediendolmetscher gar nicht am Ort des Geschehens. Häufig sitzt er auch nicht, wie gewohnt, in einer Dolmetschkabine, sondern – gemeinsam mit Journalisten und Moderatoren – in einem TV-Studio und ist somit sämtlichen akustischen und visuellen Störeinflüssen ausgesetzt.

Vielfach ist eine der grundlegenden Forderungen des Internationalen Verbandes der Konferenzdolmetscher (AIIC: *Association Internationale des Interprètes de Conférence*), nämlich die direkte Sicht auf den Redner, nicht gewährleistet. In der Mehrzahl der Fälle hat der TV-Dolmetscher nur einen Monitor vor sich, der ihm das Bild zeigt, das auch das Fernsehpublikum empfängt. Da die Kriterien der Bildregie selbstverständlich den Bedürfnissen des Fernsehpublikums und nicht jenen des Dolmetschers angepaßt sind, liefert die Kamera dem Dolmetscher nicht unbedingt die Bilder, die er braucht (z.B. eine Nahaufnahme des Redners). Das Bewußtsein, sein Blickfeld nicht selbst wählen zu können, die „Fremdbestimmung" durch die Kameraführung und die Abhängigkeit vom auditiven Wahrnehmungskanal bedeuten für den Dolmetscher einen zusätzlichen Streßfaktor.

Dazu kommt beim Mediendolmetschen das Fehlen der Kommunikationsgemeinschaft zwischen Redner, Dolmetscher und Hörer. Im Gegensatz zum Konferenzdolmetscher dolmetscht der Mediendolmetscher für ein virtuelles Publikum. Er hat keine Ahnung, wer gerade zuhört oder zusieht, und kann auch keinerlei Rückmeldung erwarten.

Während der Konferenzdolmetscher im großen und ganzen mit „normalen“ Arbeitszeiten rechnen kann, ist der Fernsehdolmetscher (besonders bei Satellitenübertragungen oder z.B. bei Interviews in den Spätnachrichten) mitunter mit ungewöhnlichen Arbeitszeiten konfrontiert. Bei kurzen Einsätzen (z.B. im Rahmen einer Nachrichtensendung) hat der Dolmetscher keine Möglichkeit, sich „einzuhören“, d.h. sich an einen Redner oder einen Akzent zu gewöhnen oder sich wie bei einem Kongreß zunehmend in das Thema einzuarbeiten. Überdies wiegt ein Fehler in einem Fünf-Minuten-Interview weitaus schwerer als ein Fehler im Laufe eines langen Kongreßtages.

Trotz des hohen technischen Standards in den Rundfunkanstalten treten aufgrund der Übertragungsbedingungen (z.B. bei Telefoninterviews oder Übertragungen aus Kriegs- oder Krisengebieten) gelegentlich Probleme mit der Tonleitung auf. Eine Beeinträchtigung der Tonqualität bedeutet eine höhere Belastung als unter „normalen“ Konferenzbedingungen, da dem Mediendolmetscher, wie oben erwähnt, abgesehen von dem nicht auf seine Bedürfnisse abgestimmten Bild auf dem TV-Monitor keine zusätzlichen Informationsquellen zur Verfügung stehen. Gute Nerven, geistige Wendigkeit, Schnelligkeit und daneben auch ein gewisses Improvisationstalent sind für das Mediendolmetschen daher eine conditio sine qua non.

Die Bedeutung des Mediendolmetschens ist weitaus größer als sein mengenmäßiger Anteil am Dolmetschen insgesamt: Durch das Mediendolmetschen bekommt ein Millionenpublikum ein unmittelbares Bild vom Beruf des Dolmetschers ins Haus geliefert, und eine gute Fernsehdolmetschung kann u.U. dazu beitragen, das Ansehen des Berufsstandes in den Augen der Öffentlichkeit zu heben.

Literatur

Bros-Brann, Eliane (1994): „Interpreting live on television: Some examples taken from French television.“ Unpublished lecture at the UIMP Course „The Interpreter as a Communicator.“ La Coruna, July 26–29, 1994.

Kurz, Ingrid (1996): „Special features of media interpreting as seen by interpreters and users.“ *Proceedings of the XIV World Congress of FIT*. Vol. 2. Melbourne, 957–965.

Kurz, Ingrid (1997): „Getting the message across – Simultaneous interpreting for the media.“ Snell-Hornby, Mary / Jettmarová, Zuzana / Kaindl, Klaus (Hrsg.) (1997): *Translation as Intercultural Communication. Selected Papers from the EST Congress, Prague 1995*. Amsterdam / Philadelphia: Benjamins, 195–205.

Mayer, Horst Friedrich (1994): „Live interpreting for television and radio.“ *The Jerome Quarterly* 9/2, 11.

Ingrid Kurz (Wien)

90. Gerichtsdolmetschen

Urkundenübersetzungen und Dolmetschen vor Behörden und Gerichten wurden im Zuge der Intensivierung des internationalen Rechtsverkehrs immer dringender benötigt. Diese Tätigkeiten wurden aber zunächst Personen aus vertrauenswürdigen Berufen, wie Lehrer und Notare, anvertraut. Das moderne Berufsbild des Gerichtsdolmetschers entstand im Rahmen der Nürnberger Prozesse und setzte sich allerdings mehr bei den internationalen Gerichtshöfen als bei den nationalen Gerichten durch.

Seit einem Jahrzehnt geht die Entwicklung in den Vereinigten Staaten in Richtung entsprechender Qualifikationsanforderungen an die nationalen Gerichtsdolmetscher (Berk-Seligson 1990, Gonzalez 1991). Dagegen bleibt die Lage in Europa sehr heterogen und stellt weniger Ansprüche an die Qualifikation der bei den nationalen Gerichten tätigen Dolmetscher, da die Dolmetschtätigkeit von den entsprechenden Gesetzgebern nicht näher definiert wird.

1. Dolmetschen vor den nationalen Gerichten – einige historische Hinweise zum deutschsprachigen Raum

Am Anfang des letzten Jahrhunderts zeichnet sich der Beginn einer Institutionalisierung dieses Berufs im deutschsprachigen Raum ab. Im Strafgesetzbuch von 1803 war in Österreich bereits die Rede vom „beeideten" Dolmetscher, der bei gerichtlichen Vernehmungen von fremden, sprachunkundigen Beschuldigten (zwingend!) hinzugezogen werden mußte (Bernardini 1996:21). Ein Beispiel aus Deutschland: 1822 erschien im württembergischen Staats- und Regierungsblatt eine Verfügung des Justizdepartements, die die gerichtliche Verpflichtung von zwei Professoren als Dolmetscher kundtut (nach Hiller 1976:9).

Im Gegensatz zu anderen deutschen Staaten, die seltener mit Nichtdeutschsprachigen im Rechtsverkehr konfrontiert waren, gab sich Preußen 1880 eine Dolmetscherordnung (Struckmann/Koch 1881). Nur Gerichtsschreiber oder Gerichtsschreibergehilfen auf Lebenszeit konnten nach Bestehen einer Prüfung zum Dolmetscher ernannt werden (Dolmetscher-Ordnung § 1). Später (1928: § 8) werden als Aufgaben des mündlichen Teiles Stegreifübersetzungen von juristischen Texten und Dolmetschen im Rahmen eines Verfahrens spezifiziert. Diese Dolmetscherordnung galt bis in die zwanziger Jahre, d.h. bis zum Verlust der Ostgebiete von Preußen, und geriet danach ziemlich in Vergessenheit.

2. Heutiger Status der Gerichtsdolmetscher in Deutschland und Österreich / Beeidigung

In Deutschland besteht gemäß § 189 Gerichtsverfassungsgesetz (GVG) neben der Möglichkeit der sogenannten Ad-hoc-Vereidigung von Sprachkundigen, die der vorsitzende Richter kraft seiner richterlichen Unabhängigkeit nach beliebigem Ermessen auswählt, die Berufung des Dolmetschers auf den allgemein geleisteten Eid. Je nach Bundesland kennt man eine öffentliche Bestellung und allgemeine Be- bzw. Vereidigung (z.B. Bayern, Hamburg) oder die allgemeine Beeidigung ohne öffentliche Bestellung (Berlin, Niedersachsen u.a.) und/oder Ermächtigung von Übersetzern (z.B. Hessen). In einigen Bundesländern, wie Bayern und Hamburg, gibt es besondere Eignungsprüfungsverfahren (Jessnitzer 1982).

Seit 1975 regelt das „Sachverständigen- und Dolmetschergesetz" (SDG) die Tätigkeit der „allgemein beeideten gerichtlichen Dolmetscher" in Österreich. Zur Eintragung in die Dolmetscherlisten können die Gerichtspräsidenten sich des Gutachtens des Österreichischen Verbandes der Gerichtsdolmetscher bedienen (Springer 1991:4). Gemäß einem Hofdekret von 1835 steht es aber ebenfalls „jedem österreichischen Richter frei, für den Einzelfall eine dem Gericht erscheinende Person ad hoc zu beeiden." (Bernardini 1996:33).

Analog zu den oben angeführten Beispielen wird in vielen nationalen Gerichten zwar Wert auf Beeidigung vor der Verhandlung oder auf eine allgemeine Beeidigung gelegt, jedoch ohne daß die Anforderungen hinsichtlich der Dolmetschleistung von den jeweiligen Gesetzgebern genau präzisiert werden.

3. Juristische Grundlagen für die Heranziehung eines Gerichtsdolmetschers: Allgemeine Deklaration der Menschenrechte der Vereinten Nationen – Konvention zum Schutze der Menschenrechte und Grundfreiheiten

Im Einklang mit der Allgemeinen Deklaration der Menschenrechte der Vereinten Nationen verpflichten sich die demokratischen Länder dieser Welt in ihrer jeweiligen Verfassung, die Grundrechte der Menschen zu schützen. So heißt es z.B. im Grundgesetz der Bundesrepublik Deutschland:

Art. 3 *Gleichheit vor dem Gesetz*:
(1) Alle Menschen sind vor dem Gesetz gleich.
(3) Keiner darf wegen seiner (...) Sprache benachteiligt oder bevorzugt werden.

In allen Rechtsstaaten bestimmt das Gesetz die Gerichtssprache – in der Bundesrepublik Deutschland handelt es sich um § 184 GVG – und sieht vor (§ 185 GVG), daß, falls einer der Beteiligten der Gerichtssprache nicht mächtig ist, ein Dolmetscher herangezogen werden muß. Dieser Paragraph steht im Einklang mit den Bestimmungen der Europäischen Konvention zum Schutze der Menschenrechte und Grundfreiheiten (MRK) (Art. 5 Abs. 2 und Art. 6 Abs. 3). Die MRK läßt noch wesentliche Fragen offen, was sich bei den gesetzlichen Regelungen der Mitgliedsländer des Europarates in unterschiedlichsten Anforderungen an das Dolmetschen widerspiegelt.

Aus der Spruchpraxis des Gerichtshofes kann geschlossen werden, daß das Recht auf einen (unentgeltlichen) Dolmetschbeistand sich auf alle Strafverfahren bezieht, auch auf solche, die formell nicht nach der Strafprozeßordnung (z.B. Verteidigergespräche) durchgeführt werden (Kabelka 1992:30), jedoch nicht auf Verfahren vor Zivilgerichten. Die Anforderung an den Umfang der Verdolmetschung (Kabelka 1992:26) bleibt ungeklärt, und aus den Entscheidungen von Kommission und Gerichtshof für Menschenrechte ist im Gegensatz zu der in den Vereinigten Staaten geltenden Praxis abzuleiten, daß konsekutiv zusammenfassende Übersetzung bei der Hauptverhandlung grundsätzlich als ausreichend betrachtet wird und daß Simultandolmetschen nicht als erforderlich gilt (Kabelka 1992:29).

Die Vereinigten Staaten, die sich hauptsächlich nach der Allgemeinen Deklaration der Menschenrechte richten, haben durch den Court Interpreters Act von 1978/88 Qualität, Art und Umfang des Dolmetschens vor den Federal Courts sehr genau definiert. Alles ist dort dem Sprachunkundigen zu dolmetschen, und es müssen möglichst *certified interpreters* eingesetzt werden.

4. Aufgabe des Gerichtsdolmetschers vor den nationalen Gerichten

Richtet man sich stricto sensu nach der Allgemeinen Deklaration der Menschenrechte, so soll der Dolmetscher die Kommunikation zwischen den Prozeßbeteiligten sichern, indem er den der Verhandlungssprache nicht Mächtigen möglichst in die Lage eines Sprachkundigen versetzt; der Dolmetscherberuf hat sich auch so entwickelt, daß eine vollständige Verdolmetschung unter Anwendung der angemessenen Techniken bei jedem Gericht erfolgen kann.

Selbstverständlich hat der Gerichtsdolmetscher zwei Sprachen gründlich zu beherrschen. Er muß aber darüber hinaus die entsprechenden Kulturen im weitesten Sinne kennen und über ausreichende forensische Kenntnisse verfügen. Ferner muß er auch imstande sein, sich auf Fachthemen (Gutachten) vorzubereiten. Je nach Kommunikationssituation muß er die optimale Dolmetschtechnik einsetzen: Vom-Blatt-Übersetzen (Dolmetschen von oralisierten Schriften), Konsekutivdolmetschen (mit entsprechenden Notizen), Simultandolmetschen (Flüstern oder mit Anlage) (Driesen 1985:36). Im Falle eines Scheiterns der Kommunikation aufgrund soziokultureller Mißverständnisse kann der Dolmetscher auch, unter Einhaltung strikter ethischer Regeln, auf dieses Scheitern aufmerksam machen und nach entsprechender durch den Vorsitzenden erteilter Erlaubnis erklärend eingreifen (Driesen 1985:38).

Die Ausübungsbedingungen des Gerichtsdolmetschens verleihen aber auch dem Berufsethos ein außerordentliches Gewicht. Es geht nämlich meistens, direkt oder indirekt, um Menschenleben. Das Berufsethos des Gerichtsdolmetschers beruht auf zwei Grundpfeilern: Einerseits ist aus offensichtlichen Gründen (öffentliche und persönliche Sicherheit, Datenschutz) Verschwiegenheit unentbehrlich. Andererseits finden die meisten Gewissensfragen des Dolmetschers eine befriedigende Antwort, wenn dieser sich immer nach dem Anspruch richtet, den der Gerichtssprache nicht mächtigen Ausländer in die Lage des Einheimischen zu versetzen.

5. Ausbildungsmöglichkeiten für Gerichtsdolmetscher

Die oben beschriebenen Fachqualifikationen sind ohne weiteres erlernbar und gehören teilweise zur Konferenzdolmetscherausbildung. In den meisten Ländern werden jedoch leider noch zuwenig Ausbildungsmöglichkeiten, insbesondere für seltenere Sprachen, angeboten. Nachstehend einige nicht erschöpfende Beispiele:

Mit wenigen Ausnahmen, wie Dänemark z.B., wo das Gerichtsdolmetschen im Lehrplan der Verhandlungsdolmetscherausbildung der Handelshøjskolen Århus und Kopenhagen eingegliedert ist, findet man kaum Dolmetscherinstitute, die Ausbildungszweige oder Ergänzungsstudiengänge für Gerichtsdolmetscher anbieten. Die bisher vereinzelten Ausbildungsmaßnahmen sind überwiegend auf Initiativen von Stiftungen (NUFFIELD in England), Behörden (USA) und verschiedenen Berufsverbänden zurückzuführen. Im Jahre 1990 gründete die Gerichtsdolmetschersektion des niederländischen Übersetzerverbandes (NVG) das „Stichting Instituut voor Gerechtstolken en -vertalers (SIG)" für die Ausbildung von Gerichtsdolmetschern (Moerman 1993:46). In Hamburg wurde 1994 in Zusammenarbeit zwischen UNITRAIN, Verein für wissenschaftliche Weiterbildung e.V., und dem Bundesverband der Dolmetscher und Übersetzer e.V., Landesverband Hamburg und Schleswig-Holstein (BDÜ), ein Weiterbildungskursus für Gerichtsdolmetscher und Urkundenübersetzer eingerichtet, der auf die Vorbereitung des anspruchsvollen Eignungsfeststellungsverfahrens zur öffentlichen Bestellung und allgemeinen Vereidigung der Behörde für Inneres in Hamburg abzielt. Wie in Amsterdam wird auch sehr viel Wert auf die Aneignung forensischer Kenntnisse und auf Berufsethos gelegt. Im Unterschied zum Amsterdamer Programm ist das Hamburger Modell jedoch weitgehend sprachunabhängig und auf das Erlernen der einschlägigen Techniken ausgerichtet.

In den Vereinigten Staaten entstanden auch zahlreiche Ausbildungsprogramme, wie z.B. das im Blockunterricht gestaltete Programm der Florida International University, das mit dem „Professional Certificate in Legal Translation and Court Interpreting" abschließt. Die nach dem Gesetz von 1978 eingeführte „Federal Certification" ist eine anspruchsvolle Sprach- und Dolmetschprüfung, die der Dolmetscher bestehen muß, um bei den „United States Courts" dolmetschen zu dürfen (De Jongh 1992:123).

6. Dolmetschen vor den Internationalen Gerichten und Gerichtshöfen

Es werden vor internationalen Gerichten und Gerichtshöfen, wo Juristen aus verschiedenen Ländern in unterschiedlichen Sprachen miteinander kommunizieren, Dolmetscher eingesetzt. So zum Beispiel am Gerichtshof der Europäischen Gemeinschaften in Luxemburg, am Gerichtshof für die Menschenrechte in Straßburg, am Internationalen Gerichtshof in Den Haag, am Internationalen Strafgericht in Den Haag, am Seegerichtshof in Hamburg und im Europäischen Patentamt in München. Dort wird von Konferenzdolmetschern in Kabinen simultangedolmetscht.

Die bei internationalen Gerichtshöfen tätigen Professionellen sind erfahrene, teils verbeamtete, teils *free lance* Konferenzdolmetscher, denen die Möglichkeit gewährt wird, sich sorgfältig vorzubereiten. Diese Forderung einer angemessenen Qualifikation der Dolmetscher erklärt sich sicherlich dadurch, daß das Tätigkeitsfeld der internationalen Gerichtshöfe der internationalen Politik entsprungen ist, bei der die Qualität des Dolmetschens seit Jahrzehnten als unentbehrlich anerkannt wird; außerdem wurden, anders als in den monolingualen Gerichten, die Dolmetscher von den an der Konstituierung beteiligten Juristen für die eigene Kommunikation untereinander, insbesondere zur Verhandlung der Verfahrensordnungen, benötigt.

Literatur

Berk-Seligson, Susan (1990): *The Bilingual Courtroom. Court Interpreters in the Judicial Process.* University of Chicago Press.

Bernardini, Ernst (1996) : „75 Jahre Österreichischer Verband der Gerichtsdolmetscher; Entstehung, Geschichte, Zukunftsperspektiven". *Mitteilungsblatt des Österreichischen Verbands der Gerichtsdolmetscher* (1996), 13–37.

De Jongh, Elena M. (1992): *An Introduction to Court Interpreting, Theory & Practice.* Lanham: UP of America.

Driesen, Christiane J. (1985): *L'interprétation auprès des tribunaux pénaux de la RFA (français-allemand).* Thèse de doctorat. ESIT-Université Paris III.

Gonzalez, Roseann D. / Vasquez, Victoria F. / Mickelson, Holly (1991): *Fundamentals Of Court Interpretation. Theory, Policy and Practice.* Durham: Carolina Academic Press.

Hiller, Horst (1976): „Neuregelung des Rechts der Dolmetscher und Übersetzer für den Bereich der Rechtspflege in Baden-Württemberg". *Mitteilungsblatt des Bundesverbandes der Dolmetscher und Übersetzer* 2/22 (März/April 1976), 9–14.

Jessnitzer, Kurt (1982): *Dolmetscher: Ein Handbuch für die Praxis der Dolmetscher, Übersetzer und*

ihrer Auftraggeber im Gerichts-, Beurkundungs- und Verwaltungsverfahren. Köln / Berlin / Bonn / München: Heymann.
Kabelka, Gertraude (1992): „Die Europäische Menschenrechtskonvention und ihre Auswirkungen auf die Tätigkeit des Gerichtsdolmetschers". *Mitteilungsblatt des Österreichischen Verbands Universitas: Beiträge zum Gerichtsdolmetschen*, Sondernummer 1 (1992), 24–34.
Koch, Andreas (1992): „Übersetzen und Dolmetschen im ersten Nürnberger Kriegsverbrecherprozeß". *Lebende Sprachen* 37/1 (1992), 1–7.
Moerman, Ellen (1993): *Court Interpreting: A Survey of Needs, Services and Problems in Criminal Proceedings*. London.
Skuncke, Marie-France (1989): „Tout a commencé à Nuremberg..." *Parallèles, Cahiers de l'Ecole de Traduction et d'Interprétation* 11. Genève: Université de Genève, 5–7.
Springer, Christine (1991): „Die Situation des Gerichtsdolmetschers in Österreich." *Mitteilungsblatt des Österreichischen Verbands Universitas: Beiträge zum Gerichtsdolmetschen*, Sondernummer 1 (1992), 4–7.
Struckmann, J. / Koch R. (1881): *Die Preußischen Ausführungsgesetze zu den Reichsjustizgesetzen mit kurzen Erläuterungen und ausführlichem Sachregister.* Berlin und Leipzig.
Grundgesetz der Bundesrepublik Deutschland vom 23. Mai 1949.
Gerichtsverfassungsgsetz (GVG) vom 27. Januar 1877 – letztes ÄndG. v. 28.3.1980.
Konvention zum Schutze der Menschenrechte und Grundfreiheiten (MRK) vom 4. November 1950 (BGBl. II 1952: 685).

Christiane J. Driesen (Hamburg)

91. Verhandlungsdolmetschen

Der Begriff „Verhandlungsdolmetschen" wird im allgemeinen sehr weit gefaßt und auf das Dolmetschen in diversen, mehr oder weniger formellen Gesprächssituationen bezogen. Matyssek (1989:7f.) und Feldweg (1996:27) sprechen vom Verhandlungs- bzw. Gesprächsdolmetschen in Abgrenzung vom *Konferenzdolmetschen* (vgl. auch van Hoof 1962:24f.), doch sind die Übergänge zwischen diesen Bereichen des Dolmetschens fließend. Zu den wichtigsten Einsatzgebieten des Verhandlungsdolmetschers gehören diplomatische, wirtschaftliche (geschäftliche) und politische Verhandlungen und Gespräche, in denen teilweise unterschiedliche Anforderungen zum Tragen kommen.

1. Kommunikative Bedingungen

Grundsätzlich können Verhandlungen von nur einem Dolmetscher betreut werden, der von einer Seite gestellt wird, oder aber es bringt jede Seite ihren eigenen Dolmetscher mit. Im letzteren Fall ist zu entscheiden, wer in welche Richtung dolmetscht. Als zweckmäßig gilt erfahrungsgemäß das Dolmetschen in die Muttersprache, d.h. dessen, was jeweils die „andere" Seite sagt. Häufig wird aber auch verlangt, daß der „eigene" Sprecher gedolmetscht wird, was höhere Anforderungen betreffend die möglichst akzentfreie Beherrschung der Zielsprache stellt. Werden die Verhandlungen von einem Dolmetscher allein betreut, muß dieser eine als objektiv anerkannte Leistung erbringen, um von beiden Seiten akzeptiert und geschätzt zu werden. Das Vertrauen auch des jeweils anderen Verhandlungspartners zu erringen und im gesamten Verlauf der Verhandlungen zu bewahren ist eine unabdingbare Forderung. In exemplarischer Weise stellt sich diese Anforderung, wenn – wie z.B. bei Verhandlungen unter Vorsitz eines Notars – ein „neutraler" Dolmetscher bestellt wird, den keine der Seiten als den „ihren" sehen kann.

2. Situative Bedingungen

Der Verhandlungsdolmetscher sitzt nicht wie beim simultanen Konferenzdolmetschen isoliert in einer Kabine, sondern ist inmitten der Gesprächspartner physisch präsent. Aus der Sicht der Delegation, die den Dolmetscher stellt, ist dieser ein vollwertiges Mitglied des Teams, das mit allen übrigen Delegationsmitgliedern Kontakt und mit dem Sprecher oder Verhandlungsführer Tuchfühlung und sogar Flüsterverbindung hat.

Für alle Verhandlungsteilnehmer muß der Dolmetscher gut hörbar sein. Zwar unterhalten sich die Verhandlungsführer mit ihrem Gegenüber meist in normaler Lautstärke, doch muß der Dolmetscher so laut sprechen, daß jeder im Raum folgen kann, auch wenn auf jeder Seite bis zu einem Dutzend Personen am Verhandlungstisch sitzen.

Wichtig für das Gehörtwerden wie auch für das Hören ist die Positionierung des Dolmetschers. Dieser Faktor, dem von den verhandlungsführenden Seiten sehr oft keine besondere Bedeutung beigemessen wird, kann insgesamt von entscheidender Bedeutung für die Effizienz und den Erfolg einer Dolmetschleistung sein. Der Dolmetscher muß meist selbst durchsetzen, daß er den Platz neben dem Verhandlungsleiter einnimmt. Am besten sitzt er zu dessen Linken, damit auf der rechten Seite eine weitere höherrangige Person den „Ehrenplatz" einnehmen kann. Würde der Dolmetscher an das Tischende verbannt, müßten die am Tisch Sitzenden ständig den Kopf hin und her drehen, was einem möglichst direkten Ablauf der Kommunikation abträglich ist. Bei hochoffiziellen Anlässen wie Banketten kommt es vor, daß die Dolmetscher vom Protokoll nicht unmittelbar am Tisch, sondern hinter den jeweiligen Delegationsleitern untergebracht werden. Daß der Dolmetscher dabei nicht in den Genuß des guten Essens kommt, ist weniger relevant, denn auch wenn er an der gedeckten Tafel sitzt, wird er oft kaum Gelegenheit haben zu essen, weil er durchgängig für die Wiedergabe der Tischgespräche zwischen den Hauptpersonen sorgen muß. Schwerer wiegt dagegen, daß für den Dolmetscher, der nicht den Mund, sondern den Nacken des Redners vor sich hat, das Gesprochene weniger verständlich ist. Rückfragen, besonders mehrmalige, sind bei hochgestellten Persönlichkeiten gar nicht beliebt, und auf einer Seite etwas nach vorn zu rücken ist auch nicht unbedingt zielführend, weil sich das Gespräch plötzlich auf die andere Seite verlagern kann. Solche Situationen verlangen vom Dolmetscher besondere Aufmerksamkeit, Flexibilität und Takt.

3. *Dolmetschtechnik*

Wenngleich beim Verhandlungs- bzw. Gesprächsdolmetschen gemeinhein davon ausgegangen wird, daß die Wiedergabe konsekutiv erfolgt, kommen besonders im diplomatischen Bereich nicht nur das Konsekutivdolmetschen, sondern auch das Flüsterdolmetschen und diverse Mischformen zur Anwendung (vgl. Thiéry 1990:46f.).

Bekannt ist das traditionelle Bild des Konsekutivdolmetschers, der, vor sich einen Schreibblock, in der Hand den Kugelschreiber, Notizen macht, während gesprochen wird, und dann nach Ende des Satzes oder Absatzes mit der Wiedergabe einsetzt. In manchen Fällen wird diese Arbeitsweise auch von den Verhandlern ausdrücklich verlangt. Vielfach legt es die Praxis des Verhandlungs- bzw. Gesprächsdolmetschens jedoch nahe, sobald wie möglich mit einer nahezu simultanen Wiedergabe zu beginnen. Die Gesprächspartner mögen dies anfangs ungewohnt finden, gewöhnen sich aber in der Regel rasch daran und lernen es zu schätzen, daß die Verdolmetschung in ihren natürlichen Sprechpausen erfolgt und ihnen ein paar zusätzliche Sekunden Zeit zum Nachdenken und Formulieren gibt. Diese Art des Dolmetschens gewährleistet große Genauigkeit und spart im übrigen auch Zeit. Ein Nachteil, der mit jeder Form des simultanen Dolmetschens verbunden ist, ergibt sich aus dem erhöhten Antizipationsbedarf, vor allem in syntaktisch sehr unterschiedlichen Sprachkombinationen. Das Deutsche als Ausgangssprache konfrontiert den Dolmetscher durch die Endstellung des sinntragenden Prädikatsteils oft mit Überraschungen. Da beginnt jemand seinen Redefluß mit den Worten „Wir werden ...", dann folgt ein dichter, oft mit Schachtelsätzen gespickter Mittelteil, und ganz zum Schluß steht das Verbum. Ist dem Dolmetscher das Thema geläufig, dann weiß er, was „wir werden", und sagt es auch gleich zu Beginn. Es kann aber passieren, daß statt „Wir werden unterstützen ..." ein unerwartetes „... auf keinen Fall zulassen" kommt und sich der Dolmetscher unmißverständlich korrigieren muß.

4. *Anforderungen*

Wie bereits erwähnt, ergeben sich für den Dolmetscher, der Verhandlungen allein betreut und somit in beide Richtungen arbeiten muß, hohe Anforderungen an die aktive und passive Beherrschung der betreffenden Arbeitssprachen. Jedes Dolmetschen erfordert ein richtiges Verständnis des Gesagten, doch wird gerade beim Verhandlungsdolmetschen deutlich, daß dieses Verstehen sich nicht auf den wörtlichen Inhalt beschränkt, sondern auch die im Bewußtsein der Gesprächspartner vor sich gehenden gedanklichen Vorgänge umfaßt. Umfassendes Vorwissen über geographische, wirtschaftliche, kulturelle, historische und ideologische Aspekte sind für den Dolmetscher unverzichtbar. Diese Kulturkompetenz kann nicht allein durch den Erwerb landeskundlichen Wissens – etwa im Rahmen der Dolmetscherausbildung – gelernt werden, sondern muß durch Auslandsaufenthalte und häufige Reisen ins betreffende Land erfahren werden. Durch die laufende Lektüre mehrerer Zeitungen und anderer Informationsquellen hält sich der Dolmetscher auf dem laufenden darüber, was im Land der betreffenden Zielsprache vor sich geht, was Tagesgespräch ist, wer die populären Künstler sind usw. Allein diese Kulturerfahrung kann den Dolmetscher in die Lage versetzen, im Verlauf der Gespräche und Verhandlungen mit stark kulturgebundenen Ausdrucksweisen zurechtzukommen und sich auf die Mentalität des Gegenübers einzustellen.

Was die Anforderungen an den Zieltext angeht, so sind beim Verhandlungsdolmetschen im allgemeinen Genauigkeit, inhaltliche Übereinstimmung und Vollständigkeit ausschlaggebend. Die jeweilige Gewichtung dieser Kriterien kann je nach Einsatzbereich unterschiedlich sein. Bei diplomatischen Verhandlungen auf hoher oder höchster Ebene ist die nuancierte Wiedergabe jeder ironischen oder sonstwie andeutungsweise gefärbten Aussage wichtig. Bei Geschäftsverhandlungen ist Genauigkeit weniger für die Gedanken zwischen den Zeilen, sondern für exakte Zahlen, Qualitätsmerkmale, Fristen, Konventionalstrafklauseln u.ä. gefordert. Technische und wissenschaftliche Themen setzen wiederum die Beherrschung der Fachausdrücke und der speziellen Formulierungsweise voraus. Jedenfalls aber ist der Dolmetscher kein mechanischer Texterzeuger, sondern muß ständig mitdenken und beurteilen, ob nicht Dinge mitschwingen, die den sprechenden Seiten unbekannt sind oder von ihnen nicht gesehen werden. In einem solchen Fall im Interesse des Verhandlungserfolges in geeigneter Weise einzugreifen – etwa durch eine zusätzliche Erläuterung, durch einige dem rechten Nachbarn zugeflüsterte Worte oder auch durch hörbare Verbesserung eines durch den anderen Dolmetscher falsch übersetzten Begriffes – kennzeichnet die hohe Professionalität des Dolmetschers. Freilich muß sich der Dolmetscher seiner Sache sicher sein. Vorlaute Äußerungen sind nicht gefragt; höchstes Taktgefühl ist angebracht.

Für die Ausdrucksqualität gelten beim Verhandlungsdolmetschen dieselben Maßstäbe wie für andere Sparten des Dolmetschens, d.h., es sollte in der Rede des Dolmetschers keine unvollständigen Sätze, kein hörbares Zögern („äh“) und keine überflüssigen Füllwörter („also“) geben. Insbesondere muß der Dolmetscher darauf achten, daß ihm nicht wertende Zusätze wie z.B. „leider“ entschlüpfen, da eine solcherart durch die persönliche Einschätzung des Dolmetschers gefärbte Aussage von den Angesprochenen selbstverständlich – aber unzutreffend – als Meinung des Sprechers aufgefaßt wird.

5. Zusatzaufgaben

Ein Spezifikum des Verhandlungsdolmetschens sind die im Verlauf oder am Ende der Verhandlungen zu erstellenden Schriftstücke wie Verträge, Absichtserklärungen, Protokolle u.ä., die von Bedeutung für den weiteren Verlauf der Beziehungen zwischen den Verhandlungspartnern sind. In der Regel werden solche Papiere in zwei Sprachen ausgefertigt, was die jeweilige Seite selbst besorgt. Es ist aber unerläßlich, daß vom Dolmetscher der Text in der anderen Sprache genauestens überprüft wird. Hier geht es weniger um unbeabsichtigte (oder sogar beabsichtigte) Fehler, sondern eher um Ungenauigkeiten oder Zweideutigkeiten. Wenn zum Beispiel in einem Wissenschaftsabkommen die Rede davon ist, daß die empfangende Seite dem Gastgelehrten „angemessene Wohnbedingungen“ zur Verfügung stellt und dies im Sinn von „angemessene Lebensbedingungen“ übersetzt wird, kann das bei Erfüllung des Abkommens zu unangenehmen und peinlichen Auseinandersetzungen führen. In solchen Fällen muß der Dolmetscher mit höflicher, aber bestimmter Hartnäckigkeit auf die Notwendigkeit entsprechender Korrekturen hinweisen.

6. Zurückhaltung

So wichtig die Rolle des Dolmetschers ist, so notwendig es ist, daß er sich bei seinem Team, aber auch bei allen anderen Verhandlungsteilnehmern Achtung und Anerkennung verschafft, steht er doch nicht als Person im Vordergrund. Je weniger man ihn beim Verhandeln bemerkt, desto größer ist sein Erfolg, und die beste Beurteilung, die einem Dolmetscher zuteil werden kann, besteht darin, daß man seine Arbeit gar nicht gespürt hat.

Literatur

Feldweg, Erich (1996): *Der Konferenzdolmetscher im internationalen Kommunikationsprozeß*. Heidelberg: Groos.

Hoof, Henri van (1962): *Théorie et pratique de l'interprétation*. München: Hueber.

Matyssek, Heinz (1989): *Handbuch der Notizentechnik für Dolmetscher*. Teil I. Heidelberg: Groos.

Thiéry, Christopher (1990): „Interprétation diplomatique." Lederer, Marianne (Hrsg.) (1990): *Études traductologiques*. Paris: Minard-Lettres modernes, 45-59.

Martin Grünberg (Wien)

92. Community Interpreting

1. Definition und Abgrenzung von anderen Erscheinungsformen des Dolmetschens

Der Ausdruck *Community Interpreting* wurde durch eine Arbeitsgruppe des Institute of Linguists in London geprägt, mag aber schon vorher verwendet worden sein (Longley 1984). Es wird damit das Dolmetschen für Einzelpersonen oder Kleingruppen (Familien) bezeichnet, meist Einwanderer, Flüchtlinge oder Wanderarbeiter, für Gespräche bei Behörden und Sozialämtern, auch in Schulen, im Gesundheitswesen usw., des Aufnahmelandes.

In den USA entstand er in Anlehnung an *community work*, d.h. unbezahlte Dienstleistungen verschiedener Art durch Laien. In Deutschland wurde der Ausdruck *Behördendolmetschen* vorgeschlagen. In manchen Ländern, z.B. in Schweden, schließt er Gerichtsdolmetschen (s. Art. 90) mit ein. In den Vereinigten Staaten, wie in den meisten Ländern Europas, wo es schon seit Jahren Berufsorganisationen für Gerichtsdolmetscher gibt, wird Community Interpreting gesondert behandelt. Der Begriff ist aber weiterhin unscharf, und der Sachverhalt wird auch durch andere Ausdrücke bezeichnet (z.B. *liaison interpreting*, *Sprachmittlung*, *Kulturmittlung*, s. Art. 9).

Adolfo Gentile, der noch 1986 in Triest (1989:259) die Unterschiede im Vergleich zum Konferenzdolmetschen sehr klar beschrieben hatte (Arbeit mit nur zwei Sprachen, beide aktiv, Redner und Zuhörer haben ungleiche Vorkenntnisse, kommen aus verschiedenen „Kulturen", sehen die Rolle des Dolmetschers in unterschiedlicher Weise), entfernte sich aber in zunehmendem Maße von dieser Stellungnahme und vertritt nun die Ansicht, daß die Bezeichnung „Dolmetschen" ausreicht, und stellt fest: „In Australia, we do not use the term community interpreting but simply interpreting, just as we do not use the term ‚salted butter' because all our butter is salted" (Gentile 1997:117).

Dagegen sprechen z.B. Longley, Shackman und Bowen. Shackman erklärte schon 1984 (1987:18) die Rolle und die Aufgaben des *Community Interpreters* aus der Tatsache, daß sie für ungleiche Gesprächspartner dolmetschen; die Machtverhältnisse sind anders. Bowen (1989) vertritt die Ansicht, daß es sich um eine Untergruppe sui generis der Tätigkeit „Dolmetschen" handelt, deren Anforderungen und Arbeitsweise nicht mit Konferenzdolmetschen oder Gerichtsdolmetschen gleichgesetzt werden können (Bowen 1989). Es geht um Eignung und die erforderlichen Kenntnisse für die verschiedenen Kategorien des Dolmetschens; sie sind nur begrenzt übertragbar. Dabei ist durchaus nicht davon die Rede, daß Community Interpreting „leichter" sei, die Natur der Anforderungen ist anders. Andere Kenntnisse sind erwünscht.

2. Sprachen

Oft handelt es sich um Sprachen, die im Schulsystem des Aufnahmelandes nicht unterrichtet werden, ja, für die es kaum Fachleute gibt (z.B. afrikanische Stammessprachen); verschiedene Sprachebenen und Regionalismen, die ja jede Sprache aufweist, müssen verstanden werden. Gehobener Stil dagegen, wie er in der Generalversammlung der Vereinten Nationen verlangt wird, ist nicht gefragt (Bowen 1989). Pöchhakker (1997a) ermittelte durch seine Umfrage bei Wiener Gesundheits- und Sozialbehörden, daß insgesamt 27 Sprachen mehr oder minder häufig in der Betreuungssituation verlangt werden. Bei der Straßburger Tagung über Dolmetschen bei sozialen Einrichtungen (ISM 1996) wurde aus fünf Ländern über Probleme und Lösungen berichtet, z.B. daß in den Niederlanden über 700 Dolmetscher in 85 Sprachen eingesetzt werden (ISM 1996:24). Das seit 1989 bestehende Ethno-Medizinische Zentrum Hannover e.V. schult und vermittelt Dolmetscher für den medizinischen und sozialen Bereich in über 70 Sprachen und Dialekten (EMZ 1995).

3. Zwischenmenschliche Beziehungen

Für die Arbeit mit Kleingruppen oder Einzelpersonen ist wesentlich mehr Geschick im Umgang mit Menschen erforderlich als in einem großen Konferenzsaal, wo die Dolmetscher in den Kabinen ihr eigenes Reservat haben und die Delegierten bestenfalls die Dolmetscher an der Stimme erkennen. Die „Kunden" sind meist nicht gewohnt, über einen Dolmetscher ein Gespräch zu führen, gelegentlich handelt es sich um Kinder, alte Menschen oder Flüchtlinge, die schreckliche Erlebnisse hinter sich haben. Sie sind verunsichert und sehen oft im Dolmetscher die Bezugs- oder Vertrauensperson (Zaczek 1997:148). Beamte, Ärzte oder FürsorgerInnen dagegen sind vor allem auf Unparteilichkeit ausgerichtet und werden leicht ungeduldig, wenn ein Ausländer auf einfache Fragen umständlich mit der ganzen Lebensgeschichte reagiert (Burley 1990).

4. Rekrutierung und Ausbildung

Der Anstieg der Wanderbewegungen und die Nachfrage nach Community Interpreting führten zu wachsendem Interesse an dieser Art des Dolmetschens. Prüfungen und Ausbildung stehen zur Debatte. Longley erklärte 1984 für England, daß es keine Arbeitsplätze für fest angestellte Community Interpreter gebe. England ist kein Einzelfall, und diese Situation hat sich in der Zwischenzeit nur minimal geändert.

Entscheidend für unterschiedliche Verhältnisse ist wohl in dieser Hinsicht die Frage, inwieweit das Gesundheitswesen eines Landes öffentlicher oder privater Natur ist, welche sozialen Einrichtungen in einem Land generell aus öffentlichen Geldern erhalten werden. Bezeichnend dafür ist z.B. Schwedens Tradition an Leistungen für Einwanderer. Nach schwedischem Verwaltungsrecht hat ein Einwanderer oder Flüchtling bei Vorsprachen gegenüber Behörden das Recht auf einen Dolmetscher (ISM 1996:19). In Washington, D.C. gibt es dagegen nur eine einzige fest angestellte Dolmetscherin für Spanisch im D.C. General Hospital. In einigen Staaten der USA ist es gelungen, überall dort Abhilfe zu schaffen, wo Bundesgelder Krankenhäuser und Programme mitfinanzieren (Puebla Fortier 1997:166f.). In Kanada werden gleichfalls kraft gesetzlicher Vorschriften gewisse Leistungen erbracht (Debevc-Moroz 1995).

Private Hilfsorganisationen versuchen, freiwillige Dolmetscher für „sprachlich isolierte" Personen zu gewinnen. Oft versucht man, Sprachstudenten dazu heranzuziehen (Michael/Cocchini 1997:237ff.). In Europa wie in den USA und Kanada werden vielfach Angehörige, oft Kinder, und zweisprachiges Krankenhauspersonal aller Art herangezogen. Pöchhacker (1997b:222) berichtet, daß in Wien seit 1989 wenigstens in jedem großen öffentlichen Krankenhaus eine türkische Dolmetscherin unter Vertrag steht. Da eine derartige Tätigkeit nur schlecht, falls überhaupt bezahlt wird, wird sie nur vorübergehend ausgeübt, und es besteht kein Ansporn, eine längere Ausbildung anzustreben.

5. *Ausblick*

Derzeit ist in fast allen Ländern mit einer hohen Einwandererquote ein Mangel an kompetenten Dolmetschern für den Umgang mit Behörden, Gesundheitsdiensten und anderen sozialen Einrichtungen festzustellen. In diesen Ländern wird der Bedarf an Dolmetschern als zusätzliche Belastung gesehen.

Literatur

Bowen, Margareta (1989): „The United States: A Country of Immigration." Joly, Jean-François (Hrsg.) (1989): *Proceedings of the Second North American Translators Congress*. Montreal: RCNA-FIT, 111–115.

Burley, Patrizia (1990): „Community Interpreting in Australia." Bowen, David / Bowen, Margareta (Hrsg.) (1990): *Interpreting – Yesterday, Today and Tomorrow*. ATA Scholarly Monograph Series IV. Binghamton/NY: State University of New York at Binghamton, 146–153.

Carr, Silvana / Roberts, Roda / Dufour, Aideen / Steyn, Dini (Hrsg.) (1997): *The Critical Link: Interpreters in the Community*. Benjamins Translation Library 19. Amsterdam / Philadelphia: Benjamins.

Debevc-Moroz, Helena (1995): „Translation Services in a Multicultural/Multilingual Community." Aubin, Marie-Christine et al. (Hrsg.) (1995): *Future Trends in Translation*. Winnipeg/ Manitoba: Presses Universitaires de Saint-Boniface, 173–180.

EMZ (1995): *Dolmetscherservice im Ethnomedizinischen Zentrum*. Hannover: Ethno-Medizinisches Zentrum Hannover e.V.

Gentile, Adolfo (1989): „The Genesis and Development of Interpreting in Australia: Salient Features and Implications for Teaching." Gran, Laura / Dodds, John M. (Hrsg.) (1989): *The Theoretical and Practical Aspects of Teaching Conference Interpretation*. Udine: Campanotto, 257–260.

Gentile, Adolfo (1997): „Community Interpreting or Not? Practices, Standards and Accreditation." Carr et al. (Hrsg.) (1997): 109–118.

ISM (1996): *Interpreting in the Community. Acts of the European Seminar, 5–7 October 1995, Strasbourg, France*. Paris: Inter-Service Migrants.

Longley, Patricia (1984): „What is a Community Interpreter?" *The Incorporated Linguist* 23/3, 178–181.

Michael, Suzanne / Cocchini, Marianne (1997): „Training College Students as Community Interpreters: An Innovative Model." Carr et al. (Hrsg.) (1997): 237–248.

Pöchhacker, Franz (1997a): „Community Interpreting in Wien – ein Zwischenbericht." *Mitteilungsblatt des Bundesverbands der Dolmetscher und Übersetzer Universitas* 1 (1997), 8–10.

Pöchhacker, Franz (1997b): „‚Is There Anybody Out There?' Community Interpreting in Austria." Carr et al. (Hrsg.) (1997): 215–225.

Puebla Fortier, Julia (1997): „Interpreting for Health in the United States: Government Partnership with Communities, Interpreters, and Providers." Carr et al. (Hrsg.) (1997): 165–177.

Shackman, Jane (1987): *The Right to Be Understood: A Handbook on Working With, Employing and Training Community Interpreters*. Cambridge: National Extension College.

Zaczek, Marion (1997): „Beim Bundesasylamt. Ein Einsatz für Gerichtsdolmetscher." Kurz, Ingrid / Moisl, Angela (Hrsg.) (1997): *Berufsbilder für Übersetzer und Dolmetscher. Perspektiven nach dem Studium*. Wien: Wiener Universitätsverlag, 145–148.

Margareta Bowen (Washington)

93. Gebärdensprachdolmetschen

Noch vor wenigen Jahren war das Gebärdensprachdolmetschen sowohl in der Wissenschaft als auch unter Praktikerinnen und Praktikern ein wenig bekanntes Tätigkeitsfeld. In der Forschung wurde es nicht thematisiert, es gab, zumindest in Europa, so gut wie keine Ausbildungsprogramme, die wenigen, die existierten, waren nicht an Instituten für Übersetzer- und Dolmetscherausbildung eingerichtet. Die theoretischen, curricularen und berufspraktischen Arbeiten, die seit der Gründung des *Registry of Interpreters for the Deaf* im Jahre 1964 in den USA publiziert wurden (vgl. Grbić 1998), wurden in Europa kaum rezipiert.

Heute findet man in Nachschlagwerken zur Translationswissenschaft meist auch ein Kapitel, das dem Gebärdensprachdolmetschen gewidmet ist (vgl. Shuttleworth/Cowie 1997, Salevsky 1998 oder Baker 1998). Auch in Sammelbänden, die berufspraktische Aspekte zum Thema haben, finden sich immer häufiger Beiträge zum Gebärdensprachdolmetschen (vgl. Kurz/Moisl 1996), zwei neuere translationswissenschaftliche Zeitschriften, *The Translator* und *Interpreting*, haben in ihrer ersten Ausgabe jeweils einen Artikel zu diesem Thema veröffentlicht (Brennan/Brien 1995, Roy 1996), und *Meta* publizierte im September 1997 eine Sondernummer. Dies zeigt, daß das Gebärdensprachdolmetschen heute nicht mehr als Sonderfall des Dolmetschens betrachtet wird.

1. Gebärdensprachen und künstliche Manualsysteme

Gebärdensprachen sind funktional gesehen die Primärsprachen eines Großteils der gehörlosen Population jedes Landes. Es sind natürlich gewachsene Sprachen, die von Generation zu Generation weitergegeben werden, sie sind nicht universell, sondern national, dialektal und soziolektal gegliedert. Die Grammatik von Gebärdensprachen unterscheidet sich von jenen gesprochener Sprachen. Zwischen einzelnen Gebärdensprachen bestehen jedoch gemeinsame grammatikalische Merkmale (zur Gebärdensprachlinguistik vgl. Boyes Braem 1990).

Neben natürlichen Gebärdensprachen gibt es eine Reihe von künstlichen Manualsystemen, die von Hörenden vor allem für pädagogische Zwecke erfunden wurden. Die künstlichen Manualsysteme bedienen sich meist des Lexikons der nationalen Gebärdensprache, während sie die grammatischen Strukturen (Morphologie und Syntax) der jeweiligen gesprochenen/geschriebenen Sprache mehr oder weniger exakt zu kopieren suchen (vgl. Bornstein 1990). Im deutschsprachigen Raum wird dieses System LBG (Lautsprachbegleitendes Gebärden) genannt. Künstliche Manualsysteme werden von Gehörlosen untereinander in der Regel nicht verwendet, da sie nicht als Kulturgut der Gehörlosengemeinschaft (zur Gehörlosenkultur siehe Higgins 1980) betrachtet werden. In gewissen Situationen bevorzugen manche Gehörlose LBG. Dies bedeutet, daß Dolmetscherinnen und Dolmetscher beide Codes beherrschen müssen, um sie funktional adäquat einsetzen zu können.

2. Techniken und Einsatzbereiche des Gebärdensprachdolmetschens

Beim Dolmetschen zwischen gesprochenen und gebärdeten Sprachen wird, auch im Falle des Dolmetsches von Gesprächen, in erster Linie die simultane Technik angewandt (s. Art. 86), da Laut- und Gebärdensprachen über unterschiedliche Kanäle rezipiert und produziert werden. Aus kommunikativen Gründen wird bisweilen auf das Konsekutivdolmetschen zurückgegriffen (s. Art. 87).

Gehörlose sind in der Kommunikation mit Hörenden auf das sehr mühevolle, problematische Ablesen von den Lippen angewiesen. Da nicht jedem Laut ein individuelles Mundbild zugeordnet werden kann und viele Laute in einem nicht mehr sichtbaren Artikulationsraum produziert werden, ist das Ablesen eine intellektuell sehr anspruchsvolle Aufgabe, die von Weltwissen, Sprachkompetenz und Kontextualisierungfähigkeit und nicht zuletzt (sogar in der eher unproblematischen Face-to-face-Kommunikation) zu einem nicht geringen Anteil von mehr oder weniger erfolgreichem Raten abhängt (vgl. McCracken/Sutherland 1991:68–75). Um Informationen zu erhalten oder Mißverständnisse zu vermeiden, sind Gehörlose in vielen Situationen auf DolmetscherInnen angewiesen (vgl. Ebbinghaus/Heßmann 1989).

Eine große Gruppe der Einsatzbereiche von GebärdensprachdolmetscherInnen stellen Settings des Community Interpreting (s. Art. 92) dar. Im Falle gehörloser Dolmetsch-Klienten sind dies u.a.: Ämter und Behörden, Fahrschule, Krankenhaus und Arztbesuch, Sozialdienste, Beratungs- und Therapiegespräche, Arbeitssuche und Arbeitsplatz, Schule (Elternsprechtage), wirtschaftliche Angelegenheiten (Aufnahme von Krediten, Wohnungskauf).

Ein weiterer Einsatzbereich umfaßt das Dolmetschen bei Polizei, in Anwaltskanzleien und bei Gericht. Da GebärdensprachdolmetscherInnen denselben Aufnahmekriterien und Berufskodizes unterliegen wie DolmetscherInnen von gesprochenen Sprachen, soll dieses Setting hier nicht gesondert behandelt werden (s. Art. 90).

Ein Einsatzgebiet, das im Bereich des Gebärdensprachdolmetschens deutlich im Wachsen begriffen ist, ist der Bildungssektor. Gehörlose geben sich nicht mehr mit traditionell für sie vorgesehenen Berufen zufrieden. Sie streben höhere Bildung und Fachausbildung an, um beruflich mit Hörenden gleichgestellt zu werden. Zu diesem wachsenden Dolmetschbereich zählt das Dolmetschen in der Grundausbildung, in Berufsschulen, in Höheren Schulen und Akademien, an Universitäten und bei Weiterbildungsveranstaltungen. Diese Settings erfordern neben einer professionellen Einstellung und Technik die Erarbeitung der jeweiligen Fachsprachen, die in bestimmten Gebärdensprachen, die lange Zeit aus dem öffentlichen Raum verbannt waren, erst im Entstehen begriffen und nicht standardisiert sind.

Als weiteren Bereich sei das Dolmetschen für Gehörlosenvereine angeführt, die in vielen Fällen eigene DolmetscherInnen anstellen. Diese haben verschiedene Aufgabengebiete, die z.T. auch über das Dolmetschen hinausgehen (Beratung, Sekretariatsjobs, Organisation u.ä.), was zu Rollenkonflikten führen kann. Eingesetzt werden diese DolmetscherInnen neben *community settings* u.a. für Gespräche mit Politikern, das Dolmetschen von Reden zu feierlichen Anlässen (Ehrungen, Jubiläen, Feiern etc.), bei Sportveranstaltungen, für vereinsinterne Freizeitveranstaltungen wie Reisen, Führungen, Vorträge, Weiterbildungen, Informationsabende uvm.

Ein Dolmetschbereich, der ebenfalls in den letzten Jahren steigende Tendenz zeigt, ist das Dolmetschen von Fachvorträgen und Konferenzen (s. Art. 88). So waren etwa anläßlich des XII. Internationalen Kongresses der *World Federation of the Deaf* im Juli 1994 in Wien ca. 120 Dolmetscherinnen und Dolmetscher für etwa 60 Gebärdensprachen engagiert, um 200 Vorträge in 10 Fachsektionen zu dolmetschen.

In den Settings Religion, Politik oder Medien (s. Art. 89) werden derzeit noch relativ wenige DolmetscherInnen eingesetzt. Doch auch hier macht sich eine langsam steigende Tendenz bemerkbar, da die Gehörlosengemeinschaft durch ihre Politik immer mehr ins öffentliche Interesse rückt.

Neben den oben angeführten Einsatzbereichen, die zum Großteil simultan gedolmetscht werden, gibt es eine Reihe von alternativen Techniken, die eigene Kompetenzen erfordern. Dazu zählen u.a.:

- Vom-Blatt-Dolmetschen in die Gebärdensprache
- Übersetzen/Texten aus der Gebärdensprache ins Deutsche
- Telefondolmetschen
- LBG-Dolmetschen (im Englischen hat sich dafür der Terminus *transliterating* eingebürgert)
- Dolmetschen aus dem Englischen und ins Englische (bei transnationalen Gesprächen und Verhandlungen oder großen Konferenzen)
- Dolmetschen für Personen mit minimaler Sprachkompetenz
- Dolmetschen für Taubblinde (erfordert eigene Technik, wie etwas das LORMAN-Alphabet, das in die Handfläche buchstabiert wird)

(zu Settings vgl. auch Frishberg [4]1994).

3. Berufsverbände

Aus Gründen der Professionalisierung und organisierten Vertretung haben sich regionale Landesgemeinschaften, nationale und transnationale Verbände (z.B. EFSLI: *European Forum of Sign Language Interpreters*) von GebärdensprachdolmetscherInnen konstituiert. Wie andere Berufsverbände auch (s. Art. 4) versuchen sie Qualität zu sichern, indem sie Berufkodizes vorgeben, Honorarempfehlungen machen, Fortbildungen und Konferenzen organisieren. In Staaten, in denen das Gebärdensprachdolmetschen ein anerkanntes Berufsbild ist, werden in jüngerer Zeit immer häufiger die schlechten Arbeitsbedingungen der DolmetscherInnen thematisiert. Dazu gehören arbeitsmedizinische Aspekte, die sich aus der repetitiven, statischen Belastung des Körpers ergeben, ebenso wie Faktoren der psychischen Belastung (vgl. Maßmann 1996).

Literatur

Baker, Mona (Hrsg.) (1998): *Routledge Encyclopedia of Translation Studies*. London / New York: Routledge.

Bornstein, Harry (Hrsg.) (1990): *Manual Communication. Implications for Education*. Washington, D.C.: Gallaudet UP.

Boyes Braem, Penny (1990): *Einführung in die Gebärdensprache und ihre Erforschung*. Internationale Arbeiten zur Gebärdensprache und Kommunikation Gehörloser 11. Hamburg: Signum.

Brennan, Mary / Brien, David (1995): „MA/Advanced Diploma in British Sign Language/English Interpreting". *The Translator* 1/1, 111–128.

Ebbinghaus, Jens / Heßmann, Horst (1989): *Gehörlose Gebärdensprache Dolmetschen. Chancen der Integration einer sprachlichen Minderheit.* Internationale Arbeiten zur Gebärdensprache und Kommunikation Gehörloser 7. Hamburg: Signum.

Frishberg, Nancy ([4]1994/1990): *Interpreting: An Introduction.* Silver Spring/Maryland: RID Publications.

Grbić, Nadja (1998): „Gebärdensprachdolmetschen". Salevsky, Heidemarie (Hrsg.) (1998).

Higgins, Paul C. (1980): *Outsiders in a Hearing World. A Sociology of Deafness.* Sociological Observations 10. Newbury Park / London / New Delhi: Sage Publications.

Kurz, Ingrid / Moisl, Angela (Hrsg.) (1996): *Berufsbilder für Übersetzer und Dolmetscher.* Wien: Wiener Universitätsverlag.

Maßmann, Christiane (1996): „Arbeitsbedingungen von GebärdensprachdolmetscherInnen und mögliche Folgen". *Das Zeichen* 9/33, 335–344.

McCracken, Wendy / Sutherland, Hilary (1991): *Deaf-ability – Not Disability: A Guide for the Parents of Hearing Impaired Children.* Clevedon / Philadelphia / Adelaide: Multilingual Matters.

Roy, Cynthia B. (1996): „An interactional sociolinguistic analysis of turntaking in an interpreted event". *Interpreting* 1/1, 39–67.

Salevsky, Heidemarie (Hrsg.) (1998): *Sachwörterbuch der Translationswissenschaft.* Heidelberg: Groos (im Druck).

Seleskovitch, Danica (Hrsg.) (1997): „L'interprétation en langues des signes." *Meta* 42/3, Numéro special.

Shuttleworth, Mark / Cowie, Moira (Hrsg.) (1997): *Dictionary of Translation Studies.* Manchester: St. Jerome.

Van Cleve, John V. (Hrsg.) (1987): *Gallaudet Encyclopedia of Deaf People and Deafness.* 3 vol. New York / St. Louis / San Francisco etc.: McGraw-Hill.

Nadja Grbić (Graz)

94. Satelliten-Konferenzdolmetschen

Satellitenkonferenzen ermöglichen die zwischenmenschliche Kommunikation in Wort und Bild über weite Abstände. In technischer Hinsicht gleichen sie einer Fernsehübertragung: Die von einem Sender erzeugten Ton- und Bildsignale werden analog von einem Kommunikationssatelliten mit geostationärer Laufbahn übertragen. Ihre Qualität liegt weit über der terrestrischer Videokonferenzen, die aus vorliegender Betrachtung ausgeklammert sind.

Bereits in den siebziger Jahren wurde vor allem von den Vereinten Nationen getestet, inwieweit mehrsprachige Satellitenkonferenzen mit Simultanverdolmetschung eine Alternative zu herkömmlichen Kongreßveranstaltungen darstellen könnten. So wurden beispielsweise einige Delegationen in einem Sitzungssaal in New York, die übrigen sowie das Dolmetscherteam in Wien versammelt. Bild und O-Ton wurden aus den USA nach Österreich übertragen, dort gedolmetscht und zurückgesendet. Diskussionsbeiträge aus Wien wurden im Original sowie den gedolmetschten Fassungen über fünf Tonkanäle in den Glaspalast von New York übertragen. Die Auswertung jenes Experiments zeigte, daß die Delegierten in den Vereinigten Staaten die Ferndolmetschung kaum bemerkt, geschweige denn moniert hatten. Die Dolmetscher ihrerseits klagten trotz guter Ton- und Bildqualität über außergewöhnlichen Streß und Ermüdungserscheinungen infolge der Zeitverschiebung zwischen den beiden Kontinenten.

Satellitenkonferenzen verwenden die gleiche Bandbreite wie Fernsehsendungen. Der Andrang gerade der privaten Fernsehanstalten ist gewaltig, die Satellitenkapazität dagegen nach wie vor begrenzt. Dies schlägt sich zwangsläufig auf die Organisationskosten nieder und erklärt, weshalb bis heute die allermeisten Veranstaltungen ausschließlich einsprachig (beinahe ausnahmslos auf Englisch) ablaufen. Wird den Veranstaltern – oft erst in der letzten Minute – bewußt, daß der eine oder andere Sitzungsteilnehmer nicht in der Lage ist, der Originalfassung zu folgen, dann bleibt ihnen häufig keine andere Wahl als die, eine Behelfslösung wie Flüstern oder Konsekutivdolmetschen (s. Art. 87) vor dem Bildschirm anzubieten.

Ist aus der bisherigen Praxis abzuleiten, daß die Satellitenkonferenz dem Simultandolmetscher keine oder bestenfalls eine marginale Zukunft einräumt? Nicht unbedingt! Zum einen sind die technischen Kosten aufgrund der wachsenden Konkurrenz am Himmel rückläufig, zum anderen steigt der weltweite Kommunikationsbedarf, gerade zwischen Personen und Personengruppen verschiedener kultureller und sprachlicher Zugehörigkeit. In diesem Zusammenhang verdienen die neuen Konferenztechnologien, die im Rahmen der Globalen Informationsgesellschaft entwickelt werden, besondere Aufmerksamkeit.

Inwieweit unterscheidet sich Teledolmetschen von der klassischen Form des Simultandolmetschens? Die „Dreieinigkeit" von Ort, Zeit und Handlung ist durchbrochen. Dies vermindert zwangsläufig das dem Dolmetscher zugängliche Informationsvolumen und trägt zu seiner Verunsicherung bei. Dem kann durch seine Einbeziehung in alle Konferenzphasen entgegengewirkt werden.

1. Sitzungsplanung

Um eine optimale Dolmetschqualität bei minimalem Kostenaufwand sicherzustellen, sollte ein erfahrener Berufsdolmetscher bereits in die Planungsphase einbezogen werden. Im Vorfeld ist z.B. abzuklären, ob es sich handelt um

- eine Zwei- oder Mehrpunktekonferenz
- die zeitlich begrenzte Zuschaltung eines Referenten
- eine zwei- oder mehrsprachige Veranstaltung

Wesentlich ist die Entscheidung, an welchem der Veranstaltungsorte das Dolmetscherteam einzusetzen ist. Als Faustregel gilt: Dort, wo die meisten relevanten Informationen erhältlich sind. Nach vorherrschender Ansicht ist der direkte visuelle Kontakt mit dem SPRECHER zu bevorzugen, da er dem Sprachmittler *clues* liefert, die selbst bei geschickter Kameraführung unterzugehen drohen. In technischer Hinsicht ist es einfacher, die Reaktionen der Zuhörerschaft mit der Kamera einzufangen und zu überspielen. Die Vertreter der Ansicht, die räumliche Verbundenheit zwischen Dolmetscher und seinem ZUHÖRER verdiene Vorrang, meinen auf diesem Weg die Rückkoppelungsmöglichkeiten zu erhöhen. Dadurch sei leichter eine bedarfsorientierte Dolmetschstrategie zu entwikkeln. Es gilt als erwiesen, daß der Delegierte einer ihm per Kopfhörer zugeleiteten Nachricht kritischer gegenübersteht, sobald er deren Sender visuell nicht identifizieren kann.

Auf keinen Fall darf der Dolmetscher räumlich sowohl von Rednern wie Zuhörern getrennt werden. Selbst bei normalen Konferenzen sind aus räumlichen Überlegungen die Organisatoren bisweilen versucht, blinde Simultankabinen mit Monitoren auszustatten, vor denen gedolmetscht werden soll. Diese Form von Telearbeit führt nicht nur zu gewaltigen Qualitätseinbußen, sondern auch zu einer Entpersönlichung des Dolmetschers.

2. Konferenztechnik und Dolmetscherteam

Das auf den effektiven Bedarf aller Teilnehmer zugeschnittene sprachliche Profil einer Konferenz kann zu ihrem Erfolg resp. Mißerfolg wesentlich beitragen. Einsprachigkeit ist die einfachste, aber nicht immer die optimale Lösung. Auf der anderen Seite ist richtig, daß bei einer Satellitenkonferenz mit der Hinzufügung jedes zusätzlichen Tonkanals das Risiko einer technischen Panne größer ist als bei einer herkömmlichen Veranstaltung. Es ist Aufgabe des beratenden Dolmetschers, sinnvolle Vorschläge zur Sprachenkombination (z.B. Unterscheidung zwischen Aktiv- und Passivsprachen) zu unterbreiten, um unnötige Interferenz- und Schaltprobleme sowie Mehrkosten zu vermeiden.

Am Arbeitsplatz jedes Dolmetschers ist ein eigenes Pult mit Standmikrophon, individuellem Lautstärkenregler und leichtem Kopfhörer vorzusehen. Bei der Gestaltung der Kabine, die der einschlägigen ISO-Norm zu entsprechen hat, ist vor allem auf eine geräuschfreie Ventilation zu achten.

Das Dolmetscherteam ist so zusammenzustellen, daß jedes Sprachenpaar vorzugsweise doppelt abgedeckt wird. Relaisdolmetschen ist um jeden Preis zu vermeiden. Bei der Auswahl der Dolmetscher kann eine Stimmprobe nützlich sein.

In Anbetracht der Zeitverschiebung bei interkontinentalen Konferenzen und der erhöhten

Anspannung des Dolmetschers ist seine Einsatz- und Gesamtarbeitszeit zu begrenzen (die AIIC empfiehlt als Höchstgrenze drei Stunden am Tag). Dies kann die Bildung mehrerer Teams erforderlich machen.

3. Berufsspezifische Vorbereitung

Die sorgfältige Vorbereitung einer Satellitenkonferenz seitens aller Teilnehmer, einschließlich der Dolmetscher, ist ein Schlüssel zum Erfolg. Kongreßunterlagen und Referenzmaterial sollten möglichst frühzeitig verteilt werden. Außerdem ist zumindest eine Probe mit den Verantwortlichen für Tontechnik, Bildführung und Übertragung einzuplanen, auf der sich jeder mit seinem Arbeitsumfeld vertraut machen kann.

4. Dolmetschstrategien

Der technische Aufwand einer Satellitenkonferenz, die präzisen Zeitvorgaben, die räumliche Trennung von einem Teil der Delegierten, der ungewohnte Charakter des Ereignisses fördern beim Dolmetscher Streß. Dies darf vor offenem Mikrophon nicht zum Ausdruck kommen. Eine klare Diktion, aussagekräftige Konstruktionen, die in ruhigem, natürlichem Tempo vorgetragen werden, sind anzustreben. Dagegen sollten starke Schwankungen der Stimmstärke, hörbares Atmen, eine unverständliche Beschleunigung oder Verlangsamung des Sprechrhythmus ebenso vermieden werden wie überflüssige Füllwörter und abrupte Sendepausen (nicht zu verwechseln mit verständnisfördernden Sinnpausen).

Jeder Dolmetscher hat seine themen- und teilnehmerbezogene Strategie. Dessenungeachtet ist zu berücksichtigen, daß ein zu großer Abstand zum Original den Zuhörer, der das Geschehen auf dem Bildschirm oder der Leinwand verfolgt, verunsichert und zu Überlappungen verschiedener Wortmeldungen führen kann.

5. Zusammenfassung

Eine ganze Anzahl von Voraussetzungen, die in den Augen des Kongreßveranstalters aufwendig erscheinen mögen, sind zu erfüllen, um eine professionnelle Dolmetschleistung zu ermöglichen. Sind sie nicht gegeben, kann es zu peinlichen Qualitätsverlusten, ja zu einem Kommunikationszusammenbruch führen. Wer den Einstieg in die Dimension der Mehrsprachigkeit der Informationsgesellschaft wagt, sollte nicht am falschen Platz sparen.

Literatur

„Code d'utilisation des nouvelles technologies en matière d'interprétation de conférence", in: Bulletin de L'AIIC, Vol. XXV:4. 14–17

Christian Heynold (Bruxelles)

95. Situative Zusammenhänge

Im Gegensatz zum Übersetzen, das es durch das Medium Schrift erlaubt, große Distanzen in Zeit und Raum zu überwinden, dient das Dolmetschen im Prinzip dazu, Kommunikation zwischen verschiedenen Sprachen und Kulturen *hic et nunc*, d.h. innerhalb einer den Interaktionspartnern gemeinsamen Situation, zu ermöglichen. Dadurch spielen situative Zusammenhänge und Einflußgrößen im Prozeß der vermittelten Kommunikation eine ganz entscheidende Rolle für das translatorische Handeln (s. Art. 29). Da sich die Vielzahl der diversen Situationsfaktoren in verschiedenen Bereichen des Dolmetschens einer konkreten Beschreibung entzieht, wird im folgenden eine modellhafte Konzeption der „Situation" beim Dolmetschen skizziert, die als Rahmen für die veranschaulichende Diskussion der situativen Variablen genutzt werden kann.

1. Dimensionen der „Situation"

Im Gegensatz zu den „inneren Abläufen" bzw. kognitiven Prozessen beim Dolmetschen (s. Art. 96) definiert Salevsky (1986) – im Anschluß an W. Hartung – die Kommunikationssituation als „alle ‚äußeren' Bedingungen, d.h. alle Faktoren, die einen bestimmten Ausschnitt aus der gesellschaftlichen Lebenspraxis, der ein Kommunikationsereignis hervorbringt, charakterisieren" (Salevsky 1986:30). Um die situativen Faktoren in ihrer Vielzahl und Vielschichtigkeit faßbar zu machen, können sie verschiedenen Dimensionen zugeordnet werden, die von der Ebene der gesellschaftlichen Institution bis zur konkreten Konstellation der Interaktionspartner im Wahrnehmungsraum reichen (vgl. Salevsky 1992:106). Entsprechende Analysefragen nach Situationsfaktoren könnten lauten: „In welchem bzw. wessen Kommunikationsbereich?", „Wer, mit wem, wie, warum, wozu (etc.)?" und „Wann, wo, unter welchen Bedingungen?" Auf diesen drei Ebenen (Institution, Interaktantenkonstellation und Wahrnehmungsraum) lassen sich die situativen Bedingungen, die auf die Kommunikation insgesamt und damit auch auf das Dolmetschen einwirken, für einzelne Dolmetschtypen weiter behandeln. Wenngleich der unmittelbare Einfluß der Situation besonders im Bereich des Gesprächsdolmetschens und des Community Interpreting (s. Art. 92) von besonderer Relevanz ist, wurden diese Aspekte in der Dolmetschwissenschaft bislang kaum untersucht, so daß die weiteren Ausführungen zumindest hinsichtlich der zitierten Literatur die Situation beim Konferenzdolmetschen (s. Art. 88) in den Vordergrund rücken.

2. Kommunikationsbereich und Institution

Die institutionellen Rahmenbedingungen haben einen prägenden Einfluß auf die Kommunikationsereignisse, die in sie eingebettet sind. Man denke etwa an eine Ratssitzung der NATO im Unterschied zu einer Pressekonferenz von Greenpeace oder einen Geschworenenprozeß im Vergleich zu einem Anamnesegespräch in einer Krankenhausambulanz. Die jeweiligen gesellschaftlichen Ziele und Normen reflektieren sich in den konkreten Verständigungsprozessen, in die dann eben auch Dolmetscher eingebunden sind. Für den Bereich des Konferenzdolmetschens wurden etwa von Namy (1978), Gile (1989) und Pöchhacker (1994) Typologien vorgeschlagen, die eine Differenzierung von Konferenztypen nach verschiedenen Kriterien ermöglichen. Normen im Bereich des Gerichtswesens werden z.B. von Jansen (1995) und Morris (1995) behandelt. Die Einbindung der Dolmetscher in den institutionellen Rahmen manifestiert sich auch konkret in der Interaktion mit Auftraggebern und Veranstaltern. Durch das Verfügbarmachen von Unterlagen oder die Abhaltung eines Vorgesprächs (*briefing*) etwa können die Möglichkeiten und Grenzen für die Realisierung der eigentlichen Dolmetschhandlungen in entscheidender Weise beeinflußt werden. Dies gilt für die Manuskripte verlesener Fachreferate bei wissenschaftlichen Konferenzen ebenso wie für die Möglichkeit des Studiums von Gerichtsakten oder die vorherige Erläuterung der Fallgeschichte in einem eventuell folgenschweren sozialpsychologischen Betreuungsgespräch, wobei letzteres freilich bereits auf der Ebene der konkreten Interaktionssituation angesiedelt sein kann.

3. Konstellation der Interaktionspartner

Faßt man die „Situation" beim Dolmetschen als Konstellation von mindestens drei Interaktionspartnern auf, so sind aus der Perspektive des Dolmetschers die Antworten auf die Fragen „Wer?", „Mit wem?" nicht auf objektiv registrierbare Daten beschränkt, sondern beruhen vor allem auf einer antizipativen und assoziativen Einschätzung der Kommunikationspartner im Hinblick auf ihre persönlichen Merkmale, ihre person-, institutions- und situationsbezogene Rolle(n), ihr allgemeines, spezielles, individuelles und kontextuelles „Wissen und Können", ihre Befindlichkeit und ihre Wahrnehmungsbedingungen und, gleichsam als Resultierende aus diesen Faktoren, ihre Einschätzung der gegebenen Situation und Interaktion(spartner) sowie ihre Handlungsabsicht (vgl. Namy 1978: 32f., Thiéry 1990:43, Pöchhacker 1994: 73ff.). In diesem Prozeß der laufenden Wahrnehmung und Einschätzung der Kommunikationspartner und des Interaktionsverlaufs baut der Dolmetscher ein situationsspezifisches Hintergrundwissen auf, das für die Rezeptionsmöglichkeiten und Produktionsleistungen beim Dolmetschen eine entscheidende Rolle spielt. Dieses Situationswissen des Dolmetschers, von Lederer (1981) als *bagage cognitif* und Thiéry (1990) als *sense of situation* bezeichnet, erlaubt z.B. die Disambiguierung mehrdeutiger Ausdrücke oder eine Ausdrucksweise, die nach Möglichkeit auf die kulturellen und sprachlichen Voraussetzungen der Zuhörer zugeschnitten ist (vgl. Stenzl 1983:39).

4. Bedingungen im Wahrnehmungsraum

Im Gegensatz zur äußerst komplexen kognitiven Situationsauffassung, wie sie im Wechselspiel von Wissen und Einschätzung aufgebaut wird, ist unter der „Situation" auch die Gesamtheit der objektiv registrierbaren Gegebenheiten im – mehr oder weniger gemeinsamen – Wahrnehmungsraum der Interaktionspartner zu verstehen. Zum akustisch und/oder visuell Wahrnehmbaren könnte theoretisch auch der jeweilige „Text" gezählt werden, doch wird, im Gegenteil, in der Regel meist zwischen Text und (Situations-)Kontext unterschieden. Jedenfalls aber gibt es eine Reihe von nonverbal-visuellen Bedeutungskomponenten, die in einem Übergangsbereich zwischen dem Textuellen und dem Situativen angesiedelt sind. Dazu zählen etwa die Mimik, Gestik und Körperhaltung der Kommunikationspartner, aber auch die bei Konferenzen häufige visuelle Darbietung von Diagrammen und Textausschnitten.

In einer durch Dolmetscher vermittelten Kommunikation kommen die auditiv und/oder visuell wahrnehmbaren Komponenten des Situationskontextes je nach Interaktionstyp und Dolmetschart unterschiedlich zum Tragen. Im Falle des Gesprächsdolmetschens und ähnlicher Formen des bilateralen Face-to-face-Dolmetschens scheint eine ganzheitlich-semiotische Auffassung vom Wesen kommunikativer Äußerungen weitgehend selbstverständlich, wobei zu beachten ist, daß stets auch der (Konsekutiv-)Dolmetscher selbst mit der Gesamtheit seiner verbal-nonverbalen Signale „kommuniziert". In der Theoriebildung zum (simultanen) Konferenzdolmetschen dagegen, die sich vornehmlich auf kognitive Prozesse und Informationsverarbeitungsmodelle konzentriert, liegen bisher nur vereinzelte Beiräge zur Rolle der nonverbalen Kommunikation vor (vgl. besonders Bühler 1985, Poyatos 1987, Collados Ais 1994). Während in der berufsständischen Praxis die Forderung nach freier Sicht in den Konferenzsaal bereits die Schaffung zweier ISO-Normen für Simultandolmetschkabinen mit bedingte, liegen bislang nur wenige empirische Nachweise für die Bedeutung der visuellen Wahrnehmung beim Simultandolmetschen vor. Bühler (1985) konnte jedenfalls im Wege einer Befragung feststellen, daß Konferenzdolmetscher nicht nur den „nonvokalen Signalen" des Redners (vor allem Mimik, aber auch Gestik, Kopfbewegung, Blickrichtung, Haltung, allgemeines Äußeres) besondere Bedeutung beimessen, sondern auch allen übrigen visuell wahrnehmbaren Signalen im Interaktionsraum (d.h. der nonvokalen Kommunikation der Konferenzteilnehmer untereinander sowie zwischen Zuhörern und Dolmetschern). Der Dolmetscher in der Kabine will und muß offenbar den „Überblick" über das Konferenzgeschehen behalten, was den Einsatz von Monitoren als Ersatz für direkte Sicht zu einer unbefriedigenden Notlösung macht und auch im Hinblick auf das Videokonferenzdolmetschen (s. Art. 94) viele Fragen aufwirft.

Neben den visuellen Wahrnehmungsbedingungen spielen freilich beim Dolmetschen auch die akustischen Signale eine zentrale Rolle. Was für den Dolmetscher nicht oder nur schlecht hörbar ist, kann auch nicht oder nur schlecht in die Zielsprache übertragen werden. Beim Konsekutivdolmetschen kann diese Gefahr etwa durch eine verfehlte protokollarische Sitzordnung oder durch starken Hintergrundlärm beim Dolmetschen von Führungen etc. gegeben sein. Beim Simultandolmetschen können schlechte Tonqualität (z.B. beim Teledolmetschen oder durch mehrere offene Mikrophone im Konferenzsaal) und mangelnde Mikrophondisziplin der Redner die Rezeptions- und damit auch die Produktionsmöglichkeiten des Dolmetschers stark beschneiden. Dabei leidet unter den schlechten akustischen Bedingungen nicht nur die Dolmetschleistung (vgl. Gerver 1976), sondern vor allem auch der Dolmetscher selbst. Weitere Aspekte der Arbeitsbedingungen, die häufig zum Streßfaktor werden (vgl. Cooper et al. 1982), sind z.B. schlecht belüftete oder beleuchtete Kabinen oder mangelnde Sicht auf Projektionsflächen.

5. *„Situation" als Streß und Stütze*

Der Dolmetscher unterliegt einer Vielzahl von räumlichen und zeitlichen Bedingungen, die einen nicht unerheblichen Einfluß auf die Dolmetschleistung haben können. Situative Faktoren können einerseits zusätzlichen Streß bewirken (man denke etwa an die Konsekutivdolmetschung einer Rede von Salman Rushdie vor Publikum), andererseits aber auch eine wertvolle und oft unabdingbare Stütze für die Rezeptions- und Produktionshandlungen des Dolmetschers sein. Die stärkere Berücksichtigung der hier beschriebenen situativen Zusammenhänge in der Didaktik des (Konferenz-)Dolmetschens (s. Art. 106) wurde u. a. von Gerver (1981), Kalina (1986) und Thiéry (1990) eingefordert, was hier abschließend in Form eines Zitats verdeutlicht sei:

> As students, interpreters will have to learn the subject matter, vocabulary, context and procedures associated with varied types of meeting, as well as become aware of the cultural, intellectual backgrounds of both speakers and their audiences, and learn to adapt their interpreting accordingly (Gerver 1981:375).

Literatur

Bühler, Hildegund (1985): „Conference interpretation: A multichannel communication phenomenon." *Meta* 30/1, 49–54.

Collados Ais, Angela (1994): „La comunicación no verbal y la didáctica de la interpretación." *TEXTconTEXT* 9, 23–53.

Cooper, Cary L. / Davies, Rachel / Tung, Rosalie L. (1982): „Interpreting stress: Sources of job stress among conference interpreters." *Multilingua* 1/2, 97–107.

Gerver, David (1976): „Empirical Studies of Simultaneous Interpretation: A Review and a Model." Brislin, Richard W. (Hrsg.) (1976): *Translation: Applications and Research.* New York: Gardner, 165–207.

Gerver, David (1981): „Frames for Interpreting." Kopczynski, Andrzej et al. (Hrsg.) (1981): *Proceedings of the IXth World Congress of FIT.* Warsaw: Interpress, 371–380.

Gile, Daniel (1989): „Le flux d'information dans les réunions interlinguistiques et l'interprétation de conférence: premières observations." *Meta* 34/4, 649–660.

Jansen, Peter (1995): „The role of the interpreter in Dutch courtroom interaction: the impact of the situation on translational norms." Tommola, Jorma (Hrsg.) (1995): *Topics in Interpreting Research.* Turku: University of Turku Centre for Translation and Interpreting, 11–36.

Kalina, Sylvia (1986): „Das Dolmetschen – Theorie und Praxis." *TEXTconTEXT* 1, 171–192.

Lederer, Marianne (1981): *La traduction simultanée. Expérience et théorie.* Paris: Minard Lettres Modernes.

Morris, Ruth (1995): „The Moral Dilemmas of Court Interpreting." *The Translator* 1/1, 25–46.

Namy, Claude (1978): „Reflections on the training of simultaneous interpreters – A metalinguistic approach." Gerver, David / Sinaiko, H. Wallace

(Hrsg.) (1978): *Language Interpretation and Communication*. New York: Plenum, 25–33.

Pöchhacker, Franz (1994): *Simultandolmetschen als komplexes Handeln*. Tübingen: Narr.

Poyatos, Fernando (1987): „Nonverbal communication in simultaneous and consecutive interpretation: A theoretical model and new perspectives." *TEXTconTEXT* 2, 73–109.

Salevsky, Heidemarie (1986): *Probleme des Simultandolmetschens. Eine Studie zur Handlungsspezifik*. Linguistische Studien Reihe A 154. Berlin: Akademie der Wissenschaften der DDR/Zentralinstitut für Sprachwissenschaft.

Salevsky, Heidemarie (1992): „Dolmetschen – Objekt der Übersetzungs- oder Dolmetschwissenschaft?" Salevksy, Heidemarie (Hrsg.) (1992): *Wissenschaftliche Grundlagen der Sprachmittlung*. Frankfurt a.M. / Bern / New York / Paris: Lang, 85–117.

Stenzl, Catherine (1983): *Simultaneous interpretation: Groundwork towards a comprehensive model*. Unpubl. M.A. thesis, Birkbeck College/ University of London.

Thiéry, Christopher (1990): „The Sense of Situation in Conference Interpreting." Bowen, David / Bowen, Margareta (Hrsg.) (1990): *Interpreting – Yesterday, Today, and Tomorrow*. ATA Scholarly Monograph Series 4. Binghamton: State University of New York at Binghamton.

Franz Pöchhacker (Wien)

96. Kognitive Verarbeitungsprozesse

1. Kognitive Prozesse in der dolmetschwissenschaftlichen Literatur

Zu den beim Dolmetschen ablaufenden Prozessen gehören das schnelle und in vorgegebener Zeit zu bewältigende Verstehen und das dolmetschspezifische Analysieren sowie das kurz- bzw. mittelfristige Speichern von mündlich und einmalig dargebotenen Texten oder Textabschnitten. Die wichtige Rolle, die kognitiven Prozessen beim Dolmetschen zukommt, wird in allen dolmetschwissenschaftlichen Modellansätzen deutlich. Bereits in den ersten dolmetschwissenschaftlichen Arbeiten wurde die kognitive Komponente des Dolmetschprozesses hervorgehoben, wobei im wesentlichen die *Verstehensleistung* des Dolmetschers und der in deverbalisierter Form gespeicherte „Sinn" thematisiert wurden. Seleskovitch geht in ihrem Modell des *Konsekutivdolmetschens* davon aus, daß der Dolmetscher im Zuge der kognitiven Analyse des dargebotenen Ausgangstextes (AT) diesen zunächst deverbalisiert, d.h. von seiner sprachlichen Form befreit (*compréhension*) und in der folgenden Phase (*expression*) die zielsprachliche Reverbalisierung ohne besonderen kognitiven Aufwand vollzieht (vgl. Seleskovitch 1968:84f.). Lederer erarbeitete später ein eng an diese Vorstellung angelehntes Modell für das *Simultandolmetschen*. Sie unterscheidet zwischen Gedächtnisinhalten, die verbal und damit ohne kognitiven Aufwand im Kurzzeitgedächtnis gespeichert werden und zur *traduction linguistique* führen, und kognitiver Gedächtnisleistung zur Speicherung semantischer Einheiten, die nonverbal auf der Basis des Langzeitgedächtnisses und des Vorwissens funktioniert und *traduction cognitive* ermöglicht (vgl. Lederer 1981:189ff., 194ff.). Diese *kognitive Speicherung* ermöglicht das Verstehen in Sinneinheiten (*unités de sens*) und erlaubt, das Verstandene mit dem Vorwissen des Dolmetschers zu integrieren. Auf dieser Basis erfolgt dann die Wiedergabe in der Zielsprache (ZS) (vgl. Lederer 1981:115ff., 143ff.). Bereits bei diesen beiden Autorinnen wird deutlich, daß der Dolmetscher auf bereits aufgebautes Wissen zurückgreift, das er zusätzlich zum sprachlichen Input braucht, um verstehen zu können. Pinter (1969) untersuchte die Fähigkeit zur Lösung von komplexen kognitiven Aufgaben (gleichzeitiges Hören und Sprechen in Kombination mit unterschiedlich komplexen Aufgaben) als Voraussetzung für die Fähigkeit zu dolmetschen. Sie stellt eine parallele Zunahme beider Fähigkeiten als Folge konsequenter Übung fest, was als Hinweis auf die Bedeutung kognitiver Prozesse beim Dolmetschen betrachtet werden kann.

Gerver (1976) zog aus seinen Messungen kognitiver *Rezeptionsleistungen* (Verstehens- und Behaltensleistung) beim Hören, Shadowing (Nachsprechen von Text in der gleichen Sprache) und Dolmetschen den Schluß, daß sowohl

Konsekutiv- als auch Simultandolmetschen eine erheblich höhere kognitive Anforderung stellen als reines Shadowing; die höchste kognitive Leistung wurde allerdings beim Hören ohne weitere Verarbeitungsaufgabe gemessen. Die Verstehens- und Behaltensleistung war beim Konsekutivdolmetschen höher als beim Simultandolmetschen, was Gerver, wie später von Lambert (1989) bestätigt, als Indikator für den Grad der Verstehenstiefe betrachtet. Aus solchen Befunden kann allerdings auch geschlossen werden, daß beim Simultandolmetschen die Behaltensleistung deshalb abnimmt, weil die Belastung mit auf die Produktion eines Zieltextes (ZT) gerichteten kognitiven Operationen höher ist als beim Konsekutivdolmetschen. Da Verstehen und Behalten nur einen Teil der kognitiven Aktivität beim Dolmetschen ausmachen, kann angenommen werden, daß die kognitive Anforderung im Dolmetschprozeß insgesamt noch erheblich vielfältiger und höher ist.

Die informationstheoretischen Modelle des Dolmetschens als Teilbereich der Translation gehen implizit von kognitiven Tätigkeiten aus (Gedächtnisleistung, Kodierungswechsel, Streben nach kommunikativer Äquivalenz; vgl. Kade 1980:163f.). Mit handlungstheoretischer Orientierung beschreibt Salevsky Dolmetschhandlungen als „zielgerichtete Handlungspläne in Entscheidungssituationen [...], nach denen Handeln ‚organisiert‘ werden kann“ (1992: 101). Kirchhoff betrachtet den Dolmetschprozeß als komplexen kognitiven Prozeß. Die komplexe Problemlösungsaufgabe Dolmetschen ist in einer bestimmten Abfolge von Lösungsschritten und -operationen zu lösen. Da ein Problem auf unterschiedliche Weise gelöst werden kann, werden *Strategien* zur Aufgabenlösung eingesetzt. Kognitiv sind z.B. das Segmentieren, die Antizipation und die Bildung von Funktionseinheiten auf der Basis der Erfordernisse der jeweiligen ZS. Die kognitive Belastung steigt, je stärker die Strukturen der beteiligten Sprachen divergieren (1976:62f.).

Für Wilss ist das Dolmetschen (wie das Übersetzen) das kognitiv gesteuerte Aktivieren von verhaltenssteuernden Mustern. Zum Erwerb von Dolmetschkompetenz müssen Fertigkeiten erworben werden. Sie sind Bestandteil des kognitiven Kalküls des Menschen und setzen ein differenziertes, assoziativ organisiertes mentales Netzwerk voraus (vgl. Wilss 1989: 107ff., auch Wilss 1991 und Kalina 1996). Ein Modell des Simultandolmetschens, das den zeitlichen Ablauf der einzelnen kognitiven Prozesse verdeutlicht und an den Erkenntnissen der frühen kognitiven Psychologie orientiert ist, wurde von Moser (1978) entwickelt. Die ablaufenden Prozesse reichen vom auditiven Erkennen und Speichern kleinster lautlicher Einheiten über die Konzeptualisierung und Speicherung in *chunks* (zu speichernde Sinneinheiten) bis zur Neuaktivierung der Informationen auf der Ebene semantischer Einheiten und zur ZS-Wiedergabe. Auf den verschiedenen Ebenen postuliert Moser kognitive Entscheidungen und aus ihnen resultierende weitere Verarbeitungsschritte, wobei im Dolmetschprozeß sowohl nichtsprachliche als auch sprachenspezifische Konzepte und Wissensbestände und die zwischen diesen bestehenden Relationen kognitiv zu aktivieren sind. Auch der Ansatz von Gile (1988), der im Rahmen seines Kapazitätsmodells die Bedeutung des Gleichgewichts zwischen Hören und Analyse, Speichern und Produzieren hervorhebt, impliziert kognitive Entscheidungen, z.B. darüber, welche Anforderungen unter welchen Verarbeitungsbedingungen bis zu welchem Grad zu erfüllen sind. Die neurophysiologische Forschung hat mit ihren EEG-Messungen der Veränderungen in bestimmten Zerebralbereichen während der Dolmetschaktivität Hinweise auf kognitive Tätigkeit aus der Sicht einer anderen Disziplin geliefert (s. Art. 35 und Kurz 1995).

Pöchhacker warnt vor einer allzu einseitigen Konzentration auf die schwer zugänglichen Prozesse, was leicht eine Vernachlässigung des empirisch eher faßbaren Untersuchungsgegenstandes Dolmetschprodukt zur Folge haben könnte (vgl. Pöchhacker 1994:23).

2. *Kognitive Prozesse, Operationen und Strategien*

Mit der stärkeren Orientierung der Dolmetschwissenschaft an der Textverarbeitung (*discourse analysis*) und der Einbeziehung psycholinguistischer Erkenntnisse wurde also die zunächst auf die Verstehensleistung gerichtete Forschungsperspektive erweitert. ZT-Produktion sowie kommunikative Situation und Erwartungen der beteiligten Kommunikationspartner wurden stärker in die Betrachtung einbezogen (vgl. Kalina 1995). Die Textverarbeitung durch den Dolmetscher wurde nun als Interaktion strategischer Prozesse betrachtet, die *kognitiv zu erwerben* und allmählich bis zu einem gewissen Grad zu automatisieren sind. Demnach sind beim Dolmetschen sowohl Verstehensstrategien als auch Produktionsentscheidungen und -operationen in unterschiedlichem Grad kognitive Verarbeitungsprozesse unter spezifischen Verarbeitungsbedingungen. Aufgrund der gleichzeitigen Bewältigung verschiedener Operationen ist die kognitive Belastung beim Dolmetschen besonders hoch. Die *Komplexität der Prozesse* sowie die *Interdependenz der strategischen Entscheidungen* zur Bewältigung der verschiedenen Schwierigkeiten und Anforderungen führen dazu, daß die aus der einsprachigen Textverarbeitung bekannten Verstehensoperationen verstärkt strategisch genutzt oder gar abgeändert werden müssen; die zu wählenden Textproduktionsstrategien basieren auf kognitiven Entscheidungsoperationen (vgl. Kohn/Kalina 1996).

Des weiteren muß der Dolmetscher *Wissen* über die Sache haben, die er dolmetscht. Dieses erwirbt er in kognitiv gesteuerten Prozessen. Zur Aneignung speziellen Sprach- und Sachwissens muß er bereits vor seinem Dolmetscheinsatz geeignete Verfahren und Hilfsmittel nutzen, die es ihm ermöglichen, rasch und gezielt relevantes Wissen über Sachverhalte und ihre Realisierungsformen in mündlicher Kommunikation aufzubauen. Dieses Wissen muß er während seines Einsatzes schnell aktivieren (abrufen) und ständig aktualisieren können. Hierfür müssen die Wissensbestände effizient organisiert sein. Organisationsformen für solche Wissensbestände (*frames*, *scenes*, *scripts* und *schemata*) beschreibt die kognitive Psychologie.

Die kognitive Beanspruchung beim *Konsekutivdolmetschen* betrifft in der Aufnahme- oder Rezeptionsphase neben dem Analysieren und Verstehen die Speicherung der einlaufenden Informationen bei – die Gedächtnisspeicherung unterstützender – Notizennahme und gleichzeitiger Verfolgung des weiteren Inputs. Entscheidungen – wie z.B. Textkompression, Tilgung, kulturell bedingte Explizierung oder Substitution o.a. – können entweder bereits bei der Textaufnahme oder aber in der zweiten Phase, bei der ZS-Textproduktion, getroffen werden. Für das *Simultandolmetschen* muß der Dolmetscher bei zeitlicher Gebundenheit an die Vortragsgeschwindigkeit des Redners und mit geringer zeitlicher Verschiebung einen in der Ausgangssprache (AS) produzierten Text verstehen und nach teils extrem kurzfristiger Speicherung die Wiedergabe in der ZS produzieren. Um den Text unter diesen extremen Bedingungen verarbeiten zu können, werden gezielt die in Punkt 1 genannten Strategien wie Antizipieren (vorauseilendes Verstehen), Strukturieren einlaufender Informationen (Erkennen von Hauptaussagen) und Kontrollieren der ZT-Produktion angewendet. Beide Dolmetscharten stellen erhebliche, wenn auch unterschiedliche kognitive Anforderungen an Gedächtnis und Konzentration des Dolmetschers. Die vom Dolmetscher eingesetzten Verarbeitungsstrategien basieren auf kognitiven Erfahrungen.

Verstehensstützende Strategien wie Inferenzieren, Antizipieren, Segmentieren werden grundsätzlich auch beim Verstehen in der einsprachigen Kommunikation angewendet. Im Dolmetschprozeß müssen sie an die spezifischen Verarbeitungsbedingungen angepaßt werden.

Inferenzieren (Ziehen von Schlüssen auf der Grundlage der Logik, des bereits verarbeiteten Textes und eigener, organisierter Wissensbestände) ist ein strategisches Vorgehen, das der Dolmetscher auf den AT anwendet, wenn er aufgrund von Vortragsgeschwindigkeit, akustischer Störung oder anderer Art der Ablenkung einzelne Elemente nicht wahrgenommen hat. Es kann auch zur Überbrückung von Wissenslücken dienen und setzt voraus, daß der AT kohärent ist. Nach Chernov (1981:33) kann Inferenzieren auf sprachlicher, kognitiver, deiktischer (verweisender) oder pragmatischer (situativer) Basis erfolgen.

Antizipieren als in kognitiven Verarbeitungsprozessen erfolgende Hypothesenbildung, die sich auf erwartete, noch nicht produzierte AS-Textsegmente bezieht, ist insofern dolmetschspezifisch, als die gebildete Hypothese bereits zielsprachlich realisiert werden kann, bevor sie durch die Äußerung des AS-Textsegments bestätigt wird. Beim Simultandolmetschen geht der Dolmetscher hierbei ein gewisses Risiko ein und muß mit hohem Aufmerksamkeitsgrad verfolgen, ob sich seine Hypothese bestätigt. Ist dies nicht der Fall, muß er seine Produktion abändern oder korrigieren, was zusätzlichen kognitiven Aufwand bedeutet.

Segmentieren des einlaufenden Textes (Zerlegung in einzelne sprachliche Einheiten) vollzieht sich auf der Grundlage seines semantischen Bedeutungsgehalts. Es dient dem Dolmetscher zur Unterstützung der gedächtnismäßigen Speicherung und/oder der Notation, erleichtert aber auch die Reorganisation bzw. Rekombination der Elemente entsprechend der Norm der ZS.

Die dolmetschspezifischen *Speicherungsoperationen* sowie die Operationen des *Abrufs* relevanten Welt-, Sach- und Sprachwissens müssen ebenfalls besonders effizient sein.

Auch viele der strategischen Prozesse, die bei der *Produktion des ZT* von Bedeutung sind, haben kognitiven Charakter. Eine hohe kognitive Belastung ist z.B. mit der *syntaktischen Transformation* (dem bewußten Umbau der Satzstruktur im ZT, ohne daß dies aufgrund der ZS-Norm zwingend wäre) beim Simultandolmetschen verbunden. Sie kann andererseits dazu dienen, ein problematisches Element im AT zunächst zurückzustellen und nach Aufwendung ausreichender kognitiver Kapazität an einer späteren Stelle einzubauen. Sie kann aber auch dem Ziel dienen, die syntaktische Komplexität des AT abzubauen und so die kognitive Belastung durch den Produktionsprozeß zu reduzieren. Mit geringerer kognitiver Belastung verbunden ist das Transkodieren (Umsetzen an der Text- bzw. Wortoberfläche), das bei Namen, Zahlen, Aufzählungen etc. oder zur Vermeidung der Überlastung strategischen Charakter haben kann.

Höchste kognitive Anforderungen sind mit dem *Komprimieren* (Verdichten, Raffen) von AS-Äußerungen durch den Dolmetscher verbunden, da hier Textsegmente in Elemente höherer Ebenen überführt werden müssen. Eine solche Textverdichtung wird z.B. aus Zeitmangel bei hoher Vortragsgeschwindigkeit, wegen extrem hoher Redundanz des AT oder aufgrund von Kapazitätsproblemen des Dolmetschers vorgenommen. Gelingt die Verdichtung des AT nicht, wird es zu Störungen in der Verdolmetschung kommen, etwa zu semantischen Verschiebungen oder Auslassungen relevanter Elemente, Kohärenz- oder Äquivalenzmängeln.

Im Verlauf des Aufbaus von Dolmetschkompetenz werden die zunächst mit hohem Bewußtseinsgrad ablaufenden Operationen bei häufiger Wiederholung teilweise immer stärker automatisiert (Ausbildung von *Automatismen*), so daß die kognitive Belastung durch ständig wiederkehrende Prozesse abnimmt und neu bzw. erstmalig auftretende Probleme der Rezeption oder Produktion mit größerem kognitiven Aufwand bearbeitet werden können. Doch gerade wenn im Dolmetschprozeß Schwierigkeiten auftreten, sinkt der Anteil automatisierter Abläufe, und es muß verstärkt kognitiv gearbeitet werden. Wenn der Dolmetscher beispielsweise nicht sicher ist, richtig verstanden zu haben, aber dennoch unter Produktionszwang steht, hat er die Möglichkeit, Elemente des AT zu *generalisieren*, zu *relativieren*, *abzuschwächen*, *neutraler zu formulieren* oder durch andere Elemente zu *ersetzen*. Auch *Approximationen* (Näherungslösungen), die in mehreren Stufen zur gesuchten Lösung führen, fallen unter diese Kategorie.

Eine besondere Art kognitiv gesteuerter Aktivität beim Dolmetschen ist das *Monitoring* (ein Mechanismus der Qualitätskontrolle). Es findet bereits im Verstehensprozeß statt und überprüft hier, ob Kohärenz zwischen Teilen des AT und vor allem zwischen diesem und dem vom Dolmetscher produzierten ZT gegeben ist. Darüber hinaus überprüft es den ZT auf semantische und sprachliche Korrektheit und führt gegebenenfalls zu Korrekturoperationen oder aber zum bewußten Verzicht auf Korrektur. Ist aufgrund von Überlastung des Dolmetschers kein Monitoring möglich, werden die entsprechenden Operationen nicht mehr kognitiv gesteuert – der Dolmetscher „schwimmt", er geht nicht mehr strategisch vor. Er kann Fehler bei seiner Verarbeitung möglicherweise nicht mehr erkennen und somit auch keine Entscheidung über sein weiteres Vorgehen treffen. *Selbstkorrekturen*, wie sie beim Dolmetschen, insbesondere beim Simultandolmetschen, häufig auftreten, sind also einerseits Anzeichen für die starke Belastung der Verarbeitungskapazität des Dolmetschers, andererseits weisen sie auf kognitive Aktivitäten im Dolmetschprozeß hin.

3. Untersuchungsverfahren

Eine besondere Schwierigkeit für die Erforschung der beim Dolmetschen ablaufenden kognitiven Prozesse aus dolmetschwissenschaftlicher Sicht ergibt sich daraus, daß die Beobachtung des authentischen *Dolmetschprodukts*, also des vom Dolmetscher erstellten ZT, dem Forscher nicht unmittelbar möglich ist und auch nur sehr bedingt Aufschluß über die ablaufenden Prozesse gibt. Ob ein kognitiver Prozeß ablief, ist beispielsweise an einer Nichtkorrektur eines Fehlers nicht zu erkennen. Auch der Vergleich von AT und ZT erhellt wichtige Prozeßabläufe und strategische Interaktionen nicht. Daher ist es erforderlich, geeignete Untersuchungsverfahren zu entwickeln, mit denen derartige Prozesse erfaßt werden können.

Die Methode der Erstellung *retrospektiver Dolmetschprotokolle* kann ein solches Verfahren darstellen. Hierbei wird, analog zu Verfahren des Lauten Denkens (s. Art. 47) z.B. beim Übersetzen, auf der Basis erinnerter Denkvorgänge erhoben, welche Kognitionen während der Dolmetschaktivität stattgefunden haben (vgl. Kohn/Kalina 1996). Für die Weiterentwicklung der Methode ist jedoch ein interdisziplinäres Vorgehen vonnöten. Mit entsprechend angepaßten Techniken können beim Einsatz dieses Verfahrens spontane und nachträglich reflektierte Äußerungen voneinander getrennt sowie wertende und neutrale Aussagen unterschieden werden. Das Verfahren ist nur ergänzend zu anderen Untersuchungsmethoden einzusetzen, kann aber dennoch interessante Einsichten in die vielfältigen kognitiven Prozesse beim Dolmetschen ermöglichen.

Literatur

Chernov, Ghelly V. (1981): „Semantic redundancy as a key to reliable comprehension of a verbal message (objective and subjective factors)." Barbizet, Jacques / Pergnier, Maurice / Seleskovitch, Danica (Hrsg.) (1981): *Comprendre le langage*. Paris: Didier Erudition, 31–37.

Gerver, David (1976): „Empirical studies of simultaneous interpretation: a review and a model." Brislin, Richard W. (Hrsg.) (1976): *Translation. Applications and Research*. New York: Gardner, 165–207.

Gile, Daniel (1988): „Le partage de l'attention et le ‚modèle d'effort' en interprétation simultanée." *The Interpreters' Newsletter* 1 (1988), 27–33.

Kade, Otto (1980): *Die Sprachmittlung als gesellschaftliche Erscheinung und Gegenstand wissenschaftlicher Untersuchung*. Übersetzungswissenschaftliche Beiträge 3. Leipzig: VEB Verlag Enzyklopädie.

Kalina, Sylvia (1995): „Dolmetschen und Diskursanalyse – Anforderungen an Dolmetschleistungen." Beyer, Manfred et al. (Hrsg.) (1995): *Realities of Translating*. anglistik und englischunterricht 55/56. Heidelberg: Winter, 233–245.

Kalina, Sylvia (1996): „Zum Erwerb strategischer Verhaltensweisen beim Dolmetschen." Lauer, Angelika et al. (Hrsg.) (1996): *Übersetzungswissenschaft im Umbruch. Festschrift für Wolfram Wilss zum 70. Geburtstag*. Tübingen: Narr, 271–279.

Kirchhoff, Hella (1976): „Das Simultandolmetschen: Interdependenz der Variablen im Dolmetschprozeß, Dolmetschmodelle und Dolmetschstrategien." Drescher, Horst / Scheffzek, Signe (Hrsg.) (1976): *Theorie und Praxis des Übersetzens und Dolmetschens*. Reihe A der Publikationen des Fachbereichs Angewandte Sprachwissenschaft der Universität Mainz in Germersheim 6. Frankfurt a.M. / Bern: Lang, 59–71.

Kohn, Kurt / Kalina, Sylvia (1996): „The strategic dimension of interpreting." *Meta* 41/1 (1996), 118–138.

Kurz, Ingrid (1995): „Watching the Brain at Work – An Exploratory Study of EEG Changes during Simultaneous Interpreting (SI)." *The Interpreters' Newsletter* 6 (1995), 3–16.

Lambert, Sylvie (1989): „Information Processing among Conference Interpreters: A Test of the Depth-of-Processing Hypothesis." Gran, Laura / Dodds, John (Hrsg.) (1989): *The Theoretical and Practical Aspects of Teaching Interpretation*. Proceedings of the Trieste Symposium, 1986. Udine: Campanotto, 83–91.

Lederer, Marianne (1981): *La traduction simultanée – Expérience et Théorie*. Lettres modernes. Paris: Minard.

Moser, Barbara (1978): „Simultaneous Interpretation: A Hypothetical Model and its Practical Application." Gerver, David / Sinaiko, H. Wallace (Hrsg.) (1978): *Language Interpretation and Communication*. New York: Plenum, 353–368.

Pinter, Ingrid (1969): *Der Einfluß der Übung und Konzentration auf simultanes Sprechen und Hören*. Dissertation, Philosophische Fakultät der Universität Wien.

Pöchhacker, Franz (1994): *Simultandolmetschen als komplexes Handeln.* Language in Performance 10. Tübingen: Narr.

Salevsky, Heidemarie (1992): „Dolmetschen – Objekt der Übersetzungs- oder Dolmetschwissenschaft?". Salevsky, Heidemarie (Hrsg.) (1992): *Wissenschaftliche Grundlagen der Sprachmittlung.* Berliner Beiträge zur Übersetzungswissenschaft. Frankfurt a.M.: Lang, 85–117.

Seleskovitch, Danica (1968/²1983): *L'interprète dans les conférences internationales. Problèmes de langage et de communication.* Lettres Modernes. Paris: Minard. Auf deutsch erschienen in *TEXTconTEXT* 1988, Beiheft 2.

Wilss, Wolfram (1989): „Was ist fertigkeitsorientiertes Übersetzen?". *Lebende Sprachen* 34/3 (1989), 105–113.

Wilss, Wolfram (1991): „Kognitive Aspekte des Übersetzungsprozesses." Schmitt, Christian (Hrsg.) (1991): *Neue Methoden der Sprachmittlung.* pro lingua 10. Wilhelmsfeld: Gottfried Egert, 121–148.

Sylvia Kalina (Heidelberg)

97. Dolmetschanlagen

Das elegante, zeitsparende simultane Dolmetschen (s. Art. 86) mehrsprachiger Veranstaltungen erfordert einen gewissen technischen Aufwand, wenn es für Teilnehmer und Dolmetscher befriedigend funktionieren soll. Das Prinzip ist bekannt: Ein Redner spricht; die Teilnehmer hören ihn direkt, wenn nötig, über Lautsprecher verstärkt. Die Übertragung in andere Sprachen wird von Dolmetschern geliefert, die akustisch isoliert und räumlich vom Redner entfernt das Original über Kopfhörer hören und die Übersetzung etwas zeitversetzt in ihr Mikrofon sprechen. Die Zuhörer dieser fremdsprachigen Fassung nehmen diese Version über Kopfhörer auf. Beliebig viele Sprachen können so, abhängig von der vorhandenen Anzahl der Übertragungskanäle, nebeneinander simultan gedolmetscht werden. Die technischen Anforderungen sind in internationalen und nationalen Normen festgeschrieben, an deren Ausarbeitung der Internationale Verband der Konferenzdolmetscher (AIIC) entscheidend beteiligt war. Die internationalen Normen ISO 2603 und ISO 4045 gelten für ortsfeste bzw. transportable Dolmetscherkabinen, die deutsche Norm DIN 56 924 Teil 1 und 2 stützt sich entsprechend auf diese beiden ISO-Normen, und die Norm DIN IEC 914 behandelt die elektrischen und akustischen Anforderungen an Konferenzanlagen. Die Dolmetscher arbeiten in ortsfesten oder transportablen Kabinen, die in der Regel für drei Arbeitsplätze ausgelegt sind. Die Normen schreiben für die ortsfeste Ausführung als Mindestabmessungen eine Breite von 2.500 mm, eine Höhe von 2.300 mm und eine Tiefe von 2.400 mm vor. Bei transportablen Kabinen sind Größe und Gewicht immer ein Kompromiß zwischen Einhaltung der Vorgaben und Handhabbarkeit. Laut Norm betragen die Innenmaße, wiederum für drei Arbeitsplätze, 2.400 mm Breite x 2.000 mm Höhe x 1.600 mm Tiefe. Die Kabinen müssen bestimmte Schalldämmwerte aufweisen (mindestens 45 dB(A) zwischen ortsfester Kabine und Konferenzraum; mindestens 21 bis 33 dB Schallpegeldifferenz zwischen Konferenzraum und transportabler Kabine bzw. 27 bis 48 dB Schallpegeldifferenz zwischen nebeneinander aufgestellten Kabinen, beides in Abhängigkeit von der Frequenz). Diese Werte sind vor allem in transportablen Kabinen nur einzuhalten, wenn die Lüftung funktioniert und die Kabinentüren geschlossen bleiben können. Die Norm schreibt Frischluftzufuhr und sieben Luftwechsel pro Stunde vor. In der Praxis trifft man allerdings häufig reinen Umluftbetrieb oder gar keine Lüftung an, so daß allein die geöffnete Kabinentür für Luftaustausch wenigstens mit dem Saal, aber auch für eine beträchtliche akustische Belästigung der Konferenzteilnehmer sorgt. Sogenannte Flüstermikrofone, eigentlich für Werksführungen entwickelt, sollen keinesfalls aus Kostengründen als Ersatz für eine komplette Anlage mit Kabine verwandt werden. Die Dolmetscher irritieren mit diesen Geräten Redner und Teilnehmer, weil sie mit im Konferenzraum sitzen, und sind sich, akustisch, auch selbst im Weg, denn sie müssen ohne Kopfhörer und Verstärkung hören. Aus der Kabine müssen die Dolmetscher volle Sicht auf den Redner, die Bühne und die Projektionsfläche haben. Fernsehmonitore dürfen nur zur Unterstützung, nicht jedoch als Ersatz für direkte Sicht eingesetzt werden. Zur technischen Kabinenausrüstung gehört pro Dolmetscher ein Bedienfeld, auf dem Abhör- und Ausgangskanäle frei oder nach Voreinstellung durch den Techniker gewählt, das Mikrofon ein- und ausgeschaltet und die Abhörlautstärke und der Klang geregelt werden können. Jeder Dolmetscher hat sein Mikrofon und seinen Kopfhörer. Die Bedienfelder sind mit Leucht- oder Digitalanzeigen versehen, aus denen die Dolmetscher unter anderem erkennen können, welche Kanäle gerade besetzt sind, welche Sprachen direkt und welche „über Relais", also über eine andere Sprache, gedolmetscht werden. Ein Gerätehersteller bietet im Bedienfeld einen Speicherchip an, der es dem Dolmetscher ermöglicht, auf Tastendruck das Original um ein bestimmtes Maß zeitlich zurückversetzt zu hören. So können Stellen verifiziert werden, die beim erstenmal nicht ganz verstanden wurden. Sobald man die

Taste losläßt, ist man wieder „in Echtzeit“. Bedienoberflächen sollten allerdings nicht mit unnötigen Ausstattungsdetails überfrachtet sein, die den Dolmetscher nur verwirren. Obwohl sogar die Farben der zu verwendenden optischen Anzeigen genormt sind, denkt sich doch jeder Hersteller etwas Eigenes aus, darunter gelegentlich auch so Überflüssiges wie zum Beispiel eine LED-Kette als Mikrofonbetriebsanzeige, die dem Dolmetscher gleichzeitig leuchtend dartut, wie hoch seine Stimme ausgesteuert wird. Viel wichtiger ist die Eindeutigkeit der Bedienelemente, etwa durch unterschiedliche Formgebung, damit sich der Dolmetscher auf die Arbeit statt auf das richtige Bedienen der Anlage konzentrieren kann. Dolmetschermikrofone sind entweder am Kopfhörer befestigt (Hörsprechgarnitur) oder als Tischmikrofone ausgeführt. Hörsprechgarnituren sind vorzuziehen, weil sie dem Dolmetscher Bewegungsfreiheit lassen und dem Zuhörer einen gleichmäßigen Ton ohne Verfärbungen oder Pegelschwankungen garantieren. Kabinenmikrofone weisen meist eine ausgeprägte Richtwirkung auf, damit Nebengeräusche unterdrückt werden. Die Kopfhörer sind leichte, offene Systeme, die das Ohr nicht hermetisch dicht umschließen, denn der Dolmetscher muß bei der Arbeit vor allem auch sich selbst hören, um sauber zu artikulieren. Für die Redner- oder Saalmikrofone gilt, daß immer nur ein Mikrofon in Betrieb sein darf, wenn gedolmetscht wird, damit Raumhall oder Nebengeräusche über andere Mikrofone den Dolmetscher nicht mit derselben Lautstärke erreichen wie die Sprache, die er dolmetschen soll. Analog zur Hörsprechgarnitur beim Dolmetscher empfiehlt sich für Redner die Benutzung eines Umhängemikrofons, vor allem wenn sich der Redner häufig zur Leinwand dreht oder auf dem Podium herumwandert. In fast allen Anlagen bekommen die Dolmetscher den Rednerton über Kabel eingespeist. Die Tonqualität hängt dann nur von der Güte der verwandten Verstärker, Übertragungsglieder und Wandler ab. In manchen ortsfesten Anlagen sind auch die Teilnehmerplätze fest verdrahtet; auf den Frequenzumfang und die Störungsfreiheit der Übertragung wirkt sich das höchst positiv aus. Vor allem bei transportablen Anlagen wird der Ton aus den Dolmetscherkabinen den Zuhörern heute fast nur noch über Infrarotstrahler übertragen. Die früher gebräuchlichen Induktionsanlagen mit Schleife zeichneten sich gelegentlich durch Übersprechen, einen hohen Rauschanteil und ungenügende Tonqualität aus und sind deshalb heute so gut wie vom Markt verschwunden. Zum Empfang der Infrarotübertragung benutzen die Teilnehmer kleine, handliche Geräte von der Größe einer Zigarettenschachtel und leichte Kopfhörer. Die hier häufig anzutreffenden Stethoskophörer sind allerdings weniger zu empfehlen; sie klingen schlecht, drücken im Ohr und bedürfen einigen Pflegeaufwands, wenn sie hygienisch vertretbar sein sollen. Wenn Teilnehmer im Saal die Übersetzung per Kopfhörer verfolgen können sollen, muß die Lautsprecherübertragung des Originals heruntergefahren oder ganz abgeschaltet werden. Hier sollten die Dolmetscher im eigenen Interesse auf Veranstalter und Beschallungstechniker einwirken, denn oft wird die Dolmetscherleistung von Teilnehmern kritisiert, die damit eigentlich nur bemängeln wollen, daß sie von den Dolmetschern wegen des lauten Saaltons nicht viel mitbekommen haben. Zur Bedienung der Simultananlage gehört auf jeden Fall ein kundiger Techniker. Automatikbetrieb mit Notruf zum Hausmeister ist der sicherste Weg, eine mehrsprachige Konferenz zum Scheitern zu bringen, auch wenn es auf den ersten Blick die billigste Lösung zu sein scheint. In der Weiterentwicklung von Dolmetschanlagen vollzieht sich allmählich ein Übergang zur Digitaltechnik. Der übertragene Frequenzbereich wird erweitert, der Dolmetscher bekommt mehr Möglichkeiten zur Klangbeeinflussung. Gerade diese letzte Entwicklung ist kein Luxus, wenn man bedenkt, daß immer mehr Redner nicht in ihrer Muttersprache vortragen oder diskutieren, also schon akustisch vom Dolmetscher schwer zu verstehen sind. Da ist jede Verbesserung der Tonqualität im Interesse einer reibungslosen Kommunikation nur zu begrüßen.

Literatur

ISO 2603 (1983): *Booths for simultaneous interpretation – General characteristics and equipment.* Genf: International Organization for Standardization. Revision 1993 in Bearbeitung.

ISO 4043 (1981): *Booths for simultaneous interpretation – Mobile booths – General characteristics*

and equipment. Genf: International Organization for Standardization. Revision in Bearbeitung.
DIN 56 924 Teil 1 (1991): *Kabinen für Simultanübertragung, ortsfest*. Berlin: Beuth.
DIN 56 924 Teil 2 (1991): *Kabinen für Simultanübertragung, transportabel*. Berlin: Beuth.
DIN IEC 914: *Konferenz-Anlagen*. Berlin: Beuth.

Ralf Friese (Germersheim)

98. EDV-Unterstützung

Mit zunehmender Verflechtung der internationalen Beziehungen werden Sitzungsinhalte immer komplexer. Damit wachsen auch die Anforderungen an den Konferenzdolmetscher. Um ihnen gerecht zu werden, bedarf selbst der routinierte Sprachmittler terminologischer Gedächtnishilfen. EDV-Geräte eröffnen dabei Möglichkeiten, von denen er vor einigen Jahren nur träumen konnte. Neueinsteiger sollten sich bei der Wahl eines Computers von folgenden Kriterien leiten lassen:

1. Hardware

Der Dolmetscherberuf verlangt einen hohen Grad von Mobilität über die Landesgrenzen hinaus. Leichtes Handgepäck wird da bevorzugt. Auf Gewicht (mit und ohne Drucker) und Handlichkeit ist ebenso zu achten wie auf die Einsetzbarkeit des Gerätes am Arbeitsplatz. Netzspannung und Steckerformat sind noch längst nicht weltweit genormt. In einer mobilen Kabine oder in Situationen, bei denen Konsekutiv- oder Flüsterdolmetschen angesagt ist (das kann im Kohlebergwerk oder auf dem Maisfeld der Fall sein), ist möglicherweise überhaupt kein Netzanschluß möglich. Batteriebetriebene Geräte mit angemessener Autonomie (drei Stunden sind ein Minimum) erhöhen folglich die Einsatzmöglichkeiten des Hilfsgeräts. Das Gerät hat geräuschlos zu funktionieren, wenn es zur Verwendung in der Simultankabine bestimmt ist. Klimpergeräusche stellen einen ärgerlichen Störfaktor für Delegierte und Dolmetscherkollegen dar. Weiterhin sollte die Tastatur auf die spezifischen sprachlichen Anforderungen des Nutzers zugeschnitten sein. Wer z.B. außer Sprachen mit lateinischen Buchstaben auch solche mit kyrillischem Alphabet zu seinen Arbeitssprachen zählt, darf diesen Aspekt bei der Gerätewahl nicht vergessen.

2. Software

Heutzutage bieten praktisch alle größeren Lexikaverlage ein- und mehrsprachige Wörterbücher in elektronischer Aufbereitung an (CD-Roms, Hard disks, Floppy disks). Auch findet man auf INTERNET verschiedene terminologische Datenbanken, unter denen EURODICAUTOM die größte ist. Sie wird vom Terminologiedienst der Europäischen Kommission in den elf Amtssprachen der EU gespeist (bei Finnisch und Schwedisch gibt es noch einen gewissen Nachholbedarf) und umfaßt über eine Million Termini und Abkürzungen. An einer Ausweitung auf die Sprachen Mittel- und Osteuropas wird augenblicklich gearbeitet. Während früher ein Konferenzdolmetscher viel Zeit und Energie aufbringen mußte, um sich zu Hause oder in Bibliotheken auf eine Fachkonferenz vorzubereiten, und im Hinblick darauf Schuhschachteln mit terminologischen Karteikarten füllte, wird er heute vom elektronischen Informationsangebot überwältigt. Neben Fertigprodukten werden heute auch elektronische „Schuhboxen", z.B. Multiterm, angeboten, die man nach Belieben füllen kann.

3. Vorbereitung einer Konferenz

Sowohl bei der kontextuellen Vorbereitung (allgemeine Einarbeitung in ein Thema, Vorgeschichte, aktuelle Zusammenhänge) wie bei der Zusammenstellung von Fachtermini kann durch den Einsatz der EDV-Technik Zeit und Mühe gespart werden. Wichtig ist allerdings, daß das eigentliche Ziel der Übung nicht aus den Augen verloren wird: Es geht darum, ein Glossar anzulegen, das im „Ernstfall", d.h. beim Dolmetscheinsatz in der Sitzung, die angeforderte Gedächtnishilfe liefert. Der Zeitdruck, dem der Dometscher dann ausgesetzt ist, gestattet ihm keine sorgfältige Abwägung verschiedener Übersetzungsangebote, Er findet sich in einer Situation, die mit der des Schützen vergleichbar ist, der beim Abdrücken des Gewehrs die absolute Gewißheit haben muß, die richtige Patrone geladen zu haben. Das Selbstvertrauen des Dolmetschers wächst, wenn er (1) die Sitzungsunterlagen rechtzeitig in allen Arbeitssprachen erhalten und studiert hat, (2) sie terminologisch so ausgewertet hat, daß der gesuchte Ausdruck auf Schirm oder Papier abrufbereit ist. In der Vorbereitungsphase einer Konferenz ist es ebenfalls sinnvoll, Angaben aus dem etymologischen Umfeld, Definitionen und Referenzen, die das kontextuelle Verständnis erleichtern, zu speichern. Solche Zusatzangaben können sich allerdings in der Sitzung selbst eher als ein Störfaktor denn als Hilfe erweisen. Synonyme dagegen eröffnen Formulierungsfreiräume. Bei der Zusammenstellung eines Glossars ist der spezifische Sitzungskontext wie die Aktualität des lexikalischen Angebots zu berücksichtigen. Ein überholter Ausdruck aus dem falschen Sachbereich löst bei den Delegierten bestenfalls ungewollte Heiterkeit aus. Elektronische Datenbanken sind in der Regel auf einem neueren Stand als gedruckte Wörterbücher, da sie leichter zu aktualisieren sind. Der Zugriff zum gespeicherten Material muß mühelos und rasch erfolgen können. Wie bei der Gestaltung seines Kürzelsystems im Konsekutivdolmetschen sollte der Dolmetscher bei der Zusammenstellung seiner Vokabularlisten die eigenen Denkmuster berücksichtigen. Übertrieben verfeinerte oder unreflektiert übernommene Einstufungskriterien sorgen für unnötige Anspannung und Frust.

4. *Einsatz von EDV-Hilfen in der Sitzung*

Neueinsteiger in das Universum der Elektronik sind gut beraten, wenn sie ihren Computer zunächst zu Hause lassen und nur die gespeicherten Termini in ausgedruckter Form mit in die Konferenz nehmen. So vermeiden sie, in einer Situation abgelenkt zu werden, in der sie sich voll auf den Sitzungsablauf zu konzentrieren haben. Erfahrene Kollegen dagegen können das Gerät bedienen, ohne eine Konzentrationsminderung zu empfinden. Computerkundige Dolmetscher geben mündlich oder schriftlich formulierte aktuelle Informationen aus dem Sitzungsgeschehen sofort in den Computer ein, entweder in einer Sitzungspause oder sogar, während der Kollege dolmetscht. Allerdings ist darauf zu achten, daß keine Informationen mit vertraulichem Charakter verwertet werden. Sonst kann es beträchtlichen Ärger mit dem Kongreßveranstalter bzw. dem Sitzungssekretär geben. Um dem vorzubeugen, empfiehlt es sich, bei heiklen Themen auf der Tagesordnung die vorherige Erlaubnis einzuholen, sein elektronisches Gedächtnis mitbringen zu dürfen.

5. *Zusammenfassung*

Der Konferenzdolmetscher von morgen wird ohne fundierte *computer literacy* kaum bestehen können. Bei der Anschaffung bzw. Erneuerung der notwendigen Gerätschaft sollte er u.a. folgende Fragen im Kopf haben:

- Geht es ausschließlich um eine Dolmetsch- oder auch um eine Übersetzungshilfe?
- Inwieweit ist die Vereinbarkeit mit Geräten von Kollegen gewährleistet, die für einen Terminologieaustausch in Frage kommen?
- Wiegen die Vorteile eines Laptop (Abmessungen, Gewicht usw.) schwerer als seine Nachteile (z.B. kleine Tastatur und kleiner Schirm, begrenzte Speicherkapazität)?
- Steht ein Laptop für mich in einem günstigeren Kosten-/Nutzenverhältnis als ein PC, oder soll ich lieber auf den NC (Netzcomputer) warten?

Die heutige Situation erlaubt die empirische Festellung, daß ein Notebook, das ebenfalls Textverarbeitung und Datenbasis als eine Funktion anbietet, von vielen Dolmetscherkollegen als Einstiegsmodell bevorzugt wird. Es erlaubt ja (z.B. über die Software PsiWin) einen unkomplizierten Datentransfer auf einen PC sowie die Verwendung als Faxgerät (mit Hilfe eines Handys). Allerdings ist die technologische Entwicklung so rasant und ihre Auswirkung auf die Preisbildung so unvorhersehbar, daß die heute optimal erscheinende Lösung morgen vielleicht schon wieder zu bereuen ist ...

Christian Heynold (Bruxelles)

F Didaktische Aspekte

99. Die Rolle der fremdsprachlichen Kompetenz

Im Zusammenhang mit dem Übersetzen ist die fremdsprachliche Kompetenz ebenso wie die muttersprachliche Kompetenz (s. dazu Art. 100) als Teil der translatorischen Gesamtkompetenz einer Person aufzufassen. Kompetenz wird hier als die Kombination aus Fähigkeiten, Fertigkeiten und Wissen (darunter auch Fachwissen) verstanden, die sich in einer Handlungssituation zeigen. Fremdsprachliche Kompetenz ist keineswegs ein leicht isolierbarer, gleichsam monolithischer Gegenstand, sondern eine komplexe und vielseitig verflochtene Kombination aus Fähigkeiten, Fertigkeiten und Wissen, über die man in Relation zu Sprachen verfügt, die nicht die Muttersprache sind. Die fremdsprachliche Kompetenz ist zwar eine unverzichtbare Voraussetzung für das Übersetzen, aber keineswegs die einzige; sie ist jeweils ein Teilaspekt folgender Kompetenzen: (1) übersetzerische Kompetenz, (2) soziale, kulturelle und interkulturelle Kompetenz, (3) kommunikative Kompetenz. Jede dieser Kompetenzen umfaßt einerseits implizite Fähigkeiten und andererseits explizites Wissen. Hierzu im einzelnen:

(1) *Übersetzerische Kompetenz:* Hier läßt sich unterscheiden zwischen
   a) impliziter übersetzerischer Kompetenz, d.h. der Fähigkeit, die für den Übersetzungsauftrag relevanten Informationen aus dem Ausgangstext (AT) zu entnehmen und nach Bedarf im Zieltext (ZT) funktionsgerecht wiedergeben zu können, und
   b) explizitem Wissen, z. B. über Übersetzungskonzepte, Übersetzungsmethoden und Übersetzungsstrategien (u.a. zum Erkennen und Lösen von Übersetzungsproblemen), sowie Strategien zur Bewertung von Übersetzungen.

(2) *Soziale, kulturelle und interkulturelle Kompetenz:* Diese Komponente besteht ihrerseits
   a) aus einem impliziten sozialen und kulturbedingten Verständnis und Verhalten sowie
   b) aus explizitem Wissen über gesellschafts- oder kulturbedingte Regeln und Unterschiede (z. B. über Lebensumstände, Werte, Normen, Gewohnheiten, Haltungen, Gefühle, Vorurteile, Intentionen, Handlungsmotive u. degl.).

(3) *Kommunikative Kompetenz:* Die Fähigkeit, sich miteinander zu verständigen (mit verbalen und/oder nonverbalen Mitteln), läßt sich noch einmal aufspalten in a) pragmatische Kompetenz und b) linguistische Kompetenz.
   a) Zur pragmatischen Kompetenz gehört zum einen die implizite Fähigkeit, Sprache(n) situationsgerecht einzusetzen. Das bedeutet einerseits, daß man Texte verstehen und die Absichten des Senders richtig interpretieren kann, und andererseits, daß man zweck-, adressaten- und textsortengerechte Texte produzieren kann. Außerdem gehört dazu explizites Wissen über kommunikative Strukturen und Muster (z. B. Sprechakte, Sprachgebrauchsnormen und Textsorten) sowie über Rezeptions- und Produktionsstrategien und deren Wirkung.
   b) Die linguistische (sprachliche) Kompetenz umfaßt zum einen implizite linguistische Fähigkeiten (Beherrschung des Wortschatzes, der Sprachsysteme und Stilmittel, sowohl der Muttersprache als auch der Fremdsprachen), zum andern explizites Wissen über die grammatischen und stilistischen Regeln in der Muttersprache und in den Fremdsprachen.

Etwaige textspezifische Defizite in der fremdsprachlichen Kompetenz können beim Übersetzen folglich alle oben genannten Kompetenzbereiche berühren. Je nach der Übersetzungsrichtung äußern sich die Defizite primär bei der Textrezeption oder bei der Textproduktion.

Bei der *Rezeption* eines fremdsprachlichen AT muß man den „Hauptinhalt" des Textes erfassen können und darf bei Verstehensproblemen nicht im Detail hängenbleiben. Dabei helfen verschiedene Verstehensstrategien, die man zur individuellen Gesamtkompetenz rechnen kann, da man sie auch schon in der Muttersprache gelernt hat (z.B. die Berücksichtigung von textexternen Bedingungen wie Textsorte, Situation, Sender, Empfänger, Mitteilungsabsicht und Funktion sowie das Ausnutzen von Überschriften, Tabellen, Illustrationen u.a). Selbst bei hoher Fremdsprachenkompetenz können beim Übersetzen aus der Fremdsprache Rezeptionsschwierigkeiten auftreten. Häufig handelt es sich dabei um lexikalische (bzw. terminologische) Probleme. Hier helfen außer dem Gebrauch von Hilfsmitteln (s. Art. 49, 50, 51, 52) auch Verstehensstrategien wie Inferenzieren („intelligentes Raten"): Die Bedeutung unverständlicher Textstellen (meist Einzelwörter, aber auch längere Ausdrücke und Wendungen) läßt sich oft aus dem Kontext und Kotext erschließen, wenn man alle Hinweise im Text beachtet (u.a. auch Layout und Typographie, s. Art. 52) und dabei auf das sog. „Weltwissen" zugreift (Haastrup 1989:7).

Probleme bereiten natürlich oft auch spezifische oder ungewohnte syntaktische Konstruktionen in der Fremdsprache. Beim Übersetzen beispielsweise aus der Fremdsprache Deutsch ins Dänische oder Norwegische machen den Übersetzern mit Dänisch bzw. Norwegisch als Muttersprache erfahrungsgemäß die in deutschen Texten relativ häufigen erweiterten Attribute (vor- oder nachgestellt), Genitivattribute oder die Nominalisierung besondere Schwierigkeiten (Fabricius-Hansen/Ahlgren 1986). Die Problematisierung solcher sprachenpaarspezifischer Unterschiede führt zu explizitem Wissen, das beim Übersetzen zielgerichtet eingesetzt werden kann.

Zur *Produktion* jedes ZT gehört, daß man Texte makro- und mikrostrukturell textsortengerecht, zweck- und adressatengerecht (ggf. in einer Fremdsprache) formulieren und an der zielkulturellen Situation ausrichten kann (s. Art. 40). Besonders nützlich sind dabei zielsprachliche Paralleltexte, an denen man sich im Hinblick auf Normen und Textsortenkonventionen orientieren kann (s. Art. 50). Bei der Produktion fremdsprachlicher ZT äußert sich mangelnde fremdsprachliche Kompetenz vor allem bei nicht- oder semiprofessionellen (d.h. in der Ausbildung befindlichen) Übersetzern oft in Interferenzfehlern; häufig sind diese das Resultat einer Fixiertheit auf lexikalisch/grammatische Probleme, die den Blick für die kommunikative Intention des Texts oder auch dessen Plausibilität verstellen. Beispielsweise wurde folgende Passage aus einem dänischen Geschäftsbrief

> I forlængelse af mødet vil det glæde os at byde Dem til middag i Tivoli kl. 19.00.

ins Deutsche übersetzt mit:

> Im Anschluß an die Sitzung möchten wir Sie um 19.00 Uhr ins Tivoli zum Mittagessen einladen.

Die eklatante ZT-Inkohärenz der Propositionen „19 Uhr" und „Mittagessen" läßt sich auch als Resultat mangelnder fremdsprachlicher Kompetenz im Bereich der Kulturkompetenz sehen, denn hier wurde das dänische *middag* wörtlich übersetzt und die kulturellen Unterschiede zwischen den Sprachgemeinschaften ignoriert: Dänen essen zur Mittagszeit ein *frokost* (das ist kein „Frühstück", sondern eine Art „Lunch"), abends essen sie eine *middag* genannte (meist warme) Mahlzeit. Ein kompetenter Übersetzer hätte die in diesem Zusammenhang irrelevante Unterscheidung zwischen Mittag- und Abendessen eher ausgelassen und in dem Brief einfach „zum Essen einladen" geschrieben.

Auch Übersetzerinnen und Übersetzer mit guter Fremdsprachenbeherrschung stoßen immer wieder an die Grenzen ihrer fremdsprachlichen Kompetenz und sind sich dieser Grenzen bewußt. Gleichwohl ist es – entgegen verbreiteter Auffassung – durchaus möglich, auch in der Fremdsprache so weit zu kommen, daß man nicht nur Routinetexte, sondern auch verschiedenartige Texte aus verschiedenen Lebensbereichen so in eine Fremdsprache übersetzen kann, daß sie sprachlich, idiomatisch und stilistisch korrekt und damit „zielsprachlich und -kulturell unauffällig" (Hönig 1995:27) sind.

Literatur

Bachman, L.F. (1990): *Fundamental Considerations in Language Testing*. Oxford: Oxford UP.

Chomsky, Noam (1980): *Rules and representations*. Oxford: Blackwell.

Fabricius-Hansen, Cathrine / Ahlgren, Bengt (1986): *Å lese tysk sakprosa. Innføring i grammatisk leseteknikk*. Oslo: Universitetsforlaget.

Edmondson, Willis / House, Juliane (1993): *Einführung in die Sprachlehrforschung*. Tübingen: Francke.

Haastrup, Kirsten (1989): *Lexical Inferencing Procedures*. Ark 51, Sproginstitutternes Arbejdspapir, Handelshøjskolen i København.

Hansen, Gyde (1995): *Einführung in das Übersetzen*. København: Handelshøjskolens Forlag.

Harley, Birgit et al. (Hrsg.) (1990): *The Development of Second Language Proficiency*. Cambridge: Cambridge UP.

Heringer, Hans Jürgen (1988): *Lesen lehren lernen: Eine rezeptive Grammatik des Deutschen*. Tübingen: Niemeyer.

Hönig, Hans G. (1995): *Konstruktives Übersetzen*. Tübingen: Stauffenburg.

Kußmaul, Paul (1995): *Training the Translator*. Amsterdam: Benjamins.

Lammers, Hans / Nygaard, Flemming (1980): *Kommunikativ fremmedsprogsundervisning*. København: Grafisk Forlag.

Læreplanverket for den 10-Årige Grunnskolen. Det kongelige kirke-, utdannings- og forskningsdepartement, Norge, 1996.

Udvikling og kvalitet i skolens undervisning. Undervisningsministeriet Danmark, 1991.

Gyde Hansen (Frederiksberg, Dänemark)

100. Die Rolle der muttersprachlichen Kompetenz

Die Bedeutung der muttersprachlichen Kompetenz für die ÜbersetzerInnen- und DolmetscherInnenausbildung mag zwar auf den ersten Blick nicht so offensichtlich sein wie die Rolle der fremdsprachlichen Kompetenz. „Muttersprachliche Kompetenz" – was immer darunter zu verstehen ist – wird oft einfach als gegeben vorausgesetzt. Defizite in dieser Hinsicht fallen in der Regel denjenigen zuletzt auf, die diese Defizite aufweisen. Beim Beginn einer translatorischen Ausbildung besteht daher die Notwendigkeit, die mitgebrachte muttersprachliche Kompetenz (in der Ausbildungspraxis gelegentlich auch kurz: Muko) zu prüfen (und hierzu auch meßbar zu machen) und ggf. zu verbessern (s. Witte 1987), denn die muttersprachliche Kompetenz prägt jede Phase des translatorischen Handelns.

1. Muttersprachliche Kommunikation und translatorisches Handeln

Wie bei Holz-Mänttäri (1984) näher ausgeführt, umfaßt professionelle Translation als Expertentätigkeit eine ganze Reihe von unterschiedlichen Aktivitäten. Eine hohe muttersprachliche Kompetenz ist dabei keineswegs auf die Textproduktion in der Muttersprache beschränkt, sondern wird selbstverständlich auch beim Übersetzen aus der Muttersprache in die Fremdsprache benötigt, wenn es gilt, den Ausgangstext (AT) in allen Nuancen (etwa bei Rechtstexten) und trotz etwaiger Unzulänglichkeiten (wie in vielen technischen Gebrauchstexten, s. Art. 41) richtig zu interpretieren. Bei der effizienten Nutzung von Recherchiermaterialien kann die muttersprachliche Kompetenz ebenfalls eine wichtige Rolle spielen (s. Art. 44). Auch die Kommunikation mit dem Auftraggeber erfolgt häufig in der Muttersprache des Übersetzungsanbieters.

Die Arbeitsschritte, die dabei in der Muttersprache erfolgen können, sind die Auftragsspezifizierung und die Produktargumentation. Die Auftragsspezifizierung erfolgt mit den AuftraggeberInnen und hat u.a. zum Ziel, genau abzuklären, für welchen Zweck und welche Zielgruppe die Übersetzung anzufertigen ist. In der Produktargumentation erklären die ÜbersetzerInnen bei Bedarf ihren AuftraggeberInnen, welche Kennzeichen ihrer Übersetzung dem Zweck und der Zielgruppe entsprechen.

2. *Muttersprachliche Kompetenz: Sensibilisierung für den Zusammenhang zwischen Text und Kultur*

Am Anfang der Ausbildung muß der Zusammenhang zwischen Kultur und Sprachverwendung am Beispiel der Muttersprache bewußt gemacht werden. Denn wie die Sprache verwendet wird, ist Ausdruck der kulturspezifischen Wahrnehmung und Interpretation der Welt (vgl. Beaugrande 1984) – eine für Translation unabdingbare Erkenntnis, die zuerst an der Muttersprache erfahrbar gemacht werden muß.

Parameter für eine Analyse dieser kulturellen und sozialen Bedeutung von Texten sind zuerst die unterschiedlichen Sprachvarianten innerhalb der eigenen Kultur, also die verschiedenen Regio- und Soziolekte, die situativen, sprachgeographischen, ideologischen etc. Stilvarianten der Sprache und ihre Funktion in den Texten. Diese Varianten der Muttersprache zu kennen, zu wissen, wo man sie recherchiert, sie auch aktiv zu beherrschen und ihre textuelle Bedeutung interpretieren zu können, muß als Voraussetzung für jede übersetzerische Beschäftigung mit den anderen Arbeitssprachen gelten.

Relevant sind auch die in der Muttersprache typischen Textsorten, deren Konventionen vor dem Hintergrund des sozialen Gefüges der Gesellschaft analysiert werden müssen. Dabei werden die Textsorten und ihre Kennzeichen als Ausdruck der Denkweisen und Werthaltungen, der hierarchischen Strukturen und Machtverhältnisse in der Gesellschaft interpretiert. Das Studium der Textsorten der Muttersprache führt die Studierenden also zu einem Sprachzugang, der professioneller Translation förderlich ist: Die Texte werden in bezug auf die gesellschaftlichen Strukturen verstanden.

Durch die Analyse von Textsortenkonventionen, also den Kennzeichen der Textsorten, ihrer Mikro- und Makrostruktur, werden die Studierenden auch zu eigenständigen Textanalysen hingeführt. Sie lernen, durch Paralleltextanalysen (s. Art. 50) die Konventionen ihnen noch unbekannter Textsorten zu recherchieren. Besonders relevant sind dabei die typische Informationsverteilung, Argumentationsstruktur, konventionelle Stilaspekte, aber auch die sprach- und kulturspezifischen Konventionen der Textlogik und Textverknüpfung. Diese einmal in der Muttersprache erworbenen Fähigkeiten können dann auch für die anderen Arbeitssprachen nutzbar gemacht werden. Diese Analysen zielen also darauf ab, eine allgemeine translatorische Textanalysekompetenz zu entwickeln (Näheres dazu in Art. 39, 40).

Insgesamt fördert die intensive Beschäftigung mit der Muttersprache das Textverstehen (s. Art. 44) und dabei eine Sensibilisierung dafür, was (noch) nicht verstanden wird. Dabei wird den Studierenden auch klar, daß Textverstehen einen aktiven Sinnstiftungsprozeß voraussetzt, bei dem ihr kulturelles und individuelles Wissen beteiligt ist. Dies ist eine für Translation grundlegende Erkenntnis, denn „Translation setzt Verstehen eines Textes, damit Interpretation des Gegenstandes ‚Text' in einer Situation voraus. Damit ist Translation nicht nur an Bedeutung sondern an Sinn/Gemeintes, also an Textsinn-in-Situation gebunden" (Reiss/Vermeer 1984:58).

Die Unterschiede in der Sprachverwendung innerhalb der Kultur der Muttersprache können darüber hinaus auch als Modell für translatorische Textproduktion gesehen werden. Für sprachpraktische Übungen in der Muttersprache werden die Bedingungen des Translationsprozesses, wie Textproduktion bei anderer Textfunktion, für eine andere Zielgruppe, einen anderen sozialen Kontext usw. angenommen. So werden z. B. Informationen über einen berühmten Menschen einmal als Nachruf, einmal als Eintragung für ein Nachschlagewerk konzipiert. Diese „intralinguale Translation" (Reiss 1981:312), also die Neuerstellung eines Textes für einen anderen Kontext, bereitet die Studierenden auf die interlinguale Translation – also die Textproduktion über Sprachgrenzen hinweg – vor.

3. *Expertenkompetenz durch kulturübergreifende Wahrnehmung und Vertextung*

Textverstehen wird erst durch das kulturelle Wissen möglich, das die LeserInnen in den Text einbringen. In der Ausbildung wird zuerst in der Muttersprache klargemacht, daß das eigene Verständnis von den Ausgangsmaterialien (und den dahinter liegenden, unausgesprochenen kulturellen Annahmen), der Auftragssituation und sogar dem Verständnis von Translation von den Traditionen und Wahrnehmungsmustern der eigenen Kultur geprägt ist.

Das Erkennen dieser Kulturspezifika ist die erste Voraussetzung für die Fähigkeit, von der eigenen Kulturgeprägtheit zu abstrahieren. Beim Übersetzen in die Fremdsprache ist das – wenn auch nur bedingt – durch bewußte Abstraktion von der eigenen Kultur möglich. Beim Übersetzen in die Muttersprache gilt es zu erkennen, welche stillschweigenden Voraussetzungen im fremdkulturellen Text für die eigene Kultur explizit gemacht werden müssen. Professionelle Translation als ExpertInnentätigkeit ist also bestimmt von der Fähigkeit zur Abstraktion von den Wahrnehmungskonventionen der eigenen Kultur bzw., beim Übersetzen in die Muttersprache, von der Fähigkeit, fremdkulturelle Inhalte entsprechend der muttersprachlichen Weltsicht neu zu konzipieren.

Neben Abstraktion bestimmt also kulturübergreifendes Texten professionelle Translation. Translation erfordert also eine Interpretation eines Textes in bezug auf eine andere Leserschaft in einer anderen Kultur, wodurch dann, die Weltsicht des AT überschreitend, eine Neuformulierung aus der Perspektive der Zielkultur erfolgen kann (vgl. Kaiser-Cooke, in Vorbereitung). Das Wissen um den Zusammenhang zwischen der Wahrnehmung, der Sprache und der eigenen Kultur, also die Kenntnis der Konventionen der Weltdarstellung in der Muttersprache, ist dafür unabdingbare Voraussetzung.

Kurz: Die muttersprachliche Kompetenz ist der zentrale Angelpunkt translatorischer Kompetenz.

Literatur

Beaugrande, Alain de (1984): *Cognition, Communication, Translation, Instruction: „The Geopolitics of Discourse"*. Amsterdam: Benjamins, 1–22.

Holz-Mänttäri, Justa (1984): *Translatorisches Handeln. Theorie und Methode*. Helsinki: Suomalainen Tiedeakatemia.

Reiss, Katharina (1981): „Der Übersetzungsvergleich. Formen – Funktionen – Anwendbarkeit." Kühlwein, W. / Thome, G. / Wilss, W. (Hrsg.) (1981): *Kontrastive Linguistik und Übersetzungswissenschaft*. München: Fink, 311–319.

Reiss, Katharina / Vermeer, Hans J. (1984): *Grundlegung einer allgemeinen Translationstheorie*. Tübingen: Niemeyer.

Witte, Heidrun (1987): „Translatorausbildung: Textanalyse und Textproduktion – Übungen zum translationsbezogenen Umgang mit Texten am Beispiel der Grundsprache (hier Deutsch)". *TEXTconTEXT* 2, 227–241.

Renate Resch (Wien)

101. Die Rolle der Kulturkompetenz

1. Translation als interkulturelle Kommunikation

Fremdkulturwissen wurde in den herkömmlichen universitären Übersetzungs- und Dolmetschstudiengängen vornehmlich als *Ergänzung* fremd*sprachlicher* Kenntnisse verstanden und im Rahmen von Veranstaltungen zur *Landeskunde* vermittelt. Unterrichtsziel war dabei primär der Erwerb von Fakten- und Institutionenwissen über das Land, dessen Sprache die Studierenden gewählt hatten. Das heißt, im Vordergrund stand die Vermittlung von – vermeintlich statisch ‚existenten' – Phänomenen („Realien"), die in irgendeiner Weise als charakteristisch für das betreffende Land galten.

Diese didaktische Orientierung leitete sich bis in die jüngste Vergangenheit von einem *sprach*zentrierten Übersetzungs- und Dolmetschbegriff her, in dem „Kultur" lediglich als eine Art Hintergrundfolie Berücksichtigung fand, die je nach konkretem Übersetzungs- oder Dolmetschfall mehr oder weniger relevant für die Lösung einzelner (sprachlicher) Probleme erschien.

Im Gegensatz zu einer solchen Auffassung definieren neuere translationstheoretische Überlegungen Translation als *kulturelle* Transferhandlung und unterstreichen die Rolle des Translators als eines *Kultur*mittlers. (In diesem Artikel wird einheitlich das generische Maskulinum verwendet.) Ihre bisher umfassendste theoretische Begründung findet diese neue Schwerpunktsetzung in den *allgemeintheoretisch* angelegten Ansätzen der *Skopostheorie* (vgl. Vermeer 1983 et passim) und der *Theorie* *über translatorisches Handeln* (vgl. Holz-Mänttäri 1984 u. passim). (Zu näheren Angaben über die genannten theoretischen Ansätze vgl. die Artikel 28 und 29 in diesem Band.)

Nach Ansicht dieser „kultursensitiven" Theorieansätze läßt sich *Translation* als *Sondersorte interkultureller Kommunikation* definieren, d.h., als letztliches Ziel translatorischen Handelns wird die Überwindung von Kulturbarrieren zu bestimmtem Zweck postuliert. Sprachbarrieren lassen sich dann als Sondersorte von Kulturbarrieren beschreiben.

Aus dieser konzeptuellen Fassung von „Translation" ergibt sich die Forderung nach „bikultureller" Kompetenz des Translators: Um funktionsgerechte Kommunikation zwischen Mitgliedern unterschiedlicher Kulturgemeinschaften zu ermöglichen, muß der Translator sich in seiner eigenen wie in seinen fremden Arbeitskulturen auskennen. Eine intuitive Kulturkenntnis, wie sie z.B. ein bikulturell aufgewachsener *native speaker* besitzt, ist hierbei nicht ausreichend. Professionelles translatorisches Handeln erfordert eine zumindest potentiell bewußte Kulturkompetenz.

2. *Zur Problematik interkultureller Kommunikation*

Die Hypothese, daß nicht primär sprachliche Verständigungsschwierigkeiten, sondern vor allem kulturelle Unterschiede, das heißt unterschiedliche Denk- und Einstellungsmuster, Wertorientierungen und daraus resultierende Wahrnehmungs-, Interpretations- und Verhaltensweisen, die interkulturelle Kommunikation erschweren (können), wird von den Erkenntnissen der interkulturellen Kommunikationsforschung (*Intercultural Communication Studies*) gestützt (vgl. z.B. Bochner 1982). Diese in den frühen 70er Jahren in den USA als interdisziplinäres Fach entstandene Forschungsrichtung hat sich in Europa vor allem in den Teilbereichen interkulturelle Wirtschaftskommunikation (vgl. z.B. Müller 1991, Bolten 1993) und interkulturelle Managementforschung (vgl. Bergemann/ Sourisseaux 1992) zu einer einflußreichen Disziplin entwickelt.

Die interkulturelle Kommunikationsforschung hat aufgezeigt, daß Interaktanten in einer interkulturellen Kontaktsituation, sofern sie nicht bereits über ein umfassendes Fremdkulturwissen verfügen, die jeweilige fremde Kultur auf der Grundlage eigenkultureller Wahrnehmungs- und Bewertungsmuster interpretieren. Ebenso wird das eigene aktive Verhalten an den in der eigenen Kultur geltenden Normen, Konventionen, Werten, Erfahrungen, Erwartungen etc. ausgerichtet. (Vgl. zu „Sozialisation" und „Kulturgebundenheit" z.B. Berger/ Luckmann 1989.) Das heißt, im (direkten oder indirekten, vgl. die Rezeption schriftlicher Texte) interkulturellen Kontakt wird bei nicht oder nur unzureichend vorhandenem Fremdkulturwissen zwangsläufig der eigenkulturelle Bezugsrahmen (*frame of reference*) als Orientierung für das eigene und zur Interpretation des fremden Verhaltens zugrunde gelegt. Anders ließe sich auch formulieren: Die fremde Kultur wird mit der eigenen verglichen. Vergleichsgrundlage und -maßstab bleibt dabei zwangsläufig die Eigenkultur.

Auf diese Weise kann es bei den Interaktanten zu gegenseitigen kulturinadäquaten Verhaltensäußerungen bzw. -interpretationen kommen, sprich zu Mißverständnissen und u.U. daraus resultierenden Konflikten (vgl. ausführlich Knapp 1992).

3. *Translatorische Kulturkompetenz*

Aus dem Gesagten folgt, daß bloßes ‚Fakten'-wissen für erfolgreiches interkulturelles Handeln nicht ausreicht. Von entscheidender Bedeutung ist vielmehr ein Wissen um (eigen- und) fremdkulturelle Verhaltens- und Orientierungsmuster im genannten Sinn. Die Kulturkompetenz des Translators hat daher das Gesamtverhalten seiner Arbeitskulturen zu umfassen (s.u.).

Will der Translator nun funktionsgerechte interkulturelle Kommunikation ermöglichen, so muß er die im Vorwissen der Interaktanten bereits vorhandenen oder sich in der interkulturellen Situation u.U. herausbildenden gegenseitigen ‚Bilder' und deren möglichen Einfluß auf den interkulturellen Kontakt in seinem Handeln berücksichtigen. Das heißt, „translatorische Kulturkompetenz" umfaßt nicht nur das Wissen über die jeweiligen Arbeitskulturen für sich genommen („Kompetenz-in-Kulturen"), sondern auch eine Kompetenz zwischen diesen Kulturen. (Zu den Begriffen vgl. Witte 1987:127ff.)

„Kompetenz-zwischen-Kulturen“ bedeutet, der Translator muß einschätzen können, wie die (Mitglieder der) beiden Kulturen sich selbst im Verhältnis zu der jeweils anderen Kultur sehen, welches Wissen sie über die andere Kultur haben und wie sie glauben, daß sie von der anderen Kultur gesehen werden. Anders formuliert, die „Kompetenz-zwischen-Kulturen“ bezieht sich auf das Wissen des Translators über Selbst-, Fremd- und reflexive Selbstbilder der betreffenden Arbeitskulturen im gegenseitigen Bezug aufeinander und auf die potentiellen Auswirkungen solcher Bilder auf die interkulturelle Situation (vgl. Beneke 1992). Erst eine solche „Kompetenz-zwischen-Kulturen“ befähigt den Translator, für die interkulturelle Kontaktsituation das Verhalten der Interaktionspartner zu antizipieren und ggf. („skoposbedingt“; Vermeer 1983 u. passim) zu kompensieren/korrigieren.

4. Didaktische Vermittlung

Translatorische Kulturkompetenz in einem Studiengang Translatorik läßt sich zunächst (methodologisch) in die Komponenten Allgemeine und Spezifische Kulturkompetenz aufspalten. Mit „Allgemeiner Kulturkompetenz“ ist dabei die Sensibilisierung der Studierenden für die Problematik interkultureller Kommunikation überhaupt gemeint (vgl. Göhring 1980; s. auch Art. 30). Sie bildet die Grundlage für den Erwerb „Spezifischer Kulturkompetenz“, bezogen auf die jeweiligen Arbeitskulturen des angehenden Translators. (Vgl. hierzu und zum folgenden Witte 1996.)

Mit Blick auf die letztgenannte Komponente scheint folgende Überlegung wesentlich: Wird davon ausgegangen, daß die für eine fremde Kultur „spezifischen“ Charakteristika letztlich immer auf der Basis eines Vergleichs mit der Eigenkultur ‚festgestellt‘ werden (s.o.), so ergibt sich daraus eine Relativierung des Konzepts „Kulturspezifik“: Aussagen über fremdkulturelle Phänomene und Verhaltensweisen sind zwangsläufig bedingt durch die (wiederum eigenkulturbedingte) Perspektive des jeweiligen Wahrnehmenden. „Kulturspezifika“ ‚existieren‘ nicht per se, sondern werden erst im und durch den Kulturvergleich als solche erkenn- und interpretierbar.

Für die Didaktik translatorischer Kulturkompetenz ergibt sich daraus, daß Wissen über eine Kultur auch nur durch den Vergleich mit einer anderen (Para-, Dia-, Idio-)Kultur vermittelbar ist. In der Unterrichtspraxis bleibt dieser zwangsläufige Vergleich in der Regel implizit. Soll die Kulturkompetenz des Translators jedoch potentiell bewußt sein (s.o.), so sollte auch ihr Erwerb über eine bewußte Kontrastierung der Arbeitskulturen erfolgen. Ein solches kontrastives Vorgehen als methodisch-didaktischer Ansatz darf allerdings nicht als bloßes Nebeneinanderstellen vermeintlich statischer ‚Inhalte‘ (s.o.) mißverstanden werden. Vielmehr handelt es sich um ein an der jeweiligen translationsdidaktischen Zielsetzung ausgerichtetes und in diesem Sinne zweckorientiertes In-Beziehung-Setzen von Verhalten (einschließlich der Verhaltensvoraussetzungen und -resultate) in situationellen Kontexten. Vergleichsbasis und -ziel werden dabei bewußt gemacht (und damit relativiert).

Neben diese kontrastiv-vergleichende Erarbeitung von Phänomenen und Verhaltensweisen in den Arbeitskulturen muß die Darstellung von interkulturellen Situationen zwischen den Kulturen treten (vgl. hierzu bes. Bolten 1993), denn mittels Kontrastierung ‚festgestellte‘ „Spezifika“ bleiben im interkulturellen Kontakt modifizierbar (man verhält sich anders, je nachdem, ob man sich über- oder unterlegen fühlt; man orientiert sein Verhalten an den Annahmen über den anderen; man richtet sich nach dem, was der andere vielleicht von einem erwartet etc.; s.o.).

Da nicht alle denkbaren para-, dia- und idiokulturellen Bereiche einbezogen werden können, geschieht die Vermittlung translatorischer Kulturkompetenz in exemplarischer Form, d.h., es werden potentiell translationsrelevante Verhaltensbereiche, Situationstypen und Rollenkonstellation(styp)en behandelt. Als didaktische Übungsformen bieten sich Simulation, Plan- und Rollenspiel in Ergänzung zur Textarbeit an (vgl. z.B. Bolten 1993: 274; s. auch Art. 102).

Literatur

Beneke, Jürgen (1992): „Das Hildesheimer Profil Interkulturelle Kompetenz. Vorschläge für ein interkulturelles Assessment Centre.“ Beneke, Jürgen (Hrsg.) (1992): *Arbeitspapiere zur Internationalen Unternehmenskommunikation*. Bd. 1: „Kultur, Mentalität, Nationale Identität." Bonn: Dümmlers, 93–108.

Bergemann, Niels / Sourisseaux, Andreas L. J. (Hrsg.) (1992): *Interkulturelles Management*. Heidelberg: Physica.

Berger, Peter L. / Luckmann, Thomas (1989): *The Social Construction of Reality. A Treatise in the Sociology of Knowledge*. New York etc.: Doubleday (= repr. v. Garden City, NY 1966).

Bochner, Stephen (Hrsg.) (1982): *Cultures in Contact. Studies in Cross-Cultural Interaction*. Oxford etc.: Pergamon.

Bolten, Jürgen (1993): „Grenzziehungen als interaktionaler Prozeß. Zur Theorie und Vermittlung interaktiv-interkultureller Handlungskompetenz." *Jahrbuch Deutsch als Fremdsprache* 19, 255–276.

Göhring, Heinz (1980): „Deutsch als Fremdsprache und interkulturelle Kommunikation." Wierlacher, Alois (Hrsg.) (1980): *Fremdsprache Deutsch. Grundlagen und Verfahren der Germanistik als Fremdsprachenphilologie I*. München: Fink, 70–90.

Holz-Mänttäri, Justa (1984): *Translatorisches Handeln. Theorie und Methode*. Annales Academiae Scientiarum Fennicae B 226. Helsinki: Suomalainen Tiedeakatemia.

Knapp, Karlfried (1992): „Interpersonale und interkulturelle Kommunikation." Bergemann / Sourisseaux (Hrsg.) (1992): 59–79.

Müller, Bernd-Dietrich (1991): „Die Bedeutung der interkulturellen Kommunikation für die Wirtschaft." Müller, Bernd-Dietrich (Hrsg.) (1991): *Interkulturelle Wirtschaftskommunikation*. Studium Deutsch als Fremdsprache – Sprachdidaktik 9. München: iudicium, 27–51.

Vermeer, Hans J. (1983): *Aufsätze zur Translationstheorie*. Heidelberg: Selbstverlag.

Vermeer, Hans J. (1992): *Skopos und Translationsauftrag – Aufsätze*. Frankfurt a.M.: Verlag für Interkulturelle Kommunikation.

Witte, Heidrun (1987): „Die Kulturkompetenz des Translators – Theoretisch-abstrakter Begriff oder realisierbares Konzept?" *TEXTconTEXT* 2, 2/3, 109–136.

Witte, Heidrun (1996): „Contrastive Culture Learning in Translator Training." Dollerup, Cay / Appel, Vibeke (Hrsg.) (1996): *Teaching Translation and Interpreting* 3. Benjamins Translation Library 16. Amsterdam / Philadelphia: Benjamins, 73–79.

Heidrun Witte (Las Palmas de Gran Canaria)

102. Computereinsatz in der Ausbildung von Übersetzern und Dolmetschern

Generell gilt, daß ein Übersetzer-/Dolmetscher-Studium Wissen über diejenigen Arbeitsmittel und -techniken vermitteln sollte, mit denen die Absolventen in der Praxis konfrontiert werden können. Im Zentrum steht dabei der Personal Computer (PC). Dabei ist nach Möglichkeit der bis Studienabschluß zu erwartende Stand der Technik zu berücksichtigen. Das bedeutet zum einen, daß Ausbildungsstätten, um technisch aktuell oder Trendsetter zu sein, technische Arbeitsmittel bei Markteinführung und folglich teuer einkaufen, zum andern, daß gute translatorische Ausbildungsstätten technisch oft besser ausgestattet sind als praktizierende Übersetzer/Dolmetscher (Ü/D).

Angesichts der zunehmenden Komplexität und Vielzahl translatorischer Arbeitsmittel und translationsrelevanter Software (Näheres dazu in Art. 51) kann in der Ausbildung zwar (etwa im Rahmen von Vorlesungen und Demonstrationen) das Spektrum an Möglichkeiten vorgestellt werden, der praktische Umgang aber nur exemplarisch mit einer didaktisch möglichst nützlichen Auswahl an Hard- und Software geübt werden. Unverzichtbar sind die Beherrschung eines PCs und eines der führenden Textverarbeitungsprogramme. Diese Kenntnisse sind nicht Ü/D-spezifisch und können außerhalb eines Ü/D-Studiengangs erworben werden (z.B. VHS, Selbststudium), doch werden entsprechende Kurse bisher meist auch im Rahmen der Ü/D-Ausbildung angeboten. Ebenfalls unverzichtbar, aber Ü/D-spezifisch sind hingegen Lehrveranstaltungen zur Vermittlung von Kenntnissen und Fertigkeiten in folgenden Bereichen, wobei es gilt, Möglichkeiten und Grenzen aufzuzeigen, etwa im Hinblick auf Leistungs- und Qualitätssteigerung:

- Recherche mit elektronischen Nachschlagemedien, z.B. auf CD-ROM
- Nutzung aktueller Telekommunikationsmöglichkeiten (Datenfernübertragung, DFÜ), Internet und Online-Dienste für E-Mail, Filetransfer und Recherche
- computergestützte translationsorientierte Terminologiearbeit

- Einsatz von Translation-Memory-Systemen
- Einsatz von PC-gestützten automatischen Übersetzungsprogrammen

Auch die Nutzung von zeitsparenden oder die Datensicherheit fördernden Hilfsmitteln (z.B. Zeilenzähl- und Abrechnungsprogramme, Archivierungsprogramme, Backup-Programme) könnte und sollte im Unterricht behandelt werden.

Für solche Inhalte, bei denen nicht unbedingt eine Lehrkraft präsent sein muß, bieten sich Lernprogramme an (*Computer-Based Training*, CBT), z.B. für andere Software oder für Sprach- und Sachwissen. Hierfür kann entweder maßgeschneiderte Spezialsoftware eingesetzt werden (vgl. Bendixen 1997, Neunzig 1997, Schmiedel 1997) oder das umfangreiche Angebot im Handel (für landeskundliches Wissen z.B. sind auch Multimedia-Routenplaner und -Enzyklopädien geeignet).

Eine zentrale Rolle, auch hinsichtlich der Anzahl von SWS (Semesterwochenstunden), spielen Übersetzungsübungen. Insbesondere bei fachsprachlichen Übersetzungsübungen bieten sich zwei Konzepte an, mit denen eine praxisähnliche Arbeitsumgebung simuliert wird:

(1) Computerarbeitsplatz für jeden Teilnehmer (TN): Diese Arbeitsumgebung eignet sich vor allem für vom Lehrenden überwachte Einzelarbeit, etwa zur Lösung bestimmter translatorischer (auch terminologischer) Aufgaben, insbesondere auch zur Durchführung von Klausurübersetzungen in Abschlußprüfungen. Voraussetzung ist ein Raum mit je einem PC-Übersetzerarbeitsplatz pro Teilnehmer (ca. 10-20 TN) plus einem PC-Lehrerarbeitsplatz. Alle PCs sollten vernetzt sein und Zugang zu einem (für Prüfungen exakt definierten) Spektrum translationsrelevanter Software sowie zum Internet haben. In einer vorteilhaften Ausführung sind die PCs zusätzlich in einem didaktischen Netz verbunden (bewährt hat sich ClassNet von Blackbox), wodurch der Lehrende vielfältige Möglichkeiten hat, die Bildschirmanzeigen der TN auf seinen eigenen Bildschirm zu holen oder umgekehrt. Bei dieser Lösung ist eine zusätzliche Bildschirmprojektion (z.B. des Lehrer- oder eines auswählbaren TN-Bildschirms) möglich, aber nicht nötig, so daß diese Lösung auch in nicht verdunkelbaren hellen Räumen funktioniert.

(2) Nur ein Computerarbeitsplatz pro Raum: Diese Lösung ersetzt die traditionellen computerlosen Übersetzungsübungen. Voraussetzung ist ein üblicher Seminarraum für ca. 10-20 TN, ein PC-Übersetzerarbeitsplatz (s. Art. 51, möglichst mit Internet-Zugang) und Wandprojektion. Für die Projektion sollte kein Overheadprojektor mit Datendisplay verwendet werden, sondern ein aktueller Datenprojektor, da damit auch in relativ hellen Räumen das projizierte Bild groß und ermüdungsfrei lesbar ist. In Germersheim und Leipzig hat sich folgende Arbeitsmethode bewährt: Die TN erstellen in Eigenarbeit außerhalb des Unterrichts (z.B. am PC zu Hause) ihre Übersetzung des gestellten Übungstexts und bringen sie zur Lehrveranstaltung mit (als Ausdruck oder auf Diskette). In der Lehrveranstaltung sind stets drei TN aktiv eingebunden: Pro Arbeitssitzung übernimmt ein TN die Rolle des Systemoperators und sitzt am PC. Ein zweiter TN spielt für jeweils eine längere Übersetzungseinheit (meist ein Abschnitt) einen Übersetzer (z.B. Freiberufler), der eine Übersetzung abliefert. Ein dritter TN spielt den Auftraggeber und Überprüfer. In der in Leipzig implementierten Variante wird in manchen Übungen ein vierter TN aktiv eingebunden, der an einem zweiten PC-Arbeitsplatz (dessen Bildschirm über Umschalter ebenfalls projizierbar ist) ausschließlich für textbegleitende Terminologiearbeit zuständig ist. Der Übersetzer diktiert das aktuelle Zieltext-Segment oder liefert seine Diskette mit der Zieltext-Datei (unformatiert als ASCII, ANSI oder formatiert als RTF) ab. Der Systemoperator integriert diese Eingaben in den via Projektion für alle sichtbar „wachsenden" Zieltext (ZT). Der Überprüfer übernimmt das sprachliche und fachliche Qualitätslektorat (s. Art. 114) und schlägt ggf. Änderungen vor, gegen die der Übersetzer Gegenargumente vorbringen kann. Änderungen werden vom Systemoperator im ZT vorgenommen. Das vom Überprüfer „verabschiedete" ZT-Ergebnis wird dann von der Gruppe begutachtet, kommentiert und ggf. erneut geändert. Der Lehrende moderiert und kommentiert den Prozeß und übernimmt die abschließende Qualitätskontrolle. Am Ende

jeder Sitzung erhalten die TN einen ZT-Ausdruck. Ob der ZT typographisch etc. ausgangstextidentisch formatiert wird, hängt vom zu definierenden Übersetzungsauftrag ab.

Besondere Vorteile dieses Verfahrens sind die aktive Einbindung von jeweils drei Studierenden gleichzeitig, die Gruppendynamik durch Einbindung der gesamten Teilnehmergruppe, die Praxissimulation durch Rollenspiel und Rollenwechsel (da jeder TN im Laufe des Semesters die Rollen von Übersetzer, Überprüfer und Systemoperator übernimmt), die Transparenz der Zieltextproduktion und der Optimierungsprozesse, die Sensibilisierung für nonverbale Textaspekte wie Typographie und Layout, die bessere ZT-Qualität (z.B. in bezug auf Kohärenz, durch holistische Textsicht), die gute Akzeptanz des Arbeitsergebnisses (aufgrund der intensiven Gruppeneinbindung), die bessere Vermittlung übersetzungstheoretischer Aspekte (durch Entlastung von Schreibarbeiten und Wegfall von Reibungsverlusten durch Systemhandlingprobleme), ein präziseres Arbeitsergebnis (da die TN den gemeinsam erarbeiteten ZT als Ausdruck erhalten und nicht auf ihre erfahrungsgemäß unzulänglichen Mitschriften angewiesen sind), die geringen Kosten (da nur ein Übersetzerarbeitsplatz einzurichten und zu warten ist).

Literatur

Bendixen, Bernd (1997): „Freiheitsgrade für den Nutzer eines Computer-Sprachlehrprogramms." Fleischmann, Eberhard / Kutz, Wladimir / Schmitt, Peter A. (1997) (Hrsg.): 352–360.

Fleischmann, Eberhard / Kutz, Wladimir / Schmitt, Peter A. (1997) (Hrsg.): *Translationsdidaktik. Grundfragen der Übersetzungswissenschaft*. Tübingen: Narr.

Neunzig, Willy (1997): „Der Computer als Hilfsmittel beim Erwerb kognitiver Übersetzungsstrategien." Fleischmann, Eberhard / Kutz, Wladimir / Schmitt, Peter A. (1997) (Hrsg.): 377–384.

Schmiedel, Lothar (1997): „A Brief Introduction of CATTSY." Fleischmann, Eberhard / Kutz, Wladimir / Schmitt, Peter A. (1997) (Hrsg.): 385–395.

Peter A. Schmitt (Leipzig)

103. Textanalyse: pragmatisch / funktional

1. Einleitung

Daß jedem Übersetzungsprozeß eine Analyse des zu übersetzenden Ausgangstexts (AT) vorausgehen sollte, ist eine weit verbreitete und kaum je in Frage gestellte Forderung. Die Vertreter äquivalenzorientierter Ansätze (z.B. Wilss 1977, Koller [4]1992) betrachten die AT-Analyse im wesentlichen als Mittel zur Sicherung eines umfassenden Textverständnisses, das dann die Weichen für den Übersetzungsvorgang stellt. Besonders für die Übersetzungsdidaktik ist das wichtig, da hier mangelnde ausgangs- oder zielsprachliche Kompetenz möglicherweise ein optimales Übersetzungsresultat in Frage stellt. Wenn eine solche Analyse gerade diejenigen strukturellen Diskrepanzen zwischen Ausgangssprache (AS) und Zielsprache (ZS) in den Blick bringen soll, die wörtliche oder strukturanaloge Übersetzungslösungen unmöglich machen, muß sie sprachenpaar- und gegebenenfalls sogar übersetzungsrichtungsbezogen (also unterschiedlich, je nachdem, ob aus der oder in die Muttersprache übersetzt wird) durchgeführt werden (so bei Thiel 1974). Die Vertreter funktionaler übersetzungstheoretischer Ansätze haben es nicht ganz so leicht, die Notwendigkeit einer AT-Analyse zu begründen. Wenn der Translationsvorgang nicht durch die sprachlichen Merkmale des AT bestimmt wird, sondern durch die Forderungen des Übersetzungsauftrags (s. Art. 41), wird der Status des AT stark relativiert, so daß eine eigene Analyse des AT auf den ersten Blick überflüssig erscheinen mag. Dennoch propagieren auch Funktionalisten die übersetzungs„relevante" Textanalyse, wenn auch mit anderen Schwerpunkten.

2. Pragmatische Abfrageschemata für die Textanalyse

Pragmatisch-funktionale Textanalysemodelle zeichnen sich dadurch aus, daß sie die sprachlichen oder textinternen Aspekte des Texts in Abhängigkeit von den textexternen Faktoren seiner situativen Einbettung sehen, also im wesentlichen ein Top-down-Verfahren einem von den sprachlichen Elementen ausgehenden Bottom-up-Verfahren vorziehen (vgl. Snell-Hornby 1988:69). Eine wichtige Rolle als Leitlinie der Analyse spielt daher die sogenannte Lasswell-Formel („Who says what in which channel to whom with what effect?“), deren Vorläufer bereits im 2. Jahrhundert v.Chr. (Hermagoras von Temnos) und im 12. Jahrhundert unserer Zeitrechnung (Matthieu de Vendôme) auf lateinisch belegt sind („Quis quid ubi quibus auxiliis cur quomodo quando?“).

Die Lasswell-Formel wurde von Reiss (1984), Bühler (1984), Hönig (1986) und Nord (1988) als Ausgangspunkt für ihre übersetzungsrelevante Textanalyse gewählt. Zusätzlich zu den bereits in der Lasswell-Formel enthaltenen Fragen nach dem Sender oder Textproduzenten („who?“), dem Adressaten („whom?“), dem Kanal oder Medium („in which channel“) und der Wirkung oder Funktion („with what effect?“) werden im Bereich der textexternen Faktoren noch der Ort („wo?“, vgl. Reiss 1984, Bühler 1984, Hönig 1986, Nord 1988) und der Zeitpunkt („wann?“, vgl. Reiss 1984, Bühler 1984, Nord 1988) der Textproduktion bzw. -rezeption, der Kommunikationsanlaß („warum?“, vgl. Nord 1988) und die Senderintention („wozu?“, vgl. Nord 1988, bei Bühler 1984 mit der Funktion gleichgesetzt) eingeführt. Das „what?“ der Lasswell-Formel wird zum Teil untergliedert in Textthema oder Inhalt (Reiss 1984, Bühler 1984, Nord 1988), Präsuppositionen („was wird nicht gesagt?“, vgl. Reiss 1984, Nord 1988) und die stilistisch-formalen Merkmale des Textes („wie?“, vgl. Reiss 1984, Bühler 1984), bei Nord (1988) weiter differenziert nach Textaufbau, nonverbalen Elementen, Lexik, Syntax und suprasegmentalen Merkmalen.

Die ausführlichste Fassung des Abfrageschemas lautet dementsprechend folgendermaßen: „Wer übermittelt wozu wem über welches Medium wo wann warum einen Text mit welcher Funktion? Worüber sagt er was (was nicht) in welcher Reihenfolge, unter Einsatz welcher nonverbalen Elemente, in welchen Worten, in was für Sätzen, in welchem Ton mit welcher Wirkung?“ (vgl. Nord ^{2}1991:41) Zu jedem dieser textexternen und textinternen Faktoren sind eine Reihe von Fragen zu den Informationen zu stellen, die für eine pragmatisch-funktionale Analyse des AT relevant sind.

3. *Ausgangstextanalyse und Zieltextfunktion*

Von den oben genannten Analyseschemata gehen nur das von Hönig (1986) und das von Nord (1988) ausdrücklich auf das Verhältnis zwischen AT-Analyse und Zieltext-Funktion innerhalb eines funktionalen Übersetzungskonzepts ein.

Hönig (1986) faßt sein Schema in drei zentrale Fragen: „Wer spricht wo – und warum gerade er?“ (Sender, Ort), „Wovon redet er – und warum gerade so?“ (Thema, Stil) und „Was ist hier zu übersetzen?“ Mit der letzten Frage kennzeichnet Hönig deutlich den funktionalen Standpunkt. Hier werden die Übersetzungseinheiten angesprochen, die bei einem gegebenen Übersetzungsauftrag aus dem Resultat der AT-Analyse zu isolieren sind.

Nord (1988) ordnet ihr Schema, das für eine didaktische Anwendung konzipiert ist, noch strenger dem funktionalen Ansatz unter: Ausgehend von der Überlegung, daß der Übersetzungsauftrag zur Kenntnis genommen wird, bevor noch der AT zur Analyse ansteht, soll zunächst anhand des Analyseschemas ein Profil des Zielzexts (ZT) in seiner zielkulturellen Kommunikationssituation entworfen werden („Wer soll wozu wem wann wo und warum einen Text mit welcher Funktion übermitteln? Worüber soll er was (was nicht) in welcher Reihenfolge unter Einsatz welcher nonverbalen Mittel in welchen Worten in was für Sätzen in welchem Ton mit welcher Wirkung sagen?“). Ausgehend von diesem ZT-Profil („Soll“) wird dann der AT („Ist“) nach dem gleichen Schema analysiert, so daß der Vergleich zwischen Soll- und Ist-Zustand die Stellen aufscheinen läßt, an denen Übersetzungsprobleme (s.u.) zu lösen sind. Wenn also beispielsweise zwischen der Produktion des AT und der Produktion des ZT zwei Wochen liegen („Zeit“), ist bei der Übersetzung einer temporalen Deixis des AT (z.B. en. yesterday) zu fragen, ob der Übersetzungsauftrag eine Anpassung an die ZT-Deixis (also etwa „vor zwei Wochen“), eine Neutralisierung („am 15.4.1997“) oder eine Beibehaltung der AT-Deixis („gestern“) bei gleichzeitiger Dokumentierung der AT-Situation durch eine Quellenangabe („aus der Times vom 16.4.1997“) am zweckmäßigsten erscheinen läßt.

4. Isolierung von Übersetzungsproblemen

Für die Anwendung des Analyseschemas im Übersetzungsunterricht unterscheidet Nord (zuerst 1987) zwischen subjektiven, also von der Kompetenz der übersetzenden Person abhängigen, und aus den jeweils gegebenen Bedingungen der Übersetzungssituation (Zeitdruck, fehlende Recherchiermöglichkeiten, schlechte Präsentation des AT etc.) resultierenden Übersetzungs„schwierigkeiten" auf der einen Seite und objektiven, aus der Übersetzungsaufgabe im engeren Sinne sich ergebenden Übersetzungs„problemen" auf der anderen Seite. Während Übersetzungsschwierigkeiten mit zunehmender Übersetzungskompetenz, bei entsprechender Sach- und Fachkompetenz oder durch geeignete Recherchiermethoden abnehmen oder ganz verschwinden, sind Übersetzungsprobleme von der Person des Übersetzers und den äußeren Bedingungen der Übersetzungssituation unabhängige Anpassungs- oder Umsetzungsaufgaben, die vom Übersetzer zu lösen sind, auch wenn dies zur Routine geworden ist (vgl. Nord 1987, auch ²1991:181ff.).

Um den Umgang mit Übersetzungsproblemen besser lehren zu können, unterscheidet Nord vier Kategorien: pragmatische Übersetzungsprobleme, die sich aus dem Kontrast zwischen den Kommunikationssituationen ergeben, in die AT und ZT eingebettet sind (also beispielsweise Probleme des unterschiedlichen Orts- oder Zeitbezugs oder des kulturbedingt unterschiedlichen Vorwissens der Ausgangs- und Zielempfänger), kulturpaarspezifische Übersetzungsprobleme, die sich aus dem Kontrast zwischen ausgangs- und zielkulturellen Normen und Konventionen ergeben (wie etwa Textsortenkonventionen, Maßkonventionen, Höflichkeitskonventionen, gesetzliche Normen für medizinische Beipackzettel), sprachenpaarspezifische Übersetzungsprobleme, die sich aus dem Kontrast zwischen AS- und ZS-Strukturen ergeben (z.B. die Übersetzung des spanischen Gerundiums ins Deutsche, der deutschen Modalpartikeln in partikelärmere Sprachen), und schließlich textspezifische Übersetzungsprobleme, die bei der Übersetzung eines individuellen Textexemplars auftreten und deren Lösung nicht ohne weiteres auf andere Übersetzungsaufgaben übertragbar ist (z.B. die Übersetzung von Wort- oder Sprachspielen). Die pragmatischen Übersetzungsprobleme lassen sich an den textexternen Faktoren der Textanalyse festmachen, die sprachenpaarspezifischen an den textinternen Faktoren Lexik, Syntax und Suprasegmentalia, die kulturpaarspezifischen und die textspezifischen Übersetzungsprobleme sind dagegen nicht mit bestimmten Analysefaktoren korrelierbar (zur Anwendung der Kategorien auf verschiedene Gebrauchstextsorten vgl. Nord 1990, auf Titel und Überschriften vgl. Nord 1993, s. Art. 82). Zu jedem Übersetzungsproblem kann eine Reihe möglicher Lösungswege gespeichert werden. Wie ein Übersetzungsproblem im Einzelfall zu lösen ist, kann jedoch durch eine Taxonomie nicht vorgegeben werden, sondern hängt jeweils von den Anforderungen des spezifischen Übersetzungsauftrags ab.

Die Übersetzungsprobleme sind zweckmäßigerweise in einer Hierarchie von oben nach unten, also von der pragmatischen Makroebene über die Kulturspezifik hinunter zur sprachlichen Mikroebene, abzuarbeiten (also *top down*, wie das auch Snell-Hornby 1988:69ff. für ihre Textanalyse postuliert). Dadurch wird die Kategorie der sprachlichen Übersetzungsprobleme im Gegensatz zu nicht-funktionalen Ansätzen stark relativiert: Viele sprachenpaarbezogenen Übersetzungsprobleme erledigen sich gleichsam von selbst, wenn die pragmatischen Bedingungen oder die Konventionen ohnehin bestimmte Formulierungen ausschließen.

5. Funktionale Übersetzungseinheiten

Auch die Übersetzungs„einheit", mit der Übersetzer im Übersetzungsprozeß arbeiten, ist auf der Grundlage einer pragmatisch-funktionalen Textanalyse anders zu definieren als von einem linguistischen Standpunkt aus.

Der Begriff der Übersetzungseinheit ist umstritten, seit Vinay/Darbelnet ihn in ihrer *Stylistique comparée* (1958) einführten und als „le plus petit segment de l'énoncé dont la cohésion des signes est telle qu'ils ne doivent pas être traduits séparément" definierten. Auch die meisten übersetzungstheoretischen Definitionen halten an der Segmenteinteilung fest, wobei jedoch der Umfang der Segmente variiert. Bei den linguistischen Ansätzen finden wir Übersetzungseinheiten vom Morphem (Diller/Kornelius 1978) oder Wort (Albrecht 1973) aufwärts über Phrase, Satz bis zum Text (Koller [4]1992) oder auch Einheiten, deren Größe variabel ist: „The unit of translation is always as small as possible and as large as is necessary (grammatically it is usually the group or phrase, but an advertiser is likely to ignore it, whilst a literary translator may try to bring it down to the word)." (Newmark 1981:15). Auch prozeßorientierte Definitionen bestehen auf der (in diesem Falle übersetzer-, nicht textsortenabhängigen) Variabilität der Übersetzungseinheit (vgl. z.B. Königs 1981).

Textlinguistische und pragmatische Ansätze dagegen nehmen auch größere Einheiten in den Blick, die nicht unbedingt Segmentcharakter haben, so etwa die „komplexen semantisch-pragmatischen Werte des Texttyps" (Neubert 1973). Aus hermeneutischer Perspektive kann „die Wirkung der Gesamttextkomposition" (Stolze 1992:168) Übersetzungseinheit sein, und Bassnett/Lefevere (1990:8) betrachten in bestimmten Fällen sogar „die Kultur" als Übersetzungseinheit.

Erst Hönig (1986:243) fordert im Rahmen seiner übersetzungsrelevanten Textanalyse auch eine funktionale Bestimmung der Übersetzungseinheit als „Textsegmente, deren Bedeutung für die Gesamtfunktion der Übersetzung eindeutig sind [sic] bzw. durch die TA [=Textanalyse] gemacht wurde".

Eine völlige Abkehr von der Segmentierung stellt erst Nords „funktionale" bzw. „vertikale" Übersetzungseinheit (zuerst Nord 1986, weiter ausgearbeitet in Nord 1997/1988:38, vgl. auch Nord 1998) dar. Durch den Vergleich zwischen ZT-Profil und AT-Analyse werden mit Blick auf die intendierte ZT-Funktion die „übersetzungsrelevanten AT-Elemente" oder „-Merkmale" isoliert, d.h., die Merkmale des AT, die für das Funktionieren des ZT relevant sind, wobei erst in einem nächsten Schritt darüber entschieden wird, ob und inwieweit sie „bewahrt" oder für die zielkulturelle Situation „bearbeitet" werden müssen. Es handelt sich hierbei um Funktionseinheiten, die in verschiedenen Kulturen unterschiedlich sprachlich (oder auch nichtsprachlich) realisiert sein können. Die Mikrostruktur oder die Infinitivkonstruktionen eines Kochrezepts, welche die instruktive Funktion sicherstellen, sind ebenso Übersetzungseinheiten wie metakommunikative Formeln in Lehrbüchern („Wir wollen dies an einem Beispiel deutlich machen..."), die für die phatische Funktion zuständig sind, oder eine Isotopieebene in einem literarischen Text, die eine bestimme Interpretation suggeriert. Es handelt sich also gerade nicht, wie Stolze (1992:177) unterstellt, um eine „Korrelation von Texteinheiten mit Übersetzungseinheiten" und eine „Fixierung auf die Sprachstrukturen".

Die Abkehr von linearen Textsegmenten zu Funktionseinheiten hat folgenden Vorteil: Bestimmte Textfunktionen werden über den gesamten Text durch verschiedene (inhaltliche, makrostrukturelle, syntaktische, lexikalische, paralinguistische etc.) Merkmale signalisiert. Wenn alle im AT festgestellten Einzelerscheinungen zusammen als „Funktionseinheit" beispielsweise zur Realisierung von Ironie betrachtet werden, gilt das auch für die Herstellung des ZT. Daher kann der Übersetzer dann nach Zweckmäßigkeitserwägungen im Rahmen der zielkulturellen und -sprachlichen Möglichkeiten über Form, Frequenz und Distribution der Versprachlichung einer Funktionseinheit selbständig entscheiden und ist nicht sklavisch an die Vorgaben des AT gebunden. Durch diese Auffassung von Übersetzungseinheit erhält das funktionale Übersetzungskonzept genau die von Stolze (1994:179) vermißten „konkreten Anweisungen für das praktische Übersetzen".

6. *Schluß*

Es ist verständlich, daß exhaustive Textanalysevorgänge im praktisch-professionellen Vollzug oft als mit unvertretbar großem Zeitaufwand verbunden abgelehnt werden. Diesem Einwand ist jedoch entgegenzuhalten, daß die Sensibilisierung für funktionsrelevante Übersetzungsprobleme bereits viele Übersetzungsfehler vermeiden hilft, die nicht deshalb begangen werden, weil man das betreffende Übersetzungsproblem nicht lösen konnte, sondern weil man überhaupt nicht erkannt hat, daß hier ein Übersetzungsproblem vorlag. Fehlervermeidung ist erheblich effizienter als Fehlerbehebung und steht daher auch im Zentrum jedes Qualitätsmanagements (s. Art. 114). Ganz im Sinne von ISO 9.000ff. führt eine Einübung in pragmatisch-funktionale Textanalysefertigkeiten im Laufe der Ausbildung dazu, daß das notwendige Erkennen und funktionsgerechte Lösen von Übersetzungsproblemen automatisiert und damit entschieden weniger zeitaufwendig wird.

Literatur

Albrecht, Jörn (1973): *Linguistik und Übersetzung*. Tübingen: Niemeyer.

Bassnett, Susan / Lefevere, André (Hrsg.) (1990): *Translation, History and Culture*. London / New York: Routledge.

Bühler, Hildegund (1984): „Textlinguistische Aspekte der Übersetzungsdidaktik." Wilss, Wolfram / Thome, Gisela (Hrsg.) (1984): *Die Theorie des Übersetzens und ihr Aufschlußwert für die Übersetzungs- und Dolmetschdidaktik*. Tübingen: Narr, 250–259.

Diller, H.-J. / Kornelius, J. (1978): *Linguistische Probleme der Übersetzung*. Tübingen: Niemeyer.

Hönig, Hans G. (1986): „Übersetzen zwischen Reflex und Reflexion – ein Modell der übersetzungsrelevanten Textanalyse." Snell-Hornby, Mary (Hrsg.) (1986): *Übersetzungswissenschaft – eine Neuorientierung*. UTB 1415. Tübingen: Francke, 230–251.

Koller, Werner ([4]1992/1979): *Einführung in die Übersetzungswissenschaft*. UTB 819. Heidelberg: Quelle & Meyer.

Königs, Frank G. (1981): „Zur Frage der Übersetzungseinheit und ihre Relevanz für den Fremdsprachenunterricht." *Linguistische Berichte* 74, 82–103.

Neubert, Albrecht (1973): „Invarianz und Pragmatik." Neubert, Albrecht / Kade, Otto (1973) (Hrsg.): *Neue Beiträge zu Grundfragen der Übersetzungswissenschaft*. Leipzig: Enzyklopädie, 13–25.

Newmark, Peter (1981): *Approaches to Translation*. Oxford: Pergamon.

Nord, Christiane (1986): „Treue – Freiheit – Äquivalenz oder Wozu brauchen wir den Übersetzungsauftrag?". *TEXTconTEXT* 1, 30–47.

Nord, Christiane (1987): „Übersetzungsprobleme – Übersetzungsschwierigkeiten. Was in den Köpfen von Übersetzern vorgehen sollte." *Mitteilungsblatt für Dolmetscher und Übersetzer* 2, 5–8.

Nord, Christiane ([2]1991/1988): *Textanalyse und Übersetzen. Theoretische Grundlagen, Methode und didaktische Anwendung einer übersetzungsrelevanten Textanalyse*. Heidelberg: Groos.

Nord, Christiane (1990): *Übersetzen lernen – leicht gemacht. Kurs zur Einführung in das professionelle Übersetzen aus dem Spanischen ins Deutsche*. Heidelberg: Institut für Übersetzen und Dolmetschen.

Nord, Christiane (1993): *Einführung in das funktionale Übersetzen. Am Beispiel von Titeln und Überschriften*. UTB 1743. Tübingen: Francke.

Nord, Christiane (1997): „Functional Units in Translation." Mauranen, Anna / Puurtinen, Tiina (Hrsg.) (1997): *Translation – Acquisition – Use*. AFinLa Yearbook 1997. Jyväskylä: University Press, 41–50.

Nord, Christiane (1998): „Vertikal statt horizontal. Zur Frage der Übersetzungseinheit aus funktionaler Sicht." Holzer, Peter / Feyrer, Cornelia (Hrsg.) (1998): *Text, Kultur und Sprache: Festschrift zum 50jährigen Bestehen des Instituts für Übersetzer- und Dolmetscherausbildung der Universität Innsbruck*. Frankfurt a.M.: Lang.

Reiss, Katharina (1984): „Methodische Fragen der übersetzungsrelevanten Textanalyse." *Lebende Sprachen* 1, 7–10.

Snell-Hornby, Mary (1988): *Translation Studies – an Integrated Approach*. Amsterdam / Philadelphia: Benjamins.

Stolze, Radegundis (1992): *Hermeneutisches Übersetzen. Linguistische Kategorien des Verstehens und Formulierens beim Übersetzen*. Tübingen: Narr.

Stolze, Radegundis (1994): *Übersetzungstheorien. Eine Einführung*. Tübingen: Narr.

Thiel, Gisela (1974): „Methodische Probleme einer übersetzungsunterrichtlich relevanten Textanalyse." Wilss, Wolfram / Thome, Gisela (Hrsg.) (1974): *Die Theorie des Übersetzens und ihr Aufschlußwert für die Übersetzungs- und Dolmetschdidaktik*. Tübingen: Narr, 64–81.

Vinay, J.-P. / Darbelnet, J. (1958): *Stylistique comparée du français et de l'anglais. Méthode de traduction*. Bibliothèque de stylistique comparée 1. Paris: Didier.

Wilss, Wolfram (1977): *Übersetzungswissenschaft. Probleme und Methoden*. Tübingen: Narr.

Christiane Nord (Magdeburg)

104. Textanalyse: translatorischer Schwierigkeitsgrad

1. Einleitung

Der Schwierigkeitsgrad einer Übersetzungsaufgabe spielt immer dort eine Rolle, wo es um die Bewertung einer Übersetzungsleistung geht, sei es in der Praxis, wo die Übersetzung „schwieriger" Texte höher honoriert wird als die „leichter" Texte, oder in der Übersetzerausbildung, wo in verschiedenen Prüfungen (Vordiplomprüfung, Diplomprüfung) oder in verschieden gewichteten Sprachfächern (1. Fremdsprache, 2. Fremdsprache) unterschiedliche Anforderungen an die translatorische Kompetenz der Übersetzenden gestellt werden. Auch für die Unterrichtsplanung spielt der Schwierigkeitsgrad einer Übersetzungsaufgabe (z.B. bei der Erarbeitung einer sinnvollen didaktischen Progression vom „Leichten" zum „Schwierigen") eine wichtige Rolle.

Es ist nun zunächst zu fragen, welche Faktoren bei der Bestimmung des translatorischen Schwierigkeitsgrades einer Aufgabe überhaupt eine Rolle spielen, um dann festzustellen, welchen Anteil daran die im Übersetzungsvorgang vorkommenden Texte (der vorliegende Ausgangstext [AT], der erst noch zu produzierende Zieltext [ZT]) haben und wie mit Hilfe einer pragmatisch-funktionalen Textanalyse (s. Art. 103) die für den translatorischen Schwierigkeitsgrad verantwortlichen Faktoren isoliert werden können.

2. Determinanten des translatorischen Schwierigkeitsgrades

In den einzelnen Phasen des Übersetzungsprozesses können unterschiedliche Schwierigkeitstypen die Arbeit erschweren oder unmöglich machen. In der Analysephase steht der AT mit seiner Situation im Vordergrund. Das Verständnis des Textes kann durch bestimmte Merkmale erschwert sein, so etwa durch hohe Komplexität der Strukturen, Abstraktheit des Themas oder durch sinnentstellende oder -zerstörende Defekte (s. Art. 41). In der Synthesephase, in der es um die Produktion des ZT geht, können ungenügende Informationen über die intendierte Kommunikationssituation (Adressaten, Ort und Zeit oder Anlaß der Rezeption, intendierte Textfunktionen) oder besonders hohe Anforderungen an die sprachliche und/oder formale Qualität des ZT sowie unzureichende Recherchemöglichkeit zu zielsprachlichen Fragen die Arbeit des Übersetzers „schwieriger" machen. Dazwischen, in der eigentlichen „Über-Setzungs-" oder Transferphase, kann die Zahl und die Komplexität der zu lösenden Übersetzungsprobleme ein Faktor bei der Bestimmung des Schwierigkeitsgrades sein, ebenso die äußeren Arbeitsbedingungen (Vorhandensein geeigneter Recherchequellen, Wörterbücher, Online-Datenbanken, knappe Terminsetzung, psychischer Druck etc.). Wir können also „ausgangstextbezogene Schwierigkeiten", „zieltextbezogene Schwierigkeiten" und „transferbezogene Schwierigkeiten" unterscheiden (vgl. Nord 1987, 1991:174ff.). Wie stark diese jeweils ins Gewicht fallen, hängt jedoch immer von der übersetzenden Person ab. Ein Fachexperte wird bei der Lektüre und Analyse eines Fachtextes aus seinem Gebiet eventuelle Defekte leicht durch sein Fachwissen kompensieren können; eine versierte Übersetzerin löst bestimmte Übersetzungsprobleme routinemäßig, ohne sich von ihrer Zahl beeindrucken zu lassen; die Übersetzung in die Muttersprache fällt im allgemeinen leichter als die Übersetzung in die Fremdsprache, weil die aktive Sprachbeherrschung in der Muttersprache größer ist. Zu den obengenannten Kategorien ist also als vierte die der „übersetzerbezogenen Schwierigkeiten" hinzuzufügen (vgl. Nord 1987; Bausch 1977: 522 spricht von „Übersetzerfaktoren"). Aus der Sicht der Praxis wird bei einem Berufsübersetzer im Idealfall volle translatorische Kompetenz, volle Sachkompetenz und volle Sprachkompetenz vorausgesetzt. Es ist Sache des Übersetzers, etwaige Kompetenzdefizite zu erkennen und durch geeignete Hilfsmittel zu kompensieren oder – im Extremfall – den Auftrag abzulehnen, weil er mit unvertretbarem Aufwand verbunden wäre. Damit ergibt sich der Schwierigkeitsgrad der Übersetzungsaufgabe in der Praxis vor allem aus den Merkmalen des AT und seiner Situation sowie aus eventuellen Vorgaben des Auftraggebers in bezug auf die Anforderungen an den ZT (zum „Übersetzungsauftrag" s. Art. 40).

3. *Ansätze zur Bestimmung des Schwierigkeitsgrades*

Ausgehend von einem äquivalenzorientierten Übersetzungskonzept bezieht sich Reiss (1974:5) hauptsächlich auf den AT, wenn sie in ihrer dreistufigen, für die Praxis entworfenen Schwierigkeitsskala „sprachliche" (z.B. die Sprachschicht oder die syntaktisch-semantische Struktur betreffende), „sachliche" (den Textinhalt und die Kulturgebundenheit betreffende) und „technische" (die Textdarbietung und die Verfügbarkeit von Hilfsmitteln betreffende) Schwierigkeitsfaktoren unterscheidet. Dabei finden sich in der Rubrik „sprachliche Schwierigkeitsfaktoren" neben der Sprachschicht (in zunehmendem Schwierigkeitsgrad: Gemeinsprache, Fach- und Sondersprachen, dichterische Sprache) auch Faktoren wie die Textfunktion (verkürzt: „informative Texte sind leichter zu übersetzen als expressive oder gar operative") oder die Übersetzungsrichtung (verkürzt: „in die Fremdsprache zu übersetzen ist schwieriger als in die Muttersprache"). Hier wird bereits deutlich, daß eine rein linguistische Beschreibung des Phänomens der translatorischen Schwierigkeit nicht weit trägt. Das macht sich in der Ausbildung, wo eben gerade nicht von voller Kompetenz in allen Bereichen (Ausgangssprache [AS], Zielsprache [ZS], Transfer) auszugehen ist, besonders bemerkbar. Während der absolute Schwierigkeitsgrad des Texts oder der Aufgabe unverändert bleibt, sollten die übersetzerbezogenen Schwierigkeiten mit fortschreitender Ausbildung kontinuierlich geringer werden. Obwohl Reiss (1975) diesen Aspekt ausdrücklich hervorhebt, berechnet sie dann den didaktischen Schwierigkeitsgrad mit Hilfe von Indexziffern anhand von AT-bezogenen Merkmalen wie Redegegenstand (in aufsteigender Rangfolge: kulturübergreifend allgemein bis kulturgebunden speziell), Sprachschicht (von Hochsprache bis Individualsprache), Sprachverwendung (von informativ bis persuasiv), Empfängerpragmatik (von „Total" bis „Einzel") und Raum-Zeit-Dimension (von kultureller und zeitlicher Nähe bis kultureller und zeitlicher Distanz zwischen den beiden Kultur- und Sprachgemeinschaften) (Reiss 1975:44). Für die Fachübersetzerausbildung schlägt Arntz (1984:206) eine rein adressatenbezogene Unterteilung je nach dem Grad der fachlichen Spezialisierung des AT vor, und zwar in (1) einführende Texte für ein fachlich nicht vorgebildetes Publikum, z.B. aus allgemeinen Übersichtswerken oder populärwissenschaftlichen Zeitschriften, (2) Texte aus Hochschullehrbüchern, eventuell untergliedert nach Lehrbüchern für Anfangssemester und solchen für fortgeschrittene Studierende, und (3) wissenschaftliche Artikel aus Fachzeitschriften. Damit ist jedoch nur etwas über den Schwierigkeitsgrad in der Analysephase und, die Forderung nach einer funktionskonstanten Übersetzung vorausgesetzt, in der Synthesephase gesagt. Für die „Schwierigkeit" des Transfers oder über den Schwierigkeitsgrad der Aufgabe bei Funktionsänderung ist auch aus dieser Einteilung kein Aufschluß zu gewinnen.

4. *Textanalyse und translatorischer Schwierigkeitsgrad*

Eine pragmatisch-funktionale Textanalyse, die sowohl auf den vorliegenden AT als auch auf den zu produzierenden ZT angewandt wird (s. Art. 103), kann helfen, diese vielfältigen und schwer bestimmbaren Einflußfaktoren etwas zu systematisieren. Textbezogene Schwierigkeiten, die den Grad der Verständlichkeit des AT bestimmen, sind an den textinternen Faktoren der Textanalyse abzulesen, wobei übersetzerbezogene Faktoren zunächst außer Betracht bleiben: Zugänglichkeit der Thematik, Menge und Komplexitätsgrad des Inhalts, Menge der Präsuppositionen bzw. Redundanzgrad, Stringenz des Aufbaus (z.B. in bezug auf die Thema-Rhema-Progression), Komplexitätsgrad des Satzbaus und der verwendeten Lexik (einschließlich eventueller Defekte), Menge der verständniserleichternden suprasegmentalen Merkmale (z.B. Betonungen in gesprochenen, typographische Hervorhebungen in geschriebenen Texten, vgl. Art. 52), Menge und Art der nonverbalen Elemente (einschließlich des Layouts) (s. Art. 54, 74). Der Schwierigkeitsgrad der textinternen Faktoren wird jeweils erhöht oder vermindert durch die Informationen, die durch die Kenntnis der textexternen Faktoren vorhanden sind. Je mehr also über die Situation, in welcher der AT steht, bekannt ist, um so geringer werden die textinternen Verständnisschwierigkeiten. Durch die Menge der Informationen, die zur

Situation des Textes mitgeliefert werden, kann also im Unterricht der Schwierigkeitsgrad der Aufgabe in der Analysephase für die Lernenden verringert oder erhöht werden. Das läßt sich auch auf die professionelle Praxis übertragen: Je mehr zusätzliche Informationen zum Hintergrund des AT der Auftraggeber mitliefert, um so leichter wird für den Übersetzer die Aufgabe. Der AT ist jedoch nur eine der Komponenten; er liefert gewissermaßen das Material, das im Übersetzungsvorgang zu verarbeiten ist. Wie es jedoch zu verarbeiten ist, das richtet sich nach dem Übersetzungsauftrag. Ein Übersetzungsauftrag, der verlangt, daß das Translat entsprechend den zielkulturellen Vertextungskonventionen für die betreffende Textsorte zu formulieren ist, läßt die stilistische Analyse des AT zweitrangig werden im Vergleich zur Analyse von ZS-Paralleltexten, an denen die Formulierung des ZT zu orientieren ist. Ein Übersetzungsauftrag, der eine druckfertige Übersetzung verlangt, ist „schwieriger" als einer, bei dem eine ZS-muttersprachliche Revisionsinstanz vorgesehen ist. Für den translatorischen Schwierigkeitsgrad ist daher der Übersetzungsauftrag von entscheidender Bedeutung, und zwar einerseits durch den Explizitheitsgrad seiner Formulierung und andererseits durch die darin definierten Anforderungen an das Translat (vgl. Nord 1997.). Ein explizit formulierter Übersetzungsauftrag ist leichter zu erfüllen als einer, dessen Vorgaben undeutlich oder verschlüsselt sind; ein vager Übersetzungsauftrag, in dem die textexternen Bedingungen der ZT-Rezeption weitgehend offen bleiben („Übersetzen Sie für alle Menschen mit Spanisch als Muttersprache!" oder „Die Übersetzung soll für Fachleute und Laien gleichermaßen verständlich sein."), ist schwerer zu erfüllen als ein präziser („Übersetzen Sie für Experten des betreffenden Fachgebiets in Argentinien!"), und am schwierigsten dürfte es sein, einen Text „nur so", d.h. ohne irgendeine Spezifizierung der Zielsituation, zu übersetzen. Dies aber wird vielfach im Fremdsprachenunterricht von den Lernenden verlangt. Ohne spezifizierte Erwartungen kann es aber auch keine stichhaltige Bewertung von (Übersetzungs-)Qualität geben (s. Art. 114). In der Übersetzerausbildung ist auch zu fragen, wie viele und wie geartete Übersetzungsprobleme der Übersetzungsauftrag stellt, wie komplex oder vernetzt sie sind und welche Transferverfahren sie erfordern: Substitutive Verfahren dürften weniger Schwierigkeiten bieten als adaptive, AT-orientierte dokumentarische Übersetzungsformen sind vermutlich leichter herzustellen als zielsituationsorientierte instrumentelle Übersetzungsformen (s. Art. 39, 55). Kurz: Je mehr eigene Entscheidungen der übersetzenden Person aufgrund des Übersetzungsauftrags abverlangt werden, um so schwieriger ist die Aufgabe.

Literatur

Arntz, Reiner (1984): „Das Problem der Textauswahl in der fachsprachlichen Übersetzungsdidaktik." Wilss, Wolfram / Thiel, Gisela (Hrsg.) (1984): *Die Theorie des Übersetzens und ihr Aufschlußwert für die Übersetzungs- und Dolmetschdidaktik.* Tübingen: Narr, 204–211.

Bausch, Karl-Richard (1977): „Sprachmittlung." Althaus, P. / Henne, H. / Wiegand, H. E. (Hrsg.) (1997): *Lexikon der Germanistischen Linguistik.* Tübingen, Niemeyer, 797–802.

Nord, Christiane (1987): „Übersetzungsprobleme – Übersetzungsschwierigkeiten. Was in den Köpfen von Übersetzern vorgehen sollte ..." *Mitteilungsblatt für Dolmetscher und Übersetzer* 2, 5–8.

Nord, Christiane (^{2}1991/1988): *Textanalyse und Übersetzen. Theorie, Methode und didaktische Anwendung einer übersetzungsrelevanten Textanalyse.* Heidelberg: Groos.

Nord, Christiane (1997): „Leicht – mittelschwer – schwer. Zur Bestimmung des Schwierigkeitsfaktors von Übersetzungsaufgaben." Fleischmann, Eberhard / Kutz, Wladimir / Schmitt, Peter A. (Hrsg.) (1997): *Translationsdidaktik. Grundfragen der Übersetzungswissenschaft.* Tübingen: Narr, 92–102.

Reiss, Katharina (1974): „Zur Bestimmung des Schwierigkeitsgrades von Übersetzungen." *Mitteilungsblatt für Dolmetscher und Übersetzer* 3, 1–6.

Reiss, Katharina (1975): „Zur Bestimmung des Schwierigkeitsgrades von Übersetzungen aus didaktischer Sicht." *Le Langage et l'Homme* 27, 37–48.

Christiane Nord (Magdeburg)

105. Textauswahlkriterien

1. Allgemeinsprachliche Texte

Ein wichtiges Kriterium für die Textauswahl in den Ausbildungsgängen für professionelle Übersetzer und Dolmetscher ist der Praxisbezug. Für fachsprachliche Texte ist er relativ leicht herzustellen, denn sie sind im Beruf das tägliche Brot. Durch Umfragen (Schmitt 1990) läßt sich zudem noch weiter ermitteln, welche Textsorten und Fachgebiete besonders häufig sind. Mit gemeinsprachlichen Texten ist es schwieriger. Dennoch spielen sie in den Curricula und Übersetzungslehrbüchern eine wichtige Rolle. Wie Siepmann (1996) recherchierte, dominiert der Zeitungstext, sowohl in Übersetzungslehrbüchern als auch an Übersetzer- und Dolmetscherinstituten. Gerade Zeitungstexte werden aber, so heißt es immer, in der Praxis relativ selten übersetzt.

Nun ist sowohl der Begriff „gemeinsprachlicher Text" als auch der Begriff „Zeitungstext" ziemlich vage. Ein populärwissenschaftlicher Text z.B. ist ein Zeitungstext, aber er berichtet meist über neue Erkenntnisse auf einem Fachgebiet. Die Übergänge zwischen Fachtext und gemeinsprachlichen Texten sind fließend und die Kategorien, obwohl in der Ausbildung fest etabliert, eigentlich sehr problematisch. Zudem werden bestimmte Zeitungstextsorten tatsächlich übersetzt, z.B. Presseagenturmeldungen (s. Art. 64).

Welche Texte soll man auswählen? Man kann Texte benutzen, die wirklich in der Praxis übersetzt werden, z.B. die eben erwähnten Presseagenturtexte oder z.B. auch Sachbücher, die bereits in Übersetzungen vorliegen. Die Auswahl an Texten wird dadurch allerdings sehr eingeschränkt. Ein didaktischer Ausweg besteht darin, Texte zu wählen, bei denen ein natürlicher Kreis von Adressaten für die Übersetzung zumindest vorstellbar ist (Hönig/Kußmaul 1982:133).

Nord propagiert in diesem Zusammenhang einen didaktischen Übersetzungsauftrag (Nord 1988:174). Dadurch ist es möglich, die Weichen so zu stellen, daß eine pragmatisch plausible Situation entsteht. So lassen sich z.B. humorvoll-kritische Glossen über Alltagsphänomene der Ausgangskultur, die auf den ersten Blick in der Zielkultur scheinbar keinen natürlichen Empfänger haben, dennoch übersetzen, wenn der Auftrag erteilt wird: Machen Sie aus diesen Glossen ein Lesebuch zur Alltagskultur des betreffenden Landes! Vielfach ergibt sich dadurch eine Funktionsveränderung der Übersetzung und damit ein erhöhter Schwierigkeitsgrad. Der didaktische Übersetzungsauftrag dient also u.a. dazu, den Schwierigkeitsgrad von Übersetzungen zu verändern und dem weit verbreiteten Vorurteil zu begegnen, daß gemeinsprachliche Texte grundsätzlich leichter zu übersetzen seien als fachsprachliche (zum Schwierigkeitsgrad und zur Progression im Unterricht s. Art. 104). Nord schlägt die Differenzierung nach Situationsfaktoren vor, z.B. Texte eines Senders mit gleicher Intention werden für verschiedene Adressaten übersetzt, etwa ein Kochrezept, das in einem Kochbuch für Kinder und in einem Kochbuch für die erfahrene Hausfrau erscheinen soll (Nord 1988:175). Der didaktische Übersetzungsauftrag eröffnet außerdem die Möglichkeit, Texte lernzielorientiert nach bestimmten linguistischen Phänomenen auszuwählen, wenn nicht sogar zu erstellen (Siepmann 1996:105): z.B. um Semantik und Verstehen anhand des Scenes-and-frames-Modells (s. Art. 13), stilistische Markierung (s. Art. 20) oder Idiomatik und Kollokation einzuüben. Schließlich trägt der pragmatisch differenzierte didaktische Übersetzungsauftrag dazu bei, daß die kommentarlose Präsentation irgendwelcher Textausschnitte im Übersetzungsunterricht verhindert wird. Wenn es schon nicht immer möglich ist, einen vollständigen Text zu übersetzen (z.B. ein Sachbuch), dann werden wenigstens die Wissenslücken bezüglich des Textinhalts, Hintergrundwissens, der Senderbiographie usw. im Hinblick auf den Übersetzungszweck aufgefüllt.

Literatur

Hönig, Hans G. / Kußmaul, Paul (1982): *Strategie der Übersetzung*. Tübingen: Narr.

Nord, Christiane (1988): *Textanalyse und Übersetzen*. Heidelberg: Groos.

Schmitt, Peter A. (1990): „Die Berufspraxis der Übersetzer: Eine Umfrageanalyse." *Mitteilungs-*

blatt für Dolmetscher und Übersetzer. Berichtssonderheft.

Siepmann, Dirk (1996): *Übersetzungslehrbücher: Perspektiven für ihre Entwicklung.* Bochum: Universitätsverlag Dr. N. Brockmeyer.

Paul Kußmaul (Germersheim)

2. Fachtexte

Bei der Auswahl der in fachsprachlichen Übersetzungsübungen und Klausuren eingesetzten Ausgangstexte (AT) haben sich folgende Gesichtspunkte bewährt (Näheres und Textbeispiele in Schmitt 1987):

(1) Im Laufe des Studiums sollten die Studierenden Gelegenheit haben, möglichst viele derjenigen Textsorten und Themen kennenzulernen, die im jeweiligen Sprachpaar und der jeweiligen Übersetzungsrichtung in der aktuellen Berufspraxis besonders häufig Gegenstand von Übersetzungen sind. Anhaltspunkte liefern Marktanalysen (s. Art. 2).

(2) Die Studierenden sollen die Fertigkeit trainieren, sich relativ kurzfristig und textangemessen gründlich in neue Themen und Textsortenkonventionen einzuarbeiten; jeder Kombination aus Textsorte und Thema (z.B. Software-User Manual, Auto-Betriebsanleitung, Kfz-Werkstatthandbuch, Kunststoffspritzgießen-Fachbuch, Industrieroboter-Fachzeitschriftenartikel, Getriebe-Patentschrift usw.) sollte jeweils ein Semester gewidmet werden, vorzugsweise im Rahmen 90minütiger Übungen.

(3) Die Texte sollten die Studierenden dafür sensibilisieren, daß beim Übersetzen nicht nur der Verbaltext relevant ist, sondern u.U. auch Typographie, Layout sowie etwaige zugehörige Abbildungen und der betreffende Gegenstand; die AT sollten also nicht abgeschrieben, sondern kopiert werden (dabei auf etwaige Copyright- und Vertraulichkeitsaspekte achten).

(4) Übersetzungsübungen sollten flankiert werden durch praktische Anschauung, z.B. durch Exkursionen und Arbeit an oder mit dem behandelten Gegenstand; es sollten daher bevorzugt solche Texte ausgewählt werden, bei denen auch dieses Kriterium erfüllbar ist.

(5) Die Reihenfolge der behandelten Texte sollte von ihrem translatorischen Schwierigkeitsgrad bestimmt sein (s. dazu Art. 104); bewährt hat sich die Progression von niedrigem zu hohem Fachlichkeitsgrad (z.B. von Gebrauchsanleitungen über Betriebshandbücher und Fachzeitschriftenartikel bis zu Patentschriften).

Da es nicht darum geht, im Unterricht möglichst viel und schnell zu übersetzen, sondern darum, anhand der exemplarisch behandelten AT und außerhalb des Unterrichts vorbereiteten Zieltexte (ZT) möglichst viele der jeweils charakteristischen Textmerkmale, -konventionen, Übersetzungsprobleme und -lösungen zu erörtern (zum Prozedere s. Art. 102), um für analoge Fälle gerüstet zu sein, kann der Arbeitsfortschritt nicht an den in der Praxis üblichen Übersetzungsleistungen (s. Art. 2) gemessen werden; gleichwohl ist stets auf den die Praxis beherrschenden Termindruck und Maßnahmen zur Arbeitsbeschleunigung (s. Art. 51) hinzuweisen. Pro 90 Minuten Unterricht können erfahrungsgemäß 1 bis 2 Standardseiten AT bearbeitet werden (sofern die Fachübersetzungsübung nicht auch zur Vermittlung anderer Inhalte genutzt wird, wie etwa Computerbedienung oder Eingabe von Terminologie in Datenbanken). Daraus folgt, daß viele praxistypische Fachtexte im Unterricht nicht in toto, sondern nur auszugsweise zu behandeln sind; dabei sind die Textsegmente (auch für Prüfungstexte; s. Art. 111) so zusammenzustellen, daß ein möglichst repräsentativer Gesamteindruck entsteht; Auslassungen sind zu kennzeichnen.

(6) Das zum Verständnis der Fachtexte nötige textspezifische Fachwissen wird (sofern es sich um praxisnahe Texte handelt) allenfalls zum Teil im Rahmen der sog. Sach- oder Ergänzungsfächer vermittelt werden können; der Lehrende sollte daher erstens über einschlägige Wissensreserven verfügen und zweitens den Studierenden Quellen angeben, die zum Selbststudium geeignet sind. Erfahrungsgemäß sollte die Lektüre dieser Quellen bereits vor Beginn der Fachübersetzungsübungen abgeschlossen sein, um ein einigermaßen homogenes Wissensniveau der Übungsteilnehmer zu erzielen (d.h., die Lehrveranstaltungen und zugehörige Quellen sind rechtzeitig anzukündigen). Neben Paralleltexten (s. Art. 50) eignen sich vor

allem Lehr- und Fachbücher; im technischen Bereich haben sich die einschlägigen Fachkunden (z.B. des Europa-Lehrmittelverlags) sehr gut bewährt. Die Textauswahl richtet sich daher auch nach der Verfügbarkeit von Quellen, die das nötige Fachwissen liefern. Als Quellen eignen sich auch terminologische Diplomarbeiten der in http://dsb.uni-leipzig.de/~xlatio/DATRICH2.HTM beschriebenen Art. Primär für die Unterrichtsvorbereitung der Lehrenden nützlich sind die Titel *Didaktik der Fachsprachen* (Fluck 1992) sowie das *Handbuch zur Fachsprachenforschung* (Hoffmann/Kalverkämper/Wiegand 1998).

Literatur

Fluck, Hans-Rüdiger (1992): *Didaktik der Fachsprachen.* Forum für Fachsprachen-Forschung 16. Tübingen: Narr.

Hoffmann, Lothar / Kalverkämper, Hartwig / Wiegand, Herbert Ernst (Hrsg.) (1998): *Fachsprachen. Ein internationales Handbuch zur Fachsprachenforschung und Terminologiewissenschaft.* 1. Halbband. HSK 14.1. Berlin / New York: de Gruyter.

Schmitt, Peter A. (1987): „Fachtexte für die Übersetzer-Ausbildung: Probleme und Methoden der Textauswahl." Ehnert / Schleyer (Hrsg.) (1987): *Übersetzen im Fremdsprachenunterricht: Beiträge zur Übersetzungswissenschaft – Annäherungen an eine Übersetzungsdidaktik.* Materialien Deutsch als Fremdsprache. Regensburg: DAAD, 111–151.

Peter A. Schmitt (Leipzig)

3. Dolmetschen

Das von Kußmaul und Schmitt (in diesem Artikel) angesprochene Kriterium der Praxisnähe ist im Dolmetschunterricht insofern zu präzisieren, als im Rahmen einer professionellen Ausbildung

(1) die verwendeten Texte grundsätzlich Reden und Vorträge sind,
(2) sich auf ein aktuelles Thema beziehen (also in der Regel nicht älter als vier bis acht Wochen sein sollten),
(3) die Studierenden sich auf das Thema bzw. den ganzen *Hypertext* (Pöchhacker 1994) vorbereitet haben.

Zu den Kriterien im einzelnen:

(1) Selbstverständlich gilt dieses Kriterium nur für typische Aufgaben der auszubildenden Konferenzdolmetscher im Bereich des Simultan- und Konsekutivdolmetschens. Bei anderen Formen des Dolmetschens (z.B. Gerichtsdolmetschen s. Art. 90, oder Verhandlungsdolmetschen s. Art. 91, und Community Interpreting s. Art. 92) werden vor allem dialogische Diskurse gedolmetscht, die improvisiert oder mittels Videoaufzeichnungen in den Unterricht integriert werden. Auch die Stegreifübersetzung bzw. Zusammenfassung von schriftlich fixierten Reden und Dokumenten ist in diesem Sinne keine dolmetscherspezifische Aufgabe. Sie ist allerdings von großer Relevanz für die berufliche Praxis und sollte deshalb auch im Rahmen der Dolmetscherausbildung geübt werden (zur Integration in ein zukunftsorientiertes Curriculum vgl. Hönig 1997a:164–172).
Ob der Redner oder Vortragende frei spricht oder von einem Manuskript abliest, ob er oder sie Muttersprachler ist oder nicht, ob sie oder er auf dem jeweiligen Gebiet Experte oder Laie ist – all dies beeinträchtigt die Verwendbarkeit der Texte nicht. Im Gegenteil: Die Studierenden müssen im Lauf ihrer Ausbildung mit all diesen – und anderen praxisnahen Varianten (von der völligen Abkehr des Redners vom Manuskript bis zum Versagen der Raumbeschallungsanlage) – konfrontiert werden.
(2) Aktualität ist deshalb wichtig, weil die Verstehensvorgänge beim Dolmetschen (im Unterschied zum Übersetzen – vgl. Hönig 1997b) szenisch organisiert sind (s. Art. 96). Szenen können leichter assoziiert werden, wenn sie durch Bezüge zum aktuellen Zeitgeschehen (noch) verfügbar sind – oder durch Recherche aufgefrischt werden können – vgl. (3). Das von Gile ausführlich beschriebene *overloading* (vgl. Gile 1995: 159–190), also die objektive Überanspruchung der kognitiven Verarbeitungskapazität, kann dadurch vermieden oder kontrolliert werden, weil sich Bezugspunkte ergeben, die eine Generalisierungsstrategie (vgl. Van Dijk/Kintsch 1983:190) ermöglichen.

(3) Vorabrecherche ermöglicht gezielte Antizipation und ist deshalb ein entscheidender Faktor bei der Entwicklung dolmetschspezifischer Verstehensstrategien. Zur Textauswahl in der Ausbildung gehört deshalb immer auch die Anleitung zur selbständigen Recherche (s. Art. 44) im Rahmen einer professionellen Vorbereitung (zu den einzusetzenden Mitteln s. Art. 38, 98 und 102). Das Umfeld aktueller Reden ist durch Recherchen wesentlich leichter aufzuhellen als das verstaubter Reden oder gar nur schriftlich vorliegender Texte – insofern stehen die hier beschriebenen Kriterien in einem engen Zusammenhang und sind nicht voneinander zu trennen.

Literatur

Gile, Daniel (1995): *Basic Concepts and Models for Interpreter and Translator Training*. Amsterdam / Philadelphia: Benjamins.

Hönig, Hans G. (1997a): *Konstruktives Übersetzen*. Tübingen: Stauffenburg.

Hönig, Hans G. (1997b): „Using text mappings in teaching consecutive interpreting." Hauenschild, Christa / Heizmann, Susanne (Hrsg.) (1997): *Machine Translation and Translation Theory*. Berlin / New York: de Gruyter, 19–34.

Hönig, Hans G. (1997c): „Zur Evaluation von Dolmetsch- und Übersetzungsleistungen." Drescher, Horst W. (Hrsg.) (1997): *Transfer. Übersetzen – Dolmetschen – Interkulturalität.* Publikationen des Fachbereichs Angewandte Sprach- und Kulturwissenschaft der Johannes-Gutenberg-Universität Mainz in Germersheim, Reihe A, Band 23. Frankfurt a.M.: Lang, 193–208.

Pöchhacker, Franz (1994): *Simultandolmetschen als komplexes Handeln*. Tübingen: Narr.

Van Dijk, Teun / Kintsch, Walter (1983): *Strategies of Discourse Comprehension*. Orlando/Fl.: Academic Press.

Hans G. Hönig (Germersheim)

106. Didaktik des Dolmetschens

Der Anfang der Konferenzdolmetscherausbildung geht auf die zweite Hälfte der vierziger Jahre zurück, wie frühe Schriften (Herbert 1952, Rozan 1956, Ilg 1959:1–19) beweisen. Zur Entwicklung einer regelrechten Dolmetschdidaktik im Sinne einer nicht nur an der Berufspraxis ausgerichteten, sondern auch theoretisch untermauerten Methodik kam es erst mit zunehmender Akademisierung der Ausbildung und ersten Bemühungen um eine Theoretisierung des Dolmetschprozesses (Seleskovitch 1968, Kade 1968, Pinter 1969). Da sich diese Theorien von vornherein in gewissen Punkten unterschieden (Laplace 1994) und sich auch in ihrer Weiterentwicklung kaum nähergekommen sind, haben sich ebenfalls unterschiedliche Lehrmeinungen herausgebildet. Diese lassen sich grob gesprochen in eine sprachenpaarspezifische und in eine sprachenpaarunabhängige Richtung unterteilen und bestimmen vor allem die Art und Weise, wie der Lehrstoff vermittelt wird. Dagegen ist über Ziel und Inhalt der Ausbildung schon deswegen eine weitgehende Übereinstimmung (AIIC 1993) zu erkennen, weil sie sich an den beruflichen Anforderungen orientieren und die Ausbildung in Händen beruflicher Konferenzdolmetscher (mit oder ohne zusätzliche akademische Qualifikation) liegt. Eine kurze Erläuterung der theoretischen Diskrepanzen und ihrer didaktischen Auswirkungen sei denn auch an den Anfang gestellt, bevor Ziel und Inhalt der Ausbildung beschrieben werden.

1. Theoretische Ausrichtungen

1.1 Sprachenpaarunabhängige Dolmetschdidaktik

Grundlage dieser in den achtziger Jahren an der Pariser Ecole Supérieure d'Interprètes et de Traducteurs mittels Deduktion, Introspektion und Beobachtung von Seleskovitch (1981:23f., 1984, 1989) und Lederer (1981b:65f., 1984, 1989) unter Mitwirkung von Thiéry (1981:99f.) und Déjean Le Féal (1981:380f., 1990:201f.) entwickelten Dolmetschdidaktik ist die von Seleskovitch (1975, 1978:333f.) und Lederer

(1981a) erarbeitete *théorie du sens*. Gemäß dieser Theorie muß die erste Phase des Dolmetschprozesses in eine vollständige Deverbalisierung des geäußerten Gedankens – später auch Konzeptualisierung (Lederer 1981b) genannt – münden, damit dieser in der Zielsprache (ZS) so formuliert werden kann, wie es der Redner selbst getan hätte, wenn er sich in dieser Sprache wie in der seinen hätte ausdrücken können. „[...] il se produit une déverbalisation qui ne laisse subsister qu'un état de conscience grâce auquel le sens s'exprime avec spontanéité, en toute liberté par rapport aux moyens d'expression de la langue originale.“ (Seleskovitch/Lederer 1989:40) Voraussetzung für die Deverbalisierung ist ein sehr gründliches Verständnis des geäußerten Gedankens einschließlich seiner impliziten Bestandteile, was wiederum ein angemessenes Sachwissen und die Mobilisierung dieses Wissens erfordert. Das Schwergewicht dieser Dolmetschdidaktik liegt mithin auf der kompletten kognitiven Analyse einerseits und dem Ausdrucksvermögen in der ZS andererseits sowie auf den für beide Vorgänge unerläßlichen Sachkenntnissen.

1.2 Sprachenpaarspezifische Dolmetschdidaktik

Diese dolmetschdidaktische Richtung ist aus zwei verschiedenen theoretischen Ansätzen hervorgegangen:

- zum einen aus Kades überwiegend linguistischer Dolmetschtheorie (1968, 1981), die insbesondere in der ehemaligen DDR von Salevsky (1985:191f.), Dalitz (1983:157 f.), Fiukowski (1983:186f.), Cartellieri (1985: 252f.), Kutz (1985:229f.) und Nieke (1986: 192f.) in eine sprachenpaarspezifische Dolmetschdidaktik umgesetzt wurde;
- und zum anderen aus der ab Mitte der achtziger Jahre laut werdenden Ablehnung der *théorie du sens* und der auf ihr basierenden Dolmetschdidaktik, die als intuitiv und deshalb unwissenschaftlich verworfen wird.

Was Gile (1989:27f., 1990:28f.), Gran (1990: 4f.), Mackintosh (1983) und Stenzl (1989:23f.) vor allem an der *théorie du sens* beanstanden, ist die Deverbalisierung, da sie in ihren Augen nicht wissenschaftlich bewiesen ist. Nach ihrer Auffassung kommt es beim Dolmetschen lediglich zu einer nicht näher bestimmten kognitiven Analyse:

> [...] Seleskovitch's idea (1975) that a ‚deverbalization‘ stage occurs somewhere between the perception of the original speech and the reformulation of its ‚message‘ into the target language by the interpreter [...] is far from proven; however, it does lead teachers to instruct students to move away from the linguistic structure of the source language speech and reformulate the ideas it contains in their own words, thus forcing them to analyze the speech and making them adapt their own speech to their listeners. (Gile 1990:33)

Aus dieser Auffassung von der Schnittstelle zwischen der ersten und zweiten Phase ergibt sich automatisch die von den Vertretern dieser Richtung geforderte stärkere Berücksichtigung sprachenpaarspezifischer Probleme. Allerdings gehen sie nicht so weit wie Kades Nachfolger, die den Dolmetschprozeß in drei Vorgänge gliedern: „[...] die Rezeption (des QS-Textes bzw. seiner Segmente), die Transposition (das Umsetzen von Segmenten des QS-Textes in Segmente des ZS-Textes) und die Realisation (der Segmente des ZS-Textes).“ (Salevsky 1985: 192)

Gile fordert ebenfalls zu interdisziplinärer Forschung zwecks Entwicklung eines mit den Methoden der exakten Wissenschaften erwiesenen theoretischen Ansatzes für eine experimentell oder zumindest durch *observational research* (Gile 1990:37) abgesicherte sprachenpaarspezifischere Dolmetschdidaktik auf.

Bisherige Ergebnisse dieser experimentellen Forschung sind erste Erkenntnisse über das Zusammenwirken der beiden Hirnhälften beim Simultandolmetschen (Gran/Dodds 1989, Gran/Taylor 1990, Fabbro/Gran 1994:273f., Daro 1992:8f., Ilic 1990:101f., Kurz 1994: 199f.) und neue Modelle, insbesondere Giles *modèle d'efforts* (1988:27f.), das die Aufteilung der Konzentration des Simultandolmetschers auf die verschiedenen sich teilweise überlappenden Arbeitsprozesse sowie text- und/oder situationsbedingte Konzentrationsumverteilungen beschreibt, sein *effort model of consecutive interpreting* (1997:196f.), in dem er den Vorgang des Konsekutivdolmetschens in Form einer mathematischen Gleichung darstellt, und Pöchhackers Theorie- und Beschreibungsrahmen für die situativen Handlungszusammenhänge beim Simultandolmetschen (1994).

Eine neue in sich geschlossene Dolmetschdidaktik ist indessen noch nicht entstanden.

Auch sind angezweifelte Einzelaspekte der Pariser Dolmetschdidaktik mit einer Ausnahme (Nutzen der Konsekutivübungen ohne Notation, Gile 1991:431f.) nicht bzw. nicht abschließend (qualitative Auswirkungen des Simultandolmetschens in die B-Sprache, Pöchhacker 1994) überprüft worden.

Der wesentliche Unterschied zwischen den beiden Dolmetschdidaktik-Richtungen liegt also zur Zeit noch in den Schwerpunkten der Lehrmethoden: im einen Fall die sprachlichen Entsprechungen, im anderen die Deverbalisierung und die daran anschließende Neuformulierung.

2. Ziel der Dolmetschdidaktik

Ziel der Dolmetschdidaktik ist es, einen unmittelbar nach Abschluß des Studiums voll einsatzfähigen Konferenzdolmetscher auszubilden. Anders als bei der Übersetzung, bei der vor der Herausgabe eventuelle Mängel durch die Revision ausgemerzt werden können, ist der Dolmetscher von Anfang an ganz auf sich selbst gestellt. Die Ausbildung muß ihn also dazu befähigen, gleich am ersten Tag eine professionelle Leistung zu erbringen und für seine Arbeit in vollem Umfang selbst einzustehen.

3. Inhalt der Dolmetschdidaktik

Unerläßliche Bestandteile der Dolmetschdidaktik sind Konsekutiv- und Simultandolmetschen (auch mit schriftlicher Vorlage), Stegreifübersetzung, Methodik der thematischen und terminologischen Einarbeitung in Fachgebiete sowie Berufsethik.

3.1 Konsekutivtechnik

Obgleich die Konsekutivtechnik in der beruflichen Praxis eine zunehmend untergeordnete Rolle spielt, hat sie ihren Stellenwert in der Dolmetschdidaktik insbesondere als Grundlage für die spätere Erlernung der Simultanübersetzung unverändert behalten. Diesen Umstand verdankt sie der einhelligen Auffassung, daß der eigentliche Dolmetschprozeß bei beiden Techniken derselbe ist, außer daß beim Konsekutivdolmetschen dessen Phasen aufeinanderfolgen, wohingegen sie sich beim Simultandolmetschen überlappen. Daraus ergibt sich auch als logischer Schluß, daß die Ausbildung mit der Konsekutivtechnik beginnen muß.

Da es beim Konsekutivdolmetschen darum geht, nicht die Worte der Rede zu behalten, sondern das, was der Redner mit diesen Worten zum Ausdruck bringen wollte, spielt die Herausarbeitung und Verarbeitung dieser gedanklichen Inhalte als wesentliche Voraussetzung für deren Memorierung eine zentrale Rolle. So entspricht es denn auch allgemeiner Praxis, zunächst das Konsekutivdolmetschen ohne Notizen zu üben, damit sich die Studenten ganz auf die kognitive Analyse konzentrieren können. Erst in einem zweiten Stadium wird dann nach und nach die Notation als zusätzliche Gedächtnisstütze eingeführt.

3.2 Stegreifübersetzung

Mit zu diesem ersten Abschnitt der Ausbildung gehört auch die Stegreifübersetzung. Sie wird von den einen als Vorübung zum Konsekutivdolmetschen gewählt, um durch mangelnde Sprachkenntnisse bedingte Hindernisse aus dem Weg zu räumen, und von anderen als zusätzliche Anwendungsvariante der Konsekutivtechnik gelehrt, bei der die Funktion der Notizen vom Text übernommen wird (Déjean Le Féal 1981:400).

3.3. Simultantechnik

Der zweite Teil der Ausbildung ist der Simultanübersetzung gewidmet. Hier gilt es zunächst, den Studenten den Einstieg in die auf den ersten Blick etwas widernatürlich anmutende Technik zu erleichtern. Zu diesem Zweck werden verschiedene Vorübungen praktiziert, über deren Wert die Dolmetschdidaktiker allerdings teilweise sogar quer durch die theoriebedingten Parteien unterschiedlicher Auffassung sind.

3.3.1 Vorübungen

Die meist erörterte Vorübung ist das Shadowing, bei dem die Studenten einen ihnen vorgelesenen Text wortgetreu nachsprechen. Von Ilg (1959:1f., 1978:78f.), Harris (1992:259f.) u.a. wird das Shadowing empfohlen, da es ihrer Auffassung nach den Studenten hilft, sich an das beim Simultandolmetschen gleichzeitige Hören und Sprechen zu gewöhnen. Dagegen wird es von Seleskovitch und Lederer (1989), Thiéry (1989:3f.) Van Dam (1990:5f.) und

Déjean Le Féal (1997:616f.) als prozeßwidrig verworfen, weil es die Studenten zu gedankenlosem Nachschwatzen verleitet. Auch Strolz (1992) zeigt sich wenig überzeugt vom Wert des Shadowing, und Kurz (1992:245f.) begründet ihre Ablehnung mit Erkenntnissen der Neuropsychologie. Desgleichen wird die Meinung, das gleichzeitige Hören und Sprechen stelle beim Simultandolmetschen eine besondere Schwierigkeit dar, nicht von allen Autoren geteilt (Seleskovitch/Lederer 1989, Déjean Le Féal 1997:616f.). Statt dessen wird der Umstand, daß der Dolmetscher gleichzeitig dem Redner in der Ausgangssprache (AS) und sich selbst in der ZS zuhören muß, als der eigentlich widernatürliche Aspekt des Simultandolmetschens betrachtet (Déjean Le Féal 1997:616f.). Anstelle des Shadowing empfehlen Seleskovitch und Lederer (1989) eine Vorübung, bei der die Studenten den Inhalt eines ihnen vorgelesenen Textes in sich aufnehmen und gleichzeitig laut rückwärts zählen, sowie die „Reportage", bei der sie einen in der Muttersprache vorgetragenen Text in derselben Sprache umformulieren. Déjean Le Féal (1997:616f.) hält dagegen alle Vorübungen für überflüssig, vorausgesetzt daß die Konsekutivtechnik nicht nur als Basis, sondern auch als regelrechter Steigbügel für das Simultandolmetschen genutzt wird.

3.3.2 Einübung der Simultantechnik

Ist der Einstieg in die Simultantechnik geschafft, muß sie eingeübt werden, was für die von Kades Theorie geprägten Dolmetschdidaktiker „[...] Automatisierung einer möglichst breiten Palette von Rezeptions-, Umkodierungs- und Artikulationsoperationen bzw. -schritten [...]" (Kutz 1985:231) bedeutet.

Gile (1990:28f., 1995) legt das Schwergewicht auf die Überwindung der durch syntaktische Unterschiede zwischen AS und ZS bedingten Schwierigkeiten. Neben japanischen Autoren verweist er vor allem auf Viezzi, der nach Auswertung der von Gerver (1974:337f.) und Lambert (1988:377f.) vorgelegten Erinnerungstestergebnisse zu folgendem Schluß gelangt:

> In translating from English or from German into Italian, the morphosyntactic differences between source and target languages are such as to impose on the translator a considerable effort to achieve the transformation of the surface structure of the message to be translated into the form required by the language in which the translation is to be expressed. In translating from French or Spanish into Italian, the morphosyntactic analogies between source and target languages require less adaptation of the surface structure [...] Would it not then be appropriate to use different teaching approaches to the specific relationship between source and target languages? (1990:59)

„La méthode d'enseignement de l'interprétation simultanée [...] est universelle, c'est-à-dire valable pour toutes les paires de langues, qu'il s'agisse de paires de langues qu'il est convenu d'appeler proches [...] ou de langues éloignées [...]", sagen dagegen Seleskovitch und Lederer (1989:40). In die Unterrichtspraxis umgesetzt bedeutet das: „Au lieu de rapprocher les langues pour les comparer, l'enseignant s'efforce [...] d'en obtenir une dissociation maximum" (Seleskovitch/Lederer 1989:40), was durch didaktische Betonung der Deverbalisierung erreicht wird. Für Lederer (1981a) erhöht diese das Antizipationsvermögen so erheblich, daß selbst ausgeprägte syntaktische Unterschiede zwischen AS und ZS beim Simultandolmetschen nicht ins Gewicht fallen. „En simultanée, le temps qui s'écoule entre ce que dit l'orateur et ce que restitue l'interprète [...] se réduit parfois jusqu'à laisser place à une quasi simultanéité entre les mots de l'orateur et l'expression du sens compris par l'interprète. Nous venons de voir que ce temps peut même devenir négatif [...]." (Lederer 1981a:257)

3.3.3 Simultandolmetschen mit Text

Sobald die Simultantechnik beherrscht ist, muß deren heute bei allen wissenschaftlichen und technischen Kongressen häufigste Variante, nämlich das Simultandolmetschen mit Text, eingeübt werden. Die Hauptschwierigkeit dieser Variante liegt neben dem im allgemeinen hohen Tempo und der zusätzlichen Belastung durch die gleichzeitige Orientierung an zwei verschiedenartigen Quellen in der stärkeren Remanenz des visuellen Eindrucks, die leicht zu einer oberflächlicheren Analyse verleitet. Um dem entgegenzuwirken, gilt es, den Text so vorzubereiten, daß ein flüchtiger Blick auf einen Absatz ausreicht, um dessen gedanklichen Inhalt wieder in Erinnerung zu rufen und somit eine engere Anlehnung an den Text außer bei etwaigen Zahlen, Formeln und Eigennamen zu erübrigen.

3.4 Methodik der thematischen und terminologischen Einarbeitung in Fachgebiete

Die eher sprachenpaarspezifisch ausgerichtete Dolmetschdidaktik legt das Schwergewicht auf den Erwerb der erforderlichen terminologischen Kenntnisse, während an den Instituten, die der kognitiven Analyse einen hohen Stellenwert einräumen, die thematische Einarbeitung im Mittelpunkt steht.

3.5 Berufsethik

Die Einführung in die Berufsethik, bei der im allgemeinen der Code d'éthique professionnelle der AIIC zugrunde gelegt wird, dient vor allem dem Zweck, dem angehenden Dolmetscher die Tragweite seiner beruflichen Eigenverantwortlichkeit bewußt zu machen und ihm das oberste Gebot des Berufsstandes, die absolute Schweigepflicht, einzuschärfen.

Abschließend sei noch bemerkt, daß an allen Instituten das Konsekutivdolmetschen in die Muttersprache und aus derselben in die aktive Fremdsprache gelehrt wird. Bei der Simultanübersetzung beschränken sich dagegen einige Institute auf die Übungen in die Muttersprache. Das Warum dieser unterschiedlichen Praxis kann hier aus Platzgründen leider nicht erörtert werden. Von wesentlicher Bedeutung ist auf jeden Fall, daß die Muttersprache der Lehrkraft stets der ZS der Übersetzung entspricht.

Literatur

AIIC (1993): *Advice to students wishing to become conference interpreters*. Genf: AIIC.

Cartellieri, Claus (1985): „Kurse zur Einführung ins Simultandolmetschen bei Intertext.“ *Fremdsprachen* 4, 252–254.

Dalitz, Günter (1983): „Deutsche erweiterte Attribute beim Simultandolmetschen.“ *Fremdsprachen* 3, 157–162.

Daro, Valeria (1992): „Delayed Auditory Feedback Effects on Simultaneous Interpreters.“ *The Interpreters' Newsletter* 4, 8–14.

Déjean Le Féal, Karla (1981): „L'enseignement des méthodes d'interprétation.“ Delisle (Hrsg.) (1981): 380–403.

Déjean Le Féal, Karla (1990): „La formation méthodologique d'interprètes de langues ‚exotiques'.“ Lederer, Marianne (Hrsg.) (1990): *Etudes Traductologiques*. Paris: Minard, 201–213.

Déjean Le Féal, Karla (1997): „Simultaneous Interpretation with training wheels.“ Meta 42/4, 616–621.

Delisle, Jean (Hrsg.) (1981): *L'enseignement de l'interprétation et de la traduction*. Cahiers de traductologie 4. Ottawa: Editions de l'Université d'Ottawa.

Dollerup, Cay / Loddegaard, Anne (Hrsg.) (1992): *Teaching Translation and Interpreting*. Amsterdam / Philadelphia: Benjamins.

Fabbro, Franco / Gran, Laura (1994): „Neurological and neuropsychological aspects of polyglossia and simultaneous interpretation.“ Lambert / Moser-Mercer (Hrsg.) (1994): *Bridging the Gap: Empirical research in simultaneous interpretation*. Amsterdam / Philadelphia: Benjamins, 273–317.

Fiukowski, Heinz (1983): „Zur Sprecherziehung für Konsekutivdolmetscher.“ *Fremdsprachen* 3, 186–191.

Gerver, David (1974): „Simultaneous Listening and Speaking and Retention of Prose.“ *Quarterly Journal of Experimental Psychology* 26, 337–341.

Giambagli, Anna (1993): „L'interprétation en relais: une perte d'information?“ *The Interpreter's Newsletter* 5, 81–93.

Gile, Daniel (1988): „Le partage de l'attention et le modèle d'efforts en interprétation simultanée.“ *The Interpreter's Newsletter* 1, 27–33.

Gile, Daniel (1989): „Perspectives de la Recherche dans l'enseignement de l'interprétation.“ Gran / Dodds (Hrsg.) (1989): 27–34.

Gile, Daniel (1990): „Scientific Research vs. Personal Theories.“ Gran / Taylor (Hrsg.) (1990): 28–41.

Gile, Daniel (1991): „Prise de notes et attention en début d'apprentissage de l'interprétation consécutive – une expérience-démonstration de sensibilisation.“ *Meta* 36/2, 431–439.

Gile, Daniel (1995): *Basic Concepts and Models for Interpreter and Translator Training*. Amsterdam / Philadelphia: Benjamins

Gile, Daniel (1997): „Conference Interpreting as a cognitive management problem.“ Danks, Joseph H. / Shreve, Gregory M. / Fountain, Stephen B. / Mc Beath, Michael K. (Hrsg.) (1997): *Cognitive Processes in Translation and Interpreting*. London / New Delhi: Sage Publications: 196–214.

Gran, Laura (1990): „A Review of Research Work on Interpretation conducted at the SSLM of the University of Trieste and of Recent Similar Studies conducted in Canada and the U.S.A.“ Gran / Taylor (Hrsg.) (1990): 4–20.

Gran, Laura / Dodds, John (Hrsg.) (1989): *The Theoretical and Practical Aspects of Teaching Conference Interpretation*. Udine: Campanotto.

Gran, Laura / Taylor, Christopher (Hrsg.) (1990): *Aspects of Applied and Experimental Research on Conference Interpretation*. Udine: Campanotto.

Harris, Brian (1992): „Teaching Interpreting: A Canadian Experience.“ Dollerup / Loddegaard (Hrsg.) (1992): 259–268.

Herbert, Jean (1952): *Le manuel de l'interprète*. Genève: Georg.

Ilg, Gérard (1959): „L'enseignement de l'interprétation.“ *L'interprète* (1959), 1–19.

Ilg, Gérard (1978): „L'apprentissage de l'interprétation simultanée de l'allemand vers le français.“ *Parallèles* (1978), 69–99.

Ilic, Ivo: (1990): „Cerebral Lateralization for Linguistic Functions in Professional Interpreters.“ Gran / Taylor (Hrsg.) (1990): 101–109.

Kade, Otto (1968): „Zufall und Gesetzmäßigkeit in der Übersetzung.“ *Beihefte zur Zeitschrift Fremdsprachen*. Leipzig: Enzyklopädie.

Kade, Otto (1981): „Die Sprachmittlung als gesellschaftliche Erscheinung und Gegenstand wissenschaftlicher Untersuchung.“ *Übersetzungswissenschaftliche Beiträge*. Leipzig: Enzyklopädie.

Kurz, Ingrid (1992): „Shadowing exercises in interpreter training.“ Dollerup / Loddegaard (Hrsg.) (1992): 245–250.

Kurz, Ingrid (1994): „A Look into the Black Box – EEG probability mapping during mental simultaneous interpreting.“ Snell Hornby et al. (Hrsg.) (1994): 199–207.

Kutz, Wladimir (1985): „Zur Frage der spezifischen Fähigkeiten des Konsekutiv- und Simultandolmetschers.“ *Fremdsprachen* (1985), 229–232.

Lambert, Sylvie (1988): „Information Processing among Conference Interpreters: A Test of the Depth of Processing Hypothesis.“ *Meta* 33/3, 377–387.

Laplace, Colette (1994): *Théorie du langage et théorie de la traduction: les concepts-clefs de trois auteurs: Kade (Leipzig), Coseriu (Tübingen), Seleskovitch (Paris)*. Paris: Didier Erudition.

Lederer, Marianne (1981a): *Les fondements théoriques de la traduction simultanée*. Paris: Minard.

Lederer, Marianne (1981b): „La pédagogie de la traduction simultanée.“ Delisle (Hrsg.) (1981): 65–74.

Mackintosh, Jennifer (1983): *Relay Interpretation. An exploratory Study*. Unveröffentlichte MA Thesis. London: Birkbeck College. (Auf Mikrofiche verfügbar bei AIIC, Research Committee, Genf.)

Nieke, Ingeburg (1986): „Die sprachliche Interferenz als Fehlerquelle.“ Teil I. *Fremdsprachen* 3, 192–194.

Pinter (Kurz), Ingrid (1969): *Der Einfluß der Übung und Konzentration auf simultanes Sprechen und Hören*. Unveröffentlichte Doktorarbeit, Wien: Universität Wien. (Auf Mikrofiche verfügbar bei AIIC, Research Committee, Genf.)

Pöchhacker, Franz (1994): *Simultandolmetschen als komplexes Handeln*. Tübingen: Narr.

Rozan, Jean-François (1956): *La prise de notes en interprétation consécutive*. Genève: Georg.

Salevsky, Heidemarie (1985): „Probleme des Simultandolmetschens in Theorie und Praxis.“ Bühler, Hildegard (Hrsg.) (1985): *Proceedings, Xth World Congress of FIT*. Wien: Braumüller, 191–194.

Seleskovitch, Danica (1968): *L'interprète dans les conférences internationales*. Paris: Minard Lettres Modernes.

Seleskovitch, Danica (1975): *Langages, langues et mémoire*. Paris: Minard.

Seleskovitch, Danica (1978): „Language and Cognition.“ Gerver, David / Sinaiko, H. Wallace (Hrsg.) (1978): *Language Interpretation and Communication*. New York / London: Plenum, 333–341.

Seleskovitch, Danica (1981): „L'enseignement de l'interprétation.“ Delisle (Hrsg.) (1981): 23–46.

Seleskovitch, Danica / Lederer, Marianne (1984): *Interpréter pour traduire*. Paris: Didier Erudition.

Seleskovitch, Danica / Lederer, Marianne (1989): *Pédagogie raisonnée de l'interprétation*. Paris: Didier Erudition.

Snell-Hornby, Mary / Pöchhacker, Franz / Kaindl, Klaus (Hrsg.) (1994): *Translation Studies. An Interdiscipline*. Amsterdam / Philadelphia: Benjamins.

Stenzl, Catherine (1989): „From Theory to Practice and from Practice to Theory.“ Gran / Dodds (1989): 23–26.

Strolz, Birgit (1992): *Argumente für einen kontextuellen Top-down-Ansatz der Verarbeitung und Produktion von Sprache*. Unveröffentlichte Doktorarbeit. Wien: Universität Wien.

Thiéry, Christopher (1981): „L'enseignement de la prise de notes en interprétation consécutive: un faux problème?“ Delisle (Hrsg.) (1981): 99–112.

Thiéry, Christopher (1989): „Letter to the Editors.“ *The Interpreter's Newsletter* 2, 3–5.

Van Dam, Ine: (1990): „Letter to the Editors." *The Interpreter's Newsletter* 4, 5–6.
Viezzi, Maurizio (1990): „Sight Translation, Simultaneous Interpretation and Information Retention." Gran / Taylor (Hrsg.) (1990): 54–60.

Karla Déjean Le Féal (Paris)

107. Vermittlung der Notizentechnik beim Konsekutivdolmetschen

1. Historische Entwicklung

Die Entwicklung einer Notizentechnik geht auf die Blütezeit des Konsekutivdolmetschens in den Jahren nach dem Ersten Weltkrieg zurück, als sich die Dolmetscherpersönlichkeiten der ersten Generation mit der Herausforderung konfrontiert sahen, auch längere Reden ohne Unterbrechung gedanklich aufzunehmen und in einer anderen Sprache wiederzugeben (s. Art. 5 u. 11). Wenngleich von manchen der „großen" Dolmetscher berichtet wird, daß sie dank ihres ausgezeichneten Gedächtnisses auf jedwede Notizen verzichteten, scheinen sich viele der in der Zwischenkriegszeit tätigen Konferenzdolmetscher doch ein „System" zur Unterstützung ihres Gedächtnisses zurechtgelegt zu haben.

Mit der Gründung der ersten Ausbildungsinstitute für Konferenzdolmetscher ergab sich für die dort unterrichtenden Dolmetscher die Notwendigkeit, ihre in der praktischen Berufserfahrung erworbenen Fertigkeiten den Auszubildenden zu vermitteln. Dies erforderte eine reflektierende Auseinandersetzung mit dem eigenen praktischen Tun und den zugrundeliegenden Regeln und Prinzipien, wie sie etwa in Jean Herberts *Manuel de l'Interprète* (1952) ihren Niederschlag fand. Dem Thema Notizentechnik widmete Herberts Genfer Kollege Rozan (1956) eine eigene Publikation, die bis heute als Standardwerk gilt. In dem beispielreichen, nur gut siebzig Seiten umfassenden Lehrbuch werden Grundsätze zur Rolle und Funktion der Notizen vermittelt, die zwar von anderen Autoren angereichert und nuanciert, ihrem Wesen nach aber nie in Frage gestellt wurden.

2. Wesen und Funktion der Notizen

Die Notizentechnik (fr. *la prise de notes*, en. *note-taking*) ist ein integraler Bestandteil des „klassischen" Konsekutivdolmetschens (s. Art. 87), der sozusagen mit der zunehmenden Länge der vom Dolmetscher wiederzugebenden Äußerungen mitgewachsen ist. Ihrer Form und Funktion nach steht die Notizentechnik somit in unmittelbarem Zusammenhang mit den kommunikativen und kognitiven Anforderungen beim Konsekutivdolmetschen und sollte auf keinen Fall mit einem Notations- oder Verschriftungssystem verwechselt werden, das losgelöst vom Vorgang des Konsekutivdolmetschens zu betrachten oder zu erlernen wäre. Im Unterschied zu Schnellschreib- oder Kurzschriftmethoden, die aufgabenunabhängig als eigenständige künstliche Systeme zur (nachhaltigen) Fixierung von mündlichen Äußerungen konzipiert wurden, haben Dolmetschernotizen nur im Funktionszusammenhang des Konsekutivdolmetschens ihren Wert: Im mehrphasigen Prozeß der verstehenden Analyse, Speicherung und Wiedergabe sind die Notizen eine externe Speichermöglichkeit zur Unterstützung des Gedächtnisses; sie dienen als Erinnerungshilfe und Gedächtnisstütze, um beim Konsekutivdolmetschen eine möglichst vollständige und präzise Wiedergabe längerer Äußerungen zu ermöglichen.

Aufgrund ihrer direkten Wechselwirkung mit der stark individuell ausgeprägten Funktion des Gedächtnisses (s. Art. 96) bilden die Notizen kein starres, generalisierbares System, sondern sind grundsätzlich von den Bedürfnissen und Fähigkeiten des jeweiligen Dolmetschers abhängig. Ob, was und wie notiert wird, hängt in jedem Fall auch von situativen Faktoren ab (Textsorte, Informationsdichte der Rede, Vorwissen und Konzentrationszustand des Dolmetschers etc.; s. Art. 95).

Da es dem Dolmetscher unmöglich wäre, eine Rede von zehn oder zwanzig Minuten Dauer in ihrem ausgangssprachlichen Wortlaut im Gedächtnis zu speichern, muß die Speicherung auf der Basis von möglichst komplexen Sinn- und Äußerungseinheiten erfolgen, die aus einem Prozeß des analysierenden Verstehens hervorgehen. Die im Gedächtnis gespeicherte Sinnstruktur wird in der Wiedergabephase zur Grundlage der zielsprachlichen Ausformulierung. Die Notizen sind nicht mehr und nicht weniger als Indikatoren für die im Gedächtnis gespeicherten Sinneinheiten und Zusammenhänge bzw. Hinweise auf jene Elemente der Rede, wie z.B. Zahlen, Eigennamen und Aufzählungen, die sich einer vom Wortlaut abstrahierenden Analyse und Speicherung weitgehend entziehen.

Ausgehend von der Tatsache, daß die Gedächtnisspeicherung und -unterstützung beim Konsekutivdolmetschen mit Sinneinheiten und begrifflichen Zusammenhängen operiert und – mit wenigen Ausnahmen – nicht mit dem ausgangssprachlichen Wortlaut, erweist sich die Stenographie von ihrem Prinzip her (d.h. Fixierung der Wörter und Wendungen) für die Notizentechnik als untauglich. Das von Herbert (1952), Rozan (1956) und anderen entwickelte Konzept der Notizentechnik beruht deshalb auf der flexiblen Verwendung von Abkürzungen, Zeichen und Symbolen sowie insbesondere graphischen Gestaltungsmitteln.

3. Grundpositionen

Während über das Wesen der Notizentechnik weitgehende Einigkeit besteht, herrschen unterschiedliche Ansichten darüber, welcher Stellenwert der „Gedächtnisstütze" im Konsekutivdolmetschen insgesamt bzw. in dessen didaktischer Vermittlung (s. dazu Art. 106) beizumessen ist. Die Ansicht Herberts (1952:16) scheint in beiden Punkten überaus deutlich: „Notizentechnik ist in der Technik des Konsekutivdolmetschens nicht nur von ausschlaggebender Bedeutung, sondern kann, mehr als irgendein Hilfsmittel des Dolmetschens, durch systematisches Üben zu vorzüglichen Ergebnissen führen." Willett (1974) bezeichnet die Notizentechnik dagegen als ein „weitgehend entbehrliches" Hilfsmittel, und auch Bowen/Bowen (^{2}1984:22) stellen zur Bedeutung der Notizentechnik beim Konsekutivdolmetschen relativierend fest: „For far too many people, notes and note-taking have become an end in themselves."

Die Bandbreite der daraus resultierenden Grundpositionen zur Didaktik reicht von einer minimalistischen bis zu einer maximalistischen Position. Eine besonders distanzierte Einstellung zur „Lehre" der Notizentechnik vertritt etwa Thiéry (1981:112): „La prise de notes, activité de création originale et individuelle, ne s'enseigne pas." Ähnlich stellen auch Bowen/ Bowen (1980) in Frage, daß die Notizen einer bestimmten Methodik oder Systematik unterliegen sollten. Dagegen vertritt bereits Rozan (1956:9) in der Einleitung zu seinem „Büchlein" die Meinung, daß man, wenn man das Konsekutivdolmetschen schon unterrichte, gehalten sei, diesem Unterricht einen methodischen Ansatz zu geben. Auf dem Weg der Didaktisierung und Systematisierung am weitesten vorgewagt hat sich zweifellos Heinz Matyssek (1989), der nach langjähriger Lehrtätigkeit am Heidelberger „Dolmetscher-Institut" das von ihm entwickelte und vermittelte System der Notizentechnik als zweibändiges Unterrichtswerk veröffentlichte.

Abgesehen von der Haltung verschiedener Autoren zur Frage der Systematik der zu vermittelnden Notizentechnik bestehen auch unterschiedliche Lehrmeinungen darüber, welche Art von Zeichen sich besonders zur Verwendung in der Notizentechnik empfiehlt. Rozan (1956:9) nennt unter anderem die *‚symbolistes' à outrance* und die *‚noteurs' de mots* und will keinem dieser „Systeme" seine zumindest teilweise Berechtigung absprechen. Welche Regeln und Prinzipien der jeweils vorgeschlagenen Methodik zugrunde liegen, wird im folgenden anhand der Darstellung einiger Konzeptionen veranschaulicht. Im Anschluß daran wird zusammenfassend auf die Methodik der Vermittlung bzw. des Erwerbs der Notizentechnik eingegangen.

4. Notizentechnik nach Rozan

Jean-François Rozan (1956), der das von ihm präsentierte System als eine Art gemeinsamen Nenner von verschiedenen, bei Kollegen in der Berufspraxis beobachteten Notierverfahren charakterisiert, formuliert – mit Verweis auf Herbert (1952) – sieben Prinzipien der Notizentechnik und schlägt im zweiten Teil seines Buches insgesamt zwanzig Symbole vor. Die Prinzipien sind:

(1) Übertragung des Sinngehaltes, nicht des Wortes

(2) (Ab-)Kürzungsregeln
(3) Verknüpfungen
(4) Negation
(5) Betonung
(6) Vertikalanordnung
(7) Aussparen

Das „oberste“ Prinzip, wonach nicht einzelne Wörter oder Wendungen, sondern der Sinn des Gesagten zu erfassen bzw. zu notieren ist, bedarf keiner weiteren Erläuterung. Unter dem Prinzip der Abkürzung betont Rozan (1956: 15f.) vor allem Wortkürzungen, die aus den ersten und letzten Buchstaben zusammengesetzt sind; die – hochgestellt notierte – Endung ermöglicht die eindeutige Differenzierung von Ausdrücken mit demselben Wortstamm. Beispiel (aus dem französischem Original): *specialisé* wird notiert als $sp^{sé}$ und nicht etwa als *spec.* Analog lassen sich nach Rozan (1956:16) durch die hochgestellte Endung auch Tempus und, falls nötig, Geschlecht in Kurzform notieren. Zur Fixierung der logischen Zusammenhänge und Verknüpfungen schlägt Rozan (1956:17) die Verwendung möglichst kurzer Binde- oder „Scharnierwörter“ vor, wie z.B. *as, but, if,* die nicht in ihrer spezifischen Bedeutung als Konjunktionen verwendet werden, sondern generell für Kausal-, Adversativ- bzw. Konditionalbeziehungen zwischen den betreffenden Sinneinheiten. Darüber hinaus werden Verknüpfungen auch durch Beziehungspfeile von und zu notierten Sinneinheiten fixiert. Für die Negation wird das Durchstreichen des betreffenden Ausdrucks (z.B. *O.K.*) oder auch die Verwendung eines vorangestellten *no* (z.B. *no O.K.*) vorgeschlagen. Zur mehr oder weniger starken Betonung dient die einfache, doppelte, dreifache oder punktierte Unterstreichung des betreffenden Ausdrucks – z.B. $\underline{in}^{te}$, $\underline{\underline{in}}^{te}$, $\underline{in}^{te}$ im Sinn von „sehr“ oder „außerordentlich“ interessant bzw. „nicht ohne Interesse“. Rozans (1956: 20f.) sechstes Prinzip betrifft die Anordnung der Notizen insgesamt. Die Grundregel der „Vertikalisierung“ wird vor allem durch Unter- bzw. Übereinanderschreiben realisiert, wodurch einerseits der Bezug einzelner Sinnelemente aufeinander und andererseits der gleichrangige oder untergeordnete Stellenwert verschiedener Elemente angezeigt wird. In enger Verbindung zur Vertikalanordnung der Notizen steht schließlich das Prinzip des „Aussparens“: Ist ein Begriff zu fixieren, der in der vorangegangenen Zeile bereits notiert wurde, so wird der Platz darunter freigelassen (oder mit einem Strich versehen), wodurch der Ausdruck sozusagen in der darunterliegenden Zeile „nachwirkt“. Beispiel:

54, prix ↗
but   *no = income*
                    so   *Pop*^{on}↗

„1954 war ein Preisanstieg zu verzeichnen, der jedoch weniger stark ausfiel als der Einkommenszuwachs, so daß das Nettoeinkommen der Bevölkerung gestiegen ist.“

Neben den sieben Prinzipien, von denen insbesondere der Vertikalanordnung und dem Aussparen vorrangige Bedeutung beigemessen wird, regt Rozan auch die Verwendung einer *beschränkten* Anzahl von Symbolen an. Seine Vorschläge für insgesamt 20 Symbole, die er in Symbole des Ausdrucks (4), der Bewegung (3), der Beziehung/Entsprechung (6) und bestimmter Begriffe (7) einteilt, lauten wie folgt:

- Ausdruckssymbole:
  - : (denken, der Ansicht sein, die Auffassung vertreten etc.)
  - " (sagen, erklären, sich äußern bzw. Wortmeldung etc.)
  - ⊙ (diskutieren, behandeln, erörtern; Diskussion, Debatte etc.)
  - **OK** (zustimmen, billigen, gutheißen bzw. Zustimmung etc.)
- Bewegungssymbole:
  - → (Richtung, Orientierung, „Übertragung von – auf“)
  - ↗ (Erhöhung, Anstieg, Zunahme etc.)
  - ↙ (Rückgang, Verringerung, Niedergang etc.)
- Beziehungssymbole:
  - / (im Verhältnis zu, seit, aufgrund von etc.)
  - = (ist, entspricht, gleich, so wie etc.)
  - ≠ (ist nicht, ist ungleich, entspricht nicht, ist nicht so wie etc.)
  - [*x*] (im Rahmen, Zusammenhang etc., in dem sich x befindet)
  - + (Pluszeichen)
  - – (Minuszeichen)
- Begriffssymbole:
  - □ (Land, Staat, Nation, national)
  - ⊠ (international, Ausland)
  - **W** (Welt, weltweit, global)
  - **w** (Arbeit, Werk, Tätigkeit, Handlung)

? (Frage, Problem)
Ms (Mitglieder, Teilnehmer etc.)
TR (Handel, Handelsbeziehungen etc.)

Rozan verwendet offensichtlich keinerlei spezielle Symbole, sondern bedient sich verschiedener Zeichen, die meist aus der Alltagserfahrung hinlänglich vertraut sind. Er warnt ausdrücklich davor, zu viele Symbole zu verwenden, und stellt sogar abschließend fest, daß nur die ersten zehn der von ihm vorgeschlagenen Zeichen wirklich unerläßlich seien. Die von Rozan (1956) und, grundlegend, Herbert (1952) vertretene Methode der Notizentechnik wurde vor allem von Gérard Ilg, der noch zur Zeit Rozans seine Tätigkeit am Genfer Dolmetscher-Institut begann, konsequent weitergeführt. Ilg (1980, 1982) regt im Anschluß an Herbert (1952) insbesondere die Nutzung aller Zeichen und Kurzformen an, die aus diversen Bereichen des Alltags bereits bekannt sind. Aus seinem reichen Fundus an Beispielen seien für einige Typen von Kürzeln nur jeweils einige wenige angeführt:

- Kurzformen: IQ, p.r., 3D, HQ, VIP, disc, info, lab, nuke etc.
- umgangssprachliche Ausdrücke (bye!, go!, wow!)
- englische „Schlagzeilen"-Ausdrücke (ACT, BUG, CAP, CUT, HIT, ROW etc.)
- Akronyme (I/O, Q/A, M&A, NYC, NYSE, MFN etc.)
- Tastatur- und Sonderzeichen (Æ, å, Ø, Ñ, £, ï, î, í, #, *, &, <, >, ¬ etc.)
- mathematische Zeichen und wissenschaftliche Symbole (±, ~, ::, ÷, *f*, Å, V, W, e, µ etc.)
- hoch- und tiefgestellte Zeichen (vgl. Ilg/ Lambert 1996:80f.)

Ilgs Bemühen um eine ständige Aktualisierung und Ausweitung der angebotenen Möglichkeiten wird nicht zuletzt dadurch belegt, daß er auch Internet-emoticons wie :-) oder :-(in sein Inventar aufnimmt. Keinerlei Beachtung schenkt er dagegen der Entwicklung eines eigenes Symbolsystems. Gérard Ilg hat sich auch besonders gründlich mit anderen Ansätzen zur Notizentechnik auseinandergesetzt und dies in kritisch-argumentativer Weise dargelegt (vgl. Ilg 1980, Ilg/Lambert 1996). Er hinterfragt einerseits die nur mangelhaft empirisch untermauerte Forschungsarbeit von Seleskovitch (1975), die als Gegenbeweis zur These einer auf logischer Analyse und Symbolisierung beruhenden Notizentechnik ins Treffen geführt wird (vgl. Thiéry 1981), und weist andererseits auch auf die Gefahren eines eigens entwickelten Symbolsystems hin, wie es vor allem von Heinz Matyssek (1989) vorgestellt wurde.

5. Matyssek oder: Die Bedeutung der Symbole

Matyssek (1989) legt mit seinem „Lehr- und Lernmittel", das auf eigener Praxiserfahrung und jahrzehntelanger Unterrichtstätigkeit basiert, ein umfänglich ausgearbeitetes Notizensystem vor. Ausgehend von den Prämissen, daß die Notizennahme nach Möglichkeit einer durchdachten *Systematik* unterliegen sollte und daß die Verwendung von *Wort*kürzungen aus der einen oder anderen Sprache den unmittelbaren Zugang zum *Sinn* erschwert, plädiert Matyssek (1989) für eine möglichst systematisierte und sprachunabhängige („sprachlose") Notation. Während er sich hinsichtlich vieler Grundpositionen mit den Vertretern der „Genfer Schule" einig weiß, hält er es für ein Versäumnis, das Potential der sprachungebundenen Symbole nicht voll zu entwickeln. In kritischer Würdigung der diesbezüglichen Arbeiten von Minjar-Belorucev (1969) schlägt Matyssek ein Notationssystem vor, das sich aus verschiedenen Typen von Symbolen zusammensetzt. Die folgenden Beispiele können dabei nur einen kurzen Hinweis auf die überaus detaillierten Symbolvorschläge geben, die im übrigen den gesamten zweiten Teil des zweibändigen Werkes ausmachen.

- Grundsymbole: ○ [mit div. Inhalt] (Grundsymbol für „Abstrakta"); α (Arbeit), Ψ (Landwirtschaft), ♀ (Mensch), π (Politik), § (Recht), ε (Wirtschaft) etc.
- Zeitsymbole, Tempus- und Moduszeichen: __⌋ (Vergangenheit), ⌊__ (Zukunft), 10y⌋ („die letzten zehn Jahre"), we⌊≤_ („wir werden sprechen") etc.
- Einzelsymbole: ⊥ (Grund, Ursache), ⊣ ⊢ (im Gegensatz zu), τ (These) etc.
- Sinnerhellende, -stützende und -verändernde Symbole: Verb- oder Prädikats-„n", Passivandeutung durch „Kopf" unter Zeichen, Hochführung als Symbol für „Führung", „Leitung", hochgestelltes „t" für Perfektpartizip, Stenozeichen für „-ung", „-heit", „-keit", „-ität" und „-schaft".

Der wesentlichste Aspekt des Matyssekschen Systems besteht jedoch in der *Kombinatorik* der Symbole. Durch die Verbindung verschiedener Zeichen- und Symbolelemente, stenographischer Endungen und Ausstriche kommt es zu einer starken bildhaften Verdichtung der Notizenelemente, ganz im Sinn von Matysseks Überzeugung, eine Notizennahme sei keine „Schreibe", sondern eine „Male". Damit entzieht sich hier das Typische der Symbolnotation nach Matyssek einer kongenialen Darstellung. Ein willkürlich gewähltes Beispiel mag annäherungsweise zur Veranschaulichung dienen:

> α§✓ = „Arbeitsgerichtsbarkeit" (zusammengesetzt aus: Grundsymbol „Arbeit", Grundsymbol „Recht" und Steno-Ausstrich „-keit"); Matyssek (1989:332) verwendet für „Gerichtsbarkeit" auch noch das Stenokürzel für „-bar".

Neben seiner wohldurchdachten und sozusagen mit „deutscher Gründlichkeit" ausgearbeiteten Symbolkombinatorik gibt Matyssek auch sehr detaillierte Hinweise für die Gestaltung des „Schreibfeldes". Dieses weist vor allem einen, durch eine senkrecht durchgezogene Linie geschaffenen linken Rand auf, der zur Herausstellung von Verknüpfungselementen („Transmissionsgliedern") verwendet wird und von dem aus zur Abtrennung einzelner Sinnzusammenhänge kurze Trennstriche gezogen werden.

6. Vermittlung und Erwerb

Ungeachtet der Frage, in welcher Form die Notizen am geeignetsten zu Papier zu bringen sind, herrscht weitgehend Einigkeit darüber, daß Notizentechnik nicht als eine Art Schriftsystem zu *lehren* ist. Es werden vielmehr nur die Grundregeln und Prinzipien vermittelt, die es erlauben, eine den jeweiligen Bedürfnissen entsprechende Technik der Notizennahme durch konsekutivdolmetschbezogene Übungen zu erwerben und zu entwickeln. Die eigentliche Didaktik besteht somit in der Leitung und Steuerung dieses Übungsprozesses durch eine geeignete Auswahl und Progression von Aufgaben und die Entfaltung von Strategien durch interaktive Analyse und ggf. Korrektur. Insbesondere wird davon ausgegangen, daß die Vermittlung bzw. Erlernung der Notizentechnik erst einsetzen sollte, nachdem die Verstehens- und Analysefähigkeit und das Gedächtnisspeichervermögen durch gezielte Vorübungen optimiert worden sind (vgl. Ilg/Lambert 1996:75). Didaktische Hinweise für die Gestaltung von (Vor-)Übungen zum Erwerb der Notizentechnik finden sich u.a. bei Becker (o.J.), Bowen/Bowen (²1984/1980) und Seleskovitch/Lederer (1989). Als pragmatische Richtlinien seien abschließend die folgenden Antworten auf Grundfragen nach dem Was und Wie des Notierens erwähnt:

- Ein Notizensystem sollte individuell ausgeformt, aber stets vom Effizienzprinzip geleitet sein.
- Notiert wird nur das unbedingt Notwendige, insbesondere Namen, Daten und Zahlen.
- Die Notizen sind eine flexible Mischung aus Formen der Zielsprache (ZS) und Ausgangssprache (AS), Zeichen und Symbolen.
- Sprachliche Notizenelemente stammen wenn möglich aus der ZS und wenn nötig aus der AS.

Der Wert solcher Hinweise läßt sich schlußendlich nur im Prozeß der eigenen praktischen Einübung erfassen.

Literatur

Becker, Wilfried (o.J.): *Notizentechnik.* Germersheim: Verlag für Gesellschaft und moderne Sprachen.

Bowen, David / Bowen, Margareta (²1984/1980): *Steps to Consecutive Interpretation.* Washington: Pen & Booth.

Herbert, Jean (1952): *Manuel de l'Interprète.* Genève: Librairie de l'Université Georg.

Ilg, Gérard (1980): „L'interprétation consécutive. Les fondements." *Parallèles* 3, 109–136.

Ilg, Gérard (1982): „L'interprétation consécutive. La pratique." *Parallèles* 5, 91–109.

Ilg, Gérard / Lambert, Sylvie (1996): „Teaching consecutive interpreting." *Interpreting* 1, 69–99.

Kirchhoff, Hella (1979): „Die Notationssprache als Hilfsmittel des Konferenzdolmetschers im Konsekutivvorgang." Mair, Walter / Sallager, Edgar (Hrsg.) (1979): *Sprachtheorie und Sprachenpraxis. Festschrift für Henri Vernay.* Tübingen: Narr, 121–133.

Matyssek, Heinz (1989): *Handbuch der Notizentechnik für Dolmetscher. Ein Weg zur sprachunabhängigen Notation.* Heidelberg: Groos.

Minjar-Belorucev, Riurik K. (1969): *Posobie po ustnomu perevodu. Zapisi v posledovatel'nom perevode.* Moskau: Vysšaja škola.

Rozan, Jean-François (1956): *La prise de notes en interprétation consécutive*. Genéve: Librairie de l'Universitè Georg.

Seleskovitch, Danica (1975): *Langage, langue et mémoire. Etude de la prise de notes en interprétation consécutive.* Paris: Minard Lettres Modernes.

Seleskovitch, Danica / Lederer, Marianne (1989): *Pédagogie raisonnée de l'interprétation.* Paris: Didier Erudition / Bruxelles: Office des publications officielles des Communautés européennes.

Thiéry, Christopher (1981): „L'enseignement de la prise de notes en interprétation consécutive: un faux problème?" Delisle, Jean (Hrsg.) (1981): *L'enseignement de la traduction et de l'interprétation. De la théorie à la pédagogie.* Cahiers de traductologie 4. Ottawa: Editions de l'Université d'Ottawa, 99–112.

Willett, Ruth (1974): „Die Ausbildung zum Konferenzdolmetscher." Kapp, Volker (Hrsg.) (1974): *Übersetzer und Dolmetscher.* UTB 325. Heidelberg: Quelle & Meyer, 87–109.

Franz Pöchhacker (Wien)

G Evaluierung von Translationsleistungen

108. Übersetzungskritik

Die Übersetzungskritik war lange ein Stiefkind der Übersetzungswissenschaft und fand vor allem in den Literaturbeilagen der Zeitungen statt. Charakteristisch für übersetzungskritische Äußerungen sind in diesem Zusammenhang die zumeist subjektiv gefärbten, von den jeweiligen Maßstäben des Rezensenten abhängigen Werturteile, die sich häufig in allgemeinen Aussagen erschöpfen, wie „die Übersetzung liest sich sehr flüssig“, „dem Übersetzer gelang eine kongeniale Arbeit“, „die Übersetzung ist stilistisch holprig“ etc. Erst in den 70er Jahren hat die Übersetzungswissenschaft begonnen, sich verstärkt mit Aufgaben und Zielen der Übersetzungskritik zu beschäftigen.

Laut Katharina Reiss hat die Übersetzungskritik insgesamt drei Funktionen zu erfüllen (vgl. 1971:7): Zum einen soll sie dazu beitragen, die Qualität von Übersetzungsleistungen in unserer Gesellschaft zu verbessern; zum anderen das Verlangen nach besseren Übersetzungen in der Öffentlichkeit wecken; und drittens – nicht zuletzt in der Übersetzerausbildung – das Sprachbewußtsein schärfen und den sprachlichen sowie außersprachlichen Horizont erweitern.

Ziel einer wissenschaftlich fundierten Übersetzungskritik sollte dabei „die Feststellung, Beschreibung und Bewertung der angebotenen Übersetzungslösungen in einem Zieltext (ZT) und dies nicht rein subjektiv, sondern argumentativ und intersubjektiv nachvollziehbar“ sein (Reiss 1989:72). Um dies zu erreichen, bedarf es, wie wiederholt festgestellt wurde (u.a. Ammann 1990:213, House 1997: 1), eines übersetzungstheoretischen Rahmens. Aufgrund der vielfältigen theoretischen Ausrichtungen in der Übersetzungswissenschaft gibt es auch eine Reihe unterschiedlicher übersetzungskritischer Modelle, die mit jeweils verschiedenen Mitteln versuchen, sachgerechte Kriterien für die Beurteilung von Übersetzungen zu entwickeln. Die meisten dieser Ansätze beschränken sich dabei nicht nur auf literarische Texte, sondern versuchen, alle übersetzungsrelevanten Textsorten zu erfassen. Die folgende Darstellung ist allerdings keineswegs umfassend, Beschreibungen verschiedener anderer übersetzungskritischer Modelle finden sich u.a. in Koller (1979:196–209), House (1997:1–27) und mit besonderem Bezug auf die literarische Übersetzung in Correira (1989).

1. Der texttypologische Ansatz

Katharina Reiss (1971) wählt als Ausgangspunkt für ihr übersetzungskritisches Modell die Differenzierung von Texten nach ihrer dominanten kommunikativen Funktion. Ausgehend von Bühlers (1934) Unterscheidung der drei Sprachfunktionen Darstellung, Ausdruck, Appell entwickelt Reiss eine übersetzungsrelevante Texttypologie.

Der Texttyp bestimmt dabei „die Methode des Übersetzens und die Rangfolge des in der Zielsprache (ZS) zu Bewahrenden“ (1971:34) und stellt somit die erste Kategorie der Übersetzungskritik dar: Bei inhaltsbetonten Texten erwartet der Kritiker vor allem die Bewahrung der informativen Elemente, bei formbetonten Texten die Analogie der Form und die Beibehaltung der ästhetischen Wirkung und bei appellbetonten Texten die Identität des außersprachlichen Effekts (vgl. 1971:52).

Die zweite übersetzungskritische Kategorie bilden laut Reiss die „innersprachlichen Instruktionen“ (1971:54). Diese umfassen die semantischen, lexikalischen, grammatischen und stilistischen Merkmale des Ausgangstextes (AT) und ihre Äquivalente im ZT. Ihre Bewertung durch den Kritiker erfolgt dabei unter verschiedenen Gesichtspunkten: „In bezug auf diese innersprachlichen Instruktionen untersucht nun der Kritiker bei den semantischen Elementen die Äquivalenz, bei den lexikalischen die Adäquatheit, bei den grammatikalischen die Korrektheit und bei den stilistischen die Korrespondenz" (1971:68f.). Die innersprachlichen Faktoren sind allerdings keine eigenständigen Größen, ihre Bedeutung für die Übersetzungskritik hängt zunächst vom jeweiligen Texttyp ab. Darüber hinaus liefert die Textsorte, die bei Reiss als „Textart" bezeichnet wird, wichtige Hinweise für „die Abfolge, in welcher die innersprachlichen Instruktionen zu beachten sind." (1971:69). Zu den Fehlern im Bereich der semantischen Instruktionen zählt Reiss die „Verkennung von Polysemien oder Homonymien, mangelnde Deckungsgleichheit zwischen ausgangs- und zielsprachlichen Übersetzungseinheiten, Falschinterpretationen und eigenmächtige Änderungen am Original" (1971:58). Bei den lexikalischen Instruktionen geht es um Probleme der Fachterminologien, falsche Freunde, Homonyme, Namen, Metaphern etc. Im Bereich der grammatischen Instruktionen wird die Übersetzung der grammatischen Strukturen in der Ausgangssprache (AS) im Hinblick auf ihre semantisch und stilistisch relevanten Aspekte hin untersucht. Zu den stilistischen Instruktionen schließlich zählen vor allem die Faktoren Normal-, Individual- und Zeitstil sowie Stilmischungen und -brüche etc.

Als dritte übersetzungskritische Kategorie sind schließlich die außersprachlichen Determinanten in ihrer unterschiedlichen Auswirkung auf die sprachliche Gestaltung zu beachten. Zu dieser pragmatischen Dimension des Textes gehört zunächst der engere Situationsbezug. Damit ist jene außersprachliche Situation gemeint, in der z.B. die Figuren eines Romans eine Äußerung machen. Der Übersetzer bzw. der Kritiker muß sich hierbei „‚in die Situation' der sprechenden Figuren versetzen" (1971:72), um eine adäquate Übersetzung bzw. Kritik formulieren zu können. Weiters sind der Sachbezug, d.h. die für eine Übersetzung notwendigen Sachkenntnisse, der Zeitbezug, d.h. wann ein Text verfaßt worden ist, sowie der Ortsbezug, unter dem Reiss vor allem Kulturspezifika versteht, in ihrer Auswirkung auf die Übersetzung zu beachten. Darüber hinaus zählen zu den außersprachlichen Determinanten der Empfängerbezug, der die AS-Leser eines Textes umfaßt, die Sprecherabhängigkeit, womit die außersprachlichen Faktoren gemeint sind, die die Sprache des Autors und seiner Figuren beeinflussen, und letztlich die affektiven Implikationen, die über die Sprache transportiert werden.

2. Der pragmalinguistische Ansatz

Bei ihrem 1977 erstmals vorgelegten und 1997 weiter ausgearbeiteten Versuch, die Qualität von Übersetzungen zu bewerten, stützt sich House auf die pragmatischen Aspekte des Übersetzens. Ihr Modell geht von der pragmalingui-

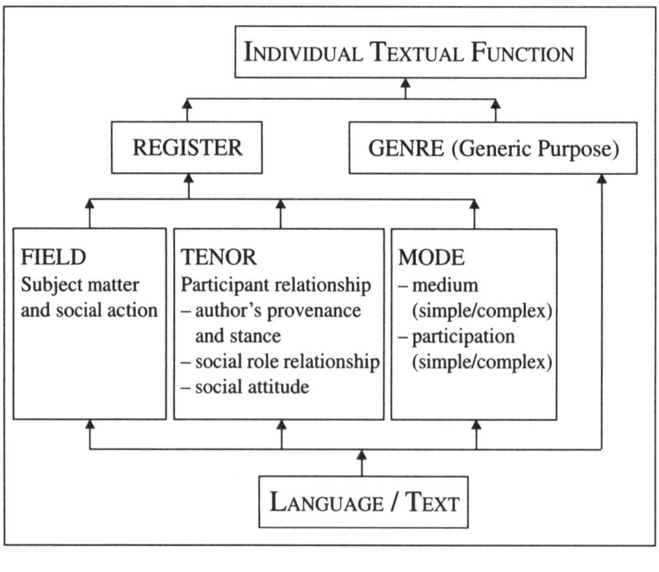

Abb. 1: Das übersetzungskritische Analyseraster nach Juliane House (1997)

stischen Analyse des AT aus, durch die eine Art Diskursprofil erstellt werden kann, welches die Grundlage für die Bewertung der Übersetzung darstellt. Sie unterteilt dabei Sprache/Text als Ausgangsbasis in die drei übersetzungskritisch relevanten Bereiche Register, Genre und individuelle Textfunktion (vgl. 1997:108).

Die erste Stufe der Analyse stellt das Register dar, das sich darauf bezieht, „to what the context-of-situation requires as appropriate linguistic realizations in a text" (1997:105). Das Register wird dabei wiederum in drei Kategorien unterteilt, die sowohl die inhaltlich-thematische Ausrichtung des Textes mit seinem jeweiligen Fachlichkeitsgrad (*field*) umfassen als auch die situativen Faktoren der Kommunikationsteilnehmer, das emotionale Verhältnis zwischen Textproduzent und Adressat, die Einstellung des Senders zum Thema und seine kommunikative Intention (*tenor*) sowie die Kommunikationsformen, worunter das Medium (gesprochene/geschriebene Sprache) und die Anzahl der Kommunikationsteilnehmer (monologisch/dialogisch) zu verstehen sind (*mode*). Hierbei werden einfache (z.B. ein geschriebener Text, der gelesen werden soll) und komplexe Realisationsformen (z.B. ein geschriebener Text, der zur mündlichen Präsentation gedacht ist) unterschieden. Diese drei Kategorien werden auf lexikalischer, syntaktischer und textueller Ebene analysiert. Eng verbunden mit dem Register ist der zweite von House unterschiedene Bereich: Der Terminus „Genre" meint dabei im großen und ganzen die jeweilige Textsorte und wird von House wie folgt definiert: „genre is a socially established category characterized in terms of occurrence of use, source and a communicative purpose or any combination of these" (1997:107). Über die Textsorte sind schließlich die Bereiche Register und individuelle Textfunktion verbunden. Letztere unterteilt House in Anlehnung an Halliday (1973) in eine referentiell-inhaltsbezogene und eine interpersonelle, beim Leser Reaktionen hervorrufende Funktion (vgl. House 1997:35).

Die Beurteilung von Übersetzungen erfolgt mittels Äquivalenzrelationen zwischen AT und ZT. Welche Bereiche und Kategorien dabei äquivalent gehalten werden sollen, hängt vom Übersetzungstyp ab. House unterscheidet dabei zwischen *covert* und *overt translation* (vgl. 1997:111–115). Erstere ist als Übersetzung nicht erkennbar und besitzt in der Zielkultur den Status eines Originals. Durch die unterschiedliche kulturelle Einbettung von AT und ZT ist es bei der „verdeckten" Übersetzung häufig nötig, einen „kulturellen Filter" (vgl. 1997:115) einzufügen. Äquivalenz als Beurteilungsmaßstab ist in diesem Fall laut House nur in den Bereichen der Textfunktion und des Genres möglich. Die „offene" Übersetzung hingegen ist als solche erkennbar, wodurch es unmöglich wird, die ursprüngliche textuelle Funktion des Originals zu erhalten, während in allen anderen Bereichen Äquivalenz als Beurteilungsmaßstab gilt.

3. *Der funktionale Ansatz*

Die bisher vorgestellten Modelle ziehen das Original als Ausgangspunkt für eine Übersetzungskritik heran. Zwar erwähnt Reiss, „daß die Beurteilung einer Übersetzung allein aufgrund des zielsprachlichen Textes unter ganz bestimmten Voraussetzungen durchaus sinnvoll sein kann" (1971:23), aber auch für sie stellt die AT-abhängige Kritik „den eigentlichen ausschlaggebenden Weg zur Beurteilung einer Übersetzung" dar (1971:23). Ausgehend von der Skopostheorie und der Theorie des translatorischen Handelns versucht Ammann (1990) hingegen eine rein zieltextorientierte Untersuchungsperspektive zu entwickeln. Bereits Reiss/Vermeer haben eine solche postuliert: „Zu beurteilen ist einmal (und in den meisten Fällen wahrscheinlich in erster Linie) das Translat per se. In zweiter Linie ist ein Translat als Translation eines AT zu beurteilen." (1984:113). Der Rahmen für ein solches funktionales übersetzungskritisches Vorgehen besteht dabei aus fünf Analysephasen (vgl. Ammann 1990:212):

(1) Feststellung der Translatfunktion
(2) Feststellung der intratextuellen Translatkohärenz
(3) Feststellung der Funktion des AT
(4) Feststellung der intratextuellen Kohärenz des AT
(5) Feststellung einer intertextuellen Kohärenz zwischen Translat und AT

Der Terminus Kohärenz bezieht sich dabei sowohl auf die Stimmigkeit des Inhalts bzw. Sinns, die Stimmigkeit der Form sowie die

Stimmigkeit zwischen Inhalt bzw. Sinn und Form. Kohärenz kann, wie Ammann weiters feststellt, auch intendierte Inkohärenz einschließen (vgl. 1990:212).

Die Feststellung der Translatfunktion sowie der intra- und intertextuellen Beziehungen kann im Rahmen eines solchen skoposorientierten Ansatzes nur über den Adressatenbezug erfolgen. Die Rolle des Lesers ermittelt Ammann mit Hilfe des von Eco entwickelten Konzepts des Modell-Lesers, den sie wie folgt definiert: „Der Modell-Leser ist somit für mich jener Leser, der aufgrund einer Lesestrategie zu einem bestimmten Textverständnis kommt." (1990:225). Das Modellhafte besteht dabei nicht darin, zu „der" Interpretation schlechthin zu kommen, sondern konsequent jene Textmerkmale zu beachten, durch die ein bestimmtes Lektüremuster entworfen wird. So kann man z.B. einen Roman als spannende Unterhaltungsliteratur lesen oder aber, wie etwa ein Literaturwissenschaftler, als Produkt einer bestimmten Epoche (vgl. Ammann 1990:223).

Das Textverständnis des Modell-Lesers wird von Ammann mit Hilfe des Scenes-and-frames-Ansatzes, wie er von Vannerem/Snell-Hornby (1986) entwickelt und in der Folge von Vermeer/Witte (1990) weiter ausgearbeitet wurde, erfaßt. Unter *scene* ist dabei „die sich im Kopf eines Menschen aufbauende [...] mehr oder minder komplexe Vorstellung aufgrund von Wahrnehmungen" zu verstehen (Vermeer/Witte 1990:51), während *frame* als „jegliches wahrnehmbares Phänomen (Vorkommen), das als informationshaltig aufgefaßt wird" (Vermeer/Witte 1990:66), definiert wird. *Scenes* und *frames* werden dabei nicht nur textuell, d.h. auf der inhaltsbetonten Ebene, sondern auch metatextuell, also auf der formbetonten Ebene aufgebaut (vgl. Ammann 1990:226).

Das Analysemodell wird von Ammann in der Folge auf literarische Übersetzungen angewandt, wobei sie sich auf den Aspekt der Personenbeschreibungen konzentriert, sie zielt allerdings dennoch auf eine allgemeine Theorie der Übersetzungskritik ab (vgl. Ammann 1990: 211f.).

4. Der polysystemische Ansatz

Auch innerhalb der Descriptive Translation Studies, die sich traditionell nicht mit der Bewertung, sondern mit der Beschreibung von Übersetzungen beschäftigen, wurde ein übersetzungskritisches Verfahren entwickelt. Van den Broeck geht dabei von einem dreistufigen Modell aus, das zunächst eine Beschreibung in Form einer komparativen Analyse von AT und ZT vorsieht, auf deren Grundlage eine evaluative und kritische Beurteilung der Übersetzung erfolgt (vgl. 1985:56).

Die komparative Analyse beginnt mit einer hypothetischen Rekonstruktion der textuell-in-

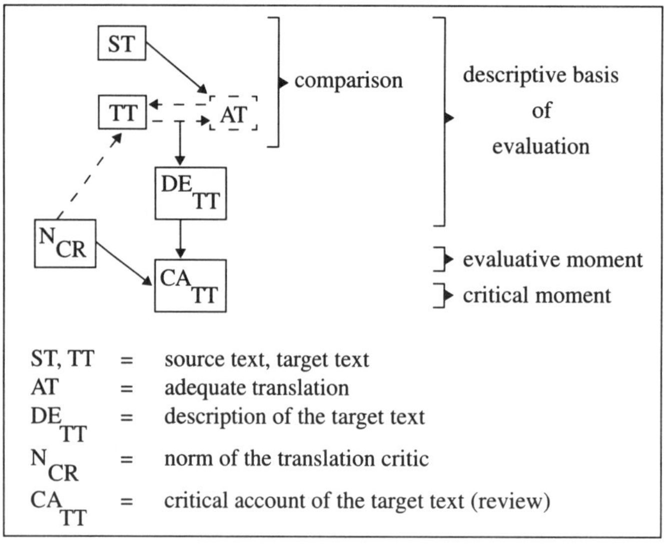

Abb. 2: Das übersetzungskritische Dreistufenmodell nach van den Broeck

ternen Relationen und Funktionen des AT, die van den Broeck in Anlehnung an Toury (1980:122ff.) als *adequate translation* bezeichnet und die als tertium comparationis für den Vergleich mit dem ZT dient (vgl. van den Broeck 1985:57). Im Rahmen dieser Rekonstruktion können sogenannte „Texteme", also jene Elemente, die textuelle Funktionen besitzen, identifiziert werden. Die Textemanalyse umfaßt dabei „phonic, lexical, and syntactical components, language varieties, figures of rhetoric, narrative and poetic structures, elements of text convention (text sequences, punctuation, italicizing, etc.), thematic elements and so on" (1985:58). In einem zweiten Schritt werden die Elemente des ZT mit den entsprechenden Textemen des Originals verglichen. Dabei sind vor allem die sogenannten *shifts* zu beachten. Bei diesen Veränderungen gegenüber dem AT unterscheidet van den Broeck zwischen *obligatory shifts*, die durch die Regeln des zielsprachlichen und -kulturellen Systems vorgegeben sind, und *optional shifts*, die durch die Entscheidungen des Übersetzers entstehen (vgl. 1985:57). Der letzte Schritt umfaßt eine allgemeine Beschreibung der Unterschiede zwischen Original und Übersetzung auf der Grundlage der Texteme. Dadurch kann „the factual degree or type of equivalence" zwischen den beiden Texten festgestellt werden (1985:58). Diese Untersuchung der Textstrukturen muß allerdings in den größeren Zusammenhang des jeweiligen Polysystems der Ausgangs- und Zielkultur eingebettet werden, um zu intersubjektiven Erkenntnissen zu gelangen.

Nach dieser Analyse kann der Übersetzungskritiker mit der Auswertung der Ergebnisse seiner Beschreibung beginnen. Dabei muß er vor allem die Normen des Übersetzers, die Übersetzungsmethode, die vom Übersetzer im Hinblick auf sein Zielpublikum gewählt wurde, sowie die jeweiligen Übersetzungsstrategien, die er zur Erreichung seines Ziels verfolgte, berücksichtigen.

Aus dieser Analyse resultiert schließlich – als dritte Phase – die Bewertung der Übersetzung, indem die kritischen Normen des Beurteilers den Normen des Übersetzers gegenübergestellt werden. Dabei werden die zielsprachlichen Texteme im Hinblick auf ihre ausgangssprachlichen Entsprechungen beurteilt. Der Übersetzungskritiker sollte bei dieser Arbeit ein „trustworthy guide" (1985:61) des Lesers sein und so dazu beitragen, die den übersetzerischen Entscheidungen zugrunde liegenden Produktions- und Rezeptionsnormen zu erhellen. Die Aussagekraft der Kritik ist laut van den Broeck allerdings bei historischen Texten geringer, da diese anderen sprachlichen, ästhetischen und moralischen Standards unterliegen, die nur unter historischem Blickwinkel erklärt werden können. Sein übersetzungskritisches Modell bezieht sich daher vor allem auf zeitgenössische übersetzte Literatur.

Literatur

Ammann, Margret (1990): „Anmerkungen zu einer Theorie der Übersetzungskritik und ihrer praktischen Anwendung." *TEXTconTEXT* 5, 209–250.

Broeck, Raymond van den (1985): „Second Thoughts on Translation Criticism. A Model of its Analytic Function." Hermans, Theo (Hrsg.) (1985): *The Manipulation of Literature. Studies in Literary Translation*. London / Sydney: Croom Helm, 54–62.

Bühler, Karl (1934): *Sprachtheorie. Die Darstellungsfunktion der Sprache*. Jena: Fischer.

Correira, Renato (1989): „Literary Translation and Translation of Literary Texts: Some Thoughts on Theory and Criticism." *TEXTconTEXT* 4, 232–242.

Halliday, Michael A. K. (1973): *Explorations in the Functions of Language*. London: Arnold.

House, Juliane (1977): *A Model for Translation Quality Assessment*. Tübingen: Narr.

House, Juliane (1997): *Translation quality assessment: a model revisited*. Tübingen: Narr.

Koller, Werner (1979): *Einführung in die Übersetzungswissenschaft*. Heidelberg / Wiesbaden: Quelle & Meyer.

Reiss, Katharina (1971): *möglichkeiten und grenzen der übersetzungskritik. kategorien und kriterien für eine sachgerechte beurteilung von übersetzungen*. München: Hueber.

Reiss, Katharina (1989): „Übersetzungstheorie und Praxis der Übersetzungskritik." Königs, Frank G. (Hrsg.) (1989): *Übersetzungswissenschaft und Fremdsprachenunterricht. Neue Beiträge zu einem alten Thema*. München: Gotteswinter, 71–93.

Reiss, Katharina / Vermeer, Hans J. (1984): *Grundlegung einer allgemeinen Translationstheorie*. Tübingen: Niemeyer.

Toury, Gideon (1980): *In Search of a Theory of Translation*. Tel Aviv: Porter Institute for Poetics and Semiotics.

Vannerem, Mia / Snell-Hornby, Mary (1986): „Die Szene hinter dem Text: ‚scenes-and-frames semantics' in der Übersetzung." Snell-Hornby, Mary (Hrsg.) (1986): *Übersetzungswissenschaft. Eine Neuorientierung. Zur Integrierung von Theorie und Praxis*. Tübingen: Francke.
Vermeer, Hans J. / Witte, Heidrun (1990): *Mögen Sie Zistrosen? Scenes & frames & channels im translatorischen Handeln*. Heidelberg: Groos.

Klaus Kaindl (Wien)

109. Humanübersetzung (therapeutisch vs. diagnostisch)

1. Vorbemerkung

Dieser Beitrag beschäftigt sich nur mit einem Teilaspekt der Übersetzungskritik. Er diskutiert wissenschaftliche Ansätze nur aus diesem Blickwinkel und bietet keinen Gesamtüberblick. Die Gegenüberstellung therapeutischer und diagnostischer Ansätze beschränkt außerdem die Perspektive auf in der Ausbildung didaktisch umsetzbare und praxisrelevante Ansätze. Sie geht davon aus, daß auf die beschriebene Art nachvollziehbare Bewertungssysteme für verschiedene relevante Gruppen von Nutzen sind:

- *Nutzer von Übersetzungen* (Bedarfsträger – vgl. Holz-Mänttäri 1984) brauchen sie, um zu wissen, ob der Übersetzer und die Qualität seiner Arbeit ihr Vertrauen verdient, aber auch, um eine fundierte Kosten-/Nutzen-Kalkulation durchzuführen.
- *Professionelle Übersetzer* müssen in der Lage sein, die Qualität ihrer Arbeit argumentativ nachweisen zu können (zum Qualitätsmanagement s. Art. 114), wenn sie sich gegen die Konkurrenz von „Amateurübersetzern" behaupten wollen.
- Die *wissenschaftliche Forschung* muß das Thema Evaluierung in einer Form ansprechen, die es den Praktikern erlaubt, Modellbildungen und Resultate auf ihre Arbeit zu beziehen. (Daß dieses Desiderat nach wie vor besteht, zeigt die Diskussion um die Übersetzung des Romans *Lemprière's Dictionary* ins Deutsche – vgl. Gerzymisch-Arbogast 1994 und Hönig 1995).
- Selbstverständlich brauchen auch Studierende des Studiengangs Übersetzen die kontinuierliche Evaluierung ihrer Arbeiten, wenn sie die Qualität ihrer Übersetzungen planmäßig verbessern sollen. Deshalb braucht die Evaluierung auf wissenschaftlich-empirischen Grundlagen einen festen Platz in der Übersetzungsdidaktik, denn
  - die Qualität ihrer Evaluierung ist ein wichtiger Teil der Kompetenz der Ausbilder;
  - ihre motivierende oder demotivierende Wirkung trägt entscheidend zum Erfolg der Ausbildung bei;
  - durch die Prägung der Absolventen werden dem Markt die Qualitätsstandards einer begründet guten Übersetzung vermittelt.

2. Therapeutische und diagnostische Evaluierung

(Zu den folgenden Ausführungen vgl. auch Hönig 1987 und Hönig 1995.)

> Any system as complex as a human language is bound to lend itself to a variety of independent approaches. For example, languages are used to communicate: one obvious line of research would be to compare human languages with other systems of communication, whether human or not: gestures, railway signals, traffic lights, or the languages of ants and bees. (Smith/Wilson 1979:13f., zitiert nach: Hönig 1987:12)

Eine Studentin übersetzt den letzten Satz dieses Textausschnitts mit ... *oder mit den Sprachen von Bienen und Enten*. Zwei Dozenten beurteilen diese Übersetzung:

Dozent A: „Ants mit Enten zu übersetzen ist ein elementarer Fehler der schlimmsten Art. Der Grund dafür ist natürlich eine geradezu groteske Interferenz, aber man muß schon erbärmlich schlecht im Englischen sein, um darauf hereinzufallen. Ein solcher Fehler allein disqualifiziert die Übersetzerin – zumindest muß man hier einen dreifachen Fehler geben."

Dozent B: „Eigentlich ist der Satz doch in Ordnung, wenn man einmal von einem normalen Leser ausgeht. Man versteht doch, daß die Sprachen der Bienen und der Enten als Beispiele für andere Kommunikationssysteme genannt werden. Enten kommunizieren doch auch, wenn sie vielleicht dafür nicht so bekannt sind wie die Ameisen. Außerdem ist die Lösung sogar lobenswert kreativ, weil ‚Bienen und Enten' besser klingt als ‚Bienen und Ameisen'."

Darauf wiederum Dozent A: „Und daß die Studentin überhaupt kein Englisch kann, stört Dich überhaupt nicht?"

Antwort Dozent B: „Nein – zumindest nicht, solange man ihr Deutsch versteht!"

Dieser Dialog hat so nicht stattgefunden, aber die hier eingenommenen Positionen werden häufig vertreten. Ich nenne sie *therapeutisch* und *diagnostisch*. Dozent A argumentiert *therapeutisch*: Weshalb wurde dieser Fehler gemacht? Was sagt uns dieser Fehler über die sprachliche Kompetenz bzw. Inkompetenz des Übersetzers? Der Fehler wird als Symptom für eine vermutete translatorische Inkompetenz gewertet; „elementare" Irrtümer auf sprachlicher Ebene schließen translatorische Kompetenz *a priori* aus.

Die Position des Dozenten B nenne ich *diagnostisch*: Ein Fehler muß als solcher auch von einem relevanten Nutzer (Adressaten) der Übersetzung erkannt werden (Linguisten sind in diesem Sinn keine relevanten Nutzer). Wenn ein Textdefekt von den Adressaten einer Übersetzung nicht als solcher erkannt wird, dann kann er auch kein Übersetzungsfehler sein. Es gilt aber auch umgekehrt: Wenn der Adressat einer Übersetzung einen Textdefekt feststellt, so handelt es sich – unabhängig davon, ob dieser Defekt auch im Ausgangstext zu finden ist – um einen Übersetzungs- (besser: einen Übersetzer-) Fehler. Übrigens: Im Anschluß an einen Vortrag teilte mir eine Zuhörerin aus Malaysia mit, daß in ihrer Heimat die Sprache der Enten geradezu als prototypisch für die Kommunikation zwischen Tieren gilt (zur Prototypensemantik s. Art. 13).

3. *Evaluierungsszenarien*

In einer empirischen Untersuchung (Hönig 1997) wird in einer Übersicht dargestellt, welche Kriterien in verschiedenen Evaluierungsszenarien zur Anwendung kommen und inwieweit diagnostische und therapeutische Bewertungen unterschieden werden. Aus den Ergebnissen lassen sich folgende Schlußfolgerungen ziehen:

(1) Es gibt keine allgemein verbindlichen oder durchgängig angewandten Kriterien.
(2) Das am häufigsten verwendete Kriterium ist das der Übereinstimmung mit den Textproduktionsstandards der Zielsprache (ZS), also die Beachtung von Textsortenkonventionen.
(3) In rund der Hälfte aller Evaluierungsszenarien werden therapeutische und diagnostische Kriterien nicht getrennt, sondern vermischt.
(4) Der homogenste Kriterienkatalog findet sich bei Übersetzungsbewertungen im Rahmen des Spracherwerbs und der Qualitätskontrolle (s. Art. 114).
(5) Der heterogenste Kriterienkatalog findet sich bei den Übersetzungsbewertungen im Rahmen der universitären Übersetzerausbildung (zur Streuung von Benotungen s. Schmitt 1997:305).

Mit diesem letzten Befund deckt sich die Beobachtung, daß viele Ausbilder sich der Tatsache nicht bewußt sind, daß es ein breites Spektrum von Evaluierungskriterien und -situationen gibt. Bei der Ausbildung wird deshalb in manchen Fällen die Reflexion über die Komplexität der Situation durch die Autorität der Position ersetzt. Unreflektierte Evaluierung dieser Art hat mehrere negative Folgen:

- Studierende gewinnen den Eindruck, daß die Bewertung ihrer Leistung weitgehend subjektiv und willkürlich erfolgt.
- Sie verwenden deshalb einen Großteil ihrer Zeit darauf, sich diesen personen- und statusbezogenen Kriterien anzupassen, was sich jedoch als schwierig erweist, da diese in keinem systematischen Zusammenhang stehen.
- Sie halten es aufgrund dieser Abhängigkeit von Personen nicht für notwendig, sich mit den objektiven Einsichten zu beschäftigen, die von der Übersetzungswissenschaft erarbeitet wurden.
- Sie können deshalb während ihrer Ausbildung nicht jenes Selbstbewußtsein aufbauen, das sie brauchen, um sich später in der realen Welt des Arbeitsmarkts zu orientieren und durchzusetzen.

4. Die Verwendung diagnostischer und therapeutischer Kriterien in der übersetzungswissenschaftlichen Literatur

Zweipolige Systeme zur Unterscheidung verschiedener Typen von Übersetzung sind in der übersetzungswissenschaftlichen Literatur weit verbreitet, so zum Beispiel Diller/Kornelius (1978) *primäre und sekundäre Übersetzung*, Nord (1988) *dokumentarische und instrumentelle* Übersetzung, Gutt (1991) *direct und indirect translation* und House (1997) *covert und overt translation*. Da diese unterschiedlichen Übersetzungstypen unterschiedliche Relationen zwischen ausgangssprachlichem und ZS-Text postulieren, implizieren sie auch unterschiedliche Bewertungskriterien (wie schon bei Reiss 1971). Allerdings werden diese unterschiedlichen Bewertungskritieren nicht in allen Fällen systematisch dargestellt – zum Teil überschneiden sie sich mit der hier dargestellten Unterscheidung diagnostischer und therapeutischer Kriterien.

Einen stringent sprachwissenschaftlichen Ansatz verfolgt Gerzymisch-Arbogast (1994). Sie geht aus von der Theorie der *semantischen Netzwerke*, die von Mudersbach entwickelt wurde. Mit aufwendigen Analysen versucht Gerzymisch-Arbogast zu beweisen, daß „Übersetzungsfehler" als *semantische Inseln* definiert werden können, also als im jeweiligen Ko- und Kontext isoliert dastehende semantisch-lexikalische Einheiten.

Dieses Verfahren scheint zunächst konsequent diagnostisch zu sein, doch die Diagnose verzichtet weitgehend auf die Integration der pragmatischen Dimension von Texten und Textkonstituenten. Im Ergebnis ist die Evaluierung deshalb eher geeignet, Systemabweichungen und -verletzungen zu erfassen, und deckt sich weitgehend mit dem therapeutischen Ansatz in Spracherwerbs-Evaluierungsszenarien.

Einen konsequent therapeutischen Ansatz in der Ausbildung vertritt Christiane Nord (1988). Sie schlägt vor, *daß bei Lernforschrittskontrollen nur solche Fehler in die Bewertung eingehen sollten, die auf einer nichtadäquaten Lösung bereits behandelter Übersetzungsprobleme beruhen* (Nord 1988:203). Die Gefahr dieses Ansatzes ist darin zu sehen, daß Ausbilder isolierte Regeln für die Lösung einzelner Übersetzungsprobleme liefern – was sie nicht können (zu Regeln und Mikrostrategien s. auch Art. 44 und 47).

Pym (1992) unterscheidet zwischen *binary* und *non-binary errors*. Für ihn ist *non-binarism* typisch für die professionelle Evaluierung, da sie nicht davon ausgeht, daß es immer nur *eine* korrekte Lösung gibt, während binäre Evaluierung vor allem in Evaluierungsszenarien beim Spracherwerb verwendet werden, wobei Regelkonformität im Bereich von Lexik und Syntax als Kriterium gilt. Pyms Systematik deckt sich auch in bezug auf die jeweils bevorzugten Evaluierungsszenarien weitgehend mit der Unterscheidung therapeutischer und diagnostischer Kriterien.

Kußmaul (1995) tritt konsequent dafür ein, Fehler nur nach der Wirkung zu definieren, die er auf „den Leser" hat: Das Grundproblem bei dieser Evaluierung im Rahmen der funktionalen Übersetzungstheorie ist die Tatsache, daß sie eine Bewertung einer vermuteten Adressatenreaktion beinhaltet. Sie müßte konsequenterweise dann auch empirische Beweise dafür liefern, daß der Fehler tatsächlich zu den behaupteten Kommunikationsstörungen führt. Die funktional begründete Evaluierung ist aus diesem Grund unbefriedigend – zumindest so lange, wie keine empirischen Daten aus Untersuchungen über die Beurteilungskriterien der Bedarfsträger von Übersetzern vorliegen. Es besteht deshalb die Gefahr, daß sich doch immer wieder therapeutische Wertungen einschleichen, obwohl eine konsequent diagnostische Bewertung behauptet wird.

House (1997) hält an ihrem bereits 1977 entwickelten bipolaren System fest, das zwischen *overtly erroneous* und *covertly erroneous errors* unterscheidet. „Offen irrtümliche Fehler" sind das Ergebnis einer Nichtübereinstimmung *(mismatch)* der denotativen Bedeutung von ausgangs- und zieltextlichen Konstituenten oder das Ergebnis von Verstößen gegen das System der Zielsprache (ZS). „Verdeckt irrtümliche Fehler" werden durch eine aufwendige und detaillierte Analyse von AS- und ZS-Text im Bereich verschiedener Textdimensionen diagnostiziert. Jeder Fall von Nichtübereinstimmung wird als Fehler gewertet. „Offen irrtümliche Fehler" sind dem therapeutischen, „verdeckt irrtümliche Fehler" (mit Einschränkungen) dem diagnostischen Ansatz zuzuordnen. Völlig offen bleibt bei House, wie diese

Fehler bzw. diese unterschiedlichen Ansätze in eine Gesamtbeurteilung integriert werden, denn House stellt lediglich fest, daß die relative Gewichtung innerhalb der beiden Fehlergruppen und im Vergleich miteinander ein Problem darstellt, das sich für jeden einzelnen Text unterschiedlich darstellt (House 1997:45–7).

House sieht ihr Modell allerdings nicht als eine „absolute" Evaluierung, sondern als eine systematische Vorbereitung für eine Bewertung. Grundlage ist die Annahme, daß eine Übersetzung ein linguistisches Phänomen ist, so daß die durchgeführten linguistischen Analysen lediglich den Boden für eine Bewertung vorbereiten (House 1997:118–9).

Literatur

Diller, Hans-Jürgen / Kornelius, Joachim (1978): *Linguistische Probleme der Übersetzung*. Anglistische Arbeitshefte 19. Tübingen: Niemeyer.

Gerzymisch-Arbogast, Heidrun (1994): *Übersetzungswissenschaftliches Propädeutikum*. UTB 1782. Tübingen: Francke.

Gutt, Ernst August (1991): *Translation and Relevance. Cognition and Context*. Oxford: Blackwell.

Holz-Mänttäri, Justa (1984): *Translatorisches Handeln. Theorie und Methode*. Helsinki: Suomalainen Tiedeakatemia.

Hönig, Hans G. (1987): „Wer macht die Fehler?". Albrecht, Jörn et al. (Hrsg.) (1987): *Translation und interkulturelle Kommunikation*. Bern: Lang, 37–46.

Hönig, Hans G. (1995): *Konstruktives Übersetzen*. Tübingen: Stauffenburg.

Hönig, Hans G. (1997): „Zur Evaluierung von Dolmetsch- und Übersetzungsleistungen." Drescher, Horst W. (1997) (Hrsg.): *Transfer – Übersetzen – Dolmetschen – Interkulturalität*. Frankfurt a.M. / Bern: Lang, 193–208.

Hönig, Hans G. / Paul Kußmaul (1982/[4]1996): *Strategie der Übersetzung. Ein Lehr- und Arbeitsbuch*. Tübingen: Narr.

House, Juliane (1997): *Translation Quality Assessment. A Model Revisited*. Tübinger Beiträge zur Linguistik 410. Tübingen: Narr.

Kußmaul, Paul (1995): *Training the Translator*. Amsterdam / Philadelphia: Benjamins.

Nord, Christiane (1988): *Textanalyse und Übersetzen*. Heidelberg: Groos.

Pym, Anthony (1992): „Translation error analysis and the interface with language teaching." Dollerup, Cay / Anne Loddegard (Hrsg.) (1992): *Teaching translation and Interpreting. Training, Talent and Experience*. Amsterdam / Philadelphia: Benjamins, 279–290.

Reiss, Katharina (1971): *Möglichkeiten und Grenzen der Übersetzungskritik*. München: Hueber.

Schmitt, Peter A. (1997): „Evaluierung von Fachübersetzungen." Wotjak, Gerd / Schmidt, Heide (1997) (Hrsg.): *Modelle der Translation – Models of Translation. Festschrift für Albrecht Neubert*. Frankfurt a.M.: Verfuert, 301–332.

Smith, Neil / Wilson, Deirdre (1979): *Modern Linguistics*. Harmondsworth: Penguin.

Hans G. Hönig (Germersheim)

110. Qualitätslektorat

(1) Das *Qualitätslektorat* (Korrekturlesen, Überprüfen, Revision) ist eine unverzichtbare qualitätssichernde Maßnahme. Im Kontext des Übersetzens versteht man darunter üblicherweise die Kontrolle des Zieltexts (ZT) in bezug auf seine Übereinstimmung mit dem Ausgangstext (AT), mit den Erfordernissen der Zielsprache (ZS) sowie mit Blick auf den Zweck des ZT bzw. den Bedürfnissen und Erwartungen des ZT-Adressaten. Objektivierbare Formen des Qualitätslektorats bedürfen einer objektivierbaren Basis; zur wissenschaftlich fundierten Translationsevaluierung s. Art. 108, 109. Ein Qualitätslektorat wird normalerweise von besonders erfahrenen Übersetzern durchgeführt; diese werden als *Überprüfer* oder *Qualitätslektor* bezeichnet. Besonders anspruchsvoll ist das Qualitätslektorat auch insofern, als sowohl prospektive als auch retrospektive Aspekte zu berücksichtigen sind: Der sorgfältige Vergleich von ZT und AT dient nicht nur der Optimierung des ZT, sondern führt oft zwangsläufig auch zum Erkennen von Defekten im AT (s. dazu Art. 41), auf welche wiederum die AT-Verfasser aufmerksam gemacht werden (müssen oder sollten – das hängt von der Einbindung des Qualitätslektors in den Übersetzungsprozeß

ab). Folgende Sonderfälle des Qualitätslektorats sind praxisüblich:

(2) *Selbstkorrektur*: Hierbei liest der Übersetzer seine eigene Übersetzung selbst Korrektur und liefert dem Auftraggeber ein fertiges Endprodukt ab. Voraussetzung sind große Erfahrung und Vertrautheit mit Textsorte, Thema und Terminologie des Auftrags sowie die Fähigkeit, den ZT quasi „mit fremden Augen" zu sehen. Der Vorteil dieses Verfahrens liegt im geringen Zeitverlust und der problemlosen Verfügbarkeit von Übersetzer/Überprüfer in Personalunion und, damit zusammenhängend, der Tatsache, daß keine externen Überprüfungskosten anfallen. Aus diesem Grund ist dieses Verfahren insbesondere bei freiberuflich tätigen Übersetzern weit verbreitet. Nachteilig ist der Umstand, daß die o.a. Voraussetzungen in der Regel zumindest in dem Punkt nicht erfüllt sind, daß der Übersetzer als ZT-Verfasser nicht die nötige Distanz mitbringt (eher: mitbringen kann), um eigene Fehler überhaupt zu erkennen. Bei längerem zeitlichem Abstand zwischen ZT-Produktion und ZT-Überprüfung wäre die Selbstkontrolle erfolgversprechender, doch verbietet sich dies normalerweise wegen des üblichen Zeitdrucks. Davon abgesehen, daß die Selbstkorrektur wegen dieser inhärenten Nachteile (fehlende Objektivierbarkeit) bei heiklen Texten zu unzuverlässig ist, verstößt diese Methode gegen elementare Prinzipien der Qualitätssicherung, wie sie etwa in den Normen ISO 9000ff. und DIN 2345 festgelegt sind (Näheres in Art. 114).

(3) *Top-down-Korrektur*: Hierbei wird die Übersetzung eines erfahrenen Übersetzers von einem weniger qualifizierten/erfahrenen Übersetzer überprüft. Naturgemäß geht es dabei weniger um die Aufdeckung subtiler Fehler im ZT, sondern um den Lerneffekt beim „Überprüfer" (vgl. Sedon-Strutt 1990). Diese Korrekturmethode ist daher eher ein didaktisches Instrument; sie deckt sich teilweise mit der „didaktischen" Überprüfung bei Delisle (1980:226–234, angeregt von Horguelin 1978:41), welche von Studierenden durchgeführt wird, sich auf die idiomatische Korrektheit der Sprachverwendung konzentriert und auf intralingualen Übersetzungsübungen (vor allem Paraphrasierungsübungen) basiert. Der Grundgedanke ist dabei, daß sich virtuose Sprachbeherrschung eher aus einer gründlichen Kenntnis von Clichés und idiomatischen Ausdrücken ergibt als aus der Internalisierung von Grammatikregeln und Vokabular (Delisle 1980:220). Wenngleich der Primärnutzen dieser Korrekturmethode die Nachwuchsschulung ist, so erfüllt sie doch das zentrale Kriterium, daß der ZT mit anderen Augen gelesen wird, so daß mit Sicherheit Fehler aufgedeckt werden, die dem Übersetzer selbst nicht aufgefallen wären.

(4) *Gegenlesen*: Dieses bei Graham (1983) als *checking* bezeichnete Überprüfungsverfahren besteht darin, daß verschiedene Übersetzer gleicher oder ähnlicher Qualifikation wechselseitig ihre ZT Korrektur lesen. Normalerweise lesen die Übersetzer bei dieser Methode ihre ZT zunächst selbst Korrektur und geben das daraus resultierende Translat dann zur nochmaligen Durchsicht an einen Kollegen. Diese Endkontrolle ist im wesentlichen eine prospektive, intralinguale Aktivität, die sich nur auf den ZT und dessen Zweck stützt. Auf den AT wird nur bei Problem- und Zweifelsfällen zurückgegriffen. Im Zentrum stehen dabei meist formale Aspekte sowie die Vereinheitlichung von Terminologie. Letzteres ist vor allem dann vonnöten, wenn ein Dokument auf mehrere Übersetzer aufgeteilt werden mußte. Die Verantwortung für den ZT bleibt aber bei demjenigen Übersetzer, der den jeweiligen ZT verfaßt hat.

(5) *Fachliche Überprüfung (Fachlektorat)*: Hierbei wird der ZT (wir gehen realistischerweise von einem Fachtext aus) einem sprachkundigen Fachexperten zur Durchsicht auf fachliche Kohärenz, Plausibilität und terminologische Richtigkeit vorgelegt. Mit „Fachexperte" ist eine Person gemeint, die mit dem im ZT behandelten Thema intim vertraut ist bzw. zur Zielgruppe des ZT gehört; insofern wird diese Überprüfung durch einen Vertreter des ZT-Adressatenkreises mitunter auch als *end-user revision* bezeichnet (vgl. auch Sedon-Strutt 1990). Im März 1995 veröffentlichte die Weltbank eine Untersuchung, wonach zahlreiche UN-Institutionen solche Zielgruppenreaktionen

als (freilich nicht immer ausschlaggebende) Entscheidungsgrundlage für die Beurteilung von Übersetzerleistungen heranziehen.

(6) *Sprachlektorat durch ZS-Muttersprachler*: Diese Form des Qualitätslektorats ist besonders weit verbreitet und wird dann eingesetzt, wenn in die Fremdsprache übersetzt wird und der ZT nicht nur inhaltlich, sondern auch sprachlich/stilistisch einwandfrei sein muß, wie etwa bei Texten, die zur Veröffentlichung gedacht sind.

(7) *Mehrfach-Korrektur*: Hierbei wird ein ZT von mehreren Überprüfern nacheinander Korrektur gelesen. Dieser Aufwand ist gerechtfertigt, wenn es sich um besonders komplexe naturwissenschaftliche Texte oder um politische Texte handelt, bei denen Fehler eine große Tragweite hätten.

(8) Die *Leistung des Qualitätslektorats* hängt von folgenden Faktoren ab:
a) Komplexität des Textthemas, b) Qualität des AT, c) Qualität des ZT, d) Umfang der Korrekturen, e) Qualität der Korrekturen, f) Anzahl der überprüften Seiten. Bei einem AT und ZT gegebener Qualität ergibt sich die Qualität des Qualitätslektorats Qq aus folgender Gleichung:

$$Qq = (A-B) + (C-D) + (E-F)$$

Darin ist:
A: Anzahl der wesentlichen und durchgeführten Korrekturen
B: Anzahl der vom Überprüfer nicht erkannten wesentlichen oder neu hinzugefügten Fehler
C: Anzahl der wünschenswerten und durchgeführten Korrekturen
D: Anzahl unnötiger Änderungen
E: Anzahl durchgeführter Terminologievereinheitlichungen
F: Anzahl verbliebener oder neu eingebrachter terminologischer Inkonsistenzen

Hohe Werte für A, C und E sind (bei einem schlechten ZT) Zeichen für sorgfältiges Qualitätslektorat; die Werte B, D und F signalisieren Korrekturdefizite.

Beispiel:

$$Qq = (34-8) + (120-24) + (12-2)$$
$$Qq = 26+96+10$$
$$Qq = 132$$

Der Wert Qq kann also Aufschluß über die Leistung (und Eignung) von Qualitätslektoren liefern, wenn – etwa in einem Auswahlverfahren – mehrere Personen denselben Text überprüfen. Je höher der Qq-Wert, um so besser ist das Qualitätslektorat.

Abschließend ist zu betonen, daß nicht nur der Übersetzungsprozeß selbst, sondern auch das Qualitätslektorat hinsichtlich der erzielbaren Qualität situationsabhängig ist (vgl. Sager 1983); stellvertretend seien die Einbettung in ein Qualitätsmanagementsystem (s. Art. 114) genannt, die Verfügbarkeit von Recherchemitteln und die technische Ausstattung.

Literatur

Delisle, Jean (1980): *L'analyse du Discours comme Méthode de Traduction*. Cahiers de Traductologie 2. Ottawa: University of Ottawa Press.

Graham, John D. (1983): „Checking, Revision and Editing". Picken, Catriona (Hrsg.) (1983): *The Translator's Handbook*. London: Aslib, 99-105.

Horguelin, Paul A. (1978): *Pratique de la Révision*. Montréal: Linguatech.

Sager, Juan C. (1983): „Quality and Standards – the Evaluation of Translations". Picken, Catriona (Hrsg.) (1983): *The Translator's Handbook*. London: Aslib, 121–128.

Sedon-Strutt, Hugh (1990): „The Revision of Translation Work. Some Observations". *Language International* 2/3 (1990), 28–30.

Mohammed Didaoui (Wien)
Aus dem Englischen übersetzt von Peter A. Schmitt (Leipzig)

111. Transparenz der Korrektur

1. Einleitung

Überall dort, wo „korrigiert“ wird, wo also „Fehler“ (oder auch besonders gute Leistungen) markiert und zur Grundlage einer Gesamtbewertung eines Produkts (und damit in aller Regel auch der Person, die dieses hergestellt hat), gemacht werden, ist es ein Gebot der Fairneß, die Kriterien der Bewertung offenzulegen, um der bewerteten Person die Möglichkeit zu geben, ihr Verhalten (rückwirkend oder für die Zukunft) zu korrigieren. Das ist in der Ausbildung professioneller Übersetzerinnen und Übersetzer besonders wichtig, weil die Qualität einer Übersetzung nicht im naturwissenschaftlichen Sinne „meßbar“ ist, sondern subjektive Zweckmäßigkeitserwägungen oder auch ästhetische Urteile zumindest eine Rolle spielen (zur Qualitätskontrolle in der Berufspraxis s. Art. 114).

2. Rolle und Funktion der Bewertung von Übersetzungsleistungen in der Ausbildung

In der (akademischen) Ausbildung von professionellen Übersetzerinnen und Übersetzern wird an verschiedenen Stellen Leistung gemessen: am Schluß eines Semesters oder Kurses („Abschlußklausur“), meist als Voraussetzung für den Erwerb eines Teilnahmescheins, nach Abschluß der ersten Studienphase, des sogenannten Grundstudiums („Vordiplomprüfung“), und am Schluß des Studiums („Diplomprüfung“).

Bei Abschlußklausuren soll der Lernerfolg einer bestimmten Studieneinheit beurteilt werden (z.B. einer sogenannten „Übersetzungsübung“, in der das Übersetzen jedoch zunächst nicht geübt, sondern erlernt wird und die u.a. nach Übersetzungsrichtung „in die Fremdsprache“/ „in die Muttersprache“, nach Sprachenpaaren „Englisch-Deutsch“/„Spanisch-Deutsch“ oder nach Sprachverwendungsbereich „fachsprachliches Übersetzen“/„gemeinsprachliches Übersetzen“/„literarisches Übersetzen“ differenziert wird). Die Bewertung von Abschlußklausuren hat an vielen Ausbildungsinstituten keine unmittelbare Auswirkung auf die als nächstes anstehenden Prüfungen, sondern dient der eigenen Leistungseinschätzung (im Vergleich zu anderen Lerndenden der gleichen Stufe) und der Entscheidungsfindung („Abbrechen“ – „Weiterstudieren“) der Studierenden. Aufgabenstellung und Bewertung stehen in engem Zusammenhang mit der vorausgegangenen Lehrveranstaltung. Idealerweise sollte hier nur „abgeprüft“ werden, was in der Lehrveranstaltung gelehrt worden ist.

Vordiplomprüfungen kontrollieren den Leistungsstand aller Studierenden, idealerweise nach den gleichen Maßstäben, unabhängig von den im Einzelfall besuchten Lehrveranstaltungen, wobei nicht nur im Unterricht vermittelter Stoff oder erworbene Fähigkeiten und Fertigkeiten, sondern auch selbständig (z.B. anhand einer Lektüreliste) erarbeitetes Wissen Gegenstand der Prüfung sein kann. Idealerweise sollten hier Grundfähigkeiten und -fertigkeiten sowie Grundwissen im Vordergrund stehen, auf denen in der zweiten Studienphase aufgebaut werden muß. Das würde im Falle der Übersetzer- und Dolmetscherausbildung (wiederum idealerweise) einen Konsens aller Prüfenden darüber voraussetzen, was als Grundwissen bzw. -fertigkeit zu betrachten ist.

Diplomprüfungen sind die Schwelle zwischen Ausbildung und Praxis. Hier muß geprüft werden, ob die Ausgebildeten in der Lage sind, sich den Anforderungen der Berufspraxis zu stellen. Das heißt nicht, daß sie alles „können“ müssen, was ihnen in der Praxis je begegnen kann, sondern daß sie ihre eigenen Fähigkeiten richtig einschätzen können, wissen, welche Defizite sie mit welchen Hilfsmitteln ausgleichen können, und sich effizient und kompetent auf immer neue übersetzerische Herausforderungen einstellen können.

Abschlußklausuren und Vordiplomprüfungen sind also Prüfungen, bei denen man aus den gemachten Fehlern lernen kann (und muß), während Diplomprüfungen in der Regel, zumindest wenn sie bestanden sind, den Übergang in eine andere Lebens- und Arbeitsphase markieren, in der man zwar nie auslernt, aber nicht mehr von anderen explizit bewertet wird. Implizite Bewertungen zeigen sich darin, daß man etwa keinen weiteren Auftrag von einem Auftraggeber mehr bekommt oder aber zu immer schwierigeren Aufgaben herangezogen wird.

3. Was ist ein Übersetzungsfehler?

Da es keine Normen oder Regeln gibt, nach denen jede mögliche Übersetzung anzufertigen ist, kann die besonders im Fremdsprachenunterricht verbreitete Definition des Fehlers als „Abweichung" von einem Normen- oder Regelsystem (z.B. Cherubim 1980, Presch 1980) hier nicht greifen. Vielmehr ist ein pragmatischer Fehlerbegriff vorzuziehen, wie ihn bereits Kolde (1980:173), wenn auch für den Fremdsprachenunterricht, definiert hat: „Die Fehlerhaftigkeit eines Ausdrucks ist [...] keine Eigenschaft des Ausdrucks selbst, sondern sie wird ihm von R [= dem Rezipienten, C.N.] zugeschrieben." (vgl. auch die Definitionen in Art. 114). Je nach dem angewendeten Maßstab kann dementsprechend ein und dieselbe Übersetzung eines Textelements von der beurteilenden Person als „akzeptabel" oder „adäquat" oder „korrekt" eingestuft werden oder nicht.

Nach einem funktionalen Verständnis von Übersetzen (s. Art. 39, 40) wird der Maßstab, an dem die Qualität einer bestimmten Übersetzung zu messen ist, durch den Übersetzungsauftrag festgelegt. (Näheres dazu in Art. 114) Ein Übersetzungs„fehler" ist dementsprechend eine Nicht-Erfüllung der durch den Übersetzungsauftrag bestimmten Anforderungen. Wenn eine als „druckreif" bestellte Übersetzung nicht druckreif ist, ist jedes fehlende Komma ein „Übersetzungsfehler", wenn eine Rohübersetzung zur Information über den Inhalt des Ausgangstexts (AT) bestellt ist, spielt die Kommasetzung nur dort eine Rolle, wo sie eventuell zu Mißverständnissen oder zu inhaltlichen Entstellungen führt. Das bedeutet: Jede Übersetzungsleistung kann nur in bezug auf ein vorgegebenes Übersetzungsziel beurteilt werden. Diese Vorgabe muß der übersetzenden Person bekannt sein. In Routinesituationen der Praxis können oft die Vorgaben aus bestimmten situativen Indikatoren oder auch aus der Textsortenzugehörigkeit des AT erschlossen werden, in der Ausbildung kann von einer solchen Routinesituation nicht ohne weiteres ausgegangen werden, da die didaktische Situation sich trotz aller Bemühungen um Realitätsnähe grundsätzlich von einer professionellen Situation unterscheidet. Mit fortschreitender Ausbildung können jedoch mehr und mehr auch Kenntnisse und Erfahrungen aus früheren (simulierten) Übersetzungssituationen vorausgesetzt werden.

Die Formulierung didaktischer Übersetzungsaufträge in der Ausbildung bietet nun gerade die Möglichkeit, zum einen den Maßstab, an dem das zu produzierende Translat gemessen werden soll, offenzulegen und zum anderen den Schwierigkeitsgrad der zu bewältigenden Aufgabe (s. Art. 104) zu steuern, indem bestimmte Fehlerquellen aus der Beurteilung ausgeschlossen werden. Wenn etwa eine Rohübersetzung gefordert ist, müssen stilistische Mängel des Zieltexts (ZT), die vielleicht auf eine noch nicht vollkommene aktive Kompetenz in der Fremdsprache zurückzuführen sind, den Erfolg der translatorischen Vermittlung jedoch nicht in Frage stellen, nicht in dem gleichen Maße in die Bewertung eingehen wie bei einer druckreifen Übersetzung. In solchen Fällen treten dann die übersetzungsmethodischen Aspekte wesentlich stärker in den Vordergrund, weil sie nicht durch zielsprachliche Unvollkommenheiten überdeckt werden.

Bei der Formulierung eines didaktischen Übersetzungsauftrags ist darauf zu achten, daß explizit oder implizit Informationen zu folgenden Parametern gegeben werden: (1) ZT-Pragmatik, (2) Normen und Konventionen, (3) äußere Form. Zur ZT-Pragmatik gehört besonders die intendierte Funktion des ZT sowohl im Hinblick auf die Zieladressaten (= Adressatenbezug, s. Art. 40) als auch im Hinblick auf das Verhältnis zwischen AT und ZT (s. Art. 39). Die Frage, ob der ZT ganz oder in bestimmten Bereichen den Normen und Konventionen (z.B. Textsortenkonventionen, Maßkonventionen, allgemeine stilistische Konventionen, Zitierkonventionen) der Zielkultur oder denen der Ausgangskultur folgen soll, ergibt sich aus dem entsprechend der intendierten ZT-Funktion gewählten Übersetzungstyp. Die Ansprüche, die an die äußere Form (einschließlich Orthographie/Interpunktion, Formatierung und Layout) zu stellen sind, ergeben sich, zumindest zum Teil, aus der geforderten Bearbeitungsstufe (Rohübersetzung, druckreife Übersetzung etc.).

4. Fehlerklassifizierung

Aus dieser funktionalen Perspektive können natürlich alle Mängel und Schwächen des ZT als Übersetzungsfehler gewertet werden. In der Ausbildungssituation erscheint es aus didaktischen (hier: therapeutischen; s. Art. 109) Gründen jedoch gelegentlich sinnvoll, wirkliche Übersetzungsfehler, also Verstöße gegen die Vorgaben des Übersetzungsauftrags, von sprachlichen oder stilistischen Mängeln des ZT, die auf eine unzureichende Beherrschung der Zielsprache (ZS) oder Interferenzen zwischen Fremd- und Muttersprache oder auch auf fehlende Recherchiermöglichkeiten etwa in einer Klausursituation zurückzuführen sind, zu unterscheiden. Dadurch wird es möglich, in einer Phase der Ausbildung, in der es um die Vermittlung von translatorischer und nicht von Sprachkompetenz geht, methodisch funktionsgerechte Lösungen, die sprachlich (noch) nicht optimal realisiert sind, von methodisch inadäquaten Lösungen (mögen sie auch sprachlich elegant präsentiert sein!) zu trennen.

Bei den Übersetzungsfehlern lassen sich entsprechend den Vorgaben des Übersetzungsauftrags drei Haupttypen von Übersetzungsfehlern unterscheiden: *pragmatische Fehler* (P), die sich aus der mangelnden Berücksichtigung der ZT-Pragmatik ergeben, *kulturelle Fehler* (K), die sich aus nicht-funktionsadäquaten Entscheidungen in bezug auf die Anpassung des Textes an Normen- und Konventionssysteme ergeben, und *formale Fehler* (F), die aus der mangelnden Beachtung der formalen Vorgaben resultieren. Diese Hauptkategorien lassen sich weiter in Fehlerklassen und gegebenenfalls Fehlersorten untergliedern, die pragmatischen Fehler etwa nach den textexternen Faktoren (z.B. P/Adressatenspezifik, dazu P/Adr/Vorwissen), die kulturellen Fehler nach der Art der mißachteten Normen und Konventionen (z.B. K/Textsorte, dazu K/TS/Textaufbau) und die formalen Fehler nach dem betroffenen Formaspekt (z.B. F/Typographie, dazu F/Typo/Hervorhebung). Die traditionellen „Inhalts-“ oder „Sinn“fehler gehören, da sie in der Regel der Darstellungsfunktion des Textes zuzuordnen sind, in den Bereich der Pragmatik. Das funktionale Konzept erlaubt dabei jedoch durchaus eine Relativierung dieser Fehlerart, sofern der ZT (oder die in Frage stehende Textstelle) nicht primär darstellende, sondern etwa appellative Funktion haben soll.

Bei den Sprachfehlern können traditionelle Kategorien wie *Lexik* (L), mit Subklassen wie Phraseologie (L/Phras), Idiomatik (L/Idiom), *Syntax* (Sy), mit Subklassen wie Satzbau (Sy/Sb) oder Wortstellung (Sy/Ws), *Grammatik* (Gr), mit Subklassen wie Morphologie (Gr/Morph), Kasus (Gr/Kas), Modus (Gr/Mod) oder Tempus (Gr/Temp), *Stil* (St), mit Subklassen wie Register (St/Register) oder Stilebene (St/Ebene), und besonders *Textualisierung* (Tx), mit Subklassen wie Thema-Rhema-Gliederung (Tx/Th-Rh), Kohäsion (Tx/Koh), Intertextualität (Tx/Intertext), Fokus (Tx/Fok) etc. als Orientierung dienen. Je nach didaktisch-therapeutischem Ziel sind jeweils weitere Untergliederungen möglich und sinnvoll.

Bei einem funktionalen Konzept kann es eigentlich keine „besonders guten“ Lösungen geben – die Lösung eines bestimmten Übersetzungsproblems ist entweder funktionsgerecht oder nicht. Dennoch ist im Blick auf eine Motivation der Lernenden eine positive Bewertung etwa funktionsgerechter Lösungen von noch nicht behandelten Übersetzungsproblemen oder die Wahl einer besonders eleganten Variante bei mehreren Lösungsmöglichkeiten durchaus zu begrüßen.

5. Transparenz der Korrektur

Die in Klammern angegebenen Kürzel weisen bereits darauf hin, wie die qualitative Fehlerklassifizierung für die Lernenden sichtbar gemacht werden könnte. Solche Angaben am Rand einer Klausur zeigen auf, in welchen Bereichen (etwa Übersetzungs- vs. Sprachkompetenz) die Schwächen liegen, und geben gleichzeitig – bei entsprechender Vorbereitung der Lernenden im Unterricht – auch Hinweise darauf, wie der betreffende Fehler zu korrigieren ist (z.B. durch die Erläuterung einer ausgangskulturellen Realie zum Ausgleich des fehlenden Kulturwissens des Zieladressaten). Konkrete Alternativformulierungen als Verbesserungsvorschläge sind dagegen oft kontraproduktiv, weil sie – von der allwissenden Lehrkraft kommend – leicht als „Musterlösung“ mißverstanden werden und die eigene Kreativität und Lernmotivation der Lernenden lähmen.

Da im Rahmen des funktionalen Konzepts nicht alle Fehlertypen bei jeder Übersetzungsaufgabe das gleiche „Gewicht“ haben, ist es neben der Kennzeichnung der Fehlerart für eine

Transparenz der Korrektur auch erforderlich, die für den konkreten Fall geltende Fehlergewichtung anzuzeigen. Nur so wird nachvollziehbar, wieso trotz einer vielleicht verhältnismäßig großen Zahl markierter Fehler noch eine befriedigende Note gegeben wurde (oder umgekehrt). Dies kann durch Indexzahlen an der Fehlercharakterisierung geschehen (z.B. P/Adr/Vorwissen3), durch verschiedene Formen der Unterstreichung (einfach, doppelt, gestrichelt, in Wellenlinien) oder durch zusätzliche Markierung am Rand wie „–“ oder „+“. Ein am FASK Germersheim bewährtes System mit variablen Gewichtungsfaktoren beschreibt Schmitt (1997:317f.). Auch die als „besonders gelungen“ markierten Lösungen sollten entsprechend ihrer Gewichtung gekennzeichnet sein, damit deutlich wird, welche Fehlertypen dadurch möglicherweise kompensiert werden können.

In jedem Falle sollte darauf geachtet werden, daß der Korrektur„kode“ auf das jeweils von den Lehrenden vertretene Übersetzungskonzept abgestimmt und den Lernenden bekannt ist. Darüber hinaus sollte der Konsens über ein einheitliches oder zumindest abgestimmtes Korrektur- und Bewertungssystem innerhalb einer Ausbildungsinstitution als Grundlage transparenter Bewertungsmaßstäbe eine Selbstverständlichkeit sein.

Literatur

Cherubim, Dieter (1980): „Abweichung und Sprachwandel.“ Cherubim, Dieter (Hrsg.) (1980): *Fehlerlinguistik. Beiträge zum Problem der sprachlichen Abweichung*. Tübingen: Niemeyer, 124–152.

Kolde, G. (1980): „Auswirkungen sprachlicher Fehler.“ Cherubim, Dieter (Hrsg.) (1980): 172–187.

Kupsch-Losereit, Sigrid (1985): „The problem of translation error evaluation.“ Titford, Chr. / Hieke, A. E. (Hrsg.) (1985): *Translation in Foreign Language Teaching and Testing*. Tübingen: Narr, 169–179.

Kupsch-Losereit, Sigrid (1986): „Scheint eine schöne Sonne? Oder: Was ist ein Übersetzungsfehler?“ *Lebende Sprachen* 1, 12–16.

Nord, Christiane (1994): „Aus Fehlern lernen: Überlegungen zur Beurteilung von Übersetzungsleistungen.“ Snell-Hornby, Mary / Pöchhacker, Franz / Kaindl, Klaus (Hrsg.) (1994): *Translation Studies: An Interdiscipline*. Amsterdam / Philadelphia: Benjamins, 363–375.

Presch, G. (1980): „Über schwierigkeiten zu bestimmen, was als fehler gelten soll.“ Cherubim, Dieter (Hrsg.) (1980): 224–252.

Schmitt, Peter A. (1997): „Evaluierung von Fachübersetzungen.“ Wotjak, Gerd / Schmidt, Heide (Hrsg.) (1997): *Modelle der Translation – Models of Translation. Festschrift für Albrecht Neubert*. Frankfurt a.M.: Vervuert, 301–332.

Christiane Nord (Magdeburg)

112. Maschinelle Übersetzungen

1. Einleitung

Dieser Artikel liefert einen kurzen Überblick über die unterschiedlichen Ziele, die mit der Evaluierung von Maschinellen Übersetzungen verfolgt werden können. Neben den wichtigsten Methoden werden auch die jeweiligen Objekte einer solchen Evaluierung beleuchtet. Abschließend folgt eine kurze Diskussion der unterschiedlichen Interpretationen der Evaluierung. Vereinfacht ausgedrückt lautet die Frage: Wer evaluiert was, wie, mit welchem Ziel und mit welchen Auswirkungen?

2. Objekte der Evaluierung

Es lassen sich folgende Evaluierungsobjekte unterscheiden (nach Lehrberger 1988, Lehrberger / Bourbeau 1988, Rinsche 1992, Arnold et al. 1994), wobei dazu die jeweils wesentlichen Aspekte der Evaluierung genannt werden sollen:

1.1 Maschinelle Übersetzungssysteme mit ihren

1.1.1 Funktionalitäten im Hinblick auf ihre Benutzerfreundlichkeit (die sich ihrerseits aus dem Vorwissen und den Anforderungen der Benutzer definiert);

1.1.2 Systemkomponenten hinsichtlich ihrer Performanz, Stabilität oder Robustheit,

Zweckadäquatheit, Erweiterbarkeit und Verbesserungsfähigkeit sowie Integrationsfähigkeit;

1.2 Ergebnissen (Übersetzungen) hinsichtlich der Qualität (Wiedergabetreue, Präzision, Verständlichkeit, Lesbarkeit, etc.) der Übersetzung;

1.3 Arbeitsabläufen hinsichtlich sämtlicher organisatorischer Aspekte wie der Art der Arbeitsphasen (Prä- und Post-Editieren, Kodierung von Sprachdaten etc.), dem Zeitaufwand pro Arbeitsphase – eine Kosten-Nutzen-Rechnung, in der etwa die Zeitersparnis beim Übersetzungsvorgang selbst dem erhöhten Zeitaufwand durch Prä- und Post-Editieren gegenübergestellt und diese Relation der erreichten Qualität in Vergleich zur Humanübersetzung bzw. im Systemvergleich zu anderen Maschinellen Übersetzungssystemen gesetzt wird –, der Akzeptanz des Systems und seiner Anwendung bei den Nutzern sowie deren Bedürfnissen und Anforderungen.

Nach dem Grad der Automatisierung lassen sich unterscheiden (Melby 1982):

2.1 Evaluierung von computergestützter Übersetzung (*Machine-Aided Human Translation*: MAHT): eine breite Palette von Programmen und Anwendungen wie Terminologieverwaltungsprogramme, elektronische Wörterbücher, etc. werden vom Humanübersetzer eingesetzt, der selbst den Übersetzungsprozeß steuert. Listen von Evaluierungskriterien und ihre Diskussion sind etwa in Schmitz (1994) oder in GTW (1995) zu finden (etwa: technische Aspekte [Integration in eine bestimmte Software-Umgebung], terminologische Aspekte [Anwendbarkeit terminologischer Arbeitsmethoden], Benutzerschnittstelle [Benutzerfreundlichkeit], organisatorische Aspekte [Integration in Arbeitsumgebung und Arbeitsteilung], kommerzielle Aspekte [Kaufentscheidung, Kosten-Nutzen-Rechnung]; diesen Gruppen sind jeweils zahlreiche Einzelkriterien für die Beurteilung zugeordnet).

2.2 Evaluierung humangestützter teilautomatisierter Übersetzung (*Human-Aided Machine Translation*: HAMT): der Humanübersetzer setzt etwa Integrierte Übersetzungsunterstützungssysteme ein, die weitgehend das translatorische Handeln determinieren und Reaktionen vom Humanübersetzer verlangen. Beispiele für Evaluierungen sowie Beschreibung entsprechender Kriterien sind in Reinke (1994), Spies (1995) und Del Pino (1997) zu finden.

2.3 Evaluierung vollautomatisierter Übersetzung (*Fully Automatic Machine Translation*: FAMT): der Übersetzungsprozeß selbst ist voll automatisiert, lediglich die Vorbereitung (Präedition) sowie die Nachbereitung (Postediting) wird vom Humanübersetzer durchgeführt. Ausführliche Beschreibungen von Evaluierungsansätzen auf dieser Ebene sind etwa in ALPAC (1966), Lehrberger (1988), Rinsche (1992), Arnold et al. (1994) zu finden. Ein konkretes Beispiel einer Einzelevaluierung eines Maschinellen Übersetzungssystems (linguistische Performanz) liefert Brockmann (1995).

In der Praxis treten zunehmend Mischformen von Produkten auf unterschiedlichen Automatisierungsebenen auf. In bezug auf die Evaluierung solcher Systeme auf diesen Ebenen sowie ihrer konkreten Nutzung und der entsprechenden Arbeitsabläufe lassen sich einerseits eine Reihe gemeinsamer Kriterien, andererseits auch sehr spezifische Aspekte für jedes einzelne System spezifizieren. Nach dem Lebenszyklus eines Systems (nicht nur eines Maschinellen Übersetzungssystems; vgl. King 1993) lassen sich unterscheiden:

3.1 die Evaluierung eines Forschungsprototyps eines Maschinellen Übersetzungssystems oder eines anderen Übersetzungstools;

3.2 die Evaluierung eines solchen Systems mit dem Ziel einer Produktentwicklung für die spätere Vermarktung;

3.3 die Evaluierung eines am Markt erhältlichen Systems durch potentielle Kunden zur Vorbereitung einer Kaufentscheidung;

3.4 die Evaluierung eines in der Praxis eingesetzten Systems;

3.5 die Evaluierung des praktischen Nutzens eines Systems (Kosten-Nutzen-Rechnung).

In jeder Phase in diesem Lebenszyklus sind verschiedene Personengruppen am Evaluierungsprozeß beteiligt: Forscher, Systementwickler, Marketing-Fachleute, Kunden, Manager (Entscheider), Anwender (vor allem Übersetzer). Diese drei Typologien lassen sich miteinander kombinieren, um für die praktische Durchführung einer Evaluierung einen systematischen Rahmen zur Verfügung zu haben, der mit detaillierten Kriterien und Methoden jeweils konkretisiert und operationalisiert werden kann. So würde etwa die Kombination 1.2 + 2.3 + 3.2 (die Evaluierung der Qualität eines Übersetzungsergebnisses bei der Anwendung des Prototypen eines Integrierten Übersetzungsunterstützungssystems mit dem Ziel seiner Markteinführung) eine andere Vorgehensweise verlangen als etwa die Kombination 1.1.1 + 2.1 + 3.5 (also die Evaluierung von Funktionalitäten eines Terminologieverwaltungssystems im Hinblick auf dessen praktischen Einsatz in einer bestimmten Anwendungsumgebung [z.B. eines Sprachendienstes] mit dem Ziel der Erhöhung der Effizienz [gleiche Qualität bei erhöhter Quantität des Outputs]).

3. Ziel und Zweck der Evaluierung

Aus der in Abschnitt 2 beschriebenen mehrdimensionalen Typologie (insbesondere nach der Unterscheidung in Phasen eines Lebenszyklus von Produkten (Typologie 3, Punkte 1–5) ergeben sich unterschiedliche Ziele, die mit der Evaluierung verfolgt werden können:

(1) Forschungsziele wie die Erprobung und Evaluierung (meist neuer) linguistischer Modelle (etwa Grammatiken und ihrer computerlinguistischen Umsetzung) sowie von Übersetzungsmodellen und entsprechenden Methoden (etwa in der Maschinellen Übersetzung), Entwicklung neuartiger Tools auf den Ebenen 1–3 der Typologie 2 (Automatisierungsgrad);
(2) Entwicklung bzw. Weiterentwicklung von Forschungsprototypen als voll vermarktbare Produkte;
(3) Vorbereitung einer Kaufentscheidung bei potentiellen Käufern solcher Produkte (vergleichende Evaluierung aufgrund von Anwenderbedürfnissen);
(4) Optimierung des Einsatzes solcher Produkte in der konkreten Arbeitsumgebung, Feststellung des Bedarfs sowie dessen Anforderungen für neue übersetzungstechnologische Produkte; konkretes Feedback an Systementwickler mit dem Ziel der Weiterentwicklung von Produkten, die im Markt eingeführt sind und verwendet werden;
(5) Feststellung der Rentabilität eines eingesetzten Systems durch Kostenbewertung unter Berücksichtigung alternativer Szenarios, wobei die Qualität der Übersetzungsergebnisse eine ebenso zentrale wie schwer quantifizierbare Kategorie darstellt und die Akzeptanz übersetzungstechnologischer Produkte in der Evaluierung oft vernachlässigt wird. Auf diese Problematik weist im Zusammenhang mit Maschinenübersetzungssystemen vor allem Bernhard (1994) hin.

4. Evaluierungsmethoden

Generell muß betont werden, daß es bis heute keine einheitliche, unumstrittene und objektive Methodologie der Evaluierung Maschineller Übersetzungen gibt (darauf weisen immer wieder Lehrberger 1988, Lehrberger / Bourbeau 1988, King 1993 und viele andere hin). Dieser Umstand überrascht schon deswegen nicht, weil er bereits für die Evaluierung von Humanübersetzungen gilt (Art. 109) und hier die grundlegende Problematik der Maschinellen Übersetzung an sich eine weitere Problemdimension darstellt. Subjektivität kann dabei nie vollständig ausgeschlossen, wohl aber handhabbar gemacht werden, indem konkrete Ziele und Bewertungskriterien und -methoden der Evaluierung angegeben werden. Trotz dieser enormen Komplexität der Evaluierung (Arnold et al. 1994:165) kann aber doch festgestellt werden, daß eine Reihe von sinnvollen und nützlichen Ansätzen und Methoden für die Evaluierung Maschineller Übersetzung entwickelt und praktisch angewendet worden sind, deren adäquate, zielgerichtete Anwendung auch die erhofften Informationen und Entscheidungsgrundlagen ergeben kann.

Für die drei Ebenen nach der Typologie 2 des Automatisierungsgrades ergeben sich sowohl gemeinsame Methoden als auch spezifische Kriterien, die sich nur auf einer Ebene nachweisen lassen. King (1993) und Hutchins/

Somers (1992) unterscheiden methodologisch gesehen drei Arten von Evaluierungen, die sich auf alle Ebenen der drei Typologien anwenden lassen: (1) wiederholte Evaluierung zur Feststellung des Entwicklungsfortschritts, (2) Feststellung der Adäquatheit eines Systems für den praktischen Einsatz, (3) diagnostische Evaluierung zur Fehleridentifizierung und linguistischen Bewertung von Systemen.

Auf der zweiten Ebene der Typologie nach Grad der Automatisierung (HAMT) sind in den letzten Jahren Evaluierungsstudien vor allem für Integrierte Übersetzungsunterstützungssysteme durchgeführt worden. Dabei steht meist das sogenannte Translation-Memory-Modul und seine methodische Einbettung in die Arbeit des Humanübersetzers im Mittelpunkt des Interesses. Vergleichende Evaluierungen von einschlägigen Produkten sind vor allem von Reinke (1994) und Spies (1995) durchgeführt worden, die dafür detaillierte Listen von Kriterien ausgearbeitet haben. Neben der linguistischen Bewertung der Fuzzy-Match-Komponenten ist vor allem die Optimierung der Arbeitsweise bei den Humanübersetzern von Bedeutung. Eine sehr detaillierte Liste von Evaluierungskriterien für diese Automatisierungsebene ist für den Übersetzungsdienst der Kommission der Europäischen Gemeinschaften (Del Pino 1997) ausgearbeitet worden, wobei verschiedene Methoden (inkl. Fragebogenaktionen) kombiniert werden und folgende Gewichtung mehrerer Evaluierungsbereiche angegeben wird:

- 25% technische Evaluierung (Integration in Computerumgebung, unterstützte Formate);
- 50% funktionale Evaluierung (Interaktivität, Ergonomie, einzelne Funktionalitäten);
- 10% Wartung, Ausbildung, Anwendersupport;
- 15% Tests, Prüfverfahren;
- danach erfolgt die Kosten-Nutzen-Analyse.

Für die dritte Ebene (FAMT) wurden folgende Evaluierungsansätze und -berichte zugrunde gelegt: Lehrberger/Bourbeau (1988), King (1993), Rinsche (1992), wo auch eine kritische Würdigung verschiedener Evaluierungsmethoden (seit dem ALPAC-Report 1966) enthalten ist, sowie Arnold et al. (1994) und Brockmann (1995) mit einer Fallstudie. Auf dieser Ebene stand die linguistische Bewertung der Performanz, des Entwicklungspotentials von Maschinellen Übersetzungssystemen sowie der Modularität ihrer Komponenten traditionell im Mittelpunkt prognostischer und therapeutischer Evaluierungen. Bei der Anwendung von Fehlertypologien ergibt sich allerdings das Problem, daß einzelne Fehler sich schwer isolieren lassen, um ihre Ursachen erkennen zu können, da mehrere Fehlerarten meist dynamisch interagieren.

Für die Evaluierung von Übersetzungsleistungen auf dieser Automatisierungsebene sind auch entsprechende Texttypologien inklusive der Unterscheidung von Adressatengruppen und kommunikativen Zwecken sowie deren operationale Umsetzung im Rahmen der Evaluierungsmethodik notwendig. Arbeitsorganisatorische Aspekte des Prä- und Postediting sowie Konfliktpotentiale zwischen Auftraggebern, Übersetzern und EDV-Spezialisten/Systementwicklern sollten ebenfalls in die Evaluierungsarbeit einbezogen werden. Für alle Evaluierungsmethodologien ist der Begriff der Qualität von zentraler Bedeutung. Da aber dieser Qualitätsbegriff immer systemrelativ, d.h. in bezug auf bestimmte Erwartungen festzulegen ist (Näheres in Art. 114), muß jeder Evaluierung eine genaue Zielbestimmung mit festgelegten (und idealerweise gewichteten) Kriterien sowie die Angabe der Art (Methodik) der Bewertung vorausgehen. Auf die grundsätzliche Problematik der Subjektivität der Bewertung der Qualität von Übersetzungsleistungen hat etwa Graham (1994) hingewiesen. Im Bereich der teil- oder vollautomatisierten Übersetzung ist dieser Qualitätsbegriff noch weiter zu relativieren, indem je nach technischen Möglichkeiten realistische Erwartungen (etwa eine informative Rohübersetzung als Zweck einer Maschinellen Übersetzung der Stufe 2.3 (FAMT) zugrundegelegt werden müssen und sich daraus erst eine adäquate Evaluierung im Bereich der Kosten-Nutzen-Rechnung ergeben kann.

Abschließend soll darauf hingewiesen werden, daß die Evaluierung des Potentials von Übersetzungs(unterstützungs)systemen aller Art im Hinblick auf ihre Anwendung in der übersetzungsbezogenen Telearbeit (sog. Teletranslation, O'Hagan 1996) im Sinne einer Technikfolgenabschätzung von größter Bedeutung für die Zukunft aller Sprach- und Informationsberufe ist.

Literatur

ALPAC (1966): *Languages and Machines. Computers in Translation and Linguistiscs.* A Report by the Automatic Language Processing Advisory Committee. National Academy of Sciences. Washington.

Arnold, D. et al. (1994): *Machine Translation. An Introductory Guide.* Manchester / Oxford: Blackwell.

Bernhard, Ursula (1994): „Maschinelle Übersetzung in der Praxis.“ *Lebende Sprachen* 2, 49–52.

Blatt, Achim et al. (1985): *Computer und Übersetzen – Eine Einführung.* Hildesheim / Zürich / New York: Olms.

Brockmann, Daniel (1995): *Was kann Logos?* Saarbrücker Studien zu Sprachdatenverarbeitung und Übersetzen 4. Saarbrücken: Universität des Saarlandes, FR 8.6.

Del Pino, Santiago (1997): *Présentation de la méthodologie d'évaluation mise au point par les Institutions de l'Union européenne pour les outils de traitement du langage naturel.* EU-interner Bericht. Brüssel.

Falkedal, K. (1992): *Evaluation Methods for Machine Translation Systems: An Historical Overview and a Critical Account.* ISSCO Working Paper. Geneva.

Graham, John (1994): „Evaluation Quality.“ Picken, Catriona (Hrsg.) (1994): *Quality – Assurance, Management and Control.* ITI Conf. 7, 81–86.

Gross, Alex (1992): „Limitations of computers as translation tools.“ Newton, John (Hrsg.) (1992): *Computers in translation. A practical appraisal.* London / New York: Routledge, 96–130.

GTW (1995): *Criteria for the Evaluation of Terminology Management Software.*

Hutchins, Tom / Somers, Harold (1992): *An Introduction to Machine Translation.* London: Academic Press.

King, Margaret (1993): „Sur l'évaluation des systèmes de traduction assistée par ordinateur.“ Bouillon, Pierrette / Clas, Andrè (Hrsg.) (1993): *La Traductique. Etudes et recherches de traduction par ordinateur.* Montréal: Les Presses de l'Université de Montréal, 261–269.

Lehrberger, John (1988): „A Synthesis of Evaluations of Machine Translation Systems.“ Lehrberger, John / Bourbeau, Laurent (Hrsg.) (1988): 194–222.

Lehrberger, John / Bourbeau, Laurent (Hrsg.) (1988): *Machine Translation. Linguistic characteristics of MT systems and general methodology of evaluation.* Amsterdam / Philadelphia: Benjamins.

Luckhardt, Heinz-Dirk / Zimmermann, Harald (1991): *Computergestützte und Maschinelle Übersetzung.* Saarbrücken: HQ-Verlag.

Melby, Alan (1982): „Multi-level Translation Aids in a Distributed System.“ Horecky, Jan (Hrsg.) (1982): *Proceedings of the Ninth International Conference on Computational Linguistics.* Amsterdam: North Holland.

O'Hagan, Minako (1996): *The Coming Industry of Teletranslation.* Clevedon: Multilingual Matters.

Reinke, Uwe (1994): „Zur Leistungsfähigkeit integrierter Übersetzungssysteme.“ *Lebende Sprachen* 3, 97–104.

Rinsche, A. (1992): *Evaluierungsverfahren für Maschinelle Übersetzungssysteme. Zur Methodik und experimentellen Praxis.* Luxemburg: Kommission der Europäischen Gemeinschaften. Bericht EUR 14766 DE.

Schmitz, Klaus-Dirk (1994): „Überlegungen zum Einsatz und zur Evaluierung von Terminologieverwaltungssystemen.“ *Lebende Sprachen* 4, 145–149.

Schwanke, Martina (1991): *Maschinelle Übersetzung.* Berlin etc.: Springer.

Spies, Christina (1995): *Vergleichende Untersuchung von Integrierten Übersetzungssystemen mit Translation-Memory-Komponente.* Saarbrücker Studien zu Sprachdatenverarbeitung und Übersetzen 3. Saarbrücken: Universität des Saarlandes, FR 8.6.

Gerhard Budin (Wien)

113. Dolmetschleistungen

Da Qualitätssicherung nicht nur bei Produkten im engeren Sinne, sondern auch im Dienstleistungsbereich von zunehmender Bedeutung ist (vgl. ISO 9004–2; s. dazu Art. 114), wird auch die Dolmetschleistung zum Gegenstand der Qualitätsbewertung. Nach Moser-Mercer (1996) kommen dabei folgende sechs Bewertungsperspektiven in Betracht:

(1) Perspektive des Dolmetschers
(2) Perspektive des Adressaten
(3) Perspektive des Konferenzveranstalters
(4) Perspektive des Dolmetscherkollegen in der Kabine

(5) Perspektive des Ausbilders
(6) Perspektive des Dolmetschwissenschaftlers.
Relativ gut erforscht sind bislang nur die Perspektiven des Dolmetschers, des Adressaten und des Ausbilders. Auf sie wird im folgenden daher näher eingegangen.

1. Die Dolmetscherperspektive

Die Qualität der Dolmetschleistung war von Anfang an ein wichtiges Anliegen der Berufsverbände. Um sicherzustellen, daß die Mitglieder hohe Qualitätsanforderungen erfüllen, hat die AIIC (*Association Internationale des Interprètes de Conférence*; s. Art. 4) strenge Aufnahmekriterien festgelegt. Für die Vollmitgliedschaft muß ein Bewerber nachweislich 200 Tage bei Konferenzen gedolmetscht haben. Daneben benötigt er fünf Sponsoren, die mit ihm gearbeitet haben und somit seine Leistung beurteilen können. Ein Berufskodex verpflichtet die Mitglieder der AIIC zur Einhaltung strenger Qualitätskriterien. Déjean Le Féal (1990:155) faßt die Auffassung der AIIC-Dolmetscher von „Qualität" wie folgt zusammen:

> What our listeners receive through their earphones should produce the same effect on them as the original speech does on the speaker's audience. It should have the same cognitive content and be presented with equal clarity and precision in the same type of language.

Das Instrument der Leistungskontrolle für den einzelnen Dolmetscher ist daher die Tonbandaufnahme der eigenen Dolmetschung in der Kabine mit anschließender selbstkritischer Bewertung der Kohärenz, Klarheit, Präzision und sprachlichen Qualität. Von Anfang an hatten die Vertreter des Berufsstandes im Bemühen um Qualität den Adressaten im Auge. Seleskovitch (1986:236) hält fest: „Interpretation should always be judged from the perspective of the listener and never as an end in itself. The chain of communication does not end in the booth." Ebenso klar erkannt wurde, daß die maßgeblichen Leistungskriterien durch die Einbettung in die jeweilige Situation entscheidend mitbestimmt werden:

> It is quite clear that in a diplomatic conference the greatest attention should be paid to all the nuances of words, while in a gathering of scholars, technical accuracy will have greater importance; in a literary and artistic gathering, elegance of speech; and in a political assembly, forcefulness of expression. (Herbert 1952: 82f.)

2. Die Adressatenperspektive

Die von Bühler (1986) mit ihrer Dolmetscherbefragung ausgelösten und auf die Bewertungsperspektive des Kunden (Adressaten) zentrierten Untersuchungen (u.a. Kurz 1989, 1996, Gile 1989, 1990, Kopczyński 1992, Moser 1995) ergaben, daß unterschiedliche Klientengruppen teilweise unterschiedliche Erwartungen an die Dolmetschleistung haben. In einem Überblick über verschiedene Typen von mehrsprachigen Tagungen (wissenschaftliche und technische Großveranstaltungen, Seminare, Arbeits- und Plenarsitzungen internationaler Organisationen, Verhandlungen, Gerichtsverhandlungen, parlamentarische Debatten, Medienereignisse, Pressekonferenzen, Tischreden usw.) zeigte Gile (1989) auf, daß die Erwartungen der Teilnehmer an die Dolmetscher in diesen verschiedenen Situationen erheblich voneinander abweichen.

Empirische Studien über die Erwartungshaltungen dreier Rezipientengruppen (Mediziner, Techniker, Europaratsvertreter) ergaben unterschiedliche Bewertungsprofile in bezug auf folgende Kriterien: Akzent, Stimme, Flüssigkeit der Rede, logischer Zusammenhang, sinngemäße Wiedergabe, Vollständigkeit, grammatikalische Richtigkeit und präzise Fachterminologie (Kurz 1989, 1996). Eine Vergleichsstudie an Konferenzdolmetschern ergab, daß diese die vorgegebenen Qualitätskriterien generell höher gewichten als die Kongreßteilnehmer und somit höhere Anforderungen an die eigene Leistung stellen als die Adressaten. Die Frage, was aus der Sicht der Klienten eine gute Dolmetschleistung ausmacht, war auch Gegenstand einer im Auftrag der AIIC durchgeführten Studie (Moser 1995), in der 201 Interviews bei 84 verschiedenen Konferenzen durchgeführt wurden. Die Fragen bezogen sich sowohl auf inhaltliche Kriterien (Vollständigkeit der Wiedergabe, terminologische Korrektheit, sinngemäße Wiedergabe) als auch auf formale Aspekte (Synchronität, Rhetorik, Stimmqualität).

Es zeigte sich, daß bei den Kundenerwartungen an die Dolmetschleistung die inhaltliche Richtigkeit und Klarheit der Formulierung dominieren und eine deutliche Präferenz für sinngemäße Wiedergabe besteht. Je größer die Konferenz, um so größer der Wunsch nach Konzentration auf das Wesentliche. Je fachlicher die Konferenz, um so größer der Wunsch nach vollständiger, detaillierter Wiedergabe. Auch Faktoren wie unterschiedliche Erfahrungen mit Kongressen, das Alter der Kongreßteilnehmer usw. beeinflussen die Erwartungshaltungen: So nimmt beispielsweise die Präferenz für das Wesentliche mit steigendem Alter zu.

Lange Pausen in der Dolmetschung (während denen der oder die Vortragende sichtbar weiterspricht) und ein zu langes Nachhinken hinter dem Original wurden von der Mehrzahl der Befragten als störend bezeichnet.

Schnelligkeit, d.h. ein möglichst kurzer zeitlicher Abstand zwischen Original und Dolmetschung, ist auch beim Mediendolmetschen ein wichtiges Leistungskriterium. Dazu kommen in diesem speziellen Fall besonders hohe Qualitätsanforderungen an die Sprechweise des Dolmetschers (flüssige Rede, grammatikalische Richtigkeit, angenehme Stimme; vgl. Kurz 1997).

3. Die Ausbilderperspektive

Für die studentische Leistungsbeurteilung im Simultandolmetschen spielen naturgemäß Tonbandaufnahmen der Dolmetschungen eine unerläßliche Rolle.

Eine didaktische Bewertungskonzeption für das Konsekutivdolmetschen hat drei Grundaspekte der Dolmetschleistung als Ausgangspunkt (Kutz 1997):

- Gesamteindruck und Verhalten des Dolmetschers
- Wiedergabe des Inhalts der Mitteilung
- Sprachliche Realisierung der Verdolmetschung.

Je nach der jeweiligen kommunikativen Dolmetschsituation (formbetont, inhaltsbetont, „rein pragmatisch") und dem Dolmetschauftrag werden diese einzelnen Aspekte unterschiedlich gewichtet. Als Zusammenfassung der Bewertung kann der Ausbilder feststellen, inwieweit es dem Dolmetschstudenten gelungen ist, eine angesichts der gegebenen Dolmetschsituation optimale Dolmetschleistung zu erbringen. Dabei wird die tatsächliche, reale Dolmetschleistung durch bestimmte Relativierungsfaktoren (Berücksichtigung der Ausbildungsphase, der Vertrautheit mit der Thematik usw.) modifiziert. Als Ergebnis der Bewertung werden didaktische Schlußfolgerungen gezogen, die – je nach den Fehlleistungen – eine Empfehlung für das Selbststudium beinhalten. Videoaufnahmen mit anschließender kritischer Analyse und Evaluierung haben sich als Leistungskontrolle bewährt (Kurz 1990).

Literatur

Bühler, Hildegund (1986): „Linguistic (semantic) and extra-linguistic (pragmatic) criteria for the evaluation of conference interpretation and interpreters." *Multilingua* 5/4, 321–235.

Déjean Le Féal, Karla (1990): „Some Thoughts on the Evaluation of Simultaneous Interpretation." Bowen, David / Bowen, Margareta (Hrsg.) (1990): *Interpreting – Yesterday, Today, and Tomorrow*. American Translators Association Scholarly Monograph Series. Vol. IV. Binghampton: SUNY, 154–160.

Gile, Daniel (1989): *La communication linguistique en réunion multilingue. Les difficultés de la transmission informationnelle en interprétation simultanée*. Thèse de doctorat, Université Paris III.

Gile, Daniel (1990): „L'évaluation de la qualité de l'interprétation par les délégués: une étude de cas." *The Interpreters' Newsletter* 3, 66–71.

Herbert, Jean (1952): *The Interpreter's Handbook: How to Become a Conference Interpreter*. Genf: Librairie de l'Université.

Kopczyński, Andrzej (1992): „Quality in Conference Interpreting: Some Pragmatic Problems." Snell-Hornby, Mary / Pöchhacker, Franz / Kaindl, Klaus (Hrsg.) (1992): *Translation Studies – An Interdiscipline*. Amsterdam / Philadelphia: Benjamins, 189–198.

Kurz, Ingrid (1989): „Conference Interpreting: User Expectations." Hammond, D. L. (Hrsg.) (1989): *Coming of Age. Proceedings of the 30th Annual Conference of the ATA*. Medford/NJ: Learned Information, 143–148.

Kurz, Ingrid (1990): „Der Einsatz neuer Technologien in der Dolmetscherausbildung." Salevsky, Heidemarie (Hrsg.) (1990): *Übersetzungswis-*

senschaft und Sprachmittlerausbildung. Akten der I. Internationalen Konferenz, Berlin 17.–19. Mai 1988. Berlin: Humboldt-Universität, 365–369.

Kurz, Ingrid (1996): *Simultandolmetschen als Gegenstand der interdisziplinären Forschung.* Wien: Wiener Universitätsverlag.

Kurz, Ingrid (1997): „Getting the Message Across – Simultaneous Interpreting for the Media." Snell-Hornby, Mary / Kaindl, Klaus (Hrsg.) (1997): *Translation as Intercultural Communication. Selected Papers from the EST Congress, Prague 1995.* Amsterdam / Philadelphia: Benjamins.

Kutz, Wladimir (1997): „Bewertung von Konsekutivdolmetschleistungen." Vortrag beim Saarbrükker Symposium. Dolmetschen: Theorie und Praxis. 13.–15. März 1997, Saarbrücken.

Moser, Peter (1995): *Simultanes Konferenzdolmetschen. Anforderungen und Erwartungen der Benutzer.* Endbericht im Auftrag von AIIC. Wien: SRZ Stadt + Regionalforschung GmbH.

Moser-Mercer, Barbara (1996): „Quality in Interpreting: Some Methodological Issues." *The Interpreters' Newsletter* 7, 43–55.

Seleskovitch, Danica (1986): „Who should assess an interpreter's performance? – Comment on Hildegund Bühler." *Multilingua* 5/4, 236.

Ingrid Kurz (Wien)

114. Qualitätsmanagement

1. Qualität

Im allgemeinen Sprachgebrauch wird „Qualität" oft im Sinne von „gut" verstanden. Im Qualitätswesen gilt jedoch die Definition nach ISO 8402 bzw. ISO 9004–2 (1992:9); danach ist Qualität „Die Gesamtheit von Eigenschaften und Merkmalen eines Produkts oder einer Dienstleistung, die sich auf deren Eignung zur Erfüllung festgelegter oder vorausgesetzter Erfordernisse beziehen." Qualität ist also weder etwas Absolutes noch das maximal Machbare, sondern die Erfüllung definierter Erwartungen. Daraus ist ableitbar: Das, was zur Frustration von Erwartungen führt, ist ein Qualitätsmangel oder Fehler. Die Erwartungen der Kunden sind Ausgangspunkt für deren Zufriedenheitsurteil, das sich im jährlich ermittelten Deutschen Kundenbarometer (der größten deutschen Benchmarking-Studie zur Zufriedenheit deutscher Verbraucher) niederschlägt, und dieses Urteil entsteht durch subjektiven Abgleich der erwarteten mit der erhaltenen Leistung (*VDI forum* 2/97:14). Im Zentrum aller Qualitätsbetrachtungen steht die Kundenorientierung, die in der Formulierung kulminiert: „Qualität ist, was der Kunde will." Subjektive und womöglich unausgesprochene Kundenwünsche (z.B. „Wir erwarten eine genaue Übersetzung") sind jedoch keine Basis für qualitätslenkende Maßnahmen. Nötig sind also konkrete Qualitätsforderungen: „Die Forderungen an eine Dienstleistung müssen in Form von Merkmalen, die wahrnehmbar sind und vom Kunden bewertet werden können, eindeutig festgelegt werden" (ISO 9004-2 1992:10; s. auch ISO 8402 und DIN 55350). (Definitionen qualitätsbezogener Begriffe liefern auch die DIN-Taschenbücher 223, 224, 225 und 226.)

2. Qualitätsziel

Übersetzer und Dolmetscher erbringen aus juristischer Sicht eine Dienstleistung (und gehören zum Dienstleistungssektor der Wirtschaft), während man aus prozeduraler Perspektive ein Translat durchaus als *Produkt* bezeichnen kann. DIN ISO 9004-2 (1992:6, 9) spricht von einem Kontinuum zwischen den Begriffen „Dienstleistung" und „Produkt", da eine Dienstleistung (in unserem Fall das Übersetzen) mit der Herstellung und Lieferung materieller Produkte (in unserem Fall die Übersetzung) verbunden sein kann. (Das Ergebnis des Dolmetschens hingegen ist rein immateriell und insofern kein Produkt.) ISO 9004-2 empfiehlt übrigens nicht die absolute Kundenorientierung, sondern nennt als Qualitätsziel „die Zufriedenheit des Kunden unter Beachtung der berufsspezifischen Maßstäbe und der Berufsethik" (1992:12). Hier bleibt also Raum für eine Beratung des Kunden durch den Übersetzer: Es ist ja denkbar, daß ein translatorisch unerfahrener Kunde nur diffuse Vorstellungen von dem hat, was eine – für seine Zwecke – „gute" Übersetzung ist. Nach Auftragsvergabe ist der Kundenwunsch allerdings absolut verbindlich.

3. Qualitätsmanagement

Das ist derjenige Aspekt des Managements (der „Gesamtführungsaufgabe"), welcher die Qualitätspolitik des Lieferanten festlegt und verwirklicht (ISO 9004-2); verwirklicht wird das Qualitätsmanagement mit einem Qualitätssicherungssystem, das die Aufbauorganisation, Verantwortlichkeiten, Abläufe, Verfahren und Mittel regelt. Qualitätsmanagement hat den primären Vorteil, durch klare Vorgaben, Abläufe, Zuständigkeiten und Kontrollen eine bestimmte Qualität gezielt und nachweisbar liefern zu können, den Zeit- und Kostenaufwand für Fehlerbeseitigung zu reduzieren und Wettbewerbsnachteile durch Reklamationen zu vermeiden. Außerdem stellt die bloße Existenz eines implementierten Qualitätsmanagements einen Wettbewerbsvorteil dar, wenn man dem potentiellen Kunden die Vorteile eines solchen Systems deutlich macht.

4. Zertifizierung

Der Nachweis, daß ein Qualitätsmanagement-System nach ISO 9000ff. implementiert ist, erfolgt durch die sog. Zertifizierung. Aus der Sicht des Kunden ist ein nach ISO 9000ff. zertifizierter Anbieter einem Wettbewerber ohne Zertifizierung vorzuziehen. Daß sich diese Zertifizierung aus der Sicht der Anbieter dennoch keiner großen Beliebtheit erfreut, und dies gilt im Dienstleistungsbereich mehr als im Produktionsbereich und bei kleinen Betrieben eher als bei Großbetrieben, liegt an zweierlei: Zum einen bedeutet die Einrichtung und Aufrechterhaltung eines Qualitätsmanagement-Systems, das diesen Namen verdient und nach ISO 9000ff. zertifizierbar ist, einen erheblichen Aufwand. Zum andern, und daraus resultierend, ist die Prüfung auf Übereinstimmung des Systems mit den Vorgaben aus ISO 9000ff. ein komplexer Vorgang, so daß die Zertifizierung relativ teuer ist – für viele freiberufliche Übersetzer mit geringen Umsätzen zu teuer.

5. Probleme

Insofern sehen viele Freiberufler in diesem an sich begrüßenswerten Trend zu höherer Professionalität und größerer Transparenz in der Qualität von Übersetzungen eine existentielle Bedrohung und ein Instrument zur Stärkung der großen Übersetzungsbüros und -agenturen. Eine Lösung des Kostenproblems wurde mit Gruppenzertifizierungen angestrebt, doch erwiesen sich bisher die Arbeitsbedingungen von Freiberuflern als zu unterschiedlich, so daß derzeit eine Begutachtung von Fall zu Fall unvermeidbar scheint. Ein großes Problem stellt für Freiberufler auch die in jedem Qualitätswesen elementare Forderung dar, daß der die Qualität Prüfende unabhängig von dem die Arbeit Ausführenden sein muß: Das Korrekturlesen durch den Übersetzer selbst ist zwar unbestritten besser als nichts, aber viel zu subjektiv.

6. ISO 9000ff.

Qualitätsmanagement im allgemeinen (also nicht übersetzungsspezifisch) wird in der Normenreihe ISO 9000 behandelt, die sich als Leitfaden zur Anwendung der Normen ISO 9001, 9002, 9003 und 9004 versteht. Dabei nehmen Umfang und Anzahl der Qualitätssicherungsmaßnahmen von ISO 9001 bis ISO 9004 ab. Die dreisprachige ISO 9004 Teil 2 (in dt., en. und fr.) beschreibt Qualitätsmanagement und Elemente eines Qualitätssicherungssystems bei Dienstleistern und ist damit der für Übersetzer besonders relevante Teil. Der konkrete organisatorische Übersetzungsablauf wird – völlig unabhängig von ISO 9000ff. – in DIN 2345 dargestellt. Wesentlich ist also, daß die Normen der ISO-9000-Reihe fachgebietsunspezifisch sind, während die DIN 2345 eine separate, fachgebietsspezifische Norm ist. Beim Aufbau eines Qualitätsmanagement-Systems für Übersetzungsabläufe stellt die fachgebietsspezifische DIN 2345 eine wesentliche Bezugsgröße dar.

7. DIN 2345

Diese Norm enthält u.a. Festlegungen hinsichtlich der Auswahl geeigneter Übersetzer, der Vereinbarungen zwischen Auftraggeber und Übersetzer, der Unterstützung des Übersetzers durch den Auftraggeber und der vorgangsbegleitenden Dokumentation sowie einer etwaigen Aufteilung und Weitergabe von Übersetzungsaufträgen. Einen weiteren Schwerpunkt bilden Festlegungen zum Umgang mit dem Ausgangstext (AT) sowie zur formalen und inhaltlichen Gestaltung des Zieltexts (ZT). Ziel von DIN 2345 ist es, die Abwicklung von Übersetzungsaufträgen zu vereinfachen und Empfehlungen auszusprechen, zu welchen Punkten Auftraggeber und Übersetzer (durchaus freiwillige) vertragliche Vereinbarungen treffen sollten, welche dann als feste Bezugsgröße für Qualitätsurteile dienen können. DIN 2345 ist auch ohne Qualitätsmanagement nach ISO 9000ff. für freiberufliche und andere Übersetzer anwendbar. Durch die Anwendung von DIN 2345 kann das Vertrauen der Auftraggeber in die Qualität der erbrachten Dienstleistung gestärkt werden, da die Erfüllung der Anforderungen dieser Norm, bezogen auf jede einzelne Übersetzung, nachprüfbar ist. Freiberufliche Übersetzer, Sprachendienste und Übersetzungsbüros haben – unabhängig von der Einführung eines Qualitätsmanagement-Systems und einer Zertifizierung nach ISO 9000 – die Möglichkeit, eigenverantwortlich zu erklären, daß sie auf der Grundlage von DIN 2345 arbeiten. Auf die Möglichkeit, eine solche Konformitätserklärung abzugeben, und die Bedingungen, das DIN-Verbandszeichen in diesem Zusammenhang zu verwenden, wird in DIN 2345 eingegangen.

8. Normenzugang

Da das Thema in diesen Dokumenten in der für Normen textsortenkonstitutiven kompakten Form behandelt wird, kann es hier nicht ohne inhaltliche Einbuße nochmals verkürzt wiedergegeben werden. Insofern empfiehlt sich zu diesem Themenbereich dringend die Lektüre dieser Normen. Da diese Normen relativ teuer und nicht für jeden Übersetzer gleichermaßen relevant sind (und für Dolmetscher noch weniger), empfiehlt sich vor dem Kauf eine Durchsicht, z.B. in einer Bibliothek. Die Bibliotheken technischer Universitäten (wie z.B. Karlsruhe) verfügen über alle DIN- und die meisten ISO-Normen. Zu beziehen sind die Normen vom Beuth-Verlag im Buchhandel, am schnellsten ist die Online-Bestellung via http://www.din.de/DIN-Normen oder http://www.din.de/beuth. Grundsätzlich ist es auch ratsam, sich bei Fragen zu diesem Thema an die Berufsverbände zu wenden (s. Art. 4). Das folgende beschränkt sich auf einige grundsätzliche sowie ergänzende übersetzungsspezifische Anmerkungen aus der Perspektive von Lieferanten (Übersetzern) und Abnehmern von Übersetzungsleistungen. Übersetzungsbüros sind sowohl Lieferant von Übersetzungen gegenüber ihren Kunden als auch ihrerseits Auftraggeber der für das Büro als Unterlieferant tätigen Übersetzer. (Der Auftraggeber wird in ISO 9004-2 *Kunde*, in ISO 9000-2 *Abnehmer* genannt.)

9. Qualitätsdokumentation

Qualitätsmanagement wird erst dann zum System, wenn es in einer Qualitätsdokumentation schriftlich festgehalten ist und auf dieser Grundlage implementiert und befolgt werden kann. ISO 9004-2 (1992:19) empfiehlt ein Qualitätssicherungs-Handbuch, einen Qualitätssicherungsplan und Qualitätsaufzeichnungen. Die Erstellung dieser Dokumentation und insbesondere eines unternehmensspezifischen Qualitätssicherungssystem-Handbuchs ist ein erheblicher – vor allem konzeptioneller – Aufwand, da eine Fülle von rechtsverbindlichen Informationen über die Qualitätspolitik, die Qualitätsziele, die Organisationsstruktur und die Qualitätspraktiken zu liefern ist. Hierzu gehören u.a.:

- *Definitionen*: Jeder qualitätsrelevante Begriff muß exakt definiert werden, um eine eindeutige Grundlage für das Qualitätsmanagement und etwaige Auseinandersetzungen mit dem Kunden zu haben.
- *Verantwortlichkeiten*: Es ist genau festzuhalten, wer wann für welche qualitätsrelevanten Produktaspekte und Qualitätsmanagement-Maßnahmen zuständig und verantwortlich ist.
- *Prüfungsumfang*: Es ist genau festzulegen, was geprüft wird und was nicht.
- *Prüfregeln*: Die Regeln, Methoden und Unterlagen, anhand derer geprüft wird, sind eindeutig festzulegen.
- *Prüfungszeitplan*: Zu den Prüfmethoden kann auch die Durchführung von Prüfungen (Zwischenprüfungen und Endprüfungen) zu bestimmten Zeitpunkten (Meilensteinen) im Projektablauf gehören.

- *Fehlerkategorien*: Es ist zu definieren, was als Fehler gilt (nach Nord 1987:195, beispielsweise, „jede ‚Nicht-Erfüllung' des Übersetzungsauftrags"), welche Arten von Fehlern es gibt und wie sie bei der Qualitätsbeurteilung gewichtet werden.

Während das Qualitätslektorat nach definierten Fehlern suchen soll, ist vice versa dem Übersetzer genau vorzugeben, was als „richtig" gilt, und hier gibt es eine Vielzahl möglicher globaler und einzelner Anweisungen. Hierzu gehören z.B. Angaben über: Lokalisierung (s. Art. 55) von Papierformaten, Abbildungen, Beispielen, Produktmerkmalen, Datums- und Zeitformat und Maßeinheiten (s. Art. 85); Verhaltensweise bei Fehlern im AT (s. Art. 41); Maßgabe für Orthographie und Interpunktion sowie bewußte Abweichungen davon, wie etwa beim Bindestrichgebrauch in Zusammensetzungen mit dem Firmennamen oder Produkten der Firma (viele Auftraggeber wünschen, daß in diesen Fällen kein Bindestrich gesetzt wird, also z.B. ein XYZ Produkt statt nach *Duden* ein XYZ-Produkt); Verwendung persönlicher Anrede (Adressateneinbezug) oder nicht; Vorgehensweise bei Standardtexten und Sicherheitshinweisen (s. Schmitt 1999), Quelle und Verbindlichkeit kundenspezifischer Terminologie.

10. Qualitätsebenen

Der Übersetzungsanbieter muß klarstellen, welche Qualitätsebenen von ihm für Übersetzungen im allgemeinen und für einen konkreten Übersetzungsfall im besonderen angeboten (oder empfohlen) werden. Seitens des Auftraggebers ist im Übersetzungsauftrag die gewünschte Qualitätsebene der Übersetzung anzugeben; z.B. kann spezifiziert werden, daß eine „korrekturgelesene, fehlerfreie Übersetzung" zu liefern ist. Dies ist nur dann aussagekräftig, wenn auch spezifiziert wird, was unter „korrekturgelesen" und „fehlerfrei" zu verstehen ist. Aus Termingründen können umfangreiche Dokumente normalerweise nicht komplett geprüft werden. Ähnlich wie in der Großserienproduktion ist dann eine repräsentative Stichprobenprüfung vorzunehmen. Als „umfangreich" können z.B. Dokumente mit über 100 Seiten definiert werden, d.h., Dokumente geringeren Umfangs wären dann komplett Korrektur zu lesen. Sonderfälle sind Aktualisierungen und der Verbaltext in Benutzeroberflächen von Software.

11. Qualitätslektorat

Für das Korrekturlesen ist das Qualitätslektorat zuständig; das kann eine einzige Person sein, wegen der unterschiedlichen Wissensvoraussetzungen ist es aber oft vorteilhaft, zwischen Sprachlektorat und Fachlektorat zu unterscheiden. Das Sprachlektorat prüft die sprachliche Richtigkeit, das Fachlektorat die fachliche Richtigkeit. Fachliche Richtigkeit hat in der Praxis stets Vorrang vor sprachlicher Richtigkeit. Auch hier ist wiederum zu definieren (und schriftlich zu vereinbaren), was jeweils als „richtig" gilt. Zur sprachlichen Richtigkeit zählt normalerweise die Einhaltung der Orthographie- und Interpunktionsregeln (nach einem anzugebenden Werk, z.B. *Duden*), ein formal richtiger Satzbau sowie die richtige und einheitliche Verwendung von Fachausdrücken und insbesondere einer etwaigen vom Kunden vorgegebenen Terminologie. Terminologie steht naturgemäß an der Schnittstelle zwischen Sprache und Fach, so daß zu ihrer Prüfung interdisziplinäres Wissen nötig ist, was eine spezielle Person oder mehrere Personen zur Prüfung erfordern kann. Was die „richtige" Terminologie ist, ist durchaus klärungsbedürftig und bedarf der Präzisierung: So kann z.B. die Forderung nach adressaten- und textsortengerechtem Ausdruck mit der Forderung kollidieren, jeweils die genormten Benennungen eines Begriffs zu verwenden (vgl. Göpferich/Schmitt 1996:376 passim). Ob man einen grammatisch korrekten, aber nicht textsortengerechten Stil (z.B. Verwendung des persönlichen Imperativs anstelle unpersönlicher Infinitivkonstruktionen bei Instruktionen in Anleitungen) als sprachlichen oder als fachlichen Fehler einstuft, ist definierbar.

Schwieriger ist es zu spezifizieren, wie subtilere Textmerkmale zu prüfen und zu bewerten sind, wie etwa die Verständlichkeit eines Handbuchs. Diese speist sich ihrerseits aus zahlreichen Textmerkmalen, die z.T. schwer isolierbar oder gar meßbar sind (wie z.B. die Textkohärenz) – insbesondere dann, wenn man die terminlichen Randbedingungen berücksichtigt, unter denen das Qualitätslektorat arbeiten muß. Andererseits beansprucht ein Qualitätsmanagement-System in der Übersetzungspraxis keine Allgemeingültigkeit – es muß lediglich den Leitlinien von ISO 9000 entsprechen und auf die Verhältnisse des Anbieters passen. Das kann bedeuten, daß nur bestimmte Textsorten und Themen zu beurteilen sind, und bedeutet in der Regel, daß keine fein gerasterte Qualitätsbewertung erfolgen muß (wie in der Lehre), sondern lediglich eine binäre „gut genug/nicht gut genug"-Entscheidung (vgl. Schmitt 1997).

12. Qualitätsgrenzen

Als akzeptable Qualitätsgrenzlage kann man spezifizieren, wie oft ein Fehler bestimmter Sorte in einem spezifizierten Umfang des Translats maximal vorkommen darf. Beispielsweise: *Fachliche Fehler*: keine im ganzen Translat; *terminologische Fehler*: pro 20 Standardseiten maximal einmal; *sprachliche Fehler*: pro 10 Standardseiten maximal einmal. Auch die Definition dessen, was ein „fachlicher Fehler" ist, ist weniger trivial, als man annehmen möchte, und eher erreichbar, wenn man produktspezifisch definiert. IBM beispielsweise versteht darunter (in seinem internen TC-Handbuch für Übersetzer) „Fehler, die zu fehlerhafter Handhabung führen, so daß der Benutzer nicht weiterarbeiten kann". Das mag eine zu enge Sichtweise sein, ist aber eine (allerdings nicht immer klare) Basis für die darauf aufbauende Forderung, daß Fehler dieser Kategorie im gesamten Dokument „nicht vorkommen" dürfen. Danach ließen sich z.B. Stilfehler (wie verschachtelte, unübersichtliche Sätze und mehrdeutige Ausdrücke) als fachliche Fehler werten, und ein einziger Fehler dieser Art im geprüften Textsegment würde zur Zurückweisung des Translats führen. Auch die Vorgehensweise in diesem Fall muß klar definiert sein; es kann z.B. festgelegt sein: Sind die definierten Fehlergrenzwerte überschritten, wird die Übersetzung an den Übersetzer zur Berichtigung retourniert, und der Rest des Translats (bzw. der daraus gezogenen Stichprobe) wird nicht weiter Korrektur gelesen. Außerdem ist anzugeben, bis wann die Korrekturen vom Übersetzer durchgeführt werden müssen und wie zu verfahren ist, wenn das überarbeitete Translat erneut nicht die definierte Qualität erreicht. Hier kann es z.B. zu einem Konflikt zwischen vereinbarter Qualität und vereinbartem Termin kommen, so daß ggf. Prioritäten zu setzen sind, mit (ebenfalls zu definierenden) finanziellen Konsequenzen.

13. Schulung

Die Normen betonen (z.B. in ISO 9004-2, Pkt. 5.3.2.1), daß nicht nur die Qualifikation, sondern auch die Motivation aller Beteiligten von wesentlicher Bedeutung für die erzielbare Qualität ist. Entsprechende Schulungs- und Fortbildungsprogramme sind daher unverzichtbare Elemente des Qualitätsmanagements. Aus der Sicht von angestellten Übersetzern dürfte der Hinweis auf diese ISO-9000-Empfehlung hilfreich sein, wenn es darum geht, Übersetzer auf Arbeitgeberkosten an Schulungen etc. teilnehmen zu lassen. Daß diese ISO-9000-Empfehlung in der Praxis bereits umgesetzt wird, zeigt sich u.a. darin, daß viele Übersetzungsbüros und Sprachendienste auf Fortbildungsseminaren (wie sie z.B. von den Berufsverbänden, Universitäten oder privaten Einrichtungen wie etwa dem Stöcker-Verlag angeboten werden) vertreten sind, mitunter sogar mit mehreren Teilnehmern gleichzeitig. Sowohl für die Praktiker als auch für die Lehrenden gilt: Die auf einschlägigen Tagungen und Veranstaltungen anzutreffenden Personen sind leider nur ein relativ überschaubarer Kreis Interessierter, der höchstens zehn Prozent der thematisch Angesprochenen ausmacht. Entsprechend groß ist die Anzahl derer, die durch qualitätsfördernde Maßnahmen und Angebote nicht erreicht werden. Hier besteht also noch Aufklärungsbedarf.

14. Kommentar

Gute Qualitätssicherungssystem-Handbücher sind schwierige Dokumente, aber Realität, weil sie nötig sind. Es ist bedauerlich, daß an den translatorischen Ausbildungsstätten, die routinemäßig die Qualität von Translaten zu beurteilen haben, weder einheitliche Qualitätsmanagement-Verfahren noch annähernd vergleichbare Qualitätsmaßstäbe gelten. Dies wird mit der Komplexität der bei der Bewertung von Translatqualität zu berücksichtigenden Faktoren begründet (zur Übersetzungskritik s. Art. 108, Nord 1987:194–198; ausführlich in Gerzymisch-Arbogast 1994, House 1997). Wenn jedoch die Translatqualität ein komplexes Phänomen ist, dann bedarf es eben geeignet komplexer, aber dennoch alltagstauglicher Beurteilungsmethoden. Typische Qualitätssicherungssystem-Handbücher von Übersetzungsbüros und Sprachendiensten haben einen Umfang von rund 100 Seiten – in den Prüfungsordnungen der Übersetzer-/Dolmetscher-Institute findet man zum Thema Qualitätsevaluierung allenfalls einige Zeilen (es gibt freilich gute Gründe, in Prüfungsordnungen nicht ins Detail zu gehen), aber auch keine institutsinternen und personenübergreifenden Regelungen. Mit der bewahrenswerten Freiheit universitärer Lehre hat dies womöglich weniger zu tun als mit Konzeptionslosigkeit. Gerade im Bereich des Qualitätsmanagements könnten sich Lehre und Praxis durchaus wechselseitig befruchten.

Literatur

DIN 2345: 1998–04: *Übersetzungsaufträge.*

DIN 55350-11: 1995–08: *Begriffe zu Qualitätsmanagement und Statistik – Teil 11: Begriffe des Qualitätsmanagements.*

DIN EN ISO 8402: 1995–08: *Qualitätsmanagement – Begriffe.* (ISO 8402:1994); dreisprachige Fassung: EN ISO 8402:1995.

DIN EN ISO 9000-1: 1994–08: *Normen zum Qualitätsmanagement und zur Qualitätssicherung. QM-Darlegung – Teil 1: Leitfaden zur Auswahl und Anwendung.* (ISO 9000-1:1994); dreisprachige Fassung EN ISO 9000-1:1994.

DIN EN ISO 9004-1: 1994-08: *Qualitätsmanagement und Elemente eines Qualitätssicherungssystems – Teil 1: Leitfaden* (ISO 9004-1:1994); dreisprachige Fassung EN ISO 9004-1:1994.

DIN EN ISO 9004-2: 1992–06: *Qualitätsmanagement und Elemente eines Qualitätssicherungssystems – Teil 2: Leitfaden für Dienstleistungen* (ISO 9004-2:1991).

DIN-Taschenbücher 223 bis 224: *Qualitätssicherung und angewandte Statistik.*

Gerzymisch-Arbogast, Heidrun (1994): *Übersetzungswissenschaftliches Propädeutikum.* Tübingen: Francke.

Göpferich, Susanne / Schmitt, Peter A. (1996): „Begriff und adressatengerechte Benennung: Die Terminologiekomponente beim Technical Writing." Krings, Hans P. (Hrsg.) (1996): *Wissenschaftliche Grundlagen des Technischen Schreibens.* Forum für Fachsprachen-Forschung 32. Tübingen: Narr, 369–402.

House, Juliane (1997): *Translation Quality Assessment. A Model Revisited.* Tübingen: Narr.

IBM (1993): *TC-Handbuch für Übersetzer. Internes Handbuch.* Sindelfingen: IBM Deutschland Informationssysteme GmbH MH NLS 4.

Nord, Christiane (1987/[2]1991): *Textanalyse und Übersetzen.* Heidelberg: Groos.

Schmitt, Peter A. (1997): „Evaluierung von Fachübersetzungen." Wotjak, Gerd / Schmidt, Heide (Hrsg.) (1997): *Modelle der Translation – Models of Translation. Festschrift für Albrecht Neubert.* Frankfurt a.M.: Verfuert, 301–332.

Schmitt, Peter A. (1999): *Translation und Technik.* Tübingen: Stauffenburg.

Siemens-Nixdorf (1995): *Qualitätsmanagement-System. Allgemeine Richtlinien, Qualitätsmanagement-Handbuch, SprachenDienst-Handbuch, Arbeitsanweisungen, Formblätter.* Internes Handbuch. München: BU TD SprachenDienst.

Peter A. Schmitt (Leipzig)

Anhang: Maßeinheiten und Umrechnungsfaktoren

1. SI-Einheiten (Système International d'Unités)

Einheitenzeichen	*Basiseinheit*	*Formelzeichen*	*Größe*
m	Meter	l	Länge
kg	Kilogramm	m	Masse
s	Sekunde	t	Zeit
A	Ampere	I	el. Stromstärke
K	Kelvin	T	Temperatur
mol	Mol	n	Stoffmenge
cd	Candela	I_v	Lichtstärke

2. Präfixe

Vorsatz	*Kurzzeichen*	*Faktor*	
Exa	E	1 000 000 000 000 000 000	10^{18}
Peta	P	1 000 000 000 000 000	10^{15}
Tera	T	1 000 000 000 000	10^{12}
Giga	G	1 000 000 000	10^{9}
Mega	M	1 000 000	10^{6}
Kilo	k	1 000	10^{3}
Hekto	h	1 00	10^{2}
Deka	da	1 0	10^{1}
Dezi	d	0,1	10^{-1}
Zenti	c	0,01	10^{-2}
Milli	m	0,001	10^{-3}
Mikro	µ	0,000001	10^{-6}
Nano	n	0,000000001	10^{-9}
Pico	p	0,000000000001	10^{-12}
Femto	f	0,000000000000001	10^{-15}
Atto	a	0,000000000000000001	10^{-18}

3. Umrechnungsfaktoren für Maßeinheiten

Die folgende Tabelle enthält in erster Linie Umrechnungsfaktoren zur Umrechnung von Nicht-SI-Maßangaben in SI-Einheiten (z.B. englische Einheiten in metrische Einheiten) und umgekehrt. In zweiter Linie wurden auch einige häufiger benötigte Umrechnungen in abgeleitete Einheiten berücksichtigt. Dabei wurde versucht, die Tabelle möglichst benutzerfreundlich zu machen. Da bei komplexeren Maßangaben u.U. nicht sofort klar ist, um welche Meßgröße es sich handelt, werden die Umrechnungsfaktoren nicht nach Meßgrößen gruppiert und sortiert, sondern in alphabetischer Reihenfolge der Maßeinheiten aufgelistet. Dabei werden in der Regel sowohl die Kurzformen (z.B. lb) als auch die Langformen (z.B. pound) an der jeweiligen alphabetischen Position aufgeführt.

Die *Ausgangs-Maßeinheiten* stehen in der ersten Spalte ganz links, die *Ziel-Maßeinheiten* (also diejenigen, in die Ausgangsmaßangaben umgerechnet werden können) stehen ganz rechts. Zur Erläuterung wird in der zweiten Spalte meist die jeweilige *Meßgröße* angegeben. Die *Umrechnungsfaktoren* stehen in der dritten Spalte und sind so gewählt, daß sie auch mit normalen Taschenrechnern (meist als einfache Multiplikation) eingegeben werden können.

Beispiel:
Zum Umrechnen von 120 ft in Meter:
Siehe die Ausgangseinheit in alphabetischer sortierter Tabelle:

foot (ft)	Länge	0,3048	m

Rechnung: 120 ft · 0,3048 m/ft = 36,576 m

Kontrollieren Sie Umrechnungen gründlich auf Exaktheit der Eingabewerte und das Ergebnis auf Plausibilität. Denken Sie daran, beim Umrechnen nicht präziser zu sein als nötig bzw. nicht präziser als der Ausgangstext (vgl. Art. 85).

Ausgangseinheit	*Bezeichnung*	*Faktor*	*Zieleinheit*
a (Ar)	Fläche	100	m^2
		0,0001	km^2
		119,59	yd^2
A (Ampere)	el. Stromstärke		
Abampere	el. Stromstärke	10	A
Abcoulomb	el. Ladung	10	sA
		10	C
Abfarad	el. Kapazität	1 000 000 000	F
Abhenry	Induktivität	0,000000001	H
Abohm	el. Widerstand	0,000000001	Ω
Abvolt	el. Spannung	0,00000001	V
acre (US survey)	Fläche	4 046,873	m^2
acre foot (US survey)	Volumen	1 233,489	m^3
AE (Astr. Einheit)	Länge	149 597 900 000	m
		149 597 900	km
Ah (Amperestunde)	el. Ladung	3 600	C
Ampere	el. Stromstärke		
Amperestunde (Ah)	el. Ladung	3 600	C
Angström	Länge	0,0000000001	m
		0,0000001	mm
		0,0001	µm
Ar (a)	Fläche	100	m^2
		0,0001	km^2
		119,59	yd^2
Astr. Einheit (AE)	Länge	149 597 900 000	m
		149 597 900	km
at (Atmosphäre)	Druck	101 325	Pa
		101 325	N/m^2
		1,0332274528	att
att (Atmosphäre (tech))	Druck	98 066,5	Pa
		980 665	N/m^2
		0,9678411053541	at
Atmosphäre (standard)	Druck	101 325	Pa
		101 325	N/m^2
		1,0332274528	att

Atmosphäre (technisch)	Druck	98 066,5	Pa
		980 665	N/m^2
		0,9678411053541	at
bar	Druck	100 000	Pa
		100 000	N/m^2
		0,986923266716	at
		1,019716212978	att
		1,4505366	psi
barrel (Erdöl)	Volumen	0,1589873	m^3
		158,9873	l
		42	gal
Becquerel (Bq)	Aktivität		s^{-1}
Bq (Becquerel)	Aktivität		s^{-1}
board foot	Volumen	0,002359737	m^3
		2,3597371	l
British thermal unit (btu)			
international	Energie	1 055,056	J
mittel	Energie	1 055,87	J
thermochemisch	Energie	1 054,350	J
39°F	Energie	1 059,67	J
59°F	Energie	1 054,80	J
60°F	Energie	1 054,68	J
internat. ft/h·ft²·°F	Wärmeübertragung	1,730735	$W/m^2 \cdot K$
thermoch. ft/h·ft²·°F	Wärmeübertragung	1,729577	$W/m^2 \cdot K$
internat. in/h·ft²·°F	Wärmeübertragung	0,1442279	$W/m^2 \cdot K$
thermoch. in/h·ft²·°F	Wärmeübertragung	0,1441314	$W/m^2 \cdot K$
internat. in/s·ft²·°F	Wärmeübertragung	519,2204	$W/m^2 \cdot K$
thermoch. in/s·ft²·°F	Wärmeübertragung	518,8732	$W/m^2 \cdot K$
internat./Stunde	Leistung	0,2930711	W
thermoch./Stunde	Leistung	0,2928751	W
thermoch./min	Leistung	17,57250	W
thermoch./s	Leistung	1 054,350	W
internat./ft²	Energie/Fläche	11 356,53	J/m^2
thermoch./ft²	Energie/Fläche	11 348,93	J/m^2
thermoch./ft² h	Leistung/Fläche	3,152481	W/m^2
thermoch./ft² min	Leistung/Fläche	189,1489	W/m^2
thermoch./ft² s	Leistung/Fläche	11 348,93	W/m^2
thermoch./in²·s	Leistung/Fläche	1 634 246	W/m^2
internat./h·ft²·°F	Wärmeübertragung	5,678263	$W/m^2 \cdot K$
thermoch./h·ft²·°F	Wärmeübertragung	5,674 466	$W/m^2 \cdot K$
internat./s·ft²·°F	Wärmeübertragung	20 441,75	$W/m^2 \cdot K$
thermoch./s·ft²·°F	Wärmeübertragung	20 428,08	$W/m^2 \cdot K$
internat./lb	spezifische Wärme	2 326	J/kg
thermoch./lb	spezifische Wärme	2 324,444	J/kg
internat./lb·°F	spezifische Wärme	4 186,800	J/kg·K
thermoch./lb·°F	spezifische Wärme	4 184,000	J/kg·K
btu (British thermal unit)			
international	Energie	1 055,056	J
mittel	Energie	1 055,87	J
thermochemisch	Energie	1 054,350	J
39°F	Energie	1 059,67	J
59°F	Energie	1 054,80	J

60°F	Energie	1 054,68	J
internat. ft/h·ft²·°F	Wärmeübertragung	1,730735	W/m²·K
thermoch. ft/h·ft²·°F	Wärmeübertragung	1,729577	W/m²·K
internat. in/h·ft²·°F	Wärmeübertragung	0,1442279	W/m²·K
thermoch. in/h·ft²·°F	Wärmeübertragung	0,1441314	W/m²·K
internat. in/s·ft²·°F	Wärmeübertragung	519,2204	W/m²·K
thermoch. in/s·ft²·°F	Wärmeübertragung	518,8732	W/m²·K
internat./Stunde	Leistung	0,2930711	W
thermoch./Stunde	Leistung	0,2928751	W
thermoch./min	Leistung	17,57250	W
thermoch./s	Leistung	1 054,350	W
internat./ft²	Energie/Fläche	11 356,53	J/m²
thermoch./ft²	Energie/Fläche	11 348,93	J/m²
thermoch./ft²·h	Leistung/Fläche	3,152481	W/m²
thermoch./ft²·min	Leistung/Fläche	189,1489	W/m²
thermoch./ft²·s	Leistung/Fläche	11 348,93	W/m²
thermoch./in²·s	Leistung/Fläche	1 634 246	W/m²
internat./h·ft²·°F	Wärmeübertragung	5,678263	W/m²·K
thermoch./h·ft²·°F	Wärmeübertragung	5,674466	W/m²·K
internat./s·ft²·°F	Wärmeübertragung	20 441,75	W/m²·Kbtu
thermoch./s·ft²·°F	Wärmeübertragung	20 428,08	W/m²·K
internat./lb	spezifische Wärme	2 326	J/kg
thermoch./lb	spezifische Wärme	2 324,444	J/kg
internat./lb·°F	spezifische Wärme	4 186,800	J/kg·K
thermoch./lb·°F	spezifische Wärme	4 184,000	J/kg·K
bushel (US)	Volumen	0,0352307	m³
		35,23907	l
C (Coulomb)	el. Ladung	1	A·s
c	spez. Wärmekapazität	1	J/kg·K
cal (Calorie)			
thermoch./cm²	Energie/Fläche	41 840,00	J/m²
internat./g	Energie/Kilogramm	4,186800	J/kg
thermoch./g	Energie/Kilogramm	4 184	J/kg
internat./g·°C	Wärmeübertragung	4 186,8	J/kg·K
thermoch./g·°C	Wärmeübertragung	4 184	J/kg·K
thermoch./min	Leistung	0,06973333	W
thermoch./s	Leistung	4,184	W
thermoch./cm²·min	Leistung/Fläche u. Zeit	697,3333	W/m²·s
thermoch./cm²·sec	Leistung/Fläche u. Zeit	41 840	W/m²·s
thermoch./cm²·°C	Wärmeübertragung	418,4	W/m²·K
Calorie (cal)			
thermoch./cm²	Energie/Fläche	41 840,00	J/m²
internat./g	Energie/Kilogramm	4,186 800	J/kg
thermoch./g	Energie/Kilogramm	4 184	J/kg
internat./g·°C	Wärmeübertragung	4 186,8	J/kg·K
thermoch./g·°C	Wärmeübertragung	4 184	J/kg·K
thermoch./min	Leistung	0,06973333	W
thermoch./s	Leistung	4,184	W
thermoch./cm²·min	Leistung/Fläche u. Zeit	697,3333	W/m²·s
thermoch./cm²·sec	Leistung/Fläche u. Zeit	41 840	W/m²·s
thermoch./cm²·°C	Wärmeübertragung	418,4	W/m²·K
centistokes	Fläche/Zeit	1	mm²/s
circular mil	Fläche	0,0005067075	mm²

clo	Wärmewiderstand	0,2003712	K·m²/W
Coulomb (C)	el. Ladung	1	sA
cup	Volumen	0,0002365882	m^3
		0,2365882	l
Curie	Aktivität	37 000 000 000	Bq
Denier		0,0000001111111	kg/m
		0,0001111111111	g/m
Dezimeter³ (dm³)	Volumen	0,001	m^3
		1	l
dm³ (Dezimeter³)	Volumen	0,001	m^3
		1	l
Dyn	Kraft	0,00001	N
Dyn·cm	Kraftmoment	0,0000001	Nm
Dyn/cm²	Druck	0,1	Pa
Elektronenvolt	Energie	16,0219	aJ
erg	Energie	0,0000001	J
erg/cm²·s	Leistung/Fläche	0,001	W/m²
erg/s	Leistung	0,0000001	W
F (Farad)	el. Kapazität	1	C/A
F (Fahrenheit)	Temperatur	$T_{\cdot C} = (t_{\cdot F} - 32)/1,8$	°C
Fahrenheit (F)	Temperatur	$T_{\cdot C} = (t_{\cdot F} - 32)/1,8$	°C
Farad (F)	el. Kapazität	1	C/A
Faraday (C12)	el. Ladung	9 648,7	C
Faraday (chemisch)	el. Ladung	9 649,57	C
Faraday (physikalisch)	el. Ladung	9 652,19	C
Fathom	Länge	1,8288	m
feet/s	Geschwindigkeit	0,3048	m/s
Fermi	Länge	0,000000000000001	m
	Länge	1	fm
fluid ounce			
amerikanisch	Volumen	0,00002957353	m^3
		0,02957353	l
britisch	Volumen	0,00002841307	m^3
	Volumen	0,02841307	l
foot (ft)	Länge	0,3048	m
foot Wassersäule (39.2°F)	Druck	2 988,98	Pa
footcandle	Beleuchtungsstärke	10,76391	lx
footlambert	Lichtstärke/Fläche	3,426259	cd/m²
ft (foot)	Länge	0,3048	m
US-Survey	Länge	0,3048006	m
ft²	Fläche	0,09290304	m²
ft³	Volumen	0,02831685	m^3
ft/h	Geschwindigkeit	0,00008466667	m/s
ft·lbf	Energie	1,355818	J
ft·lbf/h	Leistung	0,0003766161	W
ft·lbf/min	Leistung	0,02259697	W
ft·lbf/s	Leistung	1,355818	W
ft/min	Geschwindigkeit	0,00508	m/s
ft·poundal	Energie	0,04214011	J
ft/s	Geschwindigkeit	0,3048	m/s
ft/s²	Beschleunigung	0,3048	m/s²
ft²/h	Wärmediffusion	0,00002580640	m²/s
ft²/s	Wärmediffusion	0,09290304	m²/s

ft^3/min	Durchfluß	0,0004719474	m^3/s
	Durchfluß	0,4719474	l/s
ft^3/s	Durchfluß	0,02831685	m^3/s
		283,1685	l/s
g (Erdbeschleunigung)	Konstante	9,806650	m/s^2
g (Gramm)	Masse	0,001	kg
		15,43	grains
gal (Gallon) britisch			
Flüssigkeit	Volumen	0,004546092	m^3
		4,546092	l
gal. (Gallon) kanadisch			
Flüssigkeit	Volumen	0,004546090	m^3
		4,546090	l
gal. (Gallon) U.S.			
Flüssigkeit	Volumen	0,003785412	m^3
		3,785412	l
gal/day	Durchfluß	0,00004381264	l/s
		0,157725504	l/h
gal/min	Durchfluß	0,06309020	l/s
Feststoffe	Volumen	0,004404884	l
Gamma	Magnetische Flußdichte	0,000000001	T
Gauss	Magnetische Flußdichte	0,0001	T
Gilbert	Stromstärke	0,7957747	A
Gill			
amerikanisch	Volumen	0,0001182941	m^3
		0,1182941	l
britisch	Volumen	0,0001420654	m^3
		0,1420654	l
Grad			
Winkel	Winkel	0,01745329	rad
Celsius (°C)	Temperatur	$t_K = t_{°C} + 273{,}15$	K
Celsius (°C)	Temperatur	$t_{°F} = (t_{°C} \cdot 1{,}8) + 32$	°F
Fahrenheit (°F)	Temperatur	$t_{°C} = (t_{°F} - 32)/1{,}8$	°C
Rankine	Temperatur	$t_K = t_{°R}/1{,}8$	K
Gradient	Winkel	0,9	Grad
	Winkel	0,01570796	rad
grain			
metrisch	Masse	0,000066479891	kg
		0,066479891	g
		1	avoirdupois
Munition	Masse	0,06493506493506	g
grain/gal (US)	Dichte	0,01711806	kg/m^3
		0,01711806	g/l
Gramm (g)	Masse	0,001	kg
		15,4	grain
g/cm^3	Dichte	0,001	kg/cm^3
		1 000	kg/m^3
Gray	Energiedosis	1	J/kg
		1	m^2/s^2
Gy	Energiedosis	1	J/kg
		1	m^2/s^2
H (Henry)	Induktivität	1	Wb/A
h (Stunde)	Zeit	3 600	s

ha (Hektar)	Fläche	10 000	m^2
		11 959,90	yd^2
		2,47	acres
Hektoliter	Volumen	100	l
		0,1	m^3
Henry (H)	Induktivität	1	Wb/A
hp (horsepower)	Leistung	745,7	W
hundredweight long	Masse	50,80235	kg
hundredweight short	Masse	45,35925	kg
in (inch)	Länge	0,0254	m
		1	Zoll
inch	Länge	0,0254	m
		2,54	cm
		25,4	mm
		1	Zoll
inch Quecksilbersäule			
32°F	Druck	3386,38	Pa
60°F		3376,85	Pa
inch Wassersäule			
32°F	Druck	249,082	Pa
60°F		248,84	Pa
in^2	Fläche	0,00064516	m^2
		6,4516	cm^2
in^3	Volumen	0,000016387064	m^3
		16,387064	cm^3
in^3/min	Durchfluß	0,0000002731177	m^3/s
		0,0009832212	m^3/h
		0,9832212	l/h
in^4	Schnittmoment	0,0000004162314	m^4
		41,62314	cm^4
in/s	Geschwindigkeit	0,0254	m/s
in/s^2	Beschleunigung	0,0254	m/s^2
J (Joule)	Energie	1	$m^2 \cdot kg/s$
		0,0009478169879134	btu int.
		10 000 000	erg
		23,73036045706	foot poundal
		0,7375621211697	ft·lbf
		0,2388458966275	Kalorie
		277777,7777778	kW·h
Jahr			
Kalender	Zeit	31 536 000	s
siderisches	Zeit	31 558 150	s
tropisches	Zeit	31 556 930	s
Joule (J)	Energie	1	$m^2 \cdot kg/s$
		0,0009478169879134	btu int.
		10 000 000	erg
		23,73036045706	foot poundal
		0,7375621211697	ft·lbf
		0,2388458966275	Kalorie
		277777,7777778	kW·h
K (Kelvin)	Temperatur	$T \cdot_C = t_K - 273{,}15$	°C
k (Karat)			
metrisch			

	Masse	0,00000000000002	kg
		0,00000000002	g
		0,0000000002	mg
brit.	Masse	0,0000000000000205	kg
		0,0000000000205	g
		0,000000000205	mg
kal (Kalorie)			
international	Energie	4,1868	J
mittel	Energie	4,19002	J
thermochemisch	Energie	41 840 000 000	J
15°C	Energie	4,1858	J
20°C	Energie	4,1819	J
kg international	Energie	4 186,8	J
kg mittel	Energie	4 190,92	J
kg thermochemisch	Energie	4 184	J
Kalorie			
international	Energie	4,1868	J
mittel	Energie	4,19002	J
thermochemisch	Energie	41 840 000 000	J
15°C	Energie	4,1858	J
20°C	Energie	4,1819	J
kg international	Energie	4 186,8	J
kg mittel	Energie	4 190,92	J
kg thermochemisch	Energie	4 184	J
Karat			
metrisch			
	Masse	0,00000000000002	kg
		0,00000000002	g
		0,0000000002	mg
brit.	Masse	0,0000000000000205	kg
		0,0000000000205	g
		0,000000000205	mg
Kelvin	Temperatur	$T_{°C} = t_K - 273,15$	°C
kg	Masse	2,204622476038	lb
		35,27396583787	ounces
kgf (kilogram-force)	Kraft	9,806650	N
kgf/cm²	Druck	98 066,5	Pa
kgf m	Kraftmoment	9,806650	Nm
kgf/m²	Druck	9,80665	Pa
kgf/mm²	Druck	9 806 650	Pa
kgf s²/m	Masse	9,806650	kg
kg/gal	Dichte	119,8264	kg/m³
kilogram-force (kgf)	Kraft	9,806650	N
Kilogramm	Masse	2,204622476038	lb
		35,27396583787	ounces
Kilokalorie			
international	Energie	4 186,8	J
mittel	Energie	4 190,02	J
thermochemisch	Energie	4 184	J
Kilokalorie (therm.)/min	Leistung	251 040	W
Kilokalorie (therm.)/s	Leistung	4 184	W
Kilometer (km)	Länge	1 000	m
		0,6213711922373	mi (internat.)

Kilometer/h	Geschwindigkeit	0,6213711922373	mi (int)/h
Kilopascal (kPa)	Druck	0,2961	in Hg
		0,145	lb/in^2
Kilopond	Kraft	9 806 650	N
Kilowattstunde (kWh)	Energie	3 600 000	J
		0,0036	kJ
kip	Kraft	4 448,222	N
		1 000	lbf
kip/in^2 (ksi)	Druck	6 894 757	Pa
km (Kilometer)	Länge	1 000	m
		0,6213711922373	mi (internat.)
km^2	Fläche	1 000 000	m^2
		100	ha
		1 195 990	yd^2
		247	acres
		0,3861021	mi^2
km/h	Geschwindigkeit	0,277777777 ...	m/s
		0,6213711922373	miles (int)/h
kn (Knoten)	Geschwindigkeit (naut.)	1,852	km/h
Knoten (internat.)	Geschwindigkeit (naut.)	0,5144444444444	m/s
		1,852	km/h
		1	sm/h
ksi (kip/in^2)	Druck	6 894 757	Pa
kWh (Kilowattstunde)	Energie	3 600 000	J
l (Liter)	Volumen	0,001	m^3
		1	dm^3
		0,88	quarts UK
		1,06	quarts US
		1,76	pints UK
		2,11	pints US
		35,19507043765	fl oz
		0,22	gal UK
		0,2642	gal US
	(bis 1964)	1,000 028	dm^3
Lambert	Leuchtdichte	3 183,099	cd/m^2
Langley		41 840	J/m^2
lb avoirdupois (pound)	Masse	0,4535924	kg
lbf (pound-force)	Kraft	4,4482216152605	N
lbf·ft	Kraftmoment	1,355818	N·m
lbf·ft	Drehmoment	1,355818	N·m
lbf/ft		14,59390	N/m
lbf/ft^2	Druck	47,88026	Pa
lbf·ft/in	Kraft	53,37866	N
lbf·in	Kraftmoment	0,1129848	N·m
lbf/in		175,268	N/m
lbf in/in	Kraft	4,448222	N
$lbf·s/ft^2$		47,88026	Pa·s
lbf/lb		9,806650	N/kg
$lb·ft^2$	Trägheitsmoment	0,04214011	$kg·m^2$
lb/ft^2		4,882428	kg/m^2
lb/ft^3	Dichte	16,01846	kg/m^3
lb/ft·h		0,0004133789	Pa·s
lb/ft·s		1,488164	Pa·s

lb/gal (US Flüssigkeit)	Dichte	99,77633	kg/m³
lbf/in² (psi)	Druck	6 894,757	Pa
lb/h		0,0001259979	kg/s
		0,1259979	g/s
lb/hp·h (SFC)	Spez. Brennstoffverbr.	0,0000001689659	J/s
	Spez. Brennstoffverbr.	0,1689659	M·J/s
lb·in	Drehmoment	0,11298	N·m
lb/in²	Druck, mech. Spannung	6,895	kPa
lb/in²	Druck	0,06895	bar
lb·in²	Trägheitsmoment	0,0002926397	kg m²
lb/in³	Dichte	27 679	kg/m³
lb/min		0,007559873	kg/s
lb/s		0,4535924	kg/s
lb/yd³	Dichte	0,5932764	kg/m³
league	Länge	0,3	miles
Lichtjahr	Länge	9 460 550 000 000 000	m
		9 460 550 000 000	km
Liter (l)	Volumen	0,001	m³
		1	dm³
		0,88	quarts UK
		1,06	quarts US
		1,76	pints UK
		2,11	pints US
		35,19507043765	fl oz
		0,22	gal UK
		0,2642	gal US
	(bis 1964)	1,000 028	dm³
Lot	Masse	1,038961038961	g
		16	grain
Lux (lx)	Beleuchtungsstärke	Basiseinheit	
lx (Lux)	Beleuchtungsstärke	Basiseinheit	
m (Meter)	Länge	Basiseinheit	
		3,280839895013	feet
		1,0936	yards
m²	Fläche	10,76	ft²
		1,2	yd²
Maxwell	Magnetischer Fluß	0,00000001	wb
mbar (Millibar)	Druck	100	Pa
mho		1	S
Meter (m)	Länge	Basiseinheit	
		3,280839895013	feet
		1,0936	yards
m/s	Geschwindigkeit	3,281	ft/s
Microinch	Länge	0,000001	in
		0,0000000254	m
		0,0000254	mm
		0,0254	µm
Micron	Länge	0,000001	m
		0,001	mm
		1	µm
mi (mile)			
international	Länge	1 609,344	m
	Länge	1,609344	km

statut	Länge	1 609,3	m
		1,6093	km
US survey	Länge	1 609,347	m
		1,609347	km
nautische internat.	Länge	1 852	m
		1,852	km
nautische US	Länge	1 852	m
		1,852	km
nautische brit.	Länge	1 853,184	m
		1,853 184	km
mi^2 (square mile)			
international	Fläche	2 589 988	m^2
		2,589988	km^2
US survey	Fläche	2 589 998	m^2
		2,589998	km^2
mi/h (international)	Geschwindigkeit	0,44704	m/s
		1 609,344	km/h
mi/min	Geschwindigkeit	26,8224	m/s
mi/s	Geschwindigkeit	1 609,344	m/s
mil	Länge	0,001	in
		0,0000254	m
		0,0254	mm
mile			
international	Länge	1 609,344	m
		1,609344	km
statut	Länge	1 609,3	m
		1,6093	km
US survey	Länge	1 609,347	m
		1,609347	km
nautische internat.	Länge	1 852	m
		1,852	km
nautische US	Länge	1 852	m
		1,852	km
nautische brit.	Länge	1 853,184	m
		1,853184	km
miles/hour (intern.)	Geschwindigkeit	1,6093	km/h
		0,4470	m/s
Millibar (mbar)	Druck	100	Pa
Millimeter (mm)	Länge	0,001	m
		0,1	cm
Minute			
Winkel-	Winkel	0,0002908882	rad
siderische	Zeit	60	s
sidereal	Zeit	59,83618	s
mm	Länge	0,001	m
		0,1	cm
		0,03937	in
mm hg_0	Druck	133,322	Pa
mm Hg-Säule (0°C)	Druck	133,322	Pa
Monat (mittl. Kalender-)	Zeit	2 628 000	s
		30,41666666667	Tage
m/s	Geschwindigkeit	3,281	ft/s
		3,600	km/s
		2,237	mi/s

N (Newton)	Kraft	1	kg·m/s²
		10 000	Dyn
		0,1019716212978	kgf
		3,596942455036	ounce-force
		0,01873407837514	lbf·ft/in
		7,233011464323	poundal
Newton (N)	Kraft	1	kg m/s²
		10 000	Dyn
		0,1019716212978	kgf
		3,596942455036	ounce-force
		0,01873407837514	lbf·ft/in
		7,233011464323	poundal
Oersted		79,57747	A/m
ozf in	Kraftmoment	0,007061552	Nm
Ohm (Ω)	el. Widerstand	1	V/A
Ohm circular-mil/ft		0,01662426	Ω mm²/m
Ohmzentimeter		0,01	Ω m
ounce			
avoirdupois	Masse	0,02834952	kg
		28,34952	g
troy	Masse	0,03110348	kg
		31,10348	g
Apotheker-	Masse	0,03110348	kg
		31,10348	g
amerik. Flüssigkeit	Volumen	0,00002957353	m³
		0,02957353	l
		29,57353	cm³
brit. Flüssigkeit	Volumen	0,00002841307	m³
		0,02841307	l
		28,41307	cm³
ounce-force	Kraft	0,2780139	N
oz/gal			
avoirdupois (US)	Dichte	7,489152	kg/m⁻³
avoirdupois (brit.)		6,236021	kg/m³
oz/ft² (avoirdupois)	Druck	0,3051517	kg/m²
oz/in³ (avoirdupois)	Dichte	1 729,994	kg/m³
oz/yd² (avoirdupois)	Druck	0,03390575	kg/m²
Pa (Pascal)	Druck/Spannung	1	N/m²
		0,0000986923266716	at
		0,0001019716212978	att
		0,0001	bar
Parallelachsensekunde	Länge	3 086 000 000 000 000	km
		206 265	AE
parsec	Länge	3 086 000 000 000 000	km
		206 265	AE
Pascal (Pa)	Druck	1	N/m²
		0,0000986923266716	at
		0,0001019716212978	att
		0,0001	bar
peck (US)	Volumen	0,008809768	m³
		8,809768	l
pennyweight	Masse	0,001555174	kg
		1,555174	g

Pfund (Pfd., deutsch, alt)	Masse	500	g
		1,102	pounds (avdp.)
		1,34	pounds (troy)
Phot	Leuchtdichte	10 000	lm/m^2
Pica	Länge	4,217518	mm
Pint (US)			
Flüssigkeit	Volumen	0,0004731765	m^3
		0,4731765	l
trocken	Volumen	0,0005506105	m^3
		0,5506105	l
Poise	absolute Zähigkeit	0,1	Pa·s
pound			
Apotheker-	Masse	0,3732417	kg
lb avoirdupois	Masse	0,4535924	kg
Troy	Masse	0,3732417	kg
poundal	Kraft	0,138255	N
$poundal/ft^2$	Druck	1,488164	Pa
pound-force (lbf)	Kraft	4,4482216152605	N
pound-force·ft (lbf·ft)	Drehmoment, Anzugsmoment	1,355818	N·m
pound·ft (lb·ft)	Drehmoment, Anzugsmoment	1,355818	N·m
pound·inch (lb·in)	Drehmoment	0,11298	N·m
$pound/inch^2$	Druck, mech. Spannung	6,895	kPa
PS (Pferdestärke)			
britisch	Leistung	745,7	W
elektrisch		746	W
metrisch		735,499	W
US		745,6999	W
		550	ft·lbs/s
Wasser		746	W
psi (lbf/in^2)	Druck	6 894,757	Pa
Punkt	Länge	0,0003514598	m
		0,03514598	cm
		0,3514598	mm
quart			
US flüssig	Volumen	0,0009463529	m^3
		0,9463529	l
US trocken	Volumen	0,001101221	m^3
		1,101221	l
rad			
absorbierte Strahlung	Energiedosis	0,01	Gy
Radiant	Winkel	57,29578778557	Grad
rod	Länge	16,5	foot (US survey)
Roentgen	Strahlungsdichte	0,000258	C/kg
		0,258	C/g
RT (Registertonne)	Volumen	2,832	m^3
		100	ft^3
Seemeile (sm, internat.)	Länge	1,852	km
Sekunde			
Winkel	Winkel	0,000004848137	rad
siderische	Zeit	0,9972696	s

SFC	Spez. Brennstoffverbr.	0,000000001410089	$m^3 \cdot s$
		0,0050763204	l/h
shake	Zeit	0,00000001	s
slug	Masse	14,59390	kg
slug/ft^3	Dichte	515,3788	kg/m^3
sm (Seemeile, international)	Länge	1,852	km
square foot	Fläche	0,09290304	m^2
Statampere	Stromstärke	0,000000000333564	A
Statcoloumb	el. Ladung	0,000000000333564	C
Statfarad	el. Kapazität	0,00000000000111265	F
Stathenry	mag. Feldstärke	898755400000	H
Statohm	el. Widerstand	898755400000	Ω
Statvolt	el. Spannung	299,7925	V
Ster (st)	Volumen	1	m^3
Stilb	Leuchtdichte	1000	cd/m^2
Stokes	kinematische Zähigkeit	0,001	m^3/s
stone (UK)	Körpergewicht	14	lbf
		6,35029	kg
Stunde			
mittlere Sonnen-	Zeit	3 600	s
siderische		3 590,170	s
T (Tesla, β)	magnetische Flußdichte	1	Wb/m^2
tablespoon	Volumen	0,00001478676	m^3
		0,01478676	l
		14,78676	cm^3
Tag			
mittlerer Sonnen-	Zeit	86 400	s
siderischer		86 164,06	s
teaspoon	Volumen	0,000004928922	m^3
		0,004928922	l
Tesla (β)	magnetische Flußdichte	1	Wb/m^2
tex		0,001	g/m
		1	mg/m
therm	Energie	105 505 600	J
ton	Massestrom		
assay	Masse	0,02916667	kg
long (US)	Masse	1 016,047	kg
		2240	lb
Kühlung	Leistung	3 516,8	W
metrische	Masse	1 000	kg
short (UK)	Masse	907,1847	kg
		2 000	lb
Register-	Volumen	2 831 685	m^3
ton force	Kraft	8 896,444	N
		2 000	lbf
ton (short)/h	Massestrom	0,2519958	kg/s
Tonne	Masse	1 000	kg
ton (long)/yd^3	Dichte	1 328,939	$kg \cdot m^3$
Torr (mm Hg, 0°C)	Druck	133,322	Pa
township	Fläche	36	square miles
Wärmewiderstand			
internat.	Wärmewiderstand	0,1761102	$K \cdot m^2/W$
thermoch.		0,176228	$K \cdot m^2/W$

Wb (Weber)	magnetischer Fluß	1	V·s
W/cm²		10 000	W/m²
Weber (Wb)	magnetischer Fluß	1	V s
Wh	Energie	3 600	J
W/in²		1 550,003	W/m²
Ws	Energie	1	J
yard	Länge	0,9144	m
yd²	Fläche	0,8361274	m²
yd³	Volumen	0,7645549	m³
yd³/min	Volumenstrom	0,01274258	m³/min
Zentimeter	Länge	0,3937	in (inch)
Zentimeter Hg (0°C)	Druck	1 333,32	Pa
Zentimeter H_2O (4°C)	Druck	98,0638	Pa
Zentner (Ztr, dt. alt)	Masse	50	kg
		0,98	hundredweights UK
		1,102	hundredweights US
Zoll	Länge	0,0254	m
		1	in

4. Häufig benötigte grobe Umrechnungsfaktoren zum Kopfrechnen

a (Ar)	Fläche	120	yd²
acre	Fläche	0,4	ha (Hektar)
		4000	m²
bar	Druck	15	psi (=lb/in²)
barrel	Volumen	159	l (Liter)
cm (Zentimeter)	Länge	0,4	in (inch)
ft (foot)	Länge	0,3	m
ft² (square feet)	Fläche	0,1	m²
ft³ (cubic feet)	Volumen	28	l (Liter)
gal (UK)	Volumen	4,5	l (Liter)
gal (US)	Volumen	3,8	l (Liter)
hp	Leistung	0,75	kW
in (inch)	Länge	2,5	cm
in² (square inch)	Fläche	6,5	cm²
kg	Masse	2	lb (pounds)
		35	ounces
km	Länge	1,6	mi (miles)
kn	Geschwindigkeit	1,85	km/h
l (Liter)	Volumen	0,25	US gal
l (Liter)	Volumen	0,22	UK gal
lb (pound)	Masse	0,5	kg
lb/in² (= psi)	Druck	0,1	bar
lb·ft	Drehmoment	1,35	Nm
m (Meter)	Länge	3	ft (feet)
m²	Fläche	10	ft²
mi (mile) (international)	Länge	1,6	km
mi² (square miles)	Fläche	2,6	km²
mm (Millimeter)	Länge	0,04	in (inch)
N (Newton)	Kraft	0,02	lb·ft/in

ounce	Masse	30	Gramm
PS	Leistung	0,75	kW
pint	Volumen	0,5	l (Liter)
psi (=lb·in^2)	Druck	0,1	bar
psi (=lb·in^2)	Druck	7000	Pa
sm (Seemeile)	Länge	1,85	km
stone	Körpergewicht	6,3	kg
teaspoon	Volumen	5	ml (Milliliter)
yd (yard)	Länge	0,9	m
yd^2 (yard^2)	Fläche	0,8	m^2
Zentner	Masse	1	hundredweight
Zoll	Länge	2,5	cm

Die Tabellen wurden mit größtmöglicher Sorgfalt erstellt, dennoch kann keine Gewähr für ihre Korrektheit gegeben werden. Für etwaige Schäden, die sich aus der Benutzung dieser Tabelle ergeben, wird nicht gehaftet. Für Hinweise auf etwaige Fehler oder nützliche Ergänzungen sind Herausgeber und Verlag sehr dankbar. Für Umrechnungen am PC eignet sich das Programm *WinFunktion* von Daniel Polster im bhv-Verlag, Kaarst. Wir haben uns bemüht, die wichtigsten Maßeinheiten und Umrechnungsfaktoren zu berücksichtigen. Für weitere Angaben verweisen wir auf folgende Nachschlagewerke: Robert Bosch GmbH (Hrsg.) ([22]1995): *Kraftfahrtechnisches Taschenbuch.* Berlin / Heidelberg: Springer. Physikalisch-Technische Bundesanstalt (Hrsg.) (1996): *Leitfaden für den Gebrauch des Internationalen Einheitensystems.* Braunschweig: PTB.

Peter A. Schmitt / André Schmidt (Leipzig)

Register

L

M

Adressen der Autoren

ARNTZ, Prof. Dr. Reiner
Universität Hildesheim
Institut für Angewandte Sprachwissenschaft
Marienburger Platz 22
D-31141 Hildesheim

ARROJO, Prof. Dr. Rosemary
Alameda Lorena, 965, apto. 161
BRA-01424-001 São Paulo, S.P. (Brasilien)

BASSNETT, Prof. Dr. Susan
University of Warwick
Centre for British and Comparative Cultural Studies
GB-Coventry CV4 7AL

BOWEN, Dr. Margareta
Georgetown University
Division of Interpretation and Translation
Box 571053 Washington D.C. 20057-1053 USA

BUDIN, Univ.-Doz. Dr. Gerhard
Universität Wien
Institut für Wissenschaftstheorie und Wissenschaftsforschung
Sensengasse 8/10
A-1090 Wien

DÉJEAN LE FÉAL, Dr. Karla
Université Paris III, E.S.I.T.
38, rue Greuze
F-75116 Paris

DELABASTITA, Dr. Dirk
Facultés Universitaires Notre-Dame de la Paix
61, rue de Bruxelles
B-5000 Namur

DIDAOUI, Dr. Mohammed
Room D0745
United Nations
P.O. Box 500
A-1400 Wien

DIZDAR, Dipl.-Übers., Dipl.-Dolm. Dilek
FASK Germersheim der Johannes-Gutenberg-Universität Mainz
An der Hochschule 2
D-76711 Germersheim

DRIESEN, Dr. Christiane J.
Kanalstr.16
D-22085 Hamburg

FLECK, Klaus E. W.
Kurt-Schumacher-Str. 76
D-82256 Fürstenfeldbruck

FLOTOW, Dr. Luise von
University of Ottawa
School of Translation and Interpretation
P.O. Box 450, Stn. A.
CDN-Ottawa, K1N 6N5 (Kanada)

FLUCK, Prof. Dr. Hans-R.
Ruhr-Universität Bochum
Germanistisches Institut
D-44780 Bochum

FREIHOFF, Roland
Lusankatu 8
SF-33500 Tampere (Finnland)

FRIESE, Dipl.-Dolm. Ralf
FASK Germersheim der Johannes-Gutenberg-Universität Mainz
An der Hochschule 2
D-76711 Germersheim

GAWLAS, Mag. Christine
Kupfergasse 2/21
A-1190 Wien

GEISER, Dipl.-Übers. Rolf
rue Breguet, 4
CH-2000 Neuchâtel

GERHARDT, Dipl.-Übers. Stefan
21 Wildwood Gardens Apt. C-2
Port Washington, NY 11050 USA

GLÄSER, Prof. Dr. Rosemarie
Universität Leipzig/Fachsprachenzentrum
Augustusplatz 9
D-04109 Leipzig

GÖHRING, Prof. Dr. Heinz
FASK Germersheim der Johannes-Gutenberg-Universität Mainz
An der Hochschule 2
D-76711 Germersheim

GÖPFERICH, Prof. Dr. Susanne
Fachhochschule Karlsruhe – Hochschule für Technik/Fachbereich Sozialwissenschaften
Postfach 2440
D-76012 Karlsruhe

GRBIĆ, Dr. Nadja
Universität Graz
Institut für Übersetzer- und Dolmetscherausbildung
Merangasse 70
A-8010 Graz

GRÜNBERG, Martin
Alliogasse 28/31
A-1150 Wien

HANSEN, Gyde
Wirtschaftsuniversität Kopenhagen
Dalgas Have 15
DK-2000 Frederiksberg

HERMANS, Prof. Dr. Theo
University College London
Department of Dutch
Gower Street
GB-London WC1E 6BT

HEYNOLD, Dipl.-Dolm. Christian
200, rue de la Loi/TRIA 2/160
B-1049 Bruxelles

HOHN, Dr. Stefanie
Heinrich-Heine-Universität
Anglistisches Institut VI
Universitätsstr. 1
D-40225 Düsseldorf

HÖNIG, Dr. Hans G.
FASK Germersheim der
Johannes-Gutenberg-Universität Mainz
An der Hochschule 2
D-76711 Germersheim

HUBER, Prof. Dr. Dieter
FASK Germersheim der
Johannes-Gutenberg-Universität Mainz
An der Hochschule 2
D-76711 Germersheim

HURT, Mag. Christina
Universität Wien
Theresianumgasse 3/20
A-1040 Wien

KAINDL, Dr. Klaus
Universität Wien
Institut für Übersetzer- und Dolmetscherausbildung
Gymnasiumstr. 50
A-1190 Wien

KALINA, Dr. Sylvia
Universität Heidelberg
Institut für Übersetzen und Dolmetschen
Plöck 57A
D-69117 Heidelberg

KELLETAT, Prof. Dr. Andreas F.
FASK Germersheim der Johannes-Gutenberg-Universität Mainz
An der Hochschule 2
D-76711 Germersheim

KOCH, Prof. Dr. Wolfgang
Wirtschaftsuniversität Aarhus
Institut für Deutsche Sprache
Fuglesangs allé 4
DK-8210 Aarhus V

KOLB, Dr. Waltraud
Universität Wien
Institut für Vergleichende Literaturwissenschaft
Schönbrunnerstr. 37/10
A-1050 Wien

KUPSCH-LOSEREIT, Dr. Sigrid
FASK Germersheim der
Johannes-Gutenberg-Universität Mainz
An der Hochschule 2
D-76711 Germersheim

KURZ, Univ.-Doz. Dr. Ingrid
Universität Wien
Institut für Übersetzer- und Dolmetscherausbildung
Gymnasiumstr. 50
A-1190 Wien

KUSSMAUL, Dr. Paul
FASK Germersheim der
Johannes-Gutenberg-Universität Mainz
An der Hochschule 2
D-76711 Germersheim

KVAM, Prof. Dr. Sigmund
Hochschule Østfold/Fachbereich Sprach-, Wirtschafts- und Sozialwissenschaften
Os allé 5–9
N-1757 Halden (Norwegen)

LAMBERT, Prof. Dr. José
Katholieke Universitet Leuven
Blijde Inkomstraat 21
B-3000 Leuven

MANHART, Dr. Sibylle
Eichbergstraße 11a
A-2372 Gießhübl

MARKSTEIN, Dr. Elisabeth
Universität Wien
Institut für Übersetzer- und Dolmetscherausbildung
Gymnasiumstraße 50
A-1190 Wien

NEFF, Dipl.-Dolm. Jacquy
FASK Germersheim der Johannes-Gutenberg-Universität Mainz
An der Hochschule 2
D-76711 Germersheim

NEUBERT, Prof. Dr. Albrecht
Kiefernweg 2
D-08118 Hartenstein

NORD, Prof. Dr. Christiane
Fachhochschule Magdeburg
Fachbereich Fachkommunikation
Maxim-Gorki-Str. 10–14
D-39108 Magdeburg

OITTINEN, Dr. Riitta
University of Tampere
Department of Translation
P.O. Box 607
SF-33101 Tampere 10 (Finnland)

PÖCHHACKER, Dr. Franz
Universität Wien
Institut für Übersetzer- und Dolmetscherausbildung
Gymnasiumstr. 50
A-1190 Wien

PRUNČ, Prof. Dr. Erich
Universität Graz
Institut für Übersetzer- und Dolmetscherausbildung
Merangasse 70
A-8010 Graz

PYM, Dr. Anthony
c/San Pedro, 6
E-44610 Calaceite (Teruel)

RESCH, Mag. Renate
Universität Wien
Institut für Übersetzer- und Dolmetscherausbildung
Gymnasiumstraße 50
A-1190 Wien

RISKU, Dr. Hanna
University of Skövde
Department of Computer Science
P.O. Box 408
S-54128 Skövde (Schweden)

SALEVSKY, Prof. Dr. Heidemarie
Fachhochschule Magdeburg
Fachbereich Fachkommunikation
Maxim-Gorki-Straße 10
D-39108 Magdeburg

SCHÄFFNER, Dr. Christina
Aston University
Languages and European Studies
Aston Triangle
GB-Birmingham B4 7ET

SCHMIDT, André
Universität Leipzig
Institut für Sprach- und Übersetzungswissenschaft
Augustusplatz 9
D-04109 Leipzig

SCHMIDT, Dr. Paul
FASK Germersheim der Johannes-Gutenberg-Universität Mainz
An der Hochschule 2
D-76711 Germersheim

SCHMITT, Prof. Dr. Peter A.
Universität Leipzig
Institut für Sprach- und Übersetzungswissenschaft
Augustusplatz 9
D-04109 Leipzig

SCHMITZ, Prof. Dr. Klaus-Dirk
Fachhochschule Köln
Fachbereich Sprachen
Mainzer Straße 5
D-50678 Köln

SCHOPP, Jürgen F.
University of Tampere
Department of Translation
P.O. Box 607
SF-33101 Tampere 10 (Finnland)

SCHREIBER, Dr. Michael
Universität Heidelberg
Institut für Übersetzen und Dolmetschen
Plöck 57A
D-69117 Heidelberg

SMITH, Dr. Veronica
Universität Klagenfurt
Institut für Anglistik und Amerikanistik
Universitätsstr. 65–67
A-9020 Klagenfurt

SNELL-HORNBY, Prof. Dr. Mary
Universität Wien
Institut für Übersetzer- und Dolmetscherausbildung
Gymnasiumstraße 50
A-1190 Wien

STOLZE, Dr. Radegundis
Technische Universität Darmstadt
Prinz-Christians-Weg 11
D-64287 Darmstadt

STROLZ, Dr. Birgit
Universität Wien
Institut für Übersetzer- und Dolmetscherausbildung
Gymnasiumstraße 50
A-1190 Wien

VETTER, Dipl.-Übers. Sybille D.
Voltairestraße 11
D-68723 Schwetzingen

WEBER, Dr. Markus
Konradstr. 20
CH-8005 Zürich

WIDLER, Mag. Brigitte
Universität Wien
Biraghelgasse 38/4
A-1130 Wien

WILSS, Prof. Dr. Wolfram
Im Scheidter Eck 5
D-66125 Saarbrücken

WITTE, Dipl.-Übers. Heidrun
Universidad de Las Palmas de Gran Canaria
Facultad de Traducción e Interpretación
c/Pérez del Toro, 1
E-35003 Las Palmas de Gran Canaria

WOLF, Dr. Michaela
Universität Graz
Institut für Übersetzer- und Dolmetscherausbildung
Merangasse 70
A-8010 Graz

WOODSWORTH, Prof. Dr. Judith
Mont Saint Vincent University
Halifax, Nova Scotia
CDN-B3M 2J6 (Kanada)

WUSSLER, Annette
Universität Graz
Institut für Übersetzer- und Dolmetscherausbildung
Merangasse 70
A-8010 Graz

YVON, Mag. Mechthild
Dürwaringstraße 59/3/2
A-1180 Wien